CONSTITUIÇÃO E DIREITOS HUMANOS

Tutela dos Grupos Vulneráveis

Eduardo Cambi
Letícia de Andrade Porto Nosaki
Melina Girardi Fachin

CONSTITUIÇÃO E DIREITOS HUMANOS

Tutela dos Grupos Vulneráveis

2ª Edição | revista atualizada ampliada

2025

EDITORA JusPODIVM
www.editorajuspodivm.com.br

EDITORA *Jus*PODIVM
www.editorajuspodivm.com.br

Rua Canuto Saraiva, 131 – Mooca – CEP: 03113-010 – São Paulo – São Paulo
Tel: (11) 3582.5757
• Contato: https://www.editorajuspodivm.com.br/central-de-relacionamento

Copyright: Edições *Jus*PODIVM

Diagramação: Francisco Neto *(pjfrancisconeto@gmail.com)*

Capa: Ana Caquetti

• A Editora *JusPODIVM* passou a publicar esta obra a partir da 2.ª edição.

C175c Cambi, Eduardo

Constituição e Direitos Humanos: Tutela dos Grupos Vulneráveis / Eduardo Cambi, Letícia de Andrade Porto Nosaki e Melina Girardi Fachin – 2.ed., rev., atual. e ampl. - São Paulo: Editora JusPodivm, 2025.

720 p.

ISBN: 978-85-442-6245-0.

1. Direito Constitucional. I. Cambi, Eduardo. II. Nosaki, Letícia de Andrade Porto. III. Fachin, Melina Girardi. IV. Título.

CDD 341.2

BIBLIOTECÁRIA RESPONSÁVEL

Ana Carolina Ribeiro Mois – CRB7 – RJ 007348/0

"O livro do Eclesiastes adverte: 'Um último aviso: escrever livros e mais livros não tem limite. E o muito estudo é enfado da carne...'Não obedeci. Escrevi muitos livros. É o jeito que tenho de brincar. Livros são brinquedos para o pensamento".

Rubem Alves (*Ostra feliz não faz pérola.* São Paulo: Editora Planeta, 2008. p. 10).

"As histórias importam. Muitas histórias importam. Histórias foram usadas para espoliar e caluniar, mas também podem ser usadas para empoderar e humanizar. Elas podem despedaçar a dignidade de um povo, mas também podem reparar essa dignidade despedaçada".

Chimamanda Ngozi Adichie (*O perigo da História única.* São Paulo: Cia das Letras, 2019. p. 32).

PREFÁCIO

Com profunda alegria e entusiasmo, tenho a honra de prefaciar esta primorosa obra coletiva organizada pelos queridos amigos e destacados Professores Eduardo Cambi, Letícia de Andrade Porto e Melina Girardi Fachin.

Trata-se de uma relevante contribuição à emergência de um novo paradigma jurídico, radicado no Constitucionalismo Multinível, a abarcar as ordens jurídicas global, regional e local, com aberturas e permeabilidades, a permitir interações, diálogos e impactos mútuos e recíprocos, sob a inspiração do princípio maior da prevalência da dignidade humana.

Sob esta perspectiva transformadora, destacam-se como pilares centrais o pluralismo, o Estado Democrático e os Direitos Humanos no contexto latino-americano.

Estruturada em três partes, o ponto de partida da presente obra é a hermenêutica dos direitos humanos, compreendendo a análise da pluralidade de ordens jurídicas, da expansão do bloco de constitucionalidade, do controle de convencionalidade, do princípio pro persona (como método hermenêutico unificador), da proteção do mínimo existencial, do princípio da proibição do retrocesso, bem como o enfoque dos diálogos jurisdicionais e do novo constitucionalismo latino-americano – o Ius Constitutionale commune latino-americano.

Já a segunda parte da obra é concentrada na tutela diferenciada dos grupos em situação de vulnerabilidade, como crianças e adolescentes, mulheres, afrodescendentes, população LGBTI, pessoas idosas, povos indígenas, migrantes, dentre outros.

Por fim, a terceira parte é dedicada ao sistema jurídico e à sociedade civil organizada, com destaque às Corte Regionais de Direitos Humanos, à aplicação do Direito Internacional dos Direitos Humanos pelo Supremo Tribunal Federal e pelo Superior Tribunal de Justiça (com ênfase no diálogo entre Cortes), analisando, ainda, o papel do Ministério Público, da Defensoria Pública, e da Polícia na defesa dos direitos humanos.

O livro culmina com a importância de fomentar a cultura de direitos humanos, por meio da educação para os direitos humanos, como um direito de empoderamento, que impacta o exercício dos demais direitos.

A presente obra oferece assim uma qualificada e refinada contribuição à literatura jurídica nacional, fortalecendo a emergência de um novo paradigma jurídico, pautado na estatalidade aberta, na internacionalização dos direitos humanos, nos diálogos jurisdicionais e na dinâmica do constitucionalismo multinível, que tem como inspiração maior a força expansiva da dignidade humana e a vocação de proteger direitos e transformar realidades.

Flávia Piovesan

Professora doutora em Direito Constitucional e Direitos Humanos da PUC-SP; visiting fellow do Human Rights Program da Harvard Law School (1995 e 2000); visiting fellow do Centre for Brazilian Studies da University of Oxford (2005); visiting fellow do Max Planck Institute for Comparative Public Law and International Law (Heidelberg – 2007; 2008; 2015-2019); Humboldt Foundation Georg Forster Research Fellow no Max Planck Institute (Heidelberg – 2009-2014); Visiting Scholar do David Rockefeller Center for Latin American Studies, Harvard University (2018); foi membro da UN High Level Task force for the implementatiton of the right to development e membro do OAS Working Group para o monitoramento do Protocolo de San Salvador em matéria de direitos econômicos, sociais e culturais. 2ª Vice-Presidente da Comissão Interamericana de Direitos Humanos (2018 a 2021).

APRESENTAÇÃO À 2ª EDIÇÃO

A crescente centralidade dos direitos humanos na América Latina exige o fortalecimento de uma doutrina que seja capaz de apreender o alcance do constitucionalismo multinível. Este fenômeno, marcado por influências do direito comparado e por trocas constitucionais entre ordens jurídicas diversas, desafia os paradigmas tradicionais do direito ao ultrapassar a visão clássica da soberania estatal como único locus de implementação dos direitos humanos. Em seu lugar, emerge uma dinâmica dialógica, fundada na cooperação entre esferas locais, nacionais, regionais e internacionais de proteção.

Nesse cenário, a ideia de hierarquia entre os sistemas jurídicos cede espaço a uma lógica de interação, coexistência, complementaridade e retroalimentação. Trata-se de uma arquitetura jurídica plural, complexa, miscigenada e, por vezes, até mesmo tensa — mas produtiva. Os inevitáveis conflitos interpretativos entre os diferentes níveis de proteção não devem ser vistos como obstáculos, mas como oportunidades para a construção de uma gramática constitucional mais aberta à diversidade de experiências e à maximização da efetividade dos direitos.

O presente livro parte desse pressuposto: compreender o papel do Sistema Interamericano de Direitos Humanos como vetor transformador dos direitos constitucionais na América Latina, especialmente no Brasil. Para tanto, propõe-se a examinar os pontos de convergência e fricção entre as decisões da Corte Interamericana de Direitos Humanos, as manifestações da Comissão Interamericana e a jurisprudência dos tribunais constitucionais latino-americanos. É por esse caminho que se busca consolidar uma concepção de *constitucionalismo transformador*, comprometida não com a reprodução da ordem, mas com a superação das desigualdades, da violência e da injustiça que marcam nossa história comum.

A segunda edição segue organizada em três partes. A primeira aborda a hermenêutica dos direitos humanos, revisitando os fundamentos e sentidos ético-políticos dessa linguagem jurídica. A segunda concentra-se na tutela diferenciada dos grupos vulnerabilizados, reafirmando o dever do Estado de promover uma igualdade substancial. A terceira parte trata do sistema de justiça multinível, analisando os modos pelos quais os diversos níveis jurisdicionais se articulam — ou se chocam — na defesa da dignidade humana.

A proposta é clara: reler o Direito Constitucional brasileiro sob a lente da gramática dos direitos humanos. Isso significa deslocar o foco do direito como técnica de controle para o direito como instrumento de justiça, sensível às múltiplas formas de sofrimento humano. Implica, ainda, reconhecer que aproximar o direito da sociedade requer ultrapassar sua moldura estatal. Os sistemas locais, regionais e globais de direitos humanos permitem recolocar a utopia no horizonte jurídico, ressignificando as instituições e os próprios sentidos da legalidade e da justiça.

Incorporar ao debate nacional as fontes do Direito Internacional dos Direitos Humanos, particularmente as decisões da Comissão e da Corte Interamericana, representa uma abertura necessária ao enfrentamento dos desafios contemporâneos. A persistência das violações sistemáticas de direitos na América Latina — em especial contra os mais pobres, as mulheres, os povos indígenas e os grupos racializados — impõe a urgência de uma reconstrução democrática do direito.

A transformação que buscamos exige não apenas mudanças estruturais e políticas públicas eficazes, mas também a reinvenção de uma cultura jurídica mais comprometida com os valores da equidade, da diversidade e da justiça social. O compromisso da nossa geração deve ser com a edificação de práticas jurídicas e sociais mais razoáveis, proporcionais e não arbitrárias — práticas que façam da democracia e do Estado de Direito realidades vivas e tangíveis.

A história não é destino: é produto de escolhas. Cada tempo nos apresenta feixes de possibilidades, e cabe a cada pessoa, a cada sociedade, decidir por quais caminhos seguirá. O espaço, entendido em suas dimensões materiais e imateriais, é funcionalização do mundo: é nele que habitamos as escolhas entre o ser e o existir.

O futuro da América Latina — a região mais desigual e violenta do planeta — depende da construção de soluções jurídicas que coloquem a efetividade dos direitos humanos no centro do debate institucional. Como bem alerta Chimamanda Ngozi Adichie, cuja citação abre esta obra, é tempo de contar outras histórias: histórias que traduzam a pluralidade da experiência humana e recomprometam o direito com a reconstrução das dignidades despedaçadas.

Boa leitura.

As Autoras e o Autor
Outono de 2025.

SUMÁRIO

INTRODUÇÃO

A América Latina foi explorada, desde o final do século XV, pelo modelo colonialista europeu e, a partir do século XX, pelo imperialismo norte-americano. São as suas veias abertas, pulsantes no retrato de Eduardo Galeano:

> Do descobrimento aos nossos dias, tudo sempre se transformou em capital europeu ou, mais tarde, norte-americano, e como tal se acumulou e se acumula nos distantes centros do poder. Tudo: a terra, seus frutos e suas profundezas ricas em minerais, os homens e sua capacidade de trabalho e de consumo, os recursos naturais e os recursos humanos. O modo de produção e a estrutura de classes de cada lugar foram sucessivamente determinados, do exterior, por sua incorporação à engrenagem universal do capitalismo. (...).
>
> Para os que concebem a História como uma contenda, o atraso e a miséria da América Latina não são outra coisa senão o resultado de seu fracasso. Perdemos; outros ganharam. Mas aqueles que ganharam só puderam ganhar porque perdemos: a história do subdesenvolvimento da América Latina integra, como já foi dito, a história do desenvolvimento do capitalismo mundial. Nossa derrota esteve sempre implícita na vitória dos outros. Nossa riqueza sempre gerou nossa pobreza por nutrir a prosperidade alheia: os impérios e seus beleguins nativos. Na alquimia colonial e neocolonial o ouro se transfigura em sucata, os alimentos em veneno. Potosí, Zacatecas e Ouro Preto caíram de ponta-cabeça da grimpa de esplendores dos metais preciosos no fundo buraco dos socavões vazios, e a ruína foi o destino do pampa chileno do salitre e da floresta amazônica da borracha; o nordeste açucareiro do Brasil, as matas argentinas de quebrachos ou certos povoados petrolíferos do lago de Maracaibo têm dolorosas razões para acreditar na mortalidade das fortunas que a natureza dá e o imperialismo toma. A chuva que irriga os centros do poder imperialista afoga os vastos subúrbios do sistema. Do mesmo modo, e simetricamente, o bem-estar de nossas classes

> dominantes - dominantes para dentro, dominadas de fora - é a maldição de nossas multidões, condenadas a uma vida de bestas de carga[1].

A filosofia eurocêntrica, no processo de dominação, considerou os povos e culturas nativas como coisas manipuláveis sob o império da razão instrumental[2]. A história colonial - passada como se fosse a história única, conforme trata Kilomba Grada - é narrada pelo homem branco heterossexual, com a exclusão de todos os outros corpos que não representam essa condição humana[3].

A identidade dos negros e dos índios é formada a partir do outro, isto é, do não-ser branco. Essa hierarquização foi naturalizada na América Latina a partir da noção de raça superior seguida da produção de conhecimento sustentada em uma relação de poder e de violência. Partindo destas premissas e baseando-se na perspectiva de que os direitos humanos são entendidos como processos abertos, ativos e concretos, que visam ampliar os espaços constitucionais contemporâneos e redimirem a promessa de proteção ainda não realizada, sobretudo na periferia do constitucionalismo mundial, é que a presente obra lança mão da moldura teórica do constitucionalismo multinível. Neste novo domínio da espacialidade, a importância dos diálogos entre os diferentes planos de proteção dos direitos humanos é particularmente notável e requer uma relação entre os constitucionalismos locais e o direito internacional dos direitos humanos.

Em nosso contexto regional, tem, nestes diálogos, um papel especial o Sistema Interamericano de Direitos Humanos pelo seu potencial transformador, em atenção às peculiaridades e especificidades das lutas por direitos e justiça na América Latina.

A utopia de uma racionalidade libertadora da sociedade, na América Latina, deve levar em consideração o multiculturalismo. Nesse sentido, é interessante observar que o art. 2° da Constituição mexicana afirma que a nação é multicultural e inclui os povos indígenas[4], bem como o art. 30 da Constituição boliviana, que também incorpora os direitos dos povos nativos,

---

1. GALEANO, Eduardo. *Veias abertas da América Latina.* Trad. de Sergio Faraco. Porto Alegre: L & PM Editores, 2013. p. 11-12.
2. DUSSEL, Enrique. *Filosofia del a liberación*. Cidade do México: 2011. p. 16.
3. KILOMBA, Grada. *A desmantelar o poder*. Disponível em: https://www.uol.com.br/ecoa/reportagens-especiais/grada-kilomba-todas-as-crises-que-temos-sao-baseadas-em-600-anos-de-historia-colonial/#cover. Acesso em: 15 mar. 2021.
4. *"Article 2. The Mexican Nation is one and indivisible. The Nation has a multicultural composition, originally sustained on its indigenous peoples, who are those regarded as indigenous on account of their descent from the populations that originally inhabited the Country's current territory at the time of colonization, who retain some or all of their own social, economic, cultural and political institutions".*

inserindo formas coletivas de propriedade[5]. Evidentemente, a intenção não é simplesmente transplantar as ideias europeias de pluralismo e multinível para o contexto latinoamericano, mas, aproveitando o seu potencial de expansão, adaptá-las para maximizar a protecção dos direitos humanos no contexto das dificuldades estruturais que a região enfrenta. Neste sentido de expansão, outros movimentos apontam na mesma direção, como o transconstitucionalismo de Marcelo Neves ou a emergência de um ius commune latino-americano apontado por Bogdandy, Morales e Piovesan.

O novo cenário formado pela catarse do direito constitucional e do direito internacional dos direitos humanos exige um alargamento da perspectiva do direito constitucional tradicional. Embora o Estado, com base nas constituições nacionais, tenha a responsabilidade primordial pela realização dos direitos, a crescente importância do diálogo entre os diferentes planos de proteção para a plena realização dos direitos é um fenômeno irreversível e particularmente notável da nossa contemporaneidade constitucional.

Este movimento contemporâneo harmoniza os conceitos de direitos humanos e direitos fundamentais; e, assim, o direito constitucional e o direito internacional dos direitos humanos aproximam-se cada vez mais. Com isso, ambos se ressignificam dentro de um discurso transnacional que se forma em torno da força expansiva do princípio de dignidade humana.

5. *"Art. 30. I. A nation and rural native indigenous people consists of every human collective that shares a cultural identity, language, historic tradition, institutions, territory and world view, whose existence predates the Spanish colonial invasion. II. In the framework of the unity of the State, and in accordance with this Constitution, the nations and rural native indigenous peoples enjoy the following rights: 1. To be free. 2. To their cultural identity, religious belief, spiritualities, practices and customs, and their own world view. 3. That the cultural identity of each member, if he or she so desires, be inscribed together with Bolivian citizenship in his identity card, passport and other identification documents that have legal validity. 4. To self-determination and territoriality. 5. That its institutions be part of the general structure of the State. 6. To the collective ownership of land and territories. 7. To the protection of their sacred places. 8. To create and administer their own systems, means and networks of communication. 9. That their traditional teachings and knowledge, their traditional medicine, languages, rituals, symbols and dress be valued, respected and promoted. 10. To live in a healthy environment, with appropriate management and exploitation of the ecosystems. 11. To collective ownership of the intellectual property in their knowledge, sciences and learning, as well as to its evaluation, use, promotion and development. 12. To an inter-cultural, intra-cultural and multi-language education in all educational systems. 13. To universal and free health care that respects their world view and traditional practices. 14. To the practice of their political, juridical and economic systems in accord with their world view. 15. To be consulted by appropriate procedures, in particular through their institutions, each time legislative or administrative measures may be foreseen to affect them. In this framework, the right to prior obligatory consultation by the State with respect to the exploitation of nonrenewable natural resources in the territory they inhabit shall be respected and guaranteed, in good faith and upon agreement. 16. To participate in the benefits of the exploitation of natural resources in their territory. 17. To autonomous indigenous territorial management, and to the exclusive use and exploitation of renewable natural resources existing in their territory without prejudice to the legitimate rights acquired by third parties. 18. To participate in the organs and institutions of the State. III. The State guarantees, respects and protects the rights of the nations and the rural native indigenous peoples consecrated in this Constitution and the law".*

Já não existe mais - se é que um dia existiu - um único lugar constitucional, senão uma rede complexa, plural e mestiça de reconhecimento de experiências constitucionais e cooperação para alcançar objetivos constitucionais comuns, entre eles os direitos humanos como um dos principais.

Assim, esta nova espacialidade pública é estruturada em torno do princípio pró-pessoa. Colocou o ser humano - concreto e situado - no centro da proteção constitucional, afastando-se do sujeito abstrato da modernidade; com foco nas vítimas encarnadas que experimentam a fome, o medo, o ódio, o preconceito, a violência e a subjugação que são muitas vezes o anverso do discurso constitucional dos direitos.

Na relação entre o constitucionalismo interno e o direito internacional, ressignificam-se as estruturas e o pluralismo surge como a moldura deste novo espaço, como propõe Walker. A nível interno, não se reconhece unicamente a autoridade estatal na definição do significado da Constituição, como as experiências recentes do constitucionalismo na Bolívia e no Equador propõem.

No plano internacional, transcendendo as antigas discussões entre monismo e dualismo (que parecem ter pouco sentido neste cenário), pode-se conceber diferentes ordens sem hierarquia, mas integradas em uma coexistência que se reforce mutuamente, formando uma paisagem transconstitucional heterárquica, múltipla e, portanto, robustecida. Estabelece-se uma rede, com diferentes níveis, que se nutrem e se limitam mutuamente, daí a expressão multinível, de Pernice.

Na experiência brasileira, os casos submetidos ao Sistema Interamericano têm um impacto significativo na reforma das leis e políticas públicas de direitos humanos, permitindo progresso interno relevante. Em matéria de gênero isto é muito eloquente já que os casos denunciam um padrão específico de violência que chega às mulheres: violência baseada no gênero capaz de causar morte, lesões ou sofrimento físico, sexual ou psicológico às mulheres, seja no domínio público ou privado. Estes casos de abuso denunciam parâmetros institucionais de discriminação e exigem a luta contra a impunidade, sublinhando o dever do Estado de investigar, processar e punir os responsáveis, com apoio central na Convenção Interamericana para prevenir, sancionar e erradicar a violência contra as mulheres.

Sabe-se que nem a lei por si só, tampouco as sentenças internacionais que carecem muitas vezes de cumprimento, tem o condão de mudar realidades violadoras de direitos humanos, mas podem fomentar progressos internos ou mesmo evitar retrocessos em contextos nacionais marcados por uma cultura discriminatória. Estes parâmetros de proteção - decorrentes da espacialidade multinível - permitiram compensar os défices nacionais, fomentar os progressos nos quadros legislativos e nas políticas públicas de direitos humanos, bem como prevenir um definhamento do regime de proteção dos direitos, além de empoderar os atores sociais na luta pelos direitos e pela justiça.

O objetivo dessa catarse é ampliar e melhorar a proteção dos direitos humanos, com base em uma lógica plural, complexa, impura e mista, sempre no interesse das pessoas protegidas e dos seus direitos. O fortalecimento de um discurso coerente, mas diversificado, se soma à proteção tanto do sistema internacional quanto dos sistemas nacionais, já que se reforçam mutuamente em apoio do princípio pró-pessoa.

É certo que novos diálogos dentro dos velhos canais institucionais de poder frustram os efeitos transformadores que se pretendiam originalmente. Assim, o constitucionalismo multinível, ao mesmo tempo que contribui para maximizar a proteção dos direitos, permite também a revisão do próprio conceito da Constituição, do direito constitucional e das suas instituições fundamentais.

À luz deste contexto multinível, lança-se o desafio de repensar, reformular e reinventar o papel dos constitucionalismos locais e sistemas internacionais para, por meio de uma ação articulada, integrada e coordenada, contribuir para o fortalecimento dos direitos humanos.

Nesta base conceitual, floresceu o direito constitucional multinível, caracterizado por intercâmbios constitucionais que estão essencialmente impregnados de diálogos e diferentes experiências com o fim de gerar um impacto transformador e ampliativo da proteção dos direitos no cenário regional a fim de construir a utopia de uma racionalidade libertadora em matéria de direitos humanos.

Conforme Rubem Alves, a construção da ciência exige ousadia e capacidade de sonhar:

> (...) para se aprender a pensar é preciso primeiro aprender a dançar. Quem dança com as ideias descobre que pensar é alegria. Se pensar lhe dá tristeza é porque você só sabe marchar, como soldados em ordem unida. Saltar sobre o vazio, pular de pico em pico. Não ter medo da queda. Foi assim que se construiu a ciência: não pela prudência dos que marcham, mas pela ousadia dos que sonham. Todo conhecimento começa com o sonho. O conhecimento nada mais é que a aventura pelo mar desconhecido, em busca da terra sonhada. Mas sonhar é coisa que não se ensina. Brota das profundezas do corpo, como a água brota das profundezas da terra. Como

Mestre só posso então lhe dizer uma coisa: 'Conte-me os seus sonhos, para que sonhemos juntos![6].

A história latino-americana não pode ser contada e compreendida apenas a partir dos colonizadores ou dos detentores do poder econômico. Walter Benjamin, em *Sobre o Conceito de História*[7], na tese VII, afirma que deve se ler a cultura a contrapelo, para contrariar o historicismo tradicional identificado com o cortejo triunfal dos vencedores, e despertar a empatia e identificação com os que sempre estiveram do outro lado da luta de classes, isto é, os oprimidos, torturados, condenados, pisoteados e vulnerabilizados. A história realista é a contada a partir das pessoas traumatizadas, pois revela a violência por de trás dos grandes feitos da história monumental[8].

A utopia de uma racionalidade libertadora da sociedade latino-americana pode ser reprimida e até derrotada. O que ela não pode é ser ignorada[9]. O problema não está, pois, na utopia, mas no utopismo ilegítimo, que é aquele baseado na concretização integral dos valores na prática, porque não realiza uma gradação dos fenômenos políticos e sociais existentes na realidade de maior ou menor valor; ao contrário: a utopia legítima define um ideal que, talvez, seja inalcançável, mas que permite distinguir entre diversos graus de aproximação do bem comum[10]. Dessa forma, recorrer à utopia não só nos permite sonhar com um mundo melhor, mas também agir, no sentido de concretizá-lo, ainda que tais ações precisem ser contínuas e permanentes[11]. Faz-se necessário primar pela pedagogia da esperança, como uma necessidade ontológica, sustentada pela construção dialética entre a teoria e a prática, para que as dificuldades possam ser superadas com sabedoria e ações concretas, mesmo porque, do contrário, a desesperança incute o medo do difícil ou do impossível, além de alimentar o imobilismo e o fatalismo, que se prestam à conservação do status quo e a cristalização

6. *A alegria de ensinar*. São Paulo: Ars Poética Editora, 1994. p. 37.

7. São Paulo: Alameda, 2020.

8. SUDATTI, Ariani Bueno. Reflexões sobre a "Desigualdade Racial". In: *Vulnerabilidades sociais em tempo de pandemia*. Org. Cláudia Maria da Costa Gonçalves e Rodrigo Desterro. Rio de Janeiro: Lumen Juris, 2020. p. 187-188.

9. QUIJANO, Anibal. *Modernidad, identidad y utopía en América Latina*. Cit. p. 33.

10. NINO, Carlos Santiago. *Fundamentos de derecho constitucional. Análisis filosófico, jurídico y politológico de la práctica constitucional*. Buenos Aires: Editorial Astrea, 2013. p. 11-12.

11. Eduardo Galeano se pergunta "Para que serve a utopia?" e responde, por meio do personagem Fernando Birri: *"Ella está en el horizonte —dice Fernando Birri—. Me acerco dos pasos, ella se aleja dos pasos. Camino diez pasos y el horizonte se corre diez pasos más allá. Por mucho que yo camine, nunca la alcanzaré. ¿Para qué sirve la utopía? Para eso sirve: para caminar"* (*Las palabras andantes*. 5ª ed. Buenos Aires: Catálogos S.R.L., 2001. p. 230).

dos interesses dos grupos hegemônicos[12]. O "inédito viável", de Paulo Freire, permite refletir sobre a utopia, não como um fenômeno impossível, mas como pontos desejáveis a serem buscados no curso da história[13]. Não somos sujeitos passivos da história; ao contrário: escrevemos a história a partir do conhecimento do passado e da coragem para enfrentar os problemas do presente, ainda que os resultados de nossas ações progressivas venham a ocorrer em um futuro distante e beneficiar apenas as próximas gerações. Ações concretas nascem da busca corajosa por respostas para perguntas difíceis. Quando rompemos o medo do desconhecido, reconhecemos a nossa ignorância e passamos a olhar o mundo a partir de outros pontos de vista[14]. Entre uma democracia meramente simbólica e uma democracia plena, que satisfaça todas as exigências valorativas, há diversas possibilidades legítimas para harmonizar as dimensões, formal e a substancial, da Constituição e dos tratados internacionais de direitos humanos. O constitucionalismo multinível, mais que uma utopia de direito positivo, deve ser pensado como um projeto histórico em que cada geração de cidadãos

12. "Pensar que a esperança sozinha transforma o mundo e atuar movido por tal ingenuidade é um modo excelente de tombar na desesperança, no pessimismo, no fanatismo. Mas, prescindir da esperança na luta para melhorar o mundo, como se a luta se pudesse reduzir a atos calculados apenas, à pura cientificidade, é frívola ilusão. Prescindir da esperança que se funda também na verdade como qualidade ética da luta é negar a ela um dos seus suportes fundamentais. O essencial (... é que ela, enquanto necessidade ontológica, precisa de ancorar-se na prática. Enquanto necessidade ontológica a esperança precisa da prática para tornar-se concretude histórica. É por isso que não há esperança na pura espera, nem tampouco se alcança o que se espera na espera pura, que vira, assim, espera vã" (FREIRE, Paulo. *Pedagogia da esperança. Um reencontro com a Pedagogia do Oprimido.* Notas de Ana Araújo Freire. Rio de Janeiro: Paz e Terra, 1992. p. 5).

13. "A concretização do 'inédito viável', que demanda a superação da situação obstaculizante – condição concreta em que estamos independentemente de nossa consciência – só se verifica, porém, através da práxis. Isso significa, enfatizemos, que os seres humanos não sobrepassam a situação concreta, a condição na qual estão, por meio de sua consciência apenas ou de suas intenções, por boas que sejam (...) Mas, por outro lado, a práxis não é a ação cega, desprovida de intenção ou de finalidade. É ação e reflexão" (*Ação cultural para a liberdade e outros escritos.* Rio de Janeiro: Paz e Terra, 2015. p. 221-222).

14. "É preciso muita coragem para combater preconceitos e regimes opressivos, mas é preciso ainda mais coragem para admitir ignorância e se aventurar no desconhecido. A educação secular nos ensina que se não sabemos algo, não deveríamos ter medo de reconhecer nossa ignorância e de buscar nova evidência. Mesmo se acharmos que sabemos alguma coisa, não deveríamos ter medo de duvidar de nossas opiniões e nos questionar. Muita gente tem medo do desconhecido, e quer uma resposta clara para cada pergunta. Medo do desconhecido pode nos paralisar mais que qualquer tirano. Ao longo da história havia a preocupação de que, a menos que puséssemos nossa fé em algum conjunto de respostas absolutas, a sociedade humana ia desmoronar. Na verdade, a história moderna demonstrou que uma sociedade de pessoas corajosas dispostas a admitir sua ignorância e fazer perguntas difíceis geralmente não é apenas mais próspera como também mais pacífica do que sociedades nas quais todos têm de aceitar uma única resposta sem questionar. Pessoas temerosas de perder sua verdade são propensas a ser mais violentas do que pessoas acostumadas a olhar para o mundo de diferentes pontos de vista. Perguntas às quais você não é capaz de responder são geralmente muito melhores para você do que respostas que você não é capaz de questionar" (HARARI, Yuval Noah. *21 Lições para o Século 21.* Trad. de Paulo Geiger. São Paulo: Companhia das Letras, 2018. p. 204).

deve buscar continuamente concretizar[15]. É com base nessas premissas que se parte para a tripartite reflexão (hermenêutica, de vulnerabilidades e do sistema de justiça), que sustenta a teoria do constitucionalismo multinível aqui apresentada.

15. "A Constitucional can be thought of as historical project that each generation of citizens continues to pursue" (HABERMAS, Jürgen. *The inclusion of other. Studies in political theory.* Cit. p. 203).

PARTE I

HERMENÊUTICA DOS DIREITOS HUMANOS

CAPÍTULO

1

DIREITOS HUMANOS, DEMOCRACIA E ESTADO DE DIREITO NO CONTEXTO REGIONAL LATINO-AMERICANO

A expressão "direitos humanos" revela uma agenda de desenvolvimento humano e social, que envolve tanto a proteção jurídica nacional quanto internacional. Trata-se de um programa ético e político utópico, já que são projetados padrões de bem-estar que ainda não foram integralmente atingidos.

A efetividade dos direitos humanos é uma aspiração de movimentos sociais e políticos que evoca esperança e conclama ações do Estado e da sociedade. Os direitos humanos, enquanto compromissos com a realização da justiça, emergem com força a partir de meados do século XX como uma última utopia ou como uma utopia que sobreviveu nas últimas décadas, apesar da Guerra Fria, do neoliberalismo e de outras ondas globais reformistas, já que visões ideológicas alternativas de um mundo melhor – como o socialismo, o comunismo ou o anarquismo – não se viabilizaram historicamente[1]. Nesse sentido, o então Secretário-Geral das Nações Unidas, Boutros

1. *"There is no way to reckon with the recent emergence and contemporary power of human rights without focusing on their utopian dimension: the image of another, better world of dignity and respect that underlies their appeal, even when human rights seem to be about slow and piecemeal reform. But far from being the sole idealism that has inspired faith and activism in the course of human events, human rights emerged historically as the last utopia—one that became powerful and prominent because other visions imploded. Human rights are only a particular modern version of the ancient commitment by Plato and Deuteronomy—and Cyrus—to the cause of justice. Even among modern schemes of freedom and equality, they are only one among others; they were far from the first to make humanity's global aspirations the central focus. Nor are human rights the only imaginable rallying cry around which to build a grassroots popular movement. (...). In the realm of thinking, as in that of social action, human rights are best understood as survivors: the god that did not fail while other political ideologies did. If they avoided failure, it was most of all because they were widely*

Boutros-Ghali afirmou que os direitos humanos são a "língua comum da humanidade". Isso porque aparecem como uma ideologia universal capaz de legitimar tanto o exercício do poder quanto a prática política[2].

O problema da fundamentação jurídica dos direitos humanos oscila entre a tradição jusnaturalista e o positivismo[3]. A institucionalização dos direitos humanos como sistema deve considerar documentos históricos como a Magna Carta, de 1215, o *Habeas Corpus Act*, de 1679, a Declaração do Povo da Virgínia, de 16 de junho de 1776, seguida pela Declaração de Independência dos Estados Unidos, duas semanas depois, da Constituição dos Estados Unidos, de 1787, da Declaração dos Direitos do Homem e do Cidadão, de 1789, das Convenções de Genebra, de 22 de agosto de 1864 e de 27 de julho de 1929, sobre o Tratamento dos Prisioneiros de Guerra, da Constituição mexicana de 1917 e da Constituição alemã de Weimar, de 1919. Porém, foi após a Segunda Guerra Mundial, com a Declaração dos Direitos Humanos de 1948, proclamada pela Organização das Nações Unidas, que houve a consolidação do processo histórico de construção de uma ética universal[4]. Nas palavras de Norberto Bobbio:

> (...) la Declaración Universal representa un hecho nuevo en la historia, en cuanto que por vez primera en la historia un sistema de principios fundamentales de la conducta humana ha sido libre y expresamente aceptado, a través de sus gobiernos respectivos, por la mayor parte de los hombres que habitan la tierra. Con esta Declaración un sistema de valores es (por primera vez en la historia) universal no en principio, sino de hecho, en cuanto que el

---

understood as a moral alternative to bankrupt political utopias" (MOYN, Samuel. *The last utopia. Human rights history*. Cambridge: Harvard University Press, 2010. p. 4-5).

2. BAXI, Upendra. *The future of human rights*. Oxford: Oxford University Press, 2005. p.1.
3. COELHO, Luiz Fernando. *Fundamentação ontológica dos direitos humanos*. Cit. p. 381 e 393-394.
4. Conforme Sigmund Freud, "(...) a ética se dedica ao ponto facilmente reconhecido como o mais frágil de toda cultura. Ela há de ser vista, então, como tentativa terapêutica, como esforço de atingir, por um mandamento do Super-eu, o que antes não se atingiu com outro labor cultural. Já sabemos que aqui se coloca o problema de como afastar o maior obstáculo à cultura, o pendor constitucional dos homens para a agressão mútua, e por isso mesmo nos interessamos especialmente por aquele que é provavelmente o mais jovem dos mandamentos do Super-eu cultural, o que diz: "Ama teu próximo como a ti mesmo". (...). O mandamento "Ama teu próximo como a ti mesmo" é a mais forte defesa contra a agressividade humana e um belo exemplo do procedimento antipsicológico do Super-eu cultural. O mandamento é inexequível; uma tão formidável inflação do amor só pode lhe diminuir o valor, não eliminar a necessidade. A civilização negligencia tudo isso; recorda apenas que quanto mais difícil o cumprimento do preceito, mais meritório vem a ser ele. Que poderoso obstáculo à cultura deve ser a agressividade, se a defesa contra ela pode tornar tão infeliz quanto ela mesma! A chamada ética natural nada tem a oferecer aqui, salvo a satisfação narcísica de o indivíduo poder se considerar melhor do que os outros. A ética que se apoia na religião introduz aqui suas promessas de um além-túmulo melhor. Acho que, enquanto a virtude não compensar já nesta vida, a ética pregará em vão" (O mal-estar na civilização. In: *Obras completas*. Vol. 18. Trad. de Paulo César de Souza. São Paulo: Companhia das Letras, 2011. p. 76-77).

consenso sobre su validez e idoneidad para regir la suerte de la comunidad futura de todos los hombres ha sido explícitamente declarado (Los valores de los que han sido portadores las religiones y las iglesias, incluso la más universal de las religiones, la cristiana, de hecho, sólo han implicado a una parte de la humanidad). Sólo después de la Declaración podemos tener la certidumbre histórica de que la humanidad, toda la humanidad, comparte algunos valores comunes y podemos creer finalmente en la universalidad de los valores en el único sentido en que tal creencia es históricamente legítima, es decir, en el sentido en que universal significa no dado objetivamente, sino subjetivamente acogido por el universo de los hombres[5].

Até a fundação da Organização das Nações Unidas de 1945 e a promulgação da Declaração de 1948, a proteção dos direitos humanos não ultrapassava as fronteiras geopolíticas de cada país; não se cogitava em direitos humanos universais, isto é, supranacionais, pois estavam atrelados aos sistemas internos de direitos positivos, compreendidos nos limites das respectivas Constituições e das cidadanias nacionais[6]. Foi a instituição da Organização das Nações Unidas, a Declaração dos Direitos Humanos e os sucessivos pactos e convenções internacionais produzidos – como o Pacto Internacional dos Direitos Civis e Políticos, o Pacto Internacional sobre Direitos Econômicos, Sociais e Culturais e diversos outros documentos como as Convenções sobre a Abolição da Escravatura, do Tráfico de Escravo e das Instituições e Práticas Análogas à Escravatura, para a Prevenção e Repressão do Crime de Genocídio, sobre a Imprescritibilidade dos Crimes de Guerra e dos Crimes contra a Humanidade, relativa ao Estatuto dos Refugiados e Protocolo sobre o Estatuto dos Refugiados – que marcaram a falência da soberania absoluta dos Estados nacionais, baseada na paz de Vestfália[7], a qual deram origem à tragédia das duas guerras mundiais[8].

A Carta das Nações Unidas, assinada na cidade de São Francisco, em 26 de junho de 1945 (promulgada no Brasil pelo Decreto nº 19.841, de 22 de outubro de 1945), por ocasião da Conferência das Nações Unidas sobre a Organização Internacional, sintetiza esses propósitos aos dispor:

5. BOBBIO, Norberto. *El tiempo de los derechos*. Madri: Editorial Sistema, 1991. p. 66.
6. COELHO, Luiz Fernando. *Fundamentação ontológica dos direitos humanos*. Cit. p. 404-405.
7. O termo "Paz de Vestffália" se refere aos tratados de Munster e Osnabruck, assinados ao final da Guerra dos 30 anos, no século XVII (1618-1648), responsáveis pelo início do Direito Internacional, caracterizado pela soberania e pela igualdade entre os Estados.
8. FERRAJOLI, Luigi. *Diritti fondamentali*. In: *Diritti fondamentali. Un dibatito teorico*. Coord. Ermanno Vitale. 2ª ed. Roma-Bari: Laterza, 2002. p. 22.

> Nós, os povos das Nações Unidas, resolvidos a preservar as gerações vindouras do flagelo da guerra, que por duas vezes, no espaço da nossa vida, trouxe sofrimentos indizíveis à humanidade, e a reafirmar a fé nos direitos fundamentais do homem, na dignidade e no valor do ser humano, na igualdade de direito dos homens e das mulheres, assim como nas nações grandes e pequenas, e a estabelecer condições sobre os quais a justiça e o respeito às obrigações decorrentes de tratados e de outras fontes do direito internacional possam ser mantidos, e a promover o progresso social e melhores condições de vida dentro de uma liberdade ampla. E para tais fins praticar a tolerância e viver em paz, uns com os outros, como bons vizinhos, e unir as nossas forças para manter a paz e a segurança internacionais, e a garantir, pela aceitação de princípios e a instituição dos métodos, que a força armada não será usada a não ser no interesse comum, a empregar um mecanismo internacional para promover o progresso econômico e social de todos os povos. Resolvemos conjugar nossos esforços para a consecução desses objetivos.

A Assembleia Geral da ONU, em 10 de dezembro de 1948, proclamou a Declaração Universal após considerar que: i) "o reconhecimento da dignidade inerente a todos os membros da família humana e dos seus direitos iguais e inalienáveis constitui o fundamento da liberdade, da justiça e da paz no mundo"; ii) "o desconhecimento e o desprezo dos direitos humanos conduziram a atos de barbárie que revoltam a consciência da Humanidade e que o advento de um mundo em que os seres humanos sejam livres de falar e de crer, libertos do terror e da miséria, foi proclamado como a mais alta inspiração do Homem"; iii) "é essencial a proteção dos direitos humanos através de um regime de direito, para que o Homem não seja compelido, em supremo recurso, à revolta contra a tirania e a opressão"; iv) "é essencial encorajar o desenvolvimento de relações amistosas entre as nações"; v) "na Carta, os povos das Nações Unidas proclamam, de novo, a sua fé nos direitos fundamentais humanos, na dignidade e no valor da pessoa humana, na igualdade de direitos dos homens e das mulheres e se declararam resolvidos a favorecer o progresso social e a instaurar melhores condições de vida dentro de uma liberdade mais ampla"; vi) "os Estados membros se comprometeram a promover, em cooperação com a Organização das Nações Unidas, o respeito universal e efetivo dos direitos humanos e das liberdades fundamentais"; vii) "uma concepção comum destes direitos e liberdades é da mais alta importância para dar plena satisfação a tal compromisso".

Nesse sentido, a Declaração de 1948 inovou ao introduzir a concepção contemporânea dos direitos humanos, caracterizada pela universalidade e indivisibilidade desses direitos. Pela primeira vez, reconheceu-se que os direitos humanos são universais, isto é, pertencem a todas as pessoas simplesmente por serem humanas, independentemente de qualquer outra característica. Dessa forma, a única exigência para a titularidade de direitos é a própria condição humana, considerando que todo ser humano é dotado de unicidade existencial e dignidade[9]. Não por acaso o art. 1º do documento prevê que "todos os seres humanos nascem livres e iguais, em dignidade e direitos"[10], consagrando a dignidade humana como o alicerce sobre o qual se fundamenta os direitos humanos, que são inerentes a todos, sem distinção.

Além disso, os direitos humanos passaram a ser reconhecidos como indivisíveis e interdependentes entre si, não podendo ser tratados de forma isolada. A Declaração uniu, de forma inédita, em um único documento os direitos civis e políticos aos direitos econômicos, sociais e culturais, integrando o valor da liberdade com o da igualdade. Com isso, o direito à liberdade perde seu sentido quando não é assegurado o direito à igualdade e, da mesma forma, o direito à igualdade se torna vazio quando a liberdade não é garantida[11]. Assim, a implementação plena dos direitos humanos exige a garantia simultânea de direitos civis, políticos, econômicos, sociais e culturais, sendo que a proteção de um direito só é efetiva quando os demais também são respeitados.

A partir da edição da Declaração, o problema de fundo dos direitos humanos deixou de ser como justificá-los para ser como protegê-los, ou seja, não é um problema filosófico, mas político[12]. Assim, pouco importa saber quais e quantos são os direitos humanos, qual é a sua natureza e os seus fundamentos, se são direitos naturais ou históricos, absolutos ou relativos, senão buscar qual é o meio mais seguro para assegurá-los, impedindo que sejam continuamente violados[13].

Com a evolução da paisagem protetiva, ficou claro que justificação e proteção caminham *pari pasu*. As convenções internacionais de direitos humanos fazem com que os direitos existam não somente no interior dos Estados, como nas Constituições onde são positivados. Tornam-se direitos

9. PIOVESAN, Flávia. *Temas de direitos humanos*. 5. ed. São Paulo: Saraiva, 2012, p. 29.
10. COMPARATO. Fábio Konder. Fundamento dos Direitos Humanos. *Instituto de Estudos Avançados da Universidade de São Paulo*, 1997, p. 7.
11. PIOVESAN, Flávia. *Temas de direitos humanos*. 5. ed. São Paulo: Saraiva, 2012, p. 29.
12. BOBBIO, Norberto. *El tiempo de los derechos*. Cit. p. 61.
13. Idem, p. 64.

tanto nacionais quanto supranacionais, vinculando e subordinando Estados em nível internacional, a fim de que os direitos das pessoas prevaleçam, independentemente da nacionalidade ou da cidadania.

Com efeito, os direitos humanos, a partir da Declaração Universal de 1948, deixaram de ser protegidos apenas no âmbito do Estado, mas também contra o Estado; ou seja, têm uma tutela denominada de segundo grau, que envolve os Sistemas de Proteção dos Direitos Humanos, os quais entram em funcionamento quando o Estado deixa de cumprir suas obrigações internacionais/constitucionais em relação às pessoas ou grupos sociais, cujos direitos são desrespeitados ou não reconhecidos[14].

Nesse cenário, em que a proteção dos direitos humanos é responsabilidade tanto do direito nacional quanto internacional, não há uma hierarquia entre os Estados e os sistemas internacionais de proteção, mas sim um modelo de atuação conjunta e complementar. Os Estados continuam a ser os principais responsáveis pela garantia e promoção dos direitos humanos no nível nacional. Contudo, quando falham em assegurar esses direitos, os sistemas internacionais atuam para garantir que a proteção seja efetiva e que as vítimas recebam a reparação adequada.

Essa atuação complementar cria um sistema de retroalimentação, no qual as decisões e ações de um influenciam e reforçam a atuação do outro. Os sistemas internacionais de proteção aos direitos humanos não substituem a responsabilidade dos Estados, mas funcionam como um mecanismo que consagra a efetivação dos direitos e garantias. Por sua vez, a atuação dos Estados em conformidade e diálogo com os padrões internacionais fortalece os sistemas de proteção e contribui para o aprimoramento da tutela dos direitos humanos globalmente. Por isso, é necessário pensar no desenvolvimento de um modelo de Estado cooperativo no sentido amplo, isto é, com os direitos humanos, com outros Estados e com os sistemas de proteção, de modo a desempenhar um papel ativo na comunidade internacional para a proteção universal dos direitos humanos.

Para que o Estado seja efetivamente colaborativo na defesa dos direitos humanos, é imprescindível que ele seja um Estado Democrático de Direito. Isso significa que o Estado deve não só cumprir as formalidades de representação popular na escolha do administrador público ou na formação do Poder Legislativo (democracia em sentido formal). Não basta inserir no

14. Idem, p. 39.

ordenamento jurídico a obrigatoriedade de se respeitar a democracia ou prever um rol de direitos e garantias fundamentais; é indispensável, para a existência da democracia, saber se o exercício do poder respeita e efetiva, na práxis, os direitos humanos-fundamentais (democracia em sentido substancial).

Nesse sentido, a democracia não possui uma essência universal *a priori*, uma vez que ela não se trata de uma realidade objetiva; mas de um objetivo para a realidade, pois somente se concretiza no momento histórico em que é praticada: o ser da democracia é um contínuo *fazer-se*, não é um conhecimento descritivo voltado ao passado; é uma construção em relação ao presente e ao futuro; é criada e recriada na prática, como explica Luiz Fernando Coelho:

> Não há democracia em si, pois o que existe é um modo de interpretar fatos da vida, precisamente o *sentido* da democracia, não aprioristicamente revelado, mas construído pelo trabalho intelectual e pela práxis política compromissada com os anseios da nação, liberada da alienação endêmica, da partiocracia, do populismo irresponsável, da robalheira, da burocracia desnecessária de todas as formas ilegítimas de exercício do poder[15].

A democracia está assentada na igualdade e na homogeneidade entre as pessoas, não havendo superioridade entre governantes e governados[16]. Conforme Abraham Lincoln, democracia é "o governo do povo, pelo povo e para o povo". Todo o poder emana do povo, embora o seu exercício se dê por meio de representantes eleitos ou diretamente. A Constituição é, ao mesmo tempo, o ato de constituir e o objeto constituído; é o conjunto de normas que organiza o poder e estabelece os direitos. A Constituição antecede o governo; é do povo que constitui o governo[17].

Sendo assim, os direitos humanos, incorporados explícita ou implicitamente nas Constituições, fortalecem a democracia e são balizas para a atuação dos governantes, para evitar o abuso do poder, a instituição de regimes opressivos e contrários ao respeito às liberdades. Isso porque tais direitos, por serem inerentes a cada ser humano e serem inalienáveis, antecedem o Direito dos Estados[18]. Além disso, a partir de meados do século

15. Fenomenologia e crítica da democracia. *Revista Judiciária do Paraná*, vol. 21, maio/2021, p. 126.
16. SCHMITT, Carl. *Constitutional theory*. Trad. de Jeffrey Seitzer. Durham: Duke University Press, 2008. p. 264.
17. VILHENA, Oscar Vieira. *A batalha dos poderes*. São Paulo: Companhia das Letras, 2018. p. 71-73.
18. TRINDADE, Antônio Augusto Cançado. *Tratado de Direito Internacional de Direitos Humanos*. Vol. 1. 2ª ed. Porto Alegre: Sergio Antonio Fabris, 2003. p. 35.

XX, após a Segunda Guerra Mundial (1939-1945), os direitos humanos estão vinculados à busca pelo bem comum, a partir da emancipação do ser humano de todo tipo de servidão, inclusive de ordem material[19].

A relação entre direitos humanos e democracia é estreita e indispensável. Em contextos democráticos, os direitos encontram espaço para florescer, protegidos por instituições que se submetem à vontade popular e que são desenhadas para garantir o respeito à dignidade humana. Os direitos humanos são um fim, e a democracia é o meio que permite alcançar esse fim. Como reconhecido pelo Secretário-Geral da ONU, a democracia, pautada no Estado de direito, é uma ferramenta fundamental para alcançar a paz e segurança internacional, o progresso, o desenvolvimento econômico e social, a satisfação das necessidades humanas básicas e o respeito pelos direitos humanos[20].

Em um ambiente democrático, a dignidade e a igualdade são valores protegidos não apenas na teoria, mas também na prática, estabelecendo um círculo virtuoso em que democracia e direitos humanos se fortalecem mutuamente. Esse entendimento é essencial para reconhecermos a importância de defender a democracia como condição para uma sociedade justa. Assim, um meio para proteção da democracia de retrocessos autoritários é a cidadania ativa, já que esta fortalece a vigilância popular e a capacidade de reação contra abusos de poder. Ao mesmo tempo, uma democracia avivada protege os direitos humanos ao fomentar um ambiente em que esses direitos podem ser defendidos e ampliados. Assim, cada conquista democrática reforça a proteção dos direitos humanos, e cada direito humano garantido contribui para a vitalidade e a longevidade da democracia.

Nesse sentido, os direitos humanos funcionam como o meio indispensável para manter a democracia íntegra e funcional, pois esta só pode ser plenamente exercida quando há proteção efetiva aos direitos fundamentais. Sem essa garantia, a democracia perde sua profundidade e fica reduzida a um mecanismo formal, facilmente manipulável e vulnerável a práticas autoritárias. Assim, os direitos humanos sustentam a democracia e a democracia os direitos humanos, fortalecendo-se mutuamente contra as ameaças que tentam reduzir sua pluralidade e fragilizar suas instituições. Como afirmam Christoph Menke e Arnd Pollmann, “os direitos humanos

---

19. Idem. Ibidem.

20. ORGANIZAÇÃO DAS NAÇÕES UNIDAS. *Guidance note of the Secretary-General on democracy.* New York, 2009, p. 2. Disponível em: https://www.un.org/democracyfund/sites/www.un.org.democracyfund/files/un_sg_guidance_note_on_democracy.pdf. Acesso em: 20 dez. 2024.

são a um só tempo a condição e o resultado da democracia"[21]. Essa interdependência é expressamente reconhecida na Declaração e Programa de Ação de Viena, adotada na Conferência Mundial sobre Direitos Humanos em 1993, que reafirma a relação essencial entre democracia e respeito aos direitos humanos:

> 8. A democracia, o desenvolvimento e o respeito pelos Direitos Humanos e pelas liberdades fundamentais são interdependentes e reforçam-se mutuamente. A democracia assenta no desejo livremente expresso dos povos em determinar os seus próprios sistemas políticos, econômicos, sociais e culturais e a sua participação plena em todos os aspectos das suas vidas. Neste contexto, a promoção e a proteção dos Direitos Humanos e das liberdades fundamentais, a nível nacional e internacional, devem ser universais e conduzidas sem restrições adicionais. A comunidade internacional deverá apoiar o reforço e a promoção da democracia, do desenvolvimento e do respeito pelos Direitos Humanos e pelas liberdades fundamentais no mundo inteiro.

A própria noção de democracia, como direito humano, está profundamente enraizada em tratados internacionais e documentos importantes. A Carta Democrática Interamericana, adotada pela Organização dos Estados Americanos, em 2001, enfatiza essa conexão indissociável. No art. 3º, a carta afirma que "o respeito aos direitos humanos e às liberdades fundamentais, o acesso ao poder e seu exercício com sujeição ao Estado de Direito, a realização de eleições periódicas, livres e justas baseadas no sufrágio universal e secreto como expressão da soberania do povo, e o regime plural de partidos e organizações políticas são elementos essenciais da democracia representativa". No art. 7º, a carta reforça que "a democracia é indispensável para o exercício efetivo das liberdades fundamentais e dos direitos humanos universais". Estes compromissos internacionais reforçam que os ataques à democracia representam uma ameaça direta aos direitos humanos. Quando esse sistema é minado por forças autoritárias, todos os direitos que dependem dele se tornam vulneráveis.

Os direitos humanos cumprem, pois, duas funções essenciais[22]. Por um lado, limitam o exercício do poder e circunscrevem à atuação do Estado, que tem o dever de reconhecê-los e assegurá-los. De outro lado, os direitos

21. MENKE, Christoph; POLLMANN, Arnd. *Filosofía de los derechos humanos*. Barcelona: Herder, 2010, p. 197.
22. CAMPOS, Gérman J. Bidart. *Teoría general de los derechos humanos*. México: Universidad Nacional Autónoma de México, 1989. p. 73.

humanos conferem legitimidade ao Estado, ao colocá-lo a serviço da pessoa humana, de modo a propiciar as condições para o desenvolvimento de sua personalidade e para viver em liberdade. Os direitos humanos são a *conditio sine qua non* para que as pessoas participem em liberdade, racionalmente igualitária, dos proveitos do bem comum público[23]. Considerando que os países da América Latina têm como objetivos comuns superar a grave iniquidade social, a violência sistemática e a necessidade de consolidação democrática (devido à tradição de governos autoritários), a construção de um Ius Constitucionale Commune deve ser orientada pelo respeito ao Estado de Direito, à democracia e aos direitos humanos.

A democracia em nossa região é um fenômeno relativamente recente, marcado por períodos de instabilidade e rupturas institucionais. Os países latino-americanos enfrentaram desafios estruturais decorrentes de sua independência tardia e de recorrentes ciclos de autoritarismo, caracterizados pela ascensão de golpes de Estado e pela imposição de ditaduras militares ao longo do século XX[24]. Esses regimes repressivos não apenas restringiram direitos e liberdades fundamentais, mas também deixaram como legado profundas desigualdades sociais e econômicas.

Com o fim dos regimes ditatoriais, os países da América Latina enfrentaram um longo e complexo processo de redemocratização, permeado por desafios específicos a cada contexto nacional. Esse movimento foi impulsionado por mobilizações populares, que desempenharam um papel fundamental na reivindicação de direitos cerceados durante os períodos autoritários. A luta pela consolidação da democracia exigiu não apenas a realização de eleições livres, mas também a reconstrução das instituições, o fortalecimento do Estado de Direito e a busca por mecanismos eficazes de justiça de transição, visando enfrentar a repressão e garantir a não repetição das violações de direitos humanos cometidas no passado.

No cenário atual, a democracia na América Latina enfrenta novas ameaças. Observa-se uma crescente onda de populismo autoritário, que surge com força em diversos países, colocando em xeque os valores democráticos arduamente construídos nas últimas décadas. Esses movimentos populistas, muitas vezes embasados em promessas vazias e soluções simplistas para problemas complexos, têm implementado novos modelos de autoritarismos e ataques à democracia. Em vez dos métodos tradicionais, como golpes de

23. Idem. p. 75.
24. MACHADO, João Paulo Borges. Sistemas Democráticos modernos: Uma análise da democracia na América Latina. *Revista Reflexão e Crítica do Direito*, a. III, n. 3, p. 135-152, jan./dez. 2015, p. 146.

Estado ou censura explícita, recorrem a táticas mais sutis e sofisticadas de manipulação constitucional para promover uma transformação gradual do Estado democrático em um regime autoritário[25].

Nesse contexto, David Landau chama a atenção para o denominado "constitucionalismo abusivo", que se refere a utilização de mecanismos formais de alteração constitucional para "tornar um Estado significativamente menos democrático do que era antes"[26]. Segundo o autor, esse fenômeno se manifesta de três maneiras principais: (i) por meio da adoção de emendas constitucionais, como ocorreu na Colômbia; (ii) pela alteração direta da Constituição, como observado na Venezuela; e (iii) por uma combinação entre emendas e modificações da Constituição, como foi o caso da Hungria[27]. Como apontam Estefânia Maria Queiroz Barboza e Ilton Norberto Robl Filho, com base na conceituação de Landau, essas estratégias permitem a implementação de regimes autoritários e semiautoritários por meio da própria estrutura constitucional, que é manipulada para enfraquecer gradativamente os princípios democráticos, conferindo uma aparência de legalidade ao desmonte institucional. Nas palavras dos autores:

> Esse fenômeno é descrito como constitucionalismo abusivo originariamente por David Landau (2013, p. 191), significando a utilização de institutos do direito constitucional e do Estado constitucional para violar e minar a democracia liberal por meio especialmente de emendas constitucionais e da substituição de constituições por novas leis fundamentais. O modelo deturpado de constitucionalismo auxilia na efetivação de novas modalidades de governos autoritários ou semiautoritários sem a necessidade de utilização de golpes de Estado para chegar ou manter-se no poder estatal. O partido majoritário, as coalizões de partidos e os Presidentes da República fortes podem utilizar de emendas constitucionais para manterem-se no Poder Executivo com, por exemplo, a aprovação de reeleição do Chefe do Executivo, além de alterarem mecanismos de controle sobre os demais Poderes e órgãos constitucionalmente autônomos[28].

25. CÂMARA, Heloisa Fernandes; ALMEIDA, Ana Paula Cardoso. Estratégias de erosão constitucional no Brasil: bolsonarismo e a desconstituição por meios legais e administrativos. *Revista Direito e Práxis*, Rio de Janeiro, v. 20, n. 10, 2022, p. 2436.

26. LANDAU, David. Abusive Constitutionalism. 47 UC Davis Law Review 189, *FSU College of Law*, Public Law Research Paper, n. 646, 2013. Disponível em: https://papers.ssrn.com/sol3/papers.cfm?abstract_id=2244629. Acesso em: 25 fev. 2025, p. 195.

27. Idem, p. 200.

28. BARBOZA, E. M. Q.; FILHO, I. N. R. Constitucionalismo Abusivo: Fundamentos Teóricos e Análise da sua Utilização no Brasil Contemporâneo. *Revista Brasileira de Direitos Fundamentais & Justiça*, [S. l.], v. 12, n.

Kim Lane Scheppele, por sua vez, enuncia o fenômeno intitulado como "legalismo autocrata", que retrata o uso de mandatos eleitorais, bem como de mudanças constitucionais e legais para consolidar o poder de líderes e grupos políticos autoritários sob uma fachada de legalidade[29]. Nesses casos, embora os governantes cheguem ao poder por meio de eleições democráticas, utilizam seus cargos e os instrumentos constitucionais para enfraquecer a separação de poderes, reduzir a transparência na gestão pública e restringir direitos fundamentais, especialmente os de opositores, organizações da sociedade civil, meios de comunicação e coletivos sociais[30]. Esse modelo autocrático se sustenta em um discurso aparentemente voltado ao interesse público, mas que, na prática, serve para promover a concentração de poder de maneira desordenada e sem controle, sob o manto da constitucionalidade e da democracia[31].

A ascensão do populismo autoritário não se limita a discursos intimidantes abrasados; ela se manifesta em ações concretas que desmantelam progressivamente as bases da democracia. Os líderes autoritários eleitos democraticamente promovem uma erosão democrática de forma lenta e em pequenos passos, criando um processo contínuo que enfraquece as instituições democráticas. Embora as eleições muitas vezes ainda ocorram e a imprensa independente continue a circular[32], a liberdade de imprensa é cerceada, a independência do Judiciário comprometida, e a sociedade civil encontra-se sob constante pressão, dificultando sua atuação como contraponto ao poder. Esse processo representa uma ameaça direta aos direitos humanos, pois restringe a possibilidade de controle social sobre os governantes e gera ambientes de medo e repressão, onde a pluralidade de opiniões e o direito ao dissenso são, gradativamente, eliminados. Para proteger a democracia contra esses ataques, é essencial reconhecer o papel central que ela exerce na promoção e salvaguarda dos direitos humanos.

Democracia é, por sua própria natureza, um conceito fluido e tenso, sempre exigindo negociações e ajustes. Ela nunca foi, nem será, uma ideia

---

39, p. 79–97, 2019. DOI: 10.30899/dfj.v12i39.641. Disponível em: https://dfj.emnuvens.com.br/dfj/article/view/641. Acesso em: 26 fev. 2025, p. 84.

29. SCHEPPELE, Kim Lane. Autocratic Legalism. *The University of Chicago Law Review*. Vol. 85, 2018. Disponível em: https://chicagounbound.uchicago.edu/uclrev/vol85/iss2/2/. Acesso em: 25 fev 2025.

30. BARBOZA, E. M. Q.; FILHO, I. N. R. Constitucionalismo Abusivo: Fundamentos Teóricos e Análise da sua Utilização no Brasil Contemporâneo. *Revista Brasileira de Direitos Fundamentais & Justiça*, [S. l.], v. 12, n. 39, p. 79–97, 2019. DOI: 10.30899/dfj.v12i39.641. Disponível em: https://dfj.emnuvens.com.br/dfj/article/view/641. Acesso em: 26 fev. 2025, p. 85.

31. Idem.

32. LEVITSKY, Steven; ZIBLATT, Daniel. *Como as democracias morrem*. Rio de Janeiro: Zahar, 2018, p. 91.

fixa ou estável. Em vez disso, é um campo dinâmico de disputas, onde diferentes visões de sociedade se encontram e onde o equilíbrio entre liberdade e igualdade precisa ser constantemente renegociado. No entanto, apesar dessas tensões, a democracia permanece a única forma de governo que, ao respeitar a diversidade e a pluralidade, oferece o espaço necessário para a efetiva proteção dos direitos humanos. Sem essa base democrática, não há como assegurar que esses direitos sejam respeitados e promovidos.

Essa flexibilidade, no entanto, não enfraquece a democracia. Ao contrário, ela a fortalece, pois permite que diferentes perspectivas e demandas sociais encontrem um lugar legítimo no espaço público. A democracia exige vigilância constante e, muitas vezes, adaptações às novas demandas sociais, mas é essa natureza aberta e plural que a torna a única forma de governo capaz de respeitar a dignidade humana em sua totalidade. Em um mundo onde ameaças de autoritarismo tentam redefinir e até fragilizar o que entendemos por liberdade e justiça, a democracia reafirma sua posição como um bem imprescindível para qualquer sociedade que busque o bem comum.

Em diferentes partes do mundo, especialmente na América Latina, já se evidenciam os danos que o populismo autoritário causa aos direitos humanos. A censura, a repressão de movimentos sociais e a criminalização de ativistas são estratégias frequentes que têm sido observadas e documentadas por organismos internacionais, como a ONU e a própria Comissão Interamericana de Direitos Humanos. Nesse sentido, o Secretário-geral das Nações Unidas, António Guterres, alertou que "os direitos humanos são o oxigênio da humanidade, mas, um a um, os direitos humanos estão sendo sufocados", uma realidade que resulta, em grande parte, da ação de governos que, temerosos do poder de um povo verdadeiramente capacitado, buscam esmagar qualquer forma de oposição[33]. Essas práticas não só violam os direitos à liberdade de expressão, mas também resultam em uma erosão democrática ao restringir o espaço para o debate público e silenciar vozes dissidentes.

No Brasil, em passado recente, vimos tentativas frequentes de deslegitimar as instituições democráticas, ataques à imprensa e políticas que desrespeitaram os direitos de populações vulneráveis. Durante o governo de Jair Bolsonaro, houve um esforço sistemático para enfraquecer a democracia, por meio do abuso das prerrogativas atribuídas ao chefe do Poder

33. Guterres: "Os direitos humanos são o oxigênio da humanidade". *Nações Unidas Brasil*, 24 fev. 2025. Disponível em: https://brasil.un.org/pt-br/289800-guterres-os-direitos-humanos-s%C3%A3o-o-oxig%C3%AAnio-da-humanidade. Acesso em: 02 mar. 2025.

Executivo pela Constituição,[34] propagação de discursos contra grupos vulneráveis e opositores políticos e criação de um ambiente de polarização. O ex-presidente Bolsonaro adotou uma postura que desafiava as normas democráticas, frequentemente questionando a integridade do sistema eleitoral e incentivando a desinformação, inclusive no tocante à saúde pública durante a pandemia do Covid-19[35]. Além disso, desmantelou políticas públicas para populações vulneráveis, como povos indígenas, mulheres e a comunidade LGBTQIAPN+. Estas práticas contribuíram para um contexto de retrocesso nos direitos humanos e deixaram uma marca duradoura. Dessa forma, o futuro ainda apresenta riscos caso essas tendências populistas continuem a ganhar espaço.

Hoje, as ameaças populistas à democracia não são exclusivas do Brasil. Diversos países latino-americanos vivem situações semelhantes, nas quais a centralização de poder e o enfraquecimento das instituições ameaçam a liberdade e a igualdade. Em países como El Salvador, onde medidas de controle social e repressão contra opositores são implementadas sob justificativas de combate ao crime, vemos sinais claros de que as liberdades estão em risco. A América Latina, portanto, vive um momento de alerta, no qual a defesa da democracia se faz urgente para evitar retrocessos em direitos fundamentais.

Em tempos de populismo autoritário, proteger a democracia é proteger o futuro da dignidade humana, da liberdade e da justiça. O desafio é grande, mas, como sociedade, temos a responsabilidade de manter a vigilância e de resistir a qualquer movimento que ameace esses valores fundamentais. É apenas com uma democracia sólida e respeitada que podemos garantir um futuro habitável para as próximas gerações.

34. CÂMARA, Heloisa Fernandes; GORSDORF, Leandro Franklin; SILVA, Rita de Cássia Lins e; ARAÚJO, Thiago Nogueira. A constituição na corda bamba: práticas desconstituintes e imaginário bolsonarista. In: CRUZ, Álvaro; CABRAL, Ana Luiza Novais; HORSTH, Henrique Severgnini; CHUEIRI, Vera Karam de (org.). *Erosão constitucional.* Belo Horizonte: Arraes Editores, 2022, p. 251.

35. Duarte, André. *A pandemia e o pandemônio:* ensaio sobre a crise da democracia brasileira. 1. ed. Rio de Janeiro: Via Verita, 2020.

CAPÍTULO

2

(DES)ENVOLVIMENTO E DIREITOS HUMANOS

A herança legada pela Declaração dos Direitos Humanos – densificada em diversos outros instrumentos posteriores – é imersa em um cenário complexo e plural crescente que incluem novas demandas e novos atores nos processos de reconhecimento e concretização dos direitos. Eis a razão pela qual, quase quarenta anos após sua promulgação, a Declaração foi revisitada e referendada por alargada concordância, demonstrando sua pertinência e atualidade.

A legitimidade desse consenso internacional protetivo foi endossada pela Declaração de Viena de 1993 que, por sua vez, ao reafirmar as bases da Declaração de 1948, reitera, agora subscrita por um universo ampliado de Estados-partes, as bases que culminaram com a edição da Declaração de 1948, ao afirmar que os direitos humanos são universais, interdependentes e inter-relacionados, devendo ser tratados de forma equitativa e igualitária, além de gozarem da mesma ênfase. Ainda, a Declaração e o Plano de Ação de Viena estabelecem a interdependência dos valores dos direitos humanos, democracia e desenvolvimento. Além de caracterizarem o direito ao desenvolvimento como universal, inalienável e parte integral dos direitos humanos.

É, nesse contexto contemporâneo de proteção, que nasce o direito humano ao desenvolvimento. Além do destaque conferido pela Conferência Mundial de Viena, em 1993, já em 1986, fora adotada, por 146 Estados, com um voto contrário (EUA) e oito abstenções, a Declaração sobre o Direito ao Desenvolvimento pela Assembleia Geral das Nações Unidas. Há, com a

Declaração de 1986 e a ratificação de seus propósitos em Viena, em 1993, mudança no curso da temática desenvolvimentista que, até a década de 70 do século XX, era essencialmente economista. Afiança, nesse diapasão, Cláudia Perrone-Moisés:

> O termo 'desenvolvimento' é um conceito antigo, mas que assumiu novo significado no contexto internacional. Antes entendido como puramente econômico, ganha hoje outras conotações, pressupondo uma aproximação integrada (econômica e social) e uma ação global[1].

Nesse cenário, o desenvolvimento há de ser concebido como um processo de expansão das liberdades reais que as pessoas podem usufruir, para adotar a concepção de Amartya Sen[2]. Partindo dessa compreensão, deve-se explorar a importância do reconhecimento e fortalecimento da categoria jurídica do direito humano ao desenvolvimento e refletir no que consiste o núcleo duro material desse singular direito humano. Em outras palavras, faz-se necessário, inclusive como forma de fortalecimento do discurso jurídico protetivo, exprimir o porquê da enunciação jurídica da categoria direito humano ao desenvolvimento e os efeitos que dela advêm, bem como o conteúdo abrangido dentro dessa ainda incipiente forma de proteção aos direitos humanos.

É certo que o esboço da proteção internacional fomentado no âmbito internacional pende de densificação normativa haja vista a falta de *hard law* sobre a matéria. A ausência de fortalecimento da categoria (normativa) do direito humano ao desenvolvimento, na perspectiva do direito internacional dos direitos humanos, registra as dificuldades, no âmbito do direito internacional, das iniciativas, até o presente momento fracassadas, de criação de um tratado sobre a temática – o que per se já demonstra que o tema não atende aos interesses majoritários da geopolítica atual.

Destaca Celso Lafer que o direito ao desenvolvimento, no palco das relações internacionais globais, encontra no seu âmbito internacional de evolução normativa coro na voz dos países cognominados em desenvolvimento que buscam consolidar sua identidade autônoma. O direito ao desenvolvimento faz parte das reivindicações do "Terceiro Mundo" em consolidar identificação e bandeira próprias. Nas palavras do autor:

1. PERRONE-MOISÉS, Cláudia. Direitos humanos e desenvolvimento: A contribuição das Nações Unidas. In: *O cinquentenário da Declaração Universal dos Direitos do Homem*. Org. Alberto do Amaral Jr e Cláudia Perrone-Moisés. São Paulo: Edusp/Fapesp, 1999. p. 181.
2. SEN, Amartya. Desenvolvimento como Liberdade. São Paulo: Cia das Letras, 2000. p. 52.

> [...] o direito ao desenvolvimento é reafirmado igualmente, sendo enfatizado que é o homem o sujeito do desenvolvimento e [...] a falta de condições econômicas e sociais adequadas não pode ser invocada para justificar violações dos direitos humanos[3].

O surgimento do direito ao desenvolvimento (como instrumento de afirmação dos direitos humanos) demanda que se recorra à concepção contemporânea desses direitos. Historicamente, direitos humanos e desenvolvimento existiram paralelamente, mas somente a partir da reconstruída perspectiva contemporânea dos direitos humanos, com o pós-guerra e a Declaração Universal de 1948, o desenvolvimento ganha nova tônica e proximidade com o *human rights approach*.

A grande importância da Declaração sobre o Direito ao Desenvolvimento de 1986 foi lançar o human *rights-based aprroach* ao direito ao desenvolvimento. Essa amálgama entre direitos humanos e desenvolvimento, ao mesmo tempo em que prefixa o direito ao desenvolvimento como um direito humano, coloca-o como condição ensejadora da fruição e da realização plena dos direitos humanos e liberdades fundamentais. Nessa visão aproximativa dos direitos humanos, os anseios econômicos cedem espaço às necessidades humanas, tendo a noção de crescimento econômico pouco a ver com essa renovada visão do desenvolvimento.

Nesse cenário, o desenvolvimento é voltado à pessoa humana que deve ser ativa, participante e beneficiária do direito ao desenvolvimento. No que tange ao *human rights approach*, a Declaração fixa-o em seu art. 2º, §1º, ao asseverar que a pessoa humana é, concomitantemente, sujeito central e participante ativo e principal beneficiário do direito ao desenvolvimento.

O redesenho institucional demandado pelo direito ao desenvolvimento é, ao mesmo tempo, incentivador e decorrente da participação política dos sujeitos na significação do seu próprio desenvolvimento, ao atuar diretamente na repartição equitativa dos benefícios resultantes. Daí decorre o caráter emancipador do direito ao desenvolvimento, conforme sublinha Amartya Sen:

> Com oportunidades sociais adequadas, os indivíduos podem efetivamente moldar seu próprio destino e ajudar uns aos outros. Não precisam ser vistos sobretudo como beneficiários passivos de engenhosos programas de desenvolvimento. Existe, de fato, uma sólida base racional para

3. LAFER, Celso. *Comércio, Desarmamento e Direitos Humanos*. São Paulo: Paz e Terra, 1999. p. 167-168.

reconhecermos o papel positivo da condição de agente livre e sustentável – e até mesmo o papel positivo da impaciência construtiva[4].

O enfoque na realização das potencialidades humanas alia, lado a lado, e em patamar de igualdade, os direitos civis e políticos com os direitos econômicos, sociais e culturais. Assume-se que não há verdadeira cidadania sem a garantia de um substrato socioeconômico mínimo, posto que desprovidos deste as liberdades civis e políticas ganham contornos meramente formais. Do mesmo modo, os direitos sociais, econômicos e culturais, sem a plena vivência pública, esvaziam-se de sentido, porque ficam exauridos do potencial emancipatório que esses direitos trazem consigo.

Os direitos humanos são marcados pela universalidade, indivisibilidade e interdependência[5]. Eles são universais, porque são aplicáveis a todos os seres humanos, independentemente de outra qualidade adicional, como nacionalidade, opção política, orientação sexual, crença religiosa etc. Os direitos humanos são indivisíveis, uma vez que possuem a mesma proteção jurídica (unidade incindível em si). Também são interdependentes, na medida em que, quando determinado direito humano é violado, todos os demais ficam vulneráveis e comprometidos. A interdependência e a indivisibilidade impedem que uma norma de direitos humanos seja interpretada e aplicada de modo isolado; ao contrário, ela deve ser compreendida levando em consideração a integralidade do sistema jurídico, porque todos os direitos humanos são igualmente relevantes e indispensáveis. A Proclamação dos Direitos Humanos da 1ª Conferência Mundial de Direitos Humanos da Organização das Nações Unidas, realizada em Teerã, em 1968, reconheceu que "os direitos humanos e as liberdades fundamentais são indivisíveis, a realização dos direitos civis e políticos sem o gozo dos direitos econômicos, sociais e culturais resulta impossível". Nesse mesmo sentido, esclarece Flávia Piovesan:

> [...] Indivisibilidade porque a garantia dos direitos civis e políticos é condição para a observância dos direitos sociais, econômicos e culturais e vice-versa. Quando um deles é violado, os demais também o são. Os direitos humanos compõem, assim, uma unidade indivisível, interdependente e inter-relacionada, capaz de conjugar o catálogo de direitos civis e políticos com o catálogo de direitos sociais, econômicos e culturais. Sob esta perspectiva integral, identificam-se dois impactos: (a) a inter-relação e interdependência

4. SEN, Amartya. *Desenvolvimento como Liberdade*. Cit. p. 26.
5. RAMOS, André de Carvalho. *Curso de direitos humanos*. 7ª ed. São Paulo: Saraiva, 2020. p. 113.

das diversas categorias de direitos humanos; e (b) a paridade em grau de relevância de direitos sociais, econômicos e culturais e de direitos civis e políticos[6].

Em 1986, a já mencionada Declaração sobre o Direito ao Desenvolvimento, adotada pela Resolução nº 41/128, da Assembleia Geral das Nações Unidas, em 4 de dezembro de 1986, afirmou, no art. 6º, § 2º, que "todos os direitos humanos e todas as liberdades fundamentais são indivisíveis e interdependentes; a realização, a promoção e a proteção dos direitos civis, políticos, econômicos, sociais e culturais devem se beneficiar de uma atenção igual e ser encaradas com uma urgência igual".

Ainda, a também citada Declaração de Viena, aprovada na 2ª Conferência Mundial de Direitos Humanos da ONU, em 1993, reiterou que "todos os direitos humanos são universais, indivisíveis, interdependentes e inter-relacionados. A comunidade internacional deve tratar os direitos humanos de forma global, justa e equitativa, em pé de igualdade e com a mesma ênfase" (§ 5º).

Nesse sentido, Antônio Augusto Cançado Trindade questiona:

> Como falar em direito de livre expressão sem o direito à educação? Como conceber o direito de participação na vida públicas sem o direito à alimentação? Como referir-se ao direito à assistência judiciária sem ao mesmo tempo ter presente o direito à saúde? E os exemplos se multiplicam. Em definitivo, todos experimentamos a indivisibilidade dos direitos humanos no quotidiano de nossas vidas: é esta uma realidade inescapável. Já não há lugar para compartimentalizações, impõe-se uma visão *integrada* de todos os direitos humanos[7].

A partir da indivisibilidade e interdependência de todos os direitos humanos, como se infere, o desenvolvimento reclama, para o implemento das suas necessidades humanas mais básicas, semelhante apreço à implementação, promoção e proteção dos direitos civis, políticos, econômicos, sociais e culturais. Isso porque, à luz do desenvolvimento integral dos seres humanos, o gozo de uma categoria de direitos e liberdades fundamentais não pode justificar a negação de outros. Conforme Amartya Sen, "a privação de liberdade econômica pode gerar a privação de liberdade social e de

6. PIOVESAN, Flávia. Proteção dos direitos sociais: desafios do ius commune sul-americano. Revista de Estudos Constitucionais, Hermenêutica e Teoria do Direito (RECHTD). São Leopoldo, v.3, n.2, p.208, jul./dez. 2011.

7. *Tratado de Direito Internacional de Direitos Humanos*. Cit. p. 475.

liberdade política, assim como a privação da liberdade social ou política pode, da mesma forma, gerar a privação de liberdade econômica"[8].

É nesse influxo que, ao direito ao desenvolvimento, somou-se a "*umbrella notion*"[9] ao unificar a noção de direitos humanos, tomando-a em sua integralidade de concepção e tratamento jurídico. Ao assegurarem-se, por meio dessa visão interdependente dos direitos, condições materiais universais mínimas de um padrão digno de existência, atenuam-se os laços gerados pela dependência econômica, e há espaço para o florescimento de verdadeira participação e construção política da cidadania, promotoras da emancipação social. É certo que os processos de desenvolvimento (econômico e social) e a democracia estão profundamente amalgamados, porque as liberdades substanciais preenchem de sentido o exercício político.

Essa renovada visão enlaçada dos direitos humanos pode propiciar, dentro de seus limites, emancipação social que gera, por consequência, a retomada do estatuto da cidadania para os indivíduos e as coletividades em situação socioeconômica vulnerável da titularidade material, passando a serem sujeitos responsáveis pelo seu próprio destino e de seus concidadãos.

A pobreza e miséria endêmicas, suportadas por esse modelo partido e desconectado de direitos que domina o discurso jurídico, privam de voz os indivíduos e os torna duplamente excluídos: seja do ponto de vista econômico, porque despojados da fruição de meios materiais, ainda que mínima; seja do ponto de vista político, porque substancialmente desapossados de seu alvedrio. Destarte, recorrer ao direito humano ao desenvolvimento é uma das possibilidades de suplantar esse sistema de exclusões, visto que tal categoria jurídica congrega consigo o direito à equânime distribuição do "bem-estar social e econômico mundial"[10], capaz de devolver as vozes a esses sujeitos. Nesse sentido, a categoria do direito humano ao desenvolvimento é um importante artefato teórico no combate à violação massiva e sistêmica de direitos humanos, que é a pobreza extrema.

A maior causa de mortalidade no mundo atual é a pobreza, exteriorizada em sua face mais nefasta: a fome. Dados da Organização Mundial de Saúde apontam que a pobreza é, atualmente, a principal *causa mortis*

---

8. SEN, Amartya. *Desenvolvimento como Liberdade*. Cit. p. 23.
9. TOMASEVSKI, Katarina. *Development Aid and Human Rights Revisited*. London: Pinter Publishers, 1993. p. 48.
10. FARMER, Paul. Pathologies of Power. *Berkeley*: California University Press, 2003. p. 50.

ao redor do globo[11]. Nessa perspectiva, Paul Farmer sublinha os dizeres da Organização Mundial de Saúde: "*a pobreza exerce sua influência destrutiva no próprio estágio de vida humana, desde o momento da concepção até o túmulo. Ele conspira com as doenças mais mortais e dolorosas para trazer uma existência miserável a todos aqueles que sofrem com isso*"[12].

A responsabilidade pela realização do direito ao desenvolvimento não repousa integralmente sobre os Estados. A cooperação internacional é fundamental para eliminar obstáculos ao desenvolvimento e promover uma nova ordem internacional baseada no empenho mútuo e colaboração para a realização dos direitos humanos. É o que afirma o art. 3º da Declaração sobre o Direito ao Desenvolvimento, *in verbis:*

> Os Estados têm o dever de cooperar entre si para garantir o desenvolvimento e eliminar os obstáculos ao desenvolvimento. Os Estados devem realizar seus direitos e cumprir seus deveres de forma a promover uma nova ordem econômica internacional baseada na igualdade soberana, interdependência, interesse mútuo e cooperação entre todos os Estados, bem como incentivar a observância e realização dos direitos humanos.

A efetivação do direito ao desenvolvimento conclama a visão aproximada e conjunta da sociedade nacional e internacional em um somatório de estruturas. Em que pese o reconhecimento e consolidação da responsabilidade primária dos Estados em nível nacional, o direito ao desenvolvimento demanda mais, conforme explana Sengupta, "o direito confere inequívoca obrigação aos participantes, indivíduos na comunidade, Estados, a nível nacional e Estados a nível internacional (...) de dar a realização ao processo de desenvolvimento através de políticas de desenvolvimento apropriadas"[13].

Poder-se-ia afirmar a necessidade da construção de um dever de ação da comunidade internacional em face das garantias mínimas desse direito ao desenvolvimento como uma obrigação *erga omnes*, que exige verdadeiro protagonismo e solidariedade da sociedade internacional diante da massiva violação de direitos humanos que a pobreza extrema representa atualmente.

---

11. Nessa senda, Paul Farmer sublinha os dizeres da Organização Mundial de Saúde (OMS): *"poverty wields its destructive influence at every stage of human life, from the moment of conception to the grave. It conspires with the most deadly and painful diseases to bring a wretched existence to all those who suffer from it"* (FARMER, Paul. *Pathologies of Power*. Cit. p.50).
12. FARMER, Paul. *Pathologies of Power*. Berkeley: California University Press, 2003. p. 50.
13. SENGUPTA, Arjun. *O Direito ao desenvolvimento como um Direito Humano. Revista da Social Democracia Brasileira*. nº 68. Março de 2002. Disponível em: http://www.itv.org.br/ site/publicacoes/igualdade/direito_desenvolvimento.pdf. Acesso em: jun. 2021.

Nesse sentido, vale destacar as conclusões da Conferência de Monterrey sobre o financiamento do desenvolvimento e as responsabilidades compartilhadas aos países desenvolvidos e em desenvolvimento:

> Cada país tem a responsabilidade primária por seu próprio desenvolvimento econômico e social, e o papel das políticas e estratégias de desenvolvimento nacionais não pode ser superestimado. Ao mesmo tempo, a economia doméstica está agora entrelaçada com o sistema econômico global e, *inter alia*, o uso eficaz das oportunidades de comércio e investimento pode ajudar os países a combater a pobreza. Os esforços de desenvolvimento nacional precisam ser apoiados por um ambiente econômico internacional favorável.

Por comunidade internacional, há de se referir não apenas aos Estados e indivíduos. É indispensável, no âmbito do direito ao desenvolvimento, rever a arquitetura protetiva internacional dos direitos humanos, chamando à responsabilidade as instituições internacionais e o setor privado. Assim, reforçam-se as vozes que demandam maior transparência das organizações financeiras internacionais, tais como o Fundo Monetário Internacional (FMI) e o Banco Mundial. Partindo do desafio de permear os parâmetros macroeconômicos com os direitos humanos, é tempo de alterar as regras vetustas que governam o capital internacional, a se iniciar pelo princípio das responsabilidades compartilhadas entre credores e devedores.

Diante disso, avulta inequívoca a importância do reconhecimento e da fortificação do direito humano ao desenvolvimento, uma vez que, quando menos, implicam o reconhecimento específico do problema da exclusão social que representa a pobreza extrema. É certo que as alterações práticas não se dão de modo instantâneo com a reimpressão de outros tipos nos textos normativos. Todavia, o empoderamento do discurso jurídico e normativo pode ter força transformadora perante a realidade. Portanto, o delineamento da categoria jurídica do direito humano ao desenvolvimento, aliado à luta dos direitos humanos, tem potencialidade de abrandar o sofrimento de pessoas que vivem em situação de extrema miséria.

É justamente esse potencial emancipatório que paradoxalmente repele os interesses da geopolítica local e global contemporaneamente dominante no reforço dessa categoria de fundamental proteção à dignidade da pessoa humana. Na enunciação de Amartya Sen:

> O desenvolvimento requer se removam as principais fontes de privação de liberdade: pobreza e tirania, carência de oportunidades econômicas

destituição social sistemática, negligência dos serviços públicos, intolerância ou interferência excessiva de Estados repressivos. A despeito de aumentos sem precedentes na população global, o mundo atual nega liberdades elementares a um grande número de pessoas – talvez até mesmo a maioria. Às vezes a ausência de liberdades substantivas relaciona-se diretamente com a pobreza econômica, que rouba das pessoas a liberdade de saciar a fome, de obter uma nutrição satisfatória ou remédios para doenças tratáveis, a oportunidade de vestir-se ou morar de modo apropriado, de ter acesso à água tratada ou saneamento básico. Em outros casos, a privação de liberdade vincula-se estreitamente à carência de serviços públicos e assistência social, como por exemplo a ausência de programas epidemiológicos, de um sistema bem planejado de assistência médica e educação ou de instituições eficazes para a manutenção da paz e da ordem locais. Em outros casos a violação de liberdade resulta diretamente de uma negação de liberdades políticas e civis por regimes autoritários e de restrições impostas à liberdade de participar da vida social, política e econômica da comunidade[14].

Os Estados, responsáveis primários pelo desenvolvimento, em conjunto com a comunidade internacional, com fundamento na cooperação internacional e no valor da solidariedade humana, devem levar o direito ao desenvolvimento a sério, como enfatiza Margot E. Salomon:

> O direito ao desenvolvimento é um direito humano amplamente exercido por um estado em nome de seu povo; mas em última análise o seu cumprimento significa que cada pessoa se torna capaz de viver uma vida livre da pobreza – a vida que ele ou ela escolheu, em suma, uma vida em maior liberdade[15].

De acordo com os *consideranda* da Declaração sobre o Direito ao Desenvolvimento, em 1986, o direito ao desenvolvimento congrega dentro de seu núcleo diversas perspectivas e, por isso, pode ser considerado um *umbrella right*. Nesse contexto, a alusão ao desenvolvimento conduz a um processo de múltiplas naturezas (social, econômico, cultural, político, ambiental, entre outros), que se instaura para satisfação das necessidades humanas, também de caracteres variados, e se renova com a contínua e constante ressignificação das precisões humanas. Por isso, Allan Rosas

14. SEN, Amartya. *Desenvolvimento como Liberdade*. Cit. p. 18.

15. SALOMON, Margot E. International Obligations of Human Rights in Context: structural obstacles and demands of global justice. *In:* ANDREASSEN, Bard; MARKS, Stephen. *Development as a Human Right*. Antwerp/Oxford/Portland: Intersentia, 2010. p. 128-129.

tem razão ao afirmar que "o significado preciso e o status do direito ao desenvolvimento ainda estão em aberto debate"[16].

As reflexões acerca do direito humano ao desenvolvimento devem ser miradas à luz das necessidades concretas dos sujeitos *in casu*, sob pena de recair em mera contemplação sem compromisso efetivo de aliviar o sofrimento e suprir as necessidades humanas. Todavia, a impossibilidade de prefixação de um conceito apriorístico não nos impede de analisar as estruturas que, apontados em especial pela doutrina e legislação internacional, fundam a noção material que serve de base para as concepções de desenvolvimento a partir do *human rights approach*. Uma delimitação mínima permite apontar em linhas gerais, sem pretensões de engessar o tema, os alicerces fundantes que conformam o axioma contemporâneo do desenvolvimento humano.

Na busca do substrato mínimo conformador do direito humano ao desenvolvimento, Allan Rosas menciona três aspectos: a importância da participação, as necessidades básicas de justiça social e a concomitante adoção de programas e políticas nacionais, bem como da cooperação internacional para sua implementação. Nas palavras do autor:

> *Quanto ao conteúdo do direito ao desenvolvimento, três aspectos devem ser mencionados aqui. Em primeiro lugar, a Declaração de 1986 enfatiza a importância da participação. [...] Em segundo lugar, a Declaração deve ser vista no contexto de princípios básicos, necessidades e justiça social. [...] Terceiro, não há como fugir do fato de que a Declaração de 1986 enfatiza tanto as políticas e programas nacionais [...] cooperação internacional [...]*[17].

Desse modo, o direito ao desenvolvimento compreende três dimensões: a) a importância da participação, com realce ao componente democrático a orientar a formulação de políticas públicas, dotando-as de maior transparência e *accountability*; b) a proteção das necessidades básicas de justiça social, anunciando o art. 2º, § 1º, da Declaração sobre o Direito ao Desenvolvimento que a "pessoa humana é o sujeito central do desenvolvimento e deve ser ativa participante e beneficiária do direito ao desenvolvimento"; e c) a necessidade de adotar programas e políticas nacionais, como de cooperação internacional – já que a efetiva cooperação internacional é essencial para prover, aos países mais pobres, meios que encorajem o direito

16. ROSAS, Allan. The Right to Development. In: *Economic, Social and Cultural Rights: a textbook*. 2ª ed. Org. Asbjorn Eide, Catarina Krause e Alan Rosas. Dordrecht: Martinus Nijhoff Publishers, 2001. p. 126.

17. Idem. p. 126-129.

ao desenvolvimento. A respeito, adiciona o art. 4º da Declaração que os Estados têm o dever de adotar medidas, individual ou coletivamente, voltadas a formular políticas de desenvolvimento internacional, com vistas a facilitar a plena realização de direitos.

Do acima delineado, podem-se retirar determinações do conteúdo do direito ao desenvolvimento, formativas de quadrante complementar que lhe dá corpo e sentido: o desenvolvimento econômico-social e o desenvolvimento político-democrático, e a necessária ação estatal em conjunto com a cooperação para levá-los adiante. Nota-se que, para o desenvolvimento ser alcançado, é necessária uma visão integrada dos direitos humanos que perpassa os planos econômico-sociais e político-democrático, conjugados com a seara ambiental, conclamando os Estados, no âmbito interno e internacional, à ação.

Retomam-se, portanto, os ditames da Declaração Internacional dos Direitos Humanos (1948), posto que o direito ao desenvolvimento necessita de visão holística e aproximada entre as categorias de direitos civis e políticos e direitos econômicos, sociais e culturais. Conforme Arjun Sengupta, o "direito ao desenvolvimento como um direito humano traz à tona questões sobre as quais o mundo tem estado fundamentalmente dividido – tais como as relacionadas à ideia de justiça e igualdade e prioridades da política internacional"[18].

Em um primeiro plano, no que toca à participação política, o direito ao desenvolvimento garante a possibilidade dos indivíduos e dos povos de participarem e fruírem do processo econômico, social, cultural e político, conhecido como desenvolvimento. Assim, a participação democrática preenche o sentido das demandas pela plena realização que o direito ao desenvolvimento conclama.

A importância da participação se conecta com o próprio componente democrático e se vincula aos clamores do exercício da plena cidadania, pautada, de um lado, na consideração das demandas sociais – majoritárias e minoritárias – na formulação de políticas públicas e, de outro, na necessidade de transparência e *accountability* na gestão dos interesses e coisas públicas.

O elemento democrático é fundamental à visão do *human rights approach* do direito ao desenvolvimento, uma vez que é dever dos Estados encorajar a participação popular em todas as esferas como um importante fator ao direito ao desenvolvimento e à plena realização dos direitos humanos.

18. SENGUPTA, Arjun. *O Direito ao desenvolvimento como um Direito Humano*. Cit. p. 66.

Estados devem promover e assegurar a livre, significativa e ativa participação de indivíduos e grupos na elaboração, implementação e monitoramento de políticas de desenvolvimento.

É por tal razão que a Declaração de 1986, no que toca à titularidade, fixa a pessoa humana como sujeito central e ativo do desenvolvimento. O que se traduz na lição de Amartya Sen, ao salientar que "a realização do desenvolvimento depende integralmente da livre condição de agente das pessoas"[19].

Não há direitos humanos sem democracia, tampouco democracia sem direitos humanos, e essa imbricação deve se projetar em todos os meios e sistemas de proteção dos direitos humanos, assumindo o elemento político papel central do processo de desenvolvimento. Ao lado do postulado da inclusão política como elemento fundamental da participação cidadã que o direito humano ao desenvolvimento demanda, também se colocam *pari passu* as exigências da *accountability.* Os Estados devem promover e assegurar a livre, significativa, ativa participação de indivíduos e grupos na elaboração, implementação e monitoramento de políticas de desenvolvimento. Quanto ao direito humano ao desenvolvimento, o componente democrático é essencial para a adoção de políticas públicas em matéria de direitos sociais.

A presença, contudo, de direitos de participação política *per se* não é suficiente a atender às demandas do desenvolvimento. A democratização política, sem a correspondente democratização social, torna-se meramente instrumental. Eis a razão pela qual o segundo componente que marca o direito humano ao desenvolvimento é aquele envolvente dos reclamos da justiça socioeconômica.

Ressalte-se que 80% da riqueza mundial estão nas mãos de 15% dos mais ricos, segundo dados da Conferência das Nações Unidas sobre o Meio Ambiente e Desenvolvimento Sustentável. Em outras palavras, 80% das nações mundiais, nas quais vivem 80% dos habitantes do globo, estão restritas apenas a 15% dos recursos para promoção do livre desenvolvimento de sua personalidade.

É nessa ordem desigual e assimétrica de ideias, tanto no plano individual quanto no plano transpessoal, que o *human rights approach* do direito ao desenvolvimento intenta romper. A justiça social é componente central à concepção do direito ao desenvolvimento. A consumação do direito ao

19. SEN, Amartya. *Desenvolvimento como Liberdade.* Cit. p. 18.

desenvolvimento, fulcrada no valor da solidariedade social, há de prover igual oportunidade a todos no acesso a recursos básicos, como educação, saúde, alimentação, moradia, trabalho e distribuição de renda.

É, por isso, que a Declaração de 1986 faz referência ao desenvolvimento como instrumento de incremento constante do bem-estar de toda a população e de todos os indivíduos, com base na distribuição justa dos benefícios daí resultantes. Ainda, acresce o texto internacional que a realização do direito ao desenvolvimento deve assegurar a igualdade de oportunidades para todos com vistas à justa distribuição de renda que deve ser realizada à luz da erradicação das injustiças sociais.

Nesse sentido, há que se demandar por uma globalização mais ética e solidária, com a imposição e a regulamentação de ajudas econômicas e intervenções humanitárias capazes de assegurar os direitos fundamentais, especialmente às populações mais pobres do planeta[20]. O sistema econômico-financeiro mundial, pautado na exclusão e injustiça, não atende ao verdadeiro desenvolvimento, na medida em que privatiza os lucros e socializa as perdas, conforme se observou o resultado da crise econômica estrugida em 2008. Deve-se, nas palavras de Leonardo Boff, buscar um modelo de desenvolvimento econômico e social no qual "os custos e benefícios devem ser proporcional e solidariamente repartidos"[21].

Nesse contexto, emerge a necessidade de (re)pensar o direito ao desenvolvimento sob a ótica da sustentabilidade, reconhecendo a necessidade da construção de uma sociedade que respeite os direitos humanos e a integridade ambiental. O desenvolvimento sustentável revela a conexão intrínseca entre os direitos humanos e o meio ambiente, dois aspectos que convergem para a proteção do princípio da dignidade da pessoa humana[22]. Os desafios ambientais e sociais contemporâneos, como as mudanças climáticas, a desigualdade socioeconômica e a crise sanitária global, evidenciam a necessidade de compromissos coletivos para a implementação de políticas públicas eficazes.

O direito ao desenvolvimento conclama a concepção integral e interdependente de direitos de 1948, ampliando - com a garantia dos direitos

20. Idem, p. 32.
21. BOFF, Leonardo. *Sustentabilidade: o que é – o que não é*. Petrópolis: Vozes, 2012. p. 17.
22. FACHIN, Melina Girardi; ASSUNCAO, Thiago . Os Caminhos do Desenvolvimento Sustentável a Partir do Human Rights Approach. In: *VI Congresso Internacional de Direito Ambiental Internacional*, 2021, Santos. Anais do VI Congresso Internacional de Direito Ambiental Internacional. Santos Sp: Editora Universitária Leopoldianum, 2021. v. 1. p. 417.

econômicos, sociais e culturais - o empoderamento material e participação dos indivíduos e das coletividades. A visão integral dos direitos demandada pelo desenvolvimento voltado às necessidades humanas prescreve a igual consideração e respeito pelos direitos sociais, pois, sem estes, os direitos civis e políticos se tornam vazios e sem efetividade.

É nessa amálgama que exsurge a verdadeira expansão das "*liberdades reais que as pessoas desfrutam*"[23] com a visão ampliada fornecida pelo direito ao desenvolvimento. O cerne do direito ao desenvolvimento – que, reforça-se, é o direito dos indivíduos e das comunidades participarem do processo econômico, político e social em curso de modo pleno – fundar-se-ia no direito à liberdade "dos indivíduos de escolher as vidas que querem viver, o exercício dos direitos que querem reclamar, com transparência e responsabilidade através da participação com igual acesso e justa partilha dos benefícios"[24]. Aprofundando a fundação do direito ao desenvolvimento nas liberdades, mais uma vez cabe colacionar a lição importante de Amartya Sen:

> A visão da liberdade aqui adotada envolve tanto os processos que permitem a liberdade de ações e decisões como as oportunidades reais que as pessoas têm dadas as suas circunstâncias pessoais e sociais. A privação de liberdade pode surgir em razão de processos inadequados (como a violação do direito ao voto ou de outros direitos políticos ou civis), ou de oportunidades inadequadas que algumas pessoas têm para realizar o mínimo do que gostariam (incluindo a ausência de oportunidades elementares como a capacidade de escapar de morte prematura, morbidez evitável ou fome involuntária)[25].

Além do robustecimento do ponto de vista conteudístico, o componente da cooperação internacional acrescenta perspectivas de ação prática imediata em relação ao desenvolvimento. A cooperação internacional assume papel estratégico em relação ao desenvolvimento, porque não basta a enunciação material dessas *guidelines* do direito humano ao desenvolvimento sem a associação do empenho local, somado aos imprescindíveis e paralelos esforços do plano internacional.

A premissa da qual se parte é aquela que prefixa a responsabilidade primária dos Estados de atuar para com respeito aos direitos humanos. Todavia, ao lado dessa perspectiva, no que tange ao direito ao desenvolvimento,

23. SEN, Amartya. *Desenvolvimento como Liberdade*. Cit. p. 17.
24. SENGUPTA, Arjun. *O Direito ao desenvolvimento como um Direito Humano*. Cit. p. 69.
25. SEN, Amartya. *Desenvolvimento como Liberdade*. Cit. p. 31.

há o compartilhamento das responsabilidades pela comunidade internacional. É, por isso, que Mohamed Bedjaoui afirma que o direito humano ao desenvolvimento é "um problema internacional por excelência"[26].

Pelas inúmeras facetas que conjuga o direito ao desenvolvimento, apenas a perspectiva estatal não é suficiente. A realização do direito humano ao desenvolvimento requer a cooperação entre os Estados em conformidade com a referida Declaração. A necessidade de adoção de programas e políticas nacionais, como de cooperação internacional, destacada pelo art. 4º da Declaração sobre o Direito ao Desenvolvimento, conclama o dever estatal de adotar medidas, individualmente ou coletivamente, voltadas a formular políticas de desenvolvimento internacional, com vistas a facilitar a plena realização de direitos. Portanto, a efetiva cooperação internacional é essencial para prover o direito ao desenvolvimento.

Portanto, há uma complexa gama de fatores e conteúdos que se somam na configuração do direito humano ao desenvolvimento. Tal direito representa síntese complexa que congrega a dimensão da participação política, justiça social e demanda a cooperação internacional ao lado da ação estatal. A integração e amarração entre os diversos componentes, acrescida da cooperação internacional, são indispensáveis para a constituição do direito humano ao desenvolvimento.

A fortificação e consolidação do direito ao desenvolvimento como direito humano é um importante passo teórico, com efeitos práticos, especialmente no que toca a melhora das condições mínimas daqueles menos favorecidos, cujos interesses são preteridos em face da agenda geopolítica mundial contemporânea.

O desenvolvimento, quando mirado pelas lentes do *human rights approach*, ganha dimensão ampliada, posto que se descola do discurso economicista tradicional e passa a mirar os sujeitos e suas coletividades como os beneficiários dos processos de desenvolvimento. A partir do Relatório sobre o Desenvolvimento Humano de 1990, do Programa das Nações Unidas para o Desenvolvimento (PNUD), o desenvolvimento deixou de ser medido apenas com base no produto nacional bruto (PNB). Adotou-se um novo índice de desenvolvimento humano (IDH), baseado em três elementos essenciais: a longevidade (expectativa de vida), os conhecimentos (educação) e a renda (padrões dignos de vida)[27].

26. BEDJAOUI, Mohammed. *The Right to Development*. Cit. p. 1186.

27. TRINDADE, Antônio Augusto Cançado. *Tratado de Direito Internacional de Direitos Humanos*. Vol. 2. 2ª ed. Porto Alegre: Sergio Antonio Fabris, 2003. p. 284-285.

Nesse diapasão, o desenvolvimento tem como escopo a ampliação das liberdades substanciais dos seres humanos. Isso porque o desenvolvimento humano deve ser concebido como um processo de ampliação das escolhas das pessoas, visando uma vida longa e sadia, a aquisição de conhecimentos e o acesso aos recursos necessários a um padrão digno de vida (incluindo os direitos à alimentação, moradia, atenção médica básica, educação e rede de previdência e assistência social)[28]. Para tanto, é necessário incluir outros indicadores do progresso humano, tais como a liberdade de expressão e de ação, bem como os avanços do domínio cultural. A fim de levar a cabo tal desiderato, retomando os limites da concepção contemporânea de direitos humanos, o direito ao desenvolvimento conclama visão aproximativa das diferentes categorias de direitos, todas se somando em prol da maior e melhor proteção da dignidade humana. Afinal, os seres humanos não são simples meios de produção econômica, mas o seu bem-estar é o propósito último e exclusivo do desenvolvimento, que deve incluir todos os membros da sociedade, desde os mais produtivos até os menos produtivos e os não-produtivos[29].

Com base nessas premissas de alteração e ampliação de sentido, poder-se-ia sintetizar três importantes componentes do direito humano ao desenvolvimento, sem embargo de outros que se somam no processo histórico do desenrolar cotidiano, quais sejam: (i) a participação ativa dos indivíduos na vida política e nos procedimentos democráticos que acarreta, aos indivíduos, empoderamento e voz ativa nos processos de mudança social e, aos Estados, a necessidade de transparência e accountability; (ii) a inclusão e justiça socioeconômicas na busca da igualdade material, vedando-se a discriminação, focando, sobretudo, nos grupos vulneráveis e excluídos; (iii) e, por fim, a atuação dos Estados, como responsáveis primários, mas contando com a cooperação internacional na realização desse direito humano.

A seara da participação e empoderamento é fundante, posto que democracia e desenvolvimento, ao lado dos direitos humanos, são noções indissociáveis. A atuação democrática é central para as demandas de plena realização de uma vida em dignidade que o direito ao desenvolvimento conclama. Incluem-se, destarte, no debate aqueles que tradicionalmente não se beneficiam do viés economicista do desenvolvimento, permitindo a

28. Idem. Ibidem.

29. Idem, p. 293.

busca da igualdade material e a não perpetração da nefasta discriminação econômica e social que excluí o *ser* pelo *ter* – ou, neste caso, pelo *não ter.*

No tocante à responsabilidade e transparência, para garantir a possibilidade inclusiva do direito ao desenvolvimento, faz-se mister que os Estados demonstrem à comunidade internacional os esforços que estão envidando, aplicando efetivamente os recursos necessários, no desenvolvimento progressivo e não estagnado das condições mínimas de vida. Por isso, faz-se imprescindível a cooperação internacional que demanda a somatória de esforços dos planos global, regional e local de proteção dos direitos humanos. Nessa tríade, repousa o potencial emancipatório do direito ao desenvolvimento.

A propósito, Arjun Sengupta sintetiza os contornos do direito ao desenvolvimento:

> (a) O direito ao desenvolvimento é um direito humano; (b) O direito ao desenvolvimento é um direito ao processo particular de desenvolvimento no qual todos os direitos humanos e liberdades fundamentais podem ser totalmente realizados (...); (c) o significado do exercício desses direitos em paralelo com a liberdade implica livre, efetiva e total participação de todos os indivíduos implicados no processo decisório e na implementação do processo (...); (d) Finalmente, o direito confere inequívoca obrigação aos participantes, indivíduos na comunidade, Estados, a nível nacional e Estados a nível internacional (...) de dar a realização ao processo de desenvolvimento através de políticas de desenvolvimento apropriadas[30].

Com efeito, o direito humano ao desenvolvimento, para se tornar efetivo, depende da cooperação da comunidade internacional, o que torna ainda mais relevante a compreensão do constitucionalismo multinível e a necessidade de entender a dinâmica plural das ordens jurídicas nacional e internacional.

A crítica ao modelo hegemônico de desenvolvimento carrega consigo a marca da colonização e da imposição de um projeto civilizatório único, que desconsidera os saberes, práticas e modos de vida dos povos tradicionais. Em contraposição, Bispo[31] propõe o conceito de *envolvimento*, que remete à valorização das relações comunitárias, do pertencimento ao território e da continuidade entre natureza e cultura. "Envolver", segundo ele, significa não

30. SENGUPTA, Arjun. *O Direito ao desenvolvimento como um Direito Humano*. Cit. p. 69.
31. BISPO DOS SANTOS, Antônio. *A terra dá, a terra quer*. São Paulo: Ubu Editora, 2023.

romper com os ciclos da vida, mas sim fazer parte deles de forma cuidadosa e recíproca, respeitando a sabedoria acumulada por gerações que habitam e cuidam da terra. Essa proposta implica uma verdadeira inversão de paradigma: ao invés de avançar sobre o mundo em nome do crescimento, é preciso mergulhar nos vínculos que nos constituem como sujeitos coletivos e territoriais. Nesse sentido, o envolvimento proposto por Bispo desafia o Direito Internacional a romper com a lógica desenvolvimentista que ainda orienta muitos de seus instrumentos e a reconhecer a legitimidade de outras formas de viver, de produzir e de decidir.

CAPÍTULO

3

DIREITOS HUMANOS E DIVERSIDADE CULTURAL

A doutrina dos direitos humanos se debruça na tentativa de mirá-los como uma política simultaneamente global e cultural. Ou seja, como categorias teóricas de validade universal que, ao revés de artifícios hegemônicos, estejam abertas e permeadas pela realidade cultural. Em resumo, direitos humanos globais e culturais – será isso possível?

Vive-se hoje em um tempo de constantes conflitos. A bipolaridade que governou o mundo durante os quarenta e cinco anos de guerra fria deu vazão a uma multipolaridade desconexa e conflitual que marca o cenário global contemporâneo.

É justamente nesse influxo que Samuel Huntington, autor da polêmica tese do choque das civilizações, afirma que a política global se tornou multifocal e multicivilizacional[1]. A natimorta proposição de Francis Fukuyama, enunciada após o término da guerra fria, acerca do "fim da história"[2], com a preeminência da democracia liberal como última forma do desenvolvimento humano não prosperou[3]. Se a história de fato tivesse acabado, estaria presente no contexto global hodierno o nascimento de uma nova história, lastreada nos choques e conflitos étnicos e culturais, sob o

1. Nesse sentido ver: PUSSOLI, M.L.M.L. *Cultura dos Direitos Humanos*. São Paulo: LTr editora.
2. FUKUYAMA, F. *O Fim da História e o Último Homem*. Rio de Janeiro: editora Rocco, 1992.
3. O referido autor prossegue inabalável em suas teorizações. Em entrevista recente ao jornal Folha de S. Paulo reafirmou suas enunciações de que o liberalismo democrático ocidental triunfou sobre as idéias comunistas haja vista que "não apareceu nenhuma ideologia nova". Ao ser indagado acerca dos conflitos ocorrentes na atualidade asseverou: "O que aconteceu foi uma reação aos EUA, à globalização e à alternativa que eles representam." In: *Jornal Folha de S. Paulo*. Em 29/04/2001, entrevista cedida a Guiliano Guandalini. Disponível em: http://www.agenciafog.com.br/centralhall. Acesso em: 31 ago. 2007.

macrocontrole dos valores e dos ideais daquela forma de governo planetário[4]. A civilização ocidental tem tido especial dificuldade para lidar com esse mundo pluripartido que emerge. Isso porque as estruturas e categorias, quer no plano teórico, quer no plano prático, sempre foram pensadas à luz da dicotomia entre "nós e eles"[5], a partir do foco hegemônico da dominação. No plano teórico, a cultura dos direitos humanos[6] não tem dado conta de responder às demandas que a fecunda dinâmica realidade dos fatos e das relações sociais lhes impõe cotidianamente. A usual maneira contraposta, universalismo *versus* particularismo cultural, não dá conta das intrincadas teias e tramas complexas que as discussões acerca dos direitos humanos

---

4. Pronuncia-se o atual fundador e editor da revista Blindside sem perder seu tom profético: "The collapse of communism, the rapid emergence of China and India as major economic powers, the September 11 attacks, the appearance of relatively new diseases like HVI/AIDS and H5N1 bird flu, Hurricane Katrina – the past decade and half has demonstrated that nothing is as certain as uncertainty in global politics. (...) But far fewer people have ever tried to understand *why* the future is inherently difficult to antecipate, and how to mitigate our blindness to its vicissitudes in a more systematic way than societies and governments have been able to do heretofore. The task is a complex one. Those who deal professionally with global politics, foreign policy, and national security affairs have particular biases when it comes to thinking about the future. (...) It is, of course, not possible to antecipate all the possible low-probability events that may litter world history in coming months and years. And even if one could antecipate many different futures, it would be impossible to hedge against any of them. Hedging is usually an expensive strategy in which high opportunity costs forsaken have to be weighed against other alternatives. So how does one deal practically with the problem of being blindsided?"

   "O colapso do comunismo, a rápida emergência da China e da índia como potências econômicas principais, os ataques de 11 de setembro, o aparecimento de novas doenças como HIV/Aids e H5N1 gripe aviária, o furação Katrina – a última década e meia demonstram que nada é tão certo como a incerteza nas políticas globais. (...) Mas, bem menos pessoas já tentaram entender por que o futuro é inerentemente difícil de se antecipar e como suavizar nossa cegueira em relação a suas vicissitudes de modo mais sistemático do que as sociedades e governo puderam fazer até agora. A tarefa é muito complexa. Aqueles que lidam profissionalmente com políticas globais, política estrangeira e negócios de segurança nacional têm inclinações particulares no que se refere ao futuro. (...) Não é possível, é claro, antecipar todos os possíveis eventos de baixa probabilidade que podem se espalhar pela história mundial nos próximos meses e anos. E mesmo que alguém pudesse antecipar muitas diferenças futuras, seria impossível restringi-las, limitação é uma estratégia cara na qual renegados custos de grande oportunidade têm que ser pesados contra alternativas. Então, como é que a gente lida de modo prático com o problema de ser cego?" (Tradução Livre). FUKUYAMA, Francis. The Challenges of Uncertainty. In: FUKUYAMA, Francis (editor*). Blindside: how to antecipate forcing events and wild cards in global politics. Washington: Brokkings Institution Press*, 2007. p. 1-3.

5. A primeira publicação do autor sobre o tema foi, no verão de 1993, o artigo *"The clash of Civilizations?"* publicado no jornal *Foreing Affairs*. O intenso debate gerado a partir do escrito solidificou-se na obra *The Clash of Civilizations and the Remaking of World Order*, cuja primeira edição data de 1996. Apesar de mais de uma década de discussões o tema ainda continua na *agenda* política global e Samuel Huntington é reconhecido como um dos principais intelectuais nesta seara.

6. "The key issues on the international agenda involve differences among civilizations. Power is shifting from the long predominant West to non-Western civilizations. Global politics has become multipolar and multicivilizational".

   "Os assuntos-chaves sobre a agenda internacional envolvem diferenças entre civilizações. O Poder está mudando do Ocidente longamente predominante, para civilizações não Ocidentais. As políticas globais se tornaram multipolares e multicivilizacionais." (Tradução Livre) In: HUNTINGTON, S. P. *The Clash of Civilizations and the Remaking of World Order*. New York: Simon & Schuster, 2003. p. 29.

suscitam na sociedade cosmopolita contemporânea[7]. Não se deve, nada obstante, deixar de reconhecer as dificuldades patentes nessa superação. Para além dessa carência, o maniqueísmo bipolar que permeia, em geral, a discussão teórica acerca do tema, é sintoma de um *mal* mais grave, porque serve a um conhecido conjunto de pressupostos do discurso jurídico dominante e hegemônico.

Assumir, *a priori*, a tensão irreconciliável, entre uma concepção universal e outra cultural dos direitos humanos e dos direitos fundamentais, encerra o espaço e a possibilidade do diálogo. O não reconhecimento consiste na depreciação e subordinação de determinada identidade cultural (do diferente, o *não-eu)*. Cerra-se a porta dialógica, uma vez que o intuito não é conciliar, mas sim (re)conquistar

Essa postura, no entanto, não concorda com a cultura dos direitos humanos – a *era dos direitos*[8], já há muito anunciada por Norberto Bobbio – e se torna inaceitável em um mundo globalizado e *sem fronteiras*. O comprometimento com os direitos humanos implica cogente exercício de alteridade e tolerância. Na linguagem dos direitos humanos, o idioma é o da *reciprocidade*, conforme ensina Nancy Fraser[9]. Desde o surgimento da concepção contemporânea dos direitos humanos, isto é, a partir da Declaração Universal, em 1948[10], o questionamento basilar – *por que temos direitos?* – ainda ecoa sem respostas satisfatórias.

A tensão latente entre a concepção universal dos direitos humanos e as particularidades culturais tornou-se (ainda) mais aguçada após o término

7. Nas palavras de José Eduardo Faria: "Pouco mais de meio século depois (da Declaração Universal dos Direitos do Homem de 1948), o horror da guerra está de volta. A barbárie inerente às mais diversas formas de opressão continua banalizada. Genocídios são cometidos a pretexto de "defesas preventivas" contra atentados terroristas. E o multilateralismo foi substituído pela vontade unilateral do país hegemônico do mundo contemporâneo(...). Assim tem sido a evolução contemporânea dos direitos humanos – uma trajetória resultante de rios de sangue e tinta, de incertezas e definições, de avanços e recuos" (Prefácio da obra: BALDI, César Augusto. (Org). *Direitos Humanos na Sociedade Cosmopolita*. Rio de Janeiro: Renovar, 2004).
8. BOBBIO, Norberto. *A era dos direitos*. Rio de Janeiro: Campus, 1992.
9. FRASER, Nancy. Repensando a questão do Reconhecimento: superar a substituição e a reificação na política cultural. In: BALDI, César Augusto (Org). *Direitos Humanos na Sociedade Cosmopolita*. Rio de Janeiro: Renovar, 2004. p. 601-622.
10. Ensina Flávia Piovesan: "No dizer de Hannah Arendt, os direitos humanos não são um dado, mas um construído, uma invenção humana, em constante processo de construção e reconstrução. Considerando a historicidade destes direitos, pode-se afirmar que a definição de direitos humanos aponta a uma pluralidade de significados. Tendo em vista tal pluralidade, destaca-se a chamada concepção contemporânea de direitos humanos, que veio a ser introduzida com o advento da Declaração Universal de 1948 e reiterada pela Declaração de Direitos Humanos de Viena de 1993". In: PIOVESAN, Flávia. A Universalidade e a Indivisibilidade dos Direitos Humanos: desafios e perspectivas. In: BALDI, César Augusto (Org). *Direitos Humanos na Sociedade Cosmopolita*. Rio de Janeiro: Renovar, 2004. p. 46.

da denominada *guerra fria*[11], com a inserção de pensamentos não alinhados, propalados por vozes suficientemente fortes nos fóruns internacionais de discussão[12]. Em especial, destaque-se a já citada Conferência da Organização das Nações Unidas, em Viena, no ano de 1993, na qual, sob os fundamentos do relativismo cultural e da soberania estatal, iniciou-se, sob a liderança do governo chinês, o questionamento da própria ideia de direitos humanos.

Os ataques terroristas, coordenados pela organização fundamentalista islâmica al-Qaeda, ocorridos em 11 de setembro de 2001, contra os Estados Unidos, também foram decisivos para o *choque das civilizações*[13] no qual os direitos humanos são instrumentalizados como armas de conquistas, invertendo sua própria lógica e sentido. Novamente, bipartiu-se o mundo, e foram fechadas as portas do diálogo. É nessa cena que se colocam as reflexões ora expostas, que oscilam entre os valores individualistas e comunitaristas. Questiona-se o próprio conceito de direitos humanos e seus alicerces filosóficos: *o homem ou a cultura*? Dito de outra forma, medeia entre *doxa* e *episteme*, o debate que busca encontrar respostas no balanceamento entre universalismo e relativismo.

Os rótulos "universalista" ou "relativista" não tiveram êxito na tarefa de responder de modo adequado à gama de violações dos direitos humanos que existe na atualidade. A justiça necessita tanto de princípios abstratos,

11. *"Since the end of the Cold War, ethno-cultural conflicts have become the most common source of political violence in the world, and they show no sign of abating". "Desde de o final da Guerra Fria, conflitos etno--culturais tornaram-se a fonte mais comum de violência política no mundo, e não demonstram sinais de enfraquecimento".* (Tradução Livre) [In: KYMLICKA, Will. *Multicultural Citizenship*. New York: Oxford University Press, 1996. p. 1]. No mesmo sentido: "9 de Novembro de 1989. A queda do Muro de Berlim declara o fim da Guerra Fria e impõe a definição de um novo paradigma que identifique a realidade emergente e permita prever as principais fontes de conflito na sociedade internacional do futuro. A comunidade científica assume o projecto e, em 1993, estão já delineadas quatro grandes definições da 'nova era', todas fundadas, por continuidade ou analogia, em conceitos e experiências passadas e estreitamente ligadas aos acontecimentos dominantes da política internacional no início da década de 90 – guerras comerciais, guerras religiosas, guerras étnicas, novas guerras frias. Nenhuma das propostas, no entanto, reúne o desejado consenso e o nosso tempo permanece, aparentemente, indefinido" (JERÓNIMO, Patrícia. *Os Direitos do Homem à Escala das Civilizações: proposta de análise a partir do confronto dos modelos ocidental e islâmico*. Coimbra: Almedina, 2001. p. 9).

12. Nesse sentido, eis manchete da revista Veja, edição número 1981, de 8 de novembro de 2006, à página 62: "O Conselho dos Direitos Islâmicos. Domínio muçulmano leva órgão de direitos humanos da ONU a defender ditaduras". Não se está aqui a corroborar com o paradigma preconceituoso, e por vezes rasteiro, adotado por periódicos brasileiros de circulação semanal. A manchete, todavia, ilustra a tomada de espaço por países não alinhados com as políticas do eixo dominante.

13. Nas premonições de Samuel Huntington: *"In the emerging era, clashes of civilizations are the greatest threat to world peace, and an international order based on civilizations is the surest safeguard against world war". "Na era emergente, confrontos de civilizações são as maiores ameaças à paz do mundo e uma ordem internacional, baseada em civilizações é a salvaguarda mais certa contra a guerra mundial".* (Tradução Livre) *The Clash of Civilizations and the Remaking of World Order.* New York: Simon & Schuster, 2003. p. 321.

como de elementos de juízo concreto que levem em conta as demandas de contexto.

Nas palavras de Bhikhu Parrekh:

> *Discutimos duas grandes tradições de pensamento e concluímos que nenhuma fornece uma teoria coerente da diversidade cultural e moral. Os monistas não aceitam o papel da cultura na formação dos seres humanos e na definição da natureza e conteúdo da boa vida, e têm pouca apreciação da fonte e significado da diversidade cultural. Quanto aos seus críticos pluralistas, eles ou tomam uma visão radicalmente culturalista dos seres humanos e vê-los como inteiramente constituídos por sua cultura, ou veem a cultura como uma espécie de superestrutura que se apoia e interage com uma natureza humana imutável e idêntica*[14].

O suporte que aglutina o (re)pensar (dos fundamentos) dos direitos humanos[15] é a superação do embate entre universalismo e relativismo cultural.

Na rota da superação do pêndulo que paira sobre esse campo, o primeiro passo a ser dado, ignorado pelas versões tradicionais – a saber, universalismo ou relativismo cultural – é partir da convicção de que os problemas culturais que desafiam a cena dos direitos humanos são, também, problemas políticos e econômicos. A propósito, aduz Joaquín Herrera Flores:

> A cultura não é uma entidade alheia ou separada das estratégias de ação social; ao contrário, é uma resposta, uma reação à forma como se constituem e se desenvolvem as relações sociais, econômicas e políticas em um tempo e espaços determinados[16].

Os debates polarizados, entre um pretenso universalismo ou relativismo, não levam em conta, ao menos em um primeiro plano, essa dimensão político-social. Possuem, destarte, uma visão parcial, e, portanto, reduzida,

14. "Discutimos duas grandes tradições de pensamento e concluímos que nenhuma delas fornece uma teoria coerente da liberdade moral e cultural. Os monistas não levam em conta o papel da cultura de moldar os seres humanos e definir a natureza e o conflito da boa vida, e têm pouca apreciação da fonte e significado da diversidade cultural. Quanto às suas críticas pluralistas, eles ou têm visão radicalmente culturalista dos seres humanos e os veem como totalmente constituídos por sua cultura, ou veem a cultura como um tipo de superestrutura descansando em e interagindo com a natureza humana idêntica e imutável". (Tradução Livre) (PARREKH, Bhikhu. *Rethinking Multiculturalism: cultural diversity and political theory*. 2ª ed. New York: Palgrave McMillan, 2006. p. 80).

15. Insere-se, destarte, a fórmula (re)pensar (dos fundamentos) dos direitos humanos na medida em que é impossível refletir acerca dos fundamentos sem que isso se espelhe em um repensar das próprias categorias *direitos humanos* e *direitos fundamentais*.

16. Direitos Humanos, Interculturalidade e Racionalidade da Resistência. In: *Direitos Humanos e Filosofia Jurídica na América Latina*. Org. Antônio Carlos Wolkmer. Rio de Janeiro: Lúmen Júris, 2004. p. 363.

do real por meio do qual "acabam por ontologizar e dogmatizar seus pontos de vista ao não relacionar suas propostas com os contextos reais"[17].

Salienta-se, nesse aspecto, o primeiro problema[18] das visões tradicionais acerca dos fundamentos dos direitos humanos: *o do contexto*. Conforme Joaquín Herrera Flores, na visão universal abstrata há carência absoluta do contexto, uma vez que "se desenvolve no vazio de um existencialismo perigoso por não se considerar como tal, mas fala de fatos e dados 'da' realidade"[19]. A vertente abstrata do universalismo é ressaltada por Bhikuh Parrekh, ao assegurar que não se pode basear a ideia do que seria uma "boa vida" (*good life*) na noção abstrata do sujeito:

> *Um modo de vida não pode, portanto, ser julgado bom ou mau sem levar plenamente em conta do sistema de significados, tradições, temperamento e a moral e emocional recursos das pessoas envolvidas. Nenhuma tentativa de prescrever um no resumo necessariamente se basearia não em como os seres humanos são, mas no que eles deveriam idealmente ser, e não teriam relevância por não carregarem convicção com qualquer comunidade*[20].

Por outro lado, na visão localista relativista, há abundância de contexto que serve como elemento de exclusão, porque é "existencialismo que somente aceita o que inclui, o que incorpora e o que valora, excluindo e desdenhando o que não coincide com ele"[21]. Não há dúvidas de que a cultura conforma a personalidade e o comportamento humano. Contudo, a cultura não pode ser mirada como uma entidade suprema, autônoma, estática e homogênea. Eis aí o equívoco recorrente do relativismo ou pluralismo, como quer Bhikuh Parrekh.

Não raro, partindo do pressuposto de que a vida humana não pode ser dissociada de seu ambiente cultural, apreende o elemento cultural de forma equivocada como um "integrated and organic whole"[22]. A visão universal

---

17. Idem, p. 363.
18. Enumeração retirada da obra: FLORES, Joaquín Herrera. *Direitos Humanos, Interculturalidade e Racionalidade da Resistência*. Cit.
19. FLORES, Joaquín Herrera. *Direitos Humanos, Interculturalidade e Racionalidade da Resistência*. Cit.
20. "Um modo de vida não pode ser julgado bom ou ruim sem se levar em conta o sistema de significados, tradições, temperamentos e os recursos morais e emocionais das pessoas envolvidas. Nenhuma tentativa de se prescrever um no abstrato seria necessariamente baseada não no que são os seres humanos, mas no que seles deveriam idealmente ser, e não teria qualquer relevância por não ter convicção com qualquer comunidade". (Tradução Livre) (PARREKH, Bhikhu. *Rethinking Multiculturalism: cultural diversity and political theory*. Cit. p. 47).
21. FLORES, Joaquín Herrera. *Direitos Humanos, Interculturalidade e Racionalidade da Resistência*. Cit. p. 368.
22. PARREKH, Bhikhu. *Rethinking Multiculturalism: cultural diversity and political theory*. Cit. p. 77.

abstrata, ancorada em uma racionalidade formal, é *vazia de conteúdo,* uma vez que seu cerne repousa na "concepção ocidental de direito e no valor da identidade"[23]. Já a visão localista, ancorada em uma razão cultural, possui como centro "a ideia particular de cultura e o valor da diferença"[24]. "Ambas funcionam como um padrão de medidas de exclusão"[25], alerta Joaquín Herrera Flores. Por meio dessa ótica, deriva *um mundo desintegrado*, porque "toda centralização implica automatização. Sempre haverá algo que não esteja submetido à lei da gravidade dominante e que deve ficar marginalizada da análise e da prática"[26].

O debate contraposto e polarizado do *universalismo versus relativismo* ainda nos conduz à *unissonoriedade.* Ou seja, o que Joaquín Herrera Flores convencionou denominar de *aceitação cega dos discursos especializados,* já que "provenha de uma *philosophe* ou de um *chamán*, o conhecimento estará relegado a uma casta que sabe que o universal é que estabelece os limites do particular"[27].

A unicidade de caminhos transforma a multiculturalidade em monoculturalidade, conforme adverte Bhikuh Parrekh:

> *Uma sociedade multicultural, então, é aquela que inclui duas ou mais comunidades culturais. Ela pode reagir a sua diversidade cultural de uma ou duas maneiras, cada uma capaz de tomar várias formas. Ela deveria recepcioná-la e apreciá-la, fazê-la o centro de seu autoentendimento e respeitar as demandas culturais de suas comunidades constituintes; ou ela deve procurar assimilar essas comunidades para sua cultura principal quer no todo, quer em parte. No primeiro caso ela é multiculturalista e no segundo monoculturalista em sua orientação e ethos. Ambas são sociedades multiculturais, mas apenas uma delas é multiculturalista. O termo multicultural se refere ao fato da diversidade cultural*[28](...).

23. FLORES, Joaquín Herrera. *Direitos Humanos, Interculturalidade e Racionalidade da Resistência*. Cit. p. 364.
24. Idem, p. 364.
25. Idem, p. 366.
26. FLORES, Joaquín Herrera. *Direitos Humanos, Interculturalidade e Racionalidade da Resistência.* WOLKMER, Antônio Carlos. *Direitos Humanos e Filosofia Jurídica na América Latina.* Rio de Janeiro: Lúmen Júris, 2004. p. 366.
27. Idem. Ibidem.
28. "Uma sociedade multicultural, então, é aquela que inclui duas ou mais comunidades culturais. Ela pode reagir a sua diversidade cultural de uma ou duas maneiras, cada uma capaz de tomar várias formas. Ela deveria recepcioná-la e apreciá-la, fazê-la o centro de seu autoentendimento e respeitar as demandas culturais de suas comunidades constituintes; ou ela deve procurar assimilar essas comunidades para sua cultura principal quer no todo, quer em parte. No primeiro caso ela é multiculturalista e no segundo monoculturalista em sua orientação e *ethos.* Ambas são sociedades multiculturais, mas apenas uma

Os enfoques universalistas, por apego ao discurso jurídico abstrato, tendem a ignorar a diversidade e diferenças de poder existentes entre as identidades sociais diversas. Esses axiomas, entretanto, apenas podem ser vistos sob as lentes de determinados contextos espaço-temporais.

Os focos particularistas, por outro lado, ao universalizar em seus particularismos, podem ser complacentes com práticas que promovem e favorecem a iniquidade e, em certas ocasiões, podem até justificar atos de violência física e morte.

É nessa senda excludente que o debate, como tradicionalmente posto, pugna pela unicidade hermenêutica, pois "tanto as visões abstratas quanto as visões localistas abominam o contínuo fluxo de interpretações e reinterpretações. Cada uma, por seu lado, procura colocar um ponto final hermenêutico que determine a racionalidade em suas análises e propostas"[29]. Com efeito, fixar-se nesses dois extremos configuraria o que se chama de *inversão dos direitos* que, pelo discurso de defesa desses direitos, violam-se ainda mais os próprios direitos. Os direitos humanos se transformaram, paradoxalmente, em certos casos, em uma agressividade humanitária. Essa lógica se edificou sobre uma racionalidade pela qual é possível infringir os direitos humanos daqueles que os violam. O pano de fundo que perpassa esse cenário ainda é mais equivocado segundo o qual quem viola os direitos humanos não os possui.

É alarmante que, no panorama contemporâneo, esse modelo ainda se faça presente e com manifestações cada vez mais extremadas.

Acerca da necessidade de rejeitar os extremos:

> *À luz de nossa discussão podemos rejeitar dois pontos de vista extremos. Os seres humanos não são nem determinados por sua cultura, nem são seres transcendentais cujo cerne íntimo ou natureza básica permanece totalmente inafetada pela cultura. Sua cultura os amolda profundamente, mas eles podem ter uma visão crítica e se elevar acima dela em vários graus. A extensão na qual eles a fazem não pode ser generalizada porque depende da natureza da cultura e dos recursos críticos disponíveis para seus membros*[30]

delas é multiculturalista. O termo multicultural se refere ao fato da diversidade cultural". (Tradução Livre) (PARREKH, Bhikhu. *Rethinking Multiculturalism: cultural diversity and political theory*. Cit. p. 6).

29. FLORES, Joaquín Herrera. *Direitos Humanos, Interculturalidade e Racionalidade da Resistência*. Cit. p. 369.

30. "À luz de nossa discussão podemos rejeitar dois pontos de vista extremos. Os seres humanos não são nem determinados por sua cultura, nem são seres transcendentais cujo cerne íntimo ou natureza básica permanece totalmente inafetada pela cultura. Sua cultura os amolda profundamente, mas eles podem ter uma visão crítica e se elevar acima dela em vários graus. A extensão na qual eles a fazem não pode

O problema do contexto, a centralidade unilateral, a unissonoridade e a unicidade hermenêutica conduzem a um panorama extremado, intolerante e excludente que, ipso facto, não se coaduna com a ética da alteridade que deveria permear o discurso jurídico dos direitos humanos.

Cada qual ao seu modo, as concepções atomistas e maniqueístas acerca dos fundamentos dos direitos humanos, paradoxalmente, colaboram para o mesmo fim: "a separação entre nós e eles, o desapreço pelo outro, a ignorância com respeito a que o único que nos faz idênticos é a relação com os outros; a contaminação de alteridade"[31].

Questionando essas posições polarizadas e excludentes, é possível advogar por uma *abstração sem idealização*; ou seja, é preciso reconhecer a existência de princípios abstratos, todavia, sem universalismos, perfilhando, *pari passu*, o papel *sui generis* que a cultura desempenha na formação e proteção do rol dos direitos humanos em cada sociedade. Isso implica em que a justiça concreta deve se aderir a princípios mínimos que possam ser adotados por qualquer pluralidade de seres humanos, que não negue sua condição de sujeito, nem sua autonomia. Apela-se a uma mínima ideia de justiça, sem que esta implique em modelos de agentes humanos idealizados[32].

Em meio a necessária superação dessa bipolaridade do discurso e a busca por uma visão plural e tolerante, surge a ideia de pluriversalidade, cunhada pelo filósofo sul-africano Mogobe Bernard Ramose:

> Considerando que 'universal' pode ser lido como uma composição do latim unius (um) e versus (alternativa de..), fica claro que o universal, como um e o mesmo, contradiz a ideia de contraste ou alternativa inerente a palavra versus. A contradição ressalta o um, para a exclusão total do outro lado. Este parece ser o sentido dominante do universal, mesmo em nosso tempo. Mas a contradição e repulsiva para a lógica. Uma das maneiras de resolver essa contradição é introduzir o conceito de pluriversalidade[33].

---

ser generalizada porque depende da natureza da cultura e dos recursos críticos disponíveis para seus membros". (Tradução Livre) (PARREKH, Bhikhu. *Rethinking Multiculturalism: cultural diversity and political theory*. Cit. p. 158).

31. FLORES, Joaquín Herrera. *Direitos Humanos, Interculturalidade e Racionalidade da Resistência*. Cit. p. 373.
32. Para tal feito, a noção de autonomia herdada do filósofo Cornelius Castoriadis fornece base para uma fundamentação que, apesar de possuir caráter normativo, não implica numa fundamentação em standarts extra-sociais: "a autonomia é um projeto ou condição sócio-histórica que implica a atividade reflexiva e deliberante dos membros de uma sociedade. É a capacidade de questionar o instituído" (Resenha, por Marcela Tovar, da palestra proferida no II Encontro de Direito e Cultura Latino-Americanos, Universidade Federal do Paraná, Curitiba, 25-28 de julho de 2006).
33. RAMOSE, Mogobe. Sobre a legitimidade e o estudo da filosofia africana. Tradução Dirce Eleonora Nigo Solis, Rafael Medina Lopes e Roberta Ribeiro Cassiano. In: Ensaios Filosóficos. Revista de Filosofia, Volume IV. K10 Jancíro. 2011, D. 10.

Interpretar a partir da pluriversalidade exige o olhar para as diferentes versões e vivências, mas sem afastar a possibilidade da confluência, de se chegar a um denominador comum para normas e políticas. O pluriversal é a regra enquanto o universal se mostra em momentos específicos: nas garantias básicas e no resultado de deliberações.

Essa hermenêutica, portanto, exige que os intérpretes do direito passem a buscar outras perspectivas para a compreensão de um fato que deixa de ser objetivo e neutro, entendendo a realidade como complexa e plural. Com isso, "finca raízes na realidade e enriquece ao evidenciar o papel das subjetividades no processo interpretativo"[34].

A pluriversalidade, nesse sentido, permite uma abordagem dos direitos humanos que respeita a diversidade cultural e histórica, ao mesmo tempo em que mantém a possibilidade de encontrar pontos de convergência entre diferentes tradições normativas. Em vez de impor um modelo único, ela sugere um diálogo contínuo entre distintas epistemologias, compreendendo que a pluralidade de experiências humanas deve estar no centro da construção de normas e políticas.

Essa abordagem ressignifica o papel da hermenêutica jurídica, exigindo que os intérpretes do direito abandonem uma visão rígida e neutra dos fatos e passem a considerar a complexidade das realidades sociais. A justiça, dentro dessa perspectiva, não é um modelo abstrato e idealizado, mas um conjunto de princípios mínimos que respeitam a autonomia e a subjetividade dos indivíduos, sem negar a possibilidade de normas comuns que garantam direitos humanos.

No sentido de apartar as extremidades, na busca do ansiado meio-termo aristotélico[35], Jack Donnelly apresenta uma escala que aponta para diversos graus do universalismo e do relativismo[36]. A pluralidade de posições e tendências trazidas reflete a multiplicidade, e consequente complexidade, da temática. Rompe-se, destarte, com a bipolaridade do discurso;

34. SANTANA, Nahomi Helena de. Liberdade de expressão política: democracia, antidiscriminação e direitos humanos . 2021. Monografia (Bacharelado em Direito) – Universidade Federal do Paraná, Curitiba, 2021.

35. Em sentido crítico: "Não acreditamos em universais pré-fixados. E também não confiamos muito nas fórmulas intermediárias recentemente ensaiadas" (JERÓNIMO, Patrícia. *Os Direitos do Homem à Escala das Civilizações: proposta de análise a partir do confronto dos modelos ocidental e islâmico*. Cit. p. 259).

36. Acerca da temática nos ensina Daniela Ikawa: "Jack Donnelly indica a existência de vários graus de universalismo e de relativismo, no que toca, vale dizer, a aceitação da idéia de direitos humanos, ligando, de certa forma, o universalismo mais radical ao liberalismo e o relativismo ao comunitarismo – uma simplificação que se adapta, em grande medida, ao debate traçado na atualidade". In: IKAWA, Daniela. Universalismo, Relativismo e Direitos Humanos. In: RIBEIRO, Maria de Fátima; MAZZUOLI, Valério de Oliveira. *Direito Internacional dos Direitos Humanos*. Curitiba: Juruá, 2004.

isto é, ou é universalista ou é relativista. O tema é plural e assim deverá ser tratado. É conveniente apenas para o pensamento jurídico dominante prosseguir figurando dois polos inconciliáveis. Demonstrar esses aspectos é o grande mérito da escala de gradações, dos vários graus de universalismo e relativismo, indicada por Jack Donnelly.

Aportando, de um lado, particularismos culturais como fato inegável, e de outro, que no mundo contemporâneo é impossível negar o consenso que há ao redor da Declaração de 1948[37], o autor demonstra o liame que há entre as teses universalistas e relativistas[38]. De outro lado, o diálogo entre "nós" e "eles" não é apenas possível, mas também necessário. A existência de direitos humanos é umbilicalmente ligada à existência da própria pessoa – nela e na sua dignidade intrínseca estão seus fundamentos[39]. Essa

37. "O Ocidente não se limitou, por isso, a ser o 'berço'. As marcas que deixou sobre a sua criação são indeléveis e isso não pode deixar de representar uma dificuldade de vulto para todos os que pretendem para os Direitos Humanos um caráter universal – seja este entendido como um *a priori* imediatamente decorrente do sustento jusfilosófico que os acompanha ou, simplesmente como o estado actual da abrangência dos instrumentos normativos internacionais que os consagram" (JERÓNIMO, Patrícia. *Os Direitos do Homem à Escala das Civilizações: proposta de análise a partir do confronto dos modelos ocidental e islâmico*. Cit. p. 245).

38. Esquematicamente, sua escala pode ser assim mirada: Nos dois extremos encontramos, de um lado, o universalismo radical que pugna: *"Culture is irrelevant to the (universal) validity of moral rights and rules"*. E prossegue: *"the radical universalist would give absolute priority to the demands of the cosmopolitan moral community over the other ("lower") communities"*. "A Cultura é irrelevante à validade (universal) dos direitos e regras morais. O universalismo radical daria absoluta prioridade às demandas da comunidade moral cosmopolita sobre as outras comunidades ('inferiores')". (Tradução Livre) Já no outro pólo, há o relativismo radical que baseia o fundamento dos direitos apenas na cultura como fonte de validade moral destes. Dentro deste último aspecto, o conceito de "ser humano", em si, não possui significação moral, uma vez que *"Culture is the soul source of the validity of a moral right or rule"*. "Cultura é a fonte espiritual de validade de um regulamento ou direito moral." (Tradução Livre) Entre esses dois pólos subsiste o chamado relativismo forte no qual *"culture is the principal source of the validity of a right or a rule. At its furthest extreme, strong cultural relativism accepts a few basic rights with virtually universal application but allows such a wide range of variation that two entirely justifiable sets of rights might overlap only slightly."* "Cultura é a principal fonte de validade de um regulamento ou direito. Na sua parte mais extrema, o relativismo cultural forte aceita poucos direitos básicos com aplicação virtualmente universal, mas permite que gama tão ampla de variação que dois conjuntos de direitos totalmente justificáveis possam ultrapassar apenas levemente". (Tradução Livre) Mostrando a interconexão dos dois pólos desse esquema, o que paradoxalmente revela quão semelhantes são, associa esta ideia com o que cognominou de universalismo fraco que, por sua vez, reconhece tanto de um valor intrínseco da cultura quanto do homem como fundamento de validade do direito. Por fim, ainda abrolham os entretons do relativismo fraco, que combina com uma postura universalista forte. Neste aspecto assevera Donnelly: "Weak cultural relativism, which might also be called strong universalism, considers culture a secondary source of the validity of a right or rule. Universality is initially presumed, but the relativity of human nature, communities, and rules checks potential excesses of universalism". "O fraco relativismo cultural, que também pode ser chamado de universalismo forte, considera a cultura como uma fonte secundária de validade de um direito ou regulamento. A universalidade é presumida de início, mas a relatividade da natureza humana, comunidades e regulamentos checam os potenciais excessos do universalismo". (Tradução Livre) (DONNELLY, Jack. *Universal Human Rights in Theory and in Practice*. Ithaca: Cornell University Press, 2003. p. 90).

39. Consoante questiona Jack Donnely: *if human rights are based in nature, on the simple fact that one is a human being, then how can human rights be relative in any fundamental way?"* "Se os direitos humanos ão baseados na natureza pelo simples fato de alguém ser um ser humano, como, ent"ao, podem ser

concepção, paradoxalmente, ao mesmo tempo em que reforça a universalidade dos direitos, não nega seu particularismo. Todos os direitos, e não apenas os fundamentais, são historicamente relativos, porque sua fonte primária - a pessoa humana - é essencialmente histórica[40]. Portanto, por um lado, o particularismo cultural é inegável, haja vista a historicidade do(s) direito(s), e, por outro, se os direitos humanos são, por definição, direitos dos humanos, também o são, por definição, universais.

A partir desse paradoxo, parcela da doutrina oferece caminhos alternativos para navegar o *iter* das águas da realidade, banhadas pela correnteza da diversidade. Abdullahi An-Na'im identifica que, ao revés de percepção de direitos humanos, a maioria das sociedades possui - ainda que de modo subjacente - concepções de dignidade humana e de justiça social.

> Enquanto todas as sociedades têm conceitos fundamentais de dignidade e justiça, poucas têm conceitos de direitos. Os direitos humanos, então, são uma expressão particular da dignidade humana[41].

Tentando mediar os dois extremos incomunicáveis, o autor propõe um *conceito moderno de direitos humanos*[42] que acolha uma concepção cultural com maior diversidade possível:

---

relativos em qualquer modo fundamental?". (Tradução Livre). DONNELLY, Jack. *Universal Human Rights in Theory and in Practice.* Ithaca: Cornell University Press, 2003. p. 90.

40. "Esqueceram a dimensão cultural da natureza humana, permitindo-se dizê-la universal, quando ela é, na verdade, relativa. Esqueceram a dimensão societária da natureza humana, concebendo o homem como um ser isolado, independente e indiferente a qualquer grupo. E depois tiveram a veleidade de pretender impor o modelo ao mundo inteiro. Uma pretensão que – aos olhos dos relativistas – se afigura totalmente insustentável" (JERÓNIMO, Patrícia. *Os Direitos do Homem à Escala das Civilizações: proposta de análise a partir do confronto dos modelos ocidental e islâmico.* Cit. p. 249/250).

41. "Enquanto todas as sociedades têm conceitos fundamentais de dignidade e justice, poucas têm conceitos de direitos. Os direitos humanos, então, são uma expressão particular da dignidade humana". (Tradução Livre) AN–NA'IM, Abdullahi A. Human Rights in Cross-Cultural Perspective. In: ALSTON, Philip; STEINER, Henry. *International Human Rights in Context: law, politics and morals.* 2nd ed. Oxford: Oxford University Press, 2000. p. 400.

42. "...o conceito moderno de direitos humanos é o produto de uma longa história de luta por justiça social e resistência à opressão que constantemente está-se adaptando às condições variáveis para melhor atingir seus objetivos. Na medida em que as estruturas e os processos de injustiça e opressão sociais são específicos para a sociedade, o relativismo cultural e contextual – a alegação de que uma sociedade deve viver de acordo com suas próprias normas e valores e exerce alguma influência. Por outro lado, na medida em que as particularidades locais diminuem por força da globalização, o impulso para os direitos humanos universais torna-se mais comum. Entretanto, uma vez que a globalização reflete as relações desiguais de poder entre países desenvolvidos e em desenvolvimento, permanecerá a tensão entre o relativo e o universal" (AN-NA'IM, Abdullahi A. Proteção Legal dos Direitos humanos na África: como fazer mais com menos. In: *Direitos Humanos na Sociedade Cosmopolita.* Org. César Augusto Baldi. Rio de Janeiro: Renovar, 2004. p. 437).

> Para impedir que esta inevitável tensão [entre o relativo e o universal] rejeite o conceito de direitos humanos e frustre o seu propósito nas diferentes sociedades, deve haver um esforço deliberado para construir um consenso em torno do conteúdo normativo e dos mecanismos de implementação dos direitos humanos. Isto é, o projeto da universalidade dos direitos humanos deve ser concretizado por meio de uma congruência de respostas da sociedade à injustiça e à opressão, e não pelo transplante de um conceito totalmente desenvolvido e de seus mecanismos de implementação de uma sociedade para outra[43].

Nessa diretriz, a universalidade deve ser buscada não como transposição de um conceito alheio, mas sim, "como mecanismos de implementação [dos direitos humanos], devem refletir um consenso que emerge das experiências reais de todas as sociedades humanas"[44]. Importante ressaltar que a busca da universalidade não ignora as especificidades culturais. As culturas são cruciais na compleição da acepção dos direitos humanos em cada povo; entretanto, não como embasamento último, haja vista sua incomensurabilidade, mas como intermédio para uma fundamentação possível e libertária.

Joaquín Herrera Flores enuncia o cognominado *universalismo de confluência*; isto é, de "um universalismo que não se interpõe, de um ou outro modo, à existência e à convivência, mas que se descobre no transcorrer da vivência interpessoal e intercultural. "*Se a universalidade não se impõe, a diferença não se inibe: sai à luz*"[45].Assumindo a complexidade do real, propõe-se um *universalismo de ponto de chegada*, por meio de uma prática *intercultural* que assume seu contexto, conviva com a diversidade e pluralidade de interpretações possíveis e que estimule postura social *híbrida e* antisistêmica, abrindo novos horizontes pertinentes à seara dos direitos humanos.

Note-se a convergência teórica para a necessidade da abertura da via dialogal entre os polos antes tidos como antagônicos, para que haja o pleno respeito à diversidade e à dignidade humana, tendo a alteridade como pano de fundo.

43. Idem, p. 438.
44. "Isto é, deve ser estabelecida a universalidade dos direitos humanos como premissa em relação a particularidades culturais e contextuais, em vez de se ignorar a existência ou significância dessas condições específicas" (AN-NA´IM, Abdullahi A. *Proteção Legal dos Direitos humanos na África: como fazer mais com menos.* Cit. p. 447).
45. FLORES, Joaquín Herrera. *Direitos Humanos, Interculturalidade e Racionalidade da Resistência.* Cit. p. 375.

É nesse mesmo influxo que leciona Bhikhu Parekh acerca da necessidade de se adotar um universalismo pluralista não-etnocêntrico:

> É possível e necessário desenvolver um catálogo de valores universais não etnocêntricos por meio de um diálogo intercultural aberto, no qual os participantes decidam quais os valores a serem respeitados[46].

A multiculturalidade, compreendida como diversidade cultural[47], é fato implacável e ineliminável da contemporaneidade[48]. Para assimilar a diversidade sem sufocá-la, faz-se mister levar em conta uma perspectiva tríplice: em primeiro lugar, aceitar que os seres humanos estão envolvidos culturalmente – não no sentido de um determinismo cultural, mas, sim, profundamente influenciados pelo sistema de valores e significados que cercam seus mundos. Em segundo lugar, acolher o fato de que culturas diversas suportam diferentes sistemas de valores e significados, e que, a partir dessas diferenças, as culturas dialogam entre si. E, por fim, acatar a pluralidade e fluidez existentes em qualquer sistema cultural contemporâneo.

É essa a perspectiva multicultural dos direitos humanos que nos propõe Bhikhu Parrekh:

46. DUNNE, Timm; WHEELER, Nicholas J. *Human Rights in Global Politics.* Cambridge: Cambridge University Press, 2001.p. 140.

47. *"Multiculturalism is not about difference and identity per se but about those that are embedded in and sustained by culture; that is, a body of beliefs and practices in terms of which a group of people understand themselves and the world and organize their individual and collective lives. (...) Multiculturalism, then, is about cultural diversity or culturally embedded differences."* "Multiculturalismo não é sobre a diferença em si, mas, sobre aqueles que estão embutidos e são sustentados pela cultura, isto é, um corpo de crenças e práticas pelas quais um grupo de pessoas se entende e ao mundo e organiza suas vidas coletivas e individuais. (...) Multiculturalismo, então, é sobre diversidade cultural ou diferenças culturalmente 'embutidas'" (Tradução Livre) (PARREKH, Bhikhu. *Rethinking Multiculturalism: cultural diversity and political theory.* Cit. p. 3).

48. Em sentido contrário: *"It can no longer be said that all people need their rootness in the particular culture in which they and their ancestors were reared in the way that they need food, clothing, and shelter....Such immersion may be something that particular people like and enjoy. But they no longer can clame that is something that they need...The collapse of the Herderían argument based on distinctively human need seriously undercuts any claim that minority cultures might have to special support or assistance or to extraordinary provision of forbearance. At best, it leaves the right to culture roughly on the same footing as the right to religious freedom."* "Não se pode mais dizer que todas as pessoas precisam de suas raízes na cultura particular, na qual eles e seus ancestrais foram criados, de modo que precisem de comida, roupas e abrigo...Tal imersão pode ser algo que pessoas particulares gostem de apreciar. Mas, eles não podem mais dizer que é algo que precisam...O colapso do argumento herderiano, baseado na necessidade humana distinta, enfraquece seriamente qualquer reclamação que as culturas de minoria possam ter para apoio especial ou assistência ou provisão extraordinária de contenção. Na melhor das hipóteses, ela deixa o direito à cultura, a grosso modo, no mesmo pé que o direito à liberdade religiosa" (Tradução Livre) (WALDRON, Jeremy. Minority Cultures and the Cosmopolitan Alternative. *University of Michigan Journal of Law Reform*, 25/3, p. 751-793. *Apud:* KYMLICKA, Will. *Multicultural Citizenship.* Cit. p. 85.

> (...) o embutimento cultural de seres humanos, o não escape e o desejo de diversidade cultural e diálogo intercultural e a pluralidade interna de cada cultura[49].

Contudo, essa tentativa de interseção é vista com prevenção por Patrícia Jerónimo[50]:

> *(...) o relativismo que defendemos não vai, portanto, ao ponto de negar aos indivíduos a possibilidade de contestarem os referentes próprios dos universos culturais em que vivem. Aquilo que o 'nosso' relativismo implica é que lhes seja negada a possibilidade de ajuizar sobre referentes próprios de universos culturais que não os seus*[51].

Patrícia Jerônimo reconhece a necessidade dos *universalismos possíveis*. Tais mediações plausíveis, ao mesmo tempo em que reconhecem os valores intrínsecos das comunidades, buscam "um corpo de referentes ético-jurídicos de dimensão transcivilizacional"[52].

Os *universalismos possíveis* seriam condições de possibilidade do diálogo entre civilizações diversas. As diferentes compreensões exibidas de modo sintético, como (re)ação ao maniqueísmo tradicional, revelam a necessidade atávica de mirar os direitos humanos sob as lentes da diversidade e da complexidade[53], o que permitirá uma melhor compreensão dos tecidos sociais múltiplos que estão em sua base.

49. "O embutimento cultural de seres humanos, o não escape e o desejo de diversidade cultural e diálogo intercultural e a pluralidade interna de cada cultura". (Tradução Livre) (PARREKH, Bhikhu. *Rethinking Multiculturalism: cultural diversity and political theory*. 2ª ed. New York: Palgrave McMillan, 2006. p. 338).
50. "Em que pese reconhecer o paradoxo constitutivo do relativismo, pois, se tudo é relativo à máxima que tudo é relativo é absoluto – o que fere de morte o *core* relativista" (*Os Direitos do Homem à Escala das Civilizações: proposta de análise a partir do confronto dos modelos ocidental e islâmicoID*. Cit. p. 254).
51. Idem, p. 263.
52. Sobre o tema, prossegue: "Os universais possíveis haverão de ser encontrados neste diálogo e não descobertos numa natureza misteriosa e susceptível de leituras sempre tendenciosas" (JERÓNIMO, Patrícia. *Os Direitos do Homem à Escala das Civilizações: proposta de análise a partir do confronto dos modelos ocidental e islâmico*. Cit. p. 312).
53. "À primeira vista, a complexidade é um tecido (*complexus*: o que é tecido em conjunto) de constituintes heterogêneos inseparavelmente associados: coloca o paradoxo do uno e do múltiplo. Na segunda abordagem, a complexidade é efetivamente o tecido de acontecimentos, ações, interações, retroações, determinações, acasos, que constituem o nosso mundo fenomenal. Mas então a complexidade apresenta-se com os traços inquietantes da confusão, do inextricável, da desordem, da ambiguidade, da incerteza(...) Daí a necessidade, para o conhecimento, de pôr ordem nos fenômenos ao rejeitar a desordem, de afastar o incerto, isto é, de selecionar os elementos de ordem e de certeza, de retirar a ambiguidade, de clarificar, de distinguir, de hierarquizar(...) Mas tais operações, necessárias à inteligibilidade, correm o risco de a tornar cega se eliminarem os outros caracteres do *complexus*; e efetivamente, como o indiquei, elas tornam-nos cegos" (MORIN, Edgar. *Introdução ao Pensamento Complexo*. Portugal: Instituto Piaget, 1995. p. 17-19).

Analisando a complexidade e o passado multifacetado e multicultural da nossa região, por exemplo, percebemos que ela ainda é profundamente marcada pela perspectiva colonial assentada na exploração da natureza,[54] na exportação de bens materiais e produtos agrícolas complementares às economias europeias, na escravidão, na superioridade cultural, na catequização dos índios e no aproveitamento do outro para a obtenção do lucro.

Uma das principais características e um dos principais legados do colonialismo europeu na América Latina foi o estabelecimento de sociedades fundadas na discriminação estrutural e no racismo institucional[55]. Isso porque o modelo de colonização europeu se baseou na diferenciação entre os colonizadores e a população indígena e afrodescendente. Os índios não eram considerados seres humanos, tal como os europeus, mas seres irracionais, "bestiais" ou incultos, selvagens ou subdesenvolvidos, porque não tinham a cultura europeia.

Durante o período colonial, predominava a ideia de que os africanos e seus descendentes nascidos na américa latina ocupavam uma posição inferior em relação aos povos colonizadores de origem europeia. Essa concepção serviu de base para múltiplas formas de discriminação e segregação racial, consolidando a naturalização do tratamento diferenciado de "sujeitos racializados" com base na cor da pele e nos fenótipos. Essa distinção foi perpetuada como uma condição hereditária, impulsionando processos de desumanização em todo o continente[56].

A escravidão, que sustentou a economia colonial por mais de três séculos, foi determinante para intensificar diferentes formas de discriminação e de racismo contra as pessoas afrodescendentes. A intolerância e o racismo

54. "Para cristalizar sua expansão imperial, a Europa consolidou uma visão que colocava o ser humano figurativamente falando figurativamente fora da Natureza. Se definiu a Natureza sem considerar a Humanidade como parte integrante dela, ignorando que os seres humanos também são natureza. Assim foi acelerada uma maneira de dominá-la e manipulá-la. E paralelamente se recorreu a uma das alavancas mais poderosas para consolidar sistemas de dominação entre os humanos: o racismo, "*o mais profundo e mais expressão duradoura da dominação colonial, imposta ao população do planeta no curso da expansão do colonialismo Europeu*", que vem das mãos do patriarcado" ACOSTA, Alberto. Los derechos de la naturaleza: 10 puntos para reflexionar y actuar. In: LEITE, José Rubens Morato; CAVEDON-CAPDEVILLE, Fernanda de Salles; DUTRA, Tônia A. Horbatiuk (org.). Geodireito, Justiça Climática e Ecológica: perspectivas para a América Latina. São Paulo: Inst. O direito por um Planeta Verde, 2022, p. 15.

55. COMISSÃO INTERAMERICANA DE DIREITOS HUMANOS. *Informe sobre la situación de los derechos humanos en la República Dominicana*. Disponível em: http://www.oas.org/es/cidh/informes/pdfs/RepublicaDominicana-2015.pdf. Acesso em: 10 mar. 2021. Par. 92.

56. COMISSÃO INTERAMERICANA DE DIREITOS HUMANOS. *Derechos económicos, sociales, culturales y ambientales de las personas afrodescendiente: Estándares Interamericanos para la prevención, combate y erradicación de la discriminación racial estructural*, 16 de março de 2021. Disponível em: https://www.oas.org/es/cidh/informes/pdfs/DESCA-Afro-es.pdf. Acesso em: 30. dez. 2024. Par. 52.

foram reforçados, após a independência dos países latino-americanos, com a continuidade das políticas de exclusão, invisibilização e estigmatização de índios e negros. A colonização europeia, fundada na opressão de índios e de negros, legou uma sociedade dividida em classes rígidas e uma estrutura desigual de distribuição econômica, já que a grande maioria desses povos pouco se beneficiou da exploração de seu trabalho.

A abolição formal da escravidão e a adoção de diversos tratados que a proíbem não significaram a erradicação da estigmatização e do racismo. O fim da escravidão pôs fim à legalidade do trabalho forçado ao qual essas populações foram submetidas por séculos, no entanto, não suspendeu a intenção de dominação que continuaram a subjugá-las por meio de práticas discriminatórias incorporadas social e institucionalmente,[57] o que desencadeou a discriminação histórica, estrutural e institucional que perdura até a contemporaneidade.

A insatisfação duradoura da maioria da população empobrecida, com uma cultura opressora que privilegia uma minoria, é perigosa, porque alimenta sentimentos de injustiça que conduzem às revoltas[58]. A utopia de uma modernidade libertadora, para a América Latina, exige o redescobrimento da racionalidade específica das culturas dominadas. A filosofia da libertação é o contra-discurso da modernidade em crise, porque surge da periferia política e econômica como uma necessidade de pensar sobre si mesma, a partir do seu lugar de exclusão[59].

57. Ibidem, Par. 54-55.

58. "Quanto às restrições que concernem apenas a determinadas classes da sociedade, encontramos condições duras e que jamais foram ignoradas. É de esperar que essas classes desfavorecidas invejem as prerrogativas das privilegiadas e tudo façam para livrar-se de suas privações extras. Quando isso não for possível, haverá uma duradoura insatisfação no interior dessa cultura, que poderá conduzir a rebeliões perigosas. Porém, se uma cultura não foi além do ponto em que a satisfação de uma parte de seus membros tem como pressuposto a opressão de outra parte, talvez da maioria — e esse é o caso de todas as culturas atuais —, então é compreensível que esses oprimidos desenvolvam forte hostilidade em relação à cultura que viabilizam mediante seu trabalho, mas de cujos bens participam muito pouco. Assim, não se pode esperar uma internalização das proibições culturais nos oprimidos; pelo contrário, eles não se dispõem a reconhecê-las, empenham-se em destruir a própria cultura, e eventualmente em abolir seus pressupostos. A hostilidade à cultura dessas classes é tão evidente que não se deu atenção à hostilidade mais latente das camadas favorecidas da sociedade. Não é preciso dizer que uma cultura que deixa insatisfeito e induz à revolta um número tão grande de participantes não têm perspectivas de se manter duradouramente, nem o merece" (FREUD, Sigmund. O futuro de uma ilusão. In: *Obras completas. Inibição, sintoma e angústia, o futuro de uma ilusão e outros textos [1926-1927]*. Trad. de Paulo César de Souza. São Paulo: Companhia das Letras, 2014. p. 134-135).

59. Centro e periferia são conceitos que ganham significado pela ideia de opressão. Daí a importância da frase de Jesuana Prado: "Toda periferia é um centro, porque tudo é centro quando não há margens que oprimem".

Quando se parte da opressão, não se tem privilégios a defender, o que permite construir uma inteligência filosófica válida e verdadeira[60]. Afinal, são os oprimidos quem melhor entendem o significado terrível de uma sociedade opressora, sentem os efeitos da exploração e compreendem a necessidade da libertação. O reconhecimento da dignidade dos oprimidos não virá da generosidade do opressor, mas da luta daqueles por meio de uma pedagogia que transforme a violência e as causas de sua submissão no engajamento da sua emancipação e da sua humanização[61].

São as heranças culturais oprimidas dos povos latino-americanos portadoras de um sentido histórico que precisam ser recuperadas para a construção de uma racionalidade libertadora. Contudo, a herança cultural da América Latina não foi produzida unicamente por fontes ancestrais pré-coloniais. O pensamento latino-americano também deve ser forjado pela diversidade de outras culturas. O povo brasileiro surgiu das relações entre os invasores portugueses com os índios, povos originários e os negros africanos escravizados, que se fundiram para formar um povo novo, como uma etnia nacional, diferenciada culturalmente de suas matrizes formadoras, fortemente mestiçada e sincrética[62]. Por último, a imigração introduziu, nesse magma, novos contingentes humanos, principalmente europeus, árabes e japoneses[63].

O multiculturalismo, mais que significar a diversidade cultural, é também – como está presente na Declaração Universal sobre a Diversidade Cultural de 2001 e na Convenção sobre a Proteção da Promoção da Diversidade das Expressões Culturais de 2005, ambas da Organização das Nações Unidas para a Educação, a Ciência e a Cultura (UNESCO)[64-65]

60. *"La inteligencia filosófica nunca es tan verdadera, válida, clara, tan precisa como cuando parte de la opresión y no tiene ningún privilegio que defender, porque no tiene ninguno"* (DUSSEL, Enrique. *Filosofía del a liberación*. Cit. p. 17).

61. FREIRE, Paulo. *Pedagogia do oprimido*. São Paulo: Paz e Terra, 2013. p. 32-33. "Não levamos a ingenuidade até o ponto de acreditar que os apelos à razão ou ao respeito pelo homem possam mudar a realidade. Para o preto que trabalha nas plantações de cana em Robert só há uma solução, a luta. E essa luta, ele a empreenderá e a conduzirá não após uma análise marxista ou idealista, mas porque, simplesmente, ele só poderá conceber sua existência através de um combate contra a exploração, a miséria e a fome" (FANON, Frantz. *Pele negra, máscaras brancas*. Trad. de Renato da Silveira. Salvador: Edufba, 2008. p. 185-186).

62. RIBEIRO, Darcy. *O povo brasileiro. A formação e o sentido do Brasil*. São Paulo: Global Editora, 2014. p. 12.

63. Idem, p. 13.

64. A UNESCO é uma agência especializada das Nações Unidas (ONU), com sede em Paris, fundada em 16 de novembro de 1945, com o objetivo de contribuir para a paz e segurança no mundo mediante a educação, ciências naturais, ciências sociais/humanas e comunicações/informação.

65. O Preâmbulo da Constituição da UNESCO afirma "(...) que a ampla difusão da cultura e da educação da humanidade para a justiça, a liberdade e a paz são indispensáveis para a dignidade do homem e cons-

– ideologia que induz o grupo a afirmar e a defender a sua própria identidade, além de projetá-la como superior às demais[66]. A Constituição, aqui tomada como mais que o elemento normativo, deve se esforçar para que heranças culturais e os diferentes modos de vida sejam reproduzidos. Deve assegurar que as tradições e as formas de vida que unem os povos sejam respeitadas, mas ao mesmo tempo, permitir que seus membros e as futuras gerações adotem uma postura crítica, para que possam aprender com outras culturas, ou mesmo, abandonar algumas tradições para sobreviver em sociedades multiculturais[67].

A cultura expressa elementos espirituais, materiais, intelectuais e afetivos de uma sociedade ou grupo social, o que inclui a produção literária e artística, os modos de vida, valores, tradições e crenças[68]. A principal tarefa da cultura é nos defender dos perigos e ameaças da natureza, tornando possível a vida em comum. Não se pode ignorar o poder da natureza ou achar que ela já está dominada. Os desastres ambientais, as pandemias e, no limite, o enigma da morte estimulam a humanidade a superar as suas

---

tituem um dever sagrado que todas as nações devem cumprir com um espírito de responsabilidade e de ajuda mútua".

66. COELHO, Luiz Fernando. Fundamentação ontológica dos direitos humanos. *Revista da Academia Paranaense de Letras Jurídicas*, nº 5, 2020, p. 407-408.

67. "*In multicultural societies, the coexistence of forms of life with equal rights means ensuring every citizen the opportunity to grow up within the world of a cultural heritage and to have his or her children grow up in it without suffering discrimination. It means the opportunity to confront this (and every other) culture and to perpetuate it in its conventional form or to transform it, as well as the opportunity to turn away from its commands with indifference or break with it self-critically and then live spurred on by having made a conscious break with tradition, or even with a divided identity. The accelerated pace of change in modern societies explodes all stationary forms of life. Cultures survive only if they draw the strength to transform themselves from criticism and secession. Legal guarantees can be based only on the fact that within his or her own cultural milieu, each person retains the possibility of regenerating this strength. And this in turn develops not only by setting oneself apart but at least as much through exchanges with strangers and things alien*" (HABERMAS, Jürgen. *The inclusion of other. Studies in political theory.* Cambridge: MIT, 1998. p. 223).

68. Cultura, na definição de Enrique Dussel, "é o conjunto orgânico de comportamentos predeterminados por atitudes diante dos instrumentos de civilização, cujo conteúdo teleológico é constituído pelos valores e símbolos do grupo, isto é, estilos de vida que se manifestam em obras de cultura e que transformam o âmbito físico-animal em um mundo humano, um mundo cultural" (*Oito ensaios sobre cultura latino-americana e libertação*. São Paulo: Paulinas, 1997. p. 31). Já Sigmund Freud explica: "A cultura humana — refiro-me a tudo aquilo em que a vida humana se ergueu acima de suas condições animais e em que se diferencia da vida animal — e eu me recuso a distinguir cultura de civilização — apresenta, notoriamente, dois aspectos àquele que a observa. Por um lado, abrange todos os conhecimentos e habilidades que os homens adquiriram para controlar as forças da natureza e dela extrair os bens para a satisfação das necessidades humanas; e, por outro lado, todas as instituições necessárias para regulamentar as relações entre os indivíduos e, em especial, a distribuição dos bens obteníveis. Essas duas faces da cultura não são independentes uma da outra; primeiro, porque as relações recíprocas dos indivíduos são profundamente influenciadas pelo grau de satisfação instintual que os bens existentes possibilitam; em segundo lugar, porque o próprio indivíduo pode assumir a condição de um bem na relação com outro, uma vez que este utilize sua força de trabalho ou o tome como objeto sexual; e, em terceiro lugar, porque todo indivíduo é virtualmente um inimigo da cultura, que, no entanto, deveria ser um interesse humano geral" (O futuro de uma ilusão. Cit. p. 134-135).

diferenças culturais para encontrar soluções possíveis contra os desafios impostos pelo poder (superior) da natureza[69]. A cultura deve estar no centro dos debates sobre a identidade, a coesão social, uma economia fundada no saber e na promoção dos direitos humanos[70]. O respeito à diversidade cultural evita a homogeneização da cultura, que é contrária ao desenvolvimento sustentável das comunidades, povos e nações, bem como cria um clima de confiança, tolerância, diálogo e cooperação mútuos, que são as melhores garantias da paz e da segurança internacionais. Falar em culturas necessariamente demanda pluralidade, diversidade, alteridade e respeito.

Não se pode ignorar que, na América Latina, os povos indígenas e a população afrodescendente possuem os maiores índices de analfabetismo, menores patamares de renda, mais baixos níveis de habitação e menor expectativa de vida em relação aos demais cidadãos latino-americanos[71]. Além disso, os indicadores sociais demonstram padrões sistemáticos de discriminação e violência em relação aos povos indígenas e à população

---

69. "(...) ninguém comete o engano de achar que a natureza já está dominada, e poucos têm a audácia de esperar que algum dia ela se sujeite inteiramente ao ser humano. Existem os elementos, que parecem zombar de toda tentativa de coação humana; a terra, que treme, se abre e soterra o que é humano ou obra do homem; a água, que tudo inunda e afoga ao sublevar-se; a tempestade, que tudo varre para longe; há as doenças, que há pouco tempo descobrimos serem ataques de outros seres vivos; e, por fim, o doloroso enigma da morte, para a qual até agora não se achou e provavelmente não se achará remédio. Com essas forças a natureza se ergue contra nós, majestosa, cruel, implacável, sempre nos recordando nossa fraqueza e desvalia, que pensávamos haver superado mediante o trabalho da civilização. Uma das poucas impressões agradáveis e comoventes que podemos ter da humanidade sucede quando, em vista de uma catástrofe natural, ela se esquece de suas discordâncias culturais, de todas as dificuldades e hostilidades internas e se lembra da grande tarefa comum que é sua preservação ante o superior poder da natureza" (FREUD, Sigmund. O futuro de uma ilusão. In: *Obras completas. Inibição, sintoma e angústia, o futuro de uma ilusão e outros textos [1926-1927]*. Cit. p. 141-142).

70. Pelo art. 4º da Declaração Universal sobre a Diversidade Cultural, os "direitos humanos, garantias da diversidade cultural A defesa da diversidade cultural é um imperativo ético, inseparável do respeito à dignidade humana. Ela implica o compromisso de respeitar os direitos humanos e as liberdades fundamentais, em particular os direitos das pessoas que pertencem a minorias e os dos povos autóctones. Ninguém pode invocar a diversidade cultural para violar os direitos humanos garantidos pelo direito internacional, nem para limitar seu alcance". Já o art. 2.1. da Convenção sobre a Proteção da Promoção da Diversidade das Expressões Culturais, prevê o princípio do respeito aos direitos humanos e às liberdades fundamentais, da seguinte forma: "A diversidade cultural somente poderá ser protegida e promovida se estiverem garantidos os direitos humanos e as liberdades fundamentais, tais como a liberdade de expressão, informação e comunicação, bem como a possibilidade dos indivíduos de escolherem expressões culturais. Ninguém poderá invocar as disposições da presente Convenção para atentar contra os direitos do homem e as liberdades fundamentais consagrados na Declaração Universal dos Direitos Humanos e garantidos pelo direito internacional, ou para limitar o âmbito de sua aplicação". Ainda, o art. 2.3 estabelece o princípio da igual dignidade e do respeito por todas as culturas, pelo qual a "proteção e a promoção da diversidade das expressões culturais pressupõem o reconhecimento da igual dignidade e o respeito por todas as culturas, incluindo as das pessoas pertencentes a minorias e as dos povos indígenas".

71. PIOVESAN, Flávia. Ius Constitutionale Commune en América Latina: Context, Challenges, and Perspectives. In: *Transformative constitutionalism in Latin America: The emergence of a New Ius Commune*. Coord. Armin von Bogdandy, Eduardo Ferrer Mac-Gregor, Mariela Morales Antoniazzi e Flávia Piovesan. Nova Iorque: Oxford University Press, 2017.p. 50.

afrodescendente, sendo que os grupos mais afetados são as crianças e as mulheres. Um terço da população da América Latina enfrenta sérios problemas de violação de direitos humanos. São as vulnerabilidades que se somam ao passado explorador.

Para forjar um pensamento latino-americano, é preciso rechaçar a lógica instrumental do capital e do imperialismo euro-norte-americano, o que exige, segundo Anibal Quijano, abandonar as "primigenias promessas libertadoras da modernidade", isto é, implica repensar: a sacralização da autoridade, as hierarquias sociais (suas discriminações e mitos), a liberdade de pensar e de conhecer, de duvidar e de perguntar[72], de expressar e de comunicar, a liberdade individual, a ideia de igualdade e de fraternidade de todos os seres humanos e a dignidade de todas as pessoas[73]. A partir desta visão localizada, *desde abaixo* os direitos humanos que são capazes de transformar o conteúdo das Constituições, engajar a sociedade na luta por justiça social e concretizar critérios hermenêuticos para a mais ampla proteção da dignidade humana;[74] tão necessária no nosso contexto regional desigual. Como tais direitos não são efetivos, especialmente para as populações mais vulneráveis, a construção de uma linguagem comum para garanti-los e protegê-los, seja no plano jurídico, seja nos níveis políticos e sociais, fortalece o desenvolvimento latino-americano. Diante dessa multiplicidade de conteúdo, são necessários múltiplos níveis de proteção que expandem a visão tradicional de Constituição, para ampliar o chamado bloco de constitucionalidade, conforme ademais se verá.

72. "Dizem que perguntar é uma forma de resistir. Pois penso que uma história crítica é aquela que sabe ´desnaturalizar´ o que parece dado pela biologia e que se apresenta, por consequência, como imutável" (SCHWARCZ, Lilia Moritz. *Sobre o autoritarismo brasileiro.* São Paulo: Companhia das Letras, 2019. p. 21).

73. QUIJANO, Anibal. *Modernidad, identidad y utopía en América Latina.* Cit. p. 31-32.

74. Sobre o tema, ver: CHUEIRI, Vera Karam de; FONSECA, Angela Couto Machado; HOSHINO, Thiago de Azevedo Pinheiro. A constituição (in)corporada. *Católica Law Review*, [s. l.], v. IV, n. 1, p. 81-97, jan./2020.

CAPÍTULO

4

PLURALIDADE DE ORDENS JURÍDICAS

A emergência de ordens jurídicas internacionais, transnacionais e supranacionais relativiza o princípio da soberania estatal[1] e serve para afastar a noção de soberania como justificativa para Estados absolutos, em descompasso com o contexto internacional que exige relações necessárias entre os países independentes[2]. Temas como os direitos humanos, o meio ambiente, o comércio e a política de segurança mundial fazem com que a Constituição estatal deva ser compreendida em um contexto jurídico internacional comum mais amplo[3].

1. NEVES, Marcelo. *Transconstitucionalismo*. São Paulo: Martins Fontes, 2013. p. 83.
2. "Sempre que a palavra ´soberania´ surge na teoria do direito, há uma tendência para associar com ela a ideia de uma pessoa acima do direito, cuja palavra constitui direito relativamente aos seus inferiores ou súbditos. Vimos (...) que esta noção sedutora é um péssimo guia para a estrutura de um sistema jurídico interno; mas tem sido uma fonte ainda mais potente de confusão na teoria do direito internacional. É, claro, possível conceber um Estado segundo tais linhas, como se fosse uma espécie de Super-homem — um Ser intrinsecamente sem lei, mas fonte de direito para os seus súbditos. Desde o século dezesseis para cá, a identificação simbólica do Estado e do monarca (L'État c'est moi) pode ter encorajado esta ideia que tem constituído a inspiração dúbia de muitas teorias políticas, assim como jurídicas. Mas é importante para a compreensão do direito internacional sacudir estas associações" (HART, Herbert. L. A. *O conceito de direito*. 3ª ed. Trad. de A. Ribeiro Mendes. Lisboa: Fundação Calouste Gulbenkian, 1994. p. 237).
3. "Embora o conceito clássico de constituição seja algo intimamente ligado ao Estado nacional, isso não implica que, contemporaneamente, a interpretação constitucional também tenha que se limitar às fronteiras de cada país. O constitucionalismo e a interpretação constitucional - não são apenas questões estritamente nacionais - porque os problemas são internacionalmente comuns, e muitas vezes as realidades e as experiências jurídicas também o são" (SILVA, Virgílio Afonso da. Integração e diálogo constitucional na América do Sul. In: *Direitos humanos, democracia e integração jurídica na América do Sul*. Coord. Armin von Bogdandy, Flávia Piovesan e Mariela Morales Antoniazzi. Rio de Janeiro: Lumen Iuris, 2010. p. 530).

Em um mundo globalizado, a soberania não pode mais se tornar um "escudo protetor" de Estados legal e politicamente independentes, como argumento para a sua exclusão do cenário internacional, embora também não deva ser um princípio a ser desconsiderado no contexto da internacionalização do direito constitucional e da constitucionalização do direito internacional[4]. No plano global, o surgimento e o desenvolvimento de ordens jurídicas independentes, mas que também vinculam o Estado (*v.g.*, as regulações do comércio internacional no âmbito da Organização Mundial do Comércio), apontam para o constitucionalismo multinível. Afinal, como um mesmo problema de direitos fundamentais pode se apresentar perante uma ordem estatal, local, internacional, supranacional e transnacional, é indispensável o aprendizado recíproco entre as ordens jurídicas por meio de um diálogo/conversação *transconstitucional* - para utilizar a expressão de Marcelo Neves, adiante mais bem explorada.

A maior proteção dos direitos humanos estabelecidos nas Constituições nacionais e nos instrumentos internacionais, bem como a abertura dos ordenamentos jurídicos internos ao Direito Internacional dos Direitos Humanos e a aplicação do direito comparado, favorecem a construção de um modelo de pluralismo de ordens jurídicas não hierárquicas[5]. Ao fenômeno do "alongamento" das Constituições nacionais, diante dos tratados de direitos humanos e dos tribunais internacionais, Stefano Rodotà denomina de *constitucionalismo das necessidades*, que é dado forma pelos países latino-americanos para não recair em um pluralismo genérico, decorrente da dificuldade de composição da multiplicidade de interesses antagônicos[6]. Como influência dos direitos humanos, a pluralidade de ordens jurídicas, em convivência mútua e sem hierarquia, torna ultrapassada a discussão entre o monismo e dualismo na aplicação dos Direitos Interno/Internacional[7] e possibilita a criação de um novo paradigma constitucional, em escala regional (como o *corpus iuris interamericano*) e até global. O Direito

4. BOGDANDY, Armin von. Ius Constitutionale Commune en América Latina: Observations on Transformative Constitutionalism. In: *Transformative constitutionalism in Latin America: The emergence of a New Ius Commune.* Coord. Armin von Bogdandy, Eduardo Ferrer Mac-Gregor, Mariela Morales Antoniazzi e Flávia Piovesan. Nova Iorque: Oxford University Press, 2017. p. 39.

5. ROA, Jorge Ernesto Roa. *El rol del juez constitucional en el constitucionalismo transformador latinoamericano. Max Planck Institute Research Paper Series*, nº 2020-01. p. 10-11.

6. RODOTÀ, Stefano. *Il diritto di avere diritti.* Cit. p. 97.

7. *"As theories, monism and dualism are today unsatisfactory. Their arguments are rather hermetic, the core assertions are little developed, opposing views are simply dismissed as ´illogical´, and they are not linked with the contemporary theoretical debate. As doctrines, they are likewise unsatisfactory since they do not help in solving legal issues"* (BOGDANDY, Armin von. *Pluralism, direct effect, and the ultimate say: On the relationship between international and domestic constitutional law. I.CON*, vol. 6, 2008. p. 400).

Internacional dos Direitos Humanos se insurge contra a polêmica clássica, estéril e ociosa, entre monistas e dualistas. Isso porque tanto o direito interno quanto o direito internacional, com personalidade e capacidade jurídicas próprias, visam à tutela eficaz do ser humano[8].

Com efeito, há de se aplicar a norma jurídica mais favorável – seja interna, seja internacional – às vítimas de violação dos direitos humanos. O Preâmbulo da Convenção Americana de Direitos Humanos reconhece que "os direitos essenciais do homem não derivam do fato de ser ele nacional de determinado Estado, mas sim, do fato de ter como fundamento os atributos da pessoa humana, razão pela qual justificam uma proteção internacional, de natureza convencional, ***coadjuvante ou complementar da que oferece o direito interno dos Estados americanos***" (grifos nossos).

Os artigos 1º e 2º da Convenção Americana dos Direitos Humanos prosseguem nessa dimensão de harmonização das ordens jurídicas nacional e internacional, ao afirmarem, tanto a obrigação dos Estados-Partes de respeitarem os direitos humanos quanto o dever de adotarem, de acordo com as suas normas constitucionais e as disposições desta Convenção, as medidas legislativas ou de outra natureza necessárias para tornar efetivos os direitos e as liberdades nela reconhecidos e a garantir seu livre e pleno exercício a toda pessoa sujeita à sua jurisdição, sem discriminação alguma por motivo de raça, cor, sexo, idioma, religião, opiniões políticas ou de qualquer outra natureza, origem nacional ou social, posição econômica, nascimento ou qualquer outra condição social.

Nesse sentido, a Corte Interamericana de Direitos Humanos no *Caso García Rodríguez e outro vs. México*, julgado em 15 de setembro de 2023, *asseverou*:

> 143. (...) que o artigo 2 da Convenção Americana obriga os Estados Partes a adotar, de acordo com seus procedimentos constitucionais e as disposições da Convenção, as medidas legislativas ou de outro caráter que sejam necessárias para tornar efetivos os direitos e liberdades protegidos pela mesma Convenção. Este dever implica a adoção de medidas em duas vertentes. Por um lado, a supressão de regras e práticas de qualquer natureza que impliquem violação das garantias previstas na Convenção, seja porque desconhecem esses direitos ou liberdades ou obstaculizam o seu exercício.

8. TRINDADE, Antônio Augusto Cançado. *Tratado de Direito Internacional de Direitos Humanos*. Vol. 1. Cit. p. 40.

Por outro lado, a emissão de normas e o desenvolvimento de práticas conducentes à efetiva observância de tais garantias.

144. Como este Tribunal assinalou em outras oportunidades, as disposições de direito interno adotadas para tais fins devem ser efetivas, o que significa que o Estado tem a obrigação de consagrar e adotar em seu ordenamento jurídico interno todas as medidas necessárias para que o estabelecido na Convenção seja realmente cumprido e colocado em prática. Nesse sentido, esta Corte indicou que os Estados não só têm a obrigação positiva de adotar as medidas legislativas necessárias para garantir o exercício dos direitos nela consagrados, mas também devem evitar promulgar leis que impeçam o livre exercício desses direitos e, ao mesmo tempo, evitar que as leis que os protegem sejam suprimidas ou alteradas[9].

A superação do discurso da soberania nacional e da prevalência da ordem interna sobre a internacional dá origem ao *constitucionalismo multinível*[10], fundado em *standards* hermenêuticos, baseados na máxima proteção da dignidade da pessoa humana e de seus direitos essenciais. Do ponto de vista terminológico, há várias abordagens e denominações que surgiram sobre o tema na literatura jurídica, tais como o constitucionalismo multinível, o pluralismo constitucional, , dentre outros. Entretanto, todos partem do fenômeno comum do pluralismo e apontam para o necessário diálogo dos diferentes planos protetivos para a realização dos direitos humanos lastreada na coexistência.

O conceito plural do Direito Constitucional é a antessala que alberga a aproximação do Direito Internacional dos Direitos Humanos, e vice-versa. Essa é a exigência das sociedades pluralistas e democráticas contemporâneas, consoante enfatiza Vera Karam de Chueiri:

> A permanente reinvenção de direitos é a principal característica de sociedades pluralistas e democráticas, ou seja, os direitos não se esgotam em listas, nos textos normativos internacionais – com as constituições ou nos textos normativos internacionais – como os tratados internacionais, as convenções etc.[11].

9. CORTE INTERAMERICANA DE DIREITOS HUMANOS. **Caso García Rodríguez y otro Vs. México**. Excepciones Preliminares, Fondo, Reparaciones y Costas. Sentencia de 25 de enero de 2023. Serie C No. 482., Párrafo 144. Disponível em: https://www.corteidh.or.cr/docs/casos/articulos/seriec_482_esp.pdf. Acesso em: 15 set. 2023.

10. FACHIN, Melina. *Constitucionalismo multinível: diálogos e(m) direitos humanos. Revista Ibérica do Direito*, ano I, vol. I, n. I, jan.-abr. 2020, p. 66-82.

11. CHUEIRI, Vera Karam. *Fundamentos do direito constitucional*. Curitiba: IESDE, 2009. p. 46.

Com propriedade, Joaquín Herrera Flores pontua:

> Os direitos humanos no mundo contemporâneo necessitam desta visão complexa, desta racionalidade de resistência e destas práticas interculturais, nômades e híbridas para superar os resultados universalistas e particularistas que impedem uma análise comprometida dos direitos já há muito tempo. Os direitos humanos não são declarações textuais. Tampouco são produtos unívocos de uma cultura determinada. Os direitos humanos são os meios discursivos, expressivos e normativos que pugnam por reinserir os seres humanos no circuito de reprodução e manutenção da vida, permitindo-nos abrir espaços de luta e reivindicação. (...)
>
> O único universalismo válido consiste, pois, no respeito e na criação de condições sociais, econômicas e culturais que permitam e potenciem a luta pela dignidade: em outras palavras, consiste na generalização do valor da liberdade, entendida esta como a "propriedade" das que nunca "existiram" na construção das hegemonias[12].

O novo cenário que se forma da catarse do Direito Constitucional com o Direito Internacional dos Direitos Humanos demanda um alargamento da visão publicista tradicional: ainda que ao Estado caiba a responsabilidade primária, destaca-se a importância dos diálogos dos diferentes planos protetivos para a plena realização dos direitos humanos[13]. Aproximam-se, com isso, as noções de direitos humanos e direitos fundamentais[14]. Avizinham-se, também, o direito constitucional e o direito internacional.

12. FLORES, Joaquín Herrera. *Direitos Humanos, Interculturalidade e Racionalidade da Resistência*. Cit. p. 382-383.

13. As iniciativas no plano internacional não podem se dissociar da adoção e do aperfeiçoamento das medidas nacionais de implementação, porquanto destas últimas – estamos convencidos – depende em grande parte a evolução da própria proteção internacional dos direitos humanos. A responsabilidade primária pela observância dos direitos humanos recai nos Estados, e os próprios tratados de direitos humanos atribuem importantes funções de proteção aos órgãos dos Estados. Ao ratificarem tais tratados, os Estados Partes contraem a obrigação geral de adequar seu ordenamento jurídico interno à normativa internacional de proteção, a par das obrigações específicas relativas a cada um dos direitos protegidos. No presente domínio de proteção, o direito internacional e o direito interno se mostram, assim, em constante interação. É a própria proteção internacional que requer medidas nacionais de implementação dos tratados de direitos humanos, assim como o fortalecimento das instituições nacionais vinculadas à vigência plena dos direitos humanos e do Estado de Direito. De tudo isto se pode depreender a premência da consolidação de obrigações *erga omnes* de proteção, consoante uma concepção necessariamente integral dos direitos humanos" (TRINDADE, Antônio Augusto Cançado. *Dilemas e desafios da proteção internacional dos direitos humanos no limiar do século XXI. Revista Brasileira de Política Internacional.* Brasília, v. 40, n.1, jan./jun. 1997. Disponível em: http://www.scielo.br/scielo.php?script=sci_arttext&pid=S0034329199700010007).

14. FACHIN, Melina Girardi; GONÇALVES, Marcos Alberto Rocha. *De fora, de cima e de baixo – todos os sentidos da dignidade no discurso dos direitos. Revista Brasileira de Direitos Fundamentais*, vol. 2, n. 2 (2016). Disponível em: http://www.indexlaw.org/index.php/garantiasfundamentais/article/view/1629.

Ambos se ressignificam dentro de um discurso transnacional que se forma em torno da mitigação do sofrimento humano[15]. Não há assim mais – se é que um dia houve – um único *locus* constitucional. Ao contrário, como explicam Angela Jank Calixto e Luciani Coimbra Carvalho, há uma "*mútua consideração, reconhecimento e cooperação para o fim de se atender objetivos constitucionais comuns*"[16]. Esse novo espaço, conforme precisa percepção de Luigi Ferrajoli, é uma "*rede complexa e diversamente integrada por instituições e sistemas jurídicos, articulada em distintos níveis normativos*"[17]. A convivência entre as diversas ordens jurídicas que conversam nessa espacialidade pública renovada nem sempre é concorde. Coexistência não se traduz em consenso e concordância. O conflito produzido nessa aproximação tem resultado criativo, e dessa construção dialética emerge uma pluralidade interna e internacional.

Na relação entre essas camadas, ressignificam-se as estruturas internas e internacionais de proteção[18]. Dessa forma, o pluralismo sobressai como moldura desse novo espaço jurídico. Pluralismo que, no plano interno, não reconhece apenas a autoridade estatal[19] na delimitação de sentidos da Constituição. E, no plano internacional, superando-se as velhas discussões entre monismo e dualismo jurídico, que hoje parecem fazer pouco ou nenhum sentido, pretende conceber diversas ordens sem hierarquia, integradas em uma coexistência de reforço mútuo, formando um ordenamento plural e múltiplo. Na perspectiva do constitucionalismo multinível, não há mais que se definir hierarquias; ao revés, é imprescindível a superação do discurso

---

15. JACKSON, Vicky. *Constitutional Dialogue and Human Dignity: States and Transnational Constitutional Discourse. Georgetown Law Faculty Publications and Other Works*, 2004.

16. *Pluralismo Jurídico: uma nova perspectiva a respeito das relações entre os sistemas jurídicos internacional e interno*. Disponível em: https://cidhsite.files.wordpress.com/2017/05/ar_gt7_4.pdf. p. 19.

17. *Principia iuris: teoría del derecho y de la democracia. Teoría de la democracia*. Vol. 2. Madrid: Editorial Trotta, 2011. p. 475.

18. *"La emergente pluralidad de poderes públicos [...] ha generado como consecuencia dos clases de relaciones. De un lado, las relaciones entre los sistemas nacionales y los ordenamientos 'superiores', sean éstos de carácter supranacional o internacional (global). De otro, las relaciones que se dan entre los diferentes sistemas legales de ámbito global a nivel horizontal, por otra parte cada vez más numerosos. En realidad, a esas dos clases de relaciones habría que añadir una tercera, que consistiría en la mezcla de ciertos elementos de la una y de la otra."* CASSESE, Sabino. *Los Tribunales ante la Construcción de un Sistema Jurídico Global*. Sevilla: Editorial Derecho Global, 2010. p.15.

19. Consoante registra Sabino Cassese: *"El diálogo entre ordenamientos jurídicos diferentes, situados, por ejemplo, en niveles nacionales o supranacionales distintos, supone en otras palabras un encuentro entre tradiciones jurídicas diversas e identidades propias. De ahí siguen algunas cuestiones problemáticas. La primera sería la 'diversidad sostenible', esto es, el límite de tolerancia y adaptación mutua. Otra se refiere a la constitución de un 'núcleo común' de principios, derivables de cada una de las tradiciones legales en liza. Una tercera cuestión consistiría en el reconocimiento de un mínimo común de principios superiores (como el jus cogens en el Derecho Internacional)"*. CASSESE, Sabino. *Los Tribunales ante la Construcción de un Sistema Jurídico Global*. Sevilla: Editorial Derecho Global, 2010. p.18.

de prevalência de uma ordem jurídica sobre a outra. Forma-se, assim, uma *rede*, de vários planos, localizados em diversos níveis, que se alimentam e se limitam reciprocamente[20]. Daí, pois, a expressão *multinível*. Para que a conversação transconstitucional ocorra, é necessário método, e não autoridade, conforme ensina Marcelo Neves[21]. É, portanto, antidialógico pensar em prevalências e focar grande parte do discurso teórico sobre hierarquias, como se faz tradicionalmente.

O processo de humanização que forma o direito internacional do século XXI trouxe a necessidade de especialização, resultando no Direito Internacional dos Direitos Humanos. Constitucionalismo multinível é uma proposta epistemológica contemporânea ao harmonizar o direito interno ao direito internacional, por meio do constitucionalismo multinível, da cooperação internacional e da "globalização judicial" para a composição de uma ampla rede de proteção judicial[22]. A pluralidade de ordens jurídicas, seja a nível internacional, seja a nível regional e nacional, enseja debate quanto a colisões e aos processos de integração necessários para evitar uma hermenêutica dissonante daquelas reveladas pelas Cortes Regionais e Cortes Internacionais em Direitos Humanos.

Os crescentes problemas econômicos, sociais, ambientais e políticos desafiam a jurisdição constitucional a solucioná-los, apresentando como resposta a interpretação conforme os valores e princípios de direitos humanos, com a consequente abertura da Constituição aos diplomas internacionais[23]. A nova ordem constitucional, marcada por um constitucionalismo multinível, compreende a coexistência de normas e entendimentos de diferentes matrizes que dividem o mesmo espaço social. A conversão e a concorrência no ordenamento jurídico, no espaço nacional, são inerentes ao Direito Internacional, o que provoca mudanças importantes no constitucionalismo contemporâneo e contribui para a abertura do Direito Constitucional

20. ALVARADO, Paola Andrea Acosta. *Del dialogo interjudicial a la constitucionalización del derecho internacional. Tese de Doutorado em Direito e Relações internacionais*. Universidade Complutense de Madrid, 2015. Disponível em: http://eprints.ucm.es/28119/1/T35645.pdf.

21. "pluralidade de ordens jurídicas em um sistema mundial de níveis múltiplos, caracterizado por hierarquias entrelaçadas" (NEVES, Marcelo. *Transconstitucionalismo*. São Paulo: WMF Martins, 2009. p. 269-270).

22. SLAUGHTER, Anne-Marie. *A Global Community of Courts. Harvard International Law Journal*, vol. 44, nº1, 2003; ALVARADO, Paola Andrea Acosta. *Más allá de la utopía: Del diálogo interjudicial a la constitucionalización del derecho internacional. La red judicial latinoamericana como prueba y motor del constitucionalismo multinivel*. Cit. p. 85.

23. RAMOS, André de Carvalho. *Pluralidade das ordens jurídicas: Uma nova perspectiva na relação entre o Direito Internacional e o Direito Constitucional*. Cit. p. 497-524.

ao Direito Internacional dos Direitos Humanos[24]. As ordens nacionais e regionais são caracterizadas por uma relação de interdependência. Isso se deve ao fato de ambas perseguirem o mesmo objetivo de proteção aos direitos humanos. Para funcionar e produzir resultados efetivos, a pluralidade de ordens jurídicas, por estar voltada ao escopo comum de máxima proteção dos direitos humanos, depende da utilização de mecanismos de diálogo entre atores, sistemas e Cortes[25]. A articulação do sistema de justiça pressupõe a existência e o exercício dos controles de constitucionalidade/convencionalidade.

O resultado do processo de harmonização das ordens jurídicas promove o desenvolvimento do *Ius Constitucionale Commune Interamericano* – uma espécie de tutela mínima ou piso protetivo aos direitos humanos na América Latina. A expressão "Ius Commune", como já asseverado, deve ser utilizada para a abertura do ordenamento jurídico nacional para os tratados de direito internacional, mais especificamente os que versam sobre os direitos humanos. *Ius commune* significa que o direito constitucional deve estar aberto para conciliar normas internas com normas internacionais para a realização comum das garantias e promessas constantes do bloco de constitucionalidade. Os direitos humanos, por meio desse desenvolvimento interno e internacional comum, integram o mesmo *corpus iuris*[26].A criação de um catálogo constitucional comum estabelece *standards* de proteção, facilita a comunicação entre diferentes atores no sistema de proteção, garante a integralidade e a coerência da aplicação do direito, além de servir como parâmetro para a validade das normas constitucionais e internacionais. O *Ius Constitucionale Commune Interamericano* deve servir como um guia para o exercício do poder – de forma a evitar excessos, violações e retrocessos –, bem como ressaltar a função emancipadora dos direitos

24. CAMBI, Eduardo; PORTO, Leticia de Andrade; FACHIN, Melina Girardi. A (in)convencionalidade da prisão diante do não recolhimento do ICMS. In.: NORONHA, João Otávio de. ALBUQUERQUE, Paulo Pinto (Org.). *Comentários à Convenção Americana sobre Direitos Humanos*. São Paulo: Tirant Lo Blanch, 2020.

25. ALVARADO, Paola Andrea Acosta. *Más allá de la utopía: Del diálogo interjudicial a la constitucionalización del derecho internacional. La red judicial latinoamericana como prueba y motor del constitucionalismo multinivel.* Tese de Doutorado. Universidad Complutense de Madrid. Facultad de Derecho Instituto Universitario de Investigación Ortega y Gasset. 2015. p. 12.

26. *"Ius Commune captures the idea that national constitutional law and the relevant international law should together realize common guarantees and promises in a mutually reinforcing "constitutional block" (bloque de constitutionalidad). Thus, this opening not only expresses a common development, but it also lends the national legal orders a common orientation. It thus seems quite logical for the Court to describe human rights treaties as a body of law or corpus iuris"* (BOGDANDY, Armin Von. *Ius Constitutionale Commune en América Latina: Observations on Transformative Constitutionalism*. Cit. p. 28-29).

humanos[27]. Não se olvida que o constitucionalismo multinível possui várias facetas e visões pelas quais se buscam efetivar os direitos humanos. Mais que a fundamentação teórica, o futuro do sistema internacional de proteção dos direitos humanos está condicionado aos mecanismos nacionais de implementação[28]. A construção da rede de proteção judicial fortalece a concretização e a efetivação dos direitos humanos pelo Poder Judiciário. A abertura da ordem local ao diálogo horizontal com outras jurisdições e ao diálogo vertical com jurisdições supranacionais é indispensável para a formação de um *ius commune* para a região[29]. A interação entre as esferas global, regional e local – por meio de empréstimos constitucionais, intercâmbios de experiências, argumentos, conceitos e princípios vocacionados à proteção dos direitos humanos, além do efetivo controle de constitucionalidade/convencionalidade e a incorporação da jurisprudência – expande a perspectiva emancipatória dos direitos humanos.

Porém, a responsabilidade pelo sucesso do constitucionalismo multinível não exige necessariamente a judicialização dos direitos humanos, porque reclama o diálogo democrático e a atuação compromissória de outros atores em uma sociedade complexa, aberta e plural.

O fortalecimento de um discurso coeso, porém plural, vem a somar na proteção (i) do sistema internacional, de um lado; (ii) dos sistemas nacionais de outro, já que estes se retroalimentam em prol do princípio *pro persona*. A proteção em redes é mais robusta e fornece segurança majorada à proteção dos direitos humanos.

As redes são igualmente relevantes porque, ao mesmo lado que auxiliam no tema de maximização da proteção dos direitos, permitem e apontam para revisão do próprio conceito de Constituição, a partir desse redesenho do direito constitucional e do próprio poder constituinte promovido com o diálogo constitucional multinível. Com isso, os próprios arranjos institucionais que estão na base do discurso constitucional são colocados à reflexão.

Novos diálogos em redes dentro dos mesmos canais institucionais de poder não alcançam, muitas vezes, seus efeitos emancipatórios inicialmente pretendidos, devido aos aspectos intactos do sistema. Porém, isso, por si só,

27. ALVARADO, Paola Andrea Acosta. *Más allá de la utopía: Del diálogo interjudicial a la constitucionalización del derecho internacional. La red judicial latinoamericana como prueba y motor del constitucionalismo multinivel*. Cit. p. 14.

28. TRINDADE, Antônio Augusto Cançado; ROBLES, Manuel E. Ventura. *El Futuro de la Corte Interamericana de Derechos Humanos*. 2ª ed. San José/Costa Rica: Corte Interamericana de Direitos Humanos e ACNUR, 2004. p. 434.

29. PIOVESAN, Flávia. *Direitos humanos e diálogos entre jurisdições*. Cit. p. 93.

não deve eliminar o impulso ao diálogo. É apenas dialogando em rede que os arranjos institucionais se adequam, e esse ainda é um *work in progress.*

O constitucionalismo multinível decorre da emergência do novo paradigma do *human rights approach*, que causa a ressignificação da experiência jurídica[30]. O modelo positivista piramidal clássico – centrado no *State approach*, em que se confere primazia ao direito interno, com a Constituição no topo, servindo de fundamento de validade de todo o ordenamento jurídico[31] – é substituído pela figura geométrica do trapézio. Com isso, repudia-se a endogenia e a autorreferência do sistema jurídico, ao se colocar no ápice da ordem normativa a Constituição e os Tratados Internacionais de Direitos Humanos, o que confere outros contornos à discussão do monismo ou dualismo do direito internacional. A partir da Declaração Universal dos Direitos Humanos de 1948, tais direitos passam a ter uma dimensão universal e positiva, porque têm como destinatários não apenas os cidadãos de um determinado Estado, mas todas as pessoas, bem como são positivados para serem efetivamente protegidos, inclusive contra o próprio Estado que os viola[32]. O direito interno é permeável ao direito internacional pela existência de *cláusulas constitucionais abertas*, que permitem a integração entre o ordenamento constitucional e a ordem internacional, especialmente no campo dos direitos humanos, ampliando e expandindo o bloco de constitucionalidade[33].

O processo de constitucionalização do Direito Internacional se complementa com o processo de internacionalização do Direito Constitucional, ao

---

30. Nas palavras de Hans Kelsen, "(...) consideramos o ato de produção legislativa como a realização da Constituição, isto é, de normas gerais que, de conformidade com o seu sentido subjetivo, conferem àqueles mesmos indivíduos competência para estabelecer outras normas gerais que estatuam atos de coerção. Assim, caracterizamos ou interpretamos estes indivíduos como órgão legislativo. Para efeito de podermos considerar as normas que conferem competência ao órgão legislativo como constituindo o sentido, não só subjetivo mas também objetivo, de um ato posto por determinados indivíduos, caracterizamos ou interpretamos estas normas como Constituição. Tratando-se de uma Constituição que é historicamente a primeira, tal só é possível se pressupusermos que os indivíduos se devem conduzir de acordo com o sentido subjetivo deste ato, que devem ser executados atos de coerção sob os pressupostos fixados e pela forma estabelecida nas normas que caracterizamos como Constituição, quer dizer, desde que pressuponhamos uma norma por força da qual o ato a interpretar como ato constituinte seja de considerar como um ato criador de normas objetivamente válidas e os indivíduos que põem este ato como autoridade constitucional. Esta norma é (...) a norma fundamental de uma ordem jurídica estadual" (*Teoria pura do direito*. Trad. de João Baptista Machado. São Paulo: Martins Fontes, 1999. p. 32).
31. PIOVESAN, Flávia. *Direitos humanos e diálogos entre jurisdições. Revista brasileira de direito constitucional*, n. 19, jan.-jun. 2012, p. 69-70.
32. "*La Declaración Universal contiene en germen la síntesis de un movimiento dialéctico que comienza con la universalidad abstracta de los derechos naturales, pasa a la particularidad concreta de los derechos positivos nacionales, y termina con la universalidad no ya abstracta, sino concreta de los derechos positivos universales*" (BOBBIO, Norberto. *El tiempo de los derechos*. Cit. p. 68).
33. PIOVESAN, Flávia. *Direitos humanos e diálogos entre jurisdições*. Cit. p. 69-70.

se praticar o duplo controle de constitucionalidade e de convencionalidade, a interdisciplinaridade e o diálogo entre fontes normativas, jurisdições e atores sociais. A Comunidade Europeia tem, de modo mais direto, enfrentado a questão do *constitucionalismo pluralista*, a fim de integrar os ordenamentos jurídicos de cada Estado nacional à perspectiva supranacional. O alcance dos objetivos comunitários impõe o abandono do monismo jurídico, já que não seria razoável que cada jurisdição interna desse aos tratados internacionais uma interpretação diferente. O contrário faria com que o cumprimento das normas da União Europeia ficasse sujeito à conveniência de cada Estado[34].

Aliás, o conceito de constitucionalismo multinível surgiu, originalmente, para cuidar da relação entre o direito constitucional nacional e as normas da União Europeia. Resultou da necessidade de superação da dimensão do Estado-nação, a partir da criação de instituições supranacionais, como aquelas indispensáveis para o funcionamento da União Europeia. No âmbito dos países que integram a União Europeia, a compatibilização do direito interno ao direito internacional exigiu a ratificação de tratados internacionais, pelos respectivos Parlamentos, ou por meio de referendos populares, a fim de se conferir legitimidade constitucional e autoridade às instituições comuns europeias[35].

Portanto, o constitucionalismo multinível procura harmonizar o plano supranacional com o nível constitucional, não de forma hierárquica, mas justaposta, na perspectiva do pluralismo jurídico[36]. Assim, há um único sistema jurídico, pois o Direito Constitucional europeu não está separado, mas baseado nas Constituições nacionais. No constitucionalismo multinível,

34. *"If we set the jurisprudence of the Court of Justice alongside that of national constitutional or supreme courts from Germany in the European centre, to Denmark in the North, Spain in the West, and Poland in the East, we can only conclude that the meaning of the EU legal order is capable of differing in ways that are of significance for its overall direction and scale of ambition depending upon whether one adopts an EU-centred perspective or any of many state-centred perspectives"* (WALKER, Neil. Constitutional pluralism revisited. University of Edinburgh. School of Law. *Research paper series*, nº 2016/12. *Europa research paper series*, nº 2016/12, p. 10).

35. *"Treaties, negotiated by governments implementing the will of the people, are ratified with the authorisation of national parliaments representing the people, if not directly after a referendum. Specific 'integration-clauses' in our national constitutions allow that, contrary to normal international agreements, institutions are established and powers are conferred on these institutions by the EU treaties. They open up the nation-state to a common, supranational legislative, executive and judicial authority acting with direct effect upon the rights and duties of the individual. And as people are directly affected, it was felt that there was a need to protect fundamental rights, similar and equivalent to the protection individuals are used to having against the national public authority. This is why we have, since the Treaty of Lisbon, the Charter of Fundamental Rights which is legally binding and part of the Union's primary – or as I would say, constitutional – law"* (PERNICE, Ingolf. *Multilevel Constitutionalism and Crisis of Democracy in Europe. European Constitutional Law Review*, n. 11, 2015, p. 544).

36. Idem, p. 544-545.

os Estados não são mais o lugar único e exclusivo da autoridade constitucional, que também está presente no nível *supra*estatal e nas relações entre Estados, consideradas não hierárquicas[37]. Caso contrário, não seria possível compreender a nova configuração do Direito Constitucional da União Europeia nem, tampouco, dar efetividade ao Direito Internacional dos Direitos Humanos.

O constitucionalismo multinível é, pois, uma resposta possível para enfrentar os desafios da globalização. O conceito de Constituição deve se ajustar às necessidades de um sistema de governança internacional. Em um mundo caracterizado por um mercado financeiro globalizado, pela necessidade de busca de recursos energéticos, sujeito às mudanças climáticas e às pandemias, bem como a uma onda crescente de migrações, organizações criminosas internacionais e terrorismos, além da revolução digital, com suas repercussões na comunicação mundial, a cooperação internacional é indispensável para, conforme a Declaração Universal dos Direitos Humanos, o reconhecimento da dignidade de todos os membros da família humana e de seus direitos iguais e inalienáveis, enquanto fundamento da liberdade, da justiça e da paz no mundo[38].

A cooperação internacional não é conciliável com a manutenção da hegemonia nacional[39]. Ao contrário, exige solidariedade social e econômica, respeito à diversidade cultural e à construção de formas plurais de compreensão do fenômeno jurídico, a começar pelo conceito dialógico de constitucionalismo multinível, que procura conciliar o direito interno com o direito internacional.

No Brasil, a compatibilização da ordem jurídica interna com a internacional está enfatizada na Constituição Federal de 1988. Pode-se afirmar, sem muito esforço hermenêutico, que o constitucionalismo multinível está contido nas regras do art. 4º, incs. I e II, da Constituição brasileira que firmam os princípios que regem as relações internacionais do Brasil, tanto

37. WALKER, Neil. Late Sovereignty in the European. In: *Sovereignty in transition*. Org. Neil Walker. Portland: Hart Publishing, 2006. p. 4.

38. *"We live in a world, where the states, while insisting on their national sovereignty, have lost control over parts of what they have been created for: International financial markets, global trade with new dynamic actors and an increasing demand on scarce resources like energy, climate change as well as increased waves of economic refugees, international crime and terrorism, the digital revolution and its repercussions on information and communication world-wide have changed the conditions under which security, welfare, peace and freedom can be preserved. Even the only remaining super-power on the globe, for the time being understands that cooperation at the global level is needed. But cooperation is irreconcilable with hegemony"* (PERNICE, Ingolf. *The global dimension of multilevel constitutionalism. A legal response to the challenges of globalization*. Umbolt-Universität zu Berlin. WHI-Paper 9/08, 2006, p. 3).

39. Idem. Ibidem.

pela independência nacional quanto pela prevalência dos direitos humanos. Perceba-se que não há contradição entre esses dois princípios, mas plena possibilidade de harmonização entre independência nacional e prevalência dos direitos humanos.

Quanto à necessidade de reforçar o fortalecimento e a unidade dos povos latino-americanos, o art. 4º, par. único, da CF/88 enfatiza que a "República Federativa do Brasil buscará a integração econômica, política, social e cultural dos povos da América Latina, visando à formação de uma comunidade latino-americana de nações". Não se fala, expressamente, na integração jurídica. Mas, não se pode buscar a integração econômica, política, social e cultural sem reconhecer a imprescindibilidade da construção de um sistema jurídico regional de proteção dos direitos humanos para os povos da América Latina.

A diretriz normativa do constitucionalismo multinível, contudo, fica ainda mais explícita na cláusula aberta consagrada no bloco de constitucionalidade, a ser examinado adiante (ponto 5, *infra*), previsto no art. 5º, § 2º, da CF/88, ao estabelecer que os "direitos e garantias expressos nesta Constituição não excluem outros decorrentes do regime e dos princípios por ela adotados, ou dos tratados internacionais em que a República Federativa do Brasil seja parte".

O constitucionalismo multinível é, portanto, produto da pluralidade de ordens jurídicas, e por isso, alimenta-se da multiplicidade e diversidade que a noção de direitos humanos e democracia necessariamente reclamam.

CAPÍTULO

5

DIÁLOGOS ENTRE SISTEMAS JURÍDICOS E ENTRE JURISDIÇÕES (VERTICAL E HORIZONTAL)

Parte-se da ótica dos direitos humanos tomados como processos dinâmicos e concretos para a busca dos novos espaços constitucionais contemporâneos (daí a ordem pública) e seus movimentos (como os diálogos entre sistemas jurídicos, o que inclui os diálogos entre jurisdições) para o resgate da promessa[1] constitucional de proteção jurídica.

A concepção contemporânea da proteção dos direitos humanos inaugurou uma nova esfera da responsabilidade quanto à sua implementação, porque deixaram de ser tema exclusivo da soberania estatal-constitucional[2]. Como consequência, isso impactou o modo de pensar e conceber não só os direitos, mas também, o direito constitucional como um todo. Esse novo

1. Eis a promessa arendtiana no âmbito da relação (política) entre os homens: "[...] Não porque acreditamos [religiosamente] em milagres, mas porque os homens, enquanto puderem agir, são aptos a realizar o improvável e o imprevisível, e realizam-no continuamente, quer saibam disso, quer não" (ARENDT, Hannah. *A Promessa da Política*. Rio de Janeiro: Difel, 2008. p. 122).

2. Richard Falk leciona sobre essa nova percepção da soberania: "*Under present circumstances sovereignty calls for a more balanced, complex view of this foundational idea of the contemporary state that continues to provide the ideological underpinning of world order. The spread of support for human rights and the emergency of a norm of democratic entitlement {lend} credence to the view that the state is itself the subject of obligations as well as entitled to rights, and that these obligations may be implemented both by a politics of resistance on the part of citizens and by a process of humanitarian intervention by the international community. This conditioning of sovereignty is further evolved in relation to the capacity of a state to carry out governmental functions. When the state fails to provide governance, other political actors are needed to protect a vulnerable citizenry* [...]" (Sovereignty and Human Dignity: the search of reconciliation. In: STEINER, Henry J; ALSTON, Philip. *International Human Rights in Context*. 2nd edition. Oxford: Oxford University Press, 2000. p.582).

cenário demanda um alargamento da visão tradicional, segundo a qual apenas os Estados guardam responsabilidades por direitos e somente para com seus cidadãos.

Nessa nova esfera de espacialidade, destaca-se a importância da interface e dos diálogos dos diferentes planos protetivos para a realização dos direitos humanos, o que demanda a relação entre os constitucionalismos e destes com o direito internacional dos direitos humanos. Emerge, dessa forma, um novo espaço/direito público – lastreado na coexistência tensa e produtiva dessas diversas ordens paralelas e interlocutoras – que devem dialogar em torno da força expansiva da dignidade humana[3].

Na temática dos diálogos entre sistemas jurídicos, o intento desse conflito produtivo é expandir e engrandecer a proteção dos direitos humanos, a partir de uma lógica plural, complexa, impura e miscigenada[4]. Cada sistema corrobora com sua concepção de proteção, a fim de proporcionar a coexistência complementar que interage sempre em benefício dos sujeitos protegidos e de seus direitos. Com base nessas premissas, floresce o direito constitucional multinível, marcado pelo direito comparado e pelas trocas constitucionais que são essencialmente permeadas pelos diálogos entre sistemas jurídicos diversos.

É certo que não há nenhuma novidade em formular diálogos, já que esse tema tem sido recorrente no discurso do direito constitucional contemporâneo. A possibilidade de desenvolver práticas dialógicas é atraente, dentre outras razões porque: (i) "*apela a uma resolução civilizada e respeitosa de conflitos, em momentos marcados por antagonismos políticos*"[5] e (ii) afasta modelos impositivos e verticais, sendo, ao menos em abstrato, mais próximo de uma concepção deliberativa de democracia[6].

---

3. Convém destacar que mesmo o constitucionalismo norte-americano que não possui expressa a clausula da dignidade humana, mas dela passa a se valer: "It is important to note the degree of transnational influence within U.s. constitutionalism, broadly understood as including decisions in state, territorial or commonwealth courts." In: JACKSON, Vicky. *Constitutional Dialogue and Human Dignity: States and Transnational Constitutional Discourse. Georgetown Law Faculty Publications.* 65 Mont. L. Rev. 15-40 (2004).
4. Para expressões da teoria crítica dos direitos humanos, ver: SÁNCHEZ RUBIO, David. *Encantos e Desencantos dos Direitos Humanos: de emancipações, libertações e dominações*. Porto Alegre: Livraria do Advogado, 2014.
5. GARGARELLA, Roberto. El nuevo constitucionalismo dialógico, frente al sistema de los frenos y contrapesos. In: ______. *El nuevo constitucionalismo dialógico, frente al sistema de los frenos y contrapesos.* Buenos Aires: Siglo XXI, 2014. Disponível em: http://www.derecho.uba.ar/academica/posgrados/2014-roberto-gargarella.pdf.
6. Idem. Ibidem.

Na relação entre essas camadas, ressignificam-se as estruturas internas e internacionais de proteção[7]. Avulta, assim, o pluralismo como moldura desse novo espaço[8]. Tão importante quanto o diálogo releva pensar a metodologia pela qual essas conversas canalizarão nesse sistema de níveis múltiplos e entrelaçados. O método é discussão igualmente importante que o mérito, já que refreia os argumentos de autoridade e de "*última palavra*"[9]. Todavia, não se pode permitir que o próprio método aqui se converta em autoridade, posto que redutor de complexidade e excludente de multiplicidades. Os métodos são as "pontes de transição"[10] que implicam em um redesenho institucional e normativo em um nível supra entrelaçado.

Tendo esse norte metodológico em consideração, é bastante importante delimitar o que se está querendo dizer por *diálogos*, já que, muitas vezes, o discurso dialógico é trazido como medida de justificação de posturas não dialógicas[11].

Diálogo, no seio dessa reflexão, no âmbito dos direitos humanos, rima com compreensão e reconhecimento da diversidade, destacando a necessidade de tolerância e respeito no exercício comunicativo. A dimensão dialógica deve ser compreendida como exercício de alteridade e cooperação, em que os sujeitos refletem entre si.

Somente assim é possível tomar como premissa a complexidade e propiciar uma verdadeira troca em que os diferentes sistemas tenham a contribuir dentro desse novo espaço.

Importa, portanto, aproximar o sentido dialógico dos processos democráticos deliberativos. Só que nesses diálogos, os envolvidos não participam

7. *"La emergente pluralidad de poderes públicos [...] ha generado como consecuencia dos clases de relaciones. De un lado, las relaciones entre los sistemas nacionales y los ordenamientos 'superiores', sean éstos de carácter supranacional o internacional (global). De otro, las relaciones que se dan entre los diferentes sistemas legales de ámbito global a nivel horizontal, por otra parte cada vez más numerosos. En realidad, a esas dos clases de relaciones habría que añadir una tercera, que consistiría en la mezcla de ciertos elementos de la una y de la otra."* CASSESE, Sabino. *Los Tribunales ante la Construcción de un Sistema Jurídico Global*. Sevilla: Editorial Derecho Global, 2010. p.15.
8. CONCI, Luiz Guilherme Arcaro; FIGUEIREDO, Marcelo (coord). *Constitucionalismo Multinível e Pluralismo Jurídico*. Rio de Janeiro: Lumen Juris, 2017.
9. MENDES, Conrado Hübner. *Controle de Constitucionalidade e Democracia*. Rio de Janeiro: Elsevier, 2008.
10. NEVES, Marcelo. *(Não) Solucionando problemas constitucionais: transconstitucionalismo: além de colisões. Lua Nova* [online]. 2014, n.93, p.201- 232.
11. "la metáfora del diálogo invocada para justificar algunas de las decisiones constitucionales más controvertidas en los años recientes" (ROACH, Kent. Dialogic Judicial Review and its Critics. *Supreme Court Law Review*, v. 23, 2004. p. 49-104). Cf. GARGARELLA, Roberto. *El nuevo constitucionalismo dialógico, frente al sistema de los frenos y contrapesos*. Cit. p. 23.

em posição de igualdade[12]. Na periferia do mundo, do poder e do direito, os locais de fala são muito distintos, mas o diálogo pode ser mediador dessas tensões e diferenças. Diálogo amplia a inclusão; abrange o outro, o excluído; possui um sentido educativo e civilizatório na medida em que contrasta posicionamentos distintos.

A confrontação de ideias permite, além do exercício de alteridade[13] – já que "*todos somos obrigados a confrontar aqueles que pensam de forma diferente e a discutir com eles, em vez de simplesmente negar ou esquivar os pontos de vista dogmaticamente*"[14] – o robustecimento dos temas e posições, a fim de propiciar que prevaleça aquela que melhor se sustenta. Quando, portanto, os diálogos são trazidos, não se quer ver reproduzido um projeto (neo) colonizante; ao revés, quer-se conferir voz e vez aos constitucionalismos locais para interatuarem com os sistemas internacionais, a fim de articularem suas demandas, de modo a privilegiar a expansão e emancipação do humano. São as narrativas construtivas a partir de baixo[15], da periferia do constitucionalismo global, as vozes do sul do mundo que têm dado cor, gênero, idade e tantos outros matizes a essas conversações.

O diálogo deve ser via de mão dupla, não podendo operar bem de cima para baixo[16]. Isso implica em um redesenho institucional-constitucional que dê conta desse cenário multinível e pluralista. Nesse sentido, Roberto Gargarella aponta que as formas mais clássicas de estrutura de poder – sistema de freios e contrapesos e sua ênfase em uma revisão judicial, em que

---

12. "A ideia básica é a seguinte: o princípio da democracia resulta da interligação que existe entre o princípio do discurso e a forma jurídica. Eu vejo esse entrelaçamento como uma gênese lógica de direitos, a qual pode ser reconstruída passo a passo. Ela começa com a aplicação do princípio do discurso ao direito a liberdades subjetivas de ação em geral – constitutivo para a forma jurídica enquanto tal – e termina quando acontece a institucionalização jurídica de condições para um exercício discursivo da autonomia política, a qual pode equipar retroativamente a autonomia privada, inicialmente abstrata, com a forma jurídica. Por isso, o princípio da democracia só pode aparecer como núcleo de um sistema de direitos. A gênese lógica desses direitos forma um processo circular, no qual o código do direito e o mecanismo para a produção de direito legítimo, portanto o princípio da democracia, se constituem de modo co-originário" (HABERMAS, Jurgen. *Direito e democracia: entre faticidade e validade*. Vol. 1. Cit. p.158).

13. "[A] presença do outro me impede de ser totalmente eu mesmo. A relação não surge de identidades plenas, mas da impossibilidade da constituição das mesmas" (LACLAU, Ernesto & MOUFFE, Chantal. *Hegemony and socialist strategy: towards a radical democratic politics*. Londres: Verso, 1985. p. 125).

14. GARGARELLA, Roberto. *El nuevo constitucionalismo dialógico, frente al sistema de los frenos y contrapesos*. Cit. p. 23.

15. GARAVITO, César A. Rodríguez. Prólogo. In: RAJAGOPAL, Balakrishnan. *El Derecho Internacional desde Abajo: el desarrollo, los movimientos sociales y la Resistencia del Tercer Mundo*. Bogotá: ILSA, 2005.

16. BOGDANDY, Armin Von; VENZKE, Ingo. *¿En nombre de quién? Una teoría de Derecho público sobre la actividad judicial internacional*. Bogotá: Universidad de Externado, 2016.

o Judiciário dá a "última palavra"[17] – não harmonizam com esse sistema de diálogo multinível.

Pensar os diálogos significa refletir sobre o próprio sentido de Constituição e o direito constitucional, uma vez que demandam esse esforço de (des)construção. A prioridade normativa não se configura a partir do pertencimento das normas jurídicas, mas da sua "*capacidade de truncar a aplicação de outra como resultado de um exercício dialético contextual*"[18]. Em razão da pluralidade e da dialeticidade que o próprio tema demanda, os diálogos vêm sempre no plural. Não há apenas um único sentido que dê conta de traduzir toda sua complexidade.

Nesse sentido, Virgílio Afonso da Silva[19] afirma que essa integração jurídica pode se dar por dois tipos de canais: os normativos e os argumentativos. Os primeiros dependem de instituições e poderes comuns; já os segundos são ductos informais, desinstitucionalizados, que se estruturam a partir de realidades – e problemas – semelhantes.

Tradicionalmente, dá-se bastante ênfase ao modelo *legal* de integração e de diálogo. A premissa aqui exposta é a de que o modelo argumentativo não pode ser ignorado. Ainda que teoricamente mais tímido, não é menos efetivo exemplar de "diálogo constitucional transnacional"[20]. Condiz com tal modelo o que Burgorgue-Larsen[21] denomina de diálogos concertados. Nestes, há um sistema jurídico definido e um conjunto de obrigações processuais específicas, as quais advêm do sistema internacional e passam a obrigar os sistemas a conversarem[22]. Há, assim, verticalidade que obriga ou, quando menos, propõe o diálogo. Já no âmbito da integração argumentativa, surgem

17. "El sistema de frenos y contrapesos queda entonces asociado a una concepción, finalmente, negativa de la democracia, que procura evitar la comisión de ciertos males (las mutuas opresiones), antes que asegurar la concreción de otros resultados posibles, beneficiosos para el bienestar general" (GARGARELLA, Roberto. *El nuevo constitucionalismo dialógico, frente al sistema de los frenos y contrapesos*. Cit. p. 23).

18. ALVARADO, Paola Acosta. *Más allá de la utopía: Del diálogo interjudicial a la constitucionalización del derecho internacional. La red judicial latinoamericana como prueba y motor del constitucionalismo multinivel*. Cit. p. 194.

19. SILVA, Virgílio Afonso da. Integração e Diálogo Constitucional na América do Sul. In: BOGDANDY, Armin Von; PIOVESAN, Flavia; ANTONIAZZI, Mariela Morales (Coord.). *Direitos humanos, democracia e integração jurídica na América do Sul*. Rio de Janeiro: Editora Lumen Juris, 2010, p. 515-530.

20. NEVES, Marcelo. Transconstitucionalismo: Breves Considerações com Especial Referência à Experiência Latino-Americana. In: BOGDANDY, Armin Von; PIOVESAN, Flavia; ANTONIAZZI, Mariela Morales (Coord.). *Direitos humanos, democracia e integração jurídica: avançando no diálogo constitucional e regional*. Rio de Janeiro: Editora Lumen Juris, 2011, p. 255-284.

21. BURGORGUE-LARSEN, Laurence. De la internacionalización del diálogo entre los jueces. In: ANTONIAZZI, Mariela Morales; BOGDANDY, Armin von; PIOVESAN, Flávia (coord.). *Estudos avançados de direitos humanos*. Rio de Janeiro: Elsevier, 2013. p. 253.

22. Idem, p. 234.

os diálogos desconcertados, também na expressão da supracitada doutrina francesa, que resultam da abertura espontânea por parte dos sujeitos ao mundo da justiça à globalidade internacional. Dessa forma, há um diálogo independente do âmbito em que os interlocutores estão inseridos, seja ele nacional, seja ele internacional.

Tradicionalmente, sobre a influência desse modelo normativo de diálogos, o enfoque constitucional tem como tema a recepção das normas internacionais em matéria de direitos humanos e a internalização das decisões internacionais, que tem relação direta com o chamado controle de convencionalidade[23]. Em que pese a sua importância, o modelo normativo não deve ser o enfoque central do constitucionalismo multinível. Os sentidos dos diálogos aqui tomados são mais amplos, marcados pelas trocas e integração argumentativa livre entre os intérpretes e aplicadores do direito, pautados nos compartilhamentos constitucionais, assumindo contornos mais abertos e, portanto, mais democráticos, porque não dependem apenas de um espaço estatal-institucional. Porém, os diálogos não se restringem apenas ao campo normativo e ao âmbito jurisprudencial. Tampouco se limitam a diálogos entre juízes ou Cortes, como aponta parte da doutrina e grande parte da produção teórica nesse sentido[24]. O diálogo entre ordenamentos jurídicos que compartilhem uma realidade material semelhante é produtivo e pode, ao mesmo tempo, (i) aprender com a prática estrangeira; (ii) aprimorá-la e complementá-la em prol do fortalecimento dos direitos na região. De realidades conexas, decorrem problemas semelhantes e respostas correlatas. É justamente no reconhecimento desses traços de discriminações estruturais e violações conjunturais semelhantes que os diálogos podem ser transformadores de realidade.

O diálogo entre jurisdições, especificamente, revela-se um dos instrumentos mais vivos e efetivos para a consolidação de um sistema de rede judicial de proteção[25].A possibilidade desse diálogo não se limita à dimensão horizontal (entre juízes nacionais de diferentes Estados), mas

---

23. MAZUZUOLI, Valério de Oliveira. *O controle jurisdicional da convencionalidade das leis.* 3ª ed. São Paulo: Revista dos Tribunais, 2013; PIOVESAN, Flávia. *Direitos Humanos e o Direito Constitucional Internacional.* 15ª ed. São Paulo: Saraiva, 2015.

24. GARAPON, Antoine; ALLARD, Julie. *Os juízes na mundialização: a nova revolução do Direito.* Lisboa: Instituto Piaget, 2005.

25. Posicionamento divergente é defendido por André de Carvalho Ramos, ao sustentar não ser possível obrigar os juízes nacionais a exercer o diálogo entre Cortes, porque isso "desnaturaria a independência funcional e o Estado Democrático de Direito". A solução encontrada seria a realização de um duplo controle, "que reconhece a atuação em separado do controle de constitucionalidade (STF e juízos nacionais) e do controle de convencionalidade internacional (órgãos de direitos humanos do plano internacional)" (*Curso de direitos humanos.* 4ª ed. São Paulo: Saraiva, 2017. p. 494).

também pode ser vertical – entre juízes nacionais e internacionais – e mista[26]. Essa comunicação só mostra o quão interdependentes são os ordenamentos jurídicos, que devem conviver mutuamente e encontrar soluções comuns para problemas de aplicação dos direitos humanos[27]. Partindo da premissa de um diálogo, Valério Mazzuoli e Michele Carducci propõem a teoria tridimensional das integrações supranacionais, já experimentada na Europa por meio do Direito Constitucional Europeu, promovido pela União Europeia, e seus diálogos entre Direitos Constitucionais internos e com os Tribunais Europeus.

Importando essa teoria para a América Latina, a tridimensionalidade pode ser composta pelos Estados, pela Convenção Americana de Direitos Humanos, pelos tratados de integração regional (como o Mercosul)[28] e a própria identidade constitucional inerente a cada Estado integrante da Organização dos Estados Americanos. Tal teoria implica a criação de um "mosaico de situações sobrepostas" que dialogam entre sistemas internos e sistemas de direito internacional.

A teoria é de aplicação, ainda tímida no continente sul-americano, por não haver elementos comparáveis com os do sistema europeu[29]. É remota a possibilidade de integração de uma organização regional no contexto latino-americano, como a União das Nações Sul-Americanas (UNASUL), à Convenção Americana de Direitos Humanos, da forma como a União Europeia aderiu à Convenção Europeia de Direitos Humanos. Um sistema plural e multinível de proteção aos direitos humanos caminha a passos lentos na América Latina, apesar dos diálogos horizontais e verticais já estabelecidos entre juízes, tribunais locais e a Corte Interamericana de Direitos Humanos[30]. Em se voltando para uma análise das sentenças da Corte Interamericana de

26. *"La herramienta principal de este fenómeno es el diálogo entre los jueces (...) es de tres tipos – vertical: entre jueces nacionales e internacionales, horizontal: entre jueces nacionales de diferentes Estados y mixta: entre jueces de uno y otro escenario"* (ALVARADO, Paola. *Más allá de la utopía: Del diálogo interjudicial a la constitucionalización del derecho internacional. La red judicial latinoamericana como prueba y motor del constitucionalismo multinivel*. Cit. p. 85-86).

27. *"La comunicación interjudicial es un fenómeno que responde a la creciente interdependencia entre ordenamientos jurídicos y a la necesidad de asegurar su convivencia, así como a la tarea de buscar respuestas comunes a problemas comunes"* (Idem. p. 86-87).

28. O Mercosul, apesar de ser uma organização orientada inicialmente para a integração econômica, também possui a dimensão de proteção dos direitos humanos (como se depreende dos Protocolos de Assunção e Ushuaia). Cf. BOGDANDY, Armin von. *Ius Constitutionale Commune en América Latina: Observations on Transformative Constitutionalism*. Cit. p. 44.

29. MAZZUOLI, Valério de Oliveira; CARDUCCI, Michele. *Teoria Tridimensional das integrações supranacionais. Uma análise comparativa dos sistemas de integração da Europa e da América Latina*. Rio de Janeiro: Forense, 2014. p. 30-34.

30. Idem, p. 37-38.

Direitos Humanos, é possível estabelecer relações que conectam os países, como as existentes no período ditatorial latino-americano e as violações de direitos fundamentais que provocam consequências jurídicas até hoje. A origem, em comum, desses problemas, gera soluções semelhantes, as quais podem ser alcançadas por meio de diálogos judiciais.

Todavia, as formas de justiças de transição para um regime democrático não ocorreram de maneira similar em todos os países do continente, assim como as Leis de Anistia ainda vigoram em alguns locais – como no Brasil –, apesar da jurisprudência contrária da Corte Interamericana de Direitos Humanos.

Por outro lado, exemplo célebre de justiça de transição e do diálogo entre Cortes foi o caso *Barrio Altos Vs Peru.* A Corte Interamericana de Direitos Humanos reconheceu que a apuração dos crimes cometidos durante a ditadura, e que foram arquivados por conta da Lei da Anistia, deveriam ser reabertos, o que culminou, inclusive, na prisão do ex-ditador Alberto Fujimori. Além disso, a Corte Interamericana de Direitos Humanos reconheceu que a Lei de Anistia peruana não se mostrava compatível com as normas do ordenamento regional interamericano, sobretudo aquelas dispostas nos arts. 1.1 e 2 (responsabilidade internacional decorrente da inobservância dos ditames da CADH), 4 (direito à vida), 5 (integridade pessoal), 8 (garantia judicial) e 25 (proteção judicial) da Convenção Americana de Direitos Humanos[31]. Além disso, o *Caso Barrios Altos vs. Peru* deve ser considerado um exemplo de diálogo entre juízes, uma vez que,

31. "41. *Esta Corte considera que son inadmisibles las disposiciones de amnistía, las disposiciones de prescripción y el establecimiento de excluyentes de responsabilidad que pretendan impedir la investigación y sanción de los responsables de las violaciones graves de los derechos humanos tales como la tortura, las ejecuciones sumarias, extralegales o arbitrarias y las desapariciones forzadas, todas ellas prohibidas por contravenir derechos inderogables reconocidos por el Derecho Internacional de los Derechos Humanos.42. La Corte, conforme a lo alegado por la Comisión y no controvertido por el Estado, considera que las leyes de amnistía adoptadas por el Perú impidieron que los familiares de las víctimas y las víctimas sobrevivientes en el presente caso fueran oídas por un juez, conforme a lo señalado en el artículo 8.1 de la Convención; violaron el derecho a la protección judicial consagrado en el artículo 25 de la Convención; impidieron la investigación, persecución, captura, enjuiciamiento y sanción de los responsables de los hechos ocurridos en Barrios Altos, incumpliendo el artículo 1.1 de la Convención, y obstruyeron el esclarecimiento de los hechos del caso. Finalmente, la adopción de las leyes de autoamnistía incompatibles con la Convención incumplió la obligación de adecuar el derecho interno consagrada en el artículo 2 de la misma. (...). 44. Como consecuencia de la manifiesta incompatibilidad entre las leyes de autoamnistía y la Convención Americana sobre Derechos Humanos, las mencionadas leyes carecen de efectos jurídicos y no pueden seguir representando un obstáculo para la investigación de los hechos que constituyen este caso ni para la identificación y el castigo de los responsables, ni puedan tener igual o similar impacto respecto de otros casos de violación de los derechos consagrados en la Convención Americana acontecidos en el Perú"* (CORTE INTERAMERICANA DE DIREITOS HUMANOS. *Caso Barrios Altos Vs. Perú*. Sentencia de 14 de marzo de 2001. (Fondo). Disponível em: http://www.corteidh.or.cr/docs/casos/articulos/seriec_75_esp.pdf. Acesso em: 24 jul. 2020).

após firmado esse precedente, Argentina, Chile e Uruguai declararam a inaplicabilidade das respectivas Leis de Anistia.

Foi a partir do caso em questão que se abriu "uma oportunidade importante para consolidar a jurisprudência interamericana sobre as leis de anistia com relação aos desaparecimentos forçados, à execução extrajudicial e a consequente obrigação dos Estados de dar a conhecer a verdade à sociedade e investigar, processar e punir graves violações de direitos humanos"[32].Todavia, apesar do diálogo e da justiça de transição no Peru, o contexto latino-americano contemporâneo encontra-se em período de erosão democrática, porquanto presentes exemplos de ameaças de retrocesso social. Em junho de 2021, em meio às eleições presidenciais no Peru, Keiko Fujimori – candidata à presidência e filha do ex-ditador peruano Alberto Fujimori -, denunciou suposta fraude no processo eleitoral. Em contraponto, o chefe da delegação da OEA – responsável pela análise das eleições no país -, assinalou a realização pacífica e democrática do pleito, sobretudo em um período marcado pela pandemia e pela polarização política[33]. Após o Jurado Nacional de Eleições (JNE) do Peru inadmitir 5 recursos interpostos pelo Partido Força Popular – fundado por Keiko Fujimori – a candidata à presidência reconheceu a vitória do oponente Pedro Castillo[34].

A Corte Interamericana, ao analisar a justiça de transição brasileira no Caso Gomes Lund e outros ("Guerrilha do Araguaia") vs. Brasil, julgado em 24 de novembro de 2010, reconheceu a falha estatal em promover a transição justa que implica necessariamente em: (i) investigar e processar as responsabilidades dos perpetradores da barbárie, bem como sancionar penalmente os responsáveis em virtude da Lei de Anistia n.º 6.683/1979, (ii) revelando, assim, a verdade sobre os acontecimentos pretéritos, abrindo-se, com isso, a possibilidade de (iii) conceder reparações às vítimas, (iv) reformar e consolidar as práticas institucionais e instituições.

Falhou, ainda, na dicção da Corte, o Estado brasileiro em cumprir com seu dever de prevenir, razoavelmente, as violações de direitos humanos ocorridas de investigar a fundo, com todos os meios possíveis, as violações

32. Id.

33. QUESADA, Juan Diego. FOWKS, Jacqueline. *Sem provas, Keiko Fujimori denuncia fraude e agita reta final da apuração eleitoral no Peru.* 08 jun. 2021. Disponível em: Eleições Peru 2021: Sem provas, Keiko Fujimori denuncia fraude e agita reta final da apuração eleitoral no Peru | Internacional | EL PAÍS Brasil (elpais.com) Acesso em: 10 ago. 2021.

34. CORREIO DO POVO. *Keiko Fujimori reconhece vitória e júri eleitoral oficializa Castillo presidente do Peru.* 19 jul. 2021. Disponível em: Keiko Fujimori reconhece vitória e júri eleitoral oficializa Castillo presidente do Peru (correiodopovo.com.br) Acesso em: 10 ago. 2021.

que foram cometidas, a fim de identificar os responsáveis e lhes impor as sanções pertinentes, além de assegurar às vítimas de tais atrocidades as devidas reparações. Além disso, o Tribunal destacou que a Lei de anistia brasileira é incompatível com a Convenção Americana, pois impede a investigação e sanção de graves violações de direitos humanos carecem de efeitos jurídicos.

Concluiu, assim, a Corte Interamericana pela responsabilização do Estado Brasileiro, condenando-o, em síntese: (i) à tipificação do delito de desaparição forçada de pessoas; (ii) à conclusão, de maneira eficaz, as investigações dos fatos e, se for o caso, punição dos responsáveis, além de (iii) determinar o paradeiro das vítimas da Guerrilha do Araguaia e (iv) indenizar seus parentes[35].

Salientou, ainda, a sentença condenatória que é obrigação do Estado de estabelecer a verdade e assegurar a determinação judicial de responsabilidades individuais, inclusive por meio dos processos judiciais penais[36]. No que toca à responsabilidade penal, complementou a Corte que, "por se tratar de violações graves de direitos humanos, e considerando a natureza dos fatos e o caráter continuado ou permanente do desaparecimento forçado", neste caso, "o Estado não poderá aplicar a lei de Anistia em benefício dos autores, bem como nenhuma outra lei análoga, prescrição, irretroatividade da lei penal, coisa julgada, *ne bis in idem* ou qualquer outra excludente similar de responsabilidade para eximir-se dessa obrigação"[37].

Distanciando-se dessa óptica, no âmbito interno, o modelo pátrio de transição foi analisado no julgamento da Arguição de Descumprimento de Preceito Fundamental n.º 153, proposta pela Ordem dos Advogados do Brasil. Na ocasião, o Supremo Tribunal Federal considerou a anistia brasileira, consubstanciada na Lei n.º 6.683/1979, compatível com os preceitos constitucionais[38]. Exemplo disso é que "no julgamento da ADPF

35. CORTE INTERAMERICANA DE DIREITOS HUMANOS. *Gomes Lund e outros ("Guerrilha do Araguaia") vs. Brasil.* Sentença de 24 de novembro de 2010. Disponível em: https://www.corteidh.or.cr/docs/casos/articulos/seriec_219_por.pdf. Acesso em: 01 mar. 2025.

36. Citado por: VENTURA, Deisy; CETRA, Raíza Ortiz. *O Brasil e o sistema interamericano de direitos humanos: de Maria da Penha à Belo Monte.* Texto apresentado no Seminário Internacional "Limites e Possibilidades da Justiça de Transição – Impunidade, direitos e democracia". Porto Alegre, 02 abr. 2012. p.27/28. Disponível em: http://www.conectas.org/arquivos/Ventura%20Cetra% 20O%20Brasil%20e%20%20SIDH%20 2012%2(2)(1).pdf. Acesso em: dez. 2012.

37. VASCONCELOS, Eneas Romero de. *O Conflito entre o Direito Nacional e Internacional: a jurisprudência da Corte Interamericana de Direitos Humanos VS. A Jurisprudência do Supremo Tribunal Federal. Revista de Anistia.* nº 7, jan/jun 2012. Brasília: Ministério da Justiça, 2012. p. 173.

38. LEI N.º 6.683/79, A CHAMADA 'LEI DE ANISTIA'. ARTIGO 5.º, CAPUT, III E XXXIII DA CONSTITUIÇÃO DO BRASIL; PRINCÍPIO DEMOCRÁTICO E PRINCÍPIO REPUBLICANO: NÃO VIOLAÇÃO. CIRCUNSTÂNCIAS HISTÓRICAS.

153, a Convenção Americana quase não foi citada (apenas dois Ministros o fizeram), e a jurisprudência da Corte IDH sobre anistias e responsabilização criminal de autores de crimes contra a humanidade na América Latina (já há muito consolidada pela Corte) também não foi tratada"[39]. Mesmo diante da tendência explícita da jurisprudência internacional, o Supremo Tribunal Federal, mantendo-se fiel aos argumentos de supremacia constitucional, recusou-se ao diálogo com o direito internacional dos direitos humanos.

No Caso Herzog e outros vs. Brasil, julgado em 15 de março de 2018, a Corte IDH analisou a responsabilidade internacional do Estado brasileiro pela impunidade em relação à detenção arbitrária, tortura e morte do jornalista Vladimir Herzog, ocorridas em 25 de outubro de 1975, durante a ditadura militar. Nesse precedente, o tribunal destacou a incompatibilidade da Lei de Anistia n.º 6.683/1979 com as obrigações convencionais assumidas pelos Estados em casos de graves violações de direitos humanos. Isso porque a referida norma impede a investigação e a responsabilização dos autores dessas violações, comprometendo o direito das vítimas e de seus familiares à justiça, à verdade e às devidas reparações. Diante desse cenário, a Corte consignou que "essa Lei não pode produzir efeitos jurídicos e ser considerada validamente aplicada pelos tribunais internos". Além disso, enfatizou que os juízes, ao analisarem leis de anistia, devem realizar *ex officio* o controle de convencionalidade, garantindo sua conformidade com a Convenção Americana sobre Direitos Humanos.

Ao final, a Corte Interamericana reconheceu a responsabilidade internacional do Estado Brasileiro, condenando-o a diversas medidas

DIGNIDADE DA PESSOA HUMANA E TIRANIA DOS VALORES. INTERPRETAÇÃO DO DIREITO E DISTINÇÃO ENTRE TEXTO NORMATIVO E NORMA JURÍDICA. CRIMES CONEXOS DEFINIDOS PELA LEI N. 6.683/79. CARÁTER BILATERAL DA ANISTIA, AMPLA E GERAL. JURISPRUDÊNCIA DO SUPREMO TRIBUNAL FEDERAL NA SUCESSÃO DAS FREQUENTES ANISTIAS CONCEDIDAS, NO BRASIL, DESDE A REPÚBLICA. INTERPRETAÇÃO DO DIREITO E LEIS-MEDIDA. CONVENÇÃO DAS NAÇÕES UNIDAS CONTRA A TORTURA E OUTROS TRATAMENTOS OU PENAS CRUÉIS, DESUMANOS OU DEGRADANTES E LEI N.º 9.455, DE 7 DE ABRIL DE 1997, QUE DEFINE O CRIME DE TORTURA. ARTIGO 5.º, XLIII DA CONSTITUIÇÃO DO BRASIL. INTERPRETAÇÃO E REVISÃO DA LEI DA ANISTIA. EMENDA CONSTITUCIONAL N. 26, DE 27 DE NOVEMBRO DE 1985, PODER CONSTITUINTE E 'AUTOANISTIA'. INTEGRAÇÃO DA ANISTIA DA LEI DE 1979 NA NOVA ORDEM CONSTITUCIONAL. ACESSO A DOCUMENTOS HISTÓRICOS COMO FORMA DE EXERCÍCIO DO DIREITO FUNDAMENTAL À VERDADE. [...] Afirmada a integração da anistia de 1979 na nova ordem constitucional, sua adequação à Constituição de 1988 resulta inquestionável. [...] 10. Impõe-se o desembaraço dos mecanismos que ainda dificultam o conhecimento do quanto ocorreu no Brasil durante as décadas sombrias da ditadura". (BRASIL. Supremo Tribunal Federal. *Arguição de Descumprimento de Preceito Fundamental n.º 153*. Relator: Ministro Eros Grau. Julgado em: 29/04/2010).

39. Conforme o § 1º da sentença ao relatar o encaminhamento do caso pela Comissão à Corte. *In: Gomes Lundt e Outros v. Brasil*. Disponível em: http://midia.pgr.mpf.gov.br/pfdc/hotsites/sistema_protecao_direitos_humanos/docs/corte_idh/Jurisprudencia/casos_contenciosos/CasoGomesLund_outrosVsBrasil/sentenca.pdf Acesso em: ago. 2013.

de reparação, que incluem, em suma,: (i) o dever de investigar os fatos, processar e punir os responsáveis; (ii) a declaração de inaplicabilidade da Lei de Anistia nos casos de graves violações de direitos humanos; (iii) a remoção de quaisquer obstáculos que impeçam a realização da justiça; e (iv) reconhecer a imprescritibilidade das ações resultantes de crimes contra a humanidade e internacionais[40].

Dialogar, por certo, nem sempre pressupõe concordância, mas há necessidade de reconhecimento e engajamento. Nesse sentido, a chamada "dupla via do diálogo" permite que os juízes regionais interamericanos reproduzam entendimentos exarados por juízes nacionais em suas respectivas sentenças, como os realizados nos *Casos Manuel Cepeda Vargas vs. Colômbia*[41] e *Cabrera Garcia Flores y Montiel vs. México*[42]. O diálogo entre jurisdições deve estimular que os entendimentos sejam coerentes, tanto a nível regional quanto nacional, culminando em uma espécie de rede interconectada de variados atores que buscam o mesmo fim de proteção e a melhor interpretação possível *pro persona*, por meio de um controle dinâmico e complementar.

Porém, não só de consensos vive o sistema interamericano de direitos humanos, mas também, de opiniões dissonantes. Isso se deve ao fato de o diálogo permitir uma pluralidade de concepções[43-44] em um universo complexo[45]. A perspectiva dialógica deve ser a chave para mediar tensões

---

40. CORTE INTERAMERICANA DE DIREITOS HUMANOS. *Herzog e outros vs. Brasil*. Sentença de 15 de março de 2018. Disponível em: https://www.corteidh.or.cr/docs/casos/articulos/seriec_353_por.pdf. Acesso em: 01 mar. 2025.

41. *"El caso Manuel Cepeda Vargas c. Colombia es otro estupendo ejemplo del uso de la jurisprudencia nacional por parte del juez interamericano. En este caso, el juez regional se sirvió de la jurisprudencia interna para, entre otros asuntos, dar por probada la grave situación de vulnerabilidad en la que se encontraba la víctima y la falta de protección por parte del Estado"* (ALVARADO, Paola. *Más allá de la utopía: Del diálogo interjudicial a la constitucionalización del derecho internacional. La red judicial latinoamericana como prueba y motor del constitucionalismo multinivel*. Cit. p. 101-102).

42. *"En el caso Cabrera García y Montiel Flores c. México el juez interamericano se sirvió de la jurisprudencia de varios tribunales internos justificar la obligatoriedad del control de convencionalidad"* (Idem, p. 102).

43. Como exemplo, pode ser citado, um caso que tramitou perante a Corte Constitucional Colombiana, e que pugnava pela inconstitucionalidade das normas do Código Penal da Colômbia que tipificam os delitos de injúria e calúnia, com base nos critérios alcançados pela Corte Interamericana de Direitos Humanos no julgamento do caso Kimel Vs. Argentina. Contrariando o entendimento, o juiz da Corte Constitucional Colombiana não acatou o pedido, por entender que a decisão da Corte IDH não pode ser transplantada ao âmbito nacional sem um exercício prévio de controle de convencionalidade que levasse em conta as particularidades de cada ordenamento jurídico interno. Idem, p. 106.

44. Sobre opiniões dissonantes em uma ordem jurídica plural, Melina Fachin discorre que a "convivência entre as diversas ordens que conversam nesta espacialidade pública renovada nem sempre é concorde. Coexistência não se traduz em consenso e concordância. O conflito produzido nessa aproximação tem resultado criativo e dessa catarse emerge uma pluralidade interna e internacional" (FACHIN, Melina. *Constitucionalismo multinível: diálogos e(m) direitos humanos*. Cit. p. 70).

45. Idem., p. 72.

e diferenças, com a finalidade de propiciar meios inclusivos que abranjam os grupos excluídos, com um sentido educativo e civilizatório, na medida em que confronta posicionamentos distintos[46]. Há de prevalecer a interpretação que confere não apenas melhor sustentação no âmbito das ideias e dos argumentos discutidos, mas também, que promova mais direitos para mais pessoas, cumprindo com o compromisso de impacto transformador inerente ao direito internacional dos direitos humanos.

46. Idem. Ibidem.

CAPÍTULO

6

PROTEÇÃO EFETIVA DOS DIREITOS HUMANOS, BLOCO DE CONSTITUCIONALIDADE E O *STATUS* NORMATIVO DOS TRATADOS DE DIREITOS HUMANOS NO DIREITO INTERNO BRASILEIRO

Bloco de constitucionalidade é a tentativa de construção de um conceito material de Constituição, que vai além das normas formalmente constitucionais, para permitir a abertura do ordenamento jurídico de um Estado para a efetivação dos direitos humanos[1]. O conceito de bloco de constitucionalidade foi desenvolvido, pela primeira vez, pelo Conselho Constitucional francês, para criar uma jurisdição constitucional a partir da Declaração francesa dos direitos do homem e do cidadão e do rol de direitos fundamentais da quarta república[2]. O Tribunal Constitucional da

1. LLORENTE, Francisco Rubio. *El bloque de constitucionaliad. Revista Espanhola de Derecho Constitucional.* n. 27. set.-dez./1989. p. 9-37; BARACHO, José de Oliveira. *O princípio da subsidiariedade: conceito e evolução.* Rio de Janeiro: Forense, 1996. p. 80; SOUZA NETO, Cláudio Pereira de; SARMENTO, Daniel. *Direito constitucional. Teoria, história e métodos de trabalho.* 2ª ed. Belo Horizonte: Fórum, 2019; VARGAS, Angelo Miguel de Souza. *O bloco de constitucionalidade: reconhecimento e consequências no sistema constitucional brasileiro.* São Paulo: *Dissertação de Mestrado da PUC-SP*, 2007. p. 16.
2. BOGDANDY, Armin von. Ius Constitutionale Commune na América Latina. Uma reflexão sobre um constitucionalismo transformador. In: *Direitos humanos e constitucionalismo regional transformador: Ius Constitutionale Commune na América Latina.* Org. Eduardo Ferrer Mac-Gregor, Mariela Morales Antoniazzi e Flávia Piovesan. Curitiba: Juruá, 2016. p. 32-33.

Espanha modificou esse conceito ao incorporar a legislação ordinária sobre organização territorial espanhola ao Direito Constitucional, com a finalidade de conferir maior hierarquia normativa aos Estatutos de Autonomia para equilibrar as competências do Estado central e das comunidades. Tanto na França quanto na Espanha, o conceito de bloco de constitucionalidade foi usado para incorporar normas de direito estatal ao Direito Constitucional. Na América Latina, o bloco de constitucionalidade é utilizado para integrar normas do direito internacional ao ordenamento jurídico estatal. Com isso, extrapola-se a noção de Constituição escrita e do positivismo jurídico, para conceber que valores, princípios e regras[3] (de direitos humanos) sejam considerados, essencialmente, constitucionais e sirvam como paradigma para o controle de constitucionalidade.

Nas últimas décadas do século XX, os países latino-americanos, ao se reencontrarem com a democracia, abriram seus ordenamentos jurídicos para as normas internacionais de proteção dos direitos humanos com a finalidade de protegerem os princípios fundamentais de suas próprias Constituições[4].

No Uruguai, a Constituição de 1967 assegura o seu bloco de constitucionalidade ao estabelecer[5] que "a enumeração de direitos, deveres e garantias feita pela Constituição não exclui os outros que são inerentes à personalidade humana ou que se derivam da forma republicana de governo"

3. "Princípios ou normas mais elevadas, em cuja luz outras normas podem ser justificadas, possuem um sentido deontológico, ao passo que os valores têm um sentido teleológico. Normas válidas obrigam seus destinatários, sem exceção e em igual medida, a um comportamento que preenche expectativas generalizadas, ao passo que valores devem ser entendidos como preferências compartilhadas intersubjetivamente. Valores expressam preferências tidas como dignas de serem desejadas em determinadas coletividades, podendo ser adquiridas ou realizadas através de um agir direcionado a um fim. Normas surgem com uma pretensão de validade binária, podendo ser válidas ou inválidas; em relação a proposições normativas, como no caso de proposições assertóricas, nós só podemos tomar posição dizendo "sim" ou "não", ou abster-nos do juízo. Os valores, ao contrário, determinam relações de preferência, as quais significam que determinados bens são mais atrativos do que outros; por isso, nosso assentimento a proposições valorativas pode ser maior ou menor. A validade deontológica de normas tem o sentido absoluto de uma obrigação incondicional e universal: o que deve ser pretende ser igualmente bom para todos. Ao passo que a atratividade de valores tem o sentido relativo de uma apreciação de bens, adotada ou exercitada no âmbito de formas de vida ou de uma cultura: decisões valorativas mais graves ou preferências de ordem superior exprimem aquilo que, visto no todo, é bom para nós (ou para mim). Normas diferentes não podem contradizer umas às outras, caso pretendam validade no mesmo círculo de destinatários; devem estar inseridas num contexto coerente, isto é, formar um sistema. Enquanto valores distintos concorrem para obter a primazia; na medida em que encontram reconhecimento intersubjetivo no âmbito de uma cultura ou forma de vida, eles formam configurações flexíveis e repletas de tensões" (HABERMAS, Jürgen. *Direito e democracia. Entre facticidade e validez.* Vol. 1. Trad. de Flávio Beno Siebeneichler. Rio de Janeiro: Tempo Brasileiro, 1997. p. 316-317).

4. BOGDANDY, Armin von. *Ius Constitutionale Commune na América Latina. Uma reflexão sobre um constitucionalismo transformador.* Cit. p. 31-32.

5. PIOVESAN, Flávia; BORGES, Bruno Barbosa. Mecanismos nacionais de decisões do Sistema Interamericano. *Rev. Fac. Direito UFMG*, Belo Horizonte, n. 81, 2022, p. 199.

(art. 72)[6]. Além disso, determina que os conflitos entre tratados internacionais e normas nacionais serão resolvidos por meio de arbitragem e outros mecanismos pacíficos de resolução de controvérsias (art. 6º)[7].

Em Honduras, a Constituição de 1982 prevê que "as declarações, direitos e garantias que esta Constituição enumera não serão entendidos como negação de outras declarações, direitos e garantias não especificados, que nascem da soberania, da forma republicana, democrática e representativa de governo e da dignidade do homem" (art. 63)[8].

Na Guatemala, a Constituição de 1985 invoca uma cláusula de abertura ao determinar que "os direitos e garantias assegurados pela Constituição não excluem outros que, embora não expressamente nela declarados, são inerentes à pessoa humana"[9] e, mais do que isso, reconhece a prevalência dos tratados e convenções em matéria de direitos humanos sobre o ordenamento jurídico interno (art. 46)[10]. Essas normas colocam a pessoa no centro da interpretação jurídica, visando garantir que, mesmo quando os direitos não estão explicitamente previstos ou são ambíguos no direito interno, a interpretação e proteção dos direitos humanos seja a mais favorável ao indivíduo.

Na Colômbia, a Constituição de 1991 dispõe que "os tratados e convenções internacionais ratificados pelo congresso prevalecem sobre o ordenamento interno" e, por sua vez, prevê que todos os direitos fundamentais constitucionais devem ser interpretados à luz dos tratados internacionais

6. "Artículo 72.- La enumeración de derechos, deberes y garantías hecha por la Constitución, no excluye los otros que son inherentes a la personalidad humana o se derivan de la forma republicana de gobierno".

7. "Artículo 6º.- En los tratados internacionales que celebre la República propondrá la cláusula de que todas las diferencias que surjan entre las partes contratantes, serán decididas por el arbitraje u otros medios pacíficos. La República procurará la integración social y económica de los Estados Latinoamericanos, especialmente en lo que se refiere a la defensa común de sus productos y materias primas. Asimismo, propenderá a la efectiva complementación de sus servicios públicos".

8. "ARTICULO 63.- Las declaraciones, derechos y garantias que enumera esta Constitucion, no serAn entendidos como negacion de otras declaraciones, derechos y garantias no especificadas, que nacen de la soberania, de la forma republicana, democrAtica y representativa de gobierno y de la dignidad del hombre".

9. "Artículo 44.- Derechos inherentes a la persona humana. Los derechos y garantías que otorga la Constitución no excluyen otros que, aunque no figuren expresamente en ella, son inherentes a la persona humana".

10. "Artículo 46.- Preeminencia del Derecho Internacional. Se establece el principio general de que en materia de derechos humanos, los tratados y convenciones aceptados y ratificados por Guatemala, tienen preeminencia sobre el derecho interno".

ratificados pelo país (art. 93)[11]. Tal norma permite a distinção entre bloco de constitucionalidade *stricto* e *lato sensu*[12].

No Paraguai, a Constituição de 1992 confere *status* constitucional aos tratados de direitos humanos[13] e, ainda, afirma que os direitos e garantias contidas na Carta Magna nacional não devem ser entendidos como negação de outros direitos que, sendo inerentes à personalidade humana, não estão expressamente mencionados[14].

No Peru, a Constituição de 1993 estabelece que os tratados firmados pelo Estado integram a ordem nacional (art. 55)[15] e que as normas relativas aos direitos e liberdades reconhecidas pela Constituição devem ser interpretadas em conformidade com a Declaração Universal dos Direitos Humanos e com os tratados e acordos internacionais ratificados sobre a mesma matéria[16]. Essas disposições consolidam a abertura constitucional ao direito internacional dos direitos humanos, assegurando que os compromissos assumidos pelo Estado tenham impacto direto na interpretação e aplicação dos direitos no âmbito interno. Além disso, a Carta Peruana reconhece a complementaridade entre a proteção nacional e os sistemas internacionais ao dispor que "esgotada a jurisdição interna, quem se considerar lesado nos direitos reconhecidos pela Constituição poderá recorrer aos tribunais ou organismos internacionais constituídos conforme tratados ou convenções dos quais o Peru seja parte" (art. 205)[17].

---

11. "Los tratados y convenios internacionales ratificados por el Congreso, que reconocen los derechos humanos y que prohíben su limitación en los estados de excepción, prevalecen en el orden interno. Los derechos y deberes consagrados en esta Carta, se interpretarán de conformidad con los tratados internacionales sobre derechos humanos ratificados por Colombia".
12. BOGDANDY, Armin von. *Ius Constitutionale Commune na América Latina. Uma reflexão sobre um constitucionalismo transformador*. Cit. p. 31.
13. PIOVESAN, Flávia; BORGES, Bruno Barbosa. Mecanismos nacionais de decisões do Sistema Interamericano. *Rev. Fac. Direito UFMG*, Belo Horizonte, n. 81, 2022, p. 198.
14. "ARTICULO 45 - DE LOS DERECHOS Y GARANTIAS NO ENUNCIADOS

    La enunciación de los derechos y garantías contenidos en esta Constitución no debe entenderse como negación de otros que, siendo inherentes a la personalidad humana, no figuren expresamente en ella. La falta de ley reglamentaria no podrá ser invocada para negar ni para menoscabar algún derecho o garantía".
15. "Los tratados celebrados por el Estado y en vigor forman parte del derecho nacional".
16. COMISSÃO INTERAMERICANA DE DIREITOS HUMANOS. **Situación de Derechos Humanos en Perú en el contexto de las protestas sociales**. OEA/Ser.L/V/II. 23 de abril de 2023, parágrafo 14. Disponível em: https://www.oas.org/es/cidh/informes/pdfs/2023/Informe-SituacionDDHH-Peru.pdf. Acesso em: 25 set. 2023.
17. "Agotada la jurisdicción interna, quien se considere lesionado en los derechos que la Constitución reconoce puede recurrir a los tribunales u organismos internacionales constituidos según tratados o convenios de los que el Perú es parte".

Na Argentina, a Constituição de 1994 afirma, no art. 75, inc. 22, a incorporação de uma extensa lista de tratados de direitos humanos à ordem constitucional e permite que outros sejam admitidos por decisão do Congresso[18]. Tal regra norteia a política de direitos humanos, a justiça de transição após o fim da ditadura (1976-1983) e a jurisprudência dos tribunais[19].

No Equador, a Constituição de 2008 elenca, no art. 11.3, que os "direitos e garantias estabelecidos na Constituição e nos instrumentos internacionais de direitos humanos serão direta e imediatamente aplicados por e ante qualquer servidora ou servidor público, administrativo ou judicial, de ofício ou a pedido de uma das partes" e, no art. 417, que "no caso de tratados e outros instrumentos internacionais de direitos humanos serão aplicados os princípios *pro persona*, de não restrição de direitos, de aplicabilidade direta e de cláusula constitucional aberta, estabelecidos na Constituição". Ainda, dispõe que "a Constituição e os tratados internacionais de direitos humanos ratificados pelo Estado que reconheçam direitos mais favoráveis aos previstos na Constituição prevalecerão sobre qualquer outra norma jurídica ou ato do poder público".

Na Bolívia, a Constituição de 2009 enuncia expressamente que o bloco de constitucionalidade é composto por tratados e convenções internacionais sobre direitos humanos e regulamentações de direito comunitário ratificados pelo Estado (art. 410.2)[20]. A Carta também incorpora uma cláusula de

18. "Aprobar o desechar tratados concluidos con las demás naciones y con las organizaciones internacionales y los concordatos con la Santa Sede. Los tratados y concordatos tienen jerarquía superior a las leyes. La Declaración Americana de los Derechos y Deberes del Hombre; la Declaración Universal de Derechos Humanos; la Convención Americana sobre Derechos Humanos; el Pacto Internacional de Derechos Económicos, Sociales y Culturales; el Pacto Internacional de Derechos Civiles y Políticos y su Protocolo Facultativo; la Convención sobre la Prevención y la Sanción del Delito de Genocidio; la Convención Internacional sobre la Eliminación de todas las Formas de Discriminación Racial; la Convención sobre la Eliminación de todas las Formas de Discriminación contra la Mujer; la Convención contra la Tortura y otros Tratos o Penas Crueles, Inhumanos o Degradantes; la Convención sobre los Derechos del Niño: en las condiciones de su vigencia, tienen jerarquía constitucional, no derogan artículo alguno de la primera parte de esta Constitución y deben entenderse complementarios de los derechos y garantías por ella reconocidos. Sólo podrán ser denunciados, en su caso, por el Poder Ejecutivo nacional, previa aprobación de las dos terceras partes de la totalidad de los miembros de cada Cámara. Los demás tratados y convenciones sobre derechos humanos, luego de ser aprobados por el Congreso, requerirán del voto de las dos terceras partes de la totalidad de los miembros de cada Cámara para gozar de la jerarquía constitucional".

19. BOGDANDY, Armin von. *Ius Constitutionale Commune na América Latina. Uma reflexão sobre um constitucionalismo transformador*. Cit. p. 31.

20. "La Constitución es la norma suprema del ordenamiento jurídico boliviano y goza de primacía frente a cualquier otra disposición normativa. El bloque de constitucionalidad está integrado por los Tratados y Convenios internacionales en materia de Derechos Humanos y las normas de Derecho Comunitario, ratificados por el país. La aplicación de las normas jurídicas se regirá por la siguiente jerarquía, de acuerdo a las competencias de las entidades territoriales:

abertura, que prevê que "os direitos proclamados nesta Constituição não devem ser entendidos como uma negação de outros direitos não declarados" (art. 13.2)[21]. Além disso, determina que os tratados internacionais de direitos humanos devem ser utilizados como guias interpretativos dos direitos e deveres constitucionais, e estipula que os tratados que garantirem direitos humanos mais favoráveis do que aqueles previstos na Constituição nacional devem prevalecer[22].

No México, desde junho de 2011, pelo art. 1º, inc. I, da Constituição, os tratados internacionais de proteção dos direitos humanos apresentam natureza de norma constitucional[23]. A Suprema Corte mexicana, no *Caso File "Varios"*, julgado em 14 de julho de 2011, concretizou a referida disposição constitucional[24]. A constituição boliviana de 2009, no art. 13. IV, dispõe que as garantias internacionais em matéria de direitos humanos prevalecem sobre o direito interno, e que os direitos e deveres da Constituição devem ser interpretados em conformidade com o direito internacional. Também afirma, no art. 256, que as normas convencionais são supraconstitucionais, desde que concedam direitos mais amplos.

Na República Dominicana, a Constituição de 2015 elenca que os tratados, pactos e convenções de direitos humanos ratificados pelo Estado possuem *status* constitucional, sendo de aplicação direta e imediata pelos tribunais e demais órgãos estatais (art. 74.3)[25]. Além disso, a Lei Orgânica n.º 137-11, do Tribunal Constitucional e dos Procedimentos Constitucionais dominicano, determina que as interpretações dos tribunais internacionais em matéria de direitos humanos constituem precedentes vinculantes para os

---

1. Constitución Política del Estado.
2. Los tratados internacionales
3. Las leyes nacionales, los estatutos autonómicos, las cartas orgánicas y el resto de legislación departamental, municipal e indígena
4. Los decretos, reglamentos y demás resoluciones emanadas de los órganos ejecutivos correspondientes".

21. "Los derechos que proclama esta Constitución no serán entendidos como negación de otros derechos no enunciados".

22. FLAVIA, P. 194.

23. "Las normas relativas a los derechos humanos se interpretarán de conformidad con esta Constitución y con los tratados internacionales de la materia favoreciendo en todo tiempo a las personas la protección más amplia".

24. BOGDANDY, Armin von. Ius Constitutionale Commune en América Latina. Observations on Transformative Constitutionalism. Cit. p. 41.

25. "Artículo 74.- Principios de reglamentación e interpretación. La interpretación y reglamentación de los derechos y garantías fundamentales, reconocidos en la presente Constitución, se rigen por los principios siguientes: (...) 3) Los tratados, pactos y convenciones relativos a derechos humanos, suscritos y ratificados por el Estado dominicano, tienen jerarquía constitucional y son de aplicación directa e inmediata por los tribunales y demás órganos del Estado".

poderes públicos e todos os órgãos do Estado (art. 7.13)[26]. Complementarmente, a Suprema Corte de Justiça, por meio da Resolução nº 1920-20013, consolidou que não apenas as normas da Convenção Americana sobre Direitos Humanos, mas também as interpretações proferidas pelos órgãos jurisdicionais sobre esse tratado, são vinculantes para o Estado dominicano[27].

Outros Estados latino-americanos conseguiram constitucionalizar os tratados de direitos humanos, sem alteração na Constituição, por meio da hermenêutica jurídica. Por exemplo, a Sala Constitucional da Suprema Corte de Justiça da Costa Rica, apesar de não haver texto expresso, desde 1995, confere *status* de norma constitucional a tratados de direitos humanos que ampliem garantias e direitos individuais[28].

No Brasil, como já asseverado, a Constituição Federal de 1988 possibilita a abertura do ordenamento jurídico para o reconhecimento de direitos humanos-fundamentais, com base no art. 5°, § 2°, da Constituição, onde se afirma que os "direitos e garantias expressos nesta Constituição não excluem outros decorrentes do regime e dos princípios por ela adotados, ou dos tratados internacionais em que a República Federativa do Brasil seja parte".

O conteúdo desse texto não é inovador, porque já fazia parte dos textos constitucionais brasileiros desde a Constituição de 1891[29]. O art. 5º, § 2º, da Constituição Federal de 1988 demonstra que o rol dos direitos fundamentais do art. 5º, em que pese ser extenso, não é exaustivo. Dessa forma, consolida o princípio da não-tipicidade constitucional, pelo qual

26. "[l]as decisiones del Tribunal Constitucional y las interpretaciones que adoptan o hagan los tribunales internacionales en materia de derechos humanos, constituyen precedentes vinculantes para los poderes públicos y todos los órganos del Estado".
27. COMISSÃO INTERAMERICANA DE DIREITOS HUMANOS. **Informe sobre la situación de los derechos humanos en la República Dominicana**. OEA/Ser.L/V/II. 31 diciembre 2015, parágrafo 220. Disponível em: http://www.oas.org/es/cidh/informes/pdfs/republicadominicana-2015.pdf. Acesso em: 25 set. 2023.
28. BOGDANDY, Armin von. *Ius Constitutionale Commune na América Latina. Uma reflexão sobre um constitucionalismo transformador*. Cit. p. 32.
29. Constituição de 1891: Art. 78: "A especificação das garantias e direitos expressos na Constituição não exclui outras garantias e direitos não enumerados, mas resultantes da forma de governo que ela estabelece e dos princípios que consigna"; Constituição de 1934: Art. 114: "A especificação dos direitos e garantias expressos nesta Constituição não exclui outros, resultantes do regime e dos princípios que ela adota"; Constituição de 1937: Art. 123: "A especificação das garantias e direitos acima enumerados não exclui outras garantias e direitos, resultantes da forma de governo e dos princípios consignados na Constituição. O uso desses direitos e garantias terá por limite o bem público, as necessidades da defesa, do bem-estar, da paz e da ordem coletiva, bem como as exigências da segurança da Nação e do Estado em nome dela constituído e organizado nesta Constituição"; Constituição de 1946: Art. 144: "A especificação dos direitos e garantias expressas nesta Constituição não exclui outros direitos e garantias decorrentes do regime e dos princípios que ela adota"; Constituição de 1967: Art. 150, § 35: "A especificação dos direitos e garantias expressas nesta Constituição não exclui outros direitos e garantias decorrentes do regime e dos princípios que ela adota". A Emenda Constitucional nº 1 de 1969 manteve o texto da Constituição de 1967 no artigo 153, § 36.

os direitos fundamentais são enumerados exemplificativamente e não de forma taxativa[30].

Com isso, essa norma emerge na perspectiva de abertura do rol material dos direitos fundamentais, para incluir, dentre outros, aqueles advindos dos tratados internacionais ratificados pelo Brasil. Ao consignar que os direitos expressos na Constituição não excluem outros decorrentes do regime e dos princípios por ela adotados, ou dos tratados internacionais em que o Brasil seja parte, o constituinte originário abriu as portas do texto constitucional ao Direito Internacional dos Direitos Humanos. Acerca do art. 5º, § 2º, da CF, aduz Flávia:

> Ora, ao prescrever que "os direitos e garantias expressos na Constituição não excluem outros direitos decorrentes dos tratados internacionais", a *contrario sensu*, a Carta de 1988 está a incluir, no catálogo de direitos constitucionalmente protegidos, os direitos enunciados nos tratados internacionais em que o Brasil seja parte. Esse processo de inclusão implica a incorporação pelo Texto Constitucional de tais direitos.
>
> Ao efetuar a incorporação, a Carta atribui aos direitos internacionais uma natureza especial e diferenciada, qual seja, a natureza de norma constitucional. Os direitos enunciados nos tratados de direitos humanos de que o Brasil é parte integram, portanto o elenco dos direitos constitucionalmente consagrados. Essa conclusão advém ainda de interpretação sistemática e teleológica do Texto, especialmente em face da força expansiva dos valores da dignidade humana e dos direitos fundamentais, como parâmetros axiológicos a orientar a compreensão do fenômeno constitucional.
>
> Em suma, a hierarquia constitucional dos tratados de proteção dos direitos humanos decorre da previsão constitucional do art. 5.º, § 2.º, à luz de uma interpretação sistemática e teleológica da Carta, particularmente da prioridade que atribui aos direitos fundamentais e ao princípio da dignidade da pessoa humana. Esta opção do Constituinte de 1988 se justifica em face do caráter especial dos tratados de direitos humanos e, no entender de parte da doutrina, da superioridade desses tratados no plano internacional[31].

Diante de sua substância, o texto normativo constitucional conferiu a esses direitos *locus* privilegiado de ingresso no sistema jurídico nacional em atenção e homenagem ao princípio da dignidade humana, conjugado

30. BULOS, Uadi Lammêgo. *Constituição Federal anotada.* 9ª ed. São Paulo: Saraiva, 2009. p. 149.
31. PIOVESAN, Flávia. *Direitos humanos e o direito constitucional internacional.* 13ª ed. São Paulo: Saraiva, 2012. p.124.

com o princípio hermenêutico *pro persona*. Assim aparece o art. 5º, § 2º, da Constituição Federal como reflexo sistemático da centralidade axiológica da defesa da pessoa humana adotada pelo constituinte pátrio em 1988. É nesse sentido que se manifesta Antônio Augusto Cançado Trindade acerca da novidade lançada no texto constitucional:

> É alentador que as conquistas de direito internacional em favor da proteção do ser humano venham projetar-se no direito constitucional, enriquecendo-o e demonstrando que a busca de proteção cada vez mais eficaz da pessoa humana encontra guarida nas raízes do pensamento tanto internacionalista como constitucionalista[32].

Nesse cenário, o critério da dignidade da pessoa humana pode ser tido como basilar para a construção de um conceito material de direitos fundamentais, ampliando-se, com isso, o bloco de constitucionalidade[33]. É nesse sentido de alargamento que se pronuncia José Joaquim Gomes Canotilho:

> o parâmetro constitucional é mais vasto do que as normas e princípios constantes das leis constitucionais escritas, devendo alargar-se, pelo menos, aos princípios reclamados pelo espírito ou pelos valores que informam a ordem constitucional global[34].

Dessa maneira, essa visão expandida da Constituição imprimiu seu próprio caráter constitucional às normas internacionais de direitos humanos, e ali promoveu uma guinada axiológica humanista. Por essa rota, não apenas ampliou o bloco de constitucionalidade, como também permitiu a oxigenação do texto constitucional por meio da adoção de cláusula de abertura (art. 5º, § 2.º), que permita constantemente renovar o sistema[35]. Assim se posta a conclusão de Flávia Piovesan:

32. TRINDADE, Antônio Augusto Cançado. *A proteção internacional dos direitos humanos: fundamentos jurídicos e instrumentos básicos*. São Paulo: Saraiva, 1991. p. 631.
33. Acerca da expressão cunhada por Maurice Hauriou, ensina Louis Favoreu: "Pode considerar-se que a noção de bloco de constitucionalidade tem cumprido sua missão: fazer que se tome consciência desta unidade e provocar a fusão progressiva das diferentes peças do conjunto." (FAVOREU, Louis. El bloque de la constitucionalidad. *Revista del Centro de Estudios Constitucionales*, Madrid, n.4, p.59-60, jan./mar. 1990).
34. CANOTILHO, José Joaquim Gomes. *Direito constitucional e teoria da constituição*. 6ª e.d. Coimbra: Almedina, 2002. p.811-812.
35. "Lembre-se que, ao estabelecer diretrizes e linhas básicas, a Constituição não detém a pretensão da completude. A incompletude da Carta aponta para sua abertura, o que permite a flexibilidade necessária ao contínuo desenvolvimento político" (PIOVESAN, Flávia. *Direitos humanos e o direito constitucional internacional.* 13ª ed. São Paulo: Saraiva, 2012. p.112).

> A Constituição assume expressamente o conteúdo constitucional dos direitos constantes dos tratados internacionais dos quais o Brasil é parte. Ainda que esses direitos não sejam enumerados sob forma de normas constitucionais, mas sob a forma de tratados internacionais, a Carta lhes confere o valor jurídico de normas fundamentais previsto pelo Texto Constitucional. (...).
>
> Os direitos internacionais integrariam, assim, o chamado "bloco de constitucionalidade", densificando a regra constitucional positivada no § 2.º do art. 5.º, caracterizada, como cláusula constitucional aberta[36].

No Supremo Tribunal Federal, o Min. Edson Fachin, no voto vencido do HC 141.949/DF, asseverou que os tratados de direitos humanos, de que faz parte a República Federativa do Brasil, estão incorporados ao bloco de constitucionalidade, por força do art. 5º, § 2º, da Constituição Federal[37].

Com efeito, no Brasil os tratados de direitos humanos integram o bloco de constitucionalidade; isto é, o parâmetro da constitucionalidade envolve não apenas os direitos previstos na Constituição Federal de 1988, bem como as garantias instituídas e advindas da adoção e assinatura de documentos internacionais em matéria de direitos humanos, tal como a Convenção Americana de Direitos Humanos.

Nesse sentido, decidiu o Supremo Tribunal Federal, na Ação Direta de Constitucionalidade nº 2971/RO, de relatoria do Min. Celso de Mello-[38]consoante segue:

> AÇÃO DIRETA DE INCONSTITUCIONALIDADE - INSTRUMENTO DE AFIRMAÇÃO DA SUPREMACIA DA ORDEM CONSTITUCIONAL - O PAPEL DO SUPREMO TRIBUNAL FEDERAL COMO LEGISLADOR NEGATIVO - LEI COMPLEMENTAR Nº 224/2000 , DO ESTADO DE RONDÔNIA (ART. 64, "CAPUT" E PARÁGRAFO ÚNICO) - A NOÇÃO DE CONSTITUCIONALIDADE/INCONSTITUCIONALIDADE

36. *Ibid.*, p.111.

37. BRASIL, Supremo Tribunal Federal (2ª Turma), *Habeas Corpus 141.949.* "Habeas corpus. (...) 2. Crime de desacato a militar (art. 299 do Código Penal Militar). 3. Controle de constitucionalidade (arts. 1º; 5º, incisos IV, V e IX, e 220 da Constituição Federal) e de convencionalidade (art. 13 da Convenção Americana de Direitos Humanos (Pacto de São José da Costa Rica). 4. Alegada ofensa à liberdade de expressão e do pensamento que se rejeita. 5. Criminalização do desacato que se mostra compatível com o Estado Democrático de Direito. 6. Ordem denegada". Relator: Min. Gilmar Mendes, j. em 13 de março de 2018. Disponível em: http://www.stf.jus.br/portal/jurisprudencia/listarJurisprudencia.asp?s1=%28DESACATO+E+CONSTITUCIONALIDADE%29&base=baseAcordaos&url=http://tinyurl.com/ze6dw3h. Acesso em: 22 fev. 2019.

38. BRASIL, Supremo Tribunal Federal (Tribunal Pleno), *ADI 2791*. Relator: Min. Celso de Mello, j. em 26 de novembro de 2014, pub. DJe 27 de fevereiro de 2015.

COMO CONCEITO DE RELAÇÃO – A QUESTÃO PERTINENTE AO BLOCO DE CONSTITUCIONALIDADE – POSIÇÕES DOUTRINÁRIAS DIVERGENTES EM TORNO DO SEU CONTEÚDO – O SIGNIFICADO DO BLOCO DE CONSTITUCIONALIDADE COMO FATOR DETERMINANTE DO CARÁTER CONSTITUCIONAL, OU NÃO, DOS ATOS ESTATAIS – NECESSIDADE DA VIGÊNCIA ATUAL, EM SEDE DE CONTROLE ABSTRATO, DO PARADIGMA CONSTITUCIONAL ALEGADAMENTE VIOLADO – SUPERVENIENTE MODIFICAÇÃO/SUPRESSÃO DO PARÂMETRO DE CONFRONTO E DO TEXTO DA NORMA ESTATAL IMPUGNADA – HIPÓTESE DE PREJUDICIALIDADE – EXTINÇÃO ANÔMALA DO PROCESSO DE FISCALIZAÇÃO NORMATIVA ABSTRATA – PRECEDENTES DO SUPREMO TRIBUNAL FEDERAL – AÇÃO DIRETA JULGADA PREJUDICADA – PARECER DA PROCURADORIA-GERAL DA REPÚBLICA PELO NÃO PROVIMENTO – RECURSO DE AGRAVO IMPROVIDO.

Em interpretação fiel ao sistema constitucional inaugurado, não era outra a indicação senão a de agregar a armação internacional dos direitos humanos ao direito constitucional pátrio. Entretanto, afrontando a literalidade e o espírito constitucional, observou-se a formação de uma "resistência, quase que insuperável, em assimilar internamente os efeitos dos direitos humanos internacionais"[39]. Formou-se, assim, intenso debate no direito constitucional pátrio acerca da melhor interpretação desta cláusula[40] quanto ao *status* normativo dos tratados internacionais de direitos humanos, o que tem gerado incertezas quanto à sua aplicação e prejuízos à proteção desses direitos[41].

Diante dessa profusão normativa, doutrinária e jurisprudencial, o entendimento sobre a matéria flutua e, conforme já salientado entre diferentes sendas teóricas, pode ser sumarizado em quatro grandes grupos: (i) corrente que, com inspiração na teoria monista de Hans Kelsen, reconhece

39. TAVARES, André Ramos. *Curso de direito constitucional*. 7ª ed. São Paulo: Saraiva, 2009. p. 528.
40. "[...] com a dicção do parágrafo segundo se inicia um grande debate sobre a incorporação dos tratados de direitos humanos na ordem jurídica brasileira. A matéria passou a comportar várias interpretações, transformando-se em assunto extremamente controverso e que dá margem para vários entendimentos" (GUERRA, Sidney; EMERIQUE, Lilian Balmant. *A incorporação dos tratados internacionais de direitos humanos na ordem jurídica brasileira*. *Revista Jurídica*, Brasília, v. 10, n.90, Ed. Esp., p.2, abr./maio 2008. Disponível em: http://xa.yimg.com/kq/groups/18379169/1261285436/name/SidneyGuerra_Rev90%5. Acesso em: jun. 2021).
41. LACERDA, Andrey Felipe. *O diálogo entre cortes na proteção regional dos direitos humanos: caso Gomes Lund e ADPF nº. 153*. *Revista da Faculdade de Direito da UFMG*, Belo Horizonte, n. 64, p. 105-131, jan./jun. 2014. Disponível em: https://www.direito.ufmg.br/revista/index.php/revista/article/download/P.0304-2340.2014v64p105/1530. Acesso em: 11 jan. 2019.

a natureza *supraconstitucional* dos tratados internacionais, conferindo-lhes hierarquia superior à própria Constituição (como ocorre na Holanda); (ii) vertente que identifica natureza *constitucional* dos tratados internacionais, sustentando que os tratados de direitos humanos possuem a mesma hierarquia da Constituição (como se dá na Argentina); (iii) doutrina que, diante do mecanismo de incorporação dos tratados ao direito interno, advoga pela natureza *infraconstitucional* dos tratados internacionais com *status* de lei ordinária federal e, por fim, (iv) interpretação que dá aos tratados caráter natureza *supralegal*, mas infraconstitucional dos tratados internacionais de direitos humanos com base no art. 5º e seus parágrafos.

Todas essas explicitações encontraram, no Brasil, adeptos na doutrina e jurisprudência. Porém, em que pese o plano quadripartido, a cena nacional se polarizou no debate, por muito tempo, entre a hierarquia constitucional (com base no art. 5º, § 2.º) aplicável aos tratados de direitos humanos e aquela infraconstitucional (com fulcro no art. 102, inc. III, b).

De um lado, em apego a uma visão de outrora do direito constitucional fundado na supremacia constitucional como expressão de soberania absoluta, estavam as vozes a sustentar a recepção de tais direitos na qualidade de normas infraconstitucionais à luz da interpretação do artigo 102, inc. III, b, da Constituição Federal[42]. Nesta hipótese hermenêutica, a matéria sucumbiu à forma, prevalecendo o mesmo entendimento – infraconstitucional – para todos os tratados internacionais, independente do conteúdo que o veiculassem. Trata-se de verdadeira deturpação de sentido que esvaziou de normatividade o art. 5º, § 2º, do texto e, por muito tempo, prevaleceu no direito pátrio, ainda tendo resquícios até a atualidade. Foi esse o entendimento mantido pelo Supremo Tribunal Federal desde o final da década de 1970, quando do julgamento do Recurso Extraordinário nº 80.004, de matéria comercial alheia aos direitos humanos, até 2008. Na lição de Flávia Piovesan:

> Embora a tese da paridade entre tratado e lei federal tenha sido firmada pelo Supremo Tribunal Federal em 1977, sendo anterior, portanto, à Constituição de 1988, e refira-se ainda a tema comercial (conflito entre a Convenção de Genebra – Lei Uniforme sobre Letras de Câmbio e Notas

42. Aclara Flávia Piovesan: "Observe-se que a hierarquia infraconstitucional dos demais tratados internacionais é extraída do art. 102, III, *b*, da Constituição Federal de 1988 que confere ao Supremo Tribunal Federal a competência para julgar, mediante recurso extraordinário, 'as causas decididas em única ou última instância, quando a decisão recorrida declarar a inconstitucionalidade de tratado ou lei federal'." (PIOVESAN, Flávia. *Direitos humanos e o direito constitucional internacional*. 13.ed. Cit. p.115).

Promissórias – e o Decreto-lei nº 427, de 1969), constata-se ter sido ela reiterada pelo Supremo Tribunal Federal em novembro de 1995, quando do julgamento, em grau de *habeas corpus*, de caso relativo à prisão civil por dívida do depositário infiel[43].

Essa interpretação é, todavia, incompatível tanto com o direito interno quanto com o direito internacional. Do ponto de vista do constitucionalismo pátrio, não se mostra consentânea com uma leitura constitucional adequada, comprometida com a máxima efetividade das disposições constitucionais e com sua materialidade. Do ponto de vista internacional, viola, por igual, o princípio da boa-fé, bem como o *pacta sunt servanda internacional*, que vedam que os Estados aleguem disposições de direito interno para se eximir das obrigações internacionalmente aceitas[44].

Por outro lado, com base no princípio da dignidade humana[45], parcela da doutrina, mais consentânea com o espírito e hermenêutica constitucional[46], sustenta a paridade constitucional entre os direitos constitucionais e aqueles advindos dos tratados internacionais de direitos humanos, interagindo ambos com fulcro na norma mais benéfica. É essa a interpretação fiel à literalidade constituinte. Cite-se, por todos, Flávia Piovesan:

> Em suma, a hierarquia constitucional dos tratados de proteção dos direitos humanos decorre da previsão constitucional do art. 5.°, § 2.°, à luz de uma interpretação sistemática e teleológica da Carta, particularmente da prioridade que atribui aos direitos fundamentais e ao princípio da dignidade da pessoa humana. Esta opção do Constituinte de 1988 se justifica em face

43. Idem, p. 119.

44. É o que dispõe o art. 27 da Convenção de Viena sobre o Direito dos Tratados: "Uma parte não pode invocar as disposições de seu Direito interno para justificar o inadimplemento de um tratado". Esta Convenção, datada de 1969, foi apenas recentemente internalizada em solo pátrio, por meio do Decreto 7.030, de 14 de dezembro de 2009. Para mais sobre o tema, ver: MAZZUOLI, Valério de Oliveira. *Direito dos tratados*. São Paulo: RT, 2011.

45. "[...] no presente domínio de proteção o direito internacional e o direito interno conformam um todo harmônico: apontam na mesma direção, desvendando o propósito comum de proteção da pessoa humana. As normas jurídicas, de origem tanto internacional como interna, vêm socorrer os seres humanos que têm seus direitos violados ou ameaçados, formando um ordenamento jurídico de proteção. O direito internacional e o direito interno aqui se mostram, desse modo, em constante interação, em benefício dos seres humanos protegidos" (TRINDADE, Antônio Augusto Cançado. *A proteção internacional dos direitos humanos: fundamentos jurídicos e instrumentos básicos*. Cit. p.631).

46. A hermenêutica constitucional deve ter em conta a concretização dos valores constitucionalmente eleitos, sobretudo, aquele máximo da dignidade humana. Cf. BARROSO, Luís Roberto. *Interpretação e aplicação da constituição: fundamentos de uma dogmática constitucional transformadora*. 7ª ed. São Paulo: Saraiva, 2009.

do caráter especial dos tratados de direitos humanos, no entender de parte da doutrina, da superioridade desses tratados no plano internacional[47].

Consoante esclarece a autora, o regime jurídico – no que toca à hierarquia dos tratados – é misto[48], sendo um o regramento dos tratados de direitos humanos e outro para as demais normas internacionais[49]. A hierarquia constitucional dos tratados de direitos humanos tem, assim, suporte na centralidade universal da tutela da pessoa humana, na materialidade constitucional dos direitos humanos, e em interpretação sistemática e concretizadora do texto constitucional pátrio.

Para além dessas duas vertentes, a doutrina da hierarquia supraconstitucional dos tratados é decorrência da própria supremacia de direito internacional, já que as noções de Estado e, consequentemente, de Constituição, dependem da existência de uma sociedade internacional. Conforme Celso Duvivier de Albuquerque Melo, "a norma internacional prevalece sobre a norma constitucional, mesmo naquele caso em que uma norma constitucional posterior tente revogar uma norma internacional constitucionalizada"[50]. Foi essa a corrente majoritária no Supremo Tribunal Federal até o julgamento do precedente nº 80.004, em 1977[51].

Há, por fim, posições que sustentam a hierarquia infraconstitucional, ainda que supralegal, dos tratados de direitos humanos. Em outras palavras,

---

47. PIOVESAN, Flávia. *Direitos humanos e o direito constitucional internacional*. 13ª ed. São Paulo: Saraiva, 2012. p.124.

48. Nas palavras da autora: "Insiste-se que a teoria da paridade entre o tratado internacional e a legislação federal não se aplica aos tratados internacionais de direitos humanos, tendo em vista que a Constituição de 1988 assegura a estes garantia de privilégio hierárquico, reconhecendo-lhes natureza de norma constitucional. Esse tratamento jurídico diferenciado, conferido pelo art. 5.º, § 2.º, da Carta de 1988, justifica-se na medida em que os tratados internacionais de direitos humanos apresentam um caráter especial, distinguindo-se dos tratados internacionais comuns. Enquanto estes buscam o equilíbrio e a reciprocidade nas relações entre os Estados-partes, aqueles transcendem os meros compromissos recíprocos entre os Estados pactuantes. Os tratados de direitos humanos objetivam a salvaguarda dos direitos do ser humano, e não das prerrogativas dos Estados" (Idem, p.121).

49. Aprofunda essa senda André Ramos Tavares: "O motivo ensejador de tal distinção de tratamento encontra-se na própria natureza de cada um desses tratados. Lembre-se que, nos tratados usuais, têm-se meros compromissos recíprocos entre os Estados, de caráter geralmente comercial e de cunho disponível. Já os tratados de direitos humanos não podem ser considerados como disponíveis pelos Estados, pois não interferem nem procuram esguardar as prerrogativas dos Estados. Não são tratados do tipo tradicional" (TAVARES, André Ramos. *Curso de direito constitucional*. 7ª ed. São Paulo: Saraiva, 2009. p. 529).

50. Prossegue o autor demonstrando sua proximidade da linha que pugna a hierarquia constitucional dos tratados: "A nossa posição é a que está consagrada na jurisprudência e tratado internacional europeu de que se deve aplicar a norma mais benéfica ao ser humano, seja ela interna ou internacional" (MELLO, Celso D. de Albuquerque. O parágrafo 2.º do artigo 5.º da Constituição Federal. In: TORRES, Ricardo Lobo. *Teoria dos direitos fundamentais*. Rio de Janeiro: Renovar, 1999. p.27).

51. Em estudo da jurisprudência do STF, anota Flávia Piovesan: "Observe-se que, anteriormente a 1977, há diversos acórdãos consagrando o primado do direito internacional [...]". (PIOVESAN, Flávia. *Direitos humanos e o direito constitucional internacional*. 13ª ed. São Paulo: Saraiva, 2012. p.118).

estar-se-ia dentro de *locus* jurídico *sui generis* submetido ao texto constitucional, e, portanto, objeto do controle de constitucionalidade; todavia, as normas ordinárias federais estariam subordinadas aos tratados. Esse posicionamento foi consolidado com o julgamento do Recurso Extraordinário nº 466.343, em 2008, pelo Supremo Tribunal Federal, que alterou a jurisprudência dominante que até então se fiava a tese da hierarquia legal dos tratados[52].

O móvel para a guinada jurisprudencial foi a inclusão, via emenda constitucional nº 45/2004, do § 3º ao art. 5º da Constituição Federal. O § 3º foi adicionado ao art. 5º com o intuito de, ressaltando a complementaridade dos direitos humanos e dos direitos fundamentais, explicitar a posição privilegiada dos tratados sobre a matéria, figurando como "elemento estabilizador do Direito pátrio, encerrando a série de disputas em torno do assunto"[53]. Assim, disciplinou o constituinte derivado que "os tratados e convenções internacionais sobre direitos humanos que forem aprovados, em cada Casa do Congresso Nacional, em dois turnos, por três quintos dos votos dos respectivos membros, serão equivalentes às emendas constitucionais". Apesar das críticas passíveis à inclusão constitucional[54], certo é que o § 3º do art. 5º da CF/88 endossa a posição privilegiada que os direitos humanos constantes dos tratados internacionais gozam na ordem constitucional pátria. Isso reforça a regra contida no parágrafo antecedente. É nesse influxo que Celso Lafer sustenta ser o parágrafo 3º norma interpretativa aclarativa do parágrafo 2.º, a saber:

> O § 2.º do art. 5.º suscitou controvérsias, pois arguiu-se que, a ser aplicado literalmente, ensejaria mudança constitucional por maioria simples, que é a maioria requerida para a aprovação de decreto legislativo

52. "PRISÃO CIVIL. Depósito. Depositário infiel. Alienação fiduciária. Decretação da medida coercitiva. Inadmissibilidade absoluta. Insubsistência da previsão constitucional e das normas subalternas. Interpretação do art. 5.º, inc. LXVII e §§ 1.º, 2.º e 3.º, da CF, à luz do art. 7.º, § 7, da Convenção Americana de Direitos Humanos (Pacto de San José da Costa Rica). Recurso improvido. Julgamento conjunto do RE n.º 349.703 e dos HCs n.º 87.585 e n.º 92.566. É ilícita a prisão civil de depositário infiel, qualquer que seja a modalidade do depósito". (BRASIL. Supremo Tribunal Federal. *RE 466343/SP*. Relator(a): Min. Cezar Peluso. Julgado em: 03/12/2008, DJE n.º 104, publicado em: 05/06/2009).
53. TAVARES, André Ramos. *Curso de direito constitucional*. Cit. p.529.
54. Nesse particular, pontua Flávia Piovesan: "Em face de todos os argumentos já expostos, sustenta-se que hierarquia constitucional já se extrai de interpretação conferida ao próprio art. 5.º, § 2.º, da Constituição de 1988. Vale dizer, seria mais adequado que a redação do aludido § 3.º do art. 5.º endossasse a hierarquia formalmente constitucional de todos os tratados internacionais de proteção dos direitos humanos ratificados, afirmando – tal como fez o texto argentino – que os tratados internacionais de proteção dos direitos humanos ratificados pelo Estado brasileiro têm hierarquia constitucional" (*Direitos humanos e o direito constitucional internacional.* 13ª ed. São Paulo: Saraiva, 2012. p.127-128).

que recepciona um tratado na ordem jurídica interna. Destarte, não se cumprindo os requisitos da votação da emenda constitucional (CF, art. 60, § 2.º), os tratados internacionais de direitos humanos não poderiam ter a validade de normas constitucionais.

Foi por conta desta controvérsia que a Emenda Constitucional nº 45, de 8 de dezembro de 2004, também adicionou ao art. 5.º, em consonância com o art. 60, § 2.º, da CF, o novo § 3.º que diz: 'Os tratados e convenções internacionais sobre direitos humanos que forem aprovados, em cada Casa do Congresso Nacional, em dois turnos, por três quintos dos votos dos respectivos membros, serão equivalentes às emendas constitucionais.

O novo § 3.º do art. 5.º pode ser considerado como uma lei interpretativa destinada a encerrar as controvérsias jurisprudenciais e doutrinárias suscitadas pelo § 2.º do art. 5.º. De acordo com a opinião doutrinária tradicional, uma lei interpretativa nada mais faz do que declarar o que preexiste, ao clarificar a lei existente. [...][55].

Entretanto, ao não se manifestar sobre os tratados constitucionais anteriores, o constituinte derivado reacendeu o tema nos debates doutrinários e jurisprudenciais pátrios[56]. Quiçá esteja justamente nesse ponto o grande mérito da Emenda Constitucional nº 45/2004, uma vez que reacendeu o importante e necessário debate acerca da hierarquia e regime jurídico dos tratados internacionais de direitos humanos em face do regime constitucional pátrio, afastado o entendimento que reinava pacificado na Corte Suprema, e que, por consequência, espraiava-se no Poder Judiciário, da paridade hierárquica dos tratados internacionais de direitos humanos com a lei ordinária federal. Certo é que a inclusão do § 3º do art. 5º da Constituição

55. LAFER, Celso. *A internacionalização dos direitos humanos: constituição, racismo e relações internacionais.* São Paulo: Manole, 2005. p.15.

56. No entendimento de André Ramos Tavares, à luz dessa omissão, são dois interstícios que se fundam: "(i) os tratados internacionais permanecem com o *status* próprio do veículo que os internalizou, ou seja, permanecem com o patamar de lei; (ii) passam automaticamente a ter *status* de emenda constitucional, numa espécie de recepção" (TAVARES, André Ramos. *Curso de direito constitucional.* 7ª ed. Cit. p. 530). Acerca desse debate complementa Piovesan arguindo pela saída de conferir aos Tratados anteriores hierarquia constitucional: "Não seria razoável sustentar que os tratados de direitos humanos já ratificados fossem recepcionados como lei federal, enquanto os demais adquirissem hierarquia constitucional exclusivamente em virtude de seu *quórum* de aprovação. A título de exemplo, destaque-se que o Brasil é parte do Pacto Internacional dos Direitos Econômicos, Sociais e Culturais desde 1992. Por hipótese, se vier a ratificar – como se espera -- o Protocolo Facultativo ao Pacto Internacional dos Direitos Econômicos, Sociais e Culturais, adotado pela ONU em 10 de dezembro de 2008, não haveria qualquer razoabilidade a conferir se a este último — um tratado complementar e subsidiário ao principal — hierarquia constitucional e ao instrumento principal hierarquia meramente legal. Tal situação importaria em agudo anacronismo do sistema jurídico, afrontando, ainda, a teoria geral da recepção acolhida no direito brasileiro" (PIOVESAN, Flávia. *Direitos humanos e o direito constitucional internacional.* Cit. p.128).

reforçou o tratamento constitucional diferenciado às normas internacionais que versam sobre direitos humanos. É essa compreensão explorada pelo Ministro Gilmar Ferreira Mendes no voto vencedor do julgamento, que alterou o posicionamento do STF sobre o tema, *in verbis*:

> Em termos práticos trata-se de uma declaração eloquente de que os tratados já ratificados pelo Brasil, anteriormente à mudança constitucional, e não submetidos ao processo legislativo especial de aprovação do Congresso Nacional, não podem ser comparados às normas constitucionais. Não se pode negar, por outro lado, que a reforma também acabou por ressaltar o caráter especial dos tratados de direitos humanos em relação aos demais tratados de reciprocidade entre Estados pactuantes, conferindo-lhes lugar privilegiado no ordenamento jurídico[57].

Todavia, o § 3º não foi motivação suficiente para levar o Supremo Tribunal Federal a afirmar a hierarquia constitucional desses tratados. Valendo-se, ainda, das tradicionais ideias de supremacia constitucional, o Supremo Tribunal Federal, no voto do Ministro Gilmar Mendes, por maioria que contou com um voto de diferença, compreendeu temerária a equiparação dessas normas à Constituição. É o que se exarou no voto vencedor:

> Os tratados de direitos humanos não poderiam afrontar a supremacia da Constituição, mas teriam lugar especial reservado no ordenamento jurídico. Equipará-los à legislação ordinária seria subestimar o seu valor especial no contexto do sistema de proteção de direitos da pessoa humana[58].

Foi esta a aporia: conferir tratamento especial às normas de direitos humanos diante do aclaramento do parágrafo terceiro, e ao mesmo tempo conservar a supremacia do texto constitucional formal. A saída apontada foi pela hierarquia infraconstitucional, mas supralegal dos tratados de direitos humanos.

A tese não é nova e já havia sido suscitada no Tribunal, anos antes, em *habeas corpus* de relatoria do Ministro Sepúlveda Pertence, que versava sobre o alcance do princípio do duplo grau de jurisdição entre a Constituição e a Convenção Interamericana de Direitos Humanos[59].

57. BRASIL, Supremo Tribunal Federal, HC 90.172-SP, 2.ª T., rel. Min. Gilmar Mendes, j. 05.06.2007, DJe 82, 16.08.2007.

58. Voto do Ministro Gilmar Mendes no julgamento do RE 466343/SP (Relator(a): Min. Cezar Peluso. Julgado em: 03/12/2008, DJE: 05/06/2009).

59. Assim consignou o relator no julgado: "Se assim é, a primeira vista, parificar as leis ordinárias os tratados a que alude o artigo 5, parágrafo 2, da Constituição, seria esvaziar de muito do seu sentido útil à inovação,

No Julgamento do RE 466.343-SP[60], o STF considerou inconstitucional a prisão civil do depositário infiel, nos casos de alienação fiduciária em garantia (art. 4.º do Dec.-lei 911/1969)[61], pois, desde a ratificação, pelo Brasil, do Pacto Internacional dos Direitos Civis e Políticos (art. 11)[62] e da Convenção Americana sobre Direitos Humanos – Pacto de San José da Costa Rica (art. 7º, 7)[63], não haveria mais base legal para a referida prisão civil. Conclui-se, também, que a prisão civil do devedor-fiduciante viola o postulado da proporcionalidade, porque o ordenamento jurídico prevê outros meios processuais-executórios, colocados à disposição do credor-fiduciário, para a garantia do crédito, além do que seria uma ficção jurídica equiparar o devedor-fiduciante ao depositário, ofendendo o princípio da reserva legal proporcional.

Para o Min. Gilmar Mendes, os Tratados Internacionais sobre Direitos Humanos, subscritos pelo Brasil, constituem direito supralegal, inferiores à Constituição, mas superiores às leis ordinárias, o que torna inaplicável a legislação infraconstitucional com eles conflitante, seja ela anterior, seja ela posterior ao ato de ratificação:

> Entendo que, desde que a ratificação pelo Brasil, sem qualquer reserva, do Pacto Internacional dos Direitos Civis e Políticos (art. 11) e da Convenção Americana sobre Direitos Humanos – Pacto de São José da Costa Rica (art. 7º, 7), ambos no ano de 1992, não há mais base legal para prisão do depositário infiel, pois o caráter especial desses diplomas internacionais sobre direitos humanos lhes reserva lugar específico no ordenamento jurídico, estando abaixo da Constituição, porém acima da legislação interna. O *status* normativo supralegal dos tratados internacionais de direitos humanos subscritos pelo Brasil, dessa forma, torna inaplicável a legislação infraconstitucional com ele conflitante, seja ela anterior ou posterior ao ato de ratificação. Assim ocorreu com o art. 1.287 do CC/1916 e com o Dec.-lei

que, malgrado, os termos equívocos do seu enunciado, traduziu uma abertura significativa ao movimento de internacionalização dos direitos humanos" (BRASIL. Supremo Tribunal Federal. *HC 79.785/RJ*. Relator(a): Min. Sepúlveda Pertence. Julgado em: 15/08/2000, DJ: 30/08/2000).

60. BRASIL, Supremo Tribunal Federal. *RE 466.343-SP*. Tribunal Pleno, Rel. Min. Ceza Peluso, j. 03.12.2008, pub. Dje 05.06.2009.

61. "Art. 4º Se o bem alienado fiduciariamente não for encontrado ou não se achar na posse do devedor, o credor poderá requerer a conversão do pedido de busca e apreensão, nos mesmos autos, em ação de depósito, na forma prevista no Capítulo II, do Título I, do Livro IV, do Código de Processo Civil".

62. "Ninguém poderá ser preso apenas por não poder cumprir com uma obrigação contratual".

63. "Art. 7.º – Direito à liberdade pessoal. (...) 7. Ninguém deve ser detido por dívidas. Este princípio não limita os mandados de autoridade judiciária competente expedidos em virtude de inadimplemento de obrigação alimentar".

911/1969, assim como em relação ao art. 652 do CC/2002 (Lei 10.406/2002). A prisão civil do devedor-fiduciante no âmbito do contrato de alienação fiduciária em garantia viola o princípio da proporcionalidade, visto que: a) o ordenamento jurídico prevê outros meios processuais-executórios postos à disposição do credor-fiduciário para a garantia do crédito, de forma que a prisão civil, como medida extrema de coerção do devedor inadimplente, não passa no exame da proporcionalidade como proibição de excesso (*Übermassverbot*), em sua tríplice configuração: adequação (*Geeingnetheit*), necessidade (*Erfoderlichkeit*) e proporcionalidade em sentido estrito; e b) o Dec.-lei 911/1969, ao instituir uma ficção jurídica, equiparando o devedor-fiduciante ao depositário, para todos os efeitos previstos nas leis civis e penais, criou uma figura atípica de depósito, transbordando os limites do conteúdo semântico da expressão 'depositário infiel' insculpida no art. 5.º, LXVII, da CF/1988 e, dessa forma, desfigurando o instituto do depósito em sua configuração constitucional, o que perfaz a violação do princípio da reserva legal proporcional (*Vorbehalt des verhältnismässigen Gesetzes*). Lembro, mais uma vez, que o Dec.-lei 911/1969 foi editado sob a égide do regime ditatorial instituído pelo Ato Institucional 5, de 1968. Assinaram o decreto as três autoridades militares que estavam no comando do país na época. Certamente – e nesse ponto não tenho qualquer dúvida –, tal ato normativo não passaria sob o crivo do Congresso Nacional no contexto atual do Estado constitucional, em que são assegurados direitos e garantias fundamentais a todos os cidadãos. Deixo acentuado, também, que a evolução jurisprudencial sempre foi uma marca de qualquer jurisdição de perfil constitucional. A afirmação da mutação constitucional não implica o reconhecimento por parte desta Corte, de erro ou equívoco interpretativo do texto constitucional em julgados pretéritos. Ela reconhece e reafirma, ao contrário, a necessidade da contínua e paulatina adaptação dos sentidos possíveis da letra da Constituição aos câmbios observados numa sociedade que, como a atual, está marcada pela complexidade e pelo pluralismo. A prisão civil do depositário infiel não mais se compatibiliza com os valores supremos assegurados pelo Estado Constitucional, que não está mais voltado apenas para si mesmo, mas compartilha com as demais entidades soberanas, em contextos internacionais e supranacionais, o dever de efetiva proteção dos direitos humanos[64].

64. BRASIL, Supremo Tribunal Federal, HC 90.172-SP, 2.ª T., rel. Min. Gilmar Mendes, j. 05.06.2007, DJe 82, 16.08.2007.

Ou seja, no conflito normativo entre o direito internacional e a norma interna infraconstitucional, que, como visto, no caso versava sobre a possibilidade de prisão civil do depositário infiel, resta afastado o art. 652 do Código Civil pela supremacia do tratado internacional (isto é, do art. 7.º da Convenção Interamericana de Direitos Humanos). Inaugura-se, pela primeira vez na jurisprudência do STF, o controle de convencionalidade das leis[65] à luz dos tratados internacionais de direitos humanos em face da posição superior que possuem em relação à legislação ordinária.

Destoante do entendimento majoritário, capitaneado pela voz do Ministro Celso de Mello, com adesão de quatro votos dos nove ministros que compunham o quórum, foi lavrado voto divergente advogando a supremacia constitucional dos tratados de direitos humanos, antes e após a emenda constitucional nº 45/2004[66]. Partiu o Ministro Celso de Mello da

65. A teoria do controle de convencionalidade advém da jurisprudência internacional. A Corte Interamericana de Direitos Humanos lida com essa ordem de ideias, no entanto, não assim as intitulando, todavia, consoante expõe Eduardo Ferrer Mac-Gregor, é a partir de 2006, com o julgamento do caso precedente *Almonacid Aureliano v. Chile*, que essa vertente avulta de modo mais expresso na jurisprudência interamericana. Nas palavras do autor, o controle de convencionalidade *"consiste en el examen de compatibilidad que siempre debe realizarse entre los actos y normas nacionales, y la Convención Americana sobre Derechos Humanos (CADH), sus protocolos adicionales, y la jurisprudencia de la Corte Interamericana de Derechos Humanos [...]. Se trata de un estándar 'mínimo' creado por dicho tribunal internacional, para que en todo caso sea aplicado el* corpus iuris *interamericano y su jurisprudencia en los Estados nacionales que han suscrito o se han adherido a la CADH [...]"* (MAC-GREGOR, Eduardo Ferrer. *Interpretación Conforme y Control Difuso de Convencionalidad: el nuevo paradigma para el juez mexicano*. Disponível em: http://biblio.juridicas.unam.mx/libros/7/3033/14.pdf. Acesso em: dez. 2012. p.340).

66. Importante destaque Flávia Piovesan leva a efeito quanto a esta passagem do julgamento: "É sob esta perspectiva, inspirada na lente 'ex parte populi' e no valor ético fundamental da pessoa humana, que o Ministro Celso de Mello reavaliou seu próprio entendimento sobre a hierarquia dos tratados de direitos humanos, para sustentar a existência de um regime jurídico misto, baseado na distinção entre os tratados tradicionais e os tratados de direitos humanos, conferindo aos últimos hierarquia constitucional. Neste sentido, argumentou: 'Após longa reflexão sobre o tema, [...], julguei necessário reavaliar certas formulações e premissas teóricas que me conduziram a conferir aos tratados internacionais em geral (qualquer que fosse a matéria neles veiculadas), posição juridicamente equivalente à das leis ordinárias. As razões invocadas neste julgamento, no entanto, convencem-me da necessidade de se distinguir, para efeito de definição de sua posição hierárquica em face do ordenamento positivo interno, entre as convenções internacionais sobre direitos humanos (revestidas de 'supralegalidade', como sustenta o eminente Ministro Gilmar Mendes, ou impregnadas de natureza constitucional, como me inclino a reconhecer) e tratados internacionais sobre as demais matérias (compreendidos estes numa estrita perspectiva de paridade normativa com as leis ordinárias). [...] Tenho para mim que uma abordagem hermenêutica fundada em premissas axiológicas que dão significativo realce e expressão ao valor ético-jurídico - constitucionalmente consagrado (CF, art. 4.º, II) - da 'prevalência dos direitos humanos' permitirá, a esta Suprema Corte, rever a sua posição jurisprudencial quanto ao relevantíssimo papel, à influência e à eficácia (derrogatória e inibitória) das convenções internacionais sobre direitos humanos no plano doméstico e infraconstitucional do ordenamento positivo do Estado brasileiro. [...] Em decorrência dessa reforma constitucional, e ressalvadas as hipóteses a ela anteriores (considerado, quanto a estas, o disposto no parágrafo 2.º do art. 5.º da Constituição), tornou-se possível, agora, atribuir, formal e materialmente, às convenções internacionais sobre direitos humanos, hierarquia jurídico-constitucional, desde que observado, quanto ao processo de Incorporação de tais convenções, o 'iter' procedimental concernente ao rito de apreciação e de aprovação das propostas de Emenda à Constituição, consoante prescreve o

posição hierárquica das convenções internacionais sobre direitos humanos e tratados internacionais sobre as demais matérias. O ponto de divergência está na localização jurídica e normativa desses tratados na hierarquia legislativa pátria. Para o entendimento divergente, os tratados de direitos humanos devem ser recepcionados com hierarquia constitucional, destacando a existência de três situações distintas: a) os tratados celebrados pelo Brasil (ou aos quais ele aderiu), e regularmente incorporados à ordem interna, em momento anterior ao da promulgação da Constituição Federal de 1988, possuem índole constitucional, porque foram formalmente recebidos nessa condição pelo art. 5º, § 2º, da CF/1988[67]; b) os que vierem a ser celebrados pelo Brasil (ou aos quais ele venha a aderir), em data posterior a da promulgação da Emenda Constitucional 45/2004, para terem natureza constitucional, deverão observar o *iter* procedimental do art. 5º, § 3º, da CF/1988; c) por fim, os celebrados pelo Brasil (ou aos quais o país aderiu) entre a promulgação da Constituição de 1988 e a superveniência da Emenda Constitucional 45/2004 assumiriam caráter materialmente constitucional, porque essa hierarquia jurídica teria sido transmitida por efeito de sua inclusão no bloco de constitucionalidade[68].

Para essa vertente, a literalidade constitucional não deixa brechas para outra interpretação. O § 2º do art. 5.º afirma a materialidade constitucional desses tratados e é reforçado pelo § 3º, destinado à sua interpretação, que vem incluir a possibilidade, inclusive, de formalização desses instrumentos. Sustentando esse caminho teórico, afirma Flávia Piovesan:

> Uma vez mais, corrobora-se o entendimento de que os tratados internacionais de direitos humanos ratificados anteriormente ao mencionado

parágrafo 3.º do art. 5.º da Constituição [...] É preciso ressalvar, no entanto, como precedentemente já enfatizado, as convenções internacionais de direitos humanos celebradas antes do advento da EC n. 45/2004, pois, quanto a elas, incide o parágrafo 2.º do art. 5.º da Constituição, que lhes confere natureza materialmente constitucional, promovendo sua integração e fazendo com que se subsumam à noção mesma de bloco de constitucionalidade"". (PIOVESAN, Flávia. *Direitos humanos e direito constitucional internacional.* 13ª ed. São Paulo: Saraiva, 2012. p.132/133).

67. Do mesmo modo, Celso Lafer afirma que o bloco de constitucionalidade (art. 5º, § 2º, CF) é "a somatória daquilo que se adiciona à Constituição escrita, em função dos valores e princípios nela consagrados. O bloco de constitucionalidade imprime vigor à força normativa da Constituição e é por isso parâmetro hermenêutico, de hierarquia superior, de integração, complementação e ampliação do universo dos direitos constitucionais previstos, além de critério de preenchimento de eventuais lacunas. Por essa razão, considero que os tratados internacionais de direitos humanos recepcionados pelo ordenamento jurídico brasileiro a partir da vigência da Constituição de 1988 e a entrada em vigor da Emenda Constitucional nº 45 não são meras leis ordinárias, pois têm a hierarquia que advém de sua inserção no bloco de constitucionalidade" (*A internacionalização dos Direitos Humanos. Constituição, Racismo e Relações Internacionais.* Barueri: Manole, 2005. p. 17-18).
68. Cf. *Informativo STF*, nº 498, de 10 a 14.03.2008.

parágrafo, ou seja, anteriormente à Emenda Constitucional nº 45/2004, têm hierarquia constitucional, situando-se como normas material e formalmente constitucionais. Esse entendimento decorre de quatro argumentos: a) a interpretação sistemática da Constituição, de forma a dialogar com os §§ 2.º e 3.º do art. 5.º, já que o último não revogou o primeiro, mas deve, ao revés, ser interpretado à luz do sistema constitucional; b) a lógica e racionalidade material que devem orientar a hermenêutica dos direitos humanos; c) a necessidade de evitar interpretações que apontem a agudos anacronismos da ordem jurídica; e d) a teoria geral da recepção do Direito brasileiro. Sustenta-se que esta interpretação é absolutamente compatível com o princípio da interpretação conforme a Constituição. Isto é, se a interpretação do § 3.º do art. 5.º aponta a uma abertura envolvendo várias possibilidades interpretativas, acredita-se que a interpretação mais consonante e harmoniosa com a racionalidade e teleologia constitucional é a que confere ao § 3.º do art. 5.º, fruto da atividade do Poder Constituinte Reformador, o efeito de permitir a "constitucionalização formal" dos tratados de proteção de direitos humanos ratificados pelo Brasil[69].

Nesse sentido, a lição de Fábio Konder Comparato, ao comentar a Convenção Americana de Direitos Humanos:

> Aplica-se, a essas disposições novas, o princípio da prevalência dos direitos mais vantajosos para a pessoa humana; ou seja, na vigência simultânea dos vários sistemas normativos – o nacional e o internacional – ou na de vários tratados internacionais, em matéria de direitos humanos, deve ser aplicado aquele que melhor protege o ser humano[70].

Porém, em seu voto divergente, o Min. Celso de Mello reconheceu a supremacia da Constituição Federal sobre todos os tratados internacionais celebrados pelo Estado brasileiro, inclusive os que versam sobre o tema dos direitos humanos, desde que, neste último caso, as convenções internacionais que o Brasil tenha celebrado (ou a que tenha aderido) impliquem supressão, modificação gravosa ou restrição a prerrogativas essenciais ou a liberdades fundamentais reconhecidas e asseguradas pela própria Constituição.

A partir da orientação majoritária do STF, é possível sintetizar a posição normativa dos tratados internacionais da seguinte forma: i) os tratados de

---

69. PIOVESAN, Flávia. *Direitos humanos e o direito constitucional internacional.* 13ª ed. São Paulo: Saraiva, 2012. p.129/130.

70. COMPARATO, Fábio Konder. *Afirmação histórica dos direitos humanos.* 3ª ed. São Paulo: Saraiva, 2004. p.363.

direitos humanos, aprovados em conformidade com o procedimento previsto no art. 5º, §3º, da CF, são equivalentes às emendas constitucionais[71]; ii) os demais tratados internacionais de direitos humanos possuem caráter de direito supralegal; iii) já os tratados que não versam sobre direitos humanos se equiparam à legislação ordinária[72].

Contudo, o STF, ao conferir hierarquias diferentes aos tratados internacionais de direitos humanos, com o mesmo fundamento ético, contraria a noção de bloco de constitucionalidade e acaba por mitigar o princípio constitucional da isonomia[73]. Os tratados internacionais de proteção aos direitos humanos, ratificados pelo Brasil, possuem eficácia imediata na ordem jurídica interna (art. 5º, § 1º, CF) e *efeito paralisador* das normas internas menos benéficas, até que sejam revogadas ou que sejam interpretadas e aplicadas em conformidade com as normas internacionais internalizadas. Os tratados de direitos humanos passam a integrar o bloco de constitucionalidade (art. 5º, § 2º, CF), constituindo fonte normativa para que o intérprete

71. O termo "equivalentes" significa que não são "iguais". Todo tratado de direitos humanos deve ser ratificado para entrar em vigor no Brasil. A ratificação é um ato exclusivo do Presidente da República. É a partir da ratificação (ato jurídico de natureza externa) que um Estado fica obrigado ao cumprimento do tratado no plano internacional (art. 2º, § 1º, "a", da Convenção de Viena sobre os Tratados de 1969). No plano nacional, o tratado de direitos humanos precisa ser referendado (*referendum*), que é um ato jurídico de natureza interna, pelo Congresso Nacional. Se o Parlamento observa, em cada Casa Legislativa (Senado Federal e Câmara dos Deputados) o quórum de três quintos dos votos, o tratado de direito internacional se equipara a uma emenda constitucional, por meio da edição de um decreto legislativo. Portanto, o procedimento de elaboração de emenda constitucional não é o mesmo que o do referendo dos tratados internacionais de direitos humanos (não se aplica, por exemplo, o art. 60, inc. I a III, da CF, sobre a iniciativa de emendas parlamentares), existindo equivalência apenas no quórum de três quintos. Cf. MAZZUOLI, Valério de Oliveira. Convenção contra o racismo depende do presidente para entrar em vigor. *Revista Consultor Jurídico* de 15 de dezembro de 2020. Disponível em: https://www.conjur.com.br/2020-dez-15/mazzuoli-convencao-interamericana-racismo. Acesso em: 1 jun. 2021.

72. SARMENTO, Daniel. O direito constitucional e o direito internacional: diálogos e tensões. In: *Vulnerabilidades e invisibilidades - Desafios contemporâneos para a concretização dos direitos humanos*. Org. Cândice Lisbôa Alves. Belo Horizonte: Arraes, 2015. p. 23.

73. "A tese da supralegalidade dos tratados de direitos humanos não aprovados por maioria qualificada (defendida, v.g., pelo Min. Gilmar Mendes, no RE 466.343-3/SP), peca por desigualar tais instrumentos em detrimento daqueles internalizados pela dita maioria, criando uma ´duplicidade de regimes jurídicos´ imprópria para o atual sistema (interno e internacional) de proteção de direitos, uma vez que estabelece ´categorias´ de tratados que têm o mesmo fundamento ético. (...) Ao criar ´categorias´ dos tratados de nível constitucional e supralegal (caso sejam ou não aprovados pela dita maioria qualificada), a tese da supralegalidade acabou por regular instrumentos iguais de maneira totalmente diferente (ou seja, desigualou os ´iguais´), em franca oposição ao princípio constitucional da isonomia. Daí ser equivocado alocar tratados de direitos humanos abaixo da Constituição e outros (também de direitos humanos) no mesmo nível dela, sob pena de subverter toda a lógica convencional de proteção de tais direitos, a exemplo daquela situação em que um instrumento acessório teria equivalência de uma emenda constitucional, enquanto o principal estaria em nível hierárquico inferior" (MAZZUOLI, Valerio de Oliveira. *Curso de Direito Internacional Público*. 11ª ed. Rio de Janeiro: Forense, 2018. p. 318-319).

possa aplicar a norma mais favorável à pessoa (princípio *pro persona*), de modo a harmonizar os sistemas jurídicos interno e internacional[74].

Consoante acima consignado, o caminho jurisprudencial majoritário adotado pelo Supremo Tribunal Federal no RE n° 466.343 é apenas uma dentre as diversas hipóteses de mirada sobre a complexa e controvertida matéria. O novo entendimento jurisprudencial merece destaque ao romper com a tese, que tanto prevaleceu no STF, da paridade hierárquica entre os tratados de direitos humanos e as leis ordinárias. Não havia, assim, qualquer distinção entre o regime jurídico dos acordos internacionais em matéria comum daqueles que versassem sobre direitos humanos - em flagrante descumprimento à literalidade do § 2.º do art. 5° da Constituição Federal. Com essa renovada visão jurisprudencial, confere-se aos tratados de direitos humanos *status* privilegiado, adotando-se, para tais normas internacionais, regime jurídico misto diferenciado dos tratados comuns.

Avançou-se, assim, em novel campo que ora se abre ao direito pátrio: o do controle da convencionalidade das leis que devem ser ajustadas à normatividade internacional dos direitos humanos, da qual o Brasil é signatário. Ficou, aquém, pela diferença de um voto, o melhor entendimento de conferir plena constitucionalidade aos tratados internacionais de direitos humanos, alçando-os ao *locus* que quis o constituinte originário, qual seja, do patamar constitucional[75].

Independentemente do resultado do julgado, a premissa que o lastreia – de lugar especial e diferenciado das normas de direitos humanos no direito pátrio – corrobora com o sentido aproximativo dos diálogos entre o Direito Constitucional e o Direito Internacional dos Direitos Humanos

74. MAZZUOLI, Valerio de Oliveira. *O controle jurisdicional da convencionalidade das leis.* 3ª ed. São Paulo: Revista dos Tribunais, 2013. p. 36.

75. Em outro julgamento sobre a matéria, afirmou o Ministro Celso de Mello: "A alta relevância dessa matéria, que envolve discussão em torno do alcance e precedência dos direitos fundamentais da pessoa humana, impõe que se examine, de um lado, o processo de crescente internacionalização dos direitos humanos e, de outro, que se analisem as relações entre o direito nacional (direito positivo interno do Brasil) e o direito internacional dos direitos humanos, notadamente em face do preceito inscrito no § 3.º do art. 5.º da Constituição da República, introduzido pela EC nº 45/2004. [...] o Supremo Tribunal Federal se defronta com um grande desafio, consistente em extrair, dessas mesmas declarações internacionais e das proclamações constitucionais de direitos, a sua máxima eficácia, em ordem a tornar possível o acesso dos indivíduos e dos grupos sociais a sistemas institucionalizados de proteção aos direitos fundamentais da pessoa humana, sob pena de a liberdade, a tolerância e o respeito à alteridade humana tornarem-se palavras vãs" (Voto do Ministro Celso de Melo proferido no *habeas corpus* n.º 87585-8/TO, publicado em 25/06/2009).

em prol da proteção concreta da dignidade humana[76]. Sobre o julgamento, conclui Flávia Piovesan:

> A decisão proferida no Recurso Extraordinário n.º 466.343 constitui uma decisão paradigmática, tendo a força catalisadora de impactar a jurisprudência nacional, a fim de assegurar aos tratados de direitos humanos um regime privilegiado no sistema jurídico brasileiro, propiciando a incorporação de parâmetros protetivos internacionais no âmbito doméstico. Vale realçar que a jurisprudência do Supremo Tribunal Federal pertinente à hierarquia dos tratados de direitos humanos tem de ser relevado marcadamente oscilante [...][77].

Ainda que não na extensão desejável, solidificou-se a postura híbrida no que tange à hierarquia dos tratados, com adoção de regime jurídico misto que diferencia os tratados de direitos humanos e os tratados tradicionais. A passos mais lentos do que o desejável, entretanto no ritmo da marcha das conquistas possíveis, a jurisprudência nacional tem buscado o reencontro com a normatividade constitucional, abrindo-se paulatinamente aos processos de internacionalização dos direitos humanos, e, consequentemente, do direito constitucional[78], ampliando o bloco de constitucionalidade em prol da maior tutela que previna o sofrimento humano.

Portanto, a interpretação do art. 5º, § 2º, da Constituição Federal deve ser fortalecida com a exegese do art. 5º, § 3º, da CF, ao se concluir que os tratados de direitos humanos podem ser ou materialmente constitucionais (art. 5º, § 2º), ou material e formalmente constitucionais (art. 5º, § 3º), expandindo-se, assim, o bloco de constitucionalidade brasileira.

Afinal, em razão de os tratados de direitos humanos estarem colocados em um nível superior às leis e aos demais atos normativos, é possível inviabilizar a aplicação de normas internas que violem diretamente à Constituição (controle de constitucionalidade) ou que estejam em desarmonia

76. O controle de convencionalidade e o diálogo entre jurisdições "se retroalimentam numa complexa lógica de vínculos (nem sempre pacíficos, tampouco lineares), em busca do fortalecimento do sistema efetivo de direitos". (BOGDANDY, Armin von; PIOVESAN, Flávia; ANTONIAZZI, Mariela Morales (Coord.). *Estudos avançados em direitos humanos: democracia e integração jurídica: emergência de um novo direito público.* São Paulo: Campus, 2012. p.xv).

77. PIOVESAN, Flávia. *Direitos humanos e o direito constitucional internacional.* 13ª ed. São Paulo: Saraiva, 2012. p.138.

78. Nesse entrelaçamento que se abre o "transconstitucionalismo" marcado pela "*interpenetración reciproca del derecho constitucional y del derecho internacional*" (FIGUEIREDO, Marcelo. La Internacionalización del Orden Interno en Clave del Derecho Constitucional Transnacional. In: BOGDANDY, Armin von; PIOVESAN, Flávia; ANTONIAZZI, Mariela Morales (Coord.). *Estudos avançados em direitos humanos: democracia e integração jurídica: emergência de um novo direito público.* São Paulo: Campus, 2012. p.149).

com os tratados internacionais de direitos humanos (controle de convencionalidade), quando não haja violação direta na Constituição, ou mesmo ensejar o duplo exame de constitucionalidade e convencionalidade, quando tanto o princípio ou a regra constitucional quanto o princípio ou a regra convencional forem infringidos pelo ato normativo (leis, decretos, resoluções etc.) inferior (teoria do duplo controle). Afinal, seja o controle de constitucionalidade, seja o de convencionalidade, ainda que diferentes, têm o mesmo objetivo de *compatibilização vertical de normas jurídicas*; ou seja, destinam-se a invalidar atos normativos que contrariarem o texto constitucional, o tratado internacional de direitos humanos ou a ambos[79].

79. MAZZUOLI, Valério de Oliveira; ROCHA, Jorge Bheron. Defensoria Pública e controle de convencionalidade. *Revista Consultor Jurídico*, 19 de maio de 2020. Disponível em: https://www.conjur.com.br/2020-mai-19/tribuna-defensoria-defensoria-publica-essencial-controle-convencionalidade. Acesso em: 20 jun. 2021.

CAPÍTULO

7

TEORIA DO DUPLO CONTROLE: CONTROLE DE CONSTITUCIONALIDADE/ CONVENCIONALIDADE

Os tratados internacionais sobre direitos humanos têm destaque constitucional especial, conforme acima já mencionado. Merece destaque, sobretudo, aqueles adotados em nível regional, sendo que nas Américas, a Organização dos Estados Americanos (OEA) congrega 35 (trinta e cinco) nações do continente, dentre as quais o Brasil, a compor o Sistema regional protetivo[1]. A aprovação da Convenção Americana de Direitos Humanos (CADH), conhecida como Pacto de San José da Costa Rica, em 1969, trouxe aos Estados americanos, signatários do documento internacional, uma série de deveres e direitos.

O Sistema Interamericano de Direitos Humanos é integrado pela Comissão Interamericana de Direitos Humanos (CIDH)[2], uma das estruturas

1. ORGANIZAÇÃO DOS ESTADOS AMERICANOS. *Quem somos*. Disponível em: http://www.oas.org/pt/sobre/quem_somos.asp. Acesso em: 6 mai. 2019.
2. Dentre as atribuições da CIDH, estão: i) receber, analisar e investigar petições individuais que alegam violações dos direitos humanos (arts. 44 a 51 da CADH); ii) observar o cumprimento geral dos direitos humanos nos Estados membros, e quando considerar conveniente, publicar as informações especiais sobre a situação em um estado específico; iii) realizar visitas *in loco* aos países para aprofundar a observação geral da situação, e/ou para investigar uma situação particular; tais podem resultar na preparação de um relatório respectivo, que é publicado e enviado à Assembleia Geral; iii) estimular a consciência dos direitos humanos nos países da América (*v.g.*, pela publicação de estudos sobre temas específicos como a situação dos direitos humanos das mulheres, dos imigrantes e dos povos indígenas; iv) realizar e participar de conferências e reuniões com diversos tipos de representantes de governo, universitários e organizações não governamentais para difundir e analisar temas relacionados com o sistema interamericano de direitos humanos; v) fazer recomendações aos Estados-membros da OEA acerca da adoção

da Organização dos Estados Americanos (OEA), e pela Corte Interamericana de Direitos Humanos (Corte IDH), órgão responsável por processar e julgar os Estados partes da CADH por violações de direitos de cidadãos (independentemente de sua nacionalidade) que afirmem ter sofrido violação de seus direitos no âmbito da jurisdição de um dos Estados parte na Convenção Americana[3].

O art. 26 da CADH estabelece que os Estados-partes se comprometem a adotar, tanto no âmbito interno quanto no internacional, as providências necessárias para conseguir o desenvolvimento progressivo e a plena efetividade dos direitos constantes da Carta da Organização dos Estados Americanos, inclusive para prevenir a violação dos direitos humanos[4]. Além disso, o art. 31, item 3, da Convenção de Viena, aprovada em 23 de maio de 1969, prevê que os tratados internacionais devem ser interpretados progressivamente, levando-se em consideração todo acordo e prática posterior entre as partes na aplicação do tratado. Ao se sujeitar à jurisdição da Corte IDH, e nos termos do denominado *bloco de constitucionalidade* (art. 5º, § 2º, CF), o país amplia o rol de direitos fundamentais e o espaço de diálogo com a comunidade internacional. A jurisdição brasileira, devendo-se guiar pelo princípio *pro persona* e se basear na cooperação internacional, pode aumentar a efetividade dos direitos humanos.

O *controle de convencionalidade*, ao lado do controle de constitucionalidade (teoria do duplo controle), é um mecanismo jurídico essencial para assegurar, de forma mais efetiva, que os Estados cumpram os compromissos assumidos em tratados internacionais de direitos humanos.

Nesse sentido, tem decidido a Corte Interamericana de Direitos Humanos, nos Casos Gómez Palomino vs. Peru, de 22 de novembro de 2005 (com utilização da Convenção Interamericana sobre Desparecimento Forçado de Pessoas), ou Gudiel Álvarez e Outros ("Diário Militar") vs. Guatemala, de 20 de dezembro 2012 (tendo como referência a Convenção para Prevenir

de medidas para contribuir com a promoção e garantia dos direitos humanos; vi) requerer aos Estados-membros que adotem "medidas cautelares" específicas para evitar danos graves e irreparáveis aos direitos humanos em casos urgentes, bem como solicitar que a Corte IDH requeira "medidas provisionais" dos Governos em casos urgentes de grave perigo às pessoas, ainda que o caso não tenha sido submetido à Corte; vii) remeter os casos à jurisdição da Corte Interamericana e atuar frente à Corte em determinados litígios; viii) solicitar "Opiniões Consultivas" à Corte Interamericana sobre aspectos de interpretação da CADH (ORGANIZAÇÃO DOS ESTADOS AMERICANOS. *Quem é a CIDH*. Disponível em: http://https://cidh.oas.org/que.port.htm. Acesso em: 6 fev. 2019).

3. MAZZUOLI, Valerio de Oliveira. *Curso de Direitos Humanos*. 2ª ed. Rio de Janeiro: Método, 2015. p. 48-49.
4. Idem. Ibidem.

e Punir a Tortura)[5], ou ainda Barbosa de Souza e outros Vs. Brasil, de 07 de setembro de 2021 (com a aplicação da Convenção Interamericana para Prevenir, Punir e Erradicar a Violência contra a Mulher, também denominada como Convenção de Belém do Pará)[6].

O controle de convencionalidade visa perquirir se as regras jurídicas internas e práticas nacionais são compatíveis - isto é, válidas - com a Convenção Americana de Direitos Humanos, demais tratados de direitos humanos ratificados pelo Estado e jurisprudência da Corte Interamericana de Direitos Humanos. Essa ferramenta surgiu no âmbito do Sistema Interamericano de Direitos Humanos como uma extensão dos princípios de supremacia e efetividade das normas internacionais. Introduzido pela Corte Interamericana de Direitos Humanos no Caso *Almonacid Arellano vs. Chile*, julgado em 26 de setembro de 2006, o controle de convencionalidade estabelece que os Estados devem adaptar suas práticas internas aos tratados de direitos humanos ratificados, garantindo a conformidade entre as normas internas e os compromissos internacionais.

Nesse caso, a Corte IDH afirmou que, quando um Estado ratifica um tratado internacional como a Convenção Americana de Direitos Humanos, seus juízes, como parte do aparato estatal, estão submetidos a ela, o que os obriga a velar para que os efeitos das disposições da Convenção não se vejam diminuídos pela aplicação de leis contrárias a seu objeto e a seu fim e que, desde o início, carecem de efeitos jurídicos[7]. Dessa forma, compete ao Poder Judiciário exercer o controle de convencionalidade entre as normas jurídicas internas aplicadas a casos concretos e à Convenção Americana sobre Direitos Humanos. Há de prevalecer a aplicação dos tratados internacionais em detrimento das normas nacionais, quando forem mais benéficos à proteção dos direitos humanos. Nesta tarefa, os magistrados devem levar em consideração não apenas o texto da Convenção Americana de Direitos Humanos, mas também a interpretação que a Corte Interamericana faz da CADH:

5. MAZZUOLI, Valério de Oliveira. O Controle Jurisdicional de Convencionalidade das Leis. 4. ed. São Paulo: Revista dos Tribunais, 2016. Parte I. Item 2.
6. CORTE INTERAMERICANA DE DIREITO HUMANOS. *Barbosa de Souza e outros Vs. Brasil.* 07 de setembro de 2021. Disponível em: https://www.corteidh.or.cr/docs/casos/articulos/seriec_435_por.pdf. Acesso em: 29 dez. 2024.
7. CORTE INTERAMERICANA DE DIREITO HUMANOS. *Almonacid Arellano e otros vs. Chile.* 26 de setembro de 2006. Disponível em: http://www.corteidh.or.cr/docs/casos/articulos/seriec_154_esp.pdf. Acesso em: 1 nov. 2018.

> 124. A Corte tem consciência de que os juízes e tribunais internos estão sujeitos ao império da lei e, por isso, são obrigados a aplicar as disposições vigentes no ordenamento jurídico. Mas quando um Estado ratifica um tratado internacional como a Convenção Americana, seus juízes, como parte do aparato estatal, também estão submetidos a ela, o que os obriga a velar para que os efeitos das disposições da Convenção não se vejam diminuídos pela aplicação de leis contrárias a seu objeto e a seu fim e que, desde o início, carecem de efeitos jurídicos. Em outras palavras, o Poder Judiciário deve exercer uma espécie de "controle de convencionalidade" entre as normas jurídicas internas aplicadas a casos concretos e a Convenção Americana sobre Direitos Humanos. Nesta tarefa, o Poder Judiciário deve levar em conta não apenas o tratado, mas também a interpretação que a Corte Interamericana, intérprete última da Convenção Americana, fez do mesmo[8].

Já no *Caso Trabalhadores Demitidos do Congresso (Aguado Alfaro e Outros) vs. Peru*, julgado em 24 de novembro de 2006, a Corte IDH não apenas reforçou a decisão no *Caso Almonacid Arellano e outros vs. Chile*, mas também decidiu, conforme voto destacado do Juiz Antônio Cançado Trindade, que

> *[...] los órganos del Poder Judicial de cada Estado Parte en la Convención Americana deben conocer a fondo y aplicar debidamente no solo el derecho constitucional sino también el derecho internacional de los derechos humanos; deben ejercer ex officio el control tanto de constitucionalidad como de convencionalidad, tomados en conjunto, por cuanto los ordenamientos jurídicos internacional y nacional se encuentran en constante interacción en el presente dominio de protección de la persona humana*[9-10].

Em outras palavras, todos os juízes devem exercer o controle de convencionalidade[11]. Do mesmo modo, outras autoridades públicas devem exercer

---

8. Idem. Ibidem.
9. CORTE INTERAMERICANA DE DIREITOS HUMANOS. *Caso Trabajadores Cesados del Congreso (Aguado Alfaro y otros) vs. Perú*, sentencia de 24 de noviembre de 2006. Par. 2. Disponível em: https://www.corteidh.or.cr/docs/casos/articulos/seriec_158_esp.pdf. Acesso em: 28 jul. 2021.
10. Destaca-se, ainda, no par. 128, da referida decisão: "Cuando un Estado ha ratificado un tratado internacional como la Convención Americana, sus jueces también están sometidos a ella, lo que les obliga a velar porque el efecto útil de la Convención no se vea mermado o anulado por la aplicación de leyes contrarias a sus disposiciones, objeto y fin. En otras palabras, los órganos del Poder Judicial deben ejercer no sólo un control de constitucionalidad, sino también ´de convencionalidad´ ex officio entre las normas internas y la Convención Americana, evidentemente en el marco de sus respectivas competencias y de las regulaciones procesales correspondientes".
11. ANTONIAZZI, Mariela Morales. *Interamericanización como mecanismo del Ius Constitutionale Commune en Derechos Humanos en América Latina*. 2017. Disponível em: https://archivos.juridicas.unam.mx/www/bjv/libros/10/4745/14.pdf. Acesso em: 17 jul. 2021.

o controle de convencionalidade[12], observando os efeitos das disposições do diploma internacional e adequando sua estrutura interna para garantir o cumprimento total de suas obrigações frente à comunidade internacional[13].

No caso *Cabrera García y Montiel Flores vs. México*, julgado em 26 de novembro de 2010, a Corte IDH ampliou a abrangência do controle de convencionalidade, ao determinar que todos os agentes da administração da Justiça, e não apenas os magistrados e tribunais, têm o dever de garantir a conformidade com os tratados internacionais de direitos humanos[14]. Em *Gelman vs. Uruguai*, julgado em 24 de fevereiro de 2011, o tribunal reafirmou que a responsabilidade de cumprir com os tratados internacionais não é exclusiva dos agentes do sistema de Justiça, tais como defensores, promotores, juízes, advogados e respectivos servidores, mas abrange todos

12. HEEMANN, Thimotie Aragon. *O exercício do controle de convencionalidade pelo membro do Ministério Público. Revista jurídica do Ministério Público do Estado do Paraná*, Curitiba, v. 4, n. 7, dez./2017, p. 151; CAMBI, Eduardo; PORTO, Letícia de Andrade; HEEMANN, Thimotie Aragon. *Controle de convencionalidade pelo Ministério Público. Revista jurídica da Corregedoria Nacional*: qualidade, resolutividade e transformação social: edição especial: recomendação de Aracaju. Vol. VII. Brasília: CNMP, 2019. p. 109-122; MAZZUOLI, Valério; FARIA, Marcelle Costa e; DIONYSIO, Kledson. *Controle de convencionalidade pelo Ministério Público*. Rio de Janeiro: Forense, 2021.

13. "63. *Los Estados Parte en la Convención deben garantizar el cumplimiento de las disposiciones convencionales y sus efectos propios (effet utile) en el plano de sus respectivos derechos internos. Este principio se aplica no sólo en relación con las normas sustantivas de los tratados de derechos humanos (es decir, las que contienen disposiciones sobre los derechos protegidos), sino también en relación con las normas procesales, tales como las que se refieren al cumplimiento de las decisiones de la Corte. 64. Los Estados Parte en la Convención no pueden invocar disposiciones del derecho constitucional u otros aspectos del derecho interno para justificar una falta de cumplimiento o de aplicación de las obligaciones contenidas en dicho tratado. 65. Por otro lado, se ha acuñado en la jurisprudencia interamericana el concepto del "control de convencionalidad", concebido como una institución que se utiliza para aplicar el Derecho Internacional, en este caso el Derecho Internacional de los Derechos Humanos, y específicamente la Convención Americana y sus fuentes, incluyendo la jurisprudencia de este Tribunal. 66. Así, en varias sentencias la Corte ha establecido que es consciente de que las autoridades internas están sujetas al imperio de la ley y, por ello, están obligadas a aplicar las disposiciones vigentes en el ordenamiento jurídico. Pero cuando un Estado es Parte en un tratado internacional como la Convención Americana, todos sus órganos, incluidos sus jueces y demás órganos vinculados a la administración de justicia en todos los niveles, también están sometidos al tratado, lo cual les obliga a velar para que los efectos de las disposiciones de la Convención no se vean mermados por la aplicación de normas contrarias a su objeto y fin, de modo que decisiones judiciales o administrativas no hagan ilusorio el cumplimiento total o parcial de las obligaciones internacionales. Es decir, todas la autoridades estatales, están en la obligación de ejercer ex officio un "control de convencionalidad" entre las normas internas y la Convención Americana, en el marco de sus respectivas competencias y de las regulaciones procesales correspondientes. En esta tarea, deben tener en cuenta no solamente el tratado, sino también la interpretación que del mismo ha hecho la Corte Interamericana, intérprete última de la Convención Americana*" (ORGANIZAÇÃO DOS ESTADOS AMERICANOS. *Resolución de la Corte Interamericana de Derechos Humanos de 20 de marzo de 2013* – Caso Gelman Vs. Uruguay: Supervisión de Cumplimiento de Sentencia. Cit., p. 18-19).

14. CORTE INTERAMERICANA DE DIREITOS HUMANOS. *Cabrera García e Montiel Flores vs. México*. 26 de novembro de 2010. Disponível em: https://www.corteidh.or.cr/docs/casos/articulos/seriec_220_ing.pdf. Acesso em: 4 mai. 2021. Par. 225.

os funcionários do Estado, que devem atuar para assegurar a proteção dos direitos humanos[15].

No caso *Fontevecchia y D'Amico vs. Argentina*, julgado em 29 de novembro de 2011, a Corte IDH ressaltou que o controle de convencionalidade se constitui como uma tarefa a ser realizada por todos os poderes públicos, que, no marco de suas respectivas competências e com base na regulamentação processual correspondente, estão obrigados a assegurar, de ofício, que os direitos humanos sejam respeitados e garantidos.[16]

De forma similar, no caso *Massacres de El Mozote e lugares vizinhos Vs. El Salvador*, sentenciado em 25 de outubro de 2012, foi elencado que o dever de verificar a compatibilidade entre as normas internas e a Convenção Americana incumbe a todos os poderes e órgãos estatais[17]. Essa obrigação inclui o dever de evitar a formulação ou aplicação de normas que violem direitos, o que também requer uma interpretação conjunta do direito interno e do direito internacional para privilegiar o que é mais favorável à sua proteção. Logo, o controle de convencionalidade também pode ser realizado nas esferas legislativa e executiva. Em adição, no caso *Massacre de Santo Domingo vs. Colômbia*, julgado em 30 de novembro de 2013, a Corte IDH ressaltou que essa obrigação é vinculada a todas as autoridades e órgãos do Estado[18].

Recentemente, no caso *Petro Urrego vs. Colômbia*, de 08 de julho de 2020, o tribunal reuniu a interpretação construída ao longo dos anos acerca daqueles que possuem o papel de compatibilizar o direito interno com o direito internacional dos direitos humanos:

> 107. En relación con lo anterior, la Corte recuerda que el control de convencionalidad ha sido concebido como una institución que se utiliza para aplicar el Derecho Internacional, en este caso el Derecho Internacional de los Derechos Humanos, y específicamente la Convención Americana y

15. CORTE INTERAMERICANA DE DIREITOS HUMANOS. *Gelman vs. Uruguay*. 24 de fevereiro de 2011. Disponível em: https://www.corteidh.or.cr/docs/casos/articulos/seriec_221_esp1.pdf. Acesso em: 24 jan. 2025. Par. 239.

16. CORTE INTERAMERICANA DE DIREITOS HUMANOS. *Fontevecchia y D'Amico vs. Argentina*. 29 de novembro de 2011. Disponível em: https://corteidh.or.cr/docs/casos/articulos/seriec_238_esp.pdf. Acesso em: 05 jan. 2025. Par. 93.

17. CORTE INTERAMERICANA DE DIREITOS HUMANOS. *Massacres de El Mozote e lugares vizinhos Vs. El Salvador*. 25 de outubro de 2012. Disponível em: https://corteidh.or.cr/docs/casos/articulos/seriec_252_esp.pdf. Acesso em: 28 set. 2023. Par. 318.

18. CORTE INTERAMERICANA DE DIREITOS HUMANOS. *Massacre de Santo Domingo vs. Colômbia*. 30 de novembro de 2012. Disponível em:https://www.corteidh.or.cr/docs/casos/articulos/seriec_259_esp.pdf Acesso em: 28 set. 2023. Par. 142.

> sus fuentes, incluyendo la jurisprudencia de este Tribunal. El control de convencionalidad es una obligación propia de todo poder, órgano o autoridad del Estado Parte en la Convención, los cuales deben, en el marco de sus respectivas competencias y de las regulaciones procesales correspondientes, controlar que los derechos humanos de las personas sometidas a su jurisdicción sean respetados y garantizados. Los jueces y órganos judiciales deben prevenir potenciales violaciones a derechos humanos reconocidos en la Convención Americana, o bien solucionarlas a nivel interno cuando ya hayan ocurrido,teniendo en cuenta las interpretaciones de la Corte Interamericana. Solo en caso contrario pueden ser considerados por ésta, en cuyo supuesto ejercerá un control complementario de convencionalidad. En ese sentido, un adecuado control de convencionalidad a nivel interno fortalece la complementariedad del Sistema Interamericano y la eficacia de la Convención Americana al garantizar que las autoridades nacionales actúen como garantes de los derechos humanos de fuente internacional[19].

Em 11 de maio de 2022, no julgamento do precedente *Casierra Quiñonez e outros vs. Equador*, a Corte ressaltou que os órgãos que intervêm no processo de adoção das normas legais estabelecidas estão incluídos no rol das autoridades nacionais que estão obrigadas a exercer *ex officio* o controle da convencionalidade[20].

Além disso, a jurisprudência da Corte IDH também esclarece quais as fontes sujeitas ao controle de convencionalidade. No caso *Masacres de Río Negro vs. Guatemala*, de 04 de setembro de 2012, o tribunal destacou que o controle de convencionalidade não se limita aos termos da Convenção Americana de Direitos Humanos, mas inclui todos os tratados de direitos humanos ratificados pelos Estados, conforme interpretados pelos órgãos de monitoramento competentes.[21]

De forma similar, ao julgar o *Caso Comunidade Garífuna de Punta Piedra e seus Membros vs. Honduras*, em 8 de outubro de 2015, o tribunal asseverou que cabe ao Estado controlar a convencionalidade das leis à luz

19. CORTE INTERAMERICANA DE DIREITOS HUMANOS. *Petro Urrego vs. Colômbia*. 08 de julho de 2020. Disponível em: https://www.corteidh.or.cr/docs/casos/articulos/seriec_406_esp.pdf. Acesso em: 28 set. 2023. Par. 107.
20. CORTE INTERAMERICANA DE DIREITOS HUMANOS. *Casierra Quiñonez e outros vs. Equador*. 11 de maio de 2022. Disponível em: https://www.corteidh.or.cr/docs/casos/articulos/seriec_450_esp.pdf. Acesso em: 28 set. 2023. Par. 202.
21. CORTE INTERAMERICANA DE DIREITOS HUMANOS. *Masacres de Río Negro vs. Guatemala*. 04 de setembro de 2012. Disponível em: https://www.corteidh.or.cr/docs/casos/articulos/seriec_250_esp.pdf. Acesso em: 05 jan. 2025. Par. 262.

da jurisprudência interamericana e dos "padrões internacionais aplicáveis" à matéria sob julgamento. Isso significa que os órgãos do Estado vinculados à Administração da Justiça devem considerar, no exercício do controle de convencionalidade, todo o *corpus iuris* internacional de proteção dos direitos humanos, sejam normas protetivas do sistema global (da Organização das Nações Unidas), sejam do sistema regional (interamericano)[22].

Assim, existe um conjunto de tratados que formam a base normativa robusta para a proteção dos direitos humanos nas Américas. Esses instrumentos incluem: a Convenção Americana sobre Direitos Humanos (1969), que estabelece os direitos civis e políticos fundamentais e o funcionamento da Corte e da Comissão Interamericanas de Direitos Humanos; o Protocolo Adicional à Convenção sobre Direitos Humanos em Matéria de Direitos Econômicos, Sociais e Culturais (Protocolo de San Salvador) (1988), que amplia a proteção aos direitos econômicos, sociais e culturais; e o Protocolo à Convenção Americana sobre Direitos Humanos Referente à Abolição da Pena de Morte (1990), que visa a eliminar essa prática. Além disso, destaca-se a Convenção Interamericana para Prevenir e Punir a Tortura (1985), que aborda medidas específicas contra essa violação; a Convenção Interamericana para Prevenir, Punir e Erradicar a Violência contra a Mulher (Convenção de Belém do Pará) (1994), um marco na proteção dos direitos das mulheres; a Convenção Interamericana Contra o Racismo, a Discriminação Racial e Formas Correlatas de Intolerância (2013), que combate práticas discriminatórias baseadas em raça e origem étnica; e a Convenção Interamericana contra Toda Forma de Discriminação e Intolerância (2013), que amplia o escopo de proteção contra discriminações de diversas naturezas.

Além de incluir os tratados que provêm do sistema global da Organização das Nações Unidas, como a Convenção para a Prevenção e a Repressão do Crime de Genocídio (1948), a Convenção Relativa ao Estatuto dos Refugiados (1951), o Protocolo sobre o Estatuto dos Refugiados (1966), o Pacto Internacional sobre Direitos Civis e Políticos (1966), o Protocolo Facultativo Relativo ao Pacto Internacional sobre Direitos Civis e Políticos (1966), o Pacto Internacional dos Direitos Econômicos, Sociais e Culturais (1966), a Convenção Internacional sobre a Eliminação de Todas as Formas de Discriminação Racial (1965), a Convenção sobre a Eliminação

22. CORTE INTERAMERICANA DE DIREITOS HUMANOS. *Comunidad Garífuna Triunfo de La Cruz y sus Miembros vs. Honduras*. Sentencia de 8 de octubre de 2015 (Fondo, Reparac iones y Costas). Disponível em: https://www.corteidh.or.cr/corteidh/docs/casos/articulos/seriec_305_esp.pdf. Acesso em: 9 jun. 2021. Par. 103. Verificar, ainda: MAZZUOLI, Valério; COSTA E FARIA, Marcelle Rodrigues da; OLIVEIRA, Kledson Dionysio de. *Controle de convencionalidade pelo Ministério Público*. Cit. p. 13.

de Todas as Formas de Discriminação Contra a Mulher (1979), o Protocolo Facultativo à Convenção sobre a Eliminação de Todas as Formas de Discriminação Contra a Mulher (1999), a Convenção Contra a Tortura e Outros Tratamentos ou Penas Cruéis, Desumanos ou Degradantes (1984), a Convenção sobre os Direitos da Criança (1989), o Estatuto de Roma do Tribunal Penal Internacional (1998), o Protocolo Facultativo à Convenção sobre os Direitos da Criança Referente à Venda de Crianças, à Prostituição Infantil e à Pornografia Infantil (2000), o Protocolo Facultativo à Convenção sobre os Direitos da Criança Relativo ao Envolvimento de Crianças em Conflitos Armados (2000), a Convenção das Nações Unidas contra a Corrupção, conhecida como Convenção de Mérida (2003), além das Convenções da Organização Internacional do Trabalho – OIT.

Logo, deve ocorrer uma harmonização entre os atos normativos internos e as normas internacionais em matéria de direitos humanos. O mencionado controle também atua quando o Estado signatário não respeita o teor pactuado em documentos assinados perante a comunidade internacional.

A Corte IDH tem reiteradamente afirmado que o controle de convencionalidade não se limita à compatibilização com os tratados internacionais de direitos humanos, mas abrange também a observância dos precedentes e interpretações jurisprudenciais do próprio Sistema Interamericano. A dúvida a respeito da interpretação da vinculação ou não dos precedentes, de acordo com a posição da própria Corte IDH, já havia sido analisada no caso *La última tentación de Cristo (Olmedo Bustos y outros) vs. Chile*, julgado em 5 de fevereiro de 2001. Consta no item 85 desta decisão o reconhecimento de que é obrigação do Estado suprimir as normas e as práticas de qualquer natureza que contrariem os dispositivos da Convenção[23]. O art. 19 nº 12 da Constituição Política do Chile afirmava que "a lei estabelecerá um sistema de censura para exibição e publicidade da produção cinematográfica". A Corte Suprema do Chile considerou constitucional a censura do filme, ao afirmar que, em caso de dúvida entre a proteção do direito à privacidade e à honra, de um lado, e a liberdade de expressão, de outro, deve-se favorecer a restrição desta (a honra da pessoa de Jesus Cristo foi violada por uma

23. "85 (...) A Corte indicou que o dever geral do Estado, estabelecido no artigo 2 da Convenção, inclui a adoção de medidas para suprimir as normas e práticas de qualquer natureza que impliquem a violação das garantias previstas na Convenção, bem como a emissão das mesmas. padrões e desenvolvimento de práticas conducentes à efetiva observância das referidas garantias" (CORTE INTERAMERICANA DE DIREITOS HUMANOS. *La Última Tentación de Cristo (Olmedo Bustos y otros) Vs. Chile.* 5 de fevereiro de 2001. Disponível em: http://www.corteidh.or.cr/cf/Jurisprudencia2/ficha_tecnica.cfm?nId_Ficha=263&lang=es. Acesso em: 1 nov. 2018).

interpretação artística ou filosófica, afetando a dignidade e a liberdade de autodeterminação de acordo com as crenças e os valores da pessoa), o que motivou a análise do caso pela Corte IDH[24]. Conclui-se que o art. 19 nº 12 da Constituição chilena, bem como a decisão da Corte Suprema do Chile, contrariam o art. 12 da Convenção Americana de Direitos Humanos, que trata da liberdade de consciência e de religião, pois, como há a liberdade de formar uma opinião ou crença religiosa e também de mudá-la, poder buscar e receber informações é uma liberdade instrumental à proteção da consciência e da religião, devendo ser assegurado às pessoas o acesso a todas as correntes de informação, para que possam manter uma crença, alterá-la, combatê-la ou disputá-la com os outros.

Ainda, dentre outras manifestações nesse sentido pela Corte IDH, no caso *Radilla Pacheco vs. México*, julgado em 28 de junho de 2012, há uma referência explícita exarada a partir do entendimento extraído da Convenção Americana de que a interpretação constitucional e legislativa dos Estados deve se adequar à jurisprudência do respectivo Tribunal[25].

Igualmente ao julgar o caso *Cabrera García y Montiel Flores vs. México*, a Corte IDH já havia decidido que "juízes e órgãos vinculados à administração da justiça devem ter em conta não somente o tratado, mas também, a interpretação deste pela Corte Interamericana, intérprete última da Convenção Americana"[26].

24. "Na sua 1999/08/17, o Estado demandado argumentou que não era possível configurar no caso de sua responsabilidade internacional por um único julgamento do Judiciário, sem se conformar com "outros requisitos"; De acordo com essa carta, de acordo com o Estado, não o suficiente para que uma decisão judicial ser considerado contrário ao direito internacional, como tornábase necessário que tal decisão foi "suportado pelo apoio ou pelo menos a inactividade dos órgãos legislativos ou executivos". Em outras palavras, de acordo com o Estado, deve haver um concurso de todos os ramos do governo, na mesma direção, de modo que sua responsabilidade internacional ser definido. 16. No entanto, existem todas as leis internacionais secular claramente orientada a contrario, argumentando que a origem da responsabilidade internacional do Estado pode residir em qualquer ato ou omissão de qualquer dos poderes ou agentes do Estado (quer seja do Poder Executivo, do Legislativo, ou Judiciário) 14. Se fosse necessário buscar apoio para a afirmação da existência de obrigações legislativas na jurisprudência internacional anterior, lá a encontraríamos de qualquer maneira (...)" (CORTE INTERAMERICANA DE DIREITOS HUMANOS. *La Última Tentación de Cristo (Olmedo Bustos y otros) Vs. Chile.* 5 de fevereiro de 2001. Disponível em: http://www.corteidh.or.cr/cf/Jurisprudencia2/ficha_tecnica.cfm?nId_Ficha=263&lang=es. Acesso em: 1 nov.2018).

25. "Portanto, é necessário que as interpretações constitucionais e legislativas relativas aos critérios de competência material e pessoal da jurisdição militar no México sejam ajustadas aos princípios estabelecidos na jurisprudência deste Tribunal, os quais foram reiterados no presente caso" (CORTE INTERAMERICANA DE DIREITOS HUMANOS. *Radilla-Pacheco Vs. Mexico.* 23 de novembro de 2009. Disponível em: http://www.corteidh.or.cr/docs/casos/articulos/seriec_209_ing.pdf. Acesso em: 1 nov. 2018).

26. CORTE INTERAMERICANA DE DIREITOS HUMANOS. *Cabrera García e Montiel Flores vs. México.* 26 de novembro de 2010. Disponível em: https://www.corteidh.or.cr/docs/casos/articulos/seriec_220_ing.pdf. Acesso em: 4 mai. 2021. Par. 225.

Na resolução de supervisão de cumprimento da sentença do *Caso Gelman vs. Uruguai*[27], julgada em 20 de março de 2013, a Corte elencou que não apenas a Convenção Americana de Direitos Humanos, mas também os precedentes e interpretações jurisprudenciais devem fazer parte do controle interno de convencionalidade, uma vez que os países signatários são guardiões da tutela dos direitos humanos, devendo empregar a interpretação mais favorável às pessoas (princípio *pro persona*)[28].

Sobre isso, Nestor Pedro Sagüés reforça a tendência expansiva de atuação da Convenção Americana de Direitos Humanos, que implica a adequação dos sistemas jurídicos internos de cada Estado aos ditames da Convenção Americana e da jurisprudência da Corte, por meio do exercício do controle de convencionalidade.

As interpretações concedidas pela Corte IDH, em face dos ditames da Convenção Americana, elevam a proteção dos direitos humanos, sobretudo quando há o descarte de entendimentos não compatíveis com tais parâmetros[29].

Tal posicionamento vem ganhando força em diversos países latino-americanos.[30] No México, por exemplo, a Corte Suprema, após a condenação no caso Radilla Pacheco, já afirmou que as decisões da Corte IDH, em foro de controle de convencionalidade, vinculam as cortes domésticas, inclusive a Corte Suprema, sob pena de caracterização de descumprimento de obrigação internacional. De forma mais incisiva, a Suprema Corte argentina, em Fallo Gustavo Carranza Latrubesse (2013), decidiu que não apenas as decisões

27. ORGANIZAÇÃO DOS ESTADOS AMERICANOS. *Resolución de la Corte Interamericana de Derechos Humanos de 20 de marzo de 2013* – Caso Gelman Vs. Uruguay: Supervisión de Cumplimiento de Sentencia. San José, p. 18-19, 2013. Disponível em: http://www.corteidh.or.cr/docs/supervisiones/gelman_20_03_13.pdf. Acesso em: 7 jan. 2019.
28. "69. *Respecto de la segunda manifestación del control de convencionalidad, en situaciones y casos en que el Estado concernido no ha sido parte en el proceso internacional en que fue establecida determinada jurisprudencia, por el solo hecho de ser Parte en la Convención Americana, todas sus autoridades públicas y todos sus órganos, incluidas las instancias democráticas, jueces y demás órganos vinculados a la administración de justicia en todos los niveles, están obligados por el tratado, por lo cual deben ejercer, en el marco de sus respectivas competencias y de las regulaciones procesales correspondientes, un control de convencionalidad tanto en la emisión y aplicación de normas, en cuanto a su validez y compatibilidad con la Convención, como en la determinación, juzgamiento y resolución de situaciones particulares y casos concretos, teniendo en cuenta el propio tratado y, según corresponda, los precedentes o lineamientos jurisprudenciales de la Corte Interamericana*" (ORGANIZAÇÃO DOS ESTADOS AMERICANOS. *Resolución de la Corte Interamericana de Derechos Humanos de 20 de marzo de 2013* - Caso Gelman Vs. Uruguay: Supervisión de Cumplimiento de Sentencia. Cit.).
29. SAGÜÉS, Nestor Pedro. *Nuevas fronteras del control de convencionalidad: el reciclaje del derecho nacional y el control legisferante de convencionalidad. Revista De Investigações Constitucionais*, vol. 1. n.º 2. 2014. p. 23-32.
30. TORELLY, Marcelo. *Controle de Convencionalidade: constitucionalismo regional dos direitos humanos.* Rev. Direito Práxis, vol. 8, nº1, Rio de Janeiro, jan./mar. 2017.

da Corte IDH, mas também os relatórios da Comissão Interamericana de Direitos Humanos vinculam as decisões do Poder Judiciário.

O controle de convencionalidade possui duas dimensões principais: (i) dimensão interna, que impõe que todos os agentes públicos, incluindo juízes, legisladores, policiais e promotores, interpretem e apliquem as normas internas de forma compatível com os tratados ratificados; e (ii) dimensão Internacional, atribuída a órgãos internacionais formados por julgadores independentes, criados por tratados internacionais, com o objetivo de verificar o cumprimento das obrigações internacionais assumidas pelos Estados[31].

Como nos ensina André de Carvalho Ramos, o controle de convencionalidade se desdobra em diversos efeitos, tais como a compatibilização da norma interna com as normas internacionais de direitos humanos; supressão de normas contrárias à Convenção; adequação da atuação dos órgãos executivos e legislativos às obrigações internacionais; e modificação de práticas de autoridades estatais que possam ser contrárias aos padrões internacionais com os quais o Estado se comprometeu[32].

No âmbito do poder legislativo, quando da apreciação de algum projeto de lei, além de atentar para a sua compatibilidade com a Constituição Federal, deve verificar, durante o processo legislativo, se tal projeto não contraria os tratados internacionais incorporados pelo ordenamento jurídico nacional. Assim, as Comissões de Constituição e Justiça, a rigor, deveriam se chamar de "Comissões de Constituição, *Convencionalidade* e Justiça"[33]. De igual modo, cabe ao Chefe do Poder Executivo vetar lei aprovada pelo Legislativo quando constatar violação de tratado internacional[34].

Dessa forma, o controle de convencionalidade é um mecanismo que permite assegurar, de forma mais efetiva, que os Estados cumpram os compromissos assumidos em tratados internacionais de direitos humanos. No contexto brasileiro, os direitos humanos possuem *dupla garantia*: o controle de constitucionalidade nacional e o controle de convencionalidade nacional/internacional.

---

31. RAMOS, André de Carvalho; GAMA, Marina Faraco Lacerca. CONTROLE DE CONVENCIONALIDADE, TEORIA DO DUPLO CONTROLE E O PACTO NACIONAL DO JUDICIÁRIO PELOS DIREITOS HUMANOS. *Revista Direito Culturais*. URI Santo Angelo, v. 17, p. 283-297, 2022.
32. Idem.
33. MAZZUOLI, Valério; FARIA, Marcelle Costa e; DIONYSIO, Kledson. *Controle de convencionalidade pelo Ministério Público*. Cit. p. 14.
34. SARLET, Ingo Wolfgang. Notas sobre as relações entre a Constituição Federal de 1988 e os Tratados Internacionais de Direitos Humanos na perspectiva do assim chamado Controle de Convencionalidade. In: *Controle de Convencionalidade: um panorama latino-americano: Brasil/Argentina/Chile/México/Peru/Uruguai*. Org. Calogero Pizzolo [et al]. Brasília: Gazeta jurídica, 2013. p. 112.

Foi a partir do Decreto nº 4.463 de 2002, do Poder Executivo, que o Brasil se submeteu à jurisdição contenciosa da Corte Interamericana de Direitos Humanos (Corte IDH) e passou a figurar no polo passivo de demandas internacionais. Isso resultou em obrigações de ajustes internos para que normas brasileiras pudessem se coadunar com a Convenção Americana de Direitos Humanos, o que reforça a necessidade de respeitar os direitos humanos no âmbito nacional[35]. Afinal, o descumprimento da decisão da Corte IDH implica em violação do sistema de proteção dos direitos humanos e responsabilização do Estado no plano internacional. O respeito aos precedentes fixados pela Corte IDH é, pois, uma forma de assegurar os direitos humanos no âmbito dos Estados, além de promover a continuidade, o dinamismo e a coerência das decisões exaradas pela Corte IDH. Dessa maneira, forma-se uma unidade normativa, que deve ser aplicada a todos os Estados-partes, como pauta vinculante às jurisdições domésticas.

O controle de convencionalidade, como já asseverado, é ampliado no Brasil pela *cláusula de abertura* contida no art. 5º, § 2º, da Constituição da República, a qual incorpora os tratados de direitos humanos em um mesmo *bloco de constitucionalidade*. Trata-se, pois, de uma importante técnica para a promoção dos direitos humanos, que deve ser exercida tanto pelos Poderes (Executivo, Legislativo e Judiciário) quanto pela Defensoria Pública, pelo Ministério Público e pelas Polícias, em face da incumbência de promoção dos direitos humanos, tutela do regime democrático, defesa de minorias, grupos vulneráveis e necessitados[36].

Com outro sentido, mas com resultado semelhante, como também já referido, destaca-se a decisão exarada no voto vencido do Min. Edson Fachin, no Habeas Corpus nº 141.949/DF. O Ministro considerou desnecessário o controle de convencionalidade no direito brasileiro, em face da cláusula constitucional de abertura, prevista no art. 5º, § 2º, da Constituição Federal. Como os tratados de direitos humanos integram o bloco de constitucionalidade, o parâmetro da constitucionalidade envolve não apenas os direitos previstos na Constituição Federal de 1988, mas também, as garantias instituídas e advindas da adoção e assinatura de documentos internacionais em matéria de direitos humanos, tal como a Convenção Americana de Direitos

35. CAMBI, Eduardo; PORTO, Leticia de Andrade. *O Ministério Público Resolutivo e a proteção dos direitos humanos*. Belo Horizonte: D'Plácido, 2019. p. 45-54.

36. SETENTA, Maria do Carmo Goulart Martins. Diálogo entre Cortes: fortalecimento da proteção dos Direitos Humanos por meio do Controle de Convencionalidade. In.: *Defensoria Pública da União - Artigos*. Brasília, 2017. p. 5. Disponível em: http://www.dpu.def.br/images/esdpu/repositorio/Ed_2017_15_MariaSetenta_paper_DH.pdf. Acesso em: 5 fev. 2019.

Humanos[37]. A questão analisada pelo STF, no HC 141.949, diz respeito à contrariedade do crime de desacato com a interpretação da liberdade de expressão, contida na Convenção Americana de Direitos Humanos, pela Corte IDH. Nas palavras do Min. Edson Fachin:

> O cerne da impetração consiste na análise de compatibilidade entre o crime de desacato, previsto no art. 299 do Código Penal Militar, e a Constituição da República, lida em conjunto com os tratados de direitos humanos de que a República Federativa do Brasil faz parte. A leitura conjunta de ambos os diplomas normativos é indispensável para que se leve a sério o disposto no art. 5º, § 2º, da CRFB, também conhecido por "cláusula de abertura".
>
> Não deve o intérprete partir do pressuposto de que há eventual incompatibilidade entre a Constituição e o Pacto de São José da Costa Rica, como se, por meio de uma simples referência à hierarquia normativa, a *ratio decidendi* das decisões dos órgãos de direitos humanos pudesse simplesmente ser olvidada.
>
> É desnecessário, pois, falar-se em controle de convencionalidade no direito brasileiro, porquanto a cláusula constitucional de abertura, art. 5º, § 2º, da CRFB, incorpora no bloco de constitucionalidade os tratados de direitos humanos de que faz parte a República Federativa do Brasil.

Perceba-se que o Min. Edson Fachin não pretendeu enfraquecer o controle de convencionalidade; ao contrário, potencializou o alcance da cláusula de abertura contida no art. 5º, § 2º, da Constituição Federal para assentar o *status* constitucional do Pacto de San José da Costa Rica e, assim, invalidar a regra contida no art. 299 do Código Penal Militar, com fundamento no art. 13 da CADH (que versa sobre a liberdade de pensamento e de expressão), assentada pela Corte Interamericana de Direitos Humanos (*v.g.*, no *Caso Palamara Iribarne v. Chile*)[38] e pela Comissão Interamericana

37. BRASIL, Supremo Tribunal Federal. BRASIL, Supremo Tribunal Federal (Tribunal Pleno), *ADI 2791*. Relator: Min. Celso de Mello, j. 26 de novembro de 2014, pub. DJe 27 de fevereiro de 2015.

38. O senhor Humberto Antonio Palamara Iribarne, engenheiro naval mecânico da Armada do Chile, escreveu um livro sobre violações aos direitos humanos cometidos no âmbito dos serviços de inteligência estatal, em 1993, o qual não pôde ser publicado por negativa do Poder Público. As autoridades militares clamavam que a publicação necessitava de autorização dos superiores do Senhor Palamara Iribarne. Diante do impasse, a Armada do Chile propôs três processos na Corte de Apelações de Punta Arenas, pleiteando a condenação do engenheiro em face do suposto cometimento de crime de desobediência, ante a recusa de entregar os livros, e também, de desacato. A Corte IDH, todavia, asseverou que "a legislação sobre desacata aplicada ao senhor Palamara Iribarne estabelecia sanções desproporcionais por realizar críticas sobre o funcionamento das instituições estatais de seus membros, suprimindo o debate essencial para o funcionamento das instituições estatais" (par. 88). Cf. ORGANIZAÇÃO DOS ESTADOS AMERICANOS.

de Direitos Humanos (cf. o *Informe sobre la Compatibilidad entre las Leyes de Desacato y la Convención Americana sobre Derechos Humanos*[39], o art. 11 da Declaração de Princípios sobre Liberdade de Expressão[40] e a Resolução 1/18, sobre Corrupção e Impunidade). Porém, é preciso esclarecer que, sendo idênticos os conteúdos do texto constitucional e do tratado de direitos humanos, o controle de constitucionalidade será suficiente para proceder o exame de compatibilidade material da lei com a Constituição[41].

Por outro lado, não sendo idênticos os conteúdos do texto constitucional e do tratado de direitos humanos, impõe-se o controle de convencionalidade. Neste caso, as normas infraconstitucionais que violem os tratados internacionais de direitos humanos, incorporados ao direito interno, devem ser consideradas inválidas, por meio do controle difuso ou coletivo de convencionalidade.

Nesse sentido, no Brasil, em 7 de janeiro de 2022, foi editada a recomendação nº 123, pelo Conselho Nacional de Justiça, com o intuito de recomendar aos órgãos do Poder Judiciário brasileiro tanto a observância dos tratados e convenções internacionais de direitos humanos em vigor no Brasil quanto a utilização da jurisprudência da Corte Interamericana de Direitos Humanos, bem como a necessidade de controle de convencionalidade de leis internas (art. 1º, inc. I). Tal documento reverbera no sentido de uma ordem jurídica pautada pelo *human rights approach*, encontrando amparo no diálogo em direitos humanos, por meio do reconhecimento do dever de exercício do controle de convencionalidade pelo Poder Judiciário Brasileiro.

Ademais, o controle de constitucionalidade das leis é mais restrito que o controle de convencionalidade, já que aquele pode ser exercido apenas pelos juízes nacionais, enquanto este pode ser realizado tanto por magistrados e tribunais nacionais quanto por tribunais internacionais[42]. Ainda,

Corte IDH. *Caso Palamara Iribarne vs. Chile*. j. 22 nov. 2005. Disponível em: http://www.corteidh.or.cr/docs/casos/articulos/seriec_135_esp.pdf. Acesso em: 25 fev. 2019.

39. Neste documento, afirma-se: "a penalização de qualquer tipo de expressão só pode aplicar-se em circunstâncias excepcionais nas quais exista uma ameaça evidente e direta de violência anárquica" e que, por isso, "a proteção especial que as leis de desacata dão aos funcionários públicos contra uma linguagem insultante ou ofensiva é incongruente com o objetivo de uma sociedade democrática de fomentar o debate público".
40. Este artigo prevê que "os funcionários públicos estão sujeitos a maior escrutínio da sociedade. As leis que punem a expressão ofensiva contra funcionários públicos, geralmente conhecidas como "leis de desacato", atentam contra a liberdade de expressão e o direito à informação".
41. MAZZUOLI, Valério de Oliveira. *O controle jurisdicional da convencionalidade das leis*. 2ª ed. São Paulo: Revista dos Tribunais, 2015. p. 136.
42. Idem, p. 137.

pode haver normas constitucionais inconstitucionais (*v.g.*, que violem as cláusulas pétreas do art. 60, § 4º, da CF/88) e normas constitucionais inconvencionais (*v.g.*, a Corte IDH, no caso *A Última Tentação de Cristo Vs. Chile*, afirmou que o art. 19, n. 12, da Constituição chilena, que estabelecia a censura prévia na produção cinematográfica, violava o art. 13 da Convenção Americana de Direitos Humanos, que assegura o direito de liberdade de pensamento e de expressão)[43].

Não se deve ignorar, também, que as normas internacionais não podem ser interpretadas no sentido de limitar os direitos humanos reconhecidos em leis ou em outras convenções de que sejam partes os Estados Partes que integram o Sistema Interamericano (*v.g.*, art. 29, b, da Convenção Americana de Direitos Humanos).

No contexto do controle de convencionalidade, faz-se necessário o *diálogo das fontes* entre as normas de direito interno e direito internacional, não devendo os conflitos normativos serem resolvidos pelos critérios tradicionais (hierárquico, cronológico ou da especialidade)[44], mas sim, utilizando da interpretação *pro persona*, priorizando a norma mais eficaz na proteção dos direitos humanos. Diante disso, para identificar tal característica, é importante assentar a teoria do duplo controle: isto é, de constitucionalidade e de convencionalidade. Tal teoria pretende promover máxima harmonia entre a pluralidade de ordens jurídicas, ou a *compatibilização vertical de normas jurídicas*.

Como mencionado, os parâmetros internacionais de interpretação das normas provenientes dos Tratados devem ser adotados pelos Estados Partes quando mais favoráveis à proteção da dignidade da pessoa humana (interpretação *pro persona*).

Porém, as interpretações dos diplomas internacionais realizadas pela jurisdição nacional, inclusive pelo Supremo Tribunal Federal, podem provocar choques com os precedentes firmados pela Corte Interamericana de

43. Idem, p. 142.

44. Conforme Valério de Oliveira Mazzuoli, "os critérios tradicionais de solução de antinomias (hierárquico, da especialidade e o cronológico) não têm aptidão para resolver os conflitos entre normas internacionais de direitos humanos e as normas de direito interno veiculadoras de direitos fundamentais, na medida em que eles devem ser resolvidos pela aplicação do diálogo das fontes, quando o juiz ´escuta´ o que as fontes (internacionais e internas) dizem e as "coordena" para aplicá-las (com coerência) ao caso concreto. E esta ´conversa´ entre as fontes internacionais de direitos humanos e as fontes internas sobre direitos fundamentais é veiculada por meio dos próprios ´vasos comunicantes´ (ou cláusulas de diálogo) previstos tanto nas de normas internacionais (v.g., o art. 29, b, da Convenção Americana sobre Direitos Humanos) quanto nas normas internas (v.g., o art. 5º, § 2º, c/c art. 4, II, ambos da Constituição de 1988)" (*O controle jurisdicional da convencionalidade das leis*. Cit. p. 157-158.)

Direitos Humanos. Isso pode deturpar a exegese dos direitos humanos e gerar um fenômeno chamado "tratado internacional nacional".

Para evitar esse antagonismo, André de Carvalho Ramos enumera parâmetros indispensáveis de uma decisão judicial nacional na interpretação dos precedentes e das normas internacionais:

> 1) menção à existência de dispositivos internacionais convencionais ou extraconvencionais vinculantes ao Brasil sobre o tema; 2) menção à existência de caso internacional contra o Brasil sobre o objeto da lide e as consequências disso reconhecidas pelo Tribunal nacional; 3) menção à existência de jurisprudência anterior sobre o objeto da lide de órgãos internacionais aptos a emitir decisões vinculantes ao Brasil; 4) peso dado aos dispositivos e à jurisprudência internacionais[45].

De forma a esclarecer como tais diretrizes podem ser aplicadas, o autor elucida seus benefícios:

> O primeiro parâmetro é descritivo e exige transparência. O órgão judicial nacional reconhece a incidência de normas internacionais ao caso, fazendo nascer o debate sobre a interpretação dos mesmos.
>
> O segundo parâmetro é referente à coerência e harmonia. O Estado adere a tribunais internacionais e isso exige dos órgãos nacionais ao menos o reconhecimento do trâmite de casos perante o sistema internacional.
>
> O terceiro parâmetro é um atestado da pluralidade normativa dos dias de hoje, concretizando a fertilização cruzada vista acima.
>
> Finalmente, o quarto parâmetro dá publicidade à sociedade brasileira do conteúdo da jurisprudência internacional, óbvia consequência da internacionalização da temática envolvida no caso concreto. esse parâmetro exige dos julgadores nacionais um esforço argumentativo para convencer a sociedade dos motivos pelos quais o Tribunal nacional contrariou, eventualmente, a interpretação internacional sobre o caso.[46]

Para o efetivo diálogo entre cortes, é necessário o uso racional e fundamentado dos tratados internacionais e precedentes, com a demonstração dos elementos que levaram à *ratio decidendi* presente na jurisprudência utilizada como parâmetro, para permitir o acompanhamento do raciocínio

45. RAMOS, André de Carvalho. *Pluralidade das ordens jurídicas: uma nova perspectiva na relação entre o Direito Internacional e o Direito Constitucional. Revista da Faculdade de Direito da Universidade de São Paulo*, v. 106/107, jan./dez. 2011/2012, p. 515.
46. Idem. Ibidem.

desenvolvido e evitar a escolha arbitrária de precedentes. Nessa senda, sugere-se que "a interpretação das decisões e Opiniões Consultivas da Corte Interamericana deve ser cotejada cuidadosamente, sem referências superficiais, sem meras transcrições e sem converter o que deveria ser um diálogo em um puro e simples adorno interpretativo"[47].

Não é suficiente que os Estados ratifiquem e incorporem tratados de direitos humanos. É necessário o aceite da consequência advinda da internacionalização dos direitos humanos, que se traduz pela interpretação internacional desses direitos. Os direitos humanos são universais, devendo haver a compatibilização entre as normas jurídicas internas e o Direito Internacional de Direitos Humanos.

A "nacionalização" dos tratados, em razão de uma interpretação conforme as normas internas de cada país, vai à contramão da sua essência universal, uma vez que daria margem para que cada Estado conferisse a sua interpretação da norma internacional. Logo, ao invés da universalização dos direitos humanos, poderia se ter exegeses nacionais diversas, por exemplo, a respeito de tortura, devido processo legal e demais normas abertas presentes na Convenção Interamericana, o que seria uma forma de enfraquecer o Direito Internacional dos Direitos Humanos[48].

A adoção de critérios de harmonização das ordens jurídicas interna e internacional reforça a necessidade do exercício do controle de convencionalidade pelos Estados-partes[49]. Como exemplo de harmonização entre as ordens jurídicas, interna e internacional, podem ser citados dois exemplos, envolvendo atuações diferentes do Supremo Tribunal Federal.

No *Caso Castillo Petruzzi e Outros vs. Peru* (1993), que tratava sobre a condenação de quatro cidadãos chilenos pelo crime de traição à pátria (previsto no Decreto-lei 25.575) como uma forma agravada do delito de terrorismo (presente no Decreto-lei 25.475)[50]. Diante disso, Corte IDH

---

47. FACHIN, Melina Girardi; PAIVA, Yago Pereira. Tendências e desafios no controle de convencionalidade: uma análise do Supremo Tribunal Federal Brasileiro. In: *III Congresso Internacional sobre os novos desafios dos Direitos Humanos (III CINDHU)* Coimbra, 2023, p. 10.

48. RAMOS, André de Carvalho. *Pluralidade das ordens jurídicas: uma nova perspectiva na relação entre o Direito Internacional e o Direito Constitucional. Revista da Faculdade de Direito da Universidade de São Paulo*, v. 106/107, jan./dez. 2011/2012, p. 515.

49. ORGANIZAÇÃO DOS ESTADOS AMERICANOS. *Resolución de la Corte Interamericana de Derechos Humanos de 20 de marzo de 2013* – Caso Gelman Vs. Uruguay: Supervisión de Cumplimiento de Sentencia. San José, p. 18-19, 2013 Disponível em: http://www.corteidh.or.cr/docs/supervisiones/gelman_20_03_13.pdf. Acesso em: 7 jan. 2019.

50. PIOVESAN, Flávia; FACHIN, Melina Girardi; MAZZUOLI, Valerio de Oliveira. *Comentários à Convenção Americana de Direitos Humanos*. Rio de Janeiro: Forense, 2019. p. 166-167.

concluiu que "a ambiguidade na formulação dos tipos penais gera dúvidas e abre caminho ao arbítrio da autoridade", violando o art. 9º da CADH, já que os tipos penais previstos nos referidos Decretos não delimitavam precisamente as condutas delituosas e permitiam que as circunstâncias fáticas pudessem ser enquadradas tanto como terrorismo quanto como traição à pátria.

De forma semelhante, com a aplicação do princípio da taxatividade no âmbito penal, o Supremo Tribunal Federal reconheceu repercussão geral, no Recurso Extraordinário nº 1.099.533-RS, para a questão da inconstitucionalidade do art. 233 do Código Penal (*"Praticar ato obsceno em lugar público, ou aberto ou exposto ao público"*), em face do princípio da legalidade do art. 5º, inc. XXXIX, da CF, por considerar que a ausência de determinação no tipo penal do elemento *ato obsceno* importa em ofensa à taxatividade[51].

Os Estados-Partes devem adaptar e interpretar suas Constituições, a fim de promoverem a compatibilidade entre o texto interno nacional e as normas previstas na Convenção Americana de Direitos Humanos. Tal dever decorre do art. 2º do Pacto de San José da Costa Rica ("Se o exercício dos direitos e liberdades mencionados no artigo 1[52] ainda não estiver garantido por disposições legislativas ou de outra natureza, os Estados-Partes se comprometem a adotar, de acordo com as suas normas constitucionais e com as disposições desta Convenção, as medidas legislativas ou de outras naturezas que forem necessárias para tornar efetivos tais direitos e liberdades"), não podendo o Estado signatário se eximir de adequar o ordenamento interno ou fazê-lo em menores padrões.

Há espaços de deferência concedidos pela Corte IDH aos Estados signatários da CADH, como uma forma de adaptação do diploma regional aos parâmetros estatais. Não se pode, todavia, permitir que os Estados interpretem os tratados em Direitos Humanos de modo discricionário. Deve-se respeitar o mínimo garantido nos *standards* interpretativos da Corte IDH.

Na América Latina, vem ganhando espaço um discurso nacionalista de soberania nacional, populista no trato com a maioria e no desprezo – ou

51. BRASIL. Supremo Tribunal Federal. *Recurso Extraordinário* 1093553, Relator(a): Min. Luiz Fux, j. 11/12/2019, pub. DJe 16/12/2019.

52. "Obrigação de Respeitar os Direitos. 1. Os Estados-Partes nesta Convenção comprometem-se a respeitar os direitos e liberdades nela reconhecidos e a garantir seu livre e pleno exercício a toda pessoa que esteja sujeita à sua jurisdição, sem discriminação alguma por motivo de raça, cor, sexo, idioma, religião, opiniões políticas ou de qualquer outra natureza, origem nacional ou social, posição econômica, nascimento ou qualquer outra condição social. 2. Para os efeitos desta Convenção, pessoa é todo ser humano".

mesmo rejeição – das minorias. No Brasil, os direitos dos mais vulneráveis passaram a ser objeto de discursos inflamados e conservadores.

Nesse contexto, soou como um alerta a Declaração apresentada em abril de 2019 por Argentina, Brasil, Colômbia, Chile e Paraguai ao Sistema Interamericano de Direitos Humanos. Esses Estados cobraram maior autonomia, a aplicação do princípio de subsidiariedade como o direito dos Estados de resolverem violações de direitos humanos a sua maneira, a aplicação da doutrina da margem de apreciação nacional e a restrição dos efeitos das sentenças.

Chama atenção a referência à margem de apreciação nacional, a exigir cautela ao tratar do tema nesse cenário. Deferência e diálogo não são sinônimos de margem de apreciação.

A concepção contemporânea da proteção dos direitos humanos inaugurou uma nova esfera da responsabilidade quanto à sua implementação: estes deixaram de ser tema exclusivo da soberania estatal-constitucional. Como consequência, isso impactou no modo de pensar e conceber não só os direitos, mas também, o direito constitucional como um todo. Esse novo cenário demanda um alargamento da visão tradicional, segundo a qual apenas os Estados guardam responsabilidades por direitos e somente para com seus cidadãos; o que não os desconsidera como primeiros e principais responsáveis.

O direito dos direitos humanos estabelece, portanto, padrões mínimos que devem ser observados pelos Estados vinculados aos sistemas de proteção. As interações com os sistemas internacionais são relevantes para preservar o Estado de Direito e garantir a proteção dos direitos humanos, de modo complementar e subsidiário.

Nesse sentido, recupera-se a noção de subsidiariedade cooperativa trabalhada por Ana Carolina Lopes Olsen[53]. Destaca-se que os tribunais nacionais têm um espaço para exercer controle sobre a convencionalidade das normas nacionais. Por outra parte, esses tribunais constitucionais devem levar em conta os padrões regionais construídos sobre a jurisprudência interamericana, e isso os legitima perante a Corte Interamericana. O princípio da subsidiariedade deve, portanto, ter um papel prescritivo, o que significa maior autocontenção da Corte Interamericana e maior consideração aos Estados. Para o sistema internacional, isso não significa fechar os olhos

53. OLSEN, Ana Carolina Lopes. *Pluralismo no Ius Constitutionale Latino-Americano*. Rio de Janeiro: Lumen Juris, 2021.

às violações dos direitos humanos ocorridas nos Estados – muito pelo contrário. O aumento do diálogo cooperativo com os tribunais nacionais não enfraquece a sua tarefa de proteger os direitos quando as autoridades estatais falham ou causam violações. Tal diálogo visa apenas aumentar a consideração dos contextos nacionais para que os padrões comuns de direitos humanos ganhem legitimidade e eficácia.

É fundamental considerar o que o caráter subsidiário da jurisdição internacional significa que o sistema de proteção estabelecido pelo Sistema Interamericano de Direitos Humanos não substitui as jurisdições nacionais, mas as complementa[54]; contudo, não para apequenar o sistema, mas para sublinhar a responsabilidade dos Estados. A subsidiariedade deve ser compreendida no sentido cooperativo[55], em que os níveis nacional e regional desempenham as suas funções com um sentido de contribuição para a construção de normas comuns, embora plurais e abertas às particularidades locais.

A jurisprudência da Corte IDH espelha a divisão de tarefas entre os dois níveis do sistema regional de proteção dos direitos humanos: o nacional e o internacional. Enquanto, no âmbito nacional, compete aos Estados a responsabilidade de garantir os direitos e liberdades previstos na Convenção, bem como sancionar ações violadoras, caberia ao nível internacional funcionar como coadjuvante ou complementar. Daí deriva, inclusive, o dever de esgotar os recursos da jurisdição interna e reparar os danos causados.

Ademais, a integração entre as esferas doméstica e regional se apresenta na concepção de controle difuso de convencionalidade desenvolvida pela Corte Interamericana. As autoridades estatais (de todos os poderes constituídos) devem colocar em prática a obrigação assumida pelo Estado de

54. "(...) el sistema interamericano existe un control dinâmico y complementario de las obligaciones convencionales de los Estados de respetar y garantizar os derechos humanos, conjuntamente entre las autoridades internas (primariamente obligadas) y las instancias internacionales (en forma complementaria), de modo que los criterios de decisión, y los mecanismos de protección, tanto los nacionales como los internacionales, puedan ser conformados y adecuados entre sí. Así, la jurisprudencia de la Corte muestra casos em que, en forma concordante con las obligaciones internacionales, los órganos, instancias o tribunales internos han adoptado medidas adecuadas para remediar la situación que dio origen al caso; ya han resuelto la violación alegada; han dispuesto reparaciones razonables, o han ejercido un adecuado control de convencionalidad. En este sentido, la Corte ha señalado que la responsabilidad estatal bajo la Convención solo puede ser exigida a nivel internacional después de que el Estado haya tenido la oportunidad de reconocer, en su caso, una violación de un derecho, y de reparar por sus propios medios los daños ocasionados" (CORTE INTERAMERICANA DE DIREITOS HUMANOS. *Caso Vera Rojas Y Otros Vs. Chile*. Sentença de 1 de outubro de 2021. Disponível em: https://www.corteidh.or.cr/docs/casos/articulos/seriec_439_esp.pdf. Acesso em: 25 maio 2023. Par. 139).
55. HENTREI, Simon. *Complementary Adjudication: Legitimating International Judicial Authority in the Americas*. Thesis presented for a PhD degree at the University of Frankfurt am Main: September, 2018.

adequar seu direito interno às normas convencionais (art. 2º da Convenção Americana sobre Direitos Humanos), e realizar, elas mesmas, o controle da convencionalidade dos atos jurídicos e administrativos.

Partindo da premissa de que os direitos humanos possuem, sobretudo em um cenário de erosão democrática, papel ativo de resistência, os diálogos são ferramentas para refrear ameaças e degradações. Dialogar é forma de preservar o Estado Democrático de Direito e garantir a proteção dos direitos humanos. O apelo dialógico aparece, portanto, como possibilidade de contenção autoritária.

O escopo dessa interação dialógica é, senão, expandir e engrandecer a proteção dos direitos humanos, a fim de proporcionar a coexistência complementar que interage sempre em benefício das pessoas e de seus direitos. Tal interação cooperativa é fundamental para a conformação de um espaço constitucional comum que gravita ao redor do princípio *pro persona* e que se baseia em um intercâmbio dos sistemas global, regionais e locais.

O diálogo pressupõe via de mão dupla que não opere de cima para baixo – o que implica em um redenho institucional-constitucional que dê conta desse cenário multinível e pluralista. A aplicação dos parâmetros interpretativos das cortes internacionais, quando ao exercício do controle de convencionalidade, deveria incluir as concepções desenvolvidas pelas cortes nacionais a respeito da proteção dos direitos humanos.

Há, de modo compreensível, pelo *déficit* democrático existente na região latino-americana, muita resistência a essa posição. Não por outra razão que a Corte Interamericana adota um modelo maximalista de adjudicação e, por vezes, a margem de apreciação é vista como ameaça de escape para justificar certo grau de descumprimento das sentenças internacionais.

Ana Olsen[56] oferece alternativa que, embora soe contraintuitiva, tem muito a contribuir: pensar em diálogos legítimos, não de imposição de decisões. Com efeito, a cooperação deve aproximar as jurisdições para que os juízes nacionais possam enfrentar ameaças às democracias. A Corte Interamericana não pode se fechar diante da desconfiança dos cenários nacionais em oferecer boas respostas em termos de direitos humanos. Assim que, conforme Ana Olsen, certa margem de deferência poderia ser reconhecida aos Estados na definição dos meios para o cumprimento de suas obrigações convencionais em matéria de direitos humanos.

56. OLSEN, Ana Carolina Lopes. *Pluralismo no Ius Constitutionale Latino-Americano*. Rio de Janeiro: Lumen Juris, 2021.

É importante ressaltar o diálogo crítico ou responsável, em que o Direito Internacional dos Direitos Humanos funciona como ampliador da compreensão de direitos humanos internamente. Ampliar o diálogo aos âmbitos locais fomenta perspectiva de baixo para cima, mediante a qual os sistemas internacionais não apenas incorporaram parâmetros interpretativos e protetivos dos Estados, mas lhes concederam espaços para internalizarem o Direito Internacional dos Direitos Humanos.

Com efeito, a margem nacional de apreciação dos tratados internacionais de direitos humanos é uma possibilidade de conciliar a soberania estatal com as normas internacionais, normalmente redigidas com alto grau de abstração, de direitos humanos[57].

Essa margem de apreciação deve levar em consideração aspectos como: i) a natureza subsidiária da proteção internacional dos direitos humanos em relação à proteção nacional: os Estados, quando aderem a um tratado internacional, assumem o dever de efetivá-lo em seu território; na ausência de proteção nacional, cabe ao sistema internacional responsabilizar o Estado pela sua atuação omissa ou insuficiente; o princípio da subsidiariedade afasta a noção de que as Cortes internacionais – como a Interamericana de Direitos Humanos – existam como uma instância revisora dos Tribunais nacionais; ii) a necessidade de adaptação das disposições universais às peculiaridades culturais de cada Estado, sem perder a essência dos tratados internacionais; isso possibilita o respeito à multiculturalidade e a harmonização das normas internas com as internacionais (exige-se, contudo, do Estado parte boa-fé objetiva, não podendo invocar disposições do seu ordenamento interno para descumprir disposições internacionais universais); iii) quando da ausência de parâmetros comuns em matéria de direitos humanos, a conduta de cada Estado, quando levada à apreciação dos sistemas regionais de proteção, deve ser examinada a partir o princípio da proporcionalidade, isto é, se a interferência é legítima e hábil à finalidade almejada; se a finalidade pretendida poderia ter sido alcançada com medidas menos restritivas e, por fim, se o prejuízo resultante da limitação não excede ao benefício alcançado com a medida adotada. Por exemplo, na Opinião Consultiva nº. 24, de 24 de novembro de 2017 – sobre questões obrigações estatais em relação à mudança de nome, identidade de gênero e os direitos derivados de um vínculo entre uniões homoafetivas – a Corte

57. SCHAFFER, Gilberto; PREVIDELLI, José Eduardo Aidikaitis; GOMES, Jesus Tupã Silveira. *A margem nacional de apreciação na Corte Interamericana de Direitos Humanos. Revista de Direito Internacional* - UniCEUB. Dossiê Especial Business and Human Rights. v. 15, n. 2, 2018. p. 328-331.

Interamericana de Direitos Humanos reconheceu uma margem nacional de apreciação nesta matéria, ao afirmar:

> *6. La jurisdicción interna, doméstica o exclusiva del Estado implica, por una parte, que el Derecho Internacional, incluyendo al Derecho Internacional de los Derechos Humanos, no abarca a todas las actividades de los sujetos de derecho internacional y, particularmente, de los Estados, y por la otra, que en cuanto a las que no regula o los aspectos que no comprende de las acciones u omisiones estatales, el respectivo Estado goza de la competencia y autonomía para hacerlo. De allí se desprende que, en el referido ejercicio, la Corte debe considerar dicha institución jurídica como aun real en la estructura jurídica internacional, aunque no con la misma amplitud e intensidad que antaño.*

Outro exemplo é o caso *Barreto Leiva vs. Venezuela*, de 17 de novembro de 2009[58]. Oscar Enrique Barreto Leiva foi intimado a prestar depoimento como testemunha em um processo criminal instaurado em face do Presidente da República, um Senador e um Deputado, e, ao depor, foi preso sem ter sido informado sobre as razões de sua prisão. Não lhe foi oportunizada a defesa por advogado e, ao final, ele foi condenado a um ano e dois meses de prisão. Também não teve a possibilidade de recorrer da sentença condenatória.

A Corte Interamericana de Direitos Humanos afirmou, no parágrafo 90 da sentença, que "embora os Estados tenham uma margem de apreciação para regular o exercício desse recurso, não podem estabelecer restrições ou requisitos que infrinjam a própria essência do direito a recorrer da decisão". Dessa forma, reconheceu a irregularidade da conduta do Estado venezuelano, ao não possibilitar o acesso da vítima a recurso contra a sentença penal condenatória, em razão da violação à garantia prevista no artigo 8.2.h da CADH.

Com base na doutrina de Mark Tushnet, poder-se-ia sugerir que o bloco de constitucionalidade faz com que decisões da Corte Interamericana de Direitos Humanos, vinculem à jurisdição nacional[59]

58. CORTE AMERICANA DE DIREITOS HUMANOS. *Caso Barreto Leiva vs. Venezuela*. Sentencia de 17 de noviembre de 2009. Disponível em: https://www.corteidh.or.cr/docs/casos/articulos/seriec_206_esp1.pdf. Acesso em: 15 mai. 2021.

59. "(...) *the transnational tribunal's decisions will sometimes fail to fit well into domestic circumstances and yet, their incorporation in the constitutional bloc makes them legally binding no matter what the domestic constitutional court might have done on its own. The Inter-American Court's decisions on the impermissibility of granting immunity for human rights violations to participants in a dictatorial regime, now replaced by a democratic one, might be an example: Continuing domestic support for representatives of the former regime may make immunity politically desirable and sometimes even essential, yet the Inter-American Court's juris-*

Destarte, não haveria margem de apreciação dessas decisões pelo Estado-parte da Convenção Americana de Direitos Humanos, já que seria da essência dos direitos à garantia e à proteção judicial, previstos nos arts. 1.1, 8º e 25 da CADH, o dever de o Estado investigar, processar e responsabilizar as violações de direitos humanos[60].

A soberania dos Estados nacionais não pode ser concebida sem observar a prevalência dos direitos humanos, já que o contrário legitimaria governos que adotassem a escravidão, a tortura, o regime do *apartheid* ou práticas genocidas, como o holocausto e a limpeza étnica[61]. Por outro lado, há possibilidade de ampliação do *standard* mínimo de interpretação do referido diploma internacional para fornecer uma exegese mais favorável, em âmbito nacional, àquela interpretada na decisão da Corte Internacional de Direitos Humanos. Portanto, os Estados americanos, ao incorporarem o Pacto de San José da Costa Rica, fazem parte de um sistema de garantia coletiva, pelo qual todos devem buscar esforços comuns para cumprir (e, na medida do possível, ampliar) o alcance das decisões da Corte[62].

Ademais, o art. 29 da Convenção Americana de Direitos Humanos traz importantes normas de interpretação a serem adotados pelos Estados-partes, *in verbis*:

---

prudence makes it difficult for the new regime to offer immunity" (TUSHNET, Mark. *Advanced Introduction to Comparative Constitutional Law*. Northampton: Elgar Publishing, 2014. p. 93).

60. Nesse sentido, a Corte Interamericana de Direitos Humanos, no caso de la Paniaga Morales e Outros (Panel Blanca) vs. Guatemala (Sentença de 8 de março de 1998) afirmou que a "impunidade propicia a repetição crônica das violações de direitos humanos e a total vulnerabilidade das vítimas e de seus familiares" (CORTE AMERICANA DE DIREITOS HUMANOS. *Caso de la "Panel Blanca" (Paniagua Morales y otros) Vs. Guatemala.* Sentencia del 8 de marzo de 1998. Disponível em: https://www.corteidh.or.cr/docs/casos/articulos/seriec_37_esp.pdf. Acesso em: 11 mar. 2021. Par. 173). Portanto, "a ausência de investigação das violações a direitos humanos e de responsabilização dos perpetradores transcende o direito individual das vítimas e de seus familiares à justiça e à verdade, pois se converte em um fator para a repetição dessas violações" (COMISSÃO INTERAMERICANA DE DIREITOS HUMANOS. *Situação dos direitos humanos no Brasil.* Washington: Comissão Interamericana de Direitos Humanos, 2021. p. 132). No Brasil, apenas oito a cada cem homicídios são investigados e levados a julgamento (CONSELHO NACIONAL DO MINISTÉRIO PÚBLICO. *Relatório Nacional da Execução da Meta 2: um diagnóstico da investigação de homicídios no país*, 2012. Disponível em: https://www.cnmp.gov.br/portal/images/stories/Enasp/relatorio_enasp_FINAL.pdf. Acesso em: 20 mar. 2021. p. 22). As baixas taxas de elucidação de homicídios observadas no Brasil, conforme a Comissão Interamericana de Direitos Humanos, são atribuídas à precariedade das condições de trabalho e da infraestrutura das polícias civis e da perícia criminal, como também aos baixos níveis de articulação institucional entre os órgãos que compõem o sistema de justiça criminal (*Situação dos direitos humanos no Brasil*, p. 136).

61. BAXI, Upendra. *The future of human rights.* Cit. p. 3.

62. CAMBI, Eduardo; PORTO, Letícia de Andrade. *Os precedentes da Corte Interamericana de Direitos Humanos e sua aplicação pelo Supremo Tribunal Federal. Revista dos Tribunais*. São Paulo, vol. 1002, abr. 2019. p. 371-404.

> Nenhuma disposição desta Convenção pode ser interpretada no sentido de: a. Permitir a qualquer dos Estados Partes, grupo ou pessoa, suprimir o gozo e exercício dos direitos e liberdades reconhecidos na Convenção ou limitá-los em maior medida do que a nela prevista; b. Limitar o gozo e exercício de qualquer direito ou liberdade que possam ser reconhecidos de acordo com as leis de qualquer dos Estados Partes ou de acordo com outra convenção em que seja parte um dos referidos Estados; c. Excluir outros direitos e garantias que são inerentes ao ser humano ou que decorrem da forma democrática representativa de governo; e d. Excluir ou limitar o efeito que possam produzir a Declaração Americana dos Direitos e Deveres do Homem e outros atos internacionais da mesma natureza.

Tal dispositivo evidencia a importância do contexto do constitucionalismo multinível no diálogo com os Estados-partes diante do ordenamento jurídico nacional, para a hermenêutica dos direitos humanos fundada na sua maximização protetiva.

CAPÍTULO

8

INTERPRETAÇÃO CONFORME OS DIREITOS HUMANOS

Os direitos humanos devem estar no centro do ordenamento jurídico, vinculando tanto os Poderes Públicos quanto os agentes privados[1]. Os sujeitos ativos ou beneficiários dos direitos humanos são os seres humanos e os povos, enquanto os sujeitos passivos são os responsáveis pela realização de tais direitos, com destaque para as obrigações individuais e coletivas

1. O Estado, por força do art. 1.1. da Convenção Americana, tem o dever de promover os direitos humanos, ainda que a violação tenha sido causada por particulares. Não pode se omitir e até ser responsabilizado internacionalmente se não age, com a devida diligência, para prevenir, investigar e punir adequadamente às violações a direitos humanos. Nesse sentido, a Corte Interamericana de Direito Humanos, ao julgar o caso Velásquez Rodríguez vs. Honduras, asseverou: "172. É então claro que, em princípio, é imputável ao Estado toda violação aos direitos reconhecidos pela Convenção realizada por um ato do poder público ou de pessoas que atuam se beneficiando dos poderes que ostentam por seu caráter oficial. Não obstante, não se esgotam ali as situações nas quais um Estado está obrigado a prevenir, investigar e punir as violações aos direitos humanos, nem as hipóteses em que sua responsabilidade pode ver-se comprometida por efeito de uma lesão a esses direitos. Com efeito, um fato ilícito violatório dos direitos humanos que inicialmente não resulte imputável diretamente a um Estado, por exemplo, por ser obra de um particular ou porque o autor da transgressão não foi identificado, pode acarretar a responsabilidade internacional do Estado, não por esse fato em si mesmo, mas pela falta da devida diligência para prevenir a violação ou para tratá-la nos termos requeridos pela Convenção. 173. As infrações à Convenção não podem ser julgadas aplicando regras que tenham em conta elementos de natureza psicológica, orientados a qualificar a culpabilidade individual de seus autores. Para efeitos da análise, é irrelevante a intenção ou motivação do agente que, materialmente, tenha violado os direitos reconhecidos pela Convenção, até o ponto de que a infração à mesma pode estabelecer-se inclusive se tal agente não está individualmente identificado. O decisivo é elucidar se uma determinada violação aos direitos humanos reconhecidos pela Convenção teve lugar com o apoio ou a tolerância do poder público ou se este atuou de maneira que a transgressão tenha se realizado na ausência de toda prevenção ou impunemente. Definitivamente, trata-se de determinar se a violação aos direitos humanos resulta da inobservância por parte de um Estado de seus deveres de respeitar e de garantir ditos direitos, que lhe impõe o artigo 1.1 da Convenção. 174. O Estado tem o dever jurídico de prevenir, razoavelmente, as violações dos direitos humanos, de investigar seriamente, com os meios a seu alcance, as violações que tenham sido cometidas dentro do âmbito de sua jurisdição a fim de identificar os responsáveis, impor as sanções pertinentes e assegurar à vítima uma adequada reparação" (CORTE INTERAMERICANA DE DIREITOS HUMANOS. *Caso Velásquez Rodríguez vs. Honduras*. Disponível em: https://www.corteidh.or.cr/docs/casos/articulos/seriec_04_por.pdf. Acesso em: 23 mar. 2021).

atribuídas aos Estados[2], mas também não se olvidando de entes privados. Nesse diapasão, Konrad Hesse alerta que os direitos fundamentais "exprimem determinados valores que o Estado não apenas deve respeitar, mas também promover e proteger, valores estes que, de outra parte, alcançam uma irradiação por todo ordenamento jurídico – público e privado"[3].

A internacionalização dos direitos humanos é recente e remonta ao período pós-guerra, erigindo-se como réplica às barbaridades perpetradas, sobretudo pelos regimes totalitários que romperam com o paradigma dos direitos humanos, dissociando as noções de pessoa e sujeito de direito. Em movimento dialético dos avanços e recuos possíveis da histórica não linear, o pós-guerra, em oposição ao ocorrido antes e durante conflito, implicou na reconstrução e reafirmação dos direitos humanos, no âmbito nacional e internacional.

Inaugura-se, destarte, a concepção contemporânea da proteção dos direitos humanos, marcada pela Declaração dos Direitos do Homem de 1948, e com ela, a crescente internacionalização que prossegue até os dias atuais dos direitos humanos. Esse arquétipo protetivo sublinha a universalidade e a integralidade desses direitos em resposta aos massacres e atrocidades cometidos.

Assim sendo, seja por fixar a ideia de que os direitos humanos são universais porque decorrem da condição humana, seja por incluir, em seu catálogo, direitos civis, políticos, sociais, econômicos e culturais, a Declaração de 1948 define a proteção dos direitos humanos na ordem internacional, refletindo, também, nas ordens constitucionais internas.

Reconfiguram-se as bases do princípio da soberania estatal, fortalecendo-se a ideia de que a proteção dos direitos humanos não deve se reduzir ao âmbito doméstico, conformando-se como tema de legítimo interesse internacional. Os indivíduos ganham renovado *locus standi* e protagonismo perante a comunidade internacional, antes compreendida apenas como um palco de Estados.

A partir do marco inicial da Declaração de 1948, começa a se alargar o Direito Internacional dos Direitos Humanos, com a adoção de diversos sistemas e instrumentos internacionais de proteção. A coexistência de distintos instrumentos jurídicos não é conflitiva, mas se soma no sentido

2. TRINDADE, Antônio Augusto Cançado. *Tratado de Direito Internacional de Direitos Humanos*. Vol. 2. 2ª ed. Cit. p. 277.
3. HESSE, Konrad. *A Constituição concretizada: construindo pontes entre o público e o privado*. Porto Alegre: Livraria do Advogado, 2000, p. 119.

de ampliar e fortalecer a proteção dos direitos humanos, adotando como objetivo a prevenção ao sofrimento humano e a primazia da pessoa humana.

Ao lado do sistema normativo global, surgem os sistemas regionais de proteção que buscam internacionalizar os direitos humanos nos planos regionais, particularmente na Europa, América e África. Os sistemas global e regional não são dicotômicos, mas complementares em prol do *victim centred approach*. Eis o descortinar da "Era dos Direitos"[4] que reflete, sobretudo, a centralidade dos direitos humanos e a busca de consensos protetivos mínimos. Nesse contexto, foram realizadas as duas grandes Conferências Mundiais sobre os Direitos Humanos: a primeira, em maio de 1968, na cidade de Teerã, e a segunda, em Viena, ocorrida em 1993[5]. Acerca da importância desses momentos, afiança Antônio Augusto Cançado Trindade:

> A universalidade dos direitos humanos, proclamada pela Declaração de 1948, veio a ecoar nas Conferências Mundiais sobre a matéria (Teerã, 1968; e Viena, 1993). Os países emancipados no processo de descolonização prontamente estenderam sua contribuição à evolução da proteção dos direitos humanos, remidos pelos problemas comuns da pobreza extrema, das enfermidades, das condições desumanas de vida, do *apartheid*, racismo e discriminação racial. O enfrentamento de tais problemas propiciou uma maior aproximação entre as diferentes concepções de direitos humanos à luz de uma visão universal, refletida no aumento do número de ratificações dos instrumentos globais, na busca de maior eficácia dos mecanismos e procedimentos de proteção, assim como na adoção de novos tratados de proteção nos planos global e regional, tidos como essencialmente complementares, e atendendo a novas necessidades de proteção do ser humano[6].

Por outro lado, a teoria das chamadas "gerações de direitos", por apresentar uma visão fragmentada, além de histórica e juridicamente infundada, prestou um desserviço à evolução do Direito Internacional dos Direitos Humanos, posto que os direitos humanos não se "sucedem" ou "substituem" uns aos outros; ao contrário, eles se expandem, acumulam-se e se fortalecem por meio da interação e a interseccionalidades de direitos

4. BOBBIO, Norberto. *A Era dos Direitos*. Rio de Janeiro, Campus, 2004. p. 48.
5. Maior explicitação das duas conferências mundiais de direitos humanos pode ser encontrada na obra: TRINDADE, Antônio Augusto Cançado. O legado da declaração universal e o futuro da proteção internacional dos direitos humanos. In: AMARAL JUNIOR, Alberto; PERRONE-MOISÉS, Claudia (Orgs.). *O Cinquentenário da Declaração Universal dos Direitos do Homem*. São Paulo: Edusp, 1998. p.27 e segs.
6. *Ibid.*, p.19.

individuais e sociais[7]. Os direitos humanos possuem, portanto, um efeito irradiante para todo o ordenamento jurídico. Devem ser assegurados *prima facie* e ser harmonizados para salvaguardar a convivência e a coesão sociais.

Os tratados de direitos humanos são instrumentos vivos, cuja interpretação deve acompanhar a evolução dos tempos e condições de vida atuais. Tal percepção surge, pela primeira vez, em 1978, na jurisprudência da Corte Europeia de Direitos Humanos, no *Caso Tyrer vs. Reino Unido*, onde se fixou a diretriz de que "a Convenção [Europeia de Direitos Humanos] é um instrumento vivo que (...) deve ser interpretada à luz das condições dos dias atuais"[8].

A interpretação evolutiva reconhece que o significado ordinário das palavras e das frases pode ser alterado de tempos em tempos. Nos termos do art. 31 da Convenção de Viena sobre os Direitos dos Tratados[9], os tratados de direitos humanos devem ser interpretados de boa-fé, levando em consideração o sentido comum de seus termos, o seu contexto, o seu objetivo e finalidade. Por exemplo, o Comitê de Direitos Humanos da Organização das Nações Unidas (ONU), no *Caso Yoon e Choi vs. República da Coréia*, concluiu que o direito à liberdade de consciência incluía o direito à objeção de consciência para o serviço militar. Já o Comitê da ONU para a Eliminação de Discriminação Racial, no *Caso Stephen Hagan vs. Austrália* – em que foi dado o nome de um estádio de "E.S. ´Nigger´ Brown Stand" para homenagear um esportista famoso – apesar de ser usado por um longo período, o termo "Nigger", na sociedade contemporânea, é ofensivo e, portanto, deveria deixar de ser utilizado. Ainda, o Comitê contra Tortura assinalou que, na interpretação da Convenção Contra a Tortura e Outros Tratamentos ou Penas Cruéis, Desumanos ou Degradantes, de 10 de dezembro de 1984, deveria se incluir os direitos dos presos de serem informados sobre os seus direitos, de receber assistência médica e jurídica

---

7. TRINDADE, Antônio Augusto Cançado. *Tratado de Direito Internacional de Direitos Humanos.* Vol. 1. Cit. p.43.
8. WHEATLEY, Steven. *The idea of human rights law.* Oxford: Oxford University Press, 2019. p. 121.
9. "Regra Geral de Interpretação. 1. Um tratado deve ser interpretado de boa fé segundo o sentido comum atribuível aos termos do tratado em seu contexto e à luz de seu objetivo e finalidade. 2. Para os fins de interpretação de um tratado, o contexto compreenderá, além do texto, seu preâmbulo e anexos: a) qualquer acordo relativo ao tratado e feito entre todas as partes em conexão com a conclusão do tratado; b) qualquer instrumento estabelecido por uma ou várias partes em conexão com a conclusão do tratado e aceito pelas outras partes como instrumento relativo ao tratado. 3. Serão levados em consideração, juntamente com o contexto: a) qualquer acordo posterior entre as partes relativo à interpretação do tratado ou à aplicação de suas disposições; b) qualquer prática seguida posteriormente na aplicação do tratado, pela qual se estabeleça o acordo das partes relativo à sua interpretação; c)quaisquer regras pertinentes de Direito Internacional aplicáveis às relações entre as partes. 4. Um termo será entendido em sentido especial se estiver estabelecido que essa era a intenção das partes".

independentes, de contatar seus parentes, bem como os Estados deveriam prevenir atos de tortura ou tratamentos danosos por entidades privadas, incluindo violência baseada no gênero, como estupro, violência doméstica, mutilação genital feminina e tráfico humano[10].

A abertura constitucional, o controle de convencionalidade e a interpretação evolutiva são meios jurídicos para a transformação do constitucionalismo latino-americano[11].Entre as várias interpretações possíveis, o intérprete e o decisor têm de optar por aquela que confira, a partir da Constituição e dos tratados internacionais, a máxima efetividade aos direitos humanos (interpretação conforme os direitos humanos).

Nesse sentido, vale destacar o precedente da Corte Interamericana de Direitos Humanos, no *Caso Massacre de Mapirián vs. Colômbia*, ao afirmar:

> (...) ao interpretar a Convenção é sempre necessário escolher a alternativa que seja mais favorável à proteção dos direitos consagrados no referido tratado, com base no princípio da regra mais favorável ao ser humano[12].

O direito é linguagem, e a norma jurídica é resultado de um processo de interpretação. É pela linguagem que criamos e vivenciamos os significados. A linguagem é um conjunto de símbolos convencionais: não há uma relação necessária de palavras com objetos, fatos ou circunstâncias, pois elas cumprem múltiplas funções[13]. O significado de uma palavra ou de uma expressão linguística depende de uma convenção: para definir uma palavra, é necessário tornar explícitas as regras de seu uso (isto é, para que servem), e assinalar em quais oportunidades, circunstâncias ou fenômenos é adequado, segundo essas regras de uso, valer-se da expressão definida.

A norma não se confunde com o texto. Interpretar é determinar o significado objetivo de um texto: antes da interpretação, não há norma, apenas um texto[14]. Não há um significado interno ou intrínseco ao texto, que prescinda da interpretação. Consequentemente, interpretar não é declarar algo já existente (latente e pronto a ser descoberto) no texto, mas resultante

10. WHEATLEY, Steven. *The idea of human rights law*. Cit. p. 122.
11. BOGDANDY, Armin von; URUEÑA, René. *International transformative constitutionalism in Latin America. The american journal of International law*, vol. 114, 2020, p. 413.
12. COMISSÃO INTERAMERICANA DE DIREITOS HUMANOS. *Case of the "Mapiripán Massacre" v. Colombia*. Disponível em: https://www.corteidh.or.cr/docs/casos/articulos/seriec_134_ing.pdf. Acesso em: 23 mar. 2021. Par. 106.
13. CARRIÒ, Genaro Rubén. *Notas de derecho y lenguaje*. 3ª ed. Buenos Aires: Abeledo-Perrot, 1986. p. 91-92.
14. QUEIROZ, Cristina. *Interpretação constitucional e poder judicial. Sobre a epistemologia da construção constitucional*. Coimbra: Coimbra Editora, 2000. p. 107-108.

da decisão do intérprete que, com o uso da linguagem, constrói versões de significado[15]. A norma jurídica resulta do conteúdo da interpretação dos textos e das inúmeras relações que mantêm entre si[16].

A concretização dos direitos humanos não pode prescindir da construção de métodos, tampouco de *standards* hermenêuticos. É importante ressaltar como a interpretação da Constituição e dos tratados internacionais podem contribuir para a efetivação dos direitos humanos.

A interpretação conforme os direitos humanos deve partir da insuficiência da lógica formal, romper com o positivismo jurídico e com o silogismo judiciário, para incorporar a *lógica do razoável*. Isso porque os conteúdos jurídicos – ou seja, as normas que mandam, proíbem ou permitem – não pertencem ao pensamento regido pela lógica do tipo matemático ou puramente racional.

A física, por exemplo, parte de dados da experiência e, por vezes, de ideias matemáticas. Já o direito é construído a partir de *juízos estimativos*, fundados em valores diferentes de graus distintos, referidos a fatos da vida humana. O direito, diferente das ciências exatas, deve ser guiado por outra espécie de lógica: a lógica do razoável, do humano ou da razão vital e histórica[17].

Consoante afirma José Joaquim Gomes Canotilho, "a compreensão de uma lei constitucional só ganha sentido, útil, teorético e prático, quando referida a uma situação constitucional concreta, historicamente existente num determinado país"[18]. Essa nova perspectiva interpretativa subsiste como condição de possibilidade para quaisquer outros meios ou mecanismos que pretendam material e efetivamente a superação dessa clivagem. De acordo com Eros Roberto Grau:

> Para que efetivamente corresponda – hoje, aqui e agora – à natureza singular do presente, a Constituição do Brasil há de ser interpretada de modo que do seu texto seja extraída a normatividade indispensável à construção

15. ÁVILA, Humberto. *Teoria dos princípios. Da definição à aplicação dos princípios jurídicos*. 9ª ed. São Paulo: Malheiros, 2009. p. 31-32.
16. ÁVILA, Humberto. *A distinção entre princípios e regras e a redefinição do dever de proporcionalidade. Revista Diálogo Jurídico*, n. 4. jul. 2001. p. 26.
17. "La lógica de lo humano o de lo razonable es una razón impregnada de puntos de vista estimativos, de criterios de valoración, de pautas axiológicas, que, además, lleva a sus espaldas como aleccionamiento las enseñanzas recibidas de la experiencia, de la experiencia propia y de la experiencia del prójimo a través de la historia" (SICHES, Luis Recasen Siches. *Tratado general de filosofia del derecho*. 19ª ed. Cidade do México: Editorial Porruá, 2008. p. 642).
18. CANOTILHO, Joaquim José Gomes. *Direito Constitucional*. Coimbra: Almedina, 1991. p. 75.

de uma sociedade livre, justa e solidária; à garantia do desenvolvimento nacional; à erradicação da pobreza e da marginalização, bem assim à redução das desigualdades sociais e regionais; à promoção do bem de todos; à afirmação da soberania, da cidadania e do valor social do trabalho, bem assim do valor social da livre iniciativa; à realização da justiça social.

O fato é que nela interpretação/aplicação do princípio da dignidade da pessoa humana ilumina a concretização dos princípios veiculados pelos artigos 1º, 3º e 170 da Constituição; mas a interpretação/aplicação, desses mesmos princípios, concomitantemente, ilumina a concretização do princípio da dignidade da pessoa humana[19].

Nesse influxo, juristas desempenham importante papel, pois a Constituição subsiste como um conjunto de significantes que deve ser interpretada no sentido de aplicação do Direito e concretização material das normas jurídicas ali postas, com especial atenção às normas definidoras dos direitos humanos.

Para a efetivação do discurso constitucional como prático e racional, "cumpre superarmos, em definitivo, a visão estreita e asfixiante da exegese jurídica, estabelecendo preceitos materiais e superiores que sirvam de bússolas, parâmetros ou referenciais para o nosso modo de dar vida à Constituição e ao Direito como um todo"[20].

Desse modo, a atividade interpretativa dialética[21] figura como harmonização dos momentos de teoria e prática constitucional. Nesse sentido, aponta Recaséns Siches que o "Derecho no es la justicia ni las demás calidades de valor que aspire a realizar; es un ensayo – obra humana – de interpretación y de realización de esos valores, aplicados a unas circunstâncias históricas"[22].

O direito é, portanto, produto da ação humana, instituído e concretizado na vida humana, com objetivo de realização de valores relevantes aos indivíduos. É por essa razão que Recaséns Siches o localiza no campo dos objetos *culturais*[23], porque "criado pelo homem com o objetivo de realizar

19. GRAU, Eros Roberto. *A Ordem Econômica na Constituição de 1988*. São Paulo: Malheiros, 2004. p. 316.
20. FREITAS, Juarez. O Intérprete e o Poder de dar vida à Constituição. In: *Direito Constitucional*. Org. Eros Roberto Grau e Willis Santiago Guerra Filho. São Paulo: Malheiros, 2001. p. 229.
21. "Com efeito, os nossos silogismos jurídicos são, na prática, os dialéticos. Na linha do desvendado por Claus--Whilhelm Canaris, importa mesmo, em sede de decisão jurídica, a qualidade da eleição das premissas. Dito de outro modo, o vetusto e completamente ultrapassado, ao menos no campo teórico" (FREITAS, Juarez. *O Intérprete e o Poder de dar vida à Constituição*. Cit. p. 229).
22. SICHES, Recaséns. *Vida Humana, sociedad y derecho*. México: Porrua, 1952. p. 30.
23. Nas lentes de Recaséns Siches, "suele definir la cultura como el conjunto de creencias, pautas de conduta (mental, emocional y práctica), actitudes, puntos de vista, valoraciones, conocimientos, utensilios, arte, instituiciones, organizaciones, lenguaje, costumbres, etcétera, compartidos y transmitidos por los

valores, considerando-o como um pedaço de vida humana objetivada"[24]. O Direito está nesse campo da construção pela ação das pessoas em sociedade.

Todavia, a *vida humana* na qual se localiza o direito é aquela do "*eu socializado*"[25], ou seja, é a vida humana grupal e partilhada em sociedade; por isso, diz *vida humana objetivada*. Adjetiva-se de *objetivada* porque os valores não correspondem a um único e determinado indivíduo: os valores são aqueles partilhados pela sociedade[26]. Nessa concepção, a vida humana deve ser mirada em sua necessária circunstancialidade – condicionada pelos fatores espaço e tempo – e estimativa – capacidade de valoração e justificação dos atos da vida.

A historicidade é elemento extremamente importante na teoria racio-vitalista, uma vez que o Direito está conectado às circunstâncias conjunturais nas quais está submerso. Neste ponto, Ortega y Gasset nos lembra que "*o ser é ele e sua circunstância*"[27]. Este sentido circunstancial também diz respeito à axiologia, posto que "a obra cultural (portanto, o Direito) deve ser considerada como um produto histórico intencionalmente referido a valores"[28]. Como as circunstâncias se modificam, a solução jurídica para determinado fato também se altera.

De acordo com a teoria da razão vital, explica Luis Recaséns Siches que "*el Derecho Positivo es siempre una obra circunstancial*"[29]. Siches complementa que "*La tarea del jurista requiere una constante reelaboración a medida que transcurre el tiempo, por causa de los cambios que se verifican en la realidad social*"[30].

Tendo isso em mente, a função interpretativa do direito é esclarecer o alcance da norma abstrata aplicável a certo caso concreto, baseado em critérios formais de validade, mas também, de validez substancial (relativos ao seu conteúdo). Isto não significa que o magistrado deve se colocar acima

---

miembros de una determinada sociedad. En suma, cultura en ese sentido es lo que los miembros de una determinada sociedad en concreta aprenden de sus predecesores y contemporáneos en esa sociedad, y lo que le anãden y modifican. Es la herencia social utilizada, revivida y modificada" (*Filosofía del Derecho*. México: Porrua, 1965. p. 106).

24. DINIZ, Maria Helena. *Compêndio de Introdução à Ciência do Direito*. São Paulo: Saraiva, 2009. p. 93.
25. MACHADO NETO, Antônio Luis. *Teoria da Ciência Jurídica*. São Paulo: Saraiva, 1975. p. 31.
26. "La sociedad no es un ente en sí y por sí, con existencia a parte de la de los hombres individuales que la forman; es decir, la sociedad no es una realidad substante, sino que las únicas realidades substantivas que la compone son los hombres." (SICHES, Luis Recaséns. Idem. p. 120).
27. Na formulação autêntica e completa: "*Yo soy yo y mi circunstancia, y si no la salvo a ella no me salvo yo*". (ORTEGA Y GASSET, José. *Meditaciones del Quijote*. Madrid: Alianza, 2001).
28. Idem. Ibidem.
29. SICHES, Luis Recaséns. *Filosofía del Derecho*. Cit. p. 16.
30. Idem, p. 3.

das leis, mas empregar a sua inteligência para buscar o melhor sentido das palavras contidas nas regras jurídicas dentro do contexto da situação real em que se inserem.

Interpretação jurídica é, pois, argumentação. Na interpretação jurídica, podem ser estabelecidos três círculos hermenêuticos:[31] a) a relação entre a pré-compreensão e o texto: as peculiaridades cosmovitais e a experiência profissional do intérprete influenciam na interpretação; isso permite que, mediante a argumentação jurídica, o intérprete dê uma contribuição produtiva e crítica à aplicação jurídica, tendo como parâmetro o texto da norma e as regras de metodologia jurídica; b) a relação entre a parte e o todo: o intérprete, fundado na argumentação sistemática, deve procurar solução hermenêutica em conformidade com a unidade e a coerência do sistema jurídico; c) a relação entre a norma e os fatos, porque a norma é geral e abstrata, enquanto os fatos são concretos e individuais.

A jurisdição, além de argumentar, tem o dever de fundamentação da decisão (art. 93, inc. IX, CF). O dever de motivação judicial das decisões possui diversas funções importantes, uma vez que: a) é uma garantia contra o arbítrio; b) serve como uma proteção contra a influência de pontos de vista pessoais (subjetivismo); c) possibilita às partes conhecerem os fundamentos da decisão e, com isso, é um meio de impugnação e um modo de controle do raciocínio do magistrado; d) contribui para o maior grau de previsibilidade e segurança das normas jurídicas[32]. A interpretação conforme os direitos humanos deve ser permeada por critérios hermenêuticos auxiliares, os quais serão objeto de análise a seguir

Como critério hermenêutico, deve-se prestigiar a norma mais favorável, que tanto pode ser aquela prevista no tratado internacional como a positivada no próprio direito interno do Estado, conforme prevê o art. 29 da Convenção Americana de Direitos Humanos.

Como intérpretes de destaque os juízes, nos termos de importante precedente do Supremo Tribunal Federal, "devem extrair a máxima efetividade das declarações internacionais e das proclamações constitucionais de direitos, como forma de viabilizar o acesso dos indivíduos e dos grupos sociais, notadamente os mais vulneráveis, a sistemas institucionalizados de proteção dos direitos fundamentais da pessoa humana, sob pena de

31. ALEXY, Robert. *Teoría del discurso y derechos humanos*. Trad. Luis Villar Borda. Bogotá: Universidad Externado de Colombia, 1995. p. 40-43.

32. ALVIM, Teresa Arruda. *Recurso especial, recurso extraordinário e ação rescisória*. 2ª ed. São Paulo: RT, 2008. p. 29-30.

a liberdade, a tolerância e o respeito à alteridade humana tornarem-se palavras vãs"[33].

A violação dos direitos humanos impacta de forma diferenciada as pessoas integrantes de grupos historicamente excluídos ou em especial risco, como os idosos e aquelas de qualquer idade que tenham doenças preexistentes, pessoas privadas de liberdade, mulheres, povos indígenas, pessoas em situação de mobilidade humana, crianças e adolescentes, pessoas LGBTI+, com deficiência, afrodescendentes, trabalhadores e pessoas que vivem em situação de pobreza, especialmente aquelas em situação de rua, desempregadas ou com subempregos[34], bem como defensores de direitos humanos, entre os quais, líderes sociais, profissionais da saúde pública e jornalistas[35].

O critério da máxima efetividade exige que: i) se extraia da interpretação de determinado direito humano o *maior proveito possível* ao seu titular, com o menor sacrifício aos titulares dos demais direitos em colisão; ii) os direitos humanos, por vincularem todos os Poderes Públicos e agentes privados, sejam *integralmente* aplicados; iii) sua aplicabilidade seja *direta* e *imediata* aos casos concretos, sem nenhum lapso temporal[36] ou necessidade de intervenção legislativa.

8.1. INTERPRETAÇÃO *PRO PERSONA*

Na atividade interpretativa, deve-se atribuir primazia à norma, de direito interno e/ou internacional, mais favorável à pessoa humana, para que se possa dispensar-lhe a melhor proteção jurídica[37]. Em outras palavras, há uma *cláusula de retroalimentação*[38] ou *dialógica* que reforça a hermenêutica mais favorável aos direitos humanos, pois, da mesma forma que direitos

33. BRASIL, Supremo Tribunal Federal. *HC 91.361*, 2ª T., rel. Min. Celso de Mello, j. 23.09.2008, pub. Dje 06.02.2009.

34. O Decreto nº 7.053, de 23 de dezembro de 2009, define a população em situação de rua como "grupo populacional que tem em comum a pobreza extrema, os vínculos familiares interrompidos ou fragilizados e a inexistência de moradia convencional regular, e que utiliza os logradouros públicos e as áreas degradadas como espaço de moradia e de sustento, de forma temporária ou permanente, bem como as unidades de acolhimento, para pernoite temporário ou como moradia provisória".

35. COMISSÃO INTERAMERICANA DE DIREITOS HUMANOS. *Resolución 01/2020*. Pandemia y Derechos Humanos en las Americas. Acesso em: 11 dez. 2020. Disponível em: http://oas.org/es/cidh/decisiones/pdf/Resolucion-1-20-es.pdf. p. 6.

36. RAMOS, André de Carvalho. *Curso de direitos humanos*. 4ª ed. Cit. p. 119.

37. BRASIL, Supremo Tribunal Federal. *HC 91.361*, 2ª T., rel. Min. Celso de Mello, j. 23.09.2008, pub. Dje 06.02.2009.

38. MAZZUOLI, Valério de Oliveira; ROCHA, Jorge Bheron. *Defensoria Pública e controle de convencionalidade*. Cit.

e garantias expressos na Constituição não excluem outros decorrentes de tratados de que o Estado seja parte (*v.g.*, art. 5º, § 2º, da CF), também os direitos e garantias expressos nos tratados de direitos humanos em vigor no país não excluem nem mitigam outros direitos ou garantias decorrentes de leis nacionais, do regime e dos princípios adotados na Constituição.

Tal princípio hermenêutico pode ser extraído do art. 29 da Convenção Americana de Direitos Humanos[39], acrescido do art. 4º do Protocolo Adicional à Convenção Americana sobre Direitos Humanos em Matéria de Direitos Econômicos, Sociais e Culturais (Protocolo de San Salvador)[40], bem como de outras regras consagradas em diversos tratados de direitos humanos do sistema global/regional – como o art. 5º (2) do Pacto de Direitos Civis e Políticos, o art. 5º da Convenção Relativa ao Estatuto dos Refugiados, o art. 5º da Convenção sobre o Estatuto dos Refugiados, o art. 5º da Convenção sobre o Estatuto dos Apátridas, o art. 23 da Convenção sobre a Eliminação da Discriminação contra a Mulher, o art. 41 da Convenção dos Direitos da Criança, o art. 16, § 2º, da Convenção contra a Tortura, o art. 4º, § 4º, da Convenção sobre os Direitos das Pessoas com Deficiência e o art. 16 da Convenção Interamericana contra o Racismo, a Discriminação Racial e Formas Correlatas de Intolerância – que também enunciam o princípio *pro persona* fundado na prevalência da norma mais benéfica[41]. Este princípio ainda está contemplado na Constituição Federal de 1988, no art. 4º, inc. II, pelo qual se afirma que a República Federativa do Brasil deve se reger, nas suas relações internacionais, pelo princípio da prevalência dos direitos humanos.

39. "Artigo 29 – Normas de interpretação. Nenhuma disposição da presente Convenção pode ser interpretada no sentido de: a) permitir a qualquer dos Estados-partes, grupo ou indivíduo, suprimir o gozo e o exercício dos direitos e liberdades reconhecidos na Convenção ou limitá-los em maior medida do que a nela prevista; b) limitar o gozo e exercício de qualquer direito ou liberdade que possam ser reconhecidos em virtude de leis de qualquer dos Estados-partes ou em virtude de Convenções em que seja parte um dos referidos Estados; c) excluir outros direitos e garantias que são inerentes ao ser humano ou que decorrem da forma democrática representativa de governo; d) excluir ou limitar o efeito que possam produzir a Declaração Americana dos Direitos e Deveres do Homem e outros atos internacionais da mesma natureza".

40. Em que se determina que "não se poderá restringir ou limitar qualquer dos direitos reconhecidos ou vigentes em um Estado em virtude de sua legislação interna ou de convenções internacionais, sob pretexto de que este Procotolo não os reconhece ou que os reconhece em menor grau".

41. PIOVESAN, Flávia. A convenção americana de direitos humanos e o impacto transformador no sistema interamericano. In: *Comentários à Convenção Americana sobre Direitos Humanos*. Org. João Otávio de Noronha e Paulo Pinto de Albuquerque. São Paulo: Tirant Blanch, 2020. p. 130.

O critério da primazia da aplicação da norma mais favorável aos seres humanos também é adotado, expressamente, no continente europeu[42]. Tanto é que o art. 60 da Convenção Europeia de Direitos Humanos estabelece que nenhuma de suas disposições deve ser interpretada no sentido de limitar ou prejudicar os direitos humanos reconhecidos de acordo com as leis de qualquer Estado-parte ou com qualquer outra convenção em que este for parte. Da mesma forma, o art. 17(1) da Convenção Europeia para Prevenção da Tortura e Tratamento ou Punição Desumano ou Degradante afirma que não prejudicará "os dispositivos de direito interno ou de qualquer acordo internacional que forneçam maior proteção às pessoas privadas de sua liberdade". Igualmente, o art. 32 da Carta Social Europeia determina que suas disposições não prejudicarão as de direito interno nem as de tratados que "sejam mais favoráveis às pessoas protegidas".

O princípio *pro persona* procura delinear uma ampla perspectiva de proteção para as vítimas ou potenciais vítimas de violações de direitos humanos[43]. Tal princípio se justifica em razão da necessidade de tutela dos direitos básicos dos seres humanos, para que tanto as normas internas quanto os tratados internacionais sejam interpretadas de modo a conferir efeitos concretos e atuais para as pessoas titulares de direitos humanos. Na tentativa de ampliação do conteúdo da lei para uma interpretação *pro persona*, que leve em consideração a tutela substancial dos indivíduos[44], partindo, sobretudo, dos trabalhos e da experiência da Corte Europeia de Direitos Humanos[45], é que Burgorgue-Larsen propõe uma hermenêutica cosmopolita.

42. TRINDADE, Antônio Augusto Cançado. *Tratado de Direito Internacional de Direitos Humanos.* Vol. 1. Cit. p.544.

43. WHEATLEY, Steven. *The idea of human rights law.* Cit. p. 109.

44. Cabe nesse sentido destaque à Constituição Mexicana que, reformada em 2012, acresceu em seu art. 1.º o princípio *pro homine* no que tange à interpretação e ao diálogo das ordens interna e internacional de proteção dos direitos humanos. Eis o texto literal: *"Las normas relativas a los derechos humanos se interpretarán de conformidad con esta Constitución y con los tratados internacionales de la materia favoreciendo en todo tiempo a las personas la protección más amplia".*

45. Nesse influxo, aclara a autora: *"Il s'agit d'une utilisation débridée par la Cour européenne de sources exogènes de tout type – qu'elles soient contraignantes ou non, qu'elles soient issues de l'univers judiciaire ou pas, qu'elles soient arrimées au territoire européen ou non – afin d'interpréter de façon compréhensive le contenu des droits. Ce phénomène a pris de l'ampleur depuis une dizaine d'années et a atteint un paroxysme remarqué – que d'aucuns n'estiment point remarquable – avec le désormais célèbre arrêt Demir et Bakayra. Cette démarche empreint d'une souplesse inouïe a été utilisée par la Cour jusqu'à présent dans un sens progressiste, c'est-à--dire pro homine"* (BURGORGUE-LARSEN, Laurence. Des droits invoqués aux droits protégés. *Les petites affiches*, Paris, n.31, 2011, p. 8). Tradução livre: "Trata-se da utilização desenfreada pela Corte Europeia de fontes exógenas de todo tipo – sejam ligadas ou não, sejam assunto do universo jurídico ou não, sejam condicionadas ao território europeu ou não – a fim de interpretar de modo compreensível o conteúdo dos direitos. Esse fenômeno ganhou magnitude depois de décadas e é afetado por um paroxismo remarcável – que alguns não assim consideram – a partir da decisão paradigma no caso Demir e Bakayra

De acordo com essa ordem de ideias, rompe-se com as interpretações insulares a fim de amplificar, em substância, a esfera protetiva das pessoas.

Com essa renovada metodologia, os signos não são entrevistos em sua significação apriorística com os carregados balizamentos de seus significados preconcebidos, mas são postos em diálogo, à luz das complexidades e peculiaridades culturais, sociais, econômicas e políticas envolvidas. Por consequência, reconhecem-se os universalismos e desenvolvimentos possíveis que, partindo de um conjunto diminuto de "referentes ético-jurídicos de dimensão transcivilizacional"[46], somam a eles os valores intrínsecos das comunidades e dos indivíduos que buscam, a partir do seu local no mundo, preenchê-los de sentidos[47].

Caminhando por essas sendas a fim de somar novos contornos a velhos conceitos, Enrique Dussel enuncia o "método analético" ou "momento analético", que parte da multiplicidade expressiva para "encontrar a universalidade na profundidade de cada diversidade, na qual se reflete a exterioridade e alteridade dos outros sujeitos históricos"[48].

Com isso, prestigia-se a ética da alteridade, o que permite nos colocar no lugar do outro. Abre-se a possibilidade do direito se expandir para a pluralidade e a diversidade. É preciso compreender a posição do outro, para incluir a "outridade", isto é, a "categoria de pessoas desviantes", evitando *standards* epistemológicos[49] epidemicidas, baseados em padrões brancocêntricos (que desconsideram a raça na construção do direito e no processo hermenêutico)[50], androcêntricos e heterossexuais, incapazes de promover

[ECHR. Demir and Baykara v Turkey, 2008]. Essa abordagem constitui uma flexibilização sem precedentes e foi utilizada pela Corte até o presente com um senso progressista, isto é, *pro homine*".

46. JERÓNIMO, Patrícia. *Os direitos do homem à escala das civilizações: proposta de análise a partir do confronto dos modelos ocidental e islâmico*. Cit. p.312.

47. "Por muito que estejamos certos da bondade de nossos valores, nada nos autoriza a pretender estendê-los aos outros. Nem mesmo a pretexto de os libertar. O respeito pelos outros passa, afinal, também pela confiança na capacidade que estes têm de defender aos seus interesses e de lutar por uma vida melhor" (Idem, p.261).

48. DUSSEL, Enrique. *Ética da libertação na idade da globalização e da exclusão*. Petrópolis: Vozes, 2002. p.568.

49. "The discipline to which it falls to articulate what distinguish genuine inquiry from pseudo-inquiry, what makes inquiry better our worse- conducted, evidence stronger or weaker, etc., is the philosophical theory of knowledge, known in the trade as ´epistemology´- a charmless and off-putting word for what is too often" (HAACK, Susan. Epistemology: Who needs it? *Kilikya Felsefe Dergisi. Cilicia Journal of philosophy*, vol. 3, 2015, p. 3).

50. Conforme Adilson José Moreira, "(…) pensar como um negro significa reconhecer que a interpretação jurídica possui uma dimensão política e que ela deve estar comprometida com reformas sociais imediatas. Pensar como um negro implica o reconhecimento da minha condição de membro de um grupo subalterno. É expressar descrença no individualismo liberal, pensar a igualdade a partir de uma perspectiva transformadora, apontar os problemas com a defesa da neutralidade e da objetividade, uma característica do positivismo ingênuo e estratégico que caracteriza a interpretação da igualdade em decisões judiciais

a emancipação de todas as pessoas e capazes de causar injustiças, pela manutenção, mesmo que inconsciente, de regras opressivas, excludentes, racistas, machistas, misógenas[51] e LGBTfóbicas[52].

Conforme Judith Butler, a representação da alteridade é um meio de humanização/desumanização, de reconhecimento do vínculo ético-moral com o Outro ou de justificativa para a sua eliminação[53].

O Supremo Tribunal Federal, baseado na alteridade como embasamento ético da decisão judicial e afirmando como pressuposto o exercício de "compreensão do lugar do Outro no Direito", na ADI 5.543, declarou inconstitucional dispositivos normativos da Agência Nacional de Vigilância Sanitária (Resolução da Diretoria Colegiada nº 34/2014) e do Ministério da Saúde (Portaria nº 158/2016). Tais atos normativos consideravam homens homossexuais temporariamente inaptos – pelo período de doze meses, contados da última relação sexual – para a doação de sangue. O relator Min. Edson Fachin, ao afirmar a inconstitucionalidade das referidas regras jurídicas, afirmou que a "responsabilidade com o Outro nos interpela sobre o que entendemos por dignidade da pessoa humana (art. 1º, III, CRFB)"[54].

A dignidade humana é a premissa antropológica do Estado de Direito e a chave de compreensão do Direito Constitucional Multinível. O antropocentrismo coloca o protagonismo na pessoa humana[55]. Trata-se de uma

sobre políticas de ações afirmativas e injúria racial. É também se comprometer com uma noção de justiça que possa promover tanto reconhecimento da igual dignidade de todos os membros da comunidade política quanto à redistribuição de oportunidades materiais entre eles" (*Pensando como um negro. Ensaio de Hermenêutica Jurídica*. São Paulo: Contracorrente, 2019. p. 28-29).

51. A palavra "misoginia" vem do grego *misogynía* e decorre da união dos substantivos *mísos* ("ódio") e *gyné* ("mulher"). A aversão ao sexo feminino, não raras vezes, ganha formatos mórbidos e patológicos, que estão relacionados à prática cotidiana da violência contra as mulheres. Cf. SCHWARCZ, Lilia Moritz. *Sobre o autoritarismo brasileiro*. Cit. p. 205.

52. "*One way to taking the epistemological suggestion that social power has an unfair impact on collective forms of social understanding is to think of our shared understanding as reflecting the perspectives of different social groups, and to entertain the idea that relations of unequal power can skew shared hermeneutical resources so that the powerful tend to have appropriate understanding of their experiences ready to draw on as they make sense of their social experiences, whereas the powerless are more likely to find themselves having some social experiences through a glass darkly, with at best ill-fitting meanings to draw on in the effort to render them intelligible*" (FRICKER, Miranda. *Epistemic injustice. Power & Ethics of Knowing*. Oxford: Oxford Press, 2007. p. 148). Sobre a relação entre a epistemologia e o racismo estrutural, conferir: VAZ, Lívia de Sant´Ana. O direito e a síndrome do sangue azul. *Trincheira democrática. Boletim Revista do Instituto Baiano de Direito Processual Penal*, nº 09, junho 2020. p. 10-11.

53. BUTLER, Judith. Vida precária. *Contemporânea. Dossiê diferenças e (Des) Igualdades*, n. 1, jan.-jun./2011. p. 13.

54. BRASIL, Supremo Tribunal Federal. *ADI 5543*, Tribunal Pleno, rel. Min. Edson Fachin, j. 26.08.2020, pub. DJe 11.05.2020.

55. PECES-BARBA, Gregorio. *Ética, poder y derecho: reflexiones ante el fin del siglo*. México: Distribuciones Fontamara, 2004. p. 40.

característica da modernidade e serve de impulso à humanização, isto é, para a existência de pessoas moralmente autônomas. A correta racionalidade aumenta e amplia a humanidade, enquanto a humanidade cumpre a mesma função com a racionalidade[56]. A pessoa humana contribui para a racionalidade, a partir de seu pensamento, ajudando a compreender o mundo, construindo teorias, criticando as injustiças, as patologias, os abusos e as explorações. As ações das pessoas se transmitem com a cultura e recebem contribuições de outras ideias criadoras. O ser humano não pode, pois, ser considerado apenas ou predominantemente um agente econômico – como pretendiam os Códigos Civis do século XIX, baseados em uma antropologia construída para disciplinar um conjunto de relações pessoais e sociais relacionadas à propriedade – mas alguém livre para construir a própria personalidade[57].

Não pode haver Estado e, muito menos, Estado de Direito Constitucional sem se fazer referência à pessoa humana em sentido amplo, porque a pessoa é um fim em si mesmo, não um meio para se conseguir um fim, devendo o Estado estar ao seu serviço, não o inverso[58]. A dignidade da pessoa humana busca proteger de forma integral o sujeito – nas perspectivas biológica, psicológica e social – como pessoa vivente em sua existência concreta[59]. A dignidade da pessoa humana, enquanto unidade axiológica centralizadora, inspira-se na preponderância do princípio *pro persona*, que é intrínseco aos direitos humanos, e "conduz a uma maior e melhor proteção das pessoas, com o propósito último de preservar a dignidade, assegurar os direitos fundamentais e estimular o desenvolvimento dos seres humanos"[60].

No texto constitucional brasileiro, a primazia da norma jurídica mais benéfica[61] vem desenhada, no art. 4.º, inc. II, pela expressão da prevalência

56. Idem. Ibidem.

57. RODOTÀ, Stefano. *Il diritto di avere diritti*. Bari-Roma: Laterza, 2012. p. 243.

58. A Corte Constitucional da Colômbia ressaltou o valor da dignidade humana, na Sentença C-037, de 1996: *"El artículo 1.º de la Constitución consagra 'el respeto a la dignidad humana' como uno de los fundamentos de nuestro Estado Social de Derecho. Y no es ese un concepto vano, sino al revés, lleno de contenido ético y político. Porque el reconocimiento de la dignidad humana implica la concepción de la persona como un fin en sí misma y no como un medio para un fin. En otras palabras, como un ser que no es manipulable, ni utilizable en vista de un fin, así se juzgue este muy plausible. El Estado está a su servicio y no a la inversa".*

59. BRASIL, Supremo Tribunal Federal. *Mandado de Injunção nº 4.733/DF*, Tribunal Pleno, Rel. Min. Edson Fachin, j. 21.02.2019, pub. DJe 29.09.2020.

60. MELO, Mário. Últimos avanços na justiciabilidade dos direitos indígenas no sistema interamericano de direitos humanos. *Sur Revista Internacional de Direitos Humanos*, São Paulo, v.3, n.4, 2006, p.33.

61. "[...] por força do princípio ou regra *pro homine* sempre será aplicável (no caso concreto) a que mais amplia o gozo de um direito ou de uma liberdade ou de uma garantia" (GOMES, Luiz Flávio; MAZZUOLI, Valerio de Oliveira. *Constituição brasileira e os tratados de direitos humanos: conflito e critério de solução.* Disponível em: http://www.lfg.com.br. Acesso em: dez. 2012).

dos direitos humanos. De modo inédito, no direito pátrio, sagrou-se "o primado do respeito dos direitos humanos como paradigma propugnado para a ordem internacional. Esse princípio invoca a abertura da ordem jurídica interna ao sistema internacional de direitos humanos"[62]. O primado da norma jurídica mais benéfica e protetiva aos direitos humanos, superando os debates entre monistas e dualistas, coloca as pessoas no centro do palco. Esse giro subjetivo do fenômeno jurídico, fundado no Direito Internacional dos Direitos Humanos[63], importa, sobretudo, na noção primaz da proteção da dignidade da pessoa humana.

Nessa perspectiva jurídica, é fundamental remarcar que as pessoas é que são destinatárias do(s) direito(s). Faz-se, assim, mister olhar o direito sob a óptica do sujeito concreto, ser humano reconhecido em sua concepção ética e digna como valor a ser protegido. A prevalência do princípio *pro persona* em matéria de direitos humanos figura como "vaso comunicante"[64] entre o Direito Constitucional local e o Direito Internacional dos Direitos Humanos que põe as distintas fontes normativas a dialogar[65]. Em face dessa altercação, abrem-se duas portas cogentes ao direito pátrio: de um lado, no âmbito externo, a adesão do Brasil a marcos protetivos da pessoa humana e seu incentivo à elaboração dessas normas; e, de outro, no prisma interior, a compatibilização e internalização dessas regras internacionais[66].

---

62. PIOVESAN, Flávia. Op. cit. p.96.

63. São alguns exemplos de previsões internacionais que demonstram a adoção do referido princípio: (i) No âmbito global de proteção geral, o Pacto de Direitos Civis e Políticos que, em seu artigo 5.°, parágrafo segundo determina que: "Não se admitirá qualquer restrição ou suspensão dos direitos humanos fundamentais reconhecidos ou vigentes em qualquer Estado Parte do presente pacto em virtude de leis, convenções, regulamentos ou costumes, sob pretexto de que o presente pacto não os reconheça ou os reconheça em menor grau". Também no plano global, sob a tutela da proteção específica, a Convenção sobre a Eliminação de Todas as Formas de Discriminação contra a Mulher indica no seu artigo 23.° que "nada do disposto nela prejudicará qualquer disposição que seja mais propícia à obtenção da igualdade entre homens e mulheres e que esteja contida: a) na legislação de um Estado Parte; ou b) em qualquer outra convenção, tratado ou acordo internacional vigente nesse Estado". (ii) Na esfera regional, a Convenção Americana sobre Direitos Humanos ressalva que "nenhuma disposição pode ser interpretada no sentido de limitar o gozo e exercício de qualquer direito ou liberdade que possam ser reconhecidos em virtude de leis de qualquer dos Estados-partes ou em virtude de Convenções em que seja parte um dos referidos Estados", consoante seu artigo 29°. Diversos outros exemplos ainda poderiam ser dados nos mais variados âmbitos de proteção haja vista a abrangência da cláusula no direito internacional dos direitos humanos.

64. Expressão da autora Mireille Delmas-Marty. Para mais, ver: DELMAS-MARTY, Mireille. *A imprecisão do direito: do código penal aos direitos humanos*. Tradução de Denise Radanovic Vieira. São Paulo: Manole, 2005.

65. Trata-se, segundo Valério Mazzuoli, de um "diálogo de transigência". Para mais, ver: MAZZUOLI, Valério de Oliveira. *Tratados internacionais de direitos humanos e direito brasileiro*. São Paulo: Saraiva, 2010. p.119.

66. "A prevalência dos direitos humanos, como princípio a reger o Brasil no âmbito internacional, não implica apenas o engajamento do País no processo de elaboração de normas vinculadas ao Direito Internacional dos Direitos Humanos, mas sim a busca da plena integração de tais regras na ordem jurídica interna brasileira. Implica, ademais, o compromisso de adotar uma posição contrária em que os direitos huma-

A primazia da norma jurídica mais protetiva se encontra intimamente vinculada ao princípio da dignidade humana, uma vez que "a qualidade de ser digno pressupõe uma comunidade política interna e internacional, nas quais os direitos fundamentais e humanos sejam protegidos e aplicados e, dessa forma, possam ser concreta e prioritariamente exercidos"[67].

É esse papel oxigenador alargado que a Constituição brasileira de 1988 conferiu ao princípio da dignidade humana em consonância com a regra da prevalência dos direitos humanos. Isso porque, além de aproximar a substância de todos os direitos fundamentais, o princípio é critério hermenêutico e argumentativo de reconhecimento de direitos materialmente fundamentais fora da explicitude do catálogo constitucional. Assim, "além de constituir o valor unificador de todos os direitos fundamentais que, na verdade, são uma concretização daquele princípio, também cumpre função legitimadora do reconhecimento de direitos fundamentais implícitos"[68].

A própria instituição do Estado de Direito tem, no respeito à dignidade da pessoa humana, o primeiro e mais importante de seus objetivos[69]. Como consequência, a promoção dos direitos humanos ultrapassa o estágio moral ou religioso da teoria do Estado. Por isso, a dignidade humana serve de fator do desenvolvimento e do aperfeiçoamento da ordem jurídica, além de impulso tanto para o legislador quanto para os órgãos judiciais na interpretação e na aplicação dos direitos fundamentais[70]. É um *standard* geral para a interpretação dos outros direitos e, também, um postulado que deve reger e orientar a atividade normativa e jurisprudencial. Trata-se, enfim, do epicentro axiológico do ordenamento jurídico, o valor ético mais relevante da Constituição e dos tratados de direitos humanos, condicionando a interpretação e a aplicação de todo o direito vigente, além de balizar as relações entre Estados e cidadãos, e entre sujeitos privados[71].

Nesse sentido, também é possível afirmar o princípio do *in dubio pro humanitate*, que transcende o enfoque dogmático – ainda que *de lege*

---

nos sejam gravemente desrespeitados" (PIOVESAN, Flávia. *Direitos humanos e o direito constitucional internacional.* 13ª ed. São Paulo: Saraiva, 2012. p.96).

67. "Ou seja, não é possível qualquer sacrifício ou recuo na esfera dos direitos fundamentais e humanos sob pena de se atentar contra a dignidade humana e, consequentemente, fraturar um dos pilares estruturais do Estado soberano" (CHUEIRI, Vera Karam. *Fundamentos do direito constitucional.* Cit. p.46).

68. ANDRADE, José Carlos Vieira de. *Os direitos fundamentais na constituição portuguesa de 1976.* Coimbra: Almedina, 1987. p.97.

69. COELHO, Luiz Fernando. *Fundamentação ontológica dos direitos humanos.* Cit. p. 393.

70. QUEIROZ, Cristina. *Direitos fundamentais sociais. Funções, âmbito, conteúdo, questões interpretativas e problemas de justiciabilidade.* Coimbra: Coimbra Editora, 2006. p. 156.

71. SARMENTO, Daniel. *Direitos fundamentais e relações privadas.* Rio de Janeiro: Lumen Iuris, 2008. p. 85-86.

ferenda – por se tratar de um *standard* hermenêutico – pressupõe a dignidade da pessoa humana, sua alteridade, a universalidade apriorística, a fundamentalidade constitucional, a irreversibilidade, a imprescritibilidade criminal dos delitos de lesa-humanidade e a competência judiciária universal para processamento e julgamento de tais crimes – decorrente de uma fundamentação ontológica que considera o ser humano a fonte de todos os valores éticos positivos[72].

Os Estados-partes da Convenção Americana de Direitos Humanos podem ampliar a proteção dos direitos humanos por meio do princípio *pro persona*, interpretando a sentença da Corte IDH da maneira mais favorável possível. Diz-se, portanto, que a eficácia do julgado é relativa, diante da possibilidade de o país signatário diferir no posicionamento da Corte, quando existente interpretação mais favorável à efetivação dos direitos humanos[73].

8.2. PROTEÇÃO DO MÍNIMO EXISTENCIAL

Todas as pessoas, conforme o art. 1º da Declaração Universal dos Direitos Humanos, nascem livres e iguais em dignidade e direitos. Todos têm o direito de viver com dignidade e se desenvolver integralmente. A dignidade da pessoa humana se baseia não nas circunstâncias, mas no valor do seu ser[74]. Tal assertiva decorre da lição de Immanuel Kant:

> No reino dos fins, tudo tem ou um preço ou uma dignidade. Quando uma coisa tem preço, pode ser substituída por algo equivalente; por outro lado, a coisa que se acha acima de todo preço, e por isso não admite qualquer equivalência, compreende uma dignidade. (...) o que se faz condição para alguma coisa que seja fim em si mesma, isso não tem simplesmente valor relativo ou preço, mas um valor interno, e isso quer dizer, dignidade. Ora, a moralidade é a única condição que pode fazer de um ser racional um fim em si mesmo, pois só por ela lhe é possível ser membro legislador do reino dos fins. Por isso, a moralidade e a humanidade enquanto capaz de moralidade são as únicas coisas providas de dignidade[75].

---

72. COELHO, Luiz Fernando. *Fundamentação ontológica dos direitos humanos*. Cit. p. 391.
73. MAC-GREGOR, Eduardo Ferrer. Ferrer. *Eficacia de la sentencia interamericana y la coza juzgada internacional: vinculación directa hacia las partes (res judicata) y indirecta hacia los estados parte de la Convención Americana (res interpretata) (sobre el cumplimiento del caso Gelman vs. Uruguay)*. Cit.
74. PAPA FRANCISCO. *Carta Encíclica Fratelli Tutti. Sobre a fraternidade e a amizade social*. Cit. p. 77.
75. KANT, Immanuel. *Fundamentação da metafísica dos costumes e outros escritos*. Tradução de Leopoldo Holzbach, São Paulo: Martin Claret, 2004. p. 65.

Na perspectiva da proteção universal dos direitos humanos, ninguém pode ser excluído, independentemente da sua nacionalidade, classe social, raça, identidade de gênero ou orientação sexual, ou ainda quaisquer outras características pessoais[76]. Devem ser consideradas ilegítimas todas as distinções que considerem como não dignas, ou menos dignas, alguma pessoa, como aconteceu com as legislações raciais que conferiram a milhões de seres humanos a categoria de "não pessoa"[77]. Essa igualdade não pode ser apenas formal e, por isso, o Estado deve assegurar a todos oportunidades de vida digna – não apenas de mera sobrevivência (sendo assim, é preciso salvaguardar um mínimo existencial) – e de desenvolvimento, o qual não pode se basear na acumulação sempre maior de poucos[78].

A fim de garantir que todos tenham condições elementares de igualdade, é que se coloca a discussão sobre o mínimo existencial. Para buscar descortinar o mínimo desse substrato existencial, Ana Paula de Barcellos[79] entende que esse é formado pelas condições materiais básicas para a existência, correspondendo a uma fração nuclear da dignidade da pessoa humana, na qual se deve reconhecer a eficácia jurídica positiva ou simétrica. Na realidade brasileira, tal eficácia jurídica positiva ou simétrica é indicada pela concepção constitucional de que a dignidade da pessoa humana se tornou o princípio fundante da ordem jurídica e a finalidade principal do Estado, com todas as consequências hermenêuticas que esse *status* jurídico confere ao princípio. Além disso, uma Constituição democrática deve tomar determinar decisões políticas fundamentais para garantir um mínimo de direitos aos indivíduos, que são colocados pelo poder constituinte originário fora do alcance da deliberação política e das maiorias. Dessa

76. BRASIL, Supremo Tribunal Federal, *ADO 26-DF*, Tribunal Pleno, rel. Min. Celso de Mello, j. 13.06.2019, pub. DJe 06.102020.

77. RODOTÀ, Stefano. *Vivere la democrazia*. Roma-Bari: Laterza, 2018. p. 38.

78. "(...) é inaceitável que uma pessoa tenha menos direitos pelo simples fato de ser mulher, de igual modo é inaceitável que o local de nascimento ou de residência determine, *per se*, menores oportunidades de vida digna e desenvolvimento" (PAPA FRANCISCO. *Carta Encíclica Fratelli Tutti. Sobre a fraternidade e a amizade social*. Cit. p. 87). No início do movimento feminista norte-americano, em 1838, Sarah Grimké, reagindo contra o Conselho de Pastores da Igreja Congressional de Massachusetts que, em 28 de julho de 1837, divulgou uma carta pastoral punindo ela e sua irmã Angelina, por engajarem-se contra a escravidão – o que, segundo esses pastores, subvertia a determinação divina do papel das mulheres ["O poder da mulher é sua dependência, que emana da consciência dessa fraqueza que Deus lhe deu para protegê-la (...) quando ela ocupa o lugar e o tom de voz do homem como reformista política (...), ela abre mão do poder que Deus lhe concedeu para sua proteção, e seu caráter se torna artificial") - escreveu: "Homens e mulheres foram criados iguais: ambos são seres humanos morais e responsáveis (...) tudo que é correto para o homem é correto para a mulher"] (DAVIS, Angela. *Mulheres, raça e classe*. São Paulo: Boitempo, 2016. p. 59-60).

79. BARCELLOS, Ana Paula de. *A eficácia jurídica dos princípios constitucionais: o princípio da dignidade da pessoa humana*. 3ª ed. Rio de Janeiro: Renovar, 2011. p. 278-280.

forma, qualquer opção feita pelo povo deve respeitar o consenso mínimo assegurado pela Constituição.

Diante disso, são quatro elementos que compõe o mínimo existencial na acepção de Ana Paula de Barcellos: a) a educação fundamental; b) a saúde básica; c) a assistência ao desamparado; e ainda, d) o acesso à justiça. Dentre estes, a assistência ao desamparado é aquela que se converge diretamente com a teoria do patrimônio mínimo, por abranger um conjunto de pretensões cujo objetivo é evitar a indignidade em termos absolutos, envolvendo particularmente a alimentação, o vestuário e o abrigo.

É o direito de não (sobre)viver abaixo de um determinado patamar mínimo, independentemente de qualquer outra coisa, representando o último recurso da preservação da dignidade humana.

Os desamparados devem obter socorro, seja por meio da prestação direta pelo Estado e de conveniados do Poder Público, seja, até mesmo, pela voz passiva dos direitos fundamentais em determinadas situações que a justifiquem ou, ainda, de qualquer outra forma que a inteligência política possa imaginar[80].

Daniel Sarmento, ao explorar a base dessa noção, conecta a teoria do patrimônio mínimo com a noção de mínimo existencial ao abordar que esse último conceito "lastreia institutos que visam proteger a renda e o patrimônio mínimo das pessoas, ligados à vida digna, inclusive diante dos seus credores particulares". E prossegue, dizendo que tal instituto "protege as condições materiais básicas de vida de intervenções restritivas provenientes do Estado, e mesmo de particulares" [81]. Com efeito, o patrimônio possui a "especial função de assegurar o mínimo existencial de uma pessoa, para que ela possa se desenvolver com dignidade e segurança" [82]. O patrimônio mínimo é, pois, substrato material de garantia do mínimo existencial ao dar suporte material necessário à efetivação dos direitos fundamentais[83].

O mínimo existencial caracteriza o feixe de disposições declaratórias a uma vida que seja compreendida como infimamente digna e pressupõe, inclusive, patrimônio mínimo como disposição assecuratória, a fim de dar

80. Idem. p. 288-323.

81. SARMENTO, Daniel. *O mínimo existencial. Revista de Direito da Cidade*, Rio de Janeiro, v.08, n.4, p.1644-1689, 2016. Disponível em: http://www.e-publicacoes.uerj.br/index.php/rdc/issue/view/1402. Acesso em: 14 mai. 2018.

82. CARLI, Ana Alice. *Bem de família do fiador e o direito humano fundamental à moradia*. Rio de Janeiro, Lumen Juris, 2009. p. 46.

83. Para um estudo aprofundado sobre o tema, conferir: FACHIN, Luiz Edson. *Estatuto jurídico do patrimônio mínimo: à luz do novo Código Civil brasileiro e da Constituição Federal*. 2ª ed. Rio de Janeiro: Renovar, 2006.

efetividade e eficácia às disposições que compõem o direito ao desenvolvimento dos seres titulares[84]. Nesse mesmo sentido, Fabrício Adriano Alves reforça a diferenciação entre as duas teorias: "É de suma importância alertar que, malgrado serem usados como sinônimos, os conceitos de patrimônio mínimo e mínimo existencial não se confundem e não se coincidem, pois o patrimônio mínimo tem como função precípua o condão de garantir o mínimo existencial"[85]. O patrimônio mínimo aparece, assim, como garantia do direito ao mínimo existencial. Diante disso, Ana Alice de Carli[86] entende que o patrimônio mínimo "tem como função essencial garantir, de certa forma, a igualdade material para aqueles que pouco ou nada têm", e, ainda, que "vale a máxima de que o tratamento dispensado deve ser adequado à medida das desigualdades para se chegar, pelo menos, perto da igualdade substancial".

O ordenamento jurídico deve garantir a cada ser humano um mínimo de patrimônio para que possa viver com dignidade e, portanto, a teoria do patrimônio mínimo tem uma ligação profunda com o mínimo existencial[87]. Há um nexo necessário que liga a dignidade aos direitos, uma ineliminável conexão entre as pessoas e suas necessidades[88].

Há, no conceito de dignidade humana, uma força teórica e política. Por exemplo, na explicação que acompanha a Carta dos Direitos Fundamentais da União Europeia, lê-se que a "dignidade da pessoa humana não é somente um direito fundamental em si, mas constitui a base dos direitos fundamentais". O Preâmbulo desta Carta reafirma a ideia de que a "União se funda sobre valores indivisíveis de dignidade humana, de liberdade, de igualdade e de solidariedade". O art. 11, primeira parte, do Pacto Internacional de Direitos Econômicos, Sociais e Culturais traça alguns balizamentos para definir o conceito de mínimo existencial, ao dispor que os "Estados-membros do presente Pacto reconhecem o direito de toda pessoa a um nível de vida adequado para si próprio e sua família, inclusive à alimentação, vestimenta e moradia adequadas, assim como a uma melhoria contínua de suas condições de vida".

84. CARLI, Ana Alice. *Bem de família do fiador e o direito humano fundamental à moradia.* Cit. p. 46.

85. ALVES, Fabrício Adriano. *Direito civil constitucional: a aplicação da teoria do estatuto jurídico do patrimônio mínimo e repercussões no código de processo civil.* 2017. Disponível em: http://pensaracademico.facig.edu.br/index.php/semiariocientifico/article/view/479/405. Acesso em: 15 mai. 2018.

86. CARLI, Ana Alice. *Bem de família do fiador e o direito humano fundamental à moradia.* Cit. p. 46.

87. ALVES, Fabrício Adriano. *Direito civil constitucional: a aplicação da teoria do estatuto jurídico do patrimônio mínimo e repercussões no código de processo civil.* Cit. p. 5.

88. RODOTÀ, Stefano. *Vivere la democrazia.* Cit. p. 97.

A efetivação dos direitos humanos encontra, portanto, no conceito de mínimo existencial, um dos argumentos mais importantes para a promoção da dignidade da pessoa humana.

Nesse sentido, vale ressaltar o *Caso Villagrán Morales y Outros vs. Guatemala* (*"niños de la calle"*), julgado pela Corte Interamericana de Direitos Humanos[89]. Versava sobre o sequestro, a tortura e o assassinato de quatro jovens moradores de rua (por isso, o nome do caso, *"niños de la calle"*) – Henry Contreras, Federico Túnchez, Julio Roberto Sandoval e Jovito Cifuentes – e o homicídio dez dias depois de outro menino sem teto, Anstraum Aman Villagrán Morales, causados por integrantes da Polícia Nacional da Guatemala, identificados como Néstor Lopez e Samuel Zuñiga. A Corte Interamericana de Direitos Humanos declarou a existência dos fatos e condenou a Guatemala por violação dos arts. 1.1, 4º (direito à vida), 5º (integridade pessoal), 7º (liberdade pessoal), 8º, 19 e 25 da Convenção Americana de Direitos Humanos. No voto conjunto dos Juízes Antônio Augusto Cançado Trindade e de Alirio Abreu Burelli, restou consignado:

> *(...) el derecho fundamental a la vida comprende, no sólo el derecho de todo ser humano de no ser privado de la vida arbitrariamente, sino también el derecho a que no se le impida el acceso a las condiciones que le garanticen una existencia digna. Los Estados tienen la obligación de garantizar la creación de las condiciones que se requieran para que no se produzcan violaciones de ese derecho básico y, en particular, el deber de impedir que sus agentes atenten contra él. (...).*
>
> *Cuando los Estados violan (...) los derechos de los niños en situación de riesgo, como los "niños de la calle", los hacen víctimas de una doble agresión. En primer lugar, los Estados no evitan que sean lanzados a la miseria, privándolos así de unas mínimas condiciones de vida digna e impidiéndoles el "pleno y armonioso desarrollo de su personalidad", a pesar de que todo niño tiene derecho a alentar un proyecto de vida que debe ser cuidado y fomentado por los poderes públicos para que se desarrolle en su beneficio y en el de la sociedad a la que pertenece. En segundo lugar, atentan contra su integridad física, psíquica y moral, y hasta contra su propia vida.*

A falta de condições mínimas de existência compromete o direito à vida digna. Com efeito, uma pessoa que vive e cresce sua infância, em muitos

89. CORTE INTERAMERICANA DE DIREITOS HUMANOS. *Caso Villagrán Morales y Otros vs. Guatemala.* Disponível em: https://www.corteidh.or.cr/docs/casos/articulos/Seriec_63_esp.pdf. Acesso em: 25 jan. 2021.

países da América Latina, em situação de miséria, sem condições mínimas de criar o seu projeto de vida, experimenta um sofrimento aniquilador de sua dignidade e que pode levar a destruição total do ser humano[90]. Eduardo Galeano bem interpreta a Declaração Universal dos Direitos Humanos e as injustiças sociais ao dizer:

> As Nações Unidas têm proclamado extensas listas de Direitos Humanos, mas a imensa maioria da humanidade não tem mais que os direitos de: ver, ouvir, calar. Que tal começarmos a exercer o jamais proclamado direito de sonhar? (...). Ninguém morrerá de fome, porque ninguém morrerá de indigestão. As crianças de rua não serão tratadas como se fossem lixo, porque não haverá crianças de rua. As crianças ricas não serão tratadas como se fossem dinheiro, porque não haverá crianças ricas. A educação não será um privilégio de quem possa pagá-la e a polícia não será a maldição de quem não possa comprá-la. A justiça e a liberdade, irmãs siamesas, condenadas a viver separadas, voltarão a juntar-se, voltarão a juntar-se bem de perto, costas com costas[91].

Apesar de o conceito de mínimo existencial ser vago e indeterminado[92] e merecer uma especial atenção dos juízes na sua aplicação aos casos concretos, é certo que os recursos públicos são limitados. Eles precisam ser aplicados, prioritariamente, na concretização de condições mínimas de tutela da dignidade da pessoa humana (mínimo existencial)[93]. Procura-se, destarte, a otimização na destinação dos recursos, voltada à aplicação prioritária nas políticas públicas necessárias à efetivação de direitos fundamentais sociais (saúde, educação, alimentação, moradia etc.), inclusive por meio de uma renda básica de cidadania, sem os quais as pessoas, principalmente as mais vulneráveis, não teriam condições mínimas de sobreviver com dignidade.

No Brasil, a Lei 10.835/2004 institui a renda básica de cidadania como um direito de todos os brasileiros residentes no país e estrangeiros há pelo menos 5 (cinco) anos, cujo benefício deve ser igual para todos e

90. ARANGO, Rodolfo. *Direitos fundamentais sociais, justiça constitucional e democracia. Revista do Ministério Público do Rio Grande do Sul*, n. 56. set.-dez. 2005. p. 101.

91. GALEANO, Eduardo. *O direito ao delírio*. Disponível em: https://www.contioutra.com/o-direito-ao-delirio-eduardo-galeano/. Acesso em: 25 fev. 2021.

92. "Carece o mínimo existencial de conteúdo específico. Abrange qualquer direito, ainda que originariamente não fundamental (direito à saúde, à alimentação etc.), considerando em sua dimensão essencial, inalienável e existencial. Assim, há mínimo existencial no direito tributário, financeiro, previdenciário, civil, penal, internacional, cosmopolita, etc." (TORRES, Ricardo Lobo. *Direito ao mínimo existencial*. Rio de Janeiro: Renovar, 2009. p. 13-14).

93. BARCELLOS, Ana Paula de. *A eficácia jurídica dos princípios constitucionais. O princípio da dignidade da pessoa humana*. Rio de Janeiro: Renovar, 2002. p. 246.

suficiente para atender às despesas mínimas de cada pessoa com alimentação, educação e saúde, considerando o grau de desenvolvimento do país e as possibilidades orçamentárias (art. 1º, *caput*, e § 2º)[94]. Porém, essa lei não foi regulamentada pelo Poder Executivo, o que motivou o ajuizamento do mandado de injunção 7.300/DF, pela Defensoria Pública da União. O relator Min. Marco Aurélio, no início de março de 2021, julgou procedente o pedido, ao considerar que "a reserva do possível não pode limitar direitos básicos, entre os quais os aqui versados, nem privar o indivíduo de dignidade considerado o mínimo existencial, sob pena de esvaziar a própria força normativa da Constituição Federal". Votou o referido Ministro para, a partir de analogia ao art. 20, § 3º, da Lei 8.742/1993 (renda familiar per capta inferior a um quarto do salário-mínimo), à luz do art. 7º, inc. IV, da Constituição Federal, e até que sobrevenha regulamentação pelo Executivo, a renda básica de cidadania fosse fixada em valor correspondente ao salário mínimo, fixando, a teor do art. 8º, inc. II, da Lei 13.300/2016, o prazo de um ano para a edição, pelo Presidente da República, da norma regulamentadora. Foi acompanhado, no Plenário Virtual, pelos Ministros Edson Fachin, Ricardo Lewandowski e Rosa Weber.

No entanto, a maioria dos Ministros do STF, seguindo o voto do Min. Gilmar Mendes, concedeu em parte o pedido da DPU para determinar que o governo federal implemente, a partir de 2022, o pagamento do programa de renda básica de cidadania para brasileiros em situação de extrema pobreza e pobreza, respectivamente, com renda per capta inferior a R$ 89 e R$ 178. Não determinou, porém, o valor do benefício em salário-mínimo, tendo exortado apenas que os Poderes Legislativo e Executivo adotem medidas administrativas e legislativas necessárias para atualização dos valores dos benefícios básicos e variáveis do Programa Bolsa Família (Lei 10.836/2004) e aprimorem os programas sociais de transferência de renda, unificando-os, se possível, com a previsão de renda básica da cidadania prevista na Lei 10.835/2004. O STF também afirmou que o Poder Executivo deverá adotar todas as medidas cabíveis para a implementação desse benefício, inclusive mediante a alteração do Plano Plurianual (PPA) da previsão da Lei de Diretrizes Orçamentárias (LDO) e da Lei Orçamentária Anual (LOA), de 2022.

Os direitos fundamentais sociais – diferente dos direitos de liberdade negativos, os quais estão baseados na igualdade formal – são direitos a níveis mínimos de desenvolvimento e que têm a finalidade de reduzir as

94. CAMBI, Eduardo. *Renda básica, cidadania, direitos humanos e mínimo existencial. Revista judiciária do Paraná*, vol. 21, maio/2021, p. 213-228.

desigualdades materiais[95]. A função de impulso e a natureza dirigente do princípio da igualdade faz com que as leis e as políticas públicas, voltadas à efetivação dos direitos fundamentais sociais, sirvam como meios de aperfeiçoamento da isonomia, em sentido substancial, pela eliminação de desigualdades fáticas[96].

Portanto, a satisfação dos direitos sociais é sempre uma questão de grau. No entanto, Carlos Libardo Bernal Pulido, por exemplo, rechaça a aplicação do mínimo existencial para a efetivação dos direitos sociais positivos; advoga que o âmbito normativo deve levar em consideração a ideia de que tais direitos devem ser satisfeitos *prima facie* em um máximo nível razoável[97].

Como o conceito de máximo nível razoável é indeterminado, o patamar de desfrute dos bens e serviços, a serem usufruídos pelos cidadãos livres e iguais para uma existência digna, vai depender das condições econômicas de cada sociedade. Por isso, tem de se buscar o máximo nível razoável, não se podendo, invariavelmente, exigir do Estado moradias de luxo, educação de pós-graduação em universidades privadas ou cuidados de saúde que incluam tratamentos estéticos. De qualquer modo, quando se opta pela concretização do mínimo existencial como *minimum core obligation* assim, não se está renunciando a parcela dos direitos fundamentais sociais, mas apenas encontrando uma forma pela qual os direitos fundamentais possam se realizar na maior medida possível[98].

8.3. INTERPRETAÇÃO PROGRESSIVA

O art. 26 da Convenção Americana dos Direitos Humanos (Pacto de San José da Costa Rica), de que o Brasil é signatário, prevê a necessidade de desenvolvimento progressivo dos Estados-partes, *in verbis*:

> Os Estados Partes comprometem-se a adotar providências, tanto no âmbito interno como mediante cooperação internacional, especialmente econômica e técnica, a fim de conseguir progressivamente a plena efetividade dos direitos que decorrem das normas econômicas, sociais e

95. FERRAJOLI, Luigi. *Diritti fondamentali.* Cit. p. 154.
96. CANOTILHO, José Joaquim Gomes. *Constituição dirigente e vinculação do legislador. Contributo para a compreensão das normas constitucionais programáticas.* 2ª ed. Coimbra: Coimbra Editora, 2001. p. 383.
97. BERNAL PULIDO, Carlos Libardo. *Derecho, cambio constitucional y teoría jurídica: escritos de derecho constitucional y teoría del derecho.* Bogotà: Universidad Externado de Colombia, 2018. p. 158-159.
98. CANOTILHO, José Joaquim Gomes. Bypass social e o núcleo essencial de prestações sociais. In: *Estudos sobre Direitos Fundamentais*. São Paulo: RT, 2008. p. 245.

sobre educação, ciência e cultura, constantes da Carta da Organização dos Estados Americanos, reformada pelo Protocolo de Buenos Aires, na medida dos recursos disponíveis, por via legislativa ou por meios apropriados.

Nesse sentido, o art. 1º do Protocolo de San Salvador estabelece a obrigação internacional geral dos Estados em face dos direitos sociais, econômicos e culturais, que vêm a ser o compromisso de adotar as medidas adequadas para efetivá-los, levando em consideração os recursos disponíveis e a progressividade.

Igualmente, o art. 2.1 do Pacto Internacional sobre Direitos Econômicos, Sociais e Culturais afirma que cada "Estado-parte do presente Pacto compromete-se a adotar medidas, tanto por esforço próprio como pela assistência e cooperação internacionais, principalmente nos planos econômicos e técnicos, até o máximo de seus recursos disponíveis, que visem assegurar, progressivamente, por todos os meios apropriados, o pleno exercício dos direitos reconhecidos no presente Pacto, incluindo, em particular, a adoção de medidas legislativas".

Também pode ser mencionado o direito à autodeterminação, surgido em 1945, na Declaração dos Direitos Humanos, cujo art. 1.2 indica, entre os fins da ONU, "desenvolver entre as nações relações amistosas fundadas sobre o respeito e o princípio da igualdade de direitos e da autodeterminação dos povos". Tal direito foi reproduzido no art. 1.º do Pacto Internacional dos Direitos Civis e Políticos de 1966[99] e na Declaração Universal dos direitos dos povos de 1976, onde o título da segunda seção afirma o "direito à autodeterminação política". Esse direito à autodeterminação dos povos foi muito importante no plano internacional, após a Segunda Guerra Mundial, para combater o colonialismo, ao afirmar que os povos possuem o direito à autonomia, que se desdobra em duas dimensões: a) a "autonomia interna", que compreende o direito dos povos de decidir livremente, conforme dispõe seu ordenamento jurídico, a fim de que o Estado promova a unificação nacional e a pacificação interna; b) a "autodeterminação externa", que é o direito dos povos ao desenvolvimento e à livre disponibilidade de

99. "Art.1.º 1. Todos os povos têm direito à autodeterminação. Em virtude desse direito, determinam livremente seu estatuto político e asseguram livremente seu desenvolvimento econômico, social e cultural. 2. Para a consecução de seus objetivos, todos os povos podem dispor livremente de suas riquezas e seus recursos naturais, sem prejuízo das obrigações decorrentes da cooperação econômica internacional, baseada no princípio do proveito mútuo e do Direito Internacional. Em caso algum poderá um povo ser privado de seus próprios meios de subsistência. (...)".

suas próprias riquezas e recursos[100]. A Declaração sobre a Concessão da Independência aos Países e Povos Coloniais da Organização das Nações Unidas, de 14 de dezembro de 1960, também declara no item 1 que a "sujeição dos povos a uma subjugação, dominação e exploração constitui uma negação dos direitos humanos fundamentais, é contrária à Carta das Nações Unidas e compromete a causa da paz e da cooperação mundial". No item 2, acrescenta-se: "Todos os povos têm o direito de livre determinação; em virtude desse direito, determinam livremente sua condição política e perseguem livremente seu desenvolvimento econômico, social e cultural".

O postulado do progressivo desenvolvimento foi consagrado na jurisprudência da Corte Interamericana de Direitos Humanos nos *Casos Lagos del Campo vs. Peru, Caso dos Trabalhadores Despedidos da Empresa Petroperu, Caso Poblete Vilches vs. Chile e Caso San Miguel Sosa vs. Venezuela*[101] e, mais recentemente, no *Caso Comunidades Indígenas Miembros de la Asociación Lhaka Honhat (Nuestra Tierra) vs. Argentina.* Trata-se de um critério útil para o controle judicial da efetividade dos direitos fundamentais, por intermédio das políticas públicas[102].

Por sua vez, na ADI 5595/MC, o Supremo Tribunal Federal suspendeu os arts. 2º e 3º da Emenda Constitucional 86/2015, que reduzia o financiamento federal para ações e serviços públicos de saúde. Restou afirmado que a reserva do possível deve ser interpretada em conjunto com o conceito de progressividade (cf. o art. 2.1 do Pacto Internacional de Direitos Econômicos, Sociais e Culturais e o art. 1º do Protocolo de San Salvador) na concretização dos direitos fundamentais prestacionais[103].

100. FERRAJOLI, Luigi. I fondamenti dei diritti fondamentali. In: *Diritti fondamentali. Un dibatito teorico.* Coord. Ermanno Vitale. 2ª ed. Roma-Bari: Laterza, 2002. p. 335.

101. RAMOS, André de Carvalho. *Curso de direitos humanos.* Cit. p. 112.

102. COURTIS, Christian. Los derechos sociales en perspectiva: la cara jurídica de la política social. In: *Teoria de neoconstitucionalismo. Ensayos escogidos.* Coord. Miguel Carbonell. Madri: Trotta Editorial, 2007. p. 202-205.

103. O Rel. Min. Ricardo Lewandowski, baseado na doutrina de Ingo Sarlet e Mariana Filchtiner Figueiredo (Reserva do possível, mínimo existencial e direito à saúde: algumas aproximações. In: *Direitos fundamentais, orçamento e "reserva do possível".* Coord. Ingo Wolfgang Sarlet e Luciano Benetti Timm. Porto Alegre: Livraria do Advogado, 2008. p. 17), salientou que "ao direito fundamental à saúde, correspondem às garantias fundamentais de organização sistêmica (SUS) e de financiamento suficiente e progressivo, conforme a disponibilidade das receitas da seguridade social e o piso de custeio no setor. Tal arranjo protetivo visa à máxima proteção do direito à saúde, na medida em que seu dever de realização progressiva decorre da lógica do próprio art. 5º, § 1º da Constituição, segundo a qual "a todas as normas de direitos fundamentais há de se outorgar a máxima eficácia e efetividade possível, no âmbito de um processo em que se deve levar em conta a necessária otimização do conjunto de princípios (e direitos) fundamentais, sempre à luz das circunstâncias do caso concreto" (BRASIL, Supremo Tribunal Federal. *ADI 5595/MC*, j. 31.08.2017).

A vinculação de recursos obrigatórios para ações e serviços de saúde, tal como ocorre com a educação, é a forma mais exitosa de efetividade desses direitos.

Flávia Piovesan[104] sumariza os princípios internacionais aptos a guiarem a efetivação dos direitos humanos, aqui tomados na sua compreensão de universalidade e integralidade. São eles: a observância de um *minimum core obligation*, ou seja, graus mínimos de realização dos direitos sociais; a compreensão da proibição da inação e do retrocesso social decorrente do princípio da implementação progressiva dos direitos sociais; o ônus estatal de provar a aplicação de todos os recursos disponíveis de forma concreta e justificada; e, por fim, uma gama de complexos deveres dos Estados para fins de efetivação destes direitos[105].

Cumpre, ainda que de modo breve, analisar cada uma dessas vertentes. Quanto ao dever de implementação mínima dos direitos humanos, em especial àqueles de feições prestacionais, em que pese a aplicação progressiva dos direitos de bem-estar social, há, em relação à parcela desses direitos, o dever de autoaplicabilidade. Compete aos Estados garantir a satisfação de graus mínimos essenciais de cada um dos direitos sociais. Esse mínimo de cumprimento (*minimum core obligation*[106] é garantia de uma vida minimamente digna. Diante disso, coeficientes basilares e essenciais dos direitos econômicos, sociais e culturais – *"minimum essential levels of a right"*, nas

104. PIOVESAN, Flávia. Planos global, regional e local. In: SOUZA NETO, Claudio Pereira de; SARMENTO, Daniel (Coord.). *Direitos sociais: fundamentos, justicialização e direitos sociais em espécie*. Rio de Janeiro: Lumen Juris, 2008. p.711.

105. Nas palavras da autora: "Sob a perspectiva integral, aplica-se aos direitos sociais o regime jurídico dos direitos humanos, com sua lógica e principiologia próprias. Extraem-se da jurisprudência internacional, produzida especialmente pelo Comitê de Direitos Econômicos, Sociais e Culturais, cinco relevantes princípios específicos concernentes aos direitos sociais: (a) o princípio da observância do minimum core obligation; (b) o princípio da aplicação progressiva; (c) o princípio da inversão do ônus da prova; (d) o princípio da participação, transparência e *accountability*; e (e) o princípio da cooperação internacional" (PIOVESAN, Flávia. Proteção dos direitos sociais: desafios do *ius commune* sul-americano. *Revista de Estudos Constitucionais, Hermenêutica e Teoria do Direito (RECHTD)*, São Leopoldo, v.3, n.2, p.214, jul./dez. 2011. Disponível em: http://www.rechtd.unisinos.br/pdf/122.pdf. Acesso em: jun. 2021).

106. Na expressão original do comentário: *"[...] the Committee is of the view that a minimum core obligation to ensure the satisfaction of, at the very least, minimum essential levels of each of the rights is incumbent upon every State party. Thus, for example, a State party in which any significant number of individuals is deprived of essential foodstuffs, of essential primary health care, of basic shelter and housing, or of the most basic forms of education is, prima facie, failing to discharge its obligations under the Covenant. If the Covenant were to be read in such a way as not to establish such a minimum core obligation, it would be largely deprived of its raison d'être. By the same token, it must be noted that any assessment as to whether a State has discharged its minimum core obligation must also take account of resource constraints applying within the country concerned."* (COMMITTEE ON ECONOMIC, SOCIAL AND CULTURAL RIGHTS. Fifth Session. Geneva, 14-12-1990. General comment N.º 3. The nature of States parties obligations (Art. 2, par.1). UN doc. E/1991/23. Disponível em: http://www.unhchr.ch/tbs/doc.nsf/(Symbol)/94bdbaf59b43a424c12563ed=0052b664?Opendocument. Acesso em: jun. 2021.

palavras do Comitê de Direitos Econômicos, Sociais e Culturais da Organização das Nações Unidas – devem ser implementados de modo imediato pelos Estados. Nessa direção, aproximando-se às obrigações internacionais, os deveres dos Estados em matéria de direitos de liberdade e direitos sociais[107], sobressaem-se obrigações tanto de conduta quanto de resultado[108].

Não obstante a regra da progressividade, há obrigações decorrentes dos direitos sociais e econômicos que são de efeito imediato, a exemplo da cláusula que veda a discriminação na aplicação desses direitos[109]. Nesse diapasão, um grupo de expertos em Direito Internacional dos Direitos Humanos, advindos, sobretudo, da Faculdade de Limburg (em Maastricht, Holanda), reuniu-se, em junho de 1986, com a incumbência de analisar a natureza e extensão das obrigações dos Estados-partes no Pacto Internacional dos Direitos Econômicos, Sociais e Culturais. De acordo com os princípios daí derivados – também conhecidos como Princípios de Limburg – erigem-se obrigações imediatas em relação aos direitos sociais, a saber: *"Some obligations under the Covenant require immediate implementation in full by all States parties, such as the prohibition of discrimination in article 2.2 of the Covenant"*[110].

Desta forma, a aplicação dos direitos econômicos, sociais e culturais deve se pautar, para além dessa realização mínima, nos princípios da

107. *"Classical liberty rights are concerned with process, whereas welfare rights are concerned with outcomes".* (KELLEY, David. A Life of One's Own: individual rights and the welfare state. In: STEINER, Henry J; ALSTON, Philip. *International Human Rights in Context.* 2nd edition. Oxford: Oxford University Press, 2000. p.258).

108. *"The UN Committee has provided various categorizations of the obligations imposed by socio-economic rights on state parties. In General Comment 3, it recognized the distinction between obligations of conduct and obligations of result. Obligations of conduct require the taking of action 'reasonably calculated to realize the enjoyment of a particular right'. Obligations of result require '[s]tates to achieve specific targets to satisfy a detailed substantive standard"*, como explica David Bilchitz (BILCHITZ, David. *Poverty and Fundamental Rights, The Justification and Enforcement of Socio-economic Rights.* Oxford/New York: Oxford University Press, 2008. p.183).

109. No texto original: *"While great emphasis has sometimes been placed on the difference between the formulations used in this provision and that contained in the equivalent article 2 of the International Covenant on Civil and Political Rights, it is not always recognized that there are also significant similarities. In particular, while the Covenant provides for progressive realization and acknowledges the constraints due to the limits of available resources, it also imposes various obligations which are of immediate effect. Of these, two are of particular importance in understanding the precise nature of States parties obligations. One of these, which is dealt with in a separate general comment, and which is to be considered by the Committee at its sixth session, is the 'undertaking to guarantee' that relevant rights 'will be exercised without discrimination [...]'."* (Committee on Economic, Social and Cultural Rights. Fifth Session. Geneva, 14-12-1990. General comment nº 3: *The nature of States parties obligations (Art. 2, par.1).* UN doc. E/1991/23. Disponível em: http://www.unhchr.ch/tbs/doc.nsf/(Symbol)/94bdbaf59b43a424c12563ed=0052b664?Opendocument. Acesso em: jun. 2021).

110. The Limburg Principles on the Implementation of the International Covenant on Economic, Social and Cultural Rights. Disponível em: http://www.unhchr.ch/tbs/doc.nsf/0/6b748989d76d2bb8c125699700500e17?Opendocument. Acesso em: jun. 2021.

progressividade e da proibição do retrocesso social. O Comitê dos Direitos Econômicos, Sociais e Culturais da ONU esclarece que a progressividade ("*to take steps*") deve envolver um conjunto de ações concretas na consecução desses direitos, e não na mera intenção de realizá-los[111]. Progressividade supõe, nesses termos, atividades específicas, palpáveis e deliberadas[112] na realização dos direitos de modo imediato e eficaz. Os passos a serem dados na realização dos direitos econômicos, sociais e culturais devem impedir a retroação ao *status quo ante* menos protetivo, ou ainda, a inação.

A vedação do retrocesso social consiste em proibir modificação supressiva ou diminutiva da fruição do núcleo essencial de um direito social garantido[113]. Há, com isso, petrificação do núcleo essencial dos direitos econômicos, sociais e culturais já efetivados, colocando-se limite[114] à atuação dos Poderes Públicos. Ao lado dessa dimensão negativa, erige-se a interdição da inação estatal, visto que a progressividade impõe a não estagnação nos patamares de realização desses direitos.

Em outras palavras, no plano do Direito Internacional, os Estados, que integram o Sistema Interamericano de Direitos Humanos, assumiram a

111. *"The principal obligation of result reflected in article 2 (1) is to take steps 'with a view to achieving progressively the full realization of the rights recognized' in the Covenant. The term 'progressive realization' is often used to describe the intent of this phrase. The concept of progressive realization constitutes a recognition of the fact that full realization of all economic, social and cultural rights will generally not be able to be achieved in a short period of time. In this sense the obligation differs significantly from that contained in article 2 of the International Covenant on Civil and Political Rights which embodies an immediate obligation to respect and ensure all of the relevant rights. Nevertheless, the fact that realization over time, or in other words progressively, is foreseen under the Covenant should not be misinterpreted as depriving the obligation of all meaningful content. It is on the one hand a necessary flexibility device, reflecting the realities of the real world and the difficulties involved for any country in ensuring full realization of economic, social and cultural rights."* (COMMITTEE ON ECONOMIC, SOCIAL AND CULTURAL RIGHTS. Fifth Session. Geneva, 14-12-1990. General comment N.º 3: *The nature of States parties obligations (Art. 2, par.1)*. UN doc. E/1991/23. Disponível em: http://www.unhchr.ch/tbs/doc.nsf/m(Symbol)/94bdbaf59b43a424c12563ed=0052b664?Opendocument. Acesso em: jun. 2021.

112. Sobre esses deveres dos Estados fixam os princípios de Limburg: *"Under no circumstances shall this be interpreted as implying for States the right to deter indefinitely efforts to ensure full realization. On the contrary all States parties have the obligation to begin immediately to take steps to fulfill their obligations under the Covenant."* (The Limburg Principles on the Implementation of the International Covenant on Economic, Social and Cultural Rights. Disponível em: http://www.unhchr.ch/tbs/doc.nsf/0/6b748989d76d2bb8c125699700500e17?Op endocument. Acesso em: jun. 2021.

113. DERBLI, Felipe. A Aplicabilidade do princípio da proibição do retrocesso social no direito brasileiro. In: SOUZA NETO, Claudio Pereira de; SARMENTO, Daniel (Coord.). *Direitos sociais: fundamentos, justicialização e direitos sociais em espécie*. Rio de Janeiro: Lumen Juris, 2008. p.382.

114. Convém reconhecer que tais limites não são absolutos: *"Moreover, any deliberately retrogressive measures in that regard would require the most careful consideration and would need to be fully justified by reference to the totality of the rights provided for in the Covenant and in the context of the full use of the maximum available resources."* (COMMITTEE ON ECONOMIC, SOCIAL AND CULTURAL RIGHTS. Fifth Session. Geneva, 14-12-1990. General comment N.º 3: *The nature of States parties obligations (Art. 2, par. 1)*. UN doc. E/1991/23. Disponível em: http://www.unhchr.ch/tbs/doc.nsf/m(Symbol)/94bdbaf59b43a424c12563ed=0052b664?Opendocument. Acesso em: jun. 2021).

obrigação de caráter progressivo de realizar, concreta e constantemente - por meio dos recursos disponíveis, pela via legislativa e judicial, bem como por todos os meios apropriados - a máxima efetividade dos direitos humanos, o que também inclui a *obrigação de não regressividade* frente à realização dos direitos já alcançados.[115]

8.4. PROIBIÇÃO DE RETROCESSO

A cláusula da proibição de retrocesso está diretamente relacionada ao postulado do progressivo desenvolvimento dos direitos humanos; ambos são critérios hermenêuticos que se somam para potencializar a efetivação do Direito Constitucional multinível.

Ingo Sarlet destaca o vínculo entre a proibição de retrocesso e a previsão expressa de realização progressiva desses direitos prevista nos instrumentos internacionais e ressalta que, tão importante quanto a progressividade, é a consolidação e manutenção dos níveis já alcançados, o que se torna mais urgente em tempos de globalização econômica e ascensão de discursos relativos à flexibilização de direitos trabalhistas, além de redução dos níveis de prestação social[116].

Os Pactos Internacionais de Direitos Humanos de 1966 afirmam, expressamente, a cláusula da proibição de retrocesso. No art. 5º, do Pacto Internacional sobre Direitos Civis e Políticos, incorporado ao direito brasileiro pelo Decreto 592, de 6 de julho de 1992, está estabelecido:

115. Por exemplo, em relação ao direito humano à seguridade social, a Corte IDH afirmou que "considera que la naturaleza y alcance de las obligaciones que derivan de la protección de la seguridad social, incluyen aspectos que tienen una exigibilidad inmediata, así como aspectos que tienen un carácter progresivo206. Al respecto, la Corte recuerda que, en relación con las primeras (obligaciones de exigibilidad inmediata), los Estados deberán adoptar medidas eficaces a fin de garantizar el acceso sin discriminación a las prestaciones reconocidas para el derecho a la seguridad social, garantizar la igualdad de derechos entre hombres y mujeres, entre otros. Respecto a las segundas (obligaciones de carácter progresivo), la realización progressiva significa que los Estados partes tienen la obligación concreta y constante de avanzar lo más expedita y eficazmente posible hacia la plena efectividad de dicho derecho, en la medida de sus recursos disponibles, por vía legislativa u otros medios apropiados. Asimismo, se impone la obligación de no regresividad frente a la realización de los derechos alcanzados. En virtud de lo anterior, las obligaciones convencionales de respeto y garantía, así como de adopción de medidas de derecho interno (artículos 1.1 y 2), resultan fundamentales para alcanzar su efectividad" (CORTE INTERAMERICANA DE DIREITOS HUMANOS. *Caso Muelle Flores Vs. Perú.* Sentença de 6 de março de 2019. Disponível em: https://www.corteidh.or.cr/docs/casos/articulos/seriec_375_esp.pdf. Acesso em: 26 maio 2023. Par. 190).

116. SARLET, Ingo Wolfgang. *A assim designada proibição do retrocesso social e a construção de um direito constitucional comum latino americano.* BOGDANDY, Armin Von; PIOVENSAN, F; ANTONIAZZI, Antoniela Moraes. *Direitos Humanos, Democracia e Integração Juridica na América do Sul.* Rio de Janeiro: Lumens Juris, 2010 p.533; PIOVESAN, Flávia. *Proteção dos Direitos Sociais: desafios do ius commune sul-americano.* In: Rev. TST, Brasília, vol. 77,nº 4, out/dez 2011. p.128.

> 1. Nenhuma disposição do presente Pacto poderá ser interpretada no sentido de reconhecer a um Estado, grupo ou indivíduo qualquer direito de dedicar-se a quaisquer atividades ou de praticar quaisquer atos que tenham por objetivo destruir os direitos ou liberdades reconhecidos no presente Pacto por ou impor-lhes limitações mais amplas do que aquelas nele previstas.
>
> 2. Não se admitirá qualquer restrição ou suspensão dos direitos humanos fundamentais reconhecidos ou vigentes em qualquer Estado-parte no presente Pacto em virtude de leis, convenções, regulamentos ou costumes, sob pretexto de que o presente Pacto não os reconheça ou os reconheça em menor grau.

Já o art. 5º do Pacto Internacional sobre Direitos Econômicos, Sociais e Culturais, inserido no ordenamento jurídico brasileiro pelo Decreto 591, de 6 de julho de 1992, estabelece:

> 1. Nenhuma disposição do presente Pacto poderá ser interpretada no sentido de reconhecer qualquer direito a um Estado, grupo ou indivíduo para empreender atividades ou realizar atos que levem à destruição de qualquer dos direitos ou liberdades reconhecidos no Pacto, ou a maiores limitações do que nele previsto.
>
> 2. Não poderá admitir-se restrição ou prejuízo de nenhum dos direitos humanos fundamentais reconhecidos ou vigentes num país em virtude de leis, convenções, regulamentos ou costumes, a pretexto de que o presente Pacto não os reconhece ou os reconhece em menor grau.

A proibição do retrocesso é uma característica da proteção internacional dos direitos humanos, não podendo os Estados, tanto no plano interno quanto no internacional, impor restrições ou diminuir a proteção de direitos humanos já alcançada.

Ingo Wolfgang Sarlet afirma que

> [...] a proibição do retrocesso em matéria de direitos sociais, a despeito de não ter sido expressamente agasalhada por nenhuma das constituições latino-americanas, representa hoje, ainda que não necessariamente sob este rótulo e com sentido variável, uma categoria reconhecida em um processo de crescente difusão e elaboração doutrinária e jurisprudencial em várias ordens jurídicas, inclusive em função de sua consagração no âmbito do direito internacional[117] .

117. SARLET, Ingo Wolfgang. *A assim designada proibição do retrocesso social e a construção de um direito constitucional comum latino americano*. BOGDANDY, Armin Von; PIOVENSAN, F; ANTONIAZZI, Antoniela

A cláusula de proibição de retrocesso social serve para limitar a liberdade de conformação e a possibilidade de arbítrio do legislador, a fim de assegurar estabilidade às situações ou posições jurídicas e evitar a destruição do mínimo de garantias necessárias à realização dos direitos humanos fundamentais[118].

Nesse sentido, é a proibição de retrocesso está contemplada em diversos tratados internacionais e consagrada na jurisprudência da Corte Interamericana de Direitos Humanos e do Supremo Tribunal Federal. Depreende-se de sua análise que a jurisprudência da corte vem alcançando avanços na proteção dos direitos sociais, mas diante da ausência de previsão expressa de parâmetros de efetivação desses direitos, tais avanços decorrem de esforços interpretativos da Corte, e em especial nas questões que envolvem direitos trabalhistas, de uma proteção indireta dos direitos sociais por meio da proteção de direitos civis, tais como se verifica nos casos *Baena Ricardo y otros versus Panamá*; *Aguado Alfato y otros versus Peru* e *"Cinco pensionistas" versus Peru*[119]. Além dos casos de justiciabilidade direta do artigo 26 da CADH, conforme adiante melhor se detalhará.

Ademais, a cláusula da proibição do retrocesso tem sido reconhecida amplamente pela jurisprudência do Supremo Tribunal Federal em diversos casos[120], que podem ser subdivididos em vedação do retrocesso social (*v.g.*, em direitos prestacionais: obrigou-se o Município de São Paulo a matricular crianças em idade infantil, em creche ou pré-escola, próximas de sua residência ou do endereço de seus responsáveis legais, sob pena de multa diária por criança não atendida)[121], de retrocesso político (*v.g.*, para a proteção do

Moraes. *Direitos Humanos, Democracia e Integração Juridica na América do Sul.* Rio de Janeiro: Lumens Juris, 2010 p.533.

118. ANDRADE, José Carlos Vieira de. *Os direitos fundamentais na Constituição portuguesa de 1976.* Cit. p. 308.

119. PIOVESAN, Flávia. *Proteção dos Direitos Sociais: desafios do ius commune sul-americano.* In: Rev. TST, Brasília, vol. 77, nº 4, out/dez 2011. p.128.

120. RAMOS, André de Carvalho. *Curso de direitos humanos.* Cit. p. 107-109.

121. "A Proibição do retrocesso social como obstáculo constitucional à frustração e ao inadimplemento, pelo poder público, de direitos prestacionais. - O princípio da proibição do retrocesso impede, em tema de direitos fundamentais de caráter social, que sejam desconstituídas as conquistas já alcançadas pelo cidadão ou pela formação social em que ele vive. - A cláusula que veda o retrocesso em matéria de direitos a prestações positivas do Estado (como o direito à educação, o direito à saúde ou o direito à segurança pública, v.g.) traduz, no processo de efetivação desses direitos fundamentais individuais ou coletivos, obstáculo a que os níveis de concretização de tais prerrogativas, uma vez atingidos, venham a ser ulteriormente reduzidos ou suprimidos pelo Estado. Doutrina. Em consequência desse princípio, o Estado, após haver reconhecido os direitos prestacionais, assume o dever não só de torná-los efetivos, mas, também, se obriga, sob pena de transgressão ao texto constitucional, a preservá-los, abstendo-se de frustrar - mediante supressão total ou parcial - os direitos sociais já concretizados" (BRASIL, Supremo Tribunal Federal. *ARE 639337 AgR*, Relator(a): Min. Celso de Mello, Segunda Turma, j. 23.08.2011, DJe-177 Divulg 14-09-2011 Public 15-09-2011EMENT VOL-02587-01 PP-00125).

modelo do voto eletrônico, impedindo a sua impressão – conforme o STF declarou inconstitucional às regras contidas no art. 5º da Lei 12.034/2009[122] e no art. 59-A da Lei 9.504/97[123], introduzido pela Lei 13.165/2015 –, já que isso poderia permitir a identificação de quem votou, o que causaria constrangimentos e diminuiria a liberdade de votar), de retrocesso civil (*v.g.*, acolheu-se as teses 498 e 809 em repercussão geral que consideram o art. 1.790/CC inconstitucional, ao fazer a distinção de regimes sucessórios entre cônjuges e companheiros, devendo-se aplicar tanto ao casamento quanto à união estável o regime sucessório do art. 1.829 do CC[124]), de retrocesso institucional (*v.g.*, a Procuradoria-Geral da República ingressou com a ADPF 607 para impedir que onze cargos de perito do Mecanismo Nacional de Prevenção e Combate à Tortura fossem transferidos para outra área, o que esvaziaria o órgão considerado essencial ao combate à tortura e demais tratamentos degradantes ou desumanos em ambientes de detenção e custódia coletiva de pessoas[125]) e de retrocesso ambiental (*v.g.*, declaração de inconstitucionalidade da Lei nº 12.678/2012, que diminuía a proteção dos ecossistemas abrangidos pelas unidades de conservação, ofendendo o núcleo essencial do direito fundamental ao meio ambiente ecologicamente equilibrado, previsto no art. 225 da CF/88[126]).

O princípio da proibição do retrocesso é cada vez mais incidente nos julgados internos e internacionais como clausula interpretativa a guiar a aplicação dos direitos humanos. O referido vetor figura como horizonte interpretativo, sobretudo ao se tratar de casos de supressão de direitos e garantias fundamentais. Assim, a vedação do retrocesso aparece ao lado de outras diretrizes interpretativas, a fim de garantir o cumprimento das obrigações mínimas em relação aos direitos, buscando a sua máxima efetividade.

---

122. BRASIL, Supremo Tribunal Federal. *ADI 4543 MC*, Relator(a): Min. Cármen Lúcia, Tribunal Pleno, j. 19/10/2011, Processo Eletrônico DJe-044 Divulg 01-03-2012 PUBLIC 02-03-2012 RTJ VOL-00221-01 PP-00407 RT v. 101, n. 921, 2012, p. 410-441.
123. BRASIL, Supremo Tribunal Federal, Tribunal Pleno, *ADI 5889/DF*, rel. orig. Min. Gilmar Mendes, rel. p/ o ac. Min. Alexandre de Moraes, j. 6.6.2018, pub. DJe 14.10.2020.
124. BRASIL, Supremo Tribunal Federal, *RE 787048 AgR*, Rel. Min. Ricardo Lewandowski, Segunda Turma, j. 29/11/2019, Processo Eletrônico DJe-270 Divulg 06-12-2019 PUBLIC 09-12-2019.
125. *Ibid.*
126. BRASIL, Supremo Tribunal Federal. *RE ADI 4717*, Rel. Min. Cármen Lúcia, Tribunal Pleno, j. 05/04/2018, Processo Eletrônico DJe-031 Divulg 14-02-2019 Public 15-02-2019.

CAPÍTULO

9

DIREITO INTERNACIONAL DOS DIREITOS HUMANOS E O DEVER DE COOPERAÇÃO

Durante a Segunda Guerra Mundial (1939-1945), os campos de concentração de Auschwitz-Birkenau, no sul da Polônia, construídos pelo governo alemão, comandado por Adolf Hitler (1889-1945), são símbolos do Holocausto. Lá, foram exterminadas quase duas dezenas de milhões de pessoas. Auschwitz-Birkenau não é apenas um simples fato histórico, mas um acontecimento que impõe reflexões sobre a autoconsciência da condição humana. Mostra que tais eventos jamais poderiam ter acontecido, de acordo com a consciência de que temos de nós mesmos[1], mas também, revela que isso ocorreu devido à vontade dos próprios homens. Se na natureza humana está o horror por Auschwitz-Birkenau, ali também estão as causas que o produziram[2]. Negar o Holocausto é não somente ignorar as evidências históricas. Também é cometer "crime" contra a humanidade, porque retira dela a possibilidade de extrair lições humanistas do genocídio, para evitar que os erros do passado sejam repetidos no presente e no futuro. Foram os atos de terrorismo de Estado geradores das truculências do segundo grande conflito mundial que permitiram a consciência da possibilidade humana de destruir e aniquilar ao próximo e a si mesma.

1. "(…) a consciência é uma estrutura inalienável da existência: cabe ao homem – pagão ou não, grego ou judeu – ter uma consciência de si que comporte essa característica relacional mínima de se relacionar a alguma instância qualificada pela diferença entre o bem e o mal" (RICOEUR, Paul. *Amor e justiça*. Trad. de Eduardo Brandão. São Paulo: WMF Martins Fontes, 2012. p. 95-96).
2. Idem, p. 105-106.

É, portanto, da negativa de proteção jurídica aos direitos dos seres humanos – espelhada na nefasta dissociação entre pessoa e sujeito de direitos que tem como base a óptica totalitarista da superfluidade e dispensabilidade de alguns indivíduos – que exsurgiu a reconstrução e reestruturação dos direitos humanos, sob a forma da Declaração Universal de 1948. Eis aí a denominada *concepção contemporânea dos direitos humanos*[3]. Abriu-se um novo paradigma de proteção dos seres humanos que abandona seu viés unicamente doméstico (no qual se identificam com os direitos do cidadão[4]) e ganham proporções no cenário internacional. Isso porque suas consequências, no mais das vezes, como demonstrou a experiência da Guerra, não ficam restritas aos limites fictos da geografia mundial. É esse processo de câmbio dos direitos do cidadão em direitos humanos que marca a passagem da "era das catástrofes"[5] para a "era dos direitos"[6]. O embrião da internacionalização, contido na concepção contemporânea dos direitos humanos, arrima-se em dois alicerces bem demarcados, quais sejam: uma visão universal e holística desses direitos. A postura universalista demanda, independentemente das particularidades locais, a extensão de um conjunto mínimo de direitos a todos os seres humanos no globo, por consequência da sua humanidade. Já o caráter holístico e indissociável introduzido pelo arquétipo insere, no núcleo normativo protetivo mínimo, tanto direitos civis e políticos, como direitos econômicos, sociais e culturais. Há, assim, complementaridade dialética que demanda visão não segmentada dos direitos para o resguardo substancial dos direitos humanos.

Repousa na Declaração Universal de 1948 o início[7] de um projeto internacional protetivo e promocional que pulverizou suas sementes em

---

3. PIOVESAN, Flávia. *Direitos humanos e justiça internacional.* 3ª ed. São Paulo: Saraiva, 2012.

4. Essa óptica da passagem dos cidadãos aos direitos humanos é registrada por Hannah Arendt na obra sobre *As Origens do Totalitarismo*. (ARENDT, Hannah. *As origens do totalitarismo*. São Paulo: Cia das Letras, 1989. p.302).

5. Expressão utilizada por Eric Hobsbawn para identificar a primeira "era" marcada, sobretudo, pelas guerras, que compõe o século XX. (HOBSBAWN, Eric. *A era dos extremos: o breve século XIX (1914-1991).* São Paulo: *Companhia* das Letras, 1995).

6. Acerca dessa travessia dos direitos do cidadão aos direitos humanos, cumpre frisar: "No final desse processo, os direitos do cidadão terão se transformado, realmente, positivamente, em direitos do homem. Ou, pelo menos, serão os direitos do cidadão daquela cidade que não tem fronteiras, porque compreende toda humanidade; ou, em outras palavras, serão os direitos do homem enquanto direitos do cidadão do mundo." (BOBBIO, Norberto. *A era dos direitos*. Rio de Janeiro: Elsevier, 2004. p.50).

7. Sobre o fato de a Declaração de 1948 conter o gérmen da internacionalização indica Norberto Bobbio: "Quando se diz que a Declaração Universal representou apenas o momento inicial da fase final de um processo, o da conversão universal em direitos positivos do homem, pensa-se habitualmente na dificuldade de implementar medidas eficientes para a sua garantia numa comunidade como a internacional, na qual ainda não ocorreu o processo de monopolização da força que caracterizou o nascimento do Estado moderno. Mas também há problemas de desenvolvimento, que dizem respeito ao próprio conteúdo

diversos outros instrumentos normativos na seara internacional. A partir do marco inicial de 1948, formou-se uma rede complexa de proteção dos direitos humanos no âmbito internacional que se espraia, em várias instâncias globais e regionais, com a finalidade de formar o corpo normativo do Direito Internacional dos Direitos Humanos. As atrocidades cometidas na Segunda Guerra Mundial, despertaram na consciência da comunidade internacional a preocupação legítima na proteção dos direitos humanos, que extrapolam o domínio reservado do Estado ou a competência nacional exclusiva[8]. Foram criados parâmetros globais de ação estatal, que compõem um código comum de ação para promover o respeito e a proteção dos direitos humanos, que se consolidaram no movimento do Direito Internacional dos Direitos Humanos. O direito antigo somente se concebia na escala familiar e local, mas com o progresso científico e tecnológico trazido pela modernidade, o direito adaptou-se à escala nacional e, por fim, a época atual exige que as instituições jurídicas sejam compreendidas em escala global[9]. A globalização internacional dos problemas (*v.g.*, direitos humanos, meio ambiente, combate às pandemias, consumo, corrupção, criminalidade organizada, terrorismo etc.) fez surgir a necessidade de formação de instituições internacionais, dotadas de órgãos de produção jurídica que, minimizando o alcance e a aplicação da legislação nacional, podem derrogar normas internas que contrastem com o direito internacional e/ou o direito comunitário.

O Direito Internacional dos Direitos Humanos e o Direito Comunitário criam normas, mais ou menos vinculantes (*hard law*), mas também mais ou menos flexíveis (*soft law*)[10], forjadas em novas instituições políticas e jurídicas (presentes no Sistema Universal das Nações Unidas, como o Conselho de Direitos Humanos, o Comitê de Direitos Humanos e o Conselho Econômico e Social; em Sistemas Regionais, a exemplo do americano, com a Comissão Interamericana de Direitos Humanos e a Corte Interamericana de Direitos Humanos; ou, ainda, no âmbito comunitário, como o Parlamento Europeu, o Conselho da União Europeia e a Corte Europeia de Direitos Humanos). Questões como a utilização da energia nuclear, a crise climática

---

da Declaração. Com relação ao conteúdo, ou seja, à quantidade e à qualidade dos direitos elencados, a Declaração não pode apresentar nenhuma pretensão de ser definitiva" (*A era dos direitos*. Cit. p.51).

8. PIOVESAN, Flávia. *Direitos humanos e direito constitucional internacional.* 13ª ed. São Paulo: Saraiva, 2012. p. 61.
9. OST, François. Júpter, Hércules, Hermes: tres modelos de juez. Trad. Isabel Lifante Vidal. *Revista Doxa (Cuadernos de Filosofia del Derecho – Universidad de Alicante)*, n. 14 (1993). p. 193.
10. CANOTILHO, José Joaquim Gomes. *Direito Constitucional*. 6ª ed. Coimbra: Almedina Editora, 1993. p. 18.

e o combate a grandes epidemias (*v.g.*, Covid-19, AIDS, gripe suína etc.) e pandemias (como a da Covid-19) obrigam a pensar o direito em uma macro esfera e exigem a adoção de normas intersubjetivamente válidas e de responsabilidade universal.

Nesse sentido, é paradigmática a experiência europeia na tentativa de criar as condições necessárias para a positivação de uma Constituição a ser respeitada por todos os países integrantes da União Europeia. Em 18 de dezembro de 2000, foi editada a Carta dos Direitos Fundamentais da União Europeia. Essa iniciativa está baseada na promoção da paz e assentada em valores indivisíveis e universais comuns que integram o patrimônio espiritual e moral da União Europeia, notadamente a dignidade do ser humano, a liberdade, a igualdade e a solidariedade, e nos princípios da democracia e do Estado de Direito. A Carta visa contribuir para a diversidade das culturas e tradições dos povos da Europa, para a identidade nacional dos Estados-membros, para a organização dos seus poderes públicos nos níveis nacional, regional e local, bem como para estimular o desenvolvimento equilibrado e duradouro, por meio da livre circulação de pessoas, bens, serviços e capitais, e pela liberdade de estabelecimento. A Carta reforça a proteção dos direitos fundamentais, ao considerar a dinâmica e o progresso social, além da evolução científica e tecnológica. A vinculação jurídica dos países integrantes do bloco europeu à Carta dos Direitos Fundamentais, contudo, deve observar o princípio da subsidiariedade, as atribuições e competências da Comunidade e da União, as tradições constitucionais e as obrigações internacionais comuns dos Estados-membros, do Tratado da União Europeia e dos Tratados comunitários da Convenção Europeia para a proteção dos direitos do homem e das liberdades fundamentais, das Cartas Sociais aprovadas pela Comunidade e pelo Conselho da Europa, bem como da jurisprudência do Tribunal de Justiça das Comunidades Europeias e do Tribunal Europeu dos Direitos do Homem.

Os direitos humanos são supranacionais, isto é, devem ser reconhecidos independentemente da nacionalidade ou dos direitos que compõem a cidadania. A partir de Convenções internacionais de direitos humanos, incorporadas às Constituições nacionais, ou, simplesmente, pela adesão dos Estados a tais Convenções, foram criados limites externos (ou de sujeição) aos poderes públicos, além de se lançarem as bases de uma democracia internacional ou de um constitucionalismo mundial, ainda bem longe de serem alcançadas, mas que possuem os fundamentos normativos pré-configurados[11]. A globalização dos direitos humanos depende da concretização do valor da solidariedade internacional, com a imposição e a regulamentação de ajudas econômicas e intervenções humanitárias capazes de assegurar os direitos fundamentais, especialmente às populações mais pobres do planeta[12]. A palavra solidariedade significa muito mais do que meros gestos esporádicos; é uma forma de fazer história, de pensar e agir em termos comunitários, o que implica em priorizar a vida de todos sobre a apropriação de bens por parte de alguns, lutar contra as causas estruturais da pobreza, as desigualdades (entre as nações, classes, raças e gêneros), a negação de direitos sociais, os efeitos destrutivos do capitalismo sem ética e a globalização da indiferença (especialmente contra os povos mais vulnerabilizados)[13-14].

Com efeito, é possível fazer uma história diferente, porque a história não é uma coisa ou um dado pronto e acabado; seu significado é atribuído pela ação humana e pelo movimento das sociedades[15]. Elevar a democracia à dimensão de uma cidadania mundial mais solidária, cuidando dos destinos das futuras gerações, é um dos caminhos a serem seguidos pelo direito constitucional multinível. Isso envolve o dever de cooperação internacional. A obrigação de cooperação dos Estados, conforme Flávia Piovesan, destaca-se "porque, tal como o direito ao desenvolvimento, os direitos sociais têm como valor fundante a solidariedade, que, em uma ordem cada vez mais global, invoca o dever de cooperação internacional"[16].

---

11. FERRAJOLI, Luigi. *Diritti fondamentali*. Cit. p. 10.
12. Idem, p. 32.
13. PAPA FRANCISCO. *Carta Encíclica Fratelli Tutti. Sobre a fraternidade e a amizade social*. São Paulo: Paulinas, 2020. p. 83-84.
14. "Descobrir-se na posição de opressor, mesmo que sofra por este fato, não é ainda solidarizar-se com os oprimidos. Solidarizar-se com estes é algo mais que prestar assistência a trinta ou a cem, mantendo-os atados, contudo, à mesma posição de dependência. Solidarizar-se não é ter a consciência de que explora e ´racionalizar´ sua culpa paternalistamente. A solidariedade, exigindo de quem se solidariza que ´assuma´ a situação de com quem se solidarizou, é uma atitude radical. Se o que caracteriza os oprimidos, como ´consciência servil´ em relação à consciência do senhor, é fazer-se quase ´coisa´ e transformar-se, como salienta Hegel, em ´consciência para outro´, a solidariedade verdadeira *com* eles lutar para a transformação da realidade objetiva que os faz ser este ´ser para outro´. O opressor só se solidariza com os oprimidos quando o seu gesto deixa de ser um gesto piegas e sentimental, de caráter individual, e passa a ser um ato de amor àqueles. Quando, para ele, os oprimidos deixam de ser uma designação abstrata e passam a ser os homens concretos, injustiçados e roubados" (FREIRE, Paulo. *Pedagogia do oprimido*. Cit. p. 37-38).
15. "O sentido que têm as coisas, isto é, seu verdadeiro valor, é o fundamento da correta interpretação de tudo o que existe. Sem isso, corremos o risco de não ultrapassar uma interpretação coisicista de algo que é muito mais que uma simples coisa, como os objetos da história. Estes estão sempre mudando de significado, com o movimento das sociedades e por intermédio das ações humanas sempre renovadas" (SANTOS, Milton. *Por uma outra globalização. Do conhecimento único à consciência universal*. 6ª ed. Rio de Janeiro: Record, 2001. p. 32).
16. PIOVESAN, Flávia. *Proteção dos direitos sociais: desafios do ius commune sul-americano*. Cit. p.217.

> O direito ao desenvolvimento, em sua mirada através das lentes dos direitos humanos, está vinculado ao princípio da solidariedade que demanda a ação estatal e a cooperação internacional em sua dúplice dimensão: em um primeiro plano de desenvolvimento estatal e comunitário, tanto no cenário interno quanto no internacional; e, em um segundo, na dimensão individual de cada ser humano poder desenvolver amplamente suas potencialidades de desenvolvimento social e a preservação ambiental[17].

O desafio da promoção da solidariedade conclama a (re)pensar os direitos humanos, como advertem Asbjorn Eide e Allan Rosas:

> *A crucial question is whether we, as human beings, are willing to uphold the cision of a universal rule of law embracing civil, political, economic, social and cultural aspects of human existence and to promote the concern with solidarity which is essential to integration, both at national or international level. Alternatively, we might have to be prepared to allow the world to break up even more then before into profit centered-individualism in some parts of the world, and into ethically and culturally defined entities in other places*[18].

A tônica dos compromissos internacionais acerca da matéria é a ética da alteridade e da solidariedade – que estão na base da proteção internacional dos direitos humanos. Os desafios trazidos com a pandemia da Covid-19 corroboram com a enunciação de Flávia Piovesan:

> Os danos ambientais podem gerar efeitos no presente e no futuro, por vezes, não havendo como prever o impacto temporal. Por isso, o direito ao meio ambiente exige um pacto entre as presentes e futuras gerações, o que fomenta a noção de desenvolvimento sustentável como o "desenvolvimento que atende às necessidades do presente, sem comprometer a capacidade das futuras gerações atenderem às suas próprias necessidades", na definição da Comissão Mundial sobre Meio Ambiente e Desenvolvimento. Daí o desafio de uma nova ética sustentável, que compatibilize o desenvolvimento econômico, o desenvolvimento social e a preservação ambiental[19].

O princípio da solidariedade gera o dever da cooperação internacional e atenta para a formação de leis e obrigações transnacionais, oponíveis *erga omnes* a qualquer ator da comunidade internacional em face de graves e importantes violações de direitos humanos, consoante advoga Andrew Hurrel:

17. PIOVESAN, Flávia. *Direitos humanos e justiça internacional*. Cit. p.55.
18. EIDE, Asbjorn; ROSAS, Allan. *Economic, Social and Cultural Rights: a universal challenge*. Cit. p.6.
19. PIOVESAN, Flávia. *Direitos humanos e justiça internacional*. Cit. p.55.

> *The most ambitious alternative to this traditional conception is to strive towards a system in which human rights and democracy form part of the law of a transnational civil society, in which the state loses its place as an autonomous institution and instead becomes one of many actors and one participant in a broader and more complex social process*[20].

Os direitos humanos impõem e obrigam aos Estados e à comunidade internacional com efeitos *erga omnes.* Essa exigência, por sua vez, abre a possibilidade de imputação aos Estados de um dever de cooperação para o desenvolvimento humano global. Isso porque, à luz do princípio geral do direito internacional de proteção dos direitos humanos, a ordem internacional deve ser trazida às suas responsabilidades, e não manter postura de conivência com a miserabilidade.

Nesse sentido, há um dever de ação da comunidade internacional em face das garantias mínimas contidas nos direitos humanos como uma obrigação *erga omnes* que exige verdadeiro protagonismo e solidariedade da sociedade internacional diante da massiva violação de direitos humanos que a pobreza extrema representa atualmente. Reforçam-se as conclusões na Conferência de Monterrey, de 2002, sobre o financiamento do desenvolvimento e as responsabilidades compartilhadas:

> *Each country has primary responsibility for its own economic and social development, and the role of national policies and development strategies cannot be overemphasized. At the same time, domestic economies are now interwoven with the global economic system and, inter alia, the effective use of trade and investment opportunities can help countries to fight poverty. National development efforts need to be supported by an enabling international economic environment*[21].

A solidariedade, que pauta a justa e universal distribuição do bem-estar mínimo, opera tanto no campo intraestatal como na arena internacional. Do ponto de vista das obrigações tradicionais dos Estados – de respeitar, proteger e promover – essa perceptiva de alteridade já se faz presente. Isso porque, pelos princípios da interdependência e integralidade, as obrigações que nascem aos Estados, a partir do direito humano ao desenvolvimento,

20. Power, principles and prudence: protecting human rights in a deeply divided world. In: DUNNE, Tim; WHEELER, Nicholas J. *Human Rights in Global Politics*. Cambridge: Cambridge University Press, 1999. p.289.
21. Documento disponível em: http://www.un.org/esa/ffd/monterrey/MonterreyConsensus.pdf. Acesso em: jun. 2021.

são de ordem positiva e negativa[22] e se conectam com as distintas classes de direitos. Não se circunscrevem, portanto, apenas à redução de empecilhos ao desenvolvimento, mas também, as ações estatais concretas de promoção progressiva e crescente do desenvolvimento com o máximo de recursos disponíveis. Há, pois, deveres positivos e negativos do Estado e da comunidade na qual esse direito está inserido, com fundamento na solidariedade intraestatal. O dever de cooperação estende o solidarismo à arena internacional, para além (e ao lado) da vertente tradicional. Emerge o dever de solidariedade supra e interestatal *erga omnes* no que toca à proteção dos clamores mais básicos dos direitos humanos, dentre os quais está o direito ao desenvolvimento. Há dificuldade, entretanto, na identificação precisa dos contornos das obrigações estatais específicas em relação à perspectiva extraestatal.

A moldura da colaboração recíproca no palco internacional está posta, mas sua substância ainda pende de delineamentos. Se a própria existência do dever de cooperação internacional encontra resistência, seu preenchimento de sentido é ainda mais complexo. Mesmo que não haja consenso no tocante às determinações que compõem as obrigações decorrentes do dever de cooperação, *a contrario sensu*, está presente no discurso internacional hegemônico certa conformidade sobre o que estaria daí excluído, conforme esclarece Margot E. Salomon:

> *There would seem to be a certain accord – at least among the affluent and powerful states – as to what a duty of international cooperation for human rights does not entail. Most vociferously the affluent states tend to claim that it does not provide for a binding obligation to transfer resources from North to South*[23].

A fim de manter coerência com o que se passa no plano interno estatal, no que diz respeito à cooperação internacional, relacionam-se obrigações abstêmias, mas também de atuação na realização dos direitos. Em relação aos direitos civis e políticos, nota-se que há maior aceitação de sua aplicação extraterritorial pelo atual estado da arte do direito internacional. Todavia, em relação aos direitos econômicos, sociais e culturais, a discussão se torna

22. CORTE INTERAMERICANA DE DIREITOS HUMANOS. *Caso do Massacre de Pueblo Bello vs. Colômbia*. Sentença de 31 de janeiro de 2006. Série C No. 140. Disponível em: https://www.corteidh.or.cr/docs/casos/articulos/seriec_140_esp.pdf. Acesso em: 30 de junho de 2021. Par. 111.

23. *Global Responsibility for Human Rights*. New York: Oxford, 2007. p.98.

mais intrincada[24], reproduzindo-se o padrão dissonante do tratamento jurídico em relação às diferentes classes de direitos. O dever de cooperação impõe a extensão transnacional das obrigações estatais para com o desenvolvimento, independentemente da natureza das obrigações envolvidas. Na área dos direitos civis e políticos, exsurgem aversões menores em vista do padrão negativo de atuação que, no mais das vezes, compreende. Já, no tocante aos direitos econômicos, sociais e culturais, a colaboração extra estatal envolve, sobretudo, o monitoramento e a aplicação de medidas corretivas quando do não cumprimento das obrigações estatais. Independente da natureza e/ou classe de direitos, sintetiza Margot E. Salomon: *"In sum, states have certain obligations to the people of other countries; that is, there exist extraterritorial human rights obligations"*[25]. Funda-se, dessarte, o dever de ação desconectado com a territorialidade estatal com base no valor da solidariedade. É nesse influxo que o relatório das Nações Unidas, *In Larger Freedom*, expõe a solidariedade como fundamento da ação conjunta da comunidade internacional diante das ameaças e dos desafios interligados. A busca pelo alargamento das liberdades, consoante o próprio título do documento, só pode ser promovida pela ampla, profunda e sustentada cooperação mundial entre os Estados e empresas multinacionais.

Essa cooperação internacional é possível com base na solidariedade interestatal: as políticas de cada país devem ter em conta não só as necessidades de seus próprios cidadãos, mas também as necessidades dos outros. O dever de solidariedade se funda, segundo Kofi Annan, autor do documento, em nossa humanidade comum e compartilhada. Nas palavras do então Secretário-Geral da Organização das Nações Unidas:

> *In a world of interconnected threats and challenges, it is in each country's self-interest that all of them are addressed effectively. Hence, the cause of larger freedom can only be advanced by broad, deep and sustained global cooperation among States. Such cooperation is possible if every country's policies take into account not only the needs of its own citizens but also the needs of others. This kind of cooperation not only advances everyone's interests but also recognizes our common humanity*[26].

---

24. Nas palavras de Salomon: *"It may be true then, to a certain degree, the parameters of the obligation to cooperate internationally in the realization of socio-economic rights are not yet clearly drawn"* (Idem, p.102).
25. International Obligations of Human Rights in Context: structural obstacles and demands of global justice. In: ANDREASSEN, Bard; MARKS, Stephen. *Development as a Human Right*. Antwerp/Oxford/Portland: Intersentia, 2010. p.137.
26. *In Larger Freedom: towards development, security and human rights to all.* New York: United Nations, 2005.

A preocupação com a colaboração internacional e com o princípio da solidariedade se entrelaça com o dever de cuidado com as futuras gerações e não é uma referência apenas do nosso tempo; a Constituição francesa de 1793 já dizia explicitamente que "uma geração não tem o poder de sujeitar às próprias leis às gerações futuras"[27]. A responsabilidade frente ao futuro também foi expressa por índios americanos ao dizerem que "não receberam a terra em herança dos seus antepassados, mas como empréstimo de seus netos"[28]. Mais recentemente, em 18 de dezembro de 2000, a Carta dos Direitos Fundamentais da União Europeia, em seu Preâmbulo, asseverou que o "gozo destes direitos implica responsabilidades e deveres, tanto para com as outras pessoas individualmente consideradas como para com a comunidade humana e as gerações futuras". No entanto, na contramão da preservação do meio ambiente, da consolidação do valor solidário internacional e da harmonização ética da humanidade, apresentam-se regimes jurídicos pautados na violação sistemática de direitos humanos e na repressão aos direitos dos migrantes e dos refugiados, caracterizados pelo nacionalismo chauvinista.

Os nacionalismos exacerbados e agressivos acentuam formas de egoísmos que contribuem para a perda do sentido social, sob uma suposta defesa dos interesses nacionais[29]. Dessa forma, o desinteresse pelo bem comum, potencializado pela economia de mercados globais, e a imposição de um modelo cultural único divide as pessoas e as nações, massifica as relações humanas, o que privilegia interesses individuais, favorece a identidade dos mais fortes, restringe às pessoas a meros consumidores ou espectadores e fragiliza a dimensão comunitária da existência[30]. A revolução tecnológica e a sociedade do conhecimento das últimas décadas, bem como os impulsos trazidos pelo capitalismo financeiro, geraram maior concentração de renda em países mais desenvolvidos. Empresas multinacionais elevaram seus lucros, a partir da maior exploração da mão de obra barata (em países em desenvolvimento ou em razão do trabalho de imigrantes), e da destruição do meio ambiente e de outras formas de "neocolonização" de países empobrecidos. Destaca-se, assim, a contradição entre o discurso de solidariedade, alteridade e cooperação internacional com a realidade das políticas isolacionistas, discriminatórias e concentradoras de riqueza, frutos da nova onda nacionalista que assola diversos países ao redor do globo.

27. RODOTÀ, Stefano. *Il diritto di avere diritti*. Cit. p. 84.
28. Idem. Ibidem.
29. PAPA FRANCISCO. *Carta Encíclica Fratelli Tutti. Sobre a fraternidade e a amizade social*. Cit. p. 15.
30. OST, François; JÚPTER, Hércules Hermes. *Três modelos de juez*. Cit. p. 193.

CAPÍTULO

10

ICCAL - *IUS CONSTITUCIONALE COMMUNE* LATINO-AMERICANO

A América Latina é a região mais desigual do planeta, assolada por brechas sociais que culminaram na pobreza extrema, com altos índices de violência generalizada, inclusive racial e de gênero, fruto de um contexto de repressão mediante o uso desproporcional da força estatal, impunidade e corrupção sistêmica[1-2]. A população da América Latina representava 8% da população mundial em 2018, mas possuía 33% dos homicídios no mundo[3]. Apenas quatro países da região (Brasil, Colômbia, México e Venezuela) somaram, em 2018, 25% de todos os homicídios do planeta.

1. A Comissão Interamericana de Direitos Humanos, na Resolução 01/2017, sobre Direitos Humanos e a Luta contra a Impunidade e a Corrupção, afirmou que a "luta contra a corrupção está indissoluvelmente ligada ao exercício e o desfrute dos direitos humanos. A impunidade fomenta e perpetua os atos de corrupção. Por isso, o estabelecimento de mecanismos efetivos para erradicar a corrupção é uma obrigação urgente para lograr um acesso efetivo a uma justiça independente e imparcial e para garantir os direitos humanos". Ulysses Guimarães, no discurso da promulgação da Constituição Federal de 1988, já tinha asseverado: "A moral é o cerne da pátria. A corrupção é o cupim da República. República suja pela corrupção impune toma nas mãos de demagogos que a pretexto de salvá-la a tiranizam. Não roubar, não deixar roubar, pôr na cadeia quem roube, eis o primeiro mandamento da moral pública" (https://www.camara.leg.br/radio/programas/277285-integra-do-discurso-presidente-da-assembleia-nacional-constituinte-dr-ulysses-guimaraes-10-23/. Acesso 10 de abril de 2021).
2. "*Latin America remains the most unequal region in the world. Great strides have been made in the region in the past decades to reduce poverty1 and even inequality, nevertheless, the poverty reduction process has stagnated, and Latin America and the Caribbean continues to be the most unequal place on Earth. Five of the ten most unequal countries in the world are in Latin America, Brazil among them,4 and 40.5 percent of all Latin American children and adolescents are poor. In 2014, there were 167 million people living in conditions of poverty, of whom 71 million were in extreme poverty*" (PIOVESAN, Flávia. *Ius Constitutionale Commune en América Latina: Context, Challenges, and Perspectives*. Cit. p. 50).
3. BOGDANDY, Armin von; URUEÑA, René. *International transformative constitutionalism in Latin America*. Cit. p. 405-406.

As desigualdades econômicas são ressaltadas pela falta ou precariedade do acesso à água potável e saneamento básico, insegurança alimentar, elevada poluição ambiental, ausência de moradia adequada, altas taxas de informalidade do trabalho e renda precária que afetam a maior parte das pessoas na região[4].

O continente latino americano também convive com o exercício escassor da cidadania, oprimida por governos historicamente autoritários, a seletividade do sistema penal e processual penal que produz o encarceramento massivo de jovens pobres e negros, o deslocamento forçado de pessoas refugiadas e apátridas, além da discriminação estrutural contra grupos em situação de especial vulnerabilidade (como as mulheres, os negros, os índios, as crianças e adolescentes, os idosos, as pessoas com deficiência e a população LGBTQIAPN+).

A falta de cidadania impede as populações mais vulneráveis de se tornarem sujeitos da própria história, inclusive para ver que a exclusão social e econômica é uma forma de opressão imposta para a manutenção de privilégios, do *status quo*, da exploração humana e da vergonhosa concentração de renda. Segundo o relatório do Programa das Nações Unidas para o Desenvolvimento (PNUD), de 2019, os 10% mais ricos da América Latina concentram uma parcela maior de renda do que qualquer outra região do mundo (37%), e os 40% mais pobres recebem a menor fatia (13%). Conforme Pedro Demo, "mais drástico do que não ter mínimos materiais para sobreviver é não ser nada na vida"[5].

Nesse contexto, *Ius Constitucionale Commune* (ICCAL) emerge como uma proposta de superação do conservadorismo, liberalismo e radicalismo, três ideologias constitucionais que caracterizam os países latino-americanos, marcados pelo modelo colonial espanhol/português de exploração[6], seguido por formas de concentração de poder e de riquezas[7]. A integração jurídica internacional é favorecida pelo Sistema Interamericano de Direitos

4. COMISSÃO INTERAMERICANA DE DIREITOS HUMANOS. *Resolución 01/2020. Pandemia y Derechos Humanos en las Americas*. Disponível em: http://oas.org/es/cidh/decisiones/pdf/Resolucion-1-20-es.pdf. Acesso em: 11 dez. 2020. p. 3.

5. DEMO, Pedro. *Pobreza política: pobreza mais intensa da pobreza brasileira*. Campinas: Armazém do Ipê (Autores Associados), 2006. p. 26.

6. BOGDANDY, Armin von. *Ius Constitucionale Commune na América Latina. Uma reflexão sobre um constitucionalismo transformador. Revista de direito administrativo da Fundação Getúlio Vargas*, vol. 269, 2015. p. 13-66.

7. Roberto Gargarella, ao analisar duzentos anos de constitucionalismo na América Latina (1810-2010), pontua: "*the Constitution offered all the necessary guarantees for the preservation of the economic status quo and, at the same time, it severely limited the possibilities of politically resisting that situation. Ultimately, the original constitutional structure came to serve the consolidation of grave and unjustified existing inequalities*"

Humanos, constituído pela Comissão Interamericana e pela Corte Interamericana de Direitos Humanos. Tal Sistema está inserido no âmbito geopolítico da Organização dos Estados Americanos (OEA), constituída por 35 Estados (se incluída Cuba). Porém, apenas 23 destes países, o que exclui os Estados Unidos e Canadá, são partes da Convenção Americana de Direitos Humanos (Pacto de San José da Costa Rica).

O constitucionalismo multinível aponta para a estatalidade aberta, a pluralidade de ordens jurídicas e de autoridades constitucionais. O *Ius Constitutionale Commune* desponta como o novo constitucionalismo latino-americano, em uma abordagem transformadora, indicando a mudança da realidade política e social da América Latina para a criação das condições sociais e políticas necessárias para a consolidação da democracia, do Estado de Direito e da proteção dos direitos humanos[8].

O *Ius Constitutionale Commune latino-americano* (ICCAL) é um movimento doutrinário que vem ganhando corpo na região latino-americana que parte da perspectiva transformadora do direito público para o enfrentamento dos desafios contemporâneos relativos aos direitos humanos. Não é apenas um conjunto de ideias doutrinárias bem fundamentadas: embasa, também, uma postura ativa (perante o direito e o mundo) de transformação da realidade a partir da centralidade das vítimas e da perspectiva de evitar ou mitigar o sofrimento humano.

Os principais desafios do ICCAL são avançar a promoção dos direitos humanos, do Estado de Direito e da democracia. As três noções estão umbilicalmente imbricadas, uma como condição necessária da realização da outra, aqui não apreendidas em perspectiva essencializada, mas justamente como processos de luta e construção constantes.

As características marcantes do ICCAL são: contemplar uma ciência de direito público abrangente (a estatalidade aberta permeada pela internacionalização do direito constitucional e a constitucionalização do direito internacional); possibilitar uma argumentação que inclui princípios; e conferir maior importância para o direito comparado.

Já as noções básicas do ICCAL são: diálogo, inclusão e pluralismo. A ideia da inclusão/igualdade é um conceito chave. Isso porque a exclusão, como expressão de profundas desigualdades, marca o contexto da América

(*Latin American Constitutionalism. 1810-2010. The engine room of Constitution*. Nova Iorque: Oxford Press, 2013. p. 199).

8. BOGDANDY, Armin von. *Ius Constitutionale Commune en América Latina: Observations on Transformative Constitutionalism*. Cit. p. 28.

Latina e do Caribe. Como assentado, é a região mais desigual do planeta, sendo o Brasil o país mais desigual dessa região.

O projeto do constitucionalismo transformador latino-americano tem como objetivo atacar as causas dessas desigualdades para reinterpretar o desafio da inclusão-igualdade (pautadas pelo prisma formal e material da redistribuição-reconhecimento) no contexto do direito constitucional interamericano, provocando os atores internos e internacionais para essa reflexão, com especial destaque ao sistema interamericano de direitos humanos.

O ICCAL é fomentado por desafios comuns, pelo diálogo global-regional-local e pelo impacto da jurisprudência do sistema interamericano, no marco de um novo Direito Público no século XXI.

Considerando o contexto de erosão democrática no Brasil, acentuado pela desigualdade social e violência epidêmica, agravadas pela pandemia da Covid-19, é fundamental fortalecer as capacidades do Sistema Interamericano, dos Estados Partes e da sociedade civil para a proteção e defesa dos direitos humanos, do Estado de Direito e da democracia. Os exemplos de casos de sucesso brasileiros – ainda que, por vezes, haja a falta de respeito e cumprimento às recomendações – corroboram o papel transformador que o sistema pode proporcionar.

Saliente-se o dramático impacto da pandemia no árido cenário nacional. A pandemia da Covid-19 ampliou exclusões no cenário da desigualdade brasileira e lançou ainda mais luzes para o abismo existente entre os vulneráveis e as políticas públicas para redução da pobreza. As circunstâncias dessa crise, que não é só sanitária, destaca-se a marginalidade das pessoas hipervulneráveis[9]. Nesse contexto, a consolidação de um discurso constitucional robustecido com a reafirmação internacional e regional dos direitos humanos se apresenta como caminho de resistência e resiliência democrática. No cenário da crise atual, a resposta brasileira à pandemia Covid-19 – ou à falta dela – recai, de forma mais gravosa, sobre os excluídos, que passarão a ficar ainda mais vulnerabilizados, como as populações indígenas, fragilizando instituições democráticas.

O "hiperpresidencialismo", somado ao autoritarismo do passado recente e à fragilidade institucional, representa um risco, pois pode trazer, como possíveis respostas à pandemia, a militarização, a concentração de poderes

9. Aqui, são referidas como aquelas pessoas que, por diferentes razões, têm chances baixíssimas de acesso a instituições ou ferramentas para resguardar seus direitos básicos; e tampouco conseguem enfrentar as eventuais violações a estes direitos.

no Executivo, além de retrocessos e violações sistemáticas de direitos humanos. Com isso, a interamericanização surge como resposta que permite consolidar esse *Ius Constitutionale Commune* na América Latina (ICCAL)[10]. O *ICCAL* explicita a necessidade de agenda constitucional comum centrada na defesa dos direitos humanos. Nesse cenário, o sistema regional interamericano simboliza a consolidação de um "constitucionalismo regional", que objetiva proteger e promover direitos no plano regional, com um impacto transformador emancipatório e de resiliência democrática.

A combinação entre baixa densidade democrática, desigualdade social e pobreza caracterizam a América Latina[11]. Nesse sentido, se há problemas comuns, as soluções adotadas na região podem impactar positivamente em outras experiências nacionais. Dialogar torna-se, portanto, fundamental. É essa variação que está na base do *ius commune* latino-americano[12].

Impende esclarecer que esse paradigma não é estático e informado por instrumentos vivos que se auto impactam. São os sujeitos que se locomovem nessa nova espacialidade, pautada pela lógica emancipatória dos direitos humanos, que permitem esse alargamento, razão pela qual se torna importante delinear os sujeitos dessas trocas constitucionais.

Tal visão ampla dos sentidos dos diálogos acaba por impactar de modo maximizador no círculo dos intérpretes que compõem esse novo espaço plural e multinível.

O Poder Judiciário é geralmente o protagonista dessas reflexões. Isso se justifica na perspectiva *estatocêntrica* do direito internacional e nas obrigações assumidas pelos Estados nesse âmbito (art. 1º CADH) e, no plano interno, por um modelo ativo e expansivo de jurisdição constitucional. Mais uma vez, cumpre caracterizar que esse diálogo com o sistema

10. O projeto do ICCAL tem sido fomentado pelo Instituto Max Planck de Direito Público Comparado e de Direito Internacional Público. Desde 2004, esse Instituto tem promovido o Colóquio Ibero-americano, que consiste em um grupo de discussão promovido por um grupo de doutorandos, e uma grande variedade de temas foi abordada no Colóquio, mas o constitucionalismo transformador da América Latina destacou-se como a questão central. Sobre o tema, ver: BOGDANDY, Armin Von; ANTONIAZZI, Mariela Morales; PIOVESAN, Flávia. *Constitucionalismo transformador, inclusão e direitos sociais: desafios do Ius Constitutionale Commune Latino-Americano à luz do Direito Econômico Internacional*. Salvador: Juspodivum, 2019; BOGDANDY, Armin Von; ANTONIAZZI, Mariela Morales; PIOVESAN, Flávia. *Ius Constitutionale Commune na América Latina*, vol. I. Curitiba: Juruá, 2016.

11. KRELL, Andreas J. *Direitos sociais e controle judicial no Brasil e na Alemanha: os (des)caminhos de um direito constitucional "comparado"*. Porto Alegre: Sergio Antônio Fabris Editor, 2002. p. 60.

12. BOGDANDY, Armin Von; PIOVESAN, Flávia; ANTONIAZZI, Mariela Morales (Coord.). *Estudos avançados em direitos humanos: democracia e integração jurídica: emergência de um novo direito público*. São Paulo: Campus, 2012.

interamericano não é apenas um diálogo de jurisdições, mas sim, câmbios e mutações constitucionais amplos.

Um bom exemplo do que se afirma é a promulgação da Lei Maria da Penha, a Lei 11.340/2006. Aqui, estabeleceu-se um diálogo entre o órgão legislativo pátrio e um órgão político internacional. O nome dado à lei é um emblema dos frutos colhidos da luta internacional dos direitos humanos das mulheres e de seu impacto nos sistemas internos.

O referido diploma legislativo resultou de recomendação da Comissão Interamericana de Direitos Humanos após análise de petição encaminhada por Maria da Penha Maia Fernandes e diversas organizações não governamentais de proteção às mulheres. Após mobilização intensa dos movimentos feministas, o Poder Legislativo, finalmente, com base no precedente do sistema interamericano de proteção aos direitos humanos, aprovou a Lei Maria da Penha.

Destarte, crítica importante que pode ser associada aos mecanismos dialógicos se refere ao pequeno espaço reservado para uma participação protagonista da cidadania. O enfoque é geralmente excessivo na legislatura e sua relação com os hiperpresidencialismos (internacionalização dos tratados e sua hierarquia) e nos processos de tomada de decisão que são marcados pela presença de poderes judiciais hiperativos (controle de convencionalidade)[13].

Essas discussões são importantes, já que o Poder Judiciário, por sua vez, ainda não tem exercido, de forma plena, o controle de convencionalidade[14]. Porém, o enfoque exclusivo no Poder judiciário não é o mais adequado para levar adiante os temas dos diálogos em matéria de direitos humanos. Uma objeção ao enfoque judicial como protagonista dessa conversação é que tratar-se-ia de um diálogo entre *elites*[15]: é fato que os juízes – em especial

13. *"Over the past few years the world has witnessed an astonishingly rapid transition to what may be called juristocracy. Around the globe, in more than eighty countries and in several supranational entities, constitutional reform has transferred an unprecedented amount of power from representative institutions to judiciaries. The countries that have hosted this expansion of judicial power stretch from the Eastern Bloc to Canada, from Latin America to South Africa, and from Britain to Israel. Most of these countries have recently adopted constitution or constitutional revision that contains a bill of rights and establishes some form of active judicial review"* (HIRSCHL, Ran. *Towards Juristocracy: the origins and consequences of the new constitutionalism.* Cambridge, Massachusetts, and London, England: Harvard University Press, 2004. p. 1).

14. MAC-GREGOR, Eduardo Ferrer. *Interpretación Conforme y Control Difuso de Convencionalidad: el nuevo paradigma para el juez mexicano.* Cit.

15. *"these elites are strategic decision makers who attempt to maintain or enhance their dominant positions"* (HIRSCHL, Ran. *Towards Juristocracy: the origins and consequences of the new constitutionalism.* HIRSCHL, Ran. *Towards Juristocracy: the origins and consequences of the new constitutionalism.* Cambridge, Massachusetts, and London, England: Harvard University Press, 2004. p.1.

aqueles das Cortes Superiores e das Instâncias internacionais – tendem a ser selecionados entre os setores mais influentes da sociedade, enquanto grande parte dos indivíduos envolvidos em litígios provém de setores sociais mais baixos. A combinação dessas diferenças de poder e *status* tende a criar dificuldades ao diálogo nessa esfera. Prova disso é que as elites transferem voluntariamente poder ao Judiciário quando ameaçadas na sua hegemonia, conforme a *hegemonic preservation thesis* de Hirschl[16].

A segunda oposição ao foco juricêntrico é que reforça a ideia de última palavra e, muitas vezes, interrompe – ou mesmo retrocede – em importantes debates sociais. São os retrocessos que se formam a partir da irrupção de uma decisão dentro de um espaço politicamente controverso ou não maduro[17]. Conforme afiançam Post e Siegel, tal enfoque *não aprecia o papel essencial que o engajamento público desempenha na construção e legitimação das instituições e práticas das decisões*[18]. Incluir os sujeitos que não apenas serão afetados pela decisão, mas que vivem os dramas que desaguaram a partir das provisões constitucionais, faz com que o engajamento popular seja não apenas legitimo, mas também fundamental, porque contribui ao fortalecimento do princípio democrático[19].

Por exemplo, os caminhos das discussões sobre aborto no Supremo Tribunal Federal são espelhos disso. Na Arguição de Descumprimento de Preceito Fundamental 54, em voto baseado nas informações colhidas durante quatro dias de audiência pública realizada, o Ministro Relator Marco Aurélio Mello concluiu que a imposição estatal da manutenção de gravidez de feto anencefálico vai de encontro aos princípios basilares do sistema constitucional. Na ADPF 442, em trâmite, "a complexidade da controvérsia constitucional, bem como o papel de construtor da razão pública que legitima a atuação da jurisdição constitucional na tutela de direitos fundamentais, justifica a convocação de audiência pública como técnica processual necessária", assinalou a Ministra Relatora Rosa Weber.

16. Idem. Ibidem.

17. KLARMAN, Michael. *Courts, Social Change, and Political Backlash*. In: *Hart Lecture at Georgetown Law Center*, March 31, 2011 – Speaker's Notes. Disponível em: http://tinyurl.com/bz4cwqk.

18. POST, Robert; SIEGEL, Reva. Roe rage: democratic constitutionalism and the backlash. *Harvard Civil Rights – Civil Liberties Law Review*, v. 42, n. 2, p. 373-433, 2007. Disponível em: https://papers.ssrn.com/sol3/papers.cfm?abstract_id=990968.

19. KOZICKI, Katya. Backlash: as "reações contrárias" à decisão do Supremo Tribunal Federal na ADPF no 153. In: SOUZA JÚNIOR, José Geraldo de et al. (Org.). *O Direito Achado na Rua: introdução crítica à justiça de transição na América Latina*. Brasília: UnB, 2015. v. 7. p. 192-194. Disponível em: http://www.justica.gov.br/central-de-conteudo/anistia/anexos/15-12-15-direito-achado-na-rua-vol-7_web-versao-10mb-1.pdf. p. 194.

Contudo, essa ampliação de sujeitos depende necessariamente do alargamento do próprio sentido do diálogo acima exposto. Enfocar nos âmbitos não institucionalizados, desconcertados do debate, permite desviar, ao menos em parte, do problema com medidas dialógicas, ainda que inovadoras, todavia, ainda dentro de um desenho institucional inadequado. Nesse sentido, convém destacar o drama das audiências públicas que, em pese seu intuito na ampliação do controle democrático do controle de constitucionalidade pouco tem permeado as decisões tomadas[20].

Novos diálogos dentro dos mesmos canais institucionais, movidos pelas engrenagens da velha maquinaria constitucional[21], frustram, muitas vezes, seus efeitos emancipatórios inicialmente pretendidos, devido aos aspectos intactos do sistema.

Necessário destaque para a participação da sociedade no fomento de políticas públicas e legislativas, por meio da ideia da democracia participativa e cidadania efetiva. A ideia da estatalidade aberta (*offene Staatlichkeit*)[22], proposta pela Professora Mariela Morales, pressupõe a "construção convergente e progressiva do constitucionalismo garantista dos direitos humanos e da integração sob uma concepção multinível"[23]. Tal concepção compreende a cooperação internacional, assim como a subordinação do Estado frente à "ordem normativa emanada da comunidade internacional, a partir da ideia da dignidade da pessoa humana e do respeito aos Direitos Humanos"[24].Na mesma toada, Manuel Eduardo Góngora-Mera[25] defende que

20. GODOY, Miguel Gualano. *As audiências públicas e os amici curiae influenciam as decisões dos ministros do supremo tribunal federal? E por que isso deve(ria) importar? Revista da Faculdade de Direito – UFPR*, Curitiba, vol. 60, n. 3, set./dez. 2015, p. 137-159.

21. *"Notablemente, sin embargo, debe apuntarse que la Constitución manteve un sistema presidencialista poderoso, muy en sintonía com las reformas introducidas por la dictadura em el Poder Ejecutivo. Este fuerte presidencialismo era quizás una reacción al "trauma" de la Constitución de 1946 que, en la opinion de muchos, había creado un presidente demasiado débil. Esto es decir, la nueva Constitución democrática se diferenció significativamente de la anterior en relación com la organización de los derechos, pero mantuvo em lo esencial la organización de poderes estabelecida por la disctadura em la Constitución de 1967"* (GARGARELLA, Roberto. *La Sala de Máquinas de la Constitución: dos siglos de constitucionalismo em América Latina (1810-2010).* Buenos Aires: Katz Editores, 2014, p. 270).

22. VOGEL, Klaus. *Die Verfassungsentscheidung des Grundgesetzes fur die Internationale Zusammenarbeit*, Tubinge, Mohr, 1964, p. 42.

23. ANTONIAZZI, Mariela Morales. *El estado abierto como objetivo del Ius Constitutionale Commune. Instituto de Investigaciones Jurídicas*, Instituto Max Planck de Derecho Público Comparado y Derecho Internacional. 2014. p. 266.

24. Ibid. p. 269.

25. GÓNGORA-MERA, Manuel Eduardo. The block of constitutionality as the doctrinal pivot of a Ius Commune. In.: BOGDANDY, Armin Von; MAC-GREGOR, Eduardo Ferrer; ANTONIAZZI, Mariela Morales; PIOVESAN, Flávia. *Transformative constitutionalism in Latin America - The emergence of a new Ius Commune*. Oxford, 2017. p. 236.

> *Também na América Latina, a percepção da constituição como um único e intertexto mononível finalmente produzido está sendo substituído por um entendimento de acordo com o qual existe um bloco de constitucionalidade, compreendendo normas e instrumentos regionais/universais de direitos humanos.*

A América Latina é marcada pela "miscigenação jurídica", fruto das características do Ius Constitutionale Commune - ICCAL, a partir da "sobreposição, convivência e fusão das diferentes tradições jurídicas"[26]. O policentrismo jurídico[27] é próprio de sociedades heterogêneas e multiculturais – mormente aquelas presentes no continente latino-americano. A influência e incorporação do multiculturalismo nas Constituições demonstra uma evolução em sentido à estatalidade aberta[28], funcionando como mecanismo de inclusão dos diferentes grupos que compõem a sociedade.

O Direito Constitucional multinível compreende a coexistência de normas e entendimentos de diferentes matrizes que dividem o mesmo espaço social. As ordens nacionais e regionais são marcadas por uma relação de interdependência, porque ambas perseguem o objetivo comum de tutela dos direitos humanos, o que exige o diálogo permanente entre atores, sistemas jurídicos e Cortes, a fim de garantir, ao máximo, a melhor interpretação em favor da pessoa humana.

A presença do *Ius Constitutionale Commune* – como estratégia de efetivação dos direitos humanos e respeito aos precedentes da Corte Interamericana de Direitos Humanos – reforça o papel dos múltiplos sujeitos que dialogam no Sistema Interamericano, inclusive para a criação de uma rede de justiça de proteção ampliada[29].

26. ANTONIAZZI, Mariela Morales. *El estado abierto como objetivo del Ius Constitutionale Commune. Instituto de Investigaciones Jurídicas, Instituto Max Planck de Derecho Público Comparado y Derecho Internacional.* 2014. p. 271.
27. FERNANDEZ, Xavier Diez de Urdanivia. *El Estado en el contexto global.* Porruá: México, 2008.
28. ANTONIAZZI, Mariela Morales. *El estado abierto como objetivo del Ius Constitutionale Commune.* Op.cit. p. 271-272
29. ALVARADO, Paola Andrea Acosta. *Más allá de la utopía: Del diálogo interjudicial a la constitucionalización del derecho internacional. La red judicial latinoamericana como prueba y motor del constitucionalismo multinivel.* Cit.

CAPÍTULO

11

DIREITOS HUMANOS E DESAFIOS EMERGENTES

Os direitos humanos numa perspectiva crítica e contemporânea são entendidos como um conjunto de normas, valores e princípios que visam garantir a dignidade e a liberdade das pessoas, bem como promover a igualdade, a justiça social e a democracia. Essa perspectiva crítica e contemporânea envolve uma reflexão sobre os limites e as contradições desses direitos, bem como sobre as formas de sua efetivação na prática.

Na perspectiva crítica, os direitos humanos são entendidos como construções dinâmicas que refletem as necessidades, valores e lutas da sociedade em diferentes momentos históricos. Essa perspectiva também enfatiza a importância de se considerar a interseccionalidade, ou seja, a forma como as desigualdades de gênero, raça, classe, orientação sexual, entre outras, afetam a garantia e o exercício dos direitos humanos.

Já a perspectiva contemporânea se preocupa em relacionar os direitos humanos às transformações sociais e políticas que ocorrem em nível global, tais como a globalização, a revolução digital, as mudanças climáticas, entre outras. A globalização e a digitalização das relações sociais trouxeram oportunidades, mas também ampliaram desigualdades e introduziram novas formas de violação de direitos. Além disso, questões ambientais, como a emergência climática e a degradação dos ecossistemas, impõem desafios urgentes à proteção dos direitos fundamentais, especialmente para comunidades vulneráveis. Nesse contexto, torna-se essencial repensar e fortalecer os mecanismos de proteção dos direitos humanos, adaptando-os às realidades contemporâneas sem perder de vista sua essência: a garantia da dignidade humana para todos.

11.1. O DIREITO AO CUIDADO

Tradicionalmente, as mulheres são responsabilizadas pelo cuidado de crianças, idosos, enfermos e pessoas com deficiência, resultando em uma divisão desigual dessas tarefas em comparação com os homens[1]. Essa desigualdade se manifesta de diversas maneiras. No ambiente doméstico, elas frequentemente assumem a maior parte das responsabilidades em relação aos afazeres domésticos e cuidado dos filhos e demais familiares, sem receber qualquer remuneração. Segundo a Pesquisa Nacional por Amostra de Domicílios, do Instituto Brasileiro de Geografia e Estatística, as mulheres dedicam, em média, 21,3 horas semanais às atividades domésticas e ao cuidado de pessoas, quase o dobro do tempo destinado pelos homens, que chegam a apenas 11,7 horas[2].

A divisão desigual do trabalho de cuidado reflete construções patriarcais que endossam a ideia de que as mulheres possuem uma predisposição inata para cuidar, com disponibilidade permanente[3]. Desde muito cedo, as meninas e mulheres são condicionadas a uma lógica de submissão e docilidade, profundamente enraizadas nas estruturas legais e culturais. Esse condicionamento prejudica a autonomia e a dignidade das mulheres em diversas áreas. A visão do trabalho doméstico como um ato de amor reforça essa lógica, justificando a falta de remuneração e mantendo as mulheres confinadas ao ambiente privado[4]. Como resultado, muitas enfrentam uma sobrecarga de responsabilidades que impacta diretamente sua saúde física e mental, bem como restringe suas oportunidades no mercado de trabalho, na vida pública e em sua autonomia financeira[5]. Nesse sentido, o IBGE identificou que, em 2022, entre as quase 7 milhões de brasileiras de 15 a 29 anos que não estudavam nem estavam empregadas, 36,5% relataram que não procuraram trabalho devido à necessidade de cuidar do lar ou de parentes[6].

---

1. BIROLI, Flávia. *Gênero e desigualdade: limites da democracia no Brasil.* São Paulo: Boitempo, 2019, p.11.
2. MOURA, Bruno de Freitas. *PNAD: mulheres gastam quase o dobro de tempo no serviço doméstico.* Agência Brasil. 2023. Disponível em: https://agenciabrasil.ebc.com.br/geral/noticia/2023-08/pnad-mulheres-gastam-quase-o-dobro-de-tempo-no-servico-domestico. Acesso em: 15 mar. 2025.
3. PAUTASSI, Laura Cecilia. El cuidado como derecho. Un camino virtuoso, un desafío inmediato. *Revista de la Facultad de Derecho de México.* Tomo LXVIII, Número 272, Septiembre-Diciembre 2018, p. 724.
4. SILVA, Christine Oliveira Peter da; FONSECA, Luísa da Silva Valadares; SILVA, Thaís Mara da Costa Silva. Direito Humano e Fundamental ao Cuidado: caminhos para seu reconhecimento, valorização, remuneração e coletivização. In: FELIPP, Sthefany; PIOVESAN, Flávia; SOARES, Inês Virgínia; FACHIN, Melina Girardi; BARBOUR, Vivian (org.). *Proteção jurídica dos cuidados.* 1. ed. São Paulo: Thomson Reuters Brasil, 2025, p. 52.
5. Idem.
6. BOLZANI, Isabela. *Oito em cada 10 mulheres vivem dupla jornada de trabalho com afazeres domésticos e cuidados*, diz pesquisa. G1. Disponível em: https://g1.globo.com/economia/noticia/2024/03/09/oito-

Isso também se reproduz no ambiente profissional, onde funções de cuidado são ocupadas majoritariamente por mulheres[7]. O trabalho doméstico remunerado, por exemplo, é uma ocupação predominantemente feminina, com 92% de suas trabalhadoras sendo mulheres, das quais 65% são negras[8]. Além disso, mesmo quando inseridas no mercado formal, elas frequentemente enfrentam a sobrecarga da dupla jornada. Após cumprirem suas funções profissionais, ainda são incumbidas de preparar refeições, limpar a casa, acompanhar a educação dos filhos e levar familiares a compromissos médicos.

É nesse cenário que o direito ao cuidado tornou-se um dos aspectos centrais da agenda dos direitos humanos contemporâneos. O cuidado é um conceito amplo e multifacetado, que não se limita às tarefas domésticas e familiares[9], mas que engloba a necessidade de cuidados em todas as suas dimensões, como o acesso à saúde física e mental, alimentação, moradia, recursos básicos, assistência social, educação, entre outros. De acordo com Bernice Fisher e Joan Tronto, o cuidado pode ser definido como uma atividade que "inclui tudo o que fazemos para manter, continuar e reparar nosso 'mundo' para que possamos viver nele da melhor forma possível. Esse mundo inclui nossos corpos, nós mesmos e nosso ambiente, todos os quais buscamos entrelaçar em uma rede complexa e sustentável da vida"[10].

Com efeito, o direito ao cuidado visa assegurar o acesso a condições adequadas que possibilitem uma vida digna, bem-estar e o pleno desenvolvimento físico, psicológico e social a todas as pessoas. Trata-se de um direito interdependente e inter-relacionado, que possibilita a concretização de outros direitos humanos fundamentais, como saúde, educação, trabalho, moradia, alimentação e entre outros.

-em-cada-10-mulheres-vivem-dupla-jornada-de-trabalho-com-afazeres-domesticos-e-cuidados-diz-pesquisa.ghtml. Acesso em: 15 mar. 2025.

7. BIROLI, Flávia. *Gênero e desigualdade: limites da democracia no Brasil.* São Paulo: Boitempo, 2019, p.11.
8. VILELA, Pedro Rafael. *Mulheres negras são 65% das trabalhadoras domésticas no país.* Agência Brasil. 2022. Disponível em: https://agenciabrasil.ebc.com.br/geral/noticia/2022-04/mulheres-negras-sao-65-das-trabalhadoras-domesticas-no-pais. Acesso em: 15 mar. 2025.
9. PIOVESAN, Flávia; FACHIN, Melina Girardi; FELIPP, Sthefany. O Direito Humano ao Cuidado no Sistema Interamericano. In: FELIPP, Sthefany; PIOVESAN, Flávia; SOARES, Inês Virgínia; FACHIN, Melina Girardi; BARBOUR, Vivian (org.). *Proteção jurídica dos cuidados.* 1. ed. São Paulo: Thomson Reuters Brasil, 2025, p.153.
10. FISHER, Bernice; TRONTO, Joan C. Rumo a uma teoria feminista do cuidado. In: ABEL, Emily K.; NELSON, Margaret K. *Círculos de Cuidado: Trabalho e Identidade na Vida das Mulheres.* 1. ed. New York: State University of New York Press, 1990.

Laura Pautassi aponta que o cuidado possui três dimensões principais: o direito de cuidar, ser cuidado e cuidar de si mesmo (autocuidado)[11]. Segundo ela, esse direito fundamenta-se em um conjunto de princípios, tais como: i) universalidade; ii) a obrigação de garantir o conteúdo mínimo dos direitos; iii) a obrigação estatal de implementar ações e medidas progressivas, com a consequente proibição de regressividade; iv) o dever de garantir a participação cidadã; v) o princípio de igualdade e não discriminação; vi) acesso à justiça; vii) acesso à informação pública; viii) participação social e empoderamento das pessoas titulares de direitos[12].

De forma geral, o cuidado baseia-se na ideia de que a dignidade humana é inalienável e que todas as pessoas têm direito a condições de vida que lhes permitam ter e construir um projeto de vida, alcançar realização pessoal, ter um pleno desenvolvimento, concretizar suas aspirações e participar ativamente na sociedade. Trata-se de um compromisso individual e coletivo que exige reciprocidade e solidariedade entre todas as pessoas e demais estruturas sociais.

Joan Tronto e Berenice Fisher desenvolveram um modelo de cuidado composto por quatro elementos essenciais: i) atenção; ii) responsabilidade, iii) competência e iv) responsividade. Esses elementos estão interconectados e destacam a necessidade de reconhecer a vulnerabilidade humana, além de ressaltar a importância de um ambiente que promova o apoio mútuo[13].

Sob essa perspectiva, Tronto afirma que o cuidado é uma atividade moral que envolve uma reflexão ética sobre como as necessidades de indivíduos e comunidades são identificadas e atendidas. Esse modelo desafia a sociedade a compreender o cuidado não como uma obrigação exclusiva das mulheres ou algo restrito ao âmbito privado, mas como um valor universal e uma prática essencial para a dignidade e o desenvolvimento humano[14].

A garantia do direito ao cuidado, portanto, deve ser uma responsabilidade compartilhada entre todos os integrantes da família, o Estado, as instituições e empresas. A atuação de todos esses agentes sociais garante a

11. PAUTASSI, Laura Cecilia. *El cuidado como cuestión social desde o enfoque de derechos*. Santiago: CEPAL, 2007.

12. PAUTASSI, Laura Cecilia. El derecho al cuidado. De la conquista a su ejercicio efectivo. *Fundación Friedrich Ebert Stiftung*, 2023, p. 7.

13. PIOVESAN, Flávia; FACHIN, Melina Girardi; FELIPP, Sthefany. O Direito Humano ao Cuidado no Sistema Interamericano. In: FELIPP, Sthefany; PIOVESAN, Flávia; SOARES, Inês Virgínia; FACHIN, Melina Girardi; BARBOUR, Vivian (org.). *Proteção jurídica dos cuidados*. 1. ed. São Paulo: Thomson Reuters Brasil, 2025, p.153.

14. Idem.

busca por propostas e soluções coordenadas, tais como licença para qualquer um dos pais, ofertas de creches públicas, espaços desenvolvidos por empresas para oportunizar que os pais estejam próximos de seus filhos e entre outras medidas[15]. O reconhecimento do cuidado como uma responsabilidade coletiva também permite que ele seja incorporado em políticas de sustentabilidade e desenvolvimento, uma vez que práticas de cuidado adequadas promovem uma sociedade mais resiliente e saudável.

Além disso, reconhecer o cuidado como um direito implica repensar políticas públicas e enfrentar desigualdades, a partir da análise das diferentes vulnerabilidades que afetam o acesso e a prestação do cuidado, especialmente as situações assimétricas enfrentadas por grupos tradicionalmente marginalizados. A interseccionalidade, conceito cunhado por Kimberlé Crenshaw, é uma ferramenta analítica que permite examinar como múltiplas formas de discriminação e desigualdade interagem e afetam determinados grupos de maneira única. No contexto do cuidado, a interseccionalidade é fundamental para compreender como fatores como gênero, raça, etnia, orientação sexual, idade e status socioeconômico se sobrepõem, agravando as barreiras para o acesso a cuidados adequados. Todas essas esferas se entrelaçam indicando diferentes dimensões de subordinação e privilégio. Em razão disso, o exame do cuidado a partir da interseccionalidade adquire um maior nível de complexidade e uma expansão de seu caráter transformador.

Mulheres, por exemplo, são frequentemente vistas como principais responsáveis pelo cuidado em muitas sociedades, enfrentando uma dupla jornada, que inclui tanto o trabalho profissional quanto às tarefas de cuidado não remunerado em casa. Essa situação é ainda mais agravada para mulheres pretas e/ou de baixa renda, que muitas vezes têm acesso limitado a serviços de apoio e enfrentam discriminação econômica e racial que impede o acesso pleno a condições dignas de trabalho e cuidado. Além disso, mulheres que atuam como cuidadoras em ambientes informais, sem proteção legal, estão sujeitas a condições de trabalho precárias e à falta de garantias de seguridade social, aumentando sua vulnerabilidade. Para promover, então, o direito ao cuidado em igualdade de condições, é imprescindível a adoção de políticas que adotem a perspectiva de gênero, além de outros fatores como raça, classe, sexualidade, cultura, e religião que contribuem para uma maior vulnerabilização e invisibilização do direito ao cuidado

15. WIESE, Michelly Laurita; PRÁ, Keli Regina Dal; MIOTO, Regina Célia Tamaso. O cuidado como direito social e como questão de política pública. Seminário Internacional Fazendo Gênero 11& 13thWomen's Worlds Congress (Anais Eletrônicos), Florianópolis, 2017, ISSN 2179-510X, p.9.

desses indivíduos. A esse respeito, nos ensinam Michelli Aparecida Daros e Olegna de Souza Guedes:

> As políticas públicas não são neutras; ao contrário, são construídas de forma a beneficiar determinados interesses e tendem a obedecer à lógica tradicional o Estado, no que tange à fragmentação das ações (SILVEIRA, 2003). Desta maneira, para que a igualdade das relações sexuais esteja na pauta dessas políticas, é preciso que elas, em sua totalidade, tenham, no emaranhado de suas redes, a perspectiva de gênero[16].

O Protocolo para Julgamento com Perspectiva de Gênero, ratificado pelo Conselho Nacional de Justiça, estabelece diretrizes para a proteção dos direitos das mulheres em questões atinentes ao Direito das Famílias. Esse protocolo reconhece que as relações domésticas são marcadas pela naturalização dos deveres de cuidado não remunerados para as mulheres e pela predominante reserva de ocupação dos espaços de poder e de serviços remunerados aos homens. Assim, é essencial que o Estado adote medidas para desafiar e transformar essas dinâmicas desiguais, o que inclui a criação de mecanismos que garantam a participação igualitária das mulheres em todas as esferas da vida pública e privada, bem como a implementação de políticas que promovam a redistribuição justa das responsabilidades de cuidado.

11.2 OS DILEMAS DA PROTEÇÃO DOS DIREITOS HUMANOS NA ERA DIGITAL

Vivemos o alvorecer de uma nova era. A era digital[17], com seus dispositivos, algoritmos e redes interligadas, emerge como um dos fenômenos mais transformadores da experiência humana recente. Ela reorganiza tempos, espaços, relações sociais e modos de subjetivação. Ao mesmo tempo em que cria pontes de comunicação nunca antes imaginadas e amplia o acesso à informação, também coloca em xeque valores fundamentais que sustentaram, por séculos, o edifício do Estado de Direito. O paradoxo é evidente: a mesma tecnologia que permite conectar e emancipar pode também capturar,

16. GUEDES, Olegna de Souza; DAROS, Michelli Aparecida. O cuidado como atribuição feminina: contribuições para um debate ético. SERV. SOC. REV., LONDRINA, V. 12, N.1, P. 122-134, JUL/DEZ. 2009, p. 131.

17. DE GREGORIO, G. The rise of digital constitutionalism in the European Union. **International Journal of Constitutional Law**, [*s. l.*], v. 19, n. 1, p. 41–70, 2021. Disponível em: https://doi.org/10.1093/icon/moab001p. 15.

vigiar e oprimir. Esse duplo potencial exige do pensamento constitucional uma resposta robusta, crítica e criativa.

A concepção tradicional do constitucionalismo, especialmente na vertente liberal e estatal que se consolidou no Ocidente após as grandes revoluções, parte de um pressuposto fundamental: a Constituição é o centro normativo e simbólico da ordem política, a fonte primária de legitimação do poder e o principal instrumento de limitação da autoridade estatal. Essa ideia foi, durante muito tempo, suficiente para organizar os conflitos políticos e sociais dentro das fronteiras nacionais. Mas esse modelo está sendo tensionado por transformações que já não podem ser ignoradas. Entre elas, a digitalização da vida política ocupa lugar central. O que está em jogo, portanto, não é apenas a adaptação de normas a uma nova realidade, mas a reconfiguração profunda das formas de exercício, de controle e de resistência ao poder.

A noção de soberania, por exemplo, perde densidade e eficácia quando confrontada com o novo regime de poder estabelecido pelas grandes corporações tecnológicas. Na contemporaneidade, não é mais possível afirmar que apenas o Estado detém o monopólio legítimo da autoridade. A soberania, em sentido efetivo, desloca-se para aqueles que controlam as plataformas digitais, os dados e os fluxos de informação. É no território invisível dos algoritmos que se decide o que será visto, lido, compartilhado ou silenciado. A autoridade passa a ser exercida de forma difusa, opaca e transnacional, desafiando as categorias clássicas do direito público.

Esse deslocamento é agravado pelo fato de que os mecanismos institucionais de controle dessas plataformas são ainda incipientes ou insuficientes. A avalanche de propostas legislativas em diferentes países visando regulamentar as redes sociais revela não apenas o reconhecimento do problema, mas também a dificuldade de o enfrentar com os instrumentos disponíveis. Em muitos casos, o que se vê é uma tentativa de contenção que, ao invés de proteger a liberdade e a democracia, acaba por instrumentalizar a regulação em favor de projetos autoritários. O risco é real: a regulação mal desenhada ou orientada por interesses políticos imediatistas pode reproduzir as lógicas de concentração e exclusão que pretende combater.

Nesse ambiente instável, o populismo digital encontra terreno fértil. As redes sociais, organizadas a partir de uma lógica algorítmica que privilegia o engajamento emocional, a polarização e a viralização de conteúdos, favorecem discursos simplificadores, ataques às instituições e a construção de inimigos internos. O populismo contemporâneo não depende mais das praças ou dos comícios: ele se alimenta do fluxo constante de likes, compartilhamentos e fake news. Trata-se de um populismo que despreza a mediação institucional e que opera diretamente sobre as emoções e os afetos da cidadania digitalizada. Como consequência, os compromissos constitucionais — a separação de poderes, os direitos fundamentais, a proteção das minorias — tornam-se frágeis, periféricos, descartáveis.

Diante desse cenário, torna-se necessário repensar os limites e as possibilidades do constitucionalismo. Algumas autoras e autores têm proposto a construção de um novo campo teórico, que vem sendo denominado de "constitucionalismo digital"[18]. A ideia central seria a de expandir a autoridade da Constituição para além dos limites territoriais do Estado, alcançando os atores privados que, na prática, exercem poder sobre os espaços de deliberação pública. Trata-se, em outras palavras, de recuperar o papel normativo da Constituição como parâmetro de regulação das plataformas digitais. Esse movimento não se resume a uma mera adjetivação do constitucionalismo existente. Ao contrário, exige uma reconstrução teórica que compreenda as especificidades da era digital e que seja capaz de propor novos arranjos institucionais para assegurar a eficácia dos direitos fundamentais em um ambiente mediado por tecnologias.

Entretanto, é fundamental reconhecer que os problemas enfrentados não são resultado exclusivo de fatores externos, como o avanço da tecnologia ou a globalização. As escolhas internas dos processos constituintes e dos modelos institucionais adotados nas últimas décadas também contribuíram para a fragilidade atual. A ausência de mecanismos eficazes de controle democrático sobre os meios de comunicação, a dependência do Estado em relação às grandes corporações de tecnologia e a negligência com a proteção de dados e da privacidade são exemplos de lacunas que precisam ser enfrentadas. A crítica ao constitucionalismo tradicional deve, portanto, incluir uma reflexão sobre suas omissões e conivências históricas.

O processo de fragmentação da soberania — intensificado pela internet, mas anterior a ela — já havia se iniciado com a reconfiguração da ordem mundial após a Segunda Guerra. A fundação das Nações Unidas em 1945 marca o início de um processo de internacionalização dos direitos humanos e de reconhecimento da necessidade de proteção do indivíduo frente a múltiplas fontes de poder. A ideia de que os direitos humanos são apenas produtos dos ordenamentos nacionais tornou-se insustentável. A circulação

18. SUZOR, N. Digital Constitutionalism: Using the Rule of Law to Evaluate the Legitimacy of Governance by Platforms. **Social Media + Society**, [*s. l.*], v. 4, n. 3, 2018. Disponível em: https://doi.org/10.1177/2056305118787812.

de pessoas, bens, capitais e informações exige um novo pacto constitucional, que seja capaz de articular diversas ordens jurídicas e de proteger os direitos em contextos cada vez mais complexos e interdependentes.[19]

Nesse sentido, a universalização dos direitos humanos não é apenas uma exigência moral ou política, mas também uma necessidade jurídica frente à nova configuração do poder. A proteção de dados, a liberdade de expressão, o direito à não discriminação, a autodeterminação informacional e o acesso equitativo à internet tornam-se elementos centrais de qualquer agenda constitucional contemporânea. E tais direitos só poderão ser garantidos se forem acompanhados de mecanismos eficazes de *accountability*, transparência e participação democrática.

É preciso reconhecer que a era digital não representa apenas um avanço tecnológico: ela inaugura uma mutação estrutural no modo de existência dos direitos e das instituições. As redes não são apenas meios; são espaços de disputa simbólica, arenas de conflito político e plataformas de reorganização das subjetividades. E, como tais, devem ser objeto de regulação jurídica fundada na dignidade humana.

É nesse ponto que a problemática das *fake news*, da desinformação e das violências simbólicas — especialmente de gênero — se impõe com urgência. O ataque sistemático à verdade e à racionalidade pública, promovido por campanhas coordenadas de desinformação, não apenas compromete o funcionamento das democracias, como também fragiliza os alicerces do próprio constitucionalismo. A erosão da confiança pública nas instituições, na ciência e na imprensa repercute diretamente sobre a capacidade da Constituição de operar como pacto normativo comum. A verdade factual, condição básica para qualquer deliberação democrática, passa a ser substituída por narrativas afetivas e polarizadoras.

Em especial, a violência de gênero nas redes sociais é uma manifestação cruel do modo como as tecnologias podem aprofundar desigualdades estruturais. Mulheres, especialmente aquelas que ocupam espaços públicos — jornalistas, ativistas, políticas, acadêmicas —, são sistematicamente atacadas com insultos misóginos, ameaças de estupro, difamação e silenciamento. Essa violência digital não é isolada: ela se articula com a violência política, institucional e econômica, funcionando como uma tecnologia de exclusão. A internet, que poderia ser um instrumento de emancipação, transforma-se

19. CAMBI, E.; ANDRADE PORTO, L. de; FACHIN, M. G. **Constituição e direitos humanos: tutela dos grupos vulneráveis**. 1. ed. São Paulo: Almedina, 2022. (Manuais Profissionais).p. 27–28.

em campo de guerra simbólica, onde corpos femininos e dissidentes são alvos constantes.

O constitucionalismo digital, se quiser estar à altura de seu tempo, precisa enfrentar essa realidade. Não basta garantir a liberdade de expressão de forma abstrata; é necessário garantir que essa liberdade seja exercida com igualdade, sem medo, sem silenciamento. A arquitetura das redes deve ser pensada de modo a impedir a amplificação do ódio e da discriminação. O compromisso constitucional com a dignidade humana exige políticas públicas, marcos regulatórios e decisões judiciais que enfrentem, com coragem e precisão, as novas formas de violência que se instalam no espaço digital.

O verdadeiro impacto da era digital, portanto, não será medido pelo grau de conectividade que alcançamos, mas pela capacidade que desenvolvermos de proteger os mais vulneráveis, de garantir informação de qualidade e de reconstruir o espaço público em torno da liberdade, da igualdade e do respeito. É nessa travessia, entre riscos inéditos e promessas não cumpridas, que o constitucionalismo será testado — e talvez reencontrado.

11.3. EMPRESAS E DIREITOS HUMANOS

Nos últimos anos, a relação entre empresas e direitos humanos tem recebido crescente atenção da comunidade internacional. Empresas desempenham um papel significativo na promoção ou violação dos direitos humanos, sendo necessário criar mecanismos de prevenção e responsabilização para garantir que suas atividades não resultem em abusos.

As empresas são incentivadas a adotar medidas internas robustas, como auditorias de conformidade e transparência nas operações, para garantir um ambiente empresarial mais justo e ético. A responsabilidade social corporativa torna-se essencial para prevenir abusos e promover um desenvolvimento sustentável. Além disso, há um movimento crescente para que o setor privado não apenas evite violações, mas também contribua ativamente para a promoção dos direitos humanos, por meio de iniciativas que favoreçam condições de trabalho dignas, equidade de gênero e práticas empresariais ambientalmente sustentáveis.

A propósito, pelos Princípios Orientadores das Nações Unidas sobre Empresas e Direitos Humanos (UN Doc. A/HRC/17/31, 16 de junho de 2011), também conhecidos como "Princípios de Ruggie", do Conselho de Direitos Humanos da Organização das Nações Unidas, os Estados devem zelar por três obrigações básicas, no contexto de atividades empresariais que se encontrem sob sua jurisdição: proteger, respeitar e remediar. Está expresso, já no Princípio nº 1, que os Estados "devem proteger contra as violações dos direitos humanos cometidas em seu território e/ou sua jurisdição por terceiros, inclusive as empresas". Em relação às empresas, destaca-se o Princípio nº 14, pelo qual:

> A responsabilidade das empresas de respeitar os direitos humanos se aplica a todas as empresas independentemente de seu tamanho, setor, contexto operacional, proprietário e estrutura[20]. No entanto, a dimensão e a complexidade dos meios dispostos pelas empresas para assumir essa responsabilidade pode variar em função desses fatores e da gravidade das consequências negativas das atividades da empresa sobre os direitos humanos.

A Comissão Interamericana de Direitos Humanos, no Relatório *Empresas e Direitos Humanos: Normas Interamericanas*, incorporou os Princípios de Ruggie ao Sistema Interamericano[21], tendo, a partir da exegese dos arts. 1.1. e 2 da Convenção Americana, no par. 96, afirmado a existência de quatro deveres dos Estados frente a particulares que atuem mediante empresas: i) dever de prevenir violações dos direitos humanos no âmbito de atividades empresariais; ii) dever de regulamentar e adotar disposições de direito interno; iii) dever de fiscalizar tais atividades; e iv) dever de investigar, punir e assegurar o acesso a reparações integrais para as vítimas nesses contextos[22]. Os Princípios Orientadores para Empresas e Direitos Humanos são o principal instrumento em matéria de direitos humanos e empresas e consiste no primeiro documento internacional que aborda a relação entre a atividade empresarial e os direitos humanos.

São normas de *soft law* aprovadas pelo Conselho de Direitos Humanos das Nações Unidas em 2011, como resultado de um processo de seis anos,

20. Na condenação do Brasil no *Caso Empregados da Fábrica de Fogos de Santo Antônio de Jesus e Familiares*, constou do parágrafo 291: "Levando em consideração que o presente caso se refere também ao tema empresas e direitos humanos, a Corte julga pertinente ordenar ao Estado que, no prazo de um ano, apresente um relatório sobre a implementação e aplicação das Diretrizes Nacionais sobre Empresas e Direitos Humanos, especialmente no que diz respeito à promoção e ao apoio a medidas de inclusão e não discriminação, mediante a criação de programas de incentivo à contratação de grupos vulneráveis; à implementação, por parte das empresas, de atividades educacionais em direitos humanos, com a divulgação da legislação nacional e dos parâmetros internacionais, e de um enfoque nas normas relevantes para a prática das pessoas e os riscos para os direitos humanos" (CORTE INTERAMERICANA DE DIREITOS HUMANOS. *Caso Empregados da Fábrica de Fogos de Santo Antônio de Jesus e seus Familiares vs. Brasil*. Disponível em: https://www.corteidh.or.cr/docs/casos/articulos/seriec_407_por.pdf. Acesso em: 30 mar. 2021).
21. CORTE INTERAMERICANA DE DIREITOS HUMANOS. *Caso Empregados da Fábrica de Fogos de Santo Antônio de Jesus e seus Familiares vs. Brasil*. Cit. Voto fundamentado do Juiz Eduardo Ferrer Mac-Gregor Poisot. Pars. 14 e 15.
22. COMISSÃO INTERAMERICANA DE DIREITOS HUMANOS. *Relatório sobre Empresas e Direitos Humanos: Normas Interamericanas*, OEA/Ser.L/V/II CIDH/REDESCA/INF.1/19, 1o de novembro de 2019, par. 86.

coordenado por John Ruggie, Representante Especial da ONU na matéria. São firmados no seguinte tripé: dever dos Estados de proteger os direitos humanos, responsabilidade corporativa de respeitar os direitos humanos e a obrigação de todos os participantes em garantir remédios às vítimas de abusos. Nada obstante a importância dos Princípios Orientadores, o preâmbulo do documento ressalta que não criam obrigações internacionais em respeito aos direitos humanos.

Tendo em vista a falta de mecanismos de reforço dos Princípios Orientadores e a constância de violações a direitos humanos por empresas, a partir de 2014, também no âmbito das Nações Unidas, iniciaram as discussões para a elaboração de um tratado internacional para empresas e direitos humanos, atualmente em sua terceira versão, apresentada em junho de 2020.

Necessário se faz uma superação do paradigma estatocêntrico para fazer frente à ameaça. Os Estados não perdem sua responsabilidade, mas elas passam a ser compartilhadas com aquelas entidades corporativas que possuem estrutura, capital e influência maior do que muitos dos estados de menor relevância global.

Várias iniciativas internacionais têm sido fundamentais para esta transição, criando *frameworks* e diretrizes que buscam responsabilizar as empresas não só por violações de direitos humanos, mas também por promover a internalização desses deveres em suas operações. Na gênese destes movimentos estão os Princípios Orientadores das Nações Unidas sobre Empresas e Direitos Humanos, estabelecidos pelo Conselho de Direitos Humanos da ONU em 2011[23].

Esses Princípios Orientadores fornecem um marco global para prevenir e enfrentar os impactos negativos das atividades empresariais sobre os direitos humanos. Eles são baseados em três pilares: proteger, respeitar e remediar. Enquanto os Estados têm a responsabilidade de proteger os direitos humanos, as empresas devem respeitá-los, e ambos devem garantir acesso a mecanismos de remediação para as vítimas de abusos[24].

A partir desse marco inicial dos princípios orientadores, diversas organizações internacionais têm sido protagonistas nesse processo. As

23. ORGANIZAÇÃO DAS NAÇÕES UNIDAS. *Guiding Principles on Business and Human Rights: Implementing the United Nations "Protect, Respect and Remedy" Framework.* HR/PUB/11/04, 2011. Disponível em: https://www.ohchr.org/sites/default/files/documents/publications/guidingprinciplesbusinesshr_en.pdf. Acesso em: 30 mar. 2025.

24. Idem.

Diretrizes da OCDE para Empresas Multinacionais são recomendações dirigidas pelos governos aos negócios internacionais, fornecendo princípios e normas voluntárias para condutas empresariais responsáveis em áreas como direitos humanos, trabalho, meio ambiente e combate à corrupção. Essas diretrizes incentivam as empresas a realizarem a devida diligência (*due diligence*) para identificar, prevenir, mitigar e responder aos impactos adversos de suas operações[25].

Mais recentemente, a União Europeia adotou a Diretiva sobre Devida Diligência Corporativa em Sustentabilidade, que exige que as empresas realizem avaliações rigorosas do impacto de suas operações nos direitos humanos e no meio ambiente, exigindo que as empresas divulguem publicamente suas políticas e ações de devida diligência [26]. Esta diretiva possui uma aplicação extraterritorial, significando que empresas não europeias, mas que operam no mercado europeu, também devem cumprir com essas regulamentações.

Essas iniciativas internacionais têm desenvolvido diretrizes e *frameworks* que orientam as empresas a operar de maneira responsável e transparente. Esses estandartes geralmente se enquadram na categoria de *soft law,* o que significa que são instrumentos jurídicos não vinculantes que influenciam o comportamento das empresas através de recomendações, boas práticas e expectativas de conformidade, ao invés de imposições legais diretas. Embora não sejam leis obrigatórias, estabelecem padrões que podem ser adotados voluntariamente pelas empresas e, em alguns casos, integrados às legislações nacionais pelos governos.

Paralelamente, a sociedade civil e movimentos ativistas têm intensificado a pressão sobre as corporações para que adotem práticas sustentáveis e éticas, demonstrando um esforço colaborativo entre diferentes setores para promover a responsabilidade corporativa em escala global. Empresas que não seguem práticas responsáveis podem ter sua imagem pública prejudicada. Similarmente ao que ocorre em alguns setores do comércio internacional, onde a adesão à normas não obrigatórias é motivada pelo desejo de manter uma boa reputação entre parceiros e consumidores, as empresas são levadas

25. OECD. *Diretrizes da OCDE para Empresas Multinacionais sobre Conduta Empresarial Responsável*, 2023. Disponível em: https://www.gov.br/mdic/pt-br/assuntos/camex/pcn/diretrizes-da-ocde-para-empresas-multinacionais-sobre-conduta-empresarial-responsavel-pt-br.pdf. Acesso em: 30 mar. 2025.
26. UNIÃO EUROPEIA. *Diretriz sobre Diligência Devida em Sustentabilidade Corporativa,* 2024. Disponível em: https://eur-lex.europa.eu/legal-content/EN/TXT/?uri=CELEX%3A32024L1760&qid=1721074032406. Acesso em: 30 mar. 2025.

a alinhar suas práticas com os padrões éticos estabelecidos pela sociedade para evitar críticas e boicotes.

Nota-se aqui um verdadeiro somatório de forças entre o âmbito nacional e internacional, entre diversos atores – Estados, empresas e sociedade civil – impulsionando este novo horizonte protetivo numa paisagem multinivelada. Reconhecendo a importância de garantir que as atividades empresariais não contribuam para violações, mas sim promovam o respeito, aos direitos humanos e danos ambientais, a União Europeia (UE) tem desempenhado um papel proeminente.

A diretriz europeia sobre devida diligência em direitos humanos e sustentabilidade ambiental é aplicável principalmente a grandes empresas, definidas com base em critérios específicos como faturamento anual significativo e número substancial de funcionários, geralmente excedendo 500 empregados. Estes critérios ajudam a identificar empresas com uma presença relevante no mercado e que têm um impacto potencialmente maior sobre os direitos humanos e o meio ambiente. Focando em grandes empresas, a diretriz visa assegurar que entidades com maior capacidade de recursos e influência adotem práticas robustas de devida diligência, incluindo a avaliação, prevenção e mitigação dos impactos negativos de suas operações. Mas também estabelece um padrão que incentiva pequenas e médias empresas a adotarem práticas similares, fortalecendo a cultura de responsabilidade corporativa e sustentabilidade em todas as esferas empresariais.

Essas iniciativas não apenas aumentam a *accountability* das empresas perante a sociedade, mas também promovem uma maior consciência e engajamento dos consumidores, investidores e outras partes interessadas em práticas de negócios responsáveis.

Dentro dessa perspectiva, as empresas devem identificar, prevenir, mitigar e remediar quaisquer impactos negativos que suas atividades possam ter sobre os direitos humanos. À luz da diretriz europeia sobre devida diligência em direitos humanos e sustentabilidade ambiental, essa responsabilidade abrange não apenas as operações diretas das empresas, mas também suas cadeias de suprimentos globais. A diretriz exige que as empresas conduzam avaliações rigorosas e contínuas dos riscos e impactos de suas atividades, assegurando que todos os fornecedores e parceiros comerciais também estejam conforme os padrões estabelecidos.

Como consequência, faz-se necessário investir em sistemas robustos de monitoramento e avaliação para garantir o cumprimento das normas de direitos humanos em todas as etapas de suas operações. Esses sistemas devem incluir a revisão e atualização regular de políticas internas, a implementação de programas abrangentes de treinamento para funcionários sobre práticas de direitos humanos e sustentabilidade, e o estabelecimento de mecanismos eficazes de reclamação e remediação para partes interessadas afetadas. Além disso, a diretriz europeia enfatiza a importância da transparência, exigindo que as empresas divulguem publicamente suas políticas, ações e resultados de devida diligência, fortalecendo assim a *accountability* corporativa.

Para as empresas brasileiras, cumprir com essas exigências implica não apenas alinhar suas práticas internas, mas também garantir que seus fornecedores, especialmente aqueles que fazem parte de cadeias de suprimentos voltadas para o mercado europeu, sigam os mesmos padrões rigorosos. Isso pode envolver a realização de auditorias independentes, a criação de sistemas de rastreamento de fornecedores e o engajamento contínuo com *stakeholders* para identificar e resolver problemas de direitos humanos. Em última análise, a adesão a esses padrões não só ajuda a evitar sanções e danos reputacionais, mas também promove uma cultura de responsabilidade corporativa que pode resultar em benefícios competitivos no mercado global.

Apesar dos claros benefícios de incorporar a promoção dos direitos humanos em suas operações, as empresas enfrentam desafios significativos que complicam essa integração. Entre esses desafios, destacam-se as questões de conformidade regulatória, que podem variar amplamente entre diferentes jurisdições e exigir um investimento considerável em recursos para garantir que todas as operações globais estejam alinhadas com as normas aplicáveis. Além disso, os custos adicionais associados à conformidade, como aqueles decorrentes da implementação de sistemas de monitoramento e auditoria eficazes, bem como da adaptação de práticas empresariais para atender aos padrões éticos, podem ser substanciais. Esses custos podem representar um obstáculo particularmente desafiador para pequenas e médias empresas. Adicionalmente, a resistência cultural dentro das organizações, que pode manifestar-se através de uma relutância em mudar práticas estabelecidas ou uma falta de sensibilização sobre a importância dos direitos humanos, representa um obstáculo à implementação efetiva de práticas de negócios responsáveis.

No entanto, adotar práticas responsáveis de negócios apresenta às empresas uma série de oportunidades significativas que vão além da simples conformidade com as regulamentações. Uma dessas oportunidades é o fortalecimento da reputação corporativa. Empresas reconhecidas por suas práticas éticas e pelo respeito aos direitos humanos e ao meio ambiente podem se diferenciar no mercado, atraindo consumidores, investidores e talentos que valorizam a sustentabilidade e a responsabilidade social. Além disso, a adoção de práticas de negócios responsáveis pode significar uma mitigação substancial dos riscos operacionais. Empresas que proativamente identificam e abordam possíveis impactos negativos de suas operações evitam riscos legais, financeiros e reputacionais, contribuindo para a estabilidade e previsibilidade de suas atividades a longo prazo.

A diretriz europeia sobre devida diligência em direitos humanos e sustentabilidade ambiental tem implicações significativas para empresas brasileiras que operam ou pretendem operar no mercado europeu, bem como para aquelas que são partes de cadeias de suprimentos que servem a este mercado. Estas novas regulamentações representam um marco importante na abordagem das relações entre empresas e direitos humanos. Ao colocar a responsabilidade sobre as empresas para garantir o respeito pelos direitos humanos em todas as suas operações, incentiva-se uma cultura de responsabilidade corporativa e sustentabilidade. Empresas que aderem a essas práticas não só cumprem com as expectativas regulatórias, mas também contribuem para um ambiente empresarial mais justo e ético, fortalecendo suas posições no mercado global e promovendo um desenvolvimento econômico mais sustentável.

11.4 CÂMBIOS CLIMÁTICOS E PROTEÇÃO DOS DIREITOS HUMANOS

A era do Antropoceno — ou, como preferem autores críticos, do Capitaloceno[27] — marca uma profunda inflexão histórica na relação entre os humanos e a Terra. O avanço desenfreado das práticas econômicas predatórias, guiadas pela lógica do crescimento infinito e da acumulação concentrada de riqueza, tem produzido efeitos irreversíveis sobre os ciclos naturais. As mudanças climáticas são talvez a manifestação mais evidente de um desequilíbrio sistêmico que transcende o ambiental e se projeta como uma crise civilizatória.

Essa crise desafia os marcos tradicionais do direito internacional e constitucional, pois evidencia que a centralidade do humano, tal como forjada na modernidade ocidental, precisa ser urgentemente repensada. O paradigma antropocêntrico, fundado na separação entre natureza e cultura, sujeito e objeto, Estado e território, não é apenas insuficiente para enfrentar a emergência climática — ele é parte essencial do problema. A concepção clássica dos direitos humanos, com sua ênfase na liberdade individual, na

27. KRENAK, Ailton. Ideias para adiar o fim do mundo. São Paulo: Companhia das Letras, 2020.

propriedade privada e no progresso material, não dá conta da complexidade da crise ecológica e de suas consequências desiguais.[28]

Nesse contexto, o pensamento de Ailton Krenak oferece uma ruptura epistemológica radical. Ao evocar a noção de 'adiar o fim do mundo', Krenak propõe uma ética da coexistência baseada na sabedoria ancestral e na sacralidade da Terra, criticando a transformação dos sujeitos em consumidores e a captura da vida pelo mercado[29].

A justiça socioambiental exige que se reconheça que a degradação ambiental afeta de maneira desigual corpos racializados, territórios indígenas e mulheres, especialmente no Sul Global. A intensificação dos desastres, como o rompimento das barragens em Mariana e Brumadinho, expõe o caráter seletivo da violência ecológica.[30]

O ecofeminismo contribui criticamente ao revelar como a devastação ambiental caminha ao lado da exploração de corpos e territórios femininos. Mulheres defensoras da terra são alvos de violência política e institucional, e sua resistência aponta caminhos de cuidado e interdependência[31].

Nesse cenário de profunda desigualdade e ameaça existencial, o papel do Direito Internacional dos Direitos Humanos torna-se inescapável. Historicamente voltado à contenção dos abusos cometidos por Estados contra indivíduos, esse ramo jurídico é agora desafiado a ampliar seu escopo para responder a uma crise que é simultaneamente ambiental, social e civilizatória. A interdependência entre os direitos humanos e a proteção ambiental, embora já reconhecida em diversas declarações internacionais, precisa ser tratada não mais como uma área marginal ou emergente do direito, mas como um eixo estruturante de sua atuação contemporânea.

A Declaração de Estocolmo (1972), a Declaração do Rio sobre Meio Ambiente e Desenvolvimento (1992), o Acordo de Paris (2015) e mais recentemente o reconhecimento pelo Conselho de Direitos Humanos da ONU do direito humano a um meio ambiente limpo, saudável e sustentável (2021) apontam para uma crescente normatização do vínculo entre justiça climática e direitos humanos. Contudo, tais declarações ainda carecem de mecanismos eficazes de enforcement e de integração com sistemas jurisdicionais capazes de garantir sua justiciabilidade. A própria linguagem internacional, muitas

28. ACOSTA, Alberto. O Bem Viver: uma oportunidade para imaginar outros mundos. São Paulo: Editora Elefante, 2016.
29. KRENAK, Ailton. Ideias para adiar o fim do mundo. São Paulo: Companhia das Letras, 2020.
30. ACSELRAD, Henri. Justiça ambiental, racismo e desigualdade. São Paulo: Fundação Perseu Abramo, 2009.
31. SHIVA, Vandana; MIES, Maria. Ecofeminismo. Belo Horizonte: Editora Luas, 2021.

vezes permeada por uma retórica de "equilíbrio" entre desenvolvimento e sustentabilidade, tende a preservar os interesses dos países e corporações do Norte Global, deixando os povos mais vulneráveis à mercê de discursos vagos e promessas não cumpridas.

Nesse sentido, a litigância climática começa a ocupar um papel central. No âmbito interamericano, a Opinião Consultiva n.º 23/17[32] da Corte Interamericana de Direitos Humanos reafirma que os direitos à vida e à integridade pessoal estão diretamente ameaçados pela degradação ambiental grave, consolidando a ideia de que os Estados têm obrigações positivas para proteger o ambiente como parte de seu dever de garantir direitos fundamentais.

Esses avanços indicam que o Direito Internacional dos Direitos Humanos não pode mais se restringir à proteção de liberdades abstratas ou à regulação de conflitos interestatais. Ele deve assumir, com radicalidade, a defesa da vida em suas múltiplas formas — humanas e não humanas, individuais e coletivas. Essa ampliação, no entanto, exige uma profunda transformação paradigmática: é necessário incorporar ao corpus normativo internacional as epistemologias indígenas, os saberes decoloniais, os feminismos territoriais e os modos plurais de relação com a Terra.

A justiça climática, para ser efetiva, precisa ser também uma justiça epistemológica — e isso exige escutar e incorporar o que Bispo chama de "ciência da experiência ancestral"[33] dos povos e comunidades tradicionais, especialmente negras e indígenas, que historicamente têm resistido à devastação promovida em nome do progresso.

A emergência climática, ao desnudar a falência dos sistemas político-jurídicos tradicionais em garantir a reprodução da vida, convoca o Direito Internacional a se reconectar com os princípios de interdependência, corresponsabilidade e justiça histórica. A proteção dos direitos humanos diante da crise ecológica não pode se contentar com medidas paliativas ou com a manutenção de um status quo desigual. Trata-se de refundar o próprio sentido de humanidade a partir de um reconhecimento de que não há dignidade possível sem a preservação dos ecossistemas, da água, do ar, das florestas e dos modos de vida que neles e com eles coexistem.

32. CORTE INTERAMERICANA DE DIREITOS HUMANOS. *Opinião Consultiva OC-23/17: Meio Ambiente e Direitos Humanos*. San José, Costa Rica, 15 de novembro de 2017. Disponível em: https://www.corteidh.or.cr/docs/opiniones/seriea_23_esp.pdf.

33. BISPO DOS SANTOS, Antônio. *A terra dá, a terra quer*. São Paulo: Ubu Editora, 2023.

A resposta jurídica à crise climática, se quiser ser efetiva e emancipatória, deve articular normas, práticas e instituições com os movimentos que, há décadas, denunciam as injustiças ambientais e propõem alternativas concretas. De Mariana a Brumadinho, da Amazônia ao Cerrado, dos Andes à Caatinga, o clamor por justiça ecoa não apenas nas cortes, mas nas ruas, nas florestas, nas aldeias e nos corpos que resistem à devastação. O Direito Internacional tem diante de si a possibilidade de se aliar a essa resistência e, com ela, reinventar o futuro.

PARTE II

TUTELA DIFERENCIADA DOS GRUPOS VULNERABILIZADOS

Pelo art. 24 da Convenção Americana de Direitos Humanos, todas as pessoas são iguais perante a lei e têm direito, sem discriminação, à igual proteção. Essa regra reforça a contida no art. 1.1. da Convenção Americana, pela qual os Estados-partes se comprometem a respeitar "sem discriminação alguma" os direitos e liberdades nela reconhecidos.

Há, pois, uma relação entre a obrigação de respeitar e garantir os direitos humanos e o princípio da igualdade e não discriminação, sendo que a "posição econômica" da pessoa é uma das causas de discriminação proibidas pela Convenção Americana[1]. Os Estados-partes estão impedidos de criar situações de discriminação *de iure* ou *de facto*, bem como são obrigados a adotar medidas positivas para reverter ou alterar situações discriminatórias existentes em suas sociedades em prejuízo de determinado grupo de pessoas[2]. O Direito Internacional dos Direitos Humanos não rege relações entre iguais; ao contrário, opera nos vínculos desiguais e se coloca na defesa dos mais fracos[3]. Posiciona-se em favor das pessoas mais vulnerabilizadas. Não se preocupa com o equilíbrio abstrato entre as partes, mas se inspira na realização da justiça ao procurar sanar os efeitos dos desequilíbrios e disparidades que afetam as vítimas de violação de direitos humanos. Toda a pessoa que se encontre em situação de vulnerabilidade é titular de uma proteção especial. É dever dos Estados não apenas se abster de infringir os direitos humanos, mas também de tomarem todas as medidas positivas necessárias para a tutela adequada desses titulares de direitos, levando em consideração a sua condição pessoal ou situação específica que se encontrem, como a extrema pobreza ou a marginalização (invisibilidade) social[4]. Portanto, é obrigação do Estado identificar as vulnerabilidades, promover a inclusão social e implementar políticas públicas voltadas ao pleno exercício dos direitos humanos fundamentais. As normas jurídicas – internas e internacionais – devem ser interpretadas e aplicadas levando em consideração as necessidades de proteção das vítimas de violação de direitos humanos.

No Brasil, a tutela diferenciada dos grupos vulnerabilizados é uma diretriz constitucional, presente no art. 3º, incs. I e III, da Constituição Federal

1. CORTE INTERAMERICANA DE DIREITOS HUMANOS. *Parecer Consultivo OC-18/03 de 17 de setembro de 2003*. Disponível em: <https://www.cnj.jus.br/wp-content/uploads/2016/04/58a49408579728bd7f7a6bf3f1f80051.pdf. Acesso em 20.01.2021>.
2. CORTE INTERAMERICANA DE DIREITOS HUMANOS. *Caso Trabalhadores de Fazenda Brasil Verde vs. Brasil.* Sentença de 20 de outubro de 2016. Disponível em: <https://www.corteidh.or.cr/docs/casos/articulos/seriec_318_por.pdf. Acesso em 20.01.2021>.
3. TRINDADE, Antônio Augusto Cançado. *Tratado de Direito Internacional de Direitos Humanos.* Vol. 1. Cit. p.44.
4. Idem. Ibidem.

de 1988, que afirma que são objetivos fundamentais construir uma sociedade livre, justa e solidária, e erradicar a pobreza e a marginalização e reduzir as desigualdades sociais. O art. 170, inc. VII, da Constituição Federal enfatiza que a ordem econômica, fundada na valorização do trabalho humano e na livre iniciativa, tem por fim assegurar a todos existência digna, conforme os ditames da justiça social, observados, entre outros princípios, a redução das desigualdades regionais e sociais. Já o art. 193 da mesma Constituição assevera que a ordem social tem como base o primado do trabalho, e como objetivo o bem-estar e a justiça social, cabendo ao Estado exercer a função de planejamento das políticas sociais, assegurada, na forma da lei, a participação da sociedade nos processos de formulação, monitoramento, controle e avaliação dessas políticas.

Com efeito, a compreensão de justiça social vai além da mera distribuição das riquezas criadas pelo esforço comum, sendo imprescindível reconhecer e incorporar à sociedade valores culturais diversificados, com a inclusão daqueles não hegemônicos, representativos dos grupos sociais vulnerabilizados[5].

Para a formulação de políticas públicas adequadas, o Brasil precisa implementar sistemas para coletar dados desagregados (em diferentes instituições públicas e privadas, como instituições de saúde, educação, acesso ao trabalho, justiça, proteção social, etc.) e informações estatísticas e qualitativas sobre a situação dos direitos humanos de pessoas afrodescendentes e comunidades tradicionais quilombolas, indígenas, LGBTQIAPN+, além de outros grupos em situação de risco e/ou vulnerabilidade, para criar e implementar leis interseccionais e políticas públicas apropriadas, a fim de atender às necessidades e para superar os obstáculos específicos que esses grupos enfrentam[6]. A omissão do Estado ou a adoção de políticas indiferentes ou insatisfatórias aos grupos sociais mais vulnerabilizados aumenta as desigualdades e amplia as exclusões. Nesse sentido, o Plenário Virtual do Supremo Tribunal Federal, em 14 de maio de 2021, ao examinar a Ação Cível Originária nº 3.508, proposta pelo Governo do Maranhão, em face da decisão do Poder Executivo Federal de cortar o orçamento de 2021 do

5. "(...) a justiça social, hoje, mais do que simplesmente redistribuir riquezas criadas pelo esforço coletivo, significa distinguir, reconhecer e incorporar à sociedade valores culturais diversificados, não raro considerados inferiores àqueles reputados dominantes" (BRASIL. Supremo Tribunal Federal. ADPF 738 MC-Ref, Relator(a): RICARDO LEWANDOWSKI, Tribunal Pleno, julgado em 05/10/2020, PROCESSO ELETRÔNICO DJe-260 DIVULG 28-10-2020 PUBLIC 29-10-2020).

6. COMISSÃO INTERAMERICANA DE DIREITOS HUMANOS. *Situação dos direitos humanos no Brasil*. Cit. p. 196.

Instituto Brasileiro de Geografia e Estatística (IBGE), concedeu tutela de urgência para que o censo demográfico fosse realizado em 2022. O STF considerou que o censo permite mapear as condições socioeconômicas de cada parte do Brasil, e é indispensável para a elaboração de políticas públicas, voltadas à implementação de direitos fundamentais previstos na Constituição Federal. Considerou não ser possível, por exemplo, combater desigualdades, instituir programas de transferência de renda e construir escolas e hospitais sem prévio conhecimento das necessidades locais. A essencialidade do censo demográfico, para a formulação e acompanhamento de políticas públicas, bem como o planejamento de investimentos privados e para o desenvolvimento da economia nacional, estão expressos no art. 1º da Lei 8.184/91, pela qual "a periodicidade dos Censos Demográficos e dos Censos Econômicos, realizados pela Fundação Instituto Brasileiro de Geografia e Estatística (IBGE), será fixada por ato do Poder Executivo, não podendo exceder a dez anos a dos Censos Demográficos e a cinco anos a dos Censos Econômicos".

Também é preocupante a edição da Emenda Constitucional nº 95, conhecida como "PEC do teto de gastos", a qual impõe cortes profundos e sucessivos no orçamento público em setores como saúde, educação e combate à fome e à pobreza. Não obstante a responsabilidade fiscal e o ajuste nas contas do Estado sejam necessários, a ausência de financiamento adequado das políticas públicas, voltadas à população mais vulnerável, inviabiliza o desenvolvimento e a justiça sociais, além de consagrar retrocessos na promoção dos direitos humanos.

A falta de recursos necessários para a implementação de políticas públicas é agravada pelo fenômeno da corrupção. A Comissão Interamericana de Direitos Humanos, na Resolução 1/2018, tratou dos Direitos Humanos e Corrupção[7]. Na qual, afirmou ser a corrupção um fenômeno complexo que afeta os direitos humanos – civis, políticos, econômicos, sociais, culturais e ambientais –, dificulta o desenvolvimento, enfraquece a governabilidade e as instituições democráticas, fomenta a impunidade, mina o Estado de Direito e exacerba as desigualdades[8]. O fenômeno da corrupção tem um impacto grave e diferenciado no exercício dos direitos humanos, por parte

7. ANTONIAZZI, Mariela Morales. Aproximación a los estándares interamericanos sobre corrupción, institucionalidad y derechos humanos. In: *Impacto de la corrupción en los derechos humanos*. Org. Carlos Tablante e Mariela Morales Antoniazzi. México: Instituto de Estudios Constitucionales del Estado de Querétaro, 2018. p. 361.

8. COMISSÃO INTERAMERICANA DE DIREITOS HUMANOS. Resolução 01/2018. Disponível em: <https://www.oas.org/es/cidh/decisiones/pdf/Resolucion-1-18-es.pdf>. Acesso em: 1 abr. 2021.

dos grupos historicamente vulnerabilizados (como as pessoas em situação de pobreza, as mulheres, os povos indígenas, os afrodescendentes, as privadas de liberdade e os migrantes). A Comissão Interamericana já havia afirmado, na Resolução 1/2017, sobre os Direitos Humanos e a Luta contra a Impunidade e a Corrupção, que a "lucha contra la corrupción está indisolublemente ligada al ejercicio y disfrute de los derechos humanos. La impunidad fomenta y perpetúa los actos de corrupción. Por lo tanto, el establecimiento de mecanismos efectivos para erradicar la corrupción es una obligación urgente para lograr un acceso efectivo a una justicia independiente e imparcial y para garantizar los derechos humanos".

Deve-se, pois, extrair da interpretação dos arts. 1.1 e 24 da Convenção Americana de Direitos Humanos o dever dos Estados de proteção da igualdade substancial, da justiça social e da equidade nas relações humanas.

John Rawls, por exemplo, sustenta que a justiça como equidade pressupõe a ideia de sociedade como um sistema cooperativo entre gerações, em que os cidadãos são livres e iguais, e que a sociedade seja regulada por uma concepção pública de justiça, que possa beneficiar cada uma das pessoas[9]. Buscar os justos termos de cooperação entre os cidadãos livres e iguais, em uma sociedade de enormes desigualdades econômicas, é um desafio político, mas também jurídico, que deve partir do combate às situações discriminatórias injustas e da adoção de medidas protetivas positivas, com respaldo proporcional no orçamento público para os grupos mais vulnerabilizados. O que não se pode tolerar é a naturalização das desigualdades de classe, de gênero, de orientação sexual ou de raça, que tornam as minorias invisíveis, corpos dóceis objetos de dominação, instrumentos de manipulação de massa, negando a sua condição de pessoas livres e iguais, com a perpetuação das estruturas de poder que impedem o combate à exclusão social, à pobreza e à universalização dos direitos humanos.

9. *"The central organizing idea of social cooperation has at least three essential features: (a) Social cooperation is distinct from merely socially coordinated activity—for example, activity coordinated by orders issued by an absolute central authority. Rather, social cooperation is guided by publicly recognized rules and procedures which those cooperating accept as appropriate to regulate their conduct. (b) The idea of cooperation includes the idea of fair terms of cooperation: these are terms each participant may reasonably accept, and sometimes should accept, provided that everyone else likewise accepts them. Fair terms of cooperation specify an idea of reciprocity, or mutuality: all who do their part as the recognized rules require are to benefit as specified by a public and agreed-upon standard. (c) The idea of cooperation also includes the idea of each participant's rational advantage, or good. The idea of rational advantage specifies what it is that those engaged in cooperation are seeking to advance from the standpoint of their own good"* (RAWLS, John. *Justice as fairness*. Cambridge: Harvard University Press, 2001. p. 6).

A complexidade aumenta em face dos elevados indicadores de práticas discriminatórias registradas na América Latina – região mais desigual do mundo[10], possuindo um índice gini 15% maior do que a segunda região mais desigual, a África Subsaariana -, herança provável da dominação cultural pautada em valores androcêntricos, patriarcais, adultocêntricos, xenofóbicos...; enfim, em totalitarismos do âmbito público e privado que refutam a existência das diferenças.

Nos prismas constitucionais brasileiros e internacionais interamericanos, a tutela da igualdade e sua consequente não discriminação derivam da literalidade e de hermenêutica construída em prol da proteção da dignidade humana, em qualquer circunstância e na sua totalidade como sujeitos de direitos, principalmente das pessoas mais vulnerabilizadas que demandam um cuidado especial e diferenciado do Estado[11-12].

A presente pesquisa, para além das balizas teórico-normativas, buscou privilegiar o estudo de casos concretos sobre a temática, sem nenhuma pretensão de esgotá-la mas apenas demonstrar a complexidade que a matéria ganha quando *encarna* nas pessoas que necessitam da sua tutela e proteção. Isso porque a análise de casos cumpre duplo papel: em primeiro plano, evidenciar a indissociabilidade da teoria e da prática na seara dos direitos humanos[13];

10. Dados do Banco de Desenvolvimento da America Latina e Caribe (https://www.caf.com/pt/blog/investimentos-europeus-destacam-desigualdades-da-america-latina/#:~:text=A%20Am%C3%A9rica%20Latina%20e%20o,Europa%20e%20a%20%C3%81sia%20Central.) acessado em: 30/05/2025.

11. "Nada mais nocivo, perigoso e ilegítimo do que elaborar uma Constituição sem a vontade de fazê-la cumprir integralmente ou, então, do que a promulgar com o intuito de apenas executá-la com o propósito subalterno de torná-la aplicável somente nos pontos que se mostrarem convenientes aos desígnios dos governantes ou de grupos majoritários, em detrimento dos interesses maiores dos cidadãos ou, muitas vezes, em frontal desrespeito aos direitos das minorias, notadamente daquelas expostas a situações de vulnerabilidade" (STF, ADO 26, Relator(a): CELSO DE MELLO, Tribunal Pleno, julgado em 13/06/2019, PROCESSO ELETRÔNICO DJe-243 DIVULG 05-10-2020 PUBLIC 06-10-2020).

12. "O respeito à pessoa humana é devido em qualquer circunstância. Nem a pobreza, nem a cor da pele, nem a opção sexual, tampouco a culpabilidade criminal, retiram do homem a dignidade que lhe é inerente. O ser humano, para ser visto e tratado como tal, há de ser considerado na totalidade, porque sujeito de direitos" (STF, ADPF 742 MC, Relator(a): MARCO AURÉLIO, Relator(a) p/ Acórdão: EDSON FACHIN, Tribunal Pleno, julgado em 24/02/2021, PROCESSO ELETRÔNICO DJe-080 DIVULG 28-04-2021 PUBLIC 29-04-2021).

13. *"Cuando se dice que 'el principal problema de los derechos humanos hoy en día es el de su aplicación' se está diciendo que aún dentro de la visión jurídica, no es suficiente con la legislación, sino que se necesita la aplicación de ella. Pero al mismo tiempo vemos que la aplicación de una legislación no es sólo un problema de judicatura sino de poder social, de estructuras y relaciones de fuerzas que impiden la realización de derechos consagrados para determinados grupos sociales (en este caso las mayorías de la población mundial). Tal afirmación es profundamente ideológica, pues al decir: la institución está bien, el problema es de aplicación oculta precisamente el problema que tratamos de mostrar: que la principal causa de la violación de los derechos humanos en el mundo de hoy no es producto de un poder despótico que rechaza la institución derechos humanos, sino de un sistema democrático de derecho que lo consagra y se declara además su 'inventor'"* (GUTIERREZ, Julio Germán. Globalización y liberación de los derechos humanos. In: *El vuelo*

em segundo plano, realçar a relevância do método *tópico*[14] na investigação da pesquisa científica. A seleção de grupos discriminados foi feita com propósitos didáticos, mas não se ignora que as violações de direitos humanos não ocorrem no vácuo e que muitas vezes abarcam múltiplas vulnerabilidades. A convergência dos diversos fatores de desigualdade gera um cenário de vulnerabilidades múltiplas e complexas. É o que Kimberlé Crenshaw[15] chama de interseccionalidade, a saber:

> A interseccionalidade pode ser entendida como uma ferramenta de análise que consegue dar conta de mais de uma forma de opressão simultânea. Com essa lente, os processos discriminatórios não são compreendidos isoladamente, nem se propõem uma mera adição de discriminações, mas sim, abraça-se a complexidade dos cruzamentos dos processos discriminatórios e a partir daí se busca compreender as condições específicas que deles decorrem[16] .

Trata-se de conceito de suma importância, cuja compreensão é essencial para a defesa dos direitos humanos; afinal, "a discriminação interseccional é particularmente difícil de ser identificada em contextos onde forças econômicas, culturais e sociais silenciosamente moldam o pano de fundo"[17] . Essa perspectiva de análise se faz presente na jurisprudência da Corte IDH, que já reconheceu que uma situação de vulnerabilidade pode decorrer de múltiplos fatores, havendo, inclusive, situações específicas que derivam dessa intersecção.

de Anteo: derechos humanos y critica de la razón liberal. Coord. Joaquín Herrera Flores. Bilbao: Desclée, 2000. p. 173-200. p. 187).

14. "A Constituição com a metodologia tópica perde, até certo ponto, aquele caráter reverencial que o formalismo clássico lhe conferira. A tópica abre tantas janelas para a realidade circunjacente que o aspecto material da Constituição, tornando-se, quer se queira quer não, o elemento predominante, tende a absorver por inteiro o aspecto formal" (BONAVIDES, Paulo. *Curso de direito constitucional*. São Paulo: Malheiros, 2001. p. 452-453).

15. CRENSHAW, Kimberlé. *Documento para o Encontro de Especialistas em Aspectos da Discriminação Racial Relativos ao Gênero. Revista Estudos Feministas*, Florianópolis, v. 10, n. 1, p. 171-188, Jan. 2002. Disponível em: <http://www.scielo.br/scielo.php?script=sci_arttext&pid=S0104-026X2002000100011&lng=en&nrm=iso>. Acesso em: 18 out. 2020.

16. KYRILLOS, Gabriela M. *Uma Análise Crítica sobre os Antecedentes da Interseccionalidade. Revista Estudos Feministas*, Florianópolis, v. 28, n. 1, e56509, 2020. Disponível em: <http://www.scielo.br/scielo.php?script=sci_arttext&pid=S0104-026X2020000100204&lng=en&nrm=iso>. Acesso em: 18 out. 2020.

17. CRENSHAW, Kimberlé. *Documento para o Encontro de Especialistas em Aspectos da Discriminação Racial Relativos ao Gênero. Revista Estudos Feministas*, Florianópolis, v. 10, n. 1, p. 171-188, Jan. 2002. Disponível em: <http://www.scielo.br/scielo.php?script=sci_arttext&pid=S0104-026X2002000100011&lng=en&nrm=iso>. Acesso em: 18 out. 2020.

Nesse sentido, cita-se o *Caso Ramírez Escobar e outros vs. Guatemala*:

> *"la confluencia de factores de discriminación de manera interseccional resulta en una experiencia discriminatoria que se diferencia de la simple acumulación en contra de una persona de distintos causas discriminación"*[18].

Em que pese não haja um conceito pronto e acabado de discriminação, a Corte já indicou que esta se relaciona com

> *[...] toda distinción, exclusión, restricción o preferencia que se basen en determinados motivos, como la raza, el color, el sexo, el idioma, la religión, la opinión política o de otra índole, el origen nacional o social, la propiedad, el nacimiento o cualquier otra condición social, y que tengan por objeto o por resultado anular o menoscabar el reconocimiento, goce o ejercicio, en condiciones de igualdad, de los derechos humanos y libertades fundamentales de todas las personas*[19] .

Como dito, um dos efeitos da discriminação é o cenário de desigualdade estrutural e vulnerabilidades interseccionais que dificultam, ou mesmo impedem, a efetivação dos direitos humanos, conforme ver-se-á abaixo.

Vale advertir, todavia, que não há uma categoria universal de seres humanos (*v.g.*, mulheres não são todas iguais). A perspectiva interseccional permite ver o indivíduo como uma pessoa em variadas dimensões (etária, de gênero, racial, como pessoa com deficiência, classe social etc.). É certo que cada grupo vulnerabilizado tem suas peculiaridades, que precisam ser estudadas para se compreender melhor suas necessidades, as quais podem ser protegidas coletivamente (por meio da legislação, da jurisprudência, de políticas públicas etc.), mas isto não exime a análise da situação concreta vivenciada de cada pessoa quando se busca a tutela jurídica individual.

18. CORTE IDH. *Caso Ramírez Escobar y otros Vs. Guatemala.* Fondo, Reparaciones y Costas. Sentencia de 9 de marzo de 2018. Serie C No. 351. par. 277.

19. CORTE IDH. *Caso Gonzales Lluy y otros Vs. Ecuador.* Excepciones Preliminares, Fondo, Reparaciones y Costas. Sentencia de 1 de septiembre de 2015. Serie C No. 298, par. 253.

CAPÍTULO

1

CRIANÇAS E ADOLESCENTES: SUPERANDO O ENFOQUE ADULTOCÊNTRICO

No cenário de expansão da proteção internacional dos direitos humanos que, em 1989, a ONU adotou a *Convenção Sobre os Direitos da Criança,* ratificada pelo Estado brasileiro em 1990, fixando em seu preâmbulo:

> (...) Convencidos de que a família, como grupo fundamental da sociedade e ambiente natural para o crescimento e bem-estar de todos os seus membros, e em particular das crianças, deve receber a proteção e assistência necessárias a fim de poder assumir plenamente suas responsabilidades dentro da comunidade;
>
> Reconhecendo que a criança, para o pleno e harmonioso desenvolvimento de sua personalidade, deve crescer no seio da família, em um ambiente de felicidade, amor e compreensão;
>
> Considerando que a criança deve estar plenamente preparada para uma vida independente na sociedade e deve ser educada de acordo com os ideais proclamados na Carta das Nações Unidas, especialmente com espírito de paz, dignidade, tolerância, liberdade, igualdade e solidariedade;
>
> Tendo em conta que a necessidade de proporcionar à criança uma proteção especial foi enunciada na Declaração de Genebra de 1924 sobre os Direitos da Criança e na Declaração dos Direitos da Criança adotada pela Assembléia Geral em 20 de novembro de 1959, e reconhecida na Declaração Universal dos Direitos Humanos, no

> Pacto Internacional de Direitos Civis e Políticos (em particular nos Artigos 23 e 24), no Pacto Internacional de Direitos Econômicos, Sociais e Culturais (em particular no Artigo 10) e nos estatutos e instrumentos pertinentes das Agências Especializadas e das organizações internacionais que se interessam pelo bem-estar da criança; (...)[1]

Trata-se de acordo internacional sobre direitos humanos que goza de ampla adesão, possuindo quase duzentos Estados-partes.

Consoante antes afirmado, para tal declaração, entende-se por criança um *sujeito de direito em condições de especial desenvolvimento* com menos de dezoito anos de idade. Nota-se, portanto, a tentativa de rompimento com o paradigma adultocêntrico, que vê no menor indivíduo inferior, para vê-lo como titular de direitos merecedor de igual respeito e consideração, todavia, levando em consideração seu estágio peculiar de desenvolvimento.

Há, como pano de fundo da convenção em comento, uma principiologia própria que se assenta sobre um tripé: o princípio da proteção integral; o princípio da primazia dos interesses da criança e o *right to voice.*

O princípio da proteção integral, assimilado e internalizado pelo direito brasileiro, tem como base a interdependência e correlação na proteção dos direitos humanos. Combinam-se, para a proteção integral, direitos civis e políticos (cognominados de primeira geração ou dimensão) e direitos econômicos, sociais e culturais (ditos de segunda geração ou dimensão) – rompendo com o cartesianismo geracional que domina – até hoje – os documentos internacionais.

Além disso, a proteção integral ainda demanda o engajamento de todos os protagonistas envolvidos no desenvolvimento infantil, quais sejam: Estado, sociedade e família. Ademais, o princípio da primazia do interesse da criança promove verdadeira inversão do foco, uma vez que, ao invés de serem inferiorizados, os direitos humanos das crianças e adolescentes passam a ser prioritários.

Com efeito, crianças e adolescentes, em razão da sua idade e estágio de desenvolvimento, são um dos elos mais frágeis da sociedade e, por essa característica que lhes é inerente, exigem proteção jurídica diferenciada. Aquelas em situação de pobreza, particularmente, dependem de políticas públicas eficientes e investimentos necessários à efetivação de seus direitos

1. Documento disponível em: <http://www.onu-brasil.org.br/doc_crianca.php>.

humanos, porque têm menos acesso à educação, correm mais risco de sofrer de desnutrição e de ficarem doentes com mais frequência.

Dados do Laboratório contra a Pobreza na América Latina do Banco Mundial de 2014 apontam que o percentual de crianças latino-americanas que vivem abaixo da linha da pobreza (4 dólares/dia) é duas vezes maior do que os adultos: 36% e 19%, respectivamente[2]. No Brasil, segundo informações do Fundo das Nações Unidas para a Infância (UNICEF), em 2019, 20,3% das crianças e adolescentes, entre 4 e 17 anos, tiveram o direito à educação violado[3]. Deste total, 13,8% frequentavam a escola, mas eram analfabetos ou tinham atraso escolar, e 6,5% (ou 2,8 milhões) de crianças e adolescentes estavam fora da Escola no Brasil. O país possui 2,7 milhões de crianças e adolescentes entre 5 e 17 anos de idade em situação de trabalho infantil. O número de homicídios de crianças e adolescentes aumentou significativamente, entre 2007 e 2017, saltando de 8.013 para 11.804 registros. Sendo 82,9% dessas vítimas meninos negros, oriundos, em sua maioria, das periferias e áreas metropolitanas das grandes cidades. Por outro lado, o total de adolescentes em medida de internação fechada passou de 16,8 mil, em 2008, para 26,4 mil, em 2016, conforme informações do Sistema Nacional de Atendimento Socioeducativo (Sinase). Com isso, várias unidades ficaram superlotadas e sem condições de higiene e salubridade[4]. Ainda, o Disque 100, em 2019, por dados do Ministério da Mulher, da Família e dos Direitos Humanos, registrou, no âmbito da defesa dos direitos da criança e do adolescente, 42.585 denúncias. Negligência (68,85%), seguida por violência psicológica (43,3%), física (38,91%), sexual (21,32%), exploração do trabalho infantil (4,63%) e abuso financeiro (4,63%) foram os principais tipos de violação. Essas e outras questões – como o crescimento de doenças mentais e de suicídios entre crianças e adolescentes de 10 a 19 anos, o atendimento e a escuta adequada de crianças vítimas de

2. EL PAÍS. *As crianças na América Latina são as que mais sofrem com a pobreza.* Disponível em: <https://brasil.elpais.com/brasil/2016/06/28/internacional/1467149228_735503.html>. Acesso em: 21 jan. 2021.

3. FUNDO DAS NAÇÕES UNIDAS PARA A INFÂNCIA (UNICEF). *20 anos pelos direitos das crianças e adolescentes.* Disponível em: <https://www.unicef.org/brazil/media/4911/file/revista_selo_unicef_20anos.pdf>. Acesso em: 21 jan. 2021.

4. A Comissão Interamericana de Direitos Humanos "observou nas unidades do sistema socioeducativo problemáticas similares às observadas no sistema prisional, tais como superlotação, péssimas condições de saúde e alimentação, maus-tratos e tortura. Embora o sistema socioeducativo tenha como finalidade um processo educativo que transforme a realidade de adolescentes em conflito com a lei, na prática a Comissão observou um contexto de privação de liberdade que, assim como no sistema prisional, reflete padrões de racismo institucional, criminalização da pobreza e violações de direitos humanos por agentes do Estado, em total dissonância com as normas interamericanas de direitos humanos" (COMISSÃO INTERAMERICANA DE DIREITOS HUMANOS. *Situação dos direitos humanos no Brasil.* Cit. p. 81).

violência sexual, e a inclusão digital – exigem do sistema jurídico soluções melhores e inovadoras.

A "Doutrina da Proteção Integral", consagrada nos arts. 227 e 228 da Constituição Federal, tem sua origem na Convenção das Nações Unidas sobre os Direitos das Crianças, adotada pela Assembleia Geral em 20 de novembro de 1989. A preocupação com o *melhor interesse da criança* está no núcleo da proteção integral, gravitando ao seu redor os demais direitos humanos inerentes à criança.

A Convenção sobre os Direitos da Criança é o documento internacional que possui o maior número de ratificações: 196 partes, até 2019. A razão para a sua importância se justifica na falta de maturidade física e mental da criança, o que a torna vulnerável, tendo essa Convenção sistematizado não apenas os direitos civis e políticos, mas também econômicos, sociais e culturais em um só texto, voltado especificamente para a sua proteção[5]. Os direitos da criança e do adolescente fazem parte dos direitos da pessoa humana, principalmente em razão de serem pessoas em desenvolvimento e que merecem maior atenção da família, da sociedade e do Estado[6].

Pelo art. 19 da CADH, toda criança tem direito às medidas de proteção que a sua condição de pessoa vulnerável requer por parte da sua família, da sociedade e do Estado. Crianças e adolescentes são titulares de direitos humanos, tal como todas as demais pessoas, mas também possuem direitos especiais, decorrentes da sua condição peculiar, os quais correspondem a deveres específicos por parte da família, sociedade e Estado[7].

Na Opinião Consultiva 29/2022, a Corte Interamericana de Direitos Humanos, ao analisar a Convenção dos Direitos da Criança da ONU, afirmou que a proteção integral se desdobra em quatro princípios: o princípio da não discriminação, o princípio do interesse superior da criança, o princípio do respeito ao direito à vida, à sobrevivência e ao desenvolvimento e o princípio do respeito à opinião da criança em todo o processo que a afeta, de modo a garantir sua participação[8].

---

5. RAMOS, André de Carvalho. *Curso de direitos humanos*. Cit. p. 248.
6. CAMBI, Eduardo; PORTO, Letícia de Andrade; FACHIN, Melina Girardi. A proteção integral dos direitos das "Crianças de Hannah Arendt" na crise humanitária internacional. In: *30 anos do Estatuto da Criança e do Adolescente*. Org. Eduardo Cambi e Clayton Maranhão. Belo Horizonte: D´Plácido, 2020. p. 311-313.
7. CORTE AMERICANA DE DIREITOS HUMANOS. *Condición jurídica y derechos humanos del niño. Opinión Consultiva* OC-17/02 de 28 de agosto de 2002. Serie A No. 17. Par. 54.
8. "172. La Corte ya ha resaltado que, cuando se trata de la protección de los derechos de niñas y niños y de la adopción de medidas para lograr dicha protección, los siguientes cuatro principios rectores de la Convención sobre los Derechos del Niño deben inspirar de forma transversal e implementarse en

A necessidade de proteção integral das crianças e adolescentes lhes confere, por exemplo, o direito de solicitar e receber asilo, nos termos do art. 22.7 da Convenção Americana[9]. Constitui dever do Estado acolhedor explicar em linguagem simples, que crianças e adolescentes têm o direito de solicitar e receber asilo, sendo encaminhados à entidade responsável, seja por meio do Estado, seja pela via do Organismo Internacional, como o ACNUR - Alto Comissariado das Nações Unidas para Refugiados[10]. Nesse contexto, é importante salientar o *Caso Villagrán Morales y otros* (*Niños de La Calle*) *vs. Guatemala*, julgado em 1997 pela Corte Interamericana de Direitos Humanos[11]. Foi levado ao conhecimento da Corte IDH que, em junho de 1990, houve uma sequência de crimes cometidos contra jovens moradores de rua, que resultaram em sequestro, tortura e assassinato de cinco deles. Restou apurado que as violações haviam sido cometidas por membros da Polícia Nacional da Guatemala. A Corte IDH assinalou a gravidade da situação, principalmente pelo fato de três das vítimas serem menores de idade. Visto isso, consignou que o Estado da Guatemala violou não apenas o art. 4º da Convenção Americana de Direitos Humanos[12], mas também diversos documentos internacionais de proteção e assistência à criança e ao adolescente. Por outro lado, mesmo que as vítimas tenham cometido delitos que pudessem culminar na prisão em flagrante, a custódia dos adolescentes era atribuição das autoridades policiais, que não apenas deixaram de cumprir a responsabilidade pela integridade pessoal dos custodiados, como os torturaram e os executaram. Por se tratar de pessoas indefesas e vulneráveis, a responsabilidade do Estado é maior quando comparada às pessoas adultas, merecendo as crianças e adolescentes tratamento

todo sistema de protección integral: el principio de no discriminación, el principio del interés superior de la niña o del niño, el principio de respeto al derecho a la vida, la supervivencia y el desarrollo, y el principio de respeto a la opinión de la niña o del niño en todo procedimiento que lo afecte, de modo que se garantice su participación. (...)". Cf. CORTE INTERAMERICANA DE DIREITOS HUMANOS. *Opinión Consultiva 29/2022*, de 30 de maio de 2022. Disponível em: https://www.corteidh.or.cr/docs/opiniones/seriea_29_esp.pdf. Acesso em 27 de maio de 2023.

9. "Art. 22. Direito de circulação e de residência. (...) 7. Toda pessoa tem o direito de buscar e receber asilo em território estrangeiro, em caso de perseguição por delitos políticos ou comuns conexos com delitos políticos e de acordo com a legislação de cada Estado e com os convênios internacionais".
10. CORTE INTERAMERICANA DE DIREITOS HUMANOS. *Parecer Consultivo nº 21/14, de 19 de agosto de 2014*. Solicitado pela República Argentina, República Federativa do Brasil, República do Paraguai e República Oriental do Uruguai. Direitos e Garantias de crianças no contexto da migração e/ou em necessidade de proteção internacional. § 98.
11. CORTE INTERAMERICANA DE DIREITOS HUMANOS. *Caso de los "Niños de la Calle" (Villagrán Morales y Otros) Vs. Guatemala*. Sentencia de 19 noviembre 1999. Fondo. Serie c.63.
12. "Artigo 4. Direito à Vida. 1. Toda pessoa tem o direito de que se respeite sua vida. Esse direito deve ser protegido pela lei e, em geral, desde o momento da concepção. Ninguém pode ser privado da vida arbitrariamente".

especial, sobretudo em virtude da *interpretação evolutiva* das normas de direitos humanos.

Sobre a interpretação evolutiva dos Direitos Humanos em relação à Convenção Americana de Direitos Humanos, a Corte IDH assinalou, no julgamento do *Caso Niños de La Calle vs. Guatemala*, que:

> *193. El Tribunal ha señalado anteriormente que esta orientación tiene particular importancia para el Derecho Internacional de los Derechos Humanos, el que ha avanzado sustancialmente mediante la interpretación evolutiva de los instrumentos internacionales de protección. Sobre el particular, esta Corte ha entendido que [t]al interpretación evolutiva es consecuente con las reglas generales de interpretación de los tratados consagradas en la Convención de Viena de 1969. Tanto esta Corte (...) como la Corte Europea (...), han señalado que los tratados de derechos humanos son instrumentos vivos, cuya interpretación tiene que acompañar la evolución de los tiempos y las condiciones de vida actuales.*

A exegese dos Tratados em matéria de direitos humanos deve ser efetiva em relação aos direitos de grupos vulnerabilizados, como as crianças em situação de rua ou aquelas migrantes desacompanhadas. Conforme o voto dos Juízes Cançado Trindade e Abreu Burelli, "as necessidades de proteção dos mais frágeis – como as crianças de rua – requerem uma interpretação do direito à vida, de modo que compreenda as condições mínimas de uma vida digna"[13]. A situação das crianças de ruas assassinadas e torturadas vai além da mera proteção do direito à vida, tendo suas raízes nas segregações da sociedade colonial, com manifestações na atualidade que encontram respaldo nas teorias da biopolítica[14], *apartheid* social[15] e *labeling*

13. CORTE INTERAMERICANA DE DIREITOS HUMANOS. *Caso de los "Niños de la Calle" (Villagrán Morales y Otros) Vs. Guatemala*. Sentencia de 19 noviembre 1999. Fondo. Serie c.63.

14. O estudo do biopoder, de Michel Foucault, busca justificar a eliminação de certos grupos em detrimento da sobrevivência da maior parte da população, sobretudo em razão da motivação do soberano, que detém o poder sobre a vida e a morte de seus cidadãos. Michael Foucault estabelece, como fio condutor de suas análises, o estudo do biopoder, definindo-o como "o conjunto dos mecanismos pelos quais aquilo que, na espécie humana, constitui suas características biológicas fundamentais, vai poder entrar numa política, numa estratégia política, numa estratégia geral do poder" (*Segurança, Território, População. Curso dado no Collège de France 1977-1978*. São Paulo: Martins Fontes, 2008. p. 3).

15. O *apartheid* social separa e segrega grupos raciais e étnicos minoritários, a partir de uma linha invisível na sociedade. Por exemplo, o patamar de mortes da população negra, em situação de rua ou no sistema carcerário, no Brasil, é muito mais elevado que os mesmos índices relacionados à população branca. Essa forma de poder é pautada em raízes coloniais de separatismo que dá ensejo ao *racismo institucional*, caracterizado pela existência de políticas sistêmicas, práticas e estruturas econômicas que inserem essas minorias em desvantagem em relação à maioria racial ou étnica.

approach[16]. Com efeito, crianças e adolescentes, devido a sua imaturidade física e mental, precisam de proteção e cuidados especiais. O Direito Constitucional multinível, por meio da doutrina da proteção integral – consagrada nos arts. 227 e 228 da Constituição Federal, na Convenção das Nações Unidas sobre os Direitos das Crianças e no Estatuto da Criança e do Adolescente – possibilita a tutela plena dos direitos humanos desse grupo vulnerável para o desenvolvimento pleno – físico, mental, moral, espiritual e social – e em condição de liberdade e dignidade.

Cabe ao Estado desenvolver políticas públicas e investir os recursos necessários para a concretização ampla dos direitos humanos das crianças e adolescentes. Nesse sentido, é importante destacar iniciativas como a Resolução nº 14/2009 e Instrução Normativa nº 36/2009, do Tribunal de Contas do Estado do Paraná, sobre "a adoção de mecanismos na elaboração e execução orçamentária da Administração Municipal, para atendimento ao princípio da absoluta prioridade à criança e ao adolescente, de que trata o art. 227 da Constituição Federal, no âmbito das políticas públicas municipais", passando a verificar a existência e o funcionamento em todos os Municípios do Estado dos Conselhos dos Direitos das Crianças e dos Adolescentes, bem como o acolhimento de suas deliberações nos orçamentos municipais[17]. Nessa concepção, a luta pelos (dos) direitos humanos da criança e do adolescente impõe o necessário diálogo e cooperação entre instituições públicas e privadas, tendo os valores do respeito universal e da igualdade recíproca como fundantes.

---

16. A teoria do *etiquetamento social* explica a seletividade da investigação e do processo penal em punir determinadas pessoas em face de outras. O estigma do jovem pobre e negro cria um círculo vicioso no qual o sujeito não logra êxito em romper, uma vez que o crime e suas consequências penais, ainda que tenham sido devidamente constatadas, não são suficientes para ressocializar um indivíduo que nunca foi socializado. A etiqueta social advém de complexos processos de interação social, não se limitando unicamente às características pessoais do sujeito. Afinal, tal teoria parte do pressuposto da identidade social e da integração do indivíduo com os grupos sociais aos quais pertencem e sua interação com a sociedade, passando a confrontar o paradigma etiológico. Cf. SILVA, Raíssa Zago Leite da. Labelling Approach: o etiquetamento social relacionado à seletividade do sistema penal e ao ciclo da criminalização. *Revista Liberdades*. Instituto Brasileiro de Ciências Criminais. nº 18, jan./abr. 2015. p. 101-109. Disponível em: <http://www.revistaliberdades.org.br/_upload/pdf/23/Liberdades18_Artigo5.pdf>. Acesso em: 6 mar. 2020.
17. SOTTO MAIOR NETO, Olympio de Sá. 30 anos: Crianças e adolescentes sujeitos de direitos. In: *ECA 30 anos: emancipação subjetiva, mudança cultural e responsabilidade social.* Coord. Mário Luiz Ramidoff, Marcela Carvalho Bocayuva, Viviane Coêlho de Séllos-Knoerr. Curitiba: Instituto Memória, 2020. p. 865.

CAPÍTULO

2

MULHERES: POR UM CONSTITUCIONALISMO MULTINÍVEL FEMINISTA

A igualdade entre homens e mulheres – aqui compreendidas no sentido mais plural, diverso e aberto possível como aquelas que assim se reconhecem ou são socialmente reconhecidas como – ainda não é uma realidade. Daí a importância de se construir uma teoria feminista do constitucionalismo multinível na mesma esteira do que a doutrina já vem entoando[1]. Ver o direito constitucional pelas lentes das feministas – aqui entendido como igualdade social, política e econômica entre os sexos, como nos ensina Chimamanda Ngozi Adichie – traz uma virada epistemológica que amplia a latitude e os fundamentos da teoria constitucional, propondo uma revisão crítica de suas estruturas.

As teorias feministas são importantes ao fazer críticas à concepção estreita da racionalidade moderna[2]. O direito não é masculino por estrutura e vocação, mas sim por ser, historicamente, elaborado por homens. O constitucionalismo clássico, ao colocar apenas uma parcela da humanidade

1. Beverley Baines, Daphne Barak-Erez, and Tsvi Kahana (eds). Feminist Constitutionalism. Global Perspectives. Cambridge University Press, 2012; Christine Oliveira Peter da Silva; Estefânia Maria de Queiroz Barboza; e Melina Girardi Fachin. (Coord) Nowak, Bruna (org.) *Constitucionalismo Feminista.* Vol. 1. Salvador: Juspodium, 2019; Christine Oliveira Peter da Silva; Estefânia Maria de Queiroz Barboza; e Melina Girardi Fachin. (Coord) Nowak, Bruna (org.) *Constitucionalismo Feminista:* Expressão das Políticas Públicas Voltadas à Igualdade de Gênero. Vol. 2. Salvador: Juspodium, 2020.
2. SANTOS, Boaventura de Souza. *Introdução a uma ciência pós-moderna.* 4ª ed. Rio de Janeiro: Graal, 1989. p. 119.

como centro e referência de universalidade, acabou por privilegiar a chamada masculinidade hegemônica[3]. Na visão machista, é o homem quem define a mulher em relação a ele (Absoluto), não como um ser livre e autônomo (mas um Outro)[4]. A submissão da mulher ao homem não decorre do princípio da maioria, que impõe sua lei à minoria, porque são as mulheres numericamente a maior parte da população. Tampouco, foi um fato histórico – como a escravidão ou o modelo de colonização exploratória espanhola e portuguesa na América Latina – que subordinou o mais fraco ao mais forte. O sexo feminino foi reduzido a uma condição inferior por uma narrativa opressiva criada pelos homens[5] e justificada por meio da política, da religião[6], da educação, da cultura e do direito. Deste modo, nega-se à mulher a sua condição de ser humano livre e autônomo, para torná-la um objeto de submissão. A reflexão feminista do direito não deve se resumir apenas à afirmação da igualdade formal entre homens e mulheres, mas impõe a rejeição epistemológica à lógica androcêntrica que obriga que elas tenham de competir nos mesmos moldes e valores masculinos[7], embora suas necessidades possam ser diferentes[8]. Os princípios da igualdade e da

---

3. SILVA, Christine Peter da. Por uma dogmaática constitucional feminista. *Suprema. Revista de Estudos Constitucionais*, vol. 1. n. 2, julho-dezembro/2021, p. 155.

4. "A humanidade é masculina, e o homem define a mulher não em si, mas relativamente a ele; ela não é considerada um ser autônomo. (...). Ela não é senão o que o homem decide que seja; daí dizer-se o ´sexo´ para dizer que ela se apresenta diante do macho como um ser sexuado: para ele, a fêmea é sexo, logo ela o é absolutamente. A mulher determina-se e diferencia-se em relação ao homem, e não este em relação a ela; a fêmea é o inessencial perante o essencial. O homem é o Sujeito, o Absoluto; ela é o Outro" (BEAUVOIR, Simone de. *O segundo sexo*. 2ª ed. Rio de Janeiro: Nova Fronteira, 2009. p. 15).

5. "Um dos benefícios que a opressão assegura aos opressores é de o mais humilde destes se sentir superior: um ´pobre branco´ do sul dos Estados Unidos tem o consolo de dizer a si próprio que não é "um negro imundo", e os brancos mais ricos exploram habilmente esse orgulho. Assim também o mais medíocre dos homens julga-se um semideus diante das mulheres" (Idem. p. 23).

6. Como bem ilustra Yuval Noah Harari, "Em nenhum lugar a proibição de olhar para mulheres é mais rigorosa do que numa sinagoga. Nas sinagogas ortodoxas as mulheres são cuidadosamente segregadas dos homens, e têm de se ocultar atrás de uma cortina, de modo que nenhum homem veja acidentalmente o vulto de uma mulher enquanto ele pronuncia suas preces ou lê as escrituras. Embora isso se baseie em milhares de anos de tradição judaica e em leis divinas imutáveis, como explicar o fato de que quando arqueólogos escavaram em Israel sinagogas antigas do tempo da Mishná e do Talmude não encontraram sinal de segregação de gênero, e em vez disso descobriram belos chãos de mosaico e pinturas em paredes que retratam mulheres, algumas delas bem pouco vestidas? Os sábios que escreveram a Mishná e o Talmude oravam e estudavam regularmente nessas sinagogas, porém os atuais judeus ortodoxos as considerariam blasfemas profanações de antigas tradições" (HARARI, Yuval Noah. *21 Lições para o Século 21*. Cit. p. 111).

7. FARALLI, Carla. *A filosofia contemporânea do direito. Temas e desafios*. Trad. Candice Premaror Gullo. São Paulo: Martins Fontes, 2006. p. 37-41.

8. *"The classification of sex roles and gender.dependent differences touches fundamental levels of a society's cultural self-understanding. Radical feminism is only now making us aware of the fallible nature of this self--understanding, which is fundamentally debatable and in need of revision. Radical feminism rightly insists that such classifications, which imbue with political significance the differences in experiences and life circumstances of specific groups of men and women with respect to the equal opportunity to exercise individual*

não discriminação ganham novos contornos com a ideia central de diferença e alteridade. O constitucionalismo multinível feminista não se cria sobre um sujeito feminino abstrato; ao contrário, valoriza as especificidades das características femininas, o que implica ressaltar as suas diferenças e experiências próprias, por meio da construção de critérios hermenêuticos adequados que levem em consideração os seus interesses[9], para se promover a concretização do princípio da igualdade em sentido substancial[10]. O foco na diversidade é um dos aspectos mais notáveis de uma abordagem feminista do constitucionalismo. A diferença é reivindicada, aqui, em seu sentido plural: as desigualdades e a opressão vividas pelas mulheres não se limitam a um código binário homem/mulher, mas também abrangem raça, cultura e categorias de classe social.

Ao longo da história do direito, as violações mais graves dos direitos humanos foram baseadas na intolerância; diferença era um motivo para violar direitos. A título exemplificativo, lembre-se de que, no processo de colonização do território brasileiro, os portugueses adotaram, desde 1605, as Ordenações Filipinas, nas quais se tutelava o "poder do homem sobre

liberties, must be clarified in the political public sphere, specifically in public debates about the appropriate interpretation of needs. Hence this struggle for equality for women is a particularly good illustration of the need for a change in the paradigmatic understanding of rights" (HABERMAS, Jürgen. *The inclusion of other. Studies in political theory.* Cit. p. 209-210).

9. *"Feminism is not, of course, a minority cause, but it is directed against a dominant culture that interprets the relationship of the sexes in an asymmetrical manner that excludes equal rights. Gender-specific differences in life circumstances and experiences do not receive adequate consideration, either legally or informally. Women's cultural understanding of themselves does not receive due recognition, any more than does their contribution to the common culture; given the prevailing definitions, women's needs cannot even be adequately articulated.* Thus their political struggle for recognition begins as a struggle over the interpretation of gender-specific achievements and interests. Insofar as it is successful, it changes the relationship between the sexes along with the collective identity of women, thereby directly affecting men's understanding of themselves as well. The scale of values of the society as a whole is up for discussion; the consequences of this problematization extend into core private areas and affect the established boundaries between the private and public spheres as well" (HABERMAS, Jürgen. *The inclusion of other. Studies in political theory.* Cit. p. 211).

10. A isonomia, em sentido formal, decorre da construção do Estado Liberal que se propunha a tratar de modo impessoal, sem beneficiar ou prejudicar qualquer indivíduo. Com isto, impedia-se a hierarquização entre as pessoas, proibindo vantagens ou privilégios que não fossem republicanamente justificáveis. Já a isonomia, em sentido material, está associada à ideia de justiça distributiva e social, não bastando equiparar as pessoas na ou perante a lei, sendo indispensável, ainda que minimamente, equipará-las em situações reais e concretas da vida. Sob este último aspecto, afirmou Boaventura de Souza Santos, referindo-se às tensões da modernidade, em texto apresentado no Fórum Social Mundial, realizado em Porto Alegre, em 2001: "As pessoas e os grupos sociais têm o direito de ser iguais quando a diferença os inferioriza, e o direito a ser diferentes quando a igualdade as descaracteriza". Cf. BARROSO, Luís Roberto. *Diferentes, mas iguais: o reconhecimento jurídico das relações homoafetivas no Brasil. Revista Diálogo Jurídico*, nº 16, maio-agosto, 2007, p. 12 e 13; SANTOS, Boaventura de Souza. Por uma concepção multicultural de direitos humanos. Cit.; ROTHENBURG, Walter Claudius. Igualdade. In: *Direitos fundamentais e Estado Constitucional. Estudos em homenagem a J. J. Gomes Canotilho.* São Paulo: RT, 2009. p. 349-371.

o corpo e a vida da mulher", no Livro V, título XXXVIII ("Do que matou sua mulher por achá-la em adultério")[11]:

> Achando o homem casado sua mulher em adultério, licitamente poderá matar a assi a ella, como o adultero, salvo se o marido for peão, e o adúltero Fidalgo ou nosso Dezembargador, ou pessoa de maior qualidade. Porém, quando matasse alguma das sobreditas pessoas, achando-a com sua mulher em adultério, não morrerá por isso, mas será degredado para a África com pregão na Audiencia, pelo tempo que aos Julgadores bem parecer, segundo a pessoa que matar, não passando de trezannos.

As Ordenações Filipinas previam, também, a possibilidade de o marido "licitamente" matar a mulher se tivesse "prova bastante do adultério", situação na qual "será livre sem pena alguma".

O Código Criminal do Império, nos arts. 250 a 253, estabelecia requisitos diferentes para configuração do crime de adultério, a depender do sexo do agente: se mulher, a tipicidade da conduta se verificava pelo simples "cometimento do adultério", ao passo que, se homem, a conduta só seria típica se tivesse concubina "teúda e manteúda":

> Art. 250. A mulher casada, que commetter adulterio, será punida com a pena de prisão com trabalho por um a tres annos. A mesma pena se imporá neste caso ao adultero.
>
> Art. 251. O homem casado, que tiver concubina, teúda, e manteúda, será punido com as penas do artigo antecedente.

Do mesmo modo, o art. 279 do Código Penal Republicano previa:

> Art. 279. A mulher casada que commetter adulterio será punida com a pena de prisão cellular por um a tres annos.
>
> § 1º Em igual pena incorrerá:
>
> 1º O marido que tiver concubina teuda e manteuda;
>
> 2º A concubina.

11. As referências históricas do direito brasileiro antifeminista contida neste e nos parágrafos seguintes foram extraídas do voto da Min. Carmen Lúcia, na ADPF 779-MC (BRASIL. Supremo Tribunal Federal. *ADPF 779 MC-Ref*, Relator(a): Dias Toffoli, Tribunal Pleno, julgado em 15/03/2021, Processo Eletrônico DJe-096 Divulg 19-05-2021 Public 20-05-2021).

O Código Penal de 1940 não fez diferenciação na tipificação do crime de adultério com base no gênero do agente, não se exigindo mais a comprovação de permanência quando do adultério masculino.

Entretanto, no plano cultural e social, a mulher permanecia como uma propriedade do homem, voltada à satisfação de seus desejos sexuais.

Tanto é que, até a modificação contida na Lei n. 11.106/2005, o Código Penal trazia como causa extintiva da punibilidade, nos então denominados "crimes contra os costumes", o casamento da vítima com o agente ou com terceiros (inc. VII e VIII do art. 107 do Código Penal), bem como utilizava de expressões como "mulher honesta" e "mulher virgem" para configuração de tais delitos.

Além disso, a redação originária do art. 6º, inc. II, do Código Civil de 1916, que vigorou até o início de vigência da Lei n. 4.121/1962, dispunha serem relativamente incapazes as mulheres casadas, enquanto subsistisse a sociedade conjugal.

Do mesmo modo, outras regras do Código Civil de 1916 impunham a submissão da mulher ao homem na sociedade conjugal, reproduzindo os padrões culturais de uma sociedade patriarcal, machista e preconceituosa. Nesse sentido, o art. 233 do Código Civil de 1916 afirmava que "o marido é o chefe da sociedade conjugal", regra que permaneceu até o advento da Lei n. 4.121/1962, quando tão somente se acrescentou a expressão "com a colaboração da mulher, no interesse comum do casal e dos filhos".

Em relação às obrigações e restrições da mulher na sociedade conjugal, atente-se para o disposto nos arts. 240 e 242 do Código Civil de 1916:

> Art. 240 – A mulher, com o casamento, assume a condição de companheira, consorte e colaboradora do marido nos encargos de família, cumprindo-lhe velar pela direção material e moral desta. (Redação dada pela Lei nº 6.515, de 1970).
>
> Art. 242. A mulher não pode, sem autorização do marido (art. 251): (Redação dada pela Lei nº 4.121, de 1962) I - praticar os atos que êste não poderia sem consentimento da mulher (art. 235); (Redação dada pela Lei nº 4.121, de 1962); II - Alienar ou gravar de ônus real, os imóveis de seu domínio particular, qualquer que seja o regime dos bens (arts. 263, ns. II, III e VIII, 269, 275 e 310) (Redação dada pela Lei nº 4.121, de 1962); III - Alienar os seus direitos reais sôbre imóveis de outrem (Redação dada pela Lei nº 4.121, de 1962);

> IV - Contrair obrigações que possam importar em alheação de bens do casal. (Redação dada pela Lei nº 4.121, de 1962).

Outro exemplo da reprodução de padrões machistas, discriminatórios e misóginos é a adoção da tese da legítima defesa da honra. Cita-se, como exemplo, o caso da morte de Ângela Maria Fernandes Diniz, ocorrido em 30 de dezembro de 1976, cometido por Raul Fernando Amaral Street (conhecido como Doca Street), na Praia dos Ossos, no município de Cabo Frio/RJ. Ângela foi assassinada após romper o relacionamento amoroso com Raul, que, por não aceitar o término da relação, desferiu tiros na cabeça que acabaram por matá-la. O caso foi levado ao Tribunal do Júri em 1980. O Conselho de Sentença aceitou a tese do excesso culposo na legítima defesa e o juiz fixou pena de dois anos de detenção ao réu. O Tribunal de Justiça do Estado do Rio de Janeiro, contudo, anulou o julgamento e, em novo júri, Doca Street foi condenado a cumprir pena por homicídio.

O caso ilustra como a sociedade e o sistema de justiça criminal encaravam o feminicídio. Ao invés de o processo focar na conduta do acusado, houve a exposição do comportamento moral e um julgamento sobre a vítima, tendo prevalecido a tese da *legítima defesa da honra*, como uma forma de enaltecimento do machismo, do patriarcalismo e da misoginia, muito presente na época.

O advogado de defesa, Evandro Lins e Silva, ao sustentar a legítima defesa da honra, argumentou da Tribuna do Tribunal do Júri que o réu caiu nas garras de uma "mulher fatal", tendo afirmado[12]:

> A "mulher fatal", esse é o exemplo dado para o homem se desesperar, para o homem ser levado, às vezes, à prática de atos em que ele não é idêntico a si mesmo, age contra a sua própria natureza.
>
> Senhores jurados, a "mulher fatal", encanta, seduz, domina, como foi o caso de Raul Fernando do Amaral Street.
>
> Meu mestre Evaristo de Moraes, dizendo ser idêntica a opinião de Ferri, Corsi, Bonano, Florian, Melussi e Holtz, escreveu em Criminalidade Passional, à fl. 69: "Quando a boa índole do criminoso, o seu passado honesto, a qualidade moral e social dos motivos e a forma apenas violenta da execução do crime, seguida de manifestações de arrependimento ou de remorso, mostrarem que o mesmo crime

12. ORDEM DOS ADVOGADOS DO BRASIL – SÃO PAULO. *O caso Doca Street*. Disponível em: <https://www.oabsp.org.br/sobre-oabsp/grandes-causas/o-caso-doca-street>. Acesso em: 8 jul. 2021.

> – passional ou emotivo – foi um triste e doloroso episódio na vida normal do criminoso, não há razão para lhe ser aplicada alguma pena, ainda mesmo que não desonrosa. Toda repressão seria inútil e, como tal, iníqua."

Somente em 2021, o Supremo Tribunal Federal, ao julgar a Ação de Descumprimento de Preceito Fundamental n. 779, considerou a tese de legítima defesa da honra inconstitucional, por violar os princípios constitucionais da dignidade da pessoa humana, da proteção à vida e da igualdade de gênero (art. 1º, inc. III, e art. 5º, *caput* e inc. I, da CF/88)[13]. Afirmou que a traição se encontra inserida no contexto das relações amorosas, bem como seu desvalor reside no âmbito ético e moral, não havendo direito subjetivo de contra ela agir com violência. Isso porque quem pratica feminicídio ou usa de violência com a justificativa de reprimir um adultério não está a se defender, mas a atacar uma mulher de forma desproporcional, covarde e criminosa. O adultério não configura uma agressão injusta, apta a excluir a antijuridicidade de um fato típico, pelo que qualquer ato violento perpetrado nesse contexto deve estar sujeito à repressão do Direito Penal. Acrescentou, ainda, que a tese legítima defesa da honra é recurso argumentativo/retórico odioso, desumano e cruel, utilizado pelas defesas de acusados de feminicídio ou agressões contra a mulher, para imputar às vítimas a causa de suas próprias mortes ou lesões. Asseverou que o uso da tese da legítima defesa da honra é uma forma de institucionalização da desigualdade entre homens e mulheres e de tolerância e naturalização da violência doméstica, que não estão resguardadas na Constituição brasileira. Desse modo, o STF conferiu interpretação conforme a Constituição aos arts. 23, inciso II, e 25, *caput* e parágrafo único, do Código Penal e ao art. 65 do Código de Processo Penal, de modo a excluir a legítima defesa da honra do âmbito do instituto da legítima defesa. Caso contrário, restaria ofendido o princípio da vedação da proteção insuficiente e os compromissos adotados pelo Brasil, inclusive perante a Comissão Interamericana de Direitos Humanos, de coibir a violência no âmbito das relações domésticas. Dessa forma, a defesa, a acusação, a autoridade policial e o juízo não podem utilizar, direta ou indiretamente, o argumento da legítima defesa da honra (ou qualquer alegação que induza à tese), nas fases pré-processual ou processual penais, nem durante julgamento perante o Tribunal do Júri, sob pena de nulidade do ato e do julgamento. Se a nulidade não for obstada pelo presidente do

13. BRASIL. Supremo Tribunal Federal. *ADPF 779 MC-Ref*, Relator(a): Dias Toffoli, Tribunal Pleno, julgado em 15/03/2021, Processo Eletrônico DJe-096 Divulg 19-05-2021 Public 20-05-2021.

júri, durante os debates por ocasião da sessão plenária, faculta-se ao titular da acusação promover o recurso de apelação (art. 593, inc. III, a, CPP).

O caráter histórico dos direitos como processos de luta avulta muito claro nesse contexto. A luta pela igualdade entre homens e mulheres, na Idade Moderna, foi marcada pela ativista Olympe de Gouges (1748-1793), que, em plena Revolução Francesa, enunciou a Declaração dos Direitos da Mulher e da Cidadã, de 1791, ao lado da Declaração dos Direitos do Homem e do Cidadão, de 1789, fato que contribuiu para a sua condenação a pena de morte e a levou à guilhotina.

O fundamento do constitucionalismo multinível, visto pelas lentes das feministas, é o reconhecimento das outras – vistas em suas especificidades e multiplicidades – como sujeitas de direitos merecedoras de igual reconhecimento, pautados pela proteção da dignidade e pela prevenção do sofrimento. O constitucionalismo feminista desencadeia a expansão do discurso constitucional (multinível) e reinstala a diferença e a alteridade como seus fundamentos, o que favorece a inclusão social.

O constitucionalismo feminista multinível representa um desafio global para a visão do constitucionalismo apenas do Estado, abrindo-o para uma visão complexa, integrada, comparada, plural e mais abrangente. Isso não significa que haja uma universalidade constitucional ao redor do globo, mas que os diálogos entre diferentes experiências constitucionais permitem demonstrar o caráter estrutural da opressão de gênero.

Como tentativa de abordar a temática, a Convenção para Eliminação de Todas as Formas de Violência contra as Mulheres (CEDAW) – celebrada em 1979, pela Organização das Nações Unidas (ONU), e incorporada ao direito brasileiro interno pelo Decreto nº 4.377, de 2002 – define "discriminação contra a mulher" no art. 1º como "toda a distinção, exclusão ou restrição baseada no sexo e que tenha por objeto ou resultado prejudicar ou anular o reconhecimento, gozo ou exercício pela mulher, independentemente de seu estado civil, com base na igualdade do homem e da mulher, dos direitos humanos e liberdades fundamentais nos campos político, econômico, social, cultural e civil ou em qualquer outro campo".

A CEDAW foi produto direto do movimento feminista e é reflexo do quanto essa luta encontrou e ainda encontra resistências: foi a Convenção que mais recebeu reservas por parte dos Estados signatários[14], especialmente

14. "Trata-se do instrumento internacional que mais fortemente recebeu reservas, dentre as Convenções internacionais de Direitos Humanos, considerando que ao menos 23 dos mais de 100 Estados-partes

no que tange à igualdade entre homens e mulheres no âmbito familiar. Isso sublinha o quanto a dicotomia artificial, que ainda se alimenta juridicamente entre público e privado, impacta os direitos humanos das mulheres. A Convenção é um *instrumento vivo* e tem no seu comitê próprio – o Comitê CEDAW – a interpretação autorizada, dinâmica e evolutiva de suas disposições.

Nesse sentido, vale destacar a Recomendação Geral nº 35 do Comitê para Eliminação de Todas as Formas de Discriminação Contra a Mulher (CEDAW), que já na sua introdução, reafirma a Recomendação Geral nº 19, de 1992, sobre a violência contra as mulheres. Esclarece que a discriminação contra as mulheres, como definido no art. 1º da Convenção, inclui a violência de gênero, ou seja, a "violência que é dirigida contra uma mulher porque ela é mulher ou que afeta as mulheres desproporcionalmente", e que se constitui violação de seus direitos humanos.

Na Conferência de Direitos Humanos da ONU, ocorrida em Viena em 1993, mostrou-se "profundamente preocupada com as várias formas de discriminação e violência a que as mulheres continuam expostas em todo o mundo", tendo explicitado, entre outros aspectos relevantes, no Parágrafo 18[15]:

> Os Direitos do homem das mulheres e das crianças do sexo feminino constituem uma parte inalienável, integral e indivisível dos direitos humanos universais. A participação plena e igual das mulheres na vida política, civil, económica, social e cultural, a nível nacional, regional e internacional, e a irradicação de todas as formas de discriminação com base no sexo constituem objetivos prioritários da comunidade internacional.

fizeram, no total, 88 reservas substanciais. A Convenção sobre a Eliminação de todas as formas de Discriminação da Mulher pode enfrentar o paradoxo de ter maximizado sua aplicação universal ao custo de ter comprometido sua integridade. Por vezes, a questão legal acerca das reservas feitas à Convenção atinge a essência dos valores da universalidade e integridade. A título de exemplo, quando da ratificação da Convenção, em 1984, o Estado brasileiro apresentou reservas ao artigo 15, parágrafo 4º e ao artigo 16, parágrafo 1º (a), (c), (g), e (h), da Convenção. O artigo 15 assegura a homens e mulheres o direito de, livremente, escolher seu domicílio e residência. Já o artigo 16 estabelece a igualdade de direitos entre homens e mulheres, no âmbito do casamento e das relações familiares. Em 20 de dezembro de 1994, o Governo brasileiro notificou o Secretário Geral das Nações Unidas acerca da eliminação das aludidas reservas" (PIOVESAN, Flávia. *A Mulher e o debate sobre direitos humanos no Brasil. Revista de Doutrina da 4ª Região*, Porto Alegre, n. 2, ago. 2004. p. 5).

15. ORGANIZAÇÃO DAS NAÇÕES UNIDAS. *Conferência de Direitos Humanos de Viena*. Disponível em: <http://www.dhnet.org.br/direitos/anthist/viena/viena.html>. Acesso em: 8 jul. 2021.

> A violência com base no género da pessoa e todas as formas de assédio e exploração sexual, incluindo as resultantes de preconceitos culturais e tráfico internacional, são incompatíveis com a dignidade e o valor da pessoa humana e devem ser eliminadas[16]. Tal pode ser alcançado através de medidas de carácter legal e da ação nacional e da cooperação internacional em áreas tais como o desenvolvimento socioeconômicos, a educação, a maternidade e os cuidados de saúde, e assistência social.
>
> Os Direitos do homem das mulheres deverão constituir parte integrante das atividades das Nações Unidas no domínio dos direitos do homem, incluindo a promoção de todos os instrumentos de Direitos do homem relacionados com as mulheres.
>
> A Conferência Mundial sobre Direitos do Homem insta os Governos, as instituições e as organizações intergovernamentais e não governamentais a intensificarem os seus esforços com vista à proteção e ao fomento dos Direitos do homem das mulheres e das crianças do sexo feminino.

A essa paisagem geral de proteção da igualdade das mulheres, somam-se comandos específicos ao reconhecimento da violência baseada no gênero. A Convenção Interamericana para Prevenir, Punir e Erradicar a Violência contra a Mulher ("Convenção de Belém do Pará"), aprovada pela OEA, em 1994, reconhece que a violência contra a mulher, no âmbito público ou privado, constitui grave violação aos direitos humanos e limita total ou parcialmente o exercício dos demais direitos fundamentais. Define a violência contra a mulher como "qualquer ação ou conduta, baseada no gênero, que cause morte, dano ou sofrimento físico, sexual ou psicológico à mulher, tanto na esfera pública, como na privada" (artigo 1º). Adicionam que a violência baseada no gênero reflete relações de poder historicamente desiguais e assimétricas entre homens e mulheres.

Nesse contexto, é importante destacar o *Caso Angulo Losada vs. Bolivia*, em que a Corte Interamericana de Direitos Humanos condenou o Estado boliviano a adaptar sua legislação para estabelecer que os casos de violência

16. No par. 38, primeira parte, do mesmo documento, enfatiza-se: " A Conferência Mundial sobre Direitos Humanos realça a importância do trabalho a desenvolver no sentido da eliminação da violência contra as mulheres na vida pública e privada, a eliminação de todas as formas de assédio sexual, a exploração e o tráfico de mulheres, a eliminação de preconceitos contra o sexo feminino na administração da justiça e a irradicação de quaisquer conflitos que possam surgir entre os direitos das mulheres e os efeitos nocivos de certas práticas tradicionais ou consuetudinárias, preconceitos culturais e extremismos religiosos".

sexual se caracterizem pela mera falta de consentimento da vítima, não se devendo exigir a comprovação da sua resistência. Brisa de Angulo, de 16 anos, foi violentada pelo primo, então com 26 anos, na cidade de Cochabamba. A Corte IDH considerou que a investigação não foi adequada e que houve demora para julgar o caso, em um prazo razoável, pela justiça boliviana, o que causou mais sofrimento à vítima. A Bolívia também foi responsabilizada pela Corte IDH, tendo que reabrir o processo e melhor investigá-lo para apurar eventuais responsabilidades de funcionários públicos por causa da *revitimização institucional*. Foi destacado na sentença da Corte IDH que a utilização de *estereótipos de gênero* por parte de funcionários e autoridades do sistema de justiça, durante um processo judicial, viola a obrigação de adotar uma perspectiva de gênero nas investigações e processos penais. *Estereótipo de gênero*, esclareceu a Corte, refere-se a uma pré-concepção de atributos, comportamentos ou características possuídas ou papéis que são ou deveriam ser desempenhados por homens e mulheres, respectivamente, de modo que é possível associar a subordinação das mulheres a práticas baseadas em padrões de gênero socialmente dominantes e persistentes. Sua criação e uso tornam-se uma das causas da violência de gênero contra as mulheres, condições que são agravadas quando são refletidas, implicitamente ou explicitamente, em políticas e práticas, especialmente no raciocínio e na linguagem das autoridades estatais. Em particular, os preconceitos pessoais e os estereótipos de gênero afetam a *imparcialidade* dos funcionários estatais responsáveis por investigar as denúncias que lhes são apresentadas, influenciando sua percepção para determinar se ocorreu ou não um ato de violência, em sua avaliação da credibilidade das testemunhas e da própria vítima. Os estereótipos distorcem as percepções e conduzem a decisões baseadas em crenças preconcebidas e mitos, em vez de fatos, o que, por sua vez, podem levar à negação de justiça, incluindo a *revitimização* das denunciantes.[17]

Não há dúvidas que, na proteção dos direitos humanos da mulher, um dos temas mais importantes é o da violência de gênero. Em comunicado realizado em fevereiro de 2019, a Comissão Interamericana de Direitos Humanos externou preocupação em face do alto índice de feminicídios[18]

17. Corte Interamericana de Direitos Humanos. Caso Barbosa de Souza y Otros vs. Brasil. Sentença de 7 de setembro de 2021 (Excepciones preliminares, Fondo, Reparaciones y Costas). Par. 71.

18. O termo "feminicídio" surgiu, pela primeira vez, em 2009, na decisão da Corte Interamericana de Direitos Humanos no caso González e Outras ("Campo Algodoeiro") vs. México, ao reconhecer que mortes são causadas por violações sistemáticas ao direito à vida de mulheres em razão de seu gênero. O México foi responsabilizado pelo desaparecimento e posterior morte de Claudia Ivette González, Esmeralda Her-

ocorridos no Brasil. A violência de gênero tem tomado grandes proporções nos últimos anos tendo o Brasil como responsável por 40% de todos os assassinatos contra mulheres registrados na América Latina e Caribe[19], conforme dados da Comissão Econômica para a América Latina e o Caribe (CEPAL). Nesse sentido, a Convenção sobre a Eliminação de Todas as Formas de Discriminação contra as Mulheres e a Convenção Interamericana para Prevenir, Punir e Erradicar a Violência contra a Mulher cumprem papéis primordiais na luta contra violência e desigualdade de gênero. Esta é conhecida como Convenção de Belém de Pará e determinou obrigações para os Estados signatários adotem políticas que objetivam prevenir, punir e erradicar a violência contra a mulher, sendo de ordem física, sexual e/ou psicológica.

No Brasil, o tema ganhou ainda mais importância a partir do *Caso Maria da Penha Maia Fernandes*, que foi o primeiro de violência doméstica a ser aceito pela Comissão Interamericana de Direitos Humanos. Diante da constatação de negligência e omissão na apuração dos crimes contra a vida e a integridade física da vítima, bem como pela falta de responsabilização penal, a Comissão publicou o Relatório nº 54, de 2001, que, dentre outras medidas, no item 61.4, recomendou reformas na legislação brasileira[20]:

> 61. A Comissão Interamericana de Direitos Humanos reitera ao Estado Brasileiro as seguintes recomendações: (...).
>
> 4. Prosseguir e intensificar o processo de reforma que evite a tolerância estatal e o tratamento discriminatório com respeito à violência doméstica contra mulheres no Brasil. A Comissão recomenda particularmente o seguinte:

---

rera Monreal e Laura Berenice Ramos Monárrez, cujos corpos foram encontrados em uma plantação de algodão de Ciudad Juárez no dia 6 de novembro de 2001. A Corte Interamericana de Direitos Humanos concluiu que os homicídios das vítimas ocorreram por razões de gênero e estão enquadrados dentro de um reconhecido contexto de violência contra a mulher em Ciudad Juárez. Portanto, imputou ao México a responsabilidade pela falta de medidas de proteção às vítimas, duas das quais eram menores de idade, a ausência de prevenção destes crimes, apesar do pleno conhecimento da existência de um padrão de violência de gênero que havia deixado centenas de mulheres e meninas assassinadas, bem como pela falta de resposta das autoridades frente ao desaparecimento, devida diligência na investigação dos assassinatos, denegação de justiça e a ausência de reparação correta. CORTE INTERAMERICANA DE DIREITOS HUMANOS. *Caso González e Outras ("Campo Algodoeiro") vs. México*. Disponível em: <https://www.corteidh.or.cr/docs/casos/articulos/seriec_205_por.pdf>. Acesso em: 21 mar. 2021.

19. ORGANIZAÇÃO DOS ESTADOS AMERICANOS. Comunicados de Imprensa. *CIDH expressa sua profunda preocupação frente à alarmante prevalência de assassinatos de mulheres em razão de estereótipo de gênero no Brasil*. 4 fev. 2019. Disponível em: <http://www.oas.org/pt/cidh/prensa/notas/2019/024.asp>. Acesso em: 12 mar. 2019.

20. COMISSÃO INTERAMERICANA DE DIREITOS HUMANOS. *Relatório anual 2000*. Disponível em: <https://www.cidh.oas.org/annualrep/2000port/12051.html>. Acesso em: 12 fev. 2021.

a) Medidas de capacitação e sensibilização dos funcionários judiciais e policiais especializados para que compreendam a importância de não tolerar a violência doméstica;

b) Simplificar os procedimentos judiciais penais a fim de que possa ser reduzido o tempo processual, sem afetar os direitos e garantias de devido processo;

c) O estabelecimento de formas alternativas às judiciais, rápidas e efetivas de solução de conflitos intrafamiliares, bem como de sensibilização com respeito à sua gravidade e às consequências penais que gera;

d) Multiplicar o número de delegacias policiais especiais para a defesa dos direitos da mulher e dotá-las dos recursos especiais necessários à efetiva tramitação e investigação de todas as denúncias de violência doméstica, bem como prestar apoio ao Ministério Público na preparação de seus informes judiciais;

e) Incluir em seus planos pedagógicos unidades curriculares destinadas à compreensão da importância do respeito à mulher e a seus direitos reconhecidos na Convenção de Belém do Pará, bem como ao manejo dos conflitos intrafamiliares.

A Lei 11.340/2006, destinada a criar mecanismos para coibir a violência doméstica e familiar contra a mulher, conferiu efetividade ao art. 226, §8º, da Constituição Federal, e se tornou importante conquista da sociedade brasileira contra as desigualdades de gênero. Isto ficou marcado pelo STF, no julgamento da ADC nº 19, quando o Min. Relator Marco Aurélio, afirmou que a Lei Maria da Penha "retirou da invisibilidade e do silêncio a vítima de hostilidades ocorridas na privacidade do lar e representou movimento legislativo claro no sentido de assegurar às mulheres agredidas o acesso efetivo à reparação, à proteção e à Justiça. A norma mitiga a realidade de discriminação social e cultural que, enquanto existente no país, legitima a adoção de legislação compensatória a promover a igualdade material, sem restringir, de maneira desarrazoada, o direito das pessoas pertencentes ao gênero masculino"[21].

21. BRASIL. Supremo Tribunal Federal. *ADC 19*, Tribunal Pleno, Rel. Min. Marco Aurélio, j. 09.02.2012. Disponível em: <https://www.stf.jus.br/arquivo/cms/publicacaoPublicacaoTematica/anexo/2_Cadernos_STF_Genero_Direito_das_Mulheres.pdf >. Acesso em: 01 jun. 2023. Ao julgar o caso, no Plenário do STF, o Min. Celso de Mello consignou: "O Brasil, fiel aos compromissos assumidos na ordem internacional e reconhecendo que toda mulher tem direito a uma vida livre de violência, de pressões, de opressão e de constrangimentos, tanto na esfera pública quanto no âmbito privado, veio a editar a Lei no 11.340/2006, a

No âmbito do Direito das Mulheres, em que o contexto interno se mostra ainda desafiador da realização do postulado da igualdade com claros retrocessos contemporâneos, ganha destaque a construção do *corpus iuris* protetivo às mulheres e meninas latino-americanas, inclusive no que diz respeito à adoção de uma perspectiva de gênero no sistema de justiça, como a vedação de revitimização, eliminação de estereótipos e papéis de gênero, reconhecimento de padrões mínimos de investigação em caso de mortes violentas de mulheres, dentre outros[22].

A Corte Interamericana de Direitos Humanos enfrentou a questão da violência de gênero no *Caso González e Outras ("Campo Algodoeiro") vs. México* de 2009. Tratou-se de responsabilização internacional do Estado mexicano pelo "desaparecimento e posterior morte" das jovens Claudia Ivette González, Esmeralda Herrera Monreal e Laura Berenice Ramos Monárrez, cujos corpos foram encontrados em uma plantação de algodão de Ciudad Juárez no dia 6 de novembro de 2001. O México foi acusado "pela falta de medidas de proteção às vítimas, duas das quais eram menores de idade; a falta de prevenção destes crimes, apesar do pleno conhecimento da existência de um padrão de violência de gênero que havia deixado centenas de mulheres e meninas assassinadas; a falta de resposta das autoridades frente ao desaparecimento (...); a falta de devida diligência na investigação dos assassinatos (...), bem como a denegação de justiça e a falta de reparação correta"[23]. No parágrafo 258 da sentença proferida nesse caso, a Corte IDH asseverou:

> (...) observa-se que os Estados devem adotar medidas integrais para cumprir a devida diligência em casos de violência contra as mulheres. Em particular, devem contar com um marco jurídico de proteção adequado, com uma aplicação efetiva do mesmo e com políticas de prevenção e práticas que permitam atuar de uma maneira eficaz perante as denúncias. A estratégia de prevenção deve ser integral, ou seja, deve prevenir os fatores de risco e por sua vez fortalecer as instituições para que possam proporcionar uma resposta

---

denominada 'Lei Maria da Penha', que criou [mecanismos destinados a coibir a violência doméstica e familiar contra a mulher".

22. PORTO, Leticia de Andrade; FACHIN, Melina Girardi; HEEMANN, Thimotie Aragon. *Controle de Convencionalidade e perspectiva de gênero*. Jota. 2 jul. 2021. Disponível em: <https://www.jota.info/opiniao-e-analise/artigos/controle-de-convencionalidade-e-perspectiva-de-genero-02072021>. Acesso em: 5 set. 2021.

23. CORTE INTERAMERICANA DE DIREITOS HUMANOS. *Caso González e Outras ("campo algodoeiro") vs. México. Sentença de 16 de novembro de 2009*. Disponível em: <https://www.corteidh.or.cr/docs/casos/articulos/seriec_205_por.pdf>. Acesso em: 12 fev. 2021.

efetiva aos casos de violência contra a mulher. Além disso, os Estados devem adotar medidas preventivas em casos específicos nos quais é evidente que determinadas mulheres e meninas podem ser vítimas de violência. Tudo isto deve levar em consideração que em casos de violência contra a mulher, os Estados têm, além das obrigações genéricas contidas na Convenção Americana, uma obrigação reforçada a partir da Convenção de Belém do Pará.

O reconhecimento do feminicídio como um *padrão comportamental de violência direcionado às mulheres* no caso Campo Algodoeiro resultou, em *ultima ratio*, em uma espécie de dimensão epistêmica para a transformação da realidade desigual e violenta nos países latino-americanos[24]. Trata-se de importante *standard* protetivo fixado pela Corte IDH na construção das lentes de gênero ao funcionamento do sistema de justiça[25]. A paisagem acima traçada nos mostra porque necessariamente o constitucionalismo feminista é multinível, pelos diálogos e maximização protetiva que os múltiplos níveis de proteção agregaram à esfera constitucional.

O México foi condenado à elaboração do Protocolo de Julgamento na Perspectiva de Gênero como medida de reparação da violação sistemática do Direito das Mulheres. Em 2013, a Suprema Corte de Justicia de la Nación mexicana publicou a primeira versão do *Protocolo para juzgar con perspectiva de género*,[26] que inspirou outros países a construírem Protocolos semelhantes.

O Brasil também foi condenado em 2021 pela Corte Interamericana de Direitos Humanos no caso *Marcia Barbosa de Souza e Outros*. Ela era uma mulher jovem (com vinte anos de idade), negra, pobre e periférica, vítima dos crimes de homicídio e ocultação de cadáver, praticado em novembro de 1997 pelo então Deputado Estadual da Paraíba, Aércio Pereira de Lima, com 54 (cinquenta e quatro) anos à época dos delitos, casado e no quinto mandato parlamentar. O caso foi levado ao conhecimento do Sistema Interamericano de Direitos Humanos, em 28 de março de 2000, pelas organizações não governamentais Centro pela Justiça e o Direito Internacional (CEJIL), pelo

24. BOGDANDY, Armin von; URUEÑA, René. *International transformative constitutionalism in Latin America. The American Journal of International Law*. Washington, DC, EUA, v. 114, n. 3, p. 1–85, abr. 2020.

25. PORTO, Leticia de Andrade; FACHIN, Melina Girardi; HEEMANN, Thimotie Aragon. *Controle de Convencionalidade e perspectiva de gênero*. Cit.

26. MÉXICO, *Protocolo para juzgar con perspectiva de género*. Disponível em: https://www.scjn.gob.mx/derechos-humanos/sites/default/files/protocolos/archivos/2020-11/Protocolo%20para%20juzgar%20con%20perspectiva%20de%20g%C3%A9nero%20%28191120%29.pdf. Acesso em: 14 mar. 2024. O Protocolo mexicano foi atualizado em 2020.

Movimento Nacional de Direitos Humanos (MNDH) – Região Nordeste e pelo Gabinete de Assessoria Jurídica às Organizações Populares (GAJOP). A Comissão Americana de Direitos Humanos aprovou relatório de admissibilidade da petição em julho de 2007 e notificou o Estado Brasileiro. Em setembro de 2007, Aércio foi condenado a 16 (dezesseis) anos de reclusão pelos crimes tipificados nos artigos 121, § 2º, incs. II e III, e 211 do Código Penal (homicídio qualificado por motivo fútil e emprego de asfixia, além da ocultação de cadáver). Porém, o ex-deputado interpôs recurso da sentença condenatória e permaneceu em liberdade até sua morte, por infarto do miocárdio, em 12 de fevereiro de 2008. As quatro outras pessoas que teriam participado nos crimes nunca chegaram a ser denunciadas. A Comissão Americana de Direitos Humanos emitiu o Relatório de Mérito 10/2019, em fevereiro de 2019, considerando o Brasil responsável por violações a direitos previstos na Convenção Americana de Direitos Humanos e na Convenção Interamericana para Prevenir e Erradicar a Violência contra a Mulher (Convenção de Belém do Pará). Entretanto, o Brasil não cumpriu as recomendações estabelecidas para realizar as reparações devidas às vítimas e assumir compromissos de não repetição. Por isso, o caso foi submetido à apreciação da Corte Interamericana de Direitos Humanos onde o Brasil foi condenado em setembro de 2021.

Trata-se da primeira condenação do país em relação à temática da violência contra a mulher. A Corte IDH reconheceu que a violência contra as mulheres, no Brasil, é um *problema estrutural e generalizado*, incluindo altos níveis de tolerância a esse tipo de violência (como as elevadas taxas de feminicídio). Foi destacada a falta de investigação e processamento do caso com a observância de parâmetros de gênero. Constatou-se que as diligências investigativas usaram preconceitos e estereótipos para questionar o comportamento e a sexualidade da vítima.

A Corte IDH estabeleceu para o Brasil, dentre as medidas de reparação integral, quatro garantias de não repetição: i) a implementação de um sistema nacional de dados sobre a violência contra as mulheres, que permita análises qualitativas e quantitativas; ii) a prática de formação continuada das forças policiais com perspectiva de gênero e raça; iii) a realização da qualificação dos agentes públicos sobre o impacto do feminicídio e da violência contra a mulher; iv) a adoção e implementação de um protocolo nacional para a investigação de feminicídios.

Entretanto, antes mesmo do Brasil ter sido condenado pela Corte Interamericana de Direitos Humanos no Caso Marcia Barbosa de Souza e Outros, o Conselho Nacional de Justiça (CNJ), instituiu a Portaria n. 27, de 2 de fevereiro de 2021, que culminou na elaboração do Protocolo de Julgamento com Perspectiva de Gênero.

O CNJ, inicialmente com a Recomendação nº 128/2022 e posteriormente com a Resolução nº 492/2003, buscou combater a repetição de estereótipos, a perpetuação de diferenças e a cultura da discriminação e de preconceitos[27]. No Protocolo de Julgamento na Perspectiva de Gênero, afirma-se que estereótipos podem influenciar a apreciação de um determinado fato para julgamento. Isso ocorre, por exemplo, quando um juiz: i) confere ou minimiza relevância a certas provas com base em uma ideia preconcebida sobre gênero (*v.g.*, quando, em casos de violência sexual, ao mesmo tempo em que coloca em dúvida os relatos das vítimas, passa a supervalorizar o comportamento delas antes do momento da violência, ou a roupa que elas usavam, influenciado pela ideia preconcebida de que cabe às mulheres recato e decência)[28]; ii) considera apenas as evidências que confirmam uma ideia estereotipada, ignorando aquelas que a contradizem (*v.g.*, quando se atribui maior peso ao testemunho de pessoas em posição de poder, desconsiderando o testemunho de mulheres e meninas em casos de violência doméstica ou em disputas de guarda envolvendo acusações de alienação parental, a partir da ideia preconceituosa de que as mulheres são destemperadas, vingativas, volúveis e menos racionais do que os homens); iii) utiliza ideias preconcebidas sobre gênero como uma máxima de experiência para tomar um fato como certo (*v.g.*, a negativa do direito à adoção por casais homossexuais, sob o prejulgamento de que a ausência de pai/mãe do sexo masculino/feminino possa resultar em um risco para o desenvolvimento integral das crianças; outro exemplo: presumir a negligência com filhos da mãe acusada de tráfico, como fundamento

27. BRASIL, Conselho Nacional de Justiça. Protocolo de Julgamento na perspectiva de gênero. https://www.cnj.jus.br/wp-content/uploads/2021/10/protocolo-18-10-2021-final.pdf. Acesso em 25 de jan. de 2022. Verificar, ainda: CAMBI, Eduardo; NOSAKI, Letícia de Andrade Porto; FACHIN, Melina Girardi. Tutela judicial das vulnerabilidades femininas: o papel do Poder Judiciário brasileiro na efetivação do constitucionalismo feminista. *Revista CNJ*, vol. 7. Nº 1, jan./jun., 2023, 57-71.

28. Nesse sentido, também vale destacar a Lei 14.245/2021, também denominada de Lei Mariana Ferrer, vítima do crime de estupro de vulnerável, que teria sido drogada e por este motivo não teria condições de consentir com o ato sexual. O acusado foi absolvido por insuficiência de provas, mas, durante a audiência, o advogado de defesa fez "várias menções à vida pessoal de Mariana, inclusive valendo-se de fotografias íntimas". A referida lei estabeleceu uma causa de aumento de pena no crime de coação no curso do processo (art. 344, par. ún., do Código Penal), bem como introduziu nos arts. 400-A e 474-A do Código de Processo Penal, e no art. 81, § 1º-A, da Lei 9.099/95, o dever de todas as partes e demais sujeitos processuais, durante a audiência, de respeitar a dignidade da vítima, com a vedação de manifestação sobre as circunstâncias ou elementos alheios aos fatos objeto de apuração nos autos e da utilização de linguagem, informações ou de material que ofendam a dignidade da vítima ou de testemunhas, sob pena de responsabilização civil, penal e administrativa. Afinal, a violência sexual não pode ser naturalizada nem se pode justificar ou atribuir à culpa à mulher.

para negar a prisão domiciliar). O documento do CNJ conclui que, para evitar esses prejuízos, "universalizações de experiência devem ceder lugar ao escrutínio probatório idôneo e livre de vieses, atento ao caso concreto. Ademais, a Resolução nº 492/2023 do CNJ estabeleceu, para a adoção de Perspectiva de Gênero nos julgamentos do Poder Judiciário, a obrigatoriedade da capacitação de magistrados, relacionada a direitos humanos, gênero, raça e etnia, em perspectiva interseccional.

Na vigência do Protocolo de Julgamento com Perspectiva de Gênero, o Supremo Tribunal Federal julgou a ADPF 1.107[29], em que decidiu: "i) conferir interpretação conforme à Constituição à expressão elementos alheios aos fatos objeto de apuração posta no art. 400-A do Código de Processo Penal, para excluir a possibilidade de invocação, pelas partes ou procuradores, de elementos referentes à vivência sexual pregressa da vítima ou ao seu modo de vida em audiência de instrução e julgamento de crimes contra a dignidade sexual e de violência contra a mulher, sob pena de nulidade do ato ou do julgamento, nos termos dos arts. 563 a 573 do Código de Processo Penal; ii) vedar o reconhecimento da nulidade referida no item anterior na hipótese de a defesa invocar o modo de vida da vítima ou a questionar quanto a vivência sexual pregressa com essa finalidade, considerando a impossibilidade do acusado se beneficiar da própria torpeza; iii) conferir interpretação conforme ao art. 59 do Código Penal, para assentar ser vedado ao magistrado, na fixação da pena em crimes sexuais, valorar a vida sexual pregressa da vítima ou seu modo de vida; e iv) assentar ser dever do magistrado julgador atuar no sentido de impedir essa prática inconstitucional, sob pena de responsabilização civil, administrativa e penal".

No âmbito do Conselho Nacional do Ministério Público, sobre a equidade de gênero, é preciso enaltecer, dentre outras iniciativas, a Recomendação nº 80, de 24 de março de 2021, pela qual aconselha que: i) as Procuradorias-Gerais de Justiça priorizem a temática violência de gênero no planejamento estratégico das unidades e ramos, garantindo que todos os procedimentos legais em casos envolvendo alegações de violência de gênero contra as mulheres sejam imparciais e justos e não sejam afetados por estereótipos de gênero ou interpretações discriminatórias de disposições legais, inclusive de direito internacional; ii) os Diretores dos Centros de Estudos e Aperfeiçoamento Funcional empreendam esforços para a

29. STF, ADPF 1107, Relator(a): CÁRMEN LÚCIA, Tribunal Pleno, julgado em 23-05-2024, PROCESSO ELETRÔNICO DJe-s/n DIVULG 23-08-2024 PUBLIC 26-08-2024.

inclusão do tema violência de gênero nos cursos de formação e atualização dos membros do Ministério Público; iii) os membros do Ministério Público adotem as medidas necessárias para proteger, de forma efetiva, mulheres vítimas e testemunhas de denúncias relacionadas à violência de gênero; iv) os membros do Ministério Público com atribuições de controle externo da atividade policial devem priorizar a averiguação dos boletins de ocorrência e *notitia criminis* que tratam de crimes relacionados à violência de gênero, além de, com apoio da respectiva Administração Superior do Ministério Público, realizar diagnóstico das eventuais causas de não investigação desses crimes. Notam-se, nesses parâmetros, a implementação do dever de o sistema de justiça adotar uma perspectiva de gênero. A Corregedoria Nacional do Conselho Nacional do Ministério Público (CNMP), por sua vez, editou a Recomendação nº 02/2023 para sugerir a adoção de medidas destinadas a assegurar a atuação da Instituição ministerial com perspectiva de gênero voltada a modificar práticas jurídicas ou consuetudinárias que respaldem a persistência e a tolerância da violência contra a mulher, além de um atendimento que reflita materialmente o tratamento igualitário na temática de gênero.

Outro destaque é a decisão proferida no RE 1.308.883, pelo Supremo Tribunal Federal, que reconheceu a constitucionalidade de lei do Município de Valinhos-SP, que impede a Administração Pública de nomear para cargos públicos pessoas condenadas pela prática de delito previsto na Lei Maria da Penha (Lei nº 11.340/2006). Conforme o Min. Edson Fachin, a norma municipal "impôs regra geral de moralidade administrativa, visando dar concretude aos princípios elencados no *caput* do art. 37 da Constituição Federal, cuja aplicação independe de lei em sentido e não se submete a uma interpretação restritiva"[30]. Nessa visão ampliativa da aplicação da Lei Maria da Penha, destaca-se também o Enunciado nº 50 da Comissão Permanente de Combate à Violência Doméstica e Familiar contra a Mulher (COPEVID), do Grupo de Direitos Humanos, do Conselho Nacional de Procuradores-Gerais dos Ministérios Públicos dos Estados e da União (CNPG): "Considera-se também relação íntima de afeto, a fim de ensejar a aplicação da Lei Maria da Penha, aquela estabelecida e/ou mantida por meio da rede mundial de computadores".

30. BRASIL. Supremo Tribunal Federal. RE 1.308.883-SP, Rel. Min. Edson Fachin, j. 07.04.2021. Disponível em: <https://patrimoniopublico.mppr.mp.br/arquivos/File/Informativos/2021/RE1308883.pdf>. Acesso em: 23 abr. 2021.

Salienta-se, ainda, que o Supremo Tribunal Federal, na ADI nº 4.424, concluiu pela desnecessidade da representação criminal da ofendida em crimes de lesão corporal praticados no ambiente doméstico (por meio da interpretação da Lei nº 9.099/95, em conformidade com os arts. 5º, inc. XLI, e 226, § 8º, da Constituição Federal)[31]. O Relator Min. Marco Aurélio, afirmou que "deixar a cargo da mulher autora da representação a decisão sobre o início da persecução penal significa desconsiderar o temor, a pressão psicológica e econômica, bem como a assimetria de poder decorrente da situação de violência, discriminação e ofensa à dignidade humana. Implica revelar os graves impactos emocionais impostos pela violência de gênero à vítima, o que impede de romper com o estado de submissão".

Porém, a violência doméstica e familiar tem múltiplas dimensões, não podendo ser tratada apenas na esfera criminal. Não é um problema apenas da mulher, mas também uma questão social, baseada em padrões culturais androcêntricos de discriminação e sujeição, que reclamam diversos esforços no sentido de combater o machismo estrutural e sistêmico, a misoginia e o sexismo, para a construção de uma sociedade justa que inclua a promoção da equidade de gênero. Nesse sentido, a compreensão da violência doméstica e familiar contra a mulher abrange a prevenção e a educação para a convivência pacífica e cooperativa, a proteção e a assistência à vítima e à sua família, assim como a responsabilização do autor da agressão. Para tanto, a legislação brasileira tem evoluído. Por exemplo, a Lei 13.894/2019 inseriu o art. 14-A na Lei Maria da Penha para permitir que a ofendida opte por propor ação de divórcio ou de dissolução de união estável no Juizado de Violência Doméstica e Familiar contra a Mulher. Também é importante discutir a consolidação da competência híbrida dos Juizados de Violência Doméstica e Familiar para possibilitar o julgamento de outras ações cíveis, o que permitiria que a mulher não tivesse que percorrer órgãos jurisdicionais distintos para buscar a tutela dos seus direitos e de seus filhos. Adequações nas Leis de Organização Judiciária dos Estados precisariam ser feitas para que todas as demandas cíveis e criminais, decorrentes da violência doméstica e familiar, sejam da competência híbrida de Varas de Família e Violência Familiar. Nesse sentido, a Lei 14.550/2023 incluiu o § 5º no art. 19 da Lei Maria da Penha para afirmar que as medidas protetivas de urgência podem ser concedidas impendentemente da tipificação penal da violência,

31. BRASIL. Supremo Tribunal Federal. *ADI 4.424*, Tribunal Pleno, Rel. Min. Marco Aurélio, j. 09.02.2012. Disponível em: <https://www.stf.jus.br/arquivo/cms/publicacaoPublicacaoTematica/anexo/2_Cadernos_STF_Genero_Direito_das_Mulheres.pdf >. Acesso em: 01 jun. 2023.

do ajuizamento de ação penal ou cível, da existência de inquérito policial ou do registro do boletim de ocorrência. Esta Lei também acrescentou os §§ 4º e 6º ao art. 19 da Lei 11.340/2006 para que as medidas protetivas de urgência fossem concedidas apenas com o depoimento da ofendida perante a autoridade policial ou com a apresentação de suas alegações escritas; o suposto agressor será ouvido posteriormente e poderá apresentar sua versão dos fatos; ainda, por tais modificações, as medidas urgentes não tem um prazo determinado para vigorarem, perdurando enquanto houver risco à integridade física, psicológica, sexual, patrimonial ou moral da ofendida ou de seus dependentes. Além disso, a Lei 14.541/2023 criou o Programa de Prevenção e Auxílio Sexual, à Violência Sexual e aos demais Crimes contra a Dignidade Sexual, e determinou a criação e o funcionamento ininterrupto de Delegacias Especializadas no Atendimento à Mulher, o que pode ampliar a rede de atendimento à mulher, para que funcionem 24 horas por dia, sete dias por semana, sendo um fator de redução, inclusive, do número de feminicídios. Vale destacar, também, a Lei 14.542/2023, que garante prioridade às mulheres vítimas de violência doméstica e familiar nas vagas intermediadas pelo Sistema Nacional de Emprego (SINE). Tais iniciativas, embora louváveis, para saírem do papel, precisam de dotação orçamentária e da estruturação de políticas públicas.

Entretanto, apesar dos vários esforços engendrados para o aperfeiçoamento dos mecanismos de proteção contra a violência doméstica e familiar, o ordenamento jurídico interno ainda esbarra em dispositivos inconvencionais – em total discrepância com a ordem jurídica internacional e protetiva dos direitos das mulheres. Por exemplo, o art. 16 da Lei Maria da Penha prevê que: "Nas ações penais públicas condicionadas à representação da ofendida de que trata esta Lei, só será admitida a renúncia à representação perante o juiz, em audiência especialmente designada com tal finalidade, antes do recebimento da denúncia e ouvido o Ministério Público". Entretanto, não são raros os casos em que a referida audiência vem sendo designada de ofício, ou seja, sem a existência de qualquer manifestação de vontade da vítima, o que contraria a proposta da Lei 11.340/2006, e diversos parâmetros protetivos *constitucionais* e *convencionais,* resultando em um processo sistêmico de revitimização de mulheres e meninas brasileiras no Poder Judiciário[32]. Sobre o tema, o art. 51.c da Recomendação nº 33/2015 do Comitê sobre a Eliminação da Discriminação contra as Mulheres (CEDAW), órgão

32. PORTO, Leticia; FACHIN, Melina Girardi; HEEMANN, Thimotie Aragon. Op.cit.

vinculado à Convenção da ONU sobre Todas as Formas de Discriminação contra as Mulheres (tratado internacional ratificado e incorporado pelo Estado brasileiro), impõe aos Estados um dever de proteção às mulheres vítimas de violência no âmbito do sistema de justiça, no sentido de tomar "medidas efetivas para proteger as mulheres contra a vitimização secundária em suas interações com autoridades judiciais e demais encarregadas da aplicação da lei, bem como considerem estabelecer unidades especializadas em gênero dentro dos sistemas de aplicação da lei na investigação policial e no processamento penal". Ainda, em se tratando de inconvencionalidades, o Código Penal brasileiro – datado de 1940 – expõe figuras típicas e justificativas que não mais se aplicam no panorama protetivo atual. Ao analisar a compatibilidade formal das escusas absolutórias em relação aos crimes patrimoniais, previstas nos arts. 181 e 182 do Código Penal, com o sistema convencional de proteção às mulheres vítimas de violência, percebe-se a inconvencionalidade que permeiam tais dispositivos[33]. Isso porque a Lei Maria da Penha contempla as mais diversas formas de violência a serem combatidas, como a física, psicológica[34], sexual, moral e *patrimonial* (art. 5º, *caput*, da Lei 11.340/2006) – essa última conceituada como: "[...] qualquer conduta que configure retenção, subtração, destruição parcial ou total de seus objetos, instrumentos de trabalho, documentos pessoais, bens, valores e direitos ou recursos econômicos, incluindo os destinados a satisfazer suas necessidades" (art. 7º, inc. IV).

Também, ao ampliar o olhar para o direito internacional dos direitos humanos, a Convenção de Belém do Pará estipula um *dever convencional* aos Estados partes em condenar *todas* as formas de violência contra a mulher (art. 7ª), incluindo a violência patrimonial. Ainda, o texto convencional determina aos Estados signatários que tomem "medidas adequadas, inclusive legislativas, para modificar ou abolir leis e regulamentos vigentes ou modificar práticas jurídicas ou consuetudinárias que respaldem a persistência e a tolerância da violência contra a mulher" (artigo 7.e)[35]. A inconvencionalidade das chamadas "escusas absolutórias" repousa na isenção da pena dos autores de crimes patrimoniais praticados em determinadas circunstâncias

---

33. PORTO, Leticia; FACHIN, Melina Girardi; HEEMANN, Thimotie Aragon. Op.cit.
34. A Lei 14.188/2021 incluiu a violência psicológica contra a mulher no art. 147-B do Código Penal, para considerer crime, e prever pena de 6 meses a 2 anos de reclusão e multa, o uso de ameaças, constrangimentos, humiliação, manipulação, isolamento, chantagem, ridicularização, limitação do direito de ir e vir ou outros, para controlar ações, comportamentos, crenças e decisões da mulher, que casuaem dano emocional ou prejuízo à saúde psicológica.
35. PORTO, Leticia; FACHIN, Melina Girardi; HEEMANN, Thimotie Aragon. Op.cit.

(art. 181, inc. I, do CP), entre elas "o cônjuge que comete ilícito patrimonial em detrimento do outro consorte, na constância da sociedade conjugal"[36] , como, por exemplo, o marido que subtrai dinheiro da carteira da esposa ou, ainda, o convivente que, em posse do cartão bancário da companheira, efetua saques sem o consentimento dela. Tais exemplos remarcam o caso de norma inconvencional, por violação ao art. 7º e alíneas da Convenção de Belém do Pará[37].

> Portanto, é de concluir que as escusas absolutórias previstas nos artigos 181 e 182 do Código Penal, por afastarem a punição ao autor dos crimes de violência patrimonial no âmbito doméstico e familiar, estão contaminadas pela inconvencionalidade, diante da sua incompatibilidade com a Convenção de Belém do Pará[38].

Esses desafios ainda presentes não representam um fracasso das construções propiciadas pelo Sistema Interamericano de Direitos Humanos. Do contrário, simbolizam que o diálogo com o âmbito internacional deve ser um *continuum*, perenemente trilhado em direção à criação e efetivação de novos mecanismos de proteção dos direitos das mulheres em âmbito nacional.

A discriminação antifeminina não está, apenas, no tratamento desigual dado à mulher, considerada como ser inferior ao homem (*v.g.*, na divisão sexual do trabalho, com a naturalização ou a sobrecarga do labor doméstico, ou mesmo nas relações trabalhistas, pelo número efetivo de homens e mulheres trabalhando[39], ou, ainda, quando elas ocupam cargos semelhantes aos dos homens, embora recebam salários inferiores ou não alcancem as

36. "Art. 181 – É isento de pena quem comete qualquer dos crimes previstos neste título, em prejuízo: I – do cônjuge, na constância da sociedade conjugal."
37. PORTO, Leticia; FACHIN, Melina Girardi; HEEMANN, Thimotie Aragon. Op.cit.
38. VERAS, Érica Verícia Canuto de Oliveira; ARAUJO, Gabriela Nivoliers Soares de Sousa. *Controle da convencionalidade dos artigos 181 e 182 do Código Penal (escusas absolutórias) nos crimes patrimoniais de violência doméstica e familiar contra a mulher. Revista Eletrônica Jurídico-Institucional.* Ministério Público do Estado do Rio Grande do Norte. Ano 8, n. 12, jan./dez. 2018.
39. O Observatório de Igualdade de Gênero da América Latina e do Caribe da Comissão Econômica para América Latina e o Caribe (CEPAL) identificou que a proporção do trabalho remunerado de mulheres na América Latina: em 2017, no Brasil, enquanto 28,6% de homens desenvolviam trabalho remunerado, apenas 16,8% estavam trabalhando; na Guatemala, tal desproporção era ainda maior: 43,1% de homens, contra 15,9% de mulheres trabalhando. Cfr. FUCHS, Marie Christine. Prefácio. In: *Constitucionalismo feminista. Expressão das políticas públicas voltadas à igualdade de gênero.* Org. Bruna Nowak. Salvador: JusPodivm, 2020. p. 6.

posições de comando[40-41], na subrepresentação feminina na política[42] e na

40. Nesse sentido, a Lei nº 14.611/2023 trouxe importantes avanços para a igualdade salarial e critérios remuneratórios entre mulheres e homens, para a realização de trabalho de igual valor ou no exercício da mesma função, valendo destacar: i) a alteração no art. 461 da Consolidação das Leis Trabalhistas (CLT) para afirmar que, havendo discriminação por motivo de sexo, raça, etnia, origem ou igualdade, o pagamento das diferenças salariais devidas ao empregado discriminado não afasta o seu direito à indenização por danos morais, bem como a aplicação da multa prevista no art. 510 da CLT, correspondente a 10 (dez) vezes o valor do novo salário devido pelo empregador ao empregado discriminado, elevada ao dobro, em caso de reincidência, sem prejuízo das demais cominações legais; ii) a adoção, dentre outras medidas, como: a) o estabelecimento de mecanismos de transparência salarial e de critérios remuneratórios; b) o incremento da fiscalização contra a discriminação salarial e de critérios remuneratórios entre mulheres e homens; c) a disponibilização de canais específicos para denúncias de discriminação salarial; d) a promoção e implementação de programas de diversidade e inclusão no ambiente de trabalho que abranjam a capacitação de gestores, de lideranças e de empregados a respeito do tema da equidade entre homens e mulheres no mercado de trabalho, com aferição de resultados; e) o fomento à capacitação e à formação de mulheres para o ingresso, a permanência e a ascensão no mercado de trabalho em igualdade de condições com os homens; iii) a publicação semestral de relatórios de transparência salarial e de critérios remuneratórios pelas pessoas jurídicas de direito privado com 100 (cem) ou mais empregados, observada a proteção de dados pessoais (isto é, a Lei nº 13.709/2018, denominada de Lei Geral de Proteção de Dados Pessoais), o que é relevante para a apuração de dados estatísticos sobre outras possíveis desigualdades decorrentes de raça, etnia, nacionalidade e idade, bem como para a elaboração e políticas públicas para o enfrentamento de questões como da violência contra a mulher, das vagas em creches públicas, de acesso à formação técnica e superior e de serviços de saúde, e de acesso ao emprego e à renda pelas mulheres. Constatada a desigualdade salarial ou de critérios remuneratórios, independentemente do descumprimento do disposto no art. 461 da CLT, a pessoa jurídica de direito privado apresentará e implementará plano de ação para mitigar a desigualdade, com metas e prazos, garantida a participação de representantes das entidades sindicais e de representantes dos empregados nos locais de trabalho. A não publicação semestral desses relatórios enseja à aplicação de multa administrativa, cujo valor corresponderá a até 3% (três por cento) da folha de salários do empregador, limitado a 100 (cem) salários mínimos, sem prejuízo das sanções aplicáveis aos casos de discriminação salarial e de critérios remuneratórios entre mulheres e homens. Além disso, pela Lei nº 14.611/2023, cabe ao Poder Executivo instituir protocolo de fiscalização contra a discriminação salarial e de critérios remuneratórios entre mulheres e homens.

41. No âmbito do Ministério Público brasileiro, por exemplo, o Conselho Nacional do Ministério Público, por meio do estudo Cenários de Gênero, lançado pela Comissão de Planejamento Estratégico (CPE), apontou que desde a Constituição de 1988 até 2019, houve 73 mandatos de mulheres como Procuradoras-Gerais contra 413 mandatos de homens, o que representa cerca de 15% de lideranças femininas e 85% de masculinas. Cf. CONSELHO NACIONAL DO MINISTÉRIO PÚBLICO. *Cenários de gênero*. Disponível em: <https://www.cnmp.mp.br/portal/images/20180622_CEN%C3%81RIOS_DE_G%C3%8ANERO_v.FINAL_2.pdf>. Acesso em: 2 mar. 2021. Tais disparidades, e outras desigualdades de gênero e raça, motivaram a adoção da Recomendação 79/2020 do CNMP que adota ações afirmativas e diretrizes para a promoção da equidade, como "fomentar a participação de mulheres nos processos e atos orientados à assunção de cargos eletivos na Administração Superior, assegurando medidas que permitam maior conciliação da carreira profissional com o papel social de cuidado com a família" (art. 2º, inc. II). O Conselho Nacional de Justiça já havia, por meio da Resolução nº 255 de 04 de setembro de 2018, instituído a Política Nacional de Incentivo à Participação Institucional Feminina no Poder Judiciário, pelo qual compele todos os ramos e unidades do Poder Judiciário a "adotar medidas tendentes a assegurar a igualdade de gênero no ambiente institucional, propondo diretrizes e mecanismos que orientem os órgãos judiciais a atuar para incentivar a participação de mulheres nos cargos de chefia e assessoramento, em bancas de concurso e como expositoras em eventos institucionais" (art. 2º).

42. Nesse sentido, o Supremo Tribunal Federal, na ADI nº 5.617, sobre financiamento eleitoral de campanhas femininas: i) declarou a inconstitucionalidade da expressão 'três', contida no art. 9º da Lei 13.165/2015, eliminando o limite temporal até agora fixado; ii) conferiu interpretação conforme à Constituição ao art. 9º da Lei 13.165/2015 de modo a: a) equiparar o patamar legal mínimo de candidaturas femininas (isto é, o do art. 10, § 3º, da Lei 9.504/1997, qual seja, ao menos 30% de cidadãs), ao mínimo de recursos do Fundo Partidário a lhes serem destinados, que deve ser interpretado como também de 30% do

negação de direitos sexuais e reprodutivos[43]), mas também na negação do direito à diferença, isto é, ao desrespeito aos dados biológicos, psicológicos e sociais, bem como aos valores culturais que compõem o universo feminino[44]. Portanto, apesar das mudanças no mercado de trabalho, as mulheres ainda ganham menos do que os homens e são mais sobrecarregadas com o peso do dever de cuidado e do trabalho doméstico não remunerado. Como explica Angela Davis,

> Assim como as obrigações maternas de uma mulher são aceitas como naturais, seu infinito esforço como dona de casa raramente é reconhecido no interior da família. As tarefas domésticas são, afinal de contas, praticamente invisíveis: "Ninguém as percebe, exceto quando não são feitas – notamos a cama desfeita, não o chão esfregado e lustrado". Invisíveis, repetitivas, exaustivas, improdutivas e nada criativas – esses são os adjetivos que melhor capturam a natureza das tarefas domésticas. (...) as atitudes sociais predominantes continuam a associar a eterna condição feminina a imagens de vassouras e pás de lixo, esfregões e baldes, aventais e fogões, vasilhas e panelas. E é verdade que o trabalho da mulher, de uma era histórica a outra, tem sido geralmente associado ao ambiente doméstico. (...) Nas sociedades capitalistas avançadas, (...) o trabalho doméstico, orientado pela ideia de servir e realizado pelas donas de casa, que raramente produzem algo tangível com seu trabalho, diminui o prestígio social das mulheres em geral. No fim das contas, a dona de casa, de acordo com a ideologia burguesa, é simplesmente a serva de seu marido para a vida toda[45].

montante do Fundo alocado a cada partido, para as eleições majoritárias e proporcionais; b) fixar que, havendo percentual mais elevado de candidaturas femininas, o mínimo de recursos globais do partido destinados a campanhas lhe seja alocado na mesma proporção; iii) declarar a inconstitucionalidade, por arrastamento, do § 5º-A e do § 7º do art. 44 da Lei 9.096/1995 (ADI 5617, Relator(a): EDSON FACHIN, Tribunal Pleno, julgado em 15/03/2018, PROCESSO ELETRÔNICO DJe-211 DIVULG 02-10-2018 PUBLIC 03-10-2018).

43. Por exemplo, a Corte Interamericana de Direitos Humanos, por exemplo, no *Caso Artavia Murillo e outros ("Fecundação in vitro") vs. Costa Rica*, considerou que o país descumpriu obrigações internacionais ao proibir, por meio de lei, a técnica da reprodução assistida por meio da Fecundação In Vitro. Afirmou que a lei viola os direitos à vida privada e familiar, e aplicou a teoria do impacto desproporcional e a noção de discriminação indireta, pois a proibição legal da técnica de reprodução assistida impedia mulheres, com problemas de engravidar, de terem filhos. Portanto, a Corte Interamericana ordenou a adoção de medidas apropriadas para tornar sem efeito a proibição de realizar a Fundação In Vitro. Cf. CORTE INTERAMERICANA DE DIREITOS HUMANOS. *Caso Artavia Murillo e Outros ("Fecundação in Vitro") vs. Costa Rica*. Sentença de 28 de novembro de 2012. Disponível em: <https://www.corteidh.or.cr/docs/casos/articulos/seriec_257_por.pdf>. Acesso em: 2 jun. 2021.

44. COMPARATO, Fábio Konder Comparato. *Afirmação histórica dos direitos humanos*. 6ª ed. São Paulo: Companhia das Letras, 2008. p. 290.

45. DAVIS, Angela. *Mulheres, raça e classe*. Cit. p. 236 e 238-239.

A divisão sexual do trabalho faz com que as funções doméstica e de cuidado sejam, no geral, impostas às mulheres. Conforme o estudo *Estatísticas de Gênero: Indicadores sociais das mulheres no Brasil*, divulgado pelo Instituto Brasileiro de Geografia e Estatística (IBGE), em março de 2024, as mulheres se dedicam quase o dobro do tempo dos homens nos trabalhos domésticos e cuidados de pessoas não remunerados[46]. A média, entre as mulheres é de 21,6 horas semanais, enquanto, entre os homens, de 11 horas por semana. A sobrecarga do trabalho doméstico e familiar não remunerada se manteve a mesma desde o início da série histórica em 2016.

Com a finalidade de ampliar o empoderamento feminino, a Lei 14.457/2022 trouxe diversas ações afirmativas para a inserção e à manutenção de mulheres no mercado de trabalho. Destacam-se as medidas para apoio à parentalidade na primeira infância, por meio do pagamento de reembolso-creche e a manutenção ou subvenção de instituições de educação infantil pelos serviços sociais autônomos, e o apoio à parentalidade, por meio da flexibilização do regime de trabalho (através do teletrabalho; regime de tempo parcial; regime especial de compensação de jornada de trabalho por meio de banco de horas; jornada de 12 horas trabalhadas por 36; horas ininterruptas de descanso, quando a atividade permitir; antecipação de férias individuais; e horários de entrada e de saída flexíveis). Atente-se que a Constituição Federal admite, expressamente, direitos específicos das mulheres, por exemplo, quanto ao mercado de trabalho, ao proibir a discriminação (art. 7º, inc. XXX, CF) e ao garantir uma proteção especial à mulher mediante incentivos específicos, conforme previsão do art. 7º, inc. XX, regulamentado pela Lei nº 9.799, de 26 de maio de 1999, que inseriu na Consolidação das Leis do Trabalho regras sobre o acesso da mulher ao mercado de trabalho. Tais parâmetros constitucionais, segundo o Supremo Tribunal Federal, podem legitimar um tratamento diferenciado entre homens e mulheres, desde que, para ampliar os direitos fundamentais sociais, seja observada a proporcionalidade na compensação das diferenças[47].

Ainda, sobre o valor do cuidado materno, é importante ilustrar com o Caso de "Luo", julgado pela Suprema Corte de Taiwan. A saber:

Uma mãe taiwanesa, identificada apenas pelo sobrenome "Luo", processou seu filho, em 2017, reivindicando indenização pelo tempo e pelo

46. IBGE. *Estatísticas de Gênero: Indicadores sociais das mulheres no Brasil*. 3ª ed. Disponível em: https://biblioteca.ibge.gov.br/visualizacao/livros/liv102066_informativo.pdf. Acesso em:27 fev. 2025.

47. STF, RE 658312, Relator(a): DIAS TOFFOLI, Tribunal Pleno, julgado em 27/11/2014, ACÓRDÃO ELETRÔNICO REPERCUSSÃO GERAL - MÉRITO DJe-027 DIVULG 09-02-2015 PUBLIC 10-02-2015.

dinheiro que investira na criação dele. Ela educou, sozinha, dois filhos, colocando ambos na faculdade de odontologia. Em troca, esperava que eles cuidassem dela na velhice. Quando um dos filhos não satisfez suas expectativas, ela o processou. Em um veredicto inédito, a Suprema Corte de Taiwan ordenou que o filho pagasse à mãe 967 mil dólares como custo de sua "criação". Esse caso evidencia: i) que grandes quantidades de tempo e recursos são necessárias para dar à luz, cuidar e manter seres humanos; ii) que muito do trabalho de criar e/ou manter seres humanos ainda é feito apenas, ou quase integralmente, pelas mulheres; iii) que, tradicionalmente, a sociedade capitalista não confere nenhum valor a esse trabalho, mesmo dependendo dele[48].

O dever de cuidado e educação dos filhos não é exclusivo das mulheres, que no mais das vezes, desempenham a figura materna. Por exemplo, a Lei 11.804/2008 afirma ter a mulher gestante direito à pensão a ser custeada também pelo futuro pai, na proporção dos recursos de cada um, com valor suficiente para cobrir as despesas adicionais do período de gravidez, como aquelas referentes à alimentação especial, assistência médica e psicológica, exames complementares, internações, parto e medicamentos. A jurisprudência também tem evoluído para reconhecer o trabalho doméstico não remunerado, reprodutivo e invisível das mulheres nos cuidados dos filhos, bem como a sobrecarga física e mental dele decorrentes, como fatores a serem considerados na fixação da prestação alimentícia.[49]

No âmbito criminal, dentre os crimes contra a assistência familiar, o art. 244 do Código Penal tipifica o *abandono material* para quem deixa, sem justa causa, de prover a subsistência de filho menor de 18 (dezoito) anos ou inapto para o trabalho, não lhes proporcionando os recursos necessários ou faltando ao pagamento de pensão alimentícia judicialmente acordada,

48. ARRUZZA, Cinzia; BHATTACHARYA, Tithi; FRASER, Nancy. *Feminismo para os 99%. Um manifesto*. São Paulo: Boitempo, 2019. p. 75.

49. "Quando os filhos em idade infantojuvenil residem com a mãe, o trabalho doméstico não remunerado, inerente ao dever diário de cuidado (como o preparo do alimento, a correção das tarefas escolares, a limpeza da casa para propiciar um ambiente limpo e saudável, mas também as tarefas mentais de organizar o funcionamento da casa, a rotina dos filhos e, eventualmente, de outras pessoas que dependem do cuidado familiar) – por exigir uma disponibilidade de tempo maior da mulher, sobrecarga que lhe retira oportunidades no mercado de trabalho, no aperfeiçoamento cultural e na vida pública ou lhe submete a uma dupla/tripla jornada laboral – deve ser considerado, contabilizado e valorado, para fins de aplicação do princípio da proporcionalidade, no cálculo dos alimentos, uma vez que é indispensável à satisfação das necessidades, bem-estar e desenvolvimento integral (físico, mental, moral, espiritual e social) da criança ou do adolescente. 18. No caso concreto, o valor dos alimentos fixado na sentença recorrida (de um salário mínimo) se mostra adequado ao trinômio necessidade-possibilidade-proporcionalidade" (TJPR - 12ª Câmara Cível - 0004074-49.2018.8.16.0195 - Curitiba - Rel.: DESEMBARGADOR EDUARDO AUGUSTO SALOMÃO CAMBI - J. 17.02.2025).

fixada ou majorada; também considera crime deixar, sem justa causa, de socorrer descendente enfermo. Fixa, como pena, a detenção de um a quatro anos e multa. Já o Projeto de Lei 5.578, de 2020, pretende introduzir no Código Penal o crime de abandono material de gestante, com pena prevista de detenção de um a cinco anos e multa de um a dez salários-mínimos, para melhor responsabilização de pais brasileiros.

As desigualdades sociais não são uma decorrência natural, mas são consequências das escolhas educacionais, políticas, culturais e institucionais, que concentram benefícios públicos para uma pequena camada da população[50]. As vulnerabilidades que recaem sobre as mulheres tornam ainda mais agudo o cenário da discriminação. No Brasil, são as mulheres negras, arrimos de família, que mais sofrem com as desigualdades sociais. Em termos absolutos, o número de negras e pardas em situação de pobreza é de 35%, enquanto o de homens brancos é de menos da metade: 16,6%, sendo que o mesmo quadro se repete para a situação social caracterizada como de "extrema pobreza"[51]. Também são as mulheres afrodescendentes que mais padecem dos impactos negativos na saúde. Por exemplo, em 2014, no Brasil, 62,8% das mortes maternas foram de mulheres afrodescendentes, sendo que o número de mulheres brancas mortas diminuiu de 39 para 15 casos por 100.000 nascimentos, enquanto os óbitos de gestantes afrodescendentes aumentaram de 34 para 51 mortes por 100.000 partos[52]. Ainda, vale mencionar a condenação do Brasil pelo Comitê de Acompanhamento da Implementação da Convenção sobre a Eliminação de Todas as Formas de Discriminação contra as Mulheres (CEDAW, em sigla em inglês) no Caso de *Alyne da Silva Pimentel Teixeira*. Alyne, uma mulher afrodescendente moradora do município de Belford Roxo, no estado do Rio de Janeiro, faleceu em Hospital Público no ano de 2002, em decorrência de negligência médica causada por racismo institucional, baseado na origem étnico-racial e na condição socioeconômica da vítima[53]. Em 2024, o Conselho Nacional de Justiça editou o Protocolo de Julgamento com Perspectiva Racial, no qual enfatiza que as mulheres negras "carregam consigo uma história de opressão e resistência que molda suas vidas de maneiras complexas. Quando uma mulher negra entra em contato com o sistema de justiça, é crucial reconhecer as camadas de desigualdade que ela pode enfrentar, que vão além das

---

50. SCHWARCZ, Lilia Moritz. *Sobre o autoritarismo brasileiro*. Cit. p. 154.
51. Idem, p. 133.
52. COMISSÃO INTERAMERICANA DE DIREITOS HUMANOS. *Situação dos direitos humanos no Brasil*. Cit. p. 168.
53. Idem, p. 168-169.

questões de gênero, estendendo-se à raça e, muitas vezes, à classe social, sexualidade, orientação religiosa ou origem, e de forma interseccional"[54].

Todas as mulheres grávidas têm direito a receber atendimento humanizado durante a gravidez, parto e pós-parto, incluindo informações completas e em linguagem clara sobre sua condição de saúde, ter suas preferências, escolhas e necessidades ouvidas, bem como de ser evitada a patologização da gravidez, parto e pós-parto[55]. Aliás, tais direitos foram objeto de análise da Corte Interamericana de Direitos Humanos que, ao julgar o *Caso Brítez Arce Y Otros Vs. Argentina*, nos termos da manifestação da Comissão Interamericana de Direitos Humanos, afirmou a violência obstétrica "engloba as situações de tratamento desrespeitoso, abusivo, negligente ou de negação

54. CONSELHO NACIONAL DE JUSTIÇA. *Protocolo de Julgamento com Perspectiva Racial*. Brasília: CNJ, 2024. p. 55.

55. Atente-se, por exemplo, que o artigo VII da Declaração Americana dos Direitos e Deveres do Homem estabelece que "toda mulher grávida ou em período de amamentação, assim como toda criança, tem direito à proteção, cuidados e assistência especiais". Por sua vez, a Convenção das Nações Unidas sobre a Eliminação de Todas as Formas de Discriminação contra a Mulher estabelece, no art. 4.2, que a "adoção medidas especiais pelos Estados Partes, inclusive as contidas nesta Convenção, destinadas a proteger a maternidade não será considerada discriminatória" e, no art. 12.2., que "os Estados Partes garantirão à mulher serviços apropriados em relação à gravidez, parto e pós-parto, fornecendo serviços gratuitos quando necessário, e garantirão nutrição adequada durante a gravidez e amamentação". A preocupação com a proteção constitucional da maternidade (art. 6º/CF), contudo, deve ser ainda mais abrangente para incluir o conceito mais amplo de *maternagem*, isto é, do cuidado de crianças e adolescentes na dimensão sobretudo do afeto, não exclusivamente decorrente dos vínculos biológicos. Daí a importância de se ressaltar o precedente do Supremo Tribunal Federal, no RE nº 778.889, que considerou inconstitucional a distinção de tratamento diferente entre as licenças gestante e a da adotante, com relação à licença maternidade prevista pelo art. 7º, XVIII da Constituição Federal. O STF fez uma interpretação sistemática do texto constitucional à luz da dignidade da pessoa humana, da igualdade entre filhos biológicos e adotados, da autonomia da mulher e do princípio do melhor interesse da criança. Concluiu ser dever do Estado de oferecer condições que compatibilizem a maternidade e a profissão, em especial em hipóteses de adoção, para possibilitar o resgate da convivência familiar em favor da criança ou do adolescente carente, inclusive para não se conferir proteção inferior aos filhos adotivos, em detrimento daquela dispensada aos filhos biológicos (exegese do art. 227, § 6º, da CF). Afinal, não haveria justificativa plausível para conferir uma licença de 120 dias, prorrogável por 60 dias, à mãe que gera seu próprio bebê e, ao mesmo tempo, conferir licença de apenas 30 dias, prorrogável por mais 15 dias, para a mãe que abraça o desafio de receber uma criança mais velha, com a qual precisará construir uma relação de afeto desejada, mas temida. Reconheceu-se, pois, tanto a tutela da dignidade e da autonomia da mulher para eleger seus projetos de vida, quanto de uma dívida moral do Estado para com menores vítimas da inepta política estatal de institucionalização precoce. Portanto, firmou a seguinte Tese: "Os prazos da licença adotante não podem ser inferiores aos prazos da licença gestante, o mesmo valendo para as respectivas prorrogações. Em relação à licença adotante, não é possível fixar prazos diversos em função da idade da criança adotada" (RE 778889, Relator(a): ROBERTO BARROSO, Tribunal Pleno, julgado em 10/03/2016, ACÓRDÃO ELETRÔNICO REPERCUSSÃO GERAL - MÉRITO DJe-159 DIVULG 29-07-2016 PUBLIC 01-08-2016).

de tratamento, durante a gravidez e a fase anterior, e durante o parto ou pós-parto, em centros de saúde públicos ou privados" [56-57].

Os casos *Alyne da Silva Pimentel Teixeira* e *Critina Brítez Arce* também levantam a questão dos direitos sexuais e reprodutivos das mulheres. O tema do aborto no geral ficou reservado às discussões das esferas penais – no que diz respeito à sua (indevida) criminalização[58]. É essencial, entretanto, recolocar a questão no seu devido lugar, qual seja: como direito humano conectado à saúde das mulheres[59].

O tratamento penal do aborto priva meninas e mulheres do pleno desenvolvimento de seus projetos de vida, e muitas vezes, de sua própria vida.

---

56. Comisión Interamericana de Derechos Humanos. *Violencia y discriminación contra mujeres, niñas y adolescentes: Buenas prácticas y desafíos en América Latina y en el Caribe*, OEA/Ser.L/V/II. Doc. 233, 14 de noviembre de 2019. Par. 182.

57. "81. A la luz de lo anterior, la Corte encuentra que la violencia obstétrica es una forma de violencia basada en el género "prohibida por los tratados interamericanos de derechos humanos, incluyendo la Convención Belém do Pará", ejercida por los encargados de la atención en salud sobre las personas gestantes, durante el acceso a los servicios de salud que tienen lugar en el embarazo, parto y posparto, que se expresa mayoritaria, aunque no exclusivamente, en un trato deshumanizado, irrespetuoso, abusivo o negligente hacia las mujeres embarazadas; en la denegación de tratamiento e información completa sobre el estado de salud y los tratamentos aplicables; en intervenciones médicas forzadas o coaccionadas, y en la tendencia a patologizar los procesos reproductivos naturales, entre otras manifestaciones amenazantes en el contexto de la atención de la salud durante el embarazo, parto y pós-parto". (CORTE INTERAMERICANA DE DIREITOS HUMANOS. *Caso Brítez Arce Y Otros Vs. Argentina.* Sentença de 16 de novembro de 2022. Disponível em: < https://www.corteidh.or.cr/docs/casos/articulos/seriec_474_esp.pdf >. Acesso em: 27 maio. 2023. Par. 81).

58. Sob este aspecto, o Min. Relator Marco Aurélio, ao julgar a ADPF nº 54, cujo objeto era a interrupção de gestação em caso de feto anencefálico e sua caracterização como aborto criminoso, asseverou: "Na expressão do Ministro Joaquim Barbosa, constante do voto que chegou a elaborar no *Habeas Corpus* nº 84.025/RJ, o feto anencéfalo, mesmo que biologicamente vivo, porque feito de células e tecidos vivos, é juridicamente morto, não gozando de proteção jurídica e, acrescento, principalmente de proteção jurídico-penal. (...) o feto sem potencialidade de vida não pode ser tutelado pelo tipo penal que protege a vida. (...). este Supremo Tribunal proclamou que a Constituição 'quando se reporta a 'direitos da pessoa humana' e até dos 'direitos e garantias individuais' como cláusula pétrea está falando de direitos e garantias do indivíduo-pessoa, que se faz destinatário dos direitos fundamentais 'à vida, à liberdade, à igualdade, à segurança e à propriedade'. É certo, Senhor Presidente, que, no caso do anencéfalo, não há, nem nunca haverá, indivíduo-pessoa. No segundo trecho, este Tribunal assentou que 'a potencialidade de algo para se tornar pessoa humana jáémeritória o bastante para acobertá-la, infraconstitucionalmente, contra tentativas levianas ou frívolas de obstar sua natural continuidade fisiológica'. Ora, inexistindo potencialidade para tornar-se pessoa humana, não surge justificativa para a tutela jurídico-penal, com maior razão quando eventual tutela esbarra em direitos fundamentais da mulher (...)" (ADPF 54, Relator(a): MARCO AURÉLIO, Tribunal Pleno, julgado em 12/04/2012, ACÓRDÃO ELETRÔNICO DJe-080 DIVULG 29-04-2013 PUBLIC 30-04-2013 RTJ VOL-00226-01 PP-00011).

59. Nesse sentido, a Corte Interamericana de Direitos Humanos já decidiu que a proteção da saúde é um direito humano fundamental e indispensável dos demais direitos, e todo ser humano tem o direito de desfrutar do mais alto nível possível de saúde, que lhe permita viver com dignidade. Logo, a saúde deve ser entendida não apenas como a ausência de doença ou enfermidade, mas também como um estado completo de bem-estar físico, mental e social, decorrente de um estilo de vida que permita às pessoas alcançar um equilíbrio integral. Cf. *Caso Poblete Vilches e outros vs. Chile.* Sentença de 8 de março de 2018. Disponível em: <https://www.corteidh.or.cr/docs/casos/articulos/seriec_349_esp.pdf.Idem>. Acesso em: 27 maio. 2023. Par. 118.

Segundo a Organização Mundial de Saúde (OMS), 21% das mortes relacionadas com a gravidez, o parto e o pós-parto nos países latino-americanos têm como causa as complicações do aborto realizado de forma insegura. Esse cenário alarmante se torna ainda mais agudo quando agregado o recorte das *interseccionalidades*, como as questões de raça, classe e etnia.

Assim sendo, é preciso avançar na pauta para garantir que interromper a gravidez seja um direito humano conectado à saúde das mulheres e que sua prática seja segura e legal.

Nem se alegue, como fazem leitores ocasionais e convenientes da CADH, que o art. 4º impediria o avanço da descriminalização do aborto. A própria CIDH e a Corte IDH já se manifestaram diversas vezes sobre o sentido da proteção do direito à vida e que a expressão *em geral* excluiria o controle excessivo sobre os corpos femininos. Destaquem-se, neste sentido, os *Casos Baby Boy vs. EUA*, da CIDH, e *Artavia Murillo e outros vs. Costa Rica*, da Corte IDH.

À luz do Sistema Interamericano de Direitos Humanos, os Estados têm dever de respeitar e de garantir o direito à integridade pessoal, sem discriminação, e de promover a superação das desigualdades sociais, particularmente no acesso aos serviços de saúde materna. A Comissão Interamericana de Direitos Humanos buscou demonstrar a estreita relação entre a realização de abortos inseguros e a falta de acesso a serviços de saúde materna, a qual tende a afetar principalmente mulheres em situação de vulnerabilidade.

No mesmo sentido, o Comitê CEDAW, na Recomendação Geral nº 24/1999, apontou que os Estados-parte devem se abster de obstruir ações de mulheres que buscam atingir os seus objetivos de saúde, caracterizando a criminalização de procedimentos médicos dos quais só as mulheres necessitam como uma das possíveis obstruções. Posteriormente, na Recomendação Geral nº 35, aconselhou-se aos Estados a abolirem medidas que criminalizam o aborto, na medida em que são normas que permitem, toleram ou aceitam formas de violência de gênero.

Nesse norte, ressalta-se a necessidade de assegurar a liberdade reprodutiva da mulher, no sentido de conceber sua liberdade como escolha privada. A autonomia decisória relativa à integridade corporal da mulher constitui verdadeiro "território de si", conforme leciona Jean L. Cohen:

> Nesta altura, está ou deveria estar óbvio que forçar uma mulher a suportar uma gravidez indesejada é impor-lhe uma identidade – a identidade de mulher grávida e de mãe. E sua integridade corporal,

em sentido físico e emocional, está claramente em risco nas leis que criminalizam o aborto. E também a inviolabilidade de sua personalidade. De fato, estas estão intimamente inter-relacionadas. Isso não é assim porque a mulher seja idêntica a seu útero ou porque o possui, ou porque seja ou possua seu feto, mas porque a experiência da gravidez constitui uma mudança fundamental em sua personificação, nos planos físico, emocional e simbólico e, portanto, em sua identidade e sentimento de individualidade. Uma gravidez indesejada impõe à mulher não somente uma transformação corporal muito significativa, na qual ela teme muito fortemente perder o controle sobre suas funções corporais e seu sentido de individualidade; ela lhe impõe também uma nova e indesejada identidade e uma nova relação íntima50 que requer pesados investimentos por parte dela, com implicações que vão muito além do desconforto físico ou das simples questões relacionadas ao estilo de vida, que os pensadores contrários à livre escolha acreditam ser, para as mulheres, todo o problema de uma gravidez indesejada[60].

Como alternativa à criminalização, o Direito Internacional dos Direitos Humanos exige dos Estados garantias de proteção e apoio à saúde das mulheres, bem como assegurar informação e acessos a métodos contraceptivos, ressaltando-se a importância da promoção de programas de planejamento familiar, com distribuição gratuita de anticoncepcionais e assistência especializada à gestante.

As desigualdades entre homens e mulheres devem ser combatidas, porque representam a negação do valor ético do respeito entre todos os membros da comunidade humana; contudo, as diferenças, quando não forem contrárias à dignidade humana, devem ser estimuladas e apoiadas, pois, sem a existência de sexos, raças ou culturas diferentes, a humanidade perderia a sua capacidade criativa e evolutiva[61]. A igualdade, a democracia, a paz e a tutela das pessoas mais vulneráveis são os pressupostos axiológicos dos direitos humanos[62]. Nesse sentido, a igualdade possui duas dimensões: a igualdade nos direitos e a igualdade nos deveres[63]. A afirmação da igualdade nos direitos está prevista na Declaração da Independência dos

60. COHEN, Jean L. Repensando a privacidade: autonomia, identidade e a controvérsia sobre o aborto. *Revista Brasileira de Ciência Política*. Nº 7. Brasília, jan/abr. 2012 – p. 165-203. P. 196-197.
61. COMPARATO, Fábio Konder Comparato. *Afirmação histórica dos direitos humanos*. Cit. p. 291.
62. FERRAJOLI, Luigi. *I fondamenti dei diritti fondamentali*. Cit. p. 309-345.
63. Idem, p. 309-345.

Estados americanos, de 4 de julho de 1776, da seguinte forma: "(...) todos os homens são criados iguais, dotados pelo Criador de certos direitos inalienáveis, que entre estes estão a vida, a liberdade e a procura da felicidade". Também está contida no art. 1º da Declaração dos Direitos do Homem e dos Cidadãos, de 1789, a qual preceitua: "Os homens nascem e são livres e iguais em direitos. As distinções sociais só podem se fundar na utilidade comum". Além disso, tal definição, com palavras semelhantes, está no art. 1.º da Declaração Universal dos Direitos Humanos, da Organização Mundial das Nações Unidas (1948), a qual dispõe: "Todas as pessoas nascem livres e iguais em dignidade e direitos. São dotadas de razão e consciência e devem agir em relação umas às outras com espírito de fraternidade". A igualdade nos deveres, por sua vez, impõe as mesmas proibições previstas nas leis (penais, tributárias, etc.). Entretanto, quando se afirmam que todos nascem livres e iguais, estão se referindo a um estado de natureza ideal[64]. Liberdade e igualdade não são um dado de fato, mas um ideal a ser perseguido; não um ser, mas um dever ser[65]. Dessa forma, as primeiras afirmações de direitos humanos são universais em relação a uma pessoa fora do tempo e do espaço, um "ideal comum" (como está no Preâmbulo da Declaração Universal dos Direitos Humanos), tendo eficácia limitada e configurando um propósito a ser concretizado por todos os povos e todas as nações. As pessoas, segundo Hannah Arendt, não nascem iguais, mas podem se tornar iguais como membros de uma coletividade em virtude de uma decisão conjunta que garante a todos direitos iguais[66]. A igualdade não é um dado, mas um construído; depende da ação conjunta das pessoas em uma comunidade política organizada. Portanto, é pela ação política contra todas as formas de opressão, incorporadas nas estruturas da família, das

64. BOBBIO, Norberto. *El tiempo de los derechos*. Cit. p. 67.

65. *"No es cierto que los seres humanos nazcan libres e iguales. Los seres humanos no nacen libres, a pesar de lo que pensase Rousseau, sino que están ´encadenados´, más que nunca encadenados, desde que nacen; tampoco son iguales, aunque sólo nos fijemos en las dotes naturales, sin tener en cuenta las condiciones sociales e históricas. Pero esta expresión no debe ser entendida literalmente, debe ser interpretada. Y una vez interpretada, se ve que no es ya tan obvia. Que los seres humanos nacen libres e iguales quiere decir en realidad que deben ser tratados como si fuesen libres e iguales. La expresión no es la descripción de un hecho, sino la prescripción de un deber. ¿Cómo es posible esta conversión de una descripción en una prescripción? Es posible si se considera que el decir que los seres humanos nacen libres e iguales quiere decir en realidad que los seres humanos nacen libres e iguales por naturaleza, es decir, según su naturaleza ideal, elevada a criterio supremo para distinguir qué se debe hacer y qué no se debe hacer. En otras palabras, se podría decir que la libertad y la igualdad de la que se habla en aquel artículo no son un hecho sino un derecho, más precisamente, aquel derecho que corresponde al ser humano, antes que de una constitución positiva, de la constitución misma de su personalidad, todavía más, de su naturaleza ideal"* (BOBBIO, Norberto. *El tiempo de los derechos*. Cit. p. 40).

66. LAFER, Celso. *A reconstrução dos direitos humanos: um diálogo com o pensamento de Hannah Arendt*. São Paulo: Companhia das Letras, 1988. p. 150.

instituições sociais (*v.g.*, a escola) e religiosas, e do Estado, é que se pode contribuir progressivamente para a superação de preconceitos e para o desaparecimento da dominação masculina[67].

Também é importante destacar a necessidade de uma epistemologia feminista que permita, a partir das vivências das mulheres, de suas experiências e construções teóricas, interpretar os fatos e aplicar o direito a partir de uma visão não patriarcal, androcêntrica, misógina e, destarte, antifeminista[68].

67. BORDIEU, Pierre. *A dominação masculina: a condição feminina e a violência simbólica.* 15ª ed. Trad. de Maria Helena Kühner. Rio de Janeiro: Bertrand Brasil, 2019. p. 189.

68. No âmbito da criminologia feminista, Soraia da Rosa Mendes, por exemplo, afirma que: a) o *Direito é sexista*, pois, ao realizar a distinção entre homens e mulheres, acaba por discriminar estas últimas quando lhes nega a igualdade de oportunidades e não reconhece a violência contra elas praticada. Para superar este paradigma, seria necessária uma cultura sem gênero; b) o *Direito é masculino,* porque as ideias de objetividade e neutralidade, que se pretendem universais, ao incidirem em temas relacionados às demandas das mulheres, não conseguem olhar para a peculiaridade do caso concreto, o que provoca um julgamento a partir de valores masculinos; e c) o *Direito é sexuado*, uma vez que haveria processos segundo os significados diversos que os homens e mulheres lhes conferem. Cf. *Criminologia feminista: novos paradigmas.* São Paulo: Saraiva, 2017. p. 172-173.

CAPÍTULO

3

AFRODESCENDENTES: VIDAS NEGRAS IMPORTAM

A dominação é um requisito da exploração. O capitalismo colonial exerceu seu poder pela classificação social da população mundial fundada na ideia de raça e de identidade racial. Trata-se de uma construção mental e de um instrumento eficaz da dominação colonial eurocêntrica, propagada no imperialismo hegemônico[1]. A ideia de raça se baseia na estrutura biológica para incutir a naturalização da inferioridade de uns (negros, mestiços e índios) em relação aos outros (homens brancos europeus).

Cientificamente, como demonstrou o Projeto Genoma Humano (pesquisa científica internacional, que determinou os pares de bases que compõem o DNA humano e identificou, mapeou e sequenciou todos os genes do genoma humano do ponto de vista físico e funcional)- apesar de existir distinções como a cor da pele, o formato dos olhos, a altura e outras características físicas - todas as pessoas são iguais, não havendo diferenças biológicas entre os seres humanos que justifique a subdivisão em raças humanas[2]. A classificação das pessoas em raças é um processo

1. QUIJANO, Aníbal. Colonialidad del poder, eurocentrismo y América Latina. In: *Cuestiones y horizontes. Antología Esencial. De la dependencia histórica estructural a la colonialidad/descolonialidad del poder.* Buenos Aires: CLACSO, 2014. p. 778-780.

2. "14. (...) a genética baniu de vez o conceito tradicional de raça. Negros, brancos e amarelos diferem tanto entre si quanto dentro de suas próprias etnias. Conforme afirmou o geneticista Craig Venter 'há diferenças biológicas ínfimas entre nós. Essencialmente somos todos gêmeos'. 15. Os cientistas confirmaram, assim, que não existe base genética para aquilo que as pessoas descrevem como raça, e que apenas algumas poucas diferenças distinguem uma pessoa da outra (...)" (STF, HC 82.424-RS, Tribunal Pleno, j. 17.09.2003, rel. Min. Maurício Corrêa, DJ 19.03.2004).

político-cultural-social, que gera o racismo, isto é, a discriminação e o preconceito segregacionista.

O racismo é uma forma de exercício do poder, baseada na exploração social de uma classe sobre a outra[3]. O capitalismo se apoia no racismo para segregar, subalternizar e dominar. Sendo assim, o racismo serve para sustentar a desigualdade estrutural do sistema capitalista. Ao estabelecer o branco como superior, empodera o branco – mesmo o economicamente oprimido - para que se sinta melhor, acima, em sua condição social e não tenha nenhuma empatia ou identificação com os "outros" (negros). O capitalismo, aliado ao racismo, alimenta a noção de ódio racial inerente à supremacia branca, fundada na escassez dos recursos materiais e na exploração do trabalho pelo capital. O conceito de raça favorece a estereotipação do outro, o seu rebaixamento, e justifica a violência, a humilhação e a necropolítica, termo cunhado por Achille Mbembe, que define os corpos que são matáveis, segregando as pessoas que devem morrer e aquelas que devem viver.

Tal ideologia justificou o sistema escravagista e colonial, em que, com a cumplicidade da lei *separate but equal* e das instituições jurídicas, o homem branco exerceu poder irrestrito de vida e de morte sobre o corpo negro. A violência física extrema, a tortura, o açoite, o linchamento, o enforcamento, o esquartejamento e a queima dos corpos eram práticas sociais aceitas, mesmo em países considerados civilizados como os Estados Unidos, até meados do século XX[4]. Entre 1877 e 1950, 4.400 pessoas foram linchadas nos Estados Unidos, sendo a grande maioria de negros: entre 1882 e 1889, a proporção era de quatro negros para um branco; de 1890 a 1900, a média aumentou de seis negros para um branco; e, no século XX, a diferença chegou a 17 para 1, sendo que os brancos linchados eram aqueles que protegiam ou defendiam os negros[5].

Com efeito, sendo o racismo um processo político-cultural-social voltado à exploração capitalista, deve-se repudiar, seja pela ausência de diferenciação científico-biológica seja pelo resgate da dignidade como valor universal, todas as restrições ou preferências, fundadas na raça, cor da pele, credo, descendência, origem nacional ou étnica, inspiradas na

3. SUDATTI, Ariani Bueno. Reflexões sobre a "Desigualdade Racial". Cit. p. 196.
4. Idem, p. 187.
5. Idem, p. 188.

pretensa superioridade de um povo sobre outro (a exemplo da xenofobia, "negrofobia", "islamofobia" e o antissemitismo)[6].

As normas jurídicas de caráter principiológico, como as de direitos humanos, mesmo em uma sociedade capitalista, permitem a construção dos consensos necessários para que as pessoas possam conviver com as diferenças, tolerando e aceitando a igualdade do outro, como na parábola de Schopenhauer, citada por Freud, da reunião de porcos-espinhos que se juntam para não morrer de frio e conseguem ajustar uma distância mínima entre si, que lhes permite estar juntos, aquecidos no inverno, sem um machucar o outro[7].

---

6. BRASIL. Supremo Tribunal Federal. HC 82.424-RS, Tribunal Pleno, j. 17.09.2003, rel. Min. Maurício Corrêa, DJ 19.03.2004. Posteriormente, o STF, ao julgar a ADO 26-DF (Tribunal Pleno, rel. Min. Celso de Mello, j. 13.06.2019), foi além para afirmar que as práticas homotransfóbicas qualificam-se como espécies do gênero racismo, na dimensão de racismo social consagrada no julgamento do HC 82.424/RS (caso Ellwanger), na medida em que tais condutas importam em atos de segregação que inferiorizam membros integrantes do grupo LGBTIQA+, em razão de sua orientação sexual ou de sua identidade de gênero, seja, ainda, porque tais comportamentos de homotransfobia ajustam-se ao conceito de atos de discriminação e de ofensa a direitos e liberdades fundamentais daqueles que compõem o grupo vulnerável em questão. Neste julgamento, o Min. Celso de Mello afirmou que o racismo é "uma ideologia, fundada em critérios pseudo-científicos, que busca justificar a prática da discriminação e da exclusão, refletindo a distorcida visão de mundo de quem busca construir, de modo arbitrário, hierarquias artificialmente apoiadas em suposta hegemonia de um certo grupo de pessoas sobre os demais existentes nas diversas formações sociais". Afirmou, ainda, que a ideologia do racismo está baseada em três postulados: i) estar a humanidade baseada em diversas raças, cuja diversidade é dada por elementos de caráter biológico (cujos caracteres são invariáveis e se transmitem hereditariamente) e psicológico, mas também por elementos culturais; ii) que há raças superiores e inferiores, embora tal argumento enfrente a dificuldade de fixar os critérios com base nos quais se pode estabelecer que uma raça é superior a outra; iii) não só existem raças, não só existem raças superiores e inferiores, mas as superiores, precisamente porque são superiores, têm o direito de dominar as inferiores e de extrair todas as vantagens possíveis. O Min. Celso de Mello acrescentou: "Em uma palavra: nem gentios, nem judeus; nem patrícios, nem plebeus; nem homossexuais, nem transsexuais; nem cisgêneros, nem transgêneros. Sem qualquer hierarquia ou distinção de origem, de raça, de orientação confessional ou de fortuna, somos todos pessoas, essencialmente dotadas de igual dignidade e impregnadas de razão e consciência, identificadas pelo vínculo comum que nos projeta, em unidade solidária, na dimensão incindível do gênero humano", para então concluir que a "prática do racismo – eliminada a construção artificial e equivocada do conceito de 'raça' – traduz a expressão do dogma da desigualdade entre os seres humanos, resultante da exploração do preconceito e da ignorância, significando, em sua concreta expressão, a injusta denegação da essencial dignidade e do respeito mútuo que orienta as relações humanas".

7. "(...) fazemos referência a uma parábola de Schopenhauer que é citada por Freud em *Psicologia das massas e análise do eu*, em nota de rodapé muito conhecida. Nessa parábola, numa reunião de porcos-espinhos, esses animais se juntam para não morrer de frio e conseguem ajustar uma distância aceitável, um distanciamento moderado entre si, para que possam passar o melhor possível e suportar o frio. Os bons costumes e a cortesia seriam essa distância respeitável que permite aos homens conviver e se tolerar em sociedade. Pode-se pensar que as normas jurídicas, sobretudo as de caráter principiológico, como as normas de direitos humanos, também cumprem essa função, pois nos levam a um consenso sobre como é necessário, mantindo um certo distanciamento sistemático, aquele espaço ou margem de manobra que não abala as bases de funcionamento da sociedade capitalista, tolerar e aceitar a igualdade do outro" (SUDATTI, Ariani Bueno. Reflexões sobre a "Desigualdade Racial". Cit. p. 197).

Nesse sentido, restou proclamada, na Conferência Geral da Organização das Nações Unidas para a Educação, Ciência e a Cultura, na Declaração sobre a Raça e os Preconceitos Raciais (1978), "a unidade intrínseca da espécie humana e, por conseguinte, a igualdade fundamental de todos os seres humanos e de todos os povos", uma vez que: "Todos os seres humanos pertencem à mesma espécie e têm a mesma origem", porque "Nascem iguais em dignidade e direitos e todos formam parte integrante da humanidade". Logo, "a diversidade das formas de vida e o direito à diferença não podem, em nenhum caso, servir de pretexto aos preconceitos raciais", porque "as diferenças entre os povos do mundo não justificam qualquer classificação hierárquica entre as nações e as pessoas". Do mesmo modo, a 29ª sessão da Conferência Geral da UNESCO, realizada em 1997, adotou a Declaração Universal sobre o Genoma Humano e os Direitos Humanos, onde rechaçou qualquer doutrina que estabeleça a desigualdade entre homens e raças, para reafirmar a irredutibilidade dos seres humanos a seus perfis genéticos. Isso porque "A todo indivíduo é devido respeito à sua dignidade e aos seus direitos, independentemente de suas características genéticas' (Artigo 2, 'a')", de modo que "Esta dignidade torna imperativa a não redução dos indivíduos às suas características genéticas e o respeito à sua singularidade e diversidade (Artigo 2, 'b')". Além disso, a Conferência Internacional de Durban, em 2001, na África do Sul, reconheceu que "o racismo, a discriminação étnico-racial, a xenofobia e todas as demais formas de intolerância correlata [como a homofobia e a transfobia enquanto formas contemporâneas de racismo] constituem a própria negação dos princípios, dos propósitos e dos objetivos proclamados tanto pela Carta de São Francisco, que instituiu, em setembro de 1945, a Organização das Nações Unidas, quanto pela Declaração Universal dos Direitos da Pessoa Humana, promulgada em 10/12/1948".

O racismo, enquanto fenômeno social e manifestação discriminatória, está associado à hierarquias, lugares e papéis sociais, com objetivo de fazer da raça e da identidade racial padrão de dominação colonial e exploração de negros, mestiços e índios.

Essa narrativa foi construída para sustentar a escravidão (afinal, o trabalho pago era privilégio dos brancos; a inferioridade racial dos colonizados significava que eles não eram dignos do pagamento de salário) e para a elaboração da perspectiva eurocêntrica da produção do conhecimento, além do controle da subjetividade e da cultura, pelo qual se construiu a ideia de razão que se naturalizou nas relações coloniais de dominação entre europeus (superiores) e não-europeus (inferiores) na América Latina[8]. A tentativa de relativizar a responsabilidade europeia da escravidão e genocídio da população negra se trata de um revisionismo histórico sem bases intelectuais ou históricas válidas, visto que, embora a escravidão já existisse na África antes da chegada dos europeus e tenha continuado após a partida deles, foram eles que estimularam a captura de escravos, o que possibilitou que o negócio negreiro no Atlântico atingisse proporções tão significativas[9] e se tornasse lucrativo. O Preâmbulo da Convenção sobre a Eliminação de Todas as Formas de Discriminação Racial – adotada pela Assembleia Geral das Nações Unidas, em 21 de dezembro de 1965, tendo entrado em vigor em 4 de janeiro de 1969 – assevera que qualquer "doutrina de superioridade baseada em diferenças raciais é cientificamente falsa, moralmente condenável, socialmente injusta e perigosa, inexistindo justificativa para a discriminação racial, em teoria ou prática, em lugar nenhum". Já o referido art. 1.º desta Convenção conceitua a discriminação racial como:

> [...] qualquer distinção, exclusão, restrição ou preferência baseada em raça, cor, descendência ou origem nacional ou étnica, que tenha o propósito ou o efeito de anular ou prejudicar o reconhecimento, gozo ou exercício em pé de igualdade dos direitos humanos e liberdades fundamentais.

Tal conceito foi reproduzido no art. 1.1 da Convenção Interamericana Contra o Racismo, a Discriminação Racial e Formas correlatas de Intolerância[10]. Esse tratado internacional também conceituou a discriminação indireta, no art. 1.2., como sendo aquela que "ocorre, em qualquer esfera da vida pública ou privada, quando um dispositivo, prática ou critério aparentemente neutro tem a capacidade de acarretar uma desvantagem

8. Idem. Ibidem. "A desgraça do homem de cor é ter sido escravizado. A desgraça e a desumanidade do branco consistem em ter matado o homem em algum lugar. Consiste, ainda hoje, em organizar racionalmente essa desumanização. (...). Eu, homem de cor, só quero uma coisa: Que jamais o instrumento domine o homem. Que cesse para sempre a servidão do homem pelo homem. Ou seja, de mim por um outro. Que me seja permitido descobrir e querer bem ao homem, onde quer que ele se encontre. O preto não é. Não mais do que o branco. Todos os dois têm de se afastar das vozes desumanas de seus ancestrais respectivos, a fim de que nasça uma autêntica comunicação" (FANON, Frantz. *Pele negra, máscaras brancas*. Cit. p. 191-192).

9. GOMES, Laurentino. *Escravidão. Do primeiro leilão de cativos em Portugal até a morte de Zumbi dos Palmares*. Vol. 1. São Paulo: Globo, 2019. p. 84-85.

10. "Discriminação racial é qualquer distinção, exclusão, restrição ou preferência, em qualquer área da vida pública ou privada, cujo propósito ou efeito seja anular ou restringir o reconhecimento, gozo ou exercício, em condições de igualdade, de um ou mais direitos humanos e liberdades fundamentais consagrados nos instrumentos internacionais aplicáveis aos Estados-partes. A discriminação racial pode basear-se em raça, cor, ascendência ou origem nacional ou étnica".

particular para pessoas pertencentes a um grupo específico, com base nas razões estabelecidas no Artigo 1.1, ou as coloca em desvantagem, a menos que esse dispositivo, prática ou critério tenha um objetivo ou justificativa razoável e legítima à luz do Direito Internacional dos Direitos Humanos". E, ainda, estabeleceu a noção de discriminação múltipla ou agravada, no art. 1.3., como sendo "qualquer preferência, distinção, exclusão ou restrição baseada, de modo concomitante, em dois ou mais critérios dispostos no Artigo 1.1, ou outros reconhecidos em instrumentos internacionais, cujo objetivo ou resultado seja anular ou restringir o reconhecimento, gozo ou exercício, em condições de igualdade, de um ou mais direitos humanos e liberdades fundamentais consagrados nos instrumentos internacionais aplicáveis aos Estados-partes, em qualquer área da vida pública ou privada". Além disso, é importante salientar que o art. 1.4 da referida Convenção explica o racismo da seguinte forma:

> Racismo consiste em qualquer teoria, doutrina, ideologia ou conjunto de ideias que enunciam um vínculo causal entre as características fenotípicas ou genotípicas de indivíduos ou grupos e seus traços intelectuais, culturais e de personalidade, inclusive o falso conceito de superioridade racial.
>
> O racismo ocasiona desigualdades raciais e a noção de que as relações discriminatórias entre grupos são moral e cientificamente justificadas.
>
> Toda teoria, doutrina, ideologia e conjunto de ideias racistas descritas neste Artigo são cientificamente falsas, moralmente censuráveis, socialmente injustas e contrárias aos princípios fundamentais do Direito Internacional e, portanto, perturbam gravemente a paz e a segurança internacional, sendo, dessa maneira, condenadas pelos Estados Partes.

Os mais de três séculos de escravidão dos povos afrodescendentes nas Américas são o fator histórico determinante para a compreensão da pobreza e das desigualdades sociais das quais eles foram, e ainda são, vítimas.

Foi apenas a partir do século XVIII que progrediu o processo de eliminação universal da escravidão. Porém, o primeiro tratado internacional sobre a matéria foi a Convenção sobre Escravatura, adotada em Genebra, em 25 de setembro de 1926, quando ainda não havia a Organização das Nações Unidas, na vigência da Liga de Nações.

O Brasil – que foi o país das Américas que mais recebeu escravos (foram 4,8 dos 12,5 milhões) – foi o último Estado do mundo a proibir a escravidão. A Constituição do Império de 1824 não fazia nenhuma menção aos escravos. A abolição da escravatura no Brasil aconteceu de forma progressiva e gradual, a partir das pressões políticas vindas do Reino Unido, especialmente após 8 de agosto de 1845, quando o Parlamento inglês aprovou o *Slave Trade Suppression Act*, também conhecido como *Bill Aberdeen*, que autorizava os britânicos a prenderem qualquer navio suspeito de transportar escravos no Oceano Atlântico.

A primeira legislação brasileira importante foi a Lei nº 581, de 4 de setembro de 1850, também conhecida como Lei Eusébio de Queirós, que proibiu a entrada de africanos escravizados no Brasil. Em 28 de setembro de 1871, surgiu a Lei nº 2.040 ou Lei do Ventre Livre (também denominada de Lei Rio Branco), que concedeu a alforria às crianças nascidas de mulheres escravizadas no Império do Brasil, o que, contudo, poucos efeitos práticos produziram, porque as mães continuavam escravizadas. Em 28 de setembro de 1885, foi promulgada a Lei nº 3.270, que foi denominada de Lei dos Sexagenários ou Lei Saraiva-Cotegipe, que assegurou liberdade aos escravos com 60 anos ou mais – o que, para a expectativa de vida da época, tornava a lei de pouco alcance – com direito ao pagamento de indenização para os seus proprietários. Finalmente, em 13 de maio de 1888, veio a Lei nº 3.353, chamada de Lei Áurea, com apenas dois artigos, na qual se extinguiu a escravidão no Brasil. Porém, nem tal lei, tampouco a Constituição da República de 1891 e a legislação desse período histórico se preocuparam em criar condições adequadas para que os negros pudessem ser inseridos na sociedade capitalista e ter respeitados seus direitos essenciais.

Passados mais de um século da Lei Áurea, o Brasil ainda convive com o racismo sistêmico e estrutural, bem como não eliminou totalmente as marcas profundas da escravidão[11]. Muito embora a outorga da Lei Áurea tenha ocorrido em 1888, foi somente após a denúncia do Brasil perante a CIDH, em 1994, que o país começou a empreender reais esforços para a erradicação do trabalho escravo e reconheceu, perante a comunidade

11. "Oficialmente, a escravidão acabou em 1888, mas o Brasil jamais se empenhou, de fato, em resolver "o problema do negro", segundo expressão usada pelo próprio Nina Rodrigues. Liberdade nunca significou, para os ex-escravos e seus descendentes, oportunidade de mobilidade social ou melhoria de vida. Nunca tiveram acesso a terras, bons empregos, moradias decentes, educação, assistência de saúde e outras oportunidades disponíveis para os brancos. Nunca foram tratados como cidadãos" (GOMES, Laurentino. *Escravidão. Do primeiro leilão de cativos em Portugal até a morte de Zumbi dos Palmares*. Vol. 1. Cit. p. 18).

internacional, que ainda havia escravidão em seu território[12]. Vale destacar o caso *José Pereira*, perante a CIDH, em que se buscava a condenação do Estado brasileiro pela prática de trabalho escravo em relação a ele e a outro trabalhador, que, em 1989, fugiram da fazenda onde estiveram submetidos, com outros sessenta trabalhadores, a condições desumanas de trabalho e de onde eram impossibilitados de sair[13]. Em 2003, o Brasil selou seu primeiro acordo de solução amistosa com a CIDH[14]. Assim, observa-se que o Sistema IDH, diferentemente da sua postura inicial de denunciar e divulgar ("*naming and shaming*"), está interessado em se inserir nos debates internos, a fim de capacitar os Estados democráticos para que sejam os maiores garantidores dos direitos previstos na CADH[15]. Além disso, a Comissão Interamericana de Direitos Humanos, em 2006, responsabilizou internacionalmente o Brasil por violação aos direitos humanos em razão da configuração de racismo institucional, ao descumprir o princípio da igualdade e do correlato direito à igual proteção perante a lei presente nos arts. 1.1. e 24 da Convenção Americana de Direitos Humanos, bem como por não ter iniciado ação penal para apurar notícia criminal de discriminação racial, em desobediência aos arts. 8.1 e 25 da CADH[16]. Isso porque, em 1997, Aparecida Gisele Mota da Silva publicou na página de classificados do jornal Folha de São Paulo um anúncio de emprego, no qual oferecia vaga de trabalho doméstico para pessoa "de preferência branca". O emprego lhe foi negado a Simone André Diniz, mulher negra, o que configura discriminação racial (Lei nº 7.716/1989). Apesar disso, o Ministério Público de São Paulo arquivou o inquérito policial, por considerar não estar presente "qualquer ato de racismo" que justificasse o oferecimento de ação penal pública. Por isso, o caso foi levado à Comissão Interamericana de Direitos Humanos,

---

12. BRASIL. Senado Federal. *Trabalho escravo atualmente. Em Discussão*, n. 7, ano 2, mai. 2011. Disponível em: <https://www.senado.gov.br/NOTICIAS/JORNAL/EMDISCUSSAO/trabalho-escravo/trabalho-escravo--atualmente.aspx>. Acesso em: 18 jul. 2017; ORGANIZAÇÃO DAS NAÇÕES UNIDAS NO BRASIL. *Trabalho escravo*. Brasília, 16 abr. 2016. Disponível em: <https://nacoesunidas.org/wp-content/uploads/2016/04/position-paper-trabalho-escravo.pdf>. Acesso em: 18 jul. 2017, p. 4.
13. COMISSÃO INTERAMERICANA DE DIREITOS HUMANOS. *Relatório nº 95/03: José Pereira (Caso 11.289). Solução Amistosa*. Washington, 24 out. 2003. Disponível em: <https://cidh.oas.org/annualrep/2003port/Brasil.11289.htm>. Acesso em: 19 jul. 2017, par. 2.
14. CAMPOS, Bárbara Pincowsca Cardoso. *A trajetória da implementação de sentenças da Corte Interamericana no Brasil. Revista do Instituto Brasileiro de Direitos Humanos*. Fortaleza, v. 14, n. 14, 2014, p. 79.
15. ENGSTROM, Par. *Reconceitualizando o impacto do sistema interamericano de direitos humanos. Revista Direito e Praxis*, Rio de Janeiro, v. 8, n. 2. Disponível em: <https://www.e-publicacoes.uerj.br/index.php/revistaceaju/article/view/28027>. Acesso em: 28 jul. 2017, p. 1258-1261
16. CORTE INTERAMERICANA DE DIREITOS HUMANOS. *Caso Trabalhadores da Fazenda Brasil Verde vs. Brasil*. Sentença de 20 de outubro de 2016. Disponível em: <https://www.corteidh.or.cr/docs/casos/articulos/seriec_318_por.pdf>. Acesso em: 20 nov. 2020.

que responsabilizou o Estado brasileiro, não obstante a discriminação racial tenha ocorrido em uma relação entre particulares, porque lhe cabia fazer respeitar os direitos da mulher negra discriminada e, diligentemente, investigar, processar e sancionar a autora da violação de direitos humanos. A Comissão reconheceu a ocorrência de racismo institucional, como um obstáculo para a aplicação da Lei nº 7.716/1989, diante da dificuldade de policiais, membros do Ministério Público e juízes de perceber o dolo de discriminar, ao aceitar a tese do "mal entendido" ou de que a situação não se passava de uma "brincadeira", o que explica os poucos casos de racismo e de discriminação racial que, efetivamente, são punidos no Brasil. Portanto, o racismo institucional é uma forma perigosa de minimizar a violação de direitos humanos e de naturalizar uma situação de desigualdade e de injustiça, o que, indiretamente, impede o reconhecimento do direito de um cidadão negro não ser discriminado ou de gozar da garantia de acesso à justiça para ver reparada a violação em seus direitos. Excluir o acesso de uma pessoa ao mercado de trabalho, por motivação racial, é um ato discriminatório que contraria o art. 1º da Convenção Internacional para a Eliminação de Todas as Formas de Discriminação Racial. Já a Corte Interamericana de Direitos Humanos, no *Caso Trabalhadores da Fazenda Verde vs. Brasil*, verificou a prática de trabalho forçado e servidão por dívidas na Fazenda Brasil Verde, localizada no Estado do Pará, onde milhares de trabalhadores eram submetidos anualmente a trabalho escravo[17]. Consta do parágrafo 249 da sentença, proferida em 20 de outubro de 2016:

> (...) os Estados devem adotar medidas integrais para cumprir a devida diligência em casos de servidão, escravidão, tráfico de pessoas e trabalho forçado. Em particular, os Estados devem contar com um marco jurídico de proteção adequado, com uma aplicação efetiva do mesmo e políticas de prevenção e práticas que permitam atuar de maneira eficaz diante de denúncias. A estratégia de prevenção deve ser integral, isto é, deve prevenir os fatores de risco e também fortalecer as instituições para que possam proporcionar uma resposta efetiva ao fenômeno da escravidão contemporânea. Além disso, os Estados devem adotar medidas preventivas em casos específicos nos quais é evidente que determinados grupos de pessoas podem ser vítimas de tráfico ou de escravidão.

17. CORTE INTERAMERICANA DE DIREITOS HUMANOS. *Caso Trabalhadores da Fazenda Brasil Verde vs. Brasil*. Sentença de 20 de outubro de 2016. Disponível em: <https://www.corteidh.or.cr/docs/casos/articulos/seriec_318_por.pdf>. Acesso em: 20 nov. 2020.

Não obstante o Estado brasileiro não seja responsável pelo descumprimento do dever de respeito aos direitos garantidos pelo art. 6º, visto que as situações violadoras foram cometidas por particulares, a responsabilidade estatal foi declarada pela Corte quanto ao descumprimento do dever de garantia desses direitos. Isto porque, nos termos da fundamentação, o Estado estava ciente do risco a que estavam submetidos os trabalhadores, isto é, de "um risco real e imediato para a vida de um [...] grupo de indivíduos"[18]. Enquanto garantia de não repetição, a Corte determinou que o Estado adote medidas legislativas para garantir que a prescrição não seja aplicada a situações de escravidão e suas formas análogas. Reconheceu-se, assim, a responsabilidade do Estado brasileiro por perpetuar uma situação histórica de exclusão, associando racismo, extrema pobreza e marginalização.

Outros casos julgados pelo sistema contra o Brasil reforçam o caráter da discriminação racial como fator de hipervulnerabilidade.

A condenação da Corte Interamericana de Direitos Humanos no *caso Favela Nova Brasília*, em 2017, assinalou a demora injustificada na investigação e punição dos responsáveis envolvidos na execução extrajudicial de 26 pessoas e na prática de tortura e estupro, por parte de agentes policiais, na Favela Nova Brasília, no município do Rio de Janeiro[19]. Nesse caso, o Estado foi condenado às medidas necessárias para que o estado do Rio de Janeiro estabeleça metas e políticas de redução da letalidade e da violência policial. O cenário, infelizmente, comporta retrocessos: o número de vítimas de intervenções policiais aumentou; vítimas essas que têm cor e classe – negros e pobres. O lamentável episódio em Jacarezinho corrobora os dados de truculência da violência policial no Brasil, situação que já foi reconhecida pela comunidade internacional. No caso da *fábrica de fogos* do Recôncavo Baiano, novamente as vítimas foram vulneradas pela desigualdade da realidade brasileira, marcada pela pobreza, desigualdades regionais e restrição de acesso ao emprego. Além dos fatores raciais e de gênero, que caracterizam o sofrimento das vítimas, a explosão da fábrica de fogos alterou o futuro de dezenas de famílias. O Estado brasileiro, a seu turno, quando deveria punir os responsáveis por tais arbitrariedades, não o fez, certo de que essa falta de punição – em razão de inação do Estado ou de inconvencionalidades na persecução penal – não passou desapercebido ao exame realizado pela Corte Interamericana de Direitos Humanos.

---

18. CORTE IDH. *Caso Favela Nova Brasília Vs Brasil.* Sentença de 16 de fevereiro de 2017. Disponível em: <http://www.corteidh.or.cr/docs/casos/articulos/seriec_333_por.pdf>. Acesso em: 28 jan. 2021.
19. Ibidem, par. 324.

Em 2024, no Caso Chacina de Acari o Brasil foi novamente condenado pela Corte Interamericana de Direitos Humanos, após a constatação de falhas graves nas investigações, impunidade e violação dos direitos das vítimas e suas famílias. Trata-se de outro caso emblemático de violência policial e violação dos direitos humanos no Brasil. Ocorreu em 1990, quando 11 jovens afrodescendentes desapareceram na Favela de Acari, no Rio de Janeiro. O caso foi marcado por graves abusos cometidos por policiais militares, que estavam envolvidos em um grupo de extermínio conhecido como "Cavalos Corredores". A violência policial na favela de Acari foi reflexo de práticas abusivas, envolvendo operações de "limpeza social" em áreas periféricas, especialmente com grupos de extermínio. No caso específico, dois episódios ocorreram: i) a invasão de casas e extorsão (14 de julho de 1990): Seis policiais militares uniformizados invadiram a casa de uma moradora da favela, ameaçando três jovens e exigindo dinheiro. Esses policiais faziam parte de um grupo de extermínio; ii) o desaparecimento forçado (26 de julho de 1990): Um grupo de seis homens encapuzados, que se apresentaram como policiais, invadiu a casa da avó de um dos jovens e levou 11 jovens negros, que nunca mais foram vistos. Esses jovens foram, então, desaparecidos à força. A violência policial, marcada pelo abuso de poder, foi a principal causa desse desaparecimento. Entretanto, apesar das investigações e tentativas de resolver o caso, perdurou um cenário de impunidade. A Corte IDH reconheceu a demora nas investigações (a investigação não foi conduzida de maneira diligente, os responsáveis não foram encontrados e os corpos das vítimas nunca foram localizados), a existência de homicídios de familiares (em janeiro de 1993, a mãe de um dos jovens desaparecidos, Edmea da Silva Euzébio, e sua sobrinha, Sheila da Conceição, foram assassinadas no Rio de Janeiro, após Edmea ter denunciado a participação de policiais militares no desaparecimento dos jovens) e, em abril de 2024, o processo penal relativo aos homicídios das duas mulheres terminou com a absolvição dos quatro policiais militares envolvidos, bem como o processo referente aos desaparecimentos foi arquivado em 2011 por suposta falta de provas, e a ação de indenização das famílias foi considerada prescrita. A condenação do Brasil evidenciou diversos problemas no sistema de justiça, mas também a persistência do racismo institucional, da violência policial, da impunidade e das falhas nas investigações de casos de abuso de poder.

Também em 2024 a Corte Interamericana de Direitos Humanos condenou o Brasil no caso Neusa dos Santos Nascimento e Gisele Ana Ferreira. Essas duas mulheres afro-brasileiras sofreram discriminação em um processo de seleção de emprego em 26 de março de 1998. O Estado brasileiro falhou em agilizar os procedimentos criminais, levando a uma decisão de prescrição, posteriormente revogada devido à imprescritibilidade de tais crimes sob a lei brasileira. Apesar dos processos judiciais e condenações criminais por discriminação, não houve decisão judicial efetiva, restituição dos direitos violados ou reparação completa para as vítimas. A Corte IDH destacou a omissão do Estado em agilizar o processo. Houve falta de decisões judiciais efetivas e reparações adequadas para as vítimas. O Brasil não forneceu os recursos adequados e efetivos para investigar e penalizar o responsável, violando os Artigos 8.1 e 25.1 da Convenção Americana, em relação aos Artigos 24, 26 e 1.1. Constatou-se o racismo estrutural, sistêmico e institucional no Brasil, inclusive em razão de falhas no processo judicial, incluindo a avaliação adequada das provas e a aplicação indevida da prescrição a um crime imprescritível. A Corte enfatizou a natureza fundamental da igualdade e não discriminação, enraizada na unidade da natureza humana e dignidade essencial. O princípio da igualdade e não discriminação faz parte do *ius cogens*, formando o quadro jurídico da ordem pública nacional e internacional. A Convenção Interamericana de Direitos Humanos protege explicitamente contra discriminação com base na raça e cor. Cabem, pois, aos Estados o dever de adotarem medidas positivas para prevenir a discriminação racial e garantir condições, oportunidades e participação iguais para afrodescendentes. Em conclusão, a Corte IDH destacou a necessidade de um padrão reforçado de diligência na investigação e julgamento de casos de discriminação racial. As autoridades devem ativamente reunir e avaliar provas, considerando o contexto de discriminação estrutural. Com efeito, reconheceu tanto o racismo estrutural[20] quanto o institucional[21]. Por fim,

---

20. "35. O principal problema que a população afrodescendente enfrenta em todo o mundo é "o racismo estrutural", que consiste na organização de uma sociedade que privilegia um grupo de determinada etnia e/ou raça em detrimento de outro. A relação de privilégio versus exclusão se expressa por meio de um conjunto de práticas excludentes frequentes e duradouras, baseadas em um longo processo histórico de discriminação. Nesse sentido, a Comissão Interamericana recordou que uma das principais características e herança do colonialismo europeu nas Américas foi o estabelecimento de sociedades baseadas em preconceitos raciais e culturais que se desenvolveram e se enraizaram durante séculos. 36. Esse racismo estrutural enraizado nas sociedades, tanto em práticas quanto em normas - em especial mediante uma discriminação indireta -, tem impacto no desfrute dos direitos econômicos, sociais, culturais e ambientais das pessoas afrodescendentes, entre eles, o direito ao trabalho" (CORTE INTERAMERICANA DE DIREITOS HUMANOS. *Caso dos Santos Nascimento e Ferreira Gomes vs. Brasil*. Sentença de 7 de outubro de 2024 (Exceções Preliminares, Mérito, Reparações e Custas). Disponível em: file:///C:/Users/023450~1/AppData/Local/Temp/seriec_539_por.pdf. Acesso em 09 de mar. 2025).

21. No § 139, na nota de rodapé 194, consta a seguinte explicação: "O racismo institucional é explicado pela perita Thula Pires como o que ´corresponde a formas organizativas, políticas, práticas e normas que resultam em tratamentos e resultados desiguais, garantindo a exclusão seletiva de grupos racialmente subordinados´. De acordo com a perita, essa dimensão do racismo é a que melhor permite perceber o funcionamento do sistema de justiça no Brasil. (...)" (CORTE INTERAMERICANA DE DIREITOS HUMANOS. *Caso dos Santos Nascimento e Ferreira Gomes vs. Brasil*. Sentença de 7 de outubro de 2024 (Exceções

condenou o Estado Brasileiro: i) a fornecer tratamento psicológico e psiquiátrico às vítimas; ii) a publicar a decisão da Corte e realizar um ato público de reconhecimento e desculpas; iii) a adotar protocolos para investigar casos de discriminação racial e incluir treinamento sobre discriminação racial para os integrantes do Poder Judiciário e do Ministério Público; iv) a notificar o Ministério Público do Trabalho sobre casos de discriminação racial no local de trabalho e compilar dados sobre acesso à justiça com distinções de raça, cor e gênero. Portanto, o Brasil foi considerado responsável por violar os direitos às garantias judiciais, igualdade perante a lei e proteção judicial, bem como o direito ao trabalho, devido à falta de diligência na investigação e julgamento do caso de discriminação contra Neusa dos Santos Nascimento e Gisele Ana Ferreira Gomes. Isso porque as ações e omissões do Estado perpetuaram a discriminação estrutural e o racismo institucional, revitimizando as vítimas e afetando seu projeto de vida.

A abolição da escravidão no Brasil, sem a adoção de medidas positivas que permitissem a inserção econômica e social da população negra e parda, produziu desigualdades e pobreza, vulnerabilizando e tornando esse grupo de pessoas vítimas de outras formas de escravidão contemporâneas, do descaso estatal e do racismo estrutural.

Apesar de os afrodescendentes serem a maioria da população brasileira (56,8%), a menor parte deles ocupa posições de poder no Estado e na sociedade. Por exemplo, dos 1.752 candidatos eleitos nas eleições gerais de 2018, para os poderes executivos e legislativos (municipais, estaduais e federal), apenas 488 (ou 27,86%) pessoas se reconheceram como afrodescendentes[22]. No setor privado, dados do perfil profissional no âmbito

Preliminares, Mérito, Reparações e Custas). Disponível em: file:///C:/Users/023450~1/AppData/Local/Temp/seriec_539_por.pdf. Acesso em 09 de mar. 2025).

22. COMISSÃO INTERAMERICANA DE DIREITOS HUMANOS. *Situação dos Direitos Humanos no Brasil*. Washington: Comissão Interamericana de Direitos Humanos, 2021. p. 20. Nesse sentido, o Tribunal Superior Eleitoral, ao julgar a Consulta 11.551, ajuizada pela Deputada Federal Benedita da Silva e pelo Instituto Educafro, em 25 de agosto de 2020 (rel. Min. Luís Roberto Barroso), assentou que, a partir das eleições gerais de 2022, candidatos negros têm direito a distribuição de verbas públicas para financiamento de campanha e tempo de propaganda eleitoral gratuita no rádio e na televisão em patamares mínimos e proporcionais. O Plenário do TSE concluiu: i) que as formas de distribuição dos recursos financeiros e tempo de rádio e TV devem ser repartidos 50% para mulheres brancas e outros 50% para negras, conforme a distribuição demográfica brasileira; ii) que é possível determinar o custeio proporcional das campanhas dos candidatos negros, com a destinação de percentual mínimo 30% para a distribuição do Fundo Especial de Financiamento de Campanha; iii) que deve haver a distribuição proporcional do tempo de propaganda eleitoral gratuita, no rádio e televisão, para os negros, com a equiparação do mínimo de tempo destinado a cada partido, nos termos da orientação do TSE para a promoção da participação feminina. Todavia, o Plenário do Supremo Tribunal Federal, na ADPF 738, deferiu medida cautelar para determinar a aplicação, já nas eleições de 2020, dos incentivos às candidaturas de pessoas negras, no formato definido pelo Tribunal Superior Eleitoral (STF, ADPF 738-DF/MC, Tribunal Pleno,

corporativo revelam que somente 4,7% dos cargos executivos e gerenciais das maiores empresas do Brasil são ocupados por pessoas afrodescendentes. Tal situação pode ser explicada, em alguma medida, pela desigualdade estrutural causada quando se analisam os dados da educação. No Brasil, 9,1% da população afrodescendente é analfabeta, comparada com 3,9% da população branca. Em 2018, 44,2% dos jovens afrodescendentes do sexo masculino, entre 19 e 24 anos, não concluíram o ensino médio, índice bem superior ao dos jovens não afrodescendentes (18,8%). Segundo o IBGE, em 2018, o rendimento médio mensal das pessoas brancas ocupadas (R$2.796) foi 73,9% superior ao da população preta ou parda (R$1.608). Os brancos com nível superior completo ganhavam, por hora, 45% a mais do que os pretos ou pardos com o mesmo nível de instrução.

No Brasil, há a feminilização e racialização da pobreza, que se encontra, predominantemente, entre as mulheres negras. No segundo semestre de 2023, 46,1% da população negra ocupada trabalhava informalmente[23]. Entre as mulheres negras, 46,5% trabalhava sem carteira assinada e não contribuía para a Previdência Social. Além disso, as mulheres negras estavam na parte mais baixa da escala remuneratória, ganhando 38,4% menos que mulheres não negras, 52,5% menos que homens não negros e 20,4% menos que homens negros (sendo que estes ganhavam 40,2% menos que homens não negros e 22,5% menos que mulheres não negras).

Pretos e pardos, de acordo com as categorias do Censo Nacional de 2008, têm 56,7% a mais de chances, em relação aos brancos, de apresentar um estado de saúde classificado como "não bom". Há, também, uma *mortalidade seletiva* da população negra[24]. O Mapa da Violência de 2020 mostrou que, em 2018, o número de negros vítimas de homicídio chegou a 75,7%, sendo de 37,8 para cada 100 mil habitantes[25]. Tal taxa entre os não negros (soma de brancos, amarelos e indígenas) foi de 13,9 para cada

---

Rel. Min. Ricardo Lewandowski, j. 05.10.2020, pub. DJe 29.10.2020). Na fundamentação desta decisão, constou que ser "preciso chegar às ações afirmativas. Necessário fomentar a representatividade racial. Implementar providências voltadas aos grupos desfavorecidos, historicamente à margem da sociedade, dando-lhes condições de ombrear com os detentores do poder. O Estado tem responsabilidade nessa área, cabendo-lhe promover incentivos" (*Direitos das mulheres*. Coordenação Gabriel da Silveira Matos, Luís Geraldo Sant'Ana Lanfredi, Estêvão André Cardoso Waterloo, Manuelita Hermes Rosa Oliveira Filha, Valter Shuenquener de Araújo, Pedro Felipe de Oliveira Santos, Alexandre Reis Siqueira Frei Brasilia: CNJ, 2023. p. 97).

23. CONSELHO NACIONAL DE JUSTIÇA. *Protocolo de Julgamento com Perspectiva Racial*. Brasília: CNJ, 2024. p. 138.

24. CAMBI, Eduardo; PORTO, Letícia. Proteção dos direitos humanos e a nova lei de abuso de autoridade. In: *Abuso de autoridade*. Org. Eduardo Cambi e Gregório Assagra. Belo Horizonte: D'Plácido, 2020. p. 22.

25. CERQUEIRA, Daniel; BUENO, Samira (coord). *Atlas da violência*. Brasília: IPEA, 2020. p. 47.

100 mil habitantes. Isso significa que, para cada pessoa não negra morta em 2018, 2,7 negros foram assassinados. O mesmo ocorre com as mulheres negras, que são 68% do total de mulheres mortas no Brasil, o que corresponde a uma taxa de 5,2 por 10 mil habitantes, o que é quase o dobro de assassinatos de mulheres não negras. Tal situação é agravada pelo fenômeno do *genocídio da juventude negra*[26]. A maior parte dos homicídios ocorre durante o período da juventude (entre 15 e 29 anos), sendo que 56,5% dos jovens masculinos e 43,3% das jovens femininas são assassinados no Brasil. Além disso, os dados indicam a superioridade dos homicídios entre homens e mulheres negros (pretos e pardos), em relação a homens e mulheres não negros, chegando a ser 74,0% superior para homens negros e 64,4% para mulheres negras. Quando se comparam os mesmos indicadores apresentados no Atlas da Violência de 2019, constata-se um aumento relativo da morte de jovens, masculinos e femininos, bem como da vitimização negra, que, entre 2007 a 2017, era de 73,15% para homens e 63,4% para mulheres. Um fator que deve ser considerado na proteção dos direitos humanos da população afrodescendente é a forma como o Estado promove a segurança pública. A atuação policial, em especial em alguns centros urbanos, é marcada por casos reveladores do uso excessivo da força[27] e por violências em prejuízo da população mais vulnerável[28]. Para essa parcela de cidadãos, normalmente das camadas mais pobres da sociedade, o Estado se torna

26. Idem, p. 67-68. Verificar, ainda: SÁ, Priscilla Placha; SÁ, Jonathan Serpa. Racismo e genocídio da juventude negra: "A carne mais barata do mercado é a carne negra". *Gralha Azul* (Periódico Científico da EJUD/PR), vol. 7, ago/set. 2021, p. 63-76.

27. Nesse sentido, o Relatório anual de 2018 produzido pela Ouvidoria da Polícia do Estado de São Paulo apontou 840 denúncias recebidas, tanto da polícia civil quanto militar, relatando abusos de autoridade nas abordagens policiais. Ainda, chegaram 756 denúncias envolvendo homicídios praticados por policiais durante abordagens, sendo registradas 851 mortes de civis por meio de intervenções policiais, o que representa 88% de todas as ocorrências com resultado morte no ano de 2018. Esse número alarmante culminou na criação do departamento de letalidade da Corregedoria Geral da Polícia Militar, o qual passou a investigar os inquéritos policiais militares de ocorrências de intervenção policial com resultado morte no Estado de São Paulo. A Ouvidoria da Polícia paulista concluiu que, em 48% das ocorrências de atuações policiais com resultado morte, houve excesso no uso da força letal, sendo que 26% delas revelaram não existir confronto armado, com vítimas desprovidas de arma de fogo. Cfr. SÃO PAULO. *Relatório Anual - Prestação de Contas 2018*. Ouvidoria da Polícia do Estado de São Paulo. São Paulo: fev. 2019. Disponível em: ftp.sp.gov.br ftpouvidoria-policia › Anual2018. Acesso em: 5 nov. 2019. Os números podem ter mudado ao longo dos anos, mas os sintomas de violência policial são antigos. Tanto é que em pesquisa realizada pela Ouvidoria de Polícia de São Paulo, no ano de 1999, foi constatado que "a polícia paulista mata mais da metade de suas vítimas com tiro nas costas. Acerta um terço delas na cabeça. Comete a maioria dos homicídios à noite, muitas vezes sem testemunha. Na maior parte dos casos, não há provas de que a vítima cometia algum crime" (SOUZA, Luís Antônio Francisco de. *Segurança pública, polícia e violência policial. Perspectivas de endurecimento penal. Revista brasileira de Ciências Criminais*, vol. 51, nov.-dez./2004, p. 253-288).

28. FARHAT, Rodrigo. *O Estado de Exceção é a regra geral. Entrevista com Felipe Paiva. Le Monde Diplomatique Brasil*. 16 mar. 2018. Disponível em: <https://diplomatique.org.br/o-estado-de-excecao-e-regra-geral/>. Acesso em: 5 nov. 2019.

um Estado Policial, que atua na lógica da economia da destruição e com uma linha de produção de mortos-vivos. O *apartheid* social que segrega a população mais humilde, moradores das periferias e integrantes de grupos minoritários alijados da cidadania e substancialmente destituídos da salvaguarda dos mais elementares direitos fundamentais, seja por negligência ou omissão do Estado, seja pela existência de políticas públicas limitadas e precárias, deixa-os ainda mais vulneráveis às intempéries promovidas pelas atuações policiais.

Entre os anos de 2015 e 2016, 75% das pessoas assassinadas em intervenções realizadas por agentes das forças de segurança do Estado eram afrodescendentes, crimes que, na sua maioria, permanecem impunes[29] [30]. Ao contrário do que os números sugerem, tal situação induz a movimentos que reclamam o endurecimento da aplicação das leis penais, o armamento da população civil e a atuação ainda mais rígida da polícia na repressão dos crimes, o que vem junto com processos de discriminação que pregam a ideia de que "bandido bom, é bandido morto" e alimentam processos de "limpeza social", para exterminar pessoas "indesejáveis", "marginais", "perigosas" ou "potencialmente delinquentes"[31]. Infelizmente, grande parte das mortes de pessoas afrodescendentes por agentes de segurança pública não é precedida de investigação prévia, sendo baseada em conceitos discriminatórios, como comportamentos estereotipados, vestimentas e locais associados às culturas negras urbanas periféricas, o que leva a Comissão Interamericana de Direitos Humanos a afirmar que

> (...) esses assassinatos não podem ser considerados atos isolados de violência, mas sim um processo sistemático e generalizado conduzido por instituições de segurança e órgãos judiciais do Estado direcionados a exterminar pessoas afrodescendentes com requintes de extrema crueldade. Isso, na opinião da CIDH, poderia se aproximar, perigosamente, de processos que buscam extinguir, no todo ou em parte, as pessoas dessa origem étnico-racial[32].

---

29. COMISSÃO INTERAMERICANA DE DIREITOS HUMANOS. *Situação dos Direitos Humanos no Brasil*. Cit. p. 22.
30. No Rio de Janeiro, em 2019, 1.819 pessoas foram mortas pela polícia, em supostos confrontos com civis, e 78,5% das vítimas eram pessoas afrodescendentes. Em São Paulo, durante o ano de 2019, houve 716 mortes, sendo que 65% envolviam afrodescendentes. Ainda, conforme dados publicados pelo Ministério da Mulher, Família e Direitos Humanos, 67% das vítimas de violência policial no âmbito nacional se identificaram como afrodescendentes do sexo masculino, com idades que variam entre 20 e 40 anos.
31. COMISSÃO INTERAMERICANA DE DIREITOS HUMANOS. *Situação dos Direitos Humanos no Brasil*. Cit. p. 22.
32. Idem, p. 23.

Nesse sentido, chamou a atenção da Comissão Interamericana de Direitos Humanos o assassinato de Wallace de Almeida, um jovem negro e recruta do exército de 18 anos de idade, em 13 de setembro de 1998, por policiais militares no Rio de Janeiro[33]. Esse homicídio evidencia o emprego excessivo da violência policial do Estado e como a questão racial é um dos fatores preponderantes dessa violência. O crime está contextualizado com o emprego da tortura, detenções arbitrárias, buscas desnecessárias e sem prévio mandado judicial utilizado pelas forças de segurança, com o propósito de combater o tráfico de drogas no Rio de Janeiro. Em maio de 1995, na gestão do então governador Marcelo Alencar, o Secretário de Segurança Pública do Rio de Janeiro, general Nilton Cerqueira, incluiu no Regulamento da Polícia: gratificação e promoção por bravura; autorização para o uso de uma segunda arma pelos policiais em serviço; averiguação sumária, ao invés de inquérito policial completo, para acelerar o andamento de casos de homicídio em que policiais/militares estariam envolvidos. Essas medidas aumentaram a violência policial no Rio de Janeiro, decorrente de práticas como a de inclusão de provas forjadas no local do crime (*v.g.*, uma arma atribuída à vítima) para inocentar policiais pela morte de pessoas da favela, ao se simular um possível confronto. Tais expedientes indicam que a violência policial é discriminatória, pois atinge, em maior número e intensidade, pessoas afrodescendentes, de mais baixa renda e que vivem em favelas e zonas periféricas. Como em outros casos, o inquérito policial instaurado para apurar a morte de Wallace de Almeida se arrastou no tempo, com a realização de diligências desnecessárias, sem nenhuma prova pericial para demonstrar a origem das marcas dactilares na arma encontrada junto ao corpo da presumida vítima nem para identificar o policial que disparou, sendo o caso tratado como um tiroteio com delinquentes. Portanto, a Comissão Interamericana de Direitos Humanos concluiu pela existência de violação do direito à vida, à integridade pessoal, às garantias judiciais, à igualdade e à proteção judicial (arts. 4, 5, 8, 24 e 25 da Convenção Americana). Dentre as medidas a serem adotadas, a CIDH recomendou que o Brasil realizasse investigação completa, imparcial e efetiva dos fatos, por órgãos judiciais independentes do foro policial civil/militar, a fim de estabelecer e punir a responsabilidade pelos atos relacionados com o assassinato de Wallace de Almeida e os impedimentos que impossibilitaram a realização tanto de uma investigação quanto de um julgamento efetivos, bem como

33. COMISSÃO INTERAMERICANA DE DIREITOS HUMANOS. *Relatório 26/09. Caso Wallace de Almeida*. Disponível em: <https://cidh.oas.org/annualrep/2009port/Brasil12440.b.port.htm>. Acesso em: 20 mar. 2021.

a plena reparação aos familiares de Wallace de Almeida, incluindo tanto o aspecto moral quanto o material, pelas violações de seus direitos humanos.

Também é importante fazer menção ao caso Acosta Martínez e Outros vs. Argentina, no qual a Corte Interamericana de Direitos Humanos, em 31 de agosto de 2020, concluiu que a privação da liberdade a que foi submetido José Delfín Acosta Martínez foi ilegal, uma vez que se baseou no uso de estereótipos raciais[34]. A Argentina foi responsabilizada pela violação da integridade pessoal e posterior morte da vítima. Na madrugada de 5 de abril de 1996, na discoteca "Maluco Beleza", no centro da cidade de Buenos Aires, a Polícia Federal Argentina, após receber denúncia anônima de que no lugar havia uma pessoa armada e que estava provocando confusão, apreendeu José Delfín Acosta Martínez e outros dois suspeitos. Entretanto, ao serem revistados nenhuma arma de fogo foi apreendida e tampouco tais pessoas tinham mandado de prisão contra eles. Com efeito, foram presos "somente por serem negros". Constou do boletim de ocorrência que o motivo da detenção de José Delfpin Acosta Martínez se deu por este estar embriagado. José Delfín Acosta Martínez foi torturado, sofreu uma série de lesões e perdeu a consciência, tendo uma parada cardiorrespiratória e falecido durante o período que esteve preso. A Corte Interamericana de Direitos Humanos responsabilizou a Argentina, em razão da: i) violação ao direito à liberdade pessoal (art. 7.1 da Convenção Interamericana de Direitos Humanos) de José Delfín Acosta Martínez; ii) ilegalidade e arbitrariedade da prisão (arts. 7.2 e 7.3 da Convenção); iii) falta de informações sobre as razões da prisão (art. 7.4 da Convenção); iv) das circunstâncias da sua morte com vulneração do direito à vida (arts. 4.1 da Convenção) e à integridade pessoal (arts. 5.1 e 5.2 da Convenção); v) infringência às garantias judiciais (art. 8º da Convenção) e da proteção judicial (art. 25.1 da Convenção), em prejuízo dos familiares da vítima. Além disso, o Estado argentino foi condenado a incluir no curso de formação regular da Polícia de Buenos Aires e da Polícia Federal Argentina a realização de capacitações sobre o caráter discriminatório dos estereótipos de raça, cor, nacionalidade ou origem étnica, bem como o uso de perfis raciais na aplicação das faculdades policiais para realizar prisões, e sobre o impacto negativo que sua utilização tem sobre as pessoas afrodescendentes. Ainda, a Argentina foi condenada a implementar um mecanismo que registre as denúncias das pessoas que aleguem ter sido presas de maneira arbitrária, com base em

34. Corte Interamericana de Direitos Humanos. https://www.corteidh.or.cr/docs/casos/articulos/resumen_410_esp.pdf. Acesso em 03 de agosto de 2022.

perfis raciais e de um sistema de registro e estatísticas sobre a população afrodescendente no país, bem como ao pagamento de indenizações compensatórias à família da vítima.

A proteção dos direitos humanos das pessoas afrodescendentes deve incluir o combate à *necropolítica* (política da morte), conceito desenvolvido por Achille Mbembe[35], que remonta ao estudo sobre *biopoder* de Michel Foucault, que parte do pressuposto da eliminação de certos grupos em detrimento da sobrevivência da maior parte da população. Achille Mbembe aglutina a noção de *biopoder* às raízes históricas segregacionistas coloniais/neocoloniais para explicar as relações sócio raciais da sociedade moderna. Os sistemas de *plantation* (isto é, de propriedade rural de grande extensão, formada por terras mal cultivadas ou exploradas, com a utilização de técnicas rudimentares, pautadas pelo uso depreciativo da terra, com baixa produtividade)[36] e de escravidão assolaram a América Latina e o Caribe, razão pela qual esses países carregam e atualizam os elementos presentes no colonialismo[37]. A negação do negro como outro, em relação ao branco, é uma forma racista de não reconhecer a sua existência como um ser igual[38]. O colonialismo é um meio de imposição do poder e da violência sobre os negros, antes escravizados e ainda hoje discriminados, para permitir a naturalização da sua exploração econômica, a precarização da sua condição humana e a sua estereotipação como criminosos e indesejáveis. A *necropolítica* ressalta o *apartheid* social que separa e segrega grupos raciais e étnicos minoritários. Por exemplo, o patamar de mortes da população negra, como já afirmado, é muito mais elevado do que os mesmos índices relacionados à população branca. Essa forma de poder é pautada em raízes coloniais de separatismo que dá ensejo ao *racismo estrutural*, caracterizado pela existência de políticas sistêmicas, práticas e estruturas econômicas que

35. MBEMBE, Achille. *Necropolítica*. São Paulo: N-1 Edições, 2018.
36. SCHWARCZ, Lilia Moritz. *Sobre a origem do autoritarismo brasileiro*. Cit. p. 41.
37. LIMA, Fátima. *Bio-necropolítica: diálogos entre Michel Foucault e Achille Mbembe. Arq. bras. psicol.*, Rio de Janeiro, v. 70, n. spe, p. 20-33, 2018. Disponível em: <http://pepsic.bvsalud.org/scielo.php?script=sci_arttext&pid=S1809-52672018000400003&lng=pt&nrm=iso>. Acesso em: 3 out. 2019.
38. "O racismo cotidiano refere-se a todo o vocabulário, discursos, imagens, gestos, açoes e olhares que colocam o *sujeito negro* e as Pessoas de Cor não só como *´Outra/o´* – a diferença contra a qual o *sujeito branco* é medido – mas também como Outridade, isto é, como a personificação de aspectos reprimidos na sociedade *branca*. Toda a vez que sou colocado como ´outra´- seja a `outra´ indesejada, a ´outra´ violenta, a ´outra´ intrusa, a ´outra´ perigosa, a ´outra´ violenta, a ´outra´ passional, a ´outra´ suja, a ´outra´ excitada, a ´outra´ selvagem, a ´outra´ natural, a ´outra´ desejável, a ´outra´ exótica – estou inevitavelmente experimentando o racismo, pois estou sendo forçada a me tornar a personificação daquilo que o sujeito *branco* não quer ser reconhecido. Eu me torno a ´Outra/o' da branquitude, não o *eu* – e, portanto, a mim é negado o direito de existir" (KILOMBA, Grada. *Memórias da plantação. Episódios de racismo cotidiano.* Rio de Janeiro: Cobogó, 2019. p. 78).

inserem essas minorias (não quantitativamente, mas na posição social que ocupam) em desvantagem em relação à maioria racial ou étnica branca (que é uma minoria quantitativamente em relação ao total da população, mas que detém os mecanismos de poder).

O racismo estrutural fortalece a naturalização das violências a que a população negra está submetida, por ter de viver sem saneamento básico, altos índices de desemprego, falta de moradia digna, , sistemas educacionais e de saúde precários e elevados índices de insegurança e criminalidade, incluindo altos índices de homicídios. A pandemia da Covid-19, por exemplo, atingiu desproporcionalmente os mais vulneráveis que *recebem mais fortemente os impactos negativos*; é possível identificar o impacto desigual do vírus, uma vez que, a maioria das mortes foram de pessoas pobres e negras.

O racismo compreende toda a forma de aniquilação física, moral, cultural ou epistemológica, que faz com que as pessoas de cor pareçam inferiores ou desviantes.

O racismo estrutural, como dado da realidade brasileira, precisa ser superado pela soma de esforços do Poder Público e do conjunto da sociedade[39]. Neste sentido, o Supremo Tribunal Federal, no HC 154248, equiparou a injúria racial ao crime de racismo, aplicando o conceito de discriminação racial previsto na Convenção Internacional Sobre a Eliminação de Todas as Formas de Discriminação Racial. Concluiu que mera distinção topológica entre os crimes previstos na Lei nº 7.716/1989 e o artigo 140, § 3º, do Código Penal não faz da injúria racial um crime diverso do racismo, uma vez que rol previsto na Lei nº 7.716/1989 não é exaustivo. Portanto, o crime de injúria racial passou a ser inafiançável e imprescritível, sujeito à pena de reclusão, nos termos da lei (art. 5º, inc. XLII, da Constituição Federal). Na esteira do entendimento do STF, a Lei nº 14.532/2023 alterou a Lei nº 7.716/1989 e o Código Penal para tipificar como crime de racismo a injúria racial (que passa a ser objeto de ação penal pública incondicionada), mas também foi além para prever pena de suspensão de direito, em caso de racismo praticado no contexto de atividade esportiva ou artística, prever pena para o racismo religioso e recreativo, e, ainda, para o praticado por funcionário público.

Entretanto, o racismo não se limita à esfera jurídico-criminal. Por exemplo, quando as escolas descumprem a Lei nº 10.639/2003 (que alterou

39. STF, HC 154248, Relator(a): EDSON FACHIN, Tribunal Pleno, julgado em 28/10/2021, PROCESSO ELETRÔNICO DJe-036 DIVULG 22-02-2022 PUBLIC 23-02-2022.

a Lei de Diretrizes e Bases da Educação para tornar obrigatório o ensino da história africana e afro-brasileira), quando as faculdades ignoram a contribuição científica de autores negros, quando os meios culturais retratam os negros e as negras como oprimidos, reservando-os papéis estereotipados e minorados, também se está praticando outras formas de genocídio contra a população negra, mascaradas pelo mito da democracia racial ou com raízes no racismo científico. Quando em uma sociedade, como a brasileira, composta pela maioria da população negra, há somente um grupo social que domina a produção do saber, a história é contada de uma única maneira[40]. É narrada apenas por quem detém o poder, o que é prejudicial ao combate aos privilégios e às injustiças, porque se ignora outros pontos de vista, saberes e formas de compreensão da realidade[41]. A epistemologia da opressão racial está fundada na postura hermenêutica baseada na neutralidade e objetividade do processo interpretativo, no liberalismo individualista, no universalismo dos direitos (tomando como sujeito universal para a hermenêutica jurídica os homens brancos, heterossexuais e de classe média), na desconsideração dos contextos históricos, na compreensão meramente procedimental da igualdade, no mito da democracia racial, na celebração da assimilação cultural e na neutralidade racial como parâmetros de interpretação jurídica[42].

A propósito, preocupa a decisão proferida, em 29 de junho de 2023, pela Suprema Corte dos EUA, no caso *Studants for fair admissions, inc. v. President and Fellows of Harvard College*, ao superar precedentes anteriores – como nos casos *Regents of University of California*, de 1978, e *Grutter v. Bollinger*, de 2003 – e decidir por declarar inconstitucional a adoção de raça como critério em processos seletivos. A maioria formada por seis juízes argumentou que as políticas afirmativas, baseadas em raça violam o princípio constitucional da igualdade perante a lei, previsto na Cláusula de Proteção Igual da 14ª Emenda da Constituição dos EUA. Prevaleceu a noção de que candidatos estavam sendo discriminados com base em sua

40. RIBEIRO, Djamila. *Pequeno manual antirracista*. São Paulo: Companhia das Letras, 2019. p. 65.

41. "Nos Estados modernos, a história transformou-se no meio privilegiado de formar e conformar a consciência nacional. Os governos e as elites dirigentes têm especial empenho em educar o povo segundo seu modo de ver a história, que se transforma no instrumento político que chega até a própria consciência cultural da massa – e ainda da "Inteligência". Os que possuem o poder, então, têm um cuidado especial para que a periodificação do acontecer histórico nacional seja realizada de tal forma que justifique o exercício do poder pelo grupo presente, como um certo clímax ou plenitude de um período que eles realizam, conservam ou pretendem modificar" (DUSSEL, Enrique. *Oito ensaios sobre cultura latino-americana e libertação*. Cit. p. 12).

42. MOREIRA, Adilson José. *Pensando como um negro. Ensaio de Hermenêutica Jurídica*. Cit. p. 26-27; MOREIRA, Adilson José. *Tratado de direito antidiscriminatório*. São Paulo: Contracorrente, 2020. p. 292 e seg.

raça, o que daria vantagens a certos grupos (negros e hispânicos), em detrimento de outros (brancos e asiáticos). Portanto, a Suprema Corte concluiu que o mérito individual e a igualdade de oportunidades devem prevalecer, independentemente da origem étnico-racial[43].

Tal posicionamento merece críticas, principalmente em sociedades desiguais como a brasileira, marcadas pelo racismo estrutural, pois não basta assegurar a igualdade perante a lei, quando não se tem oportunidades semelhantes. Sem políticas afirmativas, não é possível corrigir as desigualdades históricas, não são valorizadas as diferenças e não se promove a inclusão social nas instituições de ensino superior, bem como reduz-se a importância da representatividade dos grupos minoritários em posições sociais, políticas e econômica de prestígio. A sub-representação dos negros nas posições de maior visibilidade sociais contribui para a perpetuação e para a retroalimentação do estigma da inferioridade[44].

Nesse sentido, bem acentuou o Min. Ricardo Lewandowski, ao relatar a ADPF 186, que consagrou no Supremo Tribunal Federal a constitucionalidade das ações afirmativas na Universidade de Brasília (UNB)[45]: "Para as sociedades contemporâneas que passaram pela experiência da escravidão, repressão e preconceito, ensejadora de uma percepção depreciativa de raça com relação aos grupos tradicionalmente subjugados, a garantia jurídica de uma igualdade meramente formal sublima as diferenças entre as pessoas, contribuindo para perpetuar as desigualdades de fato existentes entre elas. (...). Como é de conhecimento geral, o reduzido número de negros e pardos que exercem cargos ou funções de relevo em nossa sociedade, seja na esfera pública, seja na privada, resulta da discriminação histórica que as sucessivas gerações de pessoas pertencentes a esses grupos têm sofrido, ainda que na maior parte das vezes de forma camuflada ou implícita. (...). Os programas de ação afirmativa em sociedades em que isso ocorre, entre as quais a nossa, são uma forma de compensar essa discriminação, culturalmente arraigada, não raro, praticada de forma inconsciente e à sombra de um Estado complacente".

---

43. ESTADOS UNIDOS DA AMÉRICA. Suprema Corte dos Estados Unidos. https://www.supremecourt.gov/opinions/22pdf/20-1199_hgdj.pdf. Acesso em 10 de julho de 2023.

44. BRASIL. Supremo Tribunal Federal. ADC 41, Relator(a): ROBERTO BARROSO, Tribunal Pleno, julgado em 08/06/2017, PROCESSO ELETRÔNICO DJe-180 DIVULG 16-08-2017 PUBLIC 17-08-2017.

45. BRASIL. Supremo Tribunal Federal. Tribunal Pleno, j. 26.04.2012, Acórdão Eletrônico Dje-205, Divulgado 17.10.2014 Publicado 20.10.2014, RTJ vol. 00230-01 PP-00009.

A ação afirmativa possui natureza transitória, e deve ser reavaliada periodicamente, porque as diferenças entre brancos e negros decorrem de séculos de opressão, exploração e dominação. Na medida em que as distorções históricas sejam superadas e ocorra a inclusão social nas esferas públicas e privadas, políticas de cotas em Universidades ou de acesso à cargos públicos podem ser mitigadas e até interrompidas, em observância aos princípios constitucionais da razoabilidade e da proporcionalidade, para não consagrarem benefícios permanentes que configurariam em injustiças sociais.

Aliás, tal conclusão pode ser extraída do art. 2º.2. da Convenção para a Eliminação de Todas as Formas de Discriminação Racial, da Organização das Nações Unidas (ONU), ratificada pelo Brasil por meio do Decreto nº 65.810/1969, pelo qual os "Estados Partes tomarão, se as circunstâncias o exigirem, nos campos social, econômico, cultural e outros, as medidas especiais e concretas para assegurar como convier o desenvolvimento ou a proteção de certos grupos raciais ou de indivíduos pertencentes a estes grupos com o objetivo de garantir-lhes, em condições de igualdade, o pleno exercício dos direitos do homem e das liberdades fundamentais". Entretanto, como complementa o dispositivo, essas "medidas não deverão, em caso algum, ter a finalidade de manter direitos desiguais ou distintos para os diversos grupos raciais, depois de alcançados os objetivos em razão dos quais foram tomadas".

Na ADI 7654 MC, o Supremo Tribunal Federal prorrogou a vigência da Lei nº 12.990/2014 (denominada Lei de Cotas) – que reservava 20% das vagas em concursos públicos federais para pessoas negras, e vencia em 10 de junho de 2024 - até que o Congresso Nacional aprovasse uma nova norma sobre a matéria. O Relator, Min. Flávio Dino, ressaltou que o "fim da vigência da ação afirmativa sem que haja avaliação dos seus efeitos, das consequências da sua descontinuidade e dos resultados alcançados, além de não resultar na *mens legislatoris*, como demonstrado acima, não se coaduna com as promessas constantes na nossa Constituição relativas à construção de uma sociedade justa e solidária, com erradicação das desigualdades sociais e sem preconceito de raça, cor e outras formas de discriminação (art. 3°, I, III e IV, CF/88)" [46].

Posteriormente, foi publicada a Lei 15.142/2025 que reserva às pessoas pretas e pardas, indígenas e quilombolas o percentual de 30% (trinta por

46. BRASIL. Supremo Tribunal Federal. ADI 7654 MC-Ref, Relator(a): FLÁVIO DINO, Tribunal Pleno, julgado em 17-06-2024, PROCESSO ELETRÔNICO DJe-s/n DIVULG 25-06-2024 PUBLIC 26-06-2024.

cento) das vagas oferecidas nos concursos públicos para provimento de cargos efetivos e empregos públicos no âmbito da administração pública direta, das autarquias, das fundações públicas, das empresas públicas e das sociedades de economia mista controladas pela União e nos processos seletivos simplificados para recrutamento de pessoal nas hipóteses de contratação por tempo determinado para atender a necessidade temporária de excepcional interesses público para os órgãos da administração pública federal direta, as autarquias e as fundações públicas.

O Conselho Nacional de Justiça, em 2024, aprovou o Protocolo de Julgamento com Perspectiva Racial, por considerar que o fortalecimento do Estado Democrático de Direito depende da atuação do Poder Judiciário contra a reprodução do racismo, em suas distintas dimensões, considerando suas interseccionalidades com questões de gênero, sexualidade, idade, deficiência, orientação religiosa e origem. Dessa forma, a manutenção e criação de novas políticas de inserção de minorias em posições de destaque social possuem um papel fundamental na luta contra a discriminação no Brasil. Ajudando a mitigar as cicatrizes dos séculos de escravidão e subjugação da população negra, mulheres e outras minorias. Para que assim se construa um futuro mais justo e igualitário.

CAPÍTULO

4

PESSOAS ENCARCERADAS: O ESTADO DE COISAS INCONSTITUCIONAL E INCONVENCIONAL

As restrições quanto ao exercício pleno dos direitos humanos devem ser excepcionais e temporárias, limitadas a um determinado período e observar "critérios científicos, razoáveis, estritamente necessários e proporcionais, de acordo com os demais requisitos desenvolvidos no Direito Interamericano dos Direitos Humanos"[1].

Vale notar que os presos provisórios correspondem a quase 30% do total da população carcerária brasileira[2]. O perfil dos presos no Brasil é uma característica que salta aos olhos, sobretudo no que tange à idade e à raça. Nos dados divulgados pelo Ministério da Justiça, em 2017, 64% da população carcerária eram de pessoas negras, 35% de brancas e 1% de amarelas. Quanto à idade, 55% dos presos são jovens, tendo entre 18 e

1. CORTE INTERAMERICANA DE DIREITOS HUMANOS. *Covid-19 y derechos humanos: los problemas y desafíos deben ser abordados con perspectiva de derechos humanos y respetando las obligaciones internacionales. Declaración de la corte interamericana de derechos humanos 1/20*. 9 de abril de 2020. Disponível em: <https://www.corteidh.or.cr/tablas/alerta/comunicado/cp-27-2020.html>. Acesso em: 12 out. 2020.
2. BRASIL. DEPEN. *Levantamento nacional de informações penitenciárias*. Período de julho a dezembro 2019. Disponível em: <https://app.powerbi.com/view?r=eyJrljoiZWI2MmJmMzYtODA2MC00YmZiLWI4M2ItNDU2ZmlyZjFjZGQ0IiwidCI6ImViMDkwNDIwLTQ0NGMtNDNmNy05MWYyLTRiOGRhNmJmZThlMSJ9>. Acesso em: 12 ago. 2020.

29 anos. O encarceramento por tráfico de drogas é o que prepondera no sistema carcerário brasileiro (30%)[3], seguido de roubo (21%)[4].

A prisão, embora necessária para a repressão dos crimes mais graves, não é uma resposta eficaz para a redução do crime e da violência, tampouco há evidências empíricas que demonstrem que as políticas baseadas nas restrições ao direito à liberdade pessoal resolvam os problemas da insegurança pública[5]. As prisões não podem se tornar um *depósito de indesejáveis*, porque isso retira a dignidade e torna o criminoso um *farrapo humano*[6].

As condições precárias das prisões podem conduzir à responsabilização internacional do Estado, por violação ao art. 5.6. da Convenção Americana de Direitos Humanos, que afirma que as "penas privativas da liberdade devem ter por finalidade essencial a reforma e a readaptação social dos condenados". Além disso, as prisões não podem ser um meio de criminalização da pobreza, violações de direitos humanos e naturalização do racismo institucional[7].

Em 13 de abril de 2000, a Comissão Interamericana de Direitos Humanos, em razão da morte de 111 pessoas e um número elevado de feridos, causada pela ação de agentes da Polícia Militar de São Paulo, no dia 2 de outubro de 1992, na Casa de Detenção do Carandiru, emitiu o Relatório nº 24. Foi ressaltado que o Brasil violou as obrigações decorrentes dos arts. 4º (direito à vida) e 5º (integridade pessoal) da Convenção Americana de Direitos Humanos[8]. Concluiu pela responsabilização do Brasil pelo

---

3. O número de pessoas privadas de liberdade por delitos de drogas no Brasil, entre 2006 e 2016, aumentou 272%. Cf. COMISSÃO INTERAMERICANA DE DIREITOS HUMANOS. *Situação dos Direitos Humanos no Brasil.* Cit. p. 66.
4. BRASIL. Ministério da Justiça. 2017. Disponível em: <https://www.justica.gov.br/news/ha-726-712-pessoas-presas-no-brasil>. Acesso em: 10 nov. 2020.
5. COMISSÃO INTERAMERICANA DE DIREITOS HUMANOS. *Situação dos Direitos Humanos no Brasil.* Cit. p. 66.
6. WACQUANT, Loïc. A tentação penal na Europa. *De l'État social à l'État pénal. Discursos Sediciosos: crime, direito e sociedade.* Org. Pierre Bourdieu. Rio de Janeiro: Revan, ano 7, n. 11, 2002.
7. "(...) o Relator Especial do Conselho de Direitos Humanos da ONU sobre tortura e outros tratamentos ou punições cruéis, desumanos e degradantes estabeleceu que o alto grau de racismo institucional verificado no Brasil ocasiona que os afrodescendentes corram um risco significativamente maior de prisão em massa, abuso policial, tortura, maus-tratos e discriminação nas prisões. Da mesma forma, de acordo com o Instituto de Pesquisa Econômica Aplicada (IPEA), a essas pessoas são proferidas sentenças mais altas pelos mesmos crimes cometidos pelo restante da população. Nesse sentido, quando uma pessoa afrodescendente é acusada, ela tem maior probabilidade de ser encarcerada ou mantida na prisão sem a possibilidade de aplicar medidas alternativas a ela" (COMISSÃO INTERAMERICANA DE DIREITOS HUMANOS. *Situação dos Direitos Humanos no Brasil.* Cit. p. 65).
8. COMISSÃO INTERAMERICANA DE DIREITOS HUMANOS. *Relatório nº 34/2000, Caso 11.291, de 13 de março de 2000.* Disponível em: <https://cidh.oas.org/annualrep/99port/brasil11291.htm>. Acesso em: 12 jun. 2021.

descumprimento das condições de detenção e pela omissão em adotar estratégias e medidas adequadas para prevenir situações de violência e para debelar possíveis motins. A CIDH recomendou que o país melhorasse as condições carcerárias, com a construção de novas instalações penitenciárias, procedesse a uma investigação completa, imparcial e efetiva para identificar e processar as autoridades e funcionários responsáveis pelas violações de direitos humanos, bem como desenvolvesse políticas e estratégias para descongestionar a população das casas de detenção, estabelecesse programas de reabilitação e reinserção social, prevenisse surtos de violência nesses estabelecimentos, além de capacitar agentes carcerários e policiais para a negociação, solução pacífica de conflitos e técnicas e reinstauração da ordem, voltados à resolução de motins com um mínimo de risco para a vida e a integridade pessoal dos internos e das forças policiais.

Omissões reiteradas do Brasil quanto à tutela eficiente dos direitos fundamentais no sistema penitenciário apontam para um *estado de coisas inconvencional*, devido às sistemáticas infrações à Convenção Americana de Direitos Humanos[9]. O Supremo Tribunal Federal, no julgamento da ADPF 347 MC/DF[10], constatou massivas violações de direitos fundamentais, em razão da superpopulação[11], de falhas estruturais e da falência das políticas públicas carcerárias[12]. O levantamento nacional de informações penitenciárias, realizado pelo Departamento Penitenciário Nacional (DEPEN), em 2019, confirmou que, de todas as unidades prisionais brasileiras,

9. FERREIRA, Siddharta Legale; ARAÚJO, David Pereira de. *O Estado de Coisas Inconvencional: trazendo a Corte Interamericana de Direitos Humanos para o debate sobre o sistema prisional brasileiro. Revista Publicum*. Rio de Janeiro, v.2, n. 2, 2016, p. 67-82.

10. "SISTEMA PENITENCIÁRIO NACIONAL – SUPERLOTAÇÃO CARCERÁRIA – CONDIÇÕES DESUMANAS DE CUSTÓDIA – VIOLAÇÃO MASSIVA DE DIREITOS FUNDAMENTAIS – FALHAS ESTRUTURAIS – ESTADO DE COISAS INCONSTITUCIONAL – CONFIGURAÇÃO. Presente quadro de violação massiva e persistente de direitos fundamentais, decorrente de falhas estruturais e falência de políticas públicas e cuja modificação depende de medidas abrangentes de natureza normativa, administrativa e orçamentária, deve o sistema penitenciário nacional ser caracterizado como "estado de coisas inconstitucional" (BRASIL. Supremo Tribunal Federal. *ADPF 347 MC*, Tribunal Pleno, Relator: Min. MARCO AURÉLIO, julgado em 09/09/2015. Disponível em: <http://redir.stf.jus.br/paginadorpub/paginador.jsp?docTP=TP&docID=10300665>. Acesso em: 3 dez. 2019).

11. Dados apurados pela Comissão Interamericana de Direitos Humanos, ao visitar o sistema penitenciário brasileiro, revelam, por exemplo, que "a Penitenciária Agrícola de Monte Cristo - com capacidade de alojamento de 650 pessoas – contava com quase o dobro da ocupação, somando um total de 1.248 pessoas detidas. Igualmente, o Instituto Penal Plácido de Sá Carvalho, com capacidade para 1.699 homens, abrigava 4.093. Já na Cadeia Pública Jorge Santana, das 750 vagas, tinha uma ocupação de 1.833 pessoas detidas no dia da visita" (COMISSÃO INTERAMERICANA DE DIREITOS HUMANOS. *Situação dos direitos humanos no Brasil*. Cit. p. 70).

12. CAMBI, Eduardo; MATTOS, Fernando da Silva; PORTO, Letícia de Andrade. Covid-19 e população carcerária: impactos na atuação do Ministério Público. In: *Covid-19 e Ministério Público*. Org. Eduardo Cambi, Gilberto Giacoia e Samia Saad Gallotti Bonavides. Belo Horizonte: D'Plácido, 2020. p. 275-276.

há apenas 1.022 consultórios médicos e 509 salas de procedimentos[13]. A mesma percepção negativa do sistema prisional brasileiro foi diagnosticada pela Comissão Interamericana de Direitos Humanos em 2021[14].

Tais dados revelam violações às Regras Mínimas das Nações Unidas para o tratamento de presos, também conhecidas como Regras de Mandela[15]. Esse diploma internacional prevê uma série de direitos fundamentais inerentes à pessoa humana privada de liberdade, proibindo tratamentos degradantes, cruéis ou com uso de tortura. Da mesma forma, as acomodações devem respeitar as condições mínimas de higiene e dignidade, conforme disciplina a regra 13[16] das Regras de Mandela. À guisa de ilustração quanto à importância das Regras de Mandela para a promoção de direitos humanos de pessoas encarceradas no Brasil, destacam-se uma decisão do Superior Tribunal de Justiça e outra do Supremo Tribunal Federal. O STJ obrigou o Estado a disponibilizar, em suas unidades prisionais, equipamentos para banho dos presos em temperatura adequada ("chuveiro quente")[17]. Caso contrário, haveria violação aos direitos humanos, uma vez que a integridade física e mental deve ser garantida a todos, como corolário da dignidade da pessoa humana (art. 1º, inc. III, CF). O Estado precisa tratar os prisioneiros como pessoas que, apesar de terem de ser responsabilizadas criminalmente, merecem respeito, ainda que estejam privados da liberdade. Por isso o Estado possui o dever de proteção da sua saúde e integridade, devendo zelar

---

13. BRASIL. DEPEN. *Levantamento nacional de informações penitenciárias*. Período de julho a dezembro 2019. Disponível em: <https://app.powerbi.com/view?r=eyJrIjoiZWI2MmJmMzYtODA2MC00YmZiLWI4M2ItNDU2ZmIyZjFjZGQ0IiwidCI6ImViMDkwNDIwLTQ0NGMtNDNmNy05MWYyLTRiOGRhNmJmZThlMSJ9>. Acesso em: 11 ago. 2020.

14. Conforme relatório da Comissão de Direitos Humanos sobre o Brasil, a "discriminação e a desigualdade estruturais (...) estão presentes nos sistemas prisionais, nos sistemas socioeducativos e nas comunidades terapêuticas (…). Segundo observa a CIDH, esses espaços acabam se tornando cenários institucionais para a marginalização de pessoas afrodescendentes e das que vivem em situação de extrema pobreza. Em especial, a CIDH destaca a situação das pessoas privadas de liberdade que, muitas das vezes encarceradas em espaços superlotados e com deficiências estruturais extremas, sofrem maus-tratos e são frequentemente submetidas a atos de tortura. De igual maneira encontram-se as crianças e adolescentes em conflito com a lei, que são alojadas em centros socioeducativos que se assemelham a complexos de privação de liberdade e se distanciam do papel fundamental de reinserção social" (COMISSÃO INTERAMERICANA DE DIREITOS HUMANOS. *Situação dos Direitos Humanos no Brasil*. Cit. p. 11).

15. BRASIL. Conselho Nacional de Justiça. *Regras de Mandela*. Disponível em: <https://www.cnj.jus.br/wp-content/uploads/2019/09/a9426e51735a4d0d8501f06a4ba8b4de.pdf>. Acesso em: 11 ago. 2020.

16. "*Regra 13* - Todos os ambientes de uso dos presos e, em particular, todos os quartos, celas e dormitórios, devem satisfazer as exigências de higiene e saúde, levando-se em conta as condições climáticas e, particularmente, o conteúdo volumétrico de ar, o espaço mínimo, a iluminação, o aquecimento e a ventilação" (BRASIL. Conselho Nacional de Justiça. *Regras de Mandela*. Disponível em: <https://www.cnj.jus.br/wp-content/uploads/2019/09/a9426e51735a4d0d8501f06a4ba8b4de.pdf>. Acesso em: 11 ago. 2020).

17. BRASIL. Superior Tribunal de Justiça, *REsp 1537530/SP*, Rel. Min. Herman Benjamin, Segunda Turma, j. 27.04.2017, DJe 27.02.2020.

por medidas de assepsia pessoal e do ambiente, para não agravar o risco de enfermidades e a disseminação de patologias. O STJ afirmou que o dever do Estado de assegurar a dignidade de presos sob sua custódia decorre das Regras Mínimas para o Tratamento dos Reclusos, promulgadas pelas Nações Unidas (Regras de Mandela), as quais dispõem que "Devem ser fornecidas instalações adequadas para banho", exigindo-se que seja "na temperatura apropriada ao clima" (Regra 16), cuja interpretação pode se extrair, ainda que não se faça referência expressa, chuveiros com água quente.

Toda pessoa, pelo artigo 5.1 da Convenção Americana de Direitos Humanos, tem direito de que se respeite sua integridade física, psíquica e moral, o que impede tratamentos cruéis, desumanos ou degradantes. Por isso, todo uso da força pelo Estado que não seja estritamente necessária para conter a pessoa detida constitui atentado à dignidade humana. Manter uma pessoa em condições de *superlotação,* com falta de ventilação e luz natural, sem cama para repouso ou condições adequadas para higiene, bem como com restrições indevidas ao regime de visitas, constitui violação do direito humano à integridade pessoal[18]. Além disso, a *incomunicabilidade* deve ser utilizada como medida excepcional e temporária, uma vez que o isolamento do mundo exterior produz em qualquer pessoa sofrimentos morais e perturbações psíquicas, colocando-a em situação de vulnerabilidade, o que aumenta o risco de agressão e arbitrariedade durante o encarceramento[19]. Aliás, o isolamento prolongado e a incomunicação coativa, por si sós, são formas de tratamento cruel e desumano, uma vez que são lesivas à liberdade psíquica e moral da pessoa e do direito de todo preso de ver respeitada a sua dignidade inerente à condição humana[20].

O Supremo Tribunal Federal, com fundamento no "estado de coisas inconstitucional", resultante da omissão do Poder Público em assegurar a dignidade dos presos e dos custodiados em geral (assentado na APDF 347 MC), e baseado em tratados internacionais (como o Pacto Internacional sobre Direitos Civis e Políticos, a Convenção contra a Tortura e outros Tratamentos ou Penas Cruéis, Desumanos ou Degradantes, a Convenção

---

18. CORTE INTERAMERICANA DE DIREITOS HUMANOS. *Caso Tibi vs. Ecuador*. Sentença de 7 de setembro de 2004. Disponível em: <https://www.corteidh.or.cr/docs/casos/articulos/seriec_114_esp.pdf >. Acesso em: 25 maio 2023. Par. 150.
19. CORTE INTERAMERICANA DE DIREITOS HUMANOS. *Caso Suárez Rosero vs. Ecuador*. Sentença de 12 de novembro de 1997. Disponível em: <https://www.corteidh.or.cr/docs/casos/articulos/seriec_35_esp.pdf >. Acesso em: 25 maio 2023. Par. 90.
20. CORTE INTERAMERICANA DE DIREITOS HUMANOS. *Caso Velásquez Rodríguez Vs. Honduras*. Sentencia de 29 de julio de 1988. (Disponível em: <http://www.corteidh.or.cr/docs/casos/articulos/seriec_ 07_esp.pdf>. Acesso em: 25 maio 2023. Par. 156.

Americana de Direitos Humanos e as Regras Mínimas das Nações Unidas para o Tratamento de Reclusos – "Regras de Nelson Mandela"), concedeu *habeas corpus* coletivo para determinar à Administração da Penitenciária "Tacyan Menezes de Lucena", em Martinópolis/SP, que adote providências que permitam garantir a todos os presos (tanto os condenados quanto os provisórios), especialmente aos recolhidos nos pavilhões de medida preventiva de segurança pessoal ("Pavilhão de Seguro") e disciplinar ("Pavilhão Disciplinar"), o direito à saída da cela pelo período mínimo de 02 (duas) horas diárias para banho de sol (exegese do art. 41 da Lei de Execuções Penais)[21]. O STF estendeu o direito ao benefício do banho de sol, por pelo menos 2 (duas) horas diárias a todos os internos que, independentemente do estabelecimento penitenciário a que se achem recolhidos, estejam expostos, objetivamente, a situação idêntica ou assemelhada a que motivou a concessão do *habeas corpus*.

Além disso, resoluções da Corte Interamericana de Direitos Humanos – como nos casos da penitenciária de Pedrinhas[22], Urso Branco[23], Complexo do Tatuapé, e FEBEM[24] – demonstram a omissão do Estado brasileiro para com a população privada de liberdade.

Atente-se que a expressão "estado de coisas inconvencional" não decorre da jurisprudência da Corte IDH, mas se revela uma proposta da doutrina para o exercício de uma espécie de "controle de convencionalidade por omissão construtivo", apto a buscar soluções para as inúmeras violações que chegam como denúncias à Corte IDH[25]. Considerando esse contexto de estado de coisas inconstitucional e inconvencional, a 5ª Turma do Superior

21. BRASIL. Supremo Tribunal Federal. *HC 172.126*, rel. Min. Celso de Mello, Segunda Turma, j. 10.10.2020, pub. DJe 01.12.2020.

22. CORTE INTERAMERICANA DE DIREITOS HUMANOS. *Resolução da Corte Interamericana de Direitos Humanos de 14 de outubro de 2019. Medidas provisórias a respeito do Brasil assunto do complexo penitenciário de Pedrinhas*. Disponível em: <http://www.corteidh.or.cr/docs/medidas/pedrinhas_se_03_por.pdf>. Acesso em: 6 ago. 2020.

23. CORTE INTERAMERICANA DE DIREITOS HUMANOS. *Resolução da Corte Interamericana de Direitos Humanos de 7 de julho de 2004. Medidas provisórias a respeito da República Federativa do Brasil. Caso da penitenciária Urso Branco*. Disponível em: <http://www.corteidh.or.cr/docs/medidas/urso_se_04_portugues.pdf>. Acesso em: 6 ago. 2020.

24. CORTE INTERAMERICANA DE DIREITOS HUMANOS. *Resolução da Corte Interamericana de Direitos Humanos de 4 de julho de 2006. Medidas Provisórias e solicitação de ampliação de medidas provisórias com respeito à república federativa do brasil. Caso das crianças e adolescentes privados de liberdade no "complexo do tatuapé" da Febem*. Disponível em: <http://www.corteidh.or.cr/docs/medidas/febem_se_03_portugues.pdf>. Acesso em: 6 ago. 2020.

25. FERREIRA, Siddharta Legale; ARAÚJO, David Pereira de. Op.cit.

Tribunal de Justiça, no RHC 135.961[26], concedeu *habeas corpus* para que fosse contado em dobro todo o período em que um homem esteve preso no Instituto Penal Plácido de Sá Carvalho, no Complexo Penitenciário de Bangu, situado na Zona Oeste do Rio de Janeiro. Tal estabelecimento prisional havia sido, a pedido da Defensoria Pública do Rio de Janeiro, objeto de diversas inspeções pela Corte Interamericana de Direitos Humanos. Essas diligências culminaram com a edição da Resolução CIDH, de 22 de novembro de 2018, que proibiu o ingresso de novos presos e determinou o cômputo em dobro de cada dia de privação de liberdade no local, como exceção para os crimes contra a vida, integridade física e sexuais. O STJ conferiu eficácia vinculante à referida Resolução da Corte Interamericana de Direitos Humanos e interpretação mais favorável para os presos que tiveram seus direitos humanos violados. Também invocou o princípio da fraternidade, como argumento extraído do art. 5º, § 2º, da Constituição Federal, pelo qual os direitos e garantias expressos na Constituição não excluem outros decorrentes do regime a princípio por ela adotados ou dos tratados internacionais em que a República Federativa do Brasil seja parte.

Traçando um paralelo comparativo em relação aos Estados Unidos, país que detém a maior população carcerária do mundo, percebe-se que os números relativos às pessoas detidas antes de julgamento também são altos, isto é, 70% do número total de presos nas penitenciárias locais. Isso ocorre, principalmente, em virtude da ausência de pagamento das fianças, arbitradas em patamares altos quando comparadas com a renda anual das famílias dos presos. O preço médio das fianças nos Estados Unidos gira em torno de U$10,000, embora o salário anual médio de um homem preso seja de U$15,000[27]. Como não raramente a família desse indivíduo não consegue adimplir com o pagamento da fiança arbitrada, a sua detenção se protrai até o julgamento, elevando a população carcerária.

Para evitar a ilegalidade das prisões provisórias, a Convenção Americana dos Direitos Humanos dispõe, em seu art. 7º, item 5, que "toda pessoa presa, detida ou retida deve ser conduzida, sem demora, à presença de um juiz". A realização da audiência de custódia é, pois, obrigatória para evitar

26. BRASIL. Superior Tribunal de Justiça. *Em decisão colegiada inédita, STJ manda contar em dobro todo o período de pena cumprido em situação degradante.* Disponível em: <https://www.stj.jus.br/sites/portalp/Paginas/Comunicacao/Noticias/18062021-Em-decisao-colegiada-inedita--STJ-manda-contar-em-dobro--todo-o-periodo-de-pena-cumprido-em-situacao-degradante.aspx>. Acesso em: 20 jun. 2021.

27. RABUY, Bernadette; KOPF, Daniel. *Detaining the poor: How money bail perpetuates an endless cycle of poverty and jail time.* 10 mai. 2016. Disponível em: <https://www.prisonpolicy.org/reports/incomejails.html>. Acesso em: 30 out. 2020.

que alguém seja submetido à detenção ou encarceramento arbitrários (art. 7.3 da Convenção Americana de Direitos Humanos), não tenha informado as razões da sua detenção (art. 7.4 da Convenção Americana de Direitos Humanos) e possa ser julgado dentro de um prazo razoável ou ser posto em liberdade, mediante outras garantias que assegurem o seu comparecimento perante um juiz ou tribunal competente, para que, observado o devido processo legal, decida, sem demora, sobre a legalidade da privação da liberdade (arts. 7.5 e 7.6. da Convenção Americana de Direitos Humanos)[28-29]. Nesse sentido, destaca-se a orientação do Supremo Tribunal Federal, a partir do precedente firmado no *Habeas Corpus* Coletivo nº 143.641/SP, que reconheceu a possibilidade de prisão domiciliar – nos termos do art. 318, incs. IV e V do Código de Processo Penal (alterado pela Lei 13.257/2016) – para as custodiadas do sexo feminino, ao invés da prisão preventiva, que detenham a condição de gestantes ou sejam mães de crianças até 12 anos incompletos[30]. Com efeito, a prisão preventiva é medida excepcional e deve ser deferida em consonância com os princípios da legalidade, necessidade e proporcionalidade.

De qualquer modo, o encarceramento em massa não pode ser a "panaceia diante da ascensão da insegurança social e das 'patologias' urbanas a ela estreitamente relacionadas"[31]. Em uma estratégia eleitoral demagógica, para responder às demandas sociais por segurança pública, "prender os pobres" é um resultado visível ao eleitorado. Porém, a falsa premissa de retirar da rua pessoas propensas a cometerem crimes pode esconder outros propósitos, como o da ascensão do complexo penitenciário industrial, sem reduzir a criminalidade[32].

---

28. BRASIL. Supremo Tribunal Federal. *ADPF 347 MC*, rel. Min. Marco Aurélio, j. 9-9-2015, DJE de 19-2-2016; BRASIL. Supremo Tribunal Federal. *ADI 5.240*, rel. Min. Luiz Fux, j. 20-8-2015, DJE de 1º-2-2016.
29. "(...) el artículo 7.6 de la Convención tutela el derecho de toda persona privada de la libertad a recurrir la legalidad de su detención ante un juez o tribunal competente, con el objeto de que éste decida, sin demora, sobre la legalidad de la privación de libertad y, en su caso, decrete su libertad. La Corte ha precisado que los recursos disponibles para el cumplimiento de esta garantía "no sólo deben existir formalmente en la legislación sino que deben ser efectivos, esto es, cumplir con el objetivo de obtener sin demora una decisión sobre la legalidad del arresto o de la detención" (CORTE INTERAMERICANA DE DIREITOS HUMANOS. *Caso González Y Otros vs. Venezuela*. Sentença de 20 de setembro de 2021. Disponível em: < https://www.corteidh.or.cr/docs/casos/articulos/seriec_436_esp.pdf>. Acesso em: 25 maio 2023. Par. 101).
30. BRASIL. Supremo Tribunal Federal. *Habeas Corpus n.º 143.641/SP*. Rel. Min. Ricardo Lewandowski. j. 20.02.2018. p. 24. Disponível em: <http://redir.stf.jus.br/paginadorpub/paginador.jsp?docTP=TP&docID=748401053>. Acesso em: 20 mar. 2021.
31. WACQUANT, Loïc. *Punir os pobres: A nova gestão da miséria nos Estados Unidos*. Rio de Janeiro: Revan, 2003. p. 79.
32. Idem, p. 86-87.

Desse modo, é necessário um olhar crítico sobre a reincidência dos custodiados brasileiros para verificar que a pena, em regra, não ressocializa o condenado nem previne novos delitos. Pesquisa realizada entre 1997 e 1999, pelo Grupo Candango de Criminologia da UnB, relacionado aos condenados por crimes de furto e roubo, mostra que, quanto maior a pena, maior a reincidência. Neste objeto de estudo, apenas 24,2% dos condenados a penas alternativas reincidiram. Por outro lado, condenados que haviam cumprido penas em regime penitenciário reincidiram em 53,1% dos casos estudados. Além disso, apenas 25% daqueles condenados a penas alternativas responderam o processo em liberdade, em razão do flagrante delito em que se encontravam[33].

As condições pós-encarceramento levam à reincidência dos egressos prisionais, uma vez que "saem da prisão com um passaporte que têm de mostrar em todo lugar para onde vão e que menciona a condenação que sofreram"[34]. Uma vez egressos, a vigilância da polícia se perpetua em razão da designação de domicílio e da proibição de frequentar determinados locais, além da atribuição de trabalho lícito – o que rememora os moldes sociais pelos quais o indivíduo deve se encaixar, a fim de pertencer e ser reconhecido na sociedade, espécie de mecanismo de poder.

A prisão se tornou um *depósito de criminosos*, sobretudo provenientes de classes pobres e que não logram êxito em romper com o ciclo de recrutamento prisional[35-36]. O encarceramento sistemático de pobres, sem

---

33. UNB Ciência. *Penas alternativas reduzem reincidência*. 12 mar. 2010. Disponível em: <http://unbciencia.unb.br/humanidades/57-direito/301-penas-alternativas-reduzem-reincidencia>. Acesso em: 13 nov. 2020.
34. FOUCAULT, Michel. *Vigiar e punir*. 42ª ed. São Paulo: Vozes, 2014. p. 262; MARBOIS, F. de Barbe. *Rapport sur l'état des prisons du Calvados, de l'Éure, la Manche et la Seine Inférieure*. 1823. p. 17.
35. "A partir do momento em que alguém entrava na prisão, acionava-se um mecanismo que o tornava infame, e quando saía, não podia fazer nada senão voltar a ser delinquente. Caía necessariamente no sistema que dele fazia um proxeneta, um policial ou um alcaguete. A prisão profissionalizava" (FOUCAULT, Michel. *Microfísica do poder*. 8ª ed. Rio de Janeiro: Paz e Terra, 2018. p. 216-219).
36. "Em 1997, o Illinois deu acesso livre nas telas de computador ao arquivo de todos os seus detentos. Com alguns cliques do mouse, e sem a menor justificativa ou o menor controle, qualquer um pode acessar a sinalética de todos os presos do estado - nome, sobrenome, data e lugar do nascimento, número da assistência social (normalmente mantido em segredo), ´raça´, altura e peso, os mais íntimos sinais distintivos (´descrição de cada marca, cicatriz, tatuagens do detento, inclusive sua descrição e localização´) - assim como a um resumo de seu prontuário judicial incluindo a enumeração de todas as suas condenações (natureza, categoria e número de infrações, entre as quais algumas que podem remontar a vinte ou trinta anos, lugar do julgamento). Qualquer um pode também saber quando e onde este ou aquele detento foi encarcerado, a data prevista (ou efetiva) de sua saída e da eventual liberação. Graças a ´*Look up on inmate*´, *qualquer empregador ou proprietário pode, antes da admissão de um assalariado ou do aluguel de um apartamento, assegurar-se sem a menor dificuldade de que o candidato em questão não tenha antecedentes criminais e portanto, no caso contrário, discriminar na mais plena legalidade segundo o prontuário judicial*. Conforme explica, como se fosse uma evidência, a porta-voz da administração

respeitar a garantia do devido processo legal, negando o direito de defesa e ao contraditório, não é compatível com o Estado Democrático de Direito e com a proteção dos direitos humanos. A *seletividade do poder punitivo*, ao evidenciar um direito penal do autor em detrimento de um direito penal do fato, mostra que "o estado de polícia está sempre inventando novos inimigos"[37], cultivando as raízes do Estado absoluto. A prática de biopoder, caracterizada pela suspensão dos direitos pelo soberano, em virtude de necessidade e emergência, traz demasiada insegurança jurídica, sobretudo em razão do apontamento do inimigo, que pode ser alterado a depender da oportunidade[38]. A *sociologia da miséria* se constrói a partir de uma visão de seletividade populacional. A tentativa de encaixar cada indivíduo em seu papel social acaba por reproduzir as injustiças que se buscam romper e perpetua o ciclo de marginalização dos grupos mais vulneráveis da sociedade. Esse ciclo se reproduz na geração de empregos mal pagos e humilhantes, voltados à pessoas com baixa ou nenhuma instrução[39]. A falta de oportunidades na economia lícita faz com que os pobres migrem para a economia paralela, o que alimenta os mercados ilegais e enseja a prática de outros crimes, com a perpetuação do estigma da prisão[40].

O tráfico de drogas nos grandes centros urbanos, por exemplo, é uma forma de aliciar integrantes das minorias e potencializar o ciclo da marginalização dos vulneráveis[41]. O sistema prisional desumaniza ainda mais o preso, torna-o mais violento e o coloca em contato com diversas facções criminosas. Conforme o Anuário de Segurança Pública de 2020, apesar de 56% da população brasileira ser negra, segundo o Instituto Brasileiro de Geografia e Estatística (IBGE), dois terços dos detentos (66,7%) são afrodescendentes[42]. Entre 2005 e 2019, a proporção de negros no sistema carcerário cresceu 14%, enquanto a de brancos diminuiu 19%. Em outras palavras, para cada não-negro preso no Brasil em 2019, dois negros foram presos. Isso significa que o uso do poder estatal funciona cada vez mais para punir e prender pessoas afrodescendentes. As circunstâncias de maior

---

penitenciária do estado: ´afinal são criminosos, as pessoas têm todo o direito de ter esta informação para que possam se defender deles´" (WACQUANT, Loïc. *Punir os pobres*. Cit. p. 71).

37. Idem, p. 170.
38. Idem, p. 163.
39. RUGGIERO, Vicenzo. *Crimes e Mercados*. Rio de Janeiro: Lumen Juris, 2008. p. 04-06.
40. Idem, p. 10-12.
41. Idem, p. 60.
42. ANUÁRIO BRASILEIRO DE SEGURANÇA PÚBLICA 2020. Coord. Samira Bueno e Renato Sérgio de Lima. Disponível em: <https://forumseguranca.org.br/wp-content/uploads/2020/10/anuario-14-2020-v1--interativo.pdf>. Acesso em: 1 jun. 2021.

vulnerabilidade e pobreza dessa parcela da população a torna alvo potencial das políticas de encarceramento, o que agrava ainda mais as desigualdades sociais. O número mais elevado de condenações criminais de negros também pode ser explicado pela forma como são tratados pelo sistema de justiça. Isso porque, geralmente, quando são investigados e acusados, não têm condições de contratar um advogado, ficando a sua defesa da dependência da atuação, muitas vezes, precária da Defensoria Pública, instituição que, não raras vezes, inclusive por não ter estrutura adequada, não consegue arrolar testemunhas de defesa, produzir prova suficiente para absolver os réus negros ou mesmo apresentar razões eficientes para contrapor os argumentos do Ministério Público.

O Protocolo de Julgamento com Perspectiva Racial do Conselho Nacional de Justiça assevera, com base na Recomendação Geral nº 31 do Comitê para Eliminação da Discriminação Racial da Organização das Nações Unidas (ONU), que o Estado brasileiro, e o Poder Judiciário em particular, deve tomar as medidas necessárias para impedir os interrogatórios, as detenções e as buscas que sejam baseadas, exclusivamente, no pertencimento de indivíduos a um grupo racial ou étnico (*perfilhamento racial*)[43], mesmo que formalmente sejam empregadas outras justificativas[44]. O perfilamento racial – também denominado de *filtragem racial* – se faz presente em abordagens, buscas e prisões injustas, erros judiciários e reprodução do racismo institucional[45]. É importante impedir decisões judiciais racistas, baseadas no perfilamento racial, ainda que indireto (isto é, baseado em aspectos subjetivos e não suficientemente motivados, decorrentes da reprodução de estereótipos e preconceitos raciais). Nesse sentido, o Supremo Tribunal Federal firmou tese com repercussão geral, no julgamento do HC nº 208.240/STF, relatado pelo Ministro Edson Fachin: "A busca pessoal independente de mandado judicial deve estar fundada em elementos indiciários objetivos

43. "O perfilamento racial praticado por agentes policiais tem consequências de longo alcance em todos os níveis da administração do sistema de justiça, especialmente no sistema de justiça criminal. O perfilamento racial pode levar a) a criminalização excessiva de certas categorias de pessoas protegidas pela Convenção; b) o reforço de associações estereotipadas enganosas entre crime e etnia e o cultivo de práticas operacionais abusivas; c) taxas de encarceramento desproporcionais de grupos protegidos pela Convenção; d) maior vulnerabilidade das pessoas pertencentes a grupos protegidos pela Convenção ao abuso de força ou autoridade por parte de policiais; e) a subnotificação de atos de discriminação racial e crimes de ódio e f) a condenação pelos tribunais com penas mais duras para as comunidades visadas, entre outros".

44. BRASIL. Conselho Nacional de Justiça. *Protocolo de Julgamento com Perspectiva Racial*. Brasília: CNJ, 2024. p. 120.

45. BRASIL. Conselho Nacional de Justiça. *Protocolo de Julgamento com Perspectiva Racial*. Brasília: CNJ, 2024. p. 119.

de que a pessoa esteja na posse de arma proibida ou de objetos ou papéis que constituam corpo de delito, não sendo lícita a realização da medida com base na raça, sexo, orientação sexual, cor da pele ou aparência física"[46].

O direito penal deve ser a *ultima ratio*[47] e, ao invés do Estado usá-lo para punir sistematicamente, é necessário criar oportunidades adequadas – como ações afirmativas e políticas de cotas – para permitir que os negros possam investir no seu próprio futuro, ao invés de serem cooptados pelas organizações criminosas ou pelo mundo do crime, ou de se tornarem beneficiários passivos de programas assistencialistas governamentais por tempo indeterminado.

Portanto, a promoção do direito fundamental à segurança pública deve ser compreendida de forma *interseccional*, em conjunto com as políticas públicas adequadas à promoção dos direitos humanos-fundamentais sociais, como educação e saúde, a fim de criar condições para que os grupos mais vulneráveis da população possam se desenvolver dignamente.

46. BRASIL. Supremo Tribunal Federal. HC 208240, Relator(a): EDSON FACHIN, Tribunal Pleno, julgado em 11-04-2024, PROCESSO ELETRÔNICO DJe-s/n DIVULG 27-06-2024 PUBLIC 28-06-2024.

47. "La Corte ha señalado que el Derecho Penal es el medio más restrictivo y severo para establecer responsabilidades respecto de una conducta ilícita. La tipificación amplia de delitos de calumnia e injurias puede resultar contraria al principio de intervención mínima y de ultima ratio del derecho penal. En una sociedad democrática el poder punitivo sólo se ejerce en la medida estrictamente necesaria para proteger los bienes jurídicos fundamentales de los ataques más graves que los dañen o pongan en peligro. Lo contrario conduciría al ejercicio abusivo del poder punitivo del Estado" (CORTE INTERAMERICANA DE DIREITOS HUMANOS. *Caso Kimel Vs. Argentina*. Sentença de 2 de maio de 2008. Disponível em: <https://www.corteidh.or.cr/docs/casos/articulos/seriec_177_esp.pdf>. Acesso em: 25 maio 2023. Par. 76).

CAPÍTULO

5

POPULAÇÃO LGBTQIAPN+ : O DIREITO DE SER

A sigla LGBTQIAPN+ é abrangente e inclusiva, sendo que o símbolo "+" permite a abertura e a contínua evolução do conceito para que se incluam novas percepções de gênero e de identidade[1-2]. A violência contra a população LGBTQIAPN+ tem se apresentado como um dos mais importantes

1. *"According to the Los Angeles Conservancy (2016), in the United States the most frequent labels for this community are represented by the initialism of LGBTQIA which includes "lesbians" (women attracted to women); "gay" men (men attracted to men); "bisexual" persons (men or women attracted to both sexes); "transgender" persons (individuals whose personal identities and gender do not correspond to their birth sex); "queer" persons (those who identify as queer or questioning their sexual identity); "intersex" persons (those who do not fit the typical definitions of exclusively male or exclusively female bodies); and "asexual" persons (those who identify as someone who is not attracted to anyone and who has no sexual orientation). The changes in the LGBTQIA acronym signify the continual evolution in the views and self-perceptions represented within the homosexual community"* (NOTARO, Sheri R. *Marginality and global LGBT Communities. Conflicts, Civil rights and controversy*. Londres: Palgrave Macmillan, 2020. p. 5).
2. A sigla LGBTQIAPN+ abrange: a) Lésbicas: mulheres que sentem atração afetivo/sexual pelo mesmo gênero; b) Gays: homens que sentem atração afetivo/sexual pelo mesmo gênero; c) Bissexuais: homens e mulheres que sentem atração afetivo/sexual pelos gêneros masculino e feminino; d) Transexuais ou transgêneros: pessoas que se identificam com o outro gênero que não aquele atribuído pelo nascimento; relaciona-se a identidade de gênero, não a orientação sexual/afetiva (Este conceito se opõe ao de cisgênero que é o da pessoa que se identifica com o sexo biológico com o qual nasceu e adota os padrões sociais a ele ligados, expressos em roupas, gestos, tom de voz etc); e) Intersexo: pessoas, cujo desenvolvimento sexual corporal (expressos em hormônios, genitais, cromossomos ou outras características biológicas) não se encaixam na norma binária (masculino ou feminino); f) Assexuais: pessoas que sentem baixa ou nenhuma atração sexual; g) Pessoas Pansexuais: aquelas que pessoas que se sentem atraídas por qualidades, não sendo determinante gênero, sexo ou orientação sexual; h) Não-binárias: pessoas que pessoas que não se identificam nem 100% como homem, nem 100% como mulher; i) o sinal de "+" incluiu outras questões de gênero e de identidade, como os "assexuais", que não sentem atração afetiva/sexual por outras pessoas, independentemente do gênero; e "queer", que são aquelas transitam entre o gênero masculino e feminino, ou em outros gêneros nos quais o binarismo não se aplica.

problemas a serem enfrentados na atualidade[3]. O Brasil possui altas taxas de homicídio e agressão com base em orientação sexual e identidade de gênero. Estima-se que, entre 2014 e 2019, 1.644 pessoas morreram em ataques motivados por ódio. Nesse sentido, chamou a atenção o assassinato de Genilson José da Silva, um travesti de 35 anos, conhecido como Quelly da Silva, ocorrido em 20 de janeiro de 2019, em Campinas/SP. C.S.O. confessou a prática do crime, referindo-se à vítima como "demônio", de ter retirado o seu coração e colocado a imagem de uma santa em seu lugar.

A Comissão Interamericana de Direitos Humanos apurou que, em 2018, homens *gays* foram as pessoas mais afetadas pela violência, seguido de pessoas trans, na maioria afrodescendentes[4]. Contudo, as pessoas trans têm 17 vezes mais chances de serem mortas quando comparadas com homens gays. Além disso, são elevadas as taxas de suicídio entre as pessoas LGBTQIA+: representa 24% do total de mortes deste tipo no Brasil. Ainda, em 2017, foram constatados 2.379 casos de estupros de lésbicas no país, o que representa seis vítimas por dia, sendo que 61% são estupradas mais de uma vez. Preocupados com esses números alarmantes, o Conselho Nacional de Justiça lançou, em agosto de 2022, o formulário Registro de Ocorrência Geral de Emergência e Risco Iminente à Comunidade LGBTQIA+ - conhecido como Formulário Rogéria (em homenagem a atriz e cantora falecida em 2017), voltado à proteção e ao enfrentamento da violência[5]. A criação da ferramenta se insere no contexto da pesquisa "Discriminação e Violência contra a População LGBTQIA+", de que falta ao Sistema de Justiça brasileiro instrumentos para caracterização de crimes de LGBTfobia. Tal formulário tem como objetivo facilitar a adoção de procedimentos integrados – por delegacias, Ministério Público, Defensoria Pública, equipes psicossociais dos tribunais e instituições de assistência social, saúde, acolhimento e proteção a vítimas de violência e violações de direito - para minimizar a repetição da violência em curto prazo, desenvolver a melhoria das respostas institucionais para reduzir a incidência de violências e discriminações e aumentar a produção de dados, além de dar maior visibilidade à tutela dos direitos humanos.

3. Por exemplo, o Ministério Público Federal, em parceria com o Ministério Público do Estado do Ceará, elaborou uma cartilha intitulada "O Ministério Público e a igualdade de direitos para LGBTI: Conceitos e Legislação", na qual conceituam e trazem os direitos da população LGBTI, além de apresentar as legislações pertinentes ao tema.
4. COMISSÃO INTERAMERICANA DE DIREITOS HUMANOS. *Situação dos direitos humanos no Brasil.* Cit. p. 99-100.
5. BRASIL, Conselho Nacional de Justiça. https://www.cnj.jus.br/cnj-divulga-pesquisa-e-formulario-para-subsidiar-combate-a-lgbtfobia/. Acesso em 26 de junho de 2023.

No contexto internacional, os Princípios de Yogyakarta se destacam na proteção dos direitos humanos da população LGBTQIA+, em relação à orientação sexual e à identidade de gênero. Tais princípios não possuem força vinculante, constituindo *soft law*; isto é, servem como um guia de interpretação do direito à igualdade e ao combate à discriminação. Foram o resultado de uma reunião de especialistas no tema, na cidade de Yogyakarta, localizada na Indonésia, em 2006.

O documento de Yogyakarta[6] elenca 29 princípios sobre a orientação sexual e a identidade de gênero. Podem ser destacados, entre outros aspectos: princípios 1 e 2: gozo universal dos direitos humanos e da igualdade e não discriminação; princípio 3: direito à capacidade jurídica em todos os seus aspectos, incluindo o pleno reconhecimento perante a lei, a proibição de práticas que atentem contra a identidade de gênero ou orientação sexual e a possibilidade de alteração do prenome e do sexo constante no registro civil de transexual, sem a necessidade de realização da cirurgia de transgenitalização; princípios 4 a 6: direito à vida, segurança pessoal e privacidade; princípios 7 a 10 e 23: não privação arbitrária da liberdade, direito ao julgamento justo, tratamento humano durante a detenção e a proibição da tortura e o direito ao asilo; princípios 12 a 15: direitos sociais ao trabalho digno, proteção social, habitação, educação e padrão de vida adequado; princípios 17 e 18: direito ao padrão mais alto alcançável de saúde e direito contra abusos médicos; princípios 19 a 22: direito às diversas esferas da liberdade (de opinião, de expressão, de informação, de orientação sexual e identidade de gênero, de reunião e associação pacíficas, de pensamento,

6. Antes, porém, de avançar no exame dos Princípios de Yogyakarta, deve-se fazer uma breve distinção acerca da correspondência de identidade de gênero e orientação sexual. Enquanto a "orientação sexual" é a capacidade de cada indivíduo de experimentar atração efetiva, emocional ou sexual por pessoas de gênero diferente, mesmo gênero ou mais de um gênero, a "identidade de gênero" consiste na experiência interna individual em relação ao gênero, a qual pode corresponder ou não ao sexo atribuído quando do nascimento, e que inclui expressões do gênero como o sentimento pessoal do corpo e o modo de vestir-se e falar. A questão foi explicitada no voto do Min. Dias Toffoli, relator do RE nº 670.422, que reconheceu às pessoas transgêneras o direito subjetivo à alteração de seu prenome e de sua classificação de gênero no registro civil, independentemente de procedimento cirúrgico de redesignação, bem como determinou a averbação da informação à margem no assento de nascimento, vedada a inclusão do termo "transexual": "(...)o sexo é um termo científico que se refere aos aspectos biológico, morfológico, fisiológico e anatômico do ser humano (homem ou mulher, sexo masculino ou feminino, macho ou fêmea). A orientação sexual está ligada à questão da atração e do desejo sexual de um indíduo em relação a outro(s) (heterossexualidade, homossexualidade e bissexualidade). A identidade de gênero, por sua vez, está relacionada aos aspectos psicológicos, sociais, culturais e históricos concernentes ao sexo, a como a pessoa se vê, como ela se autodefine e se identifica, podendo haver a coincidência entre as identidades de gênero e de sexo ou não (como no caso dos denominados transexuais)" (STF, RE 670422, Relator(a): DIAS TOFFOLI, Tribunal Pleno, julgado em 15/08/2018, PROCESSO ELETRÔNICO REPERCUSSÃO GERAL - MÉRITO DJe-051 DIVULG 09-03-2020 PUBLIC 10-03-2020).

consciência e religião, e de ir e vir); princípios 24 a 26: direitos à constituição de família e participação na vida pública e cultural; princípios 27 a 29: direito à promoção dos direitos humanos, o direito a recursos jurídicos e à responsabilização.

Em 2017, no documento "Princípios de Yogyakarta mais 10", em comemoração aos dez anos da primeira edição (2006-2016), foram acrescentados mais nove princípios e 111 obrigações dos Estados. Totalizaram-se 38 princípios, com a inclusão dos seguintes: princípio 31 sobre o reconhecimento jurídico (que abrange o direito de obter documentos sem identificação da orientação sexual, de gênero ou características sexuais); princípio 32, sobre o direito à integridade física e psíquica; princípio 33: do direito de não responder criminalmente em razão da orientação sexual ou identidade de gênero; princípio 34: trata da proteção contra a exclusão social e a pobreza; princípio 35: direito de acesso às instalações sanitárias seguras e sem discriminação; princípio 36: direito de acesso igualitário à informação e às tecnologias de informação; princípio 37: direito à verdade às vítimas de violação dos direitos humanos; princípio 38: direito à diversidade cultural.

Infelizmente, a questão dos direitos da população LGBTQIA+ ainda se encontra intimamente relacionada com a cultura e história de cada país, razão pela qual há Estados em que a união homoafetiva se constitui crime – muitas vezes punida com a pena de morte – mesmo entre países Membros da Organização das Nações Unidas, como Arábia Saudita, Brunei, Irã, Mauritânia, Nigéria e Iêmen[7]. A imposição da pena de morte em detrimento da escolha sexual fere marcos internacionais de direitos humanos. Também pode caracterizar tortura e tratamento cruel, desumano e degradante, com violação à Convenção contra a Tortura e outros tratamentos ou penas cruéis, desumanos ou degradantes e o Pacto Internacional de Direitos Civis e Políticos, ambos do Sistema ONU[8].

De acordo com o relatório anual produzido pela Associação Internacional de Gays e Lésbicas (cuja sigla, em inglês, é ILGA), 64% dos Estados-partes da Organização das Nações Unidas, em 2020, consideram legais relações havidas entre pessoas do mesmo sexo, com destaque para 100% dos países do continente europeu e América do Norte. Nessa pesquisa, o continente africano se mostrou o mais díspar, com apenas 41% dos países

7. INTERNATIONAL LESBIAN, GAY, BISEXUAL, TRANS AND INTERESEX ASSOCIATION - LGA WORLD. *Homofobia de Estado 2020: Actualización del Panorama Global de la Legislación*. Org. Lucas Ramón Mendos, Kellyn Botha, Rafael Carrano Lelis, Enrique López de la Peña, Ilia Savelev e Daron Tan. Genebra: ILGA, 2020.

8. Idem. Ibidem.

não criminalizando relações homoafetivas[9]. Quando se fala em proteção constitucional em razão da orientação sexual, os números são alarmantes, porque apenas 6% dos Estados-partes da ONU preveem explicitamente, em seus textos constitucionais, a proteção e a igualdade de gênero. Podem ser citadas as Constituições da Bolívia[10], de Cuba[11], Equador[12] e do México[13] como exemplos de textos legais que preveem a proibição da discriminação em virtude da orientação sexual.

A Constituição Federal do Brasil de 1988 não estabelece, expressamente, a proibição da discriminação em razão da orientação sexual, mas em virtude de sexo[14]. Tampouco há, no Brasil, uma legislação específica que proteja os direitos da população LGBTQIA+. Entretanto, não se olvida que as cláusulas abertas, contidas nos arts. 1º, inc. III (princípio da dignidade da pessoa humana) e 5º, § 2º (bloco de constitucionalidade), da CF/1988, permitem o alargamento da interpretação dos direitos fundamentais previstos na Constituição, em consonância com o Sistema Interamericano

9. Idem. Ibidem.

10. *"Artículo 14. II. El Estado prohíbe y sanciona toda forma de discriminación fundada en razón de sexo, color, edad, orientación sexual, identidad de género, origen, cultura, nacionalidad, ciudadanía, idioma, credo religioso, ideología, filiación política o filosófica, estado civil, condición económica o social, tipo de ocupación, grado de instrucción, discapacidad, embarazo, u otras que tengan por objetivo o resultado anular o menoscabar el reconocimiento, goce o ejercicio, en condiciones de igualdad, de los derechos de toda persona"*. BOLÍVIA. Constitución Política Del Estado. 7 febrero 2009. Disponível em: <https://bolivia.infoleyes.com/norma/469/constitución-pol%C3%ADtica-del-estado-cpe>. Acesso em: 20 jan. 2021.

11. *"ARTÍCULO 42. Todas las personas son iguales ante la ley, reciben la misma protección y trato de las autoridades y gozan de los mismos derechos, libertades y oportunidades, sin nin- guna discriminación por razones de sexo, género, orientación sexual, identidad de género, edad, origen étnico, color de la piel, creencia religiosa, discapacidad, origen nacional o terri- torial, o cualquier otra condición o circunstan- cia personal que implique distinción lesiva a la dignidad humana. [...]"*. CUBA. *Constitución de la República de Cuba*. Disponível em: <http://www.granma.cu/file/pdf/gaceta/Nueva%20Constitución%20240%20KB-1.pdf>.

12. *"Art. 11.- El ejercicio de los derechos se regirá por los siguientes principios: [...] 2. Todas las personas son iguales y gozaran de los mismos derechos, deberes y oportunidades. Nadie podrá ser discriminado por razones de etnia, lugar de nacimiento, edad, sexo, identidad de género, identidad cultural, estado civil, idioma, religión, ideología, filiación política, pasado judicial, condición socio-económica, condición migratoria, orientación sexual, estado de salud, portar VIH, discapacidad, diferencia física; ni por cualquier otra distinción, personal o colectiva, temporal o permanente, que tenga por objeto o resultado menoscabar o anular el reconocimiento, goce o ejercicio de los derechos. La ley sancionará toda forma de discriminación. El Estado adoptará medidas de acción afirmativa que promuevan la igualdad real en favor de los titulares de derechos que se encuentren en situación de desigualdad"*. EQUADOR. Constitución del Ecuador. Disponível em: <https://www.wipo.int/edocs/lexdocs/laws/es/ec/ec030es.pdf>.

13. "Article 1 - [...] Every form of discrimination motivated by ethnic or national origin, gender, age, incapacities, sexual preferences, status or any other which attempt on human dignity or seeks to annul or diminish the rights and liberties of the people, is prohibited". MÉXICO. Political Constitution of the United Mexican States. 2010. Disponível em: <https://www.wipo.int/edocs/lexdocs/laws/en/mx/mx047en.pdf>. Acesso em: 6 set. 2021.

14. "Art. 3º Constituem objetivos fundamentais da República Federativa do Brasil: [...] IV - promover o bem de todos, sem preconceitos de origem, raça, sexo, cor, idade e quaisquer outras formas de discriminação". BRASIL. Constituição Federal. 1988.

de Direitos Humanos para a proteção jurídica da liberdade de orientação sexual e identidade de gênero[15]. O reconhecimento constitucional da diversidade sexual e de gênero assegura a inclusão de todos na sociedade, evita a propagação do sentimento de inferiorização e permite coibir condutas discriminatórias e criminosas.

Nesse sentido, apesar da inexistência de regra jurídica expressa, o Supremo Tribunal Federal reconheceu a união homoafetiva entre pessoas do mesmo sexo, respeitando a autonomia da vontade e o direito à intimidade e à vida privada de cada indivíduo[16]. A constituição de família por pessoas do mesmo sexo, assim como o reconhecimento da união estável, foi objeto da ADPF 132/RJ, tendo a Corte concluído por não haver óbice legislativo quanto à constituição formal familiar ou à orientação sexual de seus integrantes. A família é a base da sociedade, e, em sendo uma instituição privada, não deve haver redução de interpretação de seu conceito, tratando de maneira isonômica casais heteroafetivos e homoafetivos. O Brasil foi o primeiro país no mundo a contemplar o direito à constituição de união homoafetiva por meio de uma decisão judicial. Isso rendeu ao STF o certificado MoWBrasil 2018, tendo a decisão sido inscrita no Registro Nacional do Brasil como patrimônio documental. Vale salientar trecho do voto Ministro Carlos Ayres Britto[17] ao tratar da questão familiar à luz da Constituição Federal:

> 33. E assim é que, mais uma vez, a Constituição Federal não faz a menor diferenciação entre a família formalmente constituída e aquela existente ao rés dos fatos. Como também não distingue entre a família que se forma por sujeitos heteroafetivos e a que se constitui por pessoas de inclinação homoafetiva. Por isso que, sem nenhuma ginástica mental ou alquimia interpretativa, dá para compreender que a nossa *Magna Carta não emprestou ao substantivo "família" nenhum*

---

15. *"La ciencia jurídica (...) se ha mantenido dogmática —aunque ha aprendido crecientemente a analizar por sí misma la función de sus dogmas en un contexto de solución de problemas. Los cambios de los hechos —con los cuales está obligada a confrontarse— se incorporan como nociones de apoyo a la hora de interpretar la norma. Qué hechos y en qué grado hayan de tomarse en cuenta, depende del grado de indeterminación de la norma respectivamente analizada y del juego que permitan los métodos de interpretación reconocidos"* (LUHMANN, Niklas. *Los derechos fundamentales como institución. Aportación a la sociología política*. México: Universidad Iberoamericana, 2010. p. 80-81).

16. *"Article 1 - [...] Every form of discrimination motivated by ethnic or national origin, gender, age, incapacities, sexual preferences, status or any other which attempt on human dignity or seeks to annul or diminish the rights and liberties of the people, is prohibited"*. MÉXICO. *Political Constitution of the United Mexican States*. 2010. Disponível em: <https://www.wipo.int/edocs/lexdocs/laws/en/mx/mx047en.pdf>.

17. BRASIL. Supremo Tribunal Federal. *ADPF 132/RJ*. Tribunal Pleno, Rel. Min. Ayres Britto, j. 05.05.2011, pub. DJe 14.10.2011.

significado ortodoxo ou da própria técnica jurídica. Recolheu-o com o sentido coloquial praticamente aberto que sempre portou como realidade do mundo do ser. Assim como dá para inferir que, quanto maior o número dos espaços doméstica e autonomamente estruturados, maior a possibilidade de efetiva colaboração entre esses núcleos familiares, o Estado e a sociedade, na perspectiva do cumprimento de conjugados deveres que são funções essenciais à plenificação da cidadania, da dignidade da pessoa humana e dos valores sociais do trabalho. Isso numa projeção exógena ou extra-muros domésticos, porque, endogenamente ou interna corporis, os beneficiários imediatos dessa multiplicação de unidades familiares são os seus originários formadores, parentes e agregados. (...).

34. Assim interpretando por forma **não-reducionista** o conceito de família, penso que este STF fará o que lhe compete: manter a Constituição na posse do seu fundamental atributo da coerência, pois o conceito contrário implicaria forçar o nosso Magno Texto a incorrer, ele mesmo, em discurso indisfarçavelmente preconceituoso ou homofóbico. Quando o certo – data vênia de opinião divergente - é extrair do sistema de comandos da Constituição os encadeados juízos que precedentemente verbalizamos, *agora arrematados com a proposição de que a isonomia entre casais heteroafetivos e pares homoafetivos somente ganha plenitude de sentido se desembocar no igual direito subjetivo à formação de uma autonomizada família. Entendida esta, no âmbito das duas tipologias de sujeitos jurídicos, como um núcleo doméstico independente de qualquer outro e constituído, em regra, com as mesmas notas factuais da visibilidade, continuidade e durabilidade.*

A jurisprudência do Supremo Tribunal Federal está repleta de outros precedentes que adotam, na falta de marcos legislativos expressos, *standards* para a proteção da população LGBTQIA+. Por exemplo, na ADPF 291, o STF, visando assegurar a promoção do princípio constitucional da isonomia em sentido material, aplicou a teoria do impacto desproporcional[18], pela qual

18. A teoria do impacto desproporcional foi aplicada pela Suprema Corte dos Estados Unidos no *Caso Griggs vs. Duke Power* (1971). Willie Griggs ajuizou ação coletiva, em nome de vários colegas afro-americanos, em face de seu empregador, a Duke Power Company, para questionar a política de contratações e promoções da empresa, a qual exigia que os funcionários registrassem uma pontuação mínima em dois testes de aptidão intelectual, além de ter o ensino médio. Griggs alegou que a política da Duke discriminava funcionários afro-americanos, violando o Título VII da Lei de Direitos Civis de 1964. A Suprema Corte dos EUA considerou que a exigência de testes padronizados da Duke evitou que um número

todo e qualquer ato administrativo ou legislativo, ou prática privada, ainda que desprovida de intenção discriminatória na sua concepção, deve ter a sua aplicação afastada quando resultarem em efeitos nocivos e desproporcionais para certos grupos de pessoas[19]. Nesta ADPF 291, questionava-se a constitucionalidade do art. 235 do Código Penal Militar (CPM), que considerava crime sexual a "pederastia ou outro ato de libidinagem" e estabelecia a pena de detenção de seis meses a um ano ao "militar que praticar ou permitir que com ele se pratique ato libidinoso, homossexual ou não, em lugar sujeito à administração militar". O STF julgou parcialmente procedente a ação para declarar, como não recepcionados pela Constituição Federal, os termos "pederastia ou outro" e "homossexual ou não". Foi reconhecido, com fundamento na teoria do impacto desproporcional, que o art. 235 do CPM causava discriminação e produzia maior impacto nos militares gays[20].

Outro exemplo: na ADI 5543, o STF afirmou que a política pública restritiva prevista pela Portaria do Ministério da Saúde e pela Resolução da ANVISA, ao proibir a doação de sangue por considerar inaptos temporariamente por um período de 12 (doze) meses os indivíduos do sexo masculino que tiveram relações sexuais com outros indivíduos do mesmo sexo e/ ou as parceiras sexuais destes, causa uma limitação desproporcional, ainda que desintencional[21]. Fez-se a diferenciação entre discriminação direta (isto é, aquela munida de intuito discriminatório) da discriminação indireta (ou seja, aquela que, desprovida dessa intencionalidade, produz impactos

desproporcional de funcionários afro-americanos, que tinham normalmente frequentado escolas com pior padrão de ensino, fossem contratados ou avançassem para departamentos com salários mais altos dentro da empresa. O Tribunal concluiu que o objetivo da política da empresa era, na verdade, o de dar preferência aos funcionários brancos, o que se revelou uma prática ilegal e discriminatória, uma vez que limitava, segregava ou classificava funcionários para privá-los de oportunidades de emprego ou afetava adversamente o seu *status* por causa da raça e da cor. Cf. "*Griggs v. Duke Power Company*." Disponível em: <http: www.oyez.org/cases/1970/124>. Acesso em: 23 mai. 2021.

19. "Toda e qualquer prática empresarial, política, governamental ou semi-governamental, de cunho legislativo ou administrativo, ainda que não provida de intenção discriminatória no momento de sua concepção, deve ser condenada por violação do princípio constitucional da igualdade material se, em consequência de sua aplicação, resultarem efeitos nocivos de incidência especialmente desproporcional sobre certas categorias de pessoas" (BARBOSA, Joaquim. *Ação afirmativa e princípio constitucional da igualdade. O Direito como instrumento de transformação social. A experiência dos EUA*. Rio de Janeiro: Renovar, 2001. p. 24).

20. "Torna-se, assim, evidente que o dispositivo, embora em tese aplicável indistintamente a atos libidinosos homo ou heterossexuais, é, na prática, empregado de forma discriminatória, produzindo maior impacto sobre militares gays. Esta é, portanto, uma típica hipótese de discriminação indireta, relacionada à teoria do impacto desproporcional (*disparate impact*), originária da jurisprudência norte-americana. Tal teoria reconhece que normas pretensamente neutras podem gerar efeitos práticos sistematicamente prejudiciais a um determinado grupo, sendo manifestamente incompatíveis com o princípio da igualdade" (BRASIL, Supremo Tribunal Federal. *ADPF 291*. Tribunal Pleno. Rel. Min. Luís Roberto Barroso. j. 28.10.2015. pub. DJe 01.06.2016).

21. STF, ADI 5543, Tribunal Pleno, rel. Min. Edson Fachin, j. 11.05.2020, pub. DJe 26.08.2020.

desproporcionais a determinadas pessoas ou grupos sociais). Concluiu-se que a política restritiva prevista no art. 64, IV, da Portaria nº 158/2016 do Ministério da Saúde, e no art. 25, inc. XXX, 'd', da Resolução da Diretoria Colegiada – RDC nº 34/2014 da ANVISA, mesmo que de forma não intencional, viola a igualdade, pois tal limitação – ainda que pretenda buscar a proteção da saúde da população – impõem impactos desproporcionais sobre os homens homossexuais e bissexuais e/ou as parceiras destes ao proibir a fruição livre e segura da própria sexualidade para exercício do ato empático e solidário de doar sangue.

Além disso, é importante mencionar que, em 2019, o Supremo Tribunal Federal reconheceu a omissão legislativa relativa à proteção jurídica da população LGBTQIA+, sobretudo em relação a atos de homofobia e transfobia. A interpretação, conferida pela Corte Suprema na Ação Direta de Inconstitucionalidade por Omissão (ADO) 26, alargou o tipo penal de racismo definido na Lei 7.716/89, o que permitiu a criminalização da homofobia e da transfobia até que o Congresso Nacional edite lei sobre a matéria[22]. Dessa forma, em razão da inércia do Poder Legislativo em implementar os mandados de criminalização definidos no art. 5º, incs. XLI e XLII, o STF expandiu sua atuação a fim de considerar que as condutas homofóbicas e transfóbicas, reais ou supostas, que envolvem aversão odiosa à orientação sexual[23] e/ou à identidade de gênero de alguém, por traduzirem expressões de racismo, em sua dimensão social, ajustam-se ao tipo penal definido na Lei do Racismo (Lei 7.716/1989), bem como a hipótese de circunstância qualificadora do homicídio por motivo torpe (art. 121, § 2º, inc. I, do Código Penal), até que o Congresso Nacional edite lei sobre a matéria. Ressaltam-se neste julgado dois aspectos importantes do voto do Min. Celso de Mello: i) a repressão penal à prática da homotransfobia não alcança nem restringe o exercício da liberdade religiosa, porque é assegurado o direito de pregar e de divulgar, livremente, o que inclui a possibilidade de externar convicções de acordo com o que se contiver em livros e códigos sagrados, bem assim o de ensinar segundo orientação doutrinária e/ou

---

22. BRASIL. Supremo Tribunal Federal. *STF enquadra homofobia e transfobia como crimes de racismo ao reconhecer omissão legislativa*. 13 jun 2019. Disponível em: <http://www.stf.jus.br/portal/cms/verNoticiaDetalhe.asp?idConteudo=414010>. Acesso em: 6 set. 2021.

23. Registre-se que, em 1994, o Comitê de Direitos Humanos da ONU, um órgão formado por especialistas independentes para fiscalizar o cumprimento do Pacto Internacional sobre Direitos Civis e Políticos e seus protocolos, já havia afirmado, no caso *Toonen vs. Austrália*, que a proibição de comportamentos homossexuais privados na Tasmânia era uma interferência arbitrária no direito de privacidade, e uma discriminação vedada baseada no "sexo" e na orientação sexual. Cf. WHEATLEY, Steven. *The idea of human rights law*. Cit. p. 108.

teológica, desde que tais manifestações não configurem *discursos de ódio*, assim entendidos como aqueles que incitem à discriminação, à hostilidade ou à violência contra pessoas em razão de sua orientação sexual ou de sua identidade de gênero; ii) o conceito de racismo, compreendido na dimensão social, projeta-se para além de aspectos estritamente biológicos ou fenotípicos, uma vez que, enquanto manifestação de poder, de uma construção de índole histórico-cultural motivada pelo objetivo de justificar a desigualdade e destinada ao controle ideológico, à dominação política, à subjugação social e à negação da alteridade, da dignidade e da humanidade dos que, por integrarem grupo vulnerável (no caso, LGBTIA+) e por não pertencerem ao estamento que detém posição de hegemonia em uma dada estrutura social, são considerados estranhos e diferentes, e, por isso, colocados na condição de marginais do ordenamento jurídico, ficando expostos à odiosa inferiorização e à perversa estigmatização, bem como a uma injusta e lesiva situação de exclusão do sistema geral de proteção do direito.

Também, no âmbito do Supremo Tribunal Federal, destaca-se a decisão que determina a transferência de mulheres trans, em cumprimento de pena em presídios masculinos, para presídios femininos, uma vez que se reconheceu que "transexuais e travestis encarceradas são um grupo sujeito a uma dupla vulnerabilidade"[24]. Com isso, a aplicação da pena de prisão respeita o princípio da igualdade e da não discriminação baseada na identidade e/ou na expressão de gênero[25].

Ainda nesse sentido, está pendente de julgamento no Supremo Tribunal Federal a repercussão geral no RE 845.775/SC, que versa sobre a questão se os transexuais podem usar banheiro destinado a gênero diferente do seu sexo biológico[26]. Trata-se de um recurso extraordinário em face de acórdão do Tribunal de Justiça de Santa Catarina, que negou indenização por danos morais a uma transexual que foi impedida de usar o banheiro feminino de um shopping center em Florianópolis, em 2008. A transexual foi impedida de entrar no banheiro feminino, não conseguiu evitar e defecou nas próprias vestes, tendo, depois, que retornar à sua casa em transporte público. O Relator Ministro Luís Roberto Barroso votou pelo provimento do recurso, com base na proteção do direito fundamental dos transexuais, a fim

24. BRASIL. Supremo Tribunal Federal. *Medida Cautelar na Argüição de Descumprimento de Preceito Fundamental 527 Distrito Federal*, rel. Min. Roberto Barroso, j. 26 de junho de 2019.

25. COMISSÃO INTERAMERICANA DE DIREITOS HUMANOS. *Situação dos Direitos Humanos no Brasil*. Cit. p. 70.

26. BRASIL. Supremo Tribunal Federal. *RE 845.779/SC*. Tribunal Pleno. Rel. Min. Luiz Fux. J. 13.11.2014. pub. DJ 10.03.2015.

de serem tratados de acordo com a sua identidade assumida socialmente, uma vez que "o indivíduo nasceu e vai morrer assim. Vale dizer, nenhum tipo ou grau de repressão vai mudar a natureza das coisas. De modo que destratar uma pessoa por ser transexual, destratá-la por uma condição inata, é a mesma coisa que discriminar alguém por ser negro, ou por ser judeu, ou por ser mulher, ou por ser índio, ou por ser gay", afirmou o ministro.

Também deve ser mencionada a ADPF 460-PR, em que a Procuradoria-Geral da República questionou o Plano de Educação do Município de Cascavel-PR (Lei Municipal nº 6.495/2015), para o período entre 2015 e 2025, cujo art. 2º, par. ún. "vedava a adoção de política de ensino que tendam a aplicar ideologia de gênero, o termo ´gênero´ ou ´orientação sexual´". Como causa de pedir para sustentar a inconstitucionalidade da norma municipal, o Ministério Público Federal invocou o art. 1º da Convenção Americana de Direitos Humanos (que proíbe discriminação "por motivo de raça, cor, sexo, idioma, religião, opiniões políticas ou de qualquer outra natureza"), o art. 1º do Pacto Internacional sobre Direitos Civis e Políticos (que também assegura o respeito à liberdade sem discriminações) e os Princípios de Yogyakarta, sobre a isonomia e a não discriminação por motivos de identidade e orientação sexuais. O Supremo Tribunal Federal reconheceu a inconstitucionalidade da regra contida na lei municipal, porque, dentre outros fundamentos, a "vedação da abordagem dos temas de ´gênero´ e de ´orientação sexual´ no âmbito escolar viola os princípios da liberdade, enquanto pressuposto para a cidadania; da liberdade de ensinar e aprender; da valorização dos profissionais da educação escolar; da gestão democrática do ensino; do padrão de qualidade social do ensino; da livre manifestação do pensamento; e da livre expressão da atividade intelectual, artística, científica e de comunicação, independentemente de censura ou licença (artigos 1º, II e V; 5º, IV e IX; e 206, II, V, VI e VII, da Constituição Federal)"[27].

---

27. BRASIL. Supremo Tribunal Federal. *ADPF 460*. Tribunal Pleno. Rel. Min. Luiz Fux. Julgado em 29/06/2020, Processo Eletrônico DJe-201. Divulg 12/08/2020. Public. 13/08/2020. No mesmo sentido, o STF, na ADPF 457, já havia declarado a inconstitucionalidade da Lei Municipal nº 1.516/2015 do Município de Novo Gama – GO, que proibiu a utilização em escolas públicas municipais de material didático que contivesse ideologia de gênero, com fundamento nos princípios atinentes à liberdade de aprender, ensinar, pesquisar e divulgar o pensamento, a arte e o saber (art. 206, II, CF) e ao pluralismo de ideias e de concepções pedagógicas (art. 206, III, CF), que proíbem a censura em atividades culturais em geral. Além disso, a liberdade de expressão (art. 5º, IX, CF) não se destina a proteger as opiniões supostamente verdadeiras, admiráveis ou convencionais, mas também aquelas eventualmente não compartilhadas pelas maiorias. O STF concluiu, pois, que a Lei 1.516/2015 do Município de Novo Gama – GO, ao proibir a divulgação de material com referência a ideologia de gênero nas escolas municipais, viola o objetivo fundamental da República Federativa do Brasil de promover o bem de todos (art. 3º, IV, CF), e, por consequência, o

Do mesmo modo, na ADPF 461, o STF declarou a inconstitucionalidade formal e material do art. 3º, inc. X, da Lei 3.468/2015, do Município de Paranaguá/PR, que vedava o ensino sobre gênero e orientação sexual, bem como a utilização desses termos nas escolas[28]. A decisão está fundamentada na violação do direito fundamental à educação (arts. 205, 206, incs. II, III e V, e 214 da CF), que impõe ao Estado o dever de garantir um ensino plural, que prepare as pessoas para a vida em sociedade, como ser humano, cidadão e profissional, bem como assegure a liberdade de ensinar e de apreender. Por outro lado, mater grupos minoritários em condição de invisibilidade e de inferioridade comprometeria o papel transformador da educação, mas também violaria o princípio da proteção integral (art. 227/ CF), uma vez que quanto maior é o contato do aluno com visões de mundo diferentes, mais amplo tende a ser o seu universo de ideias, o que permite o desenvolvimento de uma visão crítica e emancipatória. A educação de jovens sobre gênero e orientação sexual não visa praticar doutrinação sobre o assunto ou induzir práticas sexuais, mas ajudá-los a compreender a sexualidade e protegê-los contra a discriminação e a violência. Isso porque a educação é o principal instrumento de superação da incompreensão, do preconceito e da intolerância que perseguem o grupo LGBTQIA+, e que geram a violência e a exclusão social, ajudando a mitigar a falta de respeito à diferença.

Embora não exista uma legislação específica, é possível encontrar, no ordenamento jurídico brasileiro, um conjunto de regras que busca tutelar a identidade de gênero e a orientação sexual, rechaçando qualquer espécie de preconceito advindo de suas escolhas, como a Lei 10.216/0129, a Lei

---

princípio segundo o qual todos são iguais perante a lei, sem distinção de qualquer natureza (art. 5º, *caput*, CF). A referida lei municipal também não cumpre com o dever estatal de promover políticas de inclusão e de igualdade, bem como contribui para a manutenção da discriminação com base na orientação sexual e identidade de gênero (ADPF 457, Relator(a): ALEXANDRE DE MORAES, Tribunal Pleno, julgado em 27/04/2020, PROCESSO ELETRÔNICO DJe-137 DIVULG 02-06-2020 PUBLIC 03-06-2020). De igual modo, o STF, na ADPF 467, considerou inconstitucional a Lei n. 3.491, de 28 de agosto de 2015, do Município de Ipatinga (MG), que, ao excluir da política municipal de ensino qualquer referência à diversidade de gênero e orientação sexual, além do vício formal (já que competência para edição de normas gerais sobre educação é da União), ignora o pluralismo da sociedade moderna - onde diferentes grupos das mais variadas origens étnicas e culturais, de diferentes *backgrounds*, classes e visões, religiosas ou de mundo, devem conviver - ao cristalizar uma cosmovisão tradicional de gênero e sexualidade (ADPF 467, Relator(a): GILMAR MENDES, Tribunal Pleno, julgado em 29/05/2020, PROCESSO ELETRÔNICO DJe-170 DIVULG 06-07-2020 PUBLIC 07-07-2020).

28. BRASIL. Supremo Tribunal Federal. ADPF 461, Relator(a): ROBERTO BARROSO, Tribunal Pleno, julgado em 24/08/2020, PROCESSO ELETRÔNICO DJe-233 DIVULG 21-09-2020 PUBLIC 22-09-2020.

29. "Art. 1º Os direitos e a proteção das pessoas acometidas de transtorno mental, de que trata esta Lei, são assegurados sem qualquer forma de discriminação quanto à raça, cor, sexo, orientação sexual, religião, opção política, nacionalidade, idade, família, recursos econômicos e ao grau de gravidade ou tempo

11.340/06[30] e a Lei 12.852/13[31]. Ademais, o Parecer Consultivo OC-24/2017 da Corte Interamericana de Direitos Humanos, no par. 101, h. 1, afirma que o "reconhecimento da identidade de gênero pelo Estado é de vital importância para garantir o gozo pleno dos direitos humanos das pessoas trans, o que inclui a proteção contra a violência, tortura e maus tratos, o direto à saúde, à educação, ao emprego e à moradia, o acesso à seguridade social, assim como o direito à liberdade de expressão e de associação".

Vale ressaltar que o conceito de sexo biológico não define a identidade de gênero nem, tampouco, a orientação sexual[32]. Isto porque o sexo (definição que parte das características orgânico-biológicas, baseadas em cromossomos, genitais e órgãos reprodutivos feminino e masculino) não se confunde com o conceito de gênero (que é uma questão cultural, social e cujo significado depende das interações entre homens e mulheres, e está baseado no autoconceito que o indivíduo faz de si mesmo como masculino ou feminino) nem com o de orientação sexual (que se refere à atração afetiva e emocional de uma pessoa por determinado grupo). Nesse sentido, pessoas cisgênero se identificam plenamente com o gênero atribuído ao seu sexo, enquanto as transgênero não se identificam com o gênero atribuído ao seu sexo biológico (p. ex., os transexuais que se reconhecem no gênero oposto a seu sexo biológico). Quanto à orientação sexual, há os heterossexuais (que se atraem afetiva e sexualmente pelo gênero oposto), os homossexuais (que se atraem pelo mesmo gênero), os bissexuais (que se atraem por ambos os sexos), e os assexuais (que não sentem atração por nenhum gênero).

O reconhecimento da identidade de gênero está ligado à ideia de que sexo e gênero são parte da construção da identidade, que é resultado da

de evolução de seu transtorno, ou qualquer outra". BRASIL. Lei nº 10.216, de 6 de Abril de 2001. Dispõe sobre a proteção e os direitos das pessoas portadoras de transtornos mentais e redireciona o modelo assistencial em saúde mental.

30. "Art. 2º Toda mulher, independentemente de classe, raça, etnia, orientação sexual, renda, cultura, nível educacional, idade e religião, goza dos direitos fundamentais inerentes à pessoa humana, sendo-lhe asseguradas as oportunidades e facilidades para viver sem violência, preservar sua saúde física e mental e seu aperfeiçoamento moral, intelectual e social". BRASIL. Lei nº 11.340, de 7 de Agosto de 2006. Cria mecanismos para coibir a violência doméstica e familiar contra a mulher, nos termos do § 8º do art. 226 da Constituição Federal, da Convenção sobre a Eliminação de Todas as Formas de Discriminação contra as Mulheres e da Convenção Interamericana para Prevenir, Punir e Erradicar a Violência contra a Mulher; dispõe sobre a criação dos Juizados de Violência Doméstica e Familiar contra a Mulher; altera o Código de Processo Penal, o Código Penal e a Lei de Execução Penal; e dá outras providências.

31. "Art. 17. O jovem tem direito à diversidade e à igualdade de direitos e de oportunidades e não será discriminado por motivo de: [...] II - orientação sexual, idioma ou religião;" BRASIL. *Lei 12.852, de 5 de agosto de 2013.* Institui o Estatuto da Juventude e dispõe sobre os direitos dos jovens, os princípios e diretrizes das políticas públicas de juventude e o Sistema Nacional de Juventude - SINAJUVE.

32. BRASIL. Supremo Tribunal Federal. ADPF 461, Relator(a): ROBERTO BARROSO, Tribunal Pleno, julgado em 24/08/2020, PROCESSO ELETRÔNICO DJe-233 DIVULG 21-09-2020 PUBLIC 22-09-2020.

decisão livre e autônoma de cada pessoa e que, portanto, não está sujeita à sua genitalidade[33]. Em consequência disto, pode-se afirmar que homens e mulheres não podem ser discriminados em função do sexo com que nasceram, nem em função do uso que vierem a fazer da sua própria sexualidade, porque possuem a liberdade de dispor sobre o respectivo potencial de sua sexualidade, inclusive como expressão dos direitos fundamentais à autonomia privada, à intimidade e à vida privada[34]. Também razão desta importante distinção entre sexo e gênero, por exemplo, pode-se afirmar que o fator meramente biológico não afasta a incidência da aplicação da Lei Maria da Penha (e de outras legislações protetivas) para mulheres trans vítimas de violência familiar e doméstica, inclusive pelo aspecto da interseccionalidade que torna tais pessoas integrantes de um grupo vulnerável que precisa de especial tutela legislativa e judicial[35].

A nível estadual, algumas Constituições preveem a proibição de discriminação em virtude da orientação sexual, como as Constituições Estaduais do Alagoas, Ceará, Mato Grosso, Espírito Santo e Sergipe. Os estados do Amapá, Amazonas, Maranhão, Mato Grosso do Sul, Minas Gerais, Pará, Paraíba, Piauí, Rio de Janeiro, Rio Grande do Norte, Rio Grande do Sul,

---

33. A distinção de sexo e gênero, para fins de reconhecimento da identidade, está bem explicada nos Parágrafos 94 e 95 do Parecer Consultivo OC-24/2017 da Corte Interamericana de Direitos Humanos: "94. (...) o reconhecimento da identidade de gênero está necessariamente ligado à ideia de que sexo e gênero devem ser percebidos como parte de uma construção de identidade que é o resultado da decisão livre e autônoma de cada pessoa, sem ter que estar sujeita à sua genitalidade. Desta forma, o sexo, bem como as identidades, funções e atributos socialmente construídos atribuídos às diferenças biológicas em torno do sexo atribuído no nascimento, longe de constituir componentes objetivos e imutáveis do estado civil que individualiza a pessoa, por ser um fato de natureza física ou biológica, acabam sendo traços que dependem da apreciação subjetiva da pessoa que a detém e descansa sobre uma construção autopercebida da identidade de gênero relacionada ao livre desenvolvimento da personalidade, a autodeterminação sexual e o direito à vida privada. Portanto, quem decide se assumir é titular de interesses juridicamente protegidos, que em nenhuma circunstância podem ser sujeitos a restrições pelo simples fato de que o conglomerado social não compartilha estilos de vida específicos e únicos, como resultado de medos, estereótipos, preconceitos sociais e morais que não possuem fundamentos razoáveis. Assim, em vista dos fatores que definem a identidade sexual e de gênero de uma pessoa, uma preferência do fator subjetivo sobre suas características físicas ou morfológicas (fator objetivo) é apresentado na realidade. Nesse sentido, a partir da natureza humana complexa que leva cada pessoa a desenvolver sua própria personalidade com base na visão particular que eles têm sobre si mesmos, um caráter preeminente deve ser dado ao sexo psicossocial frente ao morfológico, a fim de respeitar plenamente os direitos da identidade sexual e de gênero, sendo aspectos que, em maior medida, definem a visão que a pessoa tem de si própria e a sua projeção ante a sociedade" (CORTE INTERAMERICANA DE DIREITOS HUMANOS. *Parecer Consultivo OC-24*, de 24 de novembro de 2017. https://www.corteidh.or.cr/docs/opiniones/seriea_24_por.pdf. Acesso em 05 de junho de 2023).
34. BRASIL. Supremo Tribunal Federal. ADI 4277, Relator(a): AYRES BRITTO, Tribunal Pleno, julgado em 05/05/2011, DJe-198 DIVULG 13-10-2011 PUBLIC 14-10-2011 EMENT VOL-02607-03 PP-00341 RTJ VOL-00219-01 PP-00212.
35. BRASIL. Superior Tribunal de Justiça. *REsp nº 1.977.124/SP*. 6ª T. Rel. Min. Rogerio Schietti Cruz. j. 05.04.2022. DJe de 22.04.2022.

Santa Catarina, São Paulo e o Distrito Federal também possuem leis estaduais que estabelecem sanções – inclusive a pessoas jurídicas – em face da discriminação baseada na orientação sexual[36].

A fim de promover a igualdade e proteger a liberdade de orientação sexual, o Conselho Nacional de Justiça aprovou a Resolução nº 175/13, que estipula a vedação da recusa de habilitação, celebração de casamento civil ou de conversão de união estável em casamento entre pessoas de mesmo sexo, pelas autoridades competentes à celebração do ato.

No Paraná, o Ministério Público estadual conta com o Núcleo de Promoção dos Direitos de Lésbicas, Gays, Bissexuais, Travestis e Transexuais, criado a partir da Resolução nº 0269/2014-PGJ, em 29 de janeiro de 2014, com responsabilidade por resguardar "o direito das pessoas de viver suas vidas sem discriminação em razão de sua orientação sexual ou identidade de gênero"[37].

Em contraponto às adversidades encontradas pela população LGBTQIA+, o Supremo Tribunal Federal, no julgamento da ADI nº 4.275/DF, conferiu ao art. 58 da Lei 6.015/1973 (Lei de Registros Públicos)[38] interpretação conforme à Constituição e à Convenção Americana de Direitos Humanos, à luz dos direitos à dignidade humana, à personalidade jurídica, à honra e à liberdade, para reconhecer aos transgêneros o direito à substituição de prenome e sexo no registro civil, independentemente da cirurgia de transgenitalização (que não poderia ser peremptória, por diversos fatores, como medo de cirurgia, ausência de condições financeiras para realizá-la na iniciativa privada e temor de não ter prazer sexual com o novo órgão sexual construído cirurgicamente) ou da realização de tratamentos hormonais ou patologizantes[39]. Realizou-se, pois, o duplo controle de constitucionalidade

36. INTERNATIONAL LESBIAN, GAY, BISEXUAL, TRANS AND INTERESEX ASSOCIATION - LGA WORLD. *Homofobia de Estado 2020: Actualización del Panorama Global de la Legislación*. Cit. p. 203-206.

37. PARANÁ. Ministério Público estadual. *CAOP – Direitos Humanos – Apresentação*. Disponível em: <http://www.direito.mppr.mp.br/modules/conteudo/conteudo.php?conteudo=94> . Acesso em: 13 mar. 2019.

38. "Art. 58. O prenome será definitivo, admitindo-se, todavia, a sua substituição por apelidos públicos notórios. Parágrafo único. A substituição do prenome será ainda admitida em razão de fundada coação ou ameaça decorrente da colaboração com a apuração de crime, por determinação, em sentença, de juiz competente, ouvido o Ministério Público".

39. "AÇÃO DIRETA DE INCONSTITUCIONALIDADE. DIREITO CONSTITUCIONAL E REGISTRAL. PESSOA TRANSGÊNERO. ALTERAÇÃO DO PRENOME E DO SEXO NO REGISTRO CIVIL. POSSIBILIDADE. DIREITO AO NOME, AO RECONHECIMENTO DA PERSONALIDADE JURÍDICA, À LIBERDADE PESSOAL, À HONRA E À DIGNIDADE. INEXIGIBILIDADE DE CIRURGIA DE TRANSGENITALIZAÇÃO OU DA REALIZAÇÃO DE TRATAMENTOS HORMONAIS OU PATOLOGIZANTES. 1. O direito à igualdade sem discriminações abrange a identidade ou expressão de gênero. 2. A identidade de gênero é manifestação da própria personalidade da pessoa humana e, como tal, cabe ao Estado apenas o papel de reconhecê-la, nunca de constituí-la. 3. A pessoa transgênero que comprove sua identidade de gênero dissonante daquela que lhe foi designada

e de convencionalidade do ao art. 58 da Lei 6.015/1973, para afirmar a eficácia horizontal dos direitos fundamentais, bem como aplicar a cláusula material de abertura contida no art. 5º, § 2º, da CF.

Mesmo antes deste importante precedente do STF, instituições como o Ministério Público do Estado do Paraná já haviam aprovado medidas, como a resolução nº 2077/2015-PGJ, para assegurar o uso do nome social, por travestis e transexuais, em seu ambiente[40].

Aliás, a Carta dos Direitos dos Usuários da Saúde pelo Sistema Único de Saúde (SUS) já havia assegurado o direito de registro de qualquer usuário com "nome pelo qual prefere ser chamado, independentemente do registro civil, não podendo ser tratado por número, nome da doença, códigos, de modo genérico, desrespeitoso ou preconceituoso". Com isso, as pessoas trans e de gênero diverso já poderiam ser chamadas pelo nome que se identificam em qualquer serviço da rede pública de saúde. Ainda, em 2008, o Sistema Único de Saúde passou a realizar cirurgias de redesignação sexual, também conhecidas como "transgenitalização", para pessoas trans que desejam mudar seus órgãos genitais.

Após o reconhecimento do direito ao uso do nome social, surgiu a necessidade de adequação dos serviços públicos de saúde prestados à população, estruturados às concepções cisnormativas de mulher e homem. Tudo isso porque homens transexuais e pessoas transmasculinas, com prenome retificado e que conservam o aparelho reprodutor constituído por útero, ovários e vagina, não conseguem consultas e tratamentos ginecológico e obstétrico no Sistema Único de Saúde. Do mesmo modo, as mulheres transexuais e travestis, que possuem testículo, próstata e pênis, têm tido o acesso negado à especialidade de urologia e proctologia. Dessa forma, diversos sistemas de informação do SUS acabam por bloquear o acesso a determinadas especialidades médicas à população transexual e travesti. Para corrigir essas impropriedades, o Partido dos Trabalhadores ajuizou

---

ao nascer por autoidentificação firmada em declaração escrita desta sua vontade dispõe do direito fundamental subjetivo à alteração do prenome e da classificação de gênero no registro civil pela via administrativa ou judicial, independentemente de procedimento cirúrgico e laudos de terceiros, por se tratar de tema relativo ao direito fundamental ao livre desenvolvimento da personalidade. 4. Ação direta julgada procedente" (STF, ADI 4275, Relator(a): MARCO AURÉLIO, Relator(a) p/ Acórdão: EDSON FACHIN, Tribunal Pleno, julgado em 01/03/2018, PROCESSO ELETRÔNICO DJe-045 DIVULG 06-03-2019 PUBLIC 07-03-2019). Verificar, ainda: Eduardo Cambi e Camila Christiane Rocha Nicolau. *Direito ao nome e à sua alteração (e a do gênero) no registro civil da pessoa transgênero*, p. 87-98.

40. PARANÁ. Ministério Público estadual. Procuradoria-Geral de Justiça. *Resolução nº 2077/2015-PGJ*. 22 mai. 2015. Disponível em: <http://www.direito.mppr.mp.br/arquivos/File/Resolucao20772015PGJ.pdf>. Acesso em: 13 mar. 2019.

a Arguição de Descumprimento Fundamental (ADPF) 787 para que o Ministério da Saúde que tomasse as medidas necessárias para adequar as normas internas do SUS às concepções cisnormativas de mulher e homem, bem como que a emissão de Declaração de Nascido Vivo (DNV), ao ser preenchida, não vincule as categorias pai e mãe ao sexo atribuído ao nascer e não ao que se identificam. O Min. Gilmar Mendes, em 28 de junho de 2021, concedeu a liminar para: a) determinar que o Ministério da Saúde, no prazo de 30 (trinta) dias, proceda a todas as alterações necessárias nos sistemas de informação do SUS, para que marcações de consultas e de exames de todas as especialidades médicas sejam realizadas independentemente do registro do sexo biológico; b) ordenar ao Ministério da Saúde que, também no prazo de 30 (trinta) dias, informe se os Sistemas de Informação do SUS (Sistema Informações Hospitalares do SUS (SIH/SUS), Sistema de Informações Ambulatoriais do SUS (SIA/SUS), Sistema de Informações em Saúde da Atenção Básica (SISAB), e-SUS 2.1.3.1 e o Sistema de Gerenciamento da Tabela de Procedimentos, Medicamentos e OPM do SUS/SIGTA) estão devidamente adaptados e atualizados para garantir o acesso a tratamentos médicos com base na autodeclaração de gênero dos pacientes. Por outro lado, o STF, quanto à Declaração de Nascido Vivo (DNV): a) determinou ao Ministério da Saúde, por meio da Secretaria de Vigilância da Saúde (SVS-MS), que, no prazo de 30 (trinta) dias, procedesse à alteração do *layout* da DNV para que se fizesse constar da declaração a categoria "parturiente", independente dos nomes dos genitores de acordo com sua identidade de gênero; c) determinou ao Ministério da Saúde que, no prazo de 30 (trinta) dias, estabelecesse diretrizes para, em conjunto com as Secretarias de Estado da Saúde e com as Secretarias Municipais de Saúde, gestoras estaduais do SIM e do SINASC, orientasse as unidades notificadoras a alimentarem os registros pertinentes considerando a categoria "parturiente", independente dos nomes dos genitores de acordo com sua identidade de gênero.

No âmbito do Sistema Interamericano de Direitos Humanos, a Corte Interamericana de Direitos Humanos emitiu a Opinião Consultiva nº 24/2017 pela qual assegurou que a orientação sexual, a identidade de gênero e a expressão de gênero são categorias protegidas pela cláusula da igualdade e proibição da discriminação, tendo os Estados o dever de respeitar e assegurar o direito ao nome (sem qualquer espécie de restrição e de interferência)[41]. No *Caso Atala Riffo e Crianças vs. Chile*, a Corte IDH

41. "(...) a identidade de gênero foi definida nesta opinião como a vivência interna e individual do gênero tal como cada pessoa o sente, o qual pode ou não corresponder com o sexo assinalado no momento do

afirmou que "a orientação sexual e a identidade de gênero das pessoas são categorias protegidas pela Convenção. Por isso, esta rejeita qualquer norma, ato ou prática discriminatória com base na orientação sexual da pessoa. Por conseguinte, nenhuma norma, decisão ou prática de direito interno, seja por parte de autoridades estatais, seja por particulares, pode diminuir ou restringir, de maneira alguma, os direitos de uma pessoa com base em sua orientação sexual"[42].

Além disso, a Convenção Interamericana contra o Racismo e Toda Forma de Discriminação e Intolerância, firmada em 2013, prevê o combate à discriminação, seja em razão da orientação sexual e da identidade de gênero, ou de condição infectocontagiosa estigmatizada (v.g. AIDS). Adota a perspectiva interseccional, ao prever o conceito de discriminação múltipla (art. 1.3)[43] e ao asseverar, no art. 11, que tais atos e os de intolerância são agravados quando baseados em dois ou mais critérios (raça, cor, ascendência ou origem nacional ou étnica). Além da proteção aos direitos à população vulnerável, como migrantes e LGBTIQIA+, o documento reconhece o dever do Estado em prevenir e reprimir a discriminação e a intolerância, sendo um marco para a visibilidade e amplitude desses direitos. Somado a isso,

---

nascimento. [...] o reconhecimento da identidade de gênero encontra-se ligada necessariamente à ideia segundo a qual o sexo e o gênero devem ser percebidos como parte de uma construção identitária que resulta da decisão livre e autônoma de cada pessoa, sem que deva estar sujeita à sua genitália. Dessa forma, o sexo, assim como as identidades, as funções e os atributos construídos socialmente que se atribuem a diferenças biológicas em todo o sexo assinalado ao nascer, longe de constituir-se em componentes objetivos e imutáveis do estado civil que individualiza uma pessoa, por ser um fato da natureza física ou biológica, terminam sendo traços que dependem da apreciação subjetiva de quem o detenha ou residem em construção da identidade de gênero auto-percebida relacionada com o livre desenvolvimento da personalidade, a autodeterminação sexual e o direito à vida privada. Portanto, quem decide se assumir é titular de interesses juridicamente protegidos, que em nenhuma circunstância podem ser sujeitos a restrições pelo simples fato de que o conglomerado social não compartilha estilos de vida específicos e únicos, como resultado de medos, estereótipos, preconceitos sociais e morais que não possuem fundamentos razoáveis. Assim, em vista dos fatores que definem a identidade sexual e de gênero de uma pessoa, uma preferência do fator subjetivo sobre suas características físicas ou morfológicas (fator objetivo) é apresentado na realidade. Nesse sentido, a partir da natureza humana complexa que leva cada pessoa a desenvolver sua própria personalidade com base na visão particular que eles têm sobre si mesmos, um caráter preeminente deve ser dado ao sexo psicossocial frente ao morfológico, a fim de respeitar plenamente os direitos da identidade sexual e de gênero, sendo aspectos que, em maior medida, definem a visão que a pessoa tem de si própria e a sua projeção ante a sociedade" (Par. 94 e 95).

42. CORTE INTERAMERICANA DE DIREITOS HUMANOS. *Caso Atala Riffo e crianças vs. Chile*. Sentença de 24 de fevereiro de 2012 (Mérito, Reparações e Custas). Disponível em: <https://www.corteidh.or.cr/docs/casos/articulos/seriec_239_por.pdf>. Acesso em: 8 fev. 2021. Par. 91.

43. "Discriminação múltipla ou agravada é qualquer preferência, distinção, exclusão ou restrição baseada, de modo concomitante, em dois ou mais critérios dispostos no Artigo 1.1, ou outros reconhecidos em instrumentos internacionais, cujo objetivo ou resultado seja anular ou restringir o reconhecimento, gozo ou exercício, em condições de igualdade, de um ou mais direitos humanos e liberdades fundamentais consagrados nos instrumentos internacionais aplicáveis aos Estados Partes, em qualquer área da vida pública ou privada".

os Estados devem se comprometer a adotar políticas e ações afirmativas, além de oferecer uma representação política pautada na diversidade – tanto no sistema político quanto no sistema jurídico –, de modo a refletir a diversidade da sociedade, "a fim de atender às necessidades especiais e legítimas de cada setor da população"[44]. Infelizmente, até o final de 2020, apenas México e Uruguai ratificaram a Convenção Interamericana contra o Racismo e Toda Forma de Discriminação e Intolerância[45], o que demonstra a baixa adesão de documentos dessa matéria nos sistemas regionais e internacionais –, como no Sistema ONU. O Brasil ratificou a referida Convenção em 12 de maio de 2021.

A Corte Interamericana de Direitos Humanos tem proferido decisões para assegurar os direitos da população LGBTIQIA+. Saliente-se o *Caso Pavez Pavez vs. Chile*, em que o Estado chileno foi condenado por ter permitido que a vítima Sandra Cecilia Pavez Pavez fosse impedida de lecionar a disciplina de religião católica, com base em sua orientação sexual[46]. Apesar de ser Professora da religião católica em uma instituição pública há vários anos, em 2007, ligações anônimas diziam que ela era uma mulher lésbica, o que motivou o o Bispado de San Bernardo a revogar o seu certificado de idoneidade, documento exigido para o exercício da profissão, após Sandra não cumprir a determinação da Igreja de submeter-se à terapias de ordem psiquiátrica. Posteriormente, o Poder Judiciário chileno, em todas as instâncias, inclusive por decisão da Corte Suprema da República do Chile negou à Sandra o direito de lecionar. Com isso em vista, a Corte IDH julgou e afirmou que as autoridades religiosas não podem impedir a emissão de certificado de idoneidade com base em critérios discriminatórios. Isso porque a Convenção Americana de Direitos Humanos protege a dignidade humana, que está baseada no princípio da autonomia da pessoa e de que todas as pessoas devem ser tratadas igualmente. Logo, todo ser humano pode autodeterminar-se e escolher livremente opções ou circunstâncias que emprestam sentido à sua existência. Cada pessoa é livre e autônoma para viver de acordo com seus valores, crenças, convicções e interesses. Além disso, a proteção à vida privada (art. 7.1 da CADH) não

44. RAMOS, André de Carvalho. *Curso de direitos humanos*. Cit. p. 340.
45. ORGANIZAÇÃO DOS ESTADOS AMERICANOS. *Convención interamericana contra toda forma de discriminación e intolerancia (a-69)*. Estado de Firmas y Ratificacione. Disponível em: <http://www.oas.org/es/sla/ddi/tratados_multilaterales_interamericanos_A-69_discriminacion_intolerancia_firmas.asp>. Acesso em: 26 jan. 2021.
46. CORTE INTERAMERICANA DE DIREITOS HUMANOS. *Caso Pavez Pavez vs. Chile*. Sentença de 4 de fevereiro de 2022. Disponível em: < https://corteidh.or.cr/comunicados_prensa.cfm?lang=pt&n=1810 >. Acesso em: 22 maio 2023.

se limita ao direito à privacidade, mas também abrange a capacidade de desenvolver a sua própria personalidade, aspirações, identidade e relações pessoais. A vida privada compreende a forma como a pessoa enxerga a si mesma e decide projetar-se em direção aos demais, bem como é condição indispensável para o livre desenvolvimento da personalidade. Com efeito, o Estado e a sociedade devem respeitar a individualidade de cada pessoa e o seu direito de ser tratado de acordo com os aspectos essenciais da sua personalidade, sendo que um dos componentes de todo plano de vida é a orientação sexual e a identidade de gênero. Pelo art. 1.1. da CADH, os Estados devem adotar medidas positivas para reverter ou alterar situações discriminatórias verificadas na sociedade, como aquelas baseadas na orientação sexual, para proteger a expressão e o projeto de vida das pessoas que integram à população LGBTQAI+[47]. Ainda que as comunidades religiosas possam indicar os professores para ensinar sobre seu próprio credo, o ensino religioso, quando ministrado em estabelecimentos públicos, não pode estar baseado em decisões discriminatórias não sujeitas a recursos administrativos ou judiciais. Além disso, os Estados devem prevenir violações de direitos humanos no processo educativo, o que faz com que levem em consideração a gravidade das violências de gênero contra as mulheres.

A Corte IDH, no *Caso Oliveria Fuentes vs. Peru*, se deparou com atos discriminatórios relacionados à orientação sexual do comunicador popular Crissthian Manuel Olivera Fuentes[48]. Em 11 de agosto de 2004, ele tomava café com seu então namorado em uma cafeteria, dentro de um supermercado na capital Lima, quando ambos foram subitamente abordados por seguranças e convidados a se retirar. Eles teriam que sair porque um cliente havia reclamado que estava no local com filhos pequenos e que eles não poderiam continuar com aquelas demonstrações de afeto. O casal apenas lia poemas um para o outro, sentados "muito juntos". A Corte

47. Conforme o voto de Antonio Cançado Trindade, no *Caso Gutiérrez vs. Colombia*: "3. Todos vivimos en el tiempo, que termina por consumirnos. Precisamente por vivirnos en el tiempo, cada uno busca divisar su proyecto de vida. El vocablo ´proyecto´ encierra en sí toda una dimensión temporal. El concepto de proyecto de vida tiene, así, un valor esencialmente existencial, ateniéndose a la idea de realización personal integral. Es decir, en el marco de la transitoriedad de la vida, a cada uno cabe proceder a las opciones que le parecen acertadas, en el ejercicio de plena libertad personal, para alcanzar la realización de sus ideales. La búsqueda de la realización del proyecto de vida desvenda, pues, un alto valor existencial, capaz de dar sentido a la vida de cada uno" (CORTE INTERAMERICANA DE DIREITOS HUMANOS. *Caso Gutiérrez Soler vs. Colombia*. https://www.corteidh.or.cr/docs/casos/articulos/seriec_132_esp.pdf. Sentença de 12 de setembro de 2005. Acesso em 05 de jun. de 2023).

48. CORTE INTERAMERICANA DE DIREITOS HUMANOS. *Caso Oliveira Fuentes vs. Perú*. Sentença de 4 de fevereiro de 2023. Disponível em: <blob:https://web.whatsapp.com/0369f7cd-1b95-4b2a-870f-226e5983a229>. Acesso em: 21 julho 2023.

IDH reconheceu a prática de discriminação estrutural contra pessoas que integram o grupo LGBTIQA+, ao afirmar que as "formas de discriminação contra pessoas LGBTIQ+ se manifestam em inúmeros aspectos, tanto na esfera pública quanto na privada. A esse respeito, esta Corte reconheceu em sua jurisprudência que pessoas LGBTIQ+ têm sido historicamente vítimas de discriminação estrutural, estigmatização, bem como diversas formas de violência e violação de seus direitos fundamentais. Essa violência contra pessoas LGBTIQ+ é baseada no preconceito, geralmente percepções negativas em relação a essas pessoas ou situações estranhas ou diferentes e pode ser motivada pelo 'desejo de punir aqueles que desafiam as normas de gênero'" (Par. 89). As autoridades administrativas e judiciárias do Peru haviam negado o direito de Crissthian Manuel Olivera Fuentes, baseados em estereótipos discriminatórios e na ausência da satisfação do ônus da prova, exigindo que a única forma de provar a discriminação seria a apresentação de um vídeo do exato momento em que os eventos ocorreram, o que é, conforme assinalou a Corte IDH, é um *standard* probatório difícil e desproporcional. O Peru foi responsabilizado pela violação dos artigos 7.1 (direito à liberdade pessoal), 8.1 (garantias judiciais), 11 (proteção da honra e dignidade), 24 (igualdade perante a lei) e 25.1 (proteção judicial) da Convenção Interamericana, uma vez que "os parâmetros e requisitos relativos ao ônus da prova impostos pelos órgãos administrativos e judiciais internos tornaram nulo o direito do senhor Olivera à igualdade de acesso à justiça. Ao anterior acresce a motivação particular apresentada pelas autoridades administrativas, não sanada judicialmente, assente em estereótipos baseados na orientação sexual que afetavam a imparcialidade dos referidos órgãos" (Par. 129). Portanto, a Corte IDH determinou que o país forneça, gratuita e imediatamente, tratamento psicológico e/ou psiquiátrico a Olivera, implemente campanhas de conscientização sobre respeito e não discriminação para com a comunidade LGBTQI+, prepare um plano pedagógico sobre diversidade sexual nos cursos de formação de carreiras administrativas e judiciais e indenize o comunicador popular em US$ 15 mil.

Vale ressaltar, ainda, que, em 30 de abril de 2019, a Comissão Interamericana de Direitos Humanos (CIDH) apresentou à Corte Interamericana de Direitos Humanos (Corte IDH) o *Caso Vicky Hernández e família*, relativo à Honduras[49]. Este é o primeiro caso de morte de uma mulher trans, por agentes de segurança do Estado, levado à Corte IDH, o que permite

49. COMISSÃO INTERAMERICANA DE DIREITOS HUMANOS. *CIDH apresenta caso sobre Honduras à Corte IDH*. Disponível em: <https://www.oas.org/pt/cidh/prensa/notas/2019/112.asp>. Acesso em: 2 mai. 2021.

o desenvolvimento da jurisprudência em matéria de violência contra pessoa LGBTQII+. Vicky Hernández foi morta, entre a noite de 28 de junho e a madrugada de 29 de junho de 2009, em um contexto de violência e discriminação baseado na sua identidade e expressão de gênero. A CIDH concluiu que o Estado hondurenho não investigou adequadamente e dentro de um prazo razoável os fatos do caso, o que contribuiu para a sua impunidade. Portanto, concluiu que o Estado é responsável pela violação do direito à vida, à integridade pessoal, às garantias judiciais, à honra e dignidade, à liberdade de expressão, e à proteção judicial, todos assegurados na Convenção Americana de Direitos Humanos. Destaca-se que, dentre os mecanismos de não repetição, a CIDH recomendou que Honduras: a) adote medidas legislativas, administrativas ou de outra natureza, para alcançar o reconhecimento da identidade de gênero autopercebida das pessoas trans, bem como para efetuar um diagnóstico adequado sobre o contexto enfrentado pelas pessoas LGBTQIA+ em Honduras; b) crie uma política integral de prevenção e erradicação efetiva das causas estruturais que geram violência contra esse grupo vulnerável; c) estabeleça mecanismos de prestação de contas pelas forças de segurança do Estado diante de casos de violência por preconceito contra pessoas LGBT; d) assegure o acesso à justiça, em casos de violência contra pessoas LGBT, com base nos parâmetros interamericanos sobre a matéria.

São vidas ceifadas. No Brasil, a expectativa de vida de travestis e transexuais é de 35 anos; em comparação, o Instituto Brasileiro de Geografia e Estatística (IBGE) calcula que a expectativa de vida no Brasil é, em média, de 75 anos[50]. A *causa mortis* é uma só: intolerância e preconceito. As barbaridades perpetradas pelos absolutismos dissociam as noções de pessoa humana daquela de sujeito merecedor de tutela jurídica[51]. Do acima exposto, nota-se que a população trans possui, portanto, o direito mais básico negado: o de ser como se é.

50. REDE TRANS BRASIL, 2018.

51. Sobre a dissociação protetiva entre pessoa e sujeito de direito: "O conceito de direitos humanos, baseado na suposta existência de um ser humano em si, desmoronou no mesmo instante em que aqueles que diziam acreditar nele se confrontaram pela primeira vez com seres que haviam realmente perdido todas as outras qualidades e relações específicas – exceto que ainda eram humanos. O mundo não viu nada de sagrado na abstrata nudez de ser unicamente humano." (ARENDT, Hannah. *As origens do totalitarismo*. São Paulo: Cia das Letras, 1989.p.333)

CAPÍTULO

6

MIGRANTES E REFUGIADOS: O DIREITO A TER DIREITOS

Várias ondas de migração, como as ocorridas do Oriente Médio e da África para a Europa, da América Central para os Estados Unidos e, mais recentemente, da Venezuela para Colômbia e para o Brasil, têm causado tensões sociais e constantes inseguranças para cidades, estados e até países inteiros.

Ao final de 2018, quase 70,8 milhões de pessoas deixaram seus países de origem por conta de deslocamento forçado por conflitos ou na perspectiva de busca de melhores condições de vida[1]. O panorama se revela desafiador, em razão do grande contingente de pessoas que se movimenta, sendo que 67% dos refugiados do mundo são provenientes de três países: Síria (6,7 milhões), Afeganistão (2,7 milhões) e Sudão do Sul (2,3 milhões)[2].

A Agência da ONU para Refugiados (ACNUR) e a Organização Internacional para as Migrações (OIM) estimam que mais de 4 milhões de venezuelanos estejam em condição de refugiados e migrantes[3], número expressivo que colocaria a Venezuela como o segundo país do mundo com maior fluxo migratório. Apenas em 2018, foram solicitados 61.681 pedidos

1. ORGANIZAÇÃO DAS NAÇÕES UNIDAS. *Global Trends: Forced Displacement in 2018*. Disponível em: <https://www.unhcr.org/globaltrends2018/>. Acesso em: 19 fev. 2020.
2. Idem. Ibidem.
3. ORGANIZAÇÃO DAS NAÇÕES UNIDAS. Número de refugiados e migrantes da Venezuela ultrapassa 4 milhões, segundo o ACNUR e a OIM. Genebra, 7 jun. 2019. Agência da ONU para refugiados. Disponível em: <https://www.acnur.org/portugues/2019/06/07/numero-de-refugiados-e-migrantes-da-venezuela-ultrapassa-4-milhoes-segundo-o-acnur-e-a-oim/>. Acesso em: 27 fev. 2020.

de reconhecimento da condição de refugiado provenientes de nacionais venezuelanos ao Brasil[4].

Entre 2006 e 2016, houve um aumento expressivo do número de migrantes no Brasil, correspondendo a um incremento de 178%[5]. Isso ocorreu devido às facilidades trazidas pelos Acordos de Residência do Mercosul, com destaque para a migração do povo haitiano para São Paulo, após o terremoto de 2010, e a chegada de um enorme contingente de venezuelanos, em razão das consequências das crises socioeconômicas e políticas, bem como pela falta de alimentos, de tratamentos médicos e medicamentos na Venezuela.

A Corte Interamericana de Direitos Humanos, no Parecer Consultivo 18/03, de 17 de setembro de 2003, afirmou que *emigrante* é aquele que deixa um Estado com o objetivo de se estabelecer em outro país, enquanto o *imigrante* é a pessoa que chega a um Estado com o ânimo de residir[6]. O termo "migrante" é genérico, incluindo tanto o emigrante quanto o imigrante[7].

O acolhimento dos migrantes, a promoção de seus direitos humanos e a integração às nações que os recebem é uma obrigação moral internacional (não apenas uma questão jurídica limitada pela perspectiva política

4. BRASIL. Ministério da Justiça e Segurança Pública. *Refúgio em números*. 4 ª edição. Acesso em: 19 fev. 2020. Disponível em: <https://www.acnur.org/portugues/wp-content/uploads/2019/07/Refugio-em-nu%CC%81meros_versa%CC%83o-23-de-julho-002.pdf>. Acesso em: 6 set. 2021.

5. COMISSÃO INTERAMERICANA DE DIREITOS HUMANOS. *Situação dos direitos humanos no Brasil*. Cit. p. 91-92.

6. No mesmo sentido, o art. 1º, § 1º, da Lei 13.455/2017 afirma que "imigrante" é pessoa nacional de outro país ou apátrida que trabalha ou reside e se estabelece temporária ou definitivamente no Brasil; e "emigrante", o brasileiro que se estabelece temporária ou definitivamente no exterior. O art. 1º, § 1º, da Lei 13.455/2017 também incluiu os seguintes conceitos: "residente fronteiriço" é a pessoa nacional de país limítrofe ou apátrida que conserva a sua residência habitual em município fronteiriço de país vizinho; "visitante" pessoa nacional de outro país ou apátrida que vem ao Brasil para estadas de curta duração, sem pretensão de se estabelecer temporária ou definitivamente no território nacional; e "apátrida": é a pessoa que não seja considerada como nacional por nenhum Estado, segundo a sua legislação, nos termos da Convenção sobre o Estatuto dos Apátridas, de 1954, promulgada pelo Decreto nº 4.246, de 22 de maio de 2002, ou assim reconhecida pelo Estado brasileiro.

7. CORTE INTERAMERICANA DE DIREITOS HUMANOS. *Parecer Consultivo 18/03*, de 17 de setembro de 2003, solicitado pelos Estados Unidos Mexicanos. A condição jurídica e os direitos dos migrantes indocumentados. § 69.

de refugiados)[8-9] e deve ir muito além do oferecimento de meros programas assistenciais. O enorme fluxo migratório exige a cooperação da comunidade internacional e a adoção de medidas para favorecer aqueles que fogem de graves crises humanitárias (como o incremento e a simplificação da concessão de vistos, a adoção de programas de patrocínio privado e comunitário, a abertura de corredores humanitários para os refugiados mais vulneráveis, o oferecimento de alojamentos decentes, a garantia de segurança pessoal e de acesso aos serviços essenciais, o asseguramento de assistência consular adequada, o direito de manter consigo os documentos pessoais de identidade, o acesso imparcial à justiça, a possibilidade de abrir contas bancárias e a garantia do necessário para a subsistência vital, a liberdade de movimento e a possibilidade de trabalhar, a proteção de crianças e adolescentes e o acesso regular à escola, a previsão de programas de custódia temporária e de acolhimento, a garantia da liberdade religiosa, programas de inserção dos migrantes e refugiados à sociedade, o favorecimento da reunificação familiar e a preparação das comunidades locais para processos de integração)[10].

Os Estados mais atingidos pelas ondas migratórias, com raras exceções, não podem tomar sozinhos todas essas medidas sem a adoção de políticas solidárias construídas com a cooperação internacional. Nesse sentido, a Corte Interamericana de Direitos Humanos, no Parecer Consultivo 28/03, de 17 de setembro de 2003, tratou da privação do exercício de direitos trabalhistas aos migrantes, incluindo os que não possuíam documentos, tendo concluído que:

> 85. O Estado está obrigado pela normativa da proteção internacional dos direitos humanos, que protege toda pessoa humana *erga omnes*, independentemente de seu estatuto de cidadania, ou de migração, ou qualquer outra condição ou circunstância. Os direitos fundamentais dos trabalhadores migrantes, inclusive os indocumentados, são oponíveis ao poder público e igualmente aos

8. *"From the moral point of view we cannot regard this problem solely from the perspective of the inhabitants of affluent and peaceful societies; we must also take the perspective of those who come to foreign continents seeking their well-being, that is, an existence worthy of human beings, rather than protection from political persecution. The question of whether a legal claim to immigration exists over and above a moral claim is particularly relevant in the current situation, where the number of people wanting to immigrate manifestly exceeds the willingness to receive them"* (HABERMAS, Jürgen. *The inclusion of other. Studies in political theory.* Cit. p. 230).

9. Pelo art. 14.1 da Declaração Universal dos Direitos Humanos, todo o ser humano, vítima de perseguição (p. ex., em razão de sua raça, religião, nacionalidade, grupo social ou opinião política), tem direito de procurar e de gozar de asilo em outros países.

10. PAPA FRANCISCO. *Carta Encíclica Fratelli Tutti*. Cit. p. 93-95.

particulares (*v.g.*, os empregadores), nas relações interindividuais. O Estado não pode se prevalecer do fato de não ser Parte em um determinado tratado de direitos humanos para se evadir da obrigação de respeitar o princípio fundamental da igualdade e não discriminação, por ser este um princípio de Direito Internacional geral, e do *jus cogens*, que transcende assim o domínio do direito dos tratados.

A Corte Interamericana de Direitos Humanos, no Parecer Consultivo 21/14, de 19 de agosto de 2014, cuidou do contexto específico da migração de crianças, tendo concluído:

> Os Estados se encontram obrigados a identificar as crianças estrangeiras que necessitam de proteção internacional dentro de suas jurisdições, através de uma avaliação inicial com garantias de segurança e privacidade, com o fim de lhes proporcionar o tratamento adequado e individualizado que seja necessário de acordo com sua condição de crianças e, em caso de dúvida sobre a idade, avaliar e determinar a mesma; determinar se se trata de uma criança desacompanhada ou separada, assim como sua nacionalidade ou, se for o caso, sua condição de apátrida; obter informação sobre os motivos de sua saída do país de origem, de sua separação familiar se for o caso, de suas vulnerabilidades e qualquer outro elemento que evidencie ou negue sua necessidade de algum tipo de proteção internacional; e adotar, caso seja necessário e pertinente, de acordo com o interesse superior da criança, medidas de proteção especial (...)[11].

Com efeito, em matéria migratória, são asseguradas às crianças e adolescentes a seguintes garantias: i) serem notificadas da existência de um procedimento e da decisão adotada no âmbito do processo de migração; ii) os processos migratórios devem ser conduzidos por funcionário ou juiz especializado; iii) serem ouvidos e participarem nas diferentes fases do processo; iv) serem assistidas gratuitamente por um tradutor e/ou intérprete; v) acesso efetivo à comunicação e assistência consular; vi) serem assistidos por um representante legal e de se comunicarem livremente com o referido representante; vii) designação de um tutor no caso de crianças desacompanhadas ou separadas; viii) o direito de que a decisão adotada

11. CORTE INTERAMERICANA DE DIREITOS HUMANOS. *Parecer Consultivo nº 21/14, de 19 de agosto de 2014*. Solicitado pela República Argentina, República Federativa do Brasil, República do Paraguai e República Oriental do Uruguai. Direitos e Garantias de crianças no contexto da migração e/ou em necessidade de proteção internacional.

avalie o melhor interesse da criança ou adolescente; ix) o direito de recorrer da decisão perante um juiz ou tribunal superior com efeitos suspensivos; e x) o prazo razoável de duração do processo[12]. A criança e o adolescente têm direito de ter a sua família protegida com a manutenção, na maior medida possível, da unidade familiar. Os Estados, todavia, não estão impedidos de implementar políticas migratórias de acordo com os direitos humanos, podendo eventualmente expulsar um ou dois progenitores, caso seja observado o princípio da proporcionalidade[13].

Em outras palavras, os Estados podem definir políticas migratórias e mecanismos de ingresso no seu território, desde que respeitem os direitos humanos das pessoas migrantes[14]. Dessa forma, o devido processo legal deve ser garantido para todas as pessoas em situações que envolvem expulsão ou detenção preventiva, independentemente do seu *status* migratório, porque o devido processo se aplica não somente *ratione materiae*, mas também *ratione personae*, o que permite que os migrantes tenham a possibilidade de exercerem seus direitos e defenderem seus interesses de forma efetiva e em condições de igualdade processual[15]. Logo, as pessoas em processo de expulsão devem ser formal e expressamente informadas das acusações que pesam contra si, tendo a possibilidade de expor suas razões e defenderem-se das acusações, solicitarem e receberem assistência consular, assessoria legal, tradução e interpretação[16]. Além disso, as sanções administrativas para o controle dos fluxos migratórios, como expressão do poder punitivo, e a exemplo das sanções penais, devem ser aplicadas como *ultima ratio*, isto é, somente quando estritamente necessárias para proteger os bens jurídicos fundamentais dos ataques mais graves que os prejudicam ou os colocam em perigo[17], desde que observada a necessária fundamentação concreta e individual, após considerada a imposição de medidas menos gravosas. Na

12. Idem, par. 116.
13. Idem, par. 274.
14. CORTE INTERAMERICANA DE DIREITOS HUMANOS. *Parecer Consultivo OC-18/03, de 17 de setembro de 2003*. Solicitado pelos Estados Unidos Mexicanos. A condição jurídica e os Direitos dos Migrantes Indocumentados. < https://www.corteidh.or.cr/docs/opiniones/seriea_18_por.pdf >. Acesso em: 25 maio 2023. Par. 168.
15. CORTE INTERAMERICANA DE DIREITOS HUMANOS. *Caso de Personas Dominicanas Y Haitianas Explulsadas Vs. Republica Domenicana*. Sentença de 28 de agosto de 2014. Disponível em: <https://corteidh.or.cr/docs/casos/articulos/seriec_282_esp.pdf >. Acesso em: 25 maio 2023. Pars. 350 e 351.
16. CORTE INTERAMERICANA DE DIREITOS HUMANOS. *Caso Nadege Dorzema Y Otros Vs. Republica Domenicana*. Sentença de 24 de outubro de 2012. Disponível em: < https://www.corteidh.or.cr/docs/casos/articulos/seriec_251_esp.pdf>. Acesso em: 25 maio 2023. Par. 175.
17. CORTE INTERAMERICANA DE DIREITOS HUMANOS. *Caso Kimel Vs. Argentina*. Sentença de 2 de maio de 2008. Disponível em: < https://www.corteidh.or.cr/docs/casos/articulos/seriec_177_esp.pdf>. Acesso em: 25 maio 2023. Par. 76.

hipótese de a decisão ser desfavorável, o migrante tem direito a ser formal e suficientemente notificado, bem como a submeter o caso à revisão.

No entanto, no primeiro período de governo do Presidente Donald Trump (2017-2020) adotou o Programa Tolerância Zero, pelo qual determinou a separação de pais e filhos, mantendo-os em celas à espera da deportação. A severidade da conduta objetivava desencorajar a imigração ilegal; porém, acabou por receber críticas da comunidade internacional em face da manifesta violação de direitos humanos, ao segregar e confinar pessoas e crianças com base em suas nacionalidades. Em face do ocorrido, a Agência da ONU para refugiados (ACNUR) solicitou que os Estados Unidos priorizassem medidas que conservasse a unidade familiar, evitando a separação de pais e filhos[18]. Felizmente, em julgamento realizado pela Suprema Corte dos Estados Unidos, em 18 de junho de 2020, a medida de proteção aos filhos de imigrantes em situação irregular – denominada de Ação Diferida para Chegadas à Infância (DACA) – foi mantida. Os magistrados consideraram arbitrária a posição defendida pelo Departamento de Segurança Interna dos Estados Unidos, que pugnava pela extinção do programa protetivo. Em uma decisão sem precedentes, a Suprema Corte Norte Americana decidiu, com fundamento no devido processo legal previsto na Quinta Emenda Constitucional dos Estados Unidos, que o governo Trump não expôs motivos plausíveis para a revogação do programa e que a sua supressão violaria leis federais que elaboram políticas públicas, o que deixava milhares de pessoas desprotegidas em relação à deportação[19].

A necessidade de proteção integral das crianças e adolescentes lhes confere o direito de solicitar e receber asilo, nos termos do art. 22.7 da Convenção Americana de Direitos Humanos. É dever do Estado acolhedor explicar, em linguagem simples, que crianças e adolescentes têm o direito de solicitar e receber asilo, sendo encaminhados à entidade responsável, seja por meio do Estado, seja pela via do Organismo Internacional, como o ACNUR (Alto Comissariado das Nações Unidas para Refugiados)[20].

Nesse contexto, é importante salientar também o *Caso Villagrán Morales y otros (Niños de La Calle) vs. Guatemala*, julgado em 1997 pela

---

18. ORGANIZAÇÃO DAS NAÇÕES UNIDAS. *ONU diz que as crianças migrantes não podem ser separadas de seus pais*. Disponível em: <https://nacoesunidas.org/onu-diz-que-as-criancas-migrantes-nao-podem-ser-separadas-de-seus-pais/>. Acesso em: 11 jun. 2019.
19. ESTADOS UNIDOS DA AMÉRICA. Suprema Corte dos Estados Unidos. *Department of Homeland Security et al. v. Regents of the University of California et al.* CERTIORARI TO THE UNITED STATES COURT OF APPEALS FOR THE NINTH CIRCUIT. No. 18–587. Argued November 12, 2019—Decided June 18, 2020.
20. CORTE INTERAMERICANA DE DIREITOS HUMANOS. *Opinião Consultiva nº 21/2014*. Cit. § 98.

Corte Interamericana de Direitos Humanos. Foi levado ao conhecimento da Corte IDH que, em junho de 1990, houve uma sequência de crimes cometidos contra jovens moradores de rua, que resultaram em sequestro, tortura e assassinato de cinco deles. Foi apurado que as violações haviam sido cometidas por membros da Polícia Nacional da Guatemala. A Corte IDH assinalou a gravidade do caso, principalmente pelo fato de três das vítimas serem menores de idade, tendo o Estado da Guatemala violado não apenas o art. 4º da Convenção Americana de Direitos Humanos[21], mas também diversos documentos internacionais de proteção e assistência à criança e ao adolescente. Por outro lado, mesmo que as vítimas tenham cometido delitos que pudessem culminar na prisão em flagrante, a custódia dos adolescentes era atribuição das autoridades policiais, que não apenas deixaram de cumprir a responsabilidade pela integridade pessoal dos custodiados, como os torturaram e os executaram.

Por se tratar de pessoas indefesas e vulneráveis, a responsabilidade do Estado é maior quando comparada às pessoas adultas, merecendo as crianças e adolescentes tratamento especial, sobretudo em virtude da *interpretação evolutiva* das normas de Direitos Humanos[22]. No entanto, não se pode ignorar que, nos Estados Unidos, apesar de a política de imigração ser da competência do governo federal, são os Estados que respondem pelos serviços sociais. Devido à enorme quantidade de imigrantes que chegam ilegalmente todos os anos ao país, principalmente pela fronteira do México. A Califórnia e o Texas, para não elevar a carga tributária, têm adotado diferentes políticas restritivas aos direitos dos imigrantes ilegais. A proibição de trabalhar, a exclusão do direito de crianças estudarem em escolas públicas, a negação de benefícios para a compra de comida e de serviços médicos, normalmente concedidos aos pobres norte-americanos, têm sido aplicados por estes Estados.

Owen Fiss afirma que as regras que proíbem a discriminação arbitrária – usadas para a proteção das minorias (mulheres e afrodescendentes) – não deve ser estendida aos imigrantes, porque "a distinção entre nacionais e estrangeiros forma parte de toda nação soberana para determinar os critérios

21. "Artigo 4. Direito à Vida; 1. Toda pessoa tem o direito de que se respeite sua vida. Esse direito deve ser protegido pela lei e, em geral, desde o momento da concepção. Ninguém pode ser privado da vida arbitrariamente".

22. COMISSÃO INTERAMERICANA DE DIREITOS HUMANOS. *Situação dos direitos humanos no Brasil*. Cit. p. 91-92.

de pertencimento" à nação como comunidade[23]. Apesar desse entendimento, a Suprema Corte norte-americana, no *Caso Plyler vs. Doe* (1982), considerou ilegal lei do Texas que proibia que crianças, que não conseguiam provar que haviam sido admitidas legalmente no país, frequentassem escolas públicas[24]. Algumas escolas no Texas ainda requeriam o pagamento de taxas para que crianças não admitidas legalmente pudessem estudar nos Estados Unidos. A política escolar, vigente à época, estabelecia que somente as crianças que tinham documentação de admissão legal, ou que possuíssem confirmação das autoridades federais de imigração sobre o processo de elaboração daquela documentação, fossem denominadas imigrantes legais, e, apenas dessa forma, conseguiriam acesso à educação pública americana[25]. Em razão disso, um grupo de estudantes mexicanos, que não conseguiu se encaixar nas diretrizes estabelecidas pelo Estado do Texas quanto à legalidade da sua admissão, propôs uma ação judicial sob o fundamento de que essa política educacional violava a Constituição. O Tribunal Federal acatou o pedido em sede liminar, tendo a Escola apelado perante a Suprema Corte dos Estados Unidos. Esse Tribunal considerou que a restrição à educação dessas crianças não encontrava respaldo na Constituição Americana, uma vez que a 14ª Emenda assegura igualdade de direitos e garantias, bem como não faz distinção entre nacionais e estrangeiros. Consequentemente, uma criança imigrante sem documentos possui as mesmas características e direitos do que qualquer outra criança, a merecer todas as proteções contra qualquer forma de discriminação. Dessa forma, a maioria dos juízes da Suprema Corte concluiu que a lei do Texas impunha caráter discriminatório às crianças, baseado em uma situação pouco controlada por elas, no que condiz à condição de sua entrada nos Estados Unidos. Além disso, negar o direito à educação, como constou expressamente na decisão, contribuiria para "a criação e perpetuação de uma subclasse de analfabetos dentro das nossas fronteiras, o que certamente aumentaria os problemas e custos de desemprego, bem-estar social, e criminalidade"[26]. Para Owen Fiss, contudo,

---

23. FISS, Owen. El inmigrante como paria. In: *Una comunidad de iguales. La protección constitucional de los nuevos ciudadanos*. Trad. de Antonio de Cabo y Geraldo Pisarello. México: Distribuciones Fontamara, 2008. p. 32-33.

24. ESTADOS UNIDOS DA AMÉRICA. *United States Courts. Access to Education – Rule of Law. Plyler v. Doe*. Disponível em: <https://www.uscourts.gov/educational-resources/educational-activities/access-education-rule-law>. Acesso em: 14 fev. 2020.

25. AMERICAN IMMIGRATION COUNCIL. *Fact Sheet – Public Education for Immigrant Students*: Understanding Plyler v. Doe. 24 out. 2016. Disponível em: <https://www.americanimmigrationcouncil.org/research/plyler-v-doe-public-education-immigrant-students>. Acesso em: 13 abr. 2020.

26. *"But it hardly can be argued rationally that anyone benefits from the creation within our borders of a subclass of illiterate persons many of whom will remain in the State, adding to the problems and costs of both State and*

tal precedente não deveria ser aplicado aos imigrantes ilegais, pois não restringir o acesso ao trabalho, à educação pública e à seguridade social seria uma forma de incentivar a imigração ilegal. Por outro lado, pondera que a restrição de tais direitos torna os imigrantes ilegais párias da sociedade, sendo melhor impedir o seu ingresso nas fronteiras, realizar processos de extradição ou aplicar sanções penais (*v.g.*, aos empregadores de imigrantes ilegais)[27]. Tal posição é criticada por Antonio de Cabo e Geraldo Pisarello, na Apresentação da obra de Owen Fiss:

> *Ciertamente, y contra lo que parece sugerir Fiss, una política igualitaria en materia de derechos es inescindible de una política de fronteras cada vez más porosas y flexibles y de una revisión radical de las causas de la desigualdad entre las regiones del norte opulento y las del sur y el este empobrecidos. Muchos pueden considerar una política de este tipo utópica y irrealizable. En el mediano plazo, no obstante, es seguramente más realista que la actual filosofía represiva, que no han servido, según sus próprios propósitos, para desalentar la inmigración irregular y se ha convertido, por el contrário, en un foco permanente, no sólo de gastos económicos que podrían destinarse a otras políticas, sino sobre todo de violencia institucional y extra-institucional*[28].

No modelo de globalização neocolonial, as fronteiras nacionais são abertas ao capital, inclusive ao puramente especulativo, mas não ao trabalho. Os Estados mais ricos protegem suas fronteiras e controlam os fluxos migratórios, reprimindo, com o uso da força, os migrantes tidos como *ilegais*[29]. Não raro, ignora-se que as causas da migração estão ligadas à extrema pobreza e à falta de condições mínimas de vida digna no território de origem, ligadas historicamente à colonização a que foram submetidos por países que se desenvolveram à custa da exploração alheia.

No Brasil, a Lei 13.445/2017, conhecida como Lei de Migração, regulamentada pelo Decreto 9.199/2017, modernizou o regime regulatório da migração, adotando como diretriz a proteção dos direitos humanos das

---

National Governments attendant upon unemployment, welfare, and crime". Tradução nossa. Voto do Juiz Powell. ESTADOS UNIDOS DA AMÉRICA. Suprema Corte dos Estados Unidos. *Plyler v. Doe (1982)*, Nº 80-1538, 1 dez. 1987, j. 15 jun. 1982. Disponível em: <https://caselaw.findlaw.com/us-supreme-court/457/202.html>.

27. FISS, Owen. El inmigrante como paria. Cit. p. 38-40.
28. Idem, p. 18.
29. TRINDADE, Antônio Augusto Cançado. *Tratado de Direito Internacional de Direitos Humanos*. Vol. 2. Cit. p. 271.

pessoas migrantes, com destaque para os princípios da não criminalização da migração, da não descriminalização e do repúdio à xenofobia[30].

Por exemplo, o art. 54 da Lei de Migração afirma que a expulsão é a medida administrativa de retirada compulsória de migrante ou visitante do território nacional, conjugada com o impedimento de reingresso por prazo determinado. Podem ser expulsos do Brasil os estrangeiros, com sentença transitada em julgado, pela prática de crime de genocídio, crime contra a humanidade, crime de guerra ou crime de agressão, nos termos definidos pelo Estatuto de Roma do Tribunal Penal Internacional de 1998 (promulgado pelo Decreto nº 4.388, de 25 de setembro de 2002), ou por crime comum doloso passível de pena privativa de liberdade (normalmente, tráfico internacional de drogas), consideradas a gravidade e as possibilidades de ressocialização em território nacional. Vale ressaltar que até 2017, quando vigia o Estatuto do Estrangeiro (Lei 6.815/1980), a medida de expulsão se aplicava a quem atentasse contra a segurança nacional, a ordem política ou social, a tranquilidade ou a moralidade pública e a economia popular, ou que se mostrasse de alguma forma inconveniente ou nocivo aos interesses nacionais. A partir da Lei de Migração, o art. 54, § 3º, afirma que o "processamento da expulsão em caso de crime comum não prejudicará a progressão de regime, o cumprimento da pena, a suspensão condicional do processo, a comutação da pena ou a concessão de pena alternativa, de indulto coletivo ou individual, de anistia ou de quaisquer benefícios concedidos em igualdade de condições ao nacional brasileiro". Além disso, não será expulso o estrangeiro que tiver filho brasileiro sob sua guarda ou dependência econômica ou socioafetiva, nem o que tiver cônjuge ou companheiro residente no Brasil (art. 55, inc. II, da Lei 13.445/2017). Aliás, as circunstâncias que impedem a expulsão não precisam ser contemporâneas ao fato que ensejou a medida; isto é, o estrangeiro que reside no Brasil não pode ser expulso mesmo se venha a ter um filho brasileiro sob a sua guarda, dependência econômica ou socioafetiva, após os fatos que levaram o governo a editar a portaria de expulsão. Nesse sentido, o Superior Tribunal de Justiça concedeu Habeas Corpus a um cidadão da Tanzânia para invalidar a portaria que determinou sua expulsão do Brasil, em razão de ter sido condenado a sete anos de prisão e multa por tráfico de drogas, uma vez que ele teria comprovado que tinha filho brasileiro sob a sua guarda, havendo dependência econômica e socioafetiva. Na decisão

30. COMISSÃO INTERAMERICANA DE DIREITOS HUMANOS. *RESOLUÇÃO 2/18*. Disponível em: <https://www.oas.org/pt/cidh/decisiones/pdf/Resolucao-2-18-pt.pdf>. Acesso em: 29 jan. 2021.

da 1ª Seção do STJ, o Relator, Min. Ogg Fernandes, destacou que "deve-se aplicar o princípio da prioridade absoluta no atendimento dos direitos e interesses da criança e do adolescente, previsto no art. 227 da CF/1988, em cujo rol se encontra o direito à convivência familiar, o que justifica, no presente caso, uma solução que privilegie a permanência da genitora em território brasileiro, em consonância com a doutrina da proteção integral insculpida no art. 1º do ECA"[31].

A Lei 13.445/2017 adotou, ainda, mecanismos de acolhimento humanitário, com a ampliação da emissão de visto ou residência temporária, principalmente a partir da vinda de migrantes haitianos e para a proteção de apátridas. Ademais, é importante ressaltar que, diante da grave crise política, econômica e social que vem sofrendo a Venezuela no início do século XXI, um contingente enorme de pessoas se viu obrigado a deixar o país como resposta às múltiplas e massivas violações de direitos humanos. Conforme o Alto Comissariado das Nações Unidas para os Refugiados (ACNUR), em 31 de janeiro de 2018, havia 133.574 solicitações de asilo de pessoas venezuelanas e 350.861 registos de venezuelanos que migraram para Colômbia, Brasil, Peru, Equador, Estados Unidos da América, Panamá, Costa Rica, Trinidad e Tobago, México, Argentina, Chile, Uruguai e Canadá, assim como outros países do mundo.

Diante dessa migração forçada de pessoas venezuelanas, a Comissão Interamericana de Direitos Humanos emitiu a Resolução 2/2018, para estabelecer marcos de responsabilidade compartilhada e em conjunto com a comunidade internacional, com destaque para a garantia de ingresso ao território de venezuelanos para buscar proteção internacional ou para satisfazer necessidades humanitárias urgentes, incluindo o reconhecimento da condição de refugiado, bem como a adoção de medidas dirigidas a garantir a reunião familiar das pessoas venezuelanas com suas famílias[32].

31. BRASIL, Superior Tribunal de Justiça. HC n. 452.975/DF, relator Ministro Og Fernandes, Primeira Seção, julgado em 12/2/2020, DJe de 10/3/2020.

32. "193. El Tribunal ha señalado anteriormente que esta orientación tiene particular importancia para el Derecho Internacional de los Derechos Humanos, el que ha avanzado sustancialmente mediante la interpretación evolutiva de los instrumentos internacionales de protección. Sobre el particular, esta Corte ha entendido que [t]al interpretación evolutiva es consecuente con las reglas generales de interpretación de los tratados consagradas en la Convención de Viena de 1969. Tanto esta Corte [...] como la Corte Europea [...], han señalado que los tratados de derechos humanos son instrumentos vivos, cuya interpretación tiene que acompañar la evolución de los tiempos y las condiciones de vida actuales" (CORTE INTERAMERICANA DE DIREITOS HUMANOS. *Caso de los "Niños de la Calle" (Villagrán Morales y Otros) Vs. Guatemala*. Sentencia de 19 noviembre 1999. Fondo. Serie c.63).

No Brasil, estima-se que 500 venezuelanos cruzaram, por dia, a fronteira brasileira, e que mais de 264 mil venezuelanos vivem no Brasil, sendo que 37 mil são reconhecidos como refugiados. Em Roraima, devido ao excessivo número de venezuelanos que vieram ao Brasil, foi implementada a Operação Acolhida. Trata-se de um programa de cooperação entre os governos federal, estadual e municipal, que se estruturou em centros de atendimento e em um programa de realocação voluntária, incluindo distribuição de três refeições diárias, *kits* de higiene, vacinas, segurança, aulas de português, atividades para crianças, entrega de matéria-prima para artesãos indígenas Warao e telefonemas para comunicação com parentes na Venezuela. Entretanto, por mais elogiáveis que sejam essas iniciativas, o Brasil não consegue assegurar patamares mínimos de proteção para a grande maioria dos migrantes e refugiados venezuelanos.

Em razão das constantes ondas migratórias e da necessidade da cooperação internacional, os Estados Membros da ONU adotaram a Declaração de Nova York sobre migrantes e refugiados. O documento internacional, apoiado pelo consenso por 193 Estados, busca "resguardar os direitos dos refugiados e migrantes, assim como compartilhar a responsabilidade sobre essas populações em uma escala global". Pelo art. 1° da Convenção Relativa ao Estatuto dos Refugiados, de 1951, refugiado é toda pessoa que "tendo um temor bem fundado de ser perseguida por motivos de raça, religião, nacionalidade, grupo social ou opiniões políticas, encontra-se fora do país de sua nacionalidade e que não pode ou, em virtude desse temor, não quer se valer da proteção desse país".

A Declaração de Nova York almeja a implementação de projetos de reassentamento, ou reunião familiar de refugiados, por meio de financiamento em operações humanitárias em tempo hábil, além de investimentos em comunidades que hospedam um número grande de migrantes e refugiados. Os Estados assumiram obrigações mínimas em relação aos refugiados e migrantes, com destaque para: a proteção dos direitos humanos de todos os refugiados e migrantes, independentemente do estatuto migratório; o reconhecimento da diversidade e o combate à xenofobia, intolerância, racismo e tratamentos discriminatórios; a responsabilidade internacional compartilhada pelo acolhimento de refugiados e migrantes; a tutela do melhor interesse das crianças e adolescentes refugiados; a adoção de medidas de prevenção e repressão da violência sexual e fundada no gênero; além de fortalecer o Alto Comissariado da ONU para os Refugiados (ACNUR).

Na **Declaração e no Plano de Ação do Chile 2024-2034**, adotados no evento **Cartagena+40**, realizado em dezembro de 2024, os países da

América Latina e do Caribe reafirmam o compromisso com a proteção, inclusão e busca de soluções para pessoas refugiadas, deslocadas e apátridas[33]. Celebrando o 40º aniversário da **Declaração de Cartagena**, o documento propõe ações coordenadas e inovadoras frente aos desafios do deslocamento forçado na região. Destacam-se abordagens integradas e regionais, com foco em deslocamentos causados por desastres naturais e mudanças climáticas, integração socioeconômica, erradicação da apatridia, reassentamento e reunificação familiar, e participação ativa das comunidades locais. O plano também busca fortalecer sistemas de asilo, promover a adaptação climática e garantir a responsabilidade compartilhada entre os países e setores da sociedade. O documento prevê cinco iniciativas principais e propõe a seguintes ações: i) **Abordagem Integral e Regional**: o Plano de Ação do Chile adota uma perspectiva integrada que envolve não apenas os países de destino, mas também os de origem, trânsito e retorno. Enfatiza a **solidariedade** e **cooperação internacional** como pilares essenciais, promovendo soluções compartilhadas para os desafios do deslocamento forçado; ii) **Desastres Naturais e Mudanças Climáticas**: propõe estratégias jurídicas e operacionais específicas para lidar com o deslocamento causado por desastres naturais e mudanças climáticas, como **sistemas de alerta precoce** e **evacuações planejadas**. A intenção é criar uma resposta inovadora que aumente a **resiliência** das comunidades afetadas, integrando ações de gestão de riscos e adaptação climática; iii) **Integração Socioeconômica**: busca-se promover a **integração plena** das pessoas refugiadas e deslocadas, incentivando o acesso a **serviços básicos, emprego e documentação pessoal**. Uma das ações-chave é fortalecer as redes de **empregabilidade**, com parcerias com o setor privado, e validar **diplomas** para que as pessoas refugiadas possam acessar oportunidades de trabalho e capacitação; v) ***R*eassentamento, Reunificação Familiar e Erradicação da Apatridia**: o compromisso inclui iniciativas para fortalecer a **proteção** das pessoas refugiadas e deslocadas, como **melhorias nos sistemas de asilo**, implementação de **regularização temporária** e programas de **reassentamento.** Além disso, busca erradicar a **apatridia**, com ênfase em soluções jurídicas para garantir que as pessoas sem nacionalidade tenham acesso a direitos básicos, como saúde e educação. O plano também promove programas para **reunificação familiar** e **retornos seguros**; v) **Participação Ativa**: a

33. ORGANIZAÇÃO DAS NAÇÕES UNIDAS. UNHCR ACNUR Agência da ONU para Refugiados. Disponível em: https://www.acnur.org/br/noticias/notas-informativas/cartagena-40-5-fatos-sobre-declaracao-e-o-plano-de-acao-do-chile. Acesso em 06 mar. 2025.

elaboração da Declaração e do Plano de Ação contou com a participação ativa de **lideranças de pessoas refugiadas e deslocadas**, governos, **sociedade civil**, **academia** e **organizações internacionais**. O documento destaca a importância de envolver **comunidades locais** na formulação e execução de políticas públicas, promovendo a **integração social** e a **coesão pacífica** nas regiões que recebem os deslocados.

É de grande importância para a proteção internacional dos direitos humanos dos refugiados a adoção do princípio do *non-refoulement*, que significa que um Estado não deve obrigar uma pessoa a retornar a um território onde possa estar exposta à perseguição. Tal princípio consta do art. 33 da Convenção Relativa ao Estatuto dos Refugiados de 1951, pelo qual: "Nenhum dos Estados Membros expulsará ou rechaçará, de maneira alguma, um refugiado para as fronteiras dos territórios em que a sua vida ou a sua liberdade seja ameaçada em virtude da sua raça, da sua religião, da sua nacionalidade, do grupo social a que pertence ou das suas opiniões políticas".

No processo de reconhecimento da condição de refugiado, o Brasil – apesar de ter recebido mais de 80 mil pedidos de refúgio em 2018, número que o coloca como o sexto país de destino mais buscado para refugiados no mundo, o que torna desafiadora a avaliação dos pedidos de refúgio pelo Comitê Nacional para os Refugiados (CONARE) – foi elogiado pela Comissão Interamericana de Direitos Humanos por ter assegurado a emissão de documentos de identificação, residência temporária, carteira de trabalho e registro de pessoa física (CPF), que são necessários para que os refugiados tenham empregos formais, com direitos trabalhistas garantidos[34].

Calcula-se que 244 milhões de pessoas vivem em países distintos de onde nasceram, em razão de conflitos internos, guerras, desastres da natureza ou em busca de melhores condições de vida[35]. É necessário, pois, um tratamento diferenciado aos migrantes em situação de vulnerabilidade, para que seus direitos humanos sejam respeitados, bem como intensificar a cooperação internacional para que os Estados possam compartilhar as responsabilidades pelo acolhimento de refugiados e migrantes. As cenas cotidianamente apresentadas de pessoas, incluindo crianças, que arriscam suas vidas tentando atravessar o Mediterrâneo e outras fronteiras do mundo em busca de uma vida minimamente digna, revelam o desafio que a

34. COMISSÃO INTERAMERICANA DE DIREITOS HUMANOS. *Situação dos direitos humanos no Brasil*. Cit. p. 92.

35. RAMOS, André de Carvalho. *Curso de direitos humanos*. 4ª ed. Cit. p. 194.

crise humanitária coloca, de modo especial, ao Direito Internacional dos Direitos Humanos.

Não faltam instrumentos normativos. São muitas as organizações, convenções, tratados, comitês, relatores, relatórios, e até mesmo Cortes internacionais que servem de palco de defesa desses direitos. O que justamente demonstra não ser este o problema.

O que falta, então? Quanto mais de horror precisamos presenciar para romper com a anestesia congelante diante das massivas violações de direitos humanos que acometem o nosso tempo?

Um primeiro importante ponto para romper com essa ótica está na necessidade de alterar a nossa percepção sobre os próprios direitos humanos. Estes não se reduzem a uma *concepção monodimensional* normativa ou institucional, mas, sim, complexa (na expressão de Joaquín Herrera Flores) e relacional, que floresce em todas as relações com os nossos semelhantes. Assim, enquanto não compreendermos que *só somos no plural* e que, justamente por isso, os direitos florescem nessa relação de nós *com* os outros, em especial com aqueles diferentes e vulneráveis, vamos continuar anestesiados diante de toda essa repugnância, já que não a identificamos como algo que nos toca, mas tão-somente ao distante que não nos diz respeito.

Compreender esse aspecto relacional dos direitos humanos e de sua dignidade é potencializar o caráter emancipador que estes guardam consigo e vê no outro – em todos os outros – seres merecedores de igual respeito e consideração. As cenas chocantes que presenciamos têm que servir a mais do que premiar nossa própria permissividade; devem nos lembrar das palavras de Fernando Pessoa: "somos todos anjos de uma só asa, e só podemos voar quando nos abraçamos uns aos outros".

Foi esse *gérmen* libertador que estava na gênese do Direito Internacional dos Direitos Humanos que procurou trazer, mormente com a Declaração Internacional de 1948, um conceito renovado de ser humano que rompe com a despersonalização e coisificação do homem, operadas com as brutalidades das grandes guerras. Isto precisa ser resgatado: os seres humanos em sua perspectiva única e inigualável, necessariamente relacional, conectados com a realidade e diversidade que nos envolvem. Eis aí o princípio da cura desse mal anestesiante: que aprendamos e possamos reagir.

CAPÍTULO

7

IDOSOS: O DIREITO HUMANO DE ENVELHECER COM DIGNIDADE

Pelo relatório da Organização das Nações Unidas, desde a década de 70 do século XX, vive-se a *era do envelhecimento*. Em 2017, a população idosa mundial era de 962 milhões; projeta-se que, em 2030, esse número aumentará para 1,4 bilhão e, em 2050, os idosos serão 21,7% de toda a população mundial, isto é, 2,1 bilhões de pessoas[1]. Esse crescimento acelerado provoca inúmeras alterações sociais, seja de cunho familiar, seja quanto ao impacto laboral, financeiro, assistencial, previdenciário, no transporte, na cultura, na liberdade e na autonomia da vontade, no lazer e na saúde. O fenômeno do rápido aumento da população idosa mundial, que pode ser denominada de *papy boom*, guarda uma ligação direta com o *baby boom* – relacionado com a alta taxa de natalidade do período pós-guerra. Indica que essa geração alcançou ou irá chegar à idade da aposentadoria entre 2006 e 2025[2]. O *papy boom* é resultado do aumento da expectativa de vida, causado pelos avanços na medicina (em especial, da gerontologia) e na industrialização, que, combinados com a baixa taxa de natalidade, implica no envelhecimento demográfico mundial. Como o planeta envelhece rapidamente, esse tema se tornou um dos pontos chaves para a compreensão do século XXI. No Brasil, por exemplo, a média da

1. NOTARI, Maria Helena de Aguiar; FRAGOSO, Maria Helena J.M. de Machado. *A inserção do Brasil na política internacional de direitos humanos da pessoa idosa. Revista de Direito GV*, vol.7, nº 1, São Paulo Jan./Jun. 2011.
2. SILVA, Anna Cruz de Araújo Pereira da. *A proteção às pessoas idosas no Sistema Interamericano de Direitos Humanos. Estudos interdisciplinares envelhecimento*, Porto Alegre, v. 12, 2007, p. 97-109.

expectativa de vida em 1940 era de 45,5 anos, passando, em 1960, para 54,24, e chegando, no ano de 2018, a 76,3 anos[3]. Dessa forma, mostra-se cada vez mais relevante o estudo das condições da qualidade de vida da população idosa, em consonância com a dignidade da pessoa humana, a fim de garantir um envelhecimento digno. Tão importante quanto combater os efeitos negativos do envelhecimento biológico é a preocupação com o envelhecimento social. Afinal, o envelhecimento não depende apenas dos "genes", mas também de como a pessoa faz a interação com o seu entorno (na família, na escola e em outros espaços de convivência social), o modo como vive e as experiências que têm.

Em 1982, em Viena, foi realizada a Assembleia Mundial sobre Envelhecimento, onde se iniciaram propostas de ação internacionais para reconhecer a pessoas com idades avançadas o direito a uma vida plena, saudável e satisfatória.

Em 2002, na II Assembleia Mundial para a Ação sobre Envelhecimento, ocorrida em Madri, foi aprovada estratégia internacional que serviu de ponto de partida para o desafio demográfico da maior parte das sociedades contemporâneas marcadas pelo avanço da população de idosos, baseada no conceito de envelhecimento ativo e saudável.

> *Las personas envejecen como han vivido y llegán a la vejez marcadas por un importante bagaje de acontecimientos vitales. Envejecer no es otra cosa que cambiar, acumular saberes y experiencias que requieren desplegar procesos de adaptación y desarrollo (aunque también de pérdida) a nivel personal y social. Por eso consideramos el envejecimiento activo como un proceso dinámico y no como un estado. Este dinamismo inherente al envejecimiento activo se ve incrementado por la particular forma en que cada persona envejece y los significados íntimos que se le atribuyen, que hacen que se viva (se sea "activo") de diferentes maneras*[4].

A Convenção Internacional sobre os Direitos das Pessoas com Deficiência – aprovada pela Assembleia Geral das Nações Unidas, em 13 de dezembro de 2006, e promulgada pelo Brasil pelo Decreto nº 6.949, de 25

3. FACHIN, Melina Girardi; RAMOS, Catarina M. V.. Cada indivíduo conta: relativizações da proteção das pessoas idosas na pandemia do Covid-19. In: *Direitos humanos em tempos de pandemia*. Org. Érika Leahy. Curitiba: Instituto Memória, 2020. p. 200.
4. MENDIZABAL, Maria Rosario Limón. *Envejecimiento activo: un cambio de paradigma sobre el envejecimiento y la vejez. Aula abierta*, vol. 47, nº 1, jan.-mar., 2018, p. 52.

de agosto de 2009 – incluiu *o direito a um envelhecimento satisfatório*, isto é, um direito a envelhecer bem, com recursos que garantem o bem-estar pessoal e a manutenção da qualidade de vida conseguida[5]. Os Estados Membros da Organização dos Estados Americanos (OEA) –, na esteira dos Princípios das Nações Unidas em Favor das Pessoas Idosas (1991), da Proclamação sobre o Envelhecimento (1992), da Declaração Política e do Plano de Ação Internacional de Madri sobre o Envelhecimento (2002), bem como de instrumentos regionais, tais como a Estratégia Regional de Implementação para a América Latina e o Caribe do Plano de Ação Internacional de Madri sobre o Envelhecimento (2003), a Declaração de Brasília (2007), o Plano de Ação da Organização Pan-Americana da Saúde sobre a Saúde dos Idosos, incluindo o Envelhecimento Ativo e Saudável (2009), a Declaração de Compromisso de Port of Spain (2009) e a Carta de San José sobre os direitos do idoso da América Latina e do Caribe (2012) – aprovaram, em junho de 2015, a Convenção Interamericana sobre a Proteção dos Direitos Humanos das Pessoas Idosas.

Nesse documento internacional, os Estados se comprometem, entre outros aspectos, a reconhecer que "o idoso tem os mesmos direitos humanos e liberdades fundamentais que as demais pessoas e que estes direitos, inclusive o de não ser submetido à discriminação baseada na idade nem a nenhum tipo de violência, emanam da dignidade e igualdade que são inerentes a todo ser humano". Ainda, que "a pessoa, à medida que envelhece, deve seguir desfrutando de uma vida plena, independente e autônoma, com saúde, segurança, integração e participação ativa nas esferas econômica, social, cultural e política de suas sociedades". Além de ressaltar "a necessidade de abordar os assuntos da velhice e do envelhecimento sob uma perspectiva de direitos humanos que reconheça as valiosas contribuições atuais e potenciais do idoso ao bem-estar comum, à identidade cultural, à diversidade de suas comunidades, ao desenvolvimento humano, social e econômico e à erradicação da pobreza".

O Brasil foi o primeiro país a assinar o documento jurídico com a Argentina, o Chile, a Costa Rica e o Uruguai. No entanto, o Brasil – diferente de outros países como Uruguai, Costa Rica, Bolívia, Chile, Argentina e El Salvador – ainda não ratificou a Convenção Interamericana sobre a Proteção dos Direitos Humanos das Pessoas Idosas, apesar da pressão de diversos movimentos sociais que reivindicam a sua ratificação.

5. Idem, p. 46.

Apesar disso, há diversos mecanismos nacionais de proteção da pessoa idosa. O art. 230 da Constituição Federal assegura a proteção integral ao idoso, por parte da família, sociedade e Estado, instituições que têm o dever de garantir a sua participação na comunidade, defender sua dignidade e bem-estar e respeitar o direito à vida. A Lei 8.842/94, regulamentada pelo Decreto 1.948/96, instituiu a Política Nacional do Idoso. Contudo, foi a partir da promulgação do Estatuto do Idoso (Lei 10.741), em 1 de outubro de 2003, que os direitos da pessoa idosa passaram a ser amplamente concebidos como direitos humanos pelo Brasil[6]. O Estatuto busca assegurar direitos e combater todas as formas de discriminação, violência, crueldade ou opressão cometidos em face de pessoas idosas. A preocupação com a autonomia e o envelhecimento digno fazem parte do escopo da Lei 10.741/03. Com efeito, a tutela jurídica do idoso tem como base a garantia legal de uma vida digna. Os direitos fundamentais dos idosos não devem apenas ser respeitados e reconhecidos como uma obrigação estatal, mas, sim, constituir uma prática real de efetivação desses direitos, a ponto de tornar efetiva a dignidade disposta nos diplomas jurídicos – sobretudo na Constituição Federal de 1988.

Aos idosos – em especial aos acima de oitenta anos (*superidosos*) – devem ser assegurados, com *absoluta prioridade*, uma *proteção integral*, além da máxima proteção dos direitos humanos fundamentais (como à vida, à saúde, à liberdade, à alimentação, à convivência familiar e comunitária, à dignidade, entre outros). O direito humano de envelhecimento com dignidade, com meios para garantir o bem-estar pessoal e a manutenção da qualidade de vida, precisa ser reconhecido e tutelado pelo Estado, pela família e pela sociedade, porque a velhice é um processo natural que exige cuidados especiais e depende da solidariedade intergeracional, principalmente em relação aos idosos em situação de risco, sofrimento, humilhação, discriminação e abandono.

Nesse sentido, cabe ao Estado-Juiz, na interpretação e na aplicação dos direitos dos idosos, garantir a *tríade protetiva* (ou *núcleo-normativo-mãe*) do Estatuto da Pessoa Idosa, consistente na: i) declaração universal e aberta de direitos (artigo 2º); ii) declaração de deveres individuais e coletivos de exigibilidade prioritária (artigo 3º, *caput*); e iii) proibição de tratamento

6. NOTARI, Maria Helena de Aguiar; FRAGOSO, Maria Helena J.M. de Machado. *A inserção do Brasil na política internacional de direitos humanos da pessoa idosa*. Cit.

desumano (artigo 4º, *caput*). A propósito, já decidiu o Superior Tribunal de Justiça[7]:

> ***O papel do ordenamento é evitar que o envelhecimento, além das adversidades que lhe são próprias, sucumba à lógica perversa do sofrimento, humilhação, discriminação e abandono causados, não pela idade em si, mas por percepções estereotipadas, tanto intoleráveis como arraigadas, de glorificação da juventude e de acatamento fleumático da desigualdade sócio-etária, realidade cultural que talvez explique a incapacidade do Estado, da família e da sociedade de cuidar adequadamente dos pais, avós e bisavós****. Trata-se de questão demográfica, econômica e de saúde pública, mas igualmente de justiça social e, portanto, de* ***solidariedade intergeracional****, no rastro da pauta dos direitos humanos fundamentais. (...).*- Grifo nosso.

O *envelhecimento digno* comporta diversas formas de proteção, a começar pela conscientização social e pela educação da população em relação ao conhecimento e ao respeito para com os direitos das pessoas idosas[8]. Sobre a participação da sociedade para a efetivação da tutela desses direitos, tem-se que

> (...) o Estatuto está perfeitamente alinhado com a Constituição Federal, ao assegurar a dignidade da vida humana, especificamente, aos idosos, por meio de proteção integral, como novo paradigma de enfrentamento da vulnerabilidade reconhecida a essa parcela da população, devendo ser estendida a todas as facetas existenciais em que deva desdobrar-se a vida dos incluídos nesse critério etário. Da mesma forma, fica expressa a convocação da família, da comunidade, da sociedade e do poder público e, logo, do Estado, para agirem, em conjunto, no sentido de propiciar a efetiva concretização dessas prerrogativas, referendadas pela condição de determinar prioridade ao tratamento do idoso, em todos os possíveis desdobramentos de sua condição de vida, não apenas pessoalmente considerada, mas em sua completa inserção familiar, comunitária e social[9].

7. BRASIL. Superior Tribunal de Justiça. REsp n. 1.680.686/RJ, Relator Ministro HERMAN BENJAMIN, Segunda Turma, J. 21/11/2017, DJe 07/08/2020.
8. KESKE, Henrique; SANTOS, Everton Rodrigo. *O envelhecer digno como direito fundamental da vida humana. Revista de Bioética y Derecho – Perspectivas Bioéticas***.** Universitat de Barcelona. Disponível em: <http://scielo.isciii.es/pdf/bioetica/n45/1886-5887-bioetica-45-00163.pdf>. Acesso em: 27 jan. 2021.
9. Idem. Ibidem.

Infelizmente, abusos e omissões contra pessoas idosas acontecem no âmbito familiar, colidindo diretamente no dever de cuidado, zelo, proteção integral que deveriam ser prestados, o que interfere na proteção à dignidade humana.

A realidade social exige que o Estado adote políticas públicas que ampliem sua qualidade de vida, visando combater a violência contra o idoso, assegurar serviços de saúde e proteção social, valorizar sua experiência de vida e abrir oportunidades para a sua plena integração na comunidade. Tudo isso para que um idoso possa ser um cidadão ativo, contribuir e se beneficiar do desenvolvimento social. O empoderamento dos idosos depende da defesa de sua autonomia e da participação ativa na gestão dos diferentes aspectos de sua vida, buscando a realização plena de suas potencialidades.

Por outro lado, a ausência de independência econômica, as diversas formas de discriminação, a solidão, o analfabetismo e a falta de educação, as precárias condições de cuidado à saúde e a exposição a situações abusivas ou violentas aumentam os riscos de enfermidades ou mortes precoces de idosos.

Por isso, é importante destacar o *Caso Poblete Vilches e outros vs. Chile*, de 8 de março de 2018, em que a Corte Interamericana de Direitos Humanos, ao interpretar o artigo 1.1. da Convenção Americana, concluiu:

> § 122. (...). a proibição por discriminação relacionada com a idade quando se trata das pessoas idosas encontra-se tutelada pela Convenção Americana. Isto comporta, entre outras coisas, a aplicação de políticas inclusivas para a totalidade da população e um fácil acesso aos serviços públicos[10].

A Corte Interamericana de Direitos Humanos voltou a tratar da proteção dos direitos humanos dos idosos em outras oportunidades, com destaque para o *Caso Federación Nacional de Trabajadores Marítimos y Portuários (FEMAPOR) vs. Perú*, julgado em 01 de fevereiro de 2022, em que se reconheceu a violação do direito à proteção judicial (art. 25 da Convenção Americana)[11]. Constatou-se o descumprimento de uma sentença de amparo

10. CORTE INTERAMERICANA DE DIREITOS HUMANOS. *Caso Poblete Vilches e outros vs. Chile*. Sentença de 8 de março de 2018. Disponível em: <https://www.corteidh.or.cr/docs/casos/articulos/seriec_349_esp.pdf.Idem>. Acesso em: 2 fev. 2021.

11. CORTE INTERAMERICANA DE DIREITOS HUMANOS. *Caso Federación Nacional de Trabajadores Marítimos y Portuários (FEMAPOR) vs. Perú*. Sentença de 1 de fevereiro de 2022. Disponível em: https://www.corteidh.or.cr/docs/casos/articulos/seriec_448_esp.pdf >. Acesso em: 22 maio 2023.

da Suprema Corte de Justiça da República do Peru, de 12 de fevereiro de 1992, que havia reconhecido direitos trabalhistas para mais de quatro mil trabalhadores marítimos. A Corte IDH ressaltou, na esteira do precedente firmado no *Caso Poblete Vilches e outros vs. Chile* (par. 127), que a obrigação de cumprimento das decisões judiciais é acentuada em relação às pessoas em situação de vulnerabilidade[12], como as idosas, exige uma maior celeridade. Em *Federación Nacional de Trabajadores Marítimos y Portuários (FEMAPOR) vs. Perú*, a Corte IDH também ressaltou o princípio de reconhecer as obrigações dos Estados em garantir a igualdade e a não discriminação (art. 3.d), o bom tratamento e a atenção preferencial (art. 3.k.) e a proteção judicial efetiva (art. 3.n) da Convenção Interamericana sobre a Proteção dos Direitos Humanos das Pessoas Idosas. Concluiu, pois, que a avaliação do prazo razoável para a duração do processo deve ser pautada por quatro critérios: i) complexidade do assunto (o que envolve a instrução probatória, a pluralidade de sujeitos processuais, o número de vítimas, o tempo decorrido da violação, as características do recurso na legislação interna e o contexto em que o direito foi infringido); ii) a atividade processual do interessado; iii) a conduta das autoridades judiciais; e iv) o impacto gerado na situação jurídica da pessoa envolvida no processo.

De qualquer forma, o *idadismo* (ou etarismo) consiste na reprodução de estereótipos, preconceitos e discriminação direcionados às pessoas com base em categorias etárias, restringindo-lhes as oportunidades e prejudicando sistematicamente os indivíduos em razão da idade, situações que devem ser combatidas pelos Estados, famílias e sociedades para a mais ampla efetivação dos direitos humanos.

12. Pelas Regras de Brasília, sobre o Acesso à Justiça de Pessoas em Situação de Vulnerabilidade, aprovadas na Assembleia Plenária da XIX edição da Cúplia Judiciária Ibero-Americana, ocorrida em San Francisco de Quito (Equador), entre os dias 18 a 20 de abril de 2018, afirmou-se que uma "pessoa ou grupo de pessoas está em uma condição de vulnerabilidade, quando sua capacidade de prevenir, resistir ou superar um impacto que a coloca em risco, não é desenvolvida ou limitada por várias circunstâncias, para exercer plenamente perante o sistema de justiça os direitos reconhecidos pelo sistema jurídico. Nesse contexto, as pessoas que, em razão de sua idade, gênero, orientação sexual e identidade de gênero, estado físico ou mental, ou por circunstâncias sociais, econômicas, étnicas e/ou culturais, ou relacionadas às suas crenças e/ou práticas religiosas, ou à ausência delas, acham particularmente difícil exercer na íntegra perante o sistema de justiça os direitos reconhecidos pelo sistema jurídico são considerados vulneráveis. Podem constituir causas de vulnerabilidade, entre outras: idade, deficiência, adesão a comunidades indígenas, outras comunidades étnicas e culturais, incluindo pessoas de ascendência africana, bem como vitimização, migração, status de refugiado e deslocamento interno, pobreza, gênero, orientação sexual e identidade de gênero e privação de liberdade. A determinação específica das pessoas vulneráveis em cada país dependerá de suas características específicas, ou mesmo do seu nível de desenvolvimento social e econômico".

Portanto, a ratificação da Convenção Interamericana sobre a Proteção dos Direitos Humanos das Pessoas Idosas, pelo Brasil, permitirá a melhor aplicação da legislação brasileira, que, independente disso, exige a elaboração/cumprimento de políticas públicas e investimentos necessários para assegurar a máxima eficácia dos direitos humanos dos idosos voltados à promoção da vida digna, posto que o processo de envelhecer com dignidade deve ser reconhecido como um direito fundamental da pessoa humana[13].

13. KESKE, Henrique; SANTOS, Everton Rodrigo. *O envelhecer digno como direito fundamental da vida humana*. Cit.

CAPÍTULO

8

PESSOAS COM DEFICIÊNCIA: REMOVENDO BARREIRAS

Os direitos das pessoas com deficiência não guardavam tutela própria, na seara internacional, até 2006, com a assinatura da Convenção da ONU sobre os Direitos das Pessoas com Deficiência. A matéria era objeto de diplomas normativos específicos não vinculantes, compondo a chamada *soft law*. Infelizmente, a invisibilidade dessa parcela da população "e a falta de foco das instâncias de proteção de direitos humanos sobre o tema da deficiência gerava assimetria na proteção local, perpetuação de estereótipos, falta de políticas de apoio e, finalmente, exclusão"[1]. A invisibilidade das pessoas com deficiência é agravada pela existência de muitas barreiras (tais como as urbanísticas, arquitetônicas, nos transportes, nas comunicações e na informação, atitudinais ou de comportamentos, e tecnológicas), seja na inacessibilidade ou desinformação sobre seus direitos.

Havia também a adoção de uma linguagem ultrapassada em relação à pessoa com deficiência, no sentido de ressaltar a necessidade de tratamento ou cura para essas pessoas, de modo que elas deveriam se adequar à sociedade. A progressão dos direitos humanos interferiu diretamente nessa forma de pensamento, remodelando a sua abordagem. Isto porque

> (...) o modelo de direitos humanos (ou modelo social) vê a pessoa com deficiência como ser humano, utilizando o dado médico apenas para definir suas necessidades. A principal característica desse

1. RAMOS, André de Carvalho. *Curso de direitos humanos*. Cit. p. 236.

> modelo é sua abordagem de "gozo dos direitos sem discriminação". Este princípio de antidiscriminação acarreta a reflexão sobre a necessidade de políticas públicas para que seja assegurada a igualdade material, consolidando a responsabilidade do Estado e da sociedade na eliminação das barreiras à efetiva fruição dos direitos do ser humano. Assim, **não se trata mais de exigir da pessoa com deficiência que esta se adapte, mas sim de exigir, com base na dignidade humana, que a sociedade trate seus diferentes de modo a assegurar a igualdade material, eliminando as barreiras à sua plena inclusão** (Grifo Nosso)[2].

A Convenção sobre os Direitos das Pessoas com Deficiência, incorporada internamente sob o *status* de emenda constitucional (art. 5º, § 3º, CF), firmou regras específicas concernentes às pessoas com deficiência, principalmente assentando o direito à acessibilidade, já garantida na Constituição da República[3], em seu art. 5º, inc. XV[4], assim como em outros documentos internacionais em matéria de direitos humanos, nos quais o Brasil é signatário[5]. O art. 1º dessa Convenção define pessoas com deficiência como sendo "aquelas que têm impedimentos de longo prazo de natureza física, mental, intelectual ou sensorial, os quais, em interação com diversas barreiras, podem obstruir sua participação plena e efetiva na sociedade em igualdades de condições com as demais pessoas". Tal conceito se contrapôs ao previsto no art. 20, § 2º, da Lei 8.742/1993 (Lei Orgânica da Assistência Social – LOAS) que, ao tratar do beneficiário da prestação continuada, afirmava que "a pessoa portadora de deficiência é aquela incapacitada para a vida independente e para o trabalho". A incompatibilidade entre tais dispositivos motivou a propositura da Ação de Descumprimento

---

2. Idem, p. 237.
3. CONSELHO NACIONAL DO MINISTÉRIO PÚBLICO. *Guia de Atuação do Ministério Público: pessoa com deficiência: direito à acessibilidade, ao atendimento prioritário, ao concurso público, à educação inclusiva, à saúde, à tomada de decisão apoiada e à curatela*. Brasília: CNMP, 2016. Disponível em: <http://www.cnmp.mp.br/portal/images/Publicacoes/documentos/2016/LIVRO_Roteiro_de_Atua%C3%A7%C3%A3o_do_Minist%C3%A9rio_P%C3%BAblico_CNMP_.pdf>. Acesso em: 18 mar. 2019.
4. "Art. 5º Todos são iguais perante a lei, sem distinção de qualquer natureza, garantindo-se aos brasileiros e aos estrangeiros residentes no País a inviolabilidade do direito à vida, à liberdade, à igualdade, à segurança e à propriedade, nos termos seguintes: (...) XV – é livre a locomoção no território nacional em tempo de paz, podendo qualquer pessoa, nos termos da lei, nele entrar, permanecer ou dele sair com seus bens".
5. "Artigo 22. Direito de circulação e de residência. 1. Toda pessoa que se ache legalmente no território de um Estado tem direito de circular nele e de nele residir em conformidade com as disposições legais". ORGANIZAÇÃO DOS ESTADOS AMERICANOS. *Convenção Americana de Direitos Humanos*. São José da Costa Rica, 22 nov. 1969. Disponível em: <https://www.cidh.oas.org/basicos/portugues/c.convencao_americana.html>. Acesso em: 6 jan. 2019.

de Preceito Fundamental 182, pela Procuradoria-Geral da República, que foi a primeira ação de controle concentrado de convencionalidade proposta no Brasil[6], em que se requereu a não recepção do art. 20, § 2º, da Lei 8.742/1993 pelo art. 1º da Convenção Internacional dos Direitos da Pessoa com Deficiência. Todavia, a ADPF 182 não teve seu julgamento de mérito, porque antes disso, o Congresso Nacional editou a Lei 12.470/2011, para alterar a redação do art. 20, § 2º, da Lei 8.742/1993, de modo a compatibilizar o seu conceito com o previsto na Convenção Internacional[7]. Além disso, a Convenção sobre os Direitos das Pessoas com Deficiência coloca a pessoa com deficiência como sujeito de direitos, e não objeto de compaixão pública[8], tendo como princípios (art. 3º): "a) O respeito pela dignidade inerente, a autonomia individual, inclusive a liberdade de fazer as próprias escolhas, e a independência das pessoas; b) a não-discriminação; c) a plena e efetiva participação e inclusão na sociedade; d) o respeito pela diferença e pela aceitação das pessoas com deficiência como parte da diversidade humana e da humanidade; e) a igualdade de oportunidades; f) a acessibilidade; g) a igualdade entre o homem e a mulher; h) o respeito pelo desenvolvimento das capacidades das crianças com deficiência e pelo direito das crianças com deficiência de preservar sua identidade". Importante ponto a ser destacado na Convenção diz respeito ao direito à educação, por meio da promoção da igualdade de oportunidades, sem discriminação, e a garantia de um sistema inclusivo em todos os níveis.

Sobre a temática, o Supremo Tribunal Federal teve a oportunidade de se manifestar em consonância com o exposto na Convenção da ONU sobre os Direitos das Pessoas com Deficiência e no Estatuto da Pessoa com Deficiência (Lei nº 13.146/15), ao assegurar a inserção de pessoas com

6. Nesse sentido, o Anteprojeto de Sistematização das Normas de Processo Constitucional, produzido a partir da constituição de Comissão de Juristas pela Presidência da Câmara dos Deputados, em 24 de novembro de 2020, sugere a previsão, pela primeira vez, de hipótese de controle direto de convencionalidade, em consonância com a evolução interpretativa da Corte IDH sobre a legitimidade do exercício do controle de convencionalidade a todos os órgãos e poderes estatais. O art. 62 deste Anteprojeto prevê o ajuizamento de ação direta de inconvencionalidade em face de "ato ou omissão do Poder Público, por violação dos tratados de direitos humanos de que o Brasil seja parte". Com isso, o Poder Legislativo brasileiro fomenta o diálogo em direitos humanos e o uso de mecanismos que possibilitem sua efetivação e ampliação. A proposta de Ação Direta de Inconvencionalidade permite que os mesmos legitimados do art. 103 da Constituição Federal se engajem na tutela e garantia dos direitos humanos no Brasil, de modo a resguardar os diplomas internacionais em consonância com as normativas internas. Tal inovação legislativa fortalece os *standards* interpretativos firmados pela Corte IDH, com destaque para o parâmetro estabelecido no *Caso Gelman vs. Uruguai*, tendo em vista a necessidade de ampliação do controle de convencionalidade para os demais atores internos, órgãos e poderes públicos estatais.

7. MAZZUOLI, Valério; COSTA E FARIA, Marcelle Rodrigues da; OLIVEIRA, Kledson Dionysio de. *Controle de convencionalidade pelo Ministério Público*. Cit. p. 61-62.

8. RAMOS, André de Carvalho. *Curso de direitos humanos*. Cit. p. 238.

deficiência no ensino regular de modo a promover medidas de adaptação necessárias sem que o ônus financeiro seja repassado às mensalidades, anuidades e matrículas[9], em respeito ao princípio da igualdade. No âmbito interno, a Lei nº 13.146/15, mais conhecida como Lei Brasileira de inclusão da Pessoa com Deficiência (também denominada de Estatuto da Pessoa com Deficiência - EPD), fomentou a ampliação dos seus direitos. Nesse sentido, o Conselho Nacional do Ministério Público (CNMP) instituiu o *Guia de Atuação do Ministério Público: pessoa com deficiência: direito à acessibilidade, ao atendimento prioritário, ao concurso público, à educação inclusiva, à saúde, à tomada de decisão apoiada e à curatela*, visando elucidar a interpretação e a aplicação das legislações que versam sobre os direitos da pessoa com deficiência, além das medidas cabíveis ao órgão ministerial quando da violação dos direitos previstos nos documentos supracitados[10].

Em nível regional, a Convenção Interamericana para a Eliminação de Todas as formas de Discriminação contra as Pessoas com Deficiência foi ratificada pelo Brasil em 2001. Composto por 14 artigos, esse documento internacional tem como objetivo "prevenir e eliminar todas as formas de discriminação contra as pessoas portadoras de deficiência e propiciar a sua plena integração à sociedade"[11]. O Brasil foi condenado, perante a Corte Interamericana de Direitos Humanos, por negligência na proteção dos direitos da pessoa com deficiência no caso a seguir.

O *Caso Damião Ximenes Lopes*, julgado em 2006, diz respeito à situação desumana e degradante vivida pela vítima, pessoa com deficiência mental, em razão de sua internação em um hospital psiquiátrico privado que operava no âmbito do Sistema Único de Saúde (SUS), em Sobral/CE. A situação de vulnerabilidade da vítima, decorrente da deficiência mental, agravou a situação, tendo sofrido sucessivos golpes e ataques contra a integridade pessoal, o que resultou na sua morte três dias após sua internação. A Corte Interamericana de Direitos Humanos, em sua sentença, reiterou que,

9. BRASIL. Supremo Tribunal Federal. *Escolas particulares devem cumprir obrigações do Estatuto da Pessoa com Deficiência*, decide STF. 9 jun. 2016. Disponível em: <http://www.stf.jus.br/portal/cms/verNoticiaDetalhe.asp?idConteudo=318570>. Acesso em: 28 jan. 2021.

10. CONSELHO NACIONAL DO MINISTÉRIO PÚBLICO. *Guia de Atuação do Ministério Público: pessoa com deficiência: direito à acessibilidade, ao atendimento prioritário, ao concurso público, à educação inclusiva, à saúde, à tomada de decisão apoiada e à curatela*. Op. cit.

11. ORGANIZAÇÃO DOS ESTADOS AMERICANOS. *Convenção interamericana para a eliminação de todas as formas de discriminação contra as pessoas portadoras de deficiência*. Disponível em: <http://www.oas.org/juridico/portuguese/treaties/A-65.htm>. Acesso em: 29 jan. 2021.

> 104. (...) os Estados devem levar em conta que os grupos de indivíduos que vivem em circunstâncias adversas e com menos recursos, tais como as pessoas em condição de extrema pobreza, as crianças e adolescentes em situação de risco e as populações indígenas, enfrentam um aumento do risco de padecer de deficiências mentais, como era o caso do senhor Damião Ximenes Lopes. É direto e significativo o vínculo existente entre a deficiência, por um lado, e a pobreza e a exclusão social, por outro. Entre as medidas positivas a cargo dos Estados encontram-se, pelas razões expostas, as necessárias para evitar todas as formas de deficiência que possam ser prevenidas e estender às pessoas que padeçam de deficiências mentais o tratamento preferencial apropriado a sua condição[12] [13].

Vale lembrar que, à época da referida sentença proferida pela Corte Interamericana de Direitos Humanos, o Brasil já havia ratificado a Convenção Interamericana para a Eliminação de todas as Formas de Discriminação contra as Pessoas com Deficiência, adotada em 7 de junho de 1999 e com vigência desde 14 de setembro de 2001, assumindo seu compromisso perante a comunidade internacional. Com efeito, a busca pela máxima efetividade do princípio *pro persona* deve guiar as diretrizes idealizadas pelos países signatários do Sistema Interamericano, que não podem decidir "a menos", mas primarem pela aplicação da norma mais favorável, em atenção à máxima proteção da dignidade da pessoa humana.

Vale destacar também o *Caso Guevara Díaz vs. Costa Rica*, em que a Corte IDH reconheceu a discriminação sofrida por Guevara no acesso e permanência no emprego, bem como a violação aos direitos ao trabalho, à igualdade perante a lei e à não discriminação. Guevara foi impedido de trabalhar no cargo de auxiliar de serviços gerais do Ministério da Fazenda da Costa Rica, porque, apesar de ter sido aprovado em primeiro lugar no

12. CORTE INTERAMERICANA DE DIREITOS HUMANOS. *Caso Guevara Díaz vs. Costa Rica.* Sentença de 22 de junho de 2022. Disponível em: < https://www.oas.org/pt/cidh/jsForm/?File=/pt/cidh/prensa/notas/2021/084.asp >. Acesso em: 23 maio 2023.

13. Neste ponto, é interessante lançar um olhar sobre o voto apartado do Juiz Cançado Trindade: "40. As obrigações de proteção, – ainda mais em uma situação de alta vulnerabilidade da vítima como a presente, – revestem-se de caráter *erga omnes* (par. 85), abarcando também as relações interindividuais, tendo presente o dever do Estado de prevenção e de devida diligência, sobretudo em relação a pessoas que se encontram sobre seus cuidados. A saúde pública é um bem público, não uma mercadoria. Em meus numerosos escritos e Votos no seio desta Corte, venho expressando há tantos anos meu entendimento no sentido de que todas as obrigações convencionais de proteção revestem-se de um caráter *erga omnes*. É-me particularmente difícil escapar da impressão que me assalta no sentido de que em todo esse tempo talvez tenha eu escrito e continue escrevendo para os pássaros..." (CORTE INTERAMERICANA DE DIREITOS HUMANOS. *Caso Ximenes Lopes versus Brasil.* Op. Cit).

concurso público para a função, um relatório interno não recomendou a sua contratação em razão de "seus problemas de atraso e bloqueio emocional" [14]. A Corte IDH não apenas restituiu o seu direito ao trabalho, mas também afirmou que a Convenção Interamericana para a Eliminação de Todas as Formas de Discriminação contra as Pessoas Portadoras de Deficiência adota *modelo social* para tratar a deficiência, que não se define exclusivamente pela presença de uma deficiência física, mental, intelectual ou sensorial, mas está inter-relacionada com as barreiras e limitações (*v.g.*, física, arquitetônicas, comunicativas, atitudinais ou socioeconômicas) que existem na sociedade para que as pessoas possam exercer os seus direitos de forma efetiva. Dessa forma, cabe aos Estados a adoção de medidas positivas de proteção e de inclusão, determináveis com base na necessidade particular de proteção do sujeito de direito, seja pela sua condição pessoal, seja pela situação específica em que se encontra, de modo a proporcionar igualdade de condições, oportunidades e participação em todas as esferas da sociedade, com a finalidade de assegurar a superação das limitações fáticas e normativas, adotando medidas de diferenciação positiva para remover as barreiras, que podem ser legislativas, sociais, educacionais, trabalhistas ou de quaisquer outra natureza para que seja eliminada toda forma de injusta discriminação.

Ainda, é importante salientar o controle de convencionalidade da legislação brasileira a partir da Convenção da ONU sobre os Direitos das Pessoas com Deficiência, que inaugurou um novo paradigma ao ampliar a autonomia e, consequentemente, reformular o instituto da capacidade civil (*v.g.*, alguns portadores de transtornos mentais podem servir de testemunha ou se casarem sem a necessidade de autorização do curador). Por exemplo, o art. 71 do Código de Processo Civil exige que as pessoas civilmente incapazes precisam ser representadas por um curador (art. 1.767/CC). Essa regra processual tem de se submeter ao método da interpretação conforme os Direitos Humanos e ser lida a partir das normas contidas nos arts. 12.1 e 12.2 da Convenção sobre os Direitos das Pessoas com Deficiência das Nações Unidas – incorporada à Constituição brasileira de 1988 (art. 5º, §§ 2º e 3º) e promulgada pelo Decreto 6.949/2009 – que assegura que as pessoas com deficiência gozam de capacidade legal (isto é, de exercício e de gozo), em igualdade de condições com as demais pessoas em todos os

14. CORTE INTERAMERICANA DE DIREITOS HUMANOS. *Caso Ximenes Lopes versus Brasil.* Sentença de 4 de julho de 2006 (Mérito, Reparações e Custas). Disponível em: <https://www.corteidh.or.cr/docs/casos/articulos/seriec_149_por.pdf>. Acesso em: 29 jan. 2021.

aspectos da vida, devendo ser apoiadas quando necessitarem. O art. 84, § 3º, da Lei Brasileira de Inclusão da Pessoa com Deficiência (Lei 13.146/2015), por sua vez, afirma que a curatela de pessoa com deficiência é uma medida extraordinária, proporcional às necessidades e às circunstâncias de cada caso[15], e durará o menor tempo possível. Dessa forma, o art. 71 do Código de Processo Civil deve ser submetido ao *duplo controle* – de constitucionalidade e de convencionalidade – para se concluir que a curatela é uma medida excepcional, porque é substitutiva da vontade, sendo uma experiência negativa, que afeta a autoestima, implica perdas legais e sociais, e acarreta danos psicológicos. O Direito Civil Constitucional, influenciado pelos Direitos Humanos, como meio de valorização da dignidade da pessoa humana, superou o estereótipo de que a deficiência está associada à incapacidade e à aptidão para exprimir à vontade; portanto, a plena capacidade da pessoa com deficiência se presume (in dubio pro capacitas), devendo a sua incapacidade ser comprovada, a partir de critérios biopsicossociais, realizada a avaliação da deficiência por equipe multiprofissional e interdisciplinar (art. 2º, § 1º, da Lei 13.146/2015)[16].

Na medida do possível, há de se optar pela *tomada de decisão apoiada* (arts. 1.783-A do Código Civil e 84, § 2º, da Lei 13.146/2015), porque esse instituto amplia os espaços de autonomia da pessoa com deficiência. Esclareça-se, ainda, que a Lei Brasileira de Inclusão, pelo art. 116, inseriu no art. 1.783-A do Código Civil, como modelo alternativo ao da curatela, o negócio jurídico da tomada de decisão apoiada entre a pessoa com deficiência e seus apoiadores[17]. Nesse caso, por iniciativa da pessoa com deficiência, são nomeadas pelo Estado-Juiz – em procedimento de jurisdição voluntária, assistido por equipe multidisciplinar, e após a oitiva do Ministério Público, do requerente e daqueles que lhe prestarão apoio – duas pessoas idôneas, com as quais mantenha vínculos e que gozem de sua confiança, para dar-lhes apoio na tomada de decisão sobre atos da vida civil, com o

15. Na esteira desse raciocínio, conferindo interpretação adequada do art. 84, § 3º, da Lei 13.146/2015, o Superior Tribunal de Justiça (BRASIL. Superior Tribunal de Justiça. *REsp 1927423/SP*, 3ª T., rel. Min Marco Aurélio Bellizze, j. 27.04.2021, pub. DJe 04.05.2021) afirmou ser inadmissível a declaração de incapacidade absoluta às pessoas com enfermidade ou deficiência mental – somente os menores de 16 anos seriam absolutamente incapazes (exegese dos arts. 3º e 4º do Código Civil) – e que o instituto da curatela pode ser excepcionalmente aplicado às pessoas deficientes, ainda que sejam relativamente capazes, desde que a medida seja proporcional às necessidades e às circunstâncias do caso concreto.

16. PARANÁ. Tribunal de Justiça do Paraná. 12ª Câmara Cível - 0084565-70.2023.8.16.0000 - Arapongas - Rel.: DESEMBARGADOR EDUARDO AUGUSTO SALOMÃO CAMBI - J. 05.02.2024.

17. REQUIÃO, Maurício. As mudanças na capacidade e a inclusão da tomada de decisão apoiada a partir do estatuto da pessoa com deficiência. *Revista de Direito Civil Contemporâneo*, vol. 6, jan.-mar./2016, p. 37 - 54.

fornecimento de elementos e informações necessários para que possa exercer a sua capacidade. Com isso, privilegia-se a autonomia dos que possuem transtornos mentais leves ou cuja condição de saúde mental permita constituir, no seu entorno, uma rede de sujeitos baseada na sua confiança para lhe auxiliar nos atos da vida. Isso não aconteceria em algumas situações de curatela, quando fixada à revelia ou contra os interesses da pessoa com deficiência mental. Inclusão, alteridade e diversidade são as ferramentas a remover as barreiras na plena realização dos direitos humanos das pessoas com deficiência.

CAPÍTULO

9

POVOS INDÍGENAS E COMUNIDADES TRADICIONAIS: O GENOCÍDIO BRASILEIRO

A América pré-colombiana tinha de 35 a 40 milhões de índios, sendo que, no final do século XX, não chegam a constituir 6% da população[1]. No Brasil, estima-se que a população indígena em 1500 era de 3 milhões de habitantes, os quais compunham mais de mil povos diferentes, em rica diversidade étnica e cultural. Todavia, pelo censo demográfico do IBGE de 2010, contabilizou-se apenas 896,9 mil indígenas, distribuídos em 305 etnias (falando 274 línguas distintas), ou seja, menos de 30% do número total de índios da época da chegada dos portugueses ao país[2].

O genocídio dos povos indígenas foi consequência do modelo de colonização europeia. Essa redução drástica do número de índios na América Latina está associada às diversas formas de agressões às comunidades indígenas pelos colonizadores, tais como a violência cultural e a física propriamente dita, além das doenças e epidemias trazidas pelos europeus, que acabaram por quase dizimar a população nativa. Os índios ou foram mortos ou foram oprimidos pela servidão[3]. Os povos indígenas

1. DUSSEL, Enrique. *Oito ensaios sobre cultura latino-americana e libertação.* Cit. p. 19.
2. OBSERVATÓRIO DO TERCEIRO SETOR. *Genocídio no Brasil: mais de 70% da população indígena foi morta.* Disponível em: <https://observatorio3setor.org.br/noticias/genocidio-brasil-mais-de-70-da-populacao-indigena-foi-morta/>. Acesso em: 16 fev. 2021.
3. *"Bartolomé de las Casas (1484-1566) expresó, con gran precisión, que ´dos maneras han tenido en extirpar de la faz de la tierra a aquellas miserandas naciones´, refiriéndose a los dos modos que han usado los europeos em dominar a la periferia. ´La una por injustas, crueles, sangrientas y tiránicas guerras´; es decir, los europeos han asesinado a los habitantes de la periferia (es la muerte del otro). La otra, ´después que han asesinado a todos los que podían anhelar vivir en libertad, como son los hombres varones, porque comúnmente no dejan en la*

foram escravizados desde o início da colonização portuguesa[4]. No começo do século XVI, os índios foram explorados na extração do pau-brasil e, no final de 1500, a mão de obra indígena do atual estado do Amazonas foi utilizada no comércio de especiarias. Apesar do surgimento, no século XVII, de impedimentos legais para a escravidão indígena, os índios poderiam conhecer o cativeiro quando considerados "hostis" aos colonizadores ou serem comprados como prisioneiros de guerras. Os indígenas, pelo contato com o colonizador europeu, morriam porque seus corpos não tinham imunidade contra gripes, sarampo e varíola. Portanto, ao longo da história brasileira, os povos indígenas foram dizimados pela violência dos colonizadores europeus, expulsos de suas terras e mortos por moléstias que lhes eram estranhas.

Além disso, a população indígena foi submetida a diversos processos de negação da cidadania, tendo sido recusado o seu direito à propriedade e à autoafirmação[5]. Ora tratados como "incapazes", ora compreendidos como sujeitos em extinção, é certo que eles tiveram a sua história, seus costumes e suas cosmologias ignoradas pelo colonizador europeu branco. Os índios possuem características culturais, tradicionais e de organização social distintas da sociedade ocidental. Essa multiculturalidade foi acolhida pela Constituição Federal de 1988[6], que dialoga com a evolução do Direito Internacional, estabelecendo o direito fundamental à diversidade cultural[7].

Não se olvida que, no plano interno, a Lei nº 6.001/73 – conhecida como Estatuto do Índio – tutela os direitos da população indígena com o objetivo de preservar a cultura e integrá-los à sociedade brasileira. O objetivo dessa legislação, à época, foi o de buscar a integração dos indígenas à sociedade ocidental. Tratava-se da concretização do *paradigma integracionista*[8], uma

guerra con vida sino los niños y las mujeres, se les oprime con la más dura, horrible y áspera servidumbre´. Se trata, como puede observarse, de la dialéctica explícita del señor y el esclavo en las reflexiones publicadas en 1552 en Sevilla en la Brevísima relación de la destrucción de las Indias. Se ha asesinado al indio, pero cuando dejan alguno en vida lo reducen oprimiéndo lo con horrible servidumbre" (DUSSEL, Enrique. *Filosofía del a liberación*. Cit. p. 25).

4. SCHWARCZ, Lilia Moritz. *Sobre o autoritarismo brasileiro*. Cit. p. 167-168.
5. Idem, p. 169.
6. "Art. 231. São reconhecidos aos índios sua organização social, costumes, línguas, crenças e tradições, e os direitos originários sobre as terras que tradicionalmente ocupam, competindo à União demarcá-las, proteger e fazer respeitar todos os seus bens". BRASIL. *Constituição Federal*. 1988.
7. FACCIONI, Eloi Francisco Zatti. O tratamento jurídico-penal do indígena em face do Direito Fundamental à diversidade cultural. In.: *Temas aprofundados do Ministério Público Federal*. 2ª ed. Org. Edilson Vitorelli. Salvador: Editora Jus Podivm, 2013. p. 397.
8. HEEMANN, Thimotie Aragon. *Por uma releitura do direito dos povos indígenas: do integracionismo ao interculturalismo. Revista de doutrina e jurisprudência*, vol. 53, jul - dez 2017, p. 1-14.

vez que "a condição indígena seria algo harmoniosamente eliminado por intermédio da integração dos direitos à comunhão nacional"[9], o que possuía um viés colonizador – totalmente contraproducente à necessidade de resguardar, tutelar e respeitar a multiculturalidade.

A marginalização, discriminação e exclusão das comunidades indígenas, infelizmente, ainda é uma realidade atual. A ausência de uma adequada política indigenista, com destaque para a falta de definições quanto às demarcações e proteção de suas terras, favorece ocupações ilegais de terras ancestrais, gera violência contra comunidades indígenas e provoca a destruição ambiental de seus territórios[10]. Nesse sentido, a Instrução Normativa nº 8, de 29 de fevereiro de 2019, do Instituto Brasileiro do Meio Ambiente e dos Recursos Naturais Renováveis (IBAMA), enfraqueceu políticas e instituições de licenciamento ambiental. Esse ato normativo autoriza empresas a realizarem pedidos de licenciamento ambiental, antes restritos ao órgão federal, diretamente a órgãos estaduais e municipais e, ainda, possibilita a inclusão de empreendimentos em terras indígenas, em áreas protegidas e para exploração de petróleo no litoral brasileiro. Tal visão dos direitos indígenas é corroborada pela Proposta de Emenda Constitucional nº 187/2016, aprovada pela Comissão de Constituição e Justiça da Câmara dos Deputados, que autoriza a exploração econômica de terras indígenas para atividades agropecuárias e florestais. Soma-se a isso o enfraquecimento institucional da Fundação Nacional do Índio (FUNAI), especialmente a partir da Medida Provisória 879/2019, com sucessivos cortes orçamentários e estruturais.

No âmbito internacional, a Convenção nº 169 da Organização Internacional do Trabalho (OIT) sobre Povos Indígenas e Tribais se consubstancia na única convenção internacional em vigor sobre o direito dos povos indígenas. A maioria dos países que ratificaram esse documento internacional se encontra na América Latina. A prevenção da discriminação e a busca

9. VITORELLI, Edilson. *Estatuto do Índio*. 3ª ed. Salvador: Juspodivm, 2016. p. 25.

10. COMISSÃO INTERAMERICANA DE DIREITOS HUMANOS. *Situação dos Direitos Humanos no Brasil*. Cit. p. 30-31. Conforme a Comissão Interamericana de Direitos Humanos, "dos 44.911 projetos de mineração realizados na Amazônia brasileira em 2016, 17.509 afetaram total ou parcialmente terras indígenas ou unidades de conservação, em grande parte devido à obra de dos garimpeiros (garimpeiros). Na verdade, cerca de 70% dos projetos estão relacionados com a exploração ou intenção de explorar este mineral. A maior parte dos projetos (10.686) está sendo realizada em unidades de conservação federais, seguidos de 4.181 em terras indígenas e 3.390 em unidades de conservação estaduais. Esses dados, somados às recentes declarações de altas autoridades do país sobre a liberalização da extração mineral na Amazônia, geram extrema preocupação a respeito dos impactos ao meio ambiente e da sobrevivência dos povos indígenas e comunidades tribais" (COMISSÃO INTERAMERICANA DE DIREITOS HUMANOS. *Situação dos Direitos Humanos no Brasil*. Cit. p. 36).

pela igualdade estão no núcleo das preocupações da Convenção nº 169 da OIT[11]. Os povos indígenas devem ser consultados previamente a qualquer ação que afete seu bem-estar social e sua forma de vida[12]. Isso porque a Convenção tem, como fundamento, a universalidade dos direitos humanos, recaindo ao Estado o dever de salvaguardar "valores e práticas sociais, culturais, religiosas e espirituais próprios dos povos indígenas, sempre com a participação e consulta aos povos interessados"[13].

> As medidas não podem ser de cunho paternalista, e os indígenas têm o direito de escolher suas próprias prioridades no que diz respeito ao processo de desenvolvimento, conforme ele afete as suas vidas, crenças, instituições e bem-estar espiritual, bem como as terras que ocupam ou utilizam de alguma forma, e de controlar, quando possível, o seu próprio desenvolvimento econômico, social e cultural[14].

Desse modo, a Convenção nº 169 da OIT prestigia o *constitucionalismo dialógico*, ao tornar o processo de decisão mais vinculado às expectativas dos cidadãos (*v.g.*, assegura às comunidades indígenas afetadas pelas renovadas formas de exploração econômica, como a extensão das áreas de mineração ou agropecuárias, a participação nessas decisões)[15]. O empoderamento conferido pela Convenção nº 169 aos povos indígenas encontra espaço na jurisprudência da Corte Interamericana de Direitos Humanos, como na sentença do *Caso Povo indígena Kichwa de Sarayaku vs. Equador*, que ressalta a importância de o povo ou de a comunidade serem consultados sobre toda medida administrativa ou legislativa que afete seus direitos.

---

11. RAMOS, André de Carvalho. *Curso de direitos humanos*. 4ª ed. Cit. p. 266.
12. "Artigo 6: 1. Ao aplicar as disposições da presente Convenção, os governos deverão: a) consultar os povos interessados, mediante procedimentos apropriados e, particularmente, através de suas instituições representativas, cada vez que sejam previstas medidas legislativas ou administrativas suscetíveis de afetá-los diretamente; [...] 2. As consultas realizadas na aplicação desta Convenção deverão ser efetuadas com boa fé e de maneira apropriada às circunstâncias, com o objetivo de se chegar a um acordo e conseguir o consentimento acerca das medidas propostas". BRASIL. Câmara dos Deputados. *Convenção n° 169 da OIT sobre povos indígenas e tribais*. Disponível em: <https://www2.camara.leg.br/legin/fed/decleg/2002/decretolegislativo-143-20-junho-2002-458771-convencaon169-pl.pdf>. Acesso em: 1 fev. 2021.
13. RAMOS, André de Carvalho. *Curso de direitos humanos*. 4ª ed. Cit. p. 267.
14. Idem. Ibidem.
15. GARGARELLA, Roberto. El nuevo constitucionalismo dialógico frente al sistema de los frenos y contrapesos. In: *Por una justicia dialógica: El poder Judicial como promotor de la deliberación democrática*. Coord. Roberto Gargarella. Avellaneda: Siglo Veintiuno Ediciones Argentina S.A., 2014. p. 120 e 147.

165. Portanto, está claramente reconhecida, hoje, a obrigação dos Estados de realizar processos de consulta especiais e diferenciados quando determinados interesses das comunidades e povos indígenas corram o risco de ser afetados. **Esses processos devem respeitar o sistema específico de consulta de cada povo, ou comunidade, para que possa haver um relacionamento adequado e efetivo com outras autoridades estatais, atores sociais, ou políticos, além de terceiros interessados.**

166. A obrigação de consultar as comunidades e povos indígenas e tribais sobre toda medida administrativa, ou legislativa, que afete seus direitos reconhecidos na legislação interna e internacional, bem como a obrigação de assegurar os direitos dos povos indígenas de participar das decisões dos assuntos que digam respeito a seus interesses, está em relação direta com a obrigação geral de garantir o livre e pleno exercício dos direitos reconhecidos na Convenção (artigo 1.1). Isso implica o dever de organizar, adequadamente, todo o aparato governamental e, em geral, todas as estruturas mediante as quais se manifesta o exercício do poder público, de maneira que sejam capazes de assegurar juridicamente o livre e pleno exercício dos direitos (...)[16-17](Grifo nosso).

A consulta prévia, conforme assevera a Comissão Interamericana de Direitos Humanos, deve ser realizada não apenas em assuntos relacionados ao território ou que gerem impacto ambiental, mas também em relação às regulamentações que digam respeito à livre circulação em territórios tradicionais, mudanças na estrutura administrativa governamental e licenciamento ambiental[18]. O objetivo das consultas aos povos e às comunidades tradicionais é, pois, estimular o diálogo, promover a inclusão social e ampliar o exercício da cidadania, a fim de resolver as controvérsias, preferencialmente

16. CORTE INTERAMERICANA DE DIREITOS HUMANOS. *Povo indígena Kichwa de Sarayaku vs. Equador. Sentença de 27 de junho de 2012* (Mérito e Reparações). Disponível em: <https://www.cnj.jus.br/wp-content/uploads/2016/04/dd8acea6c7256808b84889d6499e6aaa.pdf>. Acesso em: 1 fev. 2021.

17. No par. 301 da decisão do caso Povo Indígena Kichwa de Sarayaku vs. Equador também se lê que "(…) bajo el artículo 2 de la Convención Americana, el Estado debe adoptar las medidas legislativas, administrativas o de otra índole que sean necesarias para poner plenamente en marcha y hacer efectivo, en un plazo razonable, el derecho a la consulta previa de los pueblos y comunidades indígenas y tribales y modificar aquellas que impidan su pleno y libre ejercicio, para lo cual debe asegurar la participación de las propias comunidades" (CORTE INTERNACIONAL DE DIREITOS HUMANOS. *Pueblo indígena Kichwa de Sarayaku vs. Ecuador*. Disponível em: <https://corteidh.or.cr/docs/casos/articulos/seriec_245_esp.pdf>. Acesso em: 10 mar. 2021).

18. COMISSÃO INTERAMERICANA DE DIREITOS HUMANOS. *Situação dos Direitos Humanos no Brasil*. Cit. p. 29.

pelas vias extrajudiciais. Afinal, as comunidades indígenas têm seus valores, usos, costumes, particularidades, cosmovisões, peculiaridades e tradições culturais, bem como suas condições especiais de vulnerabilidades, que precisam ser expressadas para auxiliar o Estado na busca das soluções cabíveis e possíveis[19]. Aliás, não se pode desconsiderar que a relação dos povos indígenas com a terra e o meio ambiente não é apenas física, mas sobretudo cosmológica, isto é, sua existência e reprodução (física e de suas crenças e costumes) depende da preservação e do equilíbrio do meio em que vivem, o que contribui para a conservação e proteção ambientais[20]. Nesse sentido, eles possuem uma relação de ancestralidade com a natureza, como explica o filósofo indígena Ailton Krenak. Portanto, explorar seu território é um ataque direto à história e aos ancestrais de determinada tribo.

Por outro lado, a importância da consulta às comunidades indígenas não significa que as decisões públicas dependem formalmente, como requisito de validade, da aceitação das comunidades indígenas[21]. Os índios devem ser ouvidos e sua opinião deve ser, honesta e sinceramente, considerada, o que não significa que a deliberação dependa somente da sua aquiescência, porque as divergências em uma democracia são normais e esperadas, e nenhum grupo social pode determinar sozinho a decisão do Estado. Logo, o direito à consulta não é absoluto, e, como regra, deve ceder diante de questões estratégias relacionadas à *defesa nacional*, conceito que não abarca toda e qualquer situação que justifique a não-participação dos indígenas. Por exemplo, o planejamento de operações militares não exige prévia consulta dos índios, ao contrário da construção de uma estrada, que depende da oitiva dos indígenas, ainda que seja relevante para o país.

Sobre a relevância da consulta prévia, destaca-se também o acórdão do Supremo Tribunal Federal, da relatoria do Min. Luís Roberto Barroso, na Ação de Descumprimento de Preceito Fundamental nº 709, que versa sobre a omissão estatal em adotar medidas sanitárias de controle à Covid-19 junto às comunidades indígenas, o que poderia ocasionar o extermínio de determinadas etnias. O reconhecimento da vulnerabilidade dos povos indígenas a doenças infectocontagiosas traz consigo a alta taxa de mortalidade em razão da baixa imunidade dessas etnias. Todavia, em uma situação de

19. BRASIL. Supremo Tribunal Federal. ADPF 709 MC-segunda-Ref, Relator(a): ROBERTO BARROSO, Tribunal Pleno, julgado em 02/03/2022, PROCESSO ELETRÔNICO DJe-056 DIVULG 23-03-2022 PUBLIC 24-03-2022.

20. BRASIL. Supremo Tribunal Federal. SL nº 1.197 AgR, Relator(a): DIAS TOFFOLI, Tribunal Pleno, julgado em 24/08/2020.

21. BRASIL. Supremo Tribunal Federal. Pet nº 3.388 ED. Relator: Ministro Roberto Barroso. j. 23.10.2013.

urgência – e principalmente em razão disso –, sublinha-se a importância da participação da formulação e execução das ações de saúde que lhes são destinadas. A inserção de doenças contagiosas nas comunidades indígenas ocorre, principalmente, em virtude do contato com pessoas não integrantes daquela sociedade, seja em virtude de garimpo ilegal, de desmatamento, seja de outras formas de invasão de suas propriedades. Destaca-se do voto do Min. Luís Roberto Barroso:

> Além da extração ilegal de madeira, temos também garimpo e mineração ilegais, que faz com que estados como Roraima sejam os principais exportadores de ouro do Brasil sem produzir nenhum grama, em prejuízo para o meio ambiente e para o País. Faço a observação de que estas invasões nas terras indígenas se dão para a prática de crimes e, portanto, é importante para a preservação da Amazônia, investir em atividades econômicas alternativas e sustentáveis, para fazer com que a floresta valha mais de pé do que derrubada. Não reprimir esses crimes é gravíssimo, é um crime de lesa-pátria e incentivá-los ultrapassa todos os limites do absurdo. (...). Entretanto, a situação não é nova, nem guarda relação com a pandemia. Trata-se de um problema social gravíssimo, presente em diversas terras indígenas e unidades de conservação, de difícil resolução, dado o grande contingente de pessoas (...). Observo que a própria petição inicial registrou que, apenas em uma das sete áreas, havia mais de vinte mil invasores. Não há, infelizmente, como equacionar e solucionar esse problema nos limites de uma medida cautelar e não tive a pretensão de resolvê-lo simplesmente com vontade política, caneta e tinta. É preciso um plano para isso[22].

Nesse sentido, a Resolução nº 01/21 da Comissão Interamericana de Direitos Humanos se preocupou com políticas diferenciadas de vacinação dos povos indígenas, nos seguintes termos:

> *14. Los Estados deben, respecto a los pueblos indígenas, realizar campañas de información y de distribución de vacunas en sus territorios, en coordinación y con la participación de los mismos, a través de sus entidades representativas, liderazgos y autoridades tradicionales, a fin*

22. BRASIL. Supremo Tribunal Federal. *ADPF 709 MC-REF / DF*. Plenário. 05 ago. 2020. Disponível em: <http://redir.stf.jus.br/paginadorpub/paginador.jsp?docTP=TP&docID=754033962>. Acesso em: 1 fev. 2021.

> *de asegurar la efectividad y adecuación cultural de las medidas, como el respeto a sus territorios y libre determinación*[23].

Sobre o fortalecimento político dos povos indígenas, destaca-se a decisão da Corte Interamericana de Direitos Humanos, no *Caso Yatama vs. Nicaragua*. O partido político regional indígena Yapti Tasba Masraka Nanih Asla Takanka (também conhecido como "YATAMA") foi impossibilitado pelo Conselho Supremo Eleitoral da Nicarágua de participar das eleições municipais, realizadas em 5 de novembro de 2000, nas Regiões Autônomas do Atlântico Norte e do Atlântico Sul (denominadas de "la RAAN" e "la RAAS"), por não cumprir determinadas formalidades exigidas dos partidos políticos. A Corte IDH, apesar de reconhecer a importância dos partidos políticos, condenou o Estado da Nicarágua, após ressaltar a legitimidade da participação de outras organizações para a realização do bem comum:

> *215. No existe disposición en la Convención Americana que permita sostener que los ciudadanos sólo pueden ejercer el derecho a postularse como candidatos a un cargo electivo a través de un partido político. No se desconoce la importancia que revisten los partidos políticos como formas de asociación esenciales para el desarrollo y fortalecimiento de la democracia, pero se reconoce que hay otras formas a través de las cuales se impulsan candidaturas para cargos de elección popular con miras a la realización de fines comunes, cuando ello es pertinente e incluso necesario para favorecer o asegurar la participación política de grupos específicos de la sociedad, tomando en cuenta sus tradiciones y ordenamientos especiales, cuya legitimidad ha sido reconocida e incluso se halla sujeta a la protección explícita del Estado. Incluso, la Carta Democrática Interamericana señala que para la democracia es prioritario "[e]l fortalecimiento de los partidos y de otras organizaciones políticas"*[24].

Assinala-se, ainda, que a relação dos povos indígenas com as terras tradicionalmente ocupadas guarda vínculo com sua cultura, assim como com os valores espirituais inerentes às crenças da comunidade.

23. COMISSÃO INTERAMERICANA DE DIREITOS HUMANOS. *Resolución 1/21*. Disponível em: <http://www.oas.org/es/cidh/decisiones/pdf/Resolucion-1-21-es.pdf>. Acesso em: 10 abr. 2021.
24. CORTE AMERICANA DE DIREITOS HUMANOS. *Caso Yatama vs. Nicaragua*. Sentencia de 23 de junho de 2005. Disponível em: <https://www.corteidh.or.cr/docs/casos/articulos/seriec_127_esp.pdf>. Acesso em: 2 jun. 2021.

A Declaração Americana sobre os Direitos dos Povos Indígenas protege, no art. XXV, as formas tradicionais da propriedade e sobrevivência cultural, bem como o direito às terras, territórios e recursos, nos seguintes termos:

> *1. Los pueblos indígenas tienen derecho a mantener y fortalecer su propia relación espiritual, cultural y material con sus tierras, territorios y recursos, y a asumir sus responsabilidades para conservarlos para ellos mismos y para las generaciones venideras. 2. Los pueblos indígenas tienen derecho a las tierras, territorios y recursos que tradicionalmente han poseído, ocupado o utilizado o adquirido. 3. Los pueblos indígenas tienen derecho a poseer, utilizar, desarrollar y controlar las tierras, territorios y recursos que poseen en razón de la propiedad tradicional u otro tipo tradicional de ocupación o utilización, así como aquellos que hayan adquirido de otra forma. 4. Los Estados asegurarán el reconocimiento y protección jurídicos de esas tierras, territorios y recursos. Dicho reconocimiento respetará debidamente las costumbres, las tradiciones y los sistemas de tenencia de la tierra de los pueblos indígenas de que se trate. 5. Los pueblos indígenas tienen el derecho al reconocimiento legal de las modalidades y formas diversas y particulares de propiedad, posesión o dominio de sus tierras, territorios y recursos de acuerdo con el ordenamiento jurídico de cada Estado y los instrumentos internacionales pertinentes. Los Estados establecerán los regímenes especiales apropiados para este reconocimiento y su efectiva demarcación o titulación*[25].

A jurisprudência da Corte Interamericana de Direitos Humanos reconhece a dimensão coletiva das terras indígenas, como nos *Casos da Comunidade indígena Mayagna Awas Tingni contra a Nicarágua* (2001), *Caso da comunidade indígena Yakye Axa contra o Paraguai* (2005) e o *Caso da comunidade indígena Xákmok Kásek vs. Paraguai* (2010)[26]. O destacado

---

25. ORGANIZAÇÃO DOS ESTADOS AMERICANOS. *Declaración Americana sobre los Derechos de los Pueblos Indígenas*. Disponível em: <https://www.oas.org/es/sadye/documentos/res-2888-16-es.pdf>. Acesso em: 10 mar. 2021.

26. "Quanto aos direitos dos povos indígenas, destaca-se o relevante caso da comunidade indígena Mayagna Awas Tingni contra a Nicarágua (2001), em que a Corte reconheceu os direitos dos povos indígenas à propriedade coletiva da terra, como uma tradição comunitária, e como um direito fundamental e básico à sua cultura, à sua vida espiritual, à sua integridade e à sua sobrevivência econômica. Acrescentou que para os povos indígenas a relação com a terra não é somente uma questão de possessão e produção, mas um elemento material e espiritual de que devem gozar plenamente, inclusive para preservar seu legado cultural e transmiti-lo às gerações futuras. Em outro caso – caso da comunidade indígena Yakye Axa contra o Paraguai (2005) --, a Corte sustentou que os povos indígenas têm direito a medidas específicas que garantam o acesso aos serviços de saúde, que devem ser apropriados sob a perspectiva

trabalho da Corte consiste em transformar e dar vida a textos de documentos de direitos humanos que aparentemente não contêm a proteção de outras identidades e culturas. É nesse sentido que se fortaleceu a cognominada *progressividade* hermenêutica, que faz dos instrumentos de direitos humanos documentos vivos.

Nesse diapasão, pronunciou-se a Corte IDH: "Os termos de um tratado internacional de direitos humanos têm sentido autônomo, pelo que não podem ser equiparados ao sentido que lhes é atribuído no direito interno. Além disso, ditos tratados de direitos humanos são instrumentos vivos, cuja interpretação tem que se adequar à evolução dos tempos e, em particular, às condições de vida atuais"[27]. No que tange à interpretação do direito à propriedade, espelhado na primeira causa acima posta (*Caso Yakye Axa vs. Paraguai*), a Corte Interamericana se mostrou atenta à identidade cultural de um povo que não possui a apropriação privada como meio de acesso à terra. Tal mister não é simplificado, uma vez que não se pode apenas transpor o discurso jurídico estatal àquelas comunidades. Na lição de Carlos Frederico Marés:

> A difícil porque complexa relação entre povos indígenas e Estados organizados nunca foi perfeitamente resolvida, os Estados modernos têm como fundamento a propriedade privada individual e os povos indígenas se organizam coletivamente, sem a apropriação individual. É claro que a possibilidade da propriedade privada significa

cultural, incluindo cuidados preventivos, práticas curativas e medicinas tradicionais. Adicionou que para os povos indígenas a saúde apresenta uma dimensão coletiva, sendo que a ruptura de sua relação simbiótica com a terra exerce um efeito prejudicial sobre a saúde destas populações. No caso da comunidade indígena Xákmok Kásek v. Paraguai, a Corte Interamericana condenou o Estado do Paraguai pela afronta aos direitos à vida, à propriedade comunitária e à proteção judicial (artigos 4º, 21 e 25 da Convenção Americana, respectivamente), dentre outros direitos, em face da não garantia do direito de propriedade ancestral à aludida comunidade indígena, o que estaria a afetar seu direito à identidade cultural. Ao motivar a sentença, destacou que os conceitos tradicionais de propriedade privada e de possessão não se aplicam às comunidades indígenas, pelo significado coletivo da terra, eis que a relação de pertença não se centra no indivíduo, senão no grupo e na comunidade. Acrescentou que o direito à propriedade coletiva estaria ainda a merecer igual proteção pelo artigo 21 da Convenção (concernente ao direito à propriedade privada). Afirmou o dever do Estado em assegurar especial proteção às comunidades indígenas, à luz de suas particularidades próprias, suas características econômicas e sociais e suas especiais vulnerabilidades, considerando o direito consuetudinário, os valores, os usos e os costumes dos povos indígenas, de forma a assegurar-lhes o direito à vida digna, contemplando o acesso à água potável, alimentação, saúde, educação, dentre outros" (PIOVESAN, Flávia. *Direitos humanos e diálogos entre jurisdições*. Cit. p. 78-79).

27. CORTE INTERAMERICANA DE DIRTEITOS HUMANOS. *Sentença do Caso Comunidade Mayagna (Sumo) Awas Tingni versus Nicarágua*. Sentença de 31 de agosto de 2001. Par. 146.

a possibilidade de acumulação de bens e de patrimônio individual, conceitos impensáveis para as populações indígenas (...)[28].

Dessarte, ainda que filiado ao pressuposto da universalidade, indissociável dos sistemas internacionais de proteção, o sistema interamericano tem se mostrado mais atento e aberto às demandas culturais e aos modelos jurídicos diversos que clamam por sua proteção.

Pertinente à decisão no *Caso Yakye Axa*, afiança Flávia Piovesan:

> A respeito do direito à identidade cultural, aludiu a Corte à necessidade de adotar uma interpretação evolutiva e dinâmica, tal como acena a jurisprudência da Corte Europeia, no sentido de fazer da Convenção um instrumento vivo, capaz de acompanhar as evoluções temporais e as condições de vida atuais. Ao demarcar os delineamentos do direito à identidade cultural, afirmou a Corte o significado especial da propriedade coletiva das terras ancestrais para os povos indígenas, "inclusive para preservar sua identidade cultural e transmiti-la para as gerações futuras". Adicionou que "a cultura dos membros da comunidade indígena corresponde a uma forma de vida particular de ser, ver e atuar no mundo, construída a partir de sua relação com suas terras tradicionais". Pontuou que a terra, para os povos indígenas, não é apenas um meio de subsistência, mas um elemento integrante de sua cosmovisão, de sua religiosidade e de sua identidade cultural. Isto porque a terra estaria estreitamente relacionada com suas tradições e expressões orais, costumes e línguas, artes e rituais, bem como com a sua relação com a natureza, arte culinária, direito consuetudinário, (...). Em virtude de sua relação com a natureza, os membros das comunidades indígenas transmitem de geração para geração este patrimônio cultural imaterial, que é recriado constantemente pelos membros da comunidade indígena. Concluiu a Corte que a identidade cultural é um componente agregado ao próprio direito à vida *lato sensu*. Deste modo, se é violada a identidade cultural, a própria vida vê-se inevitavelmente violada[29].

28. SOUZA FILHO, Carlos Frederico Marés de. *A Terra, um direito à vida.* Trabalho apresentado ao concurso para Professor Titular de Direito da Pontifícia Universidade Católica do Paraná, em dezembro de 2000. Curitiba, PR. p. 48.

29. PIOVESAN, Flávia. *Igualdade, Diferença e Direitos Humanos: perspectivas global e regional.* p. 40. (Mímeo)

Partindo do art. 21 da Convenção Americana, que reflete o espírito individual-burguês do nascimento dos direitos humanos e dos direitos fundamentais ao consagrar, dentre eles, a propriedade privada, a *virada hermenêutica* realizada pelo aparato interamericano permite "abarcar dimensões como a propriedade coletiva, a territorialidade, a ancestralidade, a sacralidade, imprescindíveis de serem levadas em consideração para a plena garantia desse direito no contexto dos povos indígenas"[30]. De igual maneira, a Corte IDH procedeu ao interpretar os direitos políticos no *Caso Yatama*. Trata-se de caso em que as particularidades culturais das comunidades indígenas – sua forma de organização e deliberação política – são postas acima das enunciações genéricas de direitos humanos.

Quanto ao tema, consigna Mário Melo: "essa decisão constitui um precedente importante para situações análogas, nas quais o pleno exercício de direitos por parte de membros de comunidades indígenas e étnicas implica que não sejam impostas condições ou requisitos que ignorem suas particularidades culturais"[31]. O que a Corte tem assinalado em tais casos é que o discurso tradicional dos direitos humanos deve se adaptar às (novas) especificidades étnicas e culturais. Desse modo, o sistema regional interamericano vem se mostrando mais cauto e acessível às novas realidades a serem enfrentadas do ponto de vista do desafio cultural aos direitos humanos.

Há, pois, uma vinculação entre o território e os recursos naturais que os povos indígenas, tribais ou de comunidades tradicionais usam como meio necessário à sua sobrevivência física e cultural, bem como para o desenvolvimento coletivo. Tal relação deve ser protegida para garantir que esses povos possam continuar vivendo conforme o seu modo de vida tradicional, sua identidade cultural, estrutura social, sistema econômico, costumes e crenças[32].

30. MELO, Mário. Últimos Avanços na Justiciabilidade dos Direitos Indígenas no Sistema Interamericano de Direitos Humanos. *Revista Internacional de Direitos Humanos SUR*. Volume nº 6, 2007. Disponível em: <http://www.surjournal.org/conteudos/pdf/6/unzip/UPRIMNY.pdf>.

31. MELO, Mário. Últimos Avanços na Justiciabilidade dos Direitos Indígenas no Sistema Interamericano de Direitos Humanos. *Revista Internacional de Direitos Humanos SUR*. Volume nº 6, 2007. Disponível em: <http://www.surjournal.org/conteudos/pdf/6/unzip/UPRIMNY.pdf>.

32. "146. Devido à conexão intrínseca que os integrantes dos povos indígenas e tribais tem com seu território, a proteção do direito a sua posse, uso e gozo é necessária para garantir a sua sobrevivência, ou seja, o direito a usar e usufruir do território careceria de sentido no contexto dos povos indígenas e tribais caso esse direito não estivesse vinculado à proteção dos recursos naturais que se encontram no território. Por isso, a proteção dos territórios dos povos indígenas e tribais também decorre da necessidade de garantir a segurança e a manutenção, por parte deles, do controle e uso dos recursos naturais, o que, por sua vez, permite manter seu modo de vida. Essa vinculação entre o território e os recursos naturais que os povos indígenas e tribais usaram tradicionalmente e que são necessários para sua sobrevivência física e cultural, bem como para o desenvolvimento e continuidade de sua cosmovisão, deve ser pro-

O Brasil, contudo, não tem realizado a demarcação de terras indígenas em um prazo razoável. O art. 67 do Ato das Disposições Constitucionais Transitórias da Constituição Federal de 1988 estabeleceu o prazo de cinco anos para a conclusão da demarcação de todas as terras indígenas. No entanto, esse prazo não foi cumprido. Até 2018, das 1.306 terras indígenas, apenas 435 haviam sido regularizadas.

Em fevereiro de 2018, a Corte Interamericana de Direitos Humanos (Corte IDH) condenou o Brasil pela desmedida demora em demarcar as terras do povo indígena Xucuru, reconhecendo o direito à propriedade comunitária e ampliando a interpretação do art. 21 da Convenção Americana[33].

> 115. (...) o artigo 21 da Convenção Americana protege o estreito vínculo que os povos indígenas mantêm com suas terras bem como com seus recursos naturais e com os elementos incorporais que neles se originam. Entre os povos indígenas e tribais existe uma tradição comunitária sobre uma forma comunal da propriedade coletiva da terra, no sentido de que a posse desta não se centra em um indivíduo, mas no grupo e sua comunidade. Essas noções do domínio e da posse sobre as terras não necessariamente correspondem à concepção clássica de propriedade, mas a Corte estabeleceu que merecem igual proteção do artigo 21 da Convenção Americana. Desconhecer as versões específicas do direito ao uso e gozo dos bens, dadas pela cultura, usos, costumes e crenças de cada povo, equivaleria a afirmar que só existe uma forma de usar os bens, e deles dispor, o que, por sua vez, significaria tornar ilusória a proteção desses coletivos por meio dessa disposição. Ao se desconhecer o direito ancestral dos

tegida pelo artigo 21 da Convenção para garantir que possam continuar vivendo de acordo com seu modo de vida tradicional, e que sua identidade cultural, estrutura social, sistema econômico, costumes, crenças e tradições distintas sejam respeitados, garantidos e protegidos pelos Estados. 147. Além disso, a falta de acesso aos territórios pode impedir as comunidades indígenas de usar os recursos naturais necessários, e deles usufruir, para procurar sua subsistência, mediante suas atividades tradicionais; e de ter acesso aos sistemas tradicionais de saúde e a outras funções socioculturais, o que pode expô-los a condições de vida precárias, ou desumanas, a maior vulnerabilidade diante de doenças e epidemias, bem como submetê-los a situações de desproteção extrema, que podem implicar em várias violações de seus direitos humanos, além de ocasionar-lhes sofrimento e prejudicar a preservação de sua forma de vida, costumes e idioma" (CORTE INTERAMERICANA DE DIRTEITOS HUMANOS. *Povo indígena Kichwa de Sarayaku vs. Equador. Sentença de 27 de junho de 2012* (Mérito e Reparações). Disponível em: <https://www.cnj.jus.br/wp-content/uploads/2016/04/dd8acea6c7256808b84889d6499e6aaa.pdf>. Acesso em: 1 fev. 2021).

33. "Artigo 21. Direito à propriedade privada. 1.Toda pessoa tem direito ao uso e gozo dos seus bens. A lei pode subordinar esse uso e gozo ao interesse social. 2. Nenhuma pessoa pode ser privada de seus bens, salvo mediante o pagamento de indenização justa, por motivo de utilidade pública ou de interesse social e nos casos e na forma estabelecidos pela lei. 3. Tanto a usura como qualquer outra forma de exploração do homem pelo homem devem ser reprimidas pela lei".

membros das comunidades indígenas sobre seus territórios, se poderia afetar outros direitos básicos, como o direito à identidade cultural e à própria sobrevivência das comunidades indígenas e seus membros. (...).

130. A jurisprudência deste Tribunal salientou em outros casos que os povos indígenas e tribais têm direito a que existam mecanismos administrativos efetivos e expeditos para proteger, garantir e promover seus direitos sobre os territórios indígenas, mediante os quais se possam levar a cabo os processos de reconhecimento, titulação, demarcação e delimitação de sua propriedade territorial. Os procedimentos mencionados devem cumprir as regras do devido processo legal consagradas nos artigos 8 e 25 da Convenção Americana[34].

A interpretação conferida na Ação Direta de Inconstitucionalidade nº 3.239/DF, de relatoria do Min. Cezar Peluso (Rel. para acórdão Min. Rosa Weber), e na Ação Popular nº 3.388/RR, de relatoria do Min. Ayres Britto, pelo Supremo Tribunal Federal, converge para a preeminência ao direito à propriedade coletiva em relação ao direito à propriedade privada, levando em conta a relação tradicional do povo indígena com o território, além da posse histórica exercida por estes, de modo a prevalecer sua ocupação em relação a terceiros ocupantes de boa-fé e não indígenas.

A Corte Interamericana de Direitos Humanos considerou que a demarcação dos territórios indígenas fornece segurança jurídica e proteção à propriedade comunitária, prevista nos arts. 231 da Constituição de 1988 e 21 da Convenção Americana de Direitos Humanos, bem como na Convenção nº 169 da Organização Internacional do Trabalho[35]. A jurisprudência reiterada da Corte Interamericana de Direitos Humanos – *Caso da Comunidade Mayagna [Sumo] Awas Tingni vs. Nicarágua [2001]* e *Caso da Comunidade Garífuna de Triunfo de la Cruz e seus membros vs. Honduras [2015]* – revela a necessidade da observância do prazo razoável, a fim de garantir as regras do devido processo legal, visando a defesa do direito humano à propriedade coletiva, por meio do reconhecimento e da demarcação dos territórios indígenas. Com maior razão, a partir da

34. CORTE INTERAMERICANA DE DIREITOS HUMANOS. *Povo indígena Xucuru e seus membros vs.Brasil. Sentença de 5 de fevereiro de 2018* (Exceções preliminares, Mérito, Reparações e Custas). Disponível em: <https://www.corteidh.or.cr/docs/casos/articulos/seriec_346_por.pdf>. Acesso em: 1 fev. 2021.

35. CAMBI, Eduardo; PORTO, Leticia de Andrade. *O direito à propriedade coletiva e a condenação do Brasil no caso da população indígena xucuru pela corte interamericana de direitos humanos. Anais do IV – Congresso luso-brasileiro de direito empresarial e cidadania - Conlubradec.* Unicuritiba, vol. 04, nº 31, Curitiba, 2019. p. 159-163.

condenação no caso da população indígena Xucuru, após quase vinte anos de tramitação do processo judicial de demarcação de suas terras, o Estado brasileiro, além do dever de assegurar a duração razoável do processo e dos meios que garantam a celeridade de sua tramitação (art. 5º, inc. LXXVIII, CF), também está vinculado aos precedentes da Corte Interamericana de Direitos Humanos em relação aos direitos dos índios.

A decisão no *Caso do Povo Indígena Xucuru e seus membros vs. Brasil* da Corte IDH, portanto, reafirma a morosidade dos processos envolvendo conflitos de demarcações territoriais, no Brasil, e a necessidade de maior eficiência na tutela jurisdicional para a melhor proteção do direito humano à propriedade coletiva dos povos indígenas[36]. Também é emblemático o precedente firmado pelo Supremo Tribunal Federal na Pet 3.388-RO[37], relativo à apreciação de ação popular ajuizada por Senador da República em face da União, em que impugnava o modelo contínuo de demarcação da Terra Indígena Raposa/Serra do Sol, situada no Estado de Roraima, e pleiteava a declaração de nulidade da Portaria 534/2005, do Ministro de Estado da Justiça, e do Decreto homologatório de 15.04.2005, do Presidente da República. O relator, Min. Carlos Ayres Britto, julgou improcedente o pedido formulado, para assentar a condição indígena da área demarcada como Raposa/Serra do Sol, em sua totalidade, revogando a liminar concedida na ação cautelar de 2009, para que fossem retirados das terras todos os indivíduos não índios. O relator, para afastar o antagonismo entre a questão indígena e o desenvolvimento, sustentou que os arts. 231 e 232 da CF/1988 têm finalidade fraternal ou solidária. Argumentou que se está diante de um novo tipo de igualdade, qual seja, a igualdade civil-moral de minorias que têm experimentado, historicamente e por preconceito, desvantagens comparativas com outros segmentos sociais, e que, portanto, trata-se de uma era constitucional compensatória dessas desvantagens, a se viabilizar por mecanismos de ações afirmativas. Em 19 de março de 2009, o STF, por dez votos a um, manteve decisão favorável à demarcação contínua da reserva indígena Raposa/Serra do Sol, em Roraima, beneficiando os índios e determinando a saída dos fazendeiros da região. Entretanto, é importante pontuar que a Corte IDH, ao julgar o *Caso do Povo Indígena Xucuru e seus membros vs. Brasil*, aplicou a Teoria do Indigenato, que estabelece que os povos indígenas têm o direito congênito, imemorial à terra. Por outro lado, o Supremo Tribunal Federal adotou entendimento diverso e, ao resolver o

36. Idem. Ibidem.
37. BRASIL. Supremo Tribunal Federal. *Pet. 3388*. Tribunal Pleno. j. 19.03.2009. pub. DJe 17.04.2009.

Caso Raposa Serra do Sol, aplicou a Teoria do Fato Indígena, pela qual as terras indígenas no Brasil seriam aquelas das quais os índios estavam na posse ao tempo da promulgação da Constituição, ou seja, em 5 de outubro de 1988. Com isso, o STF conferiu interpretação restritiva ao instituto do *esbulho renitente*, como controvérsia possessória persistente, comprovada por circunstâncias de fato ou judicializada. Utilizou o marco temporal de 5 de outubro de 1988 para estabelecer a necessidade de resistência física dos índios à data da promulgação da Constituição como pressuposto à caracterização do esbulho renitente. Em 20 de julho de 2017, o Parecer 001/2017 GAB/CGU/AGU estabeleceu que todos os órgãos da Administração Pública Federal, incluindo a Fundação Nacional do Índio (FUNAI), deveriam seguir a Tese do Fato Indígena (Marco Temporal), adotada pelo Supremo Tribunal Federal no caso sobre as terras Raposa Serra do Sol.

A Comissão Interamericana de Direitos Humanos, ao observar a situação dos direitos humanos no Brasil, alertou que a aplicação da Tese do Marco Temporal pode afetar 748 processos de demarcação administrativa em andamento. Isso porque a FUNAI está impedida de avançar em processos em que se apure não ter havido ocupação indígena na área em 1988, além de a Advocacia-Geral da União poder deixar de recorrer das decisões que anularam a demarcação de terras, como ocorreu em decisões de Tribunais Regionais Federais em relação à demarcação de terras Limão Verde, Buritim do povo Terena e Guyraroká do povo Guarani-Kaiowá, no Mato Grosso do Sul[38]. Com efeito, a Teoria do Indigenato assentada pela Corte IDH no *Caso Povo Indígena Xucuru vs. Brasil*, com respaldo no art. XXV da Declaração Americana sobre os Direitos dos Povos Indígenas, é mais favorável à proteção dos direitos indígenas do que a Teoria do Fato Indígena, devendo tal precedente ser adotado tanto pelo STF em decisões posteriores sobre a matéria quanto pelos Órgãos Públicos de proteção dos índios, como forma de preservar a exegese do art. 21 da Convenção Americana de Direitos Humanos.

A discussão sobre a tese do "marco temporal", para fins de demarcações de terras indígenas, pela qual os indígenas somente poderiam reivindicar terras onde já estavam na data da promulgação da Constituição de 1988, foi analisada pelo Supremo Tribunal Federal no Recurso Extraordinário 1.017.365. O caso versa sobre ação de reintegração de posse, ajuizada pelo governo de Santa Catarina, em face do povo Xokleng, referente à

38. COMISSÃO INTERAMERICANA DE DIREITOS HUMANOS. *Situação dos Direitos Humanos no Brasil*. Cit. p. 33.

Terra Indígena Ibirama-Lakolãnõ, onde também vivem os índios Guarani e Kaingang. O relator, Ministro Edson Fachin, rechaçou a tese do marco temporal, por considerar que os índios têm direito originário sobre as terras que tradicionalmente ocupam. Afirmou que a posse tradicional indígena é diferente da posse civil, nos termos da exegese do art. 231, § 1º, da Constituição Federal, e que a proteção constitucional aos direitos originários sobre as terras que tradicionalmente ocupam não depende da existência de um marco temporal, em 5 de outubro de 1988, até porque a Constituição não fixou nenhum marco temporal. Salientou-se que é pelo laudo antropológico, realizado nos termos do Decreto nº 1.776/1996, que se pode demonstrar a tradicionalidade da ocupação de comunidade indígena determinada de acordo com seus usos, costumes e tradições. Asseverou, também, que as terras de ocupação tradicional indígena são de posse permanente da comunidade, cabendo aos índios o usufruto exclusivo das riquezas do solo, dos rios e lagos nelas existentes, bem como que tais terras, por serem públicas, são inalienáveis, indisponíveis, e os direitos sobre elas são imprescritíveis[39].

Entretanto, o Congresso Nacional aprovou a Lei 14.701/2023, que contemplou no art. 4º a previsão da teoria do Marco Temporal; isto é, os povos indígenas tinham que estar habitando determinados locais em 5 de outubro de 1988 para que seja possível realizar a demarcação de terra indígena de ocupação tradicional. O debate, contudo, não está encerrado. Há quatro ações questionando a validade da lei (ADI 7582, ADI 7583, ADI 7586 e ADO 86), e uma pedindo que o Supremo Tribunal Federal declare sua constitucionalidade (ADC 87).

Ademais, em se tratando da personalidade jurídica dos indígenas, a Convenção 169 da OIT adotou o critério da autoidentificação e consciência da identidade indígena de seus membros. As comunidades indígenas têm o direito de serem reconhecidas juridicamente, conforme decidido pela Corte IDH no *Caso Pueblos Kaliña e Lokono vs. Suriname*, de 2015[40]. Sobre

39. Contudo, até o fechamento desta edição, o STF ainda não havia concluído o julgamento.
40. "Artigo 3. Direito ao reconhecimento da personalidade jurídica 3. Toda pessoa tem direito ao reconhecimento de sua personalidade jurídica. Os povos indígenas possuem o direito ao reconhecimento jurídico de sua comunidade. Em conclusão, já que o ordenamento jurídico interno do Suriname não reconhece o exercício da personalidade jurídica dos povos indígenas e tribais de maneira coletiva, essa Corte considera que o Estado violou o art. 3 da Convenção Americana, em prejuízo dos Povos Kaliña e Lokono, combinado com o art. 2. Além disso, para efeitos do presente caso, a falta de reconhecimento da personalidade jurídica dos Povos Kaliña e Lokono impacta, como será analisado abaixo, na violação de outros direitos reconhecidos nos arts. 1.1, 21 e 25 da Convenção". CORTE INTERAMERICANA DE DIREITOS HUMANOS. *Caso Pueblos Kaliña e Lokono Vs. Surinam*. Mérito, reparações e custas. Sentença de 25-11-2015. Tradução livre. [Resumo oficial.] Também, na mesma esteira: "168. A Corte nota que é necessário o reconhecimento da personalidade jurídica dos membros individuais da comunidade para o

o direito humano dos povos indígenas ao autorreconhecimento, Daniel Sarmento explica:

> Trata-se de critério extremamente importante, na medida em que parte da correta premissa de que, na definição da identidade étnica, é essencial levar em conta as percepções dos próprios sujeitos que estão sendo identificados, sob pena de chancelarem leituras etnocêntricas ou essencialistas dos observadores externos provenientes de outra cultura, muitas vezes repletas de preconceito. A ideia básica, que pode ser reconduzida ao princípio da dignidade da pessoa humana, é de que na definição da identidade não há como ignorar a visão que o próprio sujeito de direito tem de si, sob pena de se perpetrarem sérias arbitrariedades e violências, concretas ou simbólicas[41].

No âmbito regional, a Declaração Americana sobre os Direitos dos Povos Indígenas é instrumento de *soft law*, sem força vinculante, mas que orienta a interpretação dos tratados internacionais sobre a temática indígena.

Dentre os direitos tutelados, a necessidade de valoração da autoidentificação como critério de reconhecimento dessa população inaugura o documento internacional, em consonância com o respeito à pluralidade e diversidade cultural das Américas[42]. Por fim, em se tratando de comunidades tradicionais, destaca-se que a Constituição Federal de 1988 admitiu a sua existência, assim como a Convenção nº 169 da Organização Internacional do Trabalho (OIT) que reconheceu os povos indígenas e tribais em âmbito internacional[43].

---

gozo de outros direitos, como o direito à vida e à integridade pessoal. Entretanto, esse reconhecimento individual não considera o modo como membros dos povos indígenas e tribais em geral, e o Saramaka em particular, gozam e exercem um direito em especial; isto é, o direito a usar e gozar coletivamente da propriedade de acordo com suas tradições ancestrais. (...) 172. A Corte considera que o direito a que o Estado reconheça sua personalidade jurídica é uma das medidas especiais que se deve proporcionar aos grupos indígenas e tribais a fim de garantir que estes possam gozar de seus territórios segundo suas tradições. Essa é a consequência natural do reconhecimento do direito a gozar de certos direitos de forma comunitária dos membros dos grupos indígenas e tribais". CORTE INTERAMERICANA DE DIREITOS HUMANOS. *Caso Pueblo Saramaka Vs. Suriname*. Exceções preliminares, mérito, reparações e custas. Sentença de 28-11-2007. [Ficha técnica].

41. SARMENTO, Daniel. *Por um constitucionalismo inclusivo: história tradicional brasileira, teoria da constituição e direitos fundamentais*. Rio de Janeiro: Lumen Juris, 2010. p. 302.

42. RAMOS, André de Carvalho. *Curso de direitos humanos*. 4ª ed. Cit. p. 347-350.

43. Destacam-se, dentre outros, os artigos 13 e 14 da Convenção nº 169 da OIT: Artigo 13: "1. Ao aplicarem as disposições desta parte da Convenção, os governos deverão respeitar a importância especial que para as culturas e valores espirituais dos povos interessados possui a sua relação com as terras ou territórios, ou com ambos, segundo os casos, que eles ocupam ou utilizam de alguma maneira e, particularmente, os aspectos coletivos dessa relação. 2. A utilização do termo "terras" nos Artigos 15 e 16 deverá incluir o conceito de territórios, o que abrange a totalidade do habitat das regiões que os povos interessados

O Decreto 6.040, de 7 de fevereiro de 2007, do Presidente da República, institui a Política Nacional de Desenvolvimento Sustentável dos Povos e Comunidades Tradicionais. O art. 3º, inc. I, deste ato normativo conceitua povos e comunidades tradicionais da seguinte maneira:

> grupos culturalmente diferenciados e que se reconhecem como tais, que possuem formas próprias de organização social, que ocupam e usam territórios e recursos naturais como condição para sua reprodução cultural, social, religiosa, ancestral e econômica, utilizando conhecimentos, inovações e práticas gerados e transmitidos pela tradição[44].

A Política Nacional de Desenvolvimento Sustentável dos Povos e Comunidades Tradicionais, pelo art. 2º do Decreto 6.040/2007, visa "promover o desenvolvimento sustentável dos Povos e Comunidades Tradicionais, com ênfase no reconhecimento, fortalecimento e garantia dos seus direitos territoriais, sociais, ambientais, econômicos e culturais, com respeito e valorização à sua identidade, suas formas de organização e suas instituições".

As políticas de inclusão social de populações tradicionais, como os quilombolas, indígenas, povos ciganos, pescadores artesanais e faxinalenses (no Paraná), são indispensáveis na promoção de seus direitos humanos.

A historicidade das comunidades tradicionais indígenas e quilombolas remonta ao período do Brasil Colônia e à época da escravidão, respectivamente. Já a população de identidade faxinal teve início com a imigração de ucranianos e poloneses ao Paraná durante a Segunda Guerra Mundial, revelando uma historicidade temporal menor quando comparada às comunidades anteriormente citadas[45]. Às comunidades tradicionais deve ser assegurado o direito à propriedade coletiva, como reconheceu a Corte Interamericana

ocupam ou utilizam de alguma outra forma"; "Artigo 14 1. Dever-se-á reconhecer aos povos interessados os direitos de propriedade e de posse sobre as terras que tradicionalmente ocupam. Além disso, nos casos apropriados, deverão ser adotadas medidas para salvaguardar o direito dos povos interessados de utilizar terras que não estejam exclusivamente ocupadas por eles, mas às quais, tradicionalmente, tenham tido acesso para suas atividades tradicionais e de subsistência. Nesse particular, deverá ser dada especial atenção à situação dos povos nômades e dos agricultores itinerantes. 2. Os governos deverão adotar as medidas que sejam necessárias para determinar as terras que os povos interessados ocupam tradicionalmente e garantir a proteção efetiva dos seus direitos de propriedade e posse. 3. Deverão ser instituídos procedimentos adequados no âmbito do sistema jurídico nacional para solucionar as reivindicações de terras formuladas pelos povos interessados".

44. BRASIL. *Decreto nº 6.040, de 7 de fevereiro de 2007*. Institui a Política Nacional de Desenvolvimento Sustentável dos Povos e Comunidades Tradicionais.

45. RUDINIKI NETO, Rogério; HEEMANN, Thimotie Aragon. *Identidade coletiva faxinal na relação de pertencimento com a terra: o papel do Município no reconhecimento de direitos dentro da tipologia de competências da Constituição Federal de 1988. Revista do Ministério Público do Paraná*, Curitiba, v. 5, n. 8, jun./2018, p. 325-349.

de Direitos Humanos no *Caso Povo Saramaka vs. Suriname*, ao estabelecer que as comunidades tradicionais ou tribais são titulares de direitos coletivos sobre o território que tradicionalmente ocupavam e usavam, o que inclui as terras e os recursos naturais necessários para sua subsistência social, cultural e econômica, bem como administrar, distribuir e controlar efetivamente esse território, de acordo com seu direito consuetudinário e sistema de propriedade comunal, e sem prejuízo de outras comunidades indígenas e tribais[46].

Destaca-se a comunidade quilombola, pela sua resistência à escravidão e à exploração colonial, bem como pelo modo de vida que desenvolveu na ocupação do território, seu sistema de governo e sua forma coletiva de organização[47]. Tanto é que o art. 68 do Ato das Disposições Constitucionais Transitórias da Constituição Federal de 1988 afirmou o seu direito de propriedade, nos seguintes termos: aos "remanescentes das comunidades dos quilombos que estejam ocupando suas terras é reconhecida a propriedade definitiva, devendo o Estado emitir-lhes os títulos respectivos". Apesar da proteção conferida pela Constituição Federal de 1988, a população quilombola ainda permanece na invisibilidade e tem negada sua identidade histórica e cultural. Até dezembro de 2017, 3.051 comunidades quilombolas haviam sido certificadas pela Fundação Cultural Palmares, mas apenas 116 títulos de terras foram expedidos pelo Instituto Nacional de Colonização e Reforma Agrária (INCRA). Há sistemática negação dos direitos da população quilombola de diversas formas, como a instalação de projetos por parte do Estado em seus territórios (como foi a instalação da Vila Naval de Aratu, pela Marinha do Brasil, no Quilombo Rio dos Macacos) ou a invasão de agentes privados, a violação ao meio ambiente, a ausência e a precariedade de serviços públicos para essa população, assim como a falta de garantias formais, do desrespeito ao seu direito de consulta e da infringência de seus direitos territoriais[48]. Esse contexto de negação de direitos se reflete nos dados do Instituto Brasileiro de Geografia e Estatística (IBGE), que aponta 5.972 localidades quilombolas em 1.672 municípios, sendo que, mediante levantamento do Ministério do Desenvolvimento Social, constatou-se, em 2013, que 75% desta população vive em situação de extrema pobreza[49].

---

46. CORTE INTERAMERICANA DE DIREITOS HUMANOS. *Caso Povo Saramaka vs. Suriname*. Disponível em: <https://www.corteidh.or.cr/docs/casos/articulos/seriec_172_esp.pdf>. Acesso em: 10 mar. 2021.
47. COMISSÃO INTERAMERICANA DE DIREITOS HUMANOS. *Situação dos Direitos Humanos no Brasil*. Cit. p. 24.
48. Idem, p. 25.
49. BRASIL, Supremo Tribunal Federal. ADPF 742 MC, Relator(a): MARCO AURÉLIO, Relator(a) p/ Acórdão: EDSON FACHIN, Tribunal Pleno, julgado em 24/02/2021, PROCESSO ELETRÔNICO DJe-080 DIVULG 28-04-2021 PUBLIC 29-04-2021.

No Paraná, a população Faxinal encontra dificuldades diárias quanto ao uso coletivo da terra para a pecuária, sua principal atividade econômica. Isso ocorre porque a comunidade reluta em realizar o cercamento dos espaços utilizados, o que gera conflitos internos e acaba por ameaçar a sua existência.

Destaca-se, ainda, que grande parte das comunidades tradicionais se encontra isolada das sedes municipais, normalmente na zona rural, carentes de acesso às políticas públicas, apresentando um quadro de maior vulnerabilidade social. O reconhecimento jurídico-formal do domínio das terras ocupadas é uma das principais reivindicações dessas comunidades, em busca da efetiva identidade sociocultural coletiva. Por exemplo, os remanescentes de quilombos, constituído por grupo tradicional a partir da resistência e luta pela liberdade, no período de escravidão, encontram-se, majoritariamente, em zona rural, dedicando-se a atividades atinentes a agropecuária e extrativismo.

Nesse sentido, o Supremo Tribunal Federal, ao julgar a Ação Direta de Inconstitucionalidade nº 3.239, reconheceu como constitucional o critério de autoatribuição da identidade de quilombola previsto no Decreto nº 4887/2003 para a identificação, reconhecimento, delimitação, demarcação e titulação de suas terras prevista no artigo 68 do ADCT[50]. Para tanto, afirmou que os remanescentes das comunidades dos quilombos aos quais alude o art. 68 do ADCT, isto é, os "quilombolas atuais", são toda comunidade negra rural que agrupe descendentes de escravos vivendo da cultura de subsistência e onde as manifestações culturais têm forte vínculo com o passado. Dessa forma, restou consignado na decisão que o "art. 68 do ADCT assegura o direito dos remanescentes das comunidades dos quilombos de ver reconhecida pelo Estado a propriedade sobre as terras que histórica e tradicionalmente ocupam – direito fundamental de grupo étnico-racial minoritário dotado de eficácia plena e aplicação imediata. Nele definidos o titular (remanescentes das comunidades dos quilombos), o objeto (terras por eles ocupadas), o conteúdo (direito de propriedade), a condição (ocupação tradicional), o sujeito passivo (Estado) e a obrigação específica (emissão de títulos), mostra-se apto o art. 68 do ADCT a produzir todos os seus efeitos, independentemente de integração legislativa. (...)". O STF, no corpo do acórdão, invocou o art. 1°, itens 1 e 2, da Convenção 169 da Organização Internacional do Trabalho (OIT), de

50. BRASIL. Supremo Tribunal Federal. ADI 3239, Relator(a): CEZAR PELUSO, Relator(a) p/ Acórdão: ROSA WEBER, Tribunal Pleno, julgado em 08/02/2018, ACÓRDÃO ELETRÔNICO DJe-019 DIVULG 31-01-2019 PUBLIC 01-02-2019.

26.06.1989, sobre Povos Indígenas e Tribais, aprovada no Brasil pelo Decreto Legislativo 143/2002 e ratificada pelo Decreto 5.051/2004, que consagrou a "consciência da própria identidade" como critério para determinar os grupos tradicionais (indígenas ou tribais), não podendo o Estado negar a identidade de um povo indígena ou tribal que se reconheça como tal. O STF também se baseou em precedentes da Corte Interamericana de Direitos Humanos (Casos *Moiwana v. Suriname*, de 2005, e *Saramaka v. Suriname*, de 2007), para reconhecer o direito de propriedade de comunidades formadas por descendentes de escravos fugitivos sobre as terras tradicionais com as quais mantêm relações territoriais, ressaltando o compromisso dos Estados partes (Pacto de San José da Costa Rica, art. 21) de adotar medidas para garantir o seu pleno exercício. Portanto, o Supremo Tribunal Federal, ao interpretar o art. 68 do ADCT, concluiu que, para assegurar o direito dos remanescentes das comunidades dos quilombos à propriedade sobre as terras que histórica e tradicionalmente ocupa, além de uma dada comunidade ser qualificada como remanescente de quilombo (elemento subjetivo que reside no âmbito da autoidentificação) também é necessária a satisfação de um elemento objetivo (ou empírico), isto é, a reprodução da unidade social que se afirma originada de um quilombo deve estar atrelada a uma ocupação continuada do espaço ainda existente, em sua organicidade, em 05 de outubro de 1988, de modo a se caracterizar como efetiva atualização histórica das comunidades dos quilombo.

Também destaca-se a decisão do STF, na ADI nº 4.269[51], sobre a constitucionalidade da Lei nº 11.952/2009, pela qual a União estabeleceu plano de regularização fundiária na Amazônia Legal, denominado Programa Terra Legal, para tornar lícitas ocupações localizadas em terras de seu domínio, seja por meio da transferência da propriedade, seja pelo instrumento de concessão de direito real de uso, a fim de combater a grilagem de terras e a pobreza extrema na região, além de obter maior facilidade na identificação de lesões ao meio ambiente e da responsabilização por elas nas terras amazônicas. O STF concluiu pela necessidade de regularização fundiária dessas áreas, em sua maioria ocupadas por pequenos e médios proprietários que retiram seu sustento dos recursos da região amazônica, e que produzem de forma sustentável sem agressões ao meio ambiente, com fundamento na função social da propriedade, em especial quando se trata das comunidades tradicionais que ali habitam. Com efeito, afirmou que o artigo 4º, § 2º, da Lei

51. BRASIL. Supremo Tribunal Federal. ADI nº 4.269. Relator(a): Edson Fachin, Tribunal Pleno, julgado em 18.10.2017, Acórdão Eletrônico DJe-019 Divulg 31-01-2019 Public 01.02.2019.

nº 11.952/2009 protege de forma adequada as terras dos remanescentes de comunidades quilombolas e das demais comunidades tradicionais amazônicas, ao permitir interpretação que possibilite a regularização dessas áreas em desfavor do modo de apropriação de território por esses grupos. Conferiu, pois, interpretação conforme aos artigos 216, inc. I, da Constituição e 68 do ADCT, para assegurar a relação específica entre comunidade, identidade e terra que caracteriza os povos tradicionais. Além disso, atribuiu interpretação conforme a Constituição a previsão do artigo 13 da Lei nº 11.952/2009, ao dispensar a vistoria prévia nos imóveis rurais de até quatro módulos fiscais, a fim de que essa medida de desburocratização do procedimento seja somada à utilização de todos os meios eficazes de fiscalização do meio ambiente, como forma de tutela à biodiversidade e inclusão social dos pequenos proprietários que exercem cultura efetiva na área.

Como a multiculturalidade é reconhecida pela Constituição Federal, faz-se necessário o reconhecimento das peculiaridades dos diferentes grupos culturais existentes no território brasileiro, com a efetiva tutela de seus direitos coletivos e difusos[52]. A luta pela consolidação dos direitos dos povos indígenas se aguçou ainda mais com a pandemia da Covid-19, somada ao ocaso da democracia brasileira. A Comissão Interamericana de Direitos Humanos (CIDH) emitiu, em 10 de abril, a Resolução 01/2020, intitulada Pandemia e Direitos Humanos nas Américas, na qual apresenta um conjunto de medidas e abordagens para o enfrentamento da Covid-19 pelos países latino-americanos. Dentre as 85 recomendações da Resolução 01/2020, as de número 39 e 40 tratam de grupos de especial vulnerabilidade, indicando que os Estados membros devem:

> 39. Considerar abordagens diferenciadas ao tomar medidas necessárias para garantir os direitos dos grupos em uma situação de especial vulnerabilidade, adotando medidas de cuidado, tratamento e contenção para a pandemia de Covid-19; bem como mitigar os impactos diferenciados que tais medidas podem gerar.
>
> 40. Promover, pelas mais altas autoridades, a eliminação de estigmas e estereótipos negativos que podem surgir em certos grupos de pessoas no contexto de pandemia.

52. PARANÁ. Ministério Público do Estado do Paraná. *Direitos Humanos. Atuação do Núcleo de Promoção e Defesa dos Direitos dos Povos e Comunidades Tradicionais*. Disponível em: <https://direito.mppr.mp.br/modules/conteudo/conteudo.php?conteudo=60>. Acesso em: 2 fev. 2021.

Em resposta à pandemia da Covid-19, a Comissão Interamericana instalou a Unidade de Coordenação de Resposta Rápida e Integrada (SACROI, na sua sigla em espanhol), para fortalecer suas capacidades institucionais de proteção e defesa das liberdades fundamentais e dos direitos humanos no contexto da pandemia. Um dos objetivos da SACROI é garantir que o dever de atendimento especial aos grupos em situação de vulnerabilidade seja cumprido pelos estados.

Ainda, nesse contexto interamericano, a Comissão Interamericana de Direitos Humanos publicou a Resolução nº 35/2020, na qual apontou graves falhas nas ações do governo brasileiro no combate à pandemia da Covid-19 na Terra Indígena Yanomami. A Terra Indígena Yanomami reúne 321 comunidades, totalizando 26 mil pessoas, incluindo algumas que vivem em aldeias contatadas recentemente e algumas em isolamento voluntário. Esses grupos enfrentam riscos específicos relacionados à pandemia, considerando sua particular suscetibilidade.

A Comissão viu a urgência e o risco de danos irreversíveis para os grupos indígenas Yanomami e Ye'kwana, devido à falta de ações adequadas tomadas pelo governo para combater a pandemia. Além disto, as medidas limitadas desenvolvidas não consideram as realidades socioculturais dos povos indígenas ou fornecem meios realistas de isolamento, especialmente em relação aos grupos indígenas em isolamento voluntário. Outras medidas foram expedidas nesse sentido.

O Brasil teve uma das maiores taxas de mortalidade por Covid-19 de qualquer país do mundo; o descaso em relação às hipervulnerabilidades indígenas rendeu denúncias nos mais variados foros internacionais, inclusive no Tribunal Penal Internacional. A Organização Pan-Americana da Saúde, um braço da Organização Mundial de Saúde, instou as autoridades sanitárias a redobrar os esforços para prevenir a propagação da infecção entre as comunidades indígenas. Com isso em vista, é preciso exaltar os progressos alcançados pelo Estado brasileiro até o momento na proteção de comunidades indígenas e quilombolas cujas situações são de extrema vulnerabilidade, mas também se destaca os equívocos e negligências do governo nesse processo. Assim, faz-se mister que nos atentemos aos erros do passado se inspirando no enriquecimento de políticas de proteção desses povos, construamos um país onde os povos tradicionais, suas culturas e particularidades são respeitadas e preservadas.

CAPÍTULO

10

COVID-19 E OS DIREITOS HUMANOS: LIÇÕES PÓS-PANDÊMICAS: FORTALECIMENTO DE INSTITUIÇÕES PÚBLICAS E PRIVADAS DEMOCRÁTICAS E REPUBLICANAS

Em 10 de abril de 2020, a Comissão Interamericana de Direitos Humanos editou a Resolução nº 01/2020, para tratar da pandemia da Covid-19 e do seu impacto para os direitos humanos em toda a América[1]. Já, em 27 de julho de 2020, a Comissão Interamericana de Direitos Humanos publicou a Resolução nº 04/2020, sobre direitos humanos das pessoas com Covid-19[2]. Ainda, em 6 de abril de 2021, a Comissão Interamericana de Direitos Humanos emitiu a Resolução nº 01/2021, sobre as vacinas contra a Covid-19 no âmbito das obrigações internacionais de Direitos Humanos[3].

O continente americano é a região mais desigual do planeta, e sempre demonstrou discrepância em relação a fatores sociais e econômicos, apresentando forte desigualdade de distribuição de renda. Heranças provenientes de regimes ditatoriais e passados coloniais, como violência generalizada,

1. COMISSÃO INTERAMERICANA DE DIREITOS HUMANOS. *Resolución 01/2020. Pandemia y Derechos Humanos en las Americas*. Disponível em: <http://www.oas.org/es/cidh/decisiones/pdf/Resolucion-1-20-es.pdf>. Acesso em: 18 abr. 2020.
2. COMISSÃO INTERAMERICANA DE DIREITOS HUMANOS. *Resolución 04/2020. Derechos Humanos de las personas con Covid-19*. Disponível em: <http://www.oas.org/es/cidh/decisiones/pdf/Resolucion-4-20-es.pdf>. Acesso em: 18 fev. 2021.
3. COMISSÃO INTERAMERICANA DE DIREITOS HUMANOS. *Resolución 01/2021. As vacinas contra a Covid-19 no âmbito das obrigações interamericanas de Direitos Humanos*. Disponível em: <http://www.oas.org/es/cidh/decisiones/pdf/Resolucion-4-20-es.pdf>. Acesso em: 18 mai. 2021.

autoritarismo, e concentração de renda são alguns dos fatores dessas enormes diferenças econômicas e sociais.

A pandemia da COVID-19 não criou em si preconceitos específicos, mas agudizou discriminações já existentes. Assim, o tema das vulnerabilidades foi ressaltado e, mesmo no pós-pandemia, é difícil fechar um diagnóstico preciso das diversas violações dos direitos humanos. Todavia, é fundamental, inclusive para que no futuro seja possível, pensar nesse momento e com ele apreender as lições, fazer aqui um diagnóstico possível e fortalecer as instituições públicas e privadas democráticas e republicanas.

O patrimonialismo, a corrupção e a impunidade que assolam os países latino-americanos também dificultam o acesso às políticas públicas de qualidade, e acentuam os desníveis de classes e a concentração de renda. A corrupção sistêmica desvia recursos necessários ao financiamento das políticas públicas, traz impactos negativos ao desenvolvimento sustentável e cria obstáculos à implementação de direitos econômicos, sociais e culturais[4]. A pobreza extrema é um problema comum encontrado em todos os países da América Latina. Nos termos da referida Resolução nº 01/2020, "a privação de liberdade econômica, na forma de pobreza extrema, pode tornar a pessoa uma presa indefesa na violação de outros tipos de liberdade"[5].

A precariedade de acesso à água potável e saneamento, a falta de moradia apropriada, de alimentação e de itens elementares de higiene, bem como a contaminação ambiental e a informalidade laboral presente nos subempregos fragilizam os grupos mais vulneráveis da população, sobretudo diante do distanciamento social e das dificuldades sanitárias impostas pela Covid-19[6].

Os sistemas de saúde pública da América Latina viram suas capacidades de atendimento à população transbordarem em face do simultâneo e repentino aumento exponencial dos números de infectados pela síndrome respiratória Covid-19. Não apenas dificuldades de ordem sanitária foram evidenciadas, como também o impacto financeiro em razão do

4. LIMA, Madeleine Hutyra de Paula. *Corrupção: obstáculo à implementação dos direitos econômicos, sociais e culturais. Revista de Direito Constitucional e Internacional*, São Paulo, n. 33, out./dez. 2000, p. 174-205.

5. SEN, Amartya. *Desenvolvimento como liberdade*. Cit. p.23.

6. SOTTO MAIOR NETO, Olympio; FRANCESCHI, Ana Carolina Pinto; MOURA, Rafael Osvaldo Machado. O olhar dos direitos humanos em tempos de pandemia e a atuação social do Ministério Público. In: *Covid-19 e Ministério Público*. Org. Eduardo Cambi, Gilberto Giacoia e Samia Saad Gallotti Bonavides. Belo Horizonte: D´Plácido, 2020. p. 500.

distanciamento social que limitou a circulação de pessoas e impediu a realização de atividades comerciais não essenciais[7].

A pandemia e as medidas de distanciamento social acabam por restringir uma série de direitos fundamentais previstos nas Constituições dos países latino-americanos. O respeito ao direito à informação pública, por exemplo, foi objeto de divergências no Brasil, uma vez que os dados em relação à doença não foram divulgados pelo governo, em sua integridade, o que exigiu o esforço de agências de comunicação para computar o número de pessoas infectadas pelo vírus e mortas com a doença.

Além disso, o direito à vida, à saúde e à integridade pessoal foram seriamente impactados, junto com os direitos ao trabalho, à seguridade social, educação e alimentação adequada[8]. A Corte Interamericana de Direitos Humanos emitiu, em 9 de abril de 2020, a Declaração 1/20, sobre a Covid-19 e os Direitos Humanos, na qual exortou os Estados Membros da Convenção Americana a enfrentar a pandemia por meio do diálogo e da cooperação internacional e regional conjunta e solidária.

Os povos da América Latina, em razão da discriminação, pobreza, desigualdade, debilidade estrutural dos sistemas públicos de saúde e, por vezes, pela falta de estabilidade política e social, bem como a presença de governos negacionistas, sofreram mais para adotar medidas de distanciamento social e observar as recomendações sanitárias da Organização Mundial de Saúde e da Organização Panamericana da Saúde.

Tal situação motivou a Comissão Interamericana de Direitos Humanos a emitir, em 27 de julho de 2020, a Resolução 04 para estabelecer Diretrizes sobre os Direitos Humanos das pessoas com Covid-19[9]. Partiu-se da premissa de que uma resposta epidemiológica efetiva e humana requer a adoção de critérios culturalmente apropriados que levem em conta a participação integrada das populações impactadas, assim como as perspectivas de interseccionalidade e de gênero, e as necessidades médicas particulares de cada pessoa com Covid-19. Ficou assentado ser dever dos Estados Americanos usar o máximo dos recursos disponíveis para proteger a vida, a saúde (física e mental), o bem-estar, a autodeterminação e a dignidade humana de todas as pessoas infectadas com a doença. Esses esforços deveriam compreender

7. COMISSÃO INTERAMERICANA DE DIREITOS HUMANOS. *Resolución 01/2020*. Op. Cit.
8. Idem. Ibidem.
9. COMISSÃO INTERAMERICANA DE DIREITOS HUMANOS. *Resolución 04/2020. Derechos Humanos de las personas con Covid-19*. Cit.

os testes para a verificação da doença, acesso a medicamentos, equipamentos e tecnologias disponíveis, além de vacinas, que observem as orientações científicas para a atenção preventiva, curativa, paliativa, de reabilitação ou de cuidado das pessoas com Covid-19. A Resolução 04/2020 da CIDH também se preocupou com a proteção do direito à confidencialidade, privacidade e uso de dados pessoais das pessoas com Covid-19, alertando os Estados, quando contratassem servidores privados de inteligência artificial, para assegurarem que a tecnologia contratada, incluindo o uso de algoritmos, observasse o princípio da não discriminação e fosse auditada, por organismos externos e independentes, para que não tivessem impactos negativos aos direitos humanos[10]. Ainda, a referida Resolução assegurava, aos familiares das vítimas de Covid-19, procedimentos que permitam a sua identificação[11], que os Estados não enterrassem os mortos em valas comuns, tampouco realizassem a cremação de pessoas não identificadas. Em relação ao acesso à justiça, o parágrafo 47 da Resolução 04/2020 determinava o mais rápido processamento das denúncias de violação aos direitos humanos, nos seguintes termos:

> *47. Los procesos relacionados con denúncias de afectaciones a los derechos de las personas con COVID-19 así como la ejecución de las sanciones deben ser decididos en un plazo razonable. Cuando lo que se encuentra en juego en el proceso judicial es de crucial importancia para salvaguardar los derechos de la persona afectada, los Estados*

10. Uma das grandes ameaças da atualidade são as *ditaduras digitais*, pois por meio dos algoritmos e da inteligência artificial empresas e governos podem controlar e influenciar o comportamento das pessoas. Pelo registro das páginas consultadas na internet, pelo tempo dedicado a determinados assuntos, pelo tipo de consumo praticado, pelas reações a determinadas postagens etc., empresas e governos podem identificar gostos, preferências, tendências ideológicas, opiniões etc. Isso pode ser perigoso, quando indiretamente o cidadão é vigiado e influenciado a seguir determinada tendência, para enfatizar determinadas ideias, consumir certos produtos, seguir alguns líderes e desprezar opiniões contrárias. A advertência é de Yuval Noah Harari: "Quando os algoritmos passarem a nos conhecer tão bem, governos autoritários poderiam obter o controle absoluto de seus cidadãos, ainda mais do que na Alemanha nazista, e a resistência a esses regimes poderá ser totalmente impossível. Não só o regime saberá o que você sente — ele poderia fazer você sentir o que ele quiser. O ditador poderia não ser capaz de prover o cidadão de serviços de saúde ou igualdade, mas seria capaz de fazer com que ele o amasse e odiasse seus adversários. A democracia em seu formato atual não será capaz de sobreviver à fusão da biotecnologia com a tecnologia da informação. Ou a democracia se reinventa com sucesso numa forma radicalmente nova, ou os humanos acabarão vivendo em ´ditaduras digitais´" (*21 Lições para o Século 21*. Cit. p. 74).
11. Nesse sentido, a Comissão de Defesa dos Direitos Fundamentais do Conselho Nacional do Ministério Público (CNMP) emitiu a Nota Técnica nº 02/2020, para sugerir que as unidades do Ministério Público brasileiro divulgassem e ampliassem o uso do Sistema Nacional de Localização e Identificação de Desaparecidos (SINALID), desenvolvido pelo Ministério Público do Rio de Janeiro, que contém informações organizadas sobre pessoas desaparecidas e opera de forma integrada com outros órgãos públicos e privados no cruzamento de dados para a geração de um banco único. Tal ferramenta pode ser usada para localizar parentes de pessoas internadas ou mesmo identificá-las quando venham a óbito.

deben actuar con celeridad y diligencia excepcional, aun cuando este tipo de casos pueda significar cierto nivel de complejidad[12].

O cenário da pandemia reforçou a obrigação dos Estados americanos em combater o negacionismo, bem como garantir e respeitar os direitos humanos, por meio de pesquisas, investigações, elaboração de estudos científicos para o tratamento da doença, em consonância com a proteção integral da vida humana.

As inquietações da CIDH em relação à América Latina se concentraram, principalmente, no Brasil, em razão da escalada exponencial do número de contágios e óbitos por Coronavírus, bem como das ineficientes iniciativas governamentais para a prevenção e contenção da doença.

Sabe-se que os grupos mais vulneráveis são aqueles que mais sofrem em um contexto de crise sanitária e que devem ter maior atenção dispensada. Nesse sentido, a CIDH emitiu diversas medidas cautelares direcionadas ao Brasil, com o intuito de promover medidas que contenham a contaminação por Covid-19, resguardando as particularidades de cada região e de cada grupo.

O vírus da Covid-19 atingiu a saúde de todos, indistintamente, fossem ricos, fossem pobres. Porém, como já asseverado, as restrições de direitos humanos, em razão da pandemia, geraram impactos desproporcionais nos grupos sociais mais vulneráveis, o que recomendava a adoção de medidas protetivas adicionais para não agravar ainda mais as desigualdades[13]. A Comissão Interamericana de Direitos Humanos reconhece como vulneráveis pessoas historicamente excluídas ou em zona de risco, como os idosos, aquelas que tenham comorbidades pretéritas, as em situação de privação de liberdade, mulheres, indígenas, migrantes e refugiados, idosos, crianças e adolescentes, população LGBTQIA+, afrodescendentes, índios e quilombolas, pessoas deficientes e aquelas com trabalhos informais e em situações de rua. Tampouco, pode-se olvidar, nesse período da Covid-19, pelo negacionismo de certos governos e de tentativas de restrições às liberdades públicas,

12. COMISSÃO INTERAMERICANA DE DIREITOS HUMANOS. *Resolución 04/2020. Derechos Humanos de las personas con Covid-19*. Cit.

13. "A crise provocada pelo coronavírus apenas aprofunda as discriminações que a dinâmica social já evidenciava. A pandemia da Covid-19 potencializa o peso diferenciado da carga que recai sobre os ombros daquelas e daqueles já vulnerabilizados pela desigualdade. A pandemia, assim, não apenas aguçou vulnerabilidades como também ampliou exclusões no cenário das desigualdades, lançando ainda mais luzes para o abismo existente entre os (hiper) vulneráveis e ausência de políticas públicas adequadas" (FACHIN, Melina. Prefácio. In: *Direitos humanos em tempos de pandemia*. Org. Érika Leahy. Curitiba: Instituto Memória, 2020. p. 1).

a importância de determinadas pessoas, como os defensores de direitos humanos, os líderes sociais e os profissionais da saúde e da imprensa[14].

Os grupos *supracitados* possuem características que merecem ser distinguidas. Pessoas privadas de liberdade, por exemplo, encontram-se segregadas com um grande contingente de presos. Por isso, a avaliação individual da necessidade do encarceramento e a possibilidade de medidas alternativas à prisão deveriam ser colocadas em prática em casos criminais menos graves. No Brasil, o Conselho Nacional de Justiça (CNJ) emitiu, em 17 de março de 2020, a Recomendação 62/2020 para a adoção de medidas preventivas à propagação da Covid-19, com orientações sobre "a redução do fluxo de ingresso no sistema prisional e socioeducativo; medidas de prevenção na realização de audiências judiciais nos fóruns; suspensão excepcional da audiência de custódia, mantida a análise de todas as prisões em flagrante realizadas; ação conjunta com os Executivos locais na elaboração de planos de contingência; e suporte aos planos de contingência deliberados pelas administrações penitenciárias dos estados em relação às visitas"[15]. A Comissão Interamericana de Direitos Humanos demonstrou preocupação em relação às pessoas privadas de liberdade, em seu relatório de imprensa,

> [...] a CIDH observa com preocupação as altas taxas de contágio e falecimento nas penitenciárias brasileiras em virtude do vírus do COVID-19. Nesse sentido, conforme *informação de Depen*, em fins de julho era contabilizado um total de 11.437 contágios, 3.021 casos suspeitos, e 73 mortes. Esses números podem ter sido ainda mais altos, considerando que em 31 de julho teriam sido realizados testes unicamente em 32.682 pessoas, o que corresponde a menos de 0,4% do total da população penitenciária[16].

Outro grupo retratado como vulnerável, em tempos de Covid-19, foram as mulheres. Elas estão em grande parte na economia informal e nos trabalhos domésticos. A redefinição econômica afetada pela restrição de circulação e a redução de contato social impactou de modo direto nesse grupo de pessoas que, do dia para noite, ficaram sem possibilidade de sustento próprio e de suas famílias. A interrupção das atividades acadêmicas

14. COMISSÃO INTERAMERICANA DE DIREITOS HUMANOS. *Resolución 01/2020*. Op. Cit.
15. BRASIL. Conselho Nacional de Justiça. *Recomendação nº 62, de 17 de março de 2020*. Disponível em: <https://www.cnj.jus.br/wp-content/uploads/2020/03/62-Recomendação.pdf>. Acesso em: 12 ago. 2020.
16. CIDH. *A CIDH manifesta preocupação pela situação das pessoas privadas de liberdade no Brasil diante da pandemia do COVID-19*. 8 ago. 2020. Disponível em: <http://www.oas.org/pt/cidh/prensa/notas/2020/195.asp>. Acesso em: 30 mar. 2021.

e escolares, bem como dos serviços domésticos subcontratados, desde logo, também sobrecarregou as mulheres que precisaram harmonizar os esforços do trabalho remoto com os cuidados dos filhos e da casa. Na divisão sexual do trabalho, as múltiplas jornadas laborais e o fardo trazido com o cuidado familiar recaem, com maior intensidade, sobre os corpos femininos. Consequentemente, iniciativas como a encampada por alguns setores da advocacia de retomada dos prazos processuais geraram profunda desigualdade de gênero. Além disso, o distanciamento social fez com que as mulheres tivessem que ficar mais em casa, o que aumentou o número dos casos de violência de gênero, exigindo o fortalecimento dos serviços de atendimento, os canais de denúncia e a proteção das vítimas de violência intrafamiliar e sexual.

O Comitê Técnico Covid-19, instituído pelo Ministério da Mulher, da Família e dos Direitos Humanos no Brasil, viabilizou planos de contingenciamento para as populações vulneráveis, com a estruturação em três eixos: saúde, proteção social e proteção econômica. De acordo com o Relatório do Estado Brasileiro, o foco das ações de prevenção contra a Covid-19 se pautou no acesso às informações relativas à doença, orientada aos dirigentes em Direitos Humanos – como conselheiros tutelares, gestores de programas de atendimento às medidas socioeducativas, educadores sociais – visando à prevenção e assistência aos grupos vulneráveis em tempos de pandemia. Da mesma forma, foi ampliado o acesso à informação no que diz respeito às medidas de proteção e prevenção à pandemia, por parte da população vulnerável. O Ministério da Mulher, da Família e dos Direitos Humanos no Brasil também procuraram aumentar os canais de recebimento de denúncias quanto às violações em Direitos Humanos. Ademais, buscou-se "fortalecer e proteger as relações familiares no período de confinamento" por meio da promoção de conteúdos em diversos meios, direcionadas à diversas faixas etárias e grupos diferentes[17]. Segundo o Relatório de Estado, de junho de 2020, a Secretaria Nacional de Políticas para Mulheres estabeleceu medidas que buscaram diminuir o impacto sofrido pelas mulheres durante a pandemia de Covid-19. Foram realizados trabalhos e ações nas Casas da Mulher Brasileira, com o intuito de mapear equipamentos a fim de evitar paralisações, assegurando a adequada prestação dos serviços. Ademais, foram elaboradas cartilhas sobre os diferentes tipos de violência sofrida pelas mulheres, além de ações destinadas a pessoas próximas – como vizinhos,

17. BRASIL. COMISSÃO INTERAMERICANA DE DIREITOS HUMANOS. *Pedido de Informações – Artigo 41. Medidas para prevenir, atender e conter a pandemia de COVID-19. RELATÓRIO DO ESTADO*. Junho 2020.

familiares e a sociedade – objetivando a sensibilização sobre a importância da denúncia de casos de violência doméstica no contexto do confinamento em razão da pandemia[18]. Em se falando das denúncias envolvendo violência doméstica, foi facilitado o acesso à justiça das mulheres, além da concessão de medidas protetivas por meio eletrônico – por meio do compartilhamento das decisões via *WhatsApp*. No que tange à prevenção contra Sars-Covid-19, estabeleceram-se pontos de referência para recebimento de insumos, doações de alimentos e demais equipamentos de proteção a serem destinados para mulheres em situação de vulnerabilidade[19]. Ademais, foi elaborado o curso à distância do Projeto Salve Uma Mulher, em articulação com a Secretaria Nacional de Proteção Global e com a Escola Nacional de Administração Pública, objetivando a sensibilização das mais diversas categorias profissionais no que tange à prevenção à violência doméstica. Também foi realizado trabalho em articulação com a Rede de Atendimento, ampliando os serviços à distância. No contexto da violência doméstica, foi articulado com os Ministérios da Cidadania, da Economia e do Turismo o abrigamento, eventual, das mulheres vítimas na rede hoteleira do país, quando do esgotamento da capacidade do município[20]. A prevenção contra o coronavírus foi objeto da cartilha "Mulheres no Covid-19", com orientações quanto à alimentação, hábitos saudáveis e atividades físicas, quando possível. Em relação ao cuidado despendido em relação às mulheres gestantes e lactantes, foi elaborado um ofício com informações específicas, destinado aos organismos de políticas de mulheres, e também, às instituições de setor privado que atuam com e para mulheres[21]. A preocupação em relação à autonomia financeira das mulheres igualmente foi alvo de ação por parte do governo federal, tendo a Caixa Econômica Federal disponibilizado oficinas virtuais sobre educação financeira destinada às mulheres. Bem como, a Cartilha da Autonomia Econômica da Mulher prevê orientações sobre empreendedorismo e trabalho durante a pandemia. Da mesma forma, o Fórum Virtual sobre a Autonomia Econômica das Mulheres em tempos de Covid-19 foi elaborado com o intuito de debater novas formas de inclusão das mulheres no mercado de trabalho[22].

18. BRASIL. COMISSÃO INTERAMERICANA DE DIREITOS HUMANOS. *Pedido de Informações – Artigo 41. Medidas para prevenir, atender e conter a pandemia de COVID-19. RELATÓRIO DO ESTADO.* Junho 2020.
19. Idem. Ibidem.
20. Idem. Ibidem.
21. Idem. Ibidem.
22. Idem. Ibidem.

Além disso, a pandemia atingiu diretamente os moradores das periferias pobres das cidades e das favelas[23]. A ONU Habitat estima que 1,6 milhões de pessoas não têm habitação adequada e 25% da população mundial vive em bairros informais sem infraestruturas nem saneamento básico, sem serviços públicos essenciais, com escassez de água e de eletricidade, e sem acesso à *internet* de qualidade. Como essas pessoas vivem em espaços exíguos, com aglomeração de famílias numerosas, não é possível o cumprimento das medidas de prevenção e distanciamento sociais recomendadas pela Organização Mundial de Saúde. Por isso, o parágrafo 43 da Resolução 04/2020 da Comissão Interamericana de Direitos Humanos, ao traçar Diretrizes sobre os Direitos Humanos das pessoas com Covid-19, afirmou a necessidade de os países integrantes da Organização dos Estados Americanos promoverem o acesso à água, alimentos e produtos de higiene às pessoas em situação de pobreza extrema com Covid-19[24]. Além disso, ressaltou a importância de os Estados buscarem fornecer espaços temporários dignos para o isolamento e o cuidado das pessoas com Covid-19, particularmente aquelas em situação de pobreza, que vivem nas ruas ou em assentamentos informais ou precários. Também deveriam salvaguardar a suspensão de despejos[25], pagamentos de renda ou hipoteca para que as pessoas com Covid-19 pudessem cumprir as medidas sanitárias.

Conforme o Relatório de Estado, de junho de 2020, a Secretaria Nacional de Políticas para Mulheres, Família e Direitos Humanos, e a Coordenação-Geral dos Direitos das Populações em Situação de Risco trabalharam em conjunto com diversos atores que atuavam diretamente no acolhimento das pessoas em situação de risco, com o objetivo de alcançar a intersetorialidade entre políticas públicas. Coletivos, como o Movimento Nacional Meninos e Meninas de Rua, além do Movimento Nacional da População de Rua e a Pastoral do Povo da Rua, foram ouvidos quanto às demandas em tempos pandêmicos. Em março de 2020, o Ministério da Cidadania e o Ministério da Mulher, Família e Direitos Humanos publicou uma Nota Pública com Medidas de Prevenção ao Coronavírus nas Unidades de Acolhimento Institucional. Também foi elaborada uma Nota técnica sobre atendimento

---

23. SANTOS, Boaventura de Souza. *A cruel pedagogia do vírus*. Coimbra: Almedina, 2020. p. 18.
24. COMISSÃO INTERAMERICANA DE DIREITOS HUMANOS. *Resolución 04/2020. Derechos Humanos de las personas con Covid-19*. Cit.
25. Na ADPF 828, ajuizada pelo Partido Socialismo e Liberdade (PSOL), o Min. Luís Roberto Barroso, em 03 de junho de 2021, suspendeu, por seis meses, desocupações de áreas coletivas habitadas antes da pandemia da Covid-19. Ressalvou, porém, que a medida cautelar não se aplica a ocupações posteriores a 20 de maio de 2020, data em que o Brasil reconheceu estado de Emergência Pública. Neste caso, contudo, ressalvou que o Poder Público deve levar as pessoas removidas para abrigos.

e acolhimento emergencial à população em situação de rua, no contexto pandêmico, com o objetivo de mitigar o contágio e a transmissão do coronavírus, com um acolhimento que respeite o distanciamento social e preserve as garantias e direitos das populações em situação de rua[26]. Ademais, foi realizada campanha para cadastro das organizações civis e religiosas no programa Pátria Voluntária, com a finalidade de verificar os espaços físicos para acolhimento, donativos e a possibilidade de acolhimento às populações vulneráveis. Em se falando de assistência social, foi regulamentada a Portaria nº 54/20, com recomendações aos gestores e trabalhadores da assistência social, de forma a garantir a prestação dos serviços essenciais, com medidas de segurança aos funcionários e à população vulnerável[27].

Por sua vez, a população indígena possui baixa imunidade em relação às doenças, principalmente as etnias que não têm contato com a sociedade. A pandemia representou um alto risco de morte, com impactos diretos na sobrevivência dos povos indígenas[28]. Os índios possuem vulnerabilidade imunológica à infecções respiratórias. Consequentemente, a elevada presença de terceiros que realizavam atividades ilegais nos seus territórios gerou um impacto maior na saúde dos povos indígenas. Membros dos Povos Indígenas Guajajara e Awá da Terra indígena Araribóia, situadas no Maranhão, solicitaram a intervenção da Comissão Interamericana de Direitos Humanos, alegando estarem em situação de risco em razão das falhas nos cuidados com a saúde e a presença de terceiros não autorizados em seu território durante a pandemia da Covid-19. Apurou-se que, até agosto de 2020, 50% da população Guajajara havia sido contaminada pelo vírus – 1.394 casos positivos foram diagnosticados na tribo indígena Araribóia – e entre 25 e 69 índios já haviam morrido. A Comissão Interamericana de Direitos Humanos, no início de janeiro de 2021, concedeu medida cautelar para que o Brasil adotasse "as medidas necessárias para proteger os direitos à saúde, vida e integridade pessoal dos membros dos Povos Indígenas Guajajara e Awá da Terra Indígena Araribóia, implementando, a partir de uma perspectiva culturalmente adequada, medidas de prevenção quanto à disseminação da Covid-19, assim como lhes proporcionando uma atenção médica adequada em condições de disponibilidade, acessibilidade e qualidade, conforme os

---

26. BRASIL. COMISSÃO INTERAMERICANA DE DIREITOS HUMANOS. *Pedido de Informações – Artigo 41. Medidas para prevenir, atender e conter a pandemia de COVID-19. RELATÓRIO DO ESTADO.* Junho 2020.
27. Idem. Ibidem.
28. COMISSÃO INTERAMERICANA DE DIREITOS HUMANOS. *Resolución 01/2020. Pandemia y Derechos Humanos en las Américas.* Cit.

parâmetros internacionais aplicáveis"[29]. A Resolução nº 04/2020 da Comissão Interamericana de Direitos Humanos, ao se preocupar com o espaço geográfico em que as pessoas com Covid-19 estavam, asseverou:

> *16. Los Estados deben dirigir esfuerzos para la más amplia cobertura posible a nivel geográfico, tomando en cuenta las particularidades de cada zona. En cuanto a las personas con COVID19 con riesgo a la vida y amenazas serias a su salud que viven en zonas rurales o lugares alejados, y con mayores obstáculos de acceso a servicios especializados, como pueblos indígenas y comunidades afrodescendientes tribales, deben generarse acciones específicas para identificarlas y construir estrategias de asistencia en transporte, alojamiento y acceso esencial al água y a la alimentación.*
>
> *17. En el tratamiento y atención de las personas indígenas con COVID-19, debe tomarse en consideración que estos colectivos tienen derecho a recibir una atención de salud con pertinencia cultural, que tome en cuenta sus cuidados preventivos, sus prácticas curativas y sus medicinas tradicionales. Del mismo modo, los Estados deben asegurar un adecuado enfoque intercultural en el tratamiento y atención de las comunidades afrodescendientes tribales*[30].

Em razão do aumento do número de casos no Brasil, a CIDH emitiu um comunicado de imprensa externando sua preocupação com a grave situação de saúde pública no Brasil.

> Embora o impacto da Covid-19 afete profundamente todo o país, a Comissão Interamericana e sua REDESCA receberam informações sobre a grave situação da população que vive no Estado do Amazonas e sua capital Manaus, devido à saturação do sistema de saúde e de unidades de terapia intensiva devido ao aumento de infecções, bem como a escassez de material médico e oxigênio devido ao aumento da demanda. Essa situação teria resultado em um maior número de mortes naquele Estado e afetaria de forma desproporcional a população

29. COMISSÃO INTERAMERICANA DE DIREITOS HUMANOS. *A CIDH adota medidas cautelares em favor de membros dos povos indígenas Guajajara e Awá da Terra Indígena Araribóia no Brasil.* 13 jan. 2021. Disponível em: <http://www.oas.org/pt/CIDH/jsForm/?File=/pt/cidh/prensa/notas/2021/009.asp>. Acesso em: 2 fev. 2021.
30. COMISSÃO INTERAMERICANA DE DIREITOS HUMANOS. *Resolución 04/2020. Derechos Humanos de las personas con Covid-19.* Acesso em: 18 fev. 2021. Cit.

do meio rural, povos indígenas, mulheres, meninas, meninos e idosos (tradução nossa)[31].

Como resposta, o Brasil informou à Comissão que procedeu à criação do Comitê de Crise para Enfrentar a pandemia da Covid no Sistema Único de Saúde (SUS), como forma de discutir estrategicamente as ações de acompanhamento entre as diferentes esferas de governo. Também, ressaltou que o processo de vacinação continuou ininterrupto. A nível federal, a vacinação da população indígena – de 18 anos ou mais – foi acelerada, tendo alcançado 67% de aplicação da primeira dose e 43% da segunda – até 12 de março de 2021[32]. O Ministério da Mulher, Família e Direitos Humanos firmou uma parceria com a Companhia Nacional de Abastecimento (CONAB), no valor de R$ 35.772.826,85 (trinta e cinco milhões, setecentos e setenta e dois mil, oitocentos e vinte e seis reais e oitenta e cinco centavos), com vistas a adquirir alimentos aos povos e comunidades tradicionais em situação de vulnerabilidade alimentar e nutricional. Entretanto, até junho de 2020, das 323.412 cestas básicas programadas para a entrega às comunidades indígenas e quilombolas, apenas 48.452 foram efetivamente distribuídas, o que corresponde a 15% do total[33]. Também foi lançado o Plano de Contingência para populações vulneráveis, voltado aos Povos e Comunidades Tradicionais. Da mesma forma, competia ao Ministério da Mulher, Família e Direitos Humanos o acompanhamento e monitoramento da Política Nacional para a População em Situação de Rua, baseada no Decreto nº 7.053/09.

Em atenção à população migrante indígena, a ONU, em parceria com o Ministério da Mulher, Família e Direitos Humanos, elaborou "cartilhas contendo medidas de prevenção à violência contra crianças e adolescentes

---

31. *"Aunque el impacto del COVID-19 afecta profundamente a todo el país, la Comisión Interamericana y su REDESCA recibieron información sobre la grave situación que enfrenta la población que habita en el Estado de Amazonas y su capital Manaus, debido a la saturación del sistema de salud y de las unidades de cuidados intensivos por el aumento de contagios, así como respecto la escasez de insumos médicos y oxígeno por el incremento de la demanda. Esta situación habría derivado en un mayor número de muertes en dicho Estado y afectaría de manera desproporcionada a la población de zonas rurales, pueblos indígenas, mujeres, niñas, niños y personas adultas mayores".* OEA. *La CIDH y su REDESCA expresan su preocupación por la grave situación de la salud pública en Brasil frente al COVID-19*. 16 mar. 2021. Disponível em: <http://www.oas.org/es/CIDH/jsForm/?File=/es/cidh/prensa/comunicados/2021/061.asp>. Acesso em: 6 abr. 2021.

32. ORGANIZAÇÃO DOS ESTADOS AMERICANOS. *La CIDH y su REDESCA expresan su preocupación por la grave situación de la salud pública en Brasil frente al COVID-19*. 16 mar. 2021.Cit.

33. Idem. Ibidem.

indígenas venezuelanos acolhidos no Brasil durante a pandemia do novo coronavírus"[34-35], em atenção às ações da Operação Acolhida.

Em cumprimento à medida cautelar 679-20, relativa ao Povo Indígena Munduruku, o Brasil emitiu um relatório de Estado, em janeiro de 2021. Tal documento buscou responder à demanda da CIDH, assim como fornecer informações sobre os cumprimentos das medidas sanitárias, que visam proteger os direitos à saúde, à vida e à integridade pessoal dos membros do Povo Indígena Munduruku. A Fundação Nacional do índio – FUNAI – procurou engendrar esforços financeiros – como a destinação de 43 milhões de reais às medidas combativas ao Covid-19 –, assim como de vigilância, no intuito de evitar que pessoas não pertencentes às comunidades indígenas adentrassem seus territórios. Até janeiro de 2021, foram contabilizadas 313 barreiras sanitárias para impedir a entrada de pessoas não autorizadas e evitar a propagação do vírus nesses locais[36].

Quanto ao acesso à saúde, o Brasil reiterou que a Secretaria Especial de Saúde Indígena (SESAI) prestou atendimento à população indígena, em articulação com os demais integrantes do SUS (Estados e Municípios). A SESAI trabalhou no acesso à informação, por meio de vídeos educativos direcionados à população indígena sobre o enfrentamento à Covid-19. Nesse contexto, a SESAI realizou a distribuição de Equipamentos de Proteção Individual (EPI' s) e de testes rápidos nos Distritos Sanitários Especiais Indígenas (DSEI). Em abril de 2020, foi instituída a Equipe de Resposta Rápida (ERR), que foi acionada mediante emergências ou decorrentes da pandemia, também em casos de surtos de Síndrome Gripal ou Síndrome Respiratória Aguda Grave[37].

No que tange à vacinação do povo indígena, o governo brasileiro assinalou que, em abril de 2020, o Ministério da Saúde antecipou a vacinação desses povos em razão da sua vulnerabilidade às doenças respiratórias. A vacina Influenza trivalente utilizada alcançou a imunização de 95,37% da população indígena. Especificamente em relação ao Povo Indígena

34. BRASIL. COMISSÃO INTERAMERICANA DE DIREITOS HUMANOS. *Pedido de Informações – Artigo 41. Medidas para prevenir, atender e conter a pandemia de COVID-19.* Cit.

35. BRASIL. *ONU e Ministério promovem ações de proteção a crianças e adolescentes indígenas venezuelanos no Brasil.* Mai. 2020. 2020-e. Disponível em: <https://www.gov.br/mdh/pt-br/assuntos/noticias/2020-2/maio/onu-e-ministerio-promovem-acoes-de-protecao-a-criancas-e-adolescentes-indigenas-venezuelanos--no-brasil>. Acesso em: 5 abr. 2021.

36. BRASIL. COMISSÃO INTERAMERICANA DE DIREITOS HUMANOS. *MEDIDA CAUTELAR 679-20 – POVO INDÍGENA MUNDURUKU. RELATÓRIO DO ESTADO.* Janeiro 2021.

37. COMISSÃO INTERAMERICANA DE DIREITOS HUMANOS. *Medida Cautelar nº 679-20. Povo indígena Munduruku. Relatório do Estado.* Janeiro 2021.

Munduruku, o governo brasileiro pontuou que havia 315 profissionais da saúde trabalhando na região, contando com 28 unidades básicas de saúde e quatro casas de saúde indígenas[38].

Além disso, o combate à crise sanitária provocada pela Covid-19 levou ao planejamento de diversas ações com o objetivo de atender às demandas oriundas da pandemia, como a Elaboração do Plano Preliminar de Contingência Distrital para Infecção Humana Causada pela Covid-19 aos Povos Indígenas, realização de rodas de conversa com os servidores (motoristas, profissionais administrativos e de limpeza) que atuaram na área com o objetivo de orientar quanto às medidas de prevenção, recebimento de doações de *kits* de oxigênio e de testes rápidos, produção de máscaras de TNT, Criação do Comitê de Vigilância da Covid-19 do DSEI Rio Tapajós, disponibilização de espaços públicos – dentro dos DSEI – para atender aos indígenas em necessidade de realizar quarentena, além de medidas educativas relacionadas à necessidade de prevenção. Também foi elaborado, em março de 2020, o Plano de Contingência Distrital para Infecção Humana pelo novo Coronavírus (Covid-19) do Distrito Sanitário Especial Indígena Rio Tapajós (DSEI-RT)[39]. Em dezembro de 2020, o boletim epidemiológico da região indicava que, no DSEI do Rio Tapajós, houve 1.914 casos confirmados de Covid-19 em um universo de 13.279 indígenas, o que correspondia a 14,4% da população. Desse total, apenas 12 vieram a óbito. Segundo o relatório brasileiro, a taxa de letalidade dessa região era uma das dez menores entre os DSEIS que atendem às populações indígenas[40]. O enfrentamento da pandemia pelo SESAI trouxe dados relativos à contaminação de Covid-19 pelos indígenas (reunindo os 34 Distritos Sanitários Especiais Indígenas), com a indicação de 23.165 casos positivos e 378 óbitos, até 29 de agosto de 2020[41].

Em relação aos povos indígenas Yanomami e Ye'kwana, o governo brasileiro emitiu um relatório a fim de fornecer informações à CIDH, relacionada com a preocupação externada por meio da Resolução nº 35/2020 (Medidas Cautelares). O Brasil informou que, atualmente, os povos indígenas

38. BRASIL. COMISSÃO INTERAMERICANA DE DIREITOS HUMANOS. *MEDIDA CAUTELAR 679-20 – POVO INDÍGENA MUNDURUKU. RELATÓRIO DO ESTADO.* Janeiro 2021.

39. BRASIL. COMISSÃO INTERAMERICANA DE DIREITOS HUMANOS. *MEDIDA CAUTELAR 679-20 – POVO INDÍGENA MUNDURUKU. RELATÓRIO DO ESTADO.* Janeiro 2021. 2021-b.

40. BRASIL. COMISSÃO INTERAMERICANA DE DIREITOS HUMANOS. *MEDIDA CAUTELAR 679-20 – POVO INDÍGENA MUNDURUKU. RELATÓRIO DO ESTADO.* Janeiro 2021. 2021-b.

41. BRASIL. COMISSÃO INTERAMERICANA DE DIREITOS HUMANOS. *Medida Cautelar 679-20 (Povo Indígena Munduruku). RELATÓRIO DO ESTADO. Minuta.* Setembro 2020.

Yanomami e Ye'kwana se concentram em 28 mil pessoas, e contam com 78 unidades básicas de saúde indígena e uma Casa da saúde indígena. Da mesma forma, foram disponibilizados testes rápidos para a identificação da Sars-Cov-2, assim como foi realizada a imunização da população local contra o vírus Influenza, com o intuito de evitar doenças imunopreveníveis nas aldeias. Em novembro de 2020, já haviam sido entregues mais de 339 mil itens, entre equipamentos de proteção, testes rápidos e medicamentos ao DSEI Yanomami. Ainda, a FUNAI contribuiu para a entrega de mantimentos e alimentos à população. Da mesma forma, a SESAI instalou cloradores nas caixas de água dos Polos Base para a verificação da qualidade da água. O governo brasileiro assinalou que a população recebia benefícios financeiros governamentais - como o auxílio emergencial e o Programa Bolsa Família - sendo que mais de 46 mil indígenas foram beneficiados diretamente[42]. Também, no relatório brasileiro, foi noticiada a proteção do defensor Davi Kopenawa Yanomami - atual líder político Yanomami. O defensor permaneceu em situação de risco e ameaça, o que levou o governo a adotar ações relativas à sua segurança, como o Termo de Colaboração nº 001/2018, firmado entre o Ministério da Mulher, da Família e dos Direitos Humanos e o Centro Popular de Formação da Juventude – Vida e Juventude, por meio do Programa de Proteção aos Defensores de Direitos Humanos, Comunicadores e Ambientalistas (PPDDH). Ainda, foram emitidas ordens de policiamento ostensivo na região, com o intuito de proporcionar segurança ao líder político[43].

Não se olvida que as terras indígenas brasileiras são alvos de garimpos ilegais, o que constitui objeto de preocupação, tanto pela CIDH quanto pelo governo brasileiro. O Relatório emitido pelo Brasil, em resposta às medidas cautelares propostas pela CIDH, enumera ações coordenadas pelo Centro de Operações Conjuntas do Ministério da Defesa, como a Operação Verde Brasil 2. Ademais, o Programa M.A.I.S (Meio Ambiente Integrado e Seguro) foi criado para acompanhar, via Sensoriamento Remoto, atividades ilegais e identificar isolamentos de invasores, com o intuito de inviabilizar as atividades empreendidas clandestinamente em terras indígenas[44].

42. BRASIL. COMISSÃO INTERAMERICANA DE DIREITOS HUMANOS. *Pedido de Informações – Artigo 41. Medidas para prevenir, atender e conter a pandemia de COVID-19. RELATÓRIO DO ESTADO.* Junho 2020.

43. Idem. Ibidem.

44. BRASIL. COMISSÃO INTERAMERICANA DE DIREITOS HUMANOS. *Pedido de Informações – Artigo 41. Medidas para prevenir, atender e conter a pandemia de COVID-19. RELATÓRIO DO ESTADO.* Junho 2020.

Em relação às terras pertencentes à Comunidade Indígena Yanomami, o Relatório do Brasil, em resposta à Medida Cautelar nº 563/20, expedida pela CIDH, demonstra uma série de operações para deflagração de garimpo e ocupações ilegais, como: a Operação Tori – que resultou na investigação dos responsáveis pelo transporte dos garimpeiros na região de minério e no deferimento judicial para a destruição de pistas clandestinas de pouso, suspensão da licença de voo de pilotos da região e autorização de apreensão de 18 aeronaves – a Operação Curare XIX, que culminou na retirada de mais de 1,9 mil garimpeiros ilegais nas terras indígenas Yanomami, além da apreensão de seus artefatos e insumos; a Operação Hespérides, que desarticulou organizações criminosas que atuavam na região, resultando na abordagem de mais de 20 focos ilegais de garimpo; a Operação Loop, que apreendeu mais de 2 kg de ouro na residência de um garimpeiro; além das Operações Dominus e Haraquiri[45]. O Relatório aponta, ainda, que o Brasil tem tomado medidas para a contenção das atividades garimpeiras ilegais na Terra Indígena Yanomami, como a apresentação do Plano de Atuação Integrada – Operação TI Yanomami, juntado no âmbito da Ação Civil Pública nº 1001973 -17.2020.4.01.4200. Tal Plano contempla ações de reativação das Bases de Proteção Etnoambientais (BAPEs), estrangulamento do suporte logístico dos garimpos ilegais, como maquinários e combustível, e a retirada dos invasores da área, quando autorizada pelo Supremo Tribunal Federal, nos autos da ADPF nº 709[46].

Quanto aos migrantes e refugiados, em especial, foram evitadas situações que culminassem em aglomerações, como a detenção migratória, deportações ou exclusões coletivas. Mecanismos de liberação das pessoas que se encontravam em centros de detenção, assim como medidas que permitiam o livre trânsito dos indivíduos que estavam buscando o acesso às políticas, serviços e programas de combate à Covid-19.

Em relação à proteção dos migrantes, refugiados, solicitantes de refúgio e não-nacionais vítimas do tráfico de pessoas, foi solicitada a orientação aos gestores estaduais e municipais quanto ao acesso à saúde e à assistência social, assim como foi alertado para a realização de denúncias quando do conhecimento de violações ou de situações de discriminação. Em parceria com o Alto Comissariado das Nações Unidas para Refugiados (ACNUR),

45. BRASIL. COMISSÃO INTERAMERICANA DE DIREITOS HUMANOS. COMISSÃO INTERAMERICANA DE DIREITOS HUMANOS. *MEDIDA CAUTELAR 563-20 – POVO YANOMAMI E POVO YE'KUANA. RELATÓRIO DO ESTADO.* Fevereiro 2021.

46. Idem. Ibidem.

a Assessoria de Comunicação do Ministério da Mulher, Família e Direitos Humanos elaborou uma campanha de informação sobre as medidas preventivas contra a Covid-19 e os direitos das pessoas migrantes no contexto pandêmico (como o direito à saúde e à assistência social), divulgada em diversas línguas, inclusive com tradução para Warao e Eñepá[47].

A Corte Interamericana de Direitos Humanos, por sua vez, teve a oportunidade de se manifestar quanto à adoção de medidas urgentes em *Vélez Loor vs. Panamá.* O caso versa sobre a detenção de migrantes na Estação de Recepção Migratória La Peñita, no Panamá, país denunciado pelas condições insalubres de alojamento, com excesso de capacidade ocupacional, com violação dos direitos à vida, saúde e integridade pessoal daqueles detidos. Somado a isso, detenções automáticas e arbitrárias se transformaram em prisões por tempo indefinido em razão da pandemia. Havia relatos de mulheres grávidas e crianças encarceradas. O ambiente foi originalmente idealizado para comportar 200 pessoas, número que foi multiplicado em maio de 2020, passando de mais de 1600 detidos[48]. O centro de detenção, contudo, carecia de condições de higiene e ventilação, assim como pela insuficiência de provisão de alimentos e falta de atendimento médico. A Corte IDH reconheceu que as pessoas detidas eram estrangeiras e em situação de mobilidade humana no território panamenho. Como a privação de liberdade dos migrantes deve ser excepcional, a Corte concluiu que as restrições de trânsito agravam a crise sanitária provocada pela Covid-19. Isso porque, ao permanecerem detidas em um pequeno espaço com uma capacidade ocupacional sete vezes maior do que a permitida, a contaminação pelo vírus foi potencializada. Dados revelam que, até 12 de maio de 2020, 58 pessoas testaram positivo para Covid-19, entre migrantes e funcionários[49].

O vírus, embora seja de transmissibilidade alta, apresentou, ao menos em um primeiro momento, maiores índices de mortalidade em pessoas idosas[50]. Por isso, foi necessário pensar em políticas públicas sanitárias de contenção de riscos. Considerando que muitos que a contraíram eram

47. BRASIL. COMISSÃO INTERAMERICANA DE DIREITOS HUMANOS. *Pedido de Informações – Artigo 41. Medidas para prevenir, atender e conter a pandemia de COVID-19.* Cit.

48. CORTE INTERAMERICANA DE DIREITOS HUMANOS. *Resolución de la presidenta de la Corte Interamericana de Derechos Humanos de 26 de mayo de 2020. adopción de medidas urgentes. Caso Vélez Loor vs. Panamá.* Disponível em: <https://www.corteidh.or.cr/docs/medidas/velez_se_01.pdf>. Acesso em: 12 ago. 2020.

49. COMISSÃO INTERAMERICANA DE DIREITOS HUMANOS. *Resolución 01/2020. Pandemia y Derechos Humanos en las Américas.* Cit.

50. FACHIN, Melina Girardi; RAMOS, Catarina M. V.. *Cada indivíduo conta: relativizações da proteção das pessoas idosas na pandemia do Covid-19.* Cit. p. 189.

assintomáticos e que eram os idosos mais suscetíveis à morte por Covid-19. Assim, prevenir a transmissão do vírus e reforçar o atendimento prioritário a esse grupo da população no sistema de saúde foi a melhor forma de proteção do direito humano ao envelhecimento ativo e sadio. Conforme relatório produzido pelo Governo Brasileiro, a Secretaria Nacional de Promoção e Defesa dos Direitos da Pessoa Idosa trabalhou com o recorte dessa população, dentro da pandemia, por meio do mapeamento dos casos dentro do cadastro prévio das Instituições de Longa Permanência para Idosos pelo Brasil. Nesse sentido, foi firmado o Edital de Credenciamento nº 1/2020, com o intuito de transferir recursos financeiros oriundos de orçamento próprio, e do Fundo Nacional do Idoso – conforme o art. 1º da Resolução nº 52, de 31 de março de 2020 – às Organizações da Sociedade Civil (OSC), atendendo o limite de até R$ 1.000.000,00 (um milhão de reais) de custeio por proposta na linha temática realizar o mapeamento com elaboração de relatório descritivo analítico das Instituições de Longa Permanência (ILPI), contempladas com a distribuição de material para higienização do ambiente, Equipamentos de Proteção Individual (EPI) para as pessoas idosas institucionalizadas e aos profissionais e cuidadores dessas ILPI e gêneros alimentícios[51]. A Secretaria Nacional obteve êxito em firmar convênios com o intuito de atingir maiores recursos financeiros – "Pátria Voluntária", Banco do Brasil e "Mesa Brasil – SESC" –, com o objetivo de atender, ao máximo, às ILPI´s espalhadas pelo Brasil, o que estava em consonância ao dever do Poder Público disposto no art. 3 do Estatuto do Idoso, em respeito e absoluta prioridade à "efetivação do direito à vida, à saúde, à alimentação, à educação, à cultura, ao esporte, ao lazer, ao trabalho, à cidadania, à liberdade, à dignidade, ao respeito e à convivência familiar e comunitária"[52-53]. Em relação às medidas de vacinação, o Governo Brasileiro destacou que, até abril de 2020, foram vacinados contra a gripe 30 milhões de idosos. Ademais, foi providenciada a capacitação de 342,6 mil trabalhadores do Sistema Único de Assistência Social, além do repasse de

51. BRASIL. COMISSÃO INTERAMERICANA DE DIREITOS HUMANOS. *Pedido de Informações – Artigo 41. Medidas para prevenir, atender e conter a pandemia de COVID-19. RELATÓRIO DO ESTADO*. Junho 2020.

52. BRASIL. COMISSÃO INTERAMERICANA DE DIREITOS HUMANOS. *Pedido de Informações – Artigo 41. Medidas para prevenir, atender e conter a pandemia de COVID-19. RELATÓRIO DO ESTADO*. Junho 2020.

53. BRASIL. LEI Nº 10.741, DE 1º DE OUTUBRO DE 2003. Dispõe sobre o Estatuto do Idoso e dá outras providências. Disponível em: <http://www.planalto.gov.br/ccivil_03/leis/2003/l10.741.htm>. Acesso em: 4 abr. 2021.

R$ 146 milhões para que os estados e municípios pudessem gerir e manter programas e projetos destinados à população idosa[54].

Uma grande marca negativa da pandemia foi a promoção do direito à educação, pois muitas crianças e adolescentes, durante o isolamento social, não conseguiram estudar, devido à baixa inclusão digital e ao precário acesso à *internet* para a maioria da população, assim como ficaram mais vulneráveis à violência praticada no âmbito familiar[55]. No que tange à proteção das crianças e adolescentes no contexto pandêmico, o Governo Brasileiro ressaltou a promoção do acesso à informação quanto às medidas de proteção e prevenção da doença, sobretudo orientações de cunho sanitário, assim como o aprimoramento de canais de recebimento de denúncias relativas às violações de direitos humanos de crianças e adolescentes[56]. Em relação à educação, o governo propôs adoção do retorno às aulas presenciais de forma gradual; porém, os impactos da pandemia na educação serão sentidos a médio e longo prazo, devido às deficiências na aprendizagem durante esse período.

A questão agravou, particularmente, as crianças com deficiência, embora tenham sido criadas orientações para auxiliar os pais e responsáveis no acompanhamento escolar em ambiente domiciliar das crianças com deficiência, conforme a cartilha elaborada pela Secretaria Nacional dos Direitos da Pessoa com Deficiência[57].

Pessoas LGBTQIA+ também são consideradas vulneráveis, principalmente aquelas que se encontram em situação de pobreza, exclusão ou dependentes de assistência social. O respeito à orientação sexual e à igualdade de gênero, de modo a garantir o acesso às políticas públicas e sanitárias às pessoas trans deve ser observado pelos Estados americanos. Tendo em vista a vulnerabilidade, mormente a demanda por serviços e programas relativos à saúde e assistência social, o Governo Brasileiro elaborou a cartilha "LGBT para a Prevenção ao Coronavírus", especificando medidas de proteção[58].

---

54. BRASIL. COMISSÃO INTERAMERICANA DE DIREITOS HUMANOS. *Pedido de Informações – Artigo 41. Medidas para prevenir, atender e conter a pandemia de COVID-19. RELATÓRIO DO ESTADO.* Junho 2020.
55. COMISSÃO INTERAMERICANA DE DIREITOS HUMANOS. *Resolución 01/2020. Pandemia y Derechos Humanos en las Américas*. Cit.
56. BRASIL. COMISSÃO INTERAMERICANA DE DIREITOS HUMANOS. *Pedido de Informações – Artigo 41. Medidas para prevenir, atender e conter a pandemia de COVID-19. RELATÓRIO DO ESTADO.* Junho 2020.
57. BRASIL. COMISSÃO INTERAMERICANA DE DIREITOS HUMANOS. *Pedido de Informações – Artigo 41. Medidas para prevenir, atender e conter a pandemia de COVID-19. RELATÓRIO DO ESTADO.* Junho 2020.
58. BRASIL. COMISSÃO INTERAMERICANA DE DIREITOS HUMANOS. *Pedido de Informações – Artigo 41. Medidas para prevenir, atender e conter a pandemia de COVID-19. RELATÓRIO DO ESTADO.* Junho 2020.

Quanto às medidas assistenciais, o governo brasileiro incluiu travestis e transexuais na categoria de populações vulneráveis aptas a perceber o auxílio emergencial instituído pelo governo, tendo em vista o impacto econômico do grupo, que é mais propenso ao desemprego e à depressão. Os Centros de Atendimento de Assistência Social (CRAS) trabalharam no atendimento à população LGBTI, tendo recebido incremento financeiro para atuar nas ações de prevenção e combate à Covid-19[59].

Também, o uso desproporcional da violência em face das pessoas afrodescendentes, com base na origem étnico-racial e desigual, deve ser evitado. Da mesma forma, ações discriminatórias, e de cunho segregatório precisam ser punidas, tanto à população afrodescendente quanto às pessoas com deficiência[60]. Nos Estados Unidos, por exemplo, houve registros de aumento das discrepâncias baseadas na raça. Em meados de abril de 2020, em Chicago, 72% das pessoas que morreram da Covid-19 eram negras, o que revela que as desigualdades sociais, com reflexo nos cuidados à saúde e à alimentação adequada, tornam esse grupo de pessoas mais vulnerável[61]. A Secretaria Nacional de Pessoas com Deficiência elaborou vídeos e cartilhas informacionais em relação à prevenção contra o coronavírus. Também foi publicada uma cartilha voltada aos profissionais de saúde que atendem às pessoas com deficiência, no contexto pandêmico.

No Brasil, a garantia do acesso à informação para as pessoas com deficiência se deu mediante a transmissão de pronunciamentos e coletivas com intérpretes de libras, além da redação de cartilha com estratégias para o acompanhamento escolar em relação às crianças com deficiência durante o período de isolamento social. Ainda, o Ministério da Mulher, Família e Direitos Humanos buscou acompanhar e mapear instituições que prestem auxílio às pessoas com deficiência, com o objetivo de prestar auxílio educacional, sanitário e de assistência social[62-63].

---

59. BRASIL. COMISSÃO INTERAMERICANA DE DIREITOS HUMANOS. *Pedido de Informações – Artigo 41. Medidas para prevenir, atender e conter a pandemia de COVID-19. RELATÓRIO DO ESTADO.* Junho 2020.
60. Idem. Ibidem.
61. RO, Christine. *Coronavirus: Why some racial groups are more vulnerable?* 20 abr. 2020. Disponível em: <https://www.bbc.com/future/article/20200420-coronavirus-why-some-racial-groups-are-more-vulnerable>. Acesso em: 13 mai. 2020.
62. COMISSÃO INTERAMERICANA DE DIREITOS HUMANOS. *Pedido de Informações – Artigo 41. Medidas para prevenir, atender e conter a pandemia de COVID-19. RELATÓRIO DO ESTADO.* Junho 2020.
63. BRASIL. *Ministério vai mapear e auxiliar instituições que prestam auxílio às pessoas com deficiência.* 23 abr. 2020. Disponível em: <https://www.gov.br/mdh/pt-br/assuntos/noticias/2020-2/abril/ministerio-vai-mapear-e-auxiliar-instituicoes-que-prestam-auxilio-as-pessoas-com-deficiencia. 2020-f>. Acesso em: 5 abr. 2021.

Considerando que a vacina era a forma mais eficaz de prevenir e combater a pandemia da Covid-19, a Comissão Interamericana de Direitos Humanos editou a Resolução nº 01/21[64]. Nesse documento, a Comissão destacou que as vacinas, tecnologias e tratamentos desenvolvidos para enfrentar a Covid-19 deveriam considerar bens de saúde pública, mundial e regional, para alcançar todas as pessoas com equidade e sem discriminação. No combate à pandemia, a Resolução 01/21 afirmou que os Estados deveriam adotar políticas públicas, com enfoques interseccionais e interculturais, que considerassem os impactos diferenciados para os grupos em situação de especial vulnerabilidade, derivados de problemas estruturais de exclusão e discriminação, tais como idade, gênero, raça, condição socioeconômica, situação migratória e privação de liberdade. Nesse sentido, os Estados tinham o dever de assegurar o acesso gratuito, equitativo e universal às vacinas, pela elaboração e implementação de um plano nacional de vacinação, dando prioridade às pessoas com maior risco de contágio e àquelas que experimentam uma elevada ameaça frente à pandemia, enquanto houver escassez de doses de vacinas disponíveis. Ainda, os Estados deveriam evitar o nacionalismo sanitário e assegurar que o desenvolvimento, a utilização e a distribuição de vacinas, por parte das empresas, observassem princípios transversais de direitos humanos, como os da transparência, informação, igualdade, não discriminação e dignidade da pessoa humana.

Não obstante devam ser compensados os investimentos de empresas privadas e de instituições públicas de pesquisas, diante dos impactos da pandemia e de seus riscos para a saúde global, o regime jurídico da propriedade intelectual, patentes e segredo empresarial, por ter uma função social, não podem criar obstáculos econômicos para a aquisição de insumos, desenvolvimento de tecnologias e produção de vacinas seguras e efetivas para garantir o acesso universal e equitativo, bem como para a promoção dos direitos humanos, notadamente os direitos à vida e à saúde no contexto de uma pandemia.

Para evitar o isolamento sanitário, os Estados foram instados a fortalecer a implementação do programa COVAX Facility, desenvolvido pela Organização Mundial da Saúde (OMS), junto à entidades filantrópicas, para ampliar a distribuição de imunizantes para a Covid-19 e assegurar que países de baixa renda tenham acesso a informações, vacinas, insumos e tecnologias, além de buscarem o estabelecimento e financiamento de

64. COMISSÃO INTERAMERICANA DE DIREITOS HUMANOS. *Resolución 1/21*. Disponível em: <http://www.oas.org/es/cidh/decisiones/pdf/Resolucion-1-21-es.pdf>. Acesso em: 10 abr. 2021.

marcos de cooperação internacional que permitissem formular estratégias de combate à pandemia em nível global, com atenção às populações com menor capacidade financeira, institucional e tecnológica.

Portanto, além da promoção de políticas públicas afirmativas dos direitos humanos das pessoas integrantes dos grupos mais vulneráveis, os Estados que integram o Sistema Interamericano de Direitos Humanos, caso tivessem de restringir o gozo e o exercício desses direitos – em razão da necessidade imposta por declarações de "estado de emergência", "estado de exceção", "estado de calamidade pública" ou "emergência sanitária" - deveriam adotar padrões técnicos e critérios científicos, com observância dos princípios da razoabilidade e da proporcionalidade, por tempo determinado, e em consonância com a legislação e a jurisprudência interamericana de direitos humanos.

Crises humanitárias não devem servir de pretexto para esvaziar os direitos humanos progressivamente construídos no pós-Segunda Guerra Mundial, nem devem ser compreendidas como oportunidades para enfraquecer instituições democráticas e fortalecer regimes opressivos e autocráticos[65]. A propósito, o art. 4º do Pacto Internacional sobre Direitos Civis e Políticos afirma que, "em situações excepcionais que ameacem a existência da nação e sejam proclamadas oficialmente, os Estados-partes do presente Pacto podem adotar, na estrita proporcionalidade exigida pela situação, medidas que suspendam as obrigações decorrentes do presente Pacto, desde que não sejam incompatíveis com as demais obrigações que lhes sejam impostas pelo Direito Internacional e não acarretem discriminação alguma apenas por motivo de raça, cor, sexo, língua, religião ou ordem social".

Dessa forma, não podem ser suspensos, mesmo em caso de calamidade pública, os seguintes direitos previstos no Pacto Internacional sobre Direitos Civis e Políticos: o direito à vida (art. 6º); a vedação à tortura, às penas ou tratamentos cruéis, desumanos ou degradantes (art. 7º); a proibição da escravidão (art. 8º); a impossibilidade de prisão por descumprimento de obrigação contratual (art. 11); a observância do princípio da legalidade e da retroatividade (art. 15); o direito ao reconhecimento da personalidade jurídica do indivíduo (art. 16); e o direito à liberdade de pensamento, de consciência e de religião (art. 18).

65. PIOVESAN, Flávia; BROCHADO, Gabriel Pinho. Direitos humanos e Covid-19: restrições de direitos e ameaça à democracia. In: *Direitos humanos em tempos de pandemia*. Curitiba: Instituto Memória, 2020. p. 143.

Nesse sentido, os Princípios de Siracusa, sobre as disposições de limitação e revogação do Pacto Internacional sobre Direitos Civis e Políticos, elaborado durante a Conferência realizada na cidade de Siracusa, Itália, em 1984, reafirma, no seu art. 58:

> Nenhum Estado Parte, mesmo em situações excepcionais que ameacem a vida da nação, pode suspender as garantias contidas no Pacto com relação ao direito à vida; não ser submetido a tortura, tratamento difícil ou cruel, desumano ou degradante; não ser submetido sem consentimento livre e a experimentos médicos ou científicos; não ser submetido à escravidão ou servidão voluntária; o direito de não ser condenado a uma penalidade mais pesada sobre o direito penal retroativo; o direito de ser reconhecido como pessoa perante a lei; e o direito à liberdade de pensamento, consciência e religião. Esses direitos não admitem derrogações em nenhuma condição, mesmo quando se afirma que seu objetivo é defender a vida da nação.

Do mesmo modo, o art. 27 da Convenção Americana de Direitos Humanos, sobre a suspensão de garantias, estabelece que "em caso de guerra, de perigo público, ou de outra emergência que ameace a independência ou a segurança do Estado-parte, este poderá adotar as disposições que, na medida e pelo tempo estritamente limitados à exigência da situação, suspendam as obrigações contraídas em virtude da Convenção, desde que tais disposições não sejam incompatíveis com as demais obrigações impostas pelo Direito Internacional e não encerrem discriminação".

Logo, são inderrogáveis, independentemente da situação enfrentada pelo país, os seguintes direitos: ao reconhecimento da personalidade jurídica (art. 3º); à vida (art. 4º); à integridade física, psíquica e moral (art. 5º); a não ser submetido à escravidão, bem como a qualquer modo de tráfico ou trabalho forçado (art. 6º); à legalidade e à retroatividade, não podendo ninguém ser condenado por ações ou omissões que, no momento em que forem cometidas, não sejam delituosas, de acordo com o direito aplicável (art. 9º); à liberdade de consciência e de religião (art. 12); à proteção da família (art. 17); ao prenome e aos nomes de seus pais ou ao de um destes (art. 18); os direitos das crianças às medidas de proteção por parte da sua família, da sociedade e do Estado (art. 19); o direito à nacionalidade (art. 20); e os direitos políticos (art. 23).

Em sendo necessária alguma restrição a um direito humano, devem ser observados cinco critérios[66]: i) a limitação deve estar fundada em uma hipótese reconhecida (a partir das balizas trazidas pela exegese dos arts. 4º do Pacto Internacional sobre Direitos Civis e Políticos, com o reforço conferido pelos Princípios de Siracusa, e 27 da Convenção Americana de Direitos Humanos); ii) responder a uma necessidade pública ou social imediata; iii) visar um objetivo legítimo; iv) ser proporcional ao alcance deste objetivo; v) ser precedida por lei nacional de aplicação geral. Tais parâmetros foram inseridos na Resolução nº 01/2020 da Comissão Interamericana de Direitos Humanos, cujo item 21, ao tratar das condições para o estabelecimento do estado de exceção, estabelece:

> i) a existência de uma excepcionalidade da situação de emergência em relação à sua gravidade, iminência e intensidade, que constitua uma ameaça real à independência ou segurança do Estado;
>
> ii) a suspensão de alguns direitos e garantias seja apenas pelo tempo estritamente limitado às demandas da situação;
>
> iii) as disposições abordadas sejam proporcionais, em particular, que a suspensão de direitos ou garantias constitua o único meio de combater a situação, que não possa ser enfrentada pelo uso dos poderes comuns das autoridades estatais e que as medidas adotadas não gerem um efeito maior sobre o direito suspenso em relação ao benefício obtido; e
>
> iv) as disposições adotadas não sejam incompatíveis com as demais obrigações impostas pelo direito internacional e não impliquem qualquer discriminação com base, em particular, em razão de raça, cor, sexo, idioma, religião ou orem social.

A observância desses parâmetros é indispensável para a manutenção da democracia, a efetivação do Estado de Direito e a preservação dos direitos humanos.

Percebe-se que a Comissão Interamericana de Direitos Humanos e a Corte Interamericana de Direitos Humanos se mostraram engajadas no combate à pandemia de Coronavírus na América Latina, por meio de orientações, recomendações e pedidos de informações/providências direcionados a Estados que estavam cumprindo, a contento, seu papel de garantidores de Direitos Humanos na região.

66. Idem, p. 145.

Ao Brasil, foram direcionadas medidas cautelares, sobretudo em função do colapso sanitário advindo da pandemia, que só fez exacerbar desigualdades já existentes. Por exemplo, no que tange às populações e comunidades indígenas, foram emitidas, pela CIDH, três medidas cautelares, das quais duas foram respondidas pelo Governo Brasileiro. Até abril de 2021, do total de 409.883 indígenas, maiores de 18 anos, quase 300 mil haviam recebido a primeira dose do imunizante para Covid-19 – dos quais pouco mais de 225 mil já se encontram imunizados com a segunda dose[67]. O plano sanitário nacional destinado às populações vulneráveis – e aqui, sobretudo às comunidades indígenas – foi objeto da ADPF nº 709, de relatoria do Min. Luís Roberto Barroso. Após diversas atualizações, o Ministro homologou parcialmente o Plano Geral de Enfrentamento à Covid-19 para Povos Indígenas, apresentado pelo governo federal, determinando o estabelecimento de uma Sala Nacional de situação para gestão de ações de combate à pandemia aos povos indígenas, a instalação de barreiras sanitárias, a elaboração de um plano de enfrentamento à Covid-19, estabelecimento de medida de contenção de invasores, e o acesso dos indígenas ao Subsistema Indígena de Saúde[68].

A CIDH também externou preocupação em relação à população privada de liberdade, sobretudo em função do estado de coisas inconstitucional no qual se encontram, com baixos índices de higiene e precárias condições sanitárias. No Plano Nacional de Vacinação, estipulado pelo Governo Federal, a população carcerária figurava como prioritária na lista de imunização. Todavia, percebeu-se que, até abril de 2021, não havia previsão para a vacinação dessa população. O Conselho Nacional de Política Criminal e Penitenciária emitiu a Resolução nº 14, de 4 de fevereiro de 2021, que recomendava a "priorização da Vacinação dos Servidores do Sistema Prisional e Pessoas Privadas de Liberdade no Plano Nacional de Operacionalização da Vacina Contra a Covid-19"[69]. Os dados do Departamento Penitenciário Nacional (DEPEN) mostraram que "42.517 presos foram contaminados pela Covid-19 desde março de 2020 até janeiro de

67. BRASIL. *Imunização indígena* – Covid-19. Disponível em: <https://qsprod.saude.gov.br/extensions/imunizacao_indigena/imunizacao_indigena.html>. Acesso em: 6 abr. 2021.

68. BRASIL. Supremo Tribunal Federal. *MEDIDA CAUTELAR NA ARGUIÇÃO DE DESCUMPRIMENTO DE PRECEITO FUNDAMENTAL 709 DISTRITO FEDERAL*. Rel. Min. Luís Roberto Barroso.

69. BRASIL. Conselho Nacional de Política Criminal e Penitenciária. *RESOLUÇÃO Nº 14, DE 4 DE FEVEREIRO DE 2021*. Priorização da Vacinação dos Servidores do Sistema Prisional e Pessoas Privadas de Liberdade no Plano Nacional de Operacionalização da Vacina Contra a Covid-19.

2021, [...] infelizmente, 133 presos vieram a óbito por conta da Covid-19"[70]. Entretanto, foram verificadas resistências dos gestores públicos em cumprir a determinação do Ministério da Saúde, conforme reportagem disponível no sítio eletrônico iG saúde.

> Os secretários estaduais de Segurança Pública se revoltaram com a determinação do Ministério da Saúde para que presos sejam imunizados contra a Covid-19 antes de policiais. Os gestores acionaram a pasta da Justiça sobre a priorização da população carcerária. A informação é da coluna Painel, do jornal *Folha de S. Paulo*. De acordo com as determinações da Saúde, presos aparecem na 17º posição na fila de prioridade. Eles estão à frente dos agentes que trabalham no sistema carcerário (18º) e também das forças de segurança e salvamento (21º). O presidente do conselho de secretários estaduais, Cristiano Sampaio, secretário do Tocantins, lidera as discussões em torno da priorização do Ministério da Saúde. "Aqui no estado nenhum preso vai vacinar antes. Não existe isso. Aqui são 20 mil servidores da força, foram 32 mortes por Covid-19. Temos aqui cerca de 23 mil presos. Foram 5 mortes. Nem estatisticamente isso se justifica. Nossos servidores estão muito mais expostos, sem dúvida", afirmou Rodney Miranda, secretário de Segurança do Goiás[71].

Não se olvida que o estado de coisas inconstitucionais que permeia a realidade das pessoas privadas de liberdade contribui para as graves violações de direitos humanos e cria uma dimensão ainda maior, em situações como a da carência sanitária enfrentada durante a pandemia de Sars-Covid-2. É necessário um olhar atento, dinâmico e efetivo para a alocação de recursos e insumos às pessoas privadas de liberdade, de modo que exista uma real contribuição quanto à contenção e prevenção do vírus.

Em relação às mulheres, revela-se inegável a preocupação da CIDH quanto ao aumento do número de relatos e denúncias envolvendo violência doméstica na América Latina durante a pandemia. António Guterres, secretário-geral da ONU, já alertava, em abril de 2020, que seriam necessárias medidas para conter o "horrível aumento global da violência doméstica" dirigida a mulheres

70. BRASIL. Conselho Nacional de Política Criminal e Penitenciária. *RESOLUÇÃO Nº 14, DE 4 DE FEVEREIRO DE 2021*. Priorização da Vacinação dos Servidores do Sistema Prisional e Pessoas Privadas de Liberdade no Plano Nacional de Operacionalização da Vacina Contra a Covid-19.

71. IG SAÚDE. *Saúde manda presos serem vacinados antes de policiais; secretários se revoltam*. 4 mar. 2021. Disponível em: <https://saude.ig.com.br/2021-03-04/saude-manda-presos-serem-vacinados-antes-de-policiais-secretarios-de-revoltam.html>. Acesso em: 6 abr. 2021.

e meninas, em meio à quarentena imposta pelos governos na resposta à pandemia da Covid-19"[72]. Só no Brasil, em 2020, foram somadas mais de 105 mil denúncias de violência contra a mulher, conforme dados extraídos pelos canais do Ligue 180 (central de atendimento à mulher) e disque 100 (direitos humanos)[73]. No entanto, como se depreende dos relatórios produzidos pelo governo brasileiro, pouco tem sido realizado para a diminuição dos números de violência doméstica, em uma perspectiva de gênero, agravada pelas medidas de isolamento decorrentes da pandemia. A publicação de cartilhas, com o intuito de sensibilizar a sociedade, levanta questionamentos quanto à real efetividade no combate à violência doméstica, encontra-se aquém das expectativas exaradas pela CIDH em detrimento do Brasil, no que tange ao processamento de medidas efetivas para a promoção e garantia dos direitos humanos mesmo no contexto pós-pandêmico.

Os serviços de atendimento e acolhimento às mulheres devem ser priorizados e considerados como serviços essenciais, não podendo sua atuação ser diminuída em função da falta de recursos orçamentários. Há, ainda, o risco da subnotificação das denúncias, tendo em vista a dificuldade enfrentada pelas mulheres em comunicar e acessar os canais de denúncia, principalmente a mobilização até uma entidade de ajuda ou, até mesmo, a delegacia de polícia. Viveu-se, com isso, uma "epidemia dentro da pandemia"[74]. As medidas de enfrentamento à violência doméstica e familiar ainda se encontram aquém do esperado pelo Sistema Interamericano de Direitos Humanos. Sabe-se que o continente americano é o mais desigual do planeta, e a vulnerabilidade de determinados grupos é amplificada em situações de crises sanitárias. A atenção deve ser redobrada, de forma a evitar a incidência dos mesmos erros e na tomada de decisões que pouco impactam na salvaguarda dos direitos das pessoas em situação de risco.

Ao refletir sobre as medidas realizadas pelo governo brasileiro em relação à contenção da pandemia, percebe-se o baixo grau de permeabilidade dos diplomas internacionais e regionais em direitos humanos quando da construção de políticas públicas sanitárias nacionais. Ademais, as medidas

72. ONU. *Chefe da ONU alerta para aumento da violência doméstica em meio à pandemia do coronavírus.* 6 abr. 2020. Disponível em: <https://brasil.un.org/pt-br/85450-chefe-da-onu-alerta-para-aumento-da-violencia-domestica-em-meio-pandemia-do-coronavirus>. Acesso em: 6 abr. 2021.

73. VILELA, Pedro Rafael. *Denúncias de violência contra a mulher somam 105,6 mil em 2020.* 7 mar. 2021. Disponível em: <https://agenciabrasil.ebc.com.br/direitos-humanos/noticia/2021-03/governo-registra-105-mil-denuncias-de-violencia-contra-mulher>. Acesso em: 6 abr. 2021.

74. IBRAHIN, Francini Imene Dias; BORGES, Amanda Tavares. *Violência doméstica em tempos de confinamento obrigatório: a epidemia dentro da pandemia.* Set. 2020. Disponível em: <https://jus.com.br/artigos/85555/violencia-domestica-em-tempos-de-confinamento-obrigatorio>. Acesso em: 6 abr. 2021.

adotadas pelo governo brasileiro não surtiram o efeito necessário – a contenção da pandemia, ou olhar atento às vulnerabilidades e suas necessidades específicas, como a diminuição dos índices de violência doméstica contra as mulheres, crianças e idosos. Para avaliar a gestão do governo em relação à crise instalada com a pandemia da Covid-19, o Senado Federal abriu uma Comissão Parlamentar de Inquérito para apurar temas como a ineficácia de medicamentos adquiridos pelo governo federal para o tratamento preventivo, a negação para o uso de máscaras, a realização de eventos com a concentração de pessoas contrariando medidas de distanciamento social, o atraso na compra de vacinas, a celebração de contratos superfaturados e a enorme quantidade de pessoas contaminadas e mortas.

Sobre a demora do Poder Executivo Federal em tomar as medidas sanitárias e econômicas para a contenção da pandemia da Covid-19, foram ajuizadas no Supremo Tribunal Federal a Arguição de Descumprimento de Preceito Fundamental 822 e as Ações Diretas de Inconstitucionalidade por Omissão nº 65 e 66. O relator Ministro Marco Aurélio Mello, em 25 de junho de 2021, reconheceu o estado de coisas inconstitucional na condução das políticas públicas, com a consequência de obrigar o governo do Presidente Jair Bolsonaro a instituir uma comissão de gestão da crise, composta por representantes da União, dos estados e da comunicação e da comunidade científica, em um prazo de até 30 dias, além de obrigar o governo a tomar medidas concretas, como incentivar o uso de máscaras, monitorar a taxa de ocupação hospitalar e defender as medidas de isolamento social.

Tão grave quanto não combater adequadamente a pandemia da Covid-19 é usar o estado de emergência de saúde pública internacional para restringir, de forma inadequada, desnecessária e desproporcional, direitos e garantias fundamentais dos cidadãos. Nesse sentido, por exemplo, o Supremo Tribunal Federal considerou liminarmente inconstitucional a Medida Provisória nº 954/2020, editada durante o período de Emergência de Saúde Pública de Importância Internacional decorrente do Novo Coronavírus (Covid-19), o compartilhamento de dados dos usuários do serviço telefônico fixo comutado e do serviço móvel pessoal, pelas empresas prestadoras, com o Instituto Brasileiro de Geografia e Estatística[75]. O STF afirmou que a MP nº 954/2020, ao não definir apropriadamente como e para que serão utilizados os dados coletados, ofende a garantia do devido processo legal (art. 5º, LIV, da CF), na dimensão substantiva, uma vez que oferecer "condições de avaliação quanto à sua adequação e necessidade, assim entendidas como a compatibilidade

75. BRASIL. Supremo Tribunal Federal. *ADI 6387 MC-Ref*, Tribunal Pleno, Rel. Min. Rosa Weber, j. 07.05.2020, Processo Eletrônico Dje-270. Divulg. 11.11.2020. Pub. 12.11.2020.

do tratamento com as finalidades informadas e sua limitação ao mínimo necessário para alcançar suas finalidades". Também concluiu que a MP nº 954/2020, por não apresentar mecanismo técnico apto a proteger acessos não autorizados, vazamentos acidentais ou utilização indevida, o sigilo e o anonimato de dados pessoais compartilhados, descumpre a efetiva proteção dos direitos fundamentais à personalidade, à privacidade (art. 5º, *caput*, incs. X e XII, da CF) e à autodeterminação informativa, protegidos pelo art. 2º, I e II, da Lei nº 13.709/2018 (Lei Geral de Proteção de Dados Pessoais), como fundamentos específicos da disciplina da proteção de dados pessoais. Concluiu, pois, que o "cenário de urgência decorrente da crise sanitária deflagrada pela pandemia global da Covid-19 e a necessidade de formulação de políticas públicas que demandam dados específicos para o desenho dos diversos quadros de enfrentamento não podem ser invocadas como pretextos para justificar investidas visando ao enfraquecimento de direitos e atropelo de garantias fundamentais consagradas na Constituição". Em um contexto de colapso social, e para evitar retrocessos na proteção dos direitos e das garantias fundamentais, as políticas públicas devem se pautar pelo controle de constitucionalidade, sem descuidar do respeito aos diplomas internacionais e aos relatórios emitidos pela Comissão Interamericana de Direitos Humanos.

O constitucionalismo multinível, baseado na pluralidade jurídica, na convivência do direito interno e do direito internacional, e na proteção efetiva da dignidade humana, pressupõe o reconhecimento de direitos inderrogáveis e de outros passíveis de suspensão, em hipóteses excepcionais (como situações de guerra, perigo público ou emergência nacional), observados rigorosamente os princípios da legalidade, proporcionalidade e temporalidade.

Para evitar que governos despóticos, populistas, negacionistas, antipluralistas e anticientíficos que, a pretexto de combaterem crises humanitárias a exemplo da pandemia da Covid-19, suprimam ou restrinjam indevidamente os direitos humanos, é indispensável a existência de instituições públicas e privadas democráticas e republicanas.

Eventuais abusos devem ser levados à apreciação das entidades que compõem o sistema de justiça, o que exige o fortalecimento da cooperação internacional e da rede judicial de proteção. Reduzir as frestas de uma possível "desinstitucionalização do Estado de Exceção" em um mundo pós-Covid-19 é um dos grandes desafios para a aplicação das Constituições nacionais e dos tratados internacionais de direitos humanos[76].

76. Idem, 150.

PARTE III

SISTEMA DE JUSTIÇA MULTINÍVEL

CAPÍTULO

1

A IMPORTÂNCIA DAS CORTES REGIONAIS EM DIREITOS HUMANOS E DO TRIBUNAL PENAL INTERNACIONAL

Ao lado do sistema global sob a estruturação da Organização das Nações Unidas, emergem três institucionalizados sistemas regionais de direitos humanos nas regiões europeia, americana e africana. Serão esses os sistemas aqui enfocados haja vista que, ainda que com graus de consolidação diversos, possuem aparatos jurídicos próprios e em vigor, abrangendo um número razoável de Estados em suas respectivas territorialidades.

Os embrionários sistemas árabe e asiático não receberão aprofundamento pela ausência de institucionalidade, como aqui apreendida, todavia, sem descurar a importância da visão multicultural de direitos humanos entoada pela obra.

1.1. A CORTE EUROPEIA DE DIREITOS HUMANOS

Ao lado do aparelho das Nações Unidas, o sistema regional europeu de proteção aos direitos humanos é um dos mais estruturados e antigos. Do mesmo modo que se deu com a estrutura global, surge como meio de contraponto à aversão humanitária cometida durante a Segunda Guerra Mundial – até porque as maiores atrocidades foram cometidas em solo europeu[1]. Sem dúvida, no contexto da justiça internacional de proteção dos

1. Acerca de seu surgimento, leciona Flávia Piovesan: "A compreensão do sistema europeu demanda que se enfatize o contexto no qual ele emerge: um contexto de ruptura e de reconstrução dos direitos

direitos humanos, "dos sistemas regionais existentes, o europeu é o mais consolidado e amadurecido, exercendo forte influência sobre os demais"[2]. Os conflitos ideológicos e a ameaça de ascensão de regimes ditatoriais na Europa Ocidental culminaram na reunião dos países europeus no Conselho da Europa, em 1949. A adoção de uma Convenção que estabelecesse uma garantia coletiva voltada aos direitos e liberdades previstos na Declaração Universal dos Direitos Humanos foi assinada em 1950, o que deu origem à Convenção Europeia de Direitos Humanos[3]. O contexto no qual a Convenção Europeia foi assinada remonta a um período de retrocesso ao Estado Democrático de Direito, razão pela qual o documento internacional buscava uma proteção contra o renascimento de regimes autoritários. Consta em seu Preâmbulo:

> (...) Reafirmando o seu profundo apego a estas liberdades fundamentais, que constituem as verdadeiras bases da justiça e da paz no mundo e cuja preservação repousa essencialmente, por um lado, num regime político verdadeiramente democrático e, por outro, numa concepção comum e no comum respeito dos direitos do homem[4].

No âmbito da Corte Europeia de Direitos Humanos, destacam-se decisões sobre a proteção a direitos civis, processuais civis e a salvaguarda a aspectos procedimentais criminais, o direito a um julgamento justo[5], à vida[6],

---

humanos, caracterizado pela busca de integração e cooperação dos países da Europa ocidental, bem como de consolidação, fortalecimento e expansão de seus valores, dentre eles a proteção dos direitos humanos." In: PIOVESAN, Flávia. *Direitos Humanos e Justiça Internacional.* São Paulo: Saraiva, 2006. p. 63.

2. PIOVESAN, Flávia. *Direitos Humanos e Justiça Internacional.* São Paulo: Saraiva, 2006. p. 63.
3. DURÃES, Beatriz Schiffer. *Convenção Européia de Direitos Humanos e Convenção Americana de Direitos Humanos em comparação. Revista da Faculdade de Direito UFPR*, vol. 23, 1986, p. 51-72.
4. CONSELHO DA EUROPA. *Convenção para a Protecção dos Direitos do Homem e das Liberdades Fundamentais.* Roma, 4 nov. 1950.
5. "*Burdov versus Russia* (7 May 2002). Anatoli Tikhonovich Burdov was granted compensation by the Russian courts for the diseases which he developed after taking part in the emergency operations linked with the Chernobyl disaster. He complained of failure to carry out the final court decisions delivered in his favour. The Court found violations of Article 6 para. 1 (right to a fair trial) and Article of Protocol No. 1 (protection of property). Many similar cases subsequently gave rise to judgments finding violations" (CORTE EUROPEIA DE DIREITOS HUMANOS. *Landmark judgements.* Disponível em: <https://www.coe.int/en/web/human-rights-convention/justice1>. Acesso em: 8 fev. 2021).
6. "*Opuz versus Turkey* (9 June 2009). The Court held that the brutality inflicted on the applicant and her mother were linked to their gender and thus akin to a form of discrimination against women. The Court condemned the overall unresponsiveness of the Turkish judicial system regarding domestic violence (which principally affects women) and the impunity enjoyed by the aggressors. The Court found a violation of Articles 2 (right to life), 3 (prohibition of torture and ill-treatment) and 14 (prohibition of discrimination). This is the first judgment concerning domestic violence" (CORTE EUROPEIA DE DIREITOS HUMANOS. *Landmark judgements.* Disponível em: <https://www.coe.int/en/web/human-rights-convention/life1>. Acesso em: 8 fev. 2021).

à igualdade de gênero, à liberdade de expressão e de religião[7]. Também se revelam casos que tocam à proibição da tortura[8] e ao tratamento cruel e degradante, à proibição da discriminação[9] e à vedação de expulsão coletiva no caso de imigrantes ilegais[10]. Com efeito, a Corte Europeia representa um dos mais importantes sistemas de proteção de liberdades e garantias individuais da contemporaneidade. Por exemplo, no tocante à liberdade de expressão, destaca-se o *Caso Sunday Times vs. United Kingdom*. Nos anos 1960, no Reino Unido, houve uma série de casos de crianças nascidas com severas deformidades físicas – o que mais tarde foi atribuído ao uso do medicamento "Talidomida", prescrito, principalmente, às mulheres grávidas. Várias ações foram objeto de apreciação pelo Poder Judiciário, culminando em um acordo de 3 milhões de libras a serem pagas ao longo de 10 anos. À época, o jornal *The Sunday Times* publicou uma reportagem criticando o acordo, ao considerá-lo "uma mísera fração dos lucros (...) e dos bens da companhia (...)". Por conta da reportagem, a justiça local determinou a restrição da publicação do artigo sob o fundamento da incidência do crime de

7. "*Bayatyan versus Armenia* (7 July 2011). The case concerned the conviction in 2003 of a conscientious objector - a Jehovah's Witness - for his refusal to perform military service. He was imprisoned despite Armenia's undertaking, when joining the Council of Europe on 25 January 2001, to introduce civilian service as an alternative to compulsory military service within three years and to pardon all conscientious objectors sentenced to imprisonment. The Court found a violation of Article 9 (freedom of thought, conscience and religion) of the Convention" (CORTE EUROPEIA DE DIREITOS HUMANOS. *Landmark judgements*. Disponível em: <https://www.coe.int/en/web/human-rights-convention/conscience1>. Acesso em: 8 fev. 2021).
8. "*Selmouni versus France* (28 July 1999). Ahmed Selmouni complained of assaults on him while in police custody in 1991. The Court held that the acts of physical and mental violence inflicted on the applicant had caused "severe" pain and been of a most serious and cruel nature. It found violations of Articles 3 (prohibition of torture and ill-treatment) and 6 para. 1 (right to be tried within a reasonable time). This is the first case against France disclosing a violation of Article 3. This judgment is also especially important in that it emphasises the need for breaches of the fundamental values of democratic societies to be assessed ever more stringently with the rising level of expectation for protection of human rights and fundamental freedoms" (CORTE EUROPEIA DE DIREITOS HUMANOS. *Landmark judgements*. Disponível em: <https://www.coe.int/en/web/human-rights-convention/torture1>. Acesso em: 8 fev. 2021).
9. "*D.H. and others versus Czech Republic* (13 November 2007). The case concerned the enrolment of the applicants in special schools (intended for children suffering from mental handicaps), in their view because of their Roma origin. The Court found a violation of Article 14 (prohibition of discrimination) in conjunction with Article 2 of Protocol No. 1 (right to education). The Court has found against several European countries for segregation of Roma pupils in schools" (CORTE EUROPEIA DE DIREITOS HUMANOS. *Landmark judgements*. Disponível em: <https://www.coe.int/en/web/human-rights-convention/discrimination1>. Acesso em: 8 fev. 2021).
10. "*Hirsi Jamaa and others versus Italy* (23 February 2012). The case concerned a group of migrants (Somalis and Eritreans) coming from Libya, arrested at sea then deported to Libya by the Italian authorities. The Court concluded that the transfer of the migrants to Libya without any examination of each individual situation had exposed them to the risk of ill-treatment and had constituted a collective expulsion in breach of Article 4 of Protocol No. 4 to the European Convention" (CORTE EUROPEIA DE DIREITOS HUMANOS. *Landmark judgements*. Disponível em: <https://www.coe.int/en/web/human-rights-convention/prohibition-of-collective-expulsions>. Acesso em: 8 fev. 2021).

desacato perante o Tribunal. O presente caso chegou ao âmbito da Comissão Europeia, porque o jornal *The Sunday Times* alegou violação ao art. 10 da Convenção Europeia de Direitos Humanos, por ter a Corte Inglesa expedido mandado de restrição à publicação, além das "contínuas restrições a que são submetidos devido à sua abrangência excessiva e imprecisão da lei de desacato à Corte"[11]. A Corte Europeia decidiu que, "embora prescrita por lei e com o objetivo de manter a autoridade do Judiciário, a restrição não era justificada por uma ´necessidade social urgente´ e não podia, portanto, ser considerada 'necessária´"[12], em total violação ao art. 10 da Convenção Europeia de Direitos Humanos. Tal caso trouxe um importante paradigma quanto ao alcance da liberdade de expressão, principalmente aos veículos de informação, a fim de não praticar entraves ou barreiras em suas funções informantes. Isso porque, "enquanto a grande mídia não deve ultrapassar os limites para a devida administração da justiça, ela é incumbida de trazer informações sobre casos que serão julgados assim como sobre qualquer área de interesse do público"[13]. O Sistema Europeu de Direitos Humanos preza pelo diálogo entre a Corte e os Estados sob sua jurisdição, a fim de facilitar a internalização de suas decisões. Ao estabelecer padrões mínimos em direitos humanos, a Convenção Europeia permite aos Estados uma margem de apreciação de modo a

> (...) flexibilizar a defesa desses direitos dentro de sua cultura jurídica particular. Esta margem é fundamental para a integração entre os tribunais, dentro de uma perspectiva de cumprimento político das decisões, oferecendo estabilidade política sem imposição, pela não imposição direta de sanções aos Estados que descumprem

---

11. ROCHA, Antonio Pedro P. G. *Liberdade de expressão: análise de casos da Corte Europeia de Direitos Humanos e sua preocupação com reflexos das decisões*. Disponível em: <http://www.puc-rio.br/pibic/relatorio_resumo2015/relatorios_pdf/ccs/DIR/DIR-Antonio%20Pedro%20P.%20G.%20Rocha.pdf>. Acesso em: 8 fev. 2021.
12. "Held, by the plenary Court by 11 votes to 9, that the interference with the applicants' freedom of expression was not justified under Article 10(2) which permits such restrictions 'as are prescribed by law and are necessary in a democratic society . . . for maintaining the authority and impartiality of the judiciary', the Court deciding that, though prescribed by law and for the purpose of maintaining the authority of the judiciary, the restriction was not justified by a 'pressing social need' and could not therefore be regarded as 'necessary' within the meaning of Article 10(2). Accordingly, there had been a violation of Article 10" (CORTE EUROPEIA DE DIREITOS HUMANOS. *The Sunday Times v United Kingdom (Series A No 30)*, European Court of Human Rights (1979-80) 2 EHRR 245, 26 april. Disponível em: <http://www.hrcr.org/safrica/limitations/sunday_times_uk.html>. Acesso em: 8 fev. 2021).
13. ROCHA, Antonio Pedro P. G. *Liberdade de expressão: análise de casos da Corte Europeia de Direitos Humanos e sua preocupação com reflexos das decisões*. Cit.

suas decisões[14]. A partir dessa margem de apreciação, é possível haver colisões entre direitos e valores, que devem ser resolvidos pelo exercício de ponderação dos temas objetos dos casos.

A extensão dessa margem nacional de apreciação depende dos temas tratados. Por exemplo, no caso *Campbell e Cosans c. Reino Unido* envolvendo os castigos escolares no Reino Unido em violação ao direito dos pais de escolherem as medidas educativas a serem adotadas, a CEDH desconsiderou tal violação em virtude da baixa gravidade. Já no caso *Pretty c. Reino Unido* proibiu a eutanásia em caso de doença degenerativa em nome da defesa da vida. Ou seja, situações que envolvem o bem maior vida, permitem uma margem de apreciação menor ou até mesmo inexistente. Em relação a essa margem de apreciação, a CEDH não aplica visto que considera ser um obstáculo para a uniformização dos valores defendidos pelos direitos humanos.

Interessante verificar essa margem de apreciação no caso *Leyla Sahin c. Turquia*, em que a França pode proibir o uso do véu nas escolas públicas, assim como outros símbolos religiosos, a partir de uma decisão da CEDH, que oferecia aos Estados a possibilidade de apreciar os padrões do direito à liberdade de expressão religiosa na interpretação sobre a colisão de princípios fundamentais[15]. Na Alemanha, conforme o precedente firmado pelo Tribunal Constitucional Federal no *Caso Görgülü*, as decisões da Corte Europeia de Direitos Humanos não vinculam formalmente os juízes alemães. Isso não significa que eles possam ignorar as decisões da Corte Europeia, já que tal orientação resultaria na negação dos direitos humanos e, consequentemente, do próprio Estado de Direito. Considera-se que os precedentes da Corte Europeia têm valor argumentativo, devendo os juízes alemães, caso pretendam desconsiderá-los, assumir o ônus de fundamentação. Portanto, a integração jurídica entre a jurisdição alemã e a da Corte Europeia existe, apesar de não haver uma vinculação formal estrita das decisões supranacionais[16]. Até 2015, a Corte Europeia contava com mais de 15.000 pronunciamentos, entre julgados, acordos e objeções preliminares.

---

14. SILVA, Alice Rocha da; MONT' ALVERNE, Tarin Cristino Frota. *A construção da jurisprudência sobre direitos humanos a partir do diálogo entre juízes de tribunais internacionais, regionais e nacionais*. Disponível em: <http://www.publicadireito.com.br/artigos/?cod=1becf26e9f32353e>. Acesso em: 8 fev. 2021.
15. Idem. Ibidem.
16. SILVA, Virgílio Afonso da. *Integração e diálogo constitucional na América do Sul*. Cit. p. 521.

Esses dados mostram quão ativo é o sistema europeu, responsável por um grande impacto nos países parte da União Europeia[17].

1.2. A CORTE AFRICANA DE DIREITOS HUMANOS

O sistema africano, apartando-se das outras experiências regionais, possui peculiaridades que fazem ecoar a vertente e óptica coletivista das quais parte. A Convenção Africana dos Direitos Humanos e dos Povos se diferencia desde sua titulação e espelha os chamados valores da civilização africana (luta por independência, combate ao colonialismo e ao neocolonialismo, além da erradicação do *apartheid*) e congrega, em seu cardápio, direitos civis e políticos e direitos sociais, culturais e ambientais. Eis a razão de mencionar, de modo pioneiro e exclusivo (até o presente), o direito ao desenvolvimento como um direito dos indivíduos e dos povos.

O sistema africano de proteção aos direitos humanos se estruturou em termos formais e normativos na década de 1980, com a adoção pela então Organização da Unidade Africana[18], em 1981, da Carta Africana dos Direitos Humanos e dos Povos[19], que entrou em vigor cinco anos após com o número de ratificações necessárias. No que tange ao seu amadurecimento, atesta Flávia Piovesan que, de todas as estruturas

17. FACHIN, Melina Girardi; ROBL FILHO, Ilton Norberto; TOMIO, Fabricio Ricardo de Limas. *The inter-american and european contexts of human rights protection: a brief comparative analysis of regional courts'decisions. Revista da Faculdade de Direito da UFPR*. v. 61. n.3. 2016. p. 9-41.

18. A Organização da Unidade Africana (OUA) foi criada em 1963 e apenas mais de vinte anos após sua criação é que se adotou um marco protetivo em termos de direitos humanos. Cumpre registrar que em 2001, após restruturações internas, a OUA tranfornou-se em União Africana (UA). Acerca da demora na adoção de um parâmetro normativo sobre direitos humanos, anota Gino Naldi: *"Conceived and born during the Cold War and the liberation struggle, the OAU remained in that mindset for a generation. Account must also be taken of the fact the States of Africa, most newly indepent, jealously guarded their freedm and deeply resented any measures which hinted at external interference with their internal affairs. Indeed, one of the basic principles of the OAU is that of non-interference in the internal affairs of States. African States have traditionally insisted on rigorous compliance with this principle and have tended to regard international concern for human rights as a pretext for undermining their sovereignty. However the principle of domestic jurisdiction is a relative one, and as international law has evolved, particularly in the field of human rights, its scope and extend has been restricted accordingly. Is is now generally accepted that human rights assume priority over national sovereignty."* (NALDI, Gino J. Future Trend in Human Rights in Africa: the increased role of the OAU? In: EVANS, Malcolm; MURRAY, Rachel (Eds.). *The African Charther on Human and People's Rights: the system in practice*. 1986-2000. Cambridge: Cambridge University Press, 2002. p.2).

19. Aprovada pela Conferência Ministerial da Organização da Unidade Africana (OUA) em Banjul, Gâmbia, em janeiro de 1981, e adotada pela XVIII Assembleia dos Chefes de Estado e Governo da Organização da Unidade Africana (OUA) em Nairóbi, Quênia, em 27 de julho de 1981. Em uma visão crítica do documento, anota Naldi: *"The adoption of the African Charther on Human and People's rights has largely proved to be a false dawn for the promotion and protection of human rights in Africa. Obinna Okere describes the African Charther as 'modest in its objectives and flexible in its means'. Certainly, there are a number of features about the African Charther which have given cause for concern. More so than other comparable instruments, the substantive proivisions of the African Charther are equivocally phrased."* (*Ibid.*, p.5/6).

regionais, "é a mais recente e incipiente, em pleno processo de consolidação e construção"[20]. A gramática de direitos humanos formada na África nasce mais como forma de resposta à comunidade internacional do que como demanda dos Estados locais[21]. Gino Naldi é categórico ao asseverar que *"African States have been compelled to accept international scrutiny of their human rights credentials"*[22]. Auxiliaram nesse processo a independência da África e a exposição do continente a modelos econômico-culturais que transformaram o continente em Estados multiculturais ao revés da multitude anterior de comunidades tradicionais. Foi necessário construir um discurso de proteção dos direitos humanos, já que *"in this modern environment, the productive communitarian ideal can no longer function effectivelly"* [23]. O sistema africano nasce, portanto, pautado em demandas e padrões exógenos, mas intentando conciliação com suas singularidades e especificidades[24]. Marca peculiar desse aparelho são os desafios que emanam das violações sistemáticas e massivas de direitos humanos do passado e do presente. Cumpre, acerca desse ponto, registrar a lição de Flávia Piovesan:

> A recente história do sistema regional africano revela, sobretudo, a singularidade e a complexidade do continente africano, a luta pelo processo de descolonização, pelo direito de autodeterminação dos povos e pelo respeito às diversidades culturais. Revela, ainda, o desafio de enfrentar graves e sistemáticas violações de direitos humanos[25].

---

20. PIOVESAN, Flávia. *Direitos humanos e justiça internacional.* 3ªed. São Paulo: Saraiva, 2012. p.189. No mesmo sentido Steiner e Alston sublinham: *"The newest, the least developed or effective (in relation to the European and Interamerican Regimes) the most distinctive and the most controversial of the three established regional human rights regimes involves African States".* (STEINER, Henry J; ALSTON, Philip. *International Human Rights in Context.* 2nd edition. Oxford: Oxford University Press, 2000. p.920).
21. *African societies are, as one writer puts it, 'suspicious of law, and they steer clear of courts and justice instituted by the State. Forms of government native to Africa had nothing in common with the* Rechstaat, *in the sense that legitimacy was not tested by a rule of law. Thus, although rulers were constrained by norms of good government prohibiting arbitrary or self-interested action, these normas bore no resemblance to western constitutions".* (BENNETT, Tom W. *Human Rights in Africa Customary Law*. Cape Town: Juta and Co, 1995. p.2).
22. NALDI, Gino J. Future Trend in Human Rights in Africa: the increased role of the OAU? In: EVANS, Malcolm; MURRAY, Rachel (Eds.). *The African Charther on Human and People's Rights: the system in practice.* 1986-2000. Cambridge: Cambridge University Press, 2002. p.6.
23. FLINTERMAN, Cees; HENDERSON, Catherine. The African Charter on Human and Peoples' Rights. In: HANSKI, Raija; SUKSI, Markku. *An Introduction to the International Protection of Human Rights.* 2nd edition. Turku: Institute for Human Rights Abo Akademi University, 2004. p.387.
24. *"The African apologists' argument is a plausible one, but only in theory. Those who contend that human rights are irrelevant to Africa, because the continent has its own ways of securing human dignity, all too often base their case on a conception of society that is rooted in pre-colonial times. Unhappily, this society no longer exists. The African social ordr, like any other, is dynamic".* (BENNETT, *op. cit.*, p.6).
25. PIOVESAN, Flávia. *Direitos humanos e justiça internacional.* 3ª ed. São Paulo: Saraiva, 2012. p.189.

Para além da alta conflituosidade na região[26], que enfraquece a consolidação das bases democráticas em grande parte dos países, os dados da fome no cognominado "chifre da África" (Etiópia, a Somália, a Eritreia e o Djibuti) demonstram a delicada situação dos direitos humanos no continente. Estima-se que, em virtude da seca que assolou a região no ano de 2012, 13 bilhões de pessoas necessitem de auxílio humanitário para sobreviver. Na Somália, estima-se que metade da população esteja na dependência de auxílio internacional para não morrer de fome e sede[27]. Deve-se registrar que essa herança é produto da dominação colonial europeia e de sua desocupação pautada em um modelo de Estado fraco, reprodutor das estruturas coloniais alienígenas, e artificial. Além disso, a retirada da exploração colonial arrostou a base econômica das nações africanas. Nesse cenário, "é irrealista esperar que o Estado pós-colonial efetivamente proteja os direitos humanos, quando ele é o produto da norma colonial que, por definição, é a negação desses direitos"[28]. Justamente a fim de lidar com esse pesado

26. A região subsaariana da África ainda lida com o espólio do seu pior conflito, o genocídio ruandês que projetou consequências para muito além de suas fronteiras, mas passos à frente estão sendo dados: *"free and fair elections are becoming not exactly commonplace but at least more widely practised. Add to that a wealth of natural resources that range from oil and gas to diamonds and rare minerals – and, of course, a forthcoming 'demographic dividend', as a young generation moves into the workplace"*. Todavia o cenário ainda é cético quando se trata da pacificação social na região, a exemplo das ocorrências no leste do Congo: *"the M23 rebels, backed by Rwanda and Uganda, have seized the eastern town of Goma and are threatening to march west towards the capital, Kinshasa. I have no idea what will happen, but whatever the outcome of frantic negotiations involving DR Congo, Uganda, Rwanda and the UN, the mess will doubtless continue for some time yet"*. (AFRICA'S FUTURE: *Hope, and doubt, south of the Sahara. The Economist*, 22 nov. 2012. Disponível em: <http://www.economist.com/blogs/theworldin2013/2012/11/africas-future>. Acesso em: nov. 2012).

27. Eis o trecho do relatório especial da ONU para a região: "As Nações Unidas declararam uma epidemia de fome nas regiões de Bakool do Sul e Baixa Shabelle, no sul da Somália, em 20 de julho. [...] Outras áreas do país podem ser atingidas pela crise nos próximos dois meses se não houver uma ampla intervenção humanitária. [...] Dezenas de milhares de pessoas morreram e estimativas de agosto apontam que 750 mil podem padecer nos próximos quatro meses se não houver resposta adequada. Quase metade da população – 3,7 milhões de pessoas – precisa de assistência humanitária. Isto representa um aumento de 35% desde o início do ano, quando havia 2,4 milhões de necessitados. A pior seca dos últimos 60 anos agrava o sofrimento de um povo atingido também por conflitos. [...] Cerca de 13,3 milhões de pessoas carecem de ajuda em todo o Chifre da África [...] Apesar de o maior número de necessitados estar na Etiópia – 4,7 milhões – a situação é especialmente difícil na Somália. As Nações Unidas declaram epidemia de fome quando pelo menos 20% das famílias enfrentam escassez extrema de alimentos com limitada capacidade de reverter o quadro, as taxas de desnutrição aguda entre as crianças excedem 30% e mais de duas em 10 mil crianças morrem por dia. No sul da Somália, há 2,8 milhões de desnutridos, dos quais 1,25 milhão são crianças. Em áreas agropastoris, até 15,43 a cada 10 mil crianças com menos de 5 anos morrem diariamente e o índice de desnutrição infantil aguda chega a 50%". (Disponível em: <http://www.onu.org.br/chifredaafrica/>. Acesso em: nov. 2012).

28. Complementa o autor que nesse cenário pós-colonial "independência geralmente significava a transferência de controle sobre as estruturas autoritárias de poder e processos de governo, de senhores coloniais para elites locais". (AN-NA'IM, Abdullahi A. A proteção legal dos direitos humanos na África: como fazer mais com menos. In: BALDI, César Augusto. *Direitos humanos na sociedade cosmopolita.* Rio de Janeiro: Renovar, 2004. p.441).

espólio, afastando-se da direta importação dos modelos prontos, a Carta Africana dos Direitos Humanos e dos Povos, assinada em 1981, em Banjul, sob a égide da Organização da Unidade Africana (hoje União Africana), deu início ao aparato protetivo regional em questão.

A emergência tardia desse sistema propiciou o recolhimento dos frutos das práticas dos outros sistemas, adotando *best practices*[29] ou afastando estruturas já provadas em outros blocos regionais. Possibilitou, também, a incorporação de disposições contemporâneas da proteção dos direitos humanos que, pela época de sua consolidação, quedaram fora dos âmbitos europeu e interamericano. Não é por recolher algumas experiências dos modelos precedentes que o sistema africano deixa de se constituir de modo singular. Ao revés, o sistema regional na África nasce na busca de sua identidade regional própria espelhada na cultura africana[30]. De acordo com Flávia Piovesan, o feitio próprio e característico do sistema africano se assenta em quatro características fundamentais, quais sejam: o destaque às tradições históricas e aos valores da civilização africana; a tônica nos direitos dos povos; o reconhecimento e a recepção de uma visão integrada de direitos e, por fim, a gramática de deveres ao lado do discurso dos direitos[31]. Como primeiro pilar, destaca-se a Carta de Banjul, conferida aos valores tradicionais da civilização africana. Nessa medida, a autodeterminação dos povos, a luta pela efetiva independência e o combate ao colonialismo, neocolonialismo, *apartheid* e diversas outras formas de exploração constituem traço fundamental do discurso africano[32]. A fim de corroborar com tal desiderato, o preâmbulo da Carta de Banjul conclama as tradições históricas e culturais continentais com vistas à concepção dos

29. De acordo com Flávia Piovesan, as *best practices* possuem um efeito catalisador e devem ser levadas em conta para a implementação do direito ao desenvolvimento. (PIOVESAN, Flávia. Direito ao desenvolvimento: desafios contemporâneos. In: ______. *Temas de direitos humanos.* 4ª ed. São Paulo: Saraiva, 2010. p.151).

30. Convém ressaltar que as culturas como os direitos humanos são adaptáveis uns aos outros: *"Like bills of rights, they [cultures] too are constantly changing, both in reaction to extrinsic forces and through the dynamics of internal conflict. The African opinion on preserving tradition is no monolith of uniformity [...]"*. (BENNETT, Tom W. *Human Rights in Africa Customary Law*. Cape Town: Juta and Co, 1995. p.10).

31. Nas palavras da autora: "Desde seu preâmbulo, a Carta demarca sua feição própria e peculiar, que a distingue dos demais instrumentos internacionais e regionais de proteção dos direitos humanos. Nesse sentido, quatro aspectos do Preâmbulo merecem destaque, devendo orientar a interpretação da Carta". (PIOVESAN, Flávia. *Direitos humanos e justiça internacional.* 3ª ed. São Paulo: Saraiva, 2012. p.191).

32. Eis trecho preambular do documento que espelha esse desiderato: *"Conscious of their duty to achieve the total liberation of Africa, the peoples of which are still struggling for their dignity and genuine independence, and undertaking to eliminate colonialism, neo-colonialism, apartheid, zionism and to dismantle aggressive foreign military bases and all forms of discrimination, particularly those based on race, ethnic group, color, sex. language, religion or political opinions; [...]"*. (Disponível em: <http://www.achpr.org/files/instruments/achpr /banjul_charter.pdf>. Acesso em: nov. 2012).

direitos humanos e dos povos[33]. Os direitos humanos devem atender aos anseios africanos; é o que entoa a normatividade africana em questão. Nesse sentido, adiciona Abdullahi An-Na'im:

> O projeto da universalidade dos direitos humanos deve ser concretizado por meio de uma congruência de respostas da sociedade à injustiça e à opressão, e não pelo transplante de um conceito totalmente desenvolvido e de seus mecanismos de implementação de uma sociedade para outra[34].

Ao lado dessa característica, a tônica do sistema enfoca os direitos não apenas de fruição individual, mas também aqueles coletivos. A Carta não abandona a linguagem dos direitos individuais, trazendo-os já no início de seu articulado[35]. Todavia, estende a tutela para outras categorias de direitos – como os direitos econômicos, sociais e culturais e os direitos coletivos – que tradicionalmente não encontram pouso nos documentos internacionais regionais. Desde o título do documento – ao se assumir a locução "direitos dos povos" –, o sistema da África quebra com a linguagem individualista ainda vigente e presente no idioma internacional dos direitos humanos. A "óptica coletivista"[36] semeia o texto da Declaração[37] e pelo órgão comissional do sistema em relatório, datado de 2009, em face da comunicação contra o Estado do Quênia:

---

33. Eis como encerra o preâmbulo da Carta: "*Firmly convinced of their duty to promote and protect human and people' rights and freedoms taking into account the importance traditionally attached to these rights and freedoms in Africa; [...]*". (Disponível em: <http://www.achpr.org/files/ instruments/achpr/banjul_charter.pdf>. Acesso em: nov. 2012).

34. AN-NA'IM, Abdullahi A. A proteção legal dos direitos humanos na África: como fazer mais com menos. In: BALDI, César Augusto. *Direitos humanos na sociedade cosmopolita.* Rio de Janeiro: Renovar, 2004. p.438.

35. A esse respeito, recomenda-se consultar os artigos 2.º a 17 da Carta Africana dos Direitos Humanos e dos Povos. No ritimo dos diálogos entre sistemas, anotam Flinterman e Henderson sobre o tema: "*In its discussion of individual rights, the Charther refers to and incorporates other international instruments*". (FLINTERMAN, Cees; HENDERSON, Catherine. The African Charter on Human and Peoples' Rights. In: HANSKI, Raija; SUKSI, Markku. *An Introduction to the International Protection of Human Rights.* 2ndedition. Turku: Institute for Human Rights Abo Akademi University, 2004. p.389).

36. "Diversamente dos demais instrumentos de proteção, em especial a Convenção Europeia e a Convenção Americana, a Carta Africana adota uma perspectiva coletivista, que empresta ênfase aos direitos dos povos. É a partir dessa perspectiva que se transita ao indivíduo. No caso das convenções mecionadas, a ótica é liberal individualista, a fundamentar o catálogo de direitos civis e políticos nelas contemplados". (PIOVESAN, Flávia. *Direitos humanos e justiça internacional.* 3ª ed. São Paulo: Saraiva, 2012. p.191/192).

37. A Declaração estabelece dependência recíproca dos direitos individuais da perspectiva coletiva, em sua redação: "*Recognizing on the one hand, that fundamental human rights stem from the attitudes of human beings, which justifies their international protection and on the other hand that the reality and respect of peoples' rights should necessarily guarantee human rights; [...]*". (Disponível em: <http://www.achpr.org/files/instruments/achpr/banjul_charter.pdf>. Acesso em: nov. 2012).

[...] in the present communication the African Commission wishes to emphasise that the Charter recognises the rights of peoples. The Complainants argue that the Endorois are a people, a status that entitles them to benefit from provisions of the African Charter that protect collective rights[38].

Conferindo igual espaço e oportunidade aos direitos civis e políticos àqueles econômicos, sociais e ambientais, como terceiro e importante traço característico, a Carta Africana abraça a interdependência e integralidade dos direitos humanos. É o que afirma a literalidade do documento:

[...] civil and political rights cannot be dissociated from economic, social and cultural rights in their conception as well as universality and that the satisfaction of economic, social and cultural rights is a guarantee for the enjoyment of civil and political rights[39]

A Comissão Africana de Direitos Humanos e dos Povos em seus afazeres sublinha essa complementaridade entre as diversas categorias de direitos, a saber:

The uniqueness of the African situation and the special qualities of the African Charter imposes upon the African Commission an important task. International law and human rights must be responsive to African circumstances. Clearly, collective rights, environmental rights, and economic and social rights are essential elements of human rights in Africa. The African Commission will apply any of the diverse rights contained in the African Charter. It welcomes this opportunity to make clear that there is no right in the African Charter that cannot be made effective.[40]

Nesse paradigma, igual importância é conferida aos direitos civis e políticos e aos direitos econômicos, sociais e culturais, rompendo com a "profecia que se autorrealiza da não-justiciabilidade e não-determinação

38. Comissão Africana de Direitos Humanos e dos Povos. Caso Centre for Minority Rights Development (Kenya) and Minority Rights Group (on behalf of Endorois Welfare Council) v Kenya. Julgado em novembro de 2009. para 155. (Disponível em: <http://www.achpr.org/files/sessions/30th/ comunications/155.96/ achpr30_155_96_eng.pdf>. Acesso em: nov. 2012).
39. Disponível em: <http://www.achpr.org/files/instruments/achpr/banjul_charter.pdf>. Acesso em: nov. 2012).
40. COMISSÃO AFRICANA DE DIREITOS HUMANOS E DOS POVOS. *Caso SERAC v Nigeria*. Julgado em outubro de 2001. parágrafo 68. Disponível em: <http://www.achpr.org/files/sessions/ 30th/comunications/155.96/ achpr30_155_96_eng.pdf>. Acesso em: nov. 2012.

dos direitos econômicos, sociais e culturais"[41]. Cumpre registrar que, diferentemente dos outros sistemas regionais, nas previsões substantivas de direitos, se observa, no texto africano, "*clawback clauses*"[42] que permitem restrições aos direitos protegidos, cedendo espaço às violações de direitos humanos pelos Estados. Essas cláusulas são limitadoras e, em alguns casos, derrogadoras[43] da potencialidade convencional; elas diminuem drasticamente os deveres, sobretudo estatais, de respeitar, implementar e proteger tais direitos. Os Estados têm sido – não apenas na África, mas em todos os aparelhos internacionais de proteção dos direitos humanos – os principais agentes violadores de direitos humanos. São esses mesmos Estados que detêm o controle sobre os processos legislativos que podem impactar limitativamente na extensão dos direitos protegidos. À luz dessa realidade, "*by inserting clauses that permit rights to be limited by the law, the Charter makes human rights especially vulnerable to the very institution which attacks them most often*"[44]. Por fim, o último pilar dessas características singulares aponta – ao lado do rol de direitos – para um conjunto de deveres fundamentais. Seguindo caminho não adotado por outros blocos regionais de proteção aos direitos humanos[45], sublinha o preâmbulo convencional africano: "*the enjoyment of rights and freedoms also implies the performance*

41. "não foram feitos esforços no sentido de desenvolver a definição e os métodos procedimentais apropriados para a execução judicial desses direitos, como foi feito em relação aos direitos civis e políticos, em um processo crescente. Isto é, houve um tempo em que os direitos civis e políticos também não se submetiam à jurisdição e não eram determinantes, mas transformaram-se em direitos sibmetidos à jurisdição e determinantes por meio do desenvolvimento criativo de mecanismos e remédios judiciais. O mesmo pode acontecer aos direitos econômicos, sociais e culturais." (AN-NA'IM, Abdullahi A. A proteção legal dos direitos humanos na África: como fazer mais com menos. In: BALDI, César Augusto. *Direitos humanos na sociedade cosmopolita*. Rio de Janeiro: Renovar, 2004. p.452).

42. Um exemplo do que se argumenta pode ser encontrado no artigo 10.º da Carta ao enunciar o direito à liberdade de associação, condicionando-a às previsões e permissões legais: "*Every individual shall have the right to free association* provided that the abides by the law". (Disponível em: <http://www.achpr.org/instruments/achpr/#a10>. Acesso em: nov. 2012) (sem grifos no original).

43. "*It may be countered that the Charter contains no general derrogation clause for suspension of rights during national emergencies, but such clause might well be redundant, given the limitations otherwise permissible*". (FLINTERMAN, Cees; HENDERSON, Catherine. The African Charter on Human and Peoples' Rights. In: HANSKI, Raija; SUKSI, Markku. *An Introduction to the International Protection of Human Rights*. 2nd edition. Turku: Institute for Human Rights Abo Akademi University, 2004. p.391).

44. FLINTERMAN, Cees; HENDERSON, Catherine. The African Charter on Human and Peoples' Rights. In: HANSKI, Raija; SUKSI, Markku. *An Introduction to the International Protection of Human Rights*. 2nd edition. Turku: Institute for Human Rights Abo Akademi University, 2004. p.390/391.

45. Cabe aqui o esclarecimento: "*The African Charter is somewhat unusual in its recognition of duties as well as rights; the European and American Conventions on Human Rights do not list duties of the individual. The American Declaration in the Rights and Duties of Man, however, takes the same approach as the African Charter: that laws and duties are inseparable, 'two facets of the same reality'. Following this logic, duties are quite naturally included in an instrument promoting and protecting rights.On the other hand, imposing individual duties in a human rights instrument could be interpreted as setting prerequisites for the enjoyment of the rights which are supposedly inalienable*". (*Ibid.*, p.390).

of duties on the part of everyone"[46]. A Convenção estabelece que os direitos individuais se desempenham sempre em respeito aos direitos dos demais indivíduos, à segurança coletiva e à moralidade e interesse comuns[47]. Foram justamente essas particularidades que possibilitaram o florescimento do Sistema Africano de direitos humanos.

1.3. A CORTE INTERAMERICANA DE DIREITOS HUMANOS

A origem do Sistema Interamericano de Direitos Humanos remonta ao pós-guerra e à premente necessidade de salvaguarda aos direitos fundamentais no continente americano.

A Declaração Americana dos Direitos e Deveres do Homem, assinada em 1948, em Bogotá, é considerada o embrião para a formulação do sistema regional como hoje é concebido, por meio da Convenção Americana de Direitos Humanos, subscrita durante a Conferência Especializada Interamericana de Direitos Humanos, em 22 de novembro de 1969, na cidade de San José da Costa Rica, mas que entrou em vigor somente em 1978.

O Sistema Interamericano de Direitos Humanos conta com o auxílio de dois órgãos que buscam proteger os direitos essenciais do homem no continente americano: a Comissão Interamericana e a Corte Interamericana de Direitos Humanos[48]. A Comissão Interamericana de Direitos Humanos (CIDH), prevista na Carta da Organização dos Estados Americanos (OEA), de 1948 (arts. 53, 91, "f" e 106), foi instalada em 1959. Tem sua sede em Washington e é constituída por sete membros independentes. Trata-se de um órgão responsável por promover a observância e a defesa dos direitos humanos, bem como de servir de órgão consultivo da OEA. Dentre as suas funções, destaca-se o recebimento de comunicações de indivíduos ou grupos a respeito de violações a direitos fundamentais e o processamento

46. Disponível em: <http://www.achpr.org/files/instruments/achpr/banjul_charter.pdf>. Acesso em: nov. 2012.
47. Destaquem-se, nesse sentido, os artigos 27, 28 e 29 da Carta Africana dos Direitos Humanos e dos Povos. Em visão crítica dessas provisões, anota Naldi: *"It need to be recalled that a distinguishing characteristic of the African Charther is the fact that it imposes obligations upon individual towards the State and the community. As Ankumah points out, the duty provisions are generally 'problematic and could adversely affect enjoyment of the rights set forth in the Charther'."* (NALDI, Gino J. Future Trend in Human Rights in Africa: the increased role of the OAU? In: EVANS, Malcolm; MURRAY, Rachel (Eds.). *The African Charther on Human and People's Rights: the system in practice.* 1986-2000. Cambridge: Cambridge University Press, 2002. p.7/8).
48. UNIVERSIDADE DE SÃO PAULO. Biblioteca Virtual de Direitos Humanos. *Histórico da Corte IDH*. Disponível em: <http://www.direitoshumanos.usp.br/index.php/Corte-Interamericana-de-Direitos-Humanos/historico.html>. Acesso em: 9 fev. 2021.

de Estados-partes junto à Corte IDH[49]. Nos termos do art. 41 da Convenção Americana sobre Direitos Humanos, promover, monitorar e proteger os direitos humanos na região constituem a vocação maior da Comissão Interamericana, ao conjugar as funções conciliadora, assessora, crítica, promotora, protetora e preventiva.

A Comissão Interamericana tem exercido um extraordinário papel na difusão de parâmetros protetivos regionais relativos à salvaguarda da dignidade humana (o chamado *corpus iuris interamericano*). Tais parâmetros protetivos têm propiciado a compensação de déficits nacionais, além de fomentar avanços em marcos legislativos e políticas públicas em matéria de direitos humanos, bem como prevenindo recuos e retrocessos no regime de proteção de direitos.

A Corte Interamericana de Direitos Humanos tem a sua previsão na Convenção Americana de Direitos Humanos, datada de 22 de novembro de 1969, tendo sido instalada em 22 de maio de 1979. Trata-se de um órgão judicial autônomo, sediado em San José da Costa Rica. É formada por sete juízes, naturais dos Estados-membros da OEA, escolhidos entre juristas com elevada autoridade moral e reconhecido conhecimento em matéria de Direitos Humanos. São eleitos para um mandato de seis anos, e podem ser reeleitos por uma vez. A Corte IDH exerce competência contenciosa e consultiva. A contenciosa diz respeito à apreciação de casos, contra Estados que reconheçam a sua competência, sobre a interpretação e a aplicação da Convenção Americana de Direitos Humanos (CADH). A competência consultiva versa sobre a possibilidade de os Estados-membros da OEA

49. Dentre as atribuições da CIDH, estão: i) receber, analisar e investigar petições individuais que alegam violações dos direitos humanos (arts. 44 a 51 da CADH); ii) observar o cumprimento geral dos direitos humanos nos Estados-membros, e quando considerar conveniente, publicar as informações especiais sobre a situação em um estado específico; iii) realizar visitas *in loco* aos países para aprofundar a observação geral da situação, e/ou para investigar uma situação particular; tais podem resultar na preparação de um relatório respectivo, que é publicado e enviado à Assembleia Geral; iii) estimular a consciência dos direitos humanos nos países da América (*v.g.*, pela publicação de estudos sobre temas específicos como a situação dos direitos humanos das mulheres, dos imigrantes e dos povos indígenas; iv) realizar e participar de conferências e reuniões com diversos tipos de representantes de governo, universitários e organizações não governamentais para difundir e analisar temas relacionados com o sistema interamericano de direitos humanos; v) fazer recomendações aos Estados membros da OEA acerca da adoção de medidas para contribuir com a promoção e garantia dos direitos humanos; vi) requerer aos Estados membros que adotem "medidas cautelares" específicas para evitar danos graves e irreparáveis aos direitos humanos em casos urgentes, bem como solicitar que a Corte IDH requeira "medidas provisionais" dos Governos em casos urgentes de grave perigo às pessoas, ainda que o caso não tenha sido submetido à Corte; vii) remeter os casos à jurisdição da Corte Interamericana e atuar frente à Corte em determinados litígios; viii) solicitar "Opiniões Consultivas" à Corte Interamericana sobre aspectos de interpretação da CADH (ORGANIZAÇÃO DOS ESTADOS AMERICANOS. *Quem é a CIDH*. Disponível em: <http://https://cidh.oas.org/que.port.htm>. Acesso em: 6 fev. 2019).

consultarem a Corte sobre a interpretação da Convenção Americana de Direitos Humanos ou de outros tratados internacionais aplicáveis no âmbito dos Estados americanos.

Ao ratificar a Convenção Americana, o Estado-parte tem a faculdade de reconhecer a jurisdição contenciosa da Corte IDH[50]. Até fevereiro de 2021, 22 Estados haviam reconhecido a jurisdição, dentre os 25 contratantes do Pacto de San José da Costa Rica[51]. Como as Constituições latino-americanas incorporaram um extenso rol de direitos fundamentais em um bloco de constitucionalidade, a Corte Interamericana de Direitos Humanos passou a assumir uma função constitucional supletiva na efetivação daqueles direitos[52]. A jurisdição internacional tem um caráter coadjuvante e complementar das jurisdições domésticas, como se pode depreender do Preâmbulo da Convenção Americana de Direitos Humanos ("a proteção internacional, de natureza convencional, coadjuvante ou complementar da que oferece o direito interno dos Estados Americanos"). A Corte Interamericana de Direitos Humanos não funciona como uma instância judicial superior ("quarta" ou "quinta" instância). Não se destina a ser um tribunal recursal, para dirimir desavenças que as partes tenham sobre a valoração da prova ou sobre o alcance do direito interno em aspectos não relacionados ao cumprimento de obrigações internacionais de direitos humanos. A Corte Interamericana de Direitos Humanos não analisa eventuais hipóteses de autoria nem determina responsabilidades individuais, que são da competência da jurisdição nacional. Dessa forma, não lhe cabe substituir a jurisdição interna para estabelecer investigações e julgamentos em casos concretos, com o intuito de obter resultados melhores ou mais eficazes, mas apenas verificar se os Estados-partes do Sistema Interamericano de Direitos Humanos violaram ou não obrigações internacionais assumidas.

50. RAMOS, André de Carvalho. *Curso de direitos humanos*. 4ª ed. Cit. p. 394.
51. COMISSÃO INTERAMERICANA DE DIREITOS HUMANOS. *B-32: Convenção Americana sobre Direitos Humanos. "pacto de san josé de costa rica"*. Disponível em: <https://www.cidh.oas.org/basicos/portugues/d.Convencao_Americana_Ratif..html>. Acesso em: 9 fev. 2021.
52. "The adoption of domestic constitutions with generous bills of rights, intended to transform the actual reality in the region, paired with constitutional clauses that opened domestic legal systems to international law, allow for such interpretation. Such domestic constitutional texts can be interpreted as expressing an expectation on behalf of states and domestic civil societies that the Inter-American Court could be an active ally in the domestic transformative project. As already mentioned, the countries know well how important external support is for advancing a human rights agenda domestically. Thus, the Inter-American Court plays a ´constitution supplementing function´ that, although originally not included in its statute, has gradually gained acceptance from a large number of domestic bodies, as evidenced for example by their following of the IACtHR's [Inter-American Court of Human Rights] precedents" (BOGDANDY, Armin von; URUEÑA, René. *International transformative constitutionalism in Latin America*. Cit. p. 431-432).

Nesse sentido, depreende-se da decisão do *Caso Nova Brasília vs. Brasil*[53],

> 55. O Tribunal estabeleceu que a jurisdição internacional tem caráter coadjuvante e complementar, razão pela qual não desempenha funções de tribunal de "quarta instância", nem é um tribunal de alçada ou de recurso para dirimir as desavenças que tenham as partes sobre algum alcance de valoração de prova ou da aplicação do direito interno em aspectos que não estejam diretamente relacionados com o cumprimento de obrigações internacionais de direitos humanos. (...).
>
> 180. (...) não corresponde à Corte analisar as hipóteses de autoria usadas durante a investigação dos fatos e, consequentemente, determinar responsabilidades individuais, cuja definição compete aos tribunais penais internos, mas avaliar as ações ou omissões de agentes estatais, segundo a prova apresentada pelas partes. Do mesmo modo, não compete à Corte substituir a jurisdição interna, estabelecendo as modalidades específicas de investigação e julgamento num caso concreto, para obter resultado melhor ou mais eficaz, mas constatar se nos passos efetivamente dados no plano interno violaram-se ou não obrigações internacionais do Estado decorrentes dos artigos 8 e 25 da Convenção Americana.

As decisões da Corte Interamericana de Direitos Humanos não se impõem por força hierárquica, mas pela necessidade de os Estados tornarem concretos os direitos reconhecidos nas suas Constituições. A utilização do sistema interamericano por setores democráticos do Estado e da sociedade civil fortalece uma cultura inclusiva e democrática, uma vez que há estruturas nacionais que não permitem que certos temas sejam reconhecidos juridicamente ou que sejam convertidos em políticas públicas, uma vez que desafiam interesses econômicos hegemônicos ou porque preferem excluir grupos sociais vulnerabilizados[54]. Ao se ampararem em precedentes da Corte Interamericana de Direitos Humanos, os Poderes Judiciários nacionais fortalecem sua independência na efetivação dos direitos fundamentais. Além disso, as decisões da Corte IDH alimentam as comunidades de prática no processo de transformação constitucional da realidade social pelo cumprimento dos direitos humanos.

---

53. CORTE INTERAMERICANA DE DIREITOS HUMANOS. *Caso Favela Nova Brasília Vs Brasil*. Cit.
54. BERNARDES, Márcia Nina. *Sistema Interamericano de Direitos Humanos como Esfera Pública Transnacional: Aspectos Jurídicos e Políticos da Implementação de Decisões Internacionais. SUR. Revista Internacional de Direitos Humanos / Sur – Rede Universitária de Direitos Humanos*, vol. 1, nº1, jan. 2004, p. 135-136.

A partir do Decreto nº 4.463, de 2002, o Brasil se submeteu à jurisdição contenciosa da Corte Interamericana de Direitos Humanos (Corte IDH) e passou a figurar no polo passivo de demandas internacionais. Isso resultou em obrigações de ajustes internos para que normas brasileiras pudessem se coadunar com a Convenção Americana de Direitos Humanos (CADH), o que reforça a necessidade de respeitar os direitos humanos e sancionar eventuais violações no âmbito nacional.

O Sistema Interamericano é regido pelo *princípio da subsidiariedade*, isto é, somente deve ser acionado quando o caso concreto não foi resolvido, com a aplicação da Convenção Interamericana de Direitos Humanos, pelo Estado-parte. Nesse sentido, depreende-se do parágrafo 33 da decisão do *Caso Las Palmares vs. Colômbia*:

> *33. La Convención Americana es un tratado multilateral mediante el cual los Estados Partes se obligan a garantizar y a hacer efectivos los derechos y libertades previstos en ella y a cumplir con las reparaciones que se dispongan. La Convención es la piedra fundamental del sistema de garantía de los derechos humanos en América. Este sistema consta de un nivel nacional que consiste en la obligación de cada Estado de garantizar los derechos y libertades previstos en la Convención y de sancionar las infracciones que se cometieren. Ahora bien, si un caso concreto no es solucionado en la etapa interna o nacional, la Convención prevé un nivel internacional en la que los órganos principales son la Comisión y esta Corte. Pero, como lo expresa el Preámbulo de la misma Convención Americana, la protección internacional es "coadyuvante o complementaria de la que ofrece el derecho interno de los Estados americanos". En consecuencia, cuando una cuestión ha sido resuelta definitivamente en el orden interno según las cláusulas de la Convención, no es necesario traerla a esta Corte para su "aprobación" o "confirmación"*[55].

Seu art. 44 afirma que "qualquer pessoa ou grupo de pessoas, ou entidade não-governamental legalmente reconhecida em um ou mais Estados-membros da Organização, pode apresentar à Comissão petições que contenham denúncias ou queixas de violação desta Convenção por um Estado-parte". A petição somente será admitida pela Comissão se forem

55. CORTE INTERAMERICANA DE DIREITOS HUMANOS. *Caso Las Palmares vs. Colômbia*. Disponível em: <https://www.corteidh.or.cr/CF/jurisprudencia2/ficha_tecnica.cfm?nId_Ficha=242>. Acesso em: 4 mar. 2021.

interpostos e esgotados os recursos da jurisdição interna, se for apresentada dentro do prazo de seis meses da data em que o presumido prejudicado tenha sido notificado de tal decisão, bem como se não esteja pendente outro processo de solução internacional (cf. art. 46.1 da CADH). Entretanto, o esgotamento da jurisdição interna não é necessário quando o Estado não assegurar o devido processo legal para a proteção do direito que se alegue ter sido violado, quando ao presumido prejudicado não for permitido o acesso à justiça ou tenha sido impedido de esgotar os recursos na jurisdição interna, assim como quando houver demora injustificada na decisão sobre os mencionados recursos (cf. art. 46.2 da CADH).

O art. 62.1 da Convenção Americana de Direitos Humanos estabelece a chamada cláusula facultativa de jurisdição obrigatória. Isso significa que os Estados da região se submetem ou não à competência da Corte Interamericana de Direitos Humanos. Trata-se de um ato de soberania interna. No entanto, uma vez reconhecida a competência da Corte IDH, ela se torna obrigatória e irrevogável, a não ser nas hipóteses previstas para denúncia do Pacto de San José. Com isso, os Estados devem cumprir integralmente a decisão proferida pela Corte IDH, não podendo invocar o direito interno (nem mesmo alegar prescrição ou decadência) para afastar essa obrigação, nos termos do art. 68.1, combinado com o art. 2 da Convenção Americana. Se o Estado que optou por se submeter às decisões da Corte IDH não cumpre a sentença, isso gera a sua responsabilidade internacional[56]. Além disso, o art. 2º da Convenção Americana prevê o dever do Estado de adotar as medidas de caráter interno necessárias para a concretização das obrigações contidas na CADH, e a Convenção de Viena sobre o Direito dos Tratados, no art. 27, estabelece que um Estado "não pode invocar as disposições de direito interno para justificar o inadimplemento de um tratado".

Enquanto a Corte Europeia de Direitos Humanos trata de casos relacionados normalmente à salvaguarda de direitos individuais, civis e procedimentos criminais, a Corte Interamericana de Direitos Humanos dirige seus julgamentos às questões básicas em direitos humanos, decorrentes dos anos de períodos ditatoriais na América Latina, como os envolvendo desaparecimentos forçados de pessoas, justiça de transição, infringência de direitos de grupos vulneráveis, litigância de direitos sociais e fortalecimento

56. BERNARDES, Márcia Nina. *Sistema Interamericano de Direitos Humanos como Esfera Pública Transnacional: Aspectos Jurídicos e Políticos da Implementação de Decisões Internacionais*. Cit. p. 147-148.

das instituições intrínsecas ao Estado Democrático de Direito[57]. Violações de direito cometidas por agentes estatais são objeto da jurisprudência da Corte IDH, tendo como Caso emblemático *Velásquez Rodríguez vs. Honduras*, que versa sobre o desaparecimento forçado do cidadão hondurenho, pelas forças armadas do país em 1989[58]. Outro caso muito importante, julgado pela Corte IDH – principalmente em razão da consolidação dos direitos fundamentais e humanos na América Latina após o período ditatorial –, é *Barrios Altos vs. Peru*, de 2001. O caso trata do massacre ocorrido em Barrios Altos, em 1991, resultando em diversas mortes de civis, tendo a investigação sido prejudicada em razão da Lei da Anistia aprovada pelo Peru. A Corte IDH reconheceu a incompatibilidade da referida lei com a Convenção Americana e responsabilizou o Estado do Peru pelas mortes ocorridas nesse trágico episódio[59]. Outro aspecto relacionado ao *Corpus Iuris* da Corte IDH diz respeito aos direitos dos grupos vulneráveis, com destaque para os casos envolvendo as comunidades indígenas, crianças e mulheres na América Latina:

> *With regard to vulnerable groups, the Court is very understanding and sensitive to the indigenous demands – with emphasis on the leading case – the indigenous community Mayagna Awas Tingni versus Nicaragua (2001), in which the Court recognized the rights of indigenous peoples to collective ownership of land linked to their culture, their spiritual life, their integrity and their economic survival. Apart from these, there are court decisions in regard to children's rights (Villagran Morales versus Guatemala, 1999) and women (case Gonzalez and others versus Mexico)*[60].

A concepção da Convenção Americana de Direitos Humanos como um instrumento vivo permite interpretações em consonância com as

57. FACHIN, Melina Girardi; ROBL FILHO, Ilton Norberto; TOMIO, Fabricio Ricardo de Limas. *The inter-american and european contexts of human rights protection: a brief comparative analysis of regional courts'decisions.* Cit. p. 9-41.
58. CORTE INTERAMERICANA DE DIREITOS HUMANOS. *Caso Velásquez Rodríguez Vs. Honduras*. Sentença de 29 de julho de 1988 (Mérito). Disponível em: <https://www.corteidh.or.cr/docs/casos/articulos/seriec_04_por.pdf>. Acesso em: 9 fev. 2021.
59. CORTE INTERAMERICANA DE DIREITOS HUMANOS. *Caso Barrios Altos Vs. Perú*. Sentencia de 14 de marzo de 2001 (Fondo). Disponível em: <https://www.corteidh.or.cr/docs/casos/articulos/Seriec_75_esp.pdf>. Acesso em: 9 fev. 2021.
60. FACHIN, Melina Girardi; ROBL FILHO, Ilton Norberto; TOMIO, Fabricio Ricardo de Limas. *The inter-american and european contexts of human rights protection: a brief comparative analysis of regional courts'decisions. Revista da Faculdade de Direito da UFPR*. v. 61. n.3. 2016.

demandas sociais, como a criação de um sistema individual de petição[61], a implementação de direitos civis e a impossibilidade da interpretação – a menos – dos direitos dispostos na Convenção[62]. O diálogo entre atores no âmbito da Corte Interamericana de Direitos Humanos ainda esbarra em algumas limitações envolvendo o controle de convencionalidade das normas e o controle de constitucionalidade, como nos casos que versam sobre a Lei brasileira da Anistia.

Nas decisões da Corte IDH, é favorecido o diálogo com outras cortes, como a Corte Europeia de Direitos Humanos e a Corte Internacional de Justiça. Ademais, a própria Corte IDH utiliza de sua própria jurisprudência, de modo a fundamentar suas decisões em uma ideia de norma de *jus cogens* regional, inclusive fazendo referências a outros documentos e à normas que não foram, necessariamente, ratificadas pelos Estados[63]. O *Caso Atala Riffo e Filhas vs. Chile* se revela como um paradigma dentro do Sistema Interamericano de Direitos Humanos por provocar o diálogo com a Corte Europeia de Direitos Humanos, em relação aos *Casos Salgueiro da Silva Mouta vs. Portugal* e *Clift vs. Reino Unido*, que versam sobre a proibição de tratamentos discriminatórios em virtude da opção sexual[64]. Por outro lado, foram citados pela Corte Europeia de Direitos Humanos vários precedentes da Corte IDH quanto à necessidade de observância dos

61. "Artigo 19 Meios de Proteção [...] Caso os direitos estabelecidos na alínea a do artigo 8, e no artigo 13, forem violados por ação imputável diretamente a um Estado Parte deste Protocolo, essa situação poderia dar lugar, mediante participação da Comissão Interamericana de Direitos Humanos e, quando cabível, da Corte Interamericana de Direitos Humanos, à aplicação do sistema de petições individuais regulado pelos artigos 44 a 51 e 61 a 69 da Convenção Americana sobre Direitos Humanos" (ORGANIZAÇÃO DOS ESTADOS AMERICANOS. *Protocolo Adicional à Convenção Americana sobre Direitos Humanos em matéria de direitos econômicos, sociais e culturais. "protocolo de san salvador"*. 1988. Disponível em: <http://www.cidh.org/basicos/portugues/e.protocolo_de_san_salvador.htm)>. Acesso em: 9 fev. 2021.

62. FACHIN, Melina Girardi; ROBL FILHO, Ilton Norberto; TOMIO, Fabricio Ricardo de Limas. *The inter-american and european contexts of human rights protection: a brief comparative analysis of regional courts'decisions*. Cit. p. 9-41.

63. SILVA, Alice Rocha da; MONT' ALVERNE, Tarin Cristino Frota. *A construção da jurisprudência sobre direitos humanos a partir do diálogo entre juízes de tribunais internacionais, regionais e nacionais*. Cit..

64. "87. A respeito da inclusão da orientação sexual como categoria de discriminação proibida, o Tribunal Europeu de Direitos Humanos esclareceu que a orientação sexual é "outra condição" mencionada no artigo 14 da Convenção Europeia para a Proteção dos Direitos Humanos e das Liberdades Fundamentais (doravante denominada "Convenção Europeia"), que proíbe tratamentos discriminatórios. Especificamente, no Caso Salgueiro da Silva Mouta Vs. Portugal, o Tribunal Europeu concluiu que a orientação sexual é um conceito que se encontra abrigado no artigo 14 da Convenção Europeia. Além disso, reiterou que a lista de categorias que figura no citado artigo é exemplificativa e não exaustiva. No Caso Clift Vs. Reino Unido, o Tribunal Europeu também reiterou que a orientação sexual, como uma das categorias que pode ser incluída em "outra condição", é outro exemplo específico das que se encontram na citada lista, que são consideradas características pessoais no sentido de que são inatas ou inerentes à pessoa". CORTE INTERAMERICANA DE DIREITOS HUMANOS. *Caso Atala Riffo e crianças vs. Chile*. Sentença de 24 de fevereiro de 2012 (Mérito, Reparações e Custas). Disponível em: <https://www.corteidh.or.cr/docs/casos/articulos/seriec_239_por.pdf>. Acesso em: 8 fev. 2021.

parâmetros estabelecidos pelo órgão julgador, além do exercício do controle de convencionalidade, como foi previsto no *Caso Almonacid Arellano e outros vs. Chile*[65]. O sistema interamericano se pauta pelo seu potencial transformador em uma região ainda marcada por desigualdades estruturais e a baixa institucionalidade do Estado de Direito. Faz-se fundamental bem o conhecer e o operar para o fortalecer.

1.3.1 Acesso ao Sistema Interamericano de Direitos Humanos

Nos considerandos da Declaração Universal de 1948, afirma-se que os direitos humanos devem ser "protegidos pelo império da lei, para que o ser humano não seja compelido, como último recurso, à rebelião contra a tirania e a opressão". Isso significa que, se um Estado não reconhece um direito humano, as pessoas que têm negados tais direitos devem exercer o direito de resistência, o que inclui a busca de auxílio da comunidade internacional por meio dos sistemas de proteção dos direitos humanos[66].

O reconhecimento dos direitos humanos no plano internacional permitiu, pois, a inclusão de novos sujeitos de direito[67]. Cidadãos do mundo inteiro, povos e comunidades, ao lado dos Estados e organizações oficiais internacionais, passaram a ter capacidade postulatória perante os foros internacionais, por si ou por meio de organizações não governamentais.

As pessoas são diretamente responsáveis pela construção da história e pela evolução da sociedade; são cocriadoras do seu mundo e devem ser solidárias com o sofrimento das pessoas ao seu redor, o que envolve a solução dos problemas por meio do diálogo e do respeito mútuo[68]. Quando os mecanismos de autocomposição falham e a jurisdição interna não é suficiente para a proteção dos direitos humanos, resta aberto o caminho para os sistemas internacionais de proteção.

O Sistema Interamericano não se sobrepõe aos Estados que firmaram a Convenção Americana de Direitos Humanos. O acesso está sujeito à

---

65. "282. Os juízes e órgãos vinculados à administração de justiça, em todos os níveis, têm a obrigação de exercer ex officio um "controle de convencionalidade" entre as normas internas e a Convenção Americana, no âmbito de suas respectivas competências e das respectivas regulamentações processuais. Nessa tarefa, os juízes e órgãos vinculados à administração de justiça devem levar em conta não somente o Tratado, mas também a interpretação que dele fez a Corte Interamericana, intérprete última da Convenção Americana". CORTE INTERAMERICANA DE DIREITOS HUMANOS. *Caso Atala Riffo e crianças vs. Chile*. Cit.
66. BOBBIO, Norberto. *El tiempo de los derechos*. Cit. p. 69.
67. COELHO, Luiz Fernando. *Fundamentação ontológica dos direitos humanos*. Cit. p. 396.
68. "O processo evolutivo do ser humano decorre de sua adaptabilidade aberta e criadora, sendo sua existência histórica um contínuo de aquisições: o homem é produto de sua ação no mundo, donde se infere que a história é a criação e que o homem cria a sua própria natureza" (Idem, p. 402).

aplicação do princípio da subsidiariedade, que exige, a rigor, o esgotamento das instâncias internas (cf. art. 46 da CADH).

O Sistema Interamericano de Direitos Humanos é composto tanto pela Comissão Interamericana de Direitos Humanos quanto pela Corte Interamericana de Direitos Humanos.

A Comissão Interamericana examina as petições que denunciam violações aos direitos humanos, que podem ser encaminhadas por qualquer pessoa, grupo de pessoas ou entidade não governamental legalmente reconhecida em um ou mais Estados membros da Organização dos Estados Americanos[69]. A Comissão opera como um canal de denúncias para o cidadão que aciona o sistema para a proteção dos direitos humanos violados[70].

As petições endereçadas à Comissão devem observar os requisitos do art. 46.1 da CADH:

> (...) 1. Para que uma petição ou comunicação apresentada de acordo com os artigos 44 ou 45 seja admitida pela Comissão, será necessário:
> a. que hajam sido interpostos e esgotados os recursos da jurisdição interna, de acordo com os princípios de direito internacional geralmente reconhecidos;
>
> b. que seja apresentada dentro do prazo de seis meses, a partir da data em que o presumido prejudicado em seus direitos tenha sido notificado da decisão definitiva;
>
> c. que a matéria da petição ou comunicação não esteja pendente de outro processo de solução internacional[71]; e
>
> d. que, no caso do artigo 44, a petição contenha o nome, a nacionalidade, a profissão, o domicílio e a assinatura da pessoa ou pessoas ou do representante legal da entidade que submeter a petição[72] (...).

---

69. Conforme o art. 44 da CADH: "Qualquer pessoa ou grupo de pessoas, ou entidade não-governamental legalmente reconhecida em um ou mais Estados-membros da Organização, pode apresentar à Comissão petições que contenham denúncias ou queixas de violação desta Convenção por um Estado Parte".

70. PIOVESAN, Flávia; FACHIN, Melina Girardi; MAZZUOLI, Valerio de Oliveira. *Comentários à Convenção Americana sobre Direitos Humanos*. Cit. p. 302.

71. "No caso do Brasil, esta exceção de litispendência ainda não tem aplicação prática, pelo fato de o Estado brasileiro não ter ratificado o Protocolo Facultativo ao Pacto Internacional dos Direitos Civis e Políticos, não havendo a possibilidade técnica de (por enquanto) existir pendência de outro processo de solução internacional a impedir o recebimento de uma petição ou comunicação feita por vítima brasileira à Comissão Interamericana. Na Europa - a título exemplificativo - é possível a existência da litispendência entre uma decisão da Corte Europeia dos Direitos Humanos e outra do Comitê de Direitos Humanos do Pacto Internacional dos Direitos Civis e Políticos, no caso dos Estados que são partes na Convenção Europeia dos Direitos Humanos e no referido Pacto" (PIOVESAN, Flávia; FACHIN, Melina Girardi; MAZZUOLI, Valerio de Oliveira. *Comentários à Convenção Americana sobre Direitos Humanos*. Cit. p. 310).

72. ORGANIZAÇÃO DOS ESTADOS AMERICANOS. *Convenção Americana de Direitos Humanos*. Cit.

O princípio da subsidiariedade está previsto no art. 46.2 da Convenção Americana, que ressalva o esgotamento da jurisdição interna, nas seguintes hipóteses:

> [...] a. não existir, na legislação interna do Estado de que se tratar, o devido processo legal para a proteção do direito ou direitos que se alegue tenham sido violados;
>
> b. não se houver permitido ao presumido prejudicado em seus direitos o acesso aos recursos da jurisdição interna, ou houver sido ele impedido de esgotá-los; e
>
> c. houver demora injustificada na decisão sobre os mencionados recursos.

É comum que os Estados, nas defesas que apresentam perante a Corte Interamericana de Direitos Humanos, aleguem o não esgotamento dos recursos internos pelos demandantes. Todavia, há casos em que a morosidade da justiça interna não permite o exaurimento dos recursos. Como exemplo, pode ser citado o *Caso Damião Ximenes Lopes vs. Brasil*, no qual, após sete anos do oferecimento da denúncia pelo Ministério Público do Ceará, não havia sentença perante o primeiro grau de jurisdição[73].

Do mesmo modo, o *Caso Márcia Barbosa de Souza vs. Brasil* foi apresentado pela Comissão Interamericana de Direitos Humanos à Corte IDH. Refere-se a não realização do julgamento, em um prazo razoável, do crime de feminicídio de uma jovem de 20 anos, ocorrido na Paraíba, em 1998, tendo como acusado o ex-deputado estadual, Aércio Pereira de Lima. A Assembleia Legislativa da Paraíba, fundada na imunidade parlamentar em sentido formal, não autorizou o processamento do parlamentar pelo Tribunal de Justiça, após oferecimento da ação penal pública pelo Ministério Público. Mesmo com a alteração no art. 53 da Constituição Federal, pela Emenda Constitucional 35/2001, que possibilitou o processamento do crime sem a necessidade de autorização da Assembleia Legislativa, o acusado, apesar do juízo de pronúncia, não foi à Júri popular, e morreu em 2008. Como o polo passivo da demanda não é o Deputado Estadual acusado, mas o Estado brasileiro, que demorou para processar o denunciado por feminicídio, o caso foi aceito para julgamento pela Corte Interamericana de Direitos Humanos.

73. PIOVESAN, Flávia; FACHIN, Melina Girardi; MAZZUOLI, Valerio de Oliveira. *Comentários à Convenção Americana sobre Direitos Humanos*. Cit. p. 308.

Porém, a Comissão Interamericana analisa as petições que envolvam violações aos direitos expostos na CADH cometidas por Estados-partes, na dicção do art. 44 do diploma interamericano, desde que o Estado, no momento do depósito do seu instrumento de ratificação da CADH ou de adesão a ela, ou em qualquer momento posterior, tenha reconhecido a competência da Comissão (art. 45.1 da CADH)[74].

No entanto, a atuação estratégica na promoção de direitos humanos recomenda que, antes do exercício do direito de petição, seja avaliado o grau de impacto da demanda e as chances de ela alterar a realidade de violação dos direitos humanos[75]. Não deve ser remetido à Comissão Interamericana de Direitos Humanos todo e qualquer caso, mas aqueles: i) que retratem padrões sistemáticos de violação de direitos humanos; ii) que despertem para temas sobre os quais a Comissão ou a Corte Interamericana de Direitos Humanos ainda não tenham se pronunciado claramente ou que seja necessário construir novos padrões internacionais de proteção aos direitos humanos; iii) que sejam humanitários; isto é, aqueles em que a situação de extrema vulnerabilidade da vítima justifica o litígio, ainda que não se produza nenhum dos outros efeitos mencionados.

Também é possível a conciliação entre a vítima e o Estado infrator, na fase da admissibilidade da petição perante a Comissão Interamericana de Direitos Humanos. A solução amigável encontrou êxito em várias situações, como no *Caso dos Meninos Emasculados do Maranhão*[76], em 2005.

---

74. "(...) se o Estado não for parte da Convenção Americana não poderá a Comissão pronunciar-se sobre eventual violação do Pacto de San José por esse Estado. Porém, sendo o Estado referido um membro da Organização dos Estados Americanos, poderá a Comissão - agora como órgão da OEA e não como órgão da Convenção Americana - pronunciar-se sobre as obrigações do Estado para com a Declaração Americana dos Direitos e Deveres do Homem, de 1948. Tudo o que não poderá a Comissão fazer é manifestar-se sobre um Estado que não seja membro da OEA" (PIOVESAN, Flávia; FACHIN, Melina Girardi; MAZZUOLI, Valerio de Oliveira. *Comentários à Convenção Americana sobre Direitos Humanos*. Cit. p. 304). Em relação às comunicações previstas no art. 45 da CADH, "*é conditio sine qua non* para o aceite pela Comissão da queixa interestatal que o Estado em causa tenha aceito (no momento da ratificação da Convenção ou em momento posterior) essa sistemática" (Idem, p. 305).

75. BERNARDES, Márcia Nina. *Sistema Interamericano de Direitos Humanos como Esfera Pública Transnacional: Aspectos Jurídicos e Políticos da Implementação de Decisões Internacionais*. Cit. p. 145-146.

76. "(...) 4. Em 15 de dezembro de 2005, as peticionárias e o Brasil assinaram um acordo de solução amistosa no qual o Estado reconheceu a responsabilidade internacional nos casos em comento e estabeleceu uma série de compromissos relacionados ao julgamento e punição dos responsáveis pelo homicídio e emasculação de crianças no Estado do Maranhão, medidas de reparação pecuniária aos seus familiares e medidas de prevenção à violência sexual contra 12.427 (Eduardo Rocha Silva e Raimundo Nonato da Conceição), em tramitação na Comissão Interamericana, bem como o homicídio e mutilação de outras 27 crianças mortas nas circunstâncias similares entre 1992 e 2002 em São Luis do Maranhão" (COMISSÃO AMERICANA DE DIREITOS HUMANOS. Relatório n. 43/06. Solução Amistosa. Meninos emasculados do Maranhão – Brasil. 15 de março de 2006. Também, há outro precedente envolvendo o Brasil, cfr.: *Relatório nº 95/03*, Caso 11.289 – Solução amistosa, José Pereira vs. Brasil, 24 de outubro de 2003).

Quanto à resolução amigável, qualquer caso pode figurar como objeto, independentemente da natureza do assunto, desde que as partes alcancem um consenso e manifestem o desejo pela composição. O Procedimento de Solução Amistosa garante maior celeridade e efetividade ao processo perante a Comissão, além de assegurar proteção aos direitos humanos e a consequente reparação às vítimas, por meio da autonomia da vontade das partes[77].

Além disso, a Comissão Interamericana pode editar medidas cautelares com o propósito de "proteger pessoas ou grupo de pessoas do risco de dano irreparável em situações de gravidade e urgência"[78]. Tais medidas operam como recomendações, carentes de força vinculante. Dentre as medidas que envolvem o Brasil, citam-se aquelas vinculadas às pessoas privadas de liberdade[79], à ameaça de integridade física das populações indígenas em razão da construção da hidrelétrica de Belo Monte[80] e de garimpo ilegal[81], violências em decorrência de milícias[82], perseguição de ativistas em direitos humanos[83-84], ameaças de morte em função de orientação sexual[85] e em relação ao risco de contágio pela Covid-19[86].

O Sistema de Petições e de casos individuais também permite a análise das situações de violações denunciadas por pessoas, grupos de pessoas ou

77. LOPES, Ana Maria D'Ávila; DAMASCENO, Mara Lívia. *Procedimento de solução amistosa perante a Comissão Interamericana de Direitos Humanos: casos brasileiros. Pensar – Revista de Ciências Jurídicas*, Fortaleza, v. 25, n. 2, abr./jun. 2020, p. 1-18.

78. RAMOS, André de Carvalho. *Curso de Direitos Humanos*. 4ª ed. Cit. p. 391.

79. COMISSÃO INTERAMERICANA DE DIREITOS HUMANOS. *MC 114-10 – Persons Deprived of Liberty in the Judicial Police Department (DPJ) of Vila Velha, Brazil.* 2010; *MC 199-11 – People deprived of their freedom at Professor Aníbal Bruno Prison, Brazil, 2011; Résolution No. 14/13 MC 8-13 – Persons Deprived of Liberty at the Porto Alegre Central Prison, Brazil; MC 367-13 – Persons Deprived of Liberty at the Pedrinhas Prison Complex, Brazil ; Résolution No. 71/15 MC 60-15 – Adolescents deprived of freedom in facilities of juvenile detention reform for men in the state of Ceará, Brazil; Résolution No. 43/16 MC 302-15 – Adolescents Deprived of Liberty at the Center for Socio-Educational Services for Adolescents (CASA), Brazil.*

80. COMISSÃO INTERAMERICANA DE DIREITOS HUMANOS. *MC 382-10 – Indigenous Communities of the Xingu River Basin, Pará, Brazil,* 2010.

81. COMISSÃO INTERAMERICANA DE DIREITOS HUMANOS. *Résolution No. 47/19. MC 458-19 - Guyraroká community of the Guarani Kaiowá Indigenous People, Brazil.*

82. COMISSÃO INTERAMERICANA DE DIREITOS HUMANOS. *Résolution No. 92/18 MC 1489-18 – Andre Luiz Moreira da Silva, Brazil.*

83. COMISSÃO INTERAMERICANA DE DIREITOS HUMANOS. *Résolution No. 89/18 MC 1358-18 – Joana D'Arc Mendes, Brazil.*

84. COMISSÃO INTERAMERICANA DE DIREITOS HUMANOS. *Résolution No. 11/19. MC 1450-18 – Julio Renato Lancellotti and Daniel Guerra Feitosa, Brazil.*

85. COMISSÃO INTERAMERICANA DE DIREITOS HUMANOS. *Résolution No. 85/18. MC 1262-18 – Jean Wyllys de Matos Santos and his family, Brazil.*

86. COMISSÃO INTERAMERICANA DE DIREITOS HUMANOS. *Résolution No. 94/20 MC 679-20 – Munduruku Indigenous People, Brazil; Résolution No. 35/20 MC 563-20 – Members of the Yanomami and Ye'kwana Indigenous Peoples, Brazil.*

organizações, resultando em recomendações ao Estado responsável. Por meio desse sistema, a Comissão busca transformar as condições estruturais que originaram as violações, objetivando não as repetir.

A política integral de reparações não se limita às indenizações às vítimas, mas também almeja promover a justiça e fortalecer o Estado Democrático de Direito na região, como uma questão coletiva[87]. Como exemplo desse sistema, pode ser citado o Caso 12.051, presente no Informe nº 54/01, envolvendo Maria da Penha Maia Fernandes, que resultou em diversas modificações e inovações legislativas brasileiras, como a Lei 11.340/06, a elaboração da Política Nacional de Enfrentamento à Violência contra as Mulheres e a criação de juizados especializados em violência doméstica[88].

1.4. O PAPEL DO TRIBUNAL PENAL INTERNACIONAL PARA A CONSOLIDAÇÃO DOS DIREITOS HUMANOS

Apesar de o Tribunal Penal Internacional não ser um típico tribunal de proteção aos direitos humanos, tendo em vista seu escopo material, sobretudo em graves e massivas violações de direitos humanos, faz-se relevante sua análise.

A constituição de um Tribunal Penal Internacional permanente adveio após anos de negociações no âmbito da Organização das Nações Unidas, com o objetivo de "julgar indivíduos acusados de cometer crimes de *jus cogens* posteriores à data de instalação do tribunal"[89]. Sua composição foi instituída pelo Estatuto de Roma, em 17 de julho de 1998, e ratificado pelo Brasil em 2002. O preâmbulo do Estatuto frisa a necessidade de "pôr fim à impunidade dos autores"[90] dos crimes contra a humanidade, revelando verdadeira simbiose entre o direito penal e a proteção dos direitos humanos. O Tribunal Penal Internacional (TPI) é um tribunal independente da Organização das Nações Unidas, embora tenha que enviar relatos anuais à Assembleia Geral da ONU. Sua jurisdição é fixada em razão da matéria (*rationae materiae*), restringindo-se aos crimes mais graves que ofendem

87. COMISSÃO INTERAMERICANA DE DIREITOS HUMANOS. *Políticas Públicas con enfoque de derechos humanos*. OEA/Ser.L/V/II. Doc. 191. 15 septiembre 2018. Original: Español. Disponível em: <http://www.oas.org/es/cidh/informes/pdfs/PoliticasPublicasDDHH.pdf>.

88. Idem. Ibidem.

89. RAMOS, André de Carvalho. *Curso de direitos humanos*. 4ª ed. Cit. p. 427-428.

90. ESTATUTO DE ROMA. Decreto nº 4.388, de 25 de Setembro de 2002. Promulga o Estatuto de Roma do Tribunal Penal Internacional.

valores da comunidade internacional: genocídio, crimes contra a humanidade, crimes de guerra e crime de agressão.

O Tribunal Penal Internacional é composto por 18 juízes, eleitos pelos Estados-partes para um mandato de nove anos, sem a possibilidade de reeleição.

Os juízes são divididos em três grandes seções: i) Juízo de Instrução (*pre-trial chamber*); ii) Juízo de julgamento em 1ª instância (*trial chamber*); iii) Juízo de Apelação.

O Ministério Público, junto ao Tribunal Penal Internacional, possui independência funcional. Compete ao procurador receber informações devidamente fundamentadas sobre crimes da competência do TPI, para exame e eventual promoção de acusação perante o Tribunal.

Enquanto a Corte Interamericana julga Estados por violações a direitos humanos, o Tribunal Penal Internacional tem a competência para julgar pessoas acusadas de cometerem crimes que tenham colocado em risco a paz e a sobrevivência da humanidade.

Dentre os crimes contra a humanidade, que comportam diferentes espécies, o art. 7 do Estatuto de Roma especificou quaisquer dos seguintes atos cometidos contra a população civil, incluindo: homicídio, extermínio, escravidão, deportação ou transferência forçada de uma população, prisão ou outra forma de privação de liberdade, tortura, agressão sexual e violência sexual de gravidade comparável, perseguição de um grupo por motivos políticos, raciais, nacionais, étnicos, culturais, religiosos ou de gênero, desaparecimento forçado de pessoas, crime de *apartheid* ou qualquer outro ato desumano de caráter semelhante.

Essa cláusula aberta permite a interpretação exemplificativa do rol dos crimes contra a humanidade, em consonância com o maior alcance dos direitos humanos, uma vez que o legislador não pode prever, em sua totalidade, atrocidades inimagináveis que chocam profundamente a consciência da humanidade[91]. O caráter de complementaridade do Tribunal Penal Internacional em relação aos Estados signatários do Estatuto de Roma revela que sua jurisdição só pode ser acionada quando o "Estado não possuir vontade ou capacidade para realizar justiça e impedir a impunidade"[92]. Interessante notar que a jurisdição do Tribunal Penal Internacional é exercida em

91. Idem. Ibidem.
92. RAMOS, André de Carvalho. *Curso de direitos humanos*. 4ª ed. Cit. p. 430.

algumas hipóteses, quais sejam: quando o crime for cometido no território de um Estado-parte, praticado por um nacional do Estado-parte ou quando houver declaração específica de um Estado que não seja parte do Estatuto de Roma, em que seja denunciado crime ocorrido em seu território ou que tenha sido cometido por um nacional seu.

Há, todavia, situações em que o Conselho de Segurança leva ao conhecimento do procurador situação em que haja indícios da prática de crimes de competência do Tribunal Penal Internacional ou que um Estado-parte noticie ao procurador fatos que envolvam a prática desses crimes ou, ainda, quando o próprio procurador tiver dado início a um inquérito sobre tais delitos[93]. André de Carvalho Ramos também suscita outra hipótese de atuação, isto é, nos casos em que o Conselho de Segurança adote resolução vinculante adjudicando o caso ao Tribunal Penal Internacional, mesmo sem a ratificação do Estatuto pelo Estado-parte,

> (...) Foi o caso de Darfur (Sudão), o primeiro no qual o Conselho de Segurança determinou o início das investigações, mesmo sem a ratificação, pelo Sudão, do Estatuto do TPI.
>
> Em 2011, houve mais uma resolução vinculante do CS, agora em relação aos crimes contra a humanidade realizados pelo Ditador Kadafi para abafar a revolta popular contra sua longeva tirania (1969-2011)[94].

Quanto aos indivíduos condenados pelo Tribunal Penal Internacional, destacam-se ex-chefes de Estado e figuras importantes responsáveis por massacres, recrutamento de crianças-soldados, incitação ao genocídio, ataques em protestos populares, assassinatos e perseguições a civis. Dentre eles, podem ser citados: o ex-líder sérvio Radovan Karadzic, responsável pelo massacre ocorrido na guerra da Bósnia, entre 1992 e 1995; Thomas Lubanga Dyilo, ex-líder de um movimento rebelde da República Democrática do Congo, a União de Patriotas Congoleses (UPC), condenado por recrutar crianças-soldado para lutar nos conflitos étnicos entre 2002 e 2003;

93. "Artigo 13 - Exercício da Jurisdição: O Tribunal poderá exercer a sua jurisdição em relação a qualquer um dos crimes a que se refere o artigo 5º, de acordo com o disposto no presente Estatuto, se: a) Um Estado Parte denunciar ao Procurador, nos termos do artigo 14, qualquer situação em que haja indícios de ter ocorrido a prática de um ou vários desses crimes; b) O Conselho de Segurança, agindo nos termos do Capítulo VII da Carta das Nações Unidas, denunciar ao Procurador qualquer situação em que haja indícios de ter ocorrido a prática de um ou vários desses crimes; ou c) O Procurador tiver dado início a um inquérito sobre tal crime, nos termos do disposto no artigo 15" (ESTATUTO DE ROMA. Op.cit).

94. RAMOS, André de Carvalho. *Curso de direitos humanos*. 4ª ed. Cit. p. 430.

Augustin Bizimungu, ex-comandante do Estado-maior do Exército Ruandês, condenado, pelo Tribunal Penal Internacional para Ruanda (*ad-hoc*), a 30 anos de prisão pelo genocídio da etnia Tutsi em Ruanda; Muammar Gaddafi, ex-ditador da Líbia, acusado de crimes contra a humanidade durante seu governo (1969-2011), como a repressão às manifestações em vias públicas, com o uso de armamento pesado e de franco-atiradores[95]. Dentre as sanções previstas no art. 77 do Estatuto de Roma, salientam-se: a pena de prisão até o limite máximo de 30 anos; a possibilidade de prisão perpétua, em justificativa ao elevado grau de ilicitude do fato e as condições pessoais do condenado; a pena de multa e a perda de produtos e bens provenientes, direta ou indiretamente do crime.

Quanto à ratificação do Estatuto de Roma pelo Brasil, chama a atenção eventuais choques havidos entre o texto deste diploma internacional e a Constituição Federal de 1988, no que diz respeito à extradição de nacionais e às penas de caráter perpétuo, ambas proibidas pelo texto constitucional brasileiro.

Além disso, é necessário um apontamento em relação à pena de morte, uma vez que tal sanção já existia em Tribunais Penais Internacionais *Ad Hoc*.

Atente-se que Tribunais *Ad Hoc* – como o de Tóquio (também denominado de Tribunal Militar Internacional para o Extremo Oriente, reunido entre 3 de maio de 1946 a 12 de novembro de 1948, para julgar líderes do Império do Japão pelos crimes contra a paz, de guerra e contra a humanidade) e o de Nuremberg (agrupado, inicialmente, entre 3 de maio de 1946 até 12 de novembro de 1948, para julgar membros da liderança nazista)– foram criados a fim de julgar as atrocidades cometidas durante a II Guerra Mundial, em razão da ausência de um Tribunal Penal Internacional à época.

Nesse sentido, destaca-se a pena de morte por enforcamento, atribuída a alguns condenados pelo Tribunal *Ad Hoc* de Nuremberg[96].

> A magnitude das atrocidades cometidas durante a Segunda Guerra Mundial, marcadas por uma lógica de descartabilidade dos seres humanos, instigou os aliados, todavia, a constituírem dois tribunais

95. SANTOS JÚNIOR, Francisco Carlos de Oliveira. *Tribunal Penal Internacional*. 01/09/2017. Âmbito Jurídico. Disponível em: <https://ambitojuridico.com.br/cadernos/direito-penal/tribunal-penal-internacional/>. Acesso em: 3 fev. 2021.
96. BRIGAGÃO, Paula Naves. *O Tribunal Penal Internacional entrelaçado com os Direitos Humanos*. 2013. Disponível em: <https://jus.com.br/artigos/69710/o-tribunal-penal-internacional-entrelacado-com-os-direitos-humanos>. Acesso em: 4 fev. 2021.

> penais internacionais: em Nuremberg e em Tóquio. O Acordo de Londres, que criou o Tribunal Militar Internacional em Nuremberg, foi assinado pelos quatro poderes aliados – Estados Unidos, Reino Unido, França e União das Repúblicas Socialistas Soviéticas – em 8 de agosto de 1945.
>
> Esse Tribunal, voltado à responsabilização criminal de indivíduos, tinha jurisdição para processar crimes contra a paz, crimes de guerra e crimes contra a humanidade (art. 6), alcançando até mesmo indivíduos anteriormente respaldados por imunidades, como os Chefes de Estado (art. 8). O Tribunal de Nuremberg foi criticado por ter sido constituído após o cometimento dos crimes, por ter aplicado, retroativamente, leis penais. E por ter se caracterizado como um "tribunal dos vencedores", voltado à retribuição.
>
> (...) o Tribunal se recusou a condenar soldados americanos e ingleses em *France v. Goering et al.* por crimes de guerra, onde as provas da acusação se assemelhavam àquelas acolhidas para soldados não aliados. A Carta do Tribunal Internacional Militar para o Extremo Oriente, adotada em 19 de janeiro de 1946, seguiu regras semelhantes às de Nuremberg, tendo sofrido, consequentemente, as mesmas críticas. Ilustrativamente, reafirmou-se também aqui a característica de "tribunal dos vencedores", especialmente ao serem desconsiderados os bombardeios de Hiroshima e de Nagasaki na análise dos crimes perpetrados durante a guerra.
>
> Cabe ressaltar, contudo, que o Tribunal de Tóquio teve uma composição mais diversificada que o de Nuremberg, aproximando-se mais da regra de imparcialidade, tangente à distribuição geograficamente equitativa de seus membros, prevalecente em vários Comitês, Comissões e Tribunais internacionais da atualidade. Para Cherif Bassiouni, a ausência de precedentes relativos às violações cometidas durante a primeira guerra e a recusa em se processar soldados aliados enfraqueceram a legalidade dos processos, tanto em Nuremberg quanto em Tóquio[97].

No âmbito das Nações Unidas, a criação dos Tribunais Penais Internacionais para a antiga Iugoslávia e para Ruanda obedeceu aos princípios do direito humanitário, excluindo a pena de morte, penas corporais e trabalhos

97. PIOVESAN, Flávia; IKAWA, Daniela Ribeiro. *O Tribunal Penal Internacional e o Direito Brasileiro*. Dossiê Corte IDH. p. 156-157. Disponível em: <https://www.corteidh.or.cr/tablas/r33247.pdf>. Acesso em: 4 fev. 2021.

forçados[98]. A Emenda Constitucional 45/2004 submeteu o Brasil à jurisdição do Tribunal Penal Internacional (art. 5º, § 4.º, da CF). Contudo, no que diz respeito às penas aplicadas pelo Estatuto de Roma – em consonância com o direito humanitário –, não há violação de cláusulas pétreas constitucionais, porque a Constituição de 1988 impede que o brasileiro nato seja extraditado. Permite-se a extradição do naturalizado em apenas duas hipóteses, ou seja, em caso de crime comum, praticado antes da naturalização, ou de comprovado envolvimento em tráfico ilícito de entorpecentes e drogas afins, na forma da lei (art. 5º, inc. LI, CF).

O art. 5º, inc. XLVII, letra "a", da Constituição Federal, afirma que não haverá pena de morte, salvo em caso de guerra declarada, nos termos do art. 84, inc. XIX. Já o art. 4 da Convenção Americana sobre Direitos Humanos reconhece o direito à vida e restringe a aplicação da pena de morte. Porém, o Brasil é signatário do Protocolo Adicional à Convenção Americana sobre Direitos Humanos Referente à Abolição da Pena de Morte, adotado em Assunção, em 8 de junho de 1990, assinado pelo Brasil em 7 de junho de 1994 e promulgado pelo Decreto 2.754, de 27 de agosto de 1998, cujo art. 1º afirma: "Os Estados-partes, neste Protocolo, não aplicarão, em seu território, a pena de morte a nenhuma pessoa submetida à sua jurisdição".

Aliás, mesmo diante da extradição de estrangeiro processado ou condenado, não se deve admitir a imposição de pena de prisão perpétua. Nesse sentido, o Supremo Tribunal Federal, em caso envolvendo norte-americano acusado de estupro de vulnerável praticado no Estado do Texas e sujeito à pena de prisão perpétua, deferiu a extradição; todavia, condicionou-a a que os Estados Unidos assumissem, em caráter formal, o compromisso de comutar eventual pena de prisão perpétua em pena privativa de liberdade com o prazo máximo de 30 anos[99]. O dever de entrega previsto no Estatuto de Roma se diferencia da extradição, consubstanciando-se na entrega de pessoa a uma organização internacional, e não a outro Estado para julgamento[100]. Em relação à pena de caráter perpétuo e sua vedação constitucional, André de Carvalho Ramos explica:

98. CANEDO, Eloísa. *Os Direitos Humanos e o Tribunal Penal Internacional*. Disponível em: <https://juridicocerto.com/p/canedo-e-silva-adv/artigos/os-direitos-humanos-e-o-tribunal-penal-internacional-3261>. Acesso em: 4 fev. 2020.

99. BRASIL, Supremo Tribunal Federal. *Ext 1155*, Relator(a): GILMAR MENDES, Segunda Turma, julgado em 09/08/2011, DJe-160 DIVULG 19-08-2011 PUBLIC 22-08-2011 REPUBLICAÇÃO: DJe-166 DIVULG 29-08-2011 PUBLIC 30-08-2011 EMENT VOL-02576-01 PP-00009.

100. "Artigo 102 Termos Usados - Para os fins do presente Estatuto: a) Por "entrega", entende-se a entrega de uma pessoa por um Estado ao Tribunal nos termos do presente Estatuto. b) Por "extradição", entende-

> No caso da entrega para o Tribunal Penal Internacional, essa exigência não poderia ser imposta por dois motivos: em primeiro lugar, porque há hipótese de revisão da pena após vinte e cinco anos de cumprimento. Em segundo lugar, fica claro que a vedação da extradição foi construção do STF para impedir que a cooperação entre Estados pudesse se realizar fora de determinados padrões de respeito a direitos humanos (no caso, pena excessiva). Mas o TPI é justamente um tribunal que visa proteger os direitos humanos pela punição daqueles que violaram valores essenciais da comunidade internacional. Os direitos humanos - na visão dos Tribunais Internacionais como a Corte Europeia e a Corte Interamericana de Direitos Humanos - exigem a atuação penal para concretizar o direito à justiça e verdade, bem como para assegurar a não repetição das condutas. Logo, não há sentido em aplicar a construção jurisprudencial de restrição à pena de caráter perpétuo na extradição à entrega, que é utilizada para a cooperação com um tribunal (TPI) de natureza vinculada à proteção de direitos humanos[101].

Portanto, a ratificação do Brasil ao Tribunal Penal Internacional não implica, sob pena de violação da Constituição brasileira, a autorização para a imposição da pena de prisão perpétua[102] nem, com maior razão, para a aplicação da pena de morte. O constitucionalismo multinível está fundado na máxima proteção dos direitos humanos, não na aplicação descontextualizada e acrítica do direito internacional ao direito brasileiro. Porém, as normas proibitivas presentes na Constituição brasileira regulam o sistema punitivo interno, não encontrando projeção para outros sistemas penais aos quais o país se vincula por força de compromissos internacionais[103]. De qualquer forma, a adequada imposição da pena de morte, em países que a adotam, também preocupa a Comissão Interamericana de Direitos Humanos. Por exemplo, no *Caso Roberto Moreno Ramos vs. Estados Unidos*, em que o peticionário fora condenado à pena de morte, a Comissão Interamericana de Direitos Humanos, com fundamento nos arts. XVIII e XXVI

-se a entrega de uma pessoa por um Estado a outro Estado conforme previsto em um tratado, em uma convenção ou no direito interno". ESTATUTO DE ROMA. Op. Cit.

101. RAMOS, André de Carvalho. *Curso de direitos humanos*. 4ª ed. Cit. p. 441.

102. STEINER, Sylvia. A pena de prisão perpétua e a Constituição brasileira. *O que é o Tribunal Penal Internacional*. Brasília: Cartilha Organizada pela Comissão de Direitos Humanos da Câmara dos Deputados: Gráfica Oficial, 2000. 34 p. Disponível em: <http://www.dhnet.org.br/dados/cartilhas/dh/tpi/cartilha_tpi.htm#A%20PENA%20DE%20PRIS%C3%83O>. Acesso em: 8 set. 2021.

103. Idem. Ibidem.

da Declaração Americana de Direitos Humanos, afirmou que o Estado não cumpriu com o seu dever de garantir um juízo justo e o devido processo com relação à vítima[104]. Sustentou que o advogado dativo designado pelo tribunal americano não esgotara as possibilidades de defesa e não arguira as circunstâncias atenuantes que poderiam afastar a aplicação da pena de morte. A Comissão Interamericana de Direitos Humanos afirmou, ainda, que a mera inexistência de uma defensoria pública que pudesse atuar em todo território norte-americano em casos de pena de morte violava as disposições supramencionadas. Aliás, o debate sobre a pena de morte também é intenso nos Estados Unidos. Por exemplo, no *Caso Roper vs. Simmons* (2005), a Suprema Corte norte-americana considerou inconstitucional a imposição da pena de morte para crimes cometidos enquanto menores de 18 anos. Alterou, portanto, o precedente firmado em *Stanford vs. Kentucky*, no qual o tribunal havia possibilitado a execução de infratores com idade igual ou superior a 16 anos, e revogou leis de 25 estados. O voto do juiz Anthony Kennedy, com o objetivo de demonstrar a incompatibilidade da pena de morte para menores de 18 anos com a Oitava Emenda da Constituição norte-americana, recorreu a argumentos baseados na opinião internacional, baseando-se em referências de "leis de ouros países", "autoridades internacionais" e à "comunidade internacional": "É de se reconhecer o enorme peso da opinião internacional contra a pena de morte para jovens (...). A opinião da comunidade mundial, embora não controle nossa decisão, fornece uma confirmação respeitável e significativa para as nossas conclusões"[105]. Mais recentemente, em 23 de junho de 2021, a Comissão Interamericana de Direitos Humanos apresentou à Corte Interamericana de Direitos Humanos o caso Kelvin Dial e Andrew Dottin em relação à Trinidad y Tobago[106]. A Comissão afirmou que a imposição da pena de morte obrigatória para todos os delitos de homicídio, prevista na *Ley de Delitos contra a Persona de 1925*, viola a proibição de privação arbitrária do direito à vida, previsto no art. 4º.1 da Convenção Americana de Direitos Humanos, bem como deixa de individualizar a sentença com as características do delito, assim como a participação e o grau de culpabilidade da pessoa acusada (art. 4º.2 da Convenção). Portanto, a Comissão concluiu que Trinidad y Tobago, ao

104. BERNARDES, Márcia Nina. *Sistema Interamericano de Direitos Humanos como Esfera Pública Transnacional: Aspectos Jurídicos e Políticos da Implementação de Decisões Internacionais.* Cit. p. 151.

105. SUPREMA CORTE DOS ESTADOS UNIDOS. *Caso Roper v. Simmons*. Disponível em: <https://www.oyez.org/cases/2004/03-633>. Acesso em: 1 abr. 2021.

106. COMISSÃO INTERAMERICANA DE DIREITOS HUMANOS. *La CIDH presenta caso sobre Trinidad y Tobago ante la Corte Interamericana.* Disponível em: <http://www.oas.org/es/CIDH/jsForm/?File=/es/cidh/prensa/comunicados/2021/166.asp>. Acesso em: 9 jul. 2021.

negar o direito às vítimas a uma sentença individualizada e a apresentação de provas atenuantes, acabou por infringir os arts. 1.1., 2, 4.1., 4.2, 5.2, 8.1 e 25 da Convenção Americana. Dessa forma, concedeu a Kevin Dial e Andrew Dottin reparação efetiva, com a inclusão da revisão das decisões de acordo com um juízo justo e o devido processo legal, estabelecidos nos arts. XVIII e XXVI da Declaração Americana, e ao pagamento de uma indenização pecuniária. Também condenou Trinidad y Tobago a revisar suas leis, procedimentos e práticas para assegurar às pessoas acusadas de crimes capitais que sejam julgadas dentro de um prazo razoável e, caso condenadas, seja observado o devido processo legal e o tratamento humano durante a privação da liberdade, incluindo a observância contra a imposição de penas cruéis, infamantes ou inusitadas. Por fim, recomendou que Trinidad y Tobago revogue a previsão da pena de morte (obrigatória).

1.5. "EUROPEIZAÇÃO" DA CORTE INTERAMERICANA DE DIREITOS HUMANOS E "INTERAMERICANIZAÇÃO" DA CORTE EUROPEIA DE DIREITOS HUMANOS

O direito é produto da cultura[107]. O perfil do direito, na sociedade contemporânea, decorre das profundas mudanças culturais no mundo globalizado, caracterizado pela intensificação das relações de troca, de comunicação e de trânsito, para além das fronteiras nacionais[108]. Na perspectiva pós-moderna, a cultura não pode ser compreendida como um conjunto coerente, fechado e imóvel de conteúdos dados por uma tradição que se impõe sob qualquer circunstância[109]. Ao contrário, trata-se de uma rede dinâmica, variável e aberta, em contínua transformação, na qual muitos valores e diferentes conteúdos multiculturais, não coerentes e até em conflito, podem se combinar ou se fundir em um complexo processo de mudança[110]. A condição política pós-moderna está fundada na aceitação da pluralidade de culturas e de discursos[111].

107. CAMBI, Eduardo. *Neoconstitucionalismo e neoprocesssualismo. Direitos fundamentais, políticas públicas e protagonismo judiciário.* 3ª ed. Cit. p. 71.

108. HABERMAS, Jürgen. *A constelação pós-nacional.* Trad. de Márcio Silgman-Silva. São Paulo: Littera-Mundi, 2001. p. 84.

109. TARUFFO, Michele. *Aspetti fondamentali del processo civile di civil e di common law. Revista da Faculdade de Direito da UFPR*, vol. 36, 2001, p. 45.

110. Idem. Ibidem.

111. HELLER, Agnes; FEHÉR, Ferenc. *A condição política pós-moderna.* Trad. de Marcos Santarrita. Rio de Janeiro: Civilização Brasileira, 1998. p. 16.

A globalização da cultura de proteção dos direitos humanos permite o diálogo entre Sistemas Internacionais de Direitos Humanos. Por exemplo, a Corte Interamericana de Direitos Humanos, no *Caso Atala Riffo y Niñas vs. Chile*, julgado em 24 de fevereiro de 2012, analisou e reverteu decisão da Cuarta Sala de la Corte Suprema de Justicia de Chile que, em 2005, havia concedido a guarda das filhas ao pai por causa da orientação sexual (LGBT) da mãe. Para tanto, a Corte Interamericana de Direitos Humanos se valeu da jurisprudência de vários órgãos da ONU, assim como de diplomas internacionais, buscando subsídios aptos a fundamentar a decisão no âmbito regional americano[112]. Vale mencionar um trecho da decisão da Corte Interamericana de Direitos Humanos:

> 87. Respecto a la inclusión de la orientación sexual como categoría de discriminación prohibida, el Tribunal Europeo de Derechos Humanos ha señalado que la orientación sexual es "otra condición" mencionada en el artículo 14 del Convenio Europeo para la Protección de los Derechos Humanos y de las Libertades Fundamentales (en adelante "Convenio Europeo"), el cual prohíbe tratos discriminatorios. En particular, en el Caso Salgueiro da Silva Mouta Vs. Portugal, el Tribunal Europeo concluyó que la orientación sexual es un concepto que se encuentra cubierto por el artículo 14 del Convenio Europeo. Además, reiteró que el listado de categorías que se realiza en dicho artículo es ilustrativo y no exhaustivo. Asimismo, en el Caso Clift Vs. Reino Unido, el Tribunal Europeo reiteró que la orientación sexual, como una de las categorías que puede ser incluida bajo "otra condición", es otro ejemplo específico de los que se encuentran en dicho listado, que son consideradas como características personales en el sentido que son innatas o inherentes a la persona.

Casos emblemáticos julgados pela Corte Europeia de Direitos Humanos, como o *Caso Salgueiro da Silva Mouta vs. Portugal* (1999) e o *Caso Clift vs. Reino Unido* (2010) foram objeto de diálogo entre Cortes, sendo

112. "Outro exemplo atém-se à sentença do caso Atala Riffo y ninas vs. Chile, de 24 de fevereiro de 2012, em que a Corte Interamericana incorpora a jurisprudência dos Comitês da ONU de Direitos Humanos, de Direitos Econômicos, Sociais e Culturais, contra a Tortura, sobre a Eliminação da Discriminação contra a Mulher e sobre a Eliminação de todas as formas de Discriminação Racial, tecendo, ainda, menção à Declaração da ONU sobre Orientação Sexual e Identidade de Gênero, de 2008" (PIOVESAN, Flávia. *Sistema Interamericano de Direitos Humanos: impacto transformador, diálogos jurisdicionais e os desafios da reforma.* Universidade Federal de Santa Maria. *Revista Direitos Emergentes da Sociedade Global*, v. 3, n. 1, jan.-jun./2014. p. 89-90).

utilizados como parâmetro da proibição da discriminação em função da orientação sexual.

Somada a essa decisão, no *Caso Atala Riffo y Niñas vs. Chile*, muitas outras sobrevieram, constatando uma crescente incorporação dos parâmetros protetivos de direitos humanos do sistema global (ONU) nas sentenças proferidas pela Corte Interamericana, com destaque para a *soft jurisprudence* fomentada pelos *treaties bodies*[113]. O *Caso Artavia Murillo e outros (fecundação 'in vitro') vs. Costa Rica*, em 2012, também se valeu de uma interpretação histórica, com diálogo direto com o Sistema Universal dos Direitos Humanos[114]. A Costa Rica aprovou uma lei que proibia a técnica da reprodução assistida por meio da Fecundação In Vitro. A Corte Interamericana de Direitos Humanos, aplicando a teoria do impacto desproporcional, afirmou a existência de discriminação indireta contra as mulheres que tinham dificuldade de engravidar. A Corte IDH fundamentou a decisão (par. 286) com base em deliberações que reconheceram tal forma de discriminação do Comitê dos Direitos Humanos da Organização das Nações Unidas – isto é, na Comunicação nº 993/2001, *Althammer vs. Áustria*, 8 de agosto de 2003, par. 10.2. ("que o efeito discriminatório de uma norma ou medida que é, à primeira vista, neutra, ou não tem propósito discriminatório, também pode dar lugar a uma violação da proteção igual perante a lei") e na Observação Geral nº 18 –, do Comitê contra a Discriminação Racial (Comunicação n° 31/2003, *L.R. et al. vs. Eslováquia*, de 7 de março de 2005, par. 10.4.), do Comitê para a Eliminação da Discriminação contra a Mulher (Recomendação Geral n° 25, referente a medidas especiais de caráter temporal, de 2004, cujo par. 1º afirma: "pode haver discriminação indireta contra a mulher quando as leis, as políticas e os programas se baseiam em critérios que aparentemente são neutros sob o ponto de vista do gênero, mas que, de fato, repercutem negativamente na mulher") e do Comitê de Direitos Econômicos, Sociais e Culturais (Observação Geral n° 20. A não discriminação e os direitos econômicos, sociais e culturais – art. 2º, par. 2º do Pacto Internacional sobre Direitos Econômicos, Sociais e Culturais – de 2 de julho de 2009). Também mencionou a Comunicação n° 3/2011, do *Caso H. M. vs. Suécia*, de 19 de abril de 2012, par. 8.3., do Comitê das Pessoas com Deficiência, onde se afirmou que "uma lei que se aplique com

113. Idem, p. 89.

114. CORTE INTERAMERICANA DE DIREITOS HUMANOS. *Caso Artavia Murillo e Outros ("Fecundação in Vitro") vs. Costa Rica*. Sentença de 28 de novembro de 2012. Disponível em: <https://www.corteidh.or.cr/docs/casos/articulos/seriec_257_por.pdf>. Acesso em: 2 jun. 2021.

imparcialidade pode ter um efeito discriminatório se não são levadas em consideração as circunstâncias particulares das pessoas às que se aplique". Por fim, a decisão do *Caso Artavia Murillo e outros (fecundação 'in vitro') vs. Costa Rica* fez menção à jurisprudência do Tribunal Europeu de Direitos Humanos – *Caso Hoogendijk vs. Holanda*, nº 58641/00, Primeira Câmara, 2005; Grande Câmara, *D. H. e outros vs. República Checa*, nº 57325/00, de 13 de novembro de 2007, par. 175; e *Caso Hugh Jordan vs. Reino Unido*, nº 24746/94, de 4 de maio de 2001, par. 154. – que também desenvolveu o conceito de discriminação indireta, ao estabelecer que, quando uma política geral ou medida tem um efeito desproporcionalmente prejudicial em um grupo particular, isso pode ser considerado discriminação indireta ainda que a prática não tenha sido dirigida especificamente a esse grupo. Em virtude das trocas realizadas, pode-se afirmar que existe uma "Europeização" da Corte Interamericana de Direitos Humanos, bem como uma "interamericanização" da Corte Europeia de Direitos Humanos[115]. A "interamericanização" do Sistema Europeu é resultado das sentenças da Corte Europeia que buscam solucionar violações ocorridas nos países do Leste Europeu, sobretudo em relação aos crimes de desaparecimento forçado e na criação de uma justiça de transição. A América Latina passou por um longo período ditatorial durante o século XX, razão pela qual muitos crimes de tortura, desaparecimento forçado e execução sumária são, ou já foram, objeto de julgamento pela Corte Interamericana de Direitos Humanos. Casos – como *Velásquez Rodrigues vs. Honduras*, *Godinez Gruz vs. Honduras*, *Loyaza Tamayo vs. Peru* e *Barrios Altos vs. Peru* – foram referenciados na jurisprudência da Corte Europeia, conforme relatório produzido pelo Conselho da Europa[116]. Temáticas envolvendo questões de gênero, direito à reprodução sexual, desaparecimento forçado de pessoas e a necessidade de uma justiça de transição fazem parte de um conjunto de diálogos havidos entre a Corte Europeia de Direitos Humanos e a Corte Interamericana de Direitos Humanos.

O *Caso Mujkanovic e outros vs. Bósnia Herzegovina*, de 2008, é um importante exemplo da chamada "interamericanização" da Corte Europeia, por se tratar de um caso de desaparecimento forçado de pessoas no contexto de guerra civil. A Corte Europeia utilizou dos *standards* interpretativos do *Caso Velásquez Rodrigues vs. Honduras* – julgado pela Corte Interamericana

115. Idem, p. 90.
116. Idem. Ibidem.

de Direitos Humanos – para reafirmar a necessidade de proteção dos direitos à integridade pessoal.

Do mesmo modo, no julgamento do *Caso El-Masri vs. Ex-República Iugoslava da Macedônia*, de 2012, foi invocado o direito à verdade expressamente reconhecido em precedentes da Corte Interamericana de Direitos Humanos, como *Velásquez Rodrigues vs. Honduras* e *Contreras et al vs. El Salvador*.

Em um contexto mais abrangente, a Corte Interamericana de Direitos Humanos vem expandindo suas formas de diálogo, seja de maneira horizontal – entre sistemas e Cortes Regionais –, seja de modo vertical – vertendo seus julgados em direção às Cortes Nacionais.

Todavia, o diálogo não se subsume por uma única via – de cima para baixo – quando se pensa nos *standards* interpretativos emitidos pela Corte Interamericana de Direitos Humanos e irradiados às Cortes Nacionais dos países signatários da Convenção Americana de Direitos Humanos.

A dupla via do diálogo é possível e já vem sendo utilizada em alguns casos como uma espécie de controle dinâmico e de aprendizado colaborativo[117]. Por exemplo, em *Cabrera Garcia y Montiel Flores vs. México*, a respeito de tratos cruéis, desumanos e degradantes sofridos por Teodoro Cabrera García e Rodolfo Montiel Flores, detidos sob custódia do Exército mexicano por suspeita da prática dos crimes de porte não licenciado de armas de fogo de uso militar exclusivo e de plantação de papoula e mariju-ana, a Corte Interamericana de Direitos Humanos utilizou a jurisprudência de vários tribunais nacionais para justificar a obrigatoriedade do exercício do controle de convencionalidade.

Já em *Gelman vs. Uruguai*, a Corte Interamericana de Direitos Humanos usou a jurisprudência de vários tribunais latino-americanos que versavam sobre anistia para reforçar seu posicionamento em torno da necessidade de que os Estados-partes evitem seu uso a nível nacional.

117. "O diálogo entre ordenamentos jurídicos que compartilhem uma realidade material semelhante é produtivo e pode, ao mesmo tempo, (i) aprender com a prática estrangeira; (ii) aprimorá-la e complementá-la em prol do fortalecimento dos direitos na região. De realidades conexas decorrem problemas semelhantes e respostas correlatas" (FACHIN, Melina. *Constitucionalismo multinível: diálogos e(m) direitos humanos*. Cit. p. 75).

Ainda, no *Caso Manuel Cepeda Vargas vs. Colômbia*, foi referenciada jurisprudência interna da Corte Constitucional da Colômbia para provar a grave situação de vulnerabilidade em que se encontrava a vítima e a falta de proteção estatal.

Esses movimentos dão conta da importância dos diálogos em matéria de direitos humanos que se entrecruzam em fertilizações cruzadas para não apenas aprender com o outro sistema, mas também aprimorar a proteção dos direitos e das vítimas em diálogos horizontalizados.

CAPÍTULO

2

APLICAÇÃO DO DIREITO INTERNACIONAL DOS DIREITOS HUMANOS PELO SUPREMO TRIBUNAL FEDERAL E PELO SUPERIOR TRIBUNAL DE JUSTIÇA

O Pós-Guerra não impactou apenas o cenário internacional, tendo grande influência também no campo do direito constitucional ocidental. Nesse sentido, nota-se, no período de reconstrução, a emergência de um discurso constitucional renovado, permeado por valores e princípios – como a dignidade humana – figurando como componentes basilares dos sistemas.

Destaque-se, nesse influxo, o texto da Constituição Espanhola que, para além de demonstrar essa abertura principiológica, realça o direito internacional dos direitos humanos:

> Artículo 10. 1. La dignidad de la persona, los derechos inviolables que le son inherentes, el libre desarrollo de la personalidad, el respeto a la ley y a los derechos de los demás son fundamento del orden político y de la paz social. 2. Las normas relativas a los derechos fundamentales y a las libertades que la Constitución reconoce se interpretarán de conformidad con la Declaración Universal de Derechos Humanos y los tratados y acuerdos internacionales sobre las mismas materias ratificados por España.

Também merece destaque a Lei Fundamental Alemã de 1949, em seu art. 1.º, ao tratar da dignidade da pessoa humana e dos direitos humanos:

> (1)A dignidade da pessoa humana é intangível. Respeitá-la e protegê-la é obrigação de todo o poder público. (2) O povo alemão reconhece, por isto, os direitos invioláveis e inalienáveis da pessoa humana como fundamento de toda comunidade humana, da paz e da justiça no mundo. (3) Os direitos fundamentais, discriminados a seguir, constituem direitos diretamente aplicáveis e vinculam os poderes legislativo, executivo e judiciário.

Na América Latina, e por consequência no âmbito constitucional brasileiro, esse movimento tardou, pois apenas com a falência dos sistemas ditatoriais que assolavam a região foi possível a exibição desse paradigma constitucional.

Inaugura-se, assim, a "era dos direitos"[1], cuja marca é a concepção contemporânea de direitos humanos que repousa, de um lado, no valor da dignidade humana como fundamento da proteção e, de outro, no processo (inédito na abrangência e na intensidade) de internacionalização da positivação e proteção desses direitos. A centralidade do princípio da dignidade humana aponta para o reencontro axiológico do direito com os direitos humanos. Tal concepção contemporânea da proteção dos direitos humanos instalou um novo espaço de cidadania e, com isso, uma nova esfera da responsabilidade dos Estados na implementação desses direitos que deixaram de ser tema exclusivo da soberania constitucional. Isso impactou o modo de pensar e conceber o espaço estatal e o direito constitucional.

Ainda é certo que a responsabilidade primária na realização dos direitos humanos, de modo geral, recai sobre os Estados, que em abstrato, possuem maiores condições de dar uma resposta satisfatória às vítimas de violações de direitos humanos. Eis a razão pela qual o Direito Internacional dos Direitos Humanos opera por meio do código da subsidiariedade: apenas quando o Estado não possui estruturas internas suficientes ou fracassou em resolver de forma satisfatória, adequada e tempestivamente a demanda que lhe foi exposta, é que o aparato internacional entra em cena.

Emerge, dessa forma, um renovado exercício de cidadania, e com ela, um novo direito constitucional, denominado de multinível, cujo cerne é

1. BOBBIO, Norberto. *A era dos direitos*. Cit.

lastreado na coexistência de diversas ordens paralelas e harmônicas que devem dialogar entre si em torno do princípio *pro persona*,[2] ou seja, da centralidade da dignidade humana. O constitucionalismo é multinível, porque não está apenas encerrado ao nível estatal, projetando, por meio dos diálogos emancipadores em direitos humanos, a Constituição para fora dela mesma. Esse novo espaço é uma "*rede complexa e diversamente integrada por instituições e sistemas jurídicos, articulada em distintos níveis normativos*"[3]. Consagra-se a coexistência complementar dos sistemas de direitos humanos que interagem sempre em benefício dos sujeitos protegidos. Abre-se, portanto, o direito constitucional para o direito internacional dos direitos humanos, dialogando com as normativas e jurisprudência internacional sobre a matéria. Aproximam-se, pois, as noções de direitos humanos e direitos fundamentais; ambos se ressignificam dentro de um discurso transnacional que se forma em torno da mitigação do sofrimento humano e da proteção da dignidade.

O intento dessa convivência dialogal entre os sistemas, configurando o espaço do direito constitucional multinível, é expandir e engrandecer a proteção dos direitos humanos, a partir de uma lógica plural e garantista. É uma segurança que se dá aos sujeitos, seja quando o direito constitucional interno, seja quando o direito internacional dos direitos humanos andar mal.

No paradigma constitucional brasileiro, esse diálogo não é apenas uma faculdade, mas um dever instituído pela diretriz constitucional (art. 5º, §2º e §3º)[4] e pelos comandos internacionais de direitos humanos de que o Estado Brasileiro faz parte. O constitucionalismo pátrio expande seu bloco de constitucionalidade, conforme já referido, protetivos sempre em prol do comando que melhor atenda, no caso concreto, a dignidade humana. Dessa forma, o Supremo Tribunal Federal emerge como um ator chave nesse diálogo de proteção, a fim de dar cumprimento aos comandos constitucionais do art. 5º, §§ 2º e 3º, da Constituição Federal. Desde o julgamento do já mencionado RE 466.343/SP, o Supremo Tribunal Federal, à luz do Direito Internacional dos Direitos Humanos, aponta para a necessidade da revisão

2. "[...] por força do princípio ou regra *pro homine* sempre será aplicável (no caso concreto) a que mais amplia o gozo de um direito ou de uma liberdade ou de uma garantia". (GOMES, Flávio; MAZZUOLI, Valério de Oliveira. *Constituição brasileira e os tratados de direitos humanos: conflito e critério de solução*. Disponível em: <http://www.lfg.com.br>. Acesso em: jun. 2021).
3. FERRAJOLI, Luigi. *Principia iuris: teoria del derecho y de la democracia. Teoria de la democracia.* Vol. 2. Madrid: Editorial Trotta, 2011. p. 475.
4. BRASIL. [Constituição (1988)]. *Constituição da República Federativa do Brasil*: promulgada em 5 de outubro de 1988.

da reiterada jurisprudência do tribunal que, a partir do precedente no RE nº 80.004, julgado na década de 70, conferia aos tratados internacionais o mesmo *status* de legislação interna ordinária. Seria um *anacronismo*, conforme o próprio STF reconheceu, a manutenção dessa interpretação, seja pelas vertentes atuais de primazia e proteção do ser humano, seja pela clara distinção que o texto constitucional elegeu fazer nessas hipóteses.

Por exemplo, em relação à prisão civil, diante dessa jurisprudência, o entendimento é, por consequência, pela vigência integral do texto do art. 5º, inc. LXVII da Constituição, com aplicabilidade prejudicada em face da ausência de base legal para sua aplicação. Isso porque o texto convencional prevalece – pela sua eficácia supralegal – sobre as disposições legislativas em contrário, ainda que posteriores à Constituição Federal de 1988, como a regra contida no art. 652 do Código Civil de 2002.

Com efeito, o STF decidiu, pela inaplicabilidade por ausência de base legal, que concretize a parte final do art. 5º, inc. LXVII, da CF/88 e não pela sua inconstitucionalidade. Neste caso, inaugura-se, pela primeira vez na jurisprudência do Pretório Excelso, o controle de convencionalidade das leis à luz dos tratados internacionais de direitos humanos em face da posição superior que possuem em relação à legislação ordinária.

No que tange ao conflito normativo, a tese do STF para sua resolução foi a de considerar a supremacia legal do tratado internacional, todavia, condicionado ao controle de constitucionalidade. Ou seja, no conflito normativo entre o direito internacional e a norma interna infraconstitucional, resta afastado o art. 652 do Código Civil pela supremacia do tratado internacional. Esse pacto internacional, entretanto, não possui o condão de macular a norma constitucional acerca da temática que prossegue integralmente vigente, embora não aplicável pela ausência de norma infraconstitucional reguladora.

Destarte, na tentativa de colmatar a lacuna no presente caso, o Ministro Gilmar Mendes se valeu do recurso aos *princípios gerais de direito*, especificamente dos princípios da *proporcionalidade* e *da proibição do excesso*. Com base nos princípios gerais de direito como técnica de preenchimento da lacuna observada, apontou-se para a impossibilidade de prisão no presente caso com base nos princípios da proporcionalidade e da proibição do excesso. Isso porque há impropriedade técnica de estender aos contratos de alienação fiduciária a possibilidade excepcional da prisão civil, que, na leitura restritiva da norma sancionadora[5], cingir-se-ia aos contratos de depósito. Destoante do entendimento majoritário, capitaneada pela voz do Ministro Celso de Mello, com adesão de quatro votos dos nove ministros que compunham o quórum, foi lavrado voto divergente advogando a supremacia constitucional dos tratados de diretos humanos, pré e pós Emenda Constitucional nº 45/2004.

Parte-se da mesma base que restou majoritária (cinco dos nove votos), qual seja: impende distinguir a posição hierárquica das convenções internacionais sobre direitos humanos e tratados internacionais sobre as demais matérias. O ponto de divergência está na localização jurídica e normativa desses tratados na hierarquia legislativa pátria. Para o entendimento divergente os tratados de direitos humanos, devem ser recepcionados com hierarquia constitucional à luz do contido nos parágrafos 2º e 3º do art. 5º.

Para essa vertente, a literalidade constitucional não deixa brechas para outra interpretação. O parágrafo 2º do art. 5º torna clara a materialidade constitucional desses tratados e é reforçado pelo parágrafo 3º, destinado à sua interpretação, que vem incluir a possibilidade, inclusive, de formalização desses instrumentos.

A propósito, Fábio Konder Comparato, ao comentar a Convenção Americana de Direitos Humanos, afirma:

> Aplica-se, a essas disposições novas, o princípio da prevalência dos direitos mais vantajosos para a pessoa humana; ou seja, na vigência simultânea dos vários sistemas normativos – o nacional e o internacional – ou na de vários tratados internacionais, em matéria de direitos humanos, deve ser aplicado aquele que melhor protege o ser humano[6].

O caminho jurisprudencial majoritário adotado pelo STF no RE nº 466.343 é apenas uma dentre as diversas hipóteses de mirada sobre a complexa e controvertida matéria.

O entendimento jurisprudencial firmado a partir de 2008 merece destaque ao romper com a tese, que tanto prevaleceu no STF, da paridade hierárquica entre os tratados de direitos humanos e as leis ordinárias. Não havia, assim, qualquer distinção entre o regime jurídico dos acordos

5. A impossibilidade da extensibilidade da norma constitucional em questão é trabalhada no voto do Ministro Cezar Peluso, levando-se em conta dos cânones da hermenêutica jurídica.
6. COMPARATO, Fábio Konder. *Afirmação Histórica dos Direitos Humanos.* Cit. p. 363.

internacionais em matéria comum daqueles que versassem sobre direitos humanos – em flagrante descumprimento à literalidade do §2º do art. 5º da Constituição Federal. Com essa renovada visão jurisprudencial, confere-se aos tratados de direitos humanos *status* privilegiado, adotando-se, para tais normas internacionais, regime jurídico misto diferenciado dos tratados comuns.

Dessa forma, avançou-se em um novo campo que ora se abre ao direito pátrio, que é o do controle da convencionalidade das leis que devem ser ajustadas à normatividade internacional dos direitos humanos que o Brasil é signatário. Ficou aquém, pela diferença de um voto, o melhor entendimento de se conferir plena constitucionalidade aos tratados internacionais de direitos humanos, alçando-os ao *locus* que quis o constituinte originário, qual seja, do patamar constitucional.

Diversos outros debates contemporâneos permeiam a paisagem da discussão do tema no Supremo Tribunal Federal que acendem a temática do constitucionalismo multinível, como na sequência se explorará, pela seleção de casos emblemáticos, de modo não exauriente.

Há uma crescente aproximação das Cortes Brasileiras com o Direito Internacional dos Direitos Humanos. A aplicação dos *standards* interpretativos mínimos em Direitos Humanos, tanto pelo Supremo Tribunal Federal quanto pelo Superior Tribunal de Justiça, tem evoluído com o decorrer dos últimos anos. Esse movimento aproxima e harmoniza diferentes ordens jurídicas – nacional, regional e global – e potencializa o alcance do constitucionalismo multinível.

A seguir, foram selecionadas exemplificativamente algumas decisões das Cortes Superiores que buscaram dialogar com o Direito Internacional dos Direitos Humanos.

2.1. VINCULAÇÃO DOS PRECEDENTES DAS CORTES INTERNACIONAIS

Os tratados internacionais de proteção aos direitos humanos, ratificados pelo Brasil, funcionam como fontes normativas e devem ser compatibilizados com a Constituição Federal, para que se possa aplicar a norma mais favorável à pessoa, de modo a harmonizar os sistemas jurídicos interno e internacional[7].

7. MAZZUOLI, Valerio de Oliveira. *O controle jurisdicional da convencionalidade das leis*. Cit. p. 36.

Da leitura do art. 68.1 da CADH, depreende-se que os "Estados-partes na Convenção comprometem-se a cumprir a decisão da Corte em todo caso em que forem partes"[8]. Consequentemente, todos os países signatários têm o dever de se submeterem às decisões da Corte IDH quando figurem como parte processual e forem condenados pelo descumprimento da CADH.

As decisões da Corte IDH têm eficácia vinculante aos Estados que sejam partes processuais, não havendo meios de impugnação aptos a revisar a decisão exarada[9]. Produzem autoridade de *coisa julgada internacional* para as partes. Logo, todos os órgãos e poderes internos do país se encontram obrigados a cumprir essa decisão.

Em caso de descumprimento da sentença, a Corte poderá submetê-la à análise da Assembleia Geral da Organização dos Estados Americanos (OEA), a fim de emitir recomendações para que as exigências sejam cumpridas e ocorra a consequente reparação dos danos e cessação das violações dos direitos humanos[10].

As decisões da Corte IDH operam de maneira subjetiva e direta entre as partes processuais, e de maneira objetiva e indireta em face de todos os demais Estados signatários da Convenção. A isso, denomina-se *standard* interpretativo mínimo de efetividade da norma convencional, que vincula a adequação normativa e interpretativa da sentença da Corte IDH às normas contidas na CADH.

Cada caso julgado versa sobre violações de direitos humanos, e, por consequência, a jurisprudência da Corte deve ser respeitada por todos os Estados signatários, mesmo os que não figurem como partes processuais, possuindo eficácia *erga omnes*[11].

Quanto à vinculação dos precedentes, pode-se falar em proteção direta para as partes da relação processual (*res judicata*) e indireta para os Estados-partes da CADH que não integram o processo (*res interpretata*)[12].

8. ORGANIZAÇÃO DOS ESTADOS AMERICANOS. *Convenção Americana de Direitos Humanos*. 22 nov. 1969.
9. MAC-GREGOR, Eduardo Ferrer. *Eficacia de la sentencia interamericana y la coza juzgada internacional: vinculación directa hacia las partes (res judicata) y indirecta hacia los estados parte de la Convención Americana (res interpretata) (sobre el cumplimiento del caso Gelman vs. Uruguay). Estudios constitucionales*, Santiago, v. 11, n. 2, p. 618-671, 2013. Disponível em: <http://www.corteidh.or.cr/tablas/r31255.pdf>. Acesso em: 15 jan. 2020.
10. Idem. Ibidem.
11. Idem. Ibidem.
12. Idem. Ibidem.

Os precedentes emanados pela Corte Interamericana de Direitos Humanos – mesmo quando o Estado não foi parte – devem ser considerados por todos os países que aceitaram a jurisdição do Tribunal Interamericano, desde que se trate de casos que apresentem circunstâncias fáticas relevantes similares entre o que foi julgado e o que está em julgamento[13].

A vinculação ao precedente está no seu caráter universal, não nas partes envolvidas na decisão, o que permite que o argumento seja válido e aplicável a todas as situações análogas as que foram decididas pela Corte IDH.

A universalidade deve ser testada por quem irá seguir, ou afastar, o precedente, ao indagar e debater se os casos análogos ou similares poderão ou não ser decididos com base na *ratio decidendi* fixada[14].

O art. 69 da Convenção Americana de Direitos Humanos afirma que a "sentença da Corte deve ser notificada às partes no caso e transmitida aos Estados-partes na Convenção"[15]. A eficácia interpretativa (*res interpretata*), aplicada a todos os países signatários da CADH, corresponde à adoção do *standard* interpretativo ao *corpus iuris* americano, a fim de que previnam ou resolvam controvérsias no âmbito dos direitos humanos.

A mencionada eficácia interpretativa concerne, pois, à efetividade regional de aplicação mínima da CADH. Com efeito, a fim de alcançar a aplicação do *standard* interpretativo, os países signatários da Convenção devem ajustar suas normas internas a partir do controle de convencionalidade, observando as disposições previstas na CADH e a interpretação estabelecida pela Corte IDH[16].

A efetividade mínima da norma convencional amplia o alcance da interpretação e da aplicação da CADH conferida pela Corte IDH[17-18].

---

13. MOURA, Rafael Osvaldo Machado. *De Ouvidos Abertos à Corte Interamericana: a jurisdição constitucional brasileira e o diálogo multinível no Ius Constitutionale Commune Latino-Americano. Tese de doutorado.* Curitiba: Pontifícia Universidade Católica do Paraná, 2021. p. 24.
14. MARINONI, Luiz Guilherme. *Julgamento colegiado e precedente. Revista de processo*, vol. 264, fev. 2017, p. 357-394.
15. ORGANIZAÇÃO DOS ESTADOS AMERICANOS. *Convenção Americana de Direitos Humanos*. Op. Cit.
16. MAC-GREGOR, Eduardo Ferrer. *Eficacia de la sentencia interamericana y la coza juzgada internacional: vinculación directa hacia las partes (res judicata) y indirecta hacia los estados parte de la Convención Americana (res interpretata) (sobre el cumplimiento del caso Gelman vs. Uruguay)*. Cit.
17. Idem. Ibidem.
18. "Sublinhe-se que, quando se diz que todos os poderes constituídos devem aplicar a CADH, não se deve esquecer que as normas extraídas dela vem criadas pela interpretação que a corte IDH faz através de seus precedentes, que devem ser observados como o mínimo de proteção convencional, não se impedindo que haja um alargamento da proteção aos direitos e garantias humanas e que tal decorra de interpretação contrária à da CADH, se for para ampliar a proteção às pessoas. (...). O respeito à coisa interpretada, como mínimo de proteção previsto na CADH, proporciona a concretização em nível nacional da prevalência dos

Porém, o constitucionalismo multinível, fundado na convivência entre as ordens jurídicas plurais – a nacional e a internacional –, exige a construção de critérios de harmonização.

No âmbito interno, os Estados devem adaptar e interpretar suas Constituições, a fim de promover a compatibilidade entre o texto interno nacional e as normas previstas na CADH. Isso porque a adequação decorre do art. 2 do Pacto de San José da Costa Rica, não podendo o Estado signatário se eximir de adequá-la ou fazê-la em menores padrões, conforme previsto no art. 29 da CADH[19].

Pelos art. 1 e 2 da CADH[20], os Estados devem respeitar e garantir os direitos e liberdades, de modo a cooperar internacional e internamente para efetivá-los.

O respeito aos precedentes fixados pela Corte IDH é uma forma de assegurar os direitos humanos no âmbito dos Estados, além de promover a continuidade, o dinamismo e a coerência das decisões exaradas pela Corte IDH. Dessa maneira, forma-se uma unidade normativa que deve ser aplicada a todos os Estados-partes, como pauta vinculante às jurisdições domésticas.

direitos humanos previstos no art. 4º da CRFB, bem como no objetivo constitucional da criação de uma sociedade livre e justa, despida de quaisquer preconceitos (art. 3º, CRFB): esses princípios vão ao encontro de um direito americano comum na proteção de todos que sofram o mesmo tipo de violação de seus direitos humanos, corolário de uma cidadania universal" (SANTIAGO, Nestor Eduardo Araruna; MARTINS, Eduardo Almendra. *O garantismo e os precedentes da Corte Interamericana de Direitos Humanos: efeito vinculante aos Estados sob sua jurisdição. Revista Novos Estudos Jurídicos*, Itajaí, v. 2, n. 21, mai./ago. 2016. Disponível em: <https://livros-e-revistas.vlex.com.br/vid/garantismo-precedentes-da-corte-701466561>. Acesso em: 4 jan. 2019).

19. "Artigo 29. Normas de Interpretação. Nenhuma disposição desta Convenção pode ser interpretada no sentido de: a. Permitir a qualquer dos Estados Partes, grupo ou pessoa, suprimir o gozo e exercício dos direitos e liberdades reconhecidos na Convenção ou limitá-los em maior medida do que a nela prevista; b. Limitar o gozo e exercício de qualquer direito ou liberdade que possam ser reconhecidos de acordo com as leis de qualquer dos Estados Partes ou de acordo com outra convenção em que seja parte um dos referidos Estados; c. Excluir outros direitos e garantias que são inerentes ao ser humano ou que decorrem da forma democrática representativa de governo; e d. Excluir ou limitar o efeito que possam produzir a Declaração Americana dos Direitos e Deveres do Homem e outros atos internacionais da mesma natureza" (ORGANIZAÇÃO DOS ESTADOS AMERICANOS. *Convenção Americana de Direitos Humanos*. Cit.).

20. "Artigo 1. Obrigação de respeitar os direitos. 1. Os Estados Partes nesta Convenção comprometem-se a respeitar os direitos e liberdades nela reconhecidos e a garantir seu livre e pleno exercício a toda pessoa que esteja sujeita à sua jurisdição, sem discriminação alguma por motivo de raça, cor, sexo, idioma, religião, opiniões políticas ou de qualquer outra natureza, origem nacional ou social, posição econômica, nascimento ou qualquer outra condição social. 2. Para os efeitos desta Convenção, pessoa é todo ser humano. Artigo 2. Dever de adotar disposições de direito interno. Se o exercício dos direitos e liberdades mencionados no artigo 1 ainda não estiver garantido por disposições legislativas ou de outra natureza, os Estados Partes comprometem-se a adotar, de acordo com as suas normas constitucionais e com as disposições desta Convenção, as medidas legislativas ou de outra natureza que forem necessárias para tornar efetivos tais direitos e liberdades" (ORGANIZAÇÃO DOS ESTADOS AMERICANOS. *Convenção Americana de Direitos Humanos*. Cit.).

Assim, a interpretação realizada pela Corte IDH em relação às normas presentes na CADH tipifica o caráter normativo do texto, culminando no controle de convencionalidade quando do seu cumprimento pelos Estados-partes, sob pena de responsabilidade internacional[21].

Para evitar o risco de rupturas (com a possível *denúncia* dos tratados internacionais e o isolamento do Estado brasileiro do Sistema Interamericano de Direitos Humanos), é imprescindível um diálogo das Cortes nacional e internacional, que podem ser baseados em alguns parâmetros, como[22]: i) a menção à existência de dispositivos internacionais, convencionais ou extraconvencionais, vinculantes ao Brasil sobre o tema: o órgão judicial nacional deve reconhecer a incidência de normas internacionais ao caso, para que surja o debate sobre a sua interpretação; ii) o reconhecimento da existência e a análise de caso internacional contra o Brasil sobre o objeto do processo sob julgamento e as consequências da aplicação do precedente no direito interno: com isso, busca-se a coerência e a harmonia; iii) a ponderação dos dispositivos e dos precedentes internacional(is) e interno(s).

Em respeito à aplicação do *standard* mínimo de efetividade de direitos humanos, os Estados signatários da CADH devem aplicar a interpretação não somente dos precedentes exarados pela Corte IDH, mas de todo o Sistema Interamericano, que compreende também as manifestações da Comissão Interamericana de Direitos Humanos.

Sistema semelhante opera na Corte Europeia de Direitos Humanos, na qual a *chose interprétée*[23] (*res interpretata*) é inerente às decisões daquela

---

21. SALDANHA, Jânia Maria Lopes. *Os precedentes da Corte Interamericana de Direitos Humanos são obrigatórios? Justificando – Carta Capital*, [S.l.], 26 out. 2015. Disponível em: <http://www.justificando.com/2015/10/26/os-precedentes-da-corte-interamericana-de-direitos-humanos-sao-obrigatorios/>. Acesso em: 9 jan. 2019.

22. Trinidad e Tobago, por exemplo, por estar insatisfeita com as decisões da Corte IDH, denunciou a Convenção Americana de Direitos Humanos e foi afastada do sistema interamericano de direitos humanos.

23. "*On peut remarquer, effectivement, qu'un nombre croissant d'exemples existe dans la pratique des Parties Contractantes à la Convention et que l'autorité de la chose interprétée par la Cour de Strasbourg s'enracine progressivement. Cela a aussi pour effet (potentiellement) de diminuer considérablement le nombre de requêtes adressées à la Cour. Cette jurisprudence – en particulier les arrêts de principe de la Grande Chambre – établit un corpus de droit «des standards communs européens». Les Etats, et en particulier leurs juridictions judiciaires, sont liés par cette jurisprudence dans la mesure où leur système national n'est pas plus protecteur des droits de l'homme (article 53 de la Convention)*". ("Pode-se de fato notar que existe um número crescente de exemplos na prática das partes contratantes na Convenção e que a autoridade da coisa interpretada pelo Tribunal de Estrasburgo vai gradualmente criando raízes. Isto também tem o efeito (potencial) de reduzir significativamente o número de pedidos ao Tribunal. Esta jurisprudência - em especial os principais acórdãos da Grande Seção - estabelece um corpus de lei -"standards europeus comuns"-. Os Estados, e em particular as suas jurisdições judiciais, estão vinculados por esta jurisprudência, na medida em que o seu sistema nacional não protege mais os direitos humanos (artigo 53º da Convenção)") [Tradução Nossa]. (DRZEMCZEWSK , Andrew. *Quelques réflexions sur l´autorité de la chose interpretée par la Cour de*

Corte, o que obriga os países signatários à interpretação de suas normas internas de acordo com a jurisprudência daquele Tribunal Europeu. Dessa maneira, foi estabelecido um conjunto de direitos relacionados aos *standards* comuns europeus.

Os Estados europeus devem permanecer ligados e guiados, por meio de seus sistemas judiciários internos, aos precedentes da Corte, a fim de proteger ao máximo os direitos humanos, em respeito ao art. 53 da Convenção Europeia dos Direitos do Homem[24]. Trata-se do princípio da solidariedade, reconhecido pela jurisprudência do Tribunal de Estraburgo na Resolução nº 1.226, de 28 de setembro de 2000, pela qual a jurisprudência integra a Convenção e produz efeitos *erga omnes*[25].

A Corte Interamericana de Direitos Humanos, pelos arts. 1º e 2º do seu Estatuto, possui duas atribuições essenciais: i) uma de natureza *consultiva*, relativa à interpretação das disposições da CADH e de disposições de tratados concernentes à proteção dos direitos humanos nos Estados Americanos; ii) outra de caráter *jurisdicional*, referente à solução de controvérsias que se apresentem acerca da interpretação ou da aplicação da CADH[26].

Strasbourg. Revista da Faculdade de Direito da UFMG, Belo Horizonte, n. 58, p. 85-90, jan./jun. 2011. Disponível em: <https://www.direito.ufmg.br/revista/index.php/revista/article/viewFile/137/128>. Acesso em: 7 jan. 2019.).

24. *"Article 53 – Sauvegarde des droits de l'homme reconnus. Aucune des dispositions de la présente Convention ne sera interprétée comme limitant ou portant atteinte aux droits de l'homme et aux libertés fondamentales qui pourraient être reconnus conformément aux lois de toute Partie contractante ou à toute autre Convention à laquelle cette Partie contractante est partie"* ("Artigo 53 - Salvaguarda dos direitos humanos reconhecidos. Nenhuma das disposições presente na Convenção deverá ser interpretado no sentido de limitar ou prejudicar os direitos humanos e as liberdades fundamentais que possam ser reconhecidos de acordo com as leis de qualquer Parte Contratante ou qualquer outra Convenção da qual a Parte Contratante seja parte") [Tradução Nossa]. (COUR EUROPÉENNE DES DROITS DE L´HOMME. *Convention de sauvegarde des droits de l'homme et des libertés fondamentales*. Roma, 1950. Disponível em: <https://www.echr.coe.int/Documents/Convention_FRA.pdf>. Acesso em: 7 jan. 2019).

25. *"3. Selon le principe de solidarité, la jurisprudence de la Cour fait partie intégrante de la Convention, de sorte que le caractère juridiquement contraignant de la Convention est élargi erga omnes (à toutes les autres parties). Il s'ensuit que les Etats contractants doivent non seulement exécuter les arrêts prononcés par la Cour dans les litiges auxquels ils sont parties, mais également tenir compte des incidences éventuelles que peuvent avoir sur leurs propres systèmes et pratiques juridiques les arrêts prononcés dans d'autres affaires"* ("De acordo com o princípio da solidariedade, a jurisprudência da corte é parte integrante da Convenção, de maneira que o caráter jurídico obrigatório da Convenção alargou-se erga omnes (a todas as outras partes). Depreende-se que os Estados contratantes devem não somente executar os julgamentos pronunciados pela Corte nos litígios os quais fazem parte, mas igualmente, levar em conta os impactos eventuais que podem ter seus próprios sistemas e práticas jurídicas de decisões em outros casos") [Tradução nossa]. (CONSEIL DE L´EUROPE. Assemblé Parlamentaire. *Résolution 1226 – Exécution des arrêts de la Cour européenne des Droits de l'Homme*, Estrasburgo, 2000. Disponível em: <http://semantic-pace.net/tools/pdf.aspx?doc=-aHR0cDovL2Fzc2VtYmx5LmNvZS5pbnQvbncveG1sL1hSZWYvWDJILURXLWV4dHIuYXNwP2ZpbGVpZD0xNjgzNCZsYW5nPUZS&xsl=aHR0cDovL3NlbWFudGljcGFjZS5uZXQvWHNsdC9QZGYvWFJIZi1XRC1BVC1YTUwyUERGLnhzbA==&xsltparams=ZmlsZWlkPTE2ODM0>. Acesso em: 7 jan. 2019.

26. FIX-ZAMÚDIO, Héctor. *Protección jurídica de los derechos humanos: estudios comparativos*. 2ª ed. Ciudad de México: Comissión Nacional de Derechos Humanos, 1999. p. 177.

A supervisão de cumprimento de sentença ocorre pela própria Corte IDH, a qual pode requerer informações ao Estado-parte quando consideradas pertinentes. Essa característica deriva do princípio internacional do *pacto sunt servanda*. Isto é, parte-se da premissa de que os Estados têm de cumprir suas obrigações e deveres de boa-fé ao assumir a responsabilidade diante da comunidade internacional.

Tal princípio evita que os Estados se eximam das obrigações adimplidas, perante o direito internacional, em face de seu direito interno, o qual deve se coadunar com as resoluções e documentos internacionais dos quais faça parte.

A propósito, o art. 26 da CADH afirma que os Estados-partes se comprometem a adotar, tanto no âmbito interno quanto no internacional, as providências necessárias para conseguir o desenvolvimento progressivo e a plena efetividade dos direitos constantes da Carta da Organização dos Estados Americanos, inclusive para prevenir a violação dos direitos humanos[27]. Além disso, o art. 31, item 3, da Convenção de Viena, aprovada em 23 de maio de 1969, afirma que os tratados internacionais devem ser interpretados progressivamente, levando-se em consideração todo acordo e prática posterior entre as partes na aplicação do tratado.

Com base nesses pressupostos, analisar-se-ão alguns casos sem nenhuma pretensão exauriente, mas apenas para colorir essa paisagem dos diálogos dos Tribunais Superiores brasileiros com os órgãos do Sistema Interamericano de Direitos Humanos.

2.2. A POSSIBILIDADE DA DESCRIMINALIZAÇÃO DO CRIME DE DESACATO E A LIBERDADE DE EXPRESSÃO

A liberdade de expressão serve de fundamento de legitimação do Estado Democrático de Direito[28]. Os cidadãos precisam ter acesso às informações para poder debater temas de interesse público, de maneira franca e livre, formando suas opiniões e participando no autogoverno de sua comunidade[29].

27. Idem. Ibidem.

28. TAVEIRA, Christiano de Oliveira. *Democracia e pluralismo na esfera comunicativa: uma proposta de reformulação do papel do Estado na garantia da liberdade de expressão. Tese (Doutorado em Direito Público)*. Rio de Janeiro: Faculdade de Direito, Centro de Ciências Sociais, Universidade do Estado do Rio de Janeiro, 2010. p. 26-27.

29. SARMENTO, Daniel. *Livres e iguais: Estudos de Direito Constitucional*. Rio de Janeiro: Lumen Juris, 2010. p. 237.

Sem liberdade de expressão, o sistema democrático, o pluralismo e a tolerância se enfraquecem, bem como os mecanismos de controle e denúncia cidadã se tornam inoperantes, o que cria ambiente fértil para os regimes totalitários[30]. A ausência da liberdade é a consequência de uma sociedade que não está bem informada[31].

Atente-se que a liberdade de expressão é uma forma de manifestação de pensamento, que envolve comunicação de fatos e ideias. Pode abarcar, também, expressões não verbais. É um meio de efetivação da dignidade da pessoa humana, de garantia do regime democrático e do pluralismo político, tendo impacto nas relações intersubjetivas, por meio de uma dimensão política indispensável ao desenvolvimento social[32].

Saliente-se que, no Caso *Dial Y Otro vs. Trinidad Y Tobago*, a Corte IDH reiterou que a liberdade de expressão é um pilar fundamental da sociedade e um direito processual para o exercício da participação pública, o que possibilita que as pessoas possam exercer o controle democrático das atividades estatais para poder questionar, investigar e ponderar o cumprimento das funções públicas.[33] A liberdade de expressão permite que os cidadãos façam parte do processo de tomada de decisões públicas. A participação democrática, por meio da opinião pública, ajuda a promover maior transparência das atividades do Estado e confere maior responsabilidade aos servidores nas funções públicas. Logo, os Estados devem abster-se de condutas que afetem a direitos humanos, como submeter jornalistas investigativos e ativistas de direitos humanos a processos judiciais sem garantias de devido processo legal, ou a prática de atos (diretos ou indiretos) que constituam violações da liberdade de expressão. Neste sentido, por exemplo, o efeito intimidador (*chilling effect*) causado pelo início de um processo penal, repercute negativamente no exercício da liberdade de

30. CORTE INTERAMERICANA DE DIREITOS HUMANOS. *Caso Moya Chacón Y Otros Vs. Costa Rica*. Sentença de 23 de maio de 2022. Disponível em: < https://www.corteidh.or.cr/docs/casos/articulos/seriec_451_esp.pdf >. Acesso em: 27 maio 2023. Par. 65.
31. CORTE INTERAMERICANA DE DIREITOS HUMANOS. *Opinión Consultiva* OC-5/85, de 13 de novembro de 1985. La Coleción obrigatória de periodistas (arts. 13 Y 29 Convención Americana sobre Derechos Humanos. < https://www.corteidh.or.cr/docs/opiniones/seriea_05_esp.pdf. >. Acesso em: 27 maio 2023. Par. 70.
32. SARLET, Ingo Wolfgang; ROBI FILHO, Ilton. *Estado democrático de Direito e os limites da liberdade de expressão na Constituição Federal de 1988, com destaque para o problema da sua colisão com outros direitos fundamentais, em especial, com os direitos de personalidade.* Constituição, *Economia e desenvolvimento: Revista da Academia Brasileira de Direito Constitucional*, v. 8, n. 14, jan./jun.2016, p. 112-142.
33. CORTE INTERAMERICANA DE DIREITOS HUMANOS. *Caso Baraona Bray vs. Chile*. Sentença de 24 de novembro de 2022. Disponível em: <https://www.corteidh.or.cr/docs/casos/articulos/seriec_481_esp.pdf >. Acesso em: 29 maio 2023. Par. 90.

expressão e provoca o enfraquecimento e empobrecimento do debate sobre questões de interesse público.

Os direitos humanos estão assentados na diversidade cultural e na multidiversidade, que depende da liberdade de expressão para assegurar a noção de dignidade da pessoa humana, fundada na vida em comunidade e na pluralidade das relações humanas existentes[34]. O crime de desacato se consubstancia no emprego de palavras que causem vexame, ameaça ou em vias de fato, com o uso de gestos ou expressões caluniosas, difamantes e injuriosas[35], com o objetivo de ofender a dignidade ou o decoro do servidor público. O desacato tem como finalidade menosprezar e desacreditar o serviço público[36]. O sujeito passivo primário é o Estado representado pelo funcionário público. A tipificação do delito de desacato inibe o fortalecimento da cidadania e o exercício da crítica, bem como se conferem margens à violação de direitos humanos. Além disso, a proibição expressa do exercício da liberdade de expressão do cidadão, em face de um funcionário público, não contribui para a eficiência dos serviços públicos, alimenta a burocracia e permite o uso abusivo da autoridade.

As inúmeras manifestações da Comissão Interamericana de Direitos Humanos não se limitam a meras exortações morais ou simples recomendações aos Estados. Ao contrário, conclamam a produção de efeito irradiante nos sistemas jurídicos nacionais, signatário da Convenção Americana de Direitos Humanos, por meio de interpretação evolutiva baseada no art. 31, § 3º, da Convenção de Viena sobre o Direito dos Tratados.

Com isso, observa-se, ainda que lentamente, avanços em relação à derrogação do crime de desacato, no âmbito dos países signatários da Convenção Americana de Direitos Humanos.

A Argentina foi o primeiro país da América Latina a reconhecer a inconstitucionalidade do delito de desacato pela sua Corte Superior de

---

34. MURATT, Ariana Niederauer; KOVALSKI, Suzani Perchin; NEUBAUER, Vanessa Steigleber. *Hannah Arendt e a dimensão dos Direitos Humanos: poder e liberdade.* Disponível em: <https://arianamuratt.jusbrasil.com.br/artigos/155454164/hannah-arendt-e-a-dimensao-dos-direitos-humanos-poder-e-liberdade>. Acesso em: 2 abr. 2019.

35. CASTRO, Dione Silva de. *As diferenças entre o crime de desacato e o crime contra a honra.* Jus Brasil. Disponível em: <https://dionecastro.jusbrasil.com.br/artigos/348253875/as-diferencas-entre-o-crime-de-desacato-e-crime-contra-a-honra>. Acesso em: 2 abr. 2019.

36. NUCCI, Guilherme de Souza. *Manual de Direito Penal.* 13ª ed. Rio de Janeiro, Forense, 2017. p. 1141.

Justiça. Em 1993, o Parlamento, por meio da Lei nº 24.198, descriminalizou a conduta[37].

A Costa Rica, por força da Lei nº 8.224, de 13 de março de 2002, também modificou a tipificação de desacato para "ameaça a um funcionário público"[38].

Bolívia, Guatemala e Honduras reconheceram a inconstitucionalidade do mencionado delito em decisões de suas Cortes Superiores.

Em sentido contrário, posicionam-se Cuba, Venezuela, El Salvador, Brasil e República Dominicana, que ainda tipificam a conduta de desacato como crime[39]. O contexto político que permite a tipificação já diz muito.

De qualquer modo, em respeito à aplicação do *standard* mínimo de efetividade de direitos humanos, os Estados Signatários da Convenção Americana de Direitos Humanos devem aplicar a interpretação não somente dos precedentes exarados pela Corte IDH, mas também de todo o Sistema Interamericano, que compreende as manifestações da Comissão Interamericana de Direitos Humanos.

No cenário regional, podem ser citados alguns precedentes interamericanos sobre a descriminalização do desacato. Em 5 de maio de 1992, Horacio Verbitsky, jornalista, remeteu petição à Comissão Interamericana de Direitos Humanos requerendo o reconhecimento da violação, pelo Estado argentino, dos arts. 8º (imparcialidade e independência dos juízes), 13 (liberdade de pensamento e expressão) e 24 (igualdade perante a Lei), todos da Convenção Americana de Direitos Humanos. A petição tinha como base sua condenação internamente pelo suposto delito de desacato praticado com base em um texto que o jornalista havia anteriormente escrito e publicado[40]. Foi por essa via que as discussões acerca do delito de desacato chegaram ao Sistema Interamericano de Direitos Humanos.

No caso, ainda em 1992, solução amistosa foi encontrada. O acordo, chancelado pela Comissão Interamericana de Direitos Humanos, trouxe, em

---

37. ARGENTINA. [Código Penal]. *Ley nº. 24.198*. Ministerio de Justicia y Derechos Humanos. Presidencia de la Nación. 31 mai. 1993. Disponível em: <http://servicios.infoleg.gob.ar/infolegInternet/anexos/0-4999/596/norma.html>. Acesso em: 16 abr. 2019.

38. COSTA RICA. [Código Penal (1970)]. *Código Penal - nº 4573*. Costa Rica, 1970. Artículo 309. Disponível em: <http://www.oas.org/dil/esp/codigo_penal_costa_rica.pdf>. Acesso em: 5 abr. 2019.

39. BORGES, Felipe Dezorzi. *Nova ótica do STJ sobre crime de desacato contraria Constituição e convenções*. 14 out. 2017. Disponível em: <https://www.conjur.com.br/2017-out-14/felipe-borges-otica-stj-desacato-contraria-convencoes>. Acesso em: 16 abr. 2019.

40. CORTE INTERAMERICANA DE DIREITOS HUMANOS. *Horacio Verbitsky v. Argentina*. Relatório n.º 22/94, Caso 11.012. 20 de setembro de 1994. par. 1.

seu bojo, a previsão de a Argentina derrogar a lei que tipificava o desacato, revogar a sentença condenatória de Horacio Verbitsky, cancelar os efeitos da dita sentença e reparar adequadamente a vítima, tudo dentro da noção ampla de reparação que hoje marca o sistema interamericano.

Na oportunidade, ambas as partes acordaram em solicitar à Comissão Interamericana de Direitos Humanos a elaboração de um relatório acerca da compatibilidade da previsão de delito de desacato em legislação dos países da América com a Convenção Americana sobre Direitos Humanos[41]. Por seu turno, a Comissão se comprometeu a emitir o relatório solicitado[42], o que fez mediante a expedição do *Informe sobre la Compatibilidad entre las Leyes de Desacato y la Convencion Americana sobre Derechos Humanos*, em 1994.

Nesse relatório, a Comissão esclareceu que, sob o termo "leis de desacato", estariam aquelas que penalizam quem ofende, ameaça ou insulta um funcionário público em desempenho de suas funções oficiais com fulcro na necessidade de proteger o adequado funcionamento da administração pública[43]. A conclusão final do relatório, no entanto, foi de incompatibilidade de tais leis com o direito à liberdade de pensamento e expressão, consagrado no art. 13 da Convenção.

O caminho trilhado em direção à conclusão foi ancorado, preliminarmente, na noção de que "*la convención protege y promueve un amplio concepto de libertad de expresion para preservar la existencia de las sociedades democraticas*"[44], uma vez que a liberdade de expressão "*es indispensable para la formación de la opinión pública*"[45].

---

41. COMISSÃO INTERAMERICANA DE DIREITOS HUMANOS. *Horacio Verbitsky v. Argentina*. Relatório n.º 22/94, Caso 11.012. 20 de setembro de 1994. Par. 17.

42. Cf. COMISSÃO INTERAMERICANA DE DIREITOS HUMANOS. *Horacio Verbitsky v. Argentina*. Relatório n.º 22/94, Caso 11.012. 20 de setembro de 1994. par. 12. Outra definição alternativa é a de que leis de desacato *son aquellas que brindan uma protección especial a los fuincionarios públicos contra um leguanje presuntamente insultante u ofensivo* (COMISSÃO INTERAMERICANA DE DIREITOS HUMANOS. *Nota técnica sobre los parámetros internacionales respecto a la libertad de expresión y los crímenes contra el honor y la adecuación de los dispositivos respecto a los crímenes contra el honor presentes en el proyecto de reforma del Código Penal brasileño*. 2013. p. 4.).

43. *"Las leyes de desacato son una clase de legislación que penaliza la expresión que ofende, insulta o amenaza a un funcionario público en el desempeño de sus funciones oficiales. Estas leyes tienen una larga historia, habiéndose promulgado en tiempos de los romanos para defender el honor del emperador. Hoy en día, las leyes de desacato que subsisten en muchos Estados miembros se justifican so pretexto de la necesidad de proteger el adecuado funcionamiento de la administración pública"* (COMISSÃO INTERAMERICANA DE DIREITOS HUMNAOS. *Informe sobre la Compatibilidad entre las Leyes de Desacato y la Convencion Americana sobre Derechos Humanos*. 1994).

44. Idem. Ibidem.

45. Idem. Ibidem.

A síntese do *Informe* foi a de que leis de desacato reprimem a liberdade de expressão necessária para o funcionamento de uma sociedade democrática. A Comissão Interamericana de Direitos Humanos concluiu que restrição à liberdade de expressão nunca pode se operar em censura prévia, como estabelece o art. 13(2) da Convenção Americana, mas somente a partir de responsabilidade ulterior. Essa restrição posterior, quando não pautada em uma "exigência justa", contudo, é descomedida e inconvencional, em especial à luz do art. 29(d) da Convenção, que limita os parâmetros interpretativos do Tratado.

Em outras palavras, qualquer restrição à liberdade de expressão deve ser guiada por responsabilidade ulterior e caracterizada como vital para o funcionamento das instituições democráticas e, ademais, com base na Opinião Consultiva 5/85 da Corte Interamericana, devem ser restrições cujos fundamentos sejam prévios e estabelecidos em lei, que perseguem fins legítimos e que são limites necessários para assegurar tal fim.

Tendo por base esses parâmetros, a Comissão Interamericana definiu que as restrições impressas por leis de desacato não são legítimas, em que pese os dois primeiros requisitos assinalados no parágrafo anterior pudessem ser identificados como preenchidos. Para a Comissão, as leis de desacato buscam proteger a honra dos funcionários públicos, mas tal proteção é outorgada injustificadamente, pois dessa proteção especial não goza qualquer um dos demais integrantes da sociedade.

Pela criminalização da conduta do desacato, inverte-se, segundo o *Informe* da Comissão, a lógica aplicável em uma sociedade democrática, porque os funcionários públicos estão sujeitos a constantes escrutínios da população pela posição que ocupam, fazendo parte desse palco discursos críticos e inclusive ofensivos proferidos pelos cidadãos em relação àqueles que ocupam cargos públicos[46]. Ao fim e ao cabo, tais funcionários estão simultaneamente mais expostos a críticas da população.

Soma-se a deslegitimar as leis de desacato, conforme a Comissão, o fato de tais leis intimidarem toda pessoa que busca dar voz a seus pensamentos em relação à determinada atividade prestada pelo governo. Diplomas

46. *"El tipo de debate político a que dá lugar el derecho a la libertad de expresión generará inevitablemente ciertos discursos críticos o incluso ofensivos para quienes ocupan cargos públicos o están íntimamente vinculados a la formulación de la política pública. De ello se desprende que una ley que ataque el discurso que se considera crítico de la administración pública en la persona del individuo objeto de esa expresión afecta a la esencia misma y al contenido de la libertad de expresión"* (COMISSÃO INTERAMERICANA DE DIREITOS HUMANOS. *Informe sobre la Compatibilidad entre las Leyes de Desacato y la Convencion Americana sobre Derechos Humanos*. 1994).

normativos que contenham tal tipificação funcionariam como método de supressão apriorístico de críticas, gerando, em última instância, censura prévia.

Se o fundamento da honra dos servidores públicos não se revelou suficiente, tampouco se mostrou o fundamento da manutenção da ordem pública, do qual muitas vezes os Estados-partes do Sistema Interamericano de Direitos lançam mão. A Comissão refere que em "*una democracia debidamente funcional es por cierto la máxima garantía del orden público*"[47], sendo que a liberdade de expressão é caráter intrínseco dessa funcionalidade e, assim, os delitos de desacato a tolhem contraditoriamente a liberdade de expressão em prol da ordem pública.

De toda forma, afirma a Comissão que, mesmo que se considerassem plausíveis os fundamentos de proteção especial aos funcionários públicos e de proteção da ordem pública, a restrição que imprimem às leis de desacato ainda não seria legítima, pois não são necessárias para persecução do fim desejado.

Aludiu-se, no referido *Informe*, que ações civis por difamação e calúnia já são remédios suficientes para condutas abusivas relacionadas à liberdade de expressão ofensiva da honra pessoal do funcionário público – mesmas demandas judiciais disponíveis para qualquer cidadão, sem brindar os funcionários públicos de uma proteção especial (e que se revela indevida) contra liberdade de expressão.

A Comissão Interamericana também assinala que toda crítica à Administração Pública poderia ser respondida suficientemente mediante meios de comunicação, assegurando ordem pública. Nesse sentido, merece destaque trecho do Relatório: "*el Estado garantiza la protección de la vida privada de todos los individuos sin hacer un uso abusivo de sus poderes coactivos para reprimir la libertad individual de formarse opinión y expresarla*"[48].

Com base nesse primeiro precedente, a Comissão rechaçou aprioristicamente a hipótese de leis de desacato serem compatíveis com a Convenção Americana de Direitos Humanos.

Tal entendimento foi replicado pelos trabalhos da Relatoria Especial sobre Liberdade de Expressão, instituída em 1997, no âmbito interamericano.

---

47. CIDH. *Informe sobre la Compatibilidad entre las Leyes de Desacato y la Convencion Americana sobre Derechos Humanos*. 1994.
48. COMISSÃO INTERARMERICANA DE DIREITOS HUMANOS. *Informe sobre la Compatibilidad entre las Leyes de Desacato y la Convencion Americana sobre Derechos Humanos*. 1994.

Vinculada à Comissão, foi criada a Relatoria Especial para enfrentar, de modo uniforme e preventivo, os problemas existentes na região, formulando recomendações e sugestões de transformações no âmbito dos Estados, de acordo com as normas interamericanas e as recomendações feitas.

Essa Relatoria identificou 17 países que previam leis de desacato em seu ordenamento[49] e recomendou que fossem derrogadas[50]. Insta salientar que tal espécie de recomendação permanece até hoje nos Relatórios Especiais do Relator sobre a Liberdade de Expressão, a exemplo do Relatório de 2016, os quais também constantemente se dedicam à temática do desacato.

Vale destacar que a Comissão Interamericana de Direitos Humanos aprovou, em 2000, a Declaração de Princípios sobre a Liberdade de Expressão[51], cujo princípio 11 evidencia a incompatibilidade apriorística de leis de desacato com a Convenção Americana: "Os funcionários públicos estão sujeitos a maior escrutínio da sociedade. As leis que punem a expressão ofensiva contra funcionários públicos, geralmente conhecidas como ´leis de desacato´, atentam contra a liberdade de expressão e o direito à informação".

Já em 2010, a Comissão, na edição do *Marco Jurídico Interamericano sobre el Derecho a la Libertad de Expresión*, reforçou a incompatibilidade das leis de desacato com a Convenção Americana de Direitos Humanos, à luz do relatório de 1994 e da declaração de princípios. Destaca-se que a responsabilização pelo eventual exercício abusivo de liberdade de expressão (sempre identificada *a posteriori* e estando afastada hipótese de leis de desacatos) deve ser acompanhada de sanção proporcional[52].

Também em 2010, igual remarco foi dado pela *Agenda Hemisférica para la Defensa de la Libertad de Expression*, documento em que o relatório

49. Contudo, "*en las últimas dos décadas, diversos países de la región, como Argentina (1993), Paraguay (1998), Costa Rica (2002), Chile (2005), Honduras (2005), Panamá (2005), Guatemala (2006), Nicaragua (2007), Bolivia (2012) y Ecuador (2013) han derogado sus normas de desacato, bien por medio de reformas legislativas o por decisiones de sus tribunales superiores*" (par. 274) (COMISSÃO INTERAMERICANA DE DIREITOS HUMANOS. *Criminalização de Defensoras e Defensores de Direitos Humanos,* CIDH, 2015. par. 274). Cabe nota de que Peru e El Salvador também derrogaram suas leis, conforme destaca o *Informe Especial del Relator sobre la Libertad de Expression* da CIDH de 2006.

50. COMISSÃO INTERAMERICANA DE DIREITOS HUMANOS. *Informe Especial del Relator sobre la Libertad de Expresión 1998*. p. 56.

51. "A ideia de desenvolver uma Declaração de Princípios sobre Liberdade de Expressão nasceu do reconhecimento da necessidade de outorgar um marco jurídico que regule a efetiva proteção da liberdade de expressão no continente, incorporando as principais doutrinas reconhecidas em diversos instrumentos internacionais" (COMISSÃO INTERAMERICANA DE DIREITOS HUMANOS. *Antecedentes e Interpretação da Declaração de Princípios*. Disponível em: <http://www.oas.org/pt/cidh/expressao/showarticle.asp?artID=132&lID=4>. Acesso em: 21 nov. 2017).

52. COMISSÃO INTERAMERICANA DE DIREITOS HUMANOS. *Marco Jurídico Interamericano sobre el Derecho a la Libertad de Expresión*. 2010. p. 31.

de 1994 e a construção interamericana acerca das leis de desacato foram apontados como importantes contribuições da Comissão para a matéria da liberdade de expressão[53].

Em 2013, no relatório da *Zonas Silenciadas: Regiones de alta peligrosidad para ejercer la libertad de expresión*, a Comissão sublinhou que o Direito Penal tem sido utilizado na América Latina como ferramenta para punir e reprimir discursos críticos a funcionários do governo ou sobre matérias de interesse público, como é o caso da existência do tipo criminal de desacato[54]. Às lições desse relatório, acresceu-se o que dispôs o relatório *Criminalización de Defensoras y Defensores de Derechos Humanos*, de 2015. Nesse documento, é assinalada especial preocupação às *"figuras penales que restringen el ejercicio de la protesta social o de los delitos de desacato que criminalizan actividades legítimas enmarcadas dentro del derecho a la libertad de expresión"*[55].

Também em 2013, a pedido do Estado Brasileiro, foi emitida *Nota Técnica sobre los Parámetros Internacionales Respecto a la Libertad de Expresión y los Crímenes Contra el Honor y la Adecuación de los Dispositivos Respecto a los Crímenes Contra el Honor Presentes em el Proyecto de Reforma del Código Penal Brasileño* pelos relatores especiais da Organização dos Estados Americanos e da Organização das Nações Unidas na temática da liberdade de expressão. Em tal nota técnica, congratulou-se o Brasil em razão de a reforma, então em voga, do Código Penal, propor a derrogação da criminalização de desacato, o que infelizmente não se concretizou.

No entanto, maior preocupação dos relatores havia, na época, com a permanência do aumento da pena por crimes de calúnia, injúria e difamação, quando cometidos contra servidores públicos no exercício de suas funções, também na trilha do consolidado nos padrões interamericanos.

Dessa forma, a Comissão Interamericana de Direitos Humanos, com fundamento em diversos argumentos, considera como incabível a permanência de leis de desacato nos ordenamentos jurídicos internos dos países

53. COMISSÃO INTERAMERICANA DE DIREITOS HUMANOS. *Una Agenda Hemisférica para la Defensa de la Libertad de Expresión*. 2010. par. 56.

54. CORTE AMERICANO DE DIREITOS HUMANOS. *Zonas Silenciadas: Regiones de alta peligrosidad para ejercer la libertad de expresión*. 2013. par. 28.

55. COMISSÃO INTERAMERICANA DE DIREITOS HUMANOS. *Criminalización de Defensoras y Defensores de Derechos Humanos*. 2015. par. 239.

integrantes do sistema interamericano. As leis, *per se*, são contrárias à Convenção Americana e devem ser derrogadas[56].

No âmbito da jurisdição interamericana, entretanto, diferentes contornos foram dados à matéria. O primeiro precedente da Corte Interamericana de Direitos Humanos sobre o tema aflorou ao julgar o já referido *Caso Palamara Iribarne vs. Chile*, em 2005.

Os fatos do caso se reportam à proibição, em 1993, da publicação do livro "*Etica y Servicios de Inteligencia*", que tratava de certos parâmetros éticos que deveriam ser seguidos pela inteligência das forças armadas e expunha aspectos relacionados com o dia a dia das Forças. O autor do livro, Humberto Antonio Palamara Iribarne, antigo militar da marinha, e, à época dos fatos, empregado civil da marinha, além de ver a publicação de sua obra obstada, respondeu processos por desobediência e incumprimento de deveres militares, em razão dela.

Perante tais fatos, ainda em 1993, Irbarne realizou uma coletiva de imprensa em sua residência criticando a atuação das Forças Armadas em relação ao seu livro. As críticas foram publicadas em veículos midiáticos locais e se apresentou, então, denúncia contra Iribarne pelo delito de desacato, sendo aberto processo penal militar. Alegou-se que haviam sido utilizados termos altamente ofensivos por Iribarne em suas críticas, em especial ao se referir ao procurador da Marinha responsável pela abertura dos processos de desobediência e incumprimento de deveres militares. Ao final, foi Iribarne condenado pelo delito de desacato. Cominou-se pena de 61 dias de prisão, multa de 11 salários-mínimos e a suspensão do cargo público durante o período da condenação, além do pagamento das custas judiciais.

Para a Corte Interamericana de Direitos Humanos, no exame dos fatos, a adequação de determinada lei de desacato e dos resultados que produz perante a Convenção são determinados necessariamente ao caso concreto[57]. Afastou-se, assim, o entendimento que se vinha esboçando na Comissão que leis de desacato são *ipso fato* e *per se* incompatíveis com o sistema regional e proteção dos direitos humanos.

---

56. *"En relación con las normas que sancionan penal o civilmente la expresión, la Relatoría Especial recomienda a los Estados miembros: a. Promover la derogación de las leyes que consagran el desacato, cualquiera sea la forma en la que se presenten, dado que estas normas son contrarias a la Convención Americana y restringen el debate público, elemento esencial del funcionamiento democrático"* (COMISSÃO INTERAMERICANA DE DIREITOS HUMANOS. *Informe anual de la Relatoría Especial para la Libertad de Expresión : Informe anual de la Comisión Interamericana de Derechos Humanos, 2015*. Vol. 2. 2016. p. 402).

57. CORTE INTERAMERICANA DE DIREITOS HUMANOS. *Palamara Iribarne vs. Chile*. Sentença de mérito, reparações e custas. 22/11/2005. Série C, nº 135. par. 80.

Como teste para a convencionalidade, a Corte IDH aduz que a restrição à liberdade de expressão, dado que esta não é um direito absoluto[58] (e os próprios parágrafos do art. 13 da Convenção deixam claro isso), deve se dar por responsabilidades ulteriores que estejam expressamente fixadas em lei. Afirma também que a limitação à liberdade de expressão deve procurar proteger a reputação dos demais cidadãos, a segurança nacional, a ordem pública e ou a moral pública e devem ser necessárias em uma sociedade democrática[59]. Nesse diapasão, o requisito da necessidade, a seu turno, corresponde ao fato de que a restrição deverá buscar satisfazer um interesse público imperativo e, para alcançar esse objetivo, deve-se escolher os meios que restrinjam em menor escala os direitos[60].

Após realizar esse teste, a conclusão da Corte Interamericana de Direitos Humanos foi a de que, naquele caso do Senhor Iribarne, a legislação sobre desacato produziu sanções desproporcionais e desnecessárias em um contexto democrático[61]. Acresce a Corte, além da violação à liberdade de pensamento e expressão (art. 13), também a infringência à obrigação de respeitar e implementar direitos (art. 2 da Convenção) pelo Chile ter

58. CORTE INTERAMERICANA DE DIREITOS HUMANOS. *Palamara Iribarne v. Chile*. Sentença de mérito, reparações e custas. 22/11/2005. Série C, nº 135. par. 79.

59. CORTE INTERAMERICANA DE DIREITOS HUMANOS. *Palamara Iribarne v. Chile*. Sentença de mérito, reparações e custas. 22/11/2005. Série C, nº 135. par. 178.

60. *"El Tribunal ha señalado que la "necesidad" y, por ende, la legalidad de las restricciones a la libertad de expresión fundadas en el artículo 13.2 de la Convención Americana, dependerá de que estén orientadas a satisfacer un interés público imperativo. Entre varias opciones para alcanzar ese objetivo, debe escogerse aquélla que restrinja en menor escala el derecho protegido. Dado este estándar, no es suficiente que se demuestre, por ejemplo, que la ley cumple un propósito útil u oportuno; para que sean compatibles con la Convención las restricciones deben justificarse según objetivos colectivos que, por su importancia, preponderen claramente sobre la necesidad social del pleno goce del derecho que el artículo 13 de la Convención garantiza y no limiten más de lo estrictamente necesario el derecho proclamado en dicho artículo. Es decir, la restricción debe ser proporcional al interés que la justifica y ajustarse estrechamente al logro de ese legítimo objetivo, interfiriendo en la menor medida posible en el efectivo ejercicio del derecho a la libertad de pensamiento y de expresión"* (CORTE INTERAMERICANA DE DIREITOS HUMANOS. *Palamara Iribarne v. Chile*. Sentença de mérito, reparações e custas. 2005. par. 85).

61. *"La Corte estima que en el presente caso, a través de la aplicación del delito de desacato, se utilizó la persecución penal de una forma desproporcionada e innecesaria en una sociedad democrática, por lo cual se privó al señor Palamara Iribarne del ejercicio de su derecho a la libertad de pensamiento y de expresión, en relación con las opiniones críticas que tenía respecto de asuntos que le afectaban directamente y guardaban directa relación con la forma en que las autoridades de la justicia militar cumplían con sus funciones públicas en los procesos a los que se vio sometido. La Corte considera que la legislación sobre desacato aplicada al señor Palamara Iribarne establecía sanciones desproporcionadas por realizar críticas sobre el funcionamiento de las instituciones estatales y sus miembros, suprimiendo el debate esencial para el funcionamiento de un sistema verdaderamente democrático y restringiendo innecesariamente el derecho a la libertad de pensamiento y de expresión"* (CORTE INTERAMERICANA DE DIREITOS HUMANOS. *Palamara Iribarne v. Chile*. Sentença de mérito, reparações e custas. 22/11/2005. Série C, nº 135. Par. 95).

incluído, em seu ordenamento interno, lei de desacato que não passava pelo crivo da restrição legítima de direitos[62].

Em julgamento semelhante, a Corte Interamericana de Direitos Humanos apreciou o *Caso Kimel vs. Argentina*, no qual se abordou a condenação à privação de liberdade do historiador Eduardo Kimel em face de sua pesquisa e publicação de livro que emitia opinião sobre processo judicial, que tramitava na época da ditadura militar imposta na Argentina. A Corte assentou entendimento no sentido de que os tipos penais de desacato inibem as pessoas de exarar opiniões e críticas às autoridades públicas, por receio de sanções estatais. Ademais, em parecer anterior ao julgamento, a Comissão Interamericana de Direitos Humanos já havia estabelecido que, nos casos de ofensa contra funcionário público, as sanções civis devem preponderar em relação à persecução criminal[63]. A partir desses marcos, controle difuso da convencionalidade das leis fez espargir um conjunto de importantes decisões questionadoras da aplicação do tipo penal no sistema pátrio à luz da Convenção Americana e de sua interpretação autorizada pelas normas do sistema[64].

Independentemente de a questão sobre a criminalização do desacato se mostrar compatível ou não com o Estado Democrático de Direito, a decisão do Superior Tribunal de Justiça, no REsp n.º 1.640.084/SP, quanto à possibilidade de o controle de convencionalidade ser exercido por autoridades públicas se mostra acertada, já que potencializa a proteção dos direitos humanos. Afinal, o chamado de controle de convencionalidade por diretriz é ampliado no Brasil pela *cláusula de abertura* contida no art. 5º, § 2º, da Constituição da República, a qual incorpora os tratados de direitos humanos em um mesmo *bloco de constitucionalidade*.

O controle de convencionalidade é uma técnica importante para a promoção dos direitos humanos, devendo ser exercida tanto pelo Poder Judiciário quanto pelos demais órgãos que compõem o sistema de justiça,

62. CORTE INTERAMERICANA DE DIREITOS HUMANOS. *Palamara Iribarne v. Chile*. Sentença de mérito, reparações e custas. 22/11/2005. Série C, nº 135. Par. 95.

63. CORTE INTERAMERICANA DE DIREITOS HUMANOS. *Caso Kimel Vs. Argentina*. 2 maio 2008. Disponível em: <http://www.cnj.jus.br/files/conteudo/arquivo/2016/04/e95cf28bb8698e06093722cc2352bc83.pdf>. Acesso em: 25 fev. 2019.

64. Vejam-se, por exemplo, as seguintes decisões: (i) Justiça Federal de Santa Catarina. Terceira Turma Recursal de Santa Catarina. ACR 5003140-86.2012.4.04.7210, Relator Antonio Fernando Schenkel do Amaral e Silva, julgado em 31/03/2017; (ii) TJPR. Quinta Câmara Criminal. AC 1600998-8, Relator Jorge Wagih Massad. , julgado em 02/03/2017; (iii) TJBA. Segunda Câmara Crimonal, Segunda Turma. AP 0305190-67.2011.8.05.0001, Relator João Bosco De Oliveira Seixas, julgado em 06/07/2017; (iv)TJTO. Turma Resursal. AP 0005291-09.2017.827.9200, Relator Gil de Araújo Corrêa, julgado em 17/05/2017.

notadamente a Defensoria Pública e o Ministério Público, em face da incumbência constitucional de promoção dos direitos humanos, tutela do regime democrático, defesa de minorias, grupos vulneráveis e necessitados[65].

Nesse sentido, em 2015, na comarca de Florianópolis, o juiz Alexandre Morais da Rosa decidiu pela inconvencionalidade da criminalização em caso de processamento penal de indivíduo por desacato em virtude de ofensa que proferiu a policiais enquanto estes tentavam apaziguar uma briga de bar. Afirmou o magistrado que "a manifestação pública de desapreço proferida por particular, perante agente no exercício da atividade administrativa, por mais infundada ou indecorosa que seja, certamente não se consubstancia em ato cuja lesividade seja da alçada da tutela penal"[66], remetendo-se aos princípios de fragmentariedade e interferência mínima do direito penal, mas sem deixar de considerar as conclusões da Comissão Interamericana operadas especialmente pela promulgação do princípio 11 sobre Liberdade de Expressão que a tipificação do desacato era inconvencional.

Ademais, em 2016, na comarca de Belford Roxo (Rio de Janeiro), o juiz Alfredo José Marinho Neto reputou inconvencional a criminalização do desacato ao arquivar denúncia. Rememorando pronunciamentos da Comissão em diversos documentos e o da Corte Interamericana no *Caso Palamara Iribarne vs. Chile*, o magistrado assinalou que todas as previsões internas dos países devem estar de acordo com a Convenção Americana de Direitos Humanos, por força do próprio pacto que assumiram, não havendo muito menos que se levantar disposições de direito interno como prerrogativas para violar tratado internacional. Ainda, reconheceu que o Brasil deveria dar deferência a pronunciamentos tanto da Comissão quanto da Corte, pois está sujeito ao Sistema de Justiça Interamericano. Dessa forma, não poderia permanecer a criminalização do desacato no cenário pátrio. Merece destaque o seguinte trecho da decisão:

> Por outro lado, é bom consignar que a revogação ou o reconhecimento da inconstitucionalidade e/ou inconvencionalidade do crime de desacato não autoriza sejam os agentes estatais desrespeitados por parte dos cidadãos, que, em hipótese de abuso

65. SETENTA, Maria do Carmo Goulart Martins. *Diálogo entre Cortes: fortalecimento da proteção dos Direitos Humanos por meio do Controle de Convencionalidade*. Cit. p. 5.

66. TRIBUNAL DE JUSTIÇA DE SANTA CATARINA. Quarta Vara Criminal de Florianópolis. *Ação Penal 0067370-64.2012.8.24.0023*. Sentença, Juiz Alexandre Morais da Rosa, assinada em 17/03/2015. Disponível em: <http://emporiododireito.com.br/backup/desacato-nao-e-crime-diz-juiz-em-controle-de-convencionalidade/>. Acesso em: 23 nov. 2017.

do exercício do direito de livre manifestação, continuarão sujeitos, conforme o caso, às responsabilizações civil (indenizações, reparações e/ou direitos de resposta), administrativo-disciplinar e/ou ainda eventualmente penal pelos crimes de injúria, calúnia e/ou difamação, cujos tipos penais, ao exigirem dolos específicos e bem delimitados, são de mais difícil caracterização e, por tutelarem a honra individual – e não a dignidade da Administração Pública ou do exercício do Serviço Público, como o crime de desacato -, colocam os cidadãos em pé de igualdade com os agentes públicos. O cidadão não pode ofender o agente estatal e vice-versa e, pari passu, o agente estatal não deve ter a seu dispor o recurso ao arbítrio, mediante a utilização de um tipo penal como o art. 331 do CP que possibilita largamente o autoritarismo com a indevida repressão às críticas à Administração Pública, aos serviços públicos prestados, à sua própria atuação, etc., tolhendo e restringindo o direito fundamental das pessoas à livre manifestação do pensamento e, em consequência, violentando o cerne da democracia[67].

No entanto, uma das decisões mais destacadas nesse contexto foi aquela do REsp 1.640.084, já referida, proferida pelo Superior Tribunal de Justiça, em dezembro de 2016. A Quinta Turma do Tribunal afastou a condenação de um acusado por desacato, tendo em vista que o tipo penal era incompatível com a Convenção Americana sobre Direitos Humanos.

Para tanto, a Turma adotou primeiramente a tese de supralegalidade dos tratados internacionais de direitos humanos não aprovados pelo rito do §3º do art. 5º da Constituição Federal[68], conforme precedente do Supremo Tribunal Federal no RE 466343/SP. Afirmou também que, pelo art. 2º da Convenção Americana de Direitos humanos, adotando a autorizada doutrina de Valério Mazzuoli, a realização de controle de convencionalidade para compatibilizar normas internas com convenções de direitos humanos[69], seguindo, inclusive, comando da própria Corte Interamericana.

67. TRIBUNAL DE JUSTIÇA DO RIO DE JANEIRO. *Juizado Especial Criminal adjunto à Segunda Vara Criminal de Belford Roxo. Ação Penal nº 001356-07.2015.8.19.0008.* Sentença, Juiz Alfredo José Marinho Neto, assinada em 4 de julho de 2016. p. 5-6. Disponível em: <http://emporiododireito.com.br/backup/juiz-do-tjrj-faz-controle-de-convencionalidade-do-crime-de-desacato/>. Acesso em: 23 nov. 2017.

68. BRASIL. Superior Tribunal de Justiça. REsp 1640084/SP, Rel. Ministro Ribeiro Dantas, Quinta Turma. Julgado em 15/12/2016, DJe 01/02/2017. Voto. p. 9.

69. "Trata-se do controle de convencionalidade, cuja finalidade é compatibilizar as normas internas com os tratados e convenções de direitos humanos, nos termos da doutrina pioneira, no Brasil, de VALÉRIO MAZZUOLI (*O controle jurisdicional da convencionalidade das leis*. 2ª ed. v. 4. São Paulo: Editora Revista

Ao julgar esse caso, o STJ mencionou inúmeros expedientes da Comissão Interamericana – já anteriormente citados neste texto, como a Relatório de 1994 e o princípio 11 sobre Liberdade de Expressão – para concluir que leis de desacato não podiam permanecer inalterados nos ordenamentos internos face à Convenção Interamericano de Direitos Humanos. Para convalidar a apropriação dos parâmetros da Comissão como diretamente aplicáveis no direito interno, o julgado afirma que o princípio da boa-fé no direito internacional impõe a observância do que referenda a Comissão sobre o tema[70].

Como argumento definitivo, o referido acórdão, ancorou-se sobre a noção *ex part poppuli*[71] como argumento definitivo da descriminalização de desacato[72], assim dispôs:

> Não há dúvida de que a criminalização do desacato está na contramão do humanismo, porque ressalta a preponderância do Estado – personificado em seus agentes – sobre o indivíduo. Afinal, é da Doutrina o conceito de que "todo funcionário público, desde o mais graduado ao mais humilde, é instrumento da soberana vontade e atuação do Estado", daí a especial proteção que lhe consagra a lei penal[73].
>
> A continuar dessa forma, o funcionário púbico que se sentir vitimado por qualquer desaire tem direito de invocar a cláusula absolutista e dizer, sem exagero, *L'État c'est* moi, porquanto com respaldo no art. 331 do CP.

---

dos Tribunais, 2011)" (BRASIL. Superior Tribunal de Justiça. REsp 1640084/SP, Rel. Ministro Ribeiro Dantas, Quinta Turma. Julgado em 15/12/2016, DJe 01/02/2017. Voto. p. 11).

70. "Ora. As recomendações da CIDH assumem força normativa interna, porquanto, "no caso Loayza Tamayo v. Peru e nos posteriores, a Corte [Interamericana de Direitos Humanos] sustentou que o princípio da boa-fé, consagrado também na Convenção de Viena sobre Direito dos Tratados, obriga os Estados contratantes da Convenção Americana de Direitos Humanos a realizar seus melhores esforços para cumprir as deliberações da Comissão [CIDH], que é também órgão principal da OEA, organização que tem como uma de suas funções justamente promover a observância e a defesa dos direitos humanos no continente americano" (RAMOS, André de Carvalho. *Processo internacional de direitos humanos*. 4ª ed. São Paulo: Saraiva, 2015, p. 234)" (BRASIL. Superior Tribunal de Justiça. REsp 1640084/SP, Rel. Ministro Ribeiro Dantas, Quinta Turma. Julgado em 15/12/2016, DJe 01/02/2017. Voto, p. 14).

71. Referência à obra de Norberto Bobbio, melhor densificada no âmbito interno por: LAFER, Celso. *Comércio, desarmamento e direitos humanos: reflexões sobre uma experiência diplomática*. São Paulo: Paz e Terra, 1999.

72. BRASIL. STJ. REsp 1640084/SP, Rel. Ministro Ribeiro Dantas, Quinta Turma. Julgado em 15/12/2016, DJe 01/02/2017. Voto, p. 15.

73. HUNGRIA, Nélson. *Comentários ao Código Penal*. V. 9. Rio de Janeiro: Forense, 1959, p. 420.

> Com todas as vênias, a existência de tal normativo em nosso ordenamento jurídico é anacrônica, pois traduz desigualdade entre funcionários e particulares, o que é inaceitável no Estado Democrático de Direito preconizado pela CF/88 e pela Convenção Americana sobre Direitos Humanos[74].

Todavia, em maio de 2017, decisão tomada no HC 379.269 pela Terceira Seção do STJ – responsável por uniformizar a jurisprudência do Tribunal no atinente ao crime de desacato[75] – derrotou a tese fixada no REsp 1.640.084, isto é, de que o tipo penal de desacato era "incompatível com os parâmetros normativos oferecidos pelo art. 13 do Pacto de São José da Costa Rica, do qual a República Federativa do Brasil é signatária"[76]. Portanto, para a Seção, não há inconvencionalidade em si no tipo penal.

Ao julgar esse caso, o relator Min. Reynaldo Soares da Fonseca votou no mesmo teor do REsp 1.640.084, inclusive citando-o, mas restou vencido por voto da divergência aberta pelos Ministros Antonio Saldanha Palhero e Rogerio Schietti Cruz que, ao contrário do que poderia se supor, dialogaram intimamente com o Sistema Interamericano.

A fim de uniformizar o tema, o Supremo Tribunal Federal, na Arguição de Preceito Fundamental (ADPF) 496, afirmou que o art. 331 do Código Penal foi recepcionado pela Constituição Federal de 1988 e, portanto, não viola a liberdade de expressão. Prevaleceu o voto do Min. Luís Roberto Barroso, para quem nem o texto da Convenção Americana de Direitos Humanos (art. 13), nem a jurisprudência da Corte IDH vedam que os Estados-membros se valham de normas penais para a proteção da honra e do funcionamento adequado da administração pública, desde que de modo proporcional e justificado[77].

74. BRASIL. Superior Tribunal de Justiça. REsp 1640084/SP, Rel. Ministro Ribeiro Dantas, Quinta Turma. Julgado em 15/12/2016, DJe 01/02/2017. Voto, p. 17.
75. Art. 9º, III e Art. 12, X c/c Parágrafo Único, III do Regimento Interno do STJ.
76. BRASIL. Superior Tribunal de Justiça. REsp 1640084/SP, Rel. Ministro Ribeiro Dantas, Quinta Turma. Julgado em 15/12/2016, DJe 01/02/2017. Voto, p. 18.
77. BRASIL. Supremo Tribunal Federal. *Tipificação do crime de desacato não viola a garantia de liberdade de expressão.* Disponível em: <https://portal.stf.jus.br/noticias/verNoticiaDetalhe.asp?idConteudo=446054&ori=1>. Acesso em: 16 mai. 2021.

No voto condutor, proferido pelo Ministro Luís Roberto Barroso, o relator se utiliza principalmente de três argumentos: i) o de que não existe jurisprudência da Corte Interamericana sedimentada sobre o assunto[78-79]; ii) o de que, não havendo contrariedade com decisão que condene especificamente o Brasil diretamente, não há obrigação de retirar a previsão de nosso ordenamento[80] (em síntese, não há contrariedade com o art. 13 da Convenção Americana de Direitos Humanos; logo, não há que se declarar sua inconvencionalidade); iii) o da necessidade de existir, no Brasil, tratamento especial para funcionários públicos quanto à crítica pública[81].

O cenário interno sobre o cotejo no desacato na jurisprudência interna e internacional foi importante para delinear a questão justamente pelo complexo cenário que produziu. A importância dos diálogos em suas múltiplas facetas beneficia sempre os direitos humanos. Não necessariamente pelos resultados que produzem, mas, sobretudo, porque aumentam a *accountability* e o ônus argumentativo dos processos decisórios. Por isso que o caminho acaba importando tanto, ou até mais, quanto os próprios

78. A incriminação por desacato, delito previsto no artigo 331 do Código Penal, afronta o artigo 13 da Convenção Americana de Direitos Humanos (Pacto de San Jose da Costa Rica), ao impedir que o cidadão manifeste-se criticamente diante de ações e atitudes dos funcionários públicos, no exercício de sua função. Desta forma, RECOMENDA-SE aos Defensores Públicos que sustentem a absolvição do indivíduo, no bojo das ações judiciais, utilizando como instrumento o controle de convencionalidade. [Defensoria Pública do Espírito Santo. Recomendação Conjunta SUBDEF/CDH nº 01/2015, de 29/04/2015].

79. Para uma percepção do tema, vale a referência um julgado da Corte Interamericana de Direitos Humanos, que afirma: "establecer sanciones desproporcionadas por realizar opiniones sobre un supuesto hecho ilícito de interés público que involucraba a instituciones militares y sus miembros, contemplando así una protección mayor y automática al honor o reputación de éstos, sin consideración acerca de la mayor protección debida al ejercicio de la libertad de expresión en una sociedad democrática, es incompatible con el artículo 13 de la Convención". (CORTE IDH. *Caso Usón Ramírez Vs. Venezuela.* Sentencia de 20 de febrero de 2009. Disponível em: <http://www.corteidh.or.cr/docs/casos/articulos/seriec_207_esp.pdf>. Acesso em: 30 set. 2020).

80. Argumento do qual também discordamos, tendo em vista que os precedentes da Corte IDH formam bloco de convencionalidade que vincula aos Estados Partes do Sistema Interamericano, tema já discutido anteriormente. (CONCI, Luiz Guilherme Arcaro. *Mercosur: Integracion Regional y Derechos Humanos en un Proceso Multinivel Estudios constitucionales*. Santiago, 2015. Disponível em: <https://scielo.conicyt.cl/scielo.php?script=sci_arttext&pid=S0718-52002015000200005&lng=es&nrm=iso>. Acesso em: 30 set. 2020).

81. [...] 44. Ao atuar no exercício de sua função, o agente público (re)presenta a Administração Pública, situação que lhe sujeita a um regime jurídico diferenciado de deveres e prerrogativas Seus atos são diretamente atribuídos ao Poder Público, que por eles responde objetivamente, sem prejuízo do direito de regresso contra o responsável, nos casos de dolo ou culpa (CF, art. 37, § 6º). [...] 49. Também no campo penal é razoável que se prevejam tipos penais protetivos da atuação dos agentes públicos. É nesse contexto que se justifica a criminalização do desacato. Não se trata de conferir um tratamento privilegiado ao funcionário público. Trata-se, isso sim, de proteger a função pública exercida pelo funcionário, por meio da garantia, reforçada pela ameaça de pena, de que ele não será menosprezado ou humilhado enquanto se desincumbe dos deveres inerentes ao seu cargo ou função públicos. (BRASIL. Supremo Tribunal Federal. *ADPF 496*. Relator: Min. Luís Roberto Barroso, 22 de junho de 2020. Lex: Jurisprudência do STF, Brasília, Diário da Justiça Eletrônico, 24 jun. 2020).

resultados. O que, por sua vez, corrobora para a consolidação de uma teoria e prática do controle de convencionalidade que não se guie apenas pelas suas consequências, mas que amplie o debate público sobre o tema – e isso foi feito no presente caso pelo Supremo Tribunal Federal.

2.3. A ADPF Nº 347 E A AUDIÊNCIA DE CUSTÓDIA

A imperatividade do papel do Poder Judiciário, no que toca à realização dos direitos humanos, sobretudo aqueles sociais mais básicos, decorre da primazia dos direitos humanos e do compromisso com a dignidade da pessoa humana. Dessas bases, estrutura-se o mandato das instâncias judiciárias, nos planos internacional e constitucional, para atuar em relação aos direitos humanos.

A participação da jurisdição na realização dos direitos humanos é um importante mecanismo de democratização e fruição da verdadeira cidadania. Compreende-se, aqui, a importância estratégica dos direitos sociais como mecanismos de empoderamento material que dão as bases mínimas para o exercício político.

As garantias judiciais são um importante mecanismo para romper com a dicotomia e ambivalência instauradas de que a categoria dos direitos civis e políticos merece acatamento e plena realização enquanto os direitos sociais ficam à mercê da boa-vontade estatal. Refutar a proteção dos direitos econômicos, sociais e culturais pela via judicial atende, assim, no contexto brasileiro, a padrões ideológicos e não técnicos.

É verdade que uma atitude mais ativa judicial pode não conduzir à consecução dos objetivos democráticos, mas sim, enfraquecê-los. Por causa disso, muitas questões têm, com razão, sido levantadas sobre o papel hipertrofiado de ação judicial.

Nesse sentido é que se alça a necessidade de reconhecer os horizontes e limites das possibilidades que se abrem à realização dos direitos sociais e econômicos pelo Poder Judiciário. Nota-se que, em especial, o Supremo Tribunal Federal, levando em consideração a dimensão política da jurisdição, atua para "tornar efetivos os direitos econômicos, sociais e culturais, que se identificam – enquanto direitos de segunda geração (como o direito à educação) – com as liberdades positivas, reais ou concretas"[82].

82. Trecho da decisão monocrática: RE 482611, Relator(a): Min. Celso de Mello, julgado em: 23/03/2010, DJE: 06/04/2010.

A jurisprudência nacional, sob as balizas do Pretório Excelso, conforma três ondas evolutivas na proteção judicial desses direitos: em um primeiro momento, com a afirmação de sua justiciabilidade; em segundo período, com a contraposição dos princípios do mínimo existencial e da reserva do possível, sobressaindo-se o primeiro princípio nesse embate; e, em estação mais recente, a afirmação do postulado da vedação do retrocesso social e da inação estatal como balizas protetoras dos direitos econômicos, sociais e culturais também no âmbito interno.

Agregou-se a esse plano tripartite um quarto e último passo com o reconhecimento, em agosto de 2015, do chamado *estado de coisas inconstitucional*. A tese foi difundida, sobretudo, pelo julgamento da ADPF 347, na qual o Partido Político legitimado requereu que seja o sistema penitenciário brasileiro declarado um Estado de Coisas Inconstitucional. Pugnou-se ao STF, nesse cenário, a implementação de políticas públicas e readequação de alocações orçamentárias na tentativa de mitigar a superlotação dos presídios e das condições degradantes do encarceramento.

O julgamento é positivo, pois, de um lado, demonstra os diálogos construtivos do novo constitucionalismo latino-americano ao se valer de categoria explorada pela Corte Constitucional colombiana e, por outro, abre um importante caminho dialógico na construção colaborada de uma saída para a crise do sistema penitenciário brasileiro. Há, assim, a chance de aprender com o fracasso e avanço da experiência colombiana nesse sentido.

A linha é certamente tênue, e há de se ter cuidado para que o estado de coisas inconstitucional não desborde na inconstitucionalidade da hipertrofia do Judiciário sobre os demais Poderes. A liminar conferida andou nesse sentido, inclusive reconhecendo a própria coparticipação do Poder Judiciário a tal estado de coisas inconstitucional ao determinar que "os juízes e tribunais que lancem, em casos de determinação ou manutenção de prisão provisória, a motivação expressa pela qual não aplicam medidas alternativas à privação de liberdade" e a necessidade da realização das audiências de custódia no prazo de 24 horas. A interferência em políticas públicas e orçamentárias se circunscreveu à determinação de cumprimento legal de não se contingenciar o fundo penitenciário.

Prudência nesse terreno é fundamental. É necessário buscar uma solução que conforte os direitos, independente das circunstâncias conjunturais nas quais está o Tribunal inserido. Ativismo judicial não deve e não pode ser confundido com o protagonismo do Judiciário, mas é importante reconhecer o desempenho excepcional quando se trata da efetividade de direitos humanos que guardam estreita relação de condição e consequência de validades democráticas.

Do ponto de vista dos diálogos, por ocasião do julgamento da medida cautelar na ADPF 347, toda a comunidade jurídica envolvida no processo constitucional deu alguma atenção para a Convenção Americana de Direitos Humanos, confirmando a abertura do sistema nacional brasileiro à internalização e convivência com as normas internacionais para a resolução de demandas e problemas internos do Estado-nação brasileiro.

Interessante anotar que, nesse precedente, houve debates que sustentavam, com clareza e ênfase, a obrigatoriedade, por parte de juízes e demais autoridades brasileiras, de observância e cumprimento das normas constantes do Pacto de São José da Costa Rica, com a reafirmação do compromisso brasileiro com os diálogos transnacionais, especificamente no que diz respeito à concretização dos direitos humanos e fundamentais. Trecho do voto do Ministro Celso de Mello resume bem tal compreensão:

> (...) incumbe aos magistrados e Tribunais, notadamente aos Juízes da Corte Suprema do Brasil, o desempenho do dever que lhes é inerente: o de velar pela integridade dos direitos fundamentais de todas as pessoas, o de repelir condutas governamentais abusivas, o de conferir prevalência à essencial dignidade da pessoa humana, o de fazer cumprir os pactos internacionais que protegem os grupos vulneráveis expostos a práticas discriminatórias e o de neutralizar qualquer ensaio de opressão estatal.

Nesse contexto, a audiência de custódia consiste na apresentação do preso ao juízo após a prisão em flagrante como um meio de proteção de direitos humanos. A audiência custódia está prevista no art. 9º, item 3, do Pacto Internacional de Direitos Civis e Políticos das Nações Unidas, onde consta: "Qualquer pessoa presa ou encarcerada em virtude de infração penal deverá ser conduzida, sem demora, à presença do juiz ou de outra autoridade habilitada por lei a exercer funções judiciais e terá o direito de ser julgada em prazo razoável ou de ser posta em liberdade. A prisão preventiva de pessoas que aguardam julgamento não deverá constituir a regra geral, mas a soltura poderá estar condicionada a garantias que assegurem o comparecimento da pessoa em questão à audiência, a todos os atos do processo e, se necessário for, para a execução da sentença".

Aliás, a Corte Interamericana de Direitos Humanos tem afirmado, com base no art. 7.3 da Convenção Americana de Direitos Humanos, que veda à submissão à detenção ou ao encarceramento arbitrários, que a gravidade do crime imputado não justifica, por si só, a decretação da prisão preventiva[83]. O perigo de fuga não pode ser avaliado, tão somente, com fundamento na gravidade da possível pena a ser imposta, mas em relação a outros fatores relevantes que possam confirmar a existência de um perigo de fuga (como os relacionados ao domicílio, ocupação, bens, lações familiares e todo o tipo de vínculo com o país onde o investigado/acusado esteja sendo processado)[84]. Com efeito, não basta que o perigo à obstrução das investigações ou do desenvolvimento processual seja inferido *in abstrato*, mas exige a existência de evidências concretas (*v.g.*, risco de pressão sobre testemunhas ou o pertencimento a uma organização criminosa). Dessa forma, a prisão preventiva deve ser periodicamente revisada, não se devendo aguardar o momento de proferir uma sentença de absolvição para revogá-la, quando desaparecem suas causas, quando a medida cautelar não se mostrar mais necessária ou ainda quando não revelar proporcional à restrição da liberdade[85].

Daí a importância da realização da audiência de custódia, que também consta do art. 7º, item 5, da Convenção Americana de Direitos Humanos, nos seguintes termos: "Toda pessoa presa, detida ou retida deve ser conduzida, sem demora, à presença de um juiz ou outra autoridade autorizada por lei a exercer funções judiciais".

A realização da audiência de custódia passou a ser obrigatória a partir do julgamento da ADPF nº 347, pelo Supremo Tribunal Federal. Em setembro de 2015, o STF concedeu a medida cautelar na Arguição de Descumprimento de Preceito Fundamental (ADPF) nº 347.

O autor da ação, Partido Socialismo e Liberdade (PSOL), questionou decisão do Tribunal Regional Federal da 1ª Região, na qual foi denegada ordem de *habeas corpus* sob a fundamentação de que o ordenamento jurídico brasileiro não contemplava o instituto da audiência de custódia.

Dentre os requerimentos da ADPF, postulou-se o reconhecimento do Estado de Coisas Inconstitucional (ECI) no que tange ao sistema carcerário

83. CORTE INTERAMERICANA DE DIREITOS HUMANOS. *Caso Romero Feris vs. Argentina*. Sentença de 15 de outubro de 2019. Disponível em: <https://www.corteidh.or.cr/docs/casos/articulos/seriec_391_esp.pdf>. Acesso em: 26 maio 2023. Par. 105.

84. CORTE INTERAMERICANA DE DIREITOS HUMANOS. *Caso Bayarri vs. Argentina*. Sentença de 30 de outubro de 2008. Disponível em: <https://www.corteidh.or.cr/docs/casos/articulos/seriec_187_por.pdf >. Acesso em: 26 maio 2023. Par. 74.

85. Idem. Par. 79.

no Brasil. O ECI é originário da Colômbia, cuja Corte Constitucional entende restar configurado caso presentes três pressupostos: (i) uma situação de violação generalizada e massiva de direitos fundamentais; (ii) a inércia ou incapacidade reiterada e persistente das autoridades públicas em modificar a situação; (iii) a necessidade de atuação de uma pluralidade de órgãos estatais para a superação das violações[86].

Com base nesse instituto do direito colombiano, o STF decidiu que o sistema penitenciário nacional – em virtude de condições desumanas de custódia, superlotações, violações massivas de direitos humanos, falhas estruturais e falência de políticas públicas – se caracteriza como um ECI. Reconheceu que a reversão desse quadro depende da atuação dos três poderes, por meio da implementação de medidas normativas, administrativas e orçamentárias.

Na mesma oportunidade, o STF, embasado nos artigos 7.5 da Convenção Americana e 9.3 do Pacto Internacional de Direitos Civis e Políticos, determinou a obrigatoriedade da realização de audiências de custódia, viabilizando-se o comparecimento das pessoas privadas de liberdade perante autoridade judiciária em até 24 (vinte e quatro) horas do momento da prisão.

Dessa forma, o STF minimizou os efeitos nocivos da aplicação sistemática da prisão provisória. Sua fundamentação se deu com o objetivo de assegurar as garantias fundamentais previstas na Constituição da República e nos Tratados de Direitos Humanos, a fim de "viabilizar a aplicação de medidas alternativas cautelares, como o uso de tornozeleiras eletrônicas"[87].

Da mesma forma, o Pretório Excelso determinou a realização de mutirões carcerários, com o intuito de afastar irregularidades e garantir o cumprimento da Lei de Execuções Penais, analisando a situação processual das pessoas presas, a fim de contribuir para humanizar a aplicação das penas e conferir maior justiça ao sistema de repressão criminal.

Vale destacar que, na ADI 5.240/SP, a Associação dos Delegados de Polícia de São Paulo (ADEPOL) já havia questionado a constitucionalidade do Provimento Conjunto nº 03/2015, do Tribunal de Justiça de São Paulo, que regulamentava as audiências de custódia no âmbito daquele Tribunal.

---

86. BRASIL. Supremo Tribunal Federal. *Medida Cautelar na Arguição de Descumprimento de Preceito Fundamental nº 347*. Julgamento em: 09 set. 2015. Voto do Relator, Min. Marco Aurélio.

87. BRASIL. Supremo Tribunal Federal. *Medida cautelar na Arguição de Descumprimento de Preceito Fundamental 347 Distrito Federal*. Rel. Min. Marco Aurélio. Plenário. 2015. Disponível em: <http://redir.stf.jus.br/paginadorpub/paginador.jsp?docTP=TP&docID=10300665>. Acesso em: 8 dez. 2020.

O Supremo Tribunal Federal julgou improcedente a ação direta de inconstitucionalidade, com fundamento nos arts. 7º.5 ("toda pessoa presa, detida ou retida, deve ser conduzida, sem demora, à presença de um juiz") e 9º.3 do Pacto Internacional sobre Direitos Civis e Políticos de 1966, que os "tratados e convenções internacionais com conteúdo de direitos humanos, uma vez ratificados e internalizados, ao mesmo passo em que criam direitos para os indivíduos, operam a supressão de efeitos de outros atos estatais infraconstitucionais que se contrapõem à sua plena efetivação"[88].

A Resolução 213, de 15 de dezembro de 2015, do Conselho Nacional de Justiça, regulamentou o funcionamento dessas audiências, por considerar que "a condução imediata da pessoa presa à autoridade judicial é o meio mais eficaz para prevenir e reprimir a prática de tortura no momento da prisão, assegurando, portanto, o direito à integridade física e psicológica das pessoas submetidas à custódia estatal, previsto no art. 5.2 da Convenção Americana de Direitos Humanos e no art. 2.1 da Convenção Contra a Tortura e Outros Tratamentos ou Penas Cruéis, Desumanos ou Degradantes", além de estar fundado em estudos do Subcomitê de Prevenção da Tortura da ONU, do Grupo de Trabalho sobre Detenção Arbitrária da ONU e do Relatório da Comissão IDH sobre o Uso da Prisão Preventiva nas Américas.

O art. 1º desta Resolução determinou "que toda pessoa presa em flagrante delito, independentemente da motivação ou natureza do ato, seja obrigatoriamente apresentada, em até 24 horas da comunicação do flagrante, à autoridade judicial competente, e ouvida sobre as circunstâncias em que se realizou sua prisão ou apreensão".

No entanto, julgados do Superior Tribunal de Justiça afirmam que a não realização da audiência de custódia não acarreta a automática nulidade do processo criminal, e que tal alegação fica superada com a posterior conversão do flagrante em prisão preventiva[89]. Isso porque se trata de uma nova decisão de privação de liberdade.

A Lei 13.964/2019, conhecida por Pacote Anticrime, ampliou as hipóteses de apresentação do custodiado ao magistrado, não se limitando apenas

88. BRASIL. Supremo Tribunal Federal. *ADPF 320/DF*. Tribunal Pleno. Rel. Min. Luiz Fux. J. 20.08.2015. Pub. DJe 01.02.2016.

89. BRASIL. Superior Tribunal de Justiça. *RHC 119.503/RS*. 6ª T. rel. Min. Laurita Vaz. j. 04.02.2020. Publ. DJe 19.02.2020; BRASIL. Superior Tribunal de Justiça. *RHC 115.618-BA*. 5ª T. rel. Min. Reynaldo Soares da Fonseca. j. 27.08.2019. Pub. 10.09.2019.

à hipótese de prisão flagrante, mas também nos casos em que a custódia cautelar ocorrer em razão de um mandado de prisão[90].

Na Reclamação n. 29.303/RJ, o Ministro Edson Fachin, em decisão monocrática, determinou a realização, no prazo de 24 horas, de audiência de custódia em todas as modalidades prisionais, inclusive prisões temporárias, preventivas e definitivas. A reclamante, Defensoria Pública do Estado do Rio de Janeiro aduziu à superveniência da Resolução 29/2015, ato normativo editado pelo Tribunal de Justiça do Estado do Rio de Janeiro, que teria limitado a realização de audiências de apresentação somente aos casos de prisões em flagrante[91].

Portanto, o Supremo Tribunal Federal, especialmente a partir da ADPF nº 347, permite a evolução da proteção dos direitos humanos por meio de uma hermenêutica *pro persona* da Constituição da República Federativa do Brasil e dos Tratados em Direitos Humanos.

Importante destacar que essas transformações sucedidas no Brasil o aproximam dos 28 (vinte e oito) Estados membros da Organização dos Estados Americanos, cuja legislação doméstica garante a pronta revisão judicial das prisões em flagrante.

Durante a pandemia de Covid-19, para não tornar sem efeito as audiências de custódia, enquanto garantia de proteção de direitos humanos do preso, o Supremo Tribunal Federal declarou a constitucionalidade da sua realização por videoconferência, enquanto perdurar a crise sanitária[92].

2.4. A AÇÃO DIRETA DE INCONSTITUCIONALIDADE Nº 5357/16 E O ENSINO INCLUSIVO

A Ação Direta de Inconstitucionalidade nº 5357, julgada em 2016, cujo objeto versava sobre o ensino inclusivo em todos os níveis de educação, é outro exemplo da preocupação do Supremo Tribunal Federal com a tutela adequada e efetiva dos direitos humanos.

90. "Art. 287. Se a infração for inafiançável, a falta de exibição do mandado não obstará a prisão, e o preso, em tal caso, será imediatamente apresentado ao juiz que tiver expedido o mandado, para a realização de audiência de custódia (Redação dada pela Lei nº 13.964, de 2019)".
91. BRASIL. Supremo Tribunal Federal. *Rcl. 29.303 AgR./RJ*. 2020-a. Min. Rel. Edson Fachin. j. 10 dez. 2020.
92. BRASIL, Supremo Tribunal Federal. *ADI 6841*. Tribunal Pleno. Rel. Min. Nunes Marques. j. 01.07.2021.

Nesse caso, o STF buscou na Convenção Internacional sobre os Direitos da Pessoa com Deficiência concretizar o princípio da igualdade como fundamento de uma sociedade democrática que respeita a dignidade humana.

O art. 24 da Convenção Internacional sobre os Direitos das Pessoas com Deficiência versa sobre o direito à educação, nos seguintes termos:

> Artigo 24 Educação
>
> 1. Os Estados Partes reconhecem o direito das pessoas com deficiência à educação. Para efetivar esse direito sem discriminação e com base na igualdade de oportunidades, os Estados Partes assegurarão **sistema educacional inclusivo** em todos os níveis, bem como o aprendizado ao longo de toda a vida, com os seguintes objetivos: a) O pleno desenvolvimento do potencial humano e do senso de dignidade e auto-estima, além do fortalecimento do respeito pelos direitos humanos, pelas liberdades fundamentais e pela diversidade humana; b) O máximo desenvolvimento possível da personalidade e dos talentos e da criatividade das pessoas com deficiência, assim como de suas habilidades físicas e intelectuais; c) A participação efetiva das pessoas com deficiência em uma sociedade livre.
>
> 2. Para a realização desse direito, os Estados Partes assegurarão que: a) As pessoas com deficiência **não sejam excluídas do sistema educacional geral** sob alegação de deficiência e que as crianças com deficiência não sejam excluídas do ensino primário gratuito e compulsório ou do ensino secundário, sob alegação de deficiência; b) As pessoas com deficiência possam ter **acesso ao ensino primário inclusivo**, de qualidade e gratuito, e ao ensino secundário, em igualdade de condições com as demais pessoas na comunidade em que vivem; c) Adaptações razoáveis de acordo com as necessidades individuais sejam providenciadas; d) As pessoas com deficiência recebam o apoio necessário, **no âmbito do sistema educacional geral**, com vistas a facilitar sua efetiva educação; e) Medidas de apoio individualizadas e efetivas sejam adotadas em ambientes que maximizem o desenvolvimento acadêmico e social, de acordo com a meta de inclusão plena.
>
> 3. Os Estados Partes assegurarão às pessoas com deficiência a possibilidade de adquirir as competências práticas e sociais necessárias de modo a facilitar às pessoas com deficiência sua **plena e igual participação no sistema de ensino e na vida em comunidade**. Para

tanto, os Estados Partes tomarão medidas apropriadas, incluindo: a) Facilitação do aprendizado do braille, escrita alternativa, modos, meios e formatos de comunicação aumentativa e alternativa, e habilidades de orientação e mobilidade, além de facilitação do apoio e aconselhamento de pares; b) Facilitação do aprendizado da língua de sinais e promoção da identidade linguística da comunidade surda; c) Garantia de que a educação de pessoas, em particular crianças cegas, surdocegas e surdas, seja ministrada nas línguas e nos modos e meios de comunicação mais adequados ao indivíduo e em ambientes que favoreçam ao máximo seu desenvolvimento acadêmico e social.

4. A fim de contribuir para o exercício desse direito, os Estados Partes tomarão medidas apropriadas para empregar professores, inclusive professores com deficiência, habilitados para o ensino da língua de sinais e/ou do braille, e para capacitar profissionais e equipes atuantes em todos os níveis de ensino. Essa capacitação incorporará a conscientização da deficiência e a utilização de modos, meios e formatos apropriados de comunicação aumentativa e alternativa, e técnicas e materiais pedagógicos, como apoios para pessoas com deficiência.

5. Os Estados Partes assegurarão que as pessoas com deficiência possam ter acesso ao ensino superior em geral, treinamento profissional de acordo com sua vocação, educação para adultos e formação continuada, sem discriminação e em igualdade de condições. Para tanto, os Estados Partes assegurarão a provisão de adaptações razoáveis para pessoas com deficiência. (Grifos Nossos).

O Supremo Tribunal Federal, ao assegurar a educação inclusiva para pessoas com deficiência, ressaltou o compromisso ético com a pluralidade democrática adotada pela Constituição brasileira.

Nas palavras do Min. Edson Fachin, "somente com o convívio com a diferença e com o seu necessário acolhimento que pode haver a construção de uma sociedade livre, justa e solidária, em que o bem de todos seja promovido sem preconceitos (...) (art. 3, I e IV, CRFB)"[93].

93. BRASIL. Supremo Tribunal Federal. *Referendo na Medida Cautelar na Ação Direta de Inconstitucionalidade 5.357 Distrito Federal*. Rel. Min. Edson Fachin. Plenário. j. 09.06.2016. Disponível em: <http://redir.stf.jus.br/paginadorpub/paginador.jsp?docTP=TP&docID=12012290>. Acesso em: 8 dez. 2020.

Destaca-se que aquele é furtado do colorido da vivência cotidiana, seja em razão da distinção ou do enclausuramento, é privado "da estupefação diante do que se coloca como novo, como diferente"[94].

Portanto, o *Ius Constitutionale Commune* se fortalece pelo exercício do controle judicial de convencionalidade. Nesse julgado, tal controle permitiu adequar o direito interno aos ditames da Convenção Internacional sobre os Direitos da Pessoa com Deficiência, o que também foi ressaltado nos arts. 27 a 30 do Estatuto da Pessoa com Deficiência (Lei nº 13.146/15), ao reproduzir o tratado internacional para regulamentar o direito à educação inclusiva no Brasil.

2.5. A ADPF Nº 635/RJ E A VIOLÊNCIA POLICIAL (QUE PERSISTE)

Ainda como exemplo de diálogo entre Cortes, a ADPF nº 635/RJ, de relatoria do Min. Edson Fachin, julgada em agosto de 2020, valeu-se dos fundamentos do *Caso Favela Nova Brasília vs. Brasil*, julgado pela Corte Interamericana de Direitos Humanos, em que restou reconhecida a omissão no Estado do Rio de Janeiro, em relação à violência e letalidade das ações decorrentes de operações dos agentes de segurança pública na Favela Nova Brasília, no Rio de Janeiro.

Foi reconhecida a violência generalizada, sobretudo quanto à omissão estrutural do Poder Público na adoção de medidas para a redução da letalidade policial, suscitando a necessidade de limitação das operações policiais nos perímetros próximos às escolas, além do dever de investigação em casos de suspeita de ilícitos praticados por agentes de segurança pública[95].

> A utilização da expressão grave violação no âmbito da jurisdição constitucional permite identificar o liame não apenas entre a magnitude da violação, mas também entre suas características, ao se exigir do Tribunal que examine o tema à luz da jurisprudência das organizações internacionais de Direitos Humanos. A omissão estrutural é a causa de uma violação generalizada, cuja solução demanda uma resposta complexa do Estado, por isso, é necessário demonstrar não apenas a omissão, mas também o nexo. A necessidade de solução complexa pode

94. Ibid.

95. BRASIL. Supremo Tribunal Federal. *Medida Cautelar na Arguição de Descumprimento de Preceito Fundamental 635 Rio de Janeiro*. Relator Min. Edson Fachin. Plenário. j. 18.08.2020. Disponível em: <http://redir.stf.jus.br/paginadorpub/paginador.jsp?docTP=TP&docID=754168293>. Acesso em: 8 dez. 2020. p. 3.

ser depreendida de decisões proferidas pela Corte Interamericana de Direitos Humanos, especialmente se dela for parte o Estado brasileiro.

Além disso, destaca-se, na ADPF nº 635/RJ, a análise de importantes precedentes internacionais relativos à letalidade de agentes da segurança pública. O STF, traçando um diálogo entre Cortes, referenciou Casos como *Yasa vs. Turquia*, da Corte Europeia de Direitos Humanos, *Las Palmeras vs. Colômbia*, *Zambrano Vélez et. al. vs. Equador*, *"Massacre de Mapiripán" vs. Colômbia*, *Almonacid Arellano vs. Chile* e *Sétimo Garibaldi vs. Brasil* – todos julgados pela Corte Interamericana de Direitos Humanos. Esses casos têm em comum a omissão estatal decorrente da violência e letalidade das forças armadas ou policiais.

Nesse sentido, o Conselho Nacional do Ministério Público editou a resolução nº 201, de 4 de novembro de 2019, com o objetivo de se adequar às disposições do Direito Internacional dos Direitos Humanos, sobretudo no que tange aos *standards* firmados em sede da decisão do *Caso Favela Nova Brasília vs. Brasil*, julgada pela Corte IDH. A resolução comporta uma série de mudanças envolvendo as regras mínimas de atuação do Ministério Público no controle externo de investigações e de processos criminais, ampliando as diligências para a oitiva de familiares da vítima e testemunhas eventualmente não arroladas nos autos. É necessário que a vítima seja ouvida, ao lhe possibilitar a ciência dos acontecimentos no decorrer das investigações criminais ou dos processos penais, assim como sua notificação sobre o pronunciamento do Ministério Público quando da promoção de arquivamento[96].

Tal resolução avança na promoção e ampliação dos direitos humanos, mormente à remissão feita ao art. 53 do Estatuto da Igualdade Racial (Lei nº 12.288, de 20 de julho de 2010), no que concerne às investigações que apurem violência por agentes públicos em desfavor de vítimas negras,

96. Art. 2º: O artigo 4º da Resolução nº 129, de 22 de setembro de 2015, passa a vigorar acrescido dos incisos VI e VII, com a seguinte redação: "Art. 4º (...). VI – em caso de promoção de arquivamento das investigações criminais indique as diligências adotadas/requisitadas e os motivos da impossibilidade de seu cumprimento; VII – nos casos de arquivamento das investigações criminais, notifique a vítima e/ou seus familiares sobre o pronunciamento do Ministério Público" (CONSELHO NACIONAL DO MINISTÉRIO PÚBLICO. *Resolução nº 201, de 4 de novembro de 2019. Altera as Resoluções nº 129/2015 e nº 181/2017, ambas do CNMP, com o objetivo de adequá-las às disposições do Direito Internacional dos Direitos Humanos, especialmente à decisão do caso Favela Nova Brasília vs. Brasil, da Corte Interamericana de Direitos Humanos.* Disponível em: <https://www.cnmp.mp.br/portal/images/Resolucoes/Resoluo-n-201.pdf>. Acesso em: 15 jan. 2020).

incumbindo ao Ministério Público a análise do racismo sistêmico e estrutural, indo além da mera persecução penal[97].

O *Caso Favela Nova Brasília vs. Brasil* também abre a discussão de investigações imparciais pelo Ministério Público. Tal questão aparece no projeto de Lei 5.282/2019, do Senado Federal, que propõe alterar o art. 156 do Código de Processo Penal para estabelecer a obrigatoriedade de o Ministério Público buscar a verdade dos fatos também em favor do indiciado ou do acusado. O referido projeto de lei afirma que o descumprimento deste dever funcional acarretaria a nulidade absoluta da investigação e do processo. O poder de investigação do Ministério Público foi reconhecido pelo Supremo Tribunal Federal[98] e pelo Conselho Nacional do Ministério Público na Resolução nº 181/2017.

Tal poder já havia sido reconhecido pelos itens 13 e 14 das Regras de Havana, aprovadas no VIII Congresso Criminal promovido pela Organização das Nações Unidas, em 1990:

> 13. No exercício das suas funções os magistrados do Ministério Público:
>
> a) Dão prova de imparcialidade e evitam toda a discriminação de ordem política, social, religiosa, racial, cultural, sexual ou outra;
>
> b) Protegem o interesse público, agindo com objectividade, tomam devidamente em consideração a posição do suspeito e da vítima e têm em conta todas as circunstâncias pertinentes, quer sejam favoráveis ou desfavoráveis ao suspeito;
>
> c) Não divulgam o que lhes é comunicado, salvo se o exercício das suas funções ou as necessidades da realização da justiça o exigem;
>
> d) Têm em conta os pontos de vista e as preocupações das vítimas quando estas são lesadas no seu interesse pessoal, e asseguram que as vítimas sejam informadas dos seus direitos em conformidade com a Declaração dos Princípios Básicos de Justiça Relativos às Vítimas da Criminalidade e às Vítimas de Abuso de Poder.

---

97. Art. 3º O artigo 17 da Resolução nº 181, de 7 de agosto de 2017, publicada no Diário Eletrônico do CNMP, Caderno Processual, edição nº 169, de 8 de setembro de 2019, passa a vigorar acrescido dos parágrafos 5º, 6º, 7º e 8º, com a seguinte a redação: "Art. 17.[...] § 8º Nas investigações que apurem notícia de violência manifestada por agentes públicos em desfavor de vítimas negras, em atenção ao disposto no art. 53 da Lei nº 12.288/2010, o membro do Ministério Público deve levar em consideração, para além da configuração típico-penal, eventual hipótese de violência sistêmica, estrutural, psicológica, moral, entre outras, para fins dos encaminhamentos previstos no presente artigo." (NR). CONSELHO NACIONAL DO MINISTÉRIO PÚBLICO. *Resolução nº 201, de 4 de novembro de 2019*. Cit.

98. BRASIL. Supremo Tribunal Federal. RE 593727, Relator(a): Cezar Peluso, Relator(a) p/ Acórdão: Gilmar Mendes, Tribunal Pleno, julgado em 14/05/2015, acórdão eletrônico repercussão geral – mérito Dje-175 Divulg 04-09-2015 public 08-09-2015.

14. Os magistrados do Ministério Público não encetam nem continuam investigações criminais ou fazem o possível para as suspender se um inquérito imparcial revelar que a acusação não é fundada[99].

A atuação do Ministério Público, nas investigações, deve ser objetiva e imparcial, considerando todas as circunstâncias pertinentes – sejam favoráveis, sejam desfavoráveis ao suspeito – para refutar acusações infundadas e preservar a garantia constitucional da presunção de inocência (arts. 5º, inc. LVII, CF e 8.2 da CADH[100]), quando não há justa causa para o oferecimento de ação penal pública. A atividade constitucional do Ministério Público não se resume a ser um órgão de acusação. A instituição também age como fiscal da ordem jurídica e, principalmente, como defensora dos direitos humanos-fundamentais. Isso, todavia, não significa que o Ministério Público deve assumir o papel ou fazer as vezes da defesa do investigado ou do acusado. Muito menos, tal compreensão do sistema acusatório deve tornar absolutamente nulos os atos praticados durante a investigação por não abarcar alguma circunstância favorável à defesa.

O Projeto de Lei 5.282/2019 está, portanto, dissociado dos padrões jurídicos nacionais e internacionais de investigações imparciais e objetivas. A Suprema Corte norte-americana, no *Caso Brady vs. Maryland*, de 1963, ressaltou a importância do sistema acusatório[101]. Nesse sentido, asseverou que a "sociedade não ganha apenas quando um culpado é condenado, ganha também quando os julgamentos são justos". A partir desse caso, a *American Bar Association* adotou padrões para orientar a investigação criminal dos

99. ORGANIZAÇÃO DAS NAÇÕES UNIDAS. *Princípios orientadores relativos à função dos magistrados do Ministério Público*. Disponível em: <http://www.dhnet.org.br/direitos/sip/onu/ajus/prev24.html>. Acesso em: 10 abr. 2021.

100. Conforme precedentes da Corte Interamericana de Direitos Humanos, a presunção de inocência implica que o Estado não condene informalmente uma pessoa ou emita julgamento à sociedade, contribuindo para formar uma opinião pública, enquanto a responsabilidade penal não for comprovada de acordo com a lei. Pela presunção de inocência, o ônus da prova de provar que o acusado cometeu o crime é do órgão acusador. A demonstração irrefutável da conduta dolosa ou culposa é requisito essencial para a imposição da sanção penal. Não se pode iniciar um processo penal sem justa causa, com a crença pré-concebida de que a pessoa acusada cometeu o crime pela qual foi denunciada e qualquer dúvida razoável deve ser usada em benefício do réu. Cf. CORTE INTERAMERICANA DE DIREITOS HUMANOS. *Caso Cabrera García Y Montiel Flores Vs. Mexico*. Sentença de 26 de novembro de 2010. Disponível em: < https://www.corteidh.or.cr/docs/casos/articulos/seriec_220_ing.pdf >. Acesso em: 26 maio 2023. Par. 184; CORTE INTERAMERICANA DE DIREITOS HUMANOS. *Caso Manuela Y Outros Vs. El Salvador*. Sentença de 2 de novembro de 2021. Disponível em: <https://www.corteidh.or.cr/docs/casos/articulos/seriec_441_esp.pdf >. Acesso em: 26 maio 2023. Par. 132.

101. ARAS, Vladmir. *O papel do Ministério Público no processo penal: o precedente Brady vs. Maryland e a normativa do Conselho da Europa*. Disponível em: <https://vladimiraras.blog/2019/10/02/o-papel-do-ministerio-publico-no-processo-penal-o-precedente-brady-vs-maryland-e-a-normativa-do-conselho-da-europa/>. Acesso em: 10 abr. 2021.

membros do Ministério Público, dentre as quais: i) a documentação plena dos fatos; ii) a revelação à defesa de todas as provas que possam mitigar ou eliminar a responsabilidade criminal ou influenciar na pena. Do mesmo modo, a Recomendação REC (2000)19, adotada pelo Conselho de Ministros da Europa, reforça a relevância de investigações imparciais (princípio 27) e a necessidade do Ministério Público, salvo quando há previsão legal diversa, às informações que possam afetar o devido processo legal. Nessa linha, o Supremo Tribunal Federal editou a Súmula 14, pela qual é "direito do defensor, no interesse do representado, ter acesso amplo aos elementos de prova que, já documentados em procedimento realizado por órgão com competência de polícia judiciária, digam respeito ao exercício do direito de defesa".

Dessa forma, assegurar investigações imparciais e possibilitar o exercício do direito de defesa durante o procedimento investigatório criminal são deveres funcionais do Ministério Público, o que não significa que, se determinada circunstância favorável à defesa deixar de ser investigada, sem nenhuma omissão culposa ou dolosa, deva acarretar necessariamente a nulidade absoluta das investigações, como prevê de forma desarrazoada o entendimento consagrado no Projeto de Lei 5.282/2019.

Uma das maiores e mais impactantes audiências públicas no STF, a audiência para a redução da letalidade policial, foi conduzida no contexto da ADPF, em abril de 2020, e conferiu oportunidade histórica de manifestação da sociedade e das instituições sobre as causas e consequências da letalidade policial. Menos de um mês depois, sobreveio a chacina de Jacarezinho, reconhecida pela CIDH como a ação policial mais letal da história do Rio de Janeiro.

Justamente em função desse massacre, o STF foi novamente instado a se manifestar no bojo da ADPF, citada a fim de determinar o conceito de excepcionalidade a justificar as operações policiais nas comunidades – e, aqui, o nome dado à operação em Jacarezinho, Exceptis, parece ser desrespeito à institucionalidade do decidido pelo plenário do STF – e, além disto, cobrar a investigação e responsabilidade sobre o ocorrido. Em voto de 21 de maio de 2021, o Relator Edson Fachin circunscreveu os requisitos de excepcionalidade para fins de operação policial: número suficiente de agentes para minimizar as chances de se utilizar a força indevidamente, acompanhamento de equipe pericial e número adequado de agentes para assegurar a realização da perícia.

Mesmo com as condenações internas e internacionais, o excessivo uso da força pelo Estado brasileiro, reproduzido em operações policiais sangrentas, deixa o sentimento de frustração e impunidade, que reclama o maior diálogo entre os direitos humanos e a segurança pública.

2.6. O RECURSO EXTRAORDINÁRIO 1.008.166 E O DEVER ESTATAL DE ASSEGURAR DIREITO À CRECHE E À PRÉ-ESCOLA: UMA PERSPECTIVA DO CONSTITUCIONALISMO FEMINISTA NO SUPREMO TRIBUNAL FEDERAL

O dever estatal de garantir a educação de crianças e adolescentes é assegurado constitucionalmente, mais precisamente nos artigos 6º - ao prever que a educação é direito de todos e artigo 26, inciso V, que indica que os Entes Federativos devem promover meios de acesso à educação, – sobretudo quando se fala dos direitos protegidos à primeira infância.

No que concerne aos municípios, a Constituição disciplina que é sua incumbência a manutenção de programas de educação infantil e de ensino fundamental, em cooperação técnica e financeira com a União e o respectivo Estado (artigo 30, inciso VI).

Ao se tratar de crianças de tenra idade, imperioso destaque para a Lei 13.257/2016 (Marco Legal da Primeira Infância), a qual enfatiza a noção científica de que os primeiros anos da vida são os mais importantes para a formação do indivíduo, reforça o reconhecimento das crianças como sujeito de direitos, a prioridade absoluta na efetivação dos direitos humanos-fundamentais e a responsabilidade compartilhada da família, da sociedade e do Estado na proteção integral e no desenvolvimento pleno (físico, mental, moral, espiritual e social) da primeira infância, período que abrange os primeiros 6 (seis) anos completos ou 72 (setenta e dois) meses de vida da criança.

É dever da família, da sociedade e do Estado assegurar à criança, ao adolescente e ao jovem, com prioridade absoluta, a efetivação dos direitos humanos-fundamentais, conforme prevê os artigos 227, *caput*, da Constituição Federal, 4º da Lei 8.069/1990 (Estatuto da Criança e do Adolescente) e 3º da Lei 13.257/2016 (Marco Legal da Primeira Infância).

No *Relatório Justiça Começa na Infância: Fortalecendo a atuação do Sistema de Justiça na promoção de direitos para o desenvolvimento humano integral*[102], o Conselho Nacional de Justiça, ao tratar da importância da proteção especial da Primeira Infância, enfatizou:

> **Quanto mais a ciência se aprofunda e as boas práticas mostram resultados surpreendentes, mais se sabe que os primeiros anos de vida são os mais importantes na formação do indivíduo, especialmente os anos iniciais.** Não há investimento com retorno tão alto e duradouro quanto aquele feito na infância, tanto em termos humanos e de justiça social, como econômicos. Além de ser um direito humano fundamental, investir afetivamente, assim como em políticas públicas, na primeira infância pode diminuir a criminalidade, melhorar a qualidade de vida, da saúde, da educação, da capacidade produtiva, elevar a renda das famílias e gerar uma sociedade mais justa, próspera e pacífica.
>
> Partindo da premissa de que a infância não pode esperar e diante da consciência de que o Brasil conta com aproximadamente 20 milhões de cidadãos vivendo nessa fase considerada a maior janela de oportunidades para formação das bases para toda sua vida, evidencia-se a necessidade de melhor estruturar as ações voltadas ao desenvolvimento infantil. E aproveitar para tornar de fato, o que está estabelecido de direito, pois o Brasil se tornou, em 2016, o primeiro país do mundo a promulgar uma legislação específica para a primeira infância, determinando princípios e diretrizes para a formulação de políticas públicas destinadas à faixa etária até os 6 anos. A partir do projeto *Justiça começa na Infância: Fortalecendo a atuação do Sistema de Justiça na promoção de direitos para o desenvolvimento humano integral*, o Judiciário brasileiro busca participar mais ativamente da implementação dos avanços legislativos já realizados.
>
> **O Marco Legal da Primeira Infância (Lei n.13.257/2016) reforça regras estabelecidas na Constituição Federal de 1988, como o reconhecimento da criança como sujeito de direitos, a prioridade absoluta na efetivação destes e a responsabilidade compartilhada da família, da sociedade e do Estado.** Também atualiza o Estatuto da Criança e do Adolescente, o ECA (Lei n.8.069), que em 1990 garantiu

102. Conselho Nacional de Justiça; Programa das Nações Unidas para o Desenvolvimento. Relatório justiça começa na infância: fortalecendo a atuação do sistema de justiça na promoção de direitos para o desenvolvimento humano integral/Conselho Nacional de Justiça; Programa das Nações Unidas para o Desenvolvimento. Brasília: CNJ, 2022. p. 23-24.

a proteção integral e o direito às oportunidades de desenvolvimento (grifo nosso).

Em setembro de 2022, o Supremo Tribunal Federal reuniu-se para o julgamento do Recurso Extraordinário 1.008.166/SC, de Relatoria do Ministro Luiz Fux, cujo objeto versava sobre a garantira de vaga em creche ou pré-escola às crianças de zero a cinco anos de idade, com base no artigo 208, inciso IV, da Constituição Federal.

O recurso tornou-se tema de repercussão geral, tendo restado fixado que:

> 1. A educação básica em todas as suas fases – educação infantil, ensino fundamental e ensino médio – constitui direito fundamental de todas as crianças e jovens, assegurado por normas constitucionais de eficácia plena e aplicabilidade direta e imediata.
>
> 2. A educação infantil compreende creche (de zero a 3 anos) e a pré-escola (de 4 a 5 anos). Sua oferta pelo Poder Público pode ser exigida individualmente, como no caso examinado neste processo.
>
> 3. O Poder Público tem o dever jurídico de dar efetividade integral às normas constitucionais sobre acesso à educação básica[103].

Não se olvida que o direito à educação infantil perpassa outras questões – sobretudo de gênero, que são, porventura, esquecidas ou invisibilizadas. Ao se falar do cuidado de crianças e adolescentes, ressalta-se que tais questões são incumbidas, geralmente, aos esforços femininos – refletindo nas mães, avós, tias, mulheres que exercem a função maternal e de cuidado para com os outros.

Nesse caso, a segurança do acesso à creche e educação infantil para as crianças de zero a cinco anos de idade representa um duplo reconhecimento: tanto no que tange o acesso à educação, quanto, mesmo que indiretamente, à liberdade e igualdade da perspectiva de gênero – a qual permite às mulheres com os filhos matriculados nas escolas, possam usufruir de melhores perspectivas para garantir o acesso a empregos e à educação formal.

O constitucionalismo feminista surge como ótica protetiva do direito das mulheres, sobretudo quando se fala da proteção à maternidade e o reconhecimento da vulnerabilidade da trabalhadora mãe – a qual é injustamente desvalorizada ante a divisão sexual do trabalho, que imputa as tarefas

103. RE 1.008.166/SC. Min. Rel. Luiz Fux, j. 22/09/2022.

domésticas sob os ombros femininos, não permitindo que se desenvolva profissionalmente, politicamente ou academicamente.

Neste ponto, resta importante ressaltar o voto vogal da Ministra Rosa Weber no mencionado Recurso Especial, como ponto de partida para o debate da maternidade como função social, e a interseccionalidade com a igualdade de gênero, que permeia a questão da educação infantil. Conforme:

> Quanto ao mínimo existencial, saliento o direito à educação infantil pública como basilar e imprescindível para a aplicação da isonomia à formação cultural do ser humano, oportunizando-se igualdade de acesso. Assinalo, ainda, **a estreita relação de complementaridade deste direito social com a liberdade e a igualdade que devem ser conferidas sob a perspectiva de gênero, a fim de proporcionar, sobretudo à mulher - considerando a sociedade brasileira de gênese e desenvolvimento ainda marcadamente patriarcal –, a possibilidade de ter a liberdade de se inserir ou retornar ao mercado de trabalho de forma isonômica. Em razão da histórica divisão assimétrica da tarefa familiar de cuidar de filhos e filhas, o tema, assim, insere-se também na abordagem do constitucionalismo feminista. Especificamente no âmbito da relação de emprego, ressalto a maior vulnerabilidade da trabalhadora-mãe durante o período da maternidade, devido às contingências próprias de conciliação dos projetos de vida pessoal, familiar e laboral.** Dessa forma, na perspectiva axiológica de valorização da maternidade em sua função social, os direitos fundamentais elencados no art. 7º da Constituição de 1988 - entre eles a licença à gestante sem prejuízo do emprego e do salário (inciso XVIII), a redução dos riscos inerentes ao trabalho (inciso XXII), a estabilidade da gestante garantida no art. 10, II, "b" do ADCT – entrelaçam-se ao imprescindível abraço estatal à proteção da maternidade também na esfera da imprescindível oferta de creche e pré-escola, de forma a concretizar para a mãe uma merecida segurança no exercício do direito ao equilíbrio entre trabalho e família. **Interpretar a implementação do direito fundamental à educação como discricionariedade estatal subverte a força normativa da Constituição e, in casu, por se tratar de creche e pré-escola, desequilibra ainda mais a constitucionalmente prevista igualdade de gênero, cuja real concretização ainda é de árdua batalha a ser conquistada.**
>
> [...]

> Nessa linha de raciocínio jurídico, há de ser oferecida condição seja material, à mulher, seja intelectual/cultural, à criança, como parcela componente do mínimo existencial. A isso acresce que da prioridade à criança e da igualdade entre homens e mulheres (art. 5º, I, CF), constitucionalmente erigidas, deflui a necessidade de se conceder primazia à destinação orçamentária relativa à educação, inclusive a infantil em creches e pré-escolas, cuja efetivação foi imposta ao Estado pelo texto constitucional sem condicionamentos (grifo nosso).

Tal entendimento rompe com padrões androcêntricos e misóginos que são impostos por uma sociedade que estabelece o homem como padrão para aspectos legislativos, políticas públicas e o endereçamento de normativas. Daí a importância de novas concepções e entendimentos jurisprudenciais que acompanham as mudanças sociais – sobretudo em uma sociedade que é multicultural e marcada pela presença de diferentes tipos de famílias e construções familiares, afastando-se de concepções antigas e estereotipadas de trabalhos remunerados a homens e tarefas 'de avental' às mulheres[104].

O Direito deve acompanhar e impulsionar o desenvolvimento social, sendo que "a justiça constitucional é capaz de estabelecer um compromisso constante entre a maioria e a minoria, em favor da paz social"[105]. Nesse sentido, a função do Poder Judiciário é de concretizar, por meio dos métodos de interpretação dos princípios e das regras, o significado da norma jurídica, de forma a harmonizá-la com as novas realidades sociais.

Ao se colocar entre valores, fatos e regras/princípios, o juiz, diante de uma realidade concreta, desde que observe o devido processo legal e assuma o ônus argumentativo da fundamentação das decisões judiciais, pode e deve concretizar as legítimas expectativas criadas pela Constituição Federal e pelos Tratados de Direitos Humanos. Os juízes são agentes políticos de transformação social, com a responsabilidade constitucional de prevenir e reprimir condutas ilícitas e abusivas, violências e desigualdades estruturais.

A concretização do Estado Democrático de Direito exige a máxima proteção dos direitos humanos-fundamentais e, em países de modernidade tardia como o Brasil, é um dos deveres éticos da magistratura aplicar as

104. FRASER, Nancy. La justicia social en la era de la política de la identidad: redistribuición, reconocimiento y participación. In.: FRASER, Nancy. HONNETH, Axel. *Redistribución o reconocimiento? Un debate político--filosófico*. Madrid: Ediciones Morata, 2006. P. 28.

105. CAMBI, Eduardo. *Neoconstitucionalismo e Neoprocessualismo*: Direitos fundamentais, políticas públicas e protagonismo judiciário. 4ª ed. Belo Horizonte: D´Plácido, 2023. P. 583.

leis com a consciência crítica de contribuir para a superação das injustiças sociais[106].

A proteção da equidade de gênero, por meio da aplicação crítica do Direito das Famílias e na dimensão do constitucionalismo feminista, é um dos desafios do Poder Judiciário brasileiro. O combate às injustiças exige sensibilidade com as situações de vulnerabilidade, comprometimento com as transformações sociais e engajamento com a superação dos mecanismos hegemônicos de opressão que causam os sofrimentos humanos.

2.7. *FAKE NEWS*, LIBERDADE DE EXPRESSÃO E A RECLAMAÇÃO 38.782 NO SUPREMO TRIBUNAL FEDERAL

A Reclamação nº 38.782/RJ versava sobre a liberdade de expressão e seus limites dentro do Estado Democrático de Direito. Ressalta-se que a sua limitação deve ser realizada em casos excepcionalíssimos – "como na hipótese de configurar ocorrência de prática ilícita, de incitação à violência ou à discriminação, bem como de propagação de discurso de ódio"[107].

O caso em questão diz respeito à obra produzida pela Produtora Porta dos Fundos, em 2019, chamado "Especial de Natal Porta dos Fundos: A primeira Tentação de Cristo". A filmagem representava uma sátira que envolve valores religiosos.

A Reclamação Constitucional fundamentou-se no sentido de que a restrição na difusão do referido vídeo (Julgado pelo Tribunal de Justiça do Rio de Janeiro), implicaria na ofensa ao já decidido pelo Supremo Tribunal Federal quando dos julgamentos da ADPF 130 e ADI 2.404.

A ADPF 130 balizou o entendimento sobre liberdade de expressão, sobretudo quando há atos do poder público que limitem tais garantias asseguradas constitucionalmente. Conforme:

> ARGUIÇÃO DE DESCUMPRIMENTO DE PRECEITO FUNDAMENTAL (ADPF). LEI DE IMPRENSA. ADEQUAÇÃO DA AÇÃO. REGIME CONSTITUCIONAL DA **"LIBERDADE DE INFORMAÇÃO JORNALÍSTICA", EXPRESSÃO SINÔNIMA DE LIBERDADE DE IMPRENSA. A "PLENA" LIBERDADE DE IMPRENSA COMO CATEGORIA JURÍDICA**

106. Ibid. p. 584.
107. BRASIL. Supremo Tribunal Federal. Reclamação n. 38.782/RJ.

PROIBITIVA DE QUALQUER TIPO DE CENSURA PRÉVIA. A PLENITUDE DA LIBERDADE DE IMPRENSA COMO REFORÇO OU SOBRETUTELA DAS LIBERDADES DE MANIFESTAÇÃO DO PENSAMENTO, DE INFORMAÇÃO E DE EXPRESSÃO ARTÍSTICA, CIENTÍFICA, INTELECTUAL E COMUNICACIONAL. LIBERDADES QUE DÃO CONTEÚDO ÀS RELAÇÕES DE IMPRENSA E QUE SE PÕEM COMO SUPERIORES BENS DE PERSONALIDADE E MAIS DIRETA EMANAÇÃO DO PRINCÍPIO DA DIGNIDADE DA PESSOA HUMANA. O CAPÍTULO CONSTITUCIONAL DA COMUNICAÇÃO SOCIAL COMO SEGMENTO PROLONGADOR DAS LIBERDADES DE MANIFESTAÇÃO DO PENSAMENTO, DE INFORMAÇÃO E DE EXPRESSÃO ARTÍSTICA, CIENTÍFICA, INTELECTUAL E COMUNICACIONAL. TRANSPASSE DA FUNDAMENTALIDADE DOS DIREITOS PROLONGADOS AO CAPÍTULO PROLONGADOR. PONDERAÇÃO DIRETAMENTE CONSTITUCIONAL ENTRE BLOCOS DE BENS DE PERSONALIDADE: O BLOCO DOS DIREITOS QUE DÃO CONTEÚDO À LIBERDADE DE IMPRENSA E O BLOCO DOS DIREITOS À IMAGEM, HONRA, INTIMIDADE E VIDA PRIVADA. PRECEDÊNCIA DO PRIMEIRO BLOCO. INCIDÊNCIA A POSTERIORI DO SEGUNDO BLOCO DE DIREITOS, PARA O EFEITO DE ASSEGURAR O DIREITO DE RESPOSTA E ASSENTAR RESPONSABILIDADES PENAL, CIVIL E ADMINISTRATIVA, ENTRE OUTRAS CONSEQUÊNCIAS DO PLENO GOZO DA LIBERDADE DE IMPRENSA. PECULIAR FÓRMULA CONSTITUCIONAL DE PROTEÇÃO A INTERESSES PRIVADOS QUE, MESMO INCIDINDO A POSTERIORI, ATUA SOBRE AS CAUSAS PARA INIBIR ABUSOS POR PARTE DA IMPRENSA. PROPORCIONALIDADE ENTRE LIBERDADE DE IMPRENSA E RESPONSABILIDADE CIVIL POR DANOS MORAIS E MATERIAIS A TERCEIROS. RELAÇÃO DE MÚTUA CAUSALIDADE ENTRE LIBERDADE DE IMPRENSA E DEMOCRACIA. RELAÇÃO DE INERÊNCIA ENTRE PENSAMENTO CRÍTICO E IMPRENSA LIVRE. A IMPRENSA COMO INSTÂNCIA NATURAL DE FORMAÇÃO DA OPINIÃO PÚBLICA E COMO ALTERNATIVA À VERSÃO OFICIAL DOS FATOS. PROIBIÇÃO DE MONOPOLIZAR OU OLIGOPOLIZAR ÓRGÃOS DE IMPRENSA COMO NOVO E AUTÔNOMO FATOR DE INIBIÇÃO DE ABUSOS. NÚCLEO DA LIBERDADE DE IMPRENSA E MATÉRIAS APENAS PERIFERICAMENTE DE IMPRENSA. AUTORREGULAÇÃO E

REGULAÇÃO SOCIAL DA ATIVIDADE DE IMPRENSA. NÃO RECEPÇÃO EM BLOCO DA LEI Nº 5.250/1967 PELA NOVA ORDEM CONSTITUCIONAL. EFEITOS JURÍDICOS DA DECISÃO. PROCEDÊNCIA DA AÇÃO.

[...]

3. O CAPÍTULO CONSTITUCIONAL DA COMUNICAÇÃO SOCIAL COMO SEGMENTO PROLONGADOR DE SUPERIORES BENS DE PERSONALIDADE QUE SÃO A MAIS DIRETA EMANAÇÃO DA DIGNIDADE DA PESSOA HUMANA: A LIVRE MANIFESTAÇÃO DO PENSAMENTO E O DIREITO À INFORMAÇÃO E À EXPRESSÃO ARTÍSTICA, CIENTÍFICA, INTELECTUAL E COMUNICACIONAL. TRANSPASSE DA NATUREZA JURÍDICA DOS DIREITOS PROLONGADOS AO CAPÍTULO CONSTITUCIONAL SOBRE A COMUNICAÇÃO SOCIAL. O art. 220 da Constituição radicaliza e alarga o regime de plena liberdade de atuação da imprensa, porquanto fala: a) que os mencionados direitos de personalidade (liberdade de pensamento, criação, expressão e informação) estão a salvo de qualquer restrição em seu exercício, seja qual for o suporte físico ou tecnológico de sua veiculação; b) que tal exercício não se sujeita a outras disposições que não sejam as figurantes dela própria, Constituição. A liberdade de informação jornalística é versada pela Constituição Federal como expressão sinônima de liberdade de imprensa. **Os direitos que dão conteúdo à liberdade de imprensa são bens de personalidade que se qualificam como sobredireitos. Daí que, no limite, as relações de imprensa e as relações de intimidade, vida privada, imagem e honra são de mútua excludência, no sentido de que as primeiras se antecipam, no tempo, às segundas; ou seja, antes de tudo prevalecem as relações de imprensa como superiores bens jurídicos e natural forma de controle social sobre o poder do Estado, sobrevindo as demais relações como eventual responsabilização ou consequência do pleno gozo das primeiras.** A expressão constitucional "observado o disposto nesta Constituição" (parte final do art. 220) traduz a incidência dos dispositivos tutelares de outros bens de personalidade, é certo, mas como consequência ou responsabilização pelo desfrute da "plena liberdade de informação jornalística" (§ 1s do mesmo art. 220 da Constituição Federal). Não há liberdade de imprensa pela metade ou sob as tenazes da censura prévia, inclusive a procedente do Poder Judiciário, pena de se resvalar para o espaço inconstitucional

da prestidigitação jurídica. Silenciando a Constituição quanto ao regime da internet (rede mundial de computadores), não há como se lhe recusar a qualificação de território virtual livremente veiculador de ideias e opiniões, debates, notícias e tudo o mais que signifique plenitude de comunicação. – Grifei.

Revela-se necessário se guiar pelas balizas protetivas e pelos *standards* da Corte Interamericana de Direitos Humanos, os quais protegem a liberdade de pensamento e de expressão – salvaguardado no artigo 13 da Convenção Americana de Direitos Humanos. Como bem pontuado no julgamento do *Caso Fontevecchia y D'Amico Vs. Argentina*[108]:

> 43. Entretanto, a liberdade de expressão não é um direito absoluto. O artigo 13.2 da Convenção, que proíbe a censura prévia, também prevê a possibilidade de exigir responsabilidades ulteriores pelo exercício abusivo deste direito. Estas restrições têm caráter excepcional e não devem limitar, além do estritamente necessário, o pleno exercício da liberdade de expressão e converter-se em um mecanismo direto ou indireto de censura prévia.

In casu, está-se diante das ponderações entre os limites da liberdade de expressão e a liberdade religiosa, uma vez que tal conteúdo audiovisual causou controvérsias, repercussão negativa e polêmicas frente a determinadas parcelas da população brasileira.

Igualmente, a Convenção Americana de Direitos Humanos põe a salvo a liberdade de consciência e de religião, seja a partir de manifestações, sendo asseguradas a liberdade de professar e divulgar a religião e crenças. Conforme:

> *Artigo 12. Liberdade de consciência e de religião*
>
> 1. Toda pessoa tem direito à liberdade de consciência e de religião. Esse direito implica a liberdade de conservar sua religião ou suas crenças, ou de mudar de religião ou de crenças, bem como a liberdade de professar e divulgar sua religião ou suas crenças, individual ou coletivamente, tanto em público como em privado.

108. Corte IDH. Caso Fontevecchia e D´Amico Vs. Argentina. 29 nov. 2011. Disponível em: https://www.corteidh.or.cr/docs/casos/articulos/seriec_238_por.pdf

> 2. Ninguém pode ser objeto de medidas restritivas que possam limitar sua liberdade de conservar sua religião ou suas crenças, ou de mudar de religião ou de crenças.
>
> 3. A liberdade de manifestar a própria religião e as próprias crenças está sujeita unicamente às limitações prescritas pela lei e que sejam necessárias para proteger a segurança, a ordem, a saúde ou a moral públicas ou os direitos ou liberdades das demais pessoas.
>
> 4. Os pais, e quando for o caso os tutores, têm direito a que seus filhos ou pupilos recebam a educação religiosa e moral que esteja acorde com suas próprias convicções.

Não se olvida que, em uma sociedade plural e democrática, as múltiplas opiniões dão lugar a consensos e dissensos a partir da autodeterminação de cada sujeito. Certo é que, na sua individualidade, cada um molda sua própria convicção – o que denota a dificuldade de traçar balizas para a liberdade artística, devendo-se, sempre, se guiar pelos aspectos democráticos. Dessa forma, a liberdade de expressão caracteriza-se como pilar construtivo democrático e para o debate plural e sadio.

Nesses termos, cabe ao Poder Judiciário estabelecer um contrapeso entre tensões – no que concerne os "limites entre liberdade de expressão artística e liberdade religiosa"[109].

Revela-se necessária rememorar o caso Ellwanger, julgado pelo Supremo Tribunal Federal, que remonta à limitação da liberdade de expressão em casos de ocorrência de prática ilícita, como a "incitação à violência ou à discriminação, bem como de propagação de discurso de ódio"[110]. Nesses casos, cabe ao julgador ponderar os direitos fundamentais envolvidos, tendo em mente que a liberdade de expressão não é um direito absoluto. Conforme:

> HABEAS-CORPUS. PUBLICAÇÃO DE LIVROS: ANTISEMITISMO. RACISMO. CRIME IMPRESCRITÍVEL. CONCEITUAÇÃO. ABRANGÊNCIA CONSTITUCIONAL. **LIBERDADE DE EXPRESSÃO**. LIMITES. ORDEM DENEGADA. 1. **Escrever, editar, divulgar e comerciar livros "fazendo apologia de idéias preconceituosas e discriminatórias" contra a comunidade judaica (Lei 7716/89, artigo 20, na redação dada pela Lei 8081/90) constitui crime de racismo sujeito às cláusulas de inafiançabilidade**

109. BRASIL. Supremo Tribunal Federal. Reclamação n. 38.782/RJ. P. 23.
110. Ibid. p. 28.

e imprescritibilidade (CF, artigo 5º, XLII). [...] 10. A edição e publicação de obras escritas veiculando idéias anti-semitas, que buscam resgatar e dar credibilidade à concepção racial definida pelo regime nazista, negadoras e subversoras de fatos históricos incontroversos como o holocausto, consubstanciadas na pretensa inferioridade e desqualificação do povo judeu, equivalem à incitação ao discrímen com acentuado conteúdo racista, reforçadas pelas conseqüências históricas dos atos em que se baseiam. 11. Explícita conduta do agente responsável pelo agravo revelador de manifesto dolo, baseada na equivocada premissa de que os judeus não só são uma raça, mas, mais do que isso, um segmento racial atávica e geneticamente menor e pernicioso. 12. Discriminação que, no caso, se evidencia como deliberada e dirigida especificamente aos judeus, que configura ato ilícito de prática de racismo, com as conseqüências gravosas que o acompanham. 13. **Liberdade de expressão. Garantia constitucional que não se tem como absoluta. Limites morais e jurídicos. O direito à livre expressão não pode abrigar, em sua abrangência, manifestações de conteúdo imoral que implicam ilicitude penal.** 14. **As liberdades públicas não são incondicionais, por isso devem ser exercidas de maneira harmônica, observados os limites definidos na própria Constituição Federal (CF, artigo 5º, § 2º, primeira parte). O preceito fundamental de liberdade de expressão não consagra o 'direito à incitação ao racismo', dado que um direito individual não pode constituirse em salvaguarda de condutas ilícitas, como sucede com os delitos contra a honra. Prevalência dos princípios da dignidade da pessoa humana e da igualdade jurídica.** 15. 'Existe um nexo estreito entre a imprescritibilidade, este tempo jurídico que se escoa sem encontrar termo, e a memória, apelo do passado à disposição dos vivos, triunfo da lembrança sobre o esquecimento'. No estado de direito democrático devem ser intransigentemente respeitados os princípios que garantem a prevalência dos direitos humanos. Jamais podem se apagar da memória dos povos que se pretendam justos os atos repulsivos do passado que permitiram e incentivaram o ódio entre iguais por motivos raciais de torpeza inominável. 16. A ausência de prescrição nos crimes de racismo justifica-se como alerta grave para as gerações de hoje e de amanhã, para que se impeça a reinstauração de velhos e ultrapassados conceitos que a consciência jurídica e histórica não mais admitem. Ordem denegada". (HC 82.424, Relator MOREIRA ALVES, Relator p/ Acórdão: MAURÍCIO CORRÊA, Tribunal Pleno, julgado em 17.9.2003, DJ 19.3.2004 PP-00024 EMENT VOL-02144-03 PP-00524 – grifos nossos) – Grifei.

A liberdade de expressão é direito importante, que deve ser protegido no ordenamento jurídico brasileiro. Certo é que, em situações de abuso dessa liberdade, o Poder Judiciário seja instado a se manifestar – quando da colisão entre esse direito e demais direitos/garantias previstas constitucionalmente.

Conforme asseverou o Ministro Gilmar Mendes, no voto da Reclamação nº 38.782/RJ:

> Feitas essas considerações, **ressalto que eventual colisão entre liberdade de expressão artística e outros direitos constitucionalmente garantidos deve levar em conta o fato de que o conceito de arte possui sentido amplo, incluindo-se aí obras provocativas, que pretendam atingir fins políticos ou religiosos, também por meio de sátiras.**
>
> Em relação à apreciação de eventuais excessos, a distinção entre intolerância religiosa e crítica religiosa parece-me igualmente essencial ao caso ora apreciado.
>
> Ao analisar os presentes autos, concluo que a obra "Especial de Natal Porta dos Fundos: A Primeira Tentação de Cristo", não incita violência contra grupos religiosos, mas constitui mera crítica, realizada por meio de sátira, a elementos caros ao Cristianismo. Por mais questionável que possa vir a ser a qualidade desta produção artística, não identifico em seu conteúdo fundamento que justifique qualquer tipo de ingerência estatal.
>
> [...]
>
> **Reitero, nesse aspecto, a importância da liberdade de circulação de ideias e o fato de que deve ser assegurada à sociedade brasileira, na medida do possível, o livre debate sobre todas as temáticas, permitindo-se que cada indivíduo forme suas próprias convicções, a partir de informações que escolha obter. No caso, por se tratar de conteúdo veiculado em plataforma de transmissão particular, à qual o acesso é voluntário e controlado pelo próprio usuário, não apenas é possível optar-se por não assistir ao conteúdo disponibilizado, como também é viável decidir-se pelo cancelamento da assinatura contratada**. Há diversas formas de indicar descontentamento com determinada opinião e de manifestar-se contra ideais com os quais não se concorda – o que, em verdade, nada mais é do que a dinâmica

do chamado mercado livre de ideias. **A censura, com a definição de qual conteúdo pode ou não ser divulgado, deve-se dar em situações excepcionais, para que seja evitada, inclusive, a ocorrência de verdadeira imposição de determinada visão de mundo. Retirar de circulação material apenas porque seu conteúdo desagrada parcela da população, ainda que majoritária, não encontra fundamento em uma sociedade democrática e pluralista como a brasileira.** Atos estatais, de quaisquer de suas esferas de Poder, praticados sob o manto da moral e dos bons costumes ou do politicamente correto apenas servem para inflamar o sentimento de dissenso, de ódio ou de preconceito, afastando-se da aproximação e da convivência harmônica. Ante o exposto, entendo que os atos reclamados ofendem o entendimento desta Corte consubstanciado na ADPF 130 e na ADI 2.404, e voto pela integral confirmação da decisão monocrática, julgando procedente a presente reclamação[111].

No mesmo sentido, como bem ressaltou o Ministro Edson Fachin, quando da prolação do voto-vogal:

> Em outras palavras, a liberdade de manifestação do pensamento, mesmo nos casos excepcionais em que as circunstâncias fáticas concretas exibam elementos para que os princípios concorrentes tenham prevalência, não pode ser afastada a priori, o que caracterizaria a censura prévia, e um correspondente excesso ante as competências legítimas de regulação estatal.[112]

Dessa forma, a livre circulação de ideias permite a pluralidade de convicções e entendimentos, de modo a conceber a liberdade de expressão em sua forma mais dinâmica e plural. Não se olvida que, ao mesmo tempo em que determinados conteúdos não agradem parcela da população, deve-se ter em mente se tal 'desagrado', de fato, incute em atos ilícitos, violência, discriminação, ou, até mesmo, na propagação de discurso de ódio – situações que devem ser sopesadas de modo a proteger os direitos desprotegidos e violados, em detrimento da liberdade de expressão.

111. Ibid. p. 35-38.
112. Ibid. p. 45.

2.8. DIREITOS DAS PESSOAS LGBTQIAP+ E A EVOLUÇÃO DA JURISPRUDÊNCIA DO STF

A partir do ano de 2022, o Supremo Tribunal Federal lançou cinco volumes de cadernos de jurisprudência na temática de Direitos Humanos: Direito das Pessoas LGBTQIAP+, Direito das Mulheres, Direito à igualdade racial, Direito dos povos indígenas.

No que diz respeito à proteção dos direitos das pessoas LGBTQUIAP+, colacionam-se casos emblemáticos julgados pelo Supremo Tribunal Federal, como o caso do reconhecimento da união estável homoafetiva (ADPF 132 e ADI 4277), em 2012; A descriminalização da homossexualidade no âmbito militar (ADPF 291), em 2015; A equiparação de regime sucessório entre cônjuges e companheiros em união estável homoafetivas (RE 646.721), em 2017; A possibilidade de alteração do nome e sexo de pessoas transexuais no registro civil sem ou com intervenção cirúrgica (ADI 4.275 e RE 670.422), em 2018; A criminalização da homotransfobia (MI 4.733 e ADO 26), em 2019; A possibilidade de doação de sangue por homossexuais (ADI 5.543) e a divulgação de material escolar sobre gênero e orientação sexual (ADPF 457 e ADPF 461), em 2020.

A estipulação dos Direitos das Pessoas LGBTQIAP+ se coaduna com a ótica protetiva dos direitos humanos, ampliando os direitos das pessoas vulneráveis, e perfectbilizando o direito à vida digna, à igualdade e à proibição de discriminação sexual, bem como a violação ao princípio da vedação ao retrocesso.

Resta importante salientar que as decisões acima amealhadas constituem um importante passo de diálogo entre o Supremo Tribunal Federal e a Corte Interamericana de Direitos Humanos, ao passo que os votos trazem excertos de julgados da Corte IDH, bem como de opiniões consultivas e o *corpus iuris* do Sistema Interamericano de Direitos Humanos.

Destaque para o julgamento concernente à alteração do nome e sexo de pessoas transexuais no registro civil, no qual houve ampla conexão e menções à Convenção Americana sobre Direitos Humanos, à opinião consultiva 24/17 da Corte Interamericana de Direitos Humanos, ao julgamento do Caso Atala Riffo e Crianças Vs. Chile. O diálogo entre Cortes robustece as trocas entre os ordenamentos jurídicos, ampliando as proteções internas e trazendo importantes mecanismos de harmonização entre as ordens e das temáticas enfrentadas.

Já no voto concernente à criminalização da homotransfobia (MI 4.733), o diálogo preconizado pelo Supremo Tribunal Federal remanesceu na citação da Convenção Americana de Direitos Humanos, menção às convenções Interamericanas contra o Racismo, Discriminação Racial e Formas conexas de intolerância e contra toda forma de discriminação e intolerância, na análise do relatório da Comissão Interamericana de Direitos Humanos e na exposição do quadro de violência às pessoas LGBTI+ no Brasil, a partir da Opinião Consultiva nº 24/17 da Corte IDH – abordando o dever de proteção do Estado e os conceitos de identidade e orientação sexual.

Já, no julgamento da ADI 5.543, que envolvia a análise da doação de sangue por homossexuais, enfrentou-se o direito à liberdade sexual, à autonomia e, à igualdade. No presente caso, restou retratada a teoria do impacto desproporcional como vetor de limitações desproporcionais a determinadas pessoas ou grupos sociais.

Os juízes, trabalhando em uma ótica protetiva, devem atuar para inibir e combater medidas e decisões que produzam efeitos discriminatórios a determinados grupos em situação de maior vulnerabilidade social. Isso porque, em atenção à teoria do impacto desproporcional, certas normas, políticas, decisões ou medidas jurídicas, embora detenham aparência de neutralidade, podem afetar descomunalmente determinados segmentos sociais.

Conforme pontuou o Supremo Tribunal Federal, no julgamento da ADPF 291, a teoria do impacto desproporcional, também denominada "*disparate impact doctrine*", tem origem na jurisprudência estadunidense[113] e "reconhece que normas pretensamente neutras podem gerar efeitos práticos sistematicamente prejudiciais a um determinado grupo, sendo manifestamente incompatíveis com o princípio da igualdade"[114].

---

113. *Leading case:* caso *Griggs v. Duke Powe Co.* (1971). A respeito disso, de acordo com o Supremo Tribunal Federal, no RE 611874/DF, "A teoria surgiu no *leading case* da Suprema Corte dos Estados Unidos Griggs vs Duke Power Co. (1971), em que se considerou que a Constituição 'proíbe não apenas a discriminação aberta, mas também práticas que são justas na forma, mas discriminatórias na operação'. O impacto desproporcional poderia ser mensurado a partir da "necessidade do negócio. Se uma prática de emprego que opera para excluir não puder ser relacionada ao desempenho no trabalho, a prática é proibida. "

114. Ementa: ARGUIÇÃO DE DESCUMPRIMENTO DE PRECEITO FUNDAMENTAL. ART. 235 DO CÓDIGO PENAL MILITAR, QUE PREVÊ O CRIME DE "PEDERASTIA OU OUTRO ATO DE LIBIDINAGEM". NÃO RECEPÇÃO PARCIAL PELA CONSTITUIÇÃO DE 1988. 1. No entendimento majoritário do Plenário do Supremo Tribunal Federal, a criminalização de atos libidinosos praticados por militares em ambientes sujeitos à administração militar justifica-se, em tese, para a proteção da hierarquia e da disciplina castrenses (art. 142 da Constituição). No entanto, não foram recepcionadas pela Constituição de 1988 as expressões "pederastia ou outro" e "homossexual ou não", contidas, respectivamente, no nomen iuris e no caput do art. 235 do Código Penal Militar, mantido o restante do dispositivo. 2. Não se pode permitir que a lei faça uso de expressões

Na ADI 5543, o Supremo Tribunal Federal aplicou a teoria do impacto desproporcional para declarar a inconstitucionalidade de duas normativas – respectivamente, do Ministério da Saúde e da ANVISA – por entender que, ao restringirem a possibilidade de doar sangue a grupos, e não a condutas de risco, terminaram por discriminar injustificadamente homens homossexuais e bissexuais. Assim julgou o Supremo Tribunal Federal:

> AÇÃO DIRETA DE INCONSTITUCIONALIDADE. DIREITO CONSTITUCIONAL. ART. 64, IV, DA PORTARIA N. 158/2016 DO MINISTÉRIO DA SAÚDE E ART. 25, XXX, "D", DA RESOLUÇÃO DA DIRETORIA COLEGIADA – RDC N. 34/2014 DA ANVISA. **RESTRIÇÃO DE DOAÇÃO DE SANGUE A GRUPOS** E NÃO CONDUTAS DE RISCO. **DISCRIMINAÇÃO POR ORIENTAÇÃO SEXUAL.** INCONSTITUCIONALIDADE. AÇÃO DIRETA JULGADA PROCEDENTE. 1. A responsabilidade com o Outro demanda realizar uma desconstrução do Direito posto para tornar a Justiça possível e incutir, na interpretação do Direito, o compromisso com um tratamento igual e digno a essas pessoas que desejam exercer a alteridade e doar sangue. 2. O estabelecimento de grupos – e não de condutas – de risco incorre em discriminação e viola a dignidade humana e o direito à igualdade, pois lança mão de uma interpretação consequencialista desmedida que concebe especialmente que homens homossexuais ou bissexuais são, apenas em razão da orientação sexual que vivenciam, possíveis vetores de transmissão de variadas enfermidades. Orientação sexual não contamina ninguém, condutas de risco sim. 2. O princípio da dignidade da pessoa humana busca proteger de forma integral o sujeito na qualidade de pessoa vivente em sua existência concreta. A restrição à doação de sangue por homossexuais afronta a sua autonomia privada, pois se impede que elas

---

pejorativas e discriminatórias, ante o reconhecimento do direito à liberdade de orientação sexual como liberdade existencial do indivíduo. Manifestação inadmissível de intolerância que atinge grupos tradicionalmente marginalizados. 3. Pedido julgado parcialmente procedente. (ADPF 291, Relator(a): ROBERTO BARROSO, Tribunal Pleno, julgado em 28/10/2015, PROCESSO ELETRÔNICO DJe-094 DIVULG 10-05-2016 PUBLIC 11-05-2016). *Leading case:* caso *Griggs v. Duke Powe Co.* (1971). A respeito disso, de acordo com o Supremo Tribunal Federal, no RE 611874/DF, "A teoria surgiu no *leading case* da Suprema Corte dos Estados Unidos Griggs vs Duke Power Co. (1971), em que se considerou que a Constituição 'proíbe não apenas a discriminação aberta, mas também práticas que são justas na forma, mas discriminatórias na operação'. O impacto desproporcional poderia ser mensurado a partir da "necessidade do negócio. Se uma prática de emprego que opera para excluir não puder ser relacionada ao desempenho no trabalho, a prática é proibida." ADPF 291, Relator(a): ROBERTO BARROSO, Tribunal Pleno, julgado em 28/10/2015, PROCESSO ELETRÔNICO DJe-094 DIVULG 10-05-2016 PUBLIC 11-05-2016. Inteiro teor, p. 31. Disponível em: https://redir.stf.jus.br/paginadorpub/paginador.jsp?docTP=TP&docID=10931627. Acesso em: 20 jun. 2023.

exerçam plenamente suas escolhas de vida, com quem se relacionar, com que frequência, ainda que de maneira sexualmente segura e saudável; e a sua autonomia pública, pois se veda a possibilidade de auxiliarem àqueles que necessitam, por qualquer razão, de transfusão de sangue. 3. **A política restritiva prevista na Portaria e na Resolução da Diretoria Colegiada, ainda que de forma desintencional, viola a igualdade, pois impacta desproporcionalmente sobre os homens homossexuais e bissexuais e/ou seus parceiros ou parceiras ao injungir-lhes a proibição da fruição livre e segura da própria sexualidade para exercício do ato empático de doar sangue. Trata-se de discriminação injustificável, tanto do ponto de vista do direito interno, quanto do ponto de vista da proteção internacional dos direitos humanos, à medida que pressupõem serem os homens homossexuais e bissexuais, por si só, um grupo de risco, sem se debruçar sobre as condutas que verdadeiramente os expõem a uma maior probabilidade de contágio de AIDS ou outras enfermidades a impossibilitar a doação de sangue.** 4. Não se pode tratar os homens que fazem sexo com outros homens e/ou suas parceiras como sujeitos perigosos, inferiores, restringido deles a possibilidade de serem como são, de serem solidários, de participarem de sua comunidade política. Não se pode deixar de reconhecê-los como membros e partícipes de sua própria comunidade. 5. Ação direta julgada procedente, para declarar a inconstitucionalidade do inciso IV do art. 64 da Portaria n. 158/2016 do Ministério da Saúde e da alínea "d" do inciso XXX do art. 25 da Resolução da Diretoria Colegiada – RDC n. 34/2014 da Agência Nacional de Vigilância Sanitária. (ADI 5543, Relator(a): EDSON FACHIN, Tribunal Pleno, julgado em 11/05/2020, PROCESSO ELETRÔNICO DJe-211 DIVULG 25-08-2020 PUBLIC 26-08-2020).

A teoria do impacto desproporcional pode ser aplicada em vários casos, sobretudo quando leis e decisões possuírem o potencial de carregar efeitos discriminatórios a determinados grupos em situação de maior vulnerabilidade social.

Outrossim, a importância do diálogo entre Cortes, conjugado com o exercício do controle de convencionalidade, e o olhar voltado às vulnerabilidades se traduzem como expoentes para a expansão de garantias e direitos humanos, acoplando-se a novos direitos que acompanham o caminhar social.

2.9. OS DIREITOS DAS MULHERES NA JURISPRUDÊNCIA DO SUPREMO TRIBUNAL FEDERAL

Partindo da linha do tempo elaborada pelos cadernos do Supremo Tribunal Federal em consonância com o desenvolvimento dos direitos das mulheres, observa-se que a tutela disposta ao grupo se iniciou de maneira tardia – a partir de 2008, com o julgamento acerca do uso de células tronco embrionárias em pesquisas científicas para fins terapêuticos (ADI 3.510). Tal julgamento buscou proteger o direito à vida e o direito ao planejamento familiar e à autonomia da mulher, sob o argumento de que:

> [...]
>
> o embrião pré-implantado é um bem a ser protegido, mas não uma pessoa no sentido a que se refere a Constituição. A decisão enfatiza que a Lei de Biossegurança não veicula autorização para extirpar do corpo feminino esse ou aquele embrião. Não se cuida de interromper a gravidez humana, mas de embrião resultante de procedimento de fertilização in vitro, a ser descartado. Destacou-se, ainda, o direito à autonomia da vontade, ao planejamento familiar e à maternidade, no sentido de que o recurso a processos de fertilização artificial não implica o dever da tentativa de nidação no corpo da mulher de todos os óvulos afinal fecundados[115].

Em 2012, o julgamento envolvendo a temática da incondicionalidade da ação penal pública nos crimes tipificados na Lei Maria da Penha (ADI nº 4.424) ganhou novos contornos e trouxe mais segurança às vítimas de violência doméstica – ao passo que possibilitou ao ministério Público o início da ação penal sem a necessidade de representação da vítima.

No julgamento da nº ADPF 54, em 2012, relativa à interrupção da gestação de feto anencefálico foram abordados o direito à saúde, à dignidade, à liberdade, à autonomia, e à privacidade. O caso trava diálogo com o Comitê de Direitos Humanos da ONU, bem como procede à citação da Convenção o Interamericana para Prevenir, Punir e Erradicar a Violência contra a Mulher.

---

115. Conselho Nacional de Justiça (CNJ). *Direitos das mulheres* [recurso eletrônico] / Conselho Nacional de Justiça; Supremo Tribunal Federal, MaxPlanck-Institute for Comparative Public Law and International Law; Coordenação Gabriel da Silveira Matos, Luís Geraldo Sant'Ana Lanfredi, Estêvão André Cardoso Waterloo, Manuelita Hermes Rosa Oliveira Filha, Valter Shuenquener de Araújo, Pedro Felipe de Oliveira Santos, Alexandre Reis Siqueira Freire. – Brasília: CNJ, 2023. eBook (109 p.). P.22

Importante destaque para o julgamento relativo à equiparação da licença adotante, para todos os fins, à licença maternidade (RE nº 778.889). No presente julgado, restou ajustada a proteção da criança e do filho adotivo, de modo a perceber as crianças adotadas como um grupo vulnerável e fragilizado, demandando uma atenção especial para a adaptação à nova família. Qualquer proteção inferior fere diretamente o princípio da proporcionalidade e da vedação da proteção deficiente. No presente caso, a Convenção sobre a Eliminação de Todas as Formas de Discriminação contra a Mulher restou analisada sob o ângulo da proteção da maternidade, visando assegurar a igualdade entre homens e mulheres, possibilitando "o pleno desenvolvimento das potencialidades da mulher e a sua participação, em condições idênticas, na vida política, social, econômica e cultural de seu país"[116].

Já, em 2018, o Supremo Tribunal Federal se debruçou sobre a constitucionalidade de remarcação de teste de aptidão física de candidata grávida, quando aprovada nas provas escritas de concursos públicos. O RE nº 1.058.333 analisou a igualdade material, a liberdade individual, o direito à saúde, à maternidade e ao planejamento familiar. Como diálogo entre o Supremo Tribunal Federal e o Sistema Interamericano de Direitos Humanos, destaque para a análise do artigo 11 da Convenção sobre a Eliminação de Todas as Formas de Discriminação contra a Mulher, no que diz respeito ao direito ao trabalho como direito inalienável de todo ser humano, bem como às oportunidades de emprego e segurança nas condições de trabalho.

Em 2019, o tema avaliado versou sobre a proteção constitucional à maternidade e trabalho insalubre (ADI nº 5.938). O fundamento central restou assente na proteção à maternidade e à criança, sendo que a gestante não deve ser exposta às atividades insalubres. Tal caso intensificou o diálogo entre Cortes, com destaque para o voto do Ministro Fachin:

> A internalização de normas internacionais tem sido um forte fator propulsor das transformações internas. Segundo Flávia Piovesan, nesse sentido, deve-se assinalar o impacto e a influência de documentos como a Convenção sobre a Eliminação da Discriminação contra a Mulher, de 1979, a Declaração e o Programa de Ação da Conferência Mundial de Direitos Humanos de Viena, de 1993, o Plano de Ação da Conferência Mundial sobre População e Desenvolvimento do Cairo,

116. SUPREMO TRIBUNAL FEDERAL. Recurso extraordinário 778.889/PE. Rel. Min. Luís Roberto Barroso. Disponível em: https://www.migalhas.com.br/arquivos/2016/3/art20160310-08.pdf Acesso em: 10 mar. 2025.

de 1994, a Convenção Interamericana para Prevenir, Punir e Erradicar a Violência contra a Mulher, de 1994 e a Declaração e a Plataforma de Ação da Conferência Mundial sobre a Mulher de Pequim, de 1995. Tais instrumentos internacionais inspiraram e orientaram o movimento de mulheres a exigir, no plano local, a implementação de avanços obtidos na esfera internacional. [...] **Tenha-se em vista que, no plano internacional, o reconhecimento do direito à igualdade foi gradativamente densificando-se de um plano mais abstrato e geral para um conceito plural de dignidades concretas, o que resultou em um conjunto de mecanismos específicos para proteção de direitos humanos de grupos vulneráveis, dentre os quais, estão o das mulheres. O histórico apresentado demonstra que a proteção legal, constitucional e internacional à mulher e ao seu universo específico, que envolve, primordialmente, a gestação, maternidade e lactação, foram paulatinamente reconhecidos na legislação positivada, fruto de muitas lutas sociais e políticas pela igualdade de gênero.** Entretanto, ainda há questões que merecem o olhar atento das diretrizes protetivas internas e internacionais, considerando que a sociedade brasileira, não obstante todo o avanço já registrado, ainda carece de decisões políticas efetivas na direção da igualdade entre homens e mulheres, e na proteção da mulher gestante e lactante. E, neste particular, a questão posta nos presentes autos merece um olhar voltado para a posição da mulher na sociedade e no mercado de trabalho, pois os impactos da legislação impugnada são diretamente relacionados com a autonomia das escolhas da mulher e das suas necessidades impostas pela condição de gestante ou nutridora de recém nascido.[117] – Grifo nosso.

A proteção da mulher gestante deve se coadunar com o direito à sua autodeterminação e ao direito de fazer suas escolhas:

O direito de fazer suas escolhas, que remonta ao elogiável paradigma da autodeterminação da mulher, enquanto sujeito de direito responsável pelo seu próprio destino, deve ser, no contexto da proteção à mulher gestante e lactante, contextualizado, pois além da proteção legítima à dignidade da mulher em si, sua saúde, física e mental, além

117. SUPREMO TRIBUNAL FEDERAL. *Ação Direta de Inconstitucionalidade n. 5938/DF*. J. 29/05/2019. Disponível em: https://portal.stf.jus.br/processos/downloadPeca.asp?id=15341223346&ext=.pdf Acesso em: 10 mar. 2025. P. 22-23.

da função social por ela exercida na família e na sociedade, há o direito autônomo, da proteção integral e do melhor interesse da criança; que se apresenta como direito individual, mas também coletivo; como dever fundamental da mulher de cuidar e nutrir, não apenas a si mesma, mas também ao nascituro e ao recém-nascido. **A norma jurídica que impõe a mulher a escolha para permanecer, ou não, num ambiente de trabalho inadequado à sua saúde e à saúde de sua prole, não pode permanecer no ordenamento jurídico brasileiro. E mesmo que não houvesse norma constitucional específica a confrontar a essência do ato normativo impugnado, exigindo respeito à sua condição conjuntural de gestante e lactante, condição essa para a qual não é possível qualquer juízo de comparação com os homens, far-se-ia necessário coibir, também pelo princípio da proteção integral e do melhor interesse da criança, o risco à saúde potencialmente gerado por ambientes insalubres, em qualquer grau.** Não é demais lembrar que a questão do trabalho da mulher gestante e lactante em locais insalubres já foi objeto de normas constitucionais (art. 158, X, da Constituição de 1967) e infra-constitucionais revogadas (Lei 13.287/2016). A proibição tinha como principal objetivo afastar a mãe e a criança de potenciais riscos à saúde, física e mental, diante dos agentes caracterizadores da insalubridade [118].

Em 2020, a inconstitucionalidade da exclusão da diversidade de gênero e da orientação sexual da política municipal de ensino (ADPF nº 467), no qual restou reconhecido que "as referidas normas acabariam por cristalizar uma cosmovisão tradicional de gênero e sexualidade, que ignora o pluralismo da sociedade moderna". Tal julgamento se debruçou sobre a competência da União para editar normas gerais sobre educação, bem como analisou as normas fundamentais que versavam sobre pluralismo político e à construção de uma sociedade livre, justa e solidária. O diálogo entre Cortes versou acerca da obrigação de respeitar os direitos, previstos no artigo 1 da CADH, bem como do artigo 26 do Pacto Internacional sobre Direitos Civis e Políticos, que estipula a igualdade das pessoas perante a lei, sem discriminação. Destaque para o voto do Ministro Alexandre de Moraes, que colacionou o Parecer Consultivo OC-24/2017 da Corte IDH, que estipula que o reconhecimento da identidade de gênero pelo Estado é

118. Ibid. p. 27.

de extrema importância para a plenitude dos direitos humanos das pessoas trans, como forma de coibir a violência, tortura e maus tratos[119].

Em 2020, o julgamento da ADPF nº 738 ganhou destaque nacional quanto ao tema da igualdade de gênero e racial, versando sobre a temática das candidaturas de mulheres negras às eleições. A análise do Supremo Tribunal Federal englobou a implantação de políticas públicas de caráter afirmativo, de modo a concretizar a dimensão material do princípio da igualdade, insculpido no artigo 5º, *caput*, da Constituição Federal. O julgamento encontra amparo em diversos direitos previstos na Constituição, como a igualdade material, a proteção às candidaturas femininas e a interseccionalidade que as permeiam, a dignidade humana, o enfrentamento à discriminação.

Já, em 2021, a declaração de inconstitucionalidade da tese da legítima defesa da honra em feminicídios (ADPF nº 779 MC) trouxe novos rumos à igualdade de gênero e à proteção da mulher. Trata-se de caso no qual os Ministros apontaram importantes diálogos entre Cortes junto à CIDH, trazendo jurisprudência da Corte IDH, como o *Caso de la massacre de la rochela Vs. Colombia* (2007), e a utilização de *Corpus Iuris* do Sistema Interamericano de Direitos Humanos como amparo nos votos do caso.

Tal julgamento trouxe à tona a inconstitucionalidade da tese da legítima defesa da honra, não podendo ser invocada como argumento atinente à plenitude da defesa como espécie de escape de práticas ilícitas.

Em um breve retrospecto, no Código Criminal do Imperio do Brasil, de 1930, o adultério era considerado crime – tendo o discurso jurídico, à época, engendrado esforços para a tolerância de homicídios cometidos por homens contra as esposas adúlteras.

Todavia, o uso da legítima defesa da honra colide frontalmente com os direitos previstos tanto na Constituição Federal quanto nos diplomas internacionais em direitos humanos, afastando a dignidade da pessoa humana e colocando a mulher em posição inferior, digna de "não tutela" ante a aplicação da legítima defesa da honra. Não se pode permitir o uso de tal tese para lesionar e matar alguém – simplesmente pela justificativa de "manter a honra".

119. Conselho Nacional de Justiça (CNJ). *Direitos das mulheres* [recurso eletrônico] / Conselho Nacional de Justiça; Supremo Tribunal Federal, MaxPlanck-Institute for Comparative Public Law and International Law; Coordenação Gabriel da Silveira Matos, Luís Geraldo Sant'Ana Lanfredi, Estêvão André Cardoso Waterloo, Manuelita Hermes Rosa Oliveira Filha, Valter Shuenquener de Araújo, Pedro Felipe de Oliveira Santos, Alexandre Reis Siqueira Freire. – Brasília: CNJ, 2023. eBook (109 p.). P. 92.

A legítima defesa, conforme prevista no Código Penal, consiste em usar moderadamente dos meios necessários para repelir a injusta agressão. Na tese da legítima defesa contra a honra, estar-se-ia diante de uma atecnia: inexiste proporcionalidade entre a ofensa (delito contra a honra) e a atitude para reprimi-la (matar).

Nesse sentido, destaque para o voto do Relator do caso, Ministro Dias Toffoli, no qual discorre que:

> Portanto, aquele que pratica feminicídio ou usa de violência, com a justificativa de reprimir um adultério não está a se defender, mas a atacar uma mulher de forma desproporcional de forma covarde e criminosa. Assim sendo, o adultério não configura uma agressão injusta apta a excluir a antijuridicidade de um fato típico, pelo que qualquer ato violento perpetrado nesse contexto deve estar sujeito à repressão do direito penal[120].

Em um paralelo, a legítima defesa da honra colocava a mulher como pessoa menos digna de proteção – o que, nos dizeres de Judith Butler, classificar-se-ia como "o mais e o menos 'humano', o inumano, o humanamente impensável"[121]. Em seu livro "Corpos que pesam", Butler discorre acerca da finalidade de construção dos corpos. Nessa ótica, a mulher era construída a partir da honra masculina, afastando-se de um sujeito de direitos e aproximando-se de um ser servil, inumano, abjeto.

Como bem discorre Margarita Danielle Ramos[122]:

> **Logo, é necessário que a mulher seja produzida e colocada, a todo instante, nesse lugar da abjeção para que o homem possa viver uma vida plena na esfera pública, gozando da liberdade que essa lhe oferece. Dessa forma, cabe à mulher encerrada em seu silêncio, como exterior constitutivo do homem, zelar para que os atributos sociais, tais como honra, racionalidade, sejam sempre reatualizados à custa de sua abjeção**. Assim, vamos aos poucos compreendendo quais eram, e ainda são, as finalidades da ocorrência de construções tão diferenciadas de homens e mulheres dentro do contexto histórico

120. STF. *MEDIDA CAUTELAR NA ARGUIÇÃO DE DESCUMPRIMENTO DE PRECEITO FUNDAMENTAL 779 DISTRITO FEDERAL*. Rel. Min. Dias Toffoli. Disponível em: ADPF779.pdf Acesso em: 14 mar. 2025.
121. BUTLER, Judith. "Corpos que pesam: sobre os limites discursivos do 'sexo'". In: LOBO, Guacira. *O corpo educado: pedagogias da sexualidade*. Tradução de Tomaz Tadeu da Silva. Belo Horizonte: Autêntica, 2007. P. 161.
122. Reflexões sobre o processo histórico-discursivo do uso da legítima defesa da honra no Brasil e a construção das mulheres. *Rev. Estud. Fem.* 20 (1) • Abr 2012 • https://doi.org/10.1590/S0104-026X2012000100004

> brasileiro. Contexto esse que teima em ser reafirmado, ainda hoje, nas práticas jurídicas, como pôde ser percebido em nossa pesquisa aos acórdãos. **Em todos eles há a necessidade de depreciar a mulher perante o homem que a assassinou, colocando em primeiro plano não a discussão sobre o crime, mas sim o comportamento da mulher.** Sendo esse comportamento questionado, já que na maioria dos casos coloca-se que a "vítima gostava de sair, ter amigos, usar *short*, viver outros relacionamentos", como foi observado em um acórdão do ano de 2008. Comportamentos esses que não condizem com o que se espera de uma mulher «honesta». – Grifo nosso.

A utilização de tal tese incorreria no reconhecimento da inferioridade da mulher, afastando-a da dignidade da pessoa humana – situações inconstitucionais e inconvencionais, que não se coadunam com a ótica protetiva multinível que integra os direitos humanos.

2.10. O DIREITO À IGUALDADE RACIAL E O PERFILAMENTO RACIAL

Desde 2003, o Supremo Tribunal Federal, analisa casos que versam sobre igualdade racial. Temas que perpassam a constitucionalidade das cotas raciais para vagas nas universidades (ADPF nº 186), a equiparação de homofobia e transfobia ao racismo (ADO nº 26 e MI º 4.733) e a vedação das ações policiais nas favelas e reconhecimento de racismo estrutural (ADPF nº 635-MC-TPI-Ref e ADPF º 635 MC).

Destaque para o Protocolo de Julgamento com Perspectiva Racial, elaborado pelo Conselho Nacional de Justiça, em 2024. No documento, são tratadas diretrizes a serem seguidas por Magistrados e Magistradas no julgamento de casos, em atenção ao princípio da vedação à discriminação.

A abordagem acerca do perfilamento racial traz o enfoque para as abordagens e prisões injustas, erros judiciais e a reprodução do racismo institucional[123]. O perfilamento racial já foi tratado na Recomendação Geral nº 31 do Comitê para Eliminação da Discriminação racial da ONU, no qual restou sedimentado que tal prática possui graves consequências em todos os níveis de administração do sistema de justiça, sobretudo no âmbito da justiça criminal.

123. CNJ. *Protocolo para julgamento com perspectiva racial.* Brasília, 2024. Disponível em: https://www.cnj.jus.br/wp-content/uploads/2024/11/protocolo-para-julgamento-com-perspectiva-racial-2.pdf Acesso em: 11 mar. 2025. P. 120

No Brasil, a temática foi objeto de julgamento pelo Supremo Tribunal Federal, com a fixação de tese de repercussão geral em 2024, de relatoria do Ministro Edson Fachin (HC nº 208.240/STF).

Trata-se de *habeas corpus* no qual um homem restou abordado por policial em razão de ser "indivíduo de cor negra que estava em cena típica de tráfico de drogas". O caso analisou a ilegalidade de abordagens policiais e buscas pessoais motivadas por raça, sexo, orientação sexual, cor da pele ou aparência física.

Destaque para o voto do Ministro Fachin, no *habeas corpus* em comento, no qual salientou que a característica física da cor da pele não foi acrescida de qualquer outra composição corporal. Nesse contexto, "a cor da pele foi o que primeiramente despertou a atenção dos policiais".

Na ocasião, o Ministro Edson Fachin teceu diálogo com a Convenção Internacional sobre a eliminação de todas as formas de discriminação racial (ONU), em consonância às importantes mudanças institucionais no âmbito brasileiro, como o curso oferecido pelo Ministério da Justiça e Segurança Pública (Segurança de Grupos Vulneráveis: Promoção da Igualdade Racial), que cria mecanismos de controle para prevenir atos discriminatórios na atividade policial – como as câmeras instaladas nos uniformes dos policiais.

Igualmente, a condenação do Brasil perante a Corte IDH, no caso Santos Nascimento e Ferreira Gomes externou a questão do perfilamento racial dentro do contexto de discriminação baseada na raça da vítima, bem como do racismo estrutural existente na sociedade. O presente caso reconheceu a discriminação racial estrutural no Brasil, analisando a falência do acesso à justiça de pessoas afrodescendentes, versando sobre a situação de impunidade pelo delito de racismo sofrido no âmbito laboral pelas vítimas Neusa e Gisele, em 1998, quando procuravam emprego.

No caso em comento, a Corte IDH reconheceu a violação ao direito ao projeto de vida das vítimas, ao passo que o Estado se omitiu na proteção dos núcleos de direitos indispensáveis para o desenvolvimento de um projeto de vida digno, e sem discriminação por raça ou cor[124]. Conforme:

124. CORTE IDH. *CORTE INTERAMERICANA DE DERECHOS HUMANOS CASO DOS SANTOS NASCIMENTO Y FERREIRA GOMES VS. BRASIL* SENTENCIA DE 7 DE OCTUBRE DE 2024 (Excepciones Preliminares, Fondo, Reparaciones y Costas). VOTO CONCURRENTE Y PARCIALMENTE DISIDENTE DEL JUEZ EDUARDO FERRER MAC-GREGOR POISOT. Disponível em: https://www.gov.br/mdh/pt-br/assuntos/noticias/2025/fevereiro/corte-idh-condena-brasil-por-discriminacao-racial-e-de-genero/copy_of_corteidhcasodossantosnascimentoyferreiragomesvsbra_es.pdf Acesso em: 11 mar. 2025. P. 85

> *55. En dicho voto desarrollamos nuestra visión, relativa a que el derecho al proyecto de vida se desprende de un conjunto de derechos convencionales, de la misma forma en que se ha venido construyendo el derecho a la verdad o el derecho a defender derechos humanos, entre otros. Así, sostuvimos que del trayecto jurisprudencial constituido por los pronunciamientos de esta Corte IDH y nutrido por los aportes de otros tribunales de la región,* ***el derecho al proyecto de vida es un derecho autónomo reconocido por la Convención Americana, especialmente derivado de la tutela a los derechos a la vida digna, integridad personal, dignidad humana, libre desarrollo de la personalidad y autodeterminación, sin que ello implique excluir o limitar su vínculo con otros derechos humanos dada la universalidad e indivisibilidad de los mismos, como pueden ser la protección de la familia o de la niñez, entre otros.*** *– Grifo nosso.*

Nessa ótica, o dano ao projeto de vida constitui novo direito consagrado pela Corte IDH, desdobrando-se do rol dos direitos fundamentais, como à vida digna, à integridade pessoal, à liberdade, às garantias judiciais, à proteção da honra e dignidade, à igualdade perante a lei, e ao acesso à justiça.

CAPÍTULO

3

OS DIÁLOGOS E A ATUAÇÃO DOS DEMAIS ATORES NA PROMOÇÃO DOS DIREITOS HUMANOS

Os exemplos acima mencionados evidenciam a importância do diálogo entre Cortes e sua consonância com a hermenêutica dos tratados em direitos humanos a ser realizada por juízes e tribunais no plano nacional[1].

O mecanismo de controle de convencionalidade é o instrumento de compatibilização da interpretação auferida pela própria Corte IDH da Convenção Americana de Direitos Humanos com as normativas internas brasileiras.

Os julgados referidos no tópico anterior são apenas alguns exemplos da evolução da jurisprudência do Supremo Tribunal Federal na consolidação e efetivação de direitos humanos, aqui tomados com objetivo meramente ilustrativo do crescimento do constitucionalismo multinível na jurisdição constitucional brasileira. A menção aos dispositivos convencionais, à jurisprudência nacional e internacional anterior que versam sobre objeto semelhante, assim como a valoração dos diplomas e precedentes, revela o compromisso constante havido entre a Corte Constitucional e seus jurisdicionados em matérias envolvendo direitos fundamentais e humanos.

1. BRASIL. Supremo Tribunal Federal. *Medida Cautelar na Arguição de Descumprimento de Preceito Fundamental 635 Rio de Janeiro*. Relator Min. Edson Fachin. Plenário. J. 18.08.2020. Disponível em: <http://redir.stf.jus.br/paginadorpub/paginador.jsp?docTP=TP&docID=754168293>. Acesso em: 8 dez. 2020-b.

A jurisprudência nacional, a partir das diretrizes do Supremo Tribunal Federal, perpassa, como já salientado, por três ondas evolutivas na proteção judicial dos direitos humanos: em um primeiro momento, com a afirmação da sua justiciabilidade; em um segundo período, com a predominância do mínimo existencial em detrimento da reserva do possível, inclusive no controle judicial de políticas públicas; e, mais recentemente, com a afirmação do postulado da vedação do retrocesso social e da inação estatal, que servem como *standards* interpretativos dos direitos econômicos, sociais e culturais no âmbito interno.

A realidade díspar presente na América Latina torna mais difícil o processo de harmonização entre diferentes ordens jurídicas e a efetivação de direitos humanos, sobretudo em razão das desigualdades econômicas, sociais e culturais. Contudo, há problemas comuns que merecem soluções semelhantes, as quais podem ser encontradas por meio de diálogos e da construção do *Ius Constitutionale Commune* latino-americano.

Em dezembro de 2020, o presidente do Supremo Tribunal Federal, Ministro Luiz Fux, assinou um acordo com a Corte Interamericana de Direitos Humanos para realizar programas de qualificação de advogados e juízes, buscando a tradução de sentenças da Corte IDH para o português, assim como a implementação de pesquisas e seminários por parte de magistrados junto à Corte[2].

Em 17 de setembro de 2020, o Ministro Fux já havia criado o Observatório de Direitos Humanos do Poder Judiciário, que objetiva promover a articulação com instituições nacionais ou internacionais na defesa dos direitos humanos, por meio de cinco eixos: proteção dos direitos humanos e do meio ambiente; promoção da estabilidade e do ambiente de negócios para o desenvolvimento nacional; combate à corrupção e à lavagem de dinheiro para a recuperação de ativos; justiça 4.0 e promoção do acesso à justiça digital, e vocação constitucional do STF[3].

O Observatório tem empreendido esforços para a publicidade de pautas integrativas em direitos humanos, por meio de reuniões com as populações

2. ARAÚJO, Carla. *Fux assina acordo com Corte de Direitos Humanos para qualificar juízes*. 9 dez. 2020. Disponível em: <https://economia.uol.com.br/colunas/carla-araujo/2020/12/09/justica-direitos-humanos-fux-corte-interamericana-parcerias.htm#:~:text=O%20presidente%20do%20CNJ%20(Conselho,CIDH%20para%20o%20portugu%C3%AAs%2C%20facilita%C3%A7%C3%A3o>. Acesso em: 9 dez. 2020.

3. BRASIL. Conselho Nacional de Justiça. *Observatório dos Direitos Humanos do Poder Judiciário*. Disponível em: <https://www.cnj.jus.br/observatorio/observatorio-direitos-humanos/>. Acesso em: 9 dez. 2020; BRASIL. Conselho Nacional de Justiça. *Portaria nº 190 de 17/09/2020*. Disponível em: <https://atos.cnj.jus.br/files/original164854202010065f7c9ff66d893.pdf>. Acesso em: 9 dez. 2020.

vulneráveis, de modo que sejam ampliados os espaços de comunicação, permitindo visibilidade aos seus pleitos. Destaque para a criação do formulário ROGERIA – Registro de Ocorrência Geral de Emergência e Risco Iminente à Comunidade LGBTQIA+, que busca facilitar procedimentos integrados que diminuam a violência vivenciada, além do fomento de produção de dados. Tal formulário deve ser aplicado nas delegacias, no Ministério Público, Defensoria Pública, órgãos do Poder Judiciário, equipes de saúde e acolhimento, bem como organismos de proteção a vítimas de violência[4].

Como afirma Sergio Ramírez, ex-juiz da Corte IDH, todo magistrado da América Latina é um juiz interamericano. Isso significa que os juízes nacionais também são juízes regionais ou juízes interamericanos, no caso dos países situados na América Latina e signatários da Convenção Americana de Direitos Humanos. Sob a ótica regional latino-americana, as interlocuções entre magistrados permitem a implementação dos *standards* da Corte Interamericana de Direitos Humanos, uma vez que, em sendo os recursos efetivos a nível nacional de forma a evitar e reparar violações em direitos humanos, torna-se desnecessária a ativação do sistema regional[5].

Em se falando de instituições fortes e do Poder Judiciário no contexto democrático, deve-se ter em mente o *standard* interpretativo extraído do julgado *Aguinaga Aillón Vs. Ecuador*, datado de 30 de janeiro de 2023, não existe Estado de Direito e democracia sem a independência judicial. Isso porque, os Magistrados necessitam do cumprimento de garantias adequadas e suficientes para o exercício de suas funções, de modo a melhor resolver os litígios que lhe são colocados. Igualmente, é necessário assegurar a garantia de independência judicial dos Tribunais Eleitorais, tendo em vista a proteção do sistema eleitoral e a garantia de realização de eleições justas, livres e confiáveis – consistindo em plena garantia para o exercício dos direitos políticos e efetiva participação em assuntos públicos, de modo a permitir o exercício da cidadania e da democracia[6].

Entretanto, a efetivação dos direitos humanos não é atribuição apenas do Poder Judiciário. Não se pode prescindir da interação entre os diversos

4. CNJ. *CNJ divulga pesquisa e formulário para subsidiar combate à LGBTfobia*. 8 ago. 2022. Disponível em: https://www.cnj.jus.br/cnj-divulga-pesquisa-e-formulario-para-subsidiar-combate-a-lgbtfobia/ Acesso em: 07 jun. 2023.
5. ALVARADO, Paola Andrea Acosta. *Más allá de la utopía: Del diálogo interjudicial a la constitucionalización del derecho internacional. La red judicial latinoamericana como prueba y motor del constitucionalismo multinivel*. Cit. p. 100.
6. CORTE IDH. *Caso Aguinaga Aillón Vs. Ecuador*. Sentencia de 30 de enero de 2023. Parágrafos 68,69,70. Disponível em: https://www.corteidh.or.cr/casos_sentencias.cfm?lang=pt Acesso em: 20 julho 2023.

atores do sistema de justiça, o que envolve a ação do Ministério Público, tanto estadual quanto federal, da Defensoria Pública, dos advogados, assim como de estudantes ou de especialistas que atuam como *amicus curiae*[7] tanto nas Cortes nacionais quanto nas regionais.

É preciso fortalecer a cultura de cumprimento dos direitos humanos por meio da expansão, horizontal e vertical, das trocas e experiências, em uma rede institucional aberta de proteção, o que favorece a construção do *Ius Constitutionale Commune* e engrandece a participação da sociedade civil na luta pela afirmação da cidadania.

O sistema interamericano de direitos humanos é fundado na sociedade civil. Assim, permite-se o acesso de organizações sociais e uma maior proximidade com as vítimas. Em 2009, a reforma no Regulamento da Corte Interamericana possibilitou que as vítimas apresentassem petição inicial autônoma, o que outrora só era viável pela Comissão Interamericana. Além disso, as vítimas podem acompanhar e participar efetivamente das fases processuais[8].

Todos os casos submetidos à Comissão Interamericana, em face do Brasil, resultaram de um processo de coordenação, entre vítimas e Organizações não governamentais – ONG's –, o que foi tão efetivo a ponto de "litigar em uma combinação de estratégias políticas e legais, e domesticamente implementar qualquer ganho obtido na seara internacional"[9].

Um dos princípios fundamentais do *Ius Constitutionale Commune* é, pois, a inclusão. O reconhecimento da importância da sociedade civil, das ONG´s e dos cidadãos para a transformação da realidade social é fundamental para o funcionamento democrático. O papel ativo da vítima e das ONG's nos procedimentos da Corte IDH se alinha ao alargamento da legitimidade dos atores aptos a dialogar em matéria de direitos humanos.

São várias as possibilidades de atores legitimados a dialogar para a implementação do *Ius Constitutionale Commune*, em virtude da função que desempenham e do empoderamento trazido às vítimas. Um diálogo aberto pugna por discussões constantes.

7. FACHIN, Melina. *Constitucionalismo multinível: diálogos e(m) direitos humanos*. Cit. p. 66-82.

8. FACHIN, Melina Girardi (Org.). *Guia de proteção dos direitos humanos: sistemas internacionais e sistema constitucional constitucional*. Curitiba: InterSaberes, 2019. p. 153.

9. PIOVESAN, Flávia. Ius Constitutionale Commune en América Latina: Context, Challenges, and Perspectives. In: *Transformative constitutionalism in Latin America: The emergence of a New Ius Commune*. Cit. p. 63-64.

Ao se pensar em um sistema movido por trocas e diálogos permanentes, não se pode limitar o seu acesso às experiências vividas por apenas um grupo. Ao contrário, é indispensável assegurar a mais ampla pluralidade de interlocutores de variadas classes e com diferentes interesses.

3.1. O PAPEL DO MINISTÉRIO PÚBLICO NA DEFESA DOS DIREITOS HUMANOS

A Constituição Federal de 1988 conferiu, ao Ministério Público, diversos direitos e deveres, dentre os quais se destacam, no art. 127, a defesa da ordem jurídica, do regime democrático e dos interesses sociais e individuais indisponíveis. Tais atribuições permitem refletir acerca de estratégias e métodos resolutivos para a redução das desigualdades sociais, efetivação dos direitos humanos para vítimas e grupos vulneráveis, prevenção e repressão da corrupção, além do respeito ao devido processo legal e da diminuição da impunidade[10].

O Ministério Público, como defensor das garantias fundamentais e dos direitos sociais, possui legitimidade para exercer poderes-deveres, a fim de fomentar e efetivar políticas públicas.

Dentre as funções institucionais do Ministério Público, previstas no art. 129 da Constituição Federal[11], destacam-se: a fiscalização aos serviços de relevância pública concernente aos direitos assegurados na Constituição; a promoção de inquérito civil e a ação civil pública, a fim de resguardar o patrimônio público e social, do meio ambiente e demais interesses difusos e coletivos; a expedição de notificações nos procedimentos administrativos de sua competência; e a realização do controle externo da atividade policial[12].

Em face das amplas atribuições elencadas na Constituição Federal de 1988, entendeu-se necessária a reestruturação da atuação do Ministério Público, a fim de ampliar e potencializar o seu alcance voltado à justa transformação da realidade social brasileira.

10. CAMBI, Eduardo; FOGAÇA, Marcos Vargas. *Ministério Público Resolutivo: o modelo contemporâneo de atuação institucional. Revista dos Tribunais*, vol. 982, ago/2017, p. 107-134.

11. BRASIL. (Constituição (1988)). *Constituição da República Federativa do Brasil de 1988.* Brasília, DF: Presidência da República. 2016. Disponível em: <http://www.planalto.gov.br/ccivil_03/constituicao/constituicao.html>. Acesso em: 9 mai. 2019. Art. 129.

12. CAMBI, Eduardo; FOGAÇA, Marcos Vargas. *Ministério Público Resolutivo: o modelo contemporâneo de atuação institucional.* Cit.

O Ministério Público brasileiro é órgão legitimado a exercer o controle da Administração Pública, servindo como figura intermediária do povo com o Estado[13], por meio do atendimento ao público. O exercício da função de *ombudsman* pelo Ministério Público busca a sua resolutividade, a partir de interações com a sociedade, por meio de sua "escuta ativa"[14].

A defesa dos direitos humanos se dá tanto no plano individual das vítimas quanto no âmbito coletivo dos grupos vulneráveis.

O papel de transformador social do Ministério Público[15] possui uma dimensão preventiva, no acompanhamento da atuação dos Conselhos de Direitos, na formulação de políticas públicas e na construção/execução orçamentária, a partir da utilização de meios jurídicos, sobretudo os extrajudiciais disponíveis[16].

As deficiências e omissões do Estado, quando detectadas preventivamente, empoderam as comunidades envolvidas no problema e, por meio do diálogo, podem promover direitos humanos, sem a necessidade da proliferação de demandas judiciais.

A constante busca do Ministério Público por mecanismos para a promoção de uma tutela extrajudicial dos direitos transindividuais (difusos ou coletivos) e individuais homogêneos inibe a prática ou a reiteração de atos ilícitos, com a contenção de seus possíveis danos. Para zelar pela segurança jurídica, o Ministério Público deve atuar na perspectiva da eficiência administrativa, razão pela qual se revela indispensável à ordem jurídica a atribuição de *ombudsman* da sociedade[17].

A Constituição da República de 1988 conferiu ao Ministério Público o papel de concretizar os direitos humanos por meio da sua especialização e profissionalismo, de forma impessoal, independente e compartilhada.

---

13. SOUZA, Augusto César Borges. *A função de ombudsman e os novos desafios do Ministério Público brasileiro*. 5 jun. 2014. Disponível em: <http://www.conteudojuridico.com.br/artigo,a-funcao-de-ombudsman-e--os-novos-desafios-do-ministerio-publico-brasileiro,48426.html>. Acesso em: 21 mar. 2019.
14. DAHER, Lenna Luciana Nunes. *A atuação do Ministério Público Brasileiro por planos, programas e projetos. Semana do MP Resolutivo*. Curitiba: Escola Superior do MPPR, 2017 (13min07seg). Disponível em: <https://spark.adobe.com/page/JrWDvgnPrldr9/>. Acesso em:19 fev. 2019.
15. LOPES, Ludmila Reis Brito. *A carta de Brasília e a atuação do Ministério Público do Trabalho – Parte 1. Semana do MP Resolutivo*. Curitiba: Escola Superior do MPPR, 2017. (8min56seg). Disponível em: <https://spark.adobe.com/page/JrWDvgnPrldr9/>. Acesso em: 20 fev. 2019.
16. CAMBI, Eduardo; FOGAÇA, Marcos Vargas. *Ministério Público Resolutivo: o modelo contemporâneo de atuação institucional*. Cit.
17. SOUZA, Augusto César Borges. *A função de ombudsman e os novos desafios do Ministério Público brasileiro*. Cit.

O Ministério Público é parte legítima para realizar rodadas autocompositivas, inclusive para estabelecer acordos estruturais para alcançar a progressiva efetivação dos direitos econômicos, sociais e culturais. Trata-se de procedimento dirigido por profissionais habilitados e capacitados para avaliar as decisões oriundas dos demais poderes, atendendo ao controle de precedentes das Cortes internacionais e nacionais, às resoluções e diretrizes da Comissão Interamericana de Direitos Humanos, além de fomentar diálogos, entre cidadãos, grupos vulneráveis e entidades públicas e privadas, relacionados à eficácia aos direitos fundamentais econômicos, sociais e culturais no contexto do Estado Democrático de Direito.

A atuação dialógica do Ministério Público em matéria de políticas públicas deriva do interesse em promover e proteger os direitos humanos, tendo em vista o desenvolvimento da justiça distributiva, movida a partir do interesse público e dos movimentos sociais[18].

O diálogo fomentado pelo Ministério Público com os grupos vulneráveis, atingidos ou afetados por lesões ou ameaças a direitos, estabelece um elo entre a realidade concreta e a tutela jurídica a ser promovida, abre espaço à transdisciplinaridade, e promove a integração dos diferentes atores por meio de estratégias de negociação, conciliação e mediação[19]. Por exemplo, o Ministério Público, em sede de controle de constitucionalidade difuso e de convencionalidade por diretriz, pode buscar a celebração de recomendações administrativas e de termos de ajustamento de conduta voltados à concretização dos direitos humanos[20].

Nesse sentido, medidas de intervenção em comunidades tradicionais, indígenas e população em situação de rua merecem maior cuidado e um olhar atento do Ministério Público. Por meio do Decreto nº 7.053/2009[21], o Ministério Público passou a contar com mais uma ferramenta de diálogo com a população vulnerável e moradora dos logradouros públicos. A partir disso, o Conselho Nacional do Ministério Público produziu um guia de atuação Ministerial e Ação Nacional em defesa dos direitos fundamentais,

18. SILVA, Sandoval Alves da. *O Ministério Público e a concretização dos Direitos Humanos*. Salvador: Jus Podivm, 2016. p. 241-246.
19. Idem. Ibidem.
20. Idem, p. 262.
21. O Decreto nº 7.053/2009 instituiu a Política Nacional para a população em situação de rua, e estipulou a criação do Comitê Intersetorial de acompanhamento e monitoramento, com a participação de fóruns, movimentos e entidades representativas desse segmento da população. BRASIL. *Decreto nº 7.053, de 23 de dezembro de 2009*. Disponível em: <http://www.planalto.gov.br/ccivil_03/_Ato2007-2010/2009/Decreto/D7053.html>. Acesso em: 11 mar. 2019.

elucidando acerca da legislação e o regime jurídico que protegem a população de rua, bem como balizou diretrizes de atuação e os instrumentos para melhor fiscalização das políticas públicas, por meio de recomendações administrativas, termos de ajustamento de conduta e de ações civis públicas[22].

As políticas de assistência social estatais também são objetos de fiscalização pelo Ministério Público, que devem assegurar o funcionamento adequado dos programas sociais e o respectivo fortalecimento da sociedade civil. A erradicação da pobreza e das desigualdades sociais é dever fundamental do Estado, sendo inadmissível o desrespeito ao princípio da dignidade da pessoa humana[23]. Grupos vulneráveis – como as pessoas em situação de rua, populações tradicionais, LGBTQIA+, mulheres expostas à violência doméstica e pessoas com deficiência – são protegidos pelo ordenamento jurídico e, por isso, merecem destaque quanto às ações implementadas pelo Ministério Público na defesa dos direitos humanos.

No mesmo norte, ressalte-se a Recomendação CN nº 02, de 22 de março de 2023, instituída pelo Conselho Nacional do Ministério Público, recomendando a adoção de medidas destinadas à atuação ministerial a partir da perspectiva de gênero, voltada para modificar práticas jurídicas ou consuetudinárias que repercutem a persistência e a tolerância da violência contra a mulher, buscando assegurar o tratamento igualitário de gênero quando da atuação pelo Ministério Público.

O Ministério Público, como instituição defensora dos direitos humanos, possui legitimidade para firmar termos de ajustamento de conduta em litígios estruturais. Tal ajuste define um compromisso de alcance dos mencionados direitos, sendo o agente responsável por adotar as medidas necessárias tanto para prevenir quanto para reparar a sua violação. A definição do acordo se delineia a partir de ações, programas e metas, que integram políticas públicas, e de suas dimensões orçamentárias, voltadas para a concretização desses direitos[24].

Na efetivação de termos de ajustamento de conduta, para atacar litígios estruturais, Edilson Vitorelli propõe um movimento cíclico, que abrange[25]:

22. CONSELHO NACIONAL DO MINISTÉRIO PÚBLICO. *Guia de atuação ministerial: defesa dos direitos das pessoas em situação de rua*. Brasília: CNMP, 2015. Disponível em: <http://www.cnmp.mp.br/portal/publicacoes/245-cartilhas-e-manuais/8969-guia-de-atuacao-ministerial-defesa-dos-direitos-das--pessoas-em-situacao-de-rua>. Acesso em: 9 mai. 2019.

23. Idem. Ibidem.

24. SILVA, Sandoval Alves da. *O Ministério Público e a concretização dos Direitos Humanos*. Cit., p. 305-306.

25. VITORELLI, Edilson. *Processo civil estrutural: teoria e prática*. Salvador: JusPodivm, 2020. p. 167-188.

i) negociação e diagnóstico do problema: a negociação deve ser transparente, envolver a atuação cooperativa entre o legitimado coletivo e o representante da instituição responsável pela reorganização de uma estrutura pública ou privada, e permitir que as pessoas afetadas pelo litígio sejam ouvidas; ii) definição do plano: elaboração e assinatura do acordo: deve-se prever cláusulas que respeitem as restrições administrativas, legais e orçamentárias, mas que tragam a melhoria da instituição, com a descrição/hierarquização de metas, previsão de receitas e despesas, forma de execução das atividades ou dos projetos, o estabelecimento de indicadores de resultados a serem controlados periodicamente, os prazos a serem cumpridos e a prestação das contas; iii) implementação do acordo: governança e tomada de decisões: pode-se optar por um comitê de acompanhamento dos termos do acordo ou atribuí-lo a uma entidade privada de elevada expertise ou ao Ministério Público, quando não é o autor do acordo; iv) supervisão da implementação e revisão do plano: previsão de relatórios periódicos, cláusulas de monitoramento (*v.g.*, da execução orçamentária) e análises técnicas; v) finalização: para evitar a celebração de acordos de difícil ou impossível implementação, deve-se optar por acordos parciais, com metas específicas para atacar um ou alguns aspectos da atividade que se pretende reestruturar, ou optar por metas finalísticas, o que torna mais objetivo o trabalho de monitoramento, embora sejam mais difíceis de serem definidas, ou, ainda, fixar metas temporais, quando a qualidade da atuação do compromissário está sujeita a variações (*v.g.*, atraso na análise de benefícios pelo INSS, por estar sujeita a fatores como sazonalidades naturais, aposentadorias de servidores e greves).

O Ministério Público é uma das mais importantes instituições de garantia de direitos humanos do Estado Democrático de Direito. Sua atuação processual deve ser estratégica para inibir ou reparar os direitos violados. A instituição precisa dar preferência, quando possível, pela resolução extrajudicial dos conflitos e, para otimizar esforços e ser mais resolutiva, primar pelos acordos estruturais de alcance coletivo. Não sendo possível a celebração de acordos ou havendo o descumprimento injustificado de recomendações administrativas ou de termos de ajustamento de conduta, o Ministério Público deve levar o caso ao Poder Judiciário (jurisdição interna). Entretanto, não deve apenas transferir ao Poder Judiciário a efetivação dos direitos humanos violados. Afinal, mesmo após investigada e apurada uma lesão a tais direitos pelo órgão ministerial, o processamento indevido ou fora do prazo razoável pode impedir que vítimas ou grupos vulneráveis sejam protegidos.

O Ministério Público, nos termos do art. 46.2. da Convenção Americana de Direitos Humanos, inclusive em litisconsórcio com as pessoas que tenham seus direitos violados e movimentos sociais, deve acionar o Brasil na Comissão Interamericana de Direitos Humanos para provocar o controle de convencionalidade, quando não for observado o devido processo legal, quando não se permitirem às vítimas o acesso à justiça e a todos os meios e recursos a ela inerentes, ou, ainda, houver demora injustificada na prestação da jurisdição interna.

No limite, o Ministério Público deve acionar o Sistema Interamericano de direitos humanos quando a solução final conferida pelo Poder Judiciário brasileiro foi insuficiente ou contrária às diretrizes da Comissão ou aos precedentes da Corte Interamericana de Direitos Humanos. A responsabilidade do Ministério Público com a promoção dos direitos humanos não termina com o trânsito em julgado da decisão proferida pela jurisdição brasileira, quando há manifesto descompasso entre a atuação do Poder Judiciário e os compromissos assumidos pelo Brasil na efetivação do Direito Internacional dos Direitos Humanos.

O Ministério Público brasileiro, ao abrir o diálogo com as vítimas e os movimentos sociais, fortalece a defesa dos direitos humanos, empodera a luta de grupos vulneráveis, potencializa a instituição como garantidora desses direitos e das pessoas hipossuficientes e marginalizadas, bem como pode ser reconhecido como um importante canal de comunicação com a sociedade e o sistema de justiça, inclusive internacional, na promoção de justiça.

O art. 44 da Convenção Americana de Direitos Humanos, ao tratar do direito de petição, preceitua: "Qualquer pessoa ou grupo de pessoas, ou entidade não-governamental legalmente reconhecida em um ou mais Estados membros da Organização, pode apresentar à Comissão petições que contenham denúncias ou queixas de violação dessa Convenção por um Estado-parte". Embora a referida regra não disponha expressamente sobre a legitimidade do Ministério Público, não há impedimento para isso acontecer, porque o Ministério Público não é uma instituição governamental, mas de Estado, vocacionada constitucionalmente, e com independência funcional, para a defesa dos direitos humanos.

Aliás, se qualquer pessoa pode exercer o direito de peticionar, seria contraditório admitir a legitimidade de um membro do Ministério Público isoladamente como cidadão de acionar o Sistema Interamericano de Direitos Humanos e não aceitar que uma instituição, com a relevância constitucional e a experiência do Ministério Público, ficar afastada da proteção de direitos difusos, coletivos ou individuais indisponíveis.

Tampouco seria coerente permitir – como tem acontecido na experiência do Sistema Interamericano de Direitos (*v.g.*, no *Caso Empregados da Fábrica de Fogos de Santo Antônio de Jesus e seus Familiares vs. Brasil*[26]) – que o Ministério Público seja *amicus curiae* e rejeitar a possibilidade de essa instituição republicana não denunciar graves lesões aos direitos humanos, ainda mais quando canaliza os anseios dos movimentos sociais.

Apesar da pouca atuação no âmbito internacional, o cenário contemporâneo apresenta modificações relacionadas à participação do Ministério Público brasileiro no Sistema Interamericano de Direitos Humanos. Em 2018, o Conselho Nacional do Ministério Público firmou uma parceria com a Organização dos Estados Americanos, com o intuito de estabelecer mecanismos de cooperação, de forma a promover o uso e a aplicação do Sistema Interamericano, por meio dos padrões e resoluções, intercâmbio de pessoal e outras práticas que permitam a contribuição na resolução dos problemas da Agenda Hemisférica de Direitos Humanos[27]. O referido acordo envolve também: a possibilidade de promoção do ensino sobre o Sistema Interamericano de Direitos Humanos e seus padrões, por meio do estudo de casos resolvidos pela CIDH e pela Corte Interamericana de Direitos Humanos; o fornecimento de treinamento especializado em Direito Internacional de Direitos Humanos para acadêmicos, estudantes, servidores públicos e sociedade civil em geral, inclusive por meio de educação à distância; o desenvolvimento e implementação de projetos conjuntos de pesquisa; o intercâmbio de material bibliográfico e o acesso a bancos de dados e informações gerais de acordo com as normas internas que regem cada uma das Partes; a troca de documentos específicos e informações sobre programas de trabalho que sejam de interesse da Organização dos Estados Americanos e o Ministério Público.

Outra maneira de o Ministério Público estabelecer diálogo com a população, com o escopo de prevenir a violação de direitos humanos, é por meio de programas de educação em direitos humanos, em todos os níveis de escolaridade. Nesse sentido, o projeto João Cidadão, realizado pelo

26. CORTE INTERAMERICANA DE DIREITOS HUMANOS. *Caso Empregados da Fábrica de Fogos de Santo Antônio de Jesus e seus Familiares vs. Brasil*. Cit. Acesso em: 30 mar. 2021. Nota 63.

27. COMISSÃO INTERAMERICANA DE DIREITOS HUMANOS. *Acordo de Cooperação*, de 5 de novembro de 2018. Disponível em: <https://www.oas.org/es/cidh/mandato/docs/Convenios/2018/C22.pdf>. Acesso em: 8 mar. 2021.

Conselho Nacional do Ministério Público, foi uma importante iniciativa, voltada a contribuir com a formação de melhores cidadãos. Esse projeto recebeu o Prêmio Nacional de Educação em Direitos Humanos, concedido pelo Ministério da Justiça, em 2017. Já no Ministério Público do Estado do Paraná, parceria realizada com a Secretaria Estadual da Educação, Assessoria Especial para a Juventude, Assembleia Legislativa e Tribunal de Justiça, tem levado, a todos os trinta e dois Núcleos Regionais de Educação do Estado, palestras, gincanas e visitas de membros do Ministério Público e do Poder Judiciário, desde 2014, para os estudantes de ensino médio. Acresce-se que o Plano Nacional de educação em direitos humanos[28], elaborado pelo então Ministério dos Direitos Humanos, em 2018, foi importante ao incluir os direitos humanos nas matrizes e pautas escolares.

No entanto, não apenas a educação formal pode contribuir para o debate sobre a temática, como também a educação informal. Esta visa à elaboração de projetos educativos junto à comunidade, auxiliando na disseminação de ideias e no fomento de diálogo, a fim de garantir uma atuação mais efetiva dos membros do Ministério Público junto às populações vulneráveis. Como exemplo de atores da educação informal, podem ser citados os movimentos sociais, ONG´s, associações, igrejas, sindicatos e os meios de comunicação em geral[29]. Cabe ao membro do Ministério Público se aproximar da comunidade e, pelo diálogo com os atores da educação informal, fortalecer o exercício da cidadania[30].

O Ministério Público possui a função política de transformação da sociedade por meio da efetivação dos direitos humanos-fundamentais. A realização dessa função sucede via ações político-jurídicas que almejam

28. BRASIL. Ministério dos Direitos Humanos. *Plano Nacional de educação em direitos humanos*. 3ª reimpressão. Brasília: 2018.

29. BENEVIDES, Maria Victoria. *Educação em Direitos Humanos: de que se trata?*. *Programa Ética e cidadania – construindo valores na escola e na sociedade*. p. 6. Disponível em: <http://portal.mec.gov.br/seb/arquivos/pdf/Etica/9_benevides.pdf >. Acesso em: 12 mar. 2019.

30. Nas palavras de Gilberto Giacoia, o "Ministério Público que queremos e estamos edificando, pois, com férrea determinação e invulgar coragem, não é um Ministério Público acomodado à sombra das estruturas dominantes, acovardado, dócil e complacente com os poderosos, e intransigente e implacável somente com os fracos e débeis. Não é um Ministério Público burocrático, distante, insensível, fechado e recolhido em gabinetes refrigerados. Mas é um Ministério Público vibrante, desbravador, destemido, valente, valoroso, sensível aos movimentos, anseios e necessidades da Nação brasileira. É um Ministério Público que caminha lado a lado com o cidadão pacato e honesto, misturado a nossa gente, auscultando os seus anseios, na busca incessante de Justiça Social. É um Ministério Público inflamado de uma ira santa, de uma rebeldia cívica, de uma cólera ética, contra todas as formas de opressão e de injustiça, contra a corrupção e a improbidade, contra os desmandos administrativos, contra a exclusão e a indigência. Um implacável protetor dos valores mais caros da sociedade brasileira" (*Ministério Público Vocacional*. *Revista Justitia*, Ministério Público de São Paulo/Associação Paulista do Ministério Público. n. 197. jul.-dez. 2007, p. 283).

combater as injustiças sociais, e, consequentemente, conduzir ao progressivo alcance de uma ordem social mais equitativa e democrática[31].

3.1.1. Ministério Público e o Exercício do Controle de Convencionalidade

O Ministério Público exerce o papel de defensor dos direitos fundamentais, primando pela manutenção da ordem jurídica e pela eficiência do Estado Democrático de Direito (art. 127/CF). Desse modo, tem o dever de zelar pela dignidade da pessoa humana e assegurar os direitos humanos[32].

A defesa da ordem jurídica vai além da mera atuação do Ministério Público como "fiscal da lei" (*custos legis*). O Ministério Público é o guardião da completude da ordem jurídica (*custo iuris*), conceito que abrange a promoção tanto das normas internas (Constituição, leis, decretos, regulamentos, etc.) quanto das normas internacionais do sistema global (Organização das Nações Unidas) e regional interamericano (Organização dos Estados Americanos), desde que ratificadas e internalizadas, que impõem a proteção dos direitos humanos, tendo como parâmetro a interpretação e a aplicação da norma (interna e/ou internacional) que mais favoreça o ser humano, como forma de concretização do princípio *pro persona*[33].

O Ministério Público é órgão legitimado a exercer o controle de constitucionalidade, difuso e abstrato. A instituição também pode realizar o controle de convencionalidade, para fiscalizar a aplicação de normas advindas de documentos internacionais no plano nacional, pugnando pela adaptação de eventuais leis contrárias aos dispositivos pactuados. Afinal, consoante se extrai do adágio "*in eo quod plus est semper inest et minus*" (quem pode o mais, pode o menos), em sendo o Ministério Público legitimado a exercer o controle de constitucionalidade, não haveria razão jurídica plausível para deixar de realizar o controle de convencionalidade.

Nesse sentido, foi editada a Recomendação nº 96/2023, pelo Conselho Nacional do Ministério Público (CNMP), que está em consonância com o

31. GOULART, Marcelo Pedroso. *Elementos para uma Teoria Geral do Ministério Público*. Belo Horizonte: Arraes Editora, 2013. p. 116-121.

32. BALLEI, Renata Christina. Ministério Público e os direitos humanos. In: *Justiça, cidadania e democracia* [online]. Coord. Roberto Livianu. Rio de Janeiro: Centro Edelstein de Pesquisa Social, 2009. p. 193-201. Disponível em: <http://books.scielo.org/id/ff2x7/pdf/livianu-9788579820137-17.pdf>. Acesso em: 4 fev. 2019.

33. MAZZUOLI, Valério; FARIA, Marcelle Costa e; DIONYSIO, Kledson. *Controle de convencionalidade pelo Ministério Público*. Cit. p. 4 , 16 e 20.

universo protetivo dos direitos humanos. Tal documento "recomenda aos ramos e às unidades do Ministério Público a observância dos tratados, convenções e protocolos internacionais de direitos humanos, das recomendações da Comissão Interamericana de Direitos Humanos e da jurisprudência da Corte Interamericana de Direitos Humanos".

Mais diretamente, a supracitada recomendação orienta:

> Art. 3º Recomenda-se aos membros do Ministério Público, respeitada a independência funcional, que: I - **promovam o controle de convencionalidade das normas e práticas internas.**

Diante do Estado de Coisas Inconvencional[34], realidade que expõe a violação massiva de direitos humanos e a omissão do Estado em não cumprir o disposto na Convenção Americana de Direitos Humanos e demais tratados internacionais de direitos humanos assinados pelo Estado brasileiro, é ainda mais relevante a atuação do Ministério Público.

Os casos reiterados envolvendo violações sistemáticas à saúde, integridade física e moral, e à vida de grupos vulneráveis – como crianças e adolescentes, mulheres, afrodescendentes, idosos, pessoas com deficiência, migrantes e refugiados, índios e populações tradicionais, pessoas em situação de rua e encarceradas – demonstram o desrespeito aos direitos fundamentais da pessoa humana.

Como exemplo, pode ser citada a condenação do Brasil perante a Corte Interamericana no Caso de *Damião Ximenes Lopes*[35], o qual versa sobre a violação à vida de pessoa com deficiência mental, a exigir do Estado brasileiro, por meio da atuação do Ministério Público e da sociedade civil organizada, o cumprimento das diretrizes impostas para assegurar a promoção da saúde mental no Brasil. Aliás, restou consignado no parágrafo 250 da referida sentença, que o Brasil deve "desenvolver um programa de formação e capacitação para o pessoal médico, de psiquiatria e psicologia, de enfermagem e auxiliares de enfermagem, bem como para todas as pessoas vinculadas ao atendimento de saúde mental, em especial sobre os

---

34. Trata-se de uma analogia ao Estado de Coisas Inconstitucional, que diz respeito às violações de direitos fundamentais, previstos na Constituição Federal, da população carcerária (reconhecida pelo STF na ADPF 347), fruto de omissão do Poder Público (FERREIRA, Siddharta Legale; ARAÚJO, David Pereira de. *O Estado de Coisas Inconvencional: trazendo a Corte Interamericana de Direitos Humanos para o debate sobre o sistema prisional brasileiro. Revista Publicum*, Rio de Janeiro, v. 2, n. 2, jul./dez. 2016. Disponível em: <https://www.e-publicacoes.uerj.br/index.php/publicum/article/view/26042>. Acesso em: 7 fev. 2019).
35. CORTE INTERAMERICANA DE DIREITOS HUMANOS. *Caso Ximenes Lopes versus Brasil*. Cit.

princípios que devem reger o tratamento a ser oferecido às pessoas portadoras de deficiência mental".

Destacam-se, ainda, as emissões pela Corte IDH de resoluções de medidas provisórias envolvendo o Brasil nos casos do Presídio de Pedrinhas[36], Penitenciária Dr. Sebastião Martins Silveira[37], Complexo Penitenciário de Curado[38] e Penitenciária Urso Branco[39], ponderando sobre a infraestrutura e condições precárias de detenção, atendimento de saúde e elevado número de mortes de presos. Tais situações contrariam as Regras de Mandela[40], documento internacional que regulamenta regras mínimas para o tratamento de presos[41].

Casos envolvendo crianças e adolescentes internados também são alvo de preocupação pela Corte Interamericana de Direitos Humanos, como os fatos ocorridos no Complexo do Tatuapé, antiga FEBEM (Fundação do Bem-estar do Menor) e atual Fundação Casa, onde se apurou a falta de serviços médicos e rebeliões que geraram feridos, fugas massivas e mortes de internos[42].

O Ministério Público, como uma das instituições republicanas mais importantes para assegurar o funcionamento do Estado Democrático de Direito, tem o dever de atuar na prevenção e na repressão de lesões ou ameaças de lesões aos direitos humanos.

Ao julgar o *Caso Gelman vs. Uruguay*, a Corte Interamericana de Direitos Humanos não deixou dúvidas sobre a possibilidade de o Ministério

36. CORTE INTERAMERICANA DE DIREITOS HUMANOS. *Resolução da Corte Interamericana de Direitos Humanos, de 14 de março de 2018.* Medidas provisórias a respeito do Brasil. Assunto do complexo penitenciário de Pedrinhas. Disponível em: <http://www.corteidh.or.cr/docs/medidas/pedrinhas_se_02_por.pdf>. Acesso em: 7 fev. 2019.
37. CORTE INTERAMERICANA DE DIREITOS HUMANOS. *Solicitação de medidas provisórias apresentada pela Comissão Interamericana de Direitos Humanos com respeito ao Brasil. Caso das pessoas privadas de liberdade na penitenciária "Dr. Sebastião Martins Silveira" em Araraquara, São Paulo, Brasil.* 28 jul. 2006. Cit..
38. CORTE INTERAMERICANA DE DIREITOS HUMANOS. *Resolução da Corte Interamericana de Direitos Humanos de 28 de novembro de 2018. Medidas provisórias a respeito do Brasil: Assunto do complexo penitenciário de Curado.* Cit.
39. CORTE INTERAMERICANA DE DIREITOS HUMANOS. *Resolução da Corte Interamericana de Direitos Humanos de 7 de julho de 2004. Medidas provisórias a respeito da República Federativa do Brasil: Caso da penitenciária Urso Branco.* Cit.
40. ORGANIZAÇÃO DAS NAÇÕES UNIDAS. *Regras mínimas das Nações Unidas para o tratamento de presos (Regras de Mandela).* Viena, 2015. Cit.
41. FERREIRA, Siddharta Legale; ARAÚJO, David Pereira de. *O Estado de Coisas Inconvencional: trazendo a Corte Interamericana de Direitos Humanos para o debate sobre o sistema prisional brasileiro.*Cit.
42. CORTE INTERAMERICANA DE DIREITOS HUMANOS. *Resolução da Corte Interamericana de Direitos Humanos de 04 de julho de 2006. Medidas provisórias e solicitação de ampliação de medidas provisórias com respeito à República Federativa do Brasil. Caso das crianças e adolescentes privados de liberdade no "Complexo do Tatuapé" da FEBEM.* Cit.

Público e de outras instituições que integram o sistema de justiça, além do Poder Judiciário, exercerem o controle de convencionalidade[43]:

> *63. Los Estados Parte en la Convención deben garantizar el cumplimiento de las disposiciones convencionales y sus efectos propios (effet utile) en el plano de sus respectivos derechos internos. Este principio se aplica no sólo en relación con las normas sustantivas de los tratados de derechos humanos (es decir, las que contienen disposiciones sobre los derechos protegidos), sino también en relación con las normas procesales, tales como las que se refieren al cumplimiento de las decisiones de la Corte.*
>
> *64. Los Estados Parte en la Convención no pueden invocar disposiciones del derecho constitucional u otros aspectos del derecho interno para justificar una falta de cumplimiento o de aplicación de las obligaciones contenidas en dicho tratado.*
>
> *65. Por otro lado, se ha acuñado en la jurisprudencia interamericana el concepto del "control de convencionalidad", concebido como una institución que se utiliza para aplicar el Derecho Internacional, en este caso el Derecho Internacional de los Derechos Humanos, y específicamente la Convención Americana y sus fuentes, incluyendo la jurisprudencia de este Tribunal.*
>
> *66. Así, en varias sentencias la Corte ha establecido que es consciente de que las autoridades internas están sujetas al imperio de la ley y, por ello, están obligadas a aplicar las disposiciones vigentes en el ordenamiento jurídico. Pero cuando un Estado es Parte en un tratado internacional como la Convención Americana, todos sus órganos, incluidos sus jueces y demás órganos vinculados a la administración de justicia en todos los niveles, también están sometidos al tratado, lo cual les obliga a velar para que los efectos de las disposiciones de la Convención no se vean mermados por la aplicación de normas contrarias a su objeto y fin, de modo que decisiones judiciales o administrativas no hagan ilusorio el cumplimiento total o parcial de las obligaciones internacionales. Es decir, todas la autoridades estatales, están en la obligación de ejercer ex officio un "control de convencionalidad" entre las normas internas y la Convención Americana, en el marco de sus respectivas competencias y de las regulaciones procesales correspondientes. En esta tarea, deben*

43. CORTE INTERAMERICANA DE DIREITOS HUMANOS. *Resolución de la Corte Interamericana de Derechos Humanos de 20 de marzo de 2013*. Cit.

> *tener en cuenta no solamente el tratado, sino también la interpretación que del mismo ha hecho la Corte Interamericana, intérprete última de la Convención Americana.*

O controle de convencionalidade pode ser realizado internamente, tanto pelo Supremo Tribunal Federal, de forma concentrada, quanto por juízes e autoridades públicas, por meio de fiscalização difusa nos casos concretos.

O mencionado controle exercido pelo Supremo Tribunal Federal tem ocorrido de maneira diminuta em relação aos julgados da Corte IDH[44]. A análise e a incorporação de precedentes da Corte IDH pelo STF podem contribuir para a evolução e a máxima proteção dos direitos humanos-fundamentais no Brasil. Tal atuação deve ser estimulada pela doutrina que precisa pautar o debate de forma ética[45], não apenas pela transcrição e escolha dos precedentes favoráveis a um determinado posicionamento (*confirmation bias*), mas promover um diálogo real, pelo exame das razões essenciais dos precedentes firmados internacionalmente.

Esse contexto reforça a necessidade de mais ampla participação do Ministério Público no controle difuso de convencionalidade. O desconhecimento da possibilidade desse exercício, aliado ao disposto no art. 5º, § 2º, da Constituição Federal de 1988 e ao amplo rol de direitos fundamentais, concorre para o uso menos comum do controle de convencionalidade pelo Ministério Público.

Portanto, o controle de convencionalidade pelo Ministério Público, a partir da sua disseminação pelas Escolas institucionais, Centros de Apoios Operacionais, Conselhos Superiores e Câmaras de Revisão, pode contribuir para a ampliação da cultura de proteção de direitos humanos. Na perspectiva do constitucionalismo multinível, o controle de convencionalidade pelo Ministério Público é um reforço argumentativo importante para efetivar não só os direitos constitucionais, mas também os direitos humanos, de forma mais ampla, a partir da aplicação da Constituição e da legislação infraconstitucional de forma integrada e harmônica com os tratados internacionais[46].

44. CAMBI, Eduardo; PORTO, Letícia de Andrade. *Os precedentes da Comissão Interamericana de Direitos Humanos e sua aplicação pelo Supremo Tribunal Federal. Revista dos tribunais*, vol. 1002, abril/2019, p. 371-404.
45. MARINONI, Luiz Guilherme. *A ética dos precedentes – Justificativa do novo CPC*. São Paulo: Revista dos Tribunais, 2014.
46. MAZZUOLI, Valério; COSTA E FARIA, Marcelle Rodrigues da; OLIVEIRA, Kledson Dionysio de. *Controle de convencionalidade pelo Ministério Público*. Rio de Janeiro: Forense, 2020.

3.1.2. A atuação extrajudicial do Ministério Público e a proteção dos direitos humanos

A Resolução nº 118/2014, do Conselho Nacional do Ministério Público, reforçou a possibilidade de aplicação de práticas autocompositivas, como a negociação, mediação, conciliação, práticas restaurativas e convenções processuais[47], as quais possibilitam ao membro do Ministério Público a resolução de conflitos, mesmo antes de sua instauração.

A disseminação da cultura da pacificação, em conjunto com a redução da utilização do aparato judicial, favorece a atuação resolutiva do Ministério Público. Uma vez que o empoderamento dos sujeitos envolvidos no conflito e a promoção do diálogo ampliam a comunicação social, reduzem a litigiosidade e aumentam a possibilidade de convivência pacífica.

A capacidade de negociação com o Poder Público ou com entes privados, que estejam em desacordo com a legislação, fornece ao Membro do *parquet* uma ferramenta adicional e mais efetiva em relação ao processo judicial. Isso porque o Órgão Ministerial, munido de informações coletadas anteriormente à negociação, pode concretizar os direitos fundamentais econômicos, sociais, culturais e ambientais a partir da construção ou do aperfeiçoamento de políticas públicas, concernentes ao interesse difuso, coletivo ou, mesmo, individual indisponível[48].

Com relação às medidas autocompositivas estabelecidas pela Resolução nº 118/2014, é importante caracterizar suas formas e utilizações.

A negociação é um instrumento empregado em "conflitos em que o Ministério Público possa atuar como parte na defesa de direitos e interesses da sociedade, em razão de sua condição de representante adequado e legitimado coletivo universal"[49], conforme está previsto no art. 129, inc.

47. CONSELHO NACIONAL DO MINISTÉRIO PÚBLICO. *Resolução nº 118, de 1º de dezembro de 2014*. Dispõe sobre a Política Nacional de Incentivo à Autocomposição no âmbito do Ministério Público e dá outras providências. Disponível em: <http://www.escolasuperior.mppr.mp.br/arquivos/File/Cursos_Realizados/2017/MP_Resolutivo/Resolucao_118_2014_CNMP.pdf>. Acesso em: 21 fev. 2019.

48. BONAVIDES, Samia Saad Gallotti. *MP Resolutivo: autocomposição, Resolução 118/2014-CNMP e justiça restaurativa – Parte 2. Semana do MP Resolutivo*. Curitiba: Escola Superior do MPPR, 2017. (05min39seg) 2017. Disponível em: <https://spark.adobe.com/page/JrWDvgnPrIdr9/>. Acesso em: 21 fev. 2019; BONAVIDES, Samia Saad Gallotti. *A justiça restaurativa como um novo modelo de prática para a restauração do vínculo comunitário. Tese de doutorado*. Jacarezinho: Universidade Estadual do Norte do Paraná, 2020.

49. "Art. 8º A negociação é recomendada para as controvérsias ou conflitos em que o Ministério Público possa atuar como parte na defesa de direitos e interesses da sociedade, em razão de sua condição de representante adequado e legitimado coletivo universal (art. 129, III, da CR/1988); Parágrafo único. A negociação é recomendada, ainda, para a solução de problemas referentes à formulação de convênios, redes de trabalho e parcerias entre entes públicos e privados, bem como entre os próprios membros do

III, da Constituição Federal de 1988. Por exemplo, a Recomendação nº 72, de 23 de abril de 2020, do Conselho Nacional do Ministério Público, sobre a adoção de medidas para o incremento de insumos de saúde, mediante parcerias entre órgãos governamentais, iniciativa privada e instituições de ensino e pesquisa, no desenvolvimento de soluções de inovação aberta para minimização dos impactos da pandemia da Covid-19, enaltece o papel do Ministério Público como agente político que deve interagir com entes públicos e privados para negociar alternativas – no âmbito da ciência, tecnologia e inovação – para as principais dificuldades de efetivação das políticas públicas na área da saúde (art. 1º)[50].

Já a mediação serve tanto como mecanismo de prevenção de conflitos que ainda não tenham sido levados ao Judiciário, quanto para demandas judicializadas. Esse instrumento soluciona controvérsias envolvendo relações jurídicas contando com a participação ativa e voluntária das partes discordantes[51]. O Código de Processo Civil estabelece a mediação como método de solução consensual de conflitos, e deve ser estimulada por juízes, defensores e membros do Ministério Público. O art. 165, § 3º, do CPC afirma que a mediação terá lugar, preferencialmente, em casos em que houver prévio vínculo entre os indivíduos, situação na qual o mediador analisa o conflito, culminando na solução consensual idealizada pelas próprias partes[52].

A conciliação, por sua vez, é proposta para controvérsias "que envolvam os direitos ou interesses nas áreas de atuação do Ministério Público como órgão interveniente e nos quais sejam necessárias intervenções propondo soluções para a resolução das controvérsias ou dos conflitos"[53]. O Código de Processo Civil (art. 165, § 2º) estabelece que a conciliação ocorra em casos nos quais se queda ausente o vínculo anterior entre as partes, podendo o conciliador sugerir soluções para a pacificação[54].

Ministério Público" (CONSELHO NACIONAL DO MINISTÉRIO PÚBLICO. *Resolução nº 118, de 1º de dezembro de 2014*. Cit.).

50. CONSELHO NACIONAL DO MINISTÉRIO PÚBLICO. *Resolução nº 72, de 23 de abril de 2020*. Disponível em: <https://www.cnmp.mp.br/portal/images/Recomendacoes/Recomendacao-n-72.pdf>. Acesso em: 20 mar. 2021.
51. Idem. Ibidem.
52. BRASIL. [Código de Processo Civil (2015)]. *Lei nº 13.105, de 16 de março de 2015*. Brasília, DF: Presidência da República, [2015]. Disponível em: <http://www.planalto.gov.br/ccivil_03/_ato2015-2018/2015/lei/l13105.html>. Acesso em: 9 mai. 2015.
53. CONSELHO NACIONAL DO MINISTÉRIO PÚBLICO. *Resolução nº 118, de 1º de dezembro de 2014*. Cit.
54. BRASIL. *[Código de Processo Civil (2015)]*. Cit.

A instauração das práticas resolutivas ocorre em situações de reparação dos efeitos da infração a partir de um acordo entre partes, almejando o bom convívio e a pacificação dos relacionamentos sociais. A participação do Ministério Público nessa prática enseja a "formulação de um plano restaurativo para a reparação ou minoração do dano, a reintegração do infrator e a harmonização social"[55].

Ademais, as convenções processuais atuam de maneira flexível, para se adaptar a cada situação concreta, a fim de resguardar a tutela jurisdicional dos interesses subjacentes e da proteção dos direitos fundamentais envolvidos no processo. A colaboração ocorre mediante diálogo entre os sujeitos envolvidos. Permite-se, ao Ministério Público, a celebração de acordos para constituir, modificar e extinguir demandas que já estejam em âmbito judicial[56]. Porém, as convenções processuais não necessariamente cessam um conflito; tal método autocompositivo visa regulamentar o ajuste firmado entre os interessados, de maneira a estabelecer obrigações e deveres, a partir de um acordo de natureza processual. O termo de ajustamento de conduta, instrumento de redução de litigiosidade[57], pode trazer, em suas cláusulas, a instituição das práticas de convenção processual, o que amplia a convencionalidade e a resolutividade na tutela coletiva (*v.g.*, alterar a forma da citação, a renúncia prévia de certos meios de prova ou tipos de recursos, a fixação do foro competente para facilitar a produção da prova, a ampliação dos prazos para a prática dos atos processuais, a suspensão convencional do processo para tentativa de conciliação, etc.)[58].

As possibilidades de autocomposição pelo Ministério Público foram significativamente ampliadas pela Lei 13.964/2019[59] que, além de diversas alterações na legislação penal e processual penal, modificou o art. 17, § 1º, da Lei de Improbidade Administrativa (Lei 8.429/92), para admitir a possibilidade do acordo de não persecução cível.

---

55. CONSELHO NACIONAL DO MINISTÉRIO PÚBLICO. *Resolução nº 118, de 1º de dezembro de 2014*. Cit.
56. Idem. Ibidem.
57. CONSELHO NACIONAL DO MINISTÉRIO PÚBLICO. *Resolução nº 179, de 26 de julho de 2017. Regulamenta o § 6º do art. 5º da Lei nº 7.347/1985, disciplinando, no âmbito do Ministério Público, a tomada do compromisso de ajustamento de conduta*. Disponível em: <http://www.escolasuperior.mppr.mp.br/arquivos/File/Cursos_Realizados/2017/MP_Resolutivo/Resolucao_179_2017.pdf>. Acesso em: 21 fev. 2019.
58. CABRAL, Antonio do Passo. As convenções processuais e sua celebração pelo Ministério Público. In.: *30 anos da Constituição de 1988 e o Ministério Público – Avanços, retrocessos e os novos desafios*. Org. Eduardo Cambi, Gregório Assagra de Almeida e Jairo Cruz Moreira. Belo Horizonte: D'Plácido, 2018. p. 175-193.
59. CAMBI, Eduardo; SILVA, Danni Sales; MARINELLA, Fernanda. *Pacote anticrime*. Vol. 1. Curitiba: Escola Superior do MPPR, 2020.

No âmbito criminal, o Ministério Público resolutivo pode se valer da eleição de prioridades, no que diz respeito à investigação de casos e à instauração de processos que envolvam delitos mais graves e que possam trazer uma melhor resposta ao problema da criminalidade organizada. O acordo de não persecução penal, instituído inicialmente pela Resolução 181/2017 do Conselho Nacional do Ministério Público e consagrado no art. 28-A do Código de Processo Penal a partir da sua introdução pela Lei 13.964/2019 (Pacote Anticrime), evita a instauração do processo penal regular para a responsabilização do criminoso confesso e permite que o agente do Ministério Público possa atuar de forma proativa, não dependendo exclusivamente da autoridade policial para iniciar a persecução criminal[60-61].

Como consequência da necessária resolutividade do Ministério Público, surge a necessidade de repensar a atuação institucional para a melhor proteção dos direitos humanos no âmbito interno.

A Constituição Federal de 1988 deve coibir violações aos direitos humanos, garantindo a integral proteção a todos, pautando-se nos princípios da dignidade da pessoa humana e da igualdade, estabelecidos no art. 5º, *caput* e demais incisos, da CF. No âmbito internacional, diversos são os tratados que versam sobre a proteção de direitos humanos. Consoante exposto na Constituição Federal de 1988, os direitos estabelecidos à pessoa humana não se limitam àqueles expostos no referido diploma, adotando-se demais garantias previstas em tratados internacionais os quais o Brasil seja signatário, o que se denomina de *bloco de constitucionalidade* (art. 5º, § 2º)[62].

A recomendação nº 96, de 28 de fevereiro de 2023, do Conselho Nacional do Ministério Público - CNMP, caminha em consonância com a necessidade de readequação às múltiplas ordens jurídicas nas quais se está inserido. A recomendação busca que todos os ramos e unidades do Ministério Público observem os tratados, convenções e protocolos internacionais de direitos humanos, bem como as recomendações da Comissão

60. CABRAL, Rodrigo Leite Ferreira. *Um Panorama sobre o Acordo de não persecução penal (art. 18 da Resolução n. 181/17-CNMP, com as alterações da resolução n. 183/18-CNMP)*. Disponível em: <https://www.editorajuspodivm.com.br/cdn/arquivos/2a36cfc8306908148b233995a76a4532.pdf>. Acesso em: 20 fev. 2019.

61. CABRAL, Rodrigo Leite Ferreira. *Ministério Público Resolutivo: eleição de prioridades no Direito Penal. Semana do MP Resolutivo*. Curitiba: Escola Superior do MPPR, 2017. (07min53seg). Disponível em: <https://spark.adobe.com/page/JrWDvgnPrIdr9/>. Acesso em: 20 fev. 2019; CABRAL, Rodrigo Leite Ferreira. Acordo de não persecução: É uma boa opção político-criminal para o Brasil? In: *Ministério Público, Constituição e Acesso à Justiça: abordagens institucional, coletiva e penal da atuação do Ministério Público*. Org. Gregório Assagra de Almeida, Eduardo Cambi e Jairo Cruz Moreira. Belo Horizonte: D´Plácido, 2019. p. 1.409-1.422.

62. BRASIL. *[Constituição (1988)]*.Cit.

Interamericana de Direitos Humanos e da jurisprudência da Corte Interamericana de Direitos Humanos.

Reputa-se necessária a leitura de seu artigo 3º, que disciplina a realização do controle de convencionalidade pelo Ministério Público brasileiro:

> Art. 3º Recomenda-se aos membros do Ministério Público, respeitada a independência funcional, que:
>
> I - promovam o controle de convencionalidade das normas e práticas internas;
>
> II - priorizem a atuação judicial e extrajudicial nos casos relacionados com recomendações ao Estado brasileiro expedidas pela Comissão Interamericana de Direitos Humanos, especialmente quanto às medidas cautelares; e
>
> III - priorizem a atuação judicial e extrajudicial a fim de garantir a reparação material e imaterial das vítimas de violações a direitos humanos, bem como o cumprimento das demais obrigações determinadas pela Corte Interamericana de Direitos Humanos ao Estado brasileiro, inclusive quanto às medidas provisórias.
>
> Parágrafo único. É facultada a utilização de opiniões consultivas emitidas pela Corte Interamericana de Direitos Humanos na fundamentação de manifestações, pareceres e peças processuais ou extrajudiciais[63].

Nesse sentido, as normas previstas na Convenção Americana de Direitos Humanos se revelam vinculantes ao plano doméstico, devendo ser consideradas tanto no procedimento judicial quanto na esfera extrajudicial[64]. Da mesma maneira, os *standards* firmados em sede de julgamento pela Corte Interamericana de Direitos Humanos devem ser aplicados como precedentes na jurisdição interna brasileira em face do Decreto nº. 4.463, de 8 de novembro de 2002, que reconheceu a competência jurisdicional obrigatória da Corte IDH, a partir do controle de convencionalidade.

63. CNMP. Recomendação nº 96, de 28 de fevereiro de 2023. Disponível em: Recomendao-n-96---2023.pdf (cnmp.mp.br) Acesso em: 24 de maio de 2023.

64. MOURA, Rafael Osvaldo Machado; KRELLING, Gustavo Marques; MELO, Milena Petters. O sistema interamericano e o papel resolutivo do Ministério Público estadual na defesa dos direitos humanos. In: *30 anos da Constituição de 1988 e o Ministério Público – Avanços, retrocessos e os novos desafios*. Org. Eduardo Cambi, Gregório Assagra de Almeida e Jairo Cruz Moreira. Belo Horizonte: D'Plácido, 2018. p. 367-388.

Destaque para a *novel* recomendação do Conselho Nacional do Ministério Público no tocante à adoção de medidas que fortaleçam a atuação dos Ministérios Públicos da União e dos Estados com perspectiva de gênero. A Recomendação nº 3, de 6 de março de 2025, estipula a atuação do Ministério Público em diversas frentes, como a criação, ampliação e fortalecimento de Promotorias de Justiça com Atribuições Especializadas; a articulação com a rede de enfrentamento às violências contra as mulheres; o estímulo à atuação dos membros e membras do Ministério Público em consonância com a transversalidade que envolve a violência de gênero contra as mulheres e meninas[65].

A atividade resolutiva do Ministério Público não deve se limitar a cada Promotoria ou Procuradoria de Justiça/do Trabalho ou da República individualmente. A possibilidade de realização do trabalho em rede, de maneira colaborativa, permite a análise do problema em razão de múltiplos aspectos (interseccional), de maneira a definir estratégias mais eficientes de resolução. Por exemplo, casos envolvendo dependência química de adolescentes podem exigir o trabalho conjunto dos Promotores de Justiça da saúde e da criança e do adolescente. Outro exemplo é a atuação colaborativa do Promotor de Justiça criminal com o do patrimônio público em hipótese de organizações criminosas que realizam fraudes sistemáticas a licitações e contratos administrativos.

As atribuições sistêmicas, conjuntas ou compartilhadas otimizam recursos humanos e reduzem a duplicidade do trabalho. Afinal, a convergência na atuação de Órgãos Ministeriais promove investigações conjuntas e compartilhamento de provas em áreas e problemas comuns, o que permite a resolução de casos semelhantes, de maneira qualificada, multidisciplinar, eficiente e mais célere[66].

Dessa forma, no âmbito penal, o Ministério Público resolutivo trabalha, de maneira integrada, a partir da formação de grupos de trabalho formados por agentes de segurança pública, como investigadores e Delegados, Promotores, Procuradores de Justiça e Procuradores da República, de modo a possibilitar a troca de experiências e evitar diligências desnecessárias. Já no âmbito cível, o membro do Ministério Público pode instaurar procedimentos

65. CNMP. RECOMENDAÇÃO DE CARÁTER GERAL Nº 3, DE 6 DE MARÇO DE 2025 - RECOMENDAÇÃO DE CARÁTER GERAL Nº 3, DE 6 DE MARÇO DE 2025 - DOU - Imprensa Nacional Acesso em: 14 mar.2025.

66. DIGIÁCOMO, Murillo José. O Ministério Público e a utopia. In.: *Direito e Justiça. Estudos em homenagem a Gilberto Giacoia*. Org. Eduardo Cambi e Alencar Frederico Margraf. Curitiba: Ministério Público, 2016. p. 109-110.

administrativos aptos a oferecer uma solução rápida e efetiva, de maneira a evitar a judicialização da demanda, como a elaboração de compromissos de ajustamento de conduta[67] e acordos de leniência[68].

Para a melhor comunicação com a comunidade, principalmente nos casos que envolvem a efetividade de direitos fundamentais sociais e da adequação de políticas públicas, inclusive para a realização de planos de ação e de projetos estratégicos de intervenção comunitária, o Ministério Público pode organizar audiências públicas[69]. Com isso, ampliam-se os espaços de participação democrática e o comprometimento dos cidadãos destinatários das medidas protetivas com a melhor solução do problema[70]. A atuação preventiva, proativa e resolutiva, na indução de políticas públicas e por meio das técnicas de negociação, confere ao membro do Ministério Público a integração com diversos sujeitos políticos coletivos em diferentes níveis, o que amplia o diálogo interinstitucional e republicano na promoção dos direitos humanos[71].

O Ministério Público resolutivo tem como base a autonomia e a independência funcionais, a fim de priorizar a solução mais célere e direta dos litígios. O inquérito civil, o termo de ajustamento de conduta, o procedimento investigatório criminal e os acordos de não persecução cível e criminal são alguns dos instrumentos de resolução de conflitos.

---

67. "O Ministério Público do Estado do Paraná estabeleceu parâmetros procedimentais e materiais a serem observados quando da celebração de composição, nas modalidades compromisso de ajustamento de conduta e acordo de leniência, envolvendo as sanções cominadas aos atos de improbidade administrativa, definidos na Lei 8.429, de 02.06.1992, e aos atos praticados contra a Administração Pública, definidos na Lei 12.846, de 01.08.2013, no âmbito do Ministério Público do Estado do Paraná" (PARANÁ. Ministério Público Estadual. *Resolução nº 01/2017 – Ministério Público do Estado do Paraná. Estabelece parâmetros procedimentais e materiais a serem observados para a celebração de composição, nas modalidades compromisso de ajustamento de conduta e acordo de leniência, envolvendo as sanções cominadas aos atos de improbidade administrativa, definidos na Lei 8.429, de 02.06.1992, e aos atos praticados contra a Administração Pública, definidos na Lei 12.846, de 01.08.2013, no âmbito do Ministério Público do Estado do Paraná.* Disponível em: <http://www.mppr.mp.br/arquivos/File/Restaurativo/Resolucao_01_2017_CSMP_MPPR.pdf>. Acesso em: 19.02.2019).

68. CAMBI, Eduardo; FOGAÇA, Marcos Vargas. *Ministério Público Resolutivo: o modelo contemporâneo de atuação institucional.* Cit.

69. O art. 1º da Resolução 82/2012 do Conselho Nacional do Ministério Público, ao regulamentar as audiências públicas no âmbito dos Ministérios Públicos da União e dos Estados, afirma competir "aos Órgãos do Ministério Público, nos limites de suas respectivas atribuições, promover audiências públicas para auxiliar nos procedimentos sob sua responsabilidade, na identificação de demandas sociais que exijam a instauração de procedimento, para elaboração e execução de Planos de Ação e Projetos Estratégicos Institucionais ou para prestação de contas de atividades desenvolvidas" (CONSELHO NACIONAL DO MINISTÉRIO PÚBLICO. *Resolução 82/2012.* Disponível em: <https://www.cnmp.mp.br/portal/atos-e-normas-busca/norma/765>. Acesso em: 10 mar. 2021).

70. CAMBI, Eduardo. *Neoconstitucionalismo e neoprocessualismo. Direitos fundamentais, políticas públicas e protagonismo judiciário.* 3ª ed. Cit. p. 650-663.

71. GOULART, Marcelo Pedroso. *Elementos para uma teoria geral do Ministério Público.* Cit. p. 202-203.

Portanto, esse modelo processual permite a atuação estratégica do Ministério Público na defesa dos direitos humanos. Desse modo, a instituição deve optar, preponderantemente, pela via extrajudicial e, quando possível, primar por acordos estruturais, que permitam prevenir ou reparar a ameaça ou a lesão a direitos humanos, de forma coletiva ou difusa. Com isso, aplica-se o princípio da subsidiariedade e limita-se a ação civil pública como *ultima ratio* e se restringe a imprescindibilidade da ação penal pública, a ser utilizadas quando esgotadas todas as possibilidades de soluções negociadas. Mesmo nestes casos, a atuação do Ministério Público não se deve transferir ao Poder Judiciário a tutela dos direitos humanos. O trânsito em julgado de uma decisão que consagra violação ou não protege suficientemente os direitos humanos deve impulsionar o Ministério Público a, após o fracasso em remediar a situação ou em casos de morosidade não justificada, acionar o Sistema Interamericano de direitos humanos para que o Brasil seja responsabilizado internacionalmente.

3.2. A DEFENSORIA PÚBLICA E A PROTEÇÃO DOS DIREITOS HUMANOS

A Defensoria Pública é uma instituição de Estado voltada a defender os necessitados. Sendo o acesso gratuito e integral à tal órgão assegurada pelo governo federal àqueles que comprovarem insuficiência de recursos (art. 5º, inc. LXXIV, CF).

O art. 134, caput, da Constituição Federal, afirma que a Defensoria Pública é uma instituição permanente, essencial à função jurisdicional do Estado, com a incumbência de realizar a orientação jurídica, a promoção dos direitos humanos e a defesa, judicial e extrajudicial, dos direitos individuais e coletivos, de forma integral e gratuita.

A Lei Complementar 80/94, ao organizar a Defensoria Pública da União, do Distrito Federal e dos Territórios, bem como prescrever normas gerais para a sua organização nos Estados, define os objetivos da instituição, dando ênfase no art. 3º-A (incluído pela Lei Complementar 132/2009), para a primazia da dignidade da pessoa humana e a redução das desigualdades sociais (inc. I), a afirmação do Estado Democrático de Direito (inc. II) e a prevalência e a efetividade dos direitos humanos (inc. III).

Vale destacar, também, que o art. 4º da Lei Complementar 80/94 preceitua, dentre as funções institucionais da Defensoria Pública, a difusão e a conscientização dos direitos humanos, da cidadania e do ordenamento jurídico (inc. III), bem como a possibilidade de a instituição representar aos sistemas internacionais de proteção dos direitos humanos, postulando perante seus órgãos (inc. VI).

Para tanto, a Defensoria Pública dispõe de mecanismos processuais para a promoção, preferencialmente extrajudicial, dos direitos humanos e de ações (como a ação civil pública, conforme prevê o art. 5º, inc. II, da Lei 7.347/85, com a redação dada pela Lei 11.448/2007) para a defesa dos direitos difusos, coletivos ou individuais homogêneos, quando o resultado da demanda puder beneficiar grupo de pessoas hipossuficientes.

Por exemplo, em razão da necessidade da adoção de medidas para o enfrentamento da pandemia da Covid-19, a Defensoria Pública do Estado do Paraná, em conjunto com a Defensoria Pública da União, e os Ministérios Públicos Federal, do Trabalho e do Estado do Paraná, enviou duas recomendações à Prefeitura Municipal de Curitiba e ao Estado do Paraná: i) para que houvesse o monitoramento dos estoques dos equipamentos, produtos, medicamentos e insumos utilizados no combate à Covid-19, para prevenir situações de escassez de qualquer um destes itens, o que colocaria em risco a saúde e a vida da população; ii) para que ocorresse a orientação adequada à vacinação da Covid-19, dando prioridade aos grupos de risco e às populações mais vulneráveis, com rigorosa fiscalização do processo de vacinação, além da disponibilização de equipamentos de proteção às equipes de saúde envolvidas no armazenamento, distribuição, recepção, orientação e aplicação das vacinas, e dos materiais necessários à imunização da população e a devida conservação, a frio, dos imunizantes[72].

Em relação à ampliação e à garantia dos direitos humanos, a Defensoria Pública é ente legitimado a realizar o controle de convencionalidade por diretriz[73], conforme se deu no bojo do REsp nº. 1.640.084/SP[74], no qual a

72. PARANÁ. Defensoria Pública do Paraná. *DPE-PR assina recomendações que asseguram o acesso da população à kits e à vacinação da COVID-19.* Disponível em: <http://www.defensoriapublica.pr.def.br/2021/01/2135/DPE-PR-assina-recomendacoes-que-asseguram-o-acesso-da-populacao-a-kits-e-a-vacinacao-da--COVID-19.html>. Acesso em: 12 fev. 2021.

73. HEEMANN, Thimotie Aragon. *O exercício do controle de convencionalidade pelo membro do Ministério Público.* In.: *Revista MPPR.* 7ª Edição. Disponível em: <https://apps.mppr.mp.br/aleph/exlibris/aleph/u22_1/alephe/www_f_por/icon/capas/36257>. Acesso em: 4 fev. 2019.

74. "DIREITO PENAL E PROCESSUAL PENAL. (...). DESACATO. INCOMPATIBILIDADE DO TIPO PENAL COM A CONVENÇÃO AMERICANA DEDIREITOS HUMANOS. CONTROLE DE CONVENCIONALIDADE. [...] 10. A Comissão Interamericana de Direitos Humanos – CIDH já se manifestou no sentido de que as leis de desacato se prestam ao abuso, como meio para silenciar ideias e opiniões consideradas incômodas pelo establishment, bem assim proporcionam maior nível de proteção aos agentes do Estado do que aos particulares, em contravenção aos princípios democrático e igualitário. 11. A adesão ao Pacto de São José significa a transposição, para a ordem jurídica interna, de critérios recíprocos de interpretação, sob pena de negação da universalidade dos valores insertos nos direitos fundamentais internacionalmente reconhecidos. Assim, o método hermenêutico mais adequado à concretização da liberdade

Defensoria Pública do Estado de São Paulo arguiu a impossibilidade de tipificação da conduta no crime de desacato[75], em face da ausência de sua correspondência no regime democrático de Direito e em face da liberdade de expressão. Argumentou-se que houve violação tanto da Constituição Federal de 1988 quanto da Convenção Americana de Direitos Humanos e da Declaração de Princípio sobre Liberdade de Expressão. A decisão de "descriminalizar" a conduta de desacato, contudo, aplica-se apenas neste caso, mas pode ser utilizada como precedente nos demais processos envolvendo a temática[76]. Além disso, o Superior Tribunal de Justiça firmou entendimento no sentido da desnecessidade de se observar a cláusula da reserva de plenário (*full bench*) [Art. 97/CF e Súmula Vinculante nº 10] nos casos em que se declara a inconvencionalidade de determinada norma, em

de expressão reside no postulado *pro homine*, composto de dois princípios de proteção de direitos: a dignidade da pessoa humana e a prevalência dos direitos humanos. 12. A criminalização do desacato está na contramão do humanismo, porque ressalta a preponderância do Estado - personificado em seus agentes - sobre o indivíduo. 13. A existência de tal normativo em nosso ordenamento jurídico é anacrônica, pois traduz desigualdade entre funcionários e particulares, o que é inaceitável no Estado Democrático de Direito. 14. Punir o uso de linguagem e atitudes ofensivas contra agentes estatais é medida capaz de fazer com que as pessoas se abstenham de usufruir do direito à liberdade de expressão, por temor de sanções penais, sendo esta uma das razões pelas quais a CIDH estabeleceu a recomendação de que os países aderentes ao Pacto de São Paulo abolissem suas respectivas leis de desacato. 15. O afastamento da tipificação criminal do desacato não impede a responsabilidade ulterior, civil ou até mesmo de outra figura típica penal (calúnia, injúria, difamação etc.), pela ocorrência de abuso na expressão verbal ou gestual utilizada perante o funcionário público" (BRASIL. STJ. *REsp 1.640.084/SP*. Rel. Min. Ribeiro Dantas. Quinta Turma. J. 15.12.2016. Disponível em: <https://ww2.stj.jus.br/processo/revista/documento/mediado/?componente=ITA&sequencial=1564541&num_registro=201600321060&data=20170201&formato=PDF>. Acesso em: 5 fev. 2019). No entanto, a 3ª Seção do STJ, no HC 379.269/MS, firmou, por maioria, entendimento de que o crime de desacato continua válido e aplicação ao ordenamento jurídico brasileiro, apesar dos preceitos da CADH (BRASIL, STJ, *HC 379.269/MS*, Rel. Ministro Reynaldo Soares da Fonseca, Rel. p/ Acórdão Ministro Antonio Saldanha Palheiro, Terceira Seção, julgado em 24/05/2017, DJe 30/06/2017. Disponível em: <http://www.stj.jus.br/SCON/jurisprudencia/toc.jsp?i=1&b=ACOR&livre=((%27HC%27.clap.+e+@num=%27379269%27)+ou+(%27HC%27+adj+%27379269%27.suce.))&thesaurus=JURIDICO&fr=veja>. Acesso em: 22 fev. 2019). No mesmo sentido, em relação ao crime de desacato a militar (art. 299 do Código Penal Militar), tem sido a orientação da 2ª Turma do STF, apesar do voto vencido do Min. Edson Fachin, considerando o disposto no CPM não fere a Constituição Federal (arts. 1º, 5º, incs. IV, V e IX, e 220) nem, tampouco, a CADH (art. 13): BRASIL, STF, *HC 141949*, Relator(a): Min. Gilmar Mendes, Segunda Turma, julgado em 13/03/2018, Processo Eletrônico DJe-077 Divulg 20-04-2018 Public 23-04-2018. Disponível em:<http://www.stf.jus.br/portal/jurisprudencia/listarJurisprudencia.asp?s1=%28DESACATO+E+CONSTITUCIONALIDADE%29&base=baseAcordaos&url=http://tinyurl.com/ze6dw3h>. Acesso em: 22 fev. 2019; BRASIL, STF, *HC 143968 AgR*, Relator(a): Min. Ricardo Lewandowski, Segunda Turma, julgado em 29/06/2018, Processo Eletrônico DJe-157 Divulg 03-08-2018 PUBLIC 06-08-2018. Disponível em: <http://www.stf.jus.br/portal/jurisprudencia/listarJurisprudencia.asp?s1=%28DESACATO+E+CONSTITUCIONALIDADE%29&base=baseAcordaos&url=http://tinyurl.com/ze6dw3h>. Acesso em: 22 fev. 2019. Mais recentemente, o Plenário do STF declarou a recepção do tipo penal de desacato: BRASIL, Supremo Tribunal Federal. *ADPF 496-DF*. Tribunal Pleno. Rel. Min. Roberto Barroso. j. 22.06.2020. pub. DJe 24.09.2020.

75. No caso em questão, o defendido subtraiu uma bebida no valor de R$ 9,00, situação que culminou no desacato aos policiais que lhe deram voz de prisão.

76. VALENTE, Victor Augusto Estevam. *Controle de convencionalidade não deve partir apenas da interpretação*. 28.12.2016. In.: *Consultor Jurídico*. Disponível em: <https://www.conjur.com.br/2016-dez-28/controle-convencionalidade-nao-partir-apenas-interpretacao>. Acesso em: 5 fev. 2019.

razão de não haver, nessa hipótese, o afastamento de uma norma jurídica em relação à Constituição[77].

O chamado de controle de convencionalidade por diretriz, potencializado no Brasil pela *cláusula de abertura* contida no art. 5º, § 2º, da Constituição da República, que incorpora os tratados de direitos humanos em um mesmo *bloco de constitucionalidade*[78], é uma poderosa ferramenta para a promoção dos direitos humanos, devendo ser exercido tanto da Defensoria Pública quanto do Ministério Público, em face da incumbência de promoção dos direitos humanos, defesa de minorias, vulneráveis e necessitados[79].

O controle difuso de convencionalidade pela Defensoria Pública pode ser realizado especialmente por intermédio do ajuizamento de ações civis públicas, *habeas corpus* coletivo, reclamação constitucional etc.

Além disso, diante de a instituição ser permanente e essencial à função jurisdicional do Estado (art. 134, *caput*, CF), também é importante a sua participação no controle concentrado de convencionalidade, seja como *amicus curiae* e *custus vulnerabilis*, seja, até mesmo, por autorização expressa para o ajuizamento de ações diretas de inconvencionalidade[80]. A propósito, Estados como Ceará, Mato Grosso e Rio de Janeiro, ao contrário da Constituição Federal, conferem legitimidade ativa ao Defensor Público Geral para ajuizar ações de controle concentrado, o que poderia ensejar outras autorizações constitucionais expressas extensíveis ao controle concentrado de convencionalidade.

---

77. CAMBI, Eduardo; PORTO, Letícia de Andrade; HEEMANN, Thimotie Aragon. *Controle de Convencionalidade pelo Ministério Público. Revista Jurídica Corregedoria Nacional*: qualidade, resolutividade e transformação social: edição especial: recomendação de Aracaju, volume VII / Conselho Nacional do Ministério Público. Brasília: CNMP, 2019. No entanto, conforme salientado no item 8.1. *supra*, o Supremo Tribunal Federal, na Arguição de Preceito Fundamental (ADPF) 496, afirmou que o art. 331 do Código Penal foi recepcionado pela Constituição Federal de 1988 e, portanto, não viola a liberdade de expressão.

78. BRASIL, STF, *ADI 4439*, Relator(a): Min. Roberto Barroso, Relator(a) p/ Acórdão: Min. Alexandre de Moares, Tribunal Pleno, julgado em 27/09/2017, Processo Eletrônico, DJe-123 Divulg 20-06-2018 Public 21-06-2018, Disponível em: <http://www.stf.jus.br/portal/jurisprudencia/visualizarEmenta.asp?s1=000270370&base=baseAcordaos>. Acesso em: 21 fev. 2019.

79. SETENTA, Maria do Carmo Goulart Martins. Diálogo entre Cortes: fortalecimento da proteção dos Direitos Humanos por meio do Controle de Convencionalidade. In.: *Defensoria Pública da União – Artigos*. Brasília. 2017. Disponível em: <http://www.dpu.def.br/images/esdpu/repositorio/Ed_2017_15_MariaSetenta_paper_DH.pdf>. Acesso em: 5 fev. 2019.

80. MAZZUOLI, Valério de Oliveira; ROCHA, Jorge Bheron. *Defensoria Pública e controle de convencionalidade*. Cit.

3.3. ADVOCACIA

A Advocacia brasileira é uma instituição importante na efetivação do sistema interno de proteção dos direitos humanos, construído a partir da Constituição Federal de 1988. Partindo-se da concepção contemporânea dos direitos humanos, é possível visualizar um Sistema Internacional, estruturado por meio de declarações e tratados de direitos humanos, que atua em coordenação com sistemas internos, nacionais, de proteção, concebidos nos textos constitucionais de diversos países. Nesse contexto, a advocacia integra o sistema constitucional de proteção dos direitos humanos desenhado na Constituição Federal. O art. 133 da Constituição Federal proclama que "*o advogado é indispensável à administração da justiça, sendo inviolável por seus atos e manifestações no exercício da profissão, nos limites da lei*".

A ideia de *administração da justiça* está estreitamente vinculada a esses comandos constitucionais, verdadeiros *princípios estruturantes* do Estado Democrático de Direito vigente no país, os quais reclamam concretização. É dizer, interpretação voltada a atribuir-lhes densidade normativa necessária e suficiente para que possam produzir os efeitos desejados.

O exercício da advocacia é indispensável para construir uma sociedade livre, justa e solidária. Para realizar, enfim, os objetivos fundamentais da República Federativa do Brasil, a qual tem como um dos seus fundamentos a dignidade da pessoa humana.

No plano legislativo, a Lei 8.906/94 define o regime jurídico da advocacia e da Ordem dos Advogados do Brasil, órgão que congrega e representa todos os advogados brasileiros. Cumpre aqui destacar alguns dispositivos do Estatuto da Advocacia e da Ordem dos Advogados do Brasil (OAB).

O art. 2º repete a dicção constitucional e reafirma que o advogado é indispensável à administração da justiça, sendo que o §1º desse dispositivo afirma que "*no seu ministério privado, o advogado presta serviço público e exerce função social*".

Já o art. 44, inc. I, do Estatuto da Advocacia e da OAB tem o seguinte teor:

> A Ordem dos Advogados do Brasil (OAB), **serviço público**, dotada de personalidade jurídica e forma federativa, tem por **finalidade defender a Constituição**, a ordem jurídica do Estado democrático de direito, **os direitos humanos**, a **justiça social**, e pugnar pela boa aplicação das leis, pela rápida administração da justiça e pelo aperfeiçoamento da cultura e das instituições jurídicas.

Tanto no plano institucional como no individual, a Lei 8.906/94 define a advocacia como *serviço público*. E esse conceito tem consequências importantes e coerentes com a função desempenhada no Sistema Interno de proteção aos direitos humanos. A noção de serviço público pode ser compreendida levando em consideração os aspectos material e formal, os quais encontram nos direitos fundamentais e, consequentemente, na dignidade da pessoa humana, seu eixo principal.

Trata-se do exercício de verdadeira *função*. E, como tal, ela é compreendida como um *poder-dever* dirigido à satisfação de necessidades essenciais reconduzidas aos direitos humanos. O desempenho da atividade profissional é protegido contra terceiros (*daí as prerrogativas e garantias profissionais previstas em lei*) e também contra o próprio profissional (*deveres éticos e disciplinares estabelecidos na lei e no regulamento da advocacia*).

Para o cumprimento desse mister constitucional, o próprio Texto Constitucional legitimou o Conselho Federal da Ordem dos Advogados a propor, perante o Supremo Tribunal Federal, a Ação Direta de Constitucionalidade e a Ação Declaratória de Constitucionalidade (art. 103, inc. VII), sendo que o art. 2º da Lei 9.882/99 igualmente atribui legitimidade para propor a Arguição de Descumprimento de Preceito Fundamental perante a Suprema Corte.

Porém, a advocacia não pode e não deve ser compreendida como atividade unicamente voltada à defesa de direitos perante os tribunais, especialmente no que tange à atuação institucional. Por meio das suas Comissões de Defesa dos Direitos Humanos, a OAB participa ativamente das políticas públicas relacionadas aos direitos humanos, seja no que diz respeito à verificação de problemas e indicação de caminhos, seja no que tange ao controle de atos potencialmente lesivos.

No âmbito da advocacia pública, a Advocacia-Geral da União possui o Departamento de Assuntos Internacionais composto por três núcleos[81]: i) de Controvérsias de Direito Internacional, que atua em processos judiciais na Justiça brasileira sobre temas de direito internacional, como os que envolvem a aplicação da Lei de Imigração, sequestro internacional de crianças e a Lei do Terrorismo, bem como para executar pedidos de cooperação jurídica internacional de interesse da União; ii) de Controvérsias de Direitos

81. BRASIL. Advocacia-Geral da União. *Saiba mais sobre o Departamento de Assuntos Internacionais da AGU*. Disponível em: <https://www.gov.br/agu/pt-br/comunicacao/noticias/saiba-mais-sobre-o-trabalho-do-departamento-de-assuntos-internacionais-da-agu--833630>. Acesso em: 20 jun. 2021.

Humanos, a quem cabe examinar demandas enfrentadas pelo Estado brasileiro no exterior, incluindo as provenientes da Comissão Interamericana de Direitos Humanos e da Corte Interamericana de Direitos Humanos; iii) de Controvérsias em Foro Estrangeiro, responsável por promover e coordenar a representação judicial do Brasil em tribunais estrangeiros, em situações que, embora a AGU não possa atuar diretamente, envolvem a contratação e a orientação de advogados nos países de origem da ação.

Portanto, o exercício do controle de convencionalidade não é alheio às funções da advocacia, pública ou privada, funcionando como um instrumento de proteção do regime democrático e de efetivação dos direitos humanos.

3.4. A POLÍCIA E A TUTELA DOS DIREITOS HUMANOS

As polícias, pelo art. 144 da Constituição Federal, são órgãos responsáveis pela segurança pública, que é um dever do Estado, direito e responsabilidade de todos, a ser exercido para a preservação da ordem pública e da incolumidade das pessoas e do patrimônio[82].

O exercício da segurança pública, de responsabilidade das polícias, deve observar os limites de atuação previstos em lei. Todavia, é sabido que no Brasil e na América Latina de um modo geral a atuação policial, em especial em alguns centros urbanos, é marcada por casos reveladores de excessos e violências em prejuízo da população mais vulnerável[83].

Para essa parcela dos cidadãos, vítimas da violência, o Estado de Direito se torna um Estado Policial, voltado à economia da destruição e com uma linha de produção de mortos-vivos. O *apartheid* social que segrega a população humilde, moradores das periferias e integrantes de grupos minoritários alijados da cidadania e substancialmente destituídos de direitos humanos, seja por negligência ou omissão do Estado, seja pela existência de políticas públicas limitadas e precárias, deixa-os ainda mais vulneráveis às intempéries promovidas por atuações policiais arbitrárias.

Por exemplo, o Relatório anual de 2018, produzido pela Ouvidoria da Polícia do Estado de São Paulo, apontou 840 denúncias recebidas, tanto da polícia civil quanto militar, com relatos de abusos de autoridade nas

82. CAMBI, Eduardo; PORTO, Letícia de Andrade. *Proteção dos direitos humanos e a nova lei de abuso de autoridade*. Cit. p. 20-28.

83. FARHAT, Rodrigo. *O Estado de Exceção é a regra geral*. Entrevista com Felipe Paiva. *Le Monde Diplomatique Brasil*. 16 mar. 2018. Disponível em: <https://diplomatique.org.br/o-estado-de-excecao-e-regra-geral/>. Acesso em: 5 nov. 2019.

abordagens policiais. Ainda, chegaram 756 denúncias envolvendo homicídios praticados por policiais durante abordagens, sendo registradas 851 mortes de civis por meio de intervenções policiais, o que representa 88% de todas as ocorrências com resultado morte no ano de 2018.

Esse número elevado de registros culminou na criação do departamento de letalidade da Corregedoria Geral da Polícia Militar, que passou a investigar os inquéritos policiais militares de ocorrências de intervenção policial com resultado morte no Estado de São Paulo. A Ouvidoria da Polícia paulista concluiu que, em 48% das ocorrências de atuações policiais com resultado morte, os homicídios foram provenientes de excesso no uso da força letal, sendo que 26% revelaram indícios de ocorrências sem confronto armado, com vítimas desprovidas de arma de fogo[84].

Entre 2009 e 2018, em todo o Brasil, segundo dados das Secretarias Estaduais, 35.414 pessoas foram mortas em decorrência de ação policial (em serviço e fora de serviço)[85]. No período entre 2013 e 2018, esse número aumentou em 178,5%, subindo de 2.212 para 6.620 mortes. A maior parte das vítimas é afrodescendente e pessoas em situação de pobreza, sendo as mortes em grande número provocadas pela não observância de parâmetros internacionais/interamericanos quanto ao uso da força, de forma desnecessária e desproporcional, além da utilização sistemática, contínua e massiva de execuções extrajudiciais, individuais e coletivas, que possuem a participação das forças de segurança, o que revela um controle social letal. Por outro lado, em 2018, morreram 343 policiais no Brasil; a maioria se encontrava fora de serviço, o que representa uma queda de 10,4% em relação ao ano anterior[86].

A condenação do Brasil perante a Corte Interamericana de Direitos Humanos, no *Caso Favela Nova Brasília*, corrobora os resultados apontados no Relatório da Ouvidoria da Polícia do Estado de São Paulo e apurados pela Comissão Interamericana de Direitos Humanos. O caso trata da demora injustificada na investigação e punição dos responsáveis envolvidos na execução extrajudicial de 26 (vinte e seis) pessoas e na prática de tortura e estupro, por parte de agentes policiais, cometidos contra 3 (três) mulheres

84. SÃO PAULO. *Relatório Anual – Prestação de Contas 2018*. Cit.

85. COMISSÃO INTERAMERICANA DE DIREITOS HUMANOS. *Situação dos direitos humanos no Brasil*. Cit. p. 115-116.

86. Idem, p. 120.

durante abordagens policiais entre outubro de 1994 e maio de 1995, na Favela Nova Brasília, no município do Rio de Janeiro[87].

A Comissão Interamericana de Direitos Humanos também chama a atenção para vários casos de violência policial no Brasil. Dentre eles, destacam-se 11 mortes, em novembro de 2018, ocorridas em Alagoas, em uma operação da Divisão Especial de Investigação e Captura (DEIC) da Polícia Civil. As vítimas foram atingidas por grandes quantidades de disparos em regiões de alta letalidade (cabeça e tronco) e, na maioria dos casos, feitos pelas costas e a curta distância. Além disso, foi relatada alteração do local do crime pelos agentes do Estado ou ausência de testemunhas, o que dificulta ou impede uma investigação mais aprofundada. Acrescenta-se, ainda, que os agentes de segurança teriam forjado "provas" contra as vítimas para justificar as execuções[88].

Acrescente-se, ainda, em relação à investigação dos casos que envolvem violência contra a mulher, a possibilidade da adoção do Protocolo de Istambul (esp. Pars. 67, 77, 89, 99, 101 a 105, 154, 161 a 163, 170, 171, 224, 225, 260, 269 y 290) e o *Guidelines for Medical-legal care for victims of sexual violence* da Organização Mundial de Saúde. Especificamente quanto a investigação criminal por violência sexual, vale ressaltar ser necessário que: a) a declaração da vítima se realize em um ambiente seguro, que garanta sua privacidade; b) depoimento da vítima seja registrado de modo a evitar ou limitar a sua repetição, uma vez que não é razoável exigir que ela repita cada uma de suas declarações ou cada vez que surjam divergências das autoridades que apuram os fatos; c) seja fornecido atendimento médico, sanitário e psicológico à vítima, tanto de emergência quanto continuado, inclusive por meio de um protocolo de atendimento, cujo objetivo seja reduzir as consequências da violação; d) seja realizado, imediatamente, um exame médico e psicológico completo e detalhado, por pessoal capacitado e treinado, de preferência do sexo indicado pela vítima, oferecendo-lhe o direito de ser acompanhada por alguém de sua confiança, se assim o desejar;

87. CORTE INTERAMERICANA DE DIREITOS HUMANOS. *Caso Favela Nova Brasília Vs Brasil*. Cit.

88. Segundo informação da sociedade civil e própria mãe de uma das vítimas do caso, "existem duas polícias, uma que mata e outra que não investiga (...) em um país que apesar de não contar com pena de morte, essa é selada pelo fuzil do [agente] policial (...) no intuito de 'tratar' a pobreza" (*sic*) e ainda complementa que "não se pode conceber criar um filho para ser morto pelo Estado usando balas do imposto que elas mesmas [mães] pagam com seu trabalho (...)" complementando que essa violência não afeta somente a pessoa que foi morta, mas também gera um impacto irreparável nas suas famílias. Segundo a fala da mãe que perdeu seu filho "isso [ação violenta das forças de segurança do Estado] mata não só seus filhos, mas também a elas mesmas" (COMISSÃO INTERAMERICANA DE DIREITOS HUMANOS. *Situação dos direitos humanos no Brasil*. Cit. p. 118).

e) sejam coordenados e documentados os atos investigativos, tomando as mostras suficientes, realizando estudos para determinar as possibilidade da autoria, assegurando outras provas como a na roupa da vítima, investigando imediatamente o lugar dos fatos e garantindo a correta cadeia de custódia; f) seja assegurado o acesso à assistência jurídica gratuita à vítima durante todas as etapas do processo[89].

Além disso, a perspectiva de gênero combinada com a etária (infância), na produção das provas, especialmente em casos de violência contra criança ou adolescente, é ressaltada pela Corte Interamericana de Direitos Humanos, cabendo ao Estado o dever de garantir que: i) o processo seja desenvolvido em um ambiente que não seja intimidador, hostil, insensível ou inadequado para a idade da criança ou adolescente; ii) a equipe encarregada de receber o relato, incluindo autoridades fiscais, judiciais, administrativas, pessoal de saúde, entre outros, esteja devidamente capacitada no assunto, de modo que a criança ou adolescente se sinta respeitado e seguro ao relatar o que aconteceu e expressar sua opinião e em um ambiente físico, psicológico e emocional adequado, que permita que relate os fatos ocorridos ou suas vivências da maneira que escolher, sem a utilização de uma linguagem ofensiva, discriminatória ou estigmatizante por parte da equipe; iii) as crianças e adolescentes sejam tratados ao longo do processo penal com tato e sensibilidade, explicando-lhes a razão e utilidade das diligências a serem realizadas ou a natureza dos peritos aos quais serão submetidos, sempre com base em sua idade, grau de maturidade e desenvolvimento, bem como de acordo com seu direito à informação; iv) as crianças e adolescentes vítimas de violência sexual tenham sua privacidade e confidencialidade de informações respeitadas, se for o caso, evitando a participação excessiva das vítimas em intervenções ou exposição pública, adotando as medidas necessárias para evitar seu sofrimento durante o processo e causar danos posteriores; v) a entrevista com a criança ou adolescente vítima de violência sexual, que deve ser gravada em vídeo, seja conduzida por um psicólogo especializado ou um profissional de disciplinas afins devidamente capacitado na tomada desse tipo de depoimento, não podendo ser interrogada diretamente pelo tribunal ou pelas partes; vi) as salas de entrevista

---

89. CORTE INTERAMERICANA DE DIREITOS HUMANOS. *Caso Valencia Campos Y Otros Vs. Bolivia*. Sentença de 18 de outubro de 2022. Disponível em: <https://www.corteidh.or.cr/docs/casos/articulos/seriec_469_esp.pdf >. Acesso em: 26 maio 2023. Par. 269; CORTE INTERAMERICANA DE DIREITOS HUMANOS. *Caso Fernández Orteza y Otros Vs. México*. Sentença de 30 de agosto de 2010. Disponível em: < https://www.cnj.jus.br/wp-content/uploads/2016/04/1ca33df39cf74bbb341c4784e83bd231.pdf >. Acesso em: 26 maio 2023. Par. 194.

proporcionem um ambiente seguro e não intimidador, hostil, insensível ou inadequado, que lhes dê privacidade e confiança às vítimas; e vii) que as crianças e adolescentes não sejam interrogados em mais ocasiões do que as estritamente necessárias, atendendo ao seu interesse superior, para evitar a revitimização ou um impacto traumático[90].

É urgente que a segurança pública seja estruturada a partir de uma concepção constitucionalmente adequada, centrada na proteção de direitos humanos, com proporcionalidade no uso da força e transparência na condução das políticas, dados dos resultados e de procedimentos investigatórios. As Polícias, como instrumento de realização da segurança pública, devem se comprometer a assegurar os direitos humanos e fundamentais, previstos nacional e internacionalmente, e não serem os agentes de violação de tais direitos.

Como todas as atividades da administração pública, é fundamental que o controle – sobretudo de ângulo externo – sobre a atividade policial seja efetivamente desempenhado. Ao mandamento constitucional de controle, soma-se a jurisprudência da Corte IDH, pacífica no sentido de que o Estado é responsável pela apuração de crimes, tendo o Ministério Público papel central, pois a apuração deve ser feita de forma independente e imparcial, assegurando às vítimas e aos seus familiares os direitos à proteção e às garantias judiciais.

Em face da insegurança pública e do excesso de violência policial, o conceito de *estado de exceção*, proposto por Giorgio Agamben[91], ganha importância. O filósofo italiano parte do pressuposto de que a Constituição prevê aberturas pelas quais o Poder Executivo promove suspensões de prerrogativas fundamentais e constitucionais em face de situações atípicas. Porém, o estado de exceção tem se tornado a regra, ao permitir

90. CORTE INTERAMERICANA DE DIREITOS HUMANOS. *Caso Ângulo Losada Vs. Bolivia.* Sentença de 18 de novembro de 2022. Disponível em: https://www.corteidh.or.cr/docs/casos/articulos/seriec_475_esp.pdf. Acesso em 28 de maio de 2023. Par. 106; CORTE INTERAMERICANA DE DIREITOS HUMANOS. *Caso Rosendo Cantú Vs. México.* Sentença de 8 de março de 2018. Disponível em: https://www.corteidh.or.cr/cf/jurisprudencia2/ficha_tecnica.cfm?nId_Ficha=339. Acesso em 28 de maio de 2023. Par. 201; CORTE INTERAMERICANA DE DIREITOS HUMANOS. *Caso V.R.P., V.P.C. y otros Vs. Nicaragua.* Disponível em: https://www.corteidh.or.cr/docs/casos/articulos/seriec_350_esp.pdf. Acesso em 28 de maio de 2023. Par. 68.

91. "O totalitarismo moderno pode ser definido (...) como a instauração, por meio do estado de exceção, de uma guerra civil legal que permite a eliminação física não só dos adversários políticos, mas também de categorias inteiras de cidadãos que, por qualquer razão, pareçam não integráveis ao sistema político. Desde então, a criação voluntária de um estado de emergência permanente (ainda que, eventualmente, não declarado no sentido técnico) tornou-se uma das práticas essenciais dos Estados contemporâneos, inclusive dos chamados democráticos" (AGAMBEN, Giorgio. *Estado de Exceção*. 2ª ed. São Paulo: Boitempo, 2004. p. 13).

que constantemente uma parcela da população – especialmente os jovens negros de baixa renda – viva com seus direitos e garantias fundamentais suspensos ao se tornarem inimigos do Estado. Aliás, o estado de exceção no Brasil é caracterizado não apenas pela suspensão dos direitos da população mais carente, mas também por um sistema que trata de exterminá-los, negligenciá-los ou encarcerá-los[92].

O homicídio é a principal causa de morte de jovens entre 15 e 29 anos no Brasil, tendo um recorte impactante na população negra juvenil do sexo masculino. O estudo realizado pelo Mapa da Violência, em 2024, revela que o número de homicídios, no Brasil, sofreu um decréscimo, quando observado o panorama geral. No entanto, em 2022, os negros representavam 76,5% do total de homicídios no país – uma taxa de homicídio de e 29,7 homicídios para cada 100 mil habitantes – sendo que para os não negros (amarelos, indígenas e brancos), essa taxa incidia em 10,8, o que evidencia uma espécie de *mortalidade seletiva*[93].

Segundo a pesquisa, em 2022, a "proporcionalmente às respectivas populações, em média, para cada pessoa não negra assassinada no Brasil, 2,8 negros são mortos."[94].

O Atlas da Violência trouxe, também, dados referentes às mulheres assassinadas, no período pesquisado. Ressalta-se que as mulheres negras representaram 66,4% do total de mulheres assassinadas no Brasil. Pensando na perspectiva geral, "a taxa de homicídio de mulheres negras foi de 4,2 por grupo de 100 mil, enquanto a taxa para mulheres não negras foi de 2,5[95]". Certo é que a mortalidade seletiva perpassa variadas vulnerabilidades e deixa claro que a redução dos homicídios, na última década, não abarcou essa população.

Conforme dados de 2022, dos "6.409 homicídios registrados, 49,2% vitimaram jovens entre 15 e 29 anos, [...] uma média de 62 jovens assassinados por dia no país"[96].

O Brasil vive uma "epidemia de violência", termo utilizado pela Organização Mundial de Saúde e que consta na Classificação Internacional de

---

92. FARHAT, Rodrigo. *O Estado de Exceção é a regra geral*. Cit.
93. IPEA. *Atlas da Violência*. 2024. / coordenadores: Daniel Cerqueira; Samira Bueno – Brasília: Ipea; FBSP, 2024.
94. IPEA. *Atlas da Violência*. 2024. Cit. P. 52.
95. Ibid. p. 41.
96. Ibid. p. 19.

Doenças (CID)[97]. As causas da violência são variadas e incluem a desigualdade social, a formação educacional deficiente, as sucessivas crises econômicas, a recessão, a corrupção, o desemprego elevado, a falta de investimentos adequados em políticas de segurança pública e a ineficiência policial.

Pode-se dizer que não apenas ocorrem violações sistemáticas de direitos humanos atribuídas às intervenções policiais violentas, mas também, direitos são desrespeitados em face da demora injustificada para a realização de uma investigação policial eficiente e do devido processo legal. Os casos de execuções sumárias, extrajudiciais, nem sempre são investigados de maneira adequada, protraindo-se pelo tempo, o que culmina na impunidade dos autores e/ou na prescrição da pretensão punitiva[98]. A impunidade, causada pela falta de devida investigação, processamento e responsabilização de agentes criminosos, produz uma ação amedrontadora nas pessoas, que passam a desacreditar nas autoridades públicas, a não denunciar crimes, a continuar experimentando ciclos de ilegalidades, corrupção e violência, bem como a manutenção de organizações criminosas.

A Lei 12.830, de 20 de junho de 2013, dispõe sobre a investigação criminal conduzida pelo Delegado de Polícia, sendo que seu art. 2º afirma que as "funções de polícia judiciária e a apuração de infrações penais exercidas pelo delegado de polícia são de natureza jurídica, essenciais e exclusivas de Estado". Como é dever da política observar em relação aos investigados tanto os direitos e garantias constitucionais quanto os tratados internacionais de direitos humanos, o Projeto de Lei nº 2.622, de 2019, pretende acrescentar o § 7º ao art. 2º da referida lei para deixar claro que compete ao delegado de polícia, "por ato fundamentado, realizar o controle difuso de constitucionalidade e de convencionalidade no âmbito de suas atribuições, submetendo o ato ao juiz competente em até 48 (quarenta e oito) horas". Tal projeto é importante porque reforça a necessidade de a Polícia Civil concretizar, pela aplicação do Direito Constitucional Multinível, os direitos humanos. Está em sintonia com o precedente firmado pela Corte Interamericana de Direitos Humanos, no *Caso Gelman vs. Uruguai*, no qual ficou assentado que as autoridades públicas (como os membros do Ministério Público, da Defensoria Pública e os Delegados de Polícia) devem exercer o controle de convencionalidade[99]. Essa atuação é denominada

97. SCHWARCZ, Lilia Moritz. *Sobre o autoritarismo brasileiro.* Cit. p. 165.
98. CORTE INTERAMERICANA DE DIREITOS HUMANOS. *Caso Favela Nova Brasília Vs Brasil.* Cit. p. 28-29.
99. ORGANIZAÇÃO DOS ESTADOS AMERICANOS. *Resolución de la Corte Interamericana de Derechos Humanos de 20 de marzo de 2013 – Caso Gelman Vs. Uruguay: Supervisión de Cumplimiento de Sentencia.* Cit. Par.

de controle de convencionalidade como diretriz, o que possibilita que os tratados de direitos humanos sejam observados durante a investigação policial (*v.g.*, o não indiciamento de um ativista, pela não aplicação da Lei de Segurança Nacional – Lei 7.170/1983, quando seu comportamento está, manifestamente, de acordo com o exercício da liberdade de expressão, por ato fundamentado do Delegado de Polícia).

Sob o prisma da *necropolítica*, o *apartheid* social separa e segrega grupos raciais e étnicos minoritários. Por exemplo, o patamar de mortes da população negra, em situação de rua ou no sistema carcerário é muito mais elevado do que os mesmos índices relacionados à população branca. Essa forma de poder é pautada em raízes coloniais de separatismo que dá ensejo ao *racismo institucional*, caracterizado pela existência de políticas sistêmicas, práticas e estruturas econômicas e políticas que inserem essas minorias em desvantagem em relação à maioria racial ou étnica.

O Estado policial permanente não visa unicamente dar uma resposta frente ao aumento da criminalidade. O uso descontrolado da força policial recai sobre as populações mais vulneráveis, o que aprofunda as desigualdades sociais, impulsiona ciclos de maior violência e causa erosões constitucionais.

O Estado Policial legitima sua ação – ou repressão – ao desqualificar a vítima, tornando-a inimiga do Estado: os policiais viram vítimas de resistência, e as verdadeiras vítimas do Estado totalitário são consideradas opositoras da polícia[100].

Nesse contexto, a teoria do *etiquetamento social* (*labeling approach*) explica a seletividade do processo penal em punir determinados indivíduos em face de outros. O estigma da pessoa marginalizada cria um círculo vicioso, no qual o sujeito não logra êxito em romper, uma vez que o crime e suas consequências penais não serão suficientes para ressocializar um indivíduo que nunca foi socializado. A etiqueta social advém de complexos processos de interação social, não se limitando apenas às características pessoais do sujeito. Tal teoria parte do pressuposto da identidade social e da integração do indivíduo com os grupos sociais aos quais pertencem e sua relação com a sociedade, passando a confrontar o paradigma etiológico[101].

63-66.

100. ZACCONE, Orlando. *Indignos de Vida. A forma jurídica da política de extermínio de inimigos na Cidade do Rio de Janeiro*. Rio de Janeiro: Revan, 2015. p. 164.

101. SILVA, Raíssa Zago Leite da. *Labelling Approach: o etiquetamento social relacionado à seletividade do sistema penal e ao ciclo da criminalização*. Cit. p. 101-109.

Além disso, o controle da teoria do etiquetamento social se faz por duas vias: informal e formal. O controle formal concerne à própria sociedade e às interações que ela promove por meio de espaços públicos, como as instituições de ensino, fundamentando-se na opinião pública. Já o controle informal toca aos poderes estatais, como a polícia, o Ministério Público, o Judiciário e o Executivo.

A teoria do etiquetamento social produz retrocessos não apenas na proteção dos direitos humanos para as vítimas, mas também para toda a sociedade que desconhece as reais cifras da criminalidade. Isso porque uma parcela seleta de crimes organizados, cometida nos altos escalões do poder econômico e político, não é devidamente punida, não sendo sequer objeto de investigação ou de conhecimento da polícia judiciária ou do Ministério Público.

Portanto, a etiqueta social pune as classes mais vulneráveis e crimes específicos (geralmente, ligados ao consumo de drogas e ao patrimônio privado), o que é uma forma grave de violação do princípio constitucional da isonomia[102].

No mesmo contexto, a teoria do direito penal do inimigo, desenvolvida por Günther Jakobs, prevê a possibilidade da divisão do direito penal em duas facetas: uma voltada para o cidadão e outra para o inimigo[103]. O combate ao inimigo é uma espécie de estado de exceção, sendo permitida a suspensão de garantias e direitos em nome do bem-estar social e da segurança nacional. O inimigo deixa de ser cidadão, pessoa, para se tornar objeto do sistema de controle social. Esse inimigo é considerado como um perigo futuro, para justificar o maior rigor na aplicação da força policial e punições mais severas.

O *apartheid* social – uma característica de sociedades desiguais, onde a cidadania é censitária e direitos humanos-fundamentais não são para todos, tornando-se privilégios dos socialmente mais bem posicionados – segmenta a população em classes e impõe limitações e obstáculos para

102. Idem. Ibidem.

103. "(...) o sujeito que é perigoso uma vez – por exemplo, um agressor que é repelido em legítima defesa – não é considerado um inimigo permanente. Todavia, no caso de um chefe de uma quadrilha de gângsteres ou do terrorista convicto, a conduta criminosa predomina, e eles se tornam inimigos – não necessariamente de maneira total, mas em sua imagem principal (...). O Direito Penal do Inimigo é um direito de exceção, um direito de necessidade do Estado de Direito" (JAKOBS, Günther. *Direito penal do inimigo*. Trad. de Gercélia Batista de Oliveira Mendes. Rio de Janeiro: Lumen Juris, 2008. p. xxvi-xxvii).

alcançar objetivos essenciais, como ter acesso à educação básica, à saúde pública e ao trabalho digno.

A própria cartografia urbana, dividida em zonas selvagens e civilizadas, faz com que o Estado atue, nas áreas civilizadas, como promotor da democracia, ainda que muitas vezes de maneira ineficaz. Por outro lado, nas chamadas "zonas selvagens", ele opera como predador, ainda que com aparente respeito ao Direito.

Com efeito, para que se tenha maior eficiência na atuação do Estado, deve-se agir de forma interseccional, o que implica vincular a promoção da segurança pública com a tutela dos direitos humanos, bem como associar as políticas públicas de inclusão social com a prevenção e a repressão à criminalidade, especialmente a econômica e organizada.

Nesse sentido, a Lei 13.675/2018, que criou a Política Nacional de Segurança Pública e Defesa Social (PNSPDS) e instituiu o Sistema Único de Segurança Pública (SUSP), ao prever, dentre os princípios, diretrizes e objetivos daquela política, incluiu a "proteção dos direitos humanos, respeito aos direitos fundamentais e promoção da cidadania e da dignidade da pessoa humana" (art. 4º, inc. III), a "atuação integrada entre a União, os Estados, o Distrito Federal e os Municípios em ações de segurança pública e políticas transversais para a preservação da vida, do meio ambiente e da dignidade da pessoa humana" (art. 5º, inc. IV), e o estímulo e apoio "a realização de ações de prevenção à violência e à criminalidade, com prioridade para aquelas relacionadas à letalidade da população jovem negra, das mulheres e dos outros grupos vulneráveis" (art. 6º, inc. IV).

Da mesma forma, a Lei 11.530/2007, que estabeleceu o Programa Nacional de Segurança Pública com Cidadania (PRONASCI), tem como diretriz a "promoção dos direitos humanos, intensificando a cultura de paz, de apoio ao desarmamento e de combate sistemático aos preconceitos de gênero, étnico, racial, geracional, de orientação sexual e de diversidade cultural" (art. 3º, inc. I). O PRONASCI possui quatro focos prioritários: i) foco etário: população juvenil de 15 (quinze) a 24 (vinte e quatro) anos; ii) foco social: jovens e adolescentes egressos do sistema prisional ou em situação de moradores de rua, famílias expostas à violência urbana, vítimas da criminalidade e mulheres em situação de violência; iii) foco territorial: regiões metropolitanas e aglomerados urbanos que apresentam altos índices de homicídios e de crimes violentos; iv) foco repressivo: combate ao crime organizado.

Para conciliar segurança pública com respeito aos direitos humanos, a fim de que os problemas sociais sejam enfrentados de forma interseccional, é necessário repensar a atuação das polícias.

Uma polícia cidadã deve ser moldada a partir dos padrões internacionais do Código de Conduta para os Funcionários Responsáveis pela Aplicação da Lei, adotado pela Assembleia Geral das Nações Unidas na sua Resolução 34/169, de 17 de dezembro de 1979, dentre os quais: os policiais devem cumprir a lei; respeitar e proteger a dignidade humana e manter a defesa dos direitos humanos; usar a força somente quando for estritamente necessário, baseando-se no princípio da proporcionalidade (o uso da arma de fogo é considerado medida extrema a ser evitada); garantir a confidencialidade das informações; proibir absolutamente o uso da tortura e de outros tratamentos ou penas cruéis, desumanas ou degradantes; assegurar a saúde das pessoas sob sua custódia; obedecer aos preceitos legais, fazer com que a lei seja cumprida e informar seus superiores de suas violações[104].

A concepção do direito à segurança pública com cidadania também se encontra presente nos Princípios Básicos sobre o Uso da Força e Armas de Fogo pelos Funcionários Responsáveis pela Aplicação da Lei, adotados pelo Oitavo Congresso das Nações Unidas para a Prevenção do Crime e o Tratamento dos Delinquentes, realizado em Havana, Cuba, de 27 de Agosto a 7 de setembro de 1999, nos Princípios orientadores para a Aplicação Efetiva do Código de Conduta para os Funcionários Responsáveis pela Aplicação da Lei, adotados pelo Conselho Econômico e Social das Nações Unidas na sua Resolução 1989/61, de 24 de maio de 1989, e na Convenção Contra a Tortura e outros Tratamentos ou penas Cruéis, Desumanos ou Degradantes, adotado pela Assembleia Geral das Nações Unidas, em sua XL Sessão, realizada em Nova York, em 10 de dezembro de 1984, e promulgada pelo Decreto n.º 40, de 15 de fevereiro de 1991.

Com o objetivo de orientar e padronizar procedimentos de atuação aos princípios internacionais sobre o uso da força e de reduzir os índices de letalidade resultantes de ações envolvendo policiais, a Lei 13.060/2014 disciplina a utilização de instrumentos de menor potencial ofensivo pelos agentes de segurança pública. Instrumentos de menor potencial ofensivo são aqueles projetados especificamente para, com baixa probabilidade de causar mortes ou lesões permanentes, conter, debilitar ou incapacitar

104. SOUZA, Luís Antônio Francisco de. *Segurança pública, polícia e violência policial. Perspectivas de endurecimento penal.* Cit. p. 253-288.

temporariamente pessoas (art. 4º). Tais instrumentos devem ser fornecidos pelo Poder Público a todo agente de segurança pública para o uso racional da força (art. 5º). Os órgãos de segurança pública devem priorizar a utilização dos instrumentos de menor potencial ofensivo, desde que o seu uso não coloque em risco a integridade física ou psíquica dos policiais (art. 2º). A atuação dos agentes de segurança deve obedecer aos princípios da legalidade, necessidade, razoabilidade e proporcionalidade. Não é legítimo o uso de arma de fogo contra pessoa em fuga que esteja desarmada ou que não represente risco imediato de morte ou de lesão aos agentes de segurança pública ou a terceiros, bem como contra veículo que desrespeite bloqueio policial em via pública, exceto quando o ato represente risco de morte ou lesão aos agentes de segurança pública ou a terceiros (art. 2º, par. ún.). Quando do uso da força praticada pelos agentes de segurança pública decorrerem ferimentos em pessoas, deve ser assegurada a imediata prestação de assistência e socorro médico aos feridos, assim como a comunicação do ocorrido à família ou à pessoa por eles indicada (art. 6º).

Percebe-se que a legislação brasileira está em sintonia com os Princípios Básicos sobre o Uso da Força e Armas de Fogo pelos Funcionários Responsáveis pela Aplicação da Lei, adotados por ocasião do 8º Congresso das Nações Unidas sobre a Prevenção do Crime e o Tratamento de Delinquentes, ocorrido em 7 de setembro de 1990. Destacam-se os itens 9 e 10 desse documento internacional:

> 9. Os responsáveis pela aplicação da lei não usarão armas de fogo contra pessoas, exceto em casos de legítima defesa própria ou de outrem contra ameaça iminente de morte ou ferimento grave; para impedir a perpetração de crime particularmente grave que envolva séria ameaça à vida; para efetuar a prisão de alguém que represente tal risco e resista à autoridade; ou para impedir a fuga de tal indivíduo, e isso apenas nos casos em que outros meios menos extremados revelem-se insuficientes para atingir tais objetivos. Em qualquer caso, o uso letal intencional de armas de fogo só poderá ser feito quando estritamente inevitável à proteção da vida.
>
> 10. Nas circunstâncias previstas no Princípio 9, os responsáveis pela aplicação da lei deverão identificar-se como tais e avisar prévia e claramente a respeito da sua intenção de recorrer ao uso de armas de fogo, com tempo suficiente para que o aviso seja levado em consideração, a não ser quando tal procedimento represente um risco indevido para os responsáveis pela aplicação da lei ou acarrete

para outrem um risco de morte ou dano grave, ou seja claramente inadequado ou inútil dadas as circunstâncias do caso.

Além disso, é atribuição institucional do Ministério Público, inclusive por força do controle externo da atividade policial (art. 129, inc. VII, da CF e art. 2º, da Resolução 20/2007 do CNMP)[105], seja pela colaboração na construção de políticas públicas eficientes em matéria de segurança pública, seja pela fiscalização de constitucionalidade/convencionalidade, nas esferas extrajudicial e também judicial, a defesa dos direitos humanos-fundamentais para minimizar os impactos negativos do punitivismo, do direito penal do autor (em detrimento do direito penal do fato) e da violência policial. Infelizmente, o exercício violento das forças de segurança pública decorre do abuso de autoridade, que atinge, sobretudo, os grupos mais vulneráveis da população brasileira (como foi reconhecido, por exemplo, na Resolução nº 201/2019 do CNMP e na Lei 13.869/2019).

Na ADPF nº 635/RJ, o Supremo Tribunal Federal se valeu dos fundamentos do *Caso Favela Nova Brasília vs. Brasil*, julgado pela Corte Interamericana de Direitos Humanos, em que restou reconhecida a omissão no Estado do Rio de Janeiro, em relação à violência e letalidade das ações decorrentes de operações dos agentes de segurança pública na Favela Nova Brasília, no Rio de Janeiro[106]. Foi admitida a violência generalizada, sobretudo

105. "Art. 2º O controle externo da atividade policial pelo Ministério Público tem como objetivo manter a regularidade e a adequação dos procedimentos empregados na execução da atividade policial, bem como a integração das funções do Ministério Público e das Polícias voltada para a persecução penal e o interesse público, atentando, especialmente, para: I – o respeito aos direitos fundamentais assegurados na Constituição Federal e nas leis; II – a preservação da ordem pública, da incolumidade das pessoas e do patrimônio público; III – a prevenção da criminalidade; IV – a finalidade, a celeridade, o aperfeiçoamento e a indisponibilidade da persecução penal; V – a prevenção ou a correção de irregularidades, ilegalidades ou de abuso de poder relacionados à atividade de investigação criminal; VI – a superação de falhas na produção probatória, inclusive técnicas, para fins de investigação criminal; VII – a probidade administrativa no exercício da atividade policial".

106. "(...) no caso de realização de operações policiais em perímetros nos quais estejam localizados escolas, creches, hospitais ou postos de saúde, sejam observadas as seguintes diretrizes: (i) a absoluta excepcionalidade da medida, especialmente no período de entrada e de saída dos estabelecimentos educacionais, devendo o respectivo comando justificar, prévia ou posteriormente, em expediente próprio ou no bojo da investigação penal que fundamenta a operação, as razões concretas que tornaram indispensável o desenvolvimento das ações nessas regiões, com o envio dessa justificativa ao Ministério Público do Estado do Rio de Janeiro em até 24 horas; (ii) a proibição da prática de utilização de qualquer equipamento educacional ou de saúde como base operacional das polícias civil e militar, vedando-se, inclusive, o baseamento de recursos operacionais nas áreas de entrada e de saída desses estabelecimentos; e (iii) a elaboração de protocolos próprios e sigilosos de comunicação envolvendo as polícias civil e militar, e os segmentos federal, estadual e municipal das áreas de educação e de saúde, de maneira que os diretores ou chefes das unidades, logo após o desencadeamento de operações policiais, tenham tempo hábil para reduzir os riscos à integridade física das pessoas sob sua responsabilidade" (BRASIL, Supremo Tribunal Federal. *ADPF 635/RJ*, Tribunal Pleno, rel. Min. Edson Fachin, j. 05.08.2020, pub. DJe 19.08.2020).

quanto à omissão estrutural do Poder Público na adoção de medidas para a redução da letalidade policial. Por isso, o STF tornou excepcionais e exigiu justificação prévia, com comunicação ao Ministério Público e aos diretores, as operações policiais nos perímetros próximos às escolas e creches, porque "impedir que as crianças frequentem aulas em virtude de intervenções policiais é uma gravíssima violação de direitos humanos e é símbolo da falência do Estado em assegurar, com absoluta prioridade, os direitos das crianças"[107]. Salientou a necessidade de o Ministério Público receber relatórios detalhados dessas operações para, no exercício do controle externo da atividade policial, investigar de forma independente eventuais abusos cometidos no uso da força pelo Estado[108].

Nessa ADPF nº 635/RJ, o STF determinou, sob pena de responsabilização civil e criminal, que não se realizem operações policiais em comunidades do Rio de Janeiro durante a pandemia da Covid-19, salvo em hipóteses absolutamente excepcionais, que devem ser devidamente justificadas por escrito pela autoridade competente, com a comunicação imediata ao Ministério Público do Estado do Rio de Janeiro, responsável pelo controle externo da atividade policial. Além disso, afirmou que, nos casos extraordinários de realização dessas operações durante a pandemia, sejam adotados cuidados excepcionais, devidamente identificados por escrito pela autoridade competente, para não colocar em risco ainda maior a população, a prestação de serviços públicos sanitários e o desempenho de atividades de ajuda humanitária.

---

107. BRASIL, Supremo Tribunal Federal. *ADPF 635/RJ*, Tribunal Pleno, rel. Min. Edson Fachin, j. 05.08.2020, pub. DJe 19.08.2020.

108. "O reconhecimento da competência investigatória do Ministério Público, tal como fez este Tribunal quando do julgamento do RE 593.727, deflui da competência material direta do Ministério Público, consoante disposto no art. 129, I e IX, da Constituição Federal. O sentido da atribuição dada ao Ministério Público no texto constitucional coincide com o papel que se exige de uma instituição independente para a realização das atividades de responsabilização penal prevista nos Princípios das Nações Unidas sobre o Uso da Força e Armas de Fogo. O reconhecimento do poder do Ministério Público de realizar essa atividade não pode ser visto como faculdade, pois quem detém a competência para investigar não pode agir com discricionariedade sobre ela, sob pena de compactuar com a irregularidade que deveria ser cuidadosamente apurada. Ademais, não se pode alegar que a competência dos delegados de polícia para a realização de investigações de infrações que envolvam os seus próprios agentes atenda à exigência de imparcialidade, reclamada pelos tratados internacionais de direitos humanos. Sempre que houver suspeita de envolvimento de agentes dos órgãos de segurança pública na prática de infração penal, a investigação será atribuição do órgão do Ministério Público competente. O exercício dessa atribuição deve ser ex officio e prontamente desencadeada, o que em nada diminui os deveres da polícia de enviar os relatórios sobre a operação ao parquet e de investigar, no âmbito interno, eventuais violações" (BRASIL, Supremo Tribunal Federal. *ADPF 635/RJ*, Tribunal Pleno, rel. Min. Edson Fachin, j. 05.08.2020, pub. DJe 19.08.2020).

Ressalte-se que no supracitado caso, o voto do Ministro Edson Fachin mencionou o descumprimento da decisão interamericana sobre o tema – no caso Favela Nova Brasília -, ao argumento de que tal violação incorre em uma quebra ilegítima de expectativa de que novas mortes não ocorreriam. Certo é que o reconhecimento da responsabilidade internacional incorre diretamente na garantia de não repetição, por parte do Estado. Outrossim, a partir da condenação do Brasil perante a Corte Interamericana de Direitos Humanos, no que concerne à letalidade policial nas periferias, espera-se que medidas efetivas sejam adotadas para evitar que novos episódios de violação se repitam[109].

No mesmo sentido, com o escopo de conter abusos cometidos pelo uso da força por agentes de segurança pública, é importante mencionar a decisão da Corte Interamericana de Direitos Humanos no *Caso Las Palmares vs. Colômbia*[110]. O Estado Colombiano foi responsabilizado pelas mortes de Artemio Pantoja Ordóñez, Hernán Javier Cuarán, Julio Milciades Cerón Gómez, Edebraiz Cerón Rojas, William Hamilton Cerón Rojas, Hernán Lizcano Jacanamejoy e Moisés Ojeda, ocorridas em 23 de janeiro de 1991, na cidade de Palmeras, causadas por membros da Polícia Nacional e do Exército, bem como pela falta de investigação e sanção dos fatos.

Igualmente, no *Caso Zambrano Vélez et al. vs. Equador*, a Corte Interamericana de Direitos Humanos responsabilizou o Equador pela falta de apuração dos fatos que levaram à morte de Wilmer Zambrano Vélez, Segundo Olmedo Caicedo Cobeña e José Miguel Caicedo Cobeña, supostamente cometida na cidade de Guayaguil, em 6 de março de 1993, em uma operação das Forças Armadas e da Polícia Nacional do Equador[111]. Determinou, pois, que o Estado deve utilizar todos os meios disponíveis para investigar e, sendo o caso, sancionar penalmente os responsáveis pelos crimes cometidos.

Ainda, no *Caso Fernández Prieto y Tumbeiro vs. Argentina*, a Corte Interamericana de Direitos Humanos condenou a Argentina por violação dos direitos à liberdade pessoal, das garantias judiciais, da honra e dignidade, privacidade e proteção judicial (arts. 7º, 8º, 11 e 25.1 da Convenção

109. CNJ. Cadernos de Jurisprudência do Supremo Tribunal Federal: Concretizando Direitos Humanos. Direito à igualdade racial. Disponível em: https://www.cnj.jus.br/wp-content/uploads/2023/04/cadernos-stf-igualdade-racial-web-23-04-10.pdf P. 130 Acesso em: 19 jul. 2023.

110. CORTE INTERAMERICANA DE DIREITOS HUMANOS. *Caso Las Palmares vs. Colômbia*. Disponível em: <https://www.corteidh.or.cr/CF/jurisprudencia2/ficha_tecnica.cfm?nId_Ficha=242>. Acesso em: 4 mar. 2021.

111. CORTE INTERAMERICANA DE DIREITOS HUMANOS. *Caso Zambrano Vélez et al. vs. Equador*. Disponível em: <https://www.corteidh.or.cr/docs/casos/articulos/seriec_166_esp1.pdf>. Acesso em: 4 mar. 2021.

Americana), como consequência de detenções ilegais e arbitrárias, causadas respectivamente pela Polícia da Província de Buenos Aires e da Polícia Federal argentina[112]. As prisões ocorreram, no contexto da "guerra contra as drogas", sem ordem judicial nem estado de flagrância. Em 26 de maio de 1992, Fernández Prieto foi detido, na cidade de Mar del Plata, pois estava em um veículo, com outras três pessoas, que estava parado na rua. Tal atitude gerou suspeita da Polícia que, depois de fazer descer os passageiros, encontrou pequena quantidade de maconha e armas no automóvel. Já Carlos Alejandro Tumbeiro foi abordado na rua da cidade de Buenos Aires, por apresentar conduta suspeita, porque "sua roupa era inusual para a região e se mostrava evasivo ante a presença do policial". Ao ser perguntado pelos policiais por que estava naquela região, ele se mostrou nervoso e foi obrigado a se despir (baixar as calças e sua roupa íntima) em vistoria para saber se ele portava substância entorpecente.

Por fim, a exigência de o Ministério Público investigar crimes praticados por agentes de segurança pública se impõe para assegurar independência quanto à apuração de fatos supostamente criminosos cometidos em ações policiais[113]. A propósito, o Comentário Geral nº 36 do Comitê de Direitos Humanos afirma que "toda investigação sobre as alegações de violação do direito à vida deve ser sempre independente, imparcial, imediata, plena, efetiva e feita com credibilidade e transparência". Ainda, o Protocolo de Minnesota ressalta que os "investigadores e os mecanismos de investigação devem ser, e devem aparentar ser, independente de qualquer influência indevida. Eles devem ser independentes institucionalmente e formalmente, assim como na prática e na percepção, em todos os estágios. As investigações devem ser independentes de quaisquer suspeitos ou de unidades, instituições ou agências da qual pertença".

O Brasil, como já salientado, foi condenado pela Corte Interamericana de Direitos Humanos no *Caso Favela Nova Brasília*[114]. No par. 187, a Corte Interamericana de Direitos Humanos asseverou:

---

112. CORTE INTERAMERICANA DE DIREITOS HUMANOS. *Caso Fernández Prieto y Tumbeiro vs. Argentina*. Sentencia de 1 de septiembre de 2020. Disponível em: <https://www.corteidh.or.cr/docs/casos/articulos/seriec_411_esp.pdf>. Acesso em: 11 abr. 2021.

113. BRASIL, Supremo Tribunal Federal. *ADPF 635/RJ*, Tribunal Pleno, rel. Min. Edson Fachin, j. 05.08.2020, pub. DJe 19.08.2020.

114. CORTE INTERAMERICANA DE DIREITOS HUMANOS. *Caso Favela Nova Brasília Vs Brasil*. Sentença de 16 de fevereiro de 2017. Disponível em: <http://www.corteidh.or.cr/docs/casos/articulos/seriec_333_por.pdf>. Acesso em: 5 nov. 2019.

> (...) que o elemento essencial de uma investigação penal sobre uma morte decorrente de intervenção policial é a garantia de que o órgão investigador seja independente dos funcionários envolvidos no incidente. Essa independência implica a ausência de relação institucional ou hierárquica, bem como sua independência na prática. Nesse sentido, nas hipóteses de supostos crimes graves em que *prima facie* apareçam como possíveis acusados membros da polícia, a investigação deve ser atribuída a um órgão independente e diferente da força policial envolvida no incidente, como uma autoridade judicial ou o Ministério Público, assistido por pessoal policial, técnicos em criminalística e pessoal administrativo, alheios ao órgão de segurança a que pertençam o possível acusado ou acusados.

Ademais, no *Caso Sétimo Garibaldi*, o Brasil foi condenado pela ineficiência e ausência de imparcialidade nas investigações sobre homicídio, ocorrido em 27 de novembro de 1998, durante uma operação extrajudicial de despejo das famílias de Trabalhadores Sem Terra, que ocupavam uma fazenda no Município de Querência do Norte, Estado do Paraná. Consta da decisão da Corte Interamericana de Direitos Humanos:

> 113. É pertinente destacar que o dever de investigar é uma obrigação de meios, e não de resultado. No entanto, deve ser assumida pelo Estado como um dever jurídico próprio e não como uma simples formalidade condenada de antemão a ser ineficaz, ou como uma mera gestão de interesses particulares, que dependa da iniciativa processual das vítimas ou de seus familiares ou do aporte privado de elementos probatórios.
>
> 114. À luz desse dever, quando se trata da investigação de uma morte violenta, como no presente caso, uma vez que as autoridades estatais tenham conhecimento do fato, devem iniciar *ex officio* e sem demora, uma investigação séria, imparcial e efetiva. Essa investigação deve ser realizada por todos os meios legais disponíveis e orientada à determinação da verdade[115].

115. O Brasil, também, foi condenado no caso Empregados da Fábrica de Fogos Santo Antônio de Jesus e seus Familiares vs. Brasil, uma vez que "o acesso à justiça deve assegurar, em um tempo razoável, o direito das supostas vítimas ou de seus familiares de que se faça todo o necessário para conhecer a verdade sobre o ocorrido, e que se punam os eventuais responsáveis" (CORTE INTERAMERICANA DE DIREITOS HUMANOS. *Caso Empregados da Fábrica de Fogos de Santo Antônio de Jesus e seus Familiares vs. Brasil*. Disponível em: <https://www.corteidh.or.cr/docs/casos/articulos/seriec_407_por.pdf>. Acesso em: 30 mar. 2021. Par. 205).

115. Esta Corte Interamericana tem especificado os princípios norteadores de uma investigação quando se está diante de uma morte violenta. Conforme a jurisprudência do Tribunal, as autoridades estatais que conduzem uma investigação desse tipo devem tentar no mínimo, *inter alia*: a) identificar a vítima; b) recuperar e preservar o material probatório relacionado com a morte, com o fim de ajudar em qualquer potencial investigação penal dos responsáveis; c) identificar possíveis testemunhas e obter suas declarações com relação à morte que se investiga; d) determinar a causa, forma, lugar e momento da morte, assim como qualquer padrão ou prática que possa ter causado a morte; e e) distinguir entre morte natural, morte acidental, suicídio e homicídio. Ademais, é necessário investigar exaustivamente a cena do crime e realizar autópsias e análises dos restos humanos de forma rigorosa, por profissionais competentes e empregando os procedimentos mais apropriados.

116. De outra feita, este Tribunal tem se referido ao direito que assiste aos familiares das supostas vítimas de conhecer o que sucedeu e saber quem foram os responsáveis dos fatos. A esse respeito, a Corte também indicou que do artigo 8 da Convenção se depreende que as vítimas de violações de direitos humanos, ou seus familiares, devem contar com amplas possibilidades de ser ouvidos e atuar nos respectivos processos, em busca tanto do esclarecimento dos fatos e da sanção dos responsáveis, como de uma devida reparação. Nesse sentido, a Corte afirmou que em um caso de execução extrajudicial os direitos afetados correspondem aos familiares da vítima falecida, que são a parte interessada na busca por justiça e a quem o Estado deve prover recursos efetivos para garantir-lhes o acesso à justiça, a investigação e a eventual sanção, de ser o caso, dos responsáveis e a reparação integral das consequências das violações.

117. Consequentemente, pela jurisprudência desse Tribunal, os familiares das vítimas têm o direito, e os Estados a obrigação, a que o sucedido a estas seja efetivamente investigado pelas autoridades estatais; seja seguido um processo contra os prováveis responsáveis desses ilícitos e, se for o caso, lhes imponham as sanções pertinentes; e reparem os danos e prejuízos que esses familiares sofreram[116].

116. CORTE INTERAMERICANA DE DIREITOS HUMANOS. *Caso Sétimo Garibaldi vs. Brasil*. Disponível em: <https://www.corteidh.or.cr/docs/casos/articulos/seriec_203_por.pdf>. Acesso em: 4 mar. 2021.

Portanto, a atuação dos agentes de segurança pública não pode prescindir da perspectiva dos direitos humanos, cujo respeito, conforme a aplicação e a interpretação das normas internas e internacionais, legitima a utilização do uso da força necessária e proporcional pelo Estado.

A partir da exegese do art. 25 da Convenção Americana de Direitos Humanos, no *Caso Trabalhadores da Fazenda Brasil Verde vs. Brasil*, a Corte Interamericana de Direitos Humanos reconheceu ter havido violação do direito humano à proteção judicial, em razão de a jurisdição brasileira ter declarado a prescrição penal, extinguido a punibilidade dos agentes criminosos e, portanto, impedido a sua responsabilização pelos crimes de redução à condição análoga a de escravo (art. 149 do Código Penal). Afirmou que os delitos que representam graves violações de direitos humanos não podem ser objeto de prescrição, que a escravidão é um delito de Direito Internacional e, por isso, não se submete à prescrição[117]. Concluiu-se, com a finalidade de afastar a prescrição penal para a investigação de fatos que ensejam a condenação internacional do Brasil, pela prevalência das normas de Direito Internacional dos Direitos Humanos sobre as normas internas de Direito Penal.

De forma semelhante, no *Caso Herzog e Outros vs. Brasil*, a Corte Interamericana de Direitos Humanos afirmou não ser aplicável à prescrição para casos de tortura, assassinatos cometidos em um contexto de violações massivas e sistemáticas de direitos humanos e desaparecimentos forçados, de modo constante e reiterado, porquanto tais condutas violam direitos

117. "413. A Corte já estabeleceu que: i) a escravidão e suas formas análogas constituem um delito de Direito Internacional, ii) cuja proibição pelo Direito Internacional é uma norma de jus cogens (par. 249 supra). Portanto, a Corte considera que a prescrição dos delitos de submissão à condição de escravo e suas formas análogas é incompatível com a obrigação do Estado brasileiro de adaptar sua normativa interna de acordo aos padrões internacionais. No presente caso a aplicação da prescrição constituiu um obstáculo para a investigação dos fatos, para a determinação e punição dos responsáveis e para a reparação das vítimas, apesar do caráter de delito de Direito Internacional que os fatos denunciados representavam. (...). 454. Quanto à imprescritibilidade do delito de escravidão, a Corte concluiu no capítulo VIII1 que a aplicação da figura da prescrição no presente caso representou uma violação ao artigo 2 da Convenção Americana, pois foi um elemento decisivo para manter a impunidade dos fatos constatados em 1997. Além disso, a Corte constatou o caráter imprescritível do delito de escravidão e de suas formas análogas no Direito Internacional, como consequência de seu caráter de delitos de Direito Internacional, cuja proibição alcançou o status de jus cogens (par. 249 supra). Ademais, a Corte recorda que, de acordo com sua jurisprudência constante, os delitos que representem graves violações de direitos humanos não podem ser objeto de prescrição. Consequentemente, o Brasil não pode aplicar a prescrição a este caso e a outros similares" (CORTE INTERAMERICANA DE DIREITOS HUMANOS. *Caso Trabalhadores da Fazenda Brasil Verde vs. Brasil*. Cit.).

e obrigações inderrogáveis reconhecidos pelo Direito Internacional dos Direitos Humanos[118].

Por outro lado, quem foi absolvido por decisão penal transitada em julgado não pode ser processado novamente pelo mesmo fato (princípio *ne bis in idem*), conforme prevê o art. 8ª.4 da Convenção Americana de Direitos Humanos ("O acusado absolvido por sentença passada em julgado não poderá ser submetido a novo processo pelos mesmos fatos"). De forma mais ampla, o art. 14.7 do Pacto Internacional sobre Direitos Civis e Políticos estabelece que "ninguém poderá ser processado ou punido por um delito pelo qual já foi absolvido ou condenado por sentença passada em julgado, em conformidade com a lei e os procedimentos penais de cada país".

No entanto, conforme precedente da Corte Interamericana de Direitos Humanos, no *Caso Almonacid Arellano e Outros vs. Chile*, o princípio do *ne bis in idem* não se aplica quando se está diante de uma coisa julgada "aparente" ou "fraudulenta", isto é, quando: "i) a atuação do tribunal que conheceu o caso e decidiu arquivar ou absolver o responsável por uma violação aos direitos humanos ou ao Direito Internacional obedeceu o propósito de eximir o acusado de sua responsabilidade penal; ii) o procedimento não foi instruído independente ou imparcialmente de acordo com as devidas garantias processais, ou iii) não houve a real intenção de submeter o responsável à ação da justiça"[119]. A coisa julgada fraudulenta, nos termos da decisão do *Caso Carpio Nicolle e Outros vs. Guatemala*, "resulta de um juízo em que não se respeitam as regras do devido processo, ou quando os juízes não atuaram com independência e imparcialidade"[120].

No entanto, se aparecerem novos fatos ou melhores provas que possam determinar a responsabilização por violações de direitos humanos e, com maior razão, de crimes de lesa humanidade, as investigações devem ser reabertas, ainda que exista uma decisão anterior com qualidade de coisa julgada material, "posto que as exigências da justiça, os direitos das vítimas e a letra e o espírito da Convenção Americana afastam a proteção do *ne*

---

118. CORTE INTERAMERICANA DE DIREITOS HUMANOS. *Caso Herzog e Outros vs. Brasil*. Sentença de 15 de março de 2018 (Exceções Preliminares, Mérito, Reparações e Custas). Disponível em: <https://www.corteidh.or.cr/docs/casos/articulos/seriec_353_por.pdf>. Acesso em: 12 jun. 2021. Par. 263.

119. CORTE INTERAMERICANA DE DIREITO HUMANOS. *Almonacid Arellano e Otros vs. Chile*. 26 de setembro de 2006. Cit. Par. 154.

120. CORTE INTERAMERICANA DE DIREITOS HUMANOS. *Caso Carpio Nicolle y Otros Vs. Guatemala*. Sentencia de 22 de noviembre de 2004 (Fondo, Reparaciones y Costas). Disponível em: <https://www.corteidh.or.cr/docs/casos/articulos/seriec_117_esp.pdf>. Acesso em: 12 jun. 2021. Par. 131.

bis in idem"[121]. Tal entendimento foi aplicado, pela Corte Interamericana de Direitos Humanos, ao julgar os casos *La Catunta vs. Peru*[122] e *Gutiérrez Soler vs. Colômbia*[123].

De qualquer modo, o devido processo convencional não se limita às garantias fundamentais previstas, expressamente, nos arts. 8º e 25 da Convenção Americana de Direitos Humanos, uma vez que tal convenção – a exemplo do art. 5º, § 2º, da Constituição Federal de 1988 (bloco de constitucionalidade) – possui uma cláusula de abertura, no art. 31, que permite o reconhecimento de outros direitos e garantias, desde que reconhecidos de acordo com os processos de emenda e de proposta de protocolos adicionais previstos nos arts. 76 e 77 da Convenção.

A filtragem do processo penal brasileiro à luz da Convenção Interamericana de Direitos Humanos inibe o arbítrio estatal, o excesso de formalismo e a impunidade. O processo penal, a partir da leitura do Direito Internacional dos Direitos Humanos, deve ser entendido como um conjunto de meios e resultados voltados à justiça da decisão; isto é, um instrumento civilizatório de efetiva promoção dos direitos fundamentais e humanos de investigados, acusados, vítimas (e familiares) da criminalidade e da proteção do bem comum.

Nesse sentido, a Corte Interamericana de Direito Humanos, no *Caso Myrna Chang vs. Guatemala*, asseverou:

> *211. (...) la Corte considera que los jueces como rectores del proceso tienen el deber de dirigir y encausar el procedimiento judicial*

121. CORTE INTERAMERICANA DE DIREITO HUMANOS. *Almonacid Arellano e Otros vs. Chile*. 26 de setembro de 2006. Cit. Par. 154.

122. *"153. Específicamente en relación con la figura de la cosa juzgada, recientemente la Corte precisó que el principio non bis in idem no resulta aplicable cuando el procedimiento que culmina con el sobreseimiento de la causa o la absolución del responsable de una violación a los derechos humanos, constitutiva de una infracción al derecho internacional, ha sustraído al acusado de su responsabilidad penal, o cuando el procedimiento no fue instruido independiente o imparcialmente de conformidad con las debidas garantías procesales. Una sentencia pronunciada en las circunstancias indicadas produce una cosa juzgada ´aparente´ o ´fraudulenta´"* (CORTE INTERAMERICANA DE DIREITOS HUMANOS. *Caso La Cantuta Vs. Perú*. Sentencia de 29 de noviembre de 2006 (Fondo, Reparaciones y Costas). Acesso em: 12 jun. 2021. Par. 153).

123. *"98. Este Tribunal ya se ha referido a la llamada ´cosa juzgada fraudulenta´, que resulta de un juicio en el que no se han respetado las reglas del debido proceso. A la luz del reconocimiento de responsabilidad de Colombia y los hechos probados, se desprende que los procesos del presente caso, ante los tribunales nacionales, estuvieron contaminados por tales vicios. Por tanto, no podría invocar el Estado, como eximente de su obligación de investigar y sancionar, las sentencias emanadas en procesos que no cumplieron los estándares de la Convención Americana, porque no hacen tránsito a cosa juzgada decisiones judiciales originadas en tales hechos internacionalmente ilícitos"* (CORTE INTERAMERICANA DE DIREITOS HUMANOS. *Caso Gutiérrez Soler vs. Colômbia*. Disponível em: <https://www.corteidh.or.cr/docs/resumen/gutierrez_soler.pdf>. Acesso em: 12 jun. 2021).

con el fin de no sacrificar la justicia y el debido proceso legal en pro del formalismo y la impunidad. De este modo, si las autoridades permiten y toleran el uso de esta manera de los recursos judiciales, los transforman en un medio para que los que cometen un ilícito penal dilaten y entorpezcan el proceso judicial. Esto conduce a la violación de la obligación internacional del Estado de prevenir y proteger los derechos humanos y menoscaba el derecho de la víctima y de sus familiares a saber la verdad de lo sucedido, a que se identifique y se sancione a todos los responsables y a obtener las consecuentes reparaciones[124].

A ausência da devida investigação, processamento e responsabilização de violações em direitos humanos – além de gerar o descumprimento dos arts. 1.1., 8º e 25 da Convenção Americana de Direitos Humanos, sujeitando os Estados latino-americanos à responsabilização internacional – alimenta o ciclo da impunidade, que causa insegurança nas vítimas em denunciar os crimes sofridos e condena a sociedade a continuar experimentando a violência, o funcionamento de organizações criminosas e a repetição das transgressões aos direitos e garantias fundamentais.

3.5. SOCIEDADE ABERTA DOS INTÉRPRETES DOS DIREITOS HUMANOS

É necessário garantir o desenvolvimento humano e social a partir da ampliação de liberdades. As instituições democráticas inerentes ao Estado de Direito devem prover a condição de a pessoa ser capaz de se emancipar, transformar sua própria realidade, exercer plenamente a cidadania e contribuir com a promoção do bem comum. O ser humano, como fim em si mesmo, é que possibilita a concepção de liberdade e de autonomia da vontade (fundamento da dignidade humana)[125].

---

124. CORTE INTERAMERICANA DE DIREITOS HUMANOS. *Caso Myrna Mack Chang Vs. Guatemala*. Sentencia de 25 de noviembre de 2003 (Fondo, Reparaciones y Costas). Disponível em: <https://www.corteidh.or.cr/docs/casos/articulos/seriec_101_esp.pdf>. Acesso em: 12 jun. 2021.

125. Segundo Immanuel Kant, a autonomia é "o fundamento da dignidade da natureza humana e de toda a natureza racional" (*Fundamentos da metafísica dos costumes*. Trad. de Paulo Quintela. Lisboa: Edições 70, 2007. p. 79). Nesse sentido, Ingerborg Maus explica que os "indivíduos contêm-se de furtar, roubar ou matar não porque conheçam os artigos da lei, mas porque seguem as convenções morais que praticam desde a infância (as quais talvez venham mais tarde a testar de modo autônomo)" (Judiciário como superego da sociedade. O papel da atividade jurisprudencial na "sociedade órfã". Trad. de Martonio Lima e Paulo Albuquerque. *Novos estudos*, vol. 58, nov. 2000. p. 201). Complementa Mário Ferreira dos Santos, tradutor de *A genealogia da moral* de Friedrich Nietzsche (Petrópolis: Editora Vozes, 2009. p. 16-17), ao introduzir a obra do pensador alemão: "Sempre compreendi que a moral tem por função tornar possível a vida comunitária. Todo rebanho é moral, todo rebanho precisa de uma moral. Mas aqui devemos examinar

As oportunidades adequadas fornecem aos indivíduos a possibilidade de investirem no seu próprio futuro, ao invés de se tornarem beneficiários passivos de programas assistencialistas governamentais por tempo indeterminado[126]. A igualdade de oportunidades permite a conquista da própria liberdade. A realização das atividades humanas recebe influência das oportunidades econômicas, poderes e condições sociais, dentre elas o provimento de saúde e educação de qualidade. Essas condições se encontram interligadas pelas liberdades políticas que suportam a organização estatal. A condição do cidadão como agente político de transformação da história pode assegurar o progressivo desenvolvimento social[127].

Amartya Sen explica que

> (...) a condição de agente de cada um é inescapavelmente restrita e limitada pelas oportunidades sociais, políticas e econômicas de que dispomos. Existe uma acentuada complementaridade entre a condição de agente individual e as disposições sociais: é importante o reconhecimento simultâneo da centralidade da liberdade individual e da força das influências sociais sobre o grau e o alcance da liberdade individual. Para combater os problemas que enfrentamos, temos de considerar a liberdade individual um comprometimento social[128].

A sociedade aberta dos intérpretes dos Direitos Humanos orienta-se a partir de uma visão de mundo proporcionada por Peter Häberle, quando da concepção da sociedade aberta dos intérpretes da Constituição. Isso porque,

---

bem o que eu queria dizer, o que eu compreendia e que poucos compreenderam. Essas regras societárias são prescrições necessárias, de utilidade social, e trazem o cunho de sua época. Não são imutáveis nem eternas, nem sobrenaturais nem perfeitas, mas criadas pelos homens para regularem entre si as suas relações, impostas pelos chefes aos subordinados, pelos dominadores aos dominados. Nem sempre há uma justificação para essa nova ordem, que se apresenta como uma "ordem moral", "um imperativo moral", emanada de um Deus que a justifica. Essa moral heterônoma, imposta, escolhida pelos dominadores, imposta pelo passado e predominante no presente pela vontade dos que representam os interesses do passado, é odiosa para mim. Quis substituir o "tu deves" pelo "eu quero". O homem não é homem enquanto não puder praticar este grande ato de liberdade, que o tornará senhor de si, quando respeitará a dignidade alheia por amor à sua própria dignidade, e assim o fará porque quer e não porque deve".

126. "La sociedad industrial sólo funcional bajo determinadas condiciones, al realizar *en la práctica* la igualdad iusfundamental de oportunidades. El Estado democrático acá debe ayudar por medio de sus funciones de prestación y suprimir los déficits de derechos fundamentales sociales (...)" (HÄBERLE, Peter. *Los derechos fundamentales en el Estado prestacional*. Trad. de Jorge Luis León Vásquez. Lima: Palestra Editores, 2019. p. 156).

127. PANSIERI, Flávio. *Liberdade como desenvolvimento em Amartya Sen. Constituição, Economia e Desenvolvimento: Revista da Academia Brasileira de Direito Constitucional*. Curitiba, 2016, v. 8, n. 15, jul./dez., p. 463-479. Disponível em: <http://www.abdconst.com.br/revista16/liberdadeFlavio.pdf>. Acesso em: 15 jan. 2020.

128. *Desenvolvimento como liberdade*. Cit. p. 5-6.

Häberle trabalha a ideia de uma interpretação pluralista e procedimental da Constituição, por meio de um método que configura "um enriquecimento e uma complementação da teoria da Constituição"[129].

A Constituição é "um espelho da publicidade e da realidade (Spiegel der Öffentlichkeit und Wirklichkeit)[130], sendo que:

> No Estado constitucional-democrático coloca-se, uma vez mais, a questão da legitimação sob uma perspectiva democrática (da Teoria de Democracia). A Ciência do Direito Constitucional, as ciências da realidade, os cidadãos e os grupos em geral não dispõem de uma legitimação democrática para a interpretação da Constituição em sentido estrito. Todavia, a democracia não se desenvolve apenas no contexto de delegação de responsabilidade formal do povo para os órgãos estatais (legitimação mediante eleições), até o último intérprete formalmente "competente", a Corte Constitucional. **Em uma sociedade aberta, ela se desenvolve também por meio de formas refinadas de mediação do processo público e pluralista da política e da práxis cotidiana, especialmente mediante a realização dos direitos fundamentais (Grundrechtsverwirklichung), tema muitas vezes referido sob a epígrafe do "aspecto democrático" dos direitos fundamentais. Democracia desenvolve-se mediante a controvérsia sobre alternativas, sobre possibilidades e sobre necessidades da realidade e também o "concerto" científico sobre questões constitucionais, nas quais não pode haver interrupção e nas quais não existe e nem deve existir dirigente.**
>
> "Povo" não é apenas um referencial quantitativo que se manifesta no dia da eleição e que, enquanto tal, confere legitimidade democrática ao processo de decisão. **Povo é também um elemento pluralista para a interpretação que se faz presente de forma legitimadora no processo constitucional: como partido político, como opinião científica, como grupo de interesse, como cidadão. A sua competência objetiva para a interpretação constitucional é um direito da cidadania, no sentido do art. 33 da Lei Fundamental (NT 8).** Dessa forma, os direitos fundamentais são parte da base de legitimação democrática

129. HÄBERLE, Peter. Hermenêutica Constitucional – A Sociedade aberta dos intérpretes da Constituição: contribuição para a interpretação pluralista e "procedimental" da Constitução. *DPU, nº 60*, nov./dez./2017. P. 30. Disponível em : https://www.portaldeperiodicos.idp.edu.br/direitopublico/article/view/2353/1205 Acesso em: 07 jun. 2023.

130. Ibid. p. 39-40.

> para a interpretação aberta, tanto no que se refere ao resultado quanto no que diz respeito ao círculo de participantes (Beteiligtenkreis). **Na democracia liberal, o cidadão é intérprete da Constituição! Por essa razão, tornam-se mais relevantes as cautelas adotadas com o objetivo de garantira liberdade: a política de garantia dos direitos fundamentais de caráter positivo, a liberdade de opinião, a constitucionalização da sociedade, v.g., na estruturação do setor econômico público**. (Grifo nosso).

Dessa forma, a constitucionalização de métodos de participação popular pode ser estendida para instrumentalizar a convencionalidade de normas, dentro do ordenamento jurídico brasileiro.

O constitucionalismo multinível facilita a aplicação e a expansão dos sistemas de proteção dos direitos humanos. Entretanto, ao se deparar com o tímido controle de convencionalidade exercido pelo Poder Judiciário, sobretudo o brasileiro, e às barreiras encontradas quando do fomento ao diálogo interinstitucional, é importante questionar o papel da sociedade para a efetivação dos direitos humanos.

Os direitos humanos consagram conquistas sociais e democráticas, porque não foram concedidos de maneira espontânea pelo detentor do poder, nem foram elaborados apenas por obra dos juristas[131]. Em um contexto latino-americano, caracterizado pela exclusão e marginalização sociais, pelo crescimento progressivo das diferenças entre ricos e pobres, pelo descumprimento reiterado dos direitos básicos da população mais vulnerável, pela corrupção sistêmica e pela ineficiência das políticas públicas, são as manifestações coletivas que representam uma das mais efetivas formas de participação política e transformações sociais.

A concretização dos direitos humanos fundamentais é, pois, resultado de persistentes e difíceis conquistas sociais. Não traduzem uma história linear, nem a história de uma causa perdida, mas a história da luta dos direitos a partir da superação das graves diferenças entre os sujeitos de direitos, discriminados, indevidamente, como objetos (como na escravidão dos negros ou na exploração dos índios) ou seres de menor dignidade (como foram ou são as práticas da tanatopolítica nazista[132], do sexismo,

131. CAMBI, Eduardo. *Neoconstitucionalismo e neoprocessualismo. Direitos fundamentais, políticas públicas e protagonismo judiciário.* 3ª ed. Cit. p. 30-31.

132. O nazismo se baseava na defesa racial do povo germânico, uma forma de biopolítica que condicionava a sobrevivência à morte de seus inimigos externos e internos (dentre eles, os judeus, os poloneses, os

do racismo estrutural, da homofobia, da xenofobia e de outras formas de intolerância[133]).

O surgimento de "novos direitos" – por exemplo, ao meio ambiente saudável, à liberdade sexual e à bioética – abre espaço para mais discussões e, também, enseja outras lutas para o combate aos preconceitos, exclusões, marginalidades e desproteção jurídica[134].

Não se pode ater à antiga ideia de soberania estatal[135] para afastar a incidência de normas do direito internacional em âmbito interno. A República Federativa do Brasil, conforme o art. 4º, inc. II, da Constituição Federal, rege-se nas suas relações internacionais pelo princípio da prevalência dos direitos humanos. Isso significa que os direitos humanos transcendem aos interesses exclusivos de Estados ou de governantes para a melhor proteção dos cidadãos[136].

Em uma perspectiva contemporânea, os Estados não são os únicos sujeitos de Direito Internacional Público aptos a amparar os direitos fundamentais de seus cidadãos. Sob essa ótica, os indivíduos alçaram o lugar de sujeitos de direito internacional, com a possibilidade de utilização de mecanismos processuais eficazes para a salvaguarda dos seus direitos internacionalmente protegidos[137].

---

afrogermanos, os ciganos e os deficientes físicos e mentais); isto é, para se proteger a vida dos integrantes da raça ariana se alargou o cerco da morte dos seus inimigos. Cf. ESPOSITO, Roberto. *Termini della politica. Communità, immunità e biopolítica.* Vol. I. Milão: Mimesis, 2018. p. 13 e 139.

133. Pelo art. 1.6 da Convenção Interamericana contra o Racismo e formas de Intolerância: "Intolerância é um ato ou conjunto de atos ou manifestações que denotam desrespeito, rejeição ou desprezo à dignidade, características, convicções ou opiniões de pessoas por serem diferentes ou contrárias. Pode manifestar-se como a marginalização e a exclusão de grupos em condições de vulnerabilidade da participação em qualquer esfera da vida pública ou privada ou como violência contra esses grupos".

134. NOGUEIRA, Marco Aurélio. *Os direitos sociais como causas cívicas. Saúde e Sociedade*, vol.11, nº1. São Paulo. Jan./Jul 2002. Disponível em: <http://dx.doi.org/10.1590/S0104-12902002000100004>. Acesso em: 24 jul. 2020.

135. "A verdadeira soberania deve consistir então numa cooperação internacional dos Estados em prol de finalidades comuns. Um novo conceito de soberania, afastada sua noção tradicional, aponta para a existência de um Estado não isolado, mas incluso numa sociedade e num sistema internacional de proteção de direitos como um todo" (PIOVESAN, Flávia; FACHIN, Melina Girardi; MAZZUOLI, Valerio de Oliveira. *Convenção Americana de Direitos Humanos*. Cit. p. 16).

136. "No art. 4º, a clara nota identificadora da passagem do regime autoritário para o Estado democrático de direito é o princípio que assevera a prevalência dos direitos humanos (art. 4º, II). Este princípio afirma uma visão do mundo – que permeia a Constituição de 1988 – na qual o exercício do poder não pode se limitar à perspectiva dos governantes, mas deve incorporar a perspectiva da cidadania" (LAFER, Celso. *A internacionalização dos Direitos Humanos. Constituição, Racismo e Relações Internacionais*. Cit. p. 14).

137. MAZZUOLI, Valério de Oliveira. *Direitos Humanos e cidadania: uma nova concepção introduzida pela Constituição Federal de 1988. Revista Justitia* – Ministério Público de São Paulo. Disponível em: <http://www.mpsp.mp.br/portal/page/portal/documentacao_e_divulgacao/doc_publicacao_divulgacao/doc_gra_doutrina_civel/civel%2033.pdf>. Acesso em: 5 ago. 2020.

A ideia de um constitucionalismo multinível, principalmente no contexto do *Ius Constitutionale Commune* (ICCAL), com a proteção internacional dos direitos humanos, amplia o leque de protagonistas aptos a atuar para a consecução desse objetivo comum.

O ativismo da sociedade civil é muito importante para a efetivação dos direitos humanos. É na sociedade que se vivenciam as violações desses direitos – seja pela ação de agentes privados ou públicos, seja pela omissão de proteção estatal, pela falta de acesso ou morosidade da justiça, ou até mesmo por ações violentas cometidas por agentes estatais direcionadas a alguns dos setores mais frágeis da sociedade, o que, por si só, justifica a necessidade de maior empoderamento de grupos vulneráveis, a ampliação dos canais de participação democrática e a fiscalização da atuação do Estado na promoção de políticas públicas que possam concretizar os direitos humanos.

O ICCAL busca a mobilização social e dá ênfase ao indivíduo descolonizado, marginalizado e invisibilizado, transformando-o em um cidadão ativo e respeitado na sociedade. Nesse sentido, destacam-se as Constituições do Equador e da Bolívia, que serão a seguir analisadas[138].

A precarização da cidadania na América Latina possui fortes raízes coloniais eurocêntricas, resultante da importação de previsões legislativas de países europeus e posterior aplicação nos países americanos, sem se preocupar com características e peculiaridades das suas realidades locais. Essa epistemologia reproduziu assimetrias entre os desejos populares e o texto de lei[139], tendo contribuído para a manutenção da concentração do poder e da riqueza.

O *Ius Constitutionale Commune* latino-americano é marcado pela sua horizontalidade, revelando importantes características, dentre as quais,

1. O "novo" constitucionalismo origina-se em lugares historicamente subalternizados, isto é, de lugares considerados inferiores se analisados pela lógica colonial do conhecimento, que demonstram novas formas de compreender o mundo;

138. VELASCO, Liziane Bainy; SPAREMBERGER, Raquel Fabiana Lopes. *A cidadania na América Latina: um olhar para as novas práticas emancipatórias. JURIS*, Rio Grande., v. 26, p. 11-27, 2006.

139. UNNEBERG, Flávia Soares. O despertar de novos tempos: do processo histórico-constitucional à Constituição Equatoriana de 2008. In: *Constitucionalismo Latino-Americano: tendências contemporâneas*. Coord. Antônio Carlos Wolkmer e Milena Petters Melo. Curitiba: Juruá, 2013. p. 125.

2. O texto constitucional é a expressão da voz das pessoas, dos povos, da mobilização social, estando de acordo com a realidade de quem faz parte daquela história e daquela cultura;

3. O "novo" constitucionalismo latino-americano não pretende ser o único modelo para todos os povos do planeta, bem como não visa construir-se separado do tempo e do espaço;

4. Esse "novo" constitucionalismo pretende recriar o Estado por meio da construção de estados plurinacionais em que a sociedade civil participa da política, de modo a ter a liberdade para expressar-se e para tomar decisões sobre questões importantes para o seu Estado;

5. O "novo" constitucionalismo latino-americano incorpora diversas epistemologias que ao longo dos anos foram silenciadas e marginalizadas pelo constitucionalismo tradicional[140].

A experiência jurídica contemporânea, voltada à transformação e ao aperfeiçoamento do sistema jurídico, exige ações corajosas e inovadoras, que não se resumem à simples descrição retrospectiva dos fenômenos sociais, como se percebe, por exemplo: i) da possibilidade de produção normativa, para além da atividade legislativa, como decorre do trabalho hermenêutico dos juízes; ii) do papel do jurista como construtor (engenheiro) da sociedade, cujos resultados se manifestam na coletividade; iii) da sociedade civil, como intérprete dos textos normativos e como protagonista das transformações na realidade, a partir da reconstrução criteriosa de fundamentos e diretrizes para transformá-la em uma comunidade justa, equitativa e solidária[141].

O Estado, ao exercer o uso da força, precisa legitimar a sua ação política, por intermédio do direito, que não pode ser apenas imposto, mas deve ser digno de reconhecimento por aqueles a quem ele é dirigido[142]. A legitimação da ordem estatal, por meio da aplicação das normas jurídicas, dá-se pela utilização de razões e argumentos públicos, que tornem efetiva a pretensão de reconhecimento do direito[143].

140. VELASCO, Liziane Bainy; SPAREMBERGER, Raquel Fabiana Lopes. *A cidadania na América Latina: um olhar para as novas práticas emancipatórias*. Cit. p. 16.

141. COELHO, Luiz Fernando. *Fundamentação ontológica dos direitos humanos*. Cit. p. 398.

142. "Não é o uso do poder ou o hábito da obediência que deprava os homens, mas o uso de um poder considerado por eles ilegítimo e a obediência a um poder tido por eles como usurpado e opressor" (TOCQUEVILLE, Alexis de. *A democracia na América*. Trad. de Julia da Rosa Simões. São Paulo: Edipro, 2019. p. 18).

143. HABERMAS, Jürgen. *La constelación posnacional. Ensayos políticos*. Trad. de Pere Fabra Abat. Barcelona: Ediciones Paidós Ibérica S.A., 2000. p. 147-148.

Para Jürgen Habermas, são legítimas as regulamentações sobre as quais os possíveis afetados puderam estar de acordo como participantes de um discurso racional[144]. Isso porque eles buscam se convencer, com argumentos, para alcançar uma opinião comum ou uma vontade política racional. Por meio de negociações, esforçam-se para conseguir um compromisso entre diferentes interesses. A legitimação do discurso jurídico requer, pois, um procedimento democrático, apoiado em um acordo comunicativo voltado à formação de uma vontade racional. São os direitos humanos, notadamente os civis e os políticos, por tornarem possível o exercício da soberania popular, que institucionalizam as condições comunicativas para a formação de uma vontade política racional.

Os direitos humanos pressupõem a cidadania, não apenas como um fato ou um meio, mas também como um princípio. Isso porque, conforme Hannah Arendt, a privação da cidadania afeta, substancialmente, a condição humana[145]. O ser humano privado de seu estatuto político perde a sua substância, que é ser tratado pelos *outros* como *semelhantes*.

Os direitos humanos se fundamentam no exercício da cidadania por meio de uma dupla distinção ontológica: a igualdade e a diferença[146]. O discurso e a ação são condições da pluralidade humana: se as pessoas não fossem iguais, não poderiam se entender; e se não fossem diferentes, não precisariam nem da palavra nem da ação para se comunicar, uma vez que ruídos já seriam suficientes para isso. É a diferença, na esfera privada, e a igualdade, no espaço público, que caracterizam a pluralidade humana.

Nesse aspecto, perder o acesso à esfera pública é estar privado da igualdade, o que torna sem sentido os direitos humanos, uma vez que, quando a pessoa não vivencia a sua condição política na comunidade, resta-lhe apenas o âmbito da vida privada. Não é por acaso que os nazistas começaram a perseguição aos judeus pela privação de seu *status civitatis*, convertendo-os em "inimigos objetivos"[147]. É na relação entre as pessoas, em razão da pluralidade da vida pública, que os direitos humanos se afirmam[148]. A ausência do vínculo da cidadania retira, pois, a condição humana

144. Idem, p. 151-152.
145. LAFER, Celso. *A reconstrução dos direitos humanos: um diálogo com o pensamento de Hannah Arendt*. Cit. p. 151.
146. Idem. Ibidem.
147. Idem. p. 148.
148. Para Hannah Arendt, as liberdades privadas decorrem das liberdades públicas. No plano aristotélico da *vita activa*, o primeiro direito humano é o direito à vida pública: a *pólis* antecede à família. Cf. *A condição humana*. Tradução Roberto Raposo. Rio de Janeiro: Forense Universitária, 2007. p. 42. Nesse sentido,

de igualdade. E, quando não se tem igualdade jurídica, a nação se desenvolve em uma massa anárquica de indivíduos super e subprivilegiados[149]. Os direitos se tornam privilégios de determinados grupos hegemônicos, deixando de serem para todos os seres humanos, o que prejudica as pessoas mais vulneráveis, sujeitas à própria sorte, obrigando-as a retornar ao estado de natureza (no qual, pela falta de leis válidas e eficazes, não há nenhum critério para distinguir uma ação justa de uma injusta)[150].

Daí a importância de regras como as contidas nos arts. 21.1 e 29.1 da Declaração Universal dos Direitos Humanos, que afirmam, respectivamente: "Todo ser humano tem o direito de tomar parte no governo de seu país diretamente ou por intermédio de representantes livremente escolhidos. (...). Todo ser humano tem deveres para com a comunidade, na qual o livre e pleno desenvolvimento de sua personalidade é possível".

O art. 25 do Pacto Internacional sobre Direitos Civis e Políticos, por sua vez, estabelece que "Todo cidadão terá o direito e a possibilidade, sem qualquer das formas de discriminação mencionadas no artigo 2 e sem restrições infundadas: a) de participar da condução dos assuntos públicos, diretamente ou por meio de representantes livremente escolhidos; b) de votar e de ser eleito em eleições periódicas, autênticas, realizadas por sufrágio universal e igualitário e por voto secreto, que garantam a manifestação da vontade dos eleitores; c) de ter acesso, em condições gerais de igualdade, às funções públicas de seu país".

Na América Latina, as instituições jurídicas (codificações, constituições e tribunais) formadas após o processo de independência derivaram da tradição europeia e anglo-americana[151]. Consagraram, abstratamente, a igualdade perante a lei, a independência dos poderes, a soberania popular, a garantia liberal de direitos e a cidadania culturalmente homogênea. Na prática, tais instituições são caracterizadas pelo controle centralizado e burocrático do poder oficial, por formas excludentes de democracia, pelo sistema representativo clientelista, por experiências de participação elitista e pela ausência de grandes massas populares. Por isso, o direito, no

---

Frantz Fanon explica: "A Sociedade, ao contrário dos processos bioquímicos, não escapa à influência humana. É pelo homem que a Sociedade chega ao ser" (*pele negra, máscaras brancas*. Cit. p. 28).

149. LAFER, Celso. *A reconstrução dos direitos humanos: um diálogo com o pensamento de Hannah Arendt*. Cit. p. 149.

150. BOBBIO, Norberto. *Teoría General de la Política*. Trad. de Antonio de Cabo e Gerardo Pisarello. Madri: Editorial Trotta, 2005. p. 337.

151. WOLKMER, Antônio Carlos; AUGUSTIN, Sérgio; WOLKMER, Maria de Fátima S.. *O "novo" direito à água no constitucionalismo da América Latina. Revista Internacional Interthesis*, vol. 09, nº 1, jan.-jun./2012, p. 55.

continente latino-americano, tem sido a expressão da vontade e dos interesses de setores das elites hegemônicas, formadas e influenciadas pela cultura europeia e anglo-americana. As constituições liberais e a doutrina clássica do constitucionalismo político reforçaram o individualismo, minimizando as reais necessidades de amplos segmentos sociais, como as das populações afrodescendentes, dos índios, das massas de campesinos agrários e dos múltiplos movimentos da periferia dos centros urbanos.

Como a igualdade não é um dado da natureza, mas uma construção conjunta de pessoas em uma comunidade política organizada, tão importante quanto o exercício individual da cidadania, é o direito da própria comunidade se autodeterminar.

A participação popular ativa foi salientada nas Constituições do Equador (2008) e da Bolívia (2009), ambas fruto de amplas mobilizações sociais, o que culminou no reconhecimento do pluralismo jurídico comunitário-participativo[152].

Essa participação ativa promove espaços de deliberação e cria uma forma de efetivação de direitos fundamentais que contempla minorias sociais, notadamente os grupos étnicos tradicionalmente afastados do processo político e excluídos do sistema de direitos quanto as suas demandas específicas[153]. Permite, por exemplo, contemplar os direitos aos recursos naturais como um patrimônio comum, que deve ser gerido de forma comunitária, participativa e plural.

Tanto a Constituição da Bolívia quanto do Equador são exemplos de um novo constitucionalismo, de tipo pluralista, que se instaurou na América Latina a partir de mudanças políticas e processos que valorizam sociabilidades coletivas (povos originários, indígenas e afrodescendentes) e buscam a proteção do patrimônio comum (recursos naturais e ecossistema equilibrado) e multicultural (Estado pluricultural, diversidade e interculturalidade)[154].

Conforme se depreende da leitura da Constituição Boliviana de 2009,

> *Artículo 178. I. La potestad de impartir justicia emana del pueblo boliviano y se sustenta en los principios de independencia,*

152. VELASCO, Liziane Bainy; SPAREMBERGER, Raquel Fabiana Lopes. *A cidadania na América Latina: um olhar para as novas práticas emancipatórias*. Cit. p. 16.
153. BELLO, Enzo. *A cidadania no constitucionalismo latino-americano*. Caxias do Sul: Educs, 2012. p. 27.
154. WOLKMER, Antônio Carlos; AUGUSTIN, Sérgio; WOLKMER, Maria de Fátima S.. Cit. p. 67.

> *imparcialidad, seguridad jurídica, publicidad, probidad, celeridad, gratuidad,* ***pluralismo jurídico, interculturalidad****, equidad, servicio a la sociedad,* ***participación ciudadana,*** *armonía social y respeto a los derechos*[155] *(Grifo Nosso).*

Em relação à participação popular na política nacional, a Constituição do Equador de 2008 se revela ainda mais evoluída ao dividir o Estado em sistemas especiais e governos descentralizados autônomos, os quais deixam a cargo da população local a eleição de seus conselhos e governantes. A Constituição Equatoriana deve ser considerada uma constituição cidadã, ao prever garantias e direitos que promovem o "*buen vivir*" (*Sumak Kawsay*) equatoriano[156].

> *Art. 251. - Cada región autónoma elegirá por votación a su consejo regional y a su gobernadora o gobernador regional, que lo presidirá y tendrá voto dirimente. Los consejeros regionales se elegirán de forma proporcional a la población urbana y rural por un período de cuatro años, y entre ellos se elegirá una vicegobernadora o vicegobernador. Cada gobierno regional establecerá en su estatuto los mecanismos de participación ciudadana que la Constitución prevea*[157].

A Constituição do Equador também se destaca pela previsão de Conselhos Nacionais igualitários, que têm como escopo a observância e garantia dos direitos fundamentais, assim como dos Tratados Internacionais em Direitos Humanos,

> *Art. 156. - Los consejos nacionales para la igualdad son órganos responsables de asegurar la plena vigencia y el ejercicio de los derechos consagrados en la Constitución y en los instrumentos internacionales de derechos humanos. Los consejos ejercerán atribuciones en la formulación, transversalización, observancia, seguimiento y evaluación de las políticas públicas relacionadas con las temáticas de género, étnicas, generacionales,*

---

155. BOLÍVIA. República del Bolivia. *Constitución de 2009.* Disponível em: <https://pdba.georgetown.edu/Constitutions/Bolivia/bolivia09.html>. Acesso em: 11 fev. 2021.

156. Está previsto no Preâmbulo da Constituição equatoriana: "Decidimos construir: Una nueva forma de convivencia ciudadana, en diversidad y armonía con la naturaleza, para alcanzar el buen vivir, el *sumak kawsay* (...)". Também no art. 3º.5, *in verbis:* "Decidimos construir Una nueva forma de convivencia ciudadana, en diversidad y armonía con la naturaleza, para alcanzar el buen vivir, el *sumak kawsay*", e em diversos outros pontos da Constituição do Equador (*v.g.*, nos princípios - arts. 12-34; no regime dos direitos do "bem viver" – arts. 340-394; e nas regras sobre biodiversidade e recursos naturais; arts. 395-415).

157. EQUADOR. República del Ecuador. *Constitucion de 2008.* Disponível em: <https://pdba.georgetown.edu/Constitutions/Ecuador/english08.html>. Acesso em: 11 fev. 2021.

interculturales, y de discapacidades y movilidad humana, de acuerdo con la ley. Para el cumplimiento de sus fines se coordinarán con las entidades rectoras y ejecutoras y con los organismos especializados en la protección de derechos en todos los niveles de gobierno.

Art. 157. - Los consejos nacionales de igualdad se integrarán de forma paritaria, por representantes de la sociedad civil y del Estado, y estarán presididos por quien represente a la Función Ejecutiva. La estructura, funcionamiento y forma de integración de sus miembros se regulará de acuerdo con los principios de alternabilidad, participación democrática, inclusión y pluralismo[158].

A expressão "Bem Viver" revela um movimento decorrente da filosofia da libertação[159], contrário ao capitalismo predatório, baseado na corresponsabilidade solidária, na vida comunitária, na conservação da natureza e na sabedoria humana[160], próprio dos povos originários da América Latina. Trata-se de outra forma de fazer política, acolhedora das diversidades, do multiculturalismo e do compromisso com a efetivação da equidade econômica a partir da vida em comunidade. O bem comum é colocado acima dos interesses individuais, o que impõe limites ao consumo quantitativo, evita a universalização da cultura do mais forte, a opressão do trabalho pelo capital e destruição do meio ambiente. Funda-se na ideia de que a felicidade está na convivência, não no consumo.

O "Bem Viver" é um paradigma adquirido dos povos indígenas, uma tradução literal do quéchua – *Sumak Kawsay* –, que compreende a comunidade como um referencial de vida, harmonia e respeito, com a recuperação do direito de relação com a Mãe Terra (*Pachamama*), pela substituição da acumulação ilimitada individual do capital pelo equilíbrio com a natureza[161]. Diferente da tradição europeia e anglo-americana, rejeita-se a ideia do indivíduo como único sujeito de direitos e obrigações, que pauta o sistema jurídico a partir dos interesses individuais. Esse modelo permitiu o desenvolvimento do capitalismo predatório e excludente, que

158. Idem.

159. "El ethos de la liberación es el modo habitual de no repetir lo mismo, sino que, por el contrario, se trata de la aptitud o capacidad hecha carácter de innovar, de crear lo nuevo" (DUSSEL, Enrique. *Filosofía del a liberación*. Cit. p. 80).

160. SEZYSHTA, Arivaldo José. *O Bem Viver e outros mundos possíveis. Argumentos*, nº 19, jan.-jun./2018, p. 87-93.

161. WOLKMER, Antônio Carlos; AUGUSTIN, Sérgio; WOLKMER, Maria de Fátima S.. *O "novo" direito à água no constitucionalismo da América Latina*. Cit. p. 56-57.

concentra as riquezas produzidas, destrói o meio ambiente e aprofunda as desigualdades entre pessoas e países.

A Constituição Equatoriana rompe com a tradição constitucional clássica, que atribui aos seres humanos a fonte exclusiva de direitos subjetivos e direitos fundamentais, para introduzir a natureza como sujeito de direitos[162]. Procura superar a cultura europeia, centrada em valores antropocêntricos, para reconhecer a existência de direitos próprios da natureza, o que produz um autêntico "giro biocêntrico", fundado nas cosmovisões dos povos indígenas. Pretende a harmonia das comunidades humanas com a natureza, pois considera o ser humano como parte de uma comunidade de pessoas, um elemento constituinte da Mãe Terra (*Pachamama*). Portanto, não há direitos do bem viver sem uma natureza (*Pachamama*) protegida e conservada.

A Constituição Equatoriana, no contexto do bem viver, dá especial proteção para bens comuns (água, alimentação, ambiente sadio, cultura, educação, habitat, moradia, saúde, trabalho e segurança). Nesse sentido, o art. 12 considera o direito ao acesso à água como fundamental e irrenunciável[163]*. Igualmente, a Constituição boliviana assegura o direito à água (arts. 16 e 20), com ênfase no art. 373, que salienta a água como um direito fundamentalíssimo à vida e o marco da soberania do povo*[164]*. Dessa forma, a água não pode ser considerada apenas um capital natural associado ao processo de produção, submetido à racionalidade de mercado e passível de privatização, mas essencialmente um direito humano, que integra o patrimônio estratégico da comunidade, indispensável para a vida das gerações presentes e futuras*[165]*. A Organização das Nações Unidas editou a Resolução nº 64/292, em 2010, para reconhecer o direito humano à água potável e ao saneamento como fundamental para a realização integral do direito à vida.*

162. Idem, p. 64-65.

163. *"I - El agua constituye un derecho fundamentalísimo para la vida, en el marco de la soberanía del pueblo. El Estado promoverá el uso y acceso al agua sobre la base de principios de solidaridad, complementariedad, reciprocidad, equidad, diversidad y sustentabilidad. II. Los recursos hídricos en todos sus estados, superficiales y subterráneos, constituyen recursos finitos, vulnerables, estratégicos y cumplen una función social, cultural y ambiental. Estos recursos no podrán ser objeto de apropiaciones privadas y tanto ellos como sus servicios no serán concesionados y están sujetos a un régimen de licencias, registros y autorizaciones conforme a Ley". BOLÍVIA. República del Bolivia. Constitución de 2009. Disponível em: <https://pdba.georgetown.edu/Constitutions/Bolivia/bolivia09.html>. Acesso em: 11 fev. 2021.*

164. Destaca-se, ainda, o art. 411 da *Constituição boliviana de 2008, pelo qual "o Estado garantirá a conservação e o manejo integral dos recursos hídricos, bacias hidrográficas e caudais associados ao ciclo hidrológico. Regulamentará todas as atividades que possam afetar a qualidade e quantidade de água, e o equilíbrio dos ecossistemas, em especial nas fontes e zonas de recarga de água".*

165. WOLKMER, Antônio Carlos; AUGUSTIN, Sérgio; WOLKMER, Maria de Fátima S.. *O "novo" direito à água no constitucionalismo da América Latina*. Cit. p. 60-63.

Posteriormente, o Conselho de Direitos Humanos das Nações Unidas aprovou a Resolução nº 15/9, de 30 de setembro de 2010, acolhendo o reconhecimento do direito humano à água e ao saneamento da Resolução no 64/292, para asseverar que ambos resultam do direito a um nível de vida adequado e estão "indissoluvelmente associados ao direito ao mais alto nível possível de saúde física e mental, assim como ao direito à vida e dignidade humana". No Caso Comunidades Indígenas Miembros de la Asociación Lhaka Honhat (Nuestra Tierra) vs. Argentina, a Corte Interamericana de Direitos Humanos afirmou que o direito humano à água, bem como os direitos a um meio ambiente são e à alimentação adequada, estão protegidos pelo art. 26 da Convenção Americana de Direitos Humanos[166].

Com efeito, a fundação de um constitucionalismo comunitário, plurinacional e anticolonialista, destacados nas Constituições equatoriana e boliviana, depende do afastamento das epistemologias eurocêntricas, por meio de um intenso processo de reconhecimento dos direitos dos povos e comunidades tradicionais[167].

Na Colômbia, a Constituição de 1991 procurou descentralizar o Estado a partir da instituição de mecanismos de participação cidadão na gestão pública, através de diferentes setores da sociedade, os quais podem interferir no conteúdo das políticas públicas. A criação de juntas, conselhos, comitês, foros, mesas de concertação são instâncias de participação à nível municipal que garantem a participação cidadã. Ademais, existem outros mecanismos de intervenção direta da população nas decisões públicas, como consultas populares, plebiscitos e iniciativas legislativas[168].

Segundo Velásquez e González, a participação cidadã na Colômbia ocorreu a partir de dois motivos:

> Dois elementos do contexto propiciaram estas reformas: a crise do sistema político e o agravamento do conflito armado. Com efeito, a institucionalização da participação foi a resposta do sistema

166. CORTE INTERAMERICANA DE DIREITOS HUMANOS. *Caso Comunidades Indígenas Miembros de la Asociación Lhaka Honhat (Nuestra Tierra) vs. Argentina.* j. 06.02.2020. Disponível em: https://www.corteidh.or.cr/docs/casos/articulos/seriec_400_esp.pdf. Par. 222. Acesso em 30.09.2021.
167. SHIRAISHI NETO, Joaquim; ARAÚJO, Marlon Aurélio Tapajós. *"Buen vivir": notas de um conceito constitucional em disputa. Pensar*, Fortaleza, v. 20, n. 2, maio/ago. 2015, p. 379-403.
168. VELÁSQUEZ C., Fábio. GONZÁLEZ R., Esperanza. Institucionalidade participativa na Colômbia: balanço e desafios. In.: SERAFIM, Lizandra. MORONI, José Antonio. *Sociedade Civil e novas institucionalidades democráticas na América Latina*: dilemas e perspectivas. 2009. Acesso em: 14 jun. 2023. Disponível em: http://bibliotecadigital.abong.org.br/xmlui/bitstream/handle/11465/405/POLIS_sociedade_civil_novas_institucionalidades_democraticas.pdf?sequence=2&isAllowed=y P. 129

> político a sua própria crise, uma das mais agudas que vivera em toda a sua história republicana. Até aquele momento, o sistema político estava fechado à voz cidadã: o único instrumento de intervenção da população na cena pública era o voto para a eleição do Presidente da República e dos membros dos corpos de representação política (Conselhos Municipais, Assembleias Departamentais e Congresso Nacional). De resto, a população carecia de instrumentos para incidir nas decisões públicas. O regime podia ser qualificado como uma democracia formal e elitista, cuja direção real estava nas mãos de minorias "seletas", eleitas pelos cidadãos em certos intervalos para que governassem em seu nome.

A descentralização e a instituição de mecanismos de participação popular na Colômbia foram oportunizadas por grupos que romperam com o tradicionalismo político para "abrir uma válvula de escape para as tensões sociais e políticas que vivia o país". Conforme rememora Velásquez e González, "a participação foi, em essência, uma oferta estatal, pressionada em parte pelo movimento social, mas inspirada pela intenção de reduzir significativamente os níveis de conflito, recuperar a legitimidade perdida do sistema político e resgatar para os setores dominantes as rédeas do poder e a confiança cidadã"[169].

Dentre as iniciativas, destaque para as juntas municipais de educação, que funcionam como agentes de consultas, iniciativa e fiscalização, reunindo cidadãos e representantes da comunidade para a proteção do direto à educação; Comitê de desenvolvimento e controle social dos serviços públicos, que permite a consulta, fiscalização, iniciativa e gestão, contando com a atuação de representantes de usuários dos serviços públicos, visando a eficiência na prestação dos serviços públicos domiciliares; Conselhos municipais de política social, bem como a composição de conselhos populares de pessoas com deficiência, de etnias e de mulheres – as quais reúnem representantes que emitem pareceres sobre propostas de planos, bem como acompanham sua execução, buscando analisar problemáticas específicas e auxiliam no desenho de políticas públicas[170].

---

169. Ibid. p. 133.
170. VELÁSQUEZ C., Fábio. GONZÁLEZ R., Esperanza. Institucionalidade participativa na Colômbia: balanço e desafios. In.: SERAFIM, Lizandra. MORONI, José Antonio. *Sociedade Civil e novas institucionalidades democráticas na América Latina*: dilemas e perspectivas. 2009. Acesso em: 14 jun. 2023. Disponível em: http://bibliotecadigital.abong.org.br/xmlui/bitstream/handle/11465/405/POLIS_sociedade_civil_novas_institucionalidades_democraticas.pdf?sequence=2&isAllowed=y P. 134.

No Brasil, há vários mecanismos de participação da sociedade civil na proteção dos direitos humanos. Isso pode se dar por meio de comitês, comissões, conselhos ou conferências municipais, estaduais e nacionais. Porém, é criticável a edição dos Decretos 9.759, de 11 de abril de 2019, e 9.812, de 30 de maio de 2019, que extinguiram diversas instituições participativas, entre as quais estão órgãos colegiados fundamentais para as políticas de promoção e defesa dos direitos humanos no Brasil, como a Comissão Nacional de Erradicação do Trabalho Infantil (CONAETI), a Comissão Nacional de Educação em Direitos Humanos, a Comissão Nacional de Política Indigenista, a Comissão Nacional de Alfabetização e Educação de Jovens e Adultos (CNAEJA) e a Comissão Nacional de Educação Escolar Indígena, bem como o esvaziamento e enfraquecimento de instituições como o Conselho Nacional de Segurança Alimentar e Nutricional (CONSEA), órgão fundamental na formulação da política de combate à fome no Brasil[171].

Destaque-se que, em 2020, o CONAETI foi recriado, porém, com nova composição – retirando a participação da sociedade civil, cingindo-se à representação de participantes de Poder Executivo federal, empregadores e empregados – conforme dispõe o Decreto nº 10.574, de 14 de dezembro de 2020.

Igualmente, o CONSEA foi recriado em fevereiro de 2023, contando com representantes da Sociedade Civil – oriundos de diferentes áreas, como especialistas, representantes de movimentos dos pescadores, extrativistas, comunidades negras rurais, APIB – Articulação dos povos e organizações indígenas, Representantes dos trabalhadores rurais familiares, Rede de Mulheres Negras, Central Única de trabalhadores, Cáritas Brasileira, Movimentos Nacional de Catadores de Materiais Recicláveis, Movimento Nacional das populações em situação de rua, Movimento das Mulheres Camponesas, Pastoral da Criança, Federação Nacional das Associações de Celíacos.

O Plano Plurianual Participativo brasileiro, proposto em 2023, busca engajar a participação popular, quanto a questões de políticas orçamentárias, através de plenárias estaduais, fóruns interconselhos e outras medidas participativas. Cumpre ressaltar que este Plano já está previsto na Constituição Federal de 1988, mas, atualmente, conta com a participação da sociedade – cidadãos com cadastro no gov.br, participação via plenárias presenciais ou integrantes de conselhos nacionais como os de saúde, educação, direitos

171. COMISSÃO INTERAMERICANA DE DIREITOS HUMANOS. *Situação dos direitos humanos no Brasil*. Cit. p. 157.

humanos, agricultura familiar, segurança alimentar e habitação. Tal mecanismo "busca transformar o sistema político mediante um apoderamento da cidadania"[172].

A participação democrática da sociedade civil e de movimentos sociais, representativos dos interesses dos grupos mais vulneráveis, precisa ser incentivada pelo Estado, seja por meio do funcionamento de adequadas instituições republicanas, seja pela efetivação de programas protetivos, como o Programa Nacional de Proteção aos Defensores de Direitos Humanos (criado pelo Decreto 8.724, de 27 de abril de 2016, e alterado pelo Decreto 9.937, de 24 de julho de 2019) e o Programa de Proteção a Vítimas de Testemunhas Ameaçadas de Morte (regulamentado pela Lei nº 9.807, de 13 de julho de 1999)[173].

Os defensores de direitos humanos desempenham um papel importante no Sistema Internacional dos Direitos Humanos. São atores que defendem ou se esforçam para proteger tais direitos. Na Resolução nº 2941, sobre promoção e proteção aos direitos humanos, a Organização dos Estados Americanos reconheceu a preocupação em situações que impeçam ou dificultem o trabalho em direitos humanos, tanto nos níveis nacionais quanto regionais no continente americano.

Entretanto, conforme Relatório sobre a situação das defensoras e defensores de Direitos Humanos nas Américas, os "assassinatos e desaparecimentos forçados de defensoras e defensores, as agressões, as ameaças, as campanhas de descrédito e as atividades ilegais de inteligência contra eles dirigidas, sua identificação como inimigos ou alvos legítimos, as ações legais destinadas a intimidá-los e a violação de seu domicílio são mecanismos utilizados para impedir ou dificultar seu trabalho e constituem uma realidade cotidiana nas tarefas desses atores"[174].

No Brasil, defensores de direitos humanos têm sido vítimas de crimes de homicídio e outras formas de violência (estima-se que, entre 2014 e 2019, 23 jornalistas foram assassinados, e a fundação *Front Line* afirmou

172. VELÁSQUEZ C., Fábio. GONZÁLEZ R., Esperanza. Institucionalidade participativa na Colômbia: balanço e desafios. In.: SERAFIM, Lizandra. MORONI, José Antonio. *Sociedade Civil e novas institucionalidades democráticas na América Latina*: dilemas e perspectivas. 2009. Acesso em: 14 jun. 2023. Disponível em: http://bibliotecadigital.abong.org.br/xmlui/bitstream/handle/11465/405/POLIS_sociedade_civil_novas_institucionalidades_democraticas.pdf?sequence=2&isAllowed=y P. 144.

173. Idem, p. 160-161.

174. COMISSÃO INTERAMERICANA DE DIREITOS HUMANOS. *Relatório sobre a situação das defensoras e defensores de Direitos Humanos nas Américas*. 7 mar. 2006. Disponível em: <https://cidh.oas.org/pdf%20files/DEFENSORES%20PORTUGUES%20(Revisada).pdf>. Acesso em: 14 jul. 2021. p. 86.

que, em 2018, o Brasil foi o 5º país com o maior número de homicídios de defensores e defensoras de direitos humanos no mundo).

Há, também, grande preocupação com a criminalização dos movimentos sociais – com a utilização, por exemplo, da Lei Antiterrorismo (Lei 13.260/2016) – e a restrição aos direitos de manifestação e associação, o que constituem grave ameaça à democracia (*v.g.*, na ADPF 548, o Supremo Tribunal Federal, em 18 de maio de 2020, declarou a inconstitucionalidade de atos normativos da Justiça Eleitoral que impediam manifestações públicas, de apoio ou de reprovação, em universidades a candidatos na véspera do segundo turno das eleições de 2018).

Além disso, a Corte Interamericana de Direitos Humanos possui diversos julgados voltados à proteção dos defensores da matéria, como o *Caso Kawas Fernández vs. Honduras* e *Luna López vs. Honduras*. A premissa extraída da jurisprudência da Corte IDH é a de que o trabalho desenvolvido pelos defensores de direitos humanos é essencial para reforçar a democracia e o Estado de Direito.

Todas essas formas de ativismo fortalecem o ICCAL, porque, por ser oriundo das manifestações populares, serve para afirmar a luta dos povos excluídos pelo capitalismo predatório, ao exigir um modelo de Estado baseado na democracia, pluralismo, respeito à diversidade cultural e abertura do processo político para a efetiva participação das minorias, proteção equitativa dos grupos vulneráveis, respeito aos direitos humanos e adoção de políticas públicas inclusivas[175].

3.6. COMUNIDADE DE PRÁTICA EM DIREITOS HUMANOS

A comunidade de prática se caracteriza por seu grupo de pessoas que possuem engajamento mútuo, que compartilham ações, conceitos, vivências, histórias ou experiências comuns sobre determinados assuntos relacionados às suas práticas.

Trata-se de um modelo de resolução de problemas e que busca engajar um grupo, habitualmente, com o intuito de dialogar sobre a comunidade a qual pertence. Esse grupo de pessoas não precisa ser, necessariamente, homogêneo; o importante é buscar a troca de pontos de vista, argumentos

175. ALMEIDA, Ceila Sales de. *O poder soberano do povo no novo constitucionalismo latino americano da Venezuela, Equador e Bolívia*. 1 abr. 2017. Disponível em: <https://ambitojuridico.com.br/cadernos/direito-constitucional/o-poder-soberano-do-povo-no-novo-constitucionalismo-latino-americano-da-venezuela-equador-e-bolivia/>. Acesso em: 12 fev. 2021.

e compreensões da realidade social, em um ambiente de respeito e colaboração mútua.

Tal metodologia de trabalho colaborativo encontra amparo no processo de aprendizagem e organização social, além de ser uma importante forma de comunicação e integração[176].

As comunidades de prática são formadas por voluntários que compartilham o mesmo interesse, trocando experiências e conhecimentos, com o objetivo de repartir esse aprendizado conjunto[177]. Essa metodologia se caracteriza pelo empreendimento conjunto, envolvimento recíproco e repertório compartilhado[178].

O respeito à pluralidade de ideias e visões é contemplado na comunidade de prática[179]. Os membros da comunidade têm opiniões diferentes relacionadas aos direitos humanos, sendo formadas não por apenas um único objetivo, mas guiadas por práticas comuns, como uma "compreensão compartilhada do significado social dessas práticas"[180].

Considerando que o capital humano é o recurso mais valioso dentro de uma organização, é necessário que essa valorização das pessoas se dê nas comunidades, reconhecendo a importância do diálogo como método de construção do conhecimento. Nesse sentido, a participação dos envolvidos aumenta o compromisso com a resolução do problema comum, o que aumenta as chances de a solução encontrada dar certo ou ser aperfeiçoada ao longo da sua implementação[181].

Para o direito, a comunidade de prática atua como suporte para o exercício da cidadania deliberativa, principalmente pelas condições de

---

176. FERNANDES, Flávia Roberta; CARDOSO, Tiago Alves; CAPAVERDE, Lisiane Alves; SILVA, Helena de Fátima Nunes. *Comunidades de prática: uma revisão bibliográfica sistemática sobre casos de aplicação organizacional. AtoZ: novas práticas em informação e conhecimento. Revista Eletrônica UFPR*, vol 5(1), p. 44-52. Disponível em: <https://revistas.ufpr.br/atoz/article/view/46691/28744>. Acesso em: 12 fev. 2021.

177. Idem. Ibidem.

178. WENGER, Etienne. Communities of practice and social learning systems: the career of a concept. In: *Social learning systems and communities of practice*. Londres: Springer, 2010. p. 179-198. Disponível em: <https://link.springer.com/chapter/10.1007/978-1-84996-133-2_11#citeas>. Acesso em: 12 fev. 2021.

179. PORTO, Letícia de Andrade. *Diálogo Multinível:* o dever de exercício do controle de convencionalidade pelo ministério público. 2021. 131 f. Dissertação (Mestrado) - Curso de Direito, Faculdade de Direito, Universidade Federal do Paraná, Curitiba, 2021.

180. BOGDANDY, Armin Von; UREÑA, René. INTERNATIONAL TRANSFORMATIVE CONSTITUTIONALISM IN LATIN AMERICA. *THE AMERICAN JOURNAL OF INTERNATIONAL LAW*. Vol. 114:3. 2020. p. 415

181. FERNANDES, Flávia Roberta; CARDOSO, Tiago Alves; CAPAVERDE, Lisiane Alves; SILVA, Helena de Fátima Nunes. *Comunidades de prática: uma revisão bibliográfica sistemática sobre casos de aplicação organizacional. AtoZ: novas práticas em informação e conhecimento*. Cit.

interação e de trabalho colaborativo[182]. Tal metodologia pode ser útil para o reconhecimento de direitos e garantias fundamentais, uma vez que o envolvimento das pessoas integrantes da comunidade, que conhecem a realidade e convivem com os problemas sociais, potencializa os movimentos transformadores.

> Sob esta lente, a gestão social aparece com acentuada importância junto à temática da cidadania deliberativa. Nesse diapasão, a sociedade reflete um ambiente de drama e urgência ao requisitar mudanças nos processos de tomada de decisão e maior participação social. Nesse sentido, observa-se uma série de carências, dentre outras, a necessidade de modernização e democratização da máquina pública; fortalecimento do gozo de direitos de cidadania; redução da desigualdade; promoção do reequilíbrio ambiental; desenvolvimento de ações que ampliem a transparência e a participação das pessoas no tocante aos assuntos da sociedade civil[183].

A democracia efetiva pressupõe a emancipação da participação popular, e o exercício da cidadania na comunidade ressalta a esfera pública como espaço de intermediação entre Estado, sociedade e mercado[184].

Não se olvida que a implementação de uma comunidade de prática no seio da sociedade contemporânea, para promover direitos humanos, é uma ação desafiadora. Reunir um grupo de indivíduos que busca transformações sociais e trocas de informações relativas ao bem-estar comunitário demanda lideranças engajadas, planejamento estratégico, conhecimento da realidade e ações integradas para superar as limitações impostas por um modelo estatal engessado e burocrático.

As comunidades de práticas são uma forma de reinventar a política, favorecida pela facilitação da comunicação pelas redes sociais, que deve ser impulsionada pela educação e pela cultura dos direitos humanos.

Na América Latina, a comunidade de direitos humanos reúne diversos atores interessados em construir agendas, discutir casos e mobilizar o público

182. FERNANDES, Eduardo; TODESCAT, Marilda; CARDOSO, Jordana. *Comunidades de prática: Contribuições para garantir o Direito à Cidadania. Revista Interdisciplinar de Gestão Social*. Universidade Federal da Bahia, maio/ago. 2017, v. 6, n. 2, p. 15-38.
183. Idem, p. 16; TENÓRIO, Fernando Guilherme. (Re)visando o conceito de gestão social. In: *Gestão Social: Práticas em Debate, Teorias em Construção*. Juazeiro do Norte: Imprensa Universitária Universidade Federal do Ceará, 2008. p. 41.
184. FERNANDES, Eduardo; TODESCAT, Marilda; CARDOSO, Jordana. *Comunidades de prática: Contribuições para garantir o Direito à Cidadania*. Cit. p. 19.

na efetivação da Convenção Interamericana de Direitos Humanos[185]. Nesse grupo, incluem Organizações Não Governamentais (ONG's) transnacionais que trazem casos ao sistema interamericano, organizações locais voltadas à proteção de vítimas, clínicas em faculdades de direito que discutem e mobilizam causas de direitos humanos, tribunais nacionais que interpretam e aplicam a Convenção e a jurisprudência da Corte Interamericana, membros do Ministério Público, das Defensorias e servidores públicos que trabalham com direitos humanos, os comissários e juízes do Sistema interamericano, juristas e professores universitários que discutem e argumentam sobre a melhor exegese dos tratados internacionais[186], bem como políticos com uma agenda de promoção de direitos humanos.

Destaque para o movimento dos juristas alternativos, na década de 90 no Brasil – os quais buscavam romper com conceitos tradicionais jurídicos, afastando-se da ótica engendrada, marcada pela dogmática clássica do Direito, inaugurando ramos jurídicos e, colocando luz sobre a população tida como 'invisível'. Com esse movimento, novas discussões sobre direitos humanos, direitos das mulheres – dos idosos, da pessoa com deficiência, dos indígenas – passaram a ser tratados como direitos necessários, a partir da sociologia jurídica[187]. Igualmente, tais ideias se perpetuam para o fomento de práticas populares que visam a instituição de direitos e garantias às populações vulneráveis, partindo da premissa da cidadania e da democracia representativa.

Portanto, a transformação do constitucionalismo na América Latina depende tanto de instituições fortes, que discutam, interpretem, argumentem e apliquem os direitos humanos-fundamentais – como uma Polícia Cidadã, um Ministério Público proativo e uma Defensoria Pública atuante, bem como um Judiciário independente e em sintonia com o Sistema Interamericano de Direitos Humanos – quanto de uma comunidade de prática, capaz de

---

185. BOGDANDY, Armin Von; URUEÑA, René. *International transformative constitutionalism in Latin America*. Cit. p. 414.

186. Ao tratar do objetivo da interpretação em uma comunidade de prática em direitos humanos, Steven Wheatley explica: "*The objective of interpretation is not to establish the meaning of the text, but a meaning, which depends on how we apply the interpretive rules to the text in front of us. Once we are convinced we have the correct interpretation, our next task is to demonstrate to other members of the interpretative community, the other international lawyers concerned with the interpretation of the treaty, that we have established the proper meaning of convention terms; in other words, establishing the correct interpretation depends, as JohnTobin points out, on the emergence of an accepted reading of the convention that 'attracts and achieves dominance over all other alternative understandings within the relevant interpretive community*'" (*The idea of human rights law*. Cit. p. 125).

187. ENGELMANN, Fabiano. *Sociologia do campo jurídico*: jurisas e usos do direito. Porto Alegre: Sergio Antonio Fabris Ed., 2006.

traduzir os movimentos sociais em ações jurídicas, a partir da análise de casos que envolvam violações de direitos humanos[188].

Os movimentos sociais no Brasil podem incorporar a luta pelos direitos humanos e as demandas políticas, ao reverberarem as reivindicações de uma parcela da população que ainda não está suficientemente representada com as formas tradicionais de exercício democrático[189].

Apesar das necessárias críticas à democracia representativa, porque o cidadão não se sente representado pelos parlamentares eleitos, não se pode ignorar a relevância da política nem a imprescindibilidade dos políticos, que sempre falam e defendem posições, independentemente de os eleitores concordarem ou emitirem suas opiniões. A democracia participativa pode ser aperfeiçoada pelos meios tecnológicos, embora isso não signifique necessariamente o exercício efetivo do poder, mas uma forma de ampliar a legitimidade das decisões tomadas pelos representantes dos cidadãos[190].

A desmobilização da sociedade civil enfraquece a democracia. Se não há pressão social, manifestação ampla do pensamento, vasto exercício da liberdade de expressão, imprensa crítica nem reações da opinião pública, os representantes do povo se sentem "soberanos" para adotar uma postura

---

188. *"Transformative constitutionalism is not an ´on/off switch´ that provides a blueprint for a better world. Instead, it is flexible and situational, not least because it very much depends on cases. It requires rather little in terms of ´hardware´ (institutional or financial infrastructure), and rather much in terms of ´software´(as a legal mindset). When it comes to hardware, what it takes is a basic infrastructure in terms of constitutional democracy: a constitution with basic rights that operates as higher law, basic institutions of democratic representation, and a reasonable and somewhat independent judiciary. As to software, it takes a supportive public as well as a number of legal actors whose approach to legal interpretation, first, responds to the perception that a particular society is structurally failing on its constitutional principles and, second, understands those structural deficiencies as issues that can be meaningfully addressed-though certainly not fully solved-through legal processes over individual cases that represent such deficiencies. This transformative mindset rests on the hope that the interpretation, and application, of constitutional law to such cases might move the entire society a little closer to the basic social compact; this, crucially, is a specific contribution only lawyers can make"* (BOGDANDY, Armin Von; URUEÑA, René. *International transformative constitutionalism in Latin America*. Cit. p. 440).

189. Na democracia representativa, as deliberações são tomadas por outras pessoas eleitas para manifestar a vontade popular; afinal, como é sintomático, "a expressão ´democracia representativa´ significa genericamente que as deliberações coletivas, isto é, as deliberações que dizem respeito à coletividade inteira, são tomadas não diretamente por aqueles que dela fazem parte mas por pessoas eleitas para esta finalidade" (BOBBIO, Norberto. *O futuro da democracia*. 10ª ed. São Paulo: Paz e Terra, 2000. p. 56) – o que, não raramente, não acontece.

190. *"In fact, politics is unavoidable; and politicians are unavoidable, too. Even if we don´t talk wiht one another, someone must talk to all of us, not only supplying facts and figures bus also defending positions. Modern technology makes possible something like this, bringing individual citizens into direct contact, or what seems as good as direct contact, with policy decisions and candidates for office. Thus, we might organize push-button referenda on crucial issues (...). But is it exercise of power? I am inclined to say, instead, that is only another example"* (WALZER, Michael. *Spheres of justice. A defense of pluralism and equality.* Nova Iorque: Basic Books, 1983. p. 306).

patrimonialista e defender seus interesses pessoais, em detrimento do bem comum. Um parlamento dissociado dos interesses públicos amplia privilégios, concentra poderes, favorece os detentores do capital e aumenta as desigualdades econômicas e sociais.

A pluralidade de atores e instituições que compõem uma democracia gera tensões e crises - as quais são intrínsecas a este modelo. O sistema de *checks and balances*, ou de freios e contrapesos, proposto por Montesquieu, procura amenizar tensões, separar e equilibrar os poderes, de modo a evitar uma tirania da maioria. Nesse sentido, a fim de se evitar movimentos tirânicos, e pensando a democracia com a implicação da participação política e exercício da cidadania, os movimentos sociais são instrumentos adequados para conquistar direitos individuais ou coletivos não efetivados ou invisíveis pela atuação insuficiente ou pela omissão do Estado e da sociedade hegemônica[191].

Os direitos humanos não são produto da natureza; resultam da civilização humana; são históricos, porque são mutáveis, estão sujeitos às transformações e ampliações, e emergem dos movimentos pela emancipação e por condições de vida melhores[192].

Dessa forma, para a concepção de políticas públicas de qualidade, deve-se ter em mente que a população afetada deve fazer parte da sua implementação. Conforme:

> Aliás, cabe destacar que a participação é um elo fundamental para garantir a descentralização da gestão de políticas públicas, dando à esfera de poder local uma responsabilidade de implementação dessas políticas. É no território comum, que na configuração político-administrativa brasileira tem o município como lócus, que vivem as pessoas que demandam políticas públicas e, portanto, é nesse território que deve estar o Estado na sua forma mais visível, em uma unidade básica de saúde, na escola, nos centros de referência da assistência social, na base de polícia comunitária, no balcão de emprego e nos serviços de formação profissional, no teatro e na praça esportiva, entre outros. **Esse conceito de descentralização, aliás, é o que consideramos**

191. OLIVEIRA, Kátia Ribeiro de; SILVA, Juvêncio Borges. *Democracia participativa e movimentos sociais: educação para cidadania. II Congresso Brasileiro de Processo Coletivo e Cidadania* – Universidade de Ribeirão Preto. *Revista UNAERP*. Disponível em: <https://revistas.unaerp.br/cbpcc/article/view/387/449>. Acesso em: 15 fev. 2021.

192. BOBBIO, Norberto. *El tiempo de los derechos*. Cit. p. 70.

importante para pensar a pertinência da participação. Se a oferta da política pública deve observar, do ponto de vista da implementação e da gestão, o território local mais próximo possível das pessoas que demandam por serviços públicos, também é na esfera local que devem estar os sujeitos e sujeitas que decidem a necessidade de uma dada política, bem como são esses mesmos sujeitos e sujeitas os que possuem competências para opinar, fiscalizar e avaliar se os serviços estão atendendo as demandas comunitárias locais. Participar, portanto, mais do que um direito, é um dever, por se tratar de uma ação cidadã que garante a presença e a eficiência de um Estado que decide atuar para realizar o seu papel de garantir direitos, especialmente, direitos sociais, econômicos e culturais (Direitos Humanos na integralidade) quando oferta políticas sociais. No caminho aberto pela experiência participativa que foi inserida como parte central da política de saúde, o que se registrou na história das principais políticas públicas brasileiras foi a garantia da participação social. As políticas na área de assistência social; as políticas ambientais, urbanas, de educação e de cultura; e as políticas na área de Direitos Humanos, especialmente voltadas a grupos como mulheres, LGBTQIA+, população negra, indígena, quilombola, pessoas com deficiência, idosos, crianças e adolescentes e juventude, são todos exemplos que inserem em sua estrutura a participação como elemento importante para o seu funcionamento e constituição. Aliás, é a participação o ingrediente que define a natureza pública de uma política, pela possibilidade de assegurar, apesar dos desafios e limitações, a garantia do interesse público para ação do Estado, em uma tentativa de mediar a pluralidade de interesses em jogo e preservar a ideia de atendimento de uma demanda genuinamente coletiva, seja pela abrangência geral do serviço ou pelo imperativo ético de respeito aos Direitos Humanos, para o caso de uma política que atende um segmento ou grupo específico com direitos violados, no entendimento de que essa violação compromete o projeto ético-político de sociedade onde estão inseridos esses grupos (o exemplo mais explícito são as políticas para a população LGBTQIA+ ou para grupos étnicos minoritários).[193] (grifo nosso).

193. SARDINHA, Antonio Carlos. SOARES, Ana Cristina. CARMO, Séfora Alice Rôla do. A participação no processo decisório e o controle social na implementação e monitoramento de políticas públicas. In.: SILVA, Alzira Nogueira da. SARDINHA, Antonio Carlos. CRISPINO, Nicolau Eládio Bassalo (Orgs.) *Diálogos entre*

Ao se pensar na arquitetura participativa popular, denota-se a importância de consultas e conferências públicas que reúnam pessoas participantes da comunidade. Nesse sentido, a formação de conselhos populares consubstancia-se em espaços para "decisão, monitoramento e avaliação de políticas públicas"[194].

> São os conselhos, portanto, os espaços onde está institucionalizada a participação, com capacidade de interferir, pela legitimidade legal que lhes são conferidos, nos processos decisórios que envolvem a formulação e a implementação de políticas públicas nas instâncias competentes – neste último caso, exercendo o poder de controle social fundamental para garantir o acesso e cumprimento das expectativas formuladas para cada política. **Constituídos paritariamente por agentes que representam o poder público e a sociedade civil, os conselhos devem ser espaços democráticos capazes de atender à pluralidade de demandas, decidindo sobre critérios de justiça e interesse público o que será objeto de intervenção do Estado. Por serem espaços importantes de decisão, monitoramento e avaliação, devem permitir o acesso democrático garantido por processos de escolhas transparentes e acessíveis, capazes de garantir a participação igualitária, livre e equânime.** O desafio de um conselho é deliberar e acompanhar as políticas públicas de seu interesse, garantindo que ao final desse processo, o direito do público em geral ou de um segmento específico seja garantido. Por essa razão, são importantes e têm um poder decisório, ao mesmo tempo em que são legítimos como instâncias decisórias e de controle no conjunto das instituições públicas, principalmente do Poder Executivo.
>
> [...]
>
> Conselhos gestores eficientes obrigam o compartilhamento de poder com os governos na tomada de decisão sobre as políticas públicas. **Superando a histórica verticalidade na ação dos agentes e instituições públicas em decidir sobre o uso de recursos e implementação de políticas públicas, revisam esse protocolo demandando uma tomada de decisão mais horizontal, negociada e coletiva possível. Por estarem respaldados legalmente nas leis**

---

movimentos sociais, Ministério Público e universidade: a experiência de construção de uma agenda de atuação em políticas públicas e direitos humanos na Amazônio. Macaá: UNIFAP, 2020. P. 115-116.

194. Ibid. p. 117.

> **que os criam, os conselhos têm um papel potente que sequer é compreendido pelos seus próprios integrantes**[195] (grifo nosso).

Resta importante compreender que as pessoas mais vulneráveis e hipossuficientes são deixadas à margem social – seja na propositura de políticas públicas, seja na oitiva de suas demandas e anseios. Nesse sentido, revela-se a importância de instituições que possam servir como pontes de diálogo e acesso da população face ao governo.

Conforme leciona Romeo Grompone, acerca da participação popular no Peru[196]:

> Os pobres, se é que têm alguma ocupação, trabalham durante longas jornadas e, se podem, em vários empregos. A diversificação e a intensidade de suas atividades impõem limites infranqueáveis. **Eles não estão em condições de se envolver ativamente no orçamento participativo por falta de tempo e de recursos, a menos que tenham estabelecido alianças com setores mais organizados da sociedade local. Como contrapartida, existem determinados atores que intervêm ativamente e em todas as etapas das experiências participativas. Suas motivações são diversas, e entre elas está um genuíno interesse cívico no processo. A situação mais comum, por outro lado, na opinião que tivemos de especialistas no tema, é que essas pessoas combinam a busca de vantagens pessoais com outras dirigidas à organização, ao bairro, à comunidade a que pertencem ou que representam.** Em certas ocasiões, as autoridades locais e as ONGs, por razões de eficácia, estão interessadas na permanência desses atores por serem interlocutores que, pela experiência adquirida, facilitam-lhes o intercâmbio de ideias. Podem ser finalmente cooptados, passando de simples participantes a integrantes de algumas dessas organizações. Isto não acontece somente no caso peruano, experiências nesse sentido existem também no caso brasileiro (grifo nosso).

Os movimentos sociais, embora não substituam os partidos políticos, são canais que podem captar as demandas e inquietações populares nem

---

195. Ibid. p. 118-119.

196. GROMPONE, Romeo. A rica experiência dos orçamentos participativos no Peru. In.: SERAFIM, Lizandra. MORONI, José Antonio. *Sociedade Civil e novas institucionalidades democráticas na América Latina*: dilemas e perspectivas. 2009. Acesso em: 14 jun. 2023. Disponível em: http://bibliotecadigital.abong.org.br/xmlui/bitstream/handle/11465/405/POLIS_sociedade_civil_novas_institucionalidades_democraticas.pdf?sequence=2&isAllowed=y P. 123

sempre percebidas pelos representantes políticos[197]. Nesse sentido, foram bem-sucedidos os movimentos pacíficos liderados por Mahatma Gandhi, que protestava contra o governo colonial britânico na Índia, ou Martin Luther King, que buscava direitos fundamentais negados pelo racismo estrutural nos Estados Unidos.

Outro bom exemplo é a promulgação da Lei Maria da Penha, Lei 11.340/2006, que resultou de recomendação da Comissão Interamericana de Direitos Humanos, após análise de petição encaminhada por Maria da Penha Maia Fernandes e diversas organizações não governamentais de proteção às mulheres[198]. Depois da mobilização intensa dos movimentos feministas, o Poder Legislativo, com base no precedente do sistema interamericano de proteção aos direitos humanos, editou a Lei Maria da Penha, que trouxe uma nova dimensão na proteção das mulheres vítimas de violências - física, psicológica, patrimonial e moral - no ambiente doméstico e familiar. Com essa lei, foi possível a implementação do art. 226, § 8º, da Constituição Federal, da Convenção sobre a Eliminação de Todas as Formas de Discriminação contra as Mulheres e da Convenção Interamericana para Prevenir, Punir e Erradicar a Violência contra a Mulher, que versa sobre a amplitude do conceito de violência contra a mulher, incluindo as violências física, sexual e psicológica, abrangendo, entre outras formas, o estupro, abuso sexual, tortura, tráfico de mulheres, prostituição forçada, sequestro e assédio sexual no local de trabalho, bem como em instituições educacionais, serviços de saúde ou qualquer outro local.

Os protestos, como forma de participação política e exercício da crítica social, questionam injustiças, privilégios e deliberações governamentais, para gerar movimentos disruptivos e impulsionar o reconhecimento efetivo de direitos humanos. Permitir que as irresignações sejam ouvidas, bem como os anseios populares sejam levados em consideração quando da formulação de projetos de leis, ou que injustiças e violências sejam denunciadas, investigadas e punidas - significa o enraizamento da democracia no âmago da sociedade, perpassando ações cotidianas de integração e oitiva popular, impactando na ordem jurídica nacional por meio de legislações, políticas públicas e, até mesmo, a realização de um controle de convencionalidade deliberativo.

197. CASQUETE, Jesus. *El poder de la calle. Ensayos sobre acción colectiva.* Madrid: Centro de Estudios Políticos y Constitucionales, 2006.

198. FACHIN, Melina Girardi. *Constitucionalismo multinível: diálogos e(m) direitos humanos.* Cit. p. 78.

Os movimentos sociais somam esforços para a concretização de direitos e novas políticas públicas. A tensão é inerente à democracia e, instigar a perfectibilização de garantias que não estejam sendo conferidas a contento parece assumir uma feição justa, notadamente em razão de uma democracia, relativamente, jovem – e que ainda se atualiza diuturnamente.

A força do movimento popular se traduz na vontade da justiça, conferindo paridade aos cidadãos, no afã de se alcançar direitos sociais básicos e aqueles mais progressivos instituídos pela Constituição de 1988.

Nesse sentido, a educação em direitos humanos confere o empoderamento social necessário para o conhecimento e a liberdade. A percepção da vulnerabilidade e das garantias conferidas em tratados e convenções em direitos humanos permite ao cidadão o florescimento de debates, que o coloca em posição de mudança frente à realidade vivida.

Dessa forma, a deliberação para o controle de convencionalidade aparece como perspectiva democrática necessária para o rompimento de violações e para o empoderamento popular – partindo do indivíduo a conscientização e a iniciativa da transformação. Tal controle pode ser incentivado via movimentos sociais – os quais conscientizam os participantes, tornando-os protagonistas de suas mudanças, levando suas inquietações ao centro do debate e, propondo projetos e políticas públicas.

Os movimentos sociais operam como espaço para o diálogo e inquietações, propondo mudanças a partir de reflexões e experiências vivenciadas por seus participantes.

A propositura do controle de convencionalidade deliberativo, dentro da perspectiva dialógica proporcionada pelos movimentos populares, coloca o indivíduo como instrumentalizador dos direitos humanos, bem como intérprete da norma, buscando a melhor interpretação convencional pro-persona.

Nesse sentido, a organização dos movimentos populares proporciona uma força motriz para que tais aspectos normativos inconvencionais cheguem às esferas políticas e governamentais – seja a partir de uma espécie de *ação popular convencional*, ou via atores integrativos do Estado, igualmente legitimados para exercer tal diálogo, como a Defensoria Pública e o Ministério Público – hipótese retratada nos capítulos anteriores.

Por outro lado, ao se falar em movimentos populares, deve-se rememorar que o uso desnecessário, não razoável e desproporcional da violência deve ser condenado, como no episódio do movimento "Black Bloc", em São

Paulo, em 2014, que culminou na morte de um cinegrafista que cobria a manifestação[199], ou os que fizeram apologia a crimes, como os ocorridos em 2020 e 2021, quando manifestantes – inclusive parlamentares – ameaçaram incendiar o prédio do Supremo Tribunal Federal e até matar alguns de seus Ministros, bem como a invasão do Capitólio em Washington, em 2020, após a derrota nas urnas de Donald Trump, e que deixou cinco pessoas mortas. No contexto de um Estado Democrático de Direito, que assegura a liberdade de expressão e de manifestação, práticas violentas desnecessárias, desproporcionais e não razoáveis não são legítimas, porque descredibilizam a luta popular por direitos fundamentais, minaram protestos pacíficos e demandas sociais invisíveis, que ganham voz e expressão pelos movimentos sociais, além de causarem danos e até mortes a pessoas inocentes[200].

Da mesma forma, movimentos fundamentalistas, baseados em visões maniqueístas, discursos de ódio, negacionismo científico ou em narrativas falsas que pregam a intolerância (política, religiosa etc.), devem ser combatidos. Isso porque vão além dos limites da convivência social racional, não possibilitam a abertura ao diálogo nem se afirmam pelo dissenso responsável, são incompatíveis com a liberdade de expressão e contrariam a concepção multicultural da democracia constitucional[201].

O art. 13.5 da Convenção Americana de Direitos Humanos estabelece que "estará proibida pela lei toda a propaganda a favor da guerra e toda a

---

199. VETTORAZZO, Lucas; MARTINS, Marco Antônio. *Caso de 'black blocs' acusados por morte de cinegrafista para no STJ.* 7 set. 2016. Disponível em: <https://www1.folha.uol.com.br/poder/2016/09/1810897-caso--de-black-blocs-acusados-por-morte-de-cinegrafista-para-no-stj.shtml>. Acesso em: 10 set. 2021.

200. "O Black Bloc apropriou-se de tal forma dos atos públicos que afastou das manifestações o cidadão comum, verdadeira força de um movimento popular. Atraiu uma antipatia que prejudica, hoje, as causas merecedoras da indignação dos cidadãos – entre elas, obviamente, a má qualidade dos transportes, da saúde, da polícia e da política. Do "milhão", as passeatas recuaram para os milhares e, finalmente, as centenas, como nas últimas duas ocasiões" (ERTHAL, João Marcello. *Como o black bloc matou as manifestações.* 11 fev. 2014. Disponível em: <https://veja.abril.com.br/brasil/como-o-black-bloc-matou-as-manifestacoes/>. Acesso em: 15 fev. 2021).

201. "(...) *fundamentalist worldviews are dogmatic in a different sense: they leave no room for reflection on their relationship with the other worldviews with which they share the same universe of discourse and against whose competing validity claims they can advance their positions only on the basis of reasons. They leave no room for "reasonable disagreement." In contrast with fundamentalist worldviews, the subjectivized "gods and demons" of the modern world are distinguished by a reflexive attitude that does more than allow for a modus vivendi-something that can be legally enforced given religious freedom. In a spirit of tolerance a la Lessing, the nonfundamentalist worldviews that Rawls characterizes as "not unreasonable comprehensive doctrines" allow for a civilized debate between convictions, in which one party can recognize the other parties as co-combatants in the search for authentic truths without sacrificing its own claims to validity. In multicultural societies the national constitution can tolerate only forms of life articulated within the medium of such nonfundamentalist traditions, because coexistence with equal rights for these forms of life requires the mutual recognition of the different cultural memberships: all persons must also be recognized as members of ethical communities integrated around different conceptions of the good"* (HABERMAS, Jürgen. *The inclusion of other. Studies in political theory.* Cit. p. 224-225).

apologia do ódio nacional, racial ou religioso que constituam incitações à violência ou qualquer outra ação ilegal similar contra qualquer pessoa ou grupo de pessoas, por nenhum motivo, inclusive os de raça, cor, religião, idioma ou origem nacional".

A "apologia ao ódio", dirigida a pessoas com base em sua orientação sexual, identidade de gênero ou diversidade corporal, constitui incitamento à violência e, portanto, contraria os preceitos e obrigações de direitos humanos assumidas pelo Estado brasileiro[202]. Da mesma forma, a perseguição de jornalistas e de ativistas de direitos humanos, por meio da aplicação da Lei de Segurança Nacional (Lei 7.170/1983), que é um instrumento construído durante a ditadura militar para calar aqueles que contestavam o arbítrio dos poderosos, é preocupante. Afinal, isso representa um retrocesso democrático, que coloca em risco a liberdade de expressão e serve para constranger veículos de imprensa e movimentos sociais para que não apresentem as críticas necessárias ao aperfeiçoamento democrático, inclusive com detenções autoritárias e a instauração de inquéritos policiais ilegais.

Desse modo, o papel exercido pelos movimentos sociais, dentro das balizas e possibilidades constitucionais, é de fundamental importância, porque fomenta a tensão intrínseca à democracia[203], o que é uma forma de ampliar o alcance da democracia na luta pela efetivação de direitos humanos.

3.7. AUDIÊNCIAS PÚBLICAS E O PAPEL DOS *AMICI CURIAE*

A participação do *amicus curiae* proporciona e oportuniza conhecimentos técnicos para melhor compreensão de cada caso levado às Cortes internas e internacionais, além de ampliar a possibilidade de efetivação de um julgamento justo, dinâmico e democrático.

O *amicus curiae*, ou simplesmente "amigo da corte", não é parte ou terceiro diretamente interessado na causa, devendo atuar e prestar informações sobre matérias controvertidas, a fim de perfectibilizar o julgamento pelo Poder Judiciário[204].

202. COMISSÃO INTERAMERICANA DE DIREITOS HUMANOS. *Situação dos direitos humanos no Brasil*. Cit. p. 181.
203. PEREIRA, Marcos Abílio. *Movimentos sociais e democracia: a tensão necessária. Opin. Pública*, vol.18, no.1 Campinas, jun. 2012. Disponível em: <https://doi.org/10.1590/S0104-62762012000100004>. Acesso em: 15 fev. 2021.
204. RODRIGUES, Bruna dos Passos. *As audiências públicas na Corte Interamericana de Direitos Humanos enquanto instrumento de uma justiça dialógica*. Cit. p. 87.

É pelas manifestações dos amigos da corte que, muitas vezes, os argumentos do Direito Internacional dos Direitos Humanos e do direito comparado são trazidos para as discussões processuais. A premissa encontra respaldo na doutrina que anota o crescimento da atuação dos *amici curiae*, não apenas numericamente, mas também na qualidade de sua atuação[205].

Do ponto de vista interno, há crescente uso da participação dos *amici curiae* em audiências públicas no exercício da jurisdição constitucional pelo Supremo Tribunal Federal; em um segundo andamento, serão expostas as premissas do constitucionalismo multinível.

Partindo do intuito de ampliação inclusiva do debate sobre o controle de constitucionalidade, a presente contribuição enfocará o instituto se valendo de metodologia compatível com o levantamento bibliográfico do que jurisprudência e doutrina vêm produzindo, incentivada, inclusive, pelo Código de Processo Civil de 2015[206], que ampliou a previsão normativa do instituto.

O art. 138 do Código de Processo Civil brasileiro admite a intervenção do *amicus curiae* nos processos judiciais, considerando a relevância da matéria, a especificidade do tema objeto da demanda ou a repercussão social da controvérsia. Por exemplo, na Ação Direta de Inconstitucionalidade nº 5543, em que se discutiam normas restritivas do Ministério da Saúde e da Agência Nacional de Vigilância Sanitária que proibiam a doação de sangue por homenshomossexuais, o Supremo Tribunal Federal admitiu como *amicus curiae* o Núcleo de Constitucionalismo e Democracia da Universidade Federal do Paraná. O Núcleo trouxe à apreciação do STF a decisão da Corte Europeia de Direitos Humanos, no *Caso Tadeucci and McCall vs. Italy*, que contemplou a necessidade de direitos fundamentais serem garantidos a toda a população, sem exceções, em situação análoga.

A *mens legis* da regra contida no art. 7º, § 2º, supratranscrita não é outra senão aquela de pluralizar o debate constitucional. Trata-se de contraponto

205. BUENO, Cassio Scarpinella. *Amicus curiae no processo civil brasileiro: um terceiro enigmático*. 3ª ed. Rev. e atual. São Paulo: Saraiva, 2012, p. 121.

206. Art. 138. O juiz ou o relator, considerando a relevância da matéria, a especificidade do tema objeto da demanda ou a repercussão social da controvérsia, poderá, por decisão irrecorrível, de ofício ou a requerimento das partes ou de quem pretenda manifestar-se, solicitar ou admitir a participação de pessoa natural ou jurídica, órgão ou entidade especializada, com representatividade adequada, no prazo de 15 (quinze) dias de sua intimação. § 1º A intervenção de que trata o caput não implica alteração de competência nem autoriza a interposição de recursos, ressalvadas a oposição de embargos de declaração e a hipótese do § 3º. § 2º Caberá ao juiz ou ao relator, na decisão que solicitar ou admitir a intervenção, definir os poderes do amicus curiae. § 3º O amicus curiae pode recorrer da decisão que julgar o incidente de resolução de demandas repetitivas.

ao sistema fechado de acesso à jurisdição constitucional, em que apenas os legitimados do art. 103 da Constituição Federal possuem prerrogativa para dar início à discussão concentrada e abstrata da constitucionalidade[207].

Nesse sentido, desde o início da aplicação da lei pelo Supremo Tribunal Federal, tal escopo democratizador restou consignado, permitindo o ingresso de novos elementos informativos possíveis e necessários à resolução da controvérsia, *in verbis:*

> AÇÃO DIRETA DE INCONSTITUCIONALIDADE. INTERVENÇÃO PROCESSUAL DO AMICUS CURIAE. POSSIBILIDADE. LEI Nº 9.868/99 (ART. 7º, § 2º). SIGNIFICADO POLÍTICO-JURÍDICO DA ADMISSÃO DO AMICUS CURIAE NO SISTEMA DE CONTROLE NORMATIVO ABSTRATO DE CONSTITUCIONALIDADE. PEDIDO DE ADMISSÃO DEFERIDO. - No estatuto que rege o sistema de controle normativo abstrato de constitucionalidade, o ordenamento positivo brasileiro processualizou a figura do amicus curiae (Lei nº 9.868/99, art. 7º, § 2º), permitindo que terceiros - desde que investidos de representatividade adequada - possam ser admitidos na relação processual, para efeito de manifestação sobre a questão de direito subjacente à própria controvérsia constitucional. - *A admissão de terceiro, na condição de amicus curiae, no processo objetivo de controle normativo abstrato, qualifica-se como fator de legitimação social das decisões da Suprema Corte, enquanto Tribunal Constitucional, pois viabiliza, em obséquio ao postulado democrático, a abertura do processo de fiscalização concentrada de constitucionalidade, em ordem a permitir que nele se realize, sempre sob uma perspectiva eminentemente pluralística, a possibilidade de participação formal de entidades e de instituições que efetivamente representem os interesses gerais da coletividade ou que expressem os valores essenciais e relevantes de grupos, classes ou estratos sociais.* Em suma: a regra inscrita no art. 7º, § 2º, da Lei nº 9.868/99 - que contém a base normativa legitimadora da intervenção processual do amicus curiae - tem por precípua finalidade pluralizar o debate constitucional. (...)[208]

207. MACIEL, Adhemar Ferreira. *Amicus Curiae: um instituto democrático. Direito Federal: Revista da Associação dos Juízes Federais do Brasil.* Volume 21, Número 70. Abril/junho 2002.

208. BRASIL. STF. *ADI 2130* MC, Relator(a): Min. CELSO DE MELLO, julgado em 20/12/2000, publicado em DJ 02/02/2001 P – 001. Sem grifos no original.

É certo que se ampliou, passadas as últimas duas décadas de exercício da jurisdição constitucional, o uso da figura jurídica dos *amici curiae* e, por consequência, forçou-se também o aumento de entendimento sobre seu cabimento e pertinência no controle de constitucionalidade perante Supremo Tribunal Federal. Um dos pontos de maior extensão é a ampliação de seu uso para além do controle de constitucionalidade por via de ação própria, admitindo-se sua utilização quando, mesmo em controle difuso, há abstrativização dos efeitos da decisão, com repercussão *erga omnes*[209].

209. À guisa de exemplo: "REPERCUSSÃO GERAL. AMICUS CURIAE. ART. 543-A, § 6º, DO CÓDIGO DE PROCESSO CIVIL C/C ART. 323 DO REGIMENTO INTERNO DO SUPREMO TRIBUNAL FEDERAL. PERTINÊNCIA TEMÁTICA. ADMISSÃO A CONFEDERAÇÃO NACIONAL DA INSDÚTRIA NA CONDIÇÃO DE AMICUS CURIAE. 1. A Confederação Nacional da Indústria – CNI requer a sua admissão na condição de Assistente da parte recorrida, com fundamento no caput e parágrafo único do art. 50 do Código de Processo Civil, ou de *amicus curiae*, com fundamento no § 6º do art. 543-A do Código de Processo Civil c/c § 2º art. 323 do Regimento Interno do Supremo Tribunal Federal. Aduz a Requerente que o tema constitucional objeto deste recurso extraordinário, relativo à possibilidade de o adicional de insalubridade ter como base de cálculo o salário mínimo, tendo em vista o art. 7º, inc. IV, da Constituição da República, interfere diretamente nos interesses das entidades que representa, pois "à CNI compete, dentre outras missões, defender os direitos e interesses das indústrias, sobre as quais recaem, em sua maior medida, a obrigação de pagamento de adicional de insalubridade aos trabalhadores", estando presente, dessa forma inequívoca, a pertinência temática. 2. Dispõem o art. 543-A, § 6º, do Código de Processo Civil e o art. 323, § 2º, do Regimento Interno do Supremo Tribunal Federal: "Art. 543-A, § 6º O Relator poderá admitir, na análise da repercussão geral, a manifestação de terceiros, subscrita por procurador habilitado, nos termos do Regimento Interno do Supremo Tribunal Federal." "Art. 323. § 2º Mediante decisão irrecorrível, poderá o Relator admitir de ofício ou a requerimento, em prazo que fixar, a manifestação de terceiros, subscrita por procurador habilitado, sobre a questão da repercussão geral." *A norma parece ter limitado a presença do amicus curiae apenas à fase de reconhecimento de existência ou inexistência da repercussão geral. Esse seria o raciocínio simplório a que chegaria o intérprete se este considerar apenas os dois dispositivos legais transcritos como base para a manifestação de terceiros. Os arts. 543-A, § 6º, do Código de Processo Civil e o art. 323, § 2º, do Regimento Interno do Supremo Tribunal Federal têm por objetivo deixar claro que a presença do amicus curiae será admitida mesmo em se tratando de fase em que não se examinará o mérito submetido ao controle de constitucionalidade (momento em que a manifestação de terceiros é mais comum), mas apenas se avaliará a existência dos requisitos de relevância e transcendência que configuram a existência da repercussão geral. A presença do amicus curiae no momento em que se julgará a questão constitucional cuja repercussão geral fora reconhecida não só é possível como é desejável.* 3. A exigência de repercussão geral da questão constitucional tornou definitiva a objetivação do julgamento do recurso extraordinário e dos efeitos dele decorrentes, de modo a que a tese jurídica a ser firmada pelo Supremo Tribunal Federal seja aplicada a todos os casos cuja identidade de matérias já tenha sido reconhecida pelo Supremo Tribunal (art. 328 do Regimento Interno do Supremo Tribunal Federal) ou pelos juízos e tribunais de origem (art. 543-B do Código de Processo Civil), ainda que a conclusão de julgamento seja diversa em cada caso. Essa nova característica torna mais do que legítima a presença de amicus curiae, ainda que não se tenha disposição legal expressa, circunstância já examinada pelo Supremo Tribunal Federal no julgamento da ADI 2.321-MC, DJ 10.6.2005, cujo Relator, o eminente Ministro Celso de Mello, assim fundamentou a sua admissão de amicus curiae em ação direta de inconstitucionalidade: "... cabe ter presente a regra invocadora constante do art. 7º, § 2º, da Lei nº 9.868/99, que, em caráter excepcional, abrandou o sentido absoluto da vedação pertinente à intervenção assistencial, passando, agora, a permitir o ingresso de entidade dotada de representatividade adequada no processo de controle abstrato de constitucionalidade. A norma legal em questão, ao excepcionalmente admitir a possibilidade de ingresso formal de terceiros no processo de controle normativo abstrato, assim dispõe: 'O relator, considerando a relevância da matéria e a representatividade dos postulantes, poderá, por despacho irrecorrível, admitir, observado o prazo fixado no parágrafo anterior, a manifestação de outros órgãos ou entidades.' Por entender – considerado o teor dessa regra legal – que se achavam presentes, na es-

Ainda que o tema seja de extrema relevância, sendo o objeto da pauta a Lei 9.868/1999, convém restringir a análise ao controle da constitucionalidade no sistema de ações próprias.

Na sistemática das ações constitucionais, o tema do *amicus curiae* também recebeu significativa dilatação. No que toca aos poderes processuais, o "*amicus curiae* poderá apresentar razões, manifestação por escrito, documentos, sustentação oral, memoriais, etc. Mesmo que não tenha havido

pécie, os requisitos legitimadores da pretendida admissão formal nesta causa (relevância da matéria em exame e representatividade adequada da entidade sindical postulante), acolhi o pleito dessa entidade, deferindo-lhe o pedido de intervenção processual, para, em conseqüência, admitir o ingresso formal, na presente causa, da Federação Nacional dos Sindicatos de Trabalhadores do Judiciário Federal e Ministério Público da União – FENAJUFE. No estatuto que rege o sistema de controle normativo abstrato de constitucionalidade, o ordenamento positivo brasileiro processualizou, na regra inscrita no art. 7º, § 2º, da Lei nº 9.868/99, a figura do 'amicus curiae', permitindo, em conseqüência, que terceiros, desde que investidos de representatividade adequada, sejam admitidos na relação processual, para efeito de manifestação sobre a questão de direito subjacente à própria controvérsia constitucional. Cabe advertir, no entanto, que a intervenção do 'amicus curiae', para legitimar-se, deve apoiar-se em razões que tornem desejável e útil a sua atuação processual na causa, em ordem a proporcionar meios que viabilizem uma adequada resolução do litígio constitucional. Impõe-se destacar, neste ponto, por necessário, a idéia nuclear que anima os propósitos teleológicos que motivaram a formulação da norma legal em causa, viabilizadora da intervenção do 'amicus curiae' no processo de fiscalização normativa abstrata. Não se pode perder de perspectiva que a regra inscrita no art. 7º, § 2º da Lei nº 9.868/99 - que contém a base normativa legitimadora da intervenção processual do 'amicus curiae' – tem por objetivo essencial pluralizar o debate constitucional, permitindo que o Supremo Tribunal Federal venha a dispor de todos os elementos informativos possíveis e necessários à resolução da controvérsia, visando-se, ainda, com tal abertura procedimental, superar a grave questão pertinente à legitimidade democrática das decisões emanadas desta Corte (ANDRÉ RAMOS TAVARES, 'Tribunal e Jurisdição Constitucional', p. 71/94, 1998, Celso Bastos Editor; ALEXANDRE DE MORAES, 'Jurisdição Constitucional e Tribunais Constitucionais', p. 64/81, 2000, Atlas), quando no desempenho de seu extraordinário poder de efetuar, em abstrato, o controle concentrado de constitucionalidade. Tenho presente, neste ponto, o magistério de GILMAR FERREIRA MENDES (*'Direito Fundamentais e Controle de Constitucionalidade'*, p. 503/504, 2ª ed., 1999, Celso Bastos Editor), expendido em passagem na qual põe em destaque o entendimento de PETER HÄBERLE, segundo o qual o Tribunal 'há de desempenhar um papel de intermediário ou de mediador entre as diferentes forças com legitimação ou de mediador entre as diferentes forças com legitimação no processo constitucional' (p. 498), em ordem a pluralizar, em abordagem que deriva da abertura material da Constituição, o próprio debate em torno da controvérsia constitucional, conferindo-se, desse modo, expressão real e efetiva ao princípio democrática, sob pena de se instaurar, no âmbito do controle normativo abstrato, um indesejável 'deficit' de legitimidade das decisões que o Supremo Tribunal Federal venha a pronunciar no exercício, 'in abstracto', dos poderes inerentes à jurisdição constitucional." 4. A CNI ressalta que: "... a solução com caráter vinculante, no que concerne à base de cálculo sobre a qual deve incidir o aludido adicional, produzirá impacto imediato nas relações de trabalho envolvendo as pessoas jurídicas integrantes do segmento industrial, representadas pela CNI, o que caracteriza a pertinência temática, justificando a presente manifestação, cuja admissibilidade ora se sequer. (...) Portanto, diante do grau de representatividade da requerente (art. 103, IX, da CF), e a certeza, repita-se, de que os efeitos da futura decisão proferida nestes autos atingirão, de imediata, o setor produtivo industrial, tem-se por plenamente cabível a participação da CNI no feito." A pertinência entre o tema a ser julgado pelo Supremo Tribunal Federal e as atribuições institucionais da Requerente legitimam a sua atuação como amicus curiae. 5. Pelo exposto, admite a Confederação Nacional da Indústria na condição de amicus curiae. Publique-se. Brasília, 23 de abril de 2008. Ministra CÁRMEN LÚCIA Relatora. (RE 565714, Relator(a): Min. CÁRMEN LÚCIA, julgado em 23/04/2008, publicado em DJe-108 DIVULG 13/06/2008 PUBLIC 16/06/2008). Sem grifos no original.

a intervenção do *amicus curiae*, na forma da norma ora comentada, o relator poderá pedir o seu auxílio na fase de diligências complementares..."[210].

Em relação aos postulantes, na ADI 4650, admitiu-se o ingresso, na qualidade de amigo da Corte, da Clínica de Direitos Humanos da Universidade Estadual do Rio de Janeiro. Na ADPF 132, foi possibilitado o ingresso do Grupo de Estudos em Direito Internacional da Universidade Federal de Minas Gerais. Também, no RE 845779, outros Núcleos universitários foram aceitos como *amicus curiae*: o Centro Latino Americano em Sexualidade e Direitos Humanos (CLAM -UERJ) e o Laboratório Integrado em Diversidade Sexual e de Gênero, Política e Direitos (LIDIS -UERJ).

Na decisão que deferiu o ingresso desses e de outros órgãos como *amici curiae*, destacou o então relator, Ministro Luiz Fux:

> Com efeito, o telos precípuo da intervenção do amici curiae consiste na pluralização do debate constitucional, com vistas a municiar a Suprema Corte dos elementos informativos possíveis e necessários ou mesmo trazer novos argumentos para o deslinde da controvérsia, superando, ou senão amainando, as críticas concernentes à suposta ausência de legitimidade democrática de suas decisões. Nesse novo cenário de democratização da jurisdição constitucional, a habilitação de entidades representativas se legitima sempre que restar efetivamente demonstrado, in concreto, o nexo de causalidade entre as finalidades institucionais da entidade postulante e o objeto da ação direta. No caso sub examine, há pertinência entre a questão de fundo debatida nos presentes autos e as atribuições institucionais do Requerente, o que autoriza as suas admissões no processo como *amici curiae*[211].

---

210. NERY JUNIOR, Nelson; NERY, Rosa Maria de Andrade. *Código de processo civil comentado e legislação extravagante*. 10ª ed. São Paulo: Editora dos Tribunais, 2007. p. 769. No entendimento do STF: *"atuação processual do amicus curiae não deve limitar-se à mera apresentação de memoriais ou à prestação eventual de informações que lhe venham a ser solicitadas. Cumpre permitir-lhe, em extensão maior, o exercício de determinados poderes processuais, como aquele consistente no direito de proceder à sustentação oral das razões que justificaram a sua admissão formal na causa. Assim permitindo, o STF não só garantirá maior efetividade e atribuirá maior legitimidade às suas decisões, como, sobretudo, valorizará, sob perspectiva eminentemente pluralística, o sentido essencialmente democrático dessa participação processual, enriquecida pelos elementos de informação e pelo acervo de experiências que o amicus curiae poderá transmitir à Corte Constitucional, notadamente num processo como o de controle abstrato de constitucionalidade, cujas implicações políticas, sociais, econômicas, jurídicas e culturais são de irrecusável importância e de inquestionável significação".* (STF, MCADIn 2130-SC, rel. Min. Celso de Mello, j. 20.12.2000, DJU 2.2.2001, p. 145).

211. BRASIL. STF. *ADI 4650*, Relator(a): Min. LUIZ FUX, julgado em 09/12/2013, publicado em PROCESSO ELETRÔNICO DJe-244 DIVULG 11/12/2013 PUBLIC 12/12/2013.

O critério da relevância tem sido encarado como fundamental para admissão dos terceiros intervenientes. Relevância a qual deve ser demonstrada objetivamente para o tema que está sendo tratado e subjetivamente, relacionada à representatividade do postulante ao debate posto. Nas palavras de Nelson Nery Jr. e Rosa Maria de Andrade Nery:

> A lei fala nessa intervenção *ad adiuvandum*, de acordo com a "relevância da matéria" e a "representatividade dos postulantes" (LADIn 7.º § 2.º). Esses conceitos legais indeterminados devem ser preenchidos e interpretados pelo relator da ação direta. Os parâmetros que damos acima – respeitabilidade, reconhecimento científico ou representatividade –, bem como quem pode cumprir com dignidade a função de *amicus curiae* – pessoa física, jurídica, professor de direito, cientista, associação civil, órgão ou entidade –, são ponto de partida de que pode servir-se o relator para preencher aqueles conceitos legais indeterminados[212].

Obviamente, existem algumas limitações, consoante os delineamentos jurisprudenciais vêm desenvolvendo. No que tange aos aspectos procedimentais, consolidou-se que o ingresso de *amicus curiae* só pode ser feito antes de o relator liberar o processo para pauta[213]. Em sentido correlato, afirma a jurisprudência que é defeso ingresso de *amicus curiae* após o julgamento de mérito da demanda[214].

Ainda, alterando o entendimento anterior[215], em 2018, o Plenário do Supremo Tribunal Federal decidiu que a decisão de indeferimento de participação de *amicus curiae* é irrecorrível; ou seja, não cabe nenhum tipo de recurso[216] por parte do postulante, nos termos do que consagra o próprio texto legal. A saber:

212. NERY JUNIOR, Nelson; NERY, Rosa Maria de Andrade. *Código de processo civil comentado e legislação extravagant***e.** 10ª ed. São Paulo: Editora dos Tribunais, 2007. p. 769.
213. BRASIL. STF. ADI 4071 AgR, Relator(a): Min. MENEZES DIREITO, julgado em 22/04/2009. ADI 4067 AgR, Relator(a): Min. JOAQUIM BARBOSA, julgado em 10/03/2010; STF. RE 574706 AgR, Relator(a): Min. CÁRMEN LÚCIA, PUBLIC 02-10-2017ADPF 449 AgR, Relator(a): Min. LUIZ FUX, PUBLIC 13-06-2018.
214. BRASIL. STF. RE 593849 AgR, Relator(a): Min. EDSON FACHIN, PUBLIC 03-10-2017.
215. BRASIL. STF. ADI 3105 ED, Relator(a): Min. CEZAR PELUSO, julgado em 02/02/2007.; STF. RE 597165 AgR, Relator(a): Min. CELSO DE MELLO, julgado em 28/10/2014.; STF. RE 817338 AgR-segundo, Relator(a): Min. DIAS TOFFOLI, julgado em 01/08/2018.
216. BRASIL. STF. RE 602584, Relator(a): Min. MARCO AURÉLIO, julgado em 09/02/2017, publicado em DJe-041 DIVULG 03/03/2017 PUBLIC 06/03/2017.

> Não são cabíveis os recursos interpostos por terceiros estranhos à relação processual nos processos objetivos de controle de constitucionalidade, nesses incluídos os que ingressam no feito na qualidade de *amicus curiae*. Com base nesse entendimento, o STF, por maioria, não conheceu de EDcl opostos contra acórdão proferido em ADIn, em que se apontava contradição entre parte dos fundamentos e a atribuição, sem ressalva, do efeito *ex nunc* à declaração de inconstitucionalidade da norma impugnada. Vencidos os Mins. Carlos Britto e Gilmar Mendes, que conheciam dos EmbDcl, reputando presente o interesse recursal, ante o fato de ter havido sustentação oral do embargante[217].

Já quanto ao mérito de sua manifestação, é necessário que o postulante a *amicus curiae* destaque sua pertinência e representatividade na discussão em tela. Não há direito subjetivo de terceiros para atuar como *amicus curiae*, de forma que o relator deve analisar sua pertinência e pode, com base nisso, indeferir seu ingresso[218]. Nos termos do voto que assim sedimentou o referido entendimento, verifica-se:

> CONSTITUCIONAL E PROCESSUAL CIVIL. AMICUS CURIAE. PEDIDO DE HABILITAÇÃO NÃO APRECIADO ANTES DO JULGAMENTO. AUSÊNCIA DE NULIDADE NO ACÓRDÃO RECORRIDO. NATUREZA INSTRUTÓRIA DA PARTICIPAÇÃO DE AMICUS CURIAE, CUJA EVENTUAL DISPENSA NÃO ACARRETA PREJUÍZO AO POSTULANTE, NEM LHE DÁ DIREITO A RECURSO. *1. O amicus curiae é um colaborador da Justiça que, embora possa deter algum interesse no desfecho da demanda, não se vincula processualmente ao resultado do seu julgamento. É que sua participação no processo ocorre e se justifica, não como defensor de interesses próprios, mas como agente habilitado a agregar subsídios que possam contribuir para a qualificação da decisão a ser tomada pelo Tribunal. A presença de amicus curiae no processo se dá, portanto, em benefício da jurisdição, não configurando, consequentemente, um direito subjetivo processual do interessado.* 2. A participação do amicus curiae em ações diretas de inconstitucionalidade no Supremo Tribunal Federal possui, nos termos da disciplina legal e regimental hoje vigentes, natureza predominantemente instrutória, a ser deferida

217. BRASIL. STF. Pleno, EmbDclADIn 3615-PB, rel. Min. Cármen Lúcia, j. 17.3.2008.
218. BRASIL. STF. ADI 5108 AgR, Relator(a): Min. DIAS TOFFOLI, PUBLIC 07-03-2018.

> segundo juízo do Relator. A decisão que recusa pedido de habilitação de amicus curiae não compromete qualquer direito subjetivo, nem acarreta qualquer espécie de prejuízo ou de sucumbência ao requerente, circunstância por si só suficiente para justificar a jurisprudência do Tribunal, que nega legitimidade recursal ao preterido. 3. Embargos de declaração não conhecidos[219].

O postulante a intervir no processo deve trazer conhecimento diferenciado ao debate, até mesmo em relação ao conteúdo suscitado por outros *amicus curiae*[220]; isso porque, conforme sedimentou a jurisprudência do STF, "*é excepcional a participação de terceiro no processo subjetivo*". A qualidade dos argumentos, portanto, é fundamental para sua aceitação processual. Dessa forma, o repisar de argumentos jurídicos não é o que a jurisdição constitucional espera em termos de contribuição desses terceiros intervenientes:

> AGRAVO REGIMENTAL NA AÇÃO DIRETA DE INCONSTITUCIONALIDADE. PEDIDO DE INGRESSO NO FEITO NA QUALIDADE DE AMICUS CURIAE. INDEFERIMENTO. AUSÊNCIA DE REPRESENTATIVIDADE ADEQUADA. AGRAVO DESPROVIDO. 1. Compete ao relator admitir ou não pedido de manifestação de terceiros, na qualidade de amici curiae, nas ações de controle concentrado de constitucionalidade, tendo como norte a relevância da matéria e a representatividade adequada dos postulantes (artigo 7º, § 2º, da Lei Federal 9.868/1999 e artigo 138, *caput*, do Código de Processo Civil), bem como a conveniência para a instrução da causa e a duração razoável do processo (artigo 5º, LXXVIII, da Constituição Federal). 2. *In casu*, a agravante tem por finalidade a representação de carreira jurídica, não possuindo aderência específica no segmento de planos de saúde, capaz de legitimá-la como *expert* técnica no setor, condição desejável para a atuação como amigo da Corte. **O amicus curiae não é parte, de forma que não deve ser admitido em processos de controle concentrado de constitucionalidade para sustentar argumentos meramente jurídicos.** 4. Agravo desprovido[221].

219. BRASIL. STF. ADI 3460 ED, Relator(a): Min. TEORI ZAVASCKI, Tribunal Pleno, julgado em 12/02/2015, ACÓRDÃO ELETRÔNICO DJe-047 DIVULG 11-03-2015 PUBLIC 12-03-2015. Sem grifos no original.
220. BRASIL. STF. ADI 5464 AgR, Relator(a): Min. DIAS TOFFOLI, PUBLIC 17-11-2017. RE 817338 AgR-segundo, Relator(a): Min. DIAS TOFFOLI, julgado em 01/08/2018.
221. BRASIL. STF. ADI 5086 AgR, Relator(a): Min. LUIZ FUX, Tribunal Pleno, julgado em 18/05/2018, PROCESSO ELETRÔNICO DJe-116 DIVULG 12-06-2018 PUBLIC 13-06-2018. Sem grifos no original.

E acrescenta:

> A admissão de terceiros na qualidade de *amici curiae* tem como premissa básica a expectativa de que os interessados pluralizem o debate constitucional, apresentando informações, documentos ou quaisquer elementos importantes para o julgamento da ADIn. A mera reiteração de razões oferecidas por outro interessado, sem o acréscimo de nenhum outro subsídio fático ou jurídico relevante para o julgamento da causa, não justifica as admissões dos postulantes como *amici curiae* no presente feito. Nos termos da LADIn 7.º § 2.º, compete ao Relator, considerando a relevância da matéria e a representatividade dos postulantes, por meio de despacho irrecorrível, admitir ou não pedidos de intervenção de interessados na condição de *amici curiae*. A eventual admissão das 3 [três] entidades acima nominadas, além de configurar ampliação multitudinária de terceiros intervenientes, trará como consequência inevitável a fragmentação do tempo de sustentação oral que se reconhece ao *amici curiae*, o que virtualmente a inviabilizará, frustrando o exercício dessa importante prerrogativa processual. Outrossim, a negativa de admissões das referidas entidades no feito, não as impede de elaborar e distribuir memoriais e/ou documentos, que poderão ser considerados pela Corte por ocasião do julgamento[222].

Tem-se notado, no mérito das submissões, que o contributo que apresentam os amigos da Corte fomenta a premissa de um constitucionalismo aberto, dialógico e plural que se pauta pelo diálogo entre jurisdições e pelos empréstimos constitucionais, a fim de colocar os sujeitos e suas necessidades concretas no centro dos interesses jurídicos tutelados. Partindo dessa premissa, apresentar-se-ão argumentos que configuram o paradigma do *constitucionalismo dialógico multinivelado* para, na sequência, exemplificar como os *amici curiae* têm promovido tal concepção.

No ânimo da interlocução entre o constitucionalismo pátrio e os demais níveis do constitucionalismo regional e global, traz-se, aqui à colação, dois exemplos relevantes que demonstram esse impulso dos *amici curiae* à abertura e diálogo: os debates travados no contexto da ADI 5543 e da ADPF 442. Em ambos os casos, por meio do *amicus curiae*, importantes diálogos foram estabelecidos em prol do constitucionalismo multinível.

222. BRASIL. STF, ADIn 4598-DF, rel. Min. Luiz Fux, decisão monocrática, j. 10.12.2013, DJUE 13.12.2013.

Como primeiro exemplo, cite-se a ADI 5543, que discute a inconstitucionalidade do art. 64, inc. IV, da Portaria nº 158/2016 do Ministério da Saúde, bem como do art. 25, inc. XXX, *d*, da Resolução nº 34/2014 da Agência Nacional de Vigilância Sanitária (ANVISA), que vedam a doação de sangue por *homens que fazem sexo com outros homens*.

Relevantes experiências do Direito Internacional dos Direitos Humanos foram sublinhadas nas razões de *amicus*, dentre eles, as apresentadas pelo Núcleo de Constitucionalismo e Democracia da Universidade Federal do Paraná, que hoje integra o Centro de Estudos da Constituição (CCONS) da mesma instituição federal de ensino superior.

No que tange ao sistema global de proteção dos direitos humanos, sob a égide das Nações Unidas, foi trazido pelo memorial apresentado *amicus curiae* Núcleo de Constitucionalismo e Democracia caso examinado pelo Comitê de Direitos Humanos da ONU, a saber: *Toonen vs. Austrália.* Neste caso, estava em pauta o conflito entre a legislação penal do estado australiano da Tasmânia e os arts. 2º, §1º, 17 e 26 do Pacto Internacional sobre Direitos Civis e Políticos. Isso porque, sob argumento de preservar a saúde pública e a moralidade, para prevenir a propagação do vírus HIV/AIDS, a legislação penal da Tasmânia discriminava a orientação sexual divergente da heteronormatividade. Atentando, dessa forma, à necessidade de não criminalização por orientação sexual, o Comitê de Direitos Humanos da ONU considerou insustentável a legislação nacional com base nos direitos de não discriminação, privacidade e igualdade material[223]. Considerou-se, assim, violado o direito à privacidade do Sr. Toonen e de toda comunidade LGBT da região.

Também, os diálogos regionais foram entoados, pelo *amicus*, com importantes precedentes do sistema europeu. Provocando a conversação entre Cortes no que toca às garantias da igualdade e não discriminação, o conteúdo vertido pelos *amici curiae* trouxe a decisão da Corte Europeia de Direitos Humanos, no *Caso Tadeucci and McCall vs Italy*. Ainda que não relacionado à doação de sangue, neste precedente, a Corte Europeia

223. *"As far as the public health argument of the Tasmanian authorities is concerned, the Committee notes that the criminalization of homosexual practices cannot be considered a reasonable means or proportionate measure to achieve the aim of preventing the spread of AIDS/HIV. The Australian Government observes that statutes criminalizing homosexual activity tend to impede public health programmes "by driving underground many of the people at the risk of infection". Criminalization of homosexual activity thus would appear to run counter to the implementation of effective education programmes in respect of the HIV/AIDS prevention. Secondly, the Committee notes that no link has been shown between the continued criminalization of homosexual activity and the effective control of the spread of the HIV/AIDS virus."* Disponível em: <http://www.unhchr.ch/tbs/doc.nsf/0/d22a00bcd1320c9c80256724005e60d5>. Acesso em: 10 set. 2021. Parágrafo 8.5.

enfrentou legislação italiana que impedia casais homossexuais de terem acesso ao reconhecimento legal do *status* de família e, por conseguinte, a impossibilidade de concessão de visto de residência ao Sr. McCall, que havia casado com o Sr. Tadeucci, italiano, na Holanda, alguns anos antes[224].

Ao julgar o caso italiano, conforme entendimento que se consolidou na Corte Europeia, a postura discriminatória baseada em orientação sexual viola os arts. 8º e 14º da Convenção Europeia de Direitos Humanos, os quais preveem a proibição de discriminação e o respeito à vida privada e em família dos cidadãos.

Considerando a importância de as decisões da jurisdição constitucional operarem de forma dialógica, os *amici* sustentaram, com base na jurisprudência apresentada e em outros precedentes, a impossibilidade de discriminação por orientação sexual em qualquer instância. Também argumentaram quanto às contemporâneas permissões para doação de sangue, independentemente de relacionamento sexual com parceiros do mesmo sexo. Concluiu-se que a porosidade dos diálogos constitucionais indubitavelmente aponta para a insustentabilidade da medida discriminatória da ANVISA.

Quando do início do julgamento pelo Supremo Tribunal Federal da ADI em questão, observou-se que muitos dos argumentos trazidos pelos Ministros que já se manifestaram pela inconstitucionalidade da regra discriminatória se apoiavam nos argumentos de abertura e de diálogos constitucionais trazidos pelos *amici curiae.*

---

224. *"The applicants, Mr Taddeucci and MrMcCall, of Italian and New Zealand nationality respectively, have been living together as a couple since 1999. In December 2003 they decided to move to Italy on account of the first applicant's fragile state of health. During their initial period of residence, the second applicant was first granted a temporary residence permit as a student. He subsequently applied for a permit as a family member. His application was rejected by the police authority in 2005. The district court upheld the applicants' appeals but in 2006 the court of appeal found in favour of the authority. The applicants then appealed to the Court of Cassation. In a judgment of September 2008, deposited in March 2009, that court dismissed the applicants' appeals. It stated first that, under Article 29 of Decree no. 286, the notion of "family member" comprised only spouses, minor children, adult children who were not autonomous for health reasons and dependent parents having inadequate support in their country of origin. In addition, as the Constitutional Court had ruled out the possibility of extending to partners the protection afforded to recognised family members, a more extensive interpretation of the article in question was not required by the provisions of the Constitution. The Court of Cassation subsequently held that such an interpretation could not be derived from Articles 8and 12 of the Convention, since those provisions left to States a broad margin of appreciation as to how the protected rights were to be exercised, in particular when it came to regulating immigration. Moreover, the Court of Cassation found that there had been no discrimination based on the applicants' sexual orientation as the exclusion of unmarried partners from the right to obtain a family residence permit concerned both same-sex and opposite-sex partners. Lastly, it found that EU Directive 2004/38/EC* on the right of citizens of the Union to move freely within the territory of member States other than their country of origin was not applicable in the present case because the family reunification in question concerned an Italian national residing in his own country. In July 2009 the applicants moved to the Netherlands, where the second applicant was granted a five-year residence permit."* Disponível em: <https://hudoc.echr.coe.int/eng#{"itemid":["001-164715>.

Um segundo e relevante exemplo se extrai dos debates que nortearam as razões de *amicus curiae* no caso da ADPF 442 sobre a descriminalização do aborto. Em especial, no momento da audiência pública, viu-se que muitos dos amigos da Corte habilitados trouxeram experiências do constitucionalismo multinível que, por certo, levarão à jurisdição constitucional a sobre eles ponderar[225].

Para fazer valer a pluralidade do debate constitucional, muitos dos *amici curiae* centraram sua exposição na compatibilidade da descriminalização do aborto com o Sistema Interamericano de Direitos Humanos que possui, no art. 4º da Convenção Americana de Direitos Humanos (CADH), normativa que contempla proteção do direito à vida "em geral", desde sua concepção. Muitas vezes tomada como argumento contrário ao deferimento do pedido vertido na ADPF 442, a ausência de proibição à prática do aborto, à luz do sistema interamericano, foi bastante enfocada na audiência pública.

Nesse sentido, alguns *amici curiae* destacaram o caso *Baby Boy vs. Estados Unidos*[226], no qual os peticionários alegaram, perante a Comissão Americana de Direitos Humanos, violação do direito à vida de um feto (identificado como "Baby Boy") pelo médico que realizou um aborto voluntário em uma adolescente de 17 anos. Na oportunidade, a Comissão Americana imputou como incorreta a compreensão dos peticionários de que um aborto ensejaria violação do referido direito, particularmente, do art. 4.1. da Convenção Americana de Direitos Humanos (CADH).

Foi, também, suscitado por alguns terceiros intervenientes, no momento da audiência pública, o relatório temático produzido pela Comissão Americana sobre "*Acceso a Servicios de Salud Materna desde una perspectiva de Derechos Humanos*"[227]. Nesse documento, a Comissão se pronunciou sobre a realidade americana a respeito da saúde materna, ressaltando o direito das mulheres que foram historicamente marginalizadas (por motivo de raça, etnia, idade ou condições econômicas) de terem sua saúde preservada a partir de medidas sanitárias e sociais. No documento, a Comissão reconhece o aborto inseguro como um problema grave de saúde pública e no que se refere aos direitos à integridade e à privacidade das mulheres. Aponta, ao

225. Cite-se, a título de exemplo, alguns deles: INTERNATIONAL WOMEN'S HEALTH COALITION – IWHC; HUMAN RIGHTS WATCH; HEALTH, ACCESS, RIGHTS; CONSÓRCIO LATINO-AMERICANO CONTRA O ABORTO INSEGURO – CLACAI; WOMEN ON WAVES. A lista completa está disponível em:<http://www.stf.jus.br/arquivo/cms/audienciasPublicas/anexo/TranscrioInterrupovoluntriadagravidez.pdf>.

226. Relatório de mérito da comissão. Disponível em: <https://www.cidh.oas.org/annualrep/80.81sp/EstadosUnidos2141.html>.

227. Disponível em: <http://cidh.org/women/SaludMaterna10Sp/SaludMaternaINDICE.html>.

final, a mortalidade materna na região como reflexo do nível de pobreza e exclusão das mulheres.

Mais uma vez, fomentado o diálogo entre jurisdições, alguns *amici* trouxeram o entendimento da Corte Interamericana de Direitos Humanos com base em precedente, julgado em novembro de 2012, no *Caso Artavia Murillo v. Costa Rica*[228]. Nele, a Corte Interamericana enfrentou a problemática da redação do art. 4º e da cláusula de proteção da vida, em geral, desde a concepção. O feito foi submetido à Corte Regional pela Comissão Interamericana de Direitos Humanos, considerando que a proibição geral e absoluta de praticar a "fecundação in vitro" existente na Costa Rica.

No caso em comento, a Corte Interamericana, ao interpretar o art. 4.1 da Convenção Americana sobre Direitos Humanos, decidiu que, considerando a expressão "em geral", a proteção do direito à vida não pode ser absoluta, "sendo gradual e incremental segundo seu desenvolvimento". A expressão "em geral", segundo a Corte, estaria no art. 4.1 da Convenção para permitir o balanço entre "direitos e interesses em conflito". Ademais, a exegese desse dispositivo convencional conforme o sentido corrente de seus termos e de acordo com a interpretação sistemática e histórica, evolutiva e mais favorável ao objeto e fim do Tratado, a Corte afirmou, na mesma decisão, que o objeto de proteção do direito à vida é, *"fundamentalmente, a mulher grávida, em vista de que a defesa do não nascido se realiza essencialmente através da proteção da mulher"*[229].

Os dois precedentes aqui trazidos – ADI nº 5543 e da ADPF nº 442 – já consagram uma vitória: a ampliação dos debates constitucionais semeada pelos amigos da Corte que neles atuaram. Essa dilatação da atuação dos *amici curiae* é relevante em dois sentidos preponderantes: um primeiro que corrobora com a tese da democratização dos debates com a ampliação dos partícipes do processo argumentativo que levará à decisão; e um segundo de trazer argumentos do direito constitucional comparado e direito internacional dos direitos humanos que, por certo, impõe que o Supremo Tribunal Federal com eles dialogue.

Mais uma vez, nota-se o esforço dos *amici curiae* em abrir a argumentação constitucional, sobretudo em temas controvertidos de direitos humanos sobre a proteção de grupos vulneráveis, para diálogos constitucionais com outros sistemas jurídicos. Os terceiros intervenientes, portanto, têm tido o

---

228. Disponível em: <http://www.corteidh.or.cr/docs/casos/articulos/seriec_257_por.pdf>.

229. Idem.

protagonismo em amplificar o diálogo do constitucional local com outras experiências constitucionais e internacionais dos direitos humanos.

As audiências públicas, no âmbito da Corte Interamericana, são instrumentos de justiça dialógica ao permitir a interação entre vítima, Estado e sociedade, inclusive por meio da admissão de *amici curiae.*

A possibilidade de diálogo entre sociedade e Corte revela uma perspectiva ampla e aberta de promoção dos direitos humanos, com a participação popular, em consonância com os ideais praticados pelo *Ius Constitutionale Commune* na América Latina.

A noção democrática de jurisdição e processo, que integram o constitucionalismo dialógico, pluraliza os debates de relevância social e permite a utilização de argumentos que transcendem a esfera jurídica[230-231].

No âmbito latino-americano, a participação dos *amici curiae* tem enorme destaque na Corte Interamericana de Direitos Humanos. Nesse sentido, salienta-se, por exemplo, a atuação do Ministério Público do Trabalho, como *amicus curiae*, no *Caso Empregados da Fábrica de Fogos de Santo Antônio de Jesus e seus Familiares vs. Brasil.* O caso se relaciona "à explosão de uma fábrica de fogos de artifício em Santo Antônio de Jesus, ocorrida em 11 de dezembro de 1998, em que 64 pessoas morreram e seis sobreviveram, entre elas 22 crianças. A Comissão determinou que o Estado violou: i) os direitos à vida e à integridade pessoal das supostas vítimas e de seus familiares, uma vez que não cumpriu suas obrigações de inspeção e fiscalização, conforme a legislação interna e o Direito Internacional; ii) os direitos da criança; iii) o direito ao trabalho, pois sabia que, na fábrica, vinham sendo cometidas graves irregularidades que implicavam alto risco e iminente perigo para a vida e a integridade pessoal dos trabalhadores; iv) o princípio de igualdade e não discriminação, pois a fabricação de fogos de artifício era, no momento dos fatos, a principal e, inclusive, a única opção

---

230. RODRIGUES, Bruna dos Passos. *As audiências públicas na Corte Interamericana de Direitos Humanos enquanto instrumento de uma justiça dialógica. Dissertação (Mestrado em Direito).* Universidade de Santa Cruz do Sul, 2017. p. 84.

231. "(...) pluralizar o debate constitucional, permitindo que o Tribunal venha a tomar conhecimento, sempre que julgar relevante, dos elementos informativos e das razões constitucionais daqueles que, embora não tenham legitimidade para deflagrar o processo, serão destinatários diretos ou mediatos da decisão a ser proferida. Visa-se, ademais, a alcançar um patamar mais elevado de legitimidade nas deliberações do Tribunal Constitucional, que passará formalmente a ter o dever de apreciar e dar a devida consideração às interpretações constitucionais que emanam dos diversos setores da sociedade" (BINENBOJM, Gustavo. *A dimensão do amicus curiae no processo constitucional brasileiro: requisitos, poderes processuais e aplicabilidade no âmbito estadual. Revista Eletrônica de Direito do Estado*, n. 01, jan./mar. 2005, p. 3. Disponível em: <http://www.direitodoestado.com/revista/REDE-1-JANEIRO-2005-GUSTAVO%20BINENBOJM.pdf>).

de trabalho dos habitantes do município, os quais, dada sua situação de pobreza, não tinham outra alternativa senão aceitar um trabalho de alto risco, com baixa remuneração e sem medidas de segurança adequadas; e v) os direitos às garantias judiciais e à proteção judicial, pois nos processos civis, penais e trabalhistas conduzidos no caso, o Estado não garantiu o acesso à justiça, à determinação da verdade dos fatos, à investigação e punição dos responsáveis, nem à reparação das consequências das violações de direitos humanos ocorridas"[232]. O Brasil foi condenado pela Corte Interamericana de Direitos Humanos, a partir das violações apontadas pela Comissão IDH. O caso também desperta a possibilidade de o Ministério Público brasileiro, vocacionado constitucionalmente para a defesa dos direitos humanos, atuar, como *amicus curiae*, em outros casos envolvendo violações desses direitos perante o Sistema Interamericano de Direitos Humanos.

Por sua vez, as audiências públicas conferem uma ampliação dialógica da questão debatida por meio da oitiva de *experts* na área. Elas permitem uma efetiva colaboração social e a pluralização do debate realizado na esfera do controle de constitucionalidade concentrado e abstrato[233]. Essa abertura da Corte confere voz aos anseios populares e aproxima a sociedade dos juízes. Também permite que o conhecimento da realidade social, pela compreensão e interpretação da comunidade afetada, e a elaboração de estratégias de ação para o enfrentamento de questões sociais sejam colocadas em debate perante o Poder Judiciário, o que serve para a ampliação da legitimidade substancial da atuação jurisdicional[234].

A participação popular nas audiências públicas da Corte IDH se dá pela apresentação de argumentos de peritos e de testemunhas dos representantes tanto da vítima como do Estado violador de direitos humanos, auxiliando na elucidação dos fatos para que a decisão seja mais bem fundamentada[235].

Em novembro de 2013, o Supremo Tribunal Federal foi palco da 49ª Sessão Extraordinária da Corte Interamericana de Direitos Humanos, com a pauta de julgamento do *Caso Rodríguez Vera e Outros vs. Colômbia*. A

232. CORTE INTERAMERICANA DE DIREITOS HUMANOS. *Caso Empregados da Fábrica de Fogos de Santo Antônio de Jesus e seus Familiares vs. Brasil*. Cit. Acesso em: 30 mar. 2021.

233. MENEZES. Fernando Henrique Pizzini. *A Democratização da Jurisdição Constitucional*: Instrumentos de Participação Social. Monografia (Fundação Getulio Vargas – Escola de Direito FGV Direito Rio), 2011.

234. VASCONCELOS, Antônio Gomes; SOARES, Mirelle Fernandes. *Audiência Pública no exercício da jurisdição no Estado Constitucional Democrático. Revista do Departamento de Ciências Jurídicas e Sociais da Unijuí.* Ano XXIV nº 44, jul.-dez. 2015. p. 114-129. p. 121.

235. RODRIGUES, Bruna dos Passos. *As audiências públicas na Corte Interamericana de Direitos Humanos enquanto instrumento de uma justiça dialógica*. Cit. p. 90.

sessão pública no STF objetivava a aproximação da comunidade brasileira com os trabalhos realizados pela Corte IDH[236].

Ainda, sobre a participação popular, é interessante traçar um paralelo com a Teoria da Sociedade Aberta dos Intérpretes, proposta por Peter Haberle. Nela, o autor busca a interpretação constitucional de modo pluralizado, permitindo que quem conviva com a norma possa "interpretá-la ou co-interpretá-la"[237].

Nos casos das Cortes Constitucionais, abre-se espaço para o auxílio das partes e de *amici curiae* por meio de argumentações e debates, alcançando interpretações construtivas do sistema de direitos humanos, inclusive por meio de audiências públicas[238-239].

Portanto, a participação social é inerente à cidadania, que, por sua vez, efetiva o regime democrático. A cidadania ativa busca o engajamento da população em torno de suas necessidades e anseios. Desse modo, a possibilidade de garantia de participação em audiências públicas, tanto nas Cortes Constitucionais quanto na Corte Interamericana de Direitos Humanos, integra o conceito de *constitucionalismo dialógico*, amplia o acesso à justiça e é uma forma de efetivação do Direito Constitucional Multinível[240].

3.8. COM A PALAVRA: AS VÍTIMAS

A Declaração dos Princípios Básicos de Justiça Relativos às Vítimas da Criminalidade e de Abuso de Poder, da ONU, estabelece a vítima como:

> [...] pessoas que, individual ou coletivamente tenham sofrido um prejuízo, nomeadamente um atentado à sua integridade física e

236. BRASIL. Supremo Tribunal Federal. *Começa hoje a 49ª Sessão Extraordinária da CorteIDH*. 11. nov. 2013. Disponível em: <http://www.stf.jus.br/portal/cms/verNoticiaDetalhe.asp?idConteudo=252990&caixaBusca=N>. Acesso em: 19 fev. 2021.
237. HABERLE, Peter. *Hermenêutica constitucional: A sociedade aberta dos intérpretes da constituição: contribuição para a interpretação pluralista e "procedimental" da constituição*. Tradução de Gilmar Ferreira Mendes. Porto Alegre: Sergio Antonio Fabris Editor, 1997. p. 13.
238. RODRIGUES, Bruna dos Passos. *As audiências públicas na Corte Interamericana de Direitos Humanos enquanto instrumento de uma justiça dialógica*. Cit. p. 90-91.
239. "Uma sociedade aberta de intérpretes da Constituição é, de fato, uma forma de racionalizar a jurisdição constitucional pluralizando o debate acerca da interpretação da norma. Além de conferir maior legitimidade às decisões proferidas pela Corte esta abertura também possibilita que elas sejam mais eficientes, já que levam em consideração os anseios sociais" (MENEZES. Fernando Henrique Pizzini. *A Democratização da Jurisdição Constitucional: Instrumentos de Participação Social*. Cit. p. 59).
240. GONÇALVES, Nicole P. S. Mader. *Amicus curiae e audiências públicas: instrumentos para uma jurisdição constitucional democrática. Revista Ciências Jurídicas e Socias da Unipar. Umuarama*. V. 11, n. 2, p. 385-401, jul./dez. 2008. p. 397.

> um sofrimento de ordem moral, uma perda material, ou um grave atentado aos seus direitos fundamentais, como conseqüência de atos ou de omissões violadores das leis vigor num Estado membro, incluindo as que proíbem o abuso de poder[241].

No referido documento, constam estratégias de acesso à justiça e de garantia de equidade à vítima, de modo a reforçar mecanismos efetivos para a reparação dos danos sofridos. Resta importante salientar que a reparação não se limita à resposta, mas, sim, conceber mecanismos de real efetivação e empoderamento das vítimas, conforme:

> 6. A capacidade do aparelho judiciário e administrativo para responder às necessidades das vítimas deve ser melhorada:
>
> a) **Informando as vítimas da sua função e das possibilidades de recurso abertas, das datas e da marcha dos processos e da decisão das suas causas,** especialmente quando se trate de crimes graves e quando tenham pedido essas informações;
>
> b) **Permitindo que as opiniões e as preocupações das vítimas sejam apresentadas e examinadas nas fases adequadas do processo,** quando os seus interesses pessoais estejam em causa, sem prejuízo dos direitos da defesa e no quadro do sistema de justiça penal do país;
>
> c) **Prestando as vítimas a assistência** adequada ao longo de todo o processo;
>
> **d)** Tomando medidas para minimizar, tanto quanto possível, as dificuldades encontradas pelas vítimas, **proteger a sua vida privada e garantir a sua segurança, bem como a da sua família e a das suas testemunhas, preservando-as de manobras de intimidação e de represálias;**
>
> e) **Evitando demoras desnecessárias na resolução das causas** e na execução das decisões ou sentenças que concedam indenização às vítimas. - Grifo nosso

No âmbito da Corte IDH, as vítimas são definidas como "todas as pessoas que de alguma forma foram afetadas e sofreram consequências de determinada ação". No que diz respeito às espécies de dano, é possível dividi-los em danos materiais e imateriais, conforme:

241. ONU. Declaração dos Princípios Básicos de Justiça Relativos às Vítimas da Criminalidade e de Abuso de Poder. 1985.

· Dano material[242] – implica perda ou prejuízo da renda das vítimas, despesas incorridas em consequência dos fatos e demais consequências pecuniárias com relação de causalidade: (i) dano emergente: equivale aos gastos diretos e imediatos; (ii) lucro cessante e perda de renda: dizem respeito ao rendimento que a pessoa receberia; (iii) dano ao patrimônio familiar: aponta as despesas econômicas incorridas pelas vítimas e seus familiares, por exemplo, com mudança de domicílio, obtenção de novo emprego e reinserção social.

· Dano imaterial[243] – A Corte estabeleceu que é o não pecuniário e inclui sofrimento e aflições causados às vítimas, com prejuízo de valores que lhes são muito significativos, e alterações de caráter não monetário nas condições de sua existência: (i) dano moral e psicológico[244]: categoria mais genérica que inclui danos à honra, sofrimento e dor que resultam da violação; o psicológico é moldado pela alteração ou modificação patológica do aparelho psíquico como consequência de algum trauma; (ii) dano físico: manifesta se em qualquer alteração do estado normal do corpo humano, seja por causas físicas, químicas ou biológicas; (iii) dano ao projeto de vida[245]: não se confunde com lucro cessante ou dano emergente, está relacionado à realização pessoal e é baseado nas opções que o sujeito pode ter para prosseguir com sua vida e alcançar o destino a que se propõe no exercício de seu livre-arbítrio. O dano ao projeto de vida ocorre com a interferência no destino da pessoa, frustrando ou adiando sua realização pessoal. Essa espécie de dano, apesar de sua extrema relevância, é tema ainda pouco explorado pelos juristas pátrios[246].

242. CORTE IDH. Caso Ximenes Lopes vs. Brasil. Op. cit. pars. 210 e 220; CORTE IDH. Caso Escher e outros vs. Brasil. Op. cit. § 10; CORTE IDH. Caso Espinoza Gonzáles vs. Perú. Op. cit. § 16 das disposições finais; CORTE IDH. Caso Gomes Lund e outros (Guerrilha do Araguaia) vs. Brasil. Op. cit. § 298 e 303; CORTE IDH. Caso Favela Nova Brasília vs. Brasil. Op. cit. § 348.

243. CORTE IDH. Caso Ximenes Lopes vs. Brasil. Op. cit. §§ 210, 227, 236 e 240; CORTE IDH. Caso Escher e outros vs. Brasil. Op. cit. § 7 das disposições finais; CORTE IDH. Caso Gomes Lund e outros (Guerrilha do Araguaia) vs. Brasil. Op. cit. § 305; CORTE IDH. Caso Favela Nova Brasília vs. Brasil. Op. cit. §§ 297 e 352.

244. CORTE IDH. Caso Espinoza Gonzáles vs. Perú. Op. cit. §§ 187, 314 e 331; CORTE IDH. Caso Gomes Lund e outros (Guerrilha do Araguaia) vs. Brasil. Op. cit. §§ 239, 240 e 241; CORTE IDH. Caso Favela Nova Brasília vs. Brasil. Op. cit. §§ 249, 250, 269 e 270.

245. CORTE IDH. Caso Favela Nova Brasília vs. Brasil. Op. cit. § 272; CORTE IDH. Caso Instituto de Reeducação do Menor vs. Paraguai. Sentença de 2 de setembro de 2004. Série C, nº 112, § 176; CORTE IDH. Caso Loyaza Tamayo vs. Perú. Reparaciones y Costas. Sentença de 17 de setembro de 1997. Série C, nº 42, §§ 144 a 154.

246. LOPES, Daniel Lozoya Constant. AMADO, Fábio. GONZÁLEZ, Pedro. RÉBORA, Fabián. Os direitos das vítimas ao acesso à justiça, às garantias processuais e à reparação integral à luz do direito internacional dos direitos humanos e da jurisprudência interamericana. CADERNOS ESTRATÉGICOS – ANÁLISE ESTRA-

As violações de direitos humanos precisam ser investigadas, processadas e responsabilizadas pelo Estado, que deve garantir a participação das vítimas e/ou seus familiares em todas as etapas da investigação e do processo, de maneira que possam fazer questionamentos, receber informações, aportar provas, formular alegações e exercitar seus direitos[247].

No que concerne aos julgados da Corte IDH, tem-se que o papel das vítimas vem alcançando importante espaço, como no recente entendimento advindo do Caso Favela Nova Brasília Vs. Brasil, no qual as vítimas que não participaram do processo de origem brasileiro, são reputadas a meras coadjuvantes, conforme:

> 238. A respeito do direito dos familiares de participar de todas as etapas dos respectivos processos, a Corte lembra que isso significa a possibilidade de apresentar sugestões, receber informações, anexar provas, formular alegações e, em síntese, fazer valer seus direitos. Essa participação deverá ter por finalidade o acesso à justiça, o conhecimento da verdade dos fatos e a eventual concessão de uma justa reparação.279 A esse respeito, o perito Weichert declarou que a vítima no processo penal brasileiro tem uma posição secundária e é tratada como mera testemunha, carecendo de acesso à investigação. A falta de disposição legal no ordenamento jurídico brasileiro impede a possibilidade de que as vítimas ou seus familiares participem ativamente da fase de investigação, limitando-as à fase judicial, o que violou o direito dos familiares das pessoas mortas em 18 de outubro de 1994 de participar dessa investigação[248].

A garantia do devido processo convencional à(s) vítima(s) e/ou de seus familiares está baseada nos direitos humanos-fundamentais de acesso à justiça, à verdade e à justa reparação. Porém, o dever de investigar, julgar e punir é de responsabilidade do Estado e não deve depender da iniciativa processual das vítimas e/ou de seus familiares.

Quando ao dever de investigar, a Corte Interamericana de Direitos Humanos, no *Caso Velásquez Rodrigues vs. Honduras*, enfatizou:

TÉGICA DOS JULGADOS DA CORTE INTERAMERICANA DE DIREITOS HUMANOS. Disponível em: https://www.corteidh.or.cr/tablas/r39103.pdf Acesso em: 18 mar. 2025. P. 21-22

247. COMISSÃO INTERAMERICANA DE DIREITOS HUMANOS. *Situação dos direitos humanos no Brasil*. Cit. p. 139.

248. CORTE IDH. CASO FAVELA NOVA BRASÍLIA VS. BRASIL SENTENÇA DE 16 DE FEVEREIRO DE 2017 (Exceções Preliminares, Mérito, Reparações e Custas). Disponível em: https://www.corteidh.or.cr/docs/casos/articulos/seriec_333_por.pdf Acesso em: 18 mar. 2025.

> 176. O Estado está, por outra parte, obrigado a investigar toda situação na qual tenham sido violados os direitos humanos protegidos pela Convenção. Se o aparato do Estado atua de modo que tal violação fique impune e não se restabeleça, enquanto seja possível, à vítima a plenitude de seus direitos, pode afirmar-se que descumpriu o dever de garantir seu livre e pleno exercício às pessoas sujeitas à sua jurisdição. O mesmo é válido quando se tolere que os particulares ou grupos deles atuem livre ou impunemente em prejuízo dos direitos humanos reconhecidos na Convenção.
>
> 177. Em certas circunstâncias, pode ser difícil a investigação de fatos que atentem contra direitos da pessoa. A de investigar é, como a de prevenir, uma obrigação de meio ou comportamento que não é descumprida pelo simples fato de que a investigação não produza um resultado satisfatório. Entretanto, deve empreender-se com seriedade e não como uma simples formalidade condenada de antemão a ser infrutífera. Deve ter um sentido e ser assumida pelo Estado como um dever jurídico próprio e não como uma simples gestão de interesses particulares que dependa da iniciativa processual da vítima ou de seus familiares ou do aporte privado de elementos probatórios, sem que a autoridade pública procure efetivamente a verdade. Esta apreciação é válida qualquer que seja o agente ao qual possa, eventualmente, atribuir-se a violação, mesmo os particulares, pois, se seus atos não forem investigados com seriedade, resultariam, de certo modo, auxiliados pelo poder público, o que comprometeria a responsabilidade internacional do Estado[249].

Pelo arts. 1º.1 e 2º da Convenção Americana de Direitos Humanos, os Estados-partes assumiram obrigações negativas (de se absterem de ações capazes de ofender os direitos humanos) e positivas (de implementarem todos os meios – inclusive por força legislativa – de prevenção às violações de direitos humanos e de um devido processo convencional que possibilite a investigação completa dos fatos capazes de infringir tais direitos e, caso isso se comprove, a responsabilização dos agentes que, comprovadamente, transgrediram os direitos humanos).

O art. 8º.1 do Pacto de São José da Costa Rica assegura que "toda pessoa tem direito de ser ouvida, com as devidas garantias e dentro de um prazo razoável, por um juiz ou tribunal competente, independente e imparcial,

249. CORTE INTERAMERICANA DE DIREITOS HUMANOS. *Caso Velásquez Rodríguez vs. Honduras*. Cit.

estabelecido anteriormente por lei, na apuração de qualquer acusação penal formulada contra ela, ou para que se determinem seus direitos ou obrigações de natureza civil, trabalhista, fiscal ou de qualquer outra natureza". Porém, o referido art. 8º.1 não assegura, tão somente, o direito à ampla defesa de acusados pela prática de crimes, mas também abrange o direito das vítimas da violação a direitos humanos e seus familiares de acesso à jurisdição e os meios adequados de realização da justiça.

Atente-se que a Declaração dos Princípios Básicos de Justiça Relativos às Vítimas de Criminalidade e de Abuso de Poder (Resolução nº 40/34, de 29 de novembro de 1985, Anexo, A.1) afirma que, por "vítimas da criminalidade", deve-se compreender as "pessoas que, individual ou coletivamente, tenham sofrido um prejuízo, nomeadamente um atentado à sua integridade física e um sofrimento de ordem moral, uma perda material, ou um grave atentado aos seus direitos fundamentais, como consequência de atos ou de omissões violadores das leis em vigor em um Estado membro, incluindo as que proíbem o abuso de poder".

Importante consignar que a Corte IDH estabelece medidas de reparação integral que são consideradas mais humanas, "direcionados aos valores e princípios das vítimas e a como o dano afetou as esferas da sua vida"[250]. Nesse sentido, as medidas podem ser divididas entre restituição, reabilitação, satisfação, garantias de não repetição, obrigação de investigar os fatos e indenização.

Destaque para a reabilitação, que consiste na reparação de ordem física, psicológica e moral das vítimas diretas e, também, das indiretas – como parentes, cônjuges e amigos. Nesse caso, o dever de providenciar a reparação incumbe ao Estado violador[251].

Dentre as garantias de satisfação, referem-se ao restabelecimento da dignidade das vítimas, auxiliando na reorientação de suas vidas e memórias, como a busca de pessoas desaparecidas, ato público de reconhecimento de responsabilidade, publicização da verdade[252].

---

250. LOPES, Daniel Lozoya Constant. AMADO, Fábio. GONZÁLEZ, Pedro. RÉBORA, Fabián. Os direitos das vítimas ao acesso à justiça, às garantias processuais e à reparação integral à luz do direito internacional dos direitos humanos e da jurisprudência interamericana. CADERNOS ESTRATÉGICOS – ANÁLISE ESTRATÉGICA DOS JULGADOS DA CORTE INTERAMERICANA DE DIREITOS HUMANOS. Disponível em: https://www.corteidh.or.cr/tablas/r39103.pdf Acesso em: 18 mar. 2025. P. 22.

251. Ibid. p. 23.

252. Ibid. p. 24.

Como garantias de não repetição, consignam-se as atitudes que impedem a repetição das mesmas violações, aqui destacadas como a capacitação de funcionários públicos em matéria de direitos humanos, reformas legislativas, proteção dos profissionais da área jurídica, da saúde, da assistência psicossocial e ativistas de direitos humanos[253].

A tutela eminentemente patrimonial de reparação às vítimas é resultado do "dinheiro como remédio universal" e da "mercantilização" dos danos morais[254] – situação que não se coaduna com o reparo justo e esperado frente às violações da vida, honra, imagem, integridade física e psicológica sofridos.

Karinne Angelin elucida a criação de uma *terceira via* de responsabilidade civil, advinda do *dano injusto*, que diz respeito ao evento ocorrido que o "ordenamento jurídico o tomar por intolerável e determinar sua eliminação ou compensação"[255].

A reparação do dano injusto deve levar em conta a tutela dos grupos vulneráveis. Para tanto, há que se descolar da tradicional ótica do trinômio da culpa, nexo causal e dano. Nesse sentido, Anderson Schreiber[256] pontua que vivemos "um momento de erosão dos filtros da reparação, com a gradual perda de importância dos tradicionais critérios de imputação de responsabilidade (culpa e o nexo causal)".

A nova vertente da responsabilidade civil lança luzes sobre a vítima, bem como ao dano injusto ocorrido, não trazendo mais o protagonismo ao ato ilícito em si considerado[257]. Com efeito, pode-se pensar no desenvolvimento da responsabilidade civil em cinco pilares[258]:

253. Ibid. p. 24.

254. SCHREIBER, Anderson. Direitos da personalidade. 2. ed. São Paulo: Atlas, 2013; SCHREIBER, Anderson. Reparação não pecuniária dos danos morais. In: Direito civil e constituição. São Paulo: Atlas, 2013.

255. ANGELIN, Karinne A. Dano injusto como pressuposto do dever de indenizar. *Dissertação Mestrado, Faculdade de Direito da Universidade de São Paulo*, 2012. p. 67.

256. *Novos paradigmas da responsabilidade civil: da erosão dos filtros da reparação à diluição dos danos*. 3. Ed. São Paulo: Atlas, 2011. p. 5.

257. SANCHES, Fernanda Karam de Chueiri. A responsabilidade no Direito de Família brasileiro contemporâneo: do jurídico à ética. *Dissertação de Mestrado*. Curitiba: Universidade Federal do Paraná, 2013. p. 113

258. SCHREIBER, Anderson. Novas tendências da reponsabilidade civil brasileira. *Revista trimestral de Direito Civil*, Rio de Janeiro, v. 6, n. 22, abr./jun. 2005, p. 47.

(i) A erosão dos filtros tradicionais da responsabilidade civil;
(ii) A coletivização das ações de responsabilização;
(iii) A expansão dos danos ressarcíveis e a necessidade de sua seleção;
(iv) A despatrimonialização não já do dano, mas da reparação e
(v) A perda de exclusividade da responsabilidade civil como remédio à produção de danos.

Dessa forma, percebe-se que o trinômio da responsabilidade civil pode ser *flexibilizado* de modo a permitir a abertura à sua *dupla função*: não apenas de *compensação* dos danos, mas também, e mais importante, a *função reparatória e pedagógica* ao autor, de modo a não mais incorrer no mesmo comportamento danoso.

No que diz respeito à resposta efetiva, o artigo 25 da Convenção Americana de Direitos Humanos assevera que "toda a pessoa tem direito a um recurso simples e rápido ou a qualquer outro recurso efetivo, perante os juízes ou tribunais competentes, que a proteja contra atos que violem seus direitos fundamentais reconhecidos pela Constituição, pela lei ou pela presente Convenção, mesmo quando tal violação seja cometida por pessoas que estejam atuando no exercício de suas funções oficiais". A Corte Interamericana de Direitos Humanos, no *Caso "Panel Blanca" (Paniagua Morales e Outros) vs. Guatemala*, expandiu a intepretação dessa regra convencional para garantir o devido processo convencional mesmo que os atos violadores de direitos humanos sejam praticados por particulares em face de outros particulares[259]. Acresce-se que a expressão "recurso", contida na regra do art. 25 da Convenção Americana, não se restringe a um meio de revisão das decisões judiciais. Tem interpretação mais ampla, porque compreende todas as medidas de acesso à ordem jurídica justa que garantam a proteção adequada, efetiva e dentro de um prazo razoável[260] contra a prática de atos

259. CORTE INTERAMERICANA DE DIREITOS HUMANOS. *Caso de la "Panel Blanca" (Paniagua Morales e Outros) vs. Gutatemala*. Sentencia del 8 de marzo de 1998 (Fondo). Disponível em: <https://www.corteidh.or.cr/docs/casos/articulos/seriec_37_esp.pdf>. Acesso em: 12 jun. 2021. Par. 174.

260. A garantia da duração razoável do processo penal deve considerar, no exame de um caso específico, os seguintes elementos: a complexidade da causa, a atividade processual do interessado e a conduta do órgão julgador na condução processual. Cf. CORTE INTERAMERICNA DE DIREITOS HUMANOS. *Caso Tibi Vs. Ecuador*. Sentencia de 7 de septiembre de 2004 (Excepciones Preliminares, Fondo, Reparaciones y Costas). Disponível em: <https://www.corteidh.or.cr/docs/casos/articulos/seriec_114_esp.pdf>. Acesso em: 12 jun. 2021. Par. 54.

lesivos a direitos humanos[261]. A propósito, a Corte Interamericana de Direitos Humanos, ao julgar o *Caso Tribunal Constitucional vs. Peru*, consignou:

> *(...) la salvaguarda de la persona frente al ejercicio arbitrario del poder público es el objetivo primordial de la protección internacional de los derechos humanos. En este sentido, la inexistencia de recursos internos efectivos coloca a la víctima en estado de indefensión*[262].

O devido processo convencional deve ser visto à luz da salvaguarda da vítima, com as lentes epistemológicas da dignidade da pessoa humana. A vítima não pode ser relegada a um papel secundário, afinal, o processo serve, ao fim e ao cabo, para a satisfação e reparação dos danos sofridos por ela – e, portanto, o sistema se movimenta a partir disso.

3.9. EDUCAÇÃO PARA OS DIREITOS HUMANOS

A educação em direitos humanos é importante instrumento para o desenvolvimento de uma cultura de paz e o fortalecimento das instituições democráticas. A educação possui um potencial transformador, ainda mais no campo dos direitos humanos, já que ressalta a dimensão preventiva do discurso protetivo.

A educação possui *per se* um potencial emancipador, visto que o saber liberta. Quando o ato de conhecer tem, na sua substância, a temática dos direitos humanos, potencializa-se pelo conteúdo de empoderamento que carrega.

A educação em direitos humanos acompanha os influxos dos próprios movimentos contemporâneos de direitos humanos. Nasce, pois, como um processo de luta contra os velhos poderes e de consolidação de espaços pela dignidade concreta.

Nesse sentido, Norberto Bobbio ensina que, onde a proteção dos direitos humanos é necessária, talvez ela não seja possível, ao passo que, onde a proteção se torna possível, talvez não seja necessária. Dessa maneira, abrem-se os dois importantes e complementares campos da proteção dos

261. PIOVESAN, Flávia; FACHIN, Melina Girardi; MAZZUOLI, Valerio de Oliveira. *Comentários à Convenção Americana sobre Direitos Humanos*. Cit. p. 231-232.
262. CORTE INTERAMERICANA DE DIREITOS HUMANOS. *Caso del Tribunal Constitucional Vs. Perú*. Sentencia de 31 de enero de 2001 (Fondo, Reparaciones y Costas). Disponível em: <https://www.corteidh.or.cr/docs/casos/articulos/Seriec_71_esp.pdf>. Acesso em: 12 jun. 2021. Par. 89.

direitos humanos: o campo repressivo – para remediar violações já ocorridas; e o campo preventivo, com a finalidade de coibir futuras violações.

É justamente nessa esfera preventiva que a educação em direitos humanos se insere e que sua importância avulta.

Compreende-se educação em direitos humanos, de acordo com a definição dada pelo Programa Mundial de Educação em Direitos Humanos da UNESCO:

> (...) um conjunto de atividades de educação, de capacitação e de difusão de informação, orientadas para criar uma cultura universal de direitos humanos. Uma educação integral em direitos humanos não somente proporciona conhecimentos sobre os direitos humanos e os mecanismos para protegê-los, mas que, além disso, transmite as aptidões necessárias para promover, defender e aplicar os direitos humanos na vida cotidiana. A educação em direitos humanos promove as atitudes e o comportamento necessários para que os direitos humanos de todos os membros da sociedade sejam respeitados[263].

Atualmente, observa-se que o tema da educação em matéria de direitos humanos avança em sintonia com o avanço dos instrumentos dos direitos humanos, tanto no âmbito interno quanto no âmbito internacional, tendo em vista o desenvolvimento inerente aos próprios direitos que ocasionam sua expansão e afetam seu entendimento.

Desde 1945, tornaram-se perceptíveis os incentivos ao desenvolvimento da educação em direitos humanos com a criação da Organização das Nações Unidas (ONU) e suas agências especializadas – em especial a Organização das Nações Unidas para a Educação, a Ciência e a Cultura (UNESCO)[264] e pactos subsequentes. Cumpre salientar que o Pacto Internacional sobre Direitos Econômicos, Sociais e Culturais dedicou o seu art. 13 inteiramente ao tema da educação, conforme se depreende da leitura do seu dispositivo primeiro:

---

263. UNESCO. *Programa Mundial de Educação em Direitos Humanos*. Disponível em: <http://unesdoc.unesco.org/images/0014/001478/147853por.pdf>.

264. A ASSEMBLÉIA GERAL proclama A PRESENTE DECLARAÇÃO UNIVERSAL DOS DIREITOS HUMANOS como o ideal comum a ser atingido por todos os povos e todas as nações, **com o objetivo de que cada indivíduo e cada órgão da sociedade, tendo sempre em mente esta Declaração, se esforce, através do ensino e da educação, por promover o respeito a esses direitos e liberdades**, e, pela adoção de medidas progressivas de caráter nacional e internacional, por assegurar o seu reconhecimento e a sua observância universal e efetiva, tanto entre os povos dos próprios Estados-Membros, quanto entre os povos dos territórios sob sua jurisdição (grifos nossos).

> Os Estados-partes do presente Pacto reconhecem o direito de toda pessoa à educação. **Concordam em que a educação deverá visar ao pleno desenvolvimento da personalidade humana e do sentido de sua dignidade e fortalecer o respeito pelos direitos humanos e liberdades fundamentais.** Concordam ainda em que a educação deverá capacitar todas as pessoas a participar efetivamente de uma sociedade livre, favorecer a compreensão, a tolerância e a amizade entre todas as nações e entre todos os grupos raciais, étnicos ou religiosos e promover as atividades das Nações Unidas em prol da manutenção da paz (grifos nossos).

Tais instrumentos internacionais são, todavia, o que se poderia considerar como esforços indiretos, haja vista que a educação em direitos humanos ainda não era pensada em si, de modo que se enxergava a educação tão somente como um instrumento auxiliar da difusão dos pactos e valores internacionais de proteção da pessoa humana.

É na década de noventa do século XX, contudo, que a educação em direitos humanos adquire uma concepção mais ampla e abrangente. Seja porque, no âmbito interno, a Constituição de 1988 representa um divisor de águas em matéria de direitos de humanos, seja porque, no campo internacional, a partir de 1995, a ONU e suas agências destacam que a aprendizagem dos direitos humanos "tem componentes de conhecimento, habilidades e atitudes, os quais devem ser consistentes com o reconhecido pelos princípios de direitos humanos que devem empoderar os indivíduos e grupos abordando o tema da opressão e injustiça"[265].

Cabe ressaltar que a educação em direitos humanos é um instrumento valioso de empoderamento, transformando-se em um mecanismo de afirmação de direitos, por intermédio do qual as pessoas se tornam verdadeiramente protagonistas de suas vidas, usufruindo da autonomia para efetuar suas próprias escolhas.

Afinal, o respeito às diferenças, a cultura da paz e a promoção dos direitos humanos passam, necessariamente, pela educação[266].

265. Amnesty Internacional, 2007; Ásia-Pacific Regional Centre for HumanRightsEducation,2003. Disponível em inglês em: <http://www.hrea.org/pubs/tibbitts08-encyclopedia.pdf>.

266. CAMBI, Eduardo. *Neoconstitucionalismo e neoprocessualismo. Direitos fundamentais, políticas públicas e protagonismo judiciário.* 3ª ed. Cit. p. 700-702.

Por exemplo, a violação da dignidade das pessoas em situação de rua é agravada pelo ódio ao pobre (fenômeno conhecido por *aporofobia*)[267], que é uma das formas mais cruéis de inviabilização do ser humano e de violação dos seus direitos elementares. Infelizmente, as ações odiosas contra os miseráveis é um fenômeno mundial inserido no contexto da globalização da indiferença. É própria de uma educação baseada na dor e no sofrimento, que se converte em sadismo e violência[268]. Nesse sentido, o caso Benidorm – em que um grupo de turistas ingleses, em uma festa de despedida de solteiro, no balneário espanhol de Benidorm, na província de Alicante, pagou 90 euros a um mendigo para que tatuasse o nome do noivo, com o seu endereço, na testa do morador de rua – é mais um triste episódio da história contemporânea, que se soma a outros tantos casos de violência ocorridos todos os dias. Revela como os direitos humanos são, sistematicamente, negados àqueles que estão à margem da sociedade produtiva e em situação de extrema vulnerabilidade.

O art. 26.2 da Declaração Universal dos Direitos Humanos afirma que a "instrução será orientada no sentido do pleno desenvolvimento da personalidade humana e do fortalecimento do respeito pelos direitos do ser humano e pelas liberdades fundamentais. A instrução promoverá a compreensão, a tolerância e a amizade entre todas as nações e grupos raciais ou religiosos e coadjuvará as atividades das Nações Unidas em prol da manutenção da paz".

A Organização das Nações Unidas, em 2005, estabeleceu o Plano Mundial de Educação em Direitos Humanos, no qual enfatizou a Declaração e Programa de Ação de Viena, cuja parte I, parágrafo 33, dispõe que a "Conferência Mundial de Direitos Humanos reitera o dever dos Estados de promover a educação de modo que o respeito aos direitos humanos e às

267. ORTIS, Adela Cortina. *Aporofobia. El rechazo al pobre. Un desafío para la democracia.* Barcelona: Paidós, 2017.

268. A educação baseada na força e voltada à disciplina, segundo Theodor Adorno, é totalmente equivocada, pois a "idéia de que a virilidade consiste num grau máximo da capacidade de suportar dor de há muito se converteu em fachada de um masoquismo que como mostrou a psicologia se identifica com muita facilidade ao sadismo. O elogiado objetivo de ´ser duro´ de uma tal educação significa indiferença contra a dor em geral. No que, inclusive, nem se diferencia tanto a dor do outro e a dor de si próprio. Quem é severo consigo mesmo adquire o direito de ser severo também com os outros, vingando-se da dor cujas manifestações precisou ocultar e reprimir. Tanto é necessário tornar consciente esse mecanismo quanto se impõe a promoção de uma educação que não premia a dor e a capacidade de suportá-la, como acontecia antigamente. Dito de outro modo: a educação precisa levar a sério o que já de há muito é do conhecimento da filosofia: que o medo não deve ser reprimido. Quando o medo não é reprimido, quando nos permitimos ter realmente tanto medo quanto esta realidade exige, então justamente por essa via desaparecerá provavelmente grande parte dos efeitos deletérios do medo inconsciente e reprimido" (*Educação após Auschwitz*, p. 4-5).

liberdades fundamentais seja fortalecido [e que] seja integrado às políticas educativas nos planos nacional e internacional".

O art. 13, inc. 2, do Protocolo de San Salvador prevê que "a educação deverá orientar-se para o pleno desenvolvimento da personalidade humana e do sentido de sua dignidade e deverá fortalecer o respeito pelos direitos humanos, pelo pluralismo ideológico, pelas liberdades fundamentais, pela justiça e pela paz (...) a educação deve capacitar todas as pessoas para participar efetivamente de uma sociedade democrática e pluralista, conseguir uma subsistência digna, favorecer a compreensão, a tolerância e a amizade entre todas as nações e todos os grupos raciais, étnicos ou religiosos e promover as atividades em prol da manutenção da paz".

No Brasil, o art. 205 da Constituição Federal dispõe que a "educação, direito de todos e dever do Estado e da família, será promovida e incentivada com a colaboração da sociedade, visando ao pleno desenvolvimento da pessoa, seu preparo para o exercício da cidadania e sua qualificação para o trabalho".

Já o Decreto n. 7.037, de 21 de dezembro de 2009, ao instituir o Programa Nacional de Direitos Humanos no Brasil, estabelece que:

> (...) alcançar o desenvolvimento com Direitos Humanos é capacitar as pessoas e as comunidades a exercerem a cidadania, com direitos e responsabilidades. É incorporar, nos projetos, a própria população brasileira, por meio de participação ativa nas decisões que afetam diretamente suas vidas. É assegurar a transparência dos grandes projetos de desenvolvimento econômico e mecanismos de compensação para a garantia dos Direitos Humanos das populações diretamente atingidas.

Também prevê que os:

> (...) objetivos estratégicos direcionados à promoção da cidadania plena preconizam a universalidade, indivisibilidade e interdependência dos Direitos Humanos, condições para sua efetivação integral e igualitária. O acesso aos direitos de registro civil, alimentação adequada, terra e moradia, trabalho decente, participação política, cultura, lazer, esporte e saúde, deve considerar a pessoa humana em suas múltiplas dimensões de ator social e sujeito de cidadania.

O Plenário da Assembleia Geral das Nações Unidas adotou, em 19 de dezembro de 2011, a Declaração das Nações Unidas sobre a Educação e Formação em Direitos Humanos, ao editar a Resolução 66/137. Tal Declaração reafirma o apelo lançado, em 1993, pela Conferência Mundial sobre Direitos Humanos, realizada em Viena, para que todos os Estados e instituições incluam os direitos humanos, o direito humanitário, a democracia e o princípio do Estado de Direito no currículo de todos os estabelecimentos de ensino.

A Resolução nº 1, de 30 de maio de 2012, do Conselho Nacional de Educação, versa sobre as Diretrizes Nacionais para a Educação em Direitos Humanos. No seu art. 7º, recomenda que a inserção de conhecimentos concernentes à Educação em Direitos Humanos na organização dos currículos da Educação Básica e da Educação Superior pode ocorrer das seguintes formas: a) pela transversalidade, por meio de temas relacionados aos Direitos Humanos e tratados interdisciplinarmente; b) como um conteúdo específico de uma das disciplinas já existentes no currículo escolar; c) de maneira mista, ou seja, combinando transversalidade e disciplinaridade.

Do mesmo modo, a Lei 14.164/2021 incluiu o § 9º, ao art. 26 da Lei 9.394/1996 (Lei de Diretrizes e Bases da Educação Nacional) para comtempla, nos currículos da educação infantil, do ensino fundamental e do ensino médio, além de uma parte diversificada pelas características regionais e locais da sociedade, da cultura, da economia e dos educandos, conteúdos relativos aos direitos humanos e à prevenção de todas as formas de violência contra a criança, o adolescente e a mulher serão incluídos, como temas transversais, observadas as diretrizes da legislação correspondente e a produção e distribuição de material didático adequado a cada nível de ensino.

O Comitê Nacional de Educação em Direitos Humanos foi criado pelo Conselho Nacional de Educação (Resolução nº 1/2012, de 31 de maio de 2012) para a promoção de diretrizes de educação em direitos humanos em todos os níveis de ensino, na educação formal e não-formal, além de desempenhar a tarefa de internalização, tradução e adaptação dos parâmetros internacionais para a realização de uma educação promotora dos direitos humanos para toda a sociedade. No entanto, o referido Comitê foi extinto pelos Decretos 9.759, de 11 de abril de 2019, e 9.812, de 30 de maio de 2019, o que enfraquece a participação da sociedade civil na promoção dos direitos humanos[269].

269. COMISSÃO INTERAMERICANA DE DIREITOS HUMANOS. *Situação dos direitos humanos no Brasil*. Cit. p. 162.

O conhecimento específico a respeito de assuntos que envolvem deveres e direitos é indispensável para o exercício pleno da cidadania. Não se pode ignorar, como já foi salientado, que o art. 205 da Constituição Federal afirma que a educação, direito de todos e dever do Estado e da família, visa o pleno desenvolvimento da pessoa, seu preparo para o exercício da cidadania e sua qualificação para o trabalho.

O desconhecimento do ordenamento jurídico impede a compreensão e a percepção dos direitos e dos deveres fundamentais. A multiplicidade de leis e a linguagem jurídica, não raras vezes, são empecilhos para o exercício da cidadania. Tal fenômeno é chamado de opacidade do direito e varia conforme as características de formação histórica das sociedades e de acordo com condições concretas, sociais e pessoais de cada indivíduo ou conjunto de pessoas[270].

Uma população leiga e alienada é incapaz de fundamentar os motivos os quais conduzem à insatisfação e, por vezes, também não sabe discernir o que é certo do que é errado. Por isso, uma população desprovida de conhecimentos básicos necessários consegue apenas propagar ideias alheias, as quais nem sempre são capazes de traduzir aquilo que realmente necessitam. Tal situação dificulta, de forma concreta, o exercício dos deveres e dos direitos humanos, a emancipação, a autodeterminação, bem como o efetivo acesso à justiça.

Educar para o exercício da cidadania inclui a aproximação da teoria com a prática. As escolas precisam ser espaços democráticos para poder discutir as questões de interesse coletivo e agir para melhorar a sociedade. Para adquirir um comportamento cívico ativo, os alunos precisam do desenvolvimento de competências (conhecimentos, habilidades e atitudes), que os possibilitem a participação na vida pública (*learning by doing*). Assim, a vivência da democracia deve começar na própria escola, a partir da escolha de representantes de turma, do incentivo à formação de grêmios estudantis e de diretórios acadêmicos, da participação direta em conselhos escolares ou na eleição dos órgãos de direção. A escola também deve ajudar os alunos a experimentar comportamentos cívicos responsáveis nas atividades extraescolares ou de extensão, com o envolvimento de professores, de educadores, de familiares e da comunidade.

270. CÁRCOVA, Carlos Maria. *A opacidade do direito*. São Paulo: Ltr, 1998. p. 16.

Porém, a formação de cidadãos vai além do ensino teórico do conjunto de valores inerentes a uma comunidade democrática[271]. O processo de aprendizagem deve estar fundado na participação ativa – pelo diálogo, o debate, a tomada de decisões em conjunto – para que a resolução dos problemas da vida em comunidade possa contribuir para a criação de hábitos e virtudes cívicas. Os ideais democráticos devem ser postos em prática para que os valores éticos se fixem na base cultural da sociedade.

A socialização política é um processo de aprendizado cumulativo que, intensificado na infância e na juventude, permite assimilar códigos amplos de normas e crenças que se transmitem de geração em geração. A escola pode não apenas reproduzir a ordem social vigente (marcada pelo individualismo, pelo consumismo, pela separação de classes sociais, pela opressão econômica, pelo racismo estrutural, pela desigualdade de gênero e pela apatia política da média dos cidadãos); ao contrário, deve contribuir para melhorar a sociedade, orientando a transição ética e axiológica entre o passado e o futuro.

Para tanto, é necessário capacitar melhor os professores, mas também, dar-lhes o reconhecimento financeiro e social necessários para a formação de crianças, jovens e adultos. Ademais, é importante a adoção de estratégias integradas que permitam repensar as políticas de educação com a comunicação dos sistemas político, econômico e social.

Nesse sentido, destaca-se a decisão do Supremo Tribunal Federal, na Ação Direta de Inconstitucionalidade 5537, que declarou a inconstitucionalidade da Lei 7.800/2016, do Estado de Alagoas, que instituiu o programa Escola Livre[272]. Trata-se de uma lei que procurava validar a ideia da Escola Sem Partido, colocando limites ao direito à liberdade de expressão dos educadores, os quais ficariam impedidos de tratar de questões políticas em sala de aula. O STF considerou que a União possui competência privativa para legislar sobre diretrizes e bases da educação nacional (exegese do art. 22, inc. XXIV, da CF), bem como que os arts. 205, 206 e 214 da Constituição Federal asseguram uma educação emancipadora, que para ser alcançada depende da liberdade de aprender e ensinar, do pluralismo de ideias e de concepções pedagógicas e da valorização dos profissionais da educação escolar.

---

271. VAILLANT, Denise. *Educación, socialización y formação de valores cívicos*. São Paulo/Santiago do Chile: IFHC/CIEPLAN, 2008. p. 14.

272. BRASIL. Supremo Tribunal Federal. *ADI 5580*, Relator(a): ROBERTO BARROSO, Tribunal Pleno, julgado em 24/08/2020, PROCESSO ELETRÔNICO DJe-281 DIVULG 26-11-2020 PUBLIC 27-11-2020.

Entretanto, educação para a cidadania, voltada para a promoção da democracia e da coesão social, não termina na escola[273]. Também deve envolver os meios de comunicação de massas, a educação familiar, o setor produtivo e os órgãos públicos. Isso porque a cidadania plena e ativa depende da capacidade de apreender durante toda a vida, para ter atitudes voltadas à concretização permanente dos valores éticos.

Sociedades organizadas para o bem comum e para a obtenção de benefícios de longo prazo dependem de comportamentos éticos, em que as pessoas possam confiar umas nas outras[274]. Por outro lado, sociedades voltadas para resultados imediatos e de curto prazo estão baseadas em condutas predatórias. Quando há ética e cooperação, há maior respeito às leis, com um mínimo de coerção; é possível a divisão do trabalho, projetos de longa duração e menos ansiedade na vida cotidiana. Em contrapartida, nas sociedades predatórias, a lei é respeitada pela intimidação da força bruta, e sempre que possível, é burlada.

273. SWARTZMAN, Simon. *Coesão social, democracia e corrupção.* Cit. p. 09.

274. Idem, p. 22 e 23.

CONCLUSÕES

UM TRABALHO EM CURSO

O eurocentrismo, enquanto perspectiva hegemônica do conhecimento, criou uma classificação binária ou dualista que impulsionou a dominação mundial a partir de categorias como Ocidente/Oriente, civilizado/primitivo, mítico-científico/mágico, racional/irracional e moderno/tradicional[1].

Porém, a pretensão eurocêntrica de ser a exclusiva produtora e protagonista da modernidade, com desprezo para as contribuições das populações não-europeias, além de ser etnocentrista, é provinciana. Isso significaria ignorar culturas milenares (como as da China, Índia, Egito, Grécia, Maya-Azteca e árabes), com suas significativas contribuições para a filosofia, o desenvolvimento científico e tecnológico, a escrita e as artes, muito tempo antes da formação da Europa enquanto nova identidade[2].

A epistemologia europeia dominante procurou suprimir todas as práticas sociais de conhecimento que contrariassem os interesses que ela servia[3]. Desse modo, o projeto de colonização europeia provocou um "episdemicídio" ao procurar homogeneizar o mundo, reduzindo a sua diversidade epistemológica, cultural e política. Toda experiência social produz e reproduz conhecimento e, portanto, pressupõe uma ou mais epistemologias. Portanto, não se pode desprezar as práticas e experiências sociais dos povos dominados; muito menos, considerá-las saberes secundários próprios de seres inferiores.

---

1. QUIJANO, Aníbal. Colonialidad del poder, eurocentrismo y América Latina. In: *Cuestiones y horizontes. Antología Esencial. De la dependencia histórica estructural a la colonialidad/descolonialidad del poder*. Cit. p. 789.
2. Idem, p. 791-792.
3. SANTOS, Boaventura de Sousa; MENESES, Maria Paula. *Epistemologias do sul*. São Paulo: Cortez, 2013. p. 16-18.

As mudanças históricas requerem a dessacralização das hierarquias e das autoridades, tanto na dimensão material das relações sociais como na sua intersubjetividade, bem como a alteração ou o desmantelamento das correspondentes estruturas e instituições[4]. Nesse contexto, surge a necessidade da liberdade para pensar, duvidar e decidir contra adstrições sociais fixadas pela perspectiva epistemológica eurocêntrica ou hegemônica.

Abre-se, então, espaço para o que se denomina "epistemologias do sul", isto é, para avançar no conhecimento e no pensamento crítico a partir da visão dos povos oprimidos pelo colonialismo e pelo capitalismo predatório[5]. "Sul", aliás, não é um conceito meramente geográfico, mas uma metáfora para os desafios epistêmicos que procuram reparar os danos causados pelo capitalismo na sua relação colonial (e, portanto, desigual) com o mundo (isto é, o subdesenvolvimento latino-americano, por exemplo, é uma consequência do desenvolvimento alheio)[6].

O reconhecimento da pluralidade epistemológica do mundo permite compreender melhor as diversidades, ao obrigar análises e avaliações de diferentes tipos de interpretação e de intervenção produzidos por variadas formas de conhecimento da realidade social[7].

Na América Latina, a construção de uma epistemologia da justiça precisa incluir a dimensão da universalização dos direitos humanos, a partir da compreensão humana, empática e solidária, bem como das experiências e das lutas daqueles que estão à margem da cidadania plena, vulnerabilizados pela ausência de proteção efetiva aos direitos mais elementares para uma vida digna.

Pode parecer um projeto utópico, mas é essa *outra* história dos direitos humanos, em um contexto multinível, que a presente obra pretendeu contar.

---

4. QUIJANO, Aníbal. Colonialidad del poder, eurocentrismo y América Latina. In: *Cuestiones y horizontes. Antología Esencial. De la dependencia histórica estructural a la colonialidad/descolonialidad del poder*. Cit. p. 796-797.
5. SANTOS, Boaventura de Sousa; MENESES, Maria Paula. *Epistemologias do sul*. Cit. p. 19.
6. "A força do conjunto do sistema imperialista reside na necessária desigualdade das partes que o formam, e essa desigualdade assume magnitudes cada vez mais dramáticas. Os países opressores se tornam cada vez mais ricos em termos absolutos, pelo dinamismo da disparidade crescente. O capitalismo central pode dar-se ao luxo de criar seus próprios mitos e acreditar neles, mas mitos não se comem, bem sabem os países pobres que constituem o vasto capitalismo periférico. A renda média de um cidadão norte-americano é sete vezes maior do que a de um latino-americano, e aumenta num ritmo dez vezes mais intenso" (GALEANO, Eduardo. *Veias abertas da América Latina*. Cit. p. 12).
7. SANTOS, Boaventura de Sousa; MENESES, Maria Paula. *Epistemologias do sul*. Cit. p. 19.

Toda utopia é um projeto de reconstrução do sentido histórico de uma sociedade[8]. O constitucionalismo multinível, fundado na utopia latino-americana de uma sociedade menos desigual e mais justa, deve ser construído pelos valores da reciprocidade, da solidariedade, da democracia e da equidade. Dependem do pluralismo jurídico, da interpretação conforme os direitos humanos e da cooperação internacional como mecanismos alternativos ao imperialismo capitalista, excludente, concentrador de renda e opressor dos grupos mais vulneráveis.

O colonialismo, o patrimonialismo, o patriarcalismo e o racismo estruturais serviram para fundamentar a narrativa histórica que sustentou as diferentes formas de dominação capitalista na América Latina, estruturada em um modelo jurídico de expansão do poder hegemônico.

Os horrores produzidos pelas duas Guerras Mundiais exigiram quebras paradigmáticas que, impulsionadas pelo antropocentrismo, fortaleceram a importância de os países civilizados promoverem a universalização dos direitos humanos. O surgimento da Organização das Nações Unidas, as Constituições do pós-guerra e o crescimento do Direito Internacional dos Direitos Humanos reclamam a construção de um constitucionalismo multinível para potencializar a hermenêutica jurídica na dimensão ética da justiça social.

A necessidade de mudanças traz a ideia de futuro, que é o único território do tempo em que tais transformações podem acontecer[9]. O futuro é um território temporal aberto. No qual o tempo pode ser novo, já que não é uma mera extensão do passado. Logo, a história pode ser percebida não apenas como algo que acontece, seja como alguma coisa natural, seja produzida por decisões divinas ou misteriosas como o destino, mas como uma narrativa crítica que pode ser produzida pela ação humana, por seus cálculos, suas vontades, suas decisões, isto é, como algo que pode ser projetado e, como consequência, ter sentido[10].

As transformações nas instituições, incluindo a jurídica, não podem ignorar as lições do passado nem deixar de lado desafios do presente.

8. Idem. Ibidem.
9. QUIJANO, Aníbal. Colonialidad del poder, eurocentrismo y América Latina. In: *Cuestiones y horizontes. Antología Esencial. De la dependencia histórica estructural a la colonialidad/descolonialidad del poder*. Cit. p. 795.
10. "Não sou prisioneiro da História. Não devo procurar nela o sentido do meu destino. Devo me lembrar, a todo instante, que o verdadeiro salto consiste em introduzir a invenção na existência. No mundo em que me encaminho, eu me recrio continuamente. Sou solidário do Ser na medida em que o ultrapasso" (FANON, Frantz. *pele negra, máscaras brancas*. Cit. p. 189-190).

Também não se projeta um futuro melhor sem ações concretas. As conquistas civilizatórias não prescindem da compreensão de nosso papel na história em um contexto entre liberdade e opressão, avanços e retrocessos, lutas permanentes pela humanização das pessoas, das práticas estatais e da sociedade, pela prevalência dos valores éticos, pela democratização do exercício do poder, pelo respeito ao pluralismo cultural e pela universalização dos direitos fundamentais[11].

Portanto, a utopia de uma modernidade libertadora para a América Latina passa, necessariamente, por uma nova epistemologia, mais humanista e sensível às injustiças, que encontre, no Direito Constitucional Multinível, meios de desenvolvimento do Estado Democrático de Direito[12], da promoção de justiça e da transformação social.

O diálogo é uma estação forte do Direito Constitucional contemporâneo. Os sentidos dos diálogos e de quem dialoga já esboçam metodologia que tem o desafio de dar conta dessa multiplicidade, em que os direitos humanos, a soberania popular e a segurança do cidadão – marcos essenciais no âmbito interno e internacional – são revisitados.

Tais diálogos abrem espaços em um ambiente multinível, caracterizado pela constitucionalização, internacionalização e humanização, voltados à efetivação de uma perspectiva constitucional radicalmente centrada nos direitos humanos e na prevenção do sofrimento humano. Com isso, agregam-se os sistemas protetivos nacional e internacional, que se retroalimentam para

11. *"En la historia nunca se han realizado los sueños de los utopistas, pero tengo razones para creer que tampoco se realizarán las pesadillas de los utopistas al revés. Los pueblos que han tocado el fondo de la abyección han sabido renacer. Se trata de la historia de ayer. Pero si miramos a nuestro alrededor en el mundo, se trata de la historia de hoy. No hay razón para que no deba ser la historia de mañana. La historia de la libertad avanza junto la historia de la privación de la libertad. No hay ni una libertad perdida para siempre, ni una libertad conquistada para siempre. La historia es una trama dramática de libertad y opresión, de nuevas libertades que hacen frente a nuevas opresiones, de viejas opresiones abatidas, de nuevas libertades encontradas, de nuevas opresiones impuestas y de viejas libertades perdidas. No soy pesimista. Ni me creo profeta. Prefiero la participación en un trabajo común de clarificación, de crítica, de propuesta. Un trabajo que no es propio ni del pesimista que rehúye la acción, ni del profeta que conoce anticipadamente el resultado"* (BOBBIO, Norberto. *Teoría General de la Política*. Cit. p. 370).

12. Ulysses Guimarães, no discurso da promulgação da Constituição Federal de 1988, afirmou: "A Constituição certamente não é perfeita. Ela própria o confessa ao admitir a reforma. Quanto a ela, discordar, sim. Divergir, sim. Descumprir, jamais. Afrontá-la, nunca. Traidor da Constituição é traidor da Pátria. Conhecemos o caminho maldito. Rasgar a Constituição, trancar as portas do Parlamento, garrotear a liberdade, mandar os patriotas para a cadeia, o exílio e o cemitério. Quando após tantos anos de lutas e sacrifícios promulgamos o Estatuto do Homem da Liberdade e da Democracia bradamos por imposição de sua honra. Temos ódio à ditadura. Ódio e nojo. Amaldiçoamos a tirania aonde quer que ela desgrace homens e nações. Principalmente na América Latina" (Disponível em: <https://www.camara.leg.br/radio/programas/277285-integra-do-discurso-presidente-da-assembleia-nacional-constituinte-dr-ulysses-guimaraes-10-23/>. Acesso em: 10 abr. 2021).

a máxima proteção da dignidade da pessoa humana, tendo como método hermenêutico unificador o princípio *pro persona*.

Falar de diálogo já não é uma novidade nem uma faculdade, é uma condição que o estado atual do Direito Constitucional e do Direito Internacional dos Direitos Humanos nos impôs com as cláusulas abertas, o controle de convencionalidade, a expansão do bloco de constitucionalidade, entre outros. Estes diálogos abrem espaços em um ambiente multinível, caracterizado simultaneamente pela *constitucionalização, internacionalização* e humanização, em torno de uma constituição aberta e porosa, radicalmente centrada nos direitos humanos e na prevenção do sofrimento. A baixa densidade democrática, a desigualdade social, a violência, a corrupção sistêmica e a pobreza são problemas comuns da América Latina[13]. Por isso, as soluções adotadas na região podem impactar positivamente em outras experiências nacionais. Dialogar torna-se, portanto, fundamental. É essa diversidade que está na base do constitucionalismo multinível, que se fortalece com a aproximação do Sistema Interamericano de Direitos Humanos[14].

Esses são apenas os primeiros capítulos de uma obra que ainda está sendo escrita pelo Direito Constitucional brasileiro em conjunto com o Direito Internacional dos Direitos Humanos – um *work in progress* de um *living instrument* que vai tecendo seus novos episódios, pois, como entoa a sabedoria de Helena Kolody: "na euforia da chegada, há um convite irrecusável para uma nova partida".

13. KRELL, Andreas J. *Direitos sociais e controle judicial no Brasil e na Alemanha: os (des)caminhos de um direito constitucional "comparado"*. Cit. p. 60.

14. BOGDANDY, Armin Von; PIOVESAN, Flávia; ANTONIAZZI, Mariela Morales (Coord.). *Estudos avançados em direitos humanos: democracia e integração jurídica: emergência de um novo direito público*. São Paulo: Campus, 2012.

REFERÊNCIAS

ACOSTA, Alberto. Los derechos de la naturaleza: 10 puntos para reflexionar y actuar. In: LEITE, José Rubens Morato; CAVEDON-CAPDEVILLE, Fernanda de Salles; DUTRA, Tônia A. Horbatiuk (org.). *Geodireito, Justiça Climática e Ecológica*: perspectivas para a América Latina. São Paulo: Inst. O direito por um Planeta Verde, 2022, p. 15.

ADORNO, Theodor. *Educação após Auschwitz*. Disponível em: <https://rizomas.net/arquivos/Adorno-Educacao-apos-Auschwitz.pdf>. Acesso em: 12 mar. 2021.

AFRICA'S FUTURE: *Hope, and doubt, south of the Sahara. The Economist*, 22 nov. 2012. Disponível em: <http://www.economist.com/blogs/theworldin2013/2012/11/africas-future>. Acesso em: nov. 2012.

AFRICAN COMISSION ON HUMAN AND PEOPLE' S RIGHTS. *Banjul Charter*. Disponível em: <https://www.achpr.org/legalinstruments/detail?id=49>. Acesso em: 17 jul. 2021.

AGAMBEN, Giorgio. *Estado de Exceção*. 2ª ed. São Paulo: Boitempo, 2004.

ALEXY, Robert. *Teoría del discurso y derechos humanos*. Trad. Luis Villar Borda. Bogotá: Universidad Externado de Colombia, 1995.

ALMEIDA, Ceila Sales de. *O poder soberano do povo no novo constitucionalismo latino americano da Venezuela, Equador e Bolívia*. 1 abr. 2017. Disponível em: <https://ambitojuridico.com.br/cadernos/direito-constitucional/o-poder-soberano-do--povo-no-novo-constitucionalismo-latino-americano-da-venezuela-equador-e--bolivia/>. Acesso em: 12 fev. 2021.

ALMEIDA, Silvio. *Racismo estrutural*. São Paulo: Jandaíra, 2020. p. 190-192

ALVARADO, Paola Andrea Acosta. *Más allá de la utopía: Del diálogo interjudicial a la constitucionalización del derecho internacional. La red judicial latinoamericana como prueba y motor del constitucionalismo multinivel. Tese de Doutorado. Uni-*

versidad Complutense de Madrid. Facultad de Derecho Instituto Universitario de Investigación Ortega y Gasset, 2015.

ALVES, Fabrício Adriano. *Direito civil constitucional: a aplicação da teoria do estatuto jurídico do patrimônio mínimo e repercussões no código de processo civil.* 2017. Disponível em: <http://pensaracademico.facig.edu.br/index.php/semiariocientifico/article/view/479/405>. Acesso em: jun. 2021.

ALVES, Rubem. *Ostra feliz não faz pérola*. São Paulo: Editora Planeta, 2008.

_____. *A alegria de ensinar.* São Paulo: Ars Poética Editora, 1994.

ALVIM, Teresa Arruda. *Recurso especial, recurso extraordinário e ação rescisória*. 2ª ed. São Paulo: RT, 2008.

AMERICAN IMMIGRATION COUNCIL. Fact Sheet - *Public Education for Immigrant Students*: Understanding Plyler v. Doe. 24 out. 2016. Disponível em: <https://www.americanimmigrationcouncil.org/research/plyler-v-doe-public-education--immigrant-students>. Acesso em: 13 abr. 2020.

ANDRADE, José Carlos Vieira de. *Os direitos fundamentais na Constituição portuguesa de 1976*. Coimbra: Almedina Editora, 1987.

AN–NA'IM, Abdullahi A. Human Rights in Cross-Cultural Perspective. In: ALSTON, Philip; STEINER, Henry. *International Human Rights in Context:* law, politics and morals. 2nd ed. Oxford: Oxford University Press, 2000. p. 400.

_____. Proteção Legal dos Direitos humanos na África: como fazer mais com menos. In: BALDI, C. A. *Direitos Humanos na Sociedade Cosmopolita*. Rio de Janeiro: Renovar, 2004. p. 437.

ANGELIN, Karinne A. Dano injusto como pressuposto do dever de indenizar. *Dissertação Mestrado, Faculdade de Direito da Universidade de São Paulo*, 2012.

ANNAN, Kofi. *In Larger Freedom: towards development, security and human rights to all.* New York: United Nations, 2005.

ANTONIAZZI, Mariela Morales; ANTONIAZZI, Mariela Morales. *Interamericanización como mecanismo del Ius Constitutionale Commune en Derechos Humanos en América Latina*. 2017. Disponível em: <https://archivos.juridicas.unam.mx/www/bjv/libros/10/4745/14.pdf>. Acesso em: 17 jul. 2021.

_____. Aproximación a los estándares interamericanos sobre corrupción, institucionalidad y derechos humanos. In: *Impacto de la corrupción en los derechos humanos.* Org. Carlos Tablante e Mariela Morales Antoniazzi. México: Instituto de Estudios Constitucionales del Estado de Querétaro, 2018.

ANUÁRIO BRASILEIRO DE SEGURANÇA PÚBLICA 2020. Coord. Samira Bueno e Renato Sérgio de Lima. Disponível em: <https://forumseguranca.org.br/wp-content/uploads/2020/10/anuario-14-2020-v1-interativo.pdf>. Acesso em: 1 jun. 2021.

ARANGO, Rodolfo. *Direitos fundamentais sociais, justiça constitucional e democracia. Revista do Ministério Público do Rio Grande do Sul*, n. 56. set.-dez. 2005.

ARAS, Vladmir. *O papel do Ministério Público no processo penal: o precedente Brady vs. Maryland e a normativa do Conselho da Europa*. Disponível em: <https://vladimiraras.blog/2019/10/02/o-papel-do-ministerio-publico-no-processo-penal-o-pre-

cedente-brady-vs-maryland-e-a-normativa-do-conselho-da-europa/>. Acesso em: 10 abr. 2021.

ARAÚJO, Carla. *Fux assina acordo com Corte de Direitos Humanos para qualificar juízes*. 9 dez. 2020. Disponível em: <https://economia.uol.com.br/colunas/carla--araujo/2020/12/09/justica-direitos-humanos-fux-corte-interamericana-parcerias.htm#:~:text=O%20presidente%20do%20CNJ%20(Conselho,CIDH%20para%20o%20portugu%C3%AAs%2C%20facilita%C3%A7%C3%A3o>. Acesso em: 9 dez. 2020.

ARENDT, Hannah. *A condição humana*. Tradução Roberto Raposo. Rio de Janeiro: Forense Universitária, 2007.

_____. *As origens do totalitarismo*. São Paulo: Cia das Letras, 1989.

_____. *A Promessa da Política*. Rio de Janeiro: Difel, 2008.

ARGENTINA. [Código Penal]. *Ley nº. 24.198*. Ministerio de Justicia y Derechos Humanos. Presidencia de la Nación. 31 mai. 1993. Disponível em: <http://servicios.infoleg.gob.ar/infolegInternet/anexos/0-4999/596/norma.html>. Acesso em: 16 abr. 2019.

ARRUZZA, Cinzia; BHATTACHARYA, Tithi; FRASER, Nancy. *Feminismo para os 99%. Um manifesto*. São Paulo: Boitempo, 2019.

ÁVILA, Humberto. *Teoria dos princípios. Da definição à aplicação dos princípios jurídicos*. 9ª ed. São Paulo: Malheiros, 2009.

_____. *A distinção entre princípios e regras e a redefinição do dever de proporcionalidade. Revista Diálogo Jurídico*, n. 4. jul. 2001

BAINES, Beverley; BARAK-EREZ, Daphne; KAHANA, Tsvi (eds). *Feminist Constitutionalism*. Global Perspectives. Cambridge University Press, 2012.

BALDI, César Augusto. (Org). *Direitos Humanos na Sociedade Cosmopolita*. Rio de Janeiro: Renovar, 2004.

BALLEI, Renata Christina. Ministério Público e os direitos humanos. In: *Justiça, cidadania e democracia* [online]. Coord. Roberto Livianu. Rio de Janeiro: Centro Edelstein de Pesquisa Social, 2009. p. 193-201. Disponível em: <http://books.scielo.org/id/ff2x7/pdf/livianu-9788579820137-17.pdf>. Acesso em: 4 fev. 2019.

BARACHO, José de Oliveira. *O princípio da subsidiariedade: conceito e evolução*. Rio de Janeiro: Forense, 1996.

BARBOSA, Joaquim. *Ação afirmativa e princípio constitucional da igualdade. O Direito como instrumento de transformação social. A experiência dos EUA*. Rio de Janeiro: Renovar, 2001.

BARCELLOS, Ana Paula de. *A eficácia jurídica dos princípios constitucionais. O princípio da dignidade da pessoa humana*. Rio de Janeiro: Renovar, 2002.

_____. *A eficácia jurídica dos princípios constitucionais: o princípio da dignidade da pessoa humana*. 3ª ed., rev. e atual. Rio de Janeiro: Renovar, 2011.

BARROSO, Luís Roberto. *Diferentes, mas iguais: o reconhecimento jurídico das relações homoafetivas no Brasil. Revista Diálogo Jurídico*, nº 16, maio-agosto, 2007.

BAXI, Upendra. *The future of human rights*. Oxford: Oxford University Press, 2005.

BEAUVOIR, Simone de. *O segundo sexo*. 2ª ed. Rio de Janeiro: Nova Fronteira, 2009.

BEDJAOUI, Mohammed. The Right to Development. In: _____ (org). *International Law*: achievements and prospects. Paris/Dordrecht: Unesco e Martinus Nijhoff Publishers, 1991. p. 1177-1204.

BENJAMIN, Walter. *Sobre o conceito de história*. São Paulo: Alameda, 2020.

BELLO, Enzo. *A cidadania no constitucionalismo latino-americano*. Caxias do Sul: Educs, 2012.

BENEVIDES, Maria Victoria. *Educação em Direitos Humanos: de que se trata?* . *Programa Ética e cidadania - construindo valores na escola e na sociedade*. p. 6. Disponível em: <http://portal.mec.gov.br/seb/arquivos/pdf/Etica/9_benevides.pdf>. Acesso em: 12 mar. 2019.

BENNETT, Tom W. *Human Rights in Africa Customary Law*. Cape Town: Juta and Co, 1995

BERNARDES, Márcia Nina. *Sistema Interamericano de Direitos Humanos como Esfera Pública Transnacional: Aspectos Jurídicos e Políticos da Implementação de Decisões Internacionais. SUR. Revista Internacional de Direitos Humanos / Sur – Rede Universitária de Direitos Humanos*, vol. 1, nº1, jan.2004.

BERNAL PULIDO, Carlos Libardo. *Derecho, cambio constitucional y teoría jurídica: escritos de derecho constitucional y teoría del derecho*. Bogotà: Universidad Externado de Colombia, 2018.

BILCHITZ, David. *Poverty and Fundamental Rights, The Justification and Enforcement of Socio-economic Rights*. Oxford/New York: Oxford University Press, 2008.

BINENBOJM, Gustavo. *A dimensão do amicus curiae no processo constitucional brasileiro: requisitos, poderes processuais e aplicabilidade no âmbito estadual*. Revista *Eletrônica de Direito do Estado, n*. 01, jan./mar. 2005, p. 03. Disponível em: HYP

BOBBIO, Norberto. *El tiempo de los derechos*. Madri: Editorial Sistema, 1991.

_____. *Teoría General de la Política*. Trad. de Antonio de Cabo e Gerardo Pisarello. Madri: Editorial Trotta, 2005.

_____. *A era dos direitos*. Rio de Janeiro: Campus, 1992.

_____. *A era dos direitos*. Nova edição. Rio de Janeiro: Elsevier, 2004.

_____. O mal-estar na civilização. In: *Obras completas*. Vol. 18. Trad. de Paulo César de Souza. São Paulo: Companhia das Letras, 2011. p. 76-77).

_____. *El tiempo de los derechos*. Madri: Editorial Sistema, 1991. p. 66.

BOGDANDY, Armin Von. Ius Constitutionale Commune en América Latina: Observations on Transformative Constitutionalism. In: *Transformative constitutionalism in Latin America: The emergence of a New Ius Commune*. Coord. Armin von Bogdandy, Eduardo Ferrer Mac-Gregor, Mariela Morales Antoniazzi e Flávia Piovesan. Nova Iorque: Oxford University Press, 2017.

_____. *Pluralism, direct effect, and the ultimate say: On the relationship between international and domestic constitutional law. I.CON*, vol. 6, 2008.

_____. Ius Constitutionale Commune na América Latina. Uma reflexão sobre um constitucionalismo transformador. In: *Direitos humanos e constitucionalismo regional transformador: Ius constitucionale commune na América Latina.* Org. Eduardo Ferrer Mac-Gregor, Mariela Morales Antoniazzi e Flávia Piovesan. Curitiba: Juruá, 2016.

_____; URUEÑA, René. *International transformative constitutionalism in Latin America. The american journal of International law*, vol. 114, 2020.

_____; VENZKE, Ingo. *¿En nombre de quién? Una teoría de Derecho público sobre la actividad judicial internacional.* Bogotá: Universidad de Externado, 2016.

_____; ANTONIAZZI, Mariela Morales; PIOVESAN, Flávia. *Constitucionalismo transformador, inclusão e direitos sociais: desafios do Ius Constitutionale Commune Latino-Americano à luz do Direito Econômico Internacional.* Salvador: Juspodivum, 2019.

_____; PIOVESAN, Flávia; ANTONIAZZI, Mariela Morales (Coord.). *Estudos avançados em direitos humanos: democracia e integração jurídica: emergência de um novo direito público.* São Paulo: Campus, 2012.

BOFF, Leonardo. *Sustentabilidade:* o que é – o que não é. Petrópolis: Vozes, 2012.

BOLÍVIA. *Constitución Política Del Estado.* 7 febrero 2009. Disponível em: <https://bolivia.infoleyes.com/norma/469/constitución-pol%C3%ADtica-del-estado-cpe>. Acesso em: 20 de jan. de 2021.

_____. República del Bolívia. *Constitución de 2009.* Disponível em: <https://pdba.georgetown.edu/Constitutions/Bolivia/bolivia09.html>. Acesso em: 11 fev. 2021.

BORDIEU, Pierre. *A dominação masculina: a condição feminina e a violência simbólica.* 15ª ed. Trad. de Maria Helena Kühner. Rio de Janeiro: Bertrand Brasil, 2019.

BORGES, Felipe Dezorzi. *Nova ótica do STJ sobre crime de desacato contraria Constituição e convenções.* 14 out. 2017. Disponível em: <https://www.conjur.com.br/2017-out-14/felipe-borges-otica-stj-desacato-contraria-convencoes>. Acesso em: 16 abr. 2019.

BONAVIDES, Paulo. Os direitos fundamentais e a globalização. In: LEITE, George Salomão. *Dos princípios constitucionais.* São Paulo: Malheiros, 2003.

_____. *Curso de direito constitucional.* São Paulo: Malheiros, 2001.

BONAVIDES, Samia Saad Gallotti. MP Resolutivo: autocomposição, Resolução 118/2014-CNMP e justiça restaurativa - Parte 02. *Semana do MP Resolutivo.* Curitiba: Escola Superior do MPPR, 2017. (05min39seg) 2017. Disponível em: <https://spark.adobe.com/page/JrWDvgnPrIdr9/>. Acesso em: 21 fev. 2019

_____. *A justiça restaurativa como um novo modelo de prática para a restauração do vínculo comunitário. Tese de doutorado.* Jacarezinho: Universidade Estadual do Norte do Paraná, 2020.

BRANT, Leonardo Nemer Caldeira; PEREIRA, Luciana Diniz Durães; BARROS, Marinana Andrade e. *O Sistema Africano de Proteção dos Direitos Humanos e dos Povos.* Disponível em: <http://www.publicadireito.com.br/conpedi/manaus/arquivos/anais/bh/leonardo_nemer_caldeira_brant.pdf>. Acesso em: 10 fev. 2021.

BRASIL, Supremo Tribunal Federal (2ª Turma), *Habeas Corpus 141.949.* Relator: Min. Gilmar Mendes, j. em 13 de março de 2018. Disponível em: <http://www.stf.jus.

br/portal/jurisprudencia/listarJurisprudencia.asp?s1=%28DESACATO+E+CONSTITUCIONALIDADE%29&base=baseAcordaos&url=http://tinyurl.com/ze6dw3h>. Acesso em: 22 fev. 2019.

_____. Supremo Tribunal Federal (Tribunal Pleno), *ADI 2791*. Relator: Min. Celso de Mello, j. em 26 de novembro de 2014, pub. DJe 27 de fevereiro de 2015.

_____. Supremo Tribunal Federal. *RE 466.343-SP.* Tribunal Pleno, Rel. Min. Cezar Peluso, j. 03.12.2008, pub. DJe 05.06.2009.

_____. Supremo Tribunal Federal, *HC 90.172-SP*, 2.ª T., rel. Min. Gilmar Mendes, j. 05.06.2007, DJe 82, 16.08.2007.

_____. *Informativo STF*, nº 498, de 10 a 14.03.2008.

_____. Supremo Tribunal Federal (Tribunal Pleno), *ADI 2791*. Relator: Min. Celso de Mello, j. 26 de novembro de 2014, pub. DJe 27 de fevereiro de 2015.

_____. Supremo Tribunal Federal. *Recurso Extraordinário* 1093553, Relator(a): Min. Luiz Fux, j. 11/12/2019, pub. DJe 16/12/2019.

_____. Supremo Tribunal Federal. *HC 91.361*, 2ª T., rel. Min. Celso de Mello, j. 23.09.2008, pub. Dje 06.02.2009.

_____. Supremo Tribunal Federal. *ADI 5543*, Tribunal Pleno, rel. Min. Edson Fachin, j. 26.08.2020, pub. DJe 11.05.2020.

_____. Supremo Tribunal Federal. *Mandado de Injunção nº 4.733/DF*, Tribunal Pleno, Rel. Min. Edson Fachin, j. 21.02.2019, pub. DJe 29.09.2020.

_____. Supremo Tribunal Federal, *ADO 26-DF*, Tribunal Pleno, rel. Min. Celso de Mello, j. 13.06.2019, pub. DJe 06.102020.

_____. Supremo Tribunal Federal. *ADI 5595/MC*, j. 31.08.2017.

_____. Supremo Tribunal Federal. Reclamação n. 38.782/RJ. J. 03/11/2020.

_____. Supremo Tribunal Federal. RE 1.008.166/SC. Min. Rel. Luiz Fux, j. 22/09/2022.

_____. Supremo Tribunal Federal. *ARE 639337 AgR*, Relator(a): Min. Celso de Mello, Segunda Turma, j. 23.08.2011, DJe-177 Divulg 14-09-2011 Public 15-09-2011EMENT VOL-02587-01 PP-00125.

_____. Supremo Tribunal Federal. *ADI 4543 MC*, Relator(a): Min. Cármen Lúcia, TribunalPleno, j. 19/10/2011, Processo Eletrônico DJe-044 Divulg 01-03-2012 PUBLIC 02-03-2012 RTJ VOL-00221-01 PP-00407 RT v. 101, n. 921, 2012.

_____. Supremo Tribunal Federal, Tribunal Pleno, *ADI 5889/DF*, rel. orig. Min. Gilmar Mendes, rel. p/ o ac. Min. Alexandre de Moraes, j. 6.6.2018, pub. DJe 14.10.2020.

_____. Supremo Tribunal Federal. *ADI 6387 MC-Ref*, Tribunal Pleno, Rel. Min. Rosa Weber, j. 07.05.2020, Processo Eletrônico Dje-270. Divulg. 11.11.2020. Pub. 12.11.2020.

_____. Supremo Tribunal Federal, *RE 787048 AgR*, Rel. Min. Ricardo Lewandowski, Segunda Turma, j. 29/11/2019, Processo Eletrônico DJe-270 Divulg 06-12-2019 PUBLIC 09-12-2019.

_____. Supremo Tribunal Federal. *RE ADI 4717*, Rel. Min. Cármen Lúcia, Tribunal Pleno, j. 05/04/2018, Processo Eletrônico DJe-031 Divulg 14-02-2019 Public 15-02-2019.

_____. *Ação Direta de Inconstitucionalidade n. 5938/DF*. J. 29/05/2019. Disponível em: https://portal.stf.jus.br/processos/downloadPeca.asp?id=15341223346&ext=.pdf Acesso em: 10 mar. 2025. P. 22-23

_____. Recurso extraordinário 778.889/PE. Rel. Min. Luís Roberto Barroso. Disponível em: https://www.migalhas.com.br/arquivos/2016/3/art20160310-08.pdf Acesso em: 10 mar. 2025.

_____. ADPF 291, Relator(a): ROBERTO BARROSO, Tribunal Pleno, julgado em 28/10/2015, PROCESSO ELETRÔNICO DJe-094 DIVULG 10-05-2016 PUBLIC 11-05-2016. Inteiro teor, p. 31. Disponível em: https://redir.stf.jus.br/paginadorpub/paginador.jsp?docTP=TP&docID=10931627. Acesso em: 20 jun. 2023

_____. *MEDIDA CAUTELAR NA ARGUIÇÃO DE DESCUMPRIMENTO DE PRECEITO FUNDAMENTAL 779 DISTRITO FEDERAL*. Rel. Min. Dias Toffoli. Disponível em: ADPF779.pdf Acesso em: 14 mar. 2025.

_____. Advocacia-Geral da União. *Saiba mais sobre o Departamento de Assuntos Internacionais da AGU*. Disponível em: <https://www.gov.br/agu/pt-br/comunicacao/noticias/saiba-mais-sobre-o-trabalho-do-departamento-de-assuntos-internacionais-da-agu--833630>. Acesso em: 20 jun. 2021.

_____. Departamento Penitenciário Nacional (DEPEN). *Levantamento nacional de informações penitenciárias*. Período de julho a dezembro 2019. Disponível em: <https://app.powerbi.com/view?r=eyJrIjoiZWI2MmJmMzYtODA2MC00YmZiLWI4M2ItNDU2ZmIyZjFjZGQ0IiwidCI6ImViMDkwNDIwLTQ0NGMtNDNmNy05MWYyLTRiOGRhNmJmZThlMSJ9>. Acesso em: 12 ago. 2020.

_____. *Há 726.712 pessoas presas no Brasil. Ministério da Justiça*. 2017. Disponível em: <https://www.justica.gov.br/news/ha-726-712-pessoas-presas-no-brasil>. Acesso em: 10 nov. 2020.

_____. Supremo Tribunal Federal. *ADPF 347 MC*, Tribunal Pleno, Relator: Min. MARCO AURÉLIO, julgado em 09/09/2015. Disponível em: <http://redir.stf.jus.br/paginadorpub/paginador.jsp?docTP=TP&docID=10300665>. Acesso em: 3 dez. 2019.

_____. *Levantamento nacional de informações penitenciárias*. Período de julho a dezembro 2019. Disponível em: <https://app.powerbi.com/view?r=eyJrIjoiZWI2MmJmMzYtODA2MC00YmZiLWI4M2ItNDU2ZmIyZjFjZGQ0IiwidCI6ImViMDkwNDIwLTQ0NGMtNDNmNy05MWYyLTRiOGRhNmJmZThlMSJ9>. Acesso em: 11 ago. 2020.

_____. Conselho Nacional de Justiça. *Regras de Mandela*. Disponível em: <https://www.cnj.jus.br/wp-content/uploads/2019/09/a9426e51735a4d0d8501f06a4ba8b4de.pdf>. Aceso em: 11 ago. 2020.

_____. Supremo Tribunal Federal. *ADPF 347 MC*, rel. Min. Marco Aurélio, j. 9-9-2015, DJE de 19-2-2016;

_____. Supremo Tribunal Federal. *ADI 5.240*, rel. Min. Luiz Fux, j. 20-8-2015, DJE de 1º-2-2016.

_____. [Constituição (1988)]. *Constituição da República Federativa do Brasil de 1988.* Brasília, DF: Presidência da República, [2016]. Disponível em: <http://www.planalto.gov.br/ccivil_03/constituicao/constituicao.html>. Acesso em: 9 mai. 2019.

_____. Supremo Tribunal Federal. Tribunal Pleno, Rel. Min. Ayres Britto, j. 05.05.2011, pub. DJe 14.10.2011.

_____. Supremo Tribunal Federal. *STF enquadra homofobia e transfobia como crimes de racismo ao reconhecer omissão legislativa.* 13 jun 2019. Disponível em: <http://www.stf.jus.br/portal/cms/verNoticiaDetalhe.asp?idConteudo=414010>.

_____. Lei nº 10.216, de 6 de Abril de 2001. Dispõe sobre a proteção e os direitos das pessoas portadoras de transtornos mentais e redireciona o modelo assistencial em saúde mental.

_____. Lei nº 11.340, de 7 de Agosto de 2006. Cria mecanismos para coibir a violência doméstica e familiar contra a mulher, nos termos do § 8º do art. 226 da Constituição Federal, da Convenção sobre a Eliminação de Todas as Formas de Discriminação contra as Mulheres e da Convenção Interamericana para Prevenir, Punir e Erradicar a Violência contra a Mulher; dispõe sobre a criação dos Juizados de Violência Doméstica e Familiar contra a Mulher; altera o Código de Processo Penal, o Código Penal e a Lei de Execução Penal; e dá outras providências.

_____. *Lei 12.852, de 5 de agosto de 2013.* Institui o Estatuto da Juventude e dispõe sobre os direitos dos jovens, os princípios e diretrizes das políticas públicas de juventude e o Sistema Nacional de Juventude - SINAJUVE.

_____. Supremo Tribunal Federal (Tribunal pleno). *Ação Direta de Inconstitucionalidade 4.275/DF.* AÇÃO DIRETA DE INCONSTITUCIONALIDADE. DIREITO CONSTITUCIONAL E REGISTRAL. PESSOA TRANSGÊNERO. ALTERAÇÃO DO PRENOME E DO SEXO NO REGISTRO CIVIL. POSSIBILIDADE. DIREITO AO NOME, AO RECONHECIMENTO DA PERSONALIDADE JURÍDICA, À LIBERDADE PESSOAL, À HONRA E À DIGNIDADE. INEXIGIBILIDADE DE CIRURGIA DE TRANSGENITALIZAÇÃO OU DA REALIZAÇÃO DE TRATAMENTOS HORMONAIS OU PATOLOGIZANTES [...]. Rel. Min. Marco Aurélio. Redator p/ acórdão: Min. Edson Fachin, 1 mar. 2018. Disponível em: <http://redir.stf.jus.br/paginadorpub/paginador.jsp?docTP=TP&docID=749297200>. Acesso em: 28 mar. 2019.

_____. Supremo Tribunal Federal. *ADI 6841.* Tribunal Pleno. Rel. Min. Nunes Marques. j. 01.07.2021.

_____. Ministério da Justiça e Segurança Pública. *Refúgio em números.* 4ª edição. Disponível em: <https://www.acnur.org/portugues/wp-content/uploads/2019/07/Refugio-em-nu%CC%81meros_versa%CC%83o-23-de-julho-002.pdf>. Acesso em: 19 fev. 2020.

_____. Supremo Tribunal Federal. *Escolas particulares devem cumprir obrigações do Estatuto da Pessoa com Deficiência*, decide STF. 9 jun. 2016.. Disponível em: <http://www.stf.jus.br/portal/cms/verNoticiaDetalhe.asp?idConteudo=318570>. Acesso em: 28 jan. 2021.

_____. Câmara dos Deputados. *Convenção nº 169 da OIT sobre povos indígenas e tribais*. Acesso em: 1 fev. 2021. Disponível em: <https://www2.camara.leg.br/legin/fed/decleg/2002/decretolegislativo-143-20-junho-2002-458771-convencaon169-pl.pdf>.

_____. Supremo Tribunal Federal. *ADPF 709 MC-REF / DF*. Plenário. 5 ago. 2020. Disponível em: <http://redir.stf.jus.br/paginadorpub/paginador.jsp?docTP=TP&docID=754033962>. Acesso em: 1 fev. 2021.

_____. Supremo Tribunal Federal. *Pet. 3388*. Tribunal Pleno. j. 19.03.2009. pub. DJe 17.04.2009.

_____. *Decreto nº 6.040, de 7 de fevereiro de 2007*. Institui a Política Nacional de Desenvolvimento Sustentável dos Povos e Comunidades Tradicionais.

_____. Conselho Nacional de Justiça. *Recomendação nº 62, de 17 de março de 2020*. Acesso em 12 ago. 2020. Disponível em: <https://www.cnj.jus.br/wp-content/uploads/2020/03/62-Recomendação.pdf>.

_____. Supremo Tribunal Federal. *Ext 1155*, Relator(a): GILMAR MENDES, Segunda Turma, julgado em 09/08/2011, DJe-160 DIVULG 19-08-2011 PUBLIC 22-08-2011 REPUBLICAÇÃO: DJe-166 DIVULG 29-08-2011 PUBLIC 30-08-2011 EMENT VOL-02576-01 PP-00009.

_____. Supremo Tribunal Federal. *ADPF 738-DF/MC*, Tribunal Pleno, Rel. Min. Ricardo Lewandowski, j. 05.10.2020, pub. DJe 29.10.2020.

_____. Supremo Tribunal Federal. *ADPF 320/DF*. Tribunal Pleno. Rel. Min. Luiz Fux. J. 20.08.2015. Pub. DJe 01.02.2016.

_____. Tribunal Superior Eleitoral. *Consulta 11.551*, Tribunal Pleno, Rel. Min. Luís Roberto Barroso, j. 25.08.2020.

_____. Superior Tribunal de Justiça, *REsp 1537530/SP*, Rel. Min. Herman Benjamin, Segunda Turma, j. 27.04.2017, DJe 27.02.2020.

_____. Supremo Tribunal Federal. *HC 172.126*, rel. Min. Celso de Mello, Segunda Turma, j. 10.10.2020, pub. DJe 01.12.2020.

_____. Superior Tribunal de Justiça. *REsp. 1.640.084/SP*, 5ª T., rel. Min. Ribeiro Dantas, j. 15.12.2016, pub. DJe 01.02.2017.

_____. Superior Tribunal de Justiça. HC n. 452.975/DF, relator Ministro Og Fernandes, Primeira Seção, julgado em 12/2/2020, DJe de 10/3/2020.

_____. Supremo Tribunal Federal (Decisão Monocrática). *Recurso Extraordinário 1.188.134/RS*. DECISÃO RECURSO EXTRAORDINÁRIO. PENAL. DESACATO. DOLO ESPECÍFICO. NECESSIDADE DE ANÁLISE DA PROVAS E DE LEGISLAÇÃO INFRACONSTITUCIONAL. SÚMULA N. 279 DO SUPREMO TRIBUNAL FEDERAL. RECURSO EXTRAORDINÁRIO AO QUAL SE NEGA SEGUIMENTO. Relatório 1. Recurso extraordinário interposto com base na al. a do inc. III do art. 102 da Constituição da República contra o seguinte julgado do Tribunal de Justiça do Rio Grande do Sul: "CRIME DE DESACATO. ART. 331 DO CÓDIGO PENAL. AUSÊNCIA DE DOLO ESPECÍFICO. [...] Relatora: Min. Cármen Lúcia, 14 de fevereiro de 2019. Disponível em: <http://stf.jus.br/portal/

jurisprudencia/visualizarEmenta.asp?s1=000395449&base=baseMonocraticas>. Acesso em: 22 abr. 2019.

_____. Supremo Tribunal Federal. *ADI 5580*, Relator(a): ROBERTO BARROSO, Tribunal Pleno, julgado em 24/08/2020, PROCESSO ELETRÔNICO DJe-281 DIVULG 26-11-2020 PUBLIC 27-11-2020.

_____. Supremo Tribunal Federal. *Medida cautelar na Arguição de Descumprimento de Preceito Fundamental 347 Distrito Federal*. Rel. Min. Marco Aurélio. Plenário. 2015. Disponível em: <http://redir.stf.jus.br/paginadorpub/paginador.jsp?docTP=TP&docID=10300665>. Acesso em: 8 dez. 2020.

_____. Superior Tribunal de Justiça. *RHC 119.503/RS*. 6ª T. rel. Min. Laurita Vaz. j. 04.02.2020. Publ. DJe 19.02.2020; BRASIL. Superior Tribunal de Justiça. *RHC 115.618-BA*. 5ª T. rel. Min. Reynaldo Soares da Fonseca. j. 27.08.2019. Pub. 10.09.2019.

_____. Supremo Tribunal Federal. *Rcl. 29.303 AgR./RJ*. 2020-a. Min. Rel. Edson Fachin. j. 10 dez. 2020.

_____. Supremo Tribunal Federal. *ADPF 496-DF*. Tribunal Pleno. Rel. Min. Roberto Barroso. j. 22.06.2020. pub. DJe 24.09.2020.

_____. Supremo Tribunal Federal. RE 593727, Relator(a): Cezar Peluso, Relator(a) p/ Acórdão: Gilmar Mendes, Tribunal Pleno, julgado em 14/05/2015, acórdão eletrônico repercussão geral - mérito Dje-175 Divulg 04-09-2015 public 08-09-2015.

______. Supremo Tribunal Federal. *Referendo na Medida Cautelar na Ação Direta de Inconstitucionalidade 5.357 Distrito Federal*. Rel. Min. Edson Fachin. Plenário. j. 09.06.2016. Disponível em: <http://redir.stf.jus.br/paginadorpub/paginador.jsp?docTP=TP&docID=12012290>. Acesso em: 8 dez. 2020.

_____. Supremo Tribunal Federal. *ADPF 460*. Tribunal Pleno. Rel. Min. Luiz Fux. Julgado em 29/06/2020, Processo Eletrônico DJe-201. Divulg 12/08/2020. Public. 13/08/2020.

_____. Supremo Tribunal Federal. *Habeas Corpus n.º 143.641/SP*. Rel. Min. Ricardo Lewandowski. j. 20.02.2018. p. 24. Disponível em: <http://redir.stf.jus.br/paginadorpub/paginador.jsp?docTP=TP&docID=748401053>. Acesso em: 20 mar. 2021.

______. Supremo Tribunal Federal. *Medida Cautelar na Arguição de Descumprimento de Preceito Fundamental 635 Rio de Janeiro*. Relator Min. Edson Fachin. Plenário. j. 18.08.2020. Disponível em: <http://redir.stf.jus.br/paginadorpub/paginador.jsp?docTP=TP&docID=754168293>. Acesso em: 8 dez. 2020-b. p. 3.

_____. Supremo Tribunal Federal. *Medida Cautelar na Arguição de Descumprimento de Preceito Fundamental 635 Rio de Janeiro*. Relator Min. Edson Fachin. Plenário. J. 18.08.2020. Disponível em: <http://redir.stf.jus.br/paginadorpub/paginador.jsp?docTP=TP&docID=754168293>. Acesso em: 8 dez. 2020-b.

_____. Supremo Tribunal Federal. *ADPF 291*. Tribunal Pleno. Rel. Min. Luís Roberto Barroso. j. 28.10.2015. pub. DJe 01.06.2016.

______. Supremo Tribunal Federal. *RE 1.308.883-SP*, Rel. Min. Edson Fachin, j. 07.04.2021. Disponível em: <https://patrimoniopublico.mppr.mp.br/arquivos/File/Informativos/2021/RE1308883.pdf>. Acesso em: 23 abr. 2021.

______. Supremo Tribunal Federal, *HC 143968 AgR*, Relator(a): Min. Ricardo Lewandowski, Segunda Turma, julgado em 29/06/2018, Processo Eletrônico DJe-157 Divulg 03-08-2018 PUBLIC 06-08-2018. Disponível em: <http://www.stf.jus.br/portal/jurisprudencia/listarJurisprudencia.asp?s1=%28DESACATO+E+CONSTITUCIONALIDADE%29&base=baseAcordaos&url=http://tinyurl.com/ze6dw3h>. Acesso em: 22 fev. 2019.

______. Supremo Tribunal Federal. Disponível em: <http://www.stf.jus.br/portal/cms/verNoticiaDetalhe.asp?idConteudo=443456>. Acesso em: 10 mar. 2021.

______. Supremo Tribunal Federal, *ADI 4439*, Relator(a): Min. Roberto Barroso, Relator(a) p/ Acórdão: Min. Alexandre de Moares, Tribunal Pleno, julgado em 27/09/2017, Processo Eletrônico, DJe-123 Divulg 20-06-2018 Public 21-06-2018. Disponível em: <http://www.stf.jus.br/portal/jurisprudencia/visualizarEmenta.asp?s1=000270370&base=baseAcordaos>. Acesso em: 21 fev. 2019.

______. Supremo Tribunal Federal, *ADI 4.424*, Tribunal Pleno, Rel. Min. Marco Aurélio, j. 09.02.2012. Disponível em:<https://www.stf.jus.br/arquivo/cms/publicacaoPublicacaoTematica/anexo/2_Cadernos_STF_Genero_Direito_das_Mulheres.pdf>. Acesso em: 01 jun. 2023.

______. Supremo Tribunal Federal. SL nº 1.197 AgR, Relator(a): DIAS TOFFOLI, Tribunal Pleno, julgado em 24/08/2020.

______. Supremo Tribunal Federal. *ADPF 457*, Relator(a): ALEXANDRE DE MORAES, Tribunal Pleno, julgado em 27/04/2020, PROCESSO ELETRÔNICO DJe-137 DIVULG 02-06-2020 PUBLIC 03-06-2020.

______. Supremo Tribunal Federal. *ADPF 467*, Relator(a): GILMAR MENDES, Tribunal Pleno, julgado em 29/05/2020, PROCESSO ELETRÔNICO DJe-170 DIVULG 06-07-2020 PUBLIC 07-07-2020.

______. Supremo Tribunal Federal. RE 494601, Relator(a): MARCO AURÉLIO, Relator(a) p/ Acórdão: EDSON FACHIN, Tribunal Pleno, julgado em 28/03/2019, PROCESSO ELETRÔNICO DJe-251 DIVULG 18-11-2019 PUBLIC 19-11-2019.

______. Supremo Tribunal Federal. *ADPF 635/RJ*, Tribunal Pleno, rel. Min. Edson Fachin, j. 05.08.2020, pub. DJe 19.08.2020.

______. Supremo Tribunal Federal. *RE 845.779/SC*. Tribunal Pleno. Rel. Min. Luiz Fux. J. 13.11.2014. pub. DJ 10.03.2015.

______. Supremo Tribunal Federal. *Medida Cautelar na Argüição de Descumprimento de Preceito Fundamental 527 Distrito Federal*, rel. Min. Roberto Barroso, j. 26 de junho de 2019.

______. Supremo Tribunal Federal. *Começa hoje a 49ª Sessão Extraordinária da CorteIDH*. 11. nov. 2013. Disponível em: <http://www.stf.jus.br/portal/cms/verNoticiaDetalhe.asp?idConteudo=252990&caixaBusca=N>. Acesso em: 19 fev. 2021.

_____. Supremo Tribunal Federal. ADI 5617, Relator(a): EDSON FACHIN, Tribunal Pleno, julgado em 15/03/2018, PROCESSO ELETRÔNICO DJe-211 DIVULG 02-10-2018 PUBLIC 03-10-2018.

_____. Supremo Tribunal Federal. ADC 41, Relator(a): ROBERTO BARROSO, Tribunal Pleno, julgado em 08/06/2017, PROCESSO ELETRÔNICO DJe-180 DIVULG 16-08-2017 PUBLIC 17-08-2017.

_____. Conselho Nacional de Justiça. *Observatório dos Direitos Humanos do Poder Judiciário*. Disponível em: <https://www.cnj.jus.br/observatorio/observatorio-direitos-humanos/>. Acesso em: 9 dez. 2020.

_____. Conselho Nacional de Justiça. *Portaria nº 190 de 17/09/2020*. Disponível em: <https://atos.cnj.jus.br/files/original164854202010065f7c9ff66d893.pdf>. Acesso em: 9 dez. 2020.

_____. Conselho Nacional de Justiça. Protocolo de Julgamento na perspectiva de gênero. https://www.cnj.jus.br/wp-content/uploads/2021/10/protocolo-18-10-2021-final.pdf. Acesso em 25 de jan. de 2022.

_____. Conselho Nacional de Justiça. https://www.cnj.jus.br/cnj-divulga-pesquisa-e-formulario-para-subsidiar-combate-a-lgbtfobia/. Acesso em 26 de junho de 2023.

_____. *Decreto nº 7.053, de 23 de dezembro de 2009*. Disponível em: <http://www.planalto.gov.br/ccivil_03/_Ato2007-2010/2009/Decreto/D7053.html>. Acesso em: 11 mar. 2019.

_____. Ministério dos Direitos Humanos. *Plano Nacional de educação em direitos humanos*. 3ª reimpressão. Brasília: 2018.

_____. [Código de Processo Civil (2015)]. *Lei nº 13.105, de 16 de março de 2015*. Brasília, DF: Presidência da República, [2015]. Disponível em: <http://www.planalto.gov.br/ccivil_03/_ato2015-2018/2015/lei/l13105.html>. Acesso em: 9 mai. 2015.

_____. Superior Tribunal de Justiça. *REsp 1.640.084/SP*. Rel. Min. Ribeiro Dantas. Quinta Turma. J. 15.12.2016. Disponível em: <https://ww2.stj.jus.br/processo/revista/documento/mediado/?componente=ITA&sequencial=1564541&num_registro=201600321060&data=20170201&formato=PDF>. Acesso em: 5 fev. 2019.

_____. Superior Tribunal de Justiça, *HC 379.269/MS*, Rel. Ministro Reynaldo Soares da Fonseca, Rel. p/ Acórdão Ministro Antonio Saldanha Palheiro, Terceira Seção, julgado em 24/05/2017, DJe 30/06/2017. Disponível em: <http://www.stj.jus.br/SCON/jurisprudencia/toc.jsp?i=1&b=ACOR&livre=((%27HC%27.clap.+e+@num=%27379269%27)+ou+(%27HC%27+adj+%27379269%27.suce.))&thesaurus=JURIDICO&fr=veja>. Acesso em: 22 fev. 2019.

_____. Superior Tribunal de Justiça. *REsp 1927423/SP*, 3ª T., rel. Min Marco Aurélio Bellizze, j. 27.04.2021, pub. DJe 04.05.2021.

_____. Supremo Tribunal Federal, *HC 141949*, Relator(a): Min. Gilmar Mendes, Segunda Turma, julgado em 13/03/2018, Processo Eletrônico DJe-077 Divulg 20-04-2018 Public 23-04-2018. Disponível em: <http://www.stf.jus.br/portal/jurisprudencia/listarJurisprudencia.asp?s1=%28DESACATO+E+CONSTITUCIONALIDADE%29&base=baseAcordaos&url=http://tinyurl.com/ze6dw3h>. Acesso em: 22 fev. 2019.

_____. Superior Tribunal de Justiça. *Em decisão colegiada inédita, STJ manda contar em dobro todo o período de pena cumprido em situação degradante*. Disponível em: <https://www.stj.jus.br/sites/portalp/Paginas/Comunicacao/Noticias/18062021--Em-decisao-colegiada-inedita--STJ-manda-contar-em-dobro-todo-o-periodo--de-pena-cumprido-em-situacao-degradante.aspx>.Acesso em: 20 jun. 2021.

_____. *Tipificação do crime de desacato não viola a garantia de liberdade de expressão*. Disponível em: <https://portal.stf.jus.br/noticias/verNoticiaDetalhe.asp?idConteudo=446054&ori=1>. Acesso em: 16 mai. 2021.

_____. COMISSÃO INTERAMERICANA DE DIREITOS HUMANOS. MEDIDA CAUTELAR 679-20 – POVO INDÍGENA MUNDURUKU. *RELATÓRIO DO ESTADO*. Janeiro 2021. 2021-b.

_____. COMISSÃO INTERAMERICANA DE DIREITOS HUMANOS. *Medida Cautelar 679-20 (Povo Indígena Munduruku). RELATÓRIO DO ESTADO. Minuta*. Set. 2020.

_____. COMISSÃO INTERAMERICANA DE DIREITOS HUMANOS. COMISSÃO INTERAMERICANA DE DIREITOS HUMANOS. *MEDIDA CAUTELAR 563-20 – POVO YANOMAMI E POVO YE'KUANA. RELATÓRIO DO ESTADO*. Fev. 2021.

_____. COMISSÃO INTERAMERICANA DE DIREITOS HUMANOS. *Medida Cautelar 563-20 (Povo Yanomami e Povo Ye'kwana). RELATÓRIO DO ESTADO*. Dez. 2020.

_____. COMISSÃO INTERAMERICANA DE DIREITOS HUMANOS. *Pedido de Informações – Artigo 41. Medidas para prevenir, atender e conter a pandemia de COVID-19*. RELATÓRIO DO ESTADO. Jun. 2020.

_____. LEI No 10.741, DE 1º DE OUTUBRO DE 2003. Dispõe sobre o Estatuto do Idoso e dá outras providências. Disponível em: <http://www.planalto.gov.br/ccivil_03/leis/2003/l10.741.html>. Acesso em: 4 abr. 2021.

_____. *Ministério vai mapear e auxiliar instituições que prestam auxílio às pessoas com deficiência*. 23 abr. 2020. Disponível em: <https://www.gov.br/mdh/pt-br/assuntos/noticias/2020-2/abril/ministerio-vai-mapear-e-auxiliar-instituicoes-que-prestam--auxilio-as-pessoas-com-deficiencia>. Acesso em: 5 abr. 2021.

_____. *Imunização indígena - Covid-19*. Disponível em: <https://qsprod.saude.gov.br/extensions/imunizacao_indigena/imunizacao_indigena.html>. Acesso em: 6 abr. 2021.

_____. Conselho Nacional de Política Criminal e Penitenciária. *RESOLUÇÃO Nº 14, DE 4 DE FEVEREIRO DE 2021*. Priorização da Vacinação dos Servidores do Sistema Prisional e Pessoas Privadas de Liberdade no Plano Nacional de Operacionalização da Vacina Contra a Covid-19.

_____. Supremo Tribunal Federal. *MEDIDA CAUTELAR NA ARGUIÇÃO DE DESCUMPRIMENTO DE PRECEITO FUNDAMENTAL 709 DISTRITO FEDERAL*. Rel. Min. Luís Roberto Barroso.

_____. STJ. *Regimento Interno do STJ*.

_____. STF. *RE 482611*, Relator(a): Min. Celso de Mello, julgado em: 23/03/2010, DJE: 06/04/2010.

_____. CNJ. Dados do Conselho Nacional de Justiça. Disponível em: <http://www.cnj.jus.br/sistema-carcerario-e-execucao-penal/audiencia-de-custodia/mapa-da-implantacao-da-audiencia-de-custodia-no-brasil>. Acesso em: 15 mar. 2019.

_____. Conselho Nacional de Justiça. Atos Administrativos. *Resolução nº 213/2015*. Disponível em: <http://www.cnj.jus.br/busca-atos-adm?documento=3059>. Acesso em: 15 mar. 2019.

_____. Supremo Tribunal Federal. *Medida Cautelar na Arguição de Descumprimento de Preceito Fundamental nº 347*. Julgamento em: 9 set. 2015. Voto do Relator, Min. Marco Aurélio.

_____. Supremo Tribunal Federal. *ADI 2130* MC, Relator(a): Min. CELSO DE MELLO, julgado em 20/12/2000, publicado em DJ 02/02/2001 P – 001.

_____. Supremo Tribunal Federal, *ADC 19*, Tribunal Pleno, Rel. Min. Marco Aurélio, j. 09.02.2012. Disponível em: <https://www.stf.jus.br/arquivo/cms/publicacaoPublicacaoTematica/anexo/2_Cadernos_STF_Genero_Direito_das_Mulheres.pdf>. Acesso em: 01 jun. 2023.

_____. Supremo Tribunal Federal. RE 654833, Relator(a): Alexandre de Moraes, Tribunal Pleno, julgado em 20.04.2020, Processo Eletrônico Repercussão Geral - Mérito DJe-157 Divulg 23.06.2020 Public 24.06.2020.

_____. Supremo Tribunal Federal. HC 82.424-RS, Tribunal Pleno, j. 17.09.2003, rel. Min. Maurício Corrêa, DJ 19.03.2004.

_____. Supremo Tribunal Federal. *ADI 5617*, Relator(a): EDSON FACHIN, Tribunal Pleno, julgado em 15/03/2018, PROCESSO ELETRÔNICO DJe-211 DIVULG 02-10-2018 PUBLIC 03-10-2018.

_____. Supremo Tribunal Federal. RE 778889, Relator(a): ROBERTO BARROSO, Tribunal Pleno, julgado em 10/03/2016, ACÓRDÃO ELETRÔNICO REPERCUSSÃO GERAL - MÉRITO DJe-159 DIVULG 29-07-2016 PUBLIC 01-08-2016.

_____. Supremo Tribunal Federal. ADPF 461, Relator(a): ROBERTO BARROSO, Tribunal Pleno, julgado em 24/08/2020, PROCESSO ELETRÔNICO DJe-233 DIVULG 21-09-2020 PUBLIC 22-09-2020.

_____. Supremo Tribunal Federal. ADI 3239, Relator(a): CEZAR PELUSO, Relator(a) p/ Acórdão: ROSA WEBER, Tribunal Pleno, julgado em 08/02/2018, ACÓRDÃO ELETRÔNICO DJe-019 DIVULG 31-01-2019 PUBLIC 01-02-2019.

_____. Supremo Tribunal Federal. ADPF 742 MC, Relator(a): MARCO AURÉLIO, Relator(a) p/ Acórdão: EDSON FACHIN, Tribunal Pleno, julgado em 24/02/2021, PROCESSO ELETRÔNICO DJe-080 DIVULG 28-04-2021 PUBLIC 29-04-2021.

_____. Supremo Tribunal Federal. ADI nº 4.269. Relator(a): Edson Fachin, Tribunal Pleno, julgado em 18.10.2017, Acórdão Eletrônico DJe-019 Divulg 31-01-2019 Public 01.02.2019.

_____. Supremo Tribunal Federal. ADPF 738 MC-Ref, Relator(a): RICARDO LEWANDOWSKI, Tribunal Pleno, julgado em 05/10/2020, PROCESSO ELETRÔNICO DJe-260 DIVULG 28-10-2020 PUBLIC 29-10-2020).

_____. Supremo Tribunal Federal. ADO 26, Relator(a): CELSO DE MELLO, Tribunal Pleno, julgado em 13/06/2019, PROCESSO ELETRÔNICO DJe-243 DIVULG 05-10-2020 PUBLIC 06-10-2020).

_____. Supremo Tribunal Federal. ADI 5617, Relator(a): EDSON FACHIN, Tribunal Pleno, julgado em 15/03/2018, PROCESSO ELETRÔNICO DJe-211 DIVULG 02-10-2018 PUBLIC 03-10-2018).

_____. Supremo Tribunal Federal . RE 658312, Relator(a): DIAS TOFFOLI, Tribunal Pleno, julgado em 27/11/2014, ACÓRDÃO ELETRÔNICO REPERCUSSÃO GERAL - MÉRITO DJe-027 DIVULG 09-02-2015 PUBLIC 10-02-2015.

_____. Supremo Tribunal Federal . RE 778889, Relator(a): ROBERTO BARROSO, Tribunal Pleno, julgado em 10/03/2016, ACÓRDÃO ELETRÔNICO REPERCUSSÃO GERAL - MÉRITO DJe-159 DIVULG 29-07-2016 PUBLIC 01-08-2016).

_____. ADPF 742 MC, Relator(a): MARCO AURÉLIO, Relator(a) p/ Acórdão: EDSON FACHIN, Tribunal Pleno, julgado em 24/02/2021, PROCESSO ELETRÔNICO DJe-080 DIVULG 28-04-2021 PUBLIC 29-04-2021).

_____. Supremo Tribunal Federal. *ADPF 779 MC-Ref*, Relator(a): Dias Toffoli, Tribunal Pleno, julgado em 15/03/2021, Processo Eletrônico DJe-096 Divulg 19-05-2021 Public 20-05-2021).

_____. Supremo Tribunal Federal. *ADI 4.424*, Tribunal Pleno, Rel. Min. Marco Aurélio, j. 09.02.2012. Disponível em: <https://www.stf.jus.br/arquivo/cms/publicacaoPublicacaoTematica/anexo/2_Cadernos_STF_Genero_Direito_das_Mulheres.pdf>. Acesso em: 01 jun. 2023.

_____. Supremo Tribunal Federal. *RE 565714*, Relator(a): Min. CÁRMEN LÚCIA, julgado em 23/04/2008, publicado em DJe-108 DIVULG 13/06/2008 PUBLIC 16/06/2008). Sem grifos no original.

_____. Supremo Tribunal Federal, *MCADIn 2130-SC*, rel. Min. Celso de Mello, j. 20.12.2000, DJU 2.2.2001, p. 145.

_____. Supremo Tribunal Federal. *ADI 4071 AgR*, Relator(a): Min. MENEZES DIREITO, julgado em 22/04/2009. ADI 4067 AgR, Relator(a): Min. JOAQUIM BARBOSA, julgado em 10/03/2010.

_____. Supremo Tribunal Federal. *RE 574706 AgR*, Relator(a): Min. CÁRMEN LÚCIA, PUBLIC 02-10-2017ADPF 449 AgR, Relator(a): Min. LUIZ FUX, PUBLIC 13-06-2018.

_____. Supremo Tribunal Federal. *RE 593849 AgR*, Relator(a): Min. EDSON FACHIN, PUBLIC 03-10-2017.

_____. Supremo Tribunal Federal. *ADI 3105 ED*, Relator(a): Min. CEZAR PELUSO, julgado em 02/02/2007.

_____. Supremo Tribunal Federal. *RE 597165 AgR*, Relator(a): Min. CELSO DE MELLO, julgado em 28/10/2014.

_____. Supremo Tribunal Federal. *RE 817338 AgR*-segundo, Relator(a): Min. DIAS TOFFOLI, julgado em 01/08/2018.

_____. Supremo Tribunal Federal . *RE 602584*, Relator(a): Min. MARCO AURÉLIO, julgado em 09/02/2017, publicado em DJe-041 DIVULG 03/03/2017 PUBLIC 06/03/2017.

_____. Supremo Tribunal Federal. Pleno, *EmbDclADIn 3615-PB*, rel. Min. Cármen Lúcia, j. 17.3.2008.

_____. Supremo Tribunal Federal. *ADI 5108 AgR*, Relator(a): Min. DIAS TOFFOLI, PUBLIC 07-03-2018.

_____. Supremo Tribunal Federal. *ADI 3460 ED*, Relator(a): Min. TEORI ZAVASCKI, Tribunal Pleno, julgado em 12/02/2015, ACÓRDÃO ELETRÔNICO DJe-047 DIVULG 11-03-2015 PUBLIC 12-03-2015. Sem grifos no original.

_____. Supremo Tribunal Federal. *ADI 5464 AgR*, Relator(a): Min. DIAS TOFFOLI, PUBLIC 17-11-2017. RE 817338 AgR-segundo, Relator(a): Min. DIAS TOFFOLI, julgado em 01/08/2018.

_____. Supremo Tribunal Federal. *ADI 5086 AgR*, Relator(a): Min. LUIZ FUX, Tribunal Pleno, julgado em 18/05/2018, PROCESSO ELETRÔNICO DJe-116 DIVULG 12-06-2018 PUBLIC 13-06-2018. Sem grifos no original.

_____. Supremo Tribunal Federal, *ADIn 4598-DF*, rel. Min. Luiz Fux, decisão monocrática, j. 10.12.2013, DJUE 13.12.2013.

_____. Supremo Tribunal Federal. *ADI 4650*, Relator(a): Min. LUIZ FUX, julgado em 09/12/2013, publicado em PROCESSO ELETRÔNICO DJe-244 DIVULG 11/12/2013 PUBLIC 12/12/2013.

_____. Supremo Tribunal Federal. *Arguição de Descumprimento de Preceito Fundamental n.º 153*. Relator: Ministro Eros Grau. Julgado em: 29/04/2010.

_____. *Ministério Público Federal. Gomes Lund e Outros v. Brasil.* Disponível em: <http://midia.pgr.mpf.gov.br/pfdc/hotsites/sistema_protecao_direitos_humanos/docs/corte_idh/Jurisprudencia/casos_contenciosos/CasoGomesLund_outrosVsBrasil/sentenca.pdf>. Acesso em: ago. 2013.

_____. CONSELHO NACIONAL DO MINISTÉRIO PÚBLICO. *Cenários de gênero*. Disponível em: <https://www.cnmp.mp.br/portal/images/20180622_CEN%C3%81RIOS_DE_G%C3%8ANERO_v.FINAL_2.pdf>. Acesso em: 2 de mar. 2021

_____. Senado Federal. *Trabalho escravo atualmente. Em Discussão*, n. 7, ano 2, mai. 2011. Disponível em: <https://www.senado.gov.br/NOTICIAS/JORNAL/EMDISCUSSAO/trabalho-escravo/trabalho-escravo-atualmente.aspx>. Acesso em: 18 jul. 2017.

_____. Defensoria Pública do Espírito Santo. Recomendação Conjunta SUBDEF/CDH nº 01/2015, de 29/04/2015.

_____. Supremo Tribunal Federal. *ADPF 496*. Relator: Min. Luís Roberto Barroso, 22 de junho de 2020. Lex: Jurisprudência do STF, Brasília, Diário da Justiça Eletrônico, 24 jun. 2020.

_____. *Direitos das mulheres*. Coordenação Gabriel da Silveira Matos, Luís Geraldo Sant'Ana Lanfredi, Estêvão André Cardoso Waterloo, Manuelita Hermes Rosa

Oliveira Filha, Valter Shuenquener de Araújo, Pedro Felipe de Oliveira Santos, Alexandre Reis Siqueira Frei Brasilia: CNJ, 2023. p. 97.

_____. Supremo Tribunal Federal. *STF, HC 154248*, Relator(a): EDSON FACHIN, Tribunal Pleno, julgado em 28/10/2021, PROCESSO ELETRÔNICO DJe-036 DIVULG 22-02-2022 PUBLIC 23-02-2022.

_____. Supremo Tribunal Federal. Audiência Pública. *Interrupção voluntária da gravidez. ADPF 442.* Min. Rela. Rosa Weber. Disponível em: <http://www.stf.jus.br/arquivo/cms/audienciasPublicas/anexo/TranscrioInterrupovoluntriadagravidez.pdf>. Acesso em: 19 jul. 2021.

_____. Supremo Tribunal Federal. HC 90.172-SP, 2.ª T., rel. Min. Gilmar Mendes, j. 05.06.2007, DJe 82, 16.08.2007.

_____. Conselho Nacional de Justiça. https://www.cnj.jus.br/cnj-divulga-pesquisa-e--formulario-para-subsidiar-combate-a-lgbtfobia/. Acesso em 26 de junho de 2023.

_____. Supremo Tribunal Federal. STF, *RE 670422*, Relator(a): DIAS TOFFOLI, Tribunal Pleno, julgado em 15/08/2018, PROCESSO ELETRÔNICO REPERCUSSÃO GERAL - MÉRITO DJe-051 DIVULG 09-03-2020 PUBLIC 10-03-2020).

_____. *Informativo STF*, nº 498, de 10 a 14.03.2008.

_____. Supremo Tribunal Federal. *ADI 5543*, Tribunal Pleno, rel. Min. Edson Fachin, j. 11.05.2020, pub. DJe 26.08.2020.

_____. Supremo Tribunal Federal . *ADPF 457*, Relator(a): ALEXANDRE DE MORAES, Tribunal Pleno, julgado em 27/04/2020, PROCESSO ELETRÔNICO DJe-137 DIVULG 02-06-2020 PUBLIC 03-06-2020

_____. Supremo Tribunal Federal . *ADPF 467*, Relator(a): GILMAR MENDES, Tribunal Pleno, julgado em 29/05/2020, PROCESSO ELETRÔNICO DJe-170 DIVULG 06-07-2020 PUBLIC 07-07-2020

_____. Supremo Tribunal Federal. *ADPF 461*, Relator(a): ROBERTO BARROSO, Tribunal Pleno, julgado em 24/08/2020, PROCESSO ELETRÔNICO DJe-233 DIVULG 21-09-2020 PUBLIC 22-09-2020

_____. Supremo Tribunal Federal. ADI 4277, Relator(a): AYRES BRITTO, Tribunal Pleno, julgado em 05/05/2011, DJe-198 DIVULG 13-10-2011 PUBLIC 14-10-2011 EMENT VOL-02607-03 PP-00341 RTJ VOL-00219-01 PP-00212.

_____. Superior Tribunal de Justiça. *REsp nº 1.977.124/SP*. 6ª T. Rel. Min. Rogerio Schietti Cruz. j. 05.04.2022. DJe de 22.04.2022

_____. Superior Tribunal de Justiça. *HC n. 452.975*/DF, relator Ministro Og Fernandes, Primeira Seção, julgado em 12/2/2020, DJe de 10/3/2020.

_____. Supremo Tribunal Federal. *ADPF 709 MC*-segunda-Ref, Relator(a): ROBERTO BARROSO, Tribunal Pleno, julgado em 02/03/2022, PROCESSO ELETRÔNICO DJe-056 DIVULG 23-03-2022 PUBLIC 24-03-2022.

_____. Supremo Tribunal Federal. SL nº 1.197 AgR, Relator(a): DIAS TOFFOLI, Tribunal Pleno, julgado em 24/08/2020.

______. Supremo Tribunal Federal. Pet nº 3.388 ED. Relator: Ministro Roberto Barroso. j. 23.10.2013.

_____. Supremo Tribunal Federal. ADPF 742 MC, Relator(a): MARCO AURÉLIO, Relator(a) p/ Acórdão: EDSON FACHIN, Tribunal Pleno, julgado em 24/02/2021, PROCESSO ELETRÔNICO DJe-080 DIVULG 28-04-2021 PUBLIC 29-04-2021.

——. Supremo Tribunal Federal. ADI 3239, Relator(a): CEZAR PELUSO, Relator(a) p/ Acórdão: ROSA WEBER, Tribunal Pleno, julgado em 08/02/2018, ACÓRDÃO ELETRÔNICO DJe-019 DIVULG 31-01-2019 PUBLIC 01-02-2019.

______. . Supremo Tribunal Federal. ADI nº 4.269. Relator(a): Edson Fachin, Tribunal Pleno, julgado em 18.10.2017, Acórdão Eletrônico DJe-019 Divulg 31-01-2019 Public 01.02.2019.

_____. Conselho Nacional de Justiça; Programa das Nações Unidas para o Desenvolvimento. *Relatório justiça começa na infância: fortalecendo a atuação do sistema de justiça na promoção de direitos para o desenvolvimento humano integral*/Conselho Nacional de Justiça; Programa das Nações Unidas para o Desenvolvimento. Brasília: CNJ, 2022. p. 23-24.

_____. Conselho Nacional de Justiça. CNJ *divulga pesquisa e formulário para subsidiar combate à LGBTfobia*. 8 ago. 2022. Disponível em: https://www.cnj.jus.br/cnj-divulga-pesquisa-e-formulario-para-subsidiar-combate-a-lgbtfobia/ Acesso em: 07 jun. 2023

_____ Conselho Nacional de Justiça. CNJ. *Cadernos de Jurisprudência do Supremo Tribunal Federal*: Concretizando Direitos Humanos. Direito à igualdade racial. Disponível em: https://www.cnj.jus.br/wp-content/uploads/2023/04/cadernos-stf-igualdade-racial-web-23-04-10.pdf P. 130 Acesso em: 19 jul. 2023.

____. Superior Tribunal de Justiça. REsp n. 1.680.686/RJ, Relator Ministro HERMAN BENJAMIN, Segunda Turma, J. 21/11/2017, DJe 07/08/2020.

_____. Supremo Tribunal Federal. HC 208240, Relator(a): EDSON FACHIN, Tribunal Pleno, julgado em 11-04-2024, PROCESSO ELETRÔNICO DJe-s/n DIVULG 27-06-2024 PUBLIC 28-06-2024.

BRIGAGÃO, Paula Naves. *O Tribunal Penal Internacional entrelaçado com os Direitos Humanos*. 2013. Disponível em: <https://jus.com.br/artigos/69710/o-tribunal-penal-internacional-entrelacado-com-os-direitos-humanos>. Acesso em: 4 fev. 2021.

BUENO, Cassio Scarpinella. *Amicus curiae no processo civil brasileiro*: um terceiro enigmático. 3ª ed. Rev. e atual. São Paulo: Saraiva, 2012, p. 121.

BULOS, Uadi Lammêgo. *Constituição Federal anotada*. 9ª ed. São Paulo: Saraiva, 2009.

BURGORGUE-LARSEN, Laurence. *Des droits invoqués aux droits protégés. Les petites affiches*, Paris, n.31, p.8, 2011.

_____. De la internacionalización del diálogo entre los jueces. In: ANTONIAZZI, Mariela Morales; BOGDANDY, Armin Von; PIOVESAN, Flávia (coord.). *Estudos avançados de direitos humanos*. Rio de Janeiro: Elsevier, 2013.

BUTLER, Judith. *Vida precária. Contemporânea. Dossiê diferenças e (Des) Igualdades*, n. 1, jan.-jun./2011.

_____. "Corpos que pesam: sobre os limites discursivos do 'sexo'". In: LOBO, Guacira. *O corpo educado: pedagogias da sexualidade.* Tradução de Tomaz Tadeu da Silva. Belo Horizonte: Autêntica, 2007

CABRAL, Antonio do Passo. As convenções processuais e sua celebração pelo Ministério Público. In.: *30 anos da Constituição de 1988 e o Ministério Público - Avanços, retrocessos e os novos desafios.* Org. Eduardo Cambi, Gregório Assagra de Almeida e Jairo Cruz Moreira. Belo Horizonte: D´Plácido, 2018. p. 175-193.

CABRAL, Rodrigo Leite Ferreira. *Um Panorama sobre o Acordo de não persecução penal (art. 18 da Resolução n. 181/17-CNMP, com as alterações da resolução n. 183/18-CNMP).* Disponível em: <https://www.editorajuspodivm.com.br/cdn/arquivos/2a36cfc8306908148b233995a76a4532.pdf >. Acesso em: 20 fev. 2019.

_____. Ministério Público Resolutivo: eleição de prioridades no Direito Penal. *Semana do MP Resolutivo.* Curitiba: Escola Superior do MPPR, 2017. (07min53seg). Disponível em: <https://spark.adobe.com/page/JrWDvgnPrIdr9/>. Acesso em: 20 fev. 2019.

_____. Acordo de não persecução: É uma boa opção político-criminal para o Brasil? In: *Ministério Público, Constituição e Acesso à Justiça: abordagens institucional, coletiva e penal da atuação do Ministério Público.* Org. Gregório Assagra de Almeida, Eduardo Cambi e Jairo Cruz Moreira. Belo Horizonte: D´Plácido, 2019.

CALIXTO, Angela Jank; CARVALHO, Luciani Coimbra. *Pluralismo Jurídico: uma nova perspectiva a respeito das relações entre os sistemas jurídicos internacional e interno.* Disponível em: <https://cidhsite.files.wordpress.com/2017/05/ar_gt7_4.pdf>.

CAMBI, Eduardo. *Neoconstitucionalismo e neoprocessualismo. Direitos fundamentais, políticas públicas e protagonismo judiciário.* 3ª ed. Belo Horizonte: D´Plácido, 2020.

_____. *Neoconstitucionalismo e Neoprocessualismo*: Direitos fundamentais, políticas públicas e protagonismo judiciário. 4ª ed. Belo Horizonte: D´Plácido, 2023. P. 583.

_____; MARGRAF, Alencar Frederico; FRANCO, Tiago Arantes. *Tratados Internacionais de Direitos Humanos e o controle de Convencionalidade. Revista de Direito Constitucional e Internacional,* São Paulo, v. 25, n. 102, p. 245-268, Jul/Ago. 2017.

_____; PORTO, Leticia de Andrade. *O Ministério Público Resolutivo e a proteção dos direitos humanos.* Belo Horizonte: D´Plácido, 2019.

_____; PORTO, Letícia de Andrade; HEEMANN, Thimotie Aragon. *Controle de convencionalidade pelo Ministério Público. Revista jurídica da Corregedoria Nacional*: qualidade, resolutividade e transformação social: edição especial: recomendação de Aracaju. Vol. VII. Brasília: CNMP, 2019.

_____; PORTO, Letícia de Andrade; FACHIN, Melina Girardi. A (in)convencionalidade da prisão diante do não recolhimento do ICMS. In: *Comentários à Convenção Americana sobre Direitos Humanos.* Org. João Otávio de Noronha e Paulo Pinto Albuquerque. São Paulo: Tirant Lo Blanch, 2020.

_____; PORTO, Letícia de Andrade; FACHIN, Melina Girardi. A proteção integral dos direitos das "Crianças de Hannah Arendt" na crise humanitária internacional. In: *30 anos do Estatuto da Criança e do Adolescente.* Org. Eduardo Cambi e Clayton Maranhão. Belo Horizonte: D´Plácido, 2020.

_____; PORTO, Letícia. Proteção dos direitos humanos e a nova lei de abuso de autoridade. In: *Abuso de autoridade*. Org. Eduardo Cambi e Gregório Assagra. Belo Horizonte: D´Plácido, 2020.

_____; MATTOS, Fernando da Silva; PORTO, Letícia de Andrade. Covid-19 e população carcerária: impactos na atuação do Ministério Público. In: *Covid-19 e Ministério Público*. Org. Eduardo Cambi, Gilberto Giacoia e Samia Saad Gallotti Bonavides. Belo Horizonte: D'Plácido, 2020.

_____; PORTO, Leticia de Andrade. *O direito à propriedade coletiva e a condenação do Brasil no caso da população indígena xucuru pela corte interamericana de direitos humanos. Anais do IV - Congresso luso-brasileiro de direito empresarial e cidadania - Conlubradec*. Unicuritiba, vol. 04, nº 31, Curitiba, 2019.

_____; FOGAÇA, Marcos Vargas. *Ministério Público Resolutivo: o modelo contemporâneo de atuação institucional. Revista dos Tribunais*, vol. 982, ago/2017.

_____; PORTO, Letícia de Andrade. *Os precedentes da Corte Interamericana de Direitos Humanos e sua aplicação pelo Supremo Tribunal Federal. Revista dos Tribunais*, vol. 1002, abril/2019.

_____; SILVA, Danni Sales; MARINELLA, Fernanda. *Pacote anticrime*. Vol. 1. Curitiba: Escola Superior do MPPR, 2020.

_____. *Renda básica, cidadania, direitos humanos e mínimo existencial. Revista judiciária do Paraná*, vol. 21, maio/2021.

_____; NOSAKI, Letícia de Andrade Porto; FACHIN, Melina Girardi. Tutela judicial das vulnerabilidades femininas: o papel do Poder Judiciário brasileiro na efetivação do constitucionalismo feminista. *Revista CNJ*, vol. 7. Nº 1, jan./jun., 2023.

CAMPOS, Bárbara Pincowsca Cardoso. *A trajetória da implementação de sentenças da Corte Interamericana no Brasil. Revista do Instituto Brasileiro de Direitos Humanos*, Fortaleza, v. 14, n. 14, 2014, p. 79.

CAMPOS, Gérman J. Bidart. *Teoría general de los derechos humanos*. México: Universidad Nacional Autónoma de México, 1989.

CANEDO, Eloísa. *Os Direitos Humanos e o Tribunal Penal Internacional*. Disponível em: <https://juridicocerto.com/p/canedo-e-silva-adv/artigos/os-direitos-humanos--e-o-tribunal-penal-internacional-3261>. Acesso em: 4 fev. 2020.

CANOTILHO, José Joaquim Gomes. *Constituição dirigente e vinculação do legislador. Contributo para a compreensão das normas constitucionais programáticas*. 2ª ed. Coimbra: Coimbra Editora, 2001.

_____. *Direito Constitucional*. 6ª ed. Coimbra: Almedina Editora, 1993.

_____. *Direito Constitucional*. Coimbra: Almedina, 1991.

_____. *Direito Constitucional e Teoria da Constituição*. Coimbra: Almedina, 2000.

CÁRCOVA, Carlos Maria. *A opacidade do direito*. São Paulo: Ltr, 1998.

_____. *Bypass* social e o núcleo essencial de prestações sociais. In: *Estudos sobre Direitos Fundamentais*. São Paulo: RT, 2008.

CARLI, Ana Alice. *Bem de família do fiador e o direito humano fundamental à moradia.* Rio de Janeiro, Lumen Juris, 2009.

CARRIÒ, Genaro Rubén. *Notas de derecho y lenguaje.* 3ª ed. Buenos Aires: Abeledo-Perrot, 1986.

CARTA AFRICANA DE DIREITOS HUMANOS. Aprovada pela Conferência Ministerial da Organização da Unidade Africana (OUA) em Banjul, Gâmbia, em janeiro de 1981, e adotada pela XVIII Assembléia dos Chefes de Estado e Governo da Organização da Unidade Africana (OUA) em Nairóbi, Quênia, em 27 de julho de 1981.

CASSESE, Sabino. *Los Tribunales ante la Construcción de un Sistema Jurídico Global.* Sevilla: Editorial Derecho Global, 2010.

CASTRO, Dione Silva de. *As diferenças entre o crime de desacato e o crime contra a honra.* Jus Brasil. Disponível em: <https://dionecastro.jusbrasil.com.br/artigos/348253875/as-diferencas-entre-o-crime-de-desacato-e-crime-contra-a-honra>. Acesso em: 2 abr. 2019.

CASQUETE, Jesus. *El poder de la calle. Ensayos sobre acción colectiva.* Madrid: Centro de Estudios Políticos y Constitucionales, 2006.

CAVALLARO, James L. and BREWER, Stephanie Erin. *O papel da litigância para a justiça social no Sistema Interamericano. Sur, Rev. int. direitos human.* [online]. 2008, vol.5, n.8 [cited 2017-12-03], pp.84-95. Disponível em: <http://www.scielo.br/scielo.php?script=sci_arttext&pid=S1806-64452008000100005&lng=en&nrm=iso>.

CERQUEIRA, Daniel; BUENO, Samira (coord). *Atlas da violência.* Brasília: IPEA, 2020.

CHUEIRI, Vera Karam. *Fundamentos do direito constitucional.* Curitiba: IESDE, 2009.

CHUEIRI, Vera Karam de; FONSECA, Angela Couto Machado; HOSHINO, Thiago de Azevedo Pinheiro. A constituição (in)corporada. *Católica Law Review*, [s. l.], v. IV, n. 1, p. 81-97, jan./2020.

COELHO, Luiz Fernando. *Fundamentação ontológica dos direitos humanos. Revista da Academia Paranaense de Letras Jurídicas*, nº 5, 2020.

_____. *Fenomenologia e crítica da democracia. Revista Judiciária do Paraná*, vol. 21, maio/2021.

COHEN, Jean L. Repensando a privacidade: autonomia, identidade e a controvérsia sobre o aborto. *Revista Brasileira de Ciência Política.* Nº 7. Brasília, jan/abr. 2012 – p. 165-203. P. 196-197.

COMISSÃO AFRICANA DE DIREITOS HUMANOS E DOS POVOS. *Caso Centre for Minority Rights Development (Kenya) and Minority Rights Group (on behalf of Endorois Welfare Council) v Kenya.* Julgado em novembro de 2009. para 155. Disponível em: <http://www.achpr.org/files/sessions/30th/ comunications/155.96/achpr30_155_96_eng.pdf>. Acesso em: nov. 2012.

_____. *Caso SERAC v Nigeria.* Julgado em outubro de 2001. parágrafo 68. Disponível em: <http://www.achpr.org/files/sessions/ 30th/comunications/155.96/achpr30_155_96_eng.pdf>. Acesso em: nov. 2012.

COMISSÃO INTERAMERICANA DE DIREITOS HUMANOS. *Resolução 1/18, sobre Corrupção e Direitos Humanos.* Disponível em: <http://www.oas.org/es/cidh/decisiones/pdf/Resolucion-1-18-es.pdf>. Acesso em: 15 fev. 2021.

_____. *Resolución 1/21.* Disponível em: <http://www.oas.org/es/cidh/decisiones/pdf/Resolucion-1-21-es.pdf>. Acesso em: 10 abr. 2021.

_____. *Resolución 01/2020. Pandemia y Derechos Humanos en las Americas.* Disponível em: <http://oas.org/es/cidh/decisiones/pdf/Resolucion-1-20-es.pdf>. Acesso em: 11 dez. 2020.

_____. *Violencia y discriminación contra mujeres, niñas y adolescentes: Buenas prácticas y desafíos en América Latina y en el Caribe*, OEA/Ser.L/V/II. Doc. 233, 14 de noviembre de 2019. Par. 182.

_____. *Situación de Derechos Humanos en Perú en el contexto de las protestas sociales.* OEA/Ser.L/V/II. 23 de abril de 2023, parágrafo 14. Disponível em: https://www.oas.org/es/cidh/informes/pdfs/2023/Informe-SituacionDDHH-Peru.pdf. Acesso em: 25 set. 2023.

_____. *Situación de los derechos humanos en Cuba.* OEA/Ser.L/V/II. 3 febrero 2020, parágrafo 86. Disponível em: https://www.oas.org/es/cidh/informes/pdfs/Cuba2020-es.pdf. Acesso em: 25 set. 2023

_____. *Informe sobre la situación de los derechos humanos en la República Dominicana.* OEA/Ser.L/V/II. 31 diciembre 2015, parágrafo 220. Disponível em: https://www.oas.org/es/cidh/informes/pdfs/RepublicaDominicana-2015.pdf. Acesso em: 25 set. 2023

_____. *Relatório anual 2000.* Disponível em: <https://www.cidh.oas.org/annualrep/2000port/12051.html>. Acesso em: 12 fev. 2021.

_____. *Relatório nº 34/2000, Caso 11.291, de 13 de março de 2000.* Disponível em: <https://cidh.oas.org/annualrep/99port/brasil11291.html>. Acesso em: 12 jun. 2021.

_____. *Resolução 2/18.* Disponível em: <https://www.oas.org/pt/cidh/decisiones/pdf/Resolucao-2-18-pt.pdf>. Acesso em: 29 jan. 2021.

_____. *Resolución 04/2020. Derechos Humanos de las personas con Covid-19.* Disponível em: <http://www.oas.org/es/cidh/decisiones/pdf/Resolucion-4-20-es.pdf>. Acesso em: 18 fev. 2021.

_____. *Acordo de Cooperação*, de 5 de novembro de 2018. Disponível em: <https://www.oas.org/es/cidh/mandato/docs/Convenios/2018/C22.pdf>. Acesso em: 8 mar. 2021.

_____. *A CIDH adota medidas cautelares em favor de membros dos povos indígenas Guajajara e Awá da Terra Indígena Araribóia no Brasil.* 13 jan. 2021. Disponível em: <http://www.oas.org/pt/CIDH/jsForm/?File=/pt/cidh/prensa/notas/2021/009.asp>. Acesso em: 2 de fev. 2021.

_____. *CIDH apresenta caso sobre Honduras à Corte IDH.* Disponível em: <https://www.oas.org/pt/cidh/prensa/notas/2019/112.asp>. Acesso em: 2 mai. 2021.

_____. *Relatório n. 43/06. Solução Amistosa. Meninos emasculados do Maranhão - Brasil.* 15 de março de 2006.

______. *Relatório nº 95/03. Caso 11.289 - Solução amistosa, José Pereira vs. Brasil*, 24 de outubro de 2003.

______. Políticas Públicas con enfoque de derechos humanos. OEA/Ser.L/V/II. Doc. 191. 15 septiembre 2018. Original: Español. Disponível em: <http://www.oas.org/es/cidh/informes/pdfs/PoliticasPublicasDDHH.pdf>.

______. Relatório nº 66/06, de 21 de outubro de 2006. *Caso 12.001. Simone André Diniz vs. Brasil.* Disponível em: <http://www.cidh.org/annualrep/2006port/brasil.12001port.html>. Acesso em: 10 fev. 2021.

______. Resolução nº 01/2018. Disponível em: <https://www.oas.org/es/cidh/decisiones/pdf/Resolucion-1-18-es.pdf>. Acesso em: 1 abr. 2021.

______. *Informe sobre la situación de los derechos humanos en la República Dominicana.* Disponível em: <http://www.oas.org/es/cidh/informes/pdfs/RepublicaDominicana-2015.pdf>. Acesso em: 10 mar. 2021.

______. *La CIDH presenta caso sobre Trinidad y Tobago ante la Corte Interamericana.* Disponível em: <http://www.oas.org/es/CIDH/jsForm/?File=/es/cidh/prensa/comunicados/2021/166.asp>. Acesso em: 9 jul. 2021.

______. *Relatório 26/09. Caso Wallace de Almeida.* Disponível em: <https://cidh.oas.org/annualrep/2009port/Brasil12440.b.port.html>. Acesso em: 20 de mar. 2021.

______. *Situação dos Direitos Humanos no Brasil.* Washington: Comissão Interamericana de Direitos Humanos, 2021.

______. *A CIDH manifesta preocupação pela situação das pessoas privadas de liberdade no Brasil diante da pandemia do COVID-19.* 8 ago. 2020. 2020. Disponível em: <http://www.oas.org/pt/cidh/prensa/notas/2020/195.asp>. Acesso em: 30 mar. 2021.

______. *Informe anual de la Relatoría Especial para la Libertad de Expresión: Informe anual de la Comisión Interamericana de Derechos Humanos*, 2016. Vol. 2. 2017.

______. *Informe anual de la Relatoría Especial para la Libertad de Expresión : Informe anual de la Comisión Interamericana de Derechos Humanos, 2015.* Vol. 2. 2016.

______. *Informe sobre la Compatibilidad entre las Leyes de Desacato y la Convencion Americana sobre Derechos Humanos.* 1994.

______. *Informe Especial del Relator sobre la Libertad de Expression* da CIDH de 2006.

______. *Informe Especial del Relator sobre la Libertad de Expresión 1998.* 1998.

______. *Criminalización de Defensoras y Defensores de Derechos Humanos.* 2015.

______. *CIDH Zonas Silenciadas: Regiones de alta peligrosidad para ejercer la libertad de expresión.* 2013.

______. *Una Agenda Hemisférica para la Defensa de la Libertad de Expresión.* 2010.

______. *Marco Jurídico Interamericano sobre el Derecho a la Libertad de Expresión.* 2010.

______. *Antecedentes e Interpretação da Declaração de Princípios.* Disponível em: <http://www.oas.org/pt/cidh/expressao/showarticle.asp?artID=132&lID=4>. Acesso em: 21 nov. 2017.

______. *Nota técnica sobre los parámetros internacionales respecto a la libertad de expresión y los crímenes contra el honor y la adecuación de los dispositivos respecto a los crímenes contra el honor presentes en el proyecto de reforma del Código Penal brasileño.* 2013.

_____. *Horacio Verbitsky v. Argentina.* Relatório n.º 22/94, Caso 11.012. 20 de setembro de 1994.

_____. *Relatório sobre a situação das defensoras e defensores de Direitos Humanos nas Américas.* 7 mar. 2006. Disponível em: <https://cidh.oas.org/pdf%20files/DEFENSORES%20PORTUGUES%20(Revisada).pdf>. Acesso em: 14 jul. 2021. p. 86.

_____. *Relatório nº 95/03: José Pereira (Caso 11.289). Solução Amistosa.* Washington, 24 out. 2003. Disponível em: <https://cidh.oas.org/annualrep/2003port/Brasil.11289.htm>. Acesso em: 19 jul. 2017, par. 2.

_____. *RESOLUCIÓN No. 23/81.* CASO 2141. ESTADOS UNIDOS DE AMERICA. 6 de marzo de 1981. Disponível em: <https://www.cidh.oas.org/annualrep/80.81sp/EstadosUnidos2141.html>. Acesso em: 14 jul. 2021.

_____. *Relatoria sobre los derechos de la mujer.* 7 junio 2010. Disponível em: <http://cidh.org/women/SaludMaterna10Sp/SaludMaternaINDICE.html>. Acesso em: 14 jul. 2021.

_____. *Verdad, justicia y reparación: Cuarto informe sobre la situación de derechos humanos en Colombia.* OEA/Ser.L/V/II.Doc. 49/1331, diciembre 2013.

_____. *Pronunciamiento de la Comisión Interamericana de Derechos Humanos sobre la aplicación y el alcance de la Ley de Justicia y Paz en la República de Colombia,* 2006.

_____. *Compendio de la Comisión Interamericana de Derechos Humanos sobre verdad, memoria, justicia y reparación en contextos transicionales,* 2021.

COMMITTEE ON ECONOMIC, SOCIAL AND CULTURAL RIGHTS. Fifth Session. Geneva, 14-12-1990. General comment N.º 3 *The nature of States parties obligations (Art. 2, par.1).* UN doc. E/1991/23. Disponível em: <http://www.unhchr.ch/tbs/doc.nsf/(Symbol)/ 94bdbaf59b43a424c12563ed=0052b664?Opendocum ent>. Acesso em: jun. 2021.

COMPARATO, Fábio Konder Comparato. *Afirmação histórica dos direitos humanos.* 6ª ed. São Paulo: Companhia das Letras, 2008.

CONCI, Luiz Guilherme Arcaro; FIGUEIREDO, Marcelo (coord). *Constitucionalismo Multinível e Pluralismo Jurídico.* Rio de Janeiro: Lumen Juris, 2017.

_____. *Mercosur: Integracion Regional y Derechos Humanos en un Proceso Multinivel Estudios constitucionales.* Santiago, 2015. Disponível em: <https://scielo.conicyt.cl/scielo.php?script=sci_arttext&pid=S0718-52002015000200005&lng=es&nrm=iso>. Acesso em: 30 set. 2020.

CONSELHO DA EUROPA. *Convenção para a Protecção dos Direitos do Homem e das Liberdades Fundamentais.* Roma, 4 nov. 1950.

_____. Assemblé Parlamentaire. *Résolution 1226 - Exécution des arrêts de la Cour européenne des Droits de l'Homme*, Estrasburgo, 2000. Disponível em: <http://semantic-pace.net/tools/pdf.aspx?doc=aHR0cDovL2Fzc2VtYmx5LmNvZS5pbnQvbncveG1sL1hSZWYvWDJILURXLWV4dHIuYXNwP2ZpbGVpZD0xNjgzNCZsYW5nPUZS&xsl=aHR0cDovL3NlbWFudGljcGFjZS5uZXQvWHNsdC9QZGYvWFJlZi1XRC1BVC1YTUwyUERGLnhzbA==&xsltparams=ZmlsZWlkPTE2ODM0>. Acesso em: 7 jan. 2019.

CONSELHO NACIONAL DO MINISTÉRIO PÚBLICO. *Cenários de gênero.* Disponível em: <https://www.cnmp.mp.br/portal/images/20180622_CEN%C3%81RIOS_DE_G%C3%8ANERO_v.FINAL_2.pdf>. Acesso em: 2 mar. 2021.

CONSELHO NACIONAL DO MINISTÉRIO PÚBLICO. *Guia de Atuação do Ministério Público: pessoa com deficiência: direito à acessibilidade, ao atendimento prioritário, ao concurso público, à educação inclusiva, à saúde, à tomada de decisão apoiada e à curatela.* Brasília: CNMP, 2016. Disponível em: <http://www.cnmp.mp.br/portal/images/Publicacoes/documentos/2016/LIVRO_Roteiro_de_Atua%C3%A7%C3%A3o_do_Minist%C3%A9rio_P%C3%BAblico_CNMP_.pdf>. Acesso em: 18 mar. 2019.

______. *Relatório Nacional da Execução da Meta 2: um diagnóstico da investigação de homicídios no país,* 2012. Disponível em: <https://www.cnmp.gov.br/portal/images/stories/Enasp/relatorio_enasp_FINAL.pdf>. Acesso em: 20 mar. 2021.

______. *Resolução nº 201, de 4 de novembro de 2019. Altera as Resoluções nº 129/2015 e nº 181/2017, ambas do CNMP, com o objetivo de adequá-las às disposições do Direito Internacional dos Direitos Humanos, especialmente à decisão do caso Favela Nova Brasília vs. Brasil, da Corte Interamericana de Direitos Humanos.* Disponível em: <https://www.cnmp.mp.br/portal/images/Resolucoes/Resoluo-n-201.pdf>. Acesso em: 15 jan. 2020.

______. *Guia de atuação ministerial: defesa dos direitos das pessoas em situação de rua.* Brasília: CNMP, 2015. Disponível em: <http://www.cnmp.mp.br/portal/publicacoes/245-cartilhas-e-manuais/8969-guia-de-atuacao-ministerial-defesa-dos-direitos-das-pessoas-em-situacao-de-rua>. Acesso em: 9 mai. 2019.

______. *Resolução nº 118, de 1º de dezembro de 2014.* Dispõe sobre a Política Nacional de Incentivo à Autocomposição no âmbito do Ministério Público e dá outras providências. Disponível em: <http://www.escolasuperior.mppr.mp.br/arquivos/File/Cursos_Realizados/2017/MP_Resolutivo/Resolucao_118_2014_CNMP.pdf>. Acesso em: 21 fev. 2019.

______. *Resolução nº 72, de 23 de abril de 2020.* Disponível em: <https://www.cnmp.mp.br/portal/images/Recomendacoes/Recomendacao-n-72.pdf>. Acesso em: 20 mar. 2021.

______. *Resolução nº 179, de 26 de julho de 2017. Regulamenta o § 6º do art. 5º da Lei nº 7.347/1985, disciplinando, no âmbito do Ministério Público, a tomada do compromisso de ajustamento de conduta.* Disponível em: <http://www.escolasuperior.mppr.mp.br/arquivos/File/Cursos_Realizados/2017/MP_Resolutivo/Resolucao_179_2017.pdf>. Acesso em: 21 fev. 2019.

______. *Resolução 82/2012.* Disponível em: <https://www.cnmp.mp.br/portal/atos-e-normas-busca/norma/765>. Acesso em: 10 mar. 2021.

______. *Recomendação nº 96, de 28 de fevereiro de 2023.* Disponível em: Recomendao-n-96---2023.pdf (cnmp.mp.br) Acesso em: 24 de maio de 2023.

______. *RECOMENDAÇÃO DE CARÁTER GERAL Nº* 3, DE 6 DE MARÇO DE 2025 - RECOMENDAÇÃO DE CARÁTER GERAL Nº 3, DE 6 DE MARÇO DE 2025 - DOU - Imprensa Nacional Acesso em: 14 mar.2025.

CONSELHO NACIONAL DE JUSTIÇA. *Direitos das mulheres* [recurso eletrônico] / Conselho Nacional de Justiça; Supremo Tribunal Federal, MaxPlanck-Institute for Comparative Public Law and International Law; Coordenação Gabriel da Silveira Matos, Luís Geraldo Sant'Ana Lanfredi, Estêvão André Cardoso Waterloo, Manuelita Hermes Rosa Oliveira Filha, Valter Shuenquener de Araújo, Pedro Felipe de Oliveira Santos, Alexandre Reis Siqueira Freire. – Brasília: CNJ, 2023. eBook (109 p.). P. 92

CONSELHO NACIONAL DE JUSTIÇA. *Protocolo de Julgamento com Perspectiva Racial.* Brasília: CNJ, 2024. p. 138.

CORREIO DO POVO. *Keiko Fujimori reconhece vitória e júri eleitoral oficializa Castillo presidente do Peru.* 19 jul. 2021. Disponível em: Keiko Fujimori reconhece vitória e júri eleitoral oficializa Castillo presidente do Peru (correiodopovo.com.br) Acesso em: 10 ago. 2021.

CORTE EUROPEIA DE DIREITOS HUMANOS. *Landmark judgements.* Disponível em: <https:// www.coe.int/en/web/human-rights-convention/justice1>. Acesso em: 8 fev. 2021.

_____. *Landmark judgements.* Disponível em: <https://www.coe.int/en/web/human-rights-convention/life1>. Acesso em: 8 fev. 2021.

_____. *Landmark judgements.* Disponível em: <https://www.coe.int/en/web/human-rights-convention/conscience1>. Acesso em: 8 fev. 2021.

_____. *Landmark judgements.* Disponível em: <https://www..coe.int/en/web/human-rights-convention/discrimination1>. Acesso em: 8 fev. 2021.

_____. *Landmark judgements.* Disponível em: <https://www.coe.int/en/web/human-rights-convention/prohibition-of-collective-expulsions>. Acesso em: 8 fev. 2021.

_____. *The Sunday Times v United Kingdom (Series A No 30),* European Court of Human Rights (1979-80) 2 EHRR 245, 26 april. Disponível em: <http://www.hrcr.org/safrica/limitations/sunday_times_uk.html>. Acesso em: 8 fev. 2021.

_____. *Convention de sauvegarde des droits de l'homme et des libertés fondamentales.* Roma, 1950. Disponível em: <https://www.echr.coe.int/Documents/Convention_FRA.pdf>. Acesso em: 7 jan. 2019.

_____. CASE OF TADDEUCCI AND McCALL v. ITALY. Disponível em: <https://hudoc.echr.coe.int/eng#{"itemid":["001-164715"]}>. Acesso em: 20 jul. 2021.

CORTE INTERAMERICANA DE DIREITO HUMANOS. *Almonacid Arellano e otros vs. Chile.* 26 de setembro de 2006. Disponível em: <http://www.corteidh.or.cr/docs/casos/articulos/seriec_154_esp.pdf>. Acesso em: 1 nov. 2018.

_____. *Caso La Cantuta Vs. Perú.* Sentencia de 29 de noviembre de 2006 (Fondo, Reparaciones y Costas). Acesso em: 12 jun. 2021.

_____. *CASO DOS SANTOS NASCIMENTO Y FERREIRA GOMES VS. BRASIL* SENTENCIA DE 7 DE OCTUBRE DE 2024 (Excepciones Preliminares, Fondo, Reparaciones y Costas). VOTO CONCURRENTE Y PARCIALMENTE DISIDENTE DEL JUEZ EDUARDO FERRER MAC-GREGOR POISOT. Disponível em: https://www.gov.br/mdh/pt-br/assuntos/noticias/2025/fevereiro/corte-idh-condena-brasil-

-por-discriminacao-racial-e-de-genero/copy_of_corteidhcasodossantosnascimentoyferreiragomesvsbra_es.pdf Acesso em: 11 mar. 2025.

_____. *Caso Bayarri vs. Argentina.* Sentença de 30 de outubro de 2008. Disponível em: <https://www.corteidh.or.cr/docs/casos/articulos/seriec_187_por.pdf >. Acesso em: 26 maio 2023. Par. 74.

_____. *Case of the "Mapiripán Massacre" v. Colombia*. Disponível em: <https://www.corteidh.or.cr/docs/casos/articulos/seriec_134_ing.pdf>. Acesso em: 23 mar. 2021.

_____. *Caso del Tribunal Constitucional Vs. Perú.* Sentencia de 31 de enero de 2001 (Fondo, Reparaciones y Costas). Disponível em: <https://www.corteidh.or.cr/docs/casos/articulos/Seriec_71_esp.pdf>. Acesso em: 12 jun. 2021.

_____. *Caso Romero Feris vs. Argentina.* Sentença de 15 de outubro de 2019. Disponível em: <https://www.corteidh.or.cr/docs/casos/articulos/seriec_391_esp.pdf >. Acesso em: 26 maio 2023. Par. 105.

_____. *Caso Artavia Murillo e Outros ("Fecundação in Vitro") vs. Costa Rica.* Sentença de 28 de novembro de 2012. Disponível em: <https://www.corteidh.or.cr/docs/casos/articulos/seriec_257_por.pdf>. Acesso em: 2 jun. 2021.

_____. *Caso Tibi Vs. Ecuador*. Sentencia de 7 de septiembre de 2004 (Excepciones Preliminares, Fondo, Reparaciones y Costas). Disponível em: <https://www.corteidh.or.cr/docs/casos/articulos/seriec_114_esp.pdf>. Acesso em: 12 jun. 2021.

_____. *Caso Yatama Vs. Nicaragua*. Sentencia de 23 de Junio de 2005. Disponível em: <https://www.corteidh.or.cr/docs/casos/articulos/seriec_127_esp.pdf>. Acesso em: 2 jun. 2021.

_____. *Caso Palamara Iribarne vs. Chile*. j. 22 nov. 2005. Disponível em: <http://www.corteidh.or.cr/docs/casos/articulos/seriec_135_esp.pdf>. Acesso em: 25 fev. 2019.

_____. *Caso Barreto Leiva vs. Venezuela.* Sentencia de 17 de noviembre de 2009. Disponível em: <https://www.corteidh.or.cr/docs/casos/articulos/seriec_206_esp1.pdf>. Acesso em: 15 mai. 2021.

_____. *Caso Herzog e Outros vs. Brasil*. Sentença de 15 de março de 2018 (Exceções Preliminares, Mérito, Reparações e Custas). Disponível em: <https://www.corteidh.or.cr/docs/casos/articulos/seriec_353_por.pdf>. Acesso em: 12 jun. 2021.

_____. *Caso de la "Panel Blanca" (Paniagua Morales y otros) Vs. Guatemala Sentencia del 8 de marzo de 1998*. Disponível em: <https://www.corteidh.or.cr/docs/casos/articulos/seriec_37_esp.pdf>. Acesso em: 11 de mar. 2021.

_____. *Caso Villagrán Morales y Otros vs. Guatemala*. Disponível em: <https://www.corteidh.or.cr/docs/casos/articulos/Seriec_63_esp.pdf>. Acesso em: 25 jan. 2021.

_____. *Caso Amrhein y otros vs. Costa Rica.* Disponível em: <https://www.corteidh.or.cr/corteidh/docs/casos/articulos/seriec_354_esp.pdf>. Acesso em: 15 mai. 2021.

_____. *Caso Barrios Altos Vs. Perú*. Sentencia de 14 de marzo de 2001. (Fondo). Disponível em: <http://www.corteidh.or.cr/docs/casos/articulos/seriec_75_esp.pdf>. Acesso em: 24 jul. 2020.

_____. *Parecer Consultivo OC-18/03 de 17 de setembro de 2003*. Disponível em: <https://www.cnj.jus.br/wp-content/uploads/2016/04/58a49408579728bd7f7a6bf3f1f80051.pdf>. Acesso em: 20 jan. 2021.

_____. *Caso Trabalhadores de Fazenda Brasil Verde vs. Brasil*. Sentença de 20 de outubro de 2016. Disponível em: <https://www.corteidh.or.cr/docs/casos/articulos/seriec_318_por.pdf>. Acesso em: 20 jan. 2021.

_____. *Caso Fernández Prieto y Tumbeiro vs. Argentina*. Sentencia de 1 de septiembre de 2020. Disponível em: <https://www.corteidh.or.cr/docs/casos/articulos/seriec_411_esp.pdf>. Acesso em: 11 abr. 2021.

_____. *Parecer Consultivo nº 21/14, de 19 de agosto de 2014*. Solicitado pela República Argentina, República Federativa do Brasil, República do Paraguai e República Oriental do Uruguai. Direitos e Garantias de crianças no contexto da migração e/ou em necessidade de proteção internacional.

_____. *Caso do Massacre de Pueblo Bello vs. Colômbia*. Sentença de 31 de janeiro de 2006. Série C No. 140. Disponível em: <https://www.corteidh.or.cr/docs/casos/articulos/seriec_140_esp.pdf>. Acesso em: 30 jun. 2021.

_____. *Caso de los "Niños de la Calle" (Villagrán Morales y Otros) Vs. Guatemala*. Sentencia de 19 noviembre 1999. Fondo. Serie c.63.

_____. *La Última Tentación de Cristo (Olmedo Bustos y otros) Vs. Chile*. 5 de fevereiro de 2001. Disponível em: <http://www.corteidh.or.cr/cf/Jurisprudencia2/ficha_tecnica.cfm?nId_Ficha=263&lang=es>. Acesso em: 1 nov. 2018.

_____. *Caso González e Outras ("campo algodoeiro") vs. México. Sentença de 16 de novembro de 2009*. Disponível em: <https://www.corteidh.or.cr/docs/casos/articulos/seriec_205_por.pdf>. Acesso em: 12 fev. 2021.

_____. *Caso Favela Nova Brasília Vs Brasil*. Sentença de 16 de fevereiro de 2017. Disponível em: <http://www.corteidh.or.cr/docs/casos/articulos/seriec_333_por.pdf>. Acesso em: 5 nov. 2019.

_____. *Caso Las Palmares vs. Colômbia*. Disponível em: <https://www.corteidh.or.cr/CF/jurisprudencia2/ficha_tecnica.cfm?nId_Ficha=242>. Acesso em: 4 mar. 2021.

_____. *Caso Gutiérrez Soler vs. Colômbia*. Disponível em: <https://www.corteidh.or.cr/docs/resumen/gutierrez_soler.pdf>. Acesso em: 12 jun. 2021.

_____. *Caso Carpio Nicolle y Otros Vs. Guatemala*. Sentencia de 22 de noviembre de 2004 (Fondo, Reparaciones y Costas). Disponível em: <https://www.corteidh.or.cr/docs/casos/articulos/seriec_117_esp.pdf>. Acesso em: 12 jun. 2021.

_____. *Caso Sétimo Garibaldi vs. Brasil*. Disponível em: <https://www.corteidh.or.cr/docs/casos/articulos/seriec_203_por.pdf>. Acesso em: 4 mar. 2021.

_____. *Caso Zambrano Vélez et al. vs. Equador*. Disponível em: <https://www.corteidh.or.cr/docs/casos/articulos/seriec_166_esp1.pdf>. Acesso em: 4 mar. 2021.

_____. *Covid-19 y derechos humanos: los problemas y desafíos deben ser abordados con perspectiva de derechos humanos y respetando las obligaciones internacionales. Declaración de la corte interamericana de derechos humanos 1/20*. 9 de abril de

2020. Disponível em: <https://www.corteidh.or.cr/tablas/alerta/comunicado/cp-27-2020.html>. Acesso em: 12 out. 2020.

_____. *Resolução da Corte Interamericana de Direitos Humanos de 14 de outubro de 2019. Medidas provisórias a respeito do Brasil assunto do complexo penitenciário de Pedrinhas*. Disponível em: <http://www.corteidh.or.cr/docs/medidas/pedrinhas_se_03_por.pdf>. Acesso em: 6 ago. 2020.

_____. *Resolução da Corte Interamericana de Direitos Humanos de 7 de julho de 2004. Medidas provisórias a respeito da República Federativa do Brasil. Caso da penitenciária Urso Branco*. Disponível em: <http://www.corteidh.or.cr/docs/medidas/urso_se_04_portugues.pdf>. Acesso em: 6 ago. 2020.

_____. *Resolução da Corte Interamericana de Direitos Humanos de 4 de julho de 2006. Medidas Provisórias e solicitação de ampliação de medidas provisórias com respeito à república federativa do brasil. Caso das crianças e adolescentes privados de liberdade no "complexo do tatuapé" da Febem*. Disponível em: <http://www.corteidh.or.cr/docs/medidas/febem_se_03_portugues.pdf>. Acesso em: 6 ago. 2020.

_____. *Parecer Consultivo 18/03*, de 17 de setembro de 2003, solicitado pelos Estados Unidos Mexicanos. A condição jurídica e os direitos dos migrantes indocumentados.

_____. *Parecer Consultivo nº 21/14, de 19 de agosto de 2014*. Solicitado pela República Argentina, República Federativa do Brasil, República do Paraguai e República Oriental do Uruguai. Direitos e Garantias de crianças no contexto da migração e/ou em necessidade de proteção internacional.

_____. *Caso Poblete Vilches e outros vs. Chile*. Sentença de 8 de março de 2018. Disponível em: <https://www.corteidh.or.cr/docs/casos/articulos/seriec_349_esp.pdf. Idem>. Acesso em: 2 fev. 2021.

_____. *Caso Ximenes Lopes versus Brasil*. Sentença de 4 de julho de 2006 (Mérito, Reparações e Custas). Disponível em: <https://www.corteidh.or.cr/docs/casos/articulos/seriec_149_por.pdf>. Acesso em: 29 jan. 2021.

_____. *Massacres de El Mozote e lugares vizinhos Vs. El Salvador*. 25 de outubro de 2012. Disponível em: https://corteidh.or.cr/docs/casos/articulos/seriec_252_esp.pdf. Acesso em: 28 set. 2023. Par. 318.

_____. *Massacre de Santo Domingo vs. Colômbia*. 30 de novembro de 2012. Disponível em:https://www.corteidh.or.cr/docs/casos/articulos/seriec_259_esp.pdf Acesso em: 28 set. 2023. Par. 142.

_____. *Petro Urrego vs. Colômbia*. 08 de julho de 2020. Disponível em: https://www.corteidh.or.cr/docs/casos/articulos/seriec_406_esp.pdf. Acesso em: 28 set. 2023. Par. 107.

_____. *Casierra Quiñonez e outros vs. Equador*. 11 de maio de 2022. Disponível em: https://www.corteidh.or.cr/docs/casos/articulos/seriec_450_esp.pdf. Acesso em: 28 set. 2023. Par. 202.

_____. *Caso Vera Rojas Y Otros Vs. Chile*. Sentença de 1 de outubro de 2021. Disponível em: https://www.corteidh.or.cr/docs/casos/articulos/seriec_439_esp.pdf. Acesso em: 25 maio 2023. Par. 139).

_____. *Caso Cortez Espinoza Y Ecuador.* Sentença de 18 de outubro de 2022. Disponível em: https://www.corteidh.or.cr/docs/casos/articulos/resumen_468_esp.pdf. Acesso em: 25 maio 2023.

_____. *Informe sobre pobreza y derechos humanos en las Américas*, 2017. Disponível em: https://www.oas.org/es/cidh/informes/pdfs/PobrezaDDHH2017.pdf. Acesso em: 20 out. 2023.

_____. *CASO ASOCIACIÓN NACIONAL DE CESANTES Y JUBILADOS DE LA SUPERINTENDENCIA NACIONAL DE ADMINISTRACIÓN TRIBUTARIA (ANCEJUB-SUNAT) VS. PERÚ.* Sentencia de 21 de noviembre de 2019. Serie C No. 394. Disponível em: https://www.corteidh.or.cr/docs/casos/articulos/seriec_394_esp.pdf. Acesso em: 20 out. 2023.

_____. *Caso Guzmán Albarracín y otras Vs. Ecuador*. Fondo, Reparaciones y Costas. Sentencia de 24 de junio de 2020. Serie C No. 405. Disponível em: https://www.corteidh.or.cr/docs/casos/articulos/seriec_405_esp.pdf. Acesso em: 20 out. 2023.

_____. *Povo indígena Kichwa de Sarayaku vs. Equador. Sentença de 27 de junho de 2012* (Mérito e Reparações). Disponível em: <https://www.cnj.jus.br/wp-content/uploads/2016/04/dd8acea6c7256808b84889d6499e6aaa.pdf>. Acesso em: 1 fev. 2021.

_____. *Povo indígena Xucuru e seus membros vs.Brasil. Sentença de 5 de fevereiro de 2018* (Exceções preliminares, Mérito, Reparações e Custas). Disponível em: <https://www.corteidh.or.cr/docs/casos/articulos/seriec_346_por.pdf>. Acesso em: 1 fev. 2021.

_____. *Caso Pueblos Kaliña e Lokono Vs. Surinam*. Mérito, reparações e custas. Sentença de 25-11-2015.

_____. *Caso Pueblo Saramaka Vs. Suriname*. Exceções preliminares, mérito, reparações e custas. Sentença de 28-11-2007.

_____. *Resolución de la presidenta de la Corte Interamericana de Derechos Humanos de 26 de mayo de 2020. adopción de medidas urgentes. Caso Vélez Loor vs. Panamá.* Disponível em: <https://www.corteidh.or.cr/docs/medidas/velez_se_01.pdf>. Acesso em: 12 ago. 2020.

_____. *Radilla-Pacheco Vs. Mexico.* 23 de novembro de 2009. Disponível em: <http://www.corteidh.or.cr/docs/casos/articulos/seriec_209_ing.pdf>. Acesso em: 1 nov. 2018.

_____. Cabrera García e Montiel Flores vs. México. 26 de novembro de 2010. Disponível em: <https://www.corteidh.or.cr/docs/casos/articulos/seriec_220_ing.pdf>. Acesso em: 4 mai. 2021.

_____. *Caso Velásquez Rodríguez Vs. Honduras*. Sentença de 29 de julho de 1988 (Mérito). Disponível em: <https://www.corteidh.or.cr/docs/casos/articulos/seriec_04_por.pdf>. Acesso em: 9 fev. 2021.

_____. *Caso Barrios Altos Vs. Perú*. Sentencia de 14 de marzo de 2001 (Fondo). Disponível em: <https://www.corteidh.or.cr/docs/casos/articulos/Seriec_75_esp.pdf>. Acesso em: 9 fev. 2021.

_____. *Comunidad Garífuna Triunfo de La Cruz y sus Miembros vs. Honduras.* Sentencia de 8 de octubre de 2015 (Fondo, Reparac iones y Costas). Disponível em: <https://www.corteidh.or.cr/corteidh/docs/casos/articulos/seriec_305_esp.pdf>. Acesso em: 9 jun. 2021.

_____. *Caso Atala Riffo e crianças vs. Chile.* Sentença de 24 de fevereiro de 2012 (Mérito, Reparações e Custas). Disponível em: <https://www.corteidh.or.cr/docs/casos/articulos/seriec_239_por.pdf>. Acesso em: 8 fev. 2021.

_____. *Caso Palamara Iribarne vs. Chile.* j. 22 nov. 2005. Disponível em: <http://www.corteidh.or.cr/docs/casos/articulos/seriec_135_esp.pdf>. Acesso em: 25 fev. 2019.

_____. *Caso Trabalhadores Demitidos do Congresso (Aguado Alfaro e Outros) vs. Peru.* Exceções Preliminares, Mérito, Reparações e Custas, sentença de 24 de novembro de 2006, Série C, nº 158.

_____. *Opinião Consultiva OC-24/17 de 24 de novembro de 2014.* p. 92. Disponível em: <https://www.corteidh.or.cr/docs/opiniones/seriea_24_esp.pdf>. Acesso em: 10 mar. 2021.

_____. *Caso Kimel Vs. Argentina.* 2 maio 2008. Disponível em: <http://www.cnj.jus.br/files/conteudo/arquivo/2016/04/e95cf28bb8698e06093722cc2352bc83.pdf>. Acesso em: 25 fev. 2019.

_____. *Caso Empregados da Fábrica de Fogos de Santo Antônio de Jesus e seus Familiares vs. Brasil.* Disponível em: <https://www.corteidh.or.cr/docs/casos/articulos/seriec_407_por.pdf>. Acesso em: 30 mar. 2021.

_____. *Caso Myrna Mack Chang Vs. Guatemala.* Sentencia de 25 de noviembre de 2003 (Fondo, Reparaciones y Costas). Disponível em: <https://www.corteidh.or.cr/docs/casos/articulos/seriec_101_esp.pdf>. Acesso em: 12 jun. 2021.

_____. *Caso González e Outras ("Campo Algodoeiro") vs. México.* Disponível em: <https://www.corteidh.or.cr/docs/casos/articulos/seriec_205_por.pdf>. Acesso em: 21 mar. 2021.

_____. *Resolução da Corte Interamericana de Direitos Humanos de 14 de março de 2018. Medidas provisórias a respeito do Brasil. Assunto do complexo penitenciário de Pedrinhas.* Disponível em: <http://www.corteidh.or.cr/docs/medidas/pedrinhas_se_02_por.pdf>. Acesso em: 7 fev. 2019.

_____. *Solicitação de medidas provisórias apresentada pela Comissão Interamericana de Direitos Humanos com respeito ao Brasil. Caso das pessoas privadas de liberdade na penitenciária "Dr. Sebastião Martins Silveira" em Araraquara, São Paulo, Brasil.* 28 jul. 2006.

_____. *Resolução da Corte Interamericana de Direitos Humanos de 28 de novembro de 2018. Medidas provisórias a respeito do Brasil: Assunto do complexo penitenciário de Curado.*

_____. *Resolução da Corte Interamericana de Direitos Humanos de 7 de julho de 2004. Medidas provisórias a respeito da República Federativa do Brasil: Caso da penitenciária Urso Branco.*

_____. *Resolução da Corte Interamericana de Direitos Humanos de 04 de julho de 2006. Medidas provisórias e solicitação de ampliação de medidas provisórias com respeito à República Federativa do Brasil. Caso das crianças e adolescentes privados de liberdade no "Complexo do Tatuapé" da FEBEM.*

_____. *Caso Ramírez Escobar y otros Vs. Guatemala.* Fondo, Reparaciones y Costas. Sentencia de 9 de marzo de 2018. Serie C No. 351. par. 277.

_____. *Caso Gonzales Lluy y otros Vs. Ecuador*. Excepciones Preliminares, Fondo, Reparaciones y Costas. Sentencia de 1 de septiembre de 2015. Serie C No. 298, par. 253.

_____. *Caso Artavia Murillo e Outros ("Fecundação in Vitro") vs. Costa Rica.* Sentença de 28 de novembro de 2012. Disponível em: <https://www.corteidh.or.cr/docs/casos/articulos/seriec_257_por.pdf>. Acesso em: 2 jun. 2021.

_____. *Caso Trabalhadores da Fazenda Brasil Verde vs. Brasil.* Sentença de 20 de outubro de 2016. Disponível em: <https://www.corteidh.or.cr/docs/casos/articulos/seriec_318_por.pdf>. Acesso em: 20 de nov. 2020.

_____. Sentença do Caso Comunidade Mayagna (Sumo) Awas Tingni *versus* Nicarágua. Sentença de 31 de agosto de 2001. Parágrafo 146.

_____. *Caso Usón Ramírez Vs. Venezuela.* Sentencia de 20 de febrero de 2009. Disponível em: <http://www.corteidh.or.cr/docs/casos/articulos/seriec_207_esp.pdf>. Acesso em: 30 set. 2020.

_____. *Caso Comunidades Indígenas Miembros de la Asociación Lhaka Honhat (Nuestra Tierra) vs. Argentina.* j. 06.02.2020. Disponível em: https://www.corteidh.or.cr/docs/casos/articulos/seriec_400_esp.pdf. Par. 222. Acesso em 30.09.2021.

_____. *Parecer Consultivo OC-24*, de 24 de novembro de 2017. https://www.corteidh.or.cr/docs/opiniones/seriea_24_por.pdf. Acesso em 05 de junho de 2023.

_____. *Caso Angulo Losada Vs. Bolivia.* Sentença de 18 de novembro de 2022. Disponível em: https://www.corteidh.or.cr/docs/casos/articulos/seriec_475_esp.pdf. Acesso em 28 de maio de 2023.

_____. *Caso Rosendo Cantú Vs. México.* Decisão de 27 de março de 2009. Disponível em: https://www.corteidh.or.cr/cf/jurisprudencia2/ficha_tecnica.cfm?nId_Ficha=339. Acesso em 28 de maio de 2023.

_____. *Caso V.R.P., V.P.C. y otros Vs. Nicaragua.* Sentença de 8 de março de 2018. Disponível em: https://www.corteidh.or.cr/docs/casos/articulos/seriec_350_esp.pdf. Acesso em 28 de maio de 2023.

_____. *Condición jurídica y derechos humanos del niño. Opinión Consultiva* OC-17/02 de 28 de agosto de 2002. Serie A No. 17.

_____. *Opinión Consultiva 29/2022*, de 30 de maio de 2022. Disponível em: https://www.corteidh.or.cr/docs/opiniones/seriea_29_esp.pdf. Acesso em 27 de maio de 2023.

_____. *Opinión Consultiva* OC-5/85, de 13 de novembro de 1985. La Coleción obrigatória de periodistas (arts. 13 Y 29 Convención Americana sobre Derechos Humanos. < https://www.corteidh.or.cr/docs/opiniones/seriea_05_esp.pdf. >. Acesso em: 27 maio 2023.

______. *Caso Moya Chacón Y Otros Vs. Costa Rica.* Sentença de 23 de maio de 2022. Disponível em: < https://www.corteidh.or.cr/docs/casos/articulos/seriec_451_esp.pdf >. Acesso em: 27 maio 2023.

______. *Caso Fernández Orteza y Otros Vs. México.* Sentença de 30 de agosto de 2010. Disponível em: < https://www.cnj.jus.br/wp-content/uploads/2016/04/1ca33df39cf74bbb341c4784e83bd231.pdf >. Acesso em: 26 maio 2023.

______. *Caso Manuela Y Outros Vs. El Salvador.* Sentença de 2 de novembro de 2021. Disponível em: <https://www.corteidh.or.cr/docs/casos/articulos/seriec_441_esp.pdf >. Acesso em: 26 maio 2023.

______. *Caso Tibi vs. Ecuador.* Sentença de 7 de setembro de 2004. Disponível em: <https://www.corteidh.or.cr/docs/casos/articulos/seriec_114_esp.pdf >. Acesso em: 25 maio 2023.

______. *Caso Suárez Rosero vs. Ecuador.* Sentença de 12 de novembro de 1997. Disponível em: <https://www.corteidh.or.cr/docs/casos/articulos/seriec_35_esp.pdf >. Acesso em: 25 maio 2023.

______. *Caso González Y Otros vs. Venezuela.* Sentença de 20 de setembro de 2021. Disponível em: < https://www.corteidh.or.cr/docs/casos/articulos/seriec_436_esp.pdf>. Acesso em: 25 maio 2023.

______. . *Caso Cortez Espinoza Y Ecuador.* Sentença de 18 de outubro de 2022. Disponível em: <https://www.corteidh.or.cr/docs/casos/articulos/resumen_468_esp.pdf >. Acesso em: 25 maio 2023.

______. *Caso Vera Rojas Y Otros Vs. Chile.* Sentença de 1 de outubro de 2021. Disponível em: <https://www.corteidh.or.cr/docs/casos/articulos/seriec_439_esp.pdf>. Acesso em: 25 maio 2023.

______. *Caso Oliveira Fuentes vs. Perú.* Sentença de 4 de fevereiro de 2023. Disponível em: <blob:https://web.whatsapp.com/0369f7cd-1b95-4b2a-870f-226e5983a229>. Acesso em: 21 julho 2023.

______. *Caso Nadege Dorzema Y Otros Vs. Republica Domenicana.* Sentença de 24 de outubro de 2012. Disponível em: < https://www.corteidh.or.cr/docs/casos/articulos/seriec_251_esp.pdf>. Acesso em: 25 maio 2023.

______. *Caso de Personas Dominicanas Y Haitianas Explulsadas Vs. Republica Domenicana.* Sentença de 28 de agosto de 2014. Disponível em: <https://corteidh.or.cr/docs/casos/articulos/seriec_282_esp.pdf >. Acesso em: 25 maio 2023.

______. *Caso Federación Nacional de Trabajadores Marítimos y Portuários (FEMAPOR) vs. Perú.* Sentença de 1 de fevereiro de 2022. Disponível em: https://www.corteidh.or.cr/docs/casos/articulos/seriec_448_esp.pdf >. Acesso em: 22 maio 2023.

______. *Caso Pavez Pavez vs. Chile.* Sentença de 4 de fevereiro de 2022. Disponível em: < https://corteidh.or.cr/comunicados_prensa.cfm?lang=pt&n=1810 >. Acesso em: 22 maio 2023.

______. *Caso Valencia Campos Y Otros Vs. Bolivia.* Sentença de 18 de outubro de 2022. Disponível em: <https://www.corteidh.or.cr/docs/casos/articulos/seriec_469_esp.pdf >. Acesso em: 26 maio 2023.

_____. *Caso Brítez Arce Y Otros Vs. Argentina.* Sentença de 16 de novembro de 2022. Disponível em: < https://www.corteidh.or.cr/docs/casos/articulos/seriec_474_esp.pdf >. Acesso em: 27 maio. 2023.

_____. *Caso Baraona Bray vs. Chile.* Sentença de 24 de novembro de 2022. Disponível em: <https://www.corteidh.or.cr/docs/casos/articulos/seriec_481_esp.pdf>. Acesso em: 29 maio 2023

_____. *Opinión Consultiva* OC-5/85, de 13 de novembro de 1985. La Colección obrigatória de periodistas (arts. 13 Y 29 Convención Americana sobre Derechos Humanos. < https://www.corteidh.or.cr/docs/opiniones/seriea_05_esp.pdf. >. Acesso em: 27 maio 2023. Par. 70.

_____. *Caso Valencia Campos Y Otros Vs. Bolivia.* Sentença de 18 de outubro de 2022. Disponível em: <https://www.corteidh.or.cr/docs/casos/articulos/seriec_469_esp.pdf >. Acesso em: 26 maio 2023.

_____. *Caso Aguinaga Aillón Vs. Ecuador*. Sentencia de 30 de enero de 2023. Parágrafos 68,69,70. Disponível em : https://www.corteidh.or.cr/casos_sentencias.cfm?lang=pt Acesso em: 20 julho 2023.

_____. *Caso Fontevecchia e D´Amico Vs. Argentina.* 29 nov. 2011. Disponível em: https://www.corteidh.or.cr/docs/casos/articulos/seriec_238_por.pdf

_____. *Caso Benites Cabrera y otros Vs. Perú.* Excepciones Preliminares, Fondo, Reparaciones y Costas. Sentencia de 4 de octubre de 2022. Serie C No. 465., Párrafo 110.

_____. *Caso Cuscul Pivaral y otros Vs. Guatemala.* Excepción Preliminar, Fondo, Reparaciones y Costas. Sentencia de 23 de agosto de 2018. Serie C No. 359., Párrafo 86

_____. *Caso Kawas Fernández vs. Honduras.* Mérito, Reparações e Custas. Sentença de 3 de abril de 2009. Série C nº 196, parágrafo 148.

_____. *Caso de los Buzos Miskitos (Lemoth Morris y otros) Vs. Honduras.* Sentencia de 31 de agosto de 2021. Série C Nº 432, paragrafo 51.

_____. *Condición jurídica y derechos humanos del niño. Opinión Consultiva* OC-17/02 de 28 de agosto de 2002. Serie A No. 17. Par. 54.

_____. *Caso Guevara Díaz vs. Costa Rica.* Sentença de 22 de junho de 2022. Disponível em: < https://www.oas.org/pt/cidh/jsForm/?File=/pt/cidh/prensa/notas/2021/084.asp >. Acesso em: 23 maio 2023.

_____. *Opinión Consultiva 29/2022*, de 30 de maio de 2022. Disponível em: https://www.corteidh.or.cr/docs/opiniones/seriea_29_esp.pdf. Acesso em 27 de maio de 2023

_____. *Caso Muelle Flores Vs. Perú.* Sentença de 6 de março de 2019. Disponível em: < https://www.corteidh.or.cr/docs/casos/articulos/seriec_375_esp.pdf >. Acesso em: 26 maio 2023. Par. 190).

_____. *Caso dos Santos Nascimento e Ferreira Gomes vs. Brasil.* Sentença de 7 de outubro de 2024 (Exceções Preliminares, Mérito, Reparações e Custas). Disponível em: file:///C:/Users/023450~1/AppData/Local/Temp/seriec_539_por.pdf. Acesso em 09 de mar. 2025).

COSTA RICA. [Código Penal (1970)]. *Código Penal - nº 4573*. Costa Rica, 1970. Artículo 309. Disponível em: <http://www.oas.org/dil/esp/codigo_penal_costa_rica.pdf>. Acesso em: 5 abr. 2019.

COURTIS, Christian. Los derechos sociales en perspectiva: la cara jurídica de la política social. In: *Teoria de neoconstitucionalismo. Ensayos escogidos*. Coord. Miguel Carbonell. Madri: Trotta Editorial, 2007.

CRENSHAW, Kimberlé. Documento para o Encontro de Especialistas em Aspectos da Discriminação Racial Relativos ao Gênero. *Revista Estudos Feministas*, Florianópolis, v. 10, n. 1, p. 171-188, Jan. 2002. Disponível em: <http://www.scielo.br/scielo.php?script=sci_arttext&pid=S0104-026X2002000100011&lng=en&nrm=iso>. Acesso em: 18 out. 2020.

DAHER, Lenna Luciana Nunes. *A atuação do Ministério Público Brasileiro por planos, programas e projetos. Semana do MP Resolutivo*. Curitiba: Escola Superior do MPPR, 2017 (13min07seg). Disponível em: <https://spark.adobe.com/page/JrWDvgnPrIdr9/>. Acesso em:19 fev. 2019.

DAVIS, Angela. *Mulheres, raça e classe*. São Paulo: Boitempo, 2016.

DELMAS-MARTY, Mireille. *A imprecisão do direito*: do código penal aos direitos humanos. Tradução de Denise Radanovic Vieira. São Paulo: Manole, 2005.

DEMO, Pedro. *Pobreza política*: *a pobreza mais intensa da pobreza brasileira*. Campinas: Armazém do Ipê (Autores Associados), 2006. p. 26.

DERBLI, Felipe. A Aplicabilidade do princípio da proibição do retrocesso social no direito brasileiro. In: SOUZA NETO, Claudio Pereira de; SARMENTO, Daniel (Coord.). *Direitos sociais: fundamentos, justicialização e direitos sociais em espécie*. Rio de Janeiro: Lumen Juris, 2008.

DIGIÁCOMO, Murillo José. O Ministério Público e a utopia. In.: *Direito e Justiça. Estudos em homenagem a Gilberto Giacoia*. Org. Eduardo Cambi e Alencar Frederico Margraf. Curitiba: Ministério Público, 2016.

DINIZ, Maria Helena. *Compêndio de Introdução à Ciência do Direito*. São Paulo: Saraiva, 2009.

DONNELLY, Jack. *Universal Human Rights in Theory and in Practice*. Ithaca: Cornell University Press, 2003.

DRZEMCZEWSK , Andrew. Quelques réflexions sur l´autorité de la chose interpretée par la Cour de Strasbourg. *Revista da Faculdade de Direito da UFMG*, Belo Horizonte, n. 58, p. 85-90, jan./jun. 2011. Disponível em: <https://www.direito.ufmg.br/revista/index.php/revista/article/viewFile/137/128>. Acesso em: 7 jan. 2019.

DUNNE, Timm; WHEELER, Nicholas J. *Human Rights in Global Politics*. Cambridge: Cambridge University Press, 2001.

DURÃES, Beatriz Schiffer. *Convenção Européia de Direitos Humanos e Convenção Americana de Direitos Humanos em comparação. Revista da Faculdade de Direito UFPR*, vol. 23, 1986, p. 51-72.

DUSSEL, Enrique. *Filosofía del a liberación*. Cidade do México: Fundo de Cultura Economica, 2011.

_____. *Oito ensaios sobre cultura latino-americana e libertação*. São Paulo: Paulinas, 1997.

_____. *Ética da libertação na idade da globalização e da exclusão*. Petrópolis: Vozes, 2002.

EIDE, Asbjorn; ROSAS, Allan. Economic, Social and Cultural Rights: a universal challenge. In: EIDE, Asbjorn; KRAUSE, Catarina; ROSAS, Allan (Eds.). *Economic, Social and Cultural Rights*: a textbook. 2nd revised edition. Dordrecht: Martinus Nijhoff Publishers, 2001.

EQUADOR. Constitución del Ecuador. Disponível em: <https://www.wipo.int/edocs/lexdocs/laws/es/ec/ec030es.pdf>.

EL PAÍS. *As crianças na América Latina são as que mais sofrem com a pobreza*. Disponível em: <https://brasil.elpais.com/brasil/2016/06/28/internacional/1467149228_735503.html>. Acesso em: 21 jan. 2021.

ENGSTROM, Par. *Reconceitualizando o impacto do sistema interamericano de direitos humanos. Revista Direito e Praxis*, Rio de Janeiro, v. 8, n. 2. Disponível em: <https://www.e-publicacoes.uerj.br/index.php/revistaceaju/article/view/28027>. Acesso em: 28 jul. 2017, p. 1258-1261.

ERTHAL, João Marcello. *Como o black bloc matou as manifestações*. 11 fev. 2014. Disponível em: <https://veja.abril.com.br/brasil/como-o-black-bloc-matou-as-manifestacoes/>. Acesso em: 15 fev. 2021.

ESPANHA. *Constitución Española*. Tribunal Constitucional de España.

ESPOSITO, Roberto. *Termini della politica. Communità, immunità e biopolítica*. Vol. I. Milão: Mimesis, 2018.

ESTADOS UNIDOS DA AMÉRICA. Suprema Corte dos Estados Unidos. *Department of Homeland Security et al. v. Regents of the University of California et al.* CERTIORARI TO THE UNITED STATES COURT OF APPEALS FOR THE NINTH CIRCUIT. No. 18–587. Argued November 12, 2019—Decided June 18, 2020.SUPREMA CORTE DOS ESTADOS UNIDOS.

_____. Suprema Corte dos Estados Unidos. *Caso Roper v. Simmons*. Disponível em: <https://www.oyez.org/cases/2004/03-633>. Acesso em: 1 abr. 2021.

_____. United States Courts. Access to Education - Rule of Law. *Plyler v. Doe*. Disponível em: <https://www.uscourts.gov/educational-resources/educational-activities/access-education-rule-law>. Acesso em: 14 fev. 2020.

_____. Suprema Corte dos Estados Unidos. https://www.supremecourt.gov/opinions/22pdf/20-1199_hgdj.pdf. Acesso em 10 de julho de 2023.

ESTATUTO DE ROMA. DECRETO Nº 4.388, DE 25 DE SETEMBRO DE 2002. Promulga o Estatuto de Roma do Tribunal Penal Internacional.

FACCIONI, Eloi Francisco Zatti. O tratamento jurídico-penal do indígena em face do Direito Fundamental à diversidade cultural. In.: *Temas aprofundados do Ministério Público Federal*. 2ª ed. Org. Edilson Vitorelli. Salvador: Editora Jus Podivm, 2013.

FACHIN, Luiz Edson. *Estatuto jurídico do patrimônio mínimo: à luz do novo Código Civil brasileiro e da Constituição Federal*. 2ª ed. Rio de Janeiro: Renovar, 2006.

FACHIN, Melina Girardi. *Constitucionalismo multinível: diálogos e(m) direitos humanos. Revista Ibérica do Direito*, ano I, vol. I, n. I, jan.-abr. 2020.

______; RAMOS, Catarina M. V.. Cada indivíduo conta: relativizações da proteção das pessoas idosas na pandemia do Covid-19. In: *Direitos humanos em tempos de pandemia.* Org. Érika Leahy. Curitiba: Instituto Memória, 2020.

______. *Human Right to defend Human Rights: Normative enforcement and transformative impacts.* No prelo.

______; ROBL FILHO, Ilton Norberto; TOMIO, Fabricio Ricardo de Limas. *The inter-american and european contexts of human rights protection: a brief comparative analysis of regional courts'decisions. Revista da Faculdade de Direito da UFPR.* v. 61. n.3. 2016.

______. *Guia de proteção dos direitos humanos: sistemas internacionais e sistema constitucional constitucional.* Curitiba: InterSaberes, 2019.

______. Prefácio. In: *Direitos humanos em tempos de pandemia.* Org. Érika Leahy. Curitiba: Instituto Memória, 2020.

______. GONÇALVES, Marcos Alberto Rocha. *De fora, de cima e de baixo – todos os sentidos da dignidade no discurso dos direitos.* In: *Revista Brasileira de Direitos Fundamentais.* v. 2, n. 2 (2016). Disponível em: <http://www.indexlaw.org/index.php/garantiasfundamentais/article/view/1629>.

______. CÂMARA, Heloísa Fernandes; et. al. *Dicionário Interamericano de Direitos Humanos Volume 1*: Aspectos Processuais e Procedimentais. Rio de Janeiro: Lumen Juris, 2022, p. 47

FALK, Richard. Sovereignty and Human Dignity: the search of reconciliation. In: STEINER, Henry J; ALSTON, Philip. *International Human Rights in Context.* 2nd edition. Oxford: Oxford University Press, 2000.

FANON, Frantz. *Pele negra, máscaras brancas.* Trad. de Renato da Silveira. Salvador: Edufba, 2008.

FARALLI, Carla. *A filosofia contemporânea do direito. Temas e desafios.* Trad. Candice Premaror Gullo. São Paulo: Martins Fontes, 2006.

FARHAT, Rodrigo. *O Estado de Exceção é a regra geral.* Entrevista com Felipe Paiva. *Le Monde Diplomatique Brasil.* 16 mar. 2018. Disponível em: <https://diplomatique.org.br/o-estado-de-excecao-e-regra-geral/>. Acesso em: 5 nov. 2019.

FARMER, Paul. *Pathologies of power.* Berkeley: California University Press, 2003.

FERNANDES, Eduardo; TODESCAT, Marilda; CARDOSO, Jordana. *Comunidades de prática: Contribuições para garantir o Direito à Cidadania. Revista Interdisciplinar de Gestão Social.* Universidade Federal da Bahia, maio/ago. 2017, v. 6, n. 2, p. 15-38.

FERNANDES, Flávia Roberta; CARDOSO, Tiago Alves; CAPAVERDE, Lisiane Alves; SILVA, Helena de Fátima Nunes. *Comunidades de prática: uma revisão bibliográfica sistemática sobre casos de aplicação organizacional. AtoZ: novas práticas em informação e conhecimento*, Revista Eletrônica UFPR, vol 5(1), p. 44-52. Disponível em: <https://revistas.ufpr.br/atoz/article/view/46691/28744>. Acesso em: 12 fev. 2021.

FERRAJOLI, Luigi. *Diritti fondamentali*. In: Vitale, Ermanno (coord.). *Diritti fondamentali. Un dibatito teorico*. Coord. Ermanno Vitale. 2ª ed. Roma-Bari: Laterza, 2002.

_____. I fondamenti dei diritti fondamentali. In: *Diritti fondamentali. Un dibatito teorico*. Coord. Ermanno Vitale. 2ª ed. Roma-Bari: Laterza, 2002.

_____. *Garantismo: uma discussão sobre direito e democracia*. Rio de Janeiro: Lumen Juris, 2012.

_____. *Principia iuris: teoría del derecho y de la democracia. Teoría de la democracia*. V. 2. Madrid: Editorial Trotta, 2011.

FERREIRA, Siddharta Legale; ARAÚJO, David Pereira de. *O Estado de Coisas Inconvencional: trazendo a Corte Interamericana de Direitos Humanos para o debate sobre o sistema prisional brasileiro. Revista Publicum*. Rio de Janeiro, v.2, n. 2, 2016.

FISS, Owen. El inmigrante como paria. In: *Una comunidad de iguales. La protección constitucional de los nuevos ciudadanos*. Trad. de Antonio de Cabo y Geraldo Pisarello. México: Distribuciones Fontamara, 2008.

FIX-ZAMÚDIO, Héctor. *Protección jurídica de los derechos humanos: estudios comparativos*. 2ª ed. Ciudad de México: Comissión Nacional de Derechos Humanos, 1999.

FLINTERMAN, Cees; HENDERSON, Catherine. The African Charter on Human and Peoples' Rights. In: HANSKI, Raija; SUKSI, Markku. *An Introduction to the International Protection of Human Rights*. 2nd edition. Turku: Institute for Human Rights Abo Akademi University, 2004. p.387.

FLORES, Joaquín Herrera. Direitos Humanos, Interculturalidade e Racionalidade da Resistência. In: WOLKMER, Antônio Carlos. *Direitos Humanos e Filosofia Jurídica na América Latina*. Rio de Janeiro: Lúmen Júris, 2004.

_____. *El vuelo de Anteo: derechos humanos y crítica de la razón liberal*. Bilbao: Desclée, 2000.p. iv.

FOUCAULT, Michel. *Segurança, Território, População. Curso dado no Collège de France 1977-1978*. São Paulo: Martins Fontes, 2008.

_____. *Vigiar e punir*. 42ª ed. São Paulo: Vozes, 2014.

_____. *Microfísica do poder*. 8ª ed. Rio de Janeiro: Paz e Terra, 2018.

FRASER, Nancy. Repensando a questão do Reconhecimento: superar a substituição e a reificação na política cultural. In: BALDI, César Augusto (Org). *Direitos Humanos na Sociedade Cosmopolita*. Rio de Janeiro: Renovar, 2004. p. 601-622.

_____. La justicia social en la era de la política de la identidad: redistribuición, reconocimiento y participación. In.: FRASER, Nancy. HONNETH, Axel. *Redistribución o reconocimiento? Un debate político-filosófico*. Madrid: Ediciones Morata, 2006. P. 28.

FREIRE, Paulo. *Pedagogia da esperança. Um reencontro com a Pedagogia do Oprimido*. Notas de Ana Araújo Freire. Rio de Janeiro: Paz e Terra, 1992.

_____. *Pedagogia do oprimido*. São Paulo: Paz e Terra, 2013.

_____. *Ação cultural para a liberdade e outros escritos*. Rio de Janeiro: Paz e Terra, 2015.

FREITAS, Juarez. O Intérprete e o Poder de dar vida à Constituição. In: *Direito Constitucional.* Org. Eros Roberto Grau e Willis Santiago Guerra Filho. São Paulo: Malheiros, 2001.

FREUD, Sigmund. O futuro de uma ilusão. In: *Obras completas. Inibição, sintoma e angústia, o futuro de uma ilusão e outros textos (1926-1927).* Trad. de Paulo César de Souza. São Paulo: Companhia das Letras, 2014.

_____. O mal-estar na civilização. In: *Obras completas.* Vol. 18. Trad. de Paulo César de Souza. São Paulo: Companhia das Letras, 2011.

FRICKER, Miranda. *Epistemic injustice. Power & Ethics of Knowing.* Oxford: Oxford Press, 2007.

FUCHS, Marie Christine. Prefácio. In: *Constitucionalismo feminista. Expressão das políticas públicas voltadas à igualdade de gênero.* Org. Bruna Nowak. Salvador: JusPodivm, 2020.

FUKUYAMA, F. *O Fim da História e o Último Homem.* Rio de Janeiro: editora Rocco, 1992.

_____ (editor). *Blindside: how to antecipate forcing events and wild cards in global politics.* Washington: Brokkings Institution Press, 2007. p. 1-3.

FUNDO DAS NAÇÕES UNIDAS PARA A INFÂNCIA (UNICEF). *20 anos pelos direitos das crianças e adolescentes.* Disponível em: <https://www.unicef.org/brazil/media/4911/file/revista_selo_unicef_20anos.pdf>. Acesso em: 21 jan. 2021.

GALEANO, Eduardo. *Veias abertas da América Latina.* Trad. de Sergio Faraco. Porto Alegre: L & PM Editores, 2013.

_____. *Las palabras andantes.* 5ª ed. Buenos Aires: Catálogos S.R.L., 2001.

_____. *O direito ao delírio.* Disponível em: <https://www.contioutra.com/o-direito--ao-delirio-eduardo-galeano/>. Acesso em: 25 de fev. de 2021.

GARAPON, Antoine; ALLARD, Julie. *Os juízes na mundialização*: a nova revolução do Direito. Lisboa: Instituto Piaget, 2005.

GARAVITO, César A. Rodríguez. Prólogo. In: RAJAGOPAL, Balakrishnan. *El Derecho Internacional desde Abajo*: el desarrollo, los movimientos sociales y la Resistencia del Tercer Mundo. Colección En Clave del Sur. Bogotá: ILSA, 2005.

GARGARELLA, Roberto. *Latin American Constitutionalism. 1810-2010. The engine room of Constitution.* Nova Iorque: Oxford Press, 2013.

_____. El nuevo constitucionalismo dialógico frente al sistema de los frenos y contrapesos. In: *Por una justicia dialógica*: *El poder Judicial como promotor de la deliberación democrática.* Coord. Roberto Gargarella. Avellaneda: Siglo Veintiuno Ediciones Argentina S.A., 2014.

_____. El nuevo constitucionalismo dialógico, frente al sistema de los frenos y contrapesos. In: _____. *El nuevo constitucionalismo dialógico, frente al sistema de los frenos y contrapesos.* Buenos Aires: Siglo XXI, 2014. Disponível em: <http://www.derecho.uba.ar/academica/posgrados/2014-roberto-gargarella.pdf>.

_____. *La Sala de Máquinas de la Constitución: dos siglos de constitucionalismo em América Latina (1810-2010)*. Buenos Aires: Katz Editores, 2014.

Giacoia, Gilberto. *Ministério Público Vocacional*. Revista Justitia, Ministério Público de São Paulo/Associação Paulista do Ministério Público. n. 197. jul.-dez. 2007.

GODOY, Miguel Gualano. *As audiências públicas e os amici curiae influenciam as decisões dos ministros do supremo tribunal federal? E por que isso deve(ria) importar?* In: *Revista da Faculdade de Direito – UFPR*, Curitiba, vol. 60, n. 3, set./dez. 2015, p. 137-159.

GOMES, Laurentino. *Escravidão. Do primeiro leilão de cativos em Portugal até a morte de Zumbi dos Palmares*. Vol. 1. São Paulo: Globo, 2019.

GOMES, Luiz Flávio; MAZZUOLI, Valerio de Oliveira. *Constituição brasileira e os tratados de direitos humanos:* conflito e critério de solução. Disponível em: <http://www.lfg.com.br>. Acesso em: jun. 2021.

GONÇALVES, Nicole P. S. Mader. *Amicus curiae e audiências públicas: instrumentos para uma jurisdição constitucional democrática. Revista Ciências Jurídicas e Socias da Unipar. Umuarama*. V. 11, n. 2, p. 385-401, jul./dez. 2008.

GONDINHO, Fabiana de Oliveira. *A Proteção Internacional dos Direitos Humanos*. Belo Horizonte: Edições Del Rey, 2006.

GOULART, Marcelo Pedroso. *Elementos para uma Teoria Geral do Ministério Público*. Belo Horizonte: Arraes Editora, 2013.

GRAU, E. R. *A Ordem Econômica na Constituição de 1988*. São Paulo: Malheiros, 2004.

GROMPONE, Romeo. A rica experiência dos orçamentos participativos no Peru. In.: SERAFIM, Lizandra. MORONI, José Antonio. *Sociedade Civil e novas institucionalidades democráticas na América Latina*: dilemas e perspectivas. 2009. Acesso em: 14 jun. 2023. Disponível em: http://bibliotecadigital.abong.org.br/xmlui/bitstream/handle/11465/405/POLIS_sociedade_civil_novas_institucionalidades_democraticas.pdf?sequence=2&isAllowed=y P. 123

GUASTINI, Riccardo. *Estudios de teoría constitucional*. Trad. de Miguel Carbonell. Cidade do México: Fontamara, 2007.

GUERRA, Sidney; EMERIQUE, Lilian Balmant. *A incorporação dos tratados internacionais de direitos humanos na ordem jurídica brasileira. Revista Jurídica*, Brasília, v. 10, n.90, Ed. Esp., p.2, abr./maio 2008. Disponível em: <http://xa.yimg.com/kq/groups/18379169/1261285436/name/SidneyGuerra_Rev90%5 B1%5D.pdf>. Acesso em: jun. 2021).

GUIMARÃES, Ulysses. *Discurso da promulgação da Constituição Federal de 1988*. Disponível em: <https://www.camara.leg.br/radio/programas/277285-integra-do-discurso-presidente-da-assembleia-nacional-constituinte-dr-ulysses-guimaraes-10-23/>. Acesso em: 10 abr. 2021.

HAACK, Susan. Epistemology: *Who needs it? Kilikya Felsefe Dergisi. Cilicia Journal of philosophy*, vol. 3, 2015.

HABERLE, Peter. *Hermenêutica constitucional*: *A sociedade aberta dos intérpretes da constituição: contribuição para a interpretação pluralista e "procedimental" da constituição*. Tradução de Gilmar Ferreira Mendes. Porto Alegre: Sergio Antonio Fabris Editor, 1997.

______. *Los derechos fundamentales en el Estado prestacional.* Trad. de Jorge Luis León Vásquez. Lima: Palestra Editores, 2019.

HABERMAS, Jürgen. *Direito e democracia. Entre facticidade e validez.* Vol. 1. Trad. de Flávio Beno Siebeneichler. Rio de Janeiro: Tempo Brasileiro, 1997.

______. *The inclusion of other. Studies in political theory.* Cambridge: MIT, 1998.

______. *A constelação pós-nacional.* Trad. de Márcio Silgman-Silva. São Paulo: Littera--Mundi, 2001.

______. *La constelación posnacional. Ensayos políticos.* Trad. de Pere Fabra Abat. Barcelona: Ediciones Paidós Ibérica S.A., 2000.

HARARI, Yuval Noah. *21 Lições para o Século 21.* Trad. de Paulo Geiger. São Paulo: Companhia das Letras, 2018.

HART, Herbert. L. A. *O conceito de direito.* 3ª ed. Trad. de A. Ribeiro Mendes. Lisboa: Fundação Calouste Gulbenkian, 1994.

HEEMANN, Thimotie Aragon. *O exercício do controle de convencionalidade pelo membro do Ministério Público. Revista jurídica do Ministério Público do Estado do Paraná*, Curitiba, v. 4, n. 7, dez./2017.

______. *Por uma releitura do direito dos povos indígenas: do integracionismo ao interculturalismo. Revista de doutrina e jurisprudência*, vol. 53, jul - dez 2017.

HELLER, Agnes; FEHÉR, Ferenc. *A condição política pós-moderna.* Trad. de Marcos Santarrita. Rio de Janeiro: Civilização Brasileira, 1998.

HESSE, Konrad. *Apud*: SARLET, I. W. *A Constituição concretizada: construindo pontes entre o público e o privado.* Porto Alegre: Livraria do Advogado, 2000, p. 119.

HIRSCHL, Ran. *Towards Juristocracy: the origins and consequences of the new constitutionalism.* Cambridge, Massachusetts, and London, England: Harvard University Press, 2004.

HOBSBAWN, Eric. *A era dos extremos: o breve século XIX (1914-1991).* São Paulo: *Companhia* das Letras, 1995.

HREA. *Asia-Pacific Regional Centre for Human Rights Education*, 2003. Disponível em inglês em: <http://www.hrea.org/pubs/tibbitts08-encyclopedia.pdf>.

HUNTINGTON, Samuel. *The Clash of Civilizations and the Remaking of World Order.* New York: Simon & Schuster, 2003.

HURREL, Andrew. Power, principles and prudence: protecting human rights in a deeply divided world. In: DUNNE, Tim; WHEELER, Nicholas J. *Human Rights in Global Politics.* Cambridge: Cambridge University Press, 1999.

IBGE. *Estatísticas de Gênero: Indicadores sociais das mulheres no Brasil.* 3ª ed. Disponível em: https://biblioteca.ibge.gov.br/visualizacao/livros/liv102066_informativo.pdf. Acesso em:27 fev. 2025.

IBRAHIN, Francini Imene Dias. BORGES, Amanda Tavares. *Violência doméstica em tempos de confinamento obrigatório*: a epidemia dentro da pandemia. Set. 2020.

Disponível em: <https://jus.com.br/artigos/85555/violencia-domestica-em-tempos--de-confinamento-obrigatorio>. Acesso em: 6 abr. 2021.

IANNI, O. *Teorias da Globalização*. Rio de Janeiro: Civilização Brasileira, 1996.

IG SAÚDE. *Saúde manda presos serem vacinados antes de policiais*; secretários se revoltam. 4 mar. 2021. Disponível em: <https://saude.ig.com.br/2021-03-04/saude-manda-presos-serem-vacinados-antes-de-policiais-secretarios-de-revoltam.html>. Acesso em: 6 abr. 2021.

INTERNATIONAL LESBIAN, GAY, BISEXUAL, TRANS AND INTERESEX ASSOCIATION - LGA WORLD. *Homofobia de Estado 2020: Actualización del Panorama Global de la Legislación*. Org. Lucas Ramón Mendos, Kellyn Botha, Rafael Carrano Lelis, Enrique López de la Peña, Ilia Savelev e Daron Tan. Genebra: ILGA, 2020.

IPEA. *Atlas da Violência*. 2024. / coordenadores: Daniel Cerqueira; Samira Bueno – Brasília: Ipea; FBSP, 2024.

JACKSON, Vicky. *Constitutional Dialogue and Human Dignity: States and Transnational Constitutional Discourse*. Georgetown Law Faculty Publications and Other Works, 2004.

JAKOBS, Günther. *Direito penal do inimigo*. Trad. de Gercélia Batista de Oliveira Mendes. Rio de Janeiro: Lumen Juris, 2008.

JERÓNIMO, Patrícia. *Os Direitos do Homem à Escala das Civilizações:* proposta de análise a partir do confronto dos modelos ocidental e islâmico. Coimbra: Almedina, 2001.

JORNAL FOLHA DE SÃO PAULO. *Entrevista cedida a Guiliano Guandalini em 29/04/2001*. Disponível em: <http://www.agenciafog.com.br/centralhall>. Acesso em: 31 ago. 2007.

KANT, Immanuel. *Fundamentação da metafísica dos costumes e outros escritos*. Tradução de Leopoldo Holzbach, São Paulo: Martin Claret, 2004.

______. *Fundamentos da metafísica dos costumes*. Trad. de Paulo Quintela. Lisboa: Edições 70, 2007.

KELLEY, David. A Life of One's Own: individual rights and the welfare state. In: STEINER, Henry J; ALSTON, Philip. *International Human Rights in Context*. 2nd edition. Oxford: Oxford University Press, 2000.

KELSEN, Hans. *Teoria pura do direito*. Trad. de João Baptista Machado. São Paulo: Martins Fontes, 1999.

KESKE, Henrique. SANTOS, Everton Rodrigo. *O envelhecer digno como direito fundamental da vida humana. Revista de Bioética y Derecho - Perspectivas Bioéticas.* Universitat de Barcelona.. Disponível em: <http://scielo.isciii.es/pdf/bioetica/n45/1886-5887-bioetica-45-00163.pdf>. Acesso em: 27 jan. 2021.

KILOMBA, Grada. *Memórias da plantação. Episódios de racismo cotidiano.* Rio de Janeiro: Cobogó, 2019.

______. *A desmantelar o poder*. Disponível em: <https://www.uol.com.br/ecoa/reportagens-especiais/grada-kilomba-todas-as-crises-que-temos-sao-baseadas-em-600--anos-de-historia-colonial/#cover>. Acesso em: 15 mar. 2021.

KYRILLOS, Gabriela M. *Uma Análise Crítica sobre os Antecedentes da Interseccionalidade. Revista Estudos Feministas*, Florianópolis, v. 28, n. 1, e56509, 2020. Disponível em: <http://www.scielo.br/scielo.php?script=sci_arttext&pid=S0104-026X2020000100204&lng=en&nrm=iso>. Acesso em: 18 out. 2020.

KLARMAN, Michael. Courts, Social Change, and Political Backlash. In: *Hart Lecture at Georgetown Law Center*, March 31, 2011 – Speaker's Notes. Disponível em: <http://tinyurl.com/bz4cwqk>.

KRELL, Andreas J. *Direitos sociais e controle judicial no Brasil e na Alemanha*: os (des) caminhos de um direito constitucional "comparado". Porto Alegre: Sergio Antonio Fabris Editor, 2002.

KOZICKI, Katya. Backlash: as "reações contrárias" à decisão do Supremo Tribunal Federal na ADPF no 153. In: SOUZA JÚNIOR, José Geraldo de et al. (Org.). *O Direito Achado na Rua: introdução crítica à justiça de transição na América Latina*. Brasília: UnB, 2015. v. 7. p. 192-194. Disponível em: <http://www.justica.gov.br/central-de-conteudo/ anistia/anexos/15-12-15-direito-achado-na-rua-vol-7_web--versao-10mb-1.pdf>.

KYMLICKA, Will. *Multicultural Citizenship*. New York: Oxford University Press, 1996

LACERDA, Andrey Felipe. *O diálogo entre cortes na proteção regional dos direitos humanos: caso Gomes Lund e ADPF nº. 153. Revista da Faculdade de Direito da UFMG*, Belo Horizonte, n. 64, p. 105-131, jan./jun. 2014. Disponível em: <https://www.direito.ufmg.br/revista/index.php/revista/article/download/P.0304-2340.2014v64p105/1530>. Acesso em: 11 jan. 2019.

LAFER, Celso. *A reconstrução dos direitos humanos: um diálogo com o pensamento de Hannah Arendt*. São Paulo: Companhia das Letras, 1988.

______. *A internacionalização dos Direitos Humanos. Constituição, Racismo e Relações Internacionais*. Barueri: Manole, 2005.

______. *Comércio, Desarmamento e Direitos Humanos*. São Paulo: Paz e Terra, 1999.

LEGALE, Siddharta. *Resenha do livro "A sala de máquinas da Constituição", de Roberto Gargarella*. 22 fev. 2018. Disponível em: <https://nidh.com.br/resenha-do-livro--a-sala-de-maquinas-da-constituicao-de-roberto-gargarella/>. Acesso em: 26 fev. 2021.

LÉRIAS, Reinéro Antônio. Ética, moral, ciência e direitos humanos. *Revista Argumenta*, vol. 7, 2008.

LIMA, Fátima. *Bio-necropolítica: diálogos entre Michel Foucault e Achille Mbembe. Arq. bras. psicol.*, Rio de Janeiro , v. 70, n. spe, p. 20-33, 2018. Disponível em: <http://pepsic.bvsalud.org/scielo.php?script=sci_arttext&pid=S1809-52672018000400003&lng=pt&nrm=iso>. Acesso em: 3 out. 2019.

LIMA, Madeleine Hutyra de Paula. *Corrupção: obstáculo à implementação dos direitos econômicos, sociais e culturais. Revista de Direito Constitucional e Internacional*, São Paulo, n. 33, out./dez. 2000.

LLORENTE, Francisco Rubio. *El bloque de constitucionaliad. Revista Espanhola de Derecho Constitucional*. n. 27. set.-dez./1989.

LOPES, Ana Maria D'Ávila; DAMASCENO, Mara Lívia. *Procedimento de solução amistosa perante a Comissão Interamericana de Direitos Humanos: casos brasileiros. Pensar - Revista de Ciências Jurídicas*, Fortaleza, v. 25, n. 2, abr./jun. 2020.

LOPES, Ludmila Reis Brito. *A carta de Brasília e a atuação do Ministério Público do Trabalho - Parte 1. Semana do MP Resolutivo.* Curitiba: Escola Superior do MPPR, 2017. (8min56seg). Disponível em: <https://spark.adobe.com/page/JrWDvgnPrI-dr9/>. Acesso em: 20 fev. 2019.

LOPES, Daniel Lozoya Constant. AMADO, Fábio. GONZÁLEZ, Pedro. RÉBORA, Fabián. Os direitos das vítimas ao acesso à justiça, às garantias processuais e à reparação integral à luz do direito internacional dos direitos humanos e da jurisprudência interamericana. CADERNOS ESTRATÉGICOS – ANÁLISE ESTRATÉGICA DOS JULGADOS DA CORTE INTERAMERICANA DE DIREITOS HUMANOS. Disponível em: https://www.corteidh.or.cr/tablas/r39103.pdf Acesso em: 18 mar. 2025. P. 21-22

LUHMANN, Niklas. *Los derechos fundamentales como institución. Aportación a la sociología política.* México: Universidad Iberoamericana, 2010.

MAC-GREGOR, Eduardo Ferrer. *Eficacia de la sentencia interamericana y la coza juzgada internacional: vinculación directa hacia las partes (res judicata) y indirecta hacia los estados parte de la Convención Americana (res interpretata) (sobre el cumplimiento del caso Gelman vs. Uruguay). Estudios constitucionales*, Santiago, v. 11, n. 2, p. 618-671, 2013. Disponível em: <http://www.corteidh.or.cr/tablas/r31255.pdf>. Acesso em: 6 jan. 2019.

______. *Interpretación Conforme y Control Difuso de Convencionalidad: el nuevo paradigma para el juez mexicano.* Disponível em: <http://biblio.juridicas.unam.mx/libros/7/3033/14.pdf>.

MACHADO NETO, Antônio Luis. *Teoria da Ciência Jurídica.* São Paulo: Saraiva, 1975.

MACIEL, Adhemar Ferreira. *Amicus Curiae: um instituto democrático. Direito Federal: Revista da Associação dos Juízes Federais do Brasil.* Volume 21, Número 70. Abril/Junho 2002.

MADISON, James; HAMILTON, Alexander; JAY, John. *Os artigos federalistas. 1787-1788.* Tradução de Maria Luiza X. de A. Borges. Rio de Janeiro: Nova Fronteira, 1993.

MARBOIS, F. de Barbe. *Rapport sur l'état des prisons du Calvados, de l'Éure, la Manche et la Seine Inférieure.* 1823.

MARINONI, Luiz Guilherme. *Julgamento colegiado e precedente. Revista de processo*, vol. 264, fev. 2017.

______. *A ética dos precedentes - Justificativa do novo CPC.* São Paulo: Revista dos Tribunais, 2014.

MARKS, Stephen P. Obligations to Implement the Right to Development: Philosophical, Political, and Legal Rationales. In: PIOVESAN, Flávia; SOARES, Inês Regina Prado. *Direito ao desenvolvimento.* Belo Horizonte: Fórum, 2012.

MAUS, Ingerborg. *Judiciário como superego da sociedade. O papel da atividade jurisprudencial na "sociedade órfã"*. Trad. de Martonio Lima e Paulo Albuquerque. *Novos estudos*, vol. 58, nov. 2000.

MAZZUOLI, Valerio de Oliveira. *Curso de Direito Internacional Público*. 11ª ed. Rio de Janeiro: Forense, 2018.

______. *O controle jurisdicional da convencionalidade das leis*. 2ª ed. São Paulo: Revista dos Tribunais, 2015.

______. *O Controle Jurisdicional de Convencionalidade das Leis*. 4ª ed. São Paulo: Revista dos Tribunais, 2016.

______. *Curso de Direitos Humanos*. 2ª ed. Rio de Janeiro: Método, 2015.

______. CARDUCCI, Michele. *Teoria Tridimensional das integrações supranacionais. Uma análise comparativa dos sistemas de integração da Europa e da América Latina*. Rio de Janeiro: Forense, 2014.

______. *Direitos Humanos e cidadania: uma nova concepção introduzida pela Constituição Federal de 1988. Revista Justitia* - Ministério Público de São Paulo. Disponível em: <http://www.mpsp.mp.br/portal/page/portal/documentacao_e_divulgacao/doc_publicacao_divulgacao/doc_gra_doutrina_civel/civel%2033.pdf>. Acesso em: 5 ago. 2020.

______. COSTA E FARIA, Marcelle Rodrigues da; OLIVEIRA, Kledson Dionysio de. *Controle de convencionalidade pelo Ministério Público*. Rio de Janeiro: Forense, 2020.

______. ROCHA, Jorge Bheron. *Defensoria Pública e controle de convencionalidade. Revista Consultor Jurídico*, 19 de maio de 2020. Disponível em: <https://www.conjur.com.br/2020-mai-19/tribuna-defensoria-defensoria-publica-essencial-controle-convencionalidade>. Acesso em: 20 jun. 2021.

______. *Convenção contra o racismo depende do presidente para entrar em vigor. Revista Consultor Jurídico* de 15 de dezembro de 2020. Disponível em: <https://www.conjur.com.br/2020-dez-15/mazzuoli-convencao-interamericana-racismo>. Acesso em: 1 jun. 2021.

______. *Tratados internacionais de direitos humanos e direito brasileiro*. São Paulo: Saraiva, 2010.

MBEMBE, Achille. *Necropolítica*. São Paulo: N-1 Edições, 2018.

MELO, Mário. Últimos avanços na justiciabilidade dos direitos indígenas no sistema interamericano de direitos humanos. *Sur Revista Internacional de Direitos Humanos*, São Paulo, v.3, n.4, p.33, 2006.

MENDES, Conrado Hübner. *Controle de Constitucionalidade e Democracia*. Rio de Janeiro: Elsevier, 2008.

MENDES, Soraia da Rosa. *Criminologia feminista: novos paradigmas*. São Paulo: Saraiva, 2017.

MENDIZABAL, Maria Rosario Limón. *Envejecimiento activo: un cambio de paradigma sobre el envejecimiento y la vejez. Aula abierta*, vol. 47, nº 1, jan.-mar. 2018.

MENEZES. Fernando Henrique Pizzini. *A Democratização da Jurisdição Constitucional: Instrumentos de Participação Social.* Monografia (Fundação Getulio Vargas – Escola de Direito FGV Direito Rio), 2011.

MENKE, Christoph; POLLMANN, Arnd. *Filosofía de los derechos humanos.* Barcelona: Herder, 2010, p. 197.

MÉXICO. *Political Constitution of the United Mexican States.* 2010. Disponível em: <https://www.wipo.int/edocs/lexdocs/laws/en/mx/mx047en.pdf>.

MORAIS, Paula Tatiany Galeno Pinheiro de. *O sistema regional africano de proteção dos direitos humanos e dos povos. Revista Jus Navigandi*, ISSN 1518-4862, Teresina, ano 20, n. 4362, 11 jun. 2015. Disponível em: <https://jus.com.br/artigos/33757>. Acesso em: 10 fev. 2021.

MOREIRA, Adilson José. *Pensando como um negro. Ensaio de Hermenêutica Jurídica.* São Paulo: Contracorrente, 2019.

_____. *Tratado de direito antidiscriminatório.* São Paulo: Contracorrente, 2020.

MORIN, Edgar. *Introdução ao Pensamento Complexo.* Portugal: Instituto Piaget, 1995.

MOURA, Rafael Osvaldo Machado; KRELLING, Gustavo Marques; MELO, Milena Petters. O sistema interamericano e o papel resolutivo do Ministério Público estadual na defesa dos direitos humanos. In: *30 anos da Constituição de 1988 e o Ministério Público - Avanços, retrocessos e os novos desafios.* Org. Eduardo Cambi, Gregório Assagra de Almeida e Jairo Cruz Moreira. Belo Horizonte: D´Plácido, 2018.

MOURA, Rafael Osvaldo Machado. *De Ouvidos Abertos à Corte Interamericana: a jurisdição constitucional brasileira e o diálogo multinível no Ius Constitutionale Commune Latino-Americano.* Tese de doutorado. Curitiba: Pontifícia Universidade Católica do Paraná, 2021.

MOYN, Samuel. *The last utopia. Human rights history.* Cambridge: Harvard University Press, 2010.

MURATT, Ariana Niederauer; KOVALSKI, Suzani Perchin; NEUBAUER, Vanessa Steigleber. *Hannah Arendt e a dimensão dos Direitos Humanos: poder e liberdade.* Disponível em: <https://arianamuratt.jusbrasil.com.br/artigos/155454164/hannah--arendt-e-a-dimensao-dos-direitos-humanos-poder-e-liberdade>. Acesso em: 2 abr. 2019.

NALDI, Gino J. Future Trend in Human Rights in Africa: the increased role of the OAU? In: EVANS, Malcolm; MURRAY, Rachel (Eds.). *The African Charther on Human and People's Rights*: the system in practice, 1986-2000. Cambridge: Cambridge University Press, 2002.

NAVARRO, Vicente. Pelo Euro, contra os Europeus. *In: Alternet.* Disponível em: <http://www.alternet.org>. Acesso em: abr. 2021.

NERY JUNIOR, Nelson; NERY, Rosa Maria de Andrade. *Código de processo civil comentado e legislação extravagante.* 10ª ed. São Paulo: Editora dos Tribunais, 2007.

NEVES, Marcelo. *Transconstitucionalismo.* São Paulo: Martins Fontes, 2013.

_____. *(Não) Solucionando problemas constitucionais: transconstitucionalismo: além de colisões. Lua Nova* [online]. 2014, n.93.

_____. Transconstitucionalismo: Breves Considerações com Especial Referência à Experiência Latino-Americana. In: BOGDANDY, Armin Von; PIOVESAN, Flavia; ANTONIAZZI, Mariela Morales (Coord.). *Direitos humanos, democracia e integração jurídica: avançando no diálogo constitucional e regional.* Rio de Janeiro: Editora Lumen Juris, 2011

NIETZSCHE, Friedrich. *A genealogia da moral.* Trad. de Mário Ferreira dos Santos. Petrópolis: Editora Vozes, 2009.

NINO, Carlos Santiago. *Fundamentos de derecho constitucional. Análisis filosófico, jurídico y politológico de la práctica constitucional.* Buenos Aires: Editorial Astrea, 2013.

NOGUEIRA, Marco Aurélio. *Os direitos sociais como causas cívicas. Saúde e Sociedade,* vol.11 no.1. São Paulo. Jan./Jul 2002. Disponível em: <http://dx.doi.org/10.1590/S0104-12902002000100004>. Acesso em: 24 jul. 2020.

NOTARI, Maria Helena de Aguiar; FRAGOSO, Maria Helena J.M. de Machado. *A inserção do Brasil na política internacional de direitos humanos da pessoa idosa. Revista de Direito GV*, vol.7, nº 1, São Paulo Jan./Jun. 2011.

NOTARO, Sheri R. *Marginality and global LGBT Communities. Conflicts, Civil rights and controversy.* Londres: Palgrave Macmillan, 2020.

NUCCI, Guilherme de Souza. *Manual de Direito Penal.* 13ª ed. Rio de Janeiro, Forense, 2017.

OBSERVATÓRIO DO TERCEIRO SETOR. *Genocídio no Brasil: mais de 70% da população indígena foi morta.* Disponível em: <https://observatorio3setor.org.br/noticias/genocidio-brasil-mais-de-70-da-populacao-indigena-foi-morta/>. Acesso em: 16 fev. 2021.

OLIVEIRA, Kátia Ribeiro de; SILVA, Juvêncio Borges. *Democracia participativa e movimentos sociais: educação para cidadania.* II Congresso Brasileiro de Processo Coletivo e Cidadania - Universidade de Ribeirão Preto. *Revista UNAERP.* Disponível em: <https://revistas.unaerp.br/cbpcc/article/view/387/449>. Acesso em: 15 fev. 2021.

ORDEM DOS ADVOGADOS DO BRASIL - SÃO PAULO. *O caso Doca Street.* Disponível em: <https://www.oabsp.org.br/sobre-oabsp/grandes-causas/o-caso-doca-street>. Acesso em: 8 jul. 2021.

ORGANIZAÇÃO DAS NAÇÕES UNIDAS. *Global Trends: Forced Displacement in 2018.* Disponível em: <https://www.unhcr.org/globaltrends2018/>. Acesso em: 19 fev. 2020.

______. *Novo estudo revela mais 500 milhões de pessoas vivendo na pobreza no mundo.* Disponível em: <https://news.un.org/pt/story/2019/07/1679661>. Acesso em: 14 jul. 2021.

______. *Número de refugiados e migrantes da Venezuela ultrapassa 4 milhões, segundo o ACNUR e a OIM.* Genebra, 7 jun. 2019. Agência da ONU para refugiados. Disponível em: <https://www.acnur.org/portugues/2019/06/07/numero-de-refugiados-e-migrantes-da-venezuela-ultrapassa-4-milhoes-segundo-o-acnur-e-a-oim/>. Acesso em: 27 fev. 2020.

_____. *ONU diz que as crianças migrantes não podem ser separadas de seus pais*. Disponível em: <https://nacoesunidas.org/onu-diz-que-as-criancas-migrantes-nao-podem-ser-separadas-de-seus-pais/>. Acesso em: 11 jun. 2019.

_____. *Declaração sobre o Direito ao Desenvolvimento.* Nova Iorque, 1986. Disponível em: <http://www2.ohchr./english/law/rtd.ht m>. Acesso em: jun.2021.

_____. *Conferência de Direitos Humanos de Viena*. Disponível em: <http://www.dhnet.org.br/direitos/anthist/viena/viena.html>. Acesso em: 8 jul. 2021.

_____. *Chefe da ONU alerta para aumento da violência doméstica em meio à pandemia do coronavírus.* 06 abr. 2020. Disponível em: <https://brasil.un.org/pt-br/85450-chefe-da-onu-alerta-para-aumento-da-violencia-domestica-em-meio-pandemia-do-coronavirus>. Acesso em: 6 abr. 2021.

_____. *The Limburg Principles on the Implementation of the International Covenant on Economic, Social and Cultural Rights*. Disponível em: <http://www.unhchr.ch/tbs/doc.nsf/0/6b748989d76d2bb8c 12569 97 00500e17?Opendocument>. Acesso em: jun. 2021.

_____. *Guidance note of the Secretary-General on democracy*. New York, 2009, p. 2. Disponível em: https://www.un.org/democracyfund/sites/www.un.org.democracyfund/files/un_sg_guidance_note_on_democracy.pdf. Acesso em: 13 set. 2023.

_____. COMMITTEE ON ECONOMIC, SOCIAL AND CULTURAL RIGHTS. Fifth Session. Geneva, 14-12-1990. General comment N.º 3: *The nature of States parties obligations (Art. 2, par.1)*. UN doc. E/1991/23. Disponível em: <http://www.unhchr.ch/tbs/doc.nsf/m(Symbol)/94bdbaf59b43a424c12563ed=0052b664?Opendocument>. Acesso em: jun. 2021).

_____. *Novo estudo revela mais 500 milhões de pessoas vivendo na pobreza no mundo*. Disponível em: <https://news.un.org/pt/story/2019/07/1679661>. Acesso em: 14 jul. 2021.

_____. Declaração dos Princípios Básicos de Justiça Relativos às Vítimas da Criminalidade e de Abuso de Poder. 1985.

_____. UNHCR ACNUR Agência da ONU para Refugiados. Disponível em: https://www.acnur.org/br/noticias/notas-informativas/cartagena-40-5-fatos-sobre-declaracao-e-o-plano-de-acao-do-chile. Acesso em 06 mar. 2025.

ORGANIZAÇÃO DAS NAÇÕES UNIDAS NO BRASIL. *Trabalho escravo*. Brasília, 16 abr. 2016. Disponível em: <https://nacoesunidas.org/wp-content/uploads/2016/04/position-paper-trabalho-escravo.pdf>. Acesso em: 18 jul. 2017, p. 4.

ORGANIZAÇÃO DOS ESTADOS AMERICANOS. *Quem somos*. Disponível em: <http://www.oas.org/pt/sobre/quem_somos.asp>. Acesso em: 6 mai. 2019.

_____. *Princípios orientadores relativos à função dos magistrados do Ministério Público*. Disponível em: <http://www.dhnet.org.br/direitos/sip/onu/ajus/prev24.htm>. Acesso em: 10 abr. 2021.

_____. *Declaración Americana sobre los Derechos de los Pueblos Indígenas*. Disponível em: <https://www.oas.org/es/sadye/documentos/res-2888-16-es.pdf>. Acesso em: 10 mar. 2021.

______. *Quem é a CIDH*. Disponível em: <http://https://cidh.oas.org/que.port.html>. Acesso em: 6 fev. 2019.

______. *Resolución de la Corte Interamericana de Derechos Humanos de 20 de marzo de 2013* - Caso Gelman Vs. Uruguay: Supervisión de Cumplimiento de Sentencia. San José, p. 18-19, 2013 Disponível em: <http://www.corteidh.or.cr/docs/supervisiones/gelman_20_03_13.pdf>. Acesso em: 7 jan. 2019.

______. Comunicados de Imprensa. *CIDH expressa sua profunda preocupação frente à alarmante prevalência de assassinatos de mulheres em razão de estereótipo de gênero no Brasil.* 4 fev. 2019. Disponível em: <http://www.oas.org/pt/cidh/prensa/notas/2019/024.asp>. Acesso em: 12 mar. 2019.

______. *Convención interamericana contra toda forma de discriminación e intolerancia (a-69)*. Estado de Firmas y Ratificacione.. Disponível em: <http://www.oas.org/es/sla/ddi/tratados_multilaterales_interamericanos_A-69_discriminacion_intolerancia_firmas.asp>. Acesso em: 26 jan. 2021.

______. *Convenção Americana de Direitos Humanos*. São José da Costa Rica, 22 nov. 1969. Disponível em: <https://www.cidh.oas.org/basicos/portugues/c.convencao_americana.html>. Acesso em: 6 jan. 2019.

______. *Convenção interamericana para a eliminação de todas as formas de discriminação contra as pessoas portadoras de deficiência.* Disponível em: <http://www.oas.org/juridico/portuguese/treaties/A-65.html>. Acesso em: 29 jan. 2021.

______. *Protocolo Adicional à Convenção Americana sobre Direitos Humanos em matéria de direitos econômicos, sociais e culturais. "protocolo de san salvador"*. 1988.. Disponível em: <http://www.cidh.org/basicos/portugues/e.protocolo_de_san_salvador.html>. Acesso em: 9 fev. 2021.

______. Comissão Interamericana de Direitos Humanos. *Informe Anual 1994 - Capítulo V - Informe sobre la compatibilidad entre las leyes de desacato y la Convención Americana sobre derechos humanos.* 1994. Disponível em: <http://www.cidh.oas.org/annualrep/94span/cap.V.htm#CAPITULO%20V>. Acesso em: 8 abr. 2019.

______. *Relatório sobre a situação dos defensores e defensoras de Direitos Humanos nas Américas.* Disponível em: <https://cidh.oas.org/pdf%20files/DEFENSORES%20PORTUGUES%20(Revisada).pdf>. Acesso em: 3 mar. 2021.

______. Comissão Interamericana de Direitos Humanos. *Declaração de Princípio sobre liberdade de expressão.* Out.2000. Disponível em: <https://www.cidh.oas.org/basicos/portugues/s.Convencao.Libertade.de.Expressao.html>. Acesso em: 25 fev. 2019.

______. *La CIDH y su REDESCA expresan su preocupación por la grave situación de la salud pública en Brasil frente al COVID-19.* 16 mar. 2021. Disponível em: <http://www.oas.org/es/CIDH/jsForm/?File=/es/cidh/prensa/comunicados/2021/061.asp>. Acesso em: 6 abr. 2021.

ORTEGA Y GASSET, José. *Meditaciones del Quijote*. Madrid: Alianza, 2001.

ORTIS, Adela Cortina. *Aporofobia. El rechazo al pobre. Un desafío para la democracia.* Barcelona: Paidós, 2017.

OST, François. Júpter, Hércules, Hermes: tres modelos de juez. Trad. Isabel Lifante Vidal. *Revista Doxa (Cuadernos de Filosofia del Derecho – Universidad de Alicante)*, n. 14 (1993).

PAGLIARINI, Alexandre Coutinho; DIMOULIS, Dimitri. (Org.). *Direito Constitucional e Internacional dos Direitos Humanos*. Belo horizonte: Forum, 2012.

PANSIERI, Flávio. *Liberdade como desenvolvimento em Amartya Sen. Constituição, Economia e Desenvolvimento. Revista da Academia Brasileira de Direito Constitucional*. Curitiba, 2016, v. 8, n. 15, jul./dez., p. 463-479. Disponível em: <http://www.abdconst.com.br/revista16/liberdadeFlavio.pdf>. Acesso em: 15 jan. 2020.

PAPA FRANCISCO. *Carta Encíclica Fratelli Tutti. Sobre a fraternidade e a amizade social*. São Paulo: Paulinas, 2020.

PARANÁ. Ministério Público estadual. *CAOP - Direitos Humanos - Apresentação*. Disponível em: <http://www.direito.mppr.mp.br/modules/conteudo/conteudo.php?conteudo=94> . Acesso em: 13 mar. 2019.

_____. Ministério Público estadual. Procuradoria-Geral de Justiça. *Resolução nº 2077/2015-PGJ*. 22 mai. 2015. Disponível em: <http://www.direito.mppr.mp.br/arquivos/File/Resolucao20772015PGJ.pdf>. Acesso em: 13 mar. 2019.

_____. Ministério Público do Estado do Paraná. Direitos Humanos. *Atuação do Núcleo de Promoção e Defesa dos Direitos dos Povos e Comunidades Tradicionais*. Acesso em: 2 fev. 2021. Disponível em: <https://direito.mppr.mp.br/modules/conteudo/conteudo.php?conteudo=60>.

_____. Ministério Público Estadual. *Resolução nº 01/2017 - Ministério Público do Estado do Paraná. Estabelece parâmetros procedimentais e materiais a serem observados para a celebração de composição, nas modalidades compromisso de ajustamento de conduta e acordo de leniência, envolvendo as sanções cominadas aos atos de improbidade administrativa, definidos na Lei 8.429, de 02.06.1992, e aos atos praticados contra a Administração Pública, definidos na Lei 12.846, de 01.08.2013, no âmbito do Ministério Público do Estado do Paraná*. Disponível em: <http://www.mppr.mp.br/arquivos/File/Restaurativo/Resolucao_01_2017_CSMP_MPPR.pdf>. Acesso em: 19 fev. 2019.

_____. Defensoria Pública do Paraná. *DPE-PR assina recomendações que asseguram o acesso da população à kits e à vacinação da COVID-19*. Disponível em: <http://www.defensoriapublica.pr.def.br/2021/01/2135/DPE-PR-assina-recomendacoes--que-asseguram-o-acesso-da-populacao-a-kits-e-a-vacinacao-da-COVID-19.html>. Acesso em: 12 fev. 2021.

_____. Tribunal de Justiça do Paraná. 12ª Câmara Cível - 0084565-70.2023.8.16.0000 - Arapongas - Rel.: DESEMBARGADOR EDUARDO AUGUSTO SALOMÃO CAMBI - J. 05.02.2024.

_____. TJPR - 12ª Câmara Cível - 0004074-49.2018.8.16.0195 - Curitiba - Rel.: DESEMBARGADOR EDUARDO AUGUSTO SALOMÃO CAMBI - J. 17.02.2025).

PARREKH, Bhikhu. *Rethinking Multiculturalism: cultural diversity and political theory*. 2ª ed. New York: Palgrave McMillan, 2006.

PEREIRA, Marcos Abílio. *Movimentos sociais e democracia: a tensão necessária. Opin. Publica*, vol.18, n.1 Campinas, Junho 2012. Disponível em: <https://doi.org/10.1590/S0104-62762012000100004>. Acesso em: 15 fev. 2021.

PECES-BARBA, Gregorio. Ética, poder y derecho: reflexiones ante el fin del siglo. México: Distribuciones Fontamara, 2004.

PÉREZ, Mara Gómez. La protección de los Derechos Humanos y la soberanía nacional. *Revista de la Facultad de Derecho PUCP*, Lima, n.54, 2001, p.229-244, dez/2001. Disponível em: <http://revistas.pucp.edu.pe/imagenes/derechopucp/derechopucp_054.html>. Acesso em: 10 jan. 2019.

PERNICE, Ingolf. *Multilevel Constitutionalism and Crisis of Democracy in Europe. European Constitutional Law Review*, n. 11, 2015.

______. *The global dimension of multilevel constitutionalism. A legal response to the challenges of globalization*. umbolt-Universität zu Berlin. *WHI-Paper 9/08*, 2006.

PERRONE-MOISÉS, Claudia. Direito humanos e desenvolvimento: A contribuição das Nações Unidas. *In*: AMARAL JR, Alberto do; PERRONE-MOISÉS, Claudia. O *cinqüentenário da Declaração Universal dos Direitos do Homem*. São Paulo: Edusp/Fapesp, 1999. 179-196.

PIOVESAN, Flávia. Ius Constitutionale Commune en América Latina: Context, Challenges, and Perspectives. In: *Transformative constitutionalism in Latin America: The emergence of a New Ius Commune*. Coord. Armin von Bogdandy, Eduardo Ferrer Mac-Gregor, Mariela Morales Antoniazzi e Flávia Piovesan. Nova Iorque: Oxford University Press, 2017.

______. *Direitos humanos e diálogos entre jurisdições. Revista brasileira de direito constitucional*, n. 19, jan.-jun. 2012.

______. *Temas de direitos humanos*. 7ª ed. São Paulo: Saraiva, 2014.

______. FACHIN, Melina Girardi; MAZZUOLI, Valerio de Oliveira. *Comentários à Convenção Americana de Direitos Humanos*. Rio de Janeiro: Forense, 2019.

______. A convenção americana de direitos humanos e o impacto transformador no sistema interamericano. In: *Comentários à Convenção Americana sobre Direitos Humanos*. Org. João Otávio de Noronha e Paulo Pinto de Albuquerque. São Paulo: Tirant Blanch, 2020.

______. *Direitos humanos e direito constitucional internacional*. 13ª ed. São Paulo: Saraiva, 2012.

______; BROCHADO, Gabriel Pinho. Direitos humanos e Covid-19: restrições de direitos e ameaça à democracia. In: *Direitos humanos em tempos de pandemia*. Curitiba: Instituto Memória, 2020.

______; IKAWA, Daniela Ribeiro. *O Tribunal Penal Internacional e o Direito Brasileiro*. Dossiê Corte IDH. p. 156-157. Disponível em: <:https://www.corteidh.or.cr/tablas/r33247.pdf>. Acesso em: 4 fev. 2021.

______. *Sistema Interamericano de Direitos Humanos: impacto transformador, diálogos jurisdicionais e os desafios da reforma*. Universidade Federal de Santa Maria. *Revista Direitos Emergentes da Sociedade Global*, v. 3, n. 1, jan.-jun./ 2014. p. 89-90.

_____. A Universalidade e a Indivisibilidade dos Direitos Humanos: desafios e perspectivas. In: BALDI, César Augusto (Org). *Direitos Humanos na Sociedade Cosmopolita.* Rio de Janeiro: Renovar, 2004.

____. Planos global, regional e local. In: SOUZA NETO, Claudio Pereira de; SARMENTO, Daniel (Coord.). *Direitos sociais: fundamentos, justicialização e direitos sociais em espécie.* Rio de Janeiro: Lumen Juris, 2008.

_____. *Proteção dos direitos sociais: desafios do ius commune sul-americano. Revista de Estudos Constitucionais, Hermenêutica e Teoria do Direito (RECHTD)*, São Leopoldo, v.3, n.2, p.214, jul./dez. 2011. Disponível em: <http://www.rechtd.unisinos.br/pdf/122.pdf>. Acesso em: jun. 2021.

_____. *Direitos humanos e justiça internacional.* 3ª ed. São Paulo: Saraiva, 2012.

_____. *Proteção dos direitos sociais: desafios do ius commune sul-americano. Revista de Estudos Constitucionais, Hermenêutica e Teoria do Direito (RECHTD).* São Leopoldo, v.3, n.2, p.208, jul./dez. 2011. Disponível em: <http://www.rechtd.unisinos.br/pdf/122.pdf>. Acesso em: jun. 2021.

_____. *A Mulher e o debate sobre direitos humanos no Brasil. Revista de Doutrina da 4ª Região*, Porto Alegre, n. 2, ago. 2004.

_____. *Igualdade, Diferença e Direitos Humanos:* perspectivas global e regional.

_____. Direito ao desenvolvimento: desafios contemporâneos. In: _____. *Temas de direitos humanos.* 4.ed. São Paulo: Saraiva, 2010.

_____. *Proteção dos Direitos Sociais: desafios do ius commune sul-americano.* In: Rev. TST, Brasília, vol. 77,nº 4, out/dez 2011.

PORTO, Leticia de Andrade; FACHIN, Melina Girardi; HEEMANN, Thimotie Aragon. *Controle de Convencionalidade e perspectiva de gênero.* 2 jul 2021. JOTA. Disponível em: <https://www.jota.info/opiniao-e-analise/artigos/controle-de-convencionalidade-e-perspectiva-de-genero-02072021>. Acesso em: 6 jul 2021.

PORTO, Letícia de Andrade. **Diálogo Multinível:** o dever de exercício do controle de convencionalidade pelo ministério público. 2021. 131 f. Dissertação (Mestrado) - Curso de Direito, Faculdade de Direito, Universidade Federal do Paraná, Curitiba, 2021.

POST, Robert; SIEGEL, Reva. *Roe rage: democratic constitutionalism and the backlash. Harvard Civil Rights - Civil Liberties Law Review*, v. 42, n. 2, p. 373-433, 2007. Disponível em: <https://papers.ssrn.com/sol3/papers.cfm?abstract_id=990968>.

PUSSOLI, M.L.M.L. *Cultura dos Direitos Humanos.* São Paulo: LTr editora.

QUEIROZ, Cristina. *Interpretação constitucional e poder judicial. Sobre a epistemologia da construção constitucional.* Coimbra: Coimbra Editora, 2000.

_____. *Direitos fundamentais sociais. Funções, âmbito, conteúdo, questões interpretativas e problemas de justiciabilidade.* Coimbra: Coimbra Editora, 2006.

QUESADA, Juan Diego. FOWKS, Jacqueline. *Sem provas, Keiko Fujimori denuncia fraude e agita reta final da apuração eleitoral no Peru.* 08 jun. 2021. Disponível em: Eleições Peru 2021: Sem provas, Keiko Fujimori denuncia fraude e agita reta final da apuração eleitoral no Peru | Internacional | EL PAÍS Brasil (elpais.com) Acesso em: 10 ago. 2021.

QUIJANO, Anibal. *Modernidad, identidad y utopia en America Latina*. Lima: Sociedad e Política Ediciones, 1988.

______. Colonialidad del poder, eurocentrismo y América Latina. In: *Cuestiones y horizontes. Antología Esencial. De la dependencia histórica estructural a la colonialidad/descolonialidad del poder.* Buenos Aires: CLACSO, 2014.

RABUY, Bernadette; KOPF, Daniel. *Detaining the poor: How money bail perpetuates an endless cycle of poverty and jail time.* 10 mai. 2016. Disponível em: <https://www.prisonpolicy.org/reports/incomejails.html>. Acesso em: 30 out. 2020.

RAMOS, André de Carvalho. *Pluralidade das ordens jurídicas: uma nova perspectiva na relação entre o Direito Internacional e o Direito Constitucional. Revista da Faculdade de Direito da Universidade de São Paulo*, v. 106/107, jan./dez. 2011/2012,

______. *Curso de direitos humanos.* 7ª ed. São Paulo: Saraiva, 2020.

______. *Processo internacional de direitos humanos.* 4ª ed. São Paulo: Saraiva, 2015.

RAMOS, Margarita Danielle. Reflexões sobre o processo histórico-discursivo do uso da legítima defesa da honra no Brasil e a construção das mulheres. *Rev. Estud. Fem.* 20 (1) • Abr 2012 • https://doi.org/10.1590/S0104-026X2012000100004

RAMOSE, Mogobe. Sobre a legitimidade e o estudo da filosofia africana. Tradução Dirce Eleonora Nigo Solis, Rafael Medina Lopes e Roberta Ribeiro Cassiano. In: Ensaios Filosóficos. *Revista de Filosofia*, Volume IV. K10 Janciro. 2011, D. 10.

RAWLS, John. *Justice as fairness.* Cambridge: Harvard University Press, 2001.

REQUIÃO, Maurício. *As mudanças na capacidade e a inclusão da tomada de decisão apoiada a partir do estatuto da pessoa com deficiência. Revista de Direito Civil Contemporâneo*, vol. 6, jan.-mar./2016.

RIBEIRO, Darcy. *O povo brasileiro. A formação e o sentido do Brasil.* São Paulo: Global Editora, 2014.

RIBEIRO, Djamila. *Pequeno manual antirracista.* São Paulo: Companhia das Letras, 2019.

RICOEUR, Paul. *Amor e justiça*. Trad. de Eduardo Brandão. São Paulo: WMF Martins Fontes, 2012.

RIO DE JANEIRO. TJRJ. Juizado Especial Criminal adjunto à Segunda Vara Criminal de Belford Roxo. *Ação Penal nº 001356-07.2015.8.19.0008*. Sentença, Juiz Alfredo José Marinho Neto, assinada em 04 de julho de 2016. pp. 5-6 . Disponível em <http://emporiododireito.com.br/backup/juiz-do-tjrj-faz-controle-de-convencionalidade--do-crime-de-desacato/>. Acesso em: 23 nov. 2017.

RO, Christine. *Coronavirus: Why some racial groups are more vulnerable?* 20 abr. 2020. Disponível em: <https://www.bbc.com/future/article/20200420-coronavirus-why--some-racial-groups-are-more-vulnerable>. Acesso em: 13 mai. 2020.

ROA, Jorge Ernesto Roa. *El rol del juez constitucional en el constitucionalismo transformador latino-americano. Max Planck Institute Research Paper Series*, nº 2020-01.

ROACH, Kent. *Dialogic Judicial Review and its Critics. Supreme Court Law Review* v. 23, 2004.

ROCHA, Antonio Pedro P. G. *Liberdade de expressão: análise de casos da Corte Europeia de Direitos Humanos e sua preocupação com reflexos das decisões.* Disponível em: <http://www.puc-rio.br/pibic/relatorio_resumo2015/relatorios_pdf/ccs/DIR/DIR-Antonio%20Pedro%20P.%20G.%20Rocha.pdf>. Acesso em: 8 fev. 2021.

RODOTÀ, Stefano. *Il diritto di avere diritti.* Bari-Roma: Laterza, 2012.

______. *Vivere la democrazia.* Roma-Bari: Laterza, 2018.

RODRIGUES, Bruna dos Passos. *As audiências públicas na Corte Interamericana de Direitos Humanos enquanto instrumento de uma justiça dialógica.* Dissertação (Mestrado em Direito). Universidade de Santa Cruz do Sul, 2017.

RODRIGUEZ, José Rodrigo. Apresentação: desenvolvimento sem retórica. In: _____ (Org.). *O novo direito e desenvolvimento:* presente, passado e futuro – textos selecionados de David M. Trubek. São Paulo: Saraiva, 2009.

ROSAS, Allan. The Right to Development. *In*: EIDE, Asbjorn; KRAUSE, Catarina; ROSAS, Allan (Editors). *Economic, Social and Cultural Rights: a textbook.* 2ª ed. Dordrecht: Martinus Nijhoff Publishers, 2001.

ROTHENBURG, Walter Claudius. Igualdade. In: *Direitos fundamentais e Estado Constitucional. Estudos em homenagem a J. J. Gomes Canotilho.* São Paulo: RT, 2009.

RUDINIKI NETO, Rogério; HEEMANN, Thimotie Aragon. *Identidade coletiva faxinal na relação de pertencimento com a terra: o papel do Município no reconhecimento de direitos dentro da tipologia de competências da Constituição Federal de 1988. Revista do Ministério Público do Paraná*, Curitiba, v. 5, n. 8, jun./2018.

RUGGIERO, Vicenzo. *Crimes e Mercados.* Rio de Janeiro: Lumen Juris, 2008.

SÁ, Priscilla Placha; SÁ, Jonathan Serpa. Racismo e genocídio da juventude negra: "A carne mais barata do mercado é a carne negra". *Gralha Azul* (Periódico Científico da EJUD/PR), vol. 7, ago/set. 2021.

SAGÜÉS, Nestor Pedro. *Nuevas fronteras del control de convencionalidad: el reciclaje del derecho nacional y el control legisferante de convencionalidad. Revista De Investigações Constitucionais, vol. 1. n.º 2. 2014.*

SALDANHA, Jânia Maria Lopes. *Os precedentes da Corte Interamericana de Direitos Humanos são obrigatórios? Justificando - Carta Capital*, [S.l.], 26 out. 2015. Disponível em: <http://www.justificando.com/2015/10/26/os-precedentes-da-corte-interamericana-de-direitos-humanos-sao-obrigatorios/>. Acesso em: 9 jan. 2019.

SALOMON, Margot E. International Obligations of Human Rights in Context: structural obstacles and demands of global justice. *In:* ANDREASSEN, Bard; MARKS, Stephen. *Development as a Human Right.* Antwerp/Oxford/Portland: Intersentia, 2010. p. 121-148.

_____. *Global Responsibility for Human Rights.* New York: Oxford, 2007.

SÃO PAULO. *Relatório Anual - Prestação de Contas 2018.* Ouvidoria da Polícia do Estado de São Paulo. São Paulo: fev. 2019. Disponível em: <http://www.ftp.sp.gov.br/ftpouvidoria-policia>. Anual 2018. Acesso em: 5 nov. 2019.

SANCHES, Fernanda Karam de Chueiri. A responsabilidade no Direito de Família brasileiro contemporâneo: do jurídico à ética. *Dissertação de Mestrado.* Curitiba: Universidade Federal do Paraná, 2013.

SÁNCHEZ RUBIO, David. *Encantos e Desencantos dos Direitos Humanos: de emancipações, libertações e dominações.* Porto Alegre: Livraria do Advogado, 2014.

SANTA CATARINA. TJSC. Quarta Vara Criminal de Florianópolis. *Ação Penal 0067370-64.2012.8.24.0023.* Sentença, Juiz Alexandre Morais da Rosa, assinada em 17/03/2015. Disponível em: <http://emporiododireito.com.br/backup/desacato-nao-e-crime-diz-juiz-em-controle-de-convencionalidade/>. Acesso em: 23 nov. 2017.

SANTANA, Nahomi Helena de. Liberdade de expressão política: democracia, antidiscriminação e direitos humanos. 2021. *Monografia (Bacharelado em Direito)* – Universidade Federal do Paraná, Curitiba, 2021.

SANTIAGO, Nestor Eduardo Araruna; MARTINS, Eduardo Almendra. *O garantismo e os precedentes da Corte Interamericana de Direitos Humanos: efeito vinculante aos Estados sob sua jurisdição. Revista Novos Estudos Jurídicos,* Itajaí, v. 2, n. 21, Mai./Ago. 2016. Disponível em: <https://livros-e-revistas.vlex.com.br/vid/garantismo-precedentes-da-corte-701466561>. Acesso em: 4 jan. 2019.

SANTOS, Boaventura de Souza. *Introdução a uma ciência pós-moderna.* 4ª ed. Rio de Janeiro: Graal, 1989.

______. *A cruel pedagogia do vírus.* Coimbra: Almedina, 2020.

______; MENESES, Maria Paula. *Epistemologias do sul.* São Paulo: Cortez, 2013.

______. *Reconhecer para Libertar:* os caminhos do cosmopolitanismo multicultural. Rio de Janeiro: Civilização Brasileira, 2003.

______. Por uma concepção multicultural de direitos humanos. In: BALDI, César Augusto (org). *Direitos humanos na sociedade cosmopolita.* São Paulo: Renovar, 2004.

______. *Por uma Concepção Multicultural de Direitos Humanos. Reconhecer para Libertar.* Rio de Janeiro: Civilização Brasileira, 2003.

SANTOS, Milton. *Por uma outra globalização. Do conhecimento único à consciência universal.* 6ª ed. Rio de Janeiro: Record, 2001.

______. Por uma geografia cidadã: por uma epistemologia da existência. *Revista Prosa e Verso.* Disponível em: https://www.revistaprosaversoearte.com/por-uma-geografia-cidada-por-uma-epistemologia-da-existencia-texto-fabuloso-do-professor-milton-santos/. Acesso em 05 de out. de 2021.

SANTOS JÚNIOR, Francisco Carlos de Oliveira. *Tribunal Penal Internacional.* 01/09/2017. Âmbito Jurídico. Disponível em: <https://ambitojuridico.com.br/cadernos/direito-penal/tribunal-penal-internacional/>. Acesso em: 3 fev. 2021.

SARDINHA, Antonio Carlos. SOARES, Ana Cristina. CARMO, Séfora Alice Rôla do. A participação no processo decisório e o controle social na implementação e monitoramento de políticas públicas. In.: SILVA, Alzira Nogueira da. SARDINHA, Antonio Carlos. CRISPINO, Nicolau Eládio Bassalo (Orgs.) *Diálogos entre movimentos sociais, Ministério Público e universidade*: a experiência de construção de uma agenda de atuação em políticas públicas e direitos humanos na Amazônio. Macaá: UNIFAP, 2020. P. 115-116

SARLET, Ingo Wolfgang. Notas sobre as relações entre a Constituição Federal de 1988 e os Tratados Internacionais de Direitos Humanos na perspectiva do assim chamado Controle de Convencionalidade. In: *Controle de Convencionalidade: um panorama latino-americano: Brasil/Argentina/Chile/México/Peru/Uruguai.* Org. Calogero Pizzolo [et al]. Brasília: Gazeta jurídica, 2013.

_____; FIGUEIREDO, Mariana Filchtiner. Reserva do possível, mínimo existencial e direito à saúde: algumas aproximações. In: SARLET, Ingo Wolfgang; TIMM, Luciano Benetti (Org). *Direitos fundamentais, orçamento e "reserva do possível".* Porto Alegre: Livraria do Advogado, 2008.

_____. *Dignidade (da pessoa) humana e direitos fundamentais na Constituição Federal de 1988.* Porto Alegre: Livraria do Advogado, 2015.

_____; ROBL FILHO, Ilton. Estado democrático de Direito e os limites da liberdade de expressão na Constituição Federal de 1988, com destaque para o problema da sua colisão com outros direitos fundamentais, em especial, com os direitos de personalidade. *Constituição, Economia e desenvolvimento: Revista da Academia Brasileira de Direito Constitucional,* v. 8, n. 14, jan./jun.2016.

_____. *A dignidade da pessoa humana e os direitos fundamentais na Constituição Federal de 1988.* Porto Alegre, Livraria do Advogado, 2004.

_____. *A Constituição concretizada.* Porto Alegre: Livraria do Advogado, 2000.

_____. *A assim designada proibição do retrocesso social e a construção de um direito constitucional comum latino americano.* BOGDANDY, Armin Von; PIOVENSAN, F; ANTONIAZZI, Antoniela Moraes. *Direitos Humanos, Democracia e Integração Juridica na América do Sul.* Rio de Janeiro: Lumens Juris, 2010.

SARMENTO, Daniel. O direito constitucional e o direito internacional: diálogos e tensões. In: *Vulnerabilidades e invisibilidades - Desafios contemporâneos para a concretização dos direitos humanos.* Org. Cândice Lisbôa Alves. Belo Horizonte: Arraes, 2015.

_____. *Direitos fundamentais e relações privadas.* Rio de Janeiro: Lumen Iuris, 2008

_____. *Por um constitucionalismo inclusivo: história tradicional brasileira, teoria da constituição e direitos fundamentais.* Rio de Janeiro: Lumen Juris, 2010.

_____. *Livres e iguais: Estudos de Direito Constitucional.* Rio de Janeiro: Lumen Juris, 2010.

_____. O mínimo existencial. *Revista de Direito da Cidade,* Rio de Janeiro, v.08, n.4, p.1644-1689, 2016. Disponível em: <http://www.e-publicacoes.uerj.br/index.php/rdc/issue/view/1402>. Acesso em: jun. 2021.

_____.FENSTERSEIFER, Tiago. *Direito constitucional ambiental:* Constituição, direitos fundamentais e proteção do ambiente. 2 ed. rev. e atual. São Paulo: RT, 2012.

SCHAFFER, Gilberto; PREVIDELLI, José Eduardo Aidikaitis; GOMES, Jesus Tupã Silveira. *A margem nacional de apreciação na Corte Interamericana de Direitos*

Humanos. Revista de Direito Internacional - UniCEUB. Dossiê Especial Business and Human Rights. V. 15, n. 2, 2018.

SCHREIBER, Anderson. Direitos da personalidade. 2. ed. São Paulo: Atlas, 2013;

_____. Reparação não pecuniária dos danos morais. In: Direito civil e constituição. São Paulo: Atlas, 2013.

_____. *Novos paradigmas da responsabilidade civil: da erosão dos filtros da reparação à diluição dos danos.* 3. Ed. São Paulo: Atlas, 2011. p. 5.

______. Novas tendências da reponsabilidade civil brasileira. *Revista trimestral de Direito Civil*, Rio de Janeiro, v. 6, n. 22, abr./jun. 2005.

SENGUPTA, Arjun. *O Direito ao desenvolvimento como um Direito Humano. Revista da Social Democracia Brasileira.* nº 68. Março de 2002. Disponível em: <http://www.itv.org.br/ site/publicacoes/igualdade/direito_desenvolvimento.pdf>. Acesso em: jun 2021.

SHIRAISHI NETO, Joaquim; ARAÚJO, Marlon Aurélio Tapajós. *"Buen vivir"*: notas de um conceito constitucional em disputa. *Pensar*, Fortaleza, v. 20, n. 2, maio/ago. 2015.

SCHMITT, Carl. *Constitucional theory*. Trad. de Jeffrey Seitzer. Durham: Duke University Press, 2008.

SCHWARCZ, Lilia Moritz. *Sobre o autoritarismo brasileiro.* São Paulo: Companhia das Letras, 2019.

SCHWARTZMAN, Simon. *Coesão social, democracia e corrupção.* Disponível em: <https://fundacaofhc.org.br/files/papers/446.pdf>. Acesso em: 20 jan. 2021.

SEN, Amartya. *Desenvolvimento como liberdade.* São Paulo: Cia das Letras, 2000.

SETENTA, Maria do Carmo Goulart Martins. Diálogo entre Cortes: fortalecimento da proteção dos Direitos Humanos por meio do Controle de Convencionalidade. In.: *Defensoria Pública da União - Artigos.* Brasília, 2017. p. 05. Disponível em: <http://www.dpu.def.br/images/esdpu/repositorio/Ed_2017_15_MariaSetenta_paper_DH.pdf>. Acesso em: 5 fev. 2019.

SEZYSHTA, Arivaldo José. *O Bem Viver e outros mundos possíveis. Argumentos*, nº 19, jan.-jun./2018.

SICHES, Luis Recasen Siches. *Tratado general de filosofía del derecho.* 19ª ed. Cidade do México: Editorial Porruá, 2008.

_____. *Vida Humana, sociedad y derecho.* México: Porrua, 1952.

_____. *Filosofía del Derecho.* México: Porrua, 1965.

SILVA, Alice Rocha da; MONT' ALVERNE, Tarin Cristino Frota. *A construção da jurisprudência sobre direitos humanos a partir do diálogo entre juízes de tribunais internacionais, regionais e nacionais.* Disponível em: <http://www.publicadireito.com.br/artigos/?cod=1becf26e9f32353e>. Acesso em: 8 fev. 2021.

SILVA, Anna Cruz de Araújo Pereira da. *A proteção às pessoas idosas no Sistema Interamericano de Direitos Humanos. Estudos interdisciplinares envelhecimento*, Porto Alegre, v. 12, 2007.

SILVA, Christine Oliveira Peter da; BARBOZA, Estefânia Maria de Queiroz; FACHIN, Melina Girardi (Coord); NOWAK, Bruna (org.) *Constitucionalismo Feminista.* Vol. 1. Salvador: Juspodium, 2019.

SILVA, Christine Oliveira Peter da; BARBOZA, Estefânia Maria de Queiroz; FACHIN, Melina Girardi (Coord); NOWAK, Bruna (org.) *Constitucionalismo Feminista:* Expressão das Políticas Públicas Voltadas à Igualdade de Gênero. Vol. 2. Salvador: Juspodium, 2020.

SILVA, Christine Peter da. Por uma dogmaática constitucional feminista. *Suprema. Revista de Estudos Constitucionais*, vol. 1. n. 2, julho-dezembro/2021.

SILVA, Raíssa Zago Leite da. *Labelling Approach: o etiquetamento social relacionado à seletividade do sistema penal e ao ciclo da criminalização. Revista Liberdades.* Instituto Brasileiro de Ciências Criminais. nº 18, jan./abr. 2015. p. 101-109. Disponível em: <http://www.revistaliberdades.org.br/_upload/pdf/23/Liberdades18_Artigo5.pdf>. Acesso em: 6 mar. 2020.

SILVA, Sandoval Alves da. *O Ministério Público e a concretização dos Direitos Humanos.* Salvador: Jus Podivm, 2016.

SILVA, Virgílio Afonso da. Integração e diálogo constitucional na América do Sul. In: *Direitos humanos, democracia e integração jurídica na América do Sul.* Coord. Armin Von Bogdandy, Flávia Piovesan e Mariela Morales Antoniazzi. Rio de Janeiro: Lumen Iuris, 2010.

SLAUGHTER, Anne-Marie. *A Global Community of Courts. Harvard International Law Journal*, vol. 44, nº1, 2003.

SOTTO MAIOR NETO, Olympio de Sá. 30 anos: Crianças e adolescentes sujeitos de direitos. In: *ECA 30 anos: emancipação subjetiva, mudança cultural e responsabilidade social.* Coord. Mário Luiz Ramidoff, Marcela Carvalho Bocayuva, Viviane Coêlho de Séllos-Knoerr. Curitiba: Instituto Memória, 2020.

_____; FRANCESCHI, Ana Carolina Pinto; MOURA, Rafael Osvaldo Machado. O olhar dos direitos humanos em tempos de pandemia e a atuação social do Ministério Público. In: *Covid-19 e Ministério Público.* Org. Eduardo Cambi, Gilberto Giacoia e Samia Saad Gallotti Bonavides. Belo Horizonte: D´Plácido, 2020.

SOUZA, Augusto César Borges. *A função de ombudsman e os novos desafios do Ministério Público brasileiro.* 05 jun. 2014. Disponível em: <http://www.conteudojuridico.com.br/artigo,a-funcao-de-ombudsman-e-os-novos-desafios-do-ministerio-publico-brasileiro,48426.html>. Acesso em: 21 mar. 2019.

SOUZA FILHO, Carlos Frederico Marés de. *A Terra, um direito à vida.* Trabalho apresentado ao concurso para Professor Titular de Direito da Pontifícia Universidade Católica do Paraná, em dezembro de 2000. Curitiba, PR.

SOUZA, Luís Antônio Francisco de. *Segurança pública, polícia e violência policial. Perspectivas de endurecimento penal. Revista brasileira de Ciências Criminais*, vol. 51, nov.-dez./2004.

SOUZA NETO, Cláudio Pereira de; SARMENTO, Daniel. *Direito constitucional. Teoria, história e métodos de trabalho.* 2ª ed. Belo Horizonte: Fórum, 2019.